广州大学年鉴
2021卷

GUANGZHOU UNIVERSITY YEARBOOK

广州大学党委办公室、校办公室 编

广东人民出版社

·广州·

图书在版编目（CIP）数据

广州大学年鉴. 2021卷 / 广州大学党委办公室、校办公室编. —广州：广东人民出版社，2024.3
 ISBN 978-7-218-17444-0

Ⅰ.①广… Ⅱ.①广… Ⅲ.①广州大学—2021—年鉴 Ⅳ.①G649.286.51-54

中国国家版本馆CIP数据核字（2024）第058164号

GUANGZHOU DAXUE NIANJIAN · 2021JUAN
广州大学年鉴·2021卷
广州大学党委办公室、校办公室　编　　　　　　　　版权所有　翻印必究

出 版 人：肖风华

责任编辑：李媛媛　张　瑀　李　利
特约编辑：谢　怡　王　浩
特约校对：袁朝阳
责任技编：吴彦斌

出版发行：广东人民出版社
地　　址：广州市越秀区大沙头四马路10号（邮政编码：510199）
电　　话：（020）85716809（总编室）
传　　真：（020）83289585
网　　址：http://www.gdpph.com
印　　刷：广州小明数码印刷有限公司
开　　本：889毫米×1194毫米　1/16
印　　张：60.5　　插页：13　　字数：1588千
版　　次：2024年3月第1版
印　　次：2024年3月第1次印刷
定　　价：580.00元

如发现印装质量问题，影响阅读，请与出版社（020-85716849）联系调换。
售书热线：（020）85716896

编辑说明

《广州大学年鉴》是由学校党委办公室、校办公室编制，校属各职能部门共同参与编纂的年度性资料文献。年鉴的内容，既有宏观的全局资料，又有微观的典型资料；既有原始的文献资料，又有统计数字资料。内容全面系统、准确真实，为广州大学的决策者、管理者、研究者和有关部门提供丰富精确的数据和资料。学校年鉴创刊于2000年新广州大学合并组建后，第一卷是2003年开始编纂，2000—2002年（三年）为一卷，自2003卷起每年一卷，校内编印，迄今已连续编印19卷，2020卷起由广东人民出版社正式出版发行。出版年鉴的宗旨是全面记载学校年度教学、科研、管理工作中发生的重大事件和发展概况，为读者了解和研究广州大学提供基本资料。

《广州大学年鉴》以出版年号为卷次名称，2021卷主要载录广州大学2021年发展的基本资料，设11个类目：学校领导、组织机构、民主党派、大事记、党群工作、教学工作、科研工作、教职工队伍、办学条件、对外交流合作、联合办学、表彰与奖励和附录。《广州大学年鉴》的公开出版，扩大了学校在社会上的影响力，涵养了大学精神，是培育有品质的校园文化的重要载体。

《广州大学年鉴》编辑委员会

主　　任：魏明海

委　　员：（按姓氏笔画排序）

丁邦友　王国栋　卢　捷　卢炷成　叶国权　艾新革
刘聪敏　刘小燕　许洁丹　李　恒　杨　勇　杨玉宝
谷　岩　肖　华　吴　谦　陆财深　徐凌军　唐春明
夏桃华　鄢智青　蔡志华　蔡琼生

主　　编：伍建芬

副 主 编：袁渭锟

执行编辑：谢　怡　王　浩　李　利　张　瑀　李媛媛

1月15日,我校举行2021年专家、劳动模范、高层次人才新春慰问座谈会,校党委书记屈哨兵,校长魏明海,副校长周云、张其学出席活动,活动由副校长孙延明主持。

1月19日,我校召开全体中层领导干部大会,总结过去一年的办学成绩,部署新一年重点工作任务。校党委书记屈哨兵,校长魏明海就做好2021年重点工作及寒假工作提出了要求。校党委副书记聂贵新,副校长傅继阳、李小琴、周云、孙延明、吴开俊出席大会。全体中层领导干部参加大会。

2月26日，我校召开《广州大学高水平大学二期建设方案（2021—2025年）》专家论证会，暨南大学原校长胡军教授，华南师范大学原校长刘鸣教授，广东工业大学原党委书记、校长陈新教授，中山大学原党委常务副书记梁庆寅教授和华南理工大学副校长朱敏教授受邀担任论证专家，胡军教授为专家组组长。广州市教育局高教处处长刘林睿、科研处处长黄晓婷到会指导。

2月，中共广东省委教育工委公布广东省高校第二批"双带头人"教师党支部书记工作室立项名单，我校分析科学技术研究中心党支部韩冬雪工作室成为第二批立项建设的广东省高校"双带头人"教师党支部书记工作室之一。

3月3日，我校召开党史学习教育动员会议，传达学习贯彻习近平总书记在党史学习教育动员大会上的重要讲话精神、中共中央《关于在全党开展党史学习教育的通知》精神和省市党史学习教育动员大会精神，在全校开展党史学习教育并进行动员部署。

3月9日，我校召开2021届毕业生就业工作会议，进一步贯彻落实党中央、国务院"稳就业""保就业"决策部署，扎实推动2021届毕业生就业工作。

3月12日，我校召开"开局2021：我们再出发"第七批援藏支教实习动员会。校党委副书记聂贵新、广东省教育厅政务中心四级主任科员邓国华、相关职能部门及学院负责人、全体援藏支教实习大队成员及指导教师参加会议。

3月22日，校党委书记屈哨兵教授以"学百年党史 做世纪新人"为题，为土木工程学院土木202班的同学们讲授新学期"思政第一课"。

3月30日,校长魏明海以"学习习近平《论中国共产党历史》 理解共产党人精神谱系"为题,为机械与电气工程学院电气193、机械192、机械193、机械194班的同学们讲授"思政第一课",引导同学们从党的百年奋斗历程中汲取历史智慧、政治智慧,继承革命先辈的光荣传统,树立报效祖国的远大志向。

4月10日,由广州市人民政府指导、广州大学主办的城市创新发展院士峰会在广州举行。本次峰会以"创新推进城市高质量建设,实现广州城市创新发展,引领粤港澳大湾区建设"为主题,汇聚了何镜堂、周福霖、崔愷、郭仁忠、杜彦良、孟建民、陈湘生、吴志强、岳清瑞、庄惟敏等院士在内的城市建设发展领域的顶尖专家,广州市住房和城乡建设局、教育局、文化广电旅游局、规划和自然资源局、生态环境局相关负责人和我校部分专家学者参会。

4月15日,在第六个全民国家安全教育日到来之际,由广东省公安厅、广东省教育厅联合举办的"广东省反邪教宣传教育进校园"活动在我校大学城校区举行启动仪式。省委政法委、省公安厅、省教育厅、市公安局和市教育局等单位有关领导和相关人员,以及广州大学城10所高校师生代表约300人参加活动。

4月29日,我校召开2021年全面从严治党工作会议暨2020年度领导干部述责述廉述德会议。全体在校校领导,校党委委员,校纪委委员,校属各单位负责人,以及各基层党委(党总支、直属党支部)纪检委员、院务监督委员会主任,各机关党支部纪检委员,我校特约监督员代表和"三述"人员所在单位教职工代表等参加会议。

5月18日，我校举办以"学党史博学笃行，悟思想与时俱进"为主题的学党史知识竞赛，校党委书记屈哨兵出席活动，相关职能部门及学院负责人、马克思主义学院徐德莉教授及各学院学生代表参加活动。

6月23日，我校党委委员前往中共三大会址纪念馆开展革命传统教育，通过沉浸式学习体验深入了解革命先辈们的奋斗历程，深刻感悟革命先辈们不屈不挠的奋斗精神。

6月26日,我校以"线下主会场+分会场+线上直播"的方式,举行2021届毕业典礼暨2021年学位授予仪式,为毕业生送上最美的青春祝福。校领导,教师代表,相关职能部门负责人,各学院领导、班主任、辅导员、导师代表,获得博士、硕士、学士学位的毕业生代表等在图书馆附楼五楼报告厅参加主会场典礼。

6月30日,在中国共产党成立100周年之际,我校举行"光荣在党50年"纪念章颁发仪式。校党委书记屈哨兵(一排左六),校党委副书记聂贵新(二排左一)出席颁发仪式,我校相关职能部门负责人,荣获纪念章的党员代表、离退休党委、各级党组织代表和青年教师党员代表等参加颁发仪式。

6月30日,我校召开庆祝中国共产党成立100周年暨"七一"表彰大会,热烈庆祝中国共产党成立100周年,表彰先进集体和个人。校党委书记屈哨兵,副校长傅继阳、周云、孙延明、张其学、吴开俊,"光荣在党50年"纪念章获得者代表、我校原党委书记陈万鹏出席大会,各基层党委(党总支、直属党支部)书记,机关党委下属支部书记,新党员代表,获表彰的优秀共产党员、优秀党务工作者和先进基层党组织代表等参加大会。

7月1日,我校召开庆祝中国共产党成立100周年座谈会。校领导、"光荣在党50年"纪念章获得者代表、职能部门负责人和各单位主要负责同志代表、基层党员和师生代表等就习近平总书记重要讲话精神进行深入探讨,结合工作和学习实际,畅谈学习习近平总书记重要讲话精神的感想体会。

7月5日，我校举行周福霖院士"全国优秀共产党员"奖章颁发仪式，市委组织部副部长陈晓嘉（右一），校党委副书记聂贵新（左一），广州市科学技术协会党组成员、副主席曾雪玲出席仪式，广州市科学技术协会创新与交流中心和校党委组织部、工程抗震研究中心相关负责人，学生党员代表等参加仪式。

7月13日，"乡村振兴·青年担当"活动之"大学生讲脱贫攻坚与乡村振兴故事"决赛、颁奖典礼暨《攻坚2020：一线扶贫干部亲历记》新书发布会在我校举行。广州市社科联党组成员、专职副主席、广州市社科社团党委书记谭晓红，广州市社科联学会部部长陆璐，校党委副书记聂贵新（左八），碧桂园乡村振兴学院执行院长龙毕文，广州荔枝网络技术有限公司政府事务经理陶飞宇出席活动，我校相关职能部门负责人、扶贫干部代表以及师生代表等参加活动。

7月15日,我校举办"深入学习习近平总书记'七一'重要讲话精神 推进新时代党的理论建设"高端论坛,来自省内十余所高校的专家学者济济一堂,深入学习贯彻习近平总书记在庆祝中国共产党成立100周年大会上的重要讲话精神。

8月1日,我校举行学习贯彻习近平总书记"七一"重要讲话精神专题宣讲报告会,学习贯彻习近平总书记"七一"重要讲话精神。市委宣讲团成员、我校马克思主义学院院长赵中源教授作"把握习近平总书记'七一'重要讲话精神的核心要义"专题报告。市委党史学习教育第八巡回指导组组长邱少民、指导组成员陈丽芳到会指导。校领导、校中层干部约300人通过"线下参与和线上观看直播"的形式参加会议。

　　8月11日,"建行杯"第七届中国国际"互联网+"大学生创新创业大赛广东省分赛决赛在我校举行。本届省决赛由广东省教育厅、中共广东省委统一战线工作部、中共广东省委网络安全和信息化委员会办公室、广东省发展和改革委员会、广东省工业和信息化厅、广东省人力资源和社会保障厅、广东省农业农村厅、广东省市场监督管理局(知识产权局)、广东省乡村振兴局、共青团广东省委员会主办,我校和中国建设银行股份有限公司广东省分行承办,广东省高等学校毕业生就业促进会协办。大赛充分展示了广东高校创新创业成果,通过搭建产教融合新平台,着力提升广东"双创"教育的影响力。

　　8月31日至9月1日，中国共产党广州大学第三届委员会第十一次全体会议暨2021年暑期领导干部学习读书班和我校"学党史、担使命，推动学校高质量发展高水平建设"学习研讨主题报告会召开。会议听取校党委常委会工作报告，审议并通过全委会决议，进一步明确我校"十四五"事业发展规划。全体校领导、党委委员出席会议，全体中层干部、学科带头人与专业负责人、"双带头人"党支部书记代表等参加会议。

9月10日，我校举行2021年教师节庆祝大会，表扬一年来为我校发展作出贡献，在落实立德树人根本任务中表现突出的老师们，并向全体教师致以节日的问候。校党委书记屈哨兵，校长魏明海，副校长傅继阳、周云、张其学、吴开俊，校纪委书记、广州市监委驻广州大学监察专员陈晓晖出席大会，教职工代表、离退休教职工代表、受表扬教职工代表、学生代表等参加大会，共同庆祝第37个教师节。

9月13—14日，我校邀请周福霖院士、张景中院士、谢翌教授和谢如鹤教授四位专家分别主讲新学期"名师第一课"，相关学院的新生以"线上线下"联动的方式听取"名师第一课"。副校长傅继阳、吴开俊，以及相关学院负责人分别主持系列"名师第一课"讲座。

9月15日,我校分别在大学城校区、桂花岗校区和黄埔研究生院举行2021年新生开学典礼暨军训动员大会,2021级全体研究生新生、本科新生共10300名新同学参加开学典礼。

9月29日,校长魏明海以"心怀'国之大者' 从百年党史汲取成长成才的强大动力"为题,为电子与通信工程学院物联网工程专业2021级(3)班的同学们讲授"思政第一课"。广州市委党史学习教育第八巡回指导组副组长罗满园,成员陈丽芳、吴妙玉,相关职能部门、学院负责人,学院学生党员代表等旁听授课。

10月9日，我校党委书记屈哨兵为工程201、202、203、204班的同学们讲授"思政第一课"。广州市委党史学习教育第八巡回指导组组员陈丽芳，相关职能部门、学院负责人等旁听授课。

10月11日，我校举办第七届中国国际"互联网+"大学生创新创业大赛总决赛出征仪式暨模拟赛，校党委书记屈哨兵（左七），校党委副书记聂贵新（左五），君创（广州）投资控股有限公司总经理顾蔚坤，校原副校长郭兴蓬出席仪式，相关职能部门、学院负责人和参赛项目团队成员、所在学院老师等参加仪式。

10月15—16日,我校面向大二、大三和大四年级学生举行2021—2022学年学生学年礼,校党委书记屈哨兵(左七)、校长魏明海(右七),副校长傅继阳、周云、孙延明、张其学、吴开俊,校纪委书记陈晓晖出席,相关职能部门负责人,各学院领导,最受欢迎教师、班主任和辅导员代表等共同参加。学年礼上,校领导及"十佳学生"代表共同为学校劳动教育中心揭牌。

10月26日,广州、香港、澳门线上线下实时联动、共同举办的第六届中华经典诵读港澳展演交流活动圆满结束。本次活动由教育部语言文字应用管理司、教育部港澳台事务办公室主办,香港GAPSK语文推广委员会、澳门教育及青年发展局合办,广州大学承办,广东省教育厅、广东省语言文字工作委员会、广州市教育局、东莞市教育局、中国传媒大学、暨南大学和深圳大学协办。展演活动分别在香港东华三院黄笏南中学和广州大学设立展演会场,实时连线联办。

11月9日，2021广州国际友城大学联盟年会由广州国际友城大学联盟秘书处、广州大学主办，澳大利亚西悉尼大学承办，分别在广州和悉尼两地同时设立线下会场，并作为"2021年全球市长论坛暨世界大都市协会第十三届世界大会、第五届广州国际城市创新奖"主题边会。

11月17日，我校召开传达学习贯彻党的十九届六中全会精神干部大会，传达学习习近平总书记在十九届六中全会上的重要讲话和全会精神，以及省市学习贯彻党的十九届六中全会精神干部大会精神，部署全校学习宣传贯彻工作。校党委书记屈哨兵，校党委副书记、校长魏明海，校党委副书记聂贵新，副校长傅继阳、周云、孙延明、张其学、吴开俊，校纪委书记陈晓晖出席大会。全体中层领导干部参加了大会。

11月26日,第十六届海峡两岸(粤台)高等教育论坛在广州大学、台湾中华大学两个会场以线上线下相结合的方式举办。教育部港澳台事务办公室常务副主任、一级巡视员徐永吉,广东省教育厅副厅长、一级巡视员朱超华,广东省高等教育学会会长魏中林教授,佛光山教团系统大学总校长杨朝祥教授,台湾教育大学系统总校长吴清基教授,我校党委书记屈哨兵教授(左六),东莞台商子弟学校暨东莞台商育苗教育基金会董事长叶宏灯,先后在论坛开幕式上致辞。

12月3日,我校举行党建红色文化长廊教育宣传启动仪式,红色文化长廊正式启用。广州市委党史学习教育第八巡回指导组组长及组员、我校校领导等出席启动仪式。

12月3日,我校2021年体育节暨第十八届田径运动会在大学城校区北区中心运动场盛大开幕。校长魏明海,副校长傅继阳、张其学、吴开俊,校纪委书记陈晓晖出席开幕式。

12月14日,由我校师生编演的庆祝建党100周年时代报告剧《笃行者》在大学城校区演艺中心首演。市委党史学习教育领导小组第八巡回指导组成员,校党委书记屈哨兵,校长魏明海,校党委副书记聂贵新,副校长吴开俊,校纪委书记陈晓晖,广州市退教协会会长兼我校退教协会会长、校原党委书记易佐永,校关工委执行主任、校原党委副书记赖卫华,校信息安全研究所所长、数论和密码学领域的著名学者裴定一教授,校物理与材料科学学院天体物理中心主任樊军辉教授等时代报告剧人物原型代表,我校各单位主要负责人及师生代表等共同观看演出。

12月16日，我校召开第七届中国国际"互联网+"大学生创新创业大赛总结暨第八届大赛参赛动员大会，对第七届大赛赛况予以总结，部署第八届"互联网+"大赛广东省分赛工作。校党委书记屈哨兵、校长魏明海、校党委副书记聂贵新、副校长张其学出席会议，我校创新创业教育领导小组成员、"互联网+"大赛组委会成员、师生代表、项目团队代表、志愿者代表等参加大会。

12月16日，我校召开语言文字工作会议，广东省语言文字工作委员会办公室干部李颖、广州市语言文字工作委员会办公室副主任李晓云、校党委书记屈哨兵出席会议，各单位主要负责人，经典百书阅读推广中心、大学生语言能力教学中心相关负责人及相关工作人员，外国语学院、继续教育学院教师代表，国家语委科研中心、国家语言文字推广基地负责人和教师代表、学生代表等参加会议。

12月30日，数字经济与管理创新高峰论坛暨广东省数字经济创新发展报告发布会在我校大学城校区召开。本次论坛由广东省科学技术厅、广州市科学技术局指导，广州大学主办，我校管理学院、数字化管理创新研究院承办，粤港澳经济文化交流中心、广东省经济学家企业家联谊会协办。

目录

第一部分　学校领导　组织机构　民主党派

学校领导　/002

组织机构设置　/003

机构负责人　/006

　（一）党政部门、群团单位　/006

　（二）教学单位　/009

　（三）教辅单位　/015

　（四）后勤服务机构　/016

　（五）直属单位　/016

2021年设立的委员会和专项工作领导小组　/017

教职员工在各级人大、政协及民主党派任职情况　/025

第二部分　大事记

2021年广州大学大事记　/028

第三部分　党群工作

纪检监察工作　/044

组织工作 /046

宣传工作 /048

统战工作 /051

学生工作 /054

保卫处、武装部工作 /055

离退休工作 /057

工会工作 /060

共青团工作 /063

第四部分　教学工作

办学层次 /066

 博士学位授权点一览表 /066

 学术型硕士学位授权点一览表 /066

 专业型硕士学位授权点一览表 /068

 本科招生专业一览表 /069

 高等继续教育专业一览表 /072

办学规模 /074

 博士研究生分专业（领域）学生数 /074

 硕士研究生分专业（领域）学生数 /075

 普通本科分专业学生数 /075

 高等职业教育专科分专业学生数 /076

 成人本科分专业学生数 /076

 成人专科分专业学生数 /076

学位获得者及毕业生名单 /077

 学术博士学位获得者名单 /077

 学术硕士学位获得者名单 /077

 专业型硕士学位获得者名单 /079

研究生毕业名单	/084
普通全日制本科毕业生名单	/098
普通全日制专科毕业生名单	/145
成人高等教育毕业生名单	/160
毕业生就业情况	/212

第五部分　科研工作

重点实验室（重点研究基地）　　/216

科技类平台一览表	/216
社科类平台一览表	/218
2021年新增市级以上科研平台（基地）一览表	/220
理工类科研机构一览表	/221
社科类科研机构情况一览表	/222
2021年新增科研机构一览表	/223

人员情况　　/224

自然科学科研人员一览表	/224
人文社会科学科研人员一览表	/225

研究课题　　/226

2021年科技新立项课题一览表	/226
2021年社科新立项课题一览表	/261

教学科研人员编著出版书目　　/275

2021年科技公开出版著作（不含教材）	/275
2021年社科公开出版著作（不含教材）	/278

各单位发表高水平论文　　/284

2021年科技公开发表论文（SCI/SSCI）一览表	/284
2021年社科公开发表重要论文一览表	/486

获奖研究成果　　/493

2021年科技成果获奖一览表	/493

2021年社科成果获奖一览表	/494
专利授权情况	/497
授权专利一览表	/497
社会服务工作情况	/531
各单位横向项目情况	/532
2021年横向课题一览表	/532

第六部分　教职工队伍

在职在编教职工人员结构	/572
在职在编专业技术人员情况	/572
2021年各类人才工程入选名单	/573
2020—2021学年在编教职工年度考核优秀人员名单	/573
2021年教职工增加情况统计表	/588
2021年教职工减少情况统计表	/589
2021年新入职教师名录	/590
2021年退休教师名录	/591

第七部分　办学条件

校舍情况	/594
实验室一览表	/595
实验室利用一览表	/596
教学科研仪器设备分布一览表	/597
新增大型精密仪器设备一览表	/599
国家级、省级实验教学示范中心一览表	/600
基建工程情况	/601
网络规模	/602
图书馆2021年度经费一览表	/604

图书馆2021年文献资料收集一览表 /605

图书馆2021年度服务一览表 /605

广州大学（本级）2021年部门决算情况 /606

第八部分　对外交流合作

举办国际、涉外及海峡两岸学术会议一览表 /614

因公出国一览表 /615

因公临时赴港澳台一览表 /616

因公临时出国人员一览表 /616

因公赴港澳台一览表 /617

公派出国留学人员名单 /620

外籍人士、中国港澳台人士和旅居海外中国专家来访一览表 /621

在聘国外、境外专家和教师名单 /632

国际（港澳台）合作与交流协议一览表 /635

第九部分　联合办学

校外二级学院办学情况 /638

第十部分　表彰与奖励

学校、部门获市级以上表彰奖励一览表 /640

教职工获市级以上表彰奖励一览表 /642

学生获市级以上表彰奖励一览表 /645

2021年广州大学第九届教学成果奖（校级）获奖名单 /654

2021年学科竞赛获奖一览表 /658

2021年各类奖学金及获奖人数 /700

2021年设立奖学金一览表 /700

2021年设立助学金一览表 /701

第十一部分　附　录

重要文件和讲话　　/704

中共广州大学委员会关于印发《广州大学学生社团建设管理办法》的通知　　/704

中共广州大学委员会　广州大学关于印发《中共广州大学委员会2021年工作要点》
　　《广州大学2021年重点工作》的通知　　/709

中共广州大学委员会关于印发《全面开展党员干部教职员工专题学习培训方案》
　　的通知　　/722

中共广州大学委员会关于印发《广州大学加强党的基层组织建设三年行动计划
　　实施方案（2021—2023年）》的通知　　/724

中共广州大学委员会关于印发《广州大学教职工社团（协会）管理办法（试行）》
　　的通知　　/730

中共广州大学委员会办公室关于印发《广州大学开展党的教育方针贯彻落实专项
　　行动实施方案》的通知　　/735

广州大学党廉办关于印发《2021年广州大学党风廉政建设和反腐败工作责任分工》　　/738

《广州大学贯彻落实〈关于进一步加强和改进同级监督的八项措施〉责任分工》
　　的通知　　/738

广州大学关于印发《广州大学推进2021届毕业生就业工作实施方案》的通知　　/743

广州大学关于印发《广州大学专业技术人员在岗兼职创新创业管理办法（试行）》
　　和《广州大学专业技术人员离岗创业管理办法（试行）》的通知　　/747

广州大学关于印发《广州大学新时代劳动教育实施方案》的通知　　/753

广州大学关于修订《广州大学采购管理办法》及3项配套规章制度的通知　　/757

广州大学关于修订《广州大学博士后工作管理办法》的通知　　/769

广州大学关于印发《广州大学2021年版本科专业人才培养方案修订指导意见》
　　的通知　　/778

广州大学关于印发《广州大学科技成果转化管理办法（试行）》的通知　　/786

广州大学关于印发《广州大学创收经费支出实施细则》的通知　　/791

广州大学关于印发《广州大学优秀博士硕士学位论文评选办法》的通知　　/795

广州大学关于印发《广州大学党政全日制研究生国家奖助学金实施办法》的通知 /797

广州大学关于印发《广州大学本科生国家奖助学金实施办法》的通知 /801

广州大学关于印发《广州大学学院就业工作考核办法》的通知 /806

广州大学关于印发《广州大学信息化项目管理办法》的通知 /807

广州大学关于印发《广州大学学生资助工作实施办法》的通知 /813

广州大学关于印发《广州大学专业学位硕士研究生培养与管理工作办法》的通知 /817

广州大学关于印发《广州大学本科生第二课堂学分实施办法（修订）》的通知 /822

广州大学关于印发《广州大学经费支出审批权限管理办法》的通知 /824

广州大学关于修订《广州大学学生违纪处分规定》和《广州大学学生申诉处理办法》
  的通知 /827

广州大学关于印发《广州大学新机制人才并轨实施细则》的通知 /841

广州大学关于修订《广州大学推荐优秀应届本科毕业生免试攻读研究生工作管理办法》
  的通知 /844

广州大学关于印发《广州大学学生宿舍用电安全网格化管理工作实施方案（试行）》
  的通知 /848

广州大学关于修订《广州大学预算调剂管理办法》的通知 /851

广州大学关于印发《广州大学"十四五"事业发展规划》的通知 /856

广州大学关于印发《广州大学各学院"十四五"建设任务书重点指标体系》的通知 /882

广州大学关于印发《广州大学公费定向培养本科师范生管理工作实施方案》的通知 /887

广州大学关于印发《广州大学"十四五"本科教育教学发展规划（2021—2025年）》
  的通知 /890

校党委书记屈哨兵在学期末学校中层干部会议上的讲话 /902

行千米红廊 学百年党史 成一代新人
  ——校党委书记屈哨兵在广州大学党建红色文化长廊教育宣传启动仪式上的讲话 /913

总结成绩 明确任务 推动学校语言文字工作高质量发展
  ——校党委书记屈哨兵在学校语言文字工作会议上的讲话 /915

魏明海校长在城市创新发展院士峰会（2021·广州）上的致辞

心之所向 行之所至
  ——魏明海校长在2021届毕业典礼暨2021年学位授予仪式上的讲话 /923

为实现中华民族伟大复兴而努力学习
　　——魏明海校长在广州大学2021年新生开学典礼上的讲话　　/924

魏明海校长在2021年教代会上的工作报告　　/926

广州大学学生社团一览表　　/935

2021年新闻媒体报道我校主要消息索引　　/938

编后语　　/959

第一部分

学校领导　组织机构　民主党派

学校领导

职务	姓名	备注
校党委书记	屈哨兵	
校党委副书记、校长	魏明海	
校党委副书记	聂贵新	
校党委常委、副校长	傅继阳	
副校长	李小琴	任职至2021年4月2日
校党委常委、副校长	周 云	
校党委常委、副校长	孙延明	
校党委常委、副校长	张其学	
校党委常委、副校长	吴开俊	
校党委常委、纪委书记	陈晓晖	2021年8月任职

组织机构设置

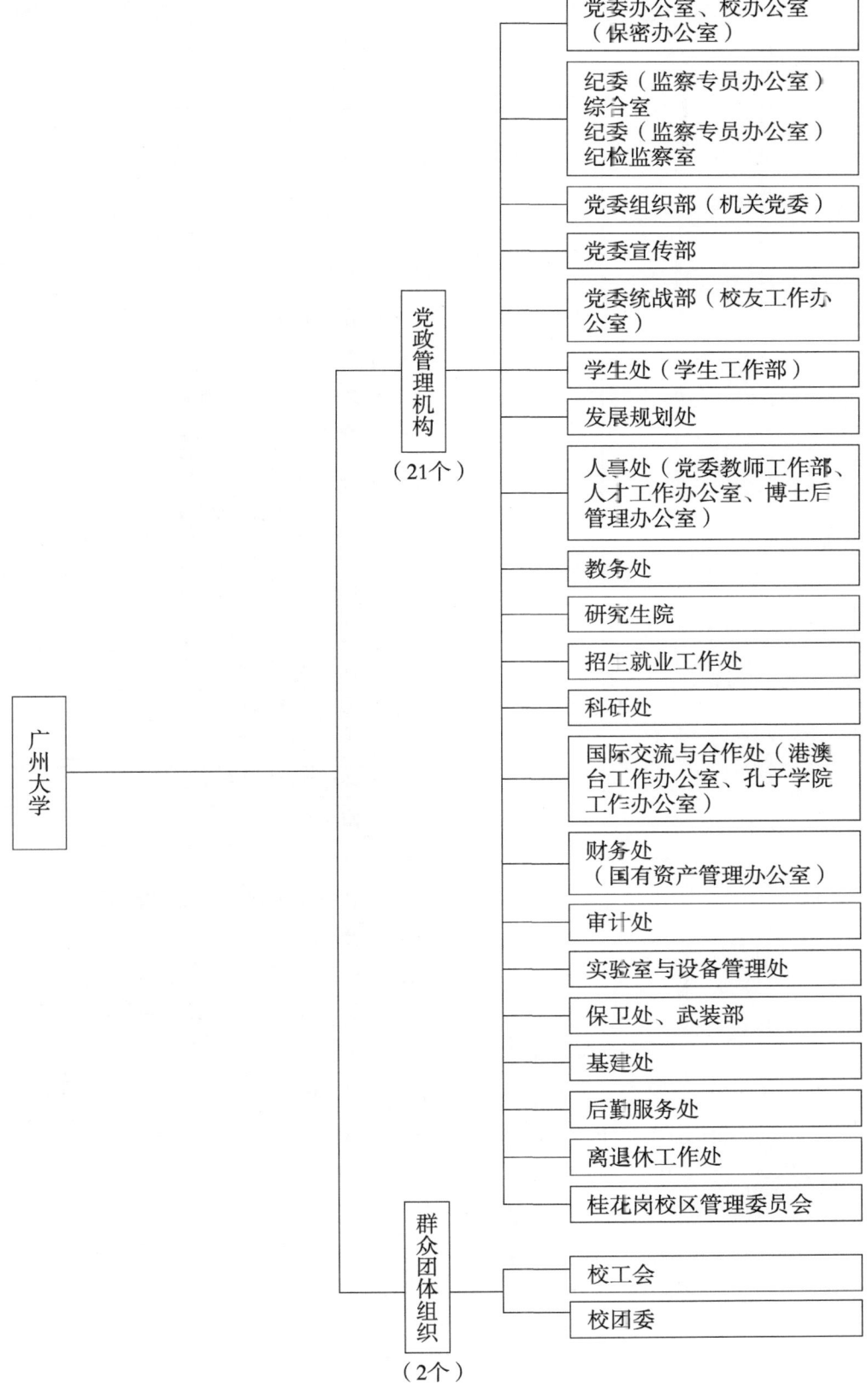

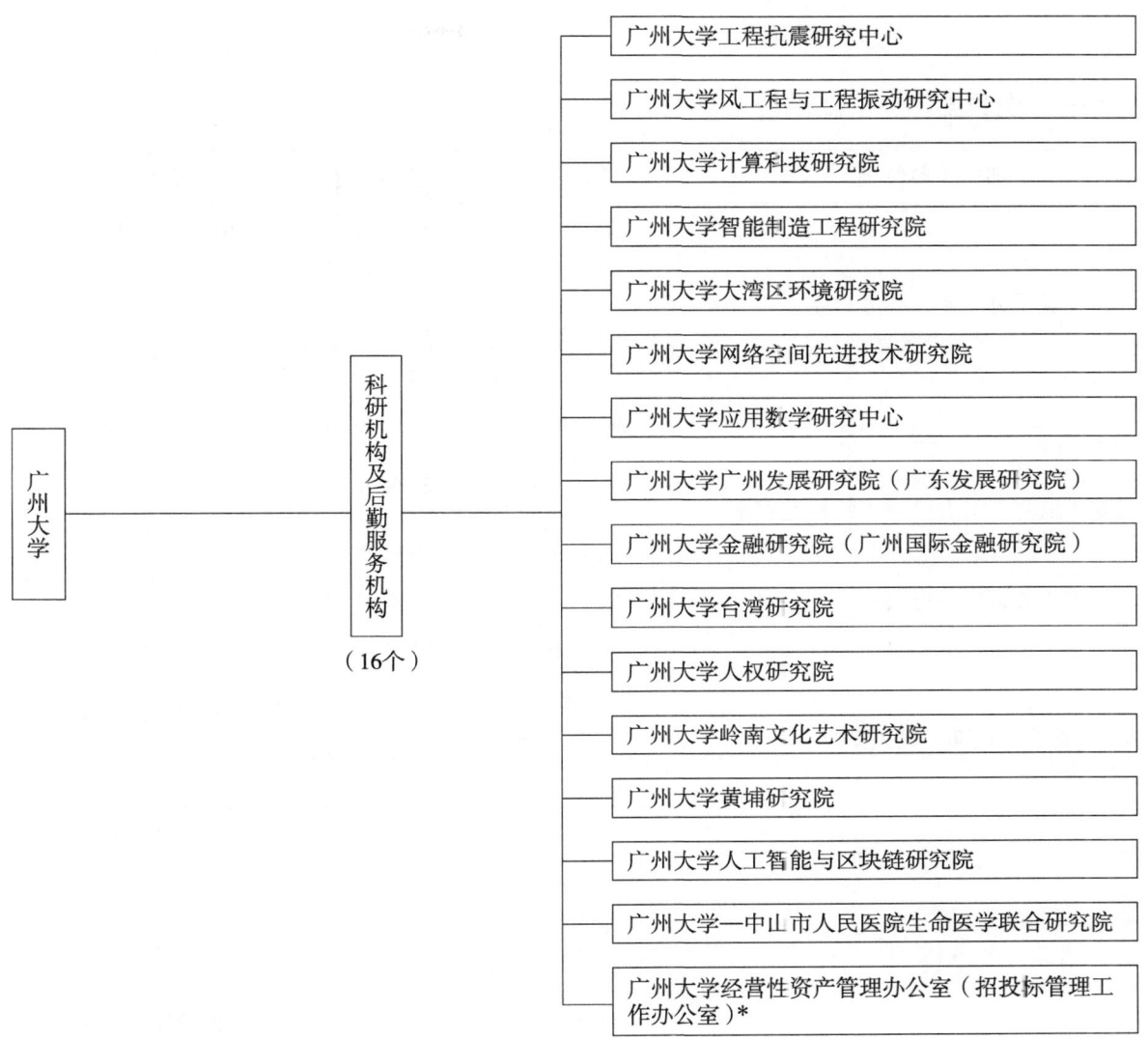

*参见《广州大学关于调整招投标管理工作办公室挂靠的通知》（广大〔2021〕111号）

机构负责人

（一）党政部门、群团单位

部门（单位）	职务	姓名	备注
党委办公室、校办公室（保密办公室）	主任	梁碧茹	2021年1月任职
	副主任	林仲英	
	副主任	袁渭锟	
	副主任	唐勇	
	副主任	王琦	2021年1月提任
纪委（监察专员办公室）纪检监察室	纪委副书记（主任）	程东海	
	副主任	隋秋敏	
纪委（监察专员办公室）综合室	副主任	叶国权	
党委组织部（机关党委）	常委	陆财深	2021年7月任职
	机关党委专职副书记	林雪松	2021年1月提任
	副部长	陈永添	
	副部长	陈彦远	2021年1月提任
党委宣传部	部长（兼）	吴开俊	
	常务副部长	温志昌	
	副部长	吴谦	
	副部长	朱晓军	2021年1月任职
党委统战部（校友工作办公室）	部长	卢捷	2021年3月任职
	副部长	肖斌	2021年7月提任
学生处（学生工作部）	处长（部长）	黄志凯	
	副处长（副部长）	吴锋刚	2021年1月任职
	副处长（副部长）	刘小燕	
	副处长（副部长）	廖勇	
	副处长（副部长）	刘军	

续上表

部门（单位）	职务	姓名	备注
发展规划处	副处长（主持工作）	张　涛	
	副处长	肖　华	2021年1月提任
人事处（党委教师工作部、人才工作办公室、博士后管理办公室）	处　长（部长、主任）	王国栋	
	副处长（副主任）	徐建挺	
	副部长	张见圣	2021年1月提任
	副处长（副主任）	谭镜华	2021年1月提任
	副处长（副主任）	罗　兵	2021年1月提任
	副部长（兼）	王洪涛	2021年1月任职
	副部长（兼）	朱晓军	2021年1月任职
教务处	处　长	聂衍刚	
	副处长	蔡琼生	2021年1月任职
	副处长	谢治菊	
	副处长	蔡忠兵	
	副处长	曾伟朝	2021年1月提任
研究生院	院长（兼）	吴开俊	
	常务副院长	唐春明	
	副院长	李燕冰	2021年1月任职
	副院长	张志明	2021年1月任职
	副院长	刘信标	
招生就业工作处	处　长	伍建芬	
	副处长	谭启亮	
	副处长	张伟文	2021年7月提任
科研处	处　长	杨新泉	2021年11月免职
	副处长	张延平	2021年1月任职
	副处长	李小华	
	副处长	杨玉宝	

续上表

部门（单位）	职务	姓名	备注
科研处	副处长	王　晨	2021年1月提任
	副处长（挂）	袁　杨	
国际交流与合作处（港澳台工作办公室、孔子学院工作办公室）	处　长（主　任）	汤　萱	2021年1月提任
	副处长（副主任）	柯志骋	
	副处长（副主任）	夏桃华	
	副处长（副主任）（挂）	唐进峰	
财务处（国有资产管理办公室）	处　长	徐凌军	
	副处长	姜海玲	
	副处长	林　灿	2021年1月提任
	副处长	陈毅光	2021年7月提任
	副处长（挂）	冯　锐	
审计处	处　长	姚俊生	2021年1月提任
	党支部书记	欧洁华	2021年1月任职
	副处长	李壮晖	2021年7月任职
实验室与设备管理处	处　长	蔡志华	2021年1月提任
	副处长	韩伟宁	
	副处长	李海鹏	2021年1月提任
	副处长（挂）	关宏宇	
保卫处、武装部	处　长（部　长）	刘聪敏	2021年1月提任
	副处长（副部长）	邓思清	
	副处长（副部长）	李金飞	2021年1月任职
	副处长（副部长）	张　蓓	
基建处	处　长	卢炷成	2021年1月提任
	副处长	孟　强	2021年1月任职
	副处长	唐　立	2021年1月提任
	副处长（挂）	夏大为	

续上表

部门（单位）	职务	姓名	备注
后勤服务处	处　长	许洁丹	
	副处长	苏华纯	
	副处长	邓坚阳	
	副处长	汤志勇	2021年1月提任
	副处长	严惠旭	2021年7月提任
离退休工作处	处　长	鄢智青	2021年1月提任
	离退休党委副书记	李国良	
	副处长	陈志明	
桂花岗校区管理委员会	主　任	何瑞豪	2021年1月提任
	党支部书记	苏沛祺	
	副主任	璩银吉	
	副主任（兼）	李金飞	2021年1月任职
	副主任（兼）	邓坚阳	2021年1月任职
校工会	常务副主席	杨勇	
	副主席	谭可坚	
校团委	书　记	林焕清	
	副书记	朱丹丹	
	副书记	李睿贤	2021年1月任职
	副书记	李恒	2021年1月提任
	副书记（兼）	林晓珊	
	副书记（挂）	栾新超	

（二）教学单位

部门（单位）	职务	姓名	备注
经济与统计学院	院　长	傅元海	
	书　记	卢国潜	
	副院长	马双	
	副院长	邹文理	2021年1月提任

续上表

部门（单位）	职务	姓名	备注
经济与统计学院	副院长	尹君良	2021年1月提任
	副院长	冯 锐	2021年1月提任
	副书记	付 艳	
法学院（律师学院）	院 长	张泽涛	
	书 记	陈爱平	2021年1月任职
	副院长	李 明	
	副院长	蒋银华	
	副院长	邱雪梅	2021年1月提任
	副院长	周少华	2021年1月提任
	副书记	钟日来	
马克思主义学院	院 长	赵中源	
	书 记	罗明星	
	副院长	冉 杰	
	副院长	吴阳松	
	副院长	左康华	2021年1月提任
	副书记	梅淑宁	2021年1月提任
教育学院（师范学院）	院 长	马凤岐	2021年1月任职
	书 记	麻彦坤	
	副院长	苏启敏	2021年1月提任
	副院长	杨文登	2021年1月提任
	副院长	张 豹	2021年3月提任
	副书记	胡艳芝	
体育学院	院 长	周二三	2021年1月提任
	书 记	何蕴华	
	副院长	祝振军	
	副院长	冯云辉	2021年1月提任
体育学院	副院长	李卫东	2021年1月提任
	副书记	冯荣光	2021年1月提任
人文学院	院 长	禤健聪	2021年1月提任
	书 记	王 琼	
	副院长	马 喆	2021年1月提任

续上表

部门（单位）	职务	姓名	备注
人文学院	副院长	王元林	2021年1月提任
	副院长	李茂增	2021年1月提任
	副书记	张 立	2021年1月任职
外国语学院	院 长	王晋军	2021年1月提任
	书 记	李暖均	
	副院长	汪东萍	2021年1月任职
	副院长	苏远连	
	副院长	彭念凡	2021年1月提任
	副书记	许多恬	2021年1月提任
新闻与传播学院	院 长	田秋生	
	书 记	李 雁	
	副院长	张爱凤	2021年1月任职
	副院长	夏清泉	
	副院长	邹 军	
	副书记	方建平	
管理学院（旅游学院/中法旅游学院）	院 长	薛小龙	2021年1月任职
	书 记	李增祥	2021年1月任职
	副院长	陈卫旗	2021年1月任职
	副院长	王学通	2021年1月任职
	副院长	肖佑兴	2021年1月任职
	副院长	黄琼宇	2021年1月提任
	副院长	刘广海	2021年1月提任
	副书记	陈 媛	
	副书记	李炎焜	2021年1月提任
公共管理学院	院 长	陈 潭	
	书 记	刘向晖	
	副院长	王枫云	
	副院长	杨 芳	
	副院长	周利敏	2021年1月提任
	副书记	万朝春	2021年1月提任

续上表

部门（单位）	职务	姓名	备注
音乐舞蹈学院	院　长	罗　洪	
	执行院长	刘　瑾	2021年1月提任
	书　记	李颂东	
	副院长	张　艳	
	副院长	佟树声	2021年1月提任
	副院长	王洪涛	2021年1月提任
	副书记	周　云	
美术与设计学院	院　长	贺景卫	2021年1月提任
	书　记	刘金球	
	副院长	刘菲菲	
	副院长	李茂宁	2021年1月提任
	副院长	罗　洁	2021年1月提任
	副书记	罗　兵	
数学与信息科学学院	院　长	彭济根	2021年1月任职
	书　记	郑美玲	
	副院长	王晓峰	
	副院长	钟育彬	
	副院长	蒲学科	
	副院长	焦　锋	2021年1月提任
	副书记（挂）	杨春荣	
物理与材料科学学院	院　长	王洪光	2021年1月提任
	书　记	曾学毛	
	副院长	张冰志	
	副院长	潘书生	2021年1月提任
	副院长	陈志峰	2021年1月提任
	副书记	黄顺婷	2021年1月提任
化学化工学院	书　记	周海兵	
	副院长（主持工作）	韩冬雪	
	副院长	邹汉波	
	副院长	刘兆清	2021年1月提任
	副院长	袁　杨	2021年1月提任

续上表

部门（单位）	职务	姓名	备注
化学化工学院	副院长（兼）	吴 旭	2021年3月任职
	副书记	杨 艺	2021年1月提任
地理科学与遥感学院	院 长	吴志峰	
	书 记	陈宇红	2021年1月提任
	副院长	潘文彬	
	副院长	李文翎	2021年1月提任
	副院长	杨现坤	2021年1月提任
	副院长	袁振杰	2021年1月提任
	副书记	白鹤云飞	
生命科学学院	院 长	黎 家	2021年9月任职
	书 记	陈 筠	
	副院长	柯德森	
	副院长	林永波	
	副院长	余文华	2021年3月提任
	副书记	刘晓亮	
机械与电气工程学院	院 长	邹 涛	
	书 记	李卓勇	2021年1月提任
	副院长	向建化	
	副院长	柳晶晶	
	副院长	梁忠伟	2021年1月提任
	副院长	朱大昌	2021年1月提任
	副书记	周 臻	
电子与通信工程学院	院 长	唐 冬	2021年1月提任
	书 记	陈泽龙	
	副院长	陈庆春	
	副院长	曾衍瀚	
	副院长	尚文利	2021年1月提任
	副书记	谢 玲	2021年1月任职

续上表

部门（单位）	职务	姓名	备注
计算机科学与网络工程学院	院　长	王捍贫	
	书　记	刘　强	
	副院长	汤茂斌	
	副院长	强小利	2021年1月提任
	副院长	温　武	2021年1月提任
	副院长	王员根	2021年1月提任
	副书记	吕延明	
建筑与城市规划学院	院　长	李建军	2021年1月任职
	书　记	王志明	
	副院长	赵　阳	
	副院长	姜　省	
	副院长	夏大为	2021年1月提任
	副院长	陈锦棠	2021年1月提任
	副书记	周世慧	
土木工程学院	院　长	谭　平	2021年1月任职
	书　记	罗　迪	2021年1月提任
	副院长	吴会军	
	副院长	荣宏伟	
	副院长	任凤鸣	
	副院长	汪大洋	2021年1月提任
	副书记	逄淑军	
环境科学与工程学院	院　长	肖唐付	
	书　记	利盛炜	2021年1月提任
	副院长	张鸿郭	2021年1月提任
	副院长	宋　刚	2021年1月提任
	副院长	阎　佳	2021年1月提任
	副书记	李　慧	2021年1月任职
国际教育学院（卫斯理安学院）	院　长	常向阳	2021年1月任职
	副院长	刘绍东	
	副院长	蔡一帆	

续上表

部门（单位）	职务	姓名	备注
创新创业学院	院　长	王满四	
	副院长	肖杏烟	2021年1月任职
	副院长	罗福先	
	副院长	刘军军	2021年1月任职
教师培训学院（继续教育学院）	院　长	丁邦友	
	书　记	林进鹏	2021年1月任职
	副院长	吴德伟	
	副院长	伍卫文	
	副院长	张　翼	2021年1月提任
	副书记	张　明	2021年1月任职
广州大学黄埔研究院/研究生院	院长（兼）	张其学	
	常务副院长	李　进	
	副院长	黄　斌	2021年1月任职
	副院长	石晓龙	
	副院长（挂任派驻）	曾伟朝	
	副院长（挂任派驻）	唐　立	

（三）教辅单位

部门（单位）	职务	姓名	备注
图书馆（知识产权信息服务中心）	馆　长	刘雪明	
	书　记	钟晓玲	
	副馆长	孙　凌	
	副馆长	艾新革	
	副馆长	张　正	
实验中心、网络与现代教育技术中心	主　任	谷　岩	
	书　记	许亚武	
	副主任	何伟峰	
	副主任	廖宏建	
	副主任	刘　葵	2021年1月提任

续上表

部门（单位）	职务	姓名	备注
期刊中心	主　任	李春雷	2021年1月提任
档案馆	馆　长	刘　峰	2021年1月任职
	副馆长	张俊毫	
教师发展与教学评估中心	主　任	王筱虹	2021年1月提任
	副主任	宋　智	2021年1月任职
	副主任	王洪涛	
分析测试中心	常务副主任（兼）	韩冬雪	
	副主任	吴　旭	2021年3月提任

（四）后勤服务机构

部门（单位）	职务	姓名	备注
经营性资产管理办公室（招投标管理工作办公室）	主　任	甘健强	2021年1月提任
	副主任	杨延兴	2021年9月任职
	副主任	钟玉池	2021年9月任职

（五）直属单位

部门（单位）	职务	姓名	备注
广州大学附属中学	校　长	欧卫国	
	书　记	何晓晴	
	副校长	李　卫	
	副校长	黄翠婉	
	副校长	王守亮	
	副校长	席长华	
附属艺术学校（广州市艺术学校）	校　长	眭美琳	
	书　记	吴伟灿	
	副校长	倪怡华	
	副校长	徐文健	
	副书记	曾冬冬	2021年1月提任
广州芭蕾文化艺术有限公司	董事长、总经理	邹罡	
广州歌舞剧院有限公司	董事长、总经理	史前进	
纺织服装学院	院　长	谢胜文	

2021年设立的委员会和专项工作领导小组

广州大学第七届中国国际"互联网+"大学生创新创业大赛广东省分赛筹备委员会

（广大〔2021〕15号）

一、大赛筹备委员会

大赛筹备委员会（以下简称筹委会）领导与协调大赛各项工作。筹委会成员组成如下：

主　　　任：	屈哨兵	校党委书记
	魏明海	校党委副书记、校长
常务副主任：	聂贵新	校党委副书记
副　主　任：	傅继阳	校党委常委、副校长
	李小琴	副校长
	周　云	校党委常委、副校长
	孙延明	校党委常委、副校长
	张其学	校党委常委、副校长
	吴开俊	校党委常委、副校长
成　　　员：	梁碧茹	党委办公室、校办公室（保密办公室）主任
	陆财深	党委组织部常务副部长
	温志昌	党委宣传部常务副部长
	卢　捷	党委统战部（校友工作办公室）部长（主任）
	黄志凯	学生处（学生工作部）处长（部长）
	王国栋	人事处（党委教师工作部、人才工作办公室、博士后管理办公室）处长（部长、主任）
	聂衍刚	教务处处长
	唐春明	研究生院常务副院长
	伍建芬	招生就业工作处处长
	杨新泉	科研处处长
	汤　萱	国际交流与合作处（港澳台工作办公室、孔子学院工作办公室）处长（主任）
	徐凌军	财务处（国有资产管理办公室）处长（主任）
	姚俊生	审计处处长
	刘聪明	保卫处处长、武装部部长
	许洁丹	后勤服务处处长

林焕清　校团委书记

谷　岩　实验中心、网络与现代教育技术中心主任

王满四　创新创业学院院长

二、筹委会下设秘书处

大赛秘书处负责拟定大赛具体实施方案及其日常执行工作。秘书处设在教务处。秘书处成员组成如下：

秘　书　长：聂衍刚

常务秘书长：梁碧茹　黄志凯　伍建芬　林焕清　王满四

执行秘书长：张延平　科研处副处长

副 秘 书 长：林仲英　党委办公室、校办公室（保密办公室）副主任

　　　　　　廖　勇　学生处（学生工作部）副处长（副部长）

　　　　　　谢治菊　教务处副处长

　　　　　　谭启亮　招生就业工作处副处长

　　　　　　朱丹丹　校团委副书记

　　　　　　肖杏烟　创新创业学院副院长

　　　　　　罗福先　创新创业学院副院长

秘书处办公室工作人员：除上述有关单位工作人员外，另自该筹委会成立之日起，从学院抽调如下工作人员：

　　　　　　邹　婷（从管理学院抽调）

　　　　　　刘志东（从公共管理学院抽调）

　　　　　　邱锦泉（从人文学院抽调）

　　　　　　黄元丰（从土木工程学院抽调）

　　　　　　李芳龄（从生命科学学院抽调）

秘书处拟下设十二个工作组：综合组、参赛组（本校）、竞赛及展示组、同期活动组、外联接待组、宣传组、国际交流组、网络信息组、后勤防疫组、安全保卫组、财务组、志愿服务组。具体工作人员和工作方案由秘书处另行拟定。

广州大学第十二届教学督导委员会

（广大〔2021〕20号）

主　　任：禹奇才

副 主 任：钱黎明　吴小强　孙　骅

委　　员：颜金林　张崇岐　朱俊强　黄　滨　梁　斌　路　红　陈卓儒　叶冬清　徐国苓
　　　　　王凤霞　叶从容　席秋香　李淑娥　席　红　孙丽君　佘立中　黄祖庆　于茜薇

　　　　　沈本秋　夏　宏　金　燕　祝晨光　吴泽锋　李小军　冯永平　宋建华　刘　怡
　　　　　林媚珍　黄卫清　李致富　王佳庆　喻　萍　古　鹏　陶文正　朱　勇　徐忠根
　　　　　张季超　李　雪　罗定贵
秘　书：凌晓辉

广州大学第七届教学指导委员会

（广大〔2021〕33号）

主　任：魏明海

副主任：聂衍刚

委　员：（排名不分先后）
　　　　　尹居良　张泽涛　左康华　张　豹　李卫东　马　喆　苏远连　张爱凤　刘广海
　　　　　王枫云　刘　瑾　罗　洁　钟育彬　张冰志　邹汉波　李文翙　柯德森　柳晶晶
　　　　　曾衍瀚　汤茂斌　赵　阳　汪大洋　宋　刚　王筱虹　蔡忠兵　谢治菊　蔡琼生

广州大学第六届学位评定委员会

（广大〔2021〕35号）

主　任：魏明海

副主任：张其学　吴开俊

委　员：（按姓氏笔画排序）
　　　　　丁邦友　马凤岐　王洪光　王捍贫　王晋军　田长恩　丑秋生　刘　瑾　李建军
　　　　　肖唐付　吴开俊　吴志峰　邹　涛　张其学　张泽涛　陈　潭　周二三　屈哨兵
　　　　　赵中源　贺景卫　聂衍刚　唐　冬　唐春明　常向阳　彭济根　韩冬雪　傅元海
　　　　　谭　平　禤健聪　薛小龙　魏明海

学位评定委员会下设办公室，办公室设在研究生院，主任由唐春明兼任，副主任由蔡琼生、李荣担任。

广州大学2020年度部门整体支出绩效评价工作领导小组

（广大〔2021〕56号）

组　　长：魏明海

副组长：傅继阳　孙延明

组　　员：徐凌军　肖　华　谭镜华　谷　岩　唐春明　卢炷成　刘雪明　汤　萱　蔡忠兵
　　　　　苏华纯　王　晨　韩伟宁　刘小燕　徐文健　曾冬冬（广州市艺术学校）

领导小组下设工作小组，成员名单如下：

组　　长：徐凌军

副组长：姜海玲　边思远

组　　员：何律君　张　颖　刘荣华　刘凤园　刘继胡　陈海丽　李红宾　刘志华　毛伟健
　　　　　宾　晶　黄　萍　陈海超　赵亚丽　杨志春　苏　琼（广州市艺术学校）

广州大学劳动教育工作领导小组

（广大〔2021〕71号）

组　　长：屈哨兵　魏明海

副组长：聂贵新

成　　员：聂衍刚　温志昌　黄志凯　林焕清　罗　洪　周二三　刘雪明　禤健聪

领导小组下设办公室和劳动教育中心，其中，办公室挂靠教务处，统筹管理全校劳动教育工作；劳动教育中心由学生处负责，具体负责策划、指导、协调、组织与劳动教育相关的各项工作和活动。校内相关部门要履行好工作职责，配合开展劳动教育工作。成员名单如下：

1. 领导小组办公室

主　　任：聂衍刚

成　　员：黄志凯　林焕清　伍建芬　温志昌

2. 劳动教育中心

主　　任：黄志凯　聂衍刚

副主任：廖　勇　刘　军　谢治菊　谭启亮　梁　洪　李睿贤　刘　葵　张　正

成　　员：各学院党委副书记、各学院分管教学副院长、学生处学生思想教育办公室负责人、教务处实践教学科负责人

学校为劳动教育中心安排财政专项经费，由学生处统筹，中心主任签批使用。

广州大学2021年普通高考招生工作委员会

（广大〔2021〕74号）

主　任：魏明海
副主任：吴开俊
成　员：梁碧茹　温志昌　黄志凯　聂衍刚　伍建芬　徐凌军　刘聪敏　许洁丹　林焕清
　　　　谷　岩　王霖华　张春良（教师代表）　　周伟峰（校友代表）
　　　　古镇添（学生代表　校学生会主席团成员）

委员会下设办公室，挂靠招生就业工作处，伍建芬担任主任，谭启亮、张伟文担任副主任。

广州大学科技成果转移转化工作领导小组

（广大〔2021〕92号）

工作领导小组成员名单如下：

张其学　王国栋　杨新泉　徐凌军　姚俊生　牛　利　向建化　殷丽华　彭心倩

广州大学文体艺语工作领导小组

（广大党〔2021〕21号）

组　长：屈哨兵　魏明海
副组长：聂贵新
成　员：聂衍刚　温志昌　黄志凯　林焕清　罗　洪　周二三　刘雪明　禤健聪

领导小组下设办公室，挂靠教务处，统筹管理全校文体艺语相关工作，分设经典百书阅读推广中心、学生体育活动中心、公共艺术教育中心、大学生语言能力教学中心，具体负责策划、指导、协调、组织文体艺语相关工作和活动。校内相关部门要继续履行好原有的工作职责。领导小组办公室及各中心成员名单如下：

1. 领导小组办公室

主　任：聂衍刚
成　员：温志昌　黄志凯　林焕清　罗　洪　周二三　刘雪明　禤健聪

2. 经典百书阅读推广中心

主　任：刘雪明　王　琼
副主任：蔡忠兵　李茂增　刘　军　张　正　李睿贤
成　员：杨　玫　胡亚丽　张新兴　黎彦彤　郭韦廷　郭碧乃　和丹丹

3. 学生体育活动中心

主　　任：周二三

副 主 任：蔡琼生　廖　勇　李　恒　冯云辉

成　　员：杨远平　周　坚　吴焱军　孟伟婷　何贯峰

4. 公共艺术教育中心

主　　任：罗　洪

常务副主任：朱丹丹

副 主 任：蔡琼生　李茂宁　佟树声　张爱凤　张　立　赵　阳

成　　员：郭韦廷　韩宝玉　胡　兵　黎桂婷　李思园　林舒莹　潘妍娜　彭贵昌　区汝红
　　　　　陶　冶　杨　柳　杨旭东

5. 大学生语言能力教学中心

主　　任：禤健聪

副 主 任：谢治菊　马　喆　郑周明　张晓苏

教学秘书：杜　欣

成　　员：唐德胜　耿淑艳　朱洋洋　彭贵昌　马将伟　杨　柳　郭　杰　刘惠琼　王　苗
　　　　　谢小丽　徐朝晖　陈楚敏

广州大学学生资助工作领导小组

（广大〔2021〕27号）

组　　长：吴开俊

副 组 长：黄志凯　唐春明

成　　员：学生处、教务处、研究生院、财务处、招生就业工作处、校团委等单位的主要负责
　　　　　同志

领导小组下设学生资助管理中心，挂靠学生处（学生工作部），成员名单如下：

主　　任：刘小燕

副 主 任：张志明　陈月文

成　　员：孙怡宁　唐　真　唐爱真

广州大学2021年研究生招生工作领导小组

（广大〔2021〕34号）

组　　长：魏明海

副 组 长：吴开俊

成　　员：程东海　唐春明　荣宏伟　王晓峰　强小利　潘书生　王学通　邹文理　杨文登

领导小组下设办公室，负责研究生招生的日常工作，成员名单如下：

主　　任：唐春明

副 主 任：刘信标

秘　　书：伦九赢　陈静丽

广州大学课程思政建设工作领导小组

（广大〔2021〕65号）

组　　长：屈哨兵　魏明海

副组长：聂贵新

成　　员：温志昌　聂衍刚　罗明星　赵中源

广州大学课程思政教学研究与实践中心

（广大〔2021〕65号）

主　　任：屈哨兵

副 主 任：聂衍刚　温志昌　罗明星

成　　员：左康华　蔡忠兵　李　雁　王　琼　李颂东　王志明　朱晓军

广州大学依法治校工作领导小组

（广大〔2021〕123号）

组　　长：屈哨兵　魏明海

副组长：聂贵新　傅继阳　周　云　张其学　孙延明　吴开俊　陈晓晖

成　　员：各职能部门负责人、二级学院党政负责人、学校法律顾问室成员

领导小组下设办公室，负责学校依法治校日常工作。办公室主任由党委办公室、校办公室（保密办公室）主任担任。

广州大学教师教育工作领导小组

（广大〔2021〕145号）

组　　长：魏明海
副组长：吴开俊
成　　员：聂衍刚　马凤岐　谢翌　张豹　马喆　钟育彬　苏远连　王洪涛　李文翎
　　　　　张冰志

教职员工在各级人大、政协及民主党派任职情况

第十三届全国人大代表（2人）

李小琴　广州大学副校长、民进广东省委副主委、民进广州市委主委（2021年4月调任广州市农业农村局局长）

王筱虹　广州大学教师发展与教学评估中心主任、副教授，校侨联主席

第十三届广东省人大代表（2人）

屈哨兵　广州大学党委书记，广东省第十三届人大常委会委员、华侨民族宗教委员会副主任委员

哈迎飞　人文学院教授、民进广州大学基层委员会主委

第十二届广东省政协委员（1人）

魏明海　广州大学校长

第十五届广州市人大代表（4人）

陈迪云　环境科学与工程学院教授、民进广州市委副主委

田长恩　生命科学学院院长、教授，农工党广州市委副主委

王　河　建筑设计研究院副院长、高级工程师，校知联会副会长

葛自丹　法学院副教授

第十三届广州市政协委员（13人）

李小琴　广州大学副校长、广州市政协副主席、民进广东省委副主委、民进广州市委主委（2021年4月调任广州市农业农村局局长）

吴志峰　地理科学与遥感学院院长

董　文　化学化工学院教授、民革广州大学基层委员会主委

纪德君　人文学院教授、民盟广州市委副主委

雷晓云　教师教育综合技能训练中心常务副主任、教授，民盟广州大学基层委员会副主委

杨高峰　法学院教授、民建广州大学总支主委

柯德森　生命科学学院副院长、农工党广州大学基层委员会主委

马玉宏　致公党广州大学总支主委

杨松才　人权研究中心执行主任、教授

吴会军　土木工程学院副院长、教授，九三学社广州大学基层委员会主委

张勤勤　数学与信息科学学院教授

涂成林　广州发展研究院教授

林清才　党委统战部

市留联会会长（1人）

魏明海　广州大学校长

第十七届番禺区人大代表（1人）

姚　焱　生命科学学院副教授、民进会员

第十四届番禺区政协委员（2人）

欧卫国　广州大学附属中学校长

谭苑芳　广州大学广州发展研究院副院长、教授，校知联会副秘书长

各民主党派的组织机构

民革广州大学基层委员会

主　委：董　文　　　　　　　　　副 主 委：胡晓鹰　叶冬清　王子舟　张立巍

民盟广州大学基层委员会

主　委：张泽涛　　　　　　　　　副 主 委：雷晓云　范立生　李建立　吴　旭

民建广州大学总支

主　委：杨高峰　　　　　　　　　副 主 委：罗海丰　徐　芃　王　霞

民进广州大学基层委员会

主　委：哈迎飞　　　　　　　　　副 主 委：姚海霞　姚　焱

农工党广州大学基层委员会

主　委：柯德森　　　　　　　　　副 主 委：李　鹏　陈泽波　刘永慧

致公党广州大学总支

主　委：马玉宏　　　　　　　　　副 主 委：孟凤英　任　杰　叶　茂

九三学社广州大学基层委员会

主　委：吴会军　　　　　　　　　副 主 委：熊伟华　宋立新　吴　坚

广州大学党外知识分子联谊会

会　长：（空缺）　　　　　　　　副 会 长：郭志明　朱俊强　王　河　林清才（兼）

秘书长：曾庆祝　　　　　　　　　副秘书长：傅　刚　谭苑芳

广州欧美同学会·归国留学人员联谊会广州大学分会

会　长：（空缺）　　　　　　　　副 会 长：唐春明　常向阳　蒋晓萍　李　雁

秘书长：林清才（兼）　　　　　　副秘书长：梁碧茹　周露露　贾东霖

广州大学归国华侨联合会

主　席：王筱虹　　　　　　　　　副 主 席：吴水田　孙　元　向伟明　王晓莺

秘书长：张　志　　　　　　　　　副秘书长：张红玲

第二部分

大事记

2021年广州大学大事记

一月

是月,科技部公布2020年立项结果,学校获两项经费超千万元的国家重点研发计划项目,分别是人工智能与区块链研究院李进教授牵头承担的项目"面向区块链关键机制的安全分析与增强技术"和物理与材料科学学院王锋教授团队的项目"低频射电干涉阵列的高精度校准方法"。这也是我校继2017年、2018年、2019年连续三年获批国家重点研发计划项目以来,再次获批国家重点研发计划项目。

是月,广东省本科高校文化素质教育指导委员会公布了2020年课程思政优秀案例评选结果,学校共有71项课程思政案例获奖,总数位居广东省各高校首位,其中13项案例获一等奖,58项案例获二等奖。

是月,广东省教育厅发布《关于公布2020年度课程思政建设改革示范项目认定结果的通知》,学校申报的12个项目全部获批。其中含课程思政示范团队3个,课程思政示范课程5门,课程思政示范课堂4个。课程思政示范课程同时被认定为省级一流本科课程。

二月

26日,学校召开《广州大学高水平大学二期建设方案(2021—2025年)》专家论证会,暨南大学原校长胡军教授,华南师范大学原校长刘鸣教授,广东工业大学原党委书记、校长陈新教授,中山大学原党委常务副书记梁庆寅教授和华南理工大学副校长朱敏教授受邀担任论证专家,胡军教授为专家组组长。广州市教育局高教处处长刘林睿、科研处处长黄晓婷到会指导。学校党委书记屈哨兵,副校长傅继阳、孙延明、张其学、吴开俊及相关职能部门负责人,"2+6+1"科研创新平台建设相关单位的负责人等参加了会议。

是月,学校分析科学技术研究中心党支部韩冬雪工作室成为第二批立项建设的广东省高校"双带头人"教师党支部书记工作室之一。

三月

22日,校党委书记屈哨兵教授以"学百年党史 做世纪新人"为题,为土木工程学院的同学们讲授新学期"思政第一课"。

30日,校长魏明海以"学习习近平《论中国共产党历史》 理解共产党人精神谱系"为题,为机械与电气工程学院的同学们讲授"思政第一课"。

四月

10日,由广州市人民政府指导、学校主办的城市创新发展院士峰会在广州举行。本次峰会以

"创新推进城市高质量建设，实现广州城市创新发展，引领粤港澳大湾区建设"为主题，汇聚何镜堂、周福霖、崔愷、郭仁忠、杜彦良、孟建民、陈湘生、吴志强、岳清瑞、庄惟敏等院士在内的城市建设发展领域的顶尖专家，广州市住房和城乡建设局、教育局、文化广电旅游局、规划和自然资源局、生态环境局等相关负责人和学校部分专家学者参会。

20日，学校大学生职业生涯规划与就业指导品牌"祁老师工作室"在广州大学学生就业服务大厅授牌成立。

22日，第十一届全国防震减灾工程学术研讨会暨中国土木工程学会防震减灾工程分会第三届理事换届会议在河南郑州隆重举行。会上，学校工程抗震研究中心主任、我国减震控制技术体系的主要奠基人周福霖院士和学校双聘院士、著名地震与防震工程专家谢礼立院士获第一届"防震减灾工程终身成就奖"。

24—27日，高海拔宇宙线观测站（LHAASO）合作组2021年第一次会议暨工程进展会在广州市召开。此次会议由中国科学院高能物理研究所主办，学校物理与材料科学学院承办，共有来自中国科学院及国内高校约210名科研人员与研究生通过现场及线上远程参会。

29日，广州欧美同学会第三期"羊城海归讲坛"在中新广州知识城海丝知识中心举行。本次活动主题为"科技创新引领人工智能与数字化转型"，由中共广州市委统战部指导，广州欧美同学会、广州大学主办，广州大学党委统战部、广州大学黄埔研究院承办。

29日，学校召开2021年版本科专业人才培养方案修订工作布置会，全面启动新一轮人才培养方案修订工作。

29日，学校召开2021年全面从严治党工作会议暨2020年度领导干部述责述廉述德会议。全体在校校领导，校党委委员，校纪委委员，校属各单位负责人，以及各基层党委（党总支、直属党支部）纪检委员、院务监督委员会主任，各机关党支部纪检委员，学校特约监督员代表和"三述"人员所在单位教职工代表等参加会议。

29—30日，中国空间站工程巡天望远镜（CSST）科学数据处理系统在学校天体物理中心召开系统软件研制讨论会。来自中国科学院国家天文台、上海天文台、紫金山天文台、南京天文光学技术研究所、计算机网络信息中心、中山大学、昆明理工大学和学校等多家单位的科学数据处理系统软件模块组长和技术骨干约30人参加会议。

是月，校长魏明海、校党委副书记聂贵新一行赴西藏林芝地区开展教育援藏工作，并续签"校地共建"协议。

是月，科技部、教育部联合发文，学校申报的"土木工程新型复合材料与复合结构学科创新引智基地"成功入选"高等学校学科创新引智计划"。该基地获批是学校在一流学科建设及国家级引才引智平台上的重大突破，也是学校高水平大学建设取得的又一标志性成果。

五月

5—8日，住房和城乡建设部高等教育建筑环境与能源应用工程专业评估委员会专家组对学校建筑环境与能源应用工程专业评估（认证）进行实地考察。专家组组长由中国建筑西南设计研究院有限公司教授级高级工程师戎向阳担任，成员包括中国铁路设计集团有限公司教授级高级工程师朱建章、青岛理工大学胡松涛教授和重庆大学肖益民教授。

7日，学校召开党委常委会会议，专题传达学习习近平总书记在中共中央政治局第二十九次集体学习时的重要讲话精神，研究贯彻落实意见。全体在校校领导参加学习，相关职能部门负责人列席会议。

10—13日，教育部师范类专业第二级认证专家组对学校汉语言文学专业进行实地考察。专家组组长由沈阳师范大学原副校长、博士生导师关松林教授担任。

11日，纪念五四运动102周年暨"学党史、强信念、跟党走"广州大学灯塔学习会在校举行，学校党委副书记聂贵新，相关职能部门负责人出席会议，学校团委全体成员及各学院团委书记、学校院"青年马克思主义者培养工程"培训班学员参加学习会。

12—14日，学校建筑学专业接受全国高等学校专业教育评估专家组进校考查。专家组由哈尔滨工业大学教授孙澄担任组长。

14日，《南方日报》A05版刊发专访学校党委书记屈哨兵的报道《广州大学党委书记屈哨兵：深化党建融合　培育时代新人》。该报道是省教育厅联合《南方日报》、南方+客户端推出的"百年对话——广东高校党委书记谈党建引领育新人"全媒体宣传活动系列报道之一。

20日，全省科技创新大会在广州召开，大会颁发2020年度广东省科学技术奖。学校以第一完成单位斩获三项一等奖、两项二等奖。其中，庾建设教授主持的"离散系统的变分法及其应用"项目获得广东省自然科学奖一等奖，方滨兴院士主持的"基于互联网的公开信息大搜索关键技术及系统"项目、张新长教授主持的"新型城镇化建设地理空间信息智能处理关键技术及应用"项目分别获得广东省科技进步奖一等奖。张春良教授主持的"高铁钢轨修磨机器人系统研发与应用"项目、吴会军教授主持的"湿热地区高性能建筑节能材料关键技术及应用"项目分别获广东省科技进步奖二等奖。

25日，由学校体委和学生体育活动中心主办的"庆祝中国共产党成立一百周年暨首届全国校园排舞大课间网络展示大赛"广州大学大型排舞展演活动在学校中心运动场举行。

27日，学校召开强化新冠肺炎疫情防控工作布置会，研究部署进一步推进疫苗接种及强化校园疫情防控工作。

27日，广州大学、广东腐蚀科学与技术创新研究院举行"联合研究院"签约暨揭牌仪式。学校校长魏明海、副校长张其学、原副校长郭兴蓬，广东腐蚀科学与技术创新研究院院长韩恩厚、常务副院长冯埃生出席签约仪式，双方相关部门负责人参加活动。张其学、冯埃生分别代表广州大学、广东腐蚀科学与技术创新研究院签署框架协议。签约仪式由韩恩厚主持。

28日，广东省人民政府台湾事务办公室副主任肖兵、综合研究处处长兼广东台湾研究中心副主任伍晓军等到学校开展调研，并对学校涉台研究与交流等工作进行指导。学校副校长张其学教授，相关涉台研究与管理机构负责人参加调研座谈会。

是月，住房和城乡建设部正式批准由学校牵头主编的《建筑隔震设计标准》为国家标准，编号为GB/T51408-2021，自2021年9月1日起实施。

六月

2日，教育部、国家语委在京发布2021年度中国语言文字事业和语言生活状况报告，含《中国语言文字事业发展报告（2021）》《中国语言生活状况报告（2021）》《中国语言政策研究报告（2021）》《世界语言生活状况报告（2021）》《粤港澳大湾区语言生活状况报告（2021）》等。其中，《粤港澳大湾区语言生活状况报告（2021）》由学校研制。

7日，学校召开疫情防控领导小组专题会议，深入学习贯彻习近平总书记关于疫情防控的重要讲话和重要指示精神，听取相关工作情况汇报，研究部署下一步工作。

10日，学校举行"文体语艺劳"五大中心工作推进会。学校党委书记屈哨兵、校党委副书记聂贵新出席会议，相关职能部门、五大中心负责人参加会议。

21日，学校以线上会议的形式举办2021年普高招生新闻媒体通气会，校长魏明海、相关职能部门负责人介绍2021年学校普通本科招生计划。今年新增智能制造工程、遥感科学与技术两个专业。

22日，市委党史学习教育领导小组巡回指导组与学校党委举行党史学习教育工作会暨见面对接会。学校党委书记屈哨兵主持会议并汇报学校党史学习教育开展情况，巡回指导组第八组组长邱少民，副组长罗满园，指导组成员柯柳娟、陈丽芳、吴妙玉出席会议，学校党委党史学习教育领导小组成员参加会议。

23日，学校召开加强基层党组织建设工作会议，总结学校上一轮基层党建三年行动计划的落实情况，部署实施新一轮三年行动计划。学校党委书记屈哨兵、校党委副书记聂贵新出席会议，学校各基层党委（党总支、直属党支部）书记，机关部处各党支部书记参加会议。

26日，学校以"线下主会场+分会场+线上直播"的方式，举行2021届毕业典礼暨2021年学位授予仪式，为毕业生送上最美的青春祝福。校领导，教师代表，相关职能部门负责人，各学院领导、班主任、辅导员、导师代表，获得博士、硕士、学士学位的毕业生代表等在图书馆附楼五楼报告厅参加主会场典礼。毕业典礼由副校长吴开俊主持。

30日，学校举行"光荣在党50年"纪念章颁发仪式。学校党委书记屈哨兵，校党委副书记聂贵新出席颁发仪式，学校相关职能部门负责人，荣获纪念章的党员代表、离退休党委各级党组织代表和青年教师党员代表等参加颁发仪式。仪式由副校长孙延明主持。

30日，学校召开庆祝中国共产党成立100周年暨"七一"表彰大会，热烈庆祝中国共产党成立100周年，表彰先进集体和个人。学校党委书记屈哨兵，副校长傅继阳、周云、孙延明、张其学、吴开俊，"光荣在党50年"纪念章获得者代表、学校原党委书记陈万鹏出席大会，各基层党委（党总支、直属党支部）书记，机关党委下属支部书记，新党员代表，获表彰的优秀共产党员、优秀党务工作者和先进基层党组织代表等参加大会。大会由校党委副书记聂贵新主持。

是月，《南方日报》、南方+专访广州大学校长魏明海，发文《广州大学校长魏明海：撕掉"偏文"标签，打造四大一流专业方阵》。该报道是省教育厅联合《南方日报》、南方+客户端开展"金牌专业"全媒体报道活动报道之一。

是月，中国工程教育专业认证协会发布《关于公布浙江大学机械工程等305个专业认证结论的通知》（工认协〔2021〕13号），正式公告确认我校环境工程专业通过中国工程教育专业认证。该专业是广东省内同类专业中首个通过中国工程教育认证的专业，2019年获批国家一流本科专业建设点。

是月，根据《关于公布2021年广东"最美科技工作者"遴选结果的通知》（粤科协联〔2021〕11号），学校地理科学与遥感学院张新长教授获2021年广东"最美科技工作者"称号，并作为前10位之一被推荐为全国"最美科技工作者"人选。

是月，住房和城乡建设部高等教育建筑环境与能源应用工程专业评估委员会和全国高等学校建筑学专业教育评估委员会分别函告我校《关于广州大学建筑环境与能源应用工程专业评估（认证）结论的通知》《关于广州大学建筑学专业工程本科（五年制）和硕士研究生教育评估结论的通知》，决定通过我校建筑环境与能源应用工程专业评估（认证），合格有效期为6年，自2021年5月起至2027年5月止；决定通过我校建筑学专业本科（五年制）评估，合格有效期为4年，自2020年5月起至2024年5月止；硕士合格有效期为2020年5月起有条件6年。

七月

1日，学校召开庆祝中国共产党成立100周年座谈会。学校领导、"光荣在党50年"纪念章获得者代表、职能部门负责人和各单位主要负责同志代表、基层党员和师生代表等热议习近平总书记重要讲话，结合工作和学习实际，畅谈学习习近平总书记重要讲话精神的感想体会。座谈会由学校党委书记屈哨兵主持。

5日，学校举行周福霖院士"全国优秀共产党员"奖章颁发仪式。市委组织部副部长陈晓嘉，学校党委副书记聂贵新，广州市科学技术协会党组成员、副主席曾雪玲出席仪式，广州市科学技术协会创新与交流中心和学校党委组织部、工程抗震研究中心相关负责人，学生党员代表等参加仪式。

7日，2021年度上半年科研工作总结暨下半年工作部署会在图书馆附楼五楼报告厅召开。校长魏明海出席会议并讲话，各学院院长、分管科研工作副院长及学校各科研机构主要负责人参加会议。会议由副校长张其学主持。

13日，"乡村振兴·青年担当"活动之"大学生讲脱贫攻坚与乡村振兴故事"决赛、颁奖典礼暨《攻坚2020：一线扶贫干部亲历记》新书发布仪式在学校举行。

13日，学校举行本科教学工作总结交流会，对2020—2021学年第二学期本科教学工作予以总结，并就下一步工作进行部署。校长魏明海出席会议并讲话，相关职能部门、各学院教学工作负责人等参加会议。

14—31日，广州大学乡村振兴研究院联合广州大学、贵州民族大学相关学院师生30多人，深入西藏、贵州、广西开展以"推普助力乡村振兴"与"乡村致富带头人口述故事采集"为主题的"三下乡"社会实践活动。

15日，学校举办"深入学习习近平总书记'七一'重要讲话精神 推进新时代党的理论建设"高端论坛，来自省内十余所高校的专家学者济济一堂，深入学习贯彻习近平总书记在庆祝中国共产党成立100周年大会上的重要讲话精神。

16日，学校举行青年博士学术联谊会代表大会暨第二届理事会换届大会，进一步推动学科交叉融合和青年博士学术共同体建设。副校长张其学出席会议，相关职能部门、学院负责人，以及各学院（科研机构）青年博士代表等参加本次会议。会议由科研处负责人杨新泉主持。

19日，学校举行学生工作总结交流会，对2020—2021学年第二学期的学生工作予以总结，并就下一步工作进行部署。

19日，学校召开各民主党派学习习近平总书记在庆祝中国共产党成立100周年大会上的重要讲话精神座谈会。学校党委副书记聂贵新出席会议并讲话，会议由校党委统战部部长卢捷主持。

30日至8月5日，学校"中华民族一家亲、同心共筑中国梦"民族团结实践团前往新疆维吾尔自治区乌鲁木齐市和阿勒泰地区，开展主题为"民族团结我践行"的暑期社会实践活动。

八月

1日，学校举行学习贯彻习近平总书记"七一"重要讲话精神专题宣讲报告会，学习贯彻总书记"七一"重要讲话精神，市委宣讲团成员、学校马克思主义学院院长赵中源教授作"把握习近平总书记'七一'重要讲话精神的核心要义"专题报告。市委党史学习教育第八巡回指导组组长邱少民、指导组成员陈丽芳到会指导。学校领导、学校中层干部共约300人通过线下参与和线上观看直播的形式参加会议。报告会由学校党委书记屈哨兵主持。

6—11日，由学校地理科学与遥感学院及广州大学华南人文地理与城市发展研究中心承办的，以"人文地理学理论与实践前沿"为主题的2021年广东省人文地理学研究生暑期学校以线上方式举行。

11日，"建行杯"第七届中国国际"互联网+"大学生创新创业大赛广东省分赛决赛在学校举行。本届省决赛由广东省教育厅、中共广东省委统一战线工作部、中共广东省委网络安全和信息化委员会办公室、广东省发展和改革委员会、广东省工业和信息化厅、广东省人力资源和社会保障厅、广东省农业农村厅、广东省市场监督管理局（知识产权局）、广东省乡村振兴局、共青团广东省委员会主办，广州大学、中国建设银行股份有限公司广东省分行承办，广东省高等学校毕业生就业促进会协办。

11日，"建行杯"第七届中国国际"互联网+"大学生创新创业大赛广东省分赛决赛决出赛果，学校选送的17个参赛项目全部获奖，获得金奖15项、银奖2项，金奖总数位居全省第一。同时，学校获得高教主赛道优秀组织奖、红旅赛道优秀组织奖，创造我校在本项赛事中历史最佳成绩。

13日，学校召开党委常委会会议，专题传达学习习近平总书记在中共中央政治局第三十二次集体学习时的重要讲话精神，研究贯彻落实意见。全体在校校领导参加学习，相关职能部门负责人列席会议。

16日，学校举行中层干部暑期党史学习教育第三次集中学习专题报告会，观看由中共中央党校副校长谢春涛主讲的学习贯彻习近平总书记"七一"重要讲话精神专题宣讲报告会录播视频。市委党史学习教育第八巡回指导组副组长罗满园、指导组成员陈丽芳到会指导。学校领导、学校中层干部共约300人通过线下参与和线上观看直播的形式参加会议。报告会由学校党委书记屈哨兵主持。

16日，学校召开2021年秋季学期开学工作布置会，研究部署新学期开学工作，同时就做好番禺区小谷围街人大代表换届选举工作进行动员。学校党委书记屈哨兵，校长魏明海，校党委副书记聂贵新，副校长周云、孙延明、吴开俊出席会议，相关职能部门、学院负责人等以线下或线上观看直播的方式参加会议。会议由校长魏明海主持。

19日，省委教育工委副书记、省教育厅党组副书记李大胜一行来学校检查2021年秋季开学返校疫情防控工作，并召开工作座谈会。学校党委书记屈哨兵、校长魏明海、副校长周云出席座谈会，相关职能部门负责人参加会议。

24日，教育部（教高司函〔2021〕14号）公布了2021年第一批产学合作协同育人项目立项名单。学校46个项目获得立项，其中新工科、新医科、新农科、新文科建设2项，教学内容和课程体系改革25项，师资培训12项，实践条件和实践基地建设4项，创新创业教育改革3项，获批项目总数位居广东高校第二位。

25日，国际大科学工程平方公里阵列射电望远镜天文台（Square Kilometre Array Observatory, SKAO）与我校正式签订SKA数据处理软件开发框架合同（Software Development Framework Contract），这是我国与SKA国际组织签署的首个SKA工程建设采购合同。我校物理与材料科学学院天文系王锋教授成为SKA 科学数据处理（Science Data Processor, SDP）团队的核心研发人员（Principal，项目总师，占5%的比例）。

30日，学校党委书记屈哨兵，校党委副书记、校长魏明海，校党委副书记聂贵新分别以"从百年党史汲取建设高水平大学的磅礴力量"为题，为党办、校办、科研处、组织部党支部成员讲授学习贯彻习近平总书记"七一"重要讲话精神专题党课。

31日至9月1日，中国共产党广州大学第三届委员会第十一次全体会议暨2021年暑期领导干部学习读书班和广州大学"学党史 担使命 推动学校高质量发展高水平建设"学习研讨主题报告会召开。会议听取了学校党委常委会工作报告，审议并通过了全委会决议，进一步明确了学校"十四五"事业发展规划。全体校领导、党委委员出席会议，全体中层干部、学科带头人与专业负责人、"双带头人"党支部书记代表等参加会议。

是月，2021年，教育部关工委以"讲好入党故事，传承红色基因"为主题，在全国高校全面开展"读懂中国"活动。经教育部关工委专家评审、常务主任办公会研究决定，评审结果近日公布。学校关工委荣获教育部关工委2021年"读懂中国"活动优秀组织奖，短视频作品《入党誓词的笃行者》获2021年"读懂中国"最佳短视频奖，舞台剧作品《信念》获2021年"读懂中国"优秀舞台剧奖，我校是广东省属高校中获奖作品最多的单位。

是月，广东省人民政府办公厅印发《广东省高等教育"冲一流、补短板、强特色"提升计划实施方案（2021—2025年）》，学校在新一轮广东省高等教育"冲一流、补短板、强特色"提升计划（2021—2025年）中，由重点学科建设高校提升为重点建设高校。学校在广东省高等教育"冲一流、补短板、强特色"提升计划（2018—2020年）建设高校三年建设期满考核评价结果为A，在重点建设学科考核评价中，网络空间安全为A+，数学、统计学、土木工程为A，进步幅度明显，整体实力提升显著。

是月，市教育局、市总工会、市精神文明建设委员会办公室发出《关于2021年"感动广州的最美教师"名单的通报》，学校生命科学学院刘宝辉教授为10位"感动广州的最美教师"之一。

九月

1日，学校召开2021年纪律教育学习月动员会。

7日，各学院通过班级大会、主题班会等教育形式积极开展"开学第一课"，结合学校实际情况，强调在学生返校后进一步加强疫情防控教育、思想政治教育、安全教育、心理健康教育和垃圾分类主题宣传教育。

10日，广东省教育厅公布第十届广东省高等学校教学名师奖（本科）获得者名单，学校纪德君、丁云飞、王满四3位教授荣获"第十届广东省高等学校教学名师奖（本科）"。

10日，学校举行2021年教师节庆祝大会，表扬一年来为学校发展做出贡献，在落实立德树人根本任务中表现突出的老师们，并向全体老师致以节日的问候。学校党委书记屈哨兵，校长魏明海，副校长傅继阳、周云、张其学、吴开俊，校纪委书记、广州市监委驻广州大学监察专员陈晓晖出席大会，教职工代表、离退休教职工代表、受表扬教职工代表、学生代表等参加大会，共同庆祝第37个教师节。大会由校党委副书记聂贵新主持。

10日，《广州日报》A8版刊发专访学校党委书记屈哨兵、校长魏明海的报道《高水平大学建设　广州大学跑出"加速度"》。

14日，学校召开学校保密工作会议，开展保密专题教育，就保密法纪学习融入纪律教育学习月活动中进行动员部署。

23日，学校召开党委常委会会议，专题传达学习习近平总书记在中央党校（国家行政学院）中青年干部培训班开班式上的重要讲话精神，研究贯彻落实意见。全体在校校领导参加学习，相关职能部门负责人列席会议。

24日，学校举办《广东省高等教育"冲一流、补短板、强特色"提升计划——广州大学整体建设方案（2021—2025年）》专家论证会，深圳大学副校长徐晨、华南师范大学副校长吴坚、华南理工大学土木与交通学院院长吴波、暨南大学智能科学与工程学院院长柳宁、广东工业大学机电工程学院院长张永康、北京大学数字中国研究院（华南）院长助理傅瑜受邀担任论证专家，徐晨为专家组组长。学校党委书记屈哨兵，校长魏明海，副校长傅继阳、孙延明、张其学出席论证会，"高水平大学建设计划"各重点学科、相关职能部门的负责人等参加会议。论证会由专家组组长徐晨教授主持。

25日，由广东省大学生结构设计竞赛委员会、广东省土木建筑学会主办，学校承办的"中建四局杯广东省大学生结构设计竞赛暨第十四届全国大学生结构设计竞赛广东省分区赛"在校内举行，来自广东省内19所高校共40支队伍参加了本次比赛。学校副校长周云教授，全国大学生结构设计竞赛组委会委员王湛教授，广东省土木建筑学会李健军副秘书长出席并致辞。来自五邑大学、暨南大学、华南理工大学、深圳大学等高校的专家学者，竞赛秘书处王燕林教授、陈庆军教授及我校相关学院负责人等出席开幕式。竞赛开幕式由我校土木工程学院副院长任凤鸣教授主持。

26日，学校在大学城校区举行新一代校园卡正式上线暨师生综合服务大厅揭牌仪式。副校长周云，中国银行广东省分行副行长、广州分行行长冯伯仲，新开普电子股份有限公司董事长杨维国等出席揭牌仪式，学校相关职能部门负责人参加揭牌仪式。仪式由我校实验中心、网络与现代教育技术中心主任谷岩主持。

26日，第九届两岸教育政策学术研讨会通过腾讯会议平台在线上召开，26位学者围绕两岸教育政策新动态和新趋势发表学术报告。广州大学–屏东大学两岸教育政策研究中心主任刘晖教授，南方科技大学高等教育研究中心主任沈红教授，岭南师范学院教育研究院常务副院长左兵研究员，我校台湾研究院副院长李海燕教授，教育学院曾小军副教授、两岸教育政策研究中心副主任汤晓蒙教授及中心秘书李家新与刘子云博士等现场与会。

27日，科技部国家遥感中心主任王琦安一行来学校开展专题调研，学校副校长张其学、广东省科技厅高新技术处处长张冬蕾出席会议，科技部国家遥感中心、中国电子科技集团公司SKA办公室、中国科学院空天信息创新研究院粤港澳大湾区研究院相关负责人及我校相关学院、职能部门负责人参加会议。

28日，学校在大学城校区和桂花岗校区举行2021级学生军训汇报表演暨总结表彰大会。

是月，中共广东省委教育工委、广东省教育厅、广东省人力资源和社会保障厅、广东省总工会对南粤优秀教师和南粤优秀教育工作者进行表彰。学校刘翠红、陈咸瑜、林晖三位教师被授予"南粤优秀教师"荣誉称号。

是月，全国哲学社会科学工作办公室网站正式公布2021年国家社科基金年度项目（不含教育学、艺术学单列）立项结果，学校国家社科基金年度项目立项再创佳绩，获准立项28项，立项数全国排名第三十位（并列），全省排名第三，立项数及全国排名与上年持平。

是月，国家语委办公室（教育部语言文字应用管理司）组织开展第二批国家语言文字推广基地遴选建设工作。学校经过省教育厅审核推荐、专家评审、实地考察、综合评议、网上公示等程序，最终被认定为第二批国家语言文字推广基地。

是月，学校章典教授联合国内外学者对在青藏高原上发现的世界最古老岩面艺术——距今约20万年的古人类手脚印进行了分析，以"Earliest parietal art: hominin hand and foot traces from the middle Pleistocene of Xizang"为题在线发表于 Science Bulletin。

十月

8日，学校聘任中国土木工程学会秘书长李明安教授为客座教授。副校长周云，中国工程院院士周福霖，土木工程学院、工程抗震研究中心、风工程与工程振动研究中心负责人，教师代表等出席仪式。副校长周云主持仪式并为李明安教授颁发聘书。

9日，学校党委书记屈哨兵以"学习习近平总书记重要讲话，办好一流创新型高水平大学"为题，为工程201、202、203、204班的同学们讲授"思政第一课"。市委党史学习教育巡回指导组第八组组员陈丽芳，相关职能部门、学院负责人等旁听授课。

11日，学校举办第七届中国国际"互联网+"大学生创新创业大赛总决赛出征仪式暨模拟赛，为即将奔赴南昌、决战国赛的参赛队员加油鼓劲。学校党委书记屈哨兵、君创（广州）投资控股有限公司总经理顾蔚坤、学校原副校长郭兴蓬出席仪式，相关职能部门、学院负责人和参赛项目团队成员、所在学院老师等参加仪式。

12日，安顺学院党委书记罗荣彬一行访问学校。

12日，贵州工程应用技术学院党委副书记向贤礼一行来访学校。

12—15日，第七届中国国际"互联网+"大学生创新创业大赛总决赛在江西省南昌大学举行。经过激烈的角逐，学校入围国赛现场赛的9个项目，最终斩获2金6银1铜的历史最好成绩，金牌数位居全省本科院校第二，实现了在该项赛事中金奖及奖牌总数双突破，并继2018年和2019年后第三次捧得大赛"青年红色筑梦之旅"赛道高校集体奖。

14日，广州市教育局纪检组谭冬元组长一行莅临我校马克思主义学院调研指导并召开"马克思主义学院建设与发展状况"座谈会，学校纪委书记陈晓晖、马克思主义学院负责人、青年教师代表等参加座谈会。

14日，学校召开党委常委会会议，专题传达学习习近平总书记在纪念辛亥革命110周年大会上的重要讲话精神，研究贯彻落实意见。全体校领导参加学习，相关职能部门负责人列席会议。

15—16日，学校面向大二、大三和大四年级学生举行2021—2022学年学生学年礼，学校党委书记屈哨兵，校长魏明海，副校长傅继阳、周云、孙延明、张其学、吴开俊，校纪委书记陈晓晖出席本学年学年礼。相关职能部门负责人，各学院领导，最受欢迎教师、班主任和辅导员代表等共同参加。学年礼上，学校领导及"十佳学生"代表共同为广州大学劳动教育中心揭牌。

17日，学校在大学城校区北区篮球场举行以"永远跟党走，奋进新征程"为主题的2021年迎新晚会。

19日，学校举行第十一期青年马克思主义者培养工程开班仪式。

22日，由广州大学、台湾农村发展规划学会、屏东大学等联合主办，广州大学台湾研究院、台湾农村发展规划学会等承办的第六届两岸农村治理研讨会暨交流活动在广州大学（大学城校区）和朝阳科技大学举办，主题为"数字时代的两岸城乡融合发展"。此次研讨会首次设立广东、台湾双主会场并以视频连线方式进行，特邀370余名海峡两岸学界、政界、业界精英进行对话与交流。

25日，学校与广东省建筑科学研究院集团股份有限公司举办校企合作签约仪式，双方签署了战略合作协议、联合研发项目合作协议，并进行人才培养基地、校外实习基地揭牌。

26日，广州、香港、澳门线上线下实时联动、共同举办的第六届中华经典诵读港澳展演交流活动圆满结束。本次活动由教育部语言文字应用管理司、教育部港澳台事务办公室主办，香港GAPSK语文推广委员会、澳门教育及青年发展局合办，广州大学承办，广东省教育厅、广东省语言文字工作委员会、广州市教育局、东莞市教育局、中国传媒大学、暨南大学和深圳大学协办。展演活动分别在广州大学、香港东华三院黄笏南中学设立展演会场，实时连线联办。

27—28日，全国教育专业学位研究生教育指导委员会专家组一行来学校对教育硕士研究生实践教学工作进行专项巡查。专家组成员包括全国教育专业学位研究生教育指导委员会委员、华中师范大学涂艳国教授，南京大学教育研究院副院长操太圣教授，教育部浙江大学基础教育课程研究中心副主任刘正伟教授。

是月，学校国家天文科学数据中心大湾区分中心教授王锋与中国科学院云南天文台研究员邓林华、昆明理工大学冯松教授等人合作开展太阳耀斑预报与人工智能学习的交叉研究，利用深度学习方法，构建更细粒度的预报太阳模型，这意味着在太阳耀斑预报方向上取得新的进展。国际期刊《天体物理学杂志》发表这一研究成果。

十一月

2日，学校"教育数据中台及数据应用服务"项目作为优秀成果入选了广州市智慧教育成果展示月活动。

2日，学校召开第五届教职工（工会会员）代表大会第二次会议。学校党委书记屈哨兵，校长魏明海，副校长傅继阳、周云、孙延明、张其学、吴开俊，校纪委书记陈晓晖出席会议，各民主党派及知联会、留联会、侨联会负责人，已退休干部代表、非正式的分工会主席应邀列席，共169名代表参加会议。会议由校党委副书记、校工会主席聂贵新主持。

3日，在北京举行的国家科学技术奖励大会，由河南大学王家耀院士主持，国际欧亚科学院院士、学校地理科学与遥感学院张新长教授主要参与（排名第三）完成的"智能化地图综合与多尺度级联更新关键技术及应用"项目荣获国家科技进步二等奖。张新长教授受邀出席大会并获颁证书。

5日及9日，学校分别举行2021年国家社科基金项目申报总结暨2022年申报动员会及2021年国家自然科学基金项目申报总结暨2022年申报动员会。校长魏明海、副校长张其学，各学院（科研机构Ⅰ类）院长、主管科研副院长、科研秘书，有关学院新引进人才、符合申报条件拟申报基金项目的申请人及博士后研究人员参加会议。

9日，2021广州国际友城大学联盟城市创新学生创业竞赛决赛通过线上线下联动的形式分别在中国广州和澳大利亚悉尼同时举行。此次竞赛由广州国际友城大学联盟（简称联盟）秘书处、广州大学主办，西悉尼大学承办。竞赛以"科技创新推进友城可持续发展"为主题，采用视频会议的形式举行，共有7所联盟成员大学的12支学生团队进入决赛。第二名（银奖）由学校BriGuardian项目团队、"城安隧道研究中心－地铁隧道安全智能感知成套设备研发及产业化"项目团队获得。

9—12日，住房和城乡建设部高等教育土木工程专业评估委员会专家组对我校土木工程专业进行工程教育认证现场考查。专家组由河海大学高玉峰教授任组长，成员包括上海勘察设计研究院（集团）有限公司许丽萍总工程师、武汉大学徐礼华教授和华南理工大学季静教授。学校副校长周云出席专家组现场考查见面会、意见反馈会及考察报告宣读会，相关职能部门、土木学院党政领导班子成员及相关专业负责人等参加会议。

10日，跨越五大洲八个时区，十八所国内外大学通过线上线下融合互动的形式共襄2021广州国际友城大学联盟年会盛举，共商全球化和后疫情时代背景下友城大学携手并进、助力全球城市提升创新治理水平和危机应对能力的有效路径，以实际行动助推高等教育国际合作和构建人类命运共同体。

10日，意大利帕多瓦大学孔子学院协会董事会于线上举行。学校校党委书记屈哨兵教授与帕多瓦大学新任校长达聂拉·玛佩利教授、双方相关职能部门负责人等通过视频会面。

11日，学校举行学生宿舍用电安全网格化管理启动仪式。

15日，学校召开党委常委会会议，传达学习习近平总书记在党的十九届六中全会上的重要讲话和全会精神，传达广东省学习贯彻党的十九届六中全会精神干部大会精神，研究部署学校贯彻落实意见。全体校领导参加学习，相关职能部门负责人列席会议。

16日，学校在演艺中心大舞台举行以"颂百年华章，传红色基因"为主题的师生合唱大赛。

18日，粤港澳高校联盟2021年青年学者论坛研究生教育联盟分论坛——第三届粤港澳高校研究生教育联盟论坛在我校举行，本次论坛以线上线下融合互动的形式召开。

20日，学校土木工程学院张季超教授收到俄罗斯自然科学院（Russian Academy of Natural Sciences，RAEN）院长库兹涅佐夫的贺信，祝贺他当选为俄罗斯自然科学院外籍院士。

21日，国家社科基金重大项目"基于灾变情境的应急社会学体系构建研究"开题报告会举行。来自南京大学、中山大学、华南理工大学、华南师范大学、华南农业大学、暨南大学、广东省委党校、广州大学、广东省气象局等的50余名专家学者与研究生出席开题报告会。围绕国家社科基金重大项目"基于灾变情境的应急社会学体系构建研究"，与会人员就"基于灾变情境的应急社会学理论与实践体系研究""应急社会学学科建设研究"两个议题进行深入探讨，南京大学童星教授和中山大学蔡禾教授先后主持了研讨活动。

26日，第十六届海峡两岸（粤台）高等教育论坛在我校、台湾中华大学两个会场以线上线下相结合的方式举行。教育部港澳台事务办公室常务副主任、一级巡视员徐永吉，广东省教育厅副厅长、一级巡视员朱超华，广东省高等教育学会会长魏中林教授，佛光山教团系统大学总校长杨朝祥教授，台湾教育大学系统总校长吴清基教授，学校党委书记屈哨兵教授、东莞台商子弟学校暨东莞台商育苗教育基金会董事长叶宏灯，先后在论坛开幕式上致辞。学校副校长吴开俊教授、中华大学校长刘维琪教授主持论坛开幕式。

28日，省哲学社会科学重点实验室揭牌和省社科研究基地授牌仪式暨"广州十三行与海上丝路研究"高峰论坛在学校举行。

30日，学校在桂花岗校区图书馆三楼学术报告厅举办"薪火相传二十载 继往开来谱新篇"广州大学关工委成立二十周年大会。市关工委执行主任孔少琼，省教育系统关工委常务副主任周增桓，市关工委常务副主任叶荣，市教育系统关工委副主任陈少梅，学校党委常委、关工委主任、副校长孙延明等出席活动。学校关工委执行主任、校党委原副书记赖卫华作"薪火相传二十载 继往开来谱新篇"专题工作报告。

30日，广州大学国家语言文字推广基地对口帮扶四川喜德县开展教师国家通用语言文字能力提升在线示范培训开班仪式举行。学校教务处处长聂衍刚，培训教师团队、管理团队和四川省喜德县教体科局语言文字工作服务中心主任立苦阿姬、学员代表等以云端连线的方式参加开班仪式，仪式由教务处副处长谢治菊主持。

是月，科技部公布国家重点研发计划项目立项结果，由广州大学地理科学与遥感学院王晋年教授牵头申报的国家重点研发计划"政府间国际科技创新合作"重点专项"亚太区域对地观测数据枢纽及典型应用工具集研发"成功立项（项目编号：SQ2021YFE011156）。这是学校获批的第6项国家重点研发计划类项目，也是地理科学与遥感学院获批的第2项国家重点研发计划类项目。

是月，广州市思想政治理论课"三百"工作评审结果揭晓，学校申报的3个项目均榜上有名。马克思主义学院思政课教师左康华获评"百名优秀学校思想政治理论课教师"，马克思主义学院赵楠楠、高燕、邵小文老师的微课《历史由人民书写——对中国共产党人民立场的唯物史观解读》获评"百节学校思想政治理论课示范微课"，马克思主义学院莫炳坤老师主持的课题"高校思政课教师在培育时代新人中的角色和责任研究"被列为"百个学校思想政治理论课课题"研究项目。

是月，全国第四届"闪亮的日子——青春该有的模样"大学生就业创业人物事迹征集活动公布了入选人物，2020年获得第六届中国国际"互联网+"大学生创新创业大赛金奖的广州大学学生创业团队"毕业后公益图书室"创始人刘楠鑫成功入选，荣获"全国第四届'闪亮的日子——青春该有的模样'大学生就业创业人物事迹征集活动"证书。

是月，广东省教育厅印发《关于公布2021年度本科高校课程思政改革示范项目认定名单的通知》（粤高教函〔2021〕21号），学校申报的14个项目获批。其中，课程思政教学研究示范中心1个，课程思政示范团队2个，课程思政示范课程4门，课程思政示范课堂7个。课程思政示范课程同时被认定为省级一流本科课程（课程思政）。

是月，《教育部办公厅关于公布首批新文科研究与改革实践项目的通知》（教高厅函〔2021〕31号）印发，教育部首批新文科研究与改革实践项目立项名单正式公布，公共管理学院陈潭教授主持的"面向新文科教育的'新技术+治理'课程体系和教材体系建设"项目、法学院张泽涛教授主持的"粤港澳大湾区跨境数字法治人才培养模式研究与实践"项目获批立项。

十二月

3日，学校举行党建红色文化长廊教育宣传启动仪式，红色长廊正式启用。市委党史学习教育第八巡回指导组组长及组员、我校校领导等出席启动仪式。仪式由副校长周云主持。学校党委书记屈哨兵表示，红色长廊把握百年党史发展中的重大关键节点，从新民主主义革命时期、社会主义革命和建设时期、改革开放和社会主义现代化建设时期、中国特色社会主义新时代四个时期生动讲述中国共产党走过的峥嵘岁月，着重凸显中国共产党人的精神谱系，是用好红色资源、发扬红色传统、传承红色基因的重要载体，也是构建全域思政育人新模式的重要依托。

3日，学校在学校图书馆附楼5楼学术报告厅设置分会场，组织师生代表观看教育部"宪法晨读"视频直播活动。副校长周云、职能部门和学院师生代表近300人参加活动。

9日，学校召开民主党派代表学习贯彻中共十九届六中全会精神专题座谈会。学校党委书记屈哨兵、校党委副书记聂贵新出席会议，民革、民盟、民建、民进、农工党、致公党、九三学社共七个广州大学基层组织的主委、副主委参加会议。

10日，学校举行鲁班广场揭幕仪式。学校党委书记屈哨兵，校党委副书记聂贵新，副校长周云，番禺区委常委、统战部部长邓耀棋出席仪式，学校相关职能部门、学院负责人，捐赠方、校友代表和若干师生代表参加仪式。揭幕仪式由校党委常委、统战部部长卢捷主持。鲁班广场位于我校大学城校区，整体建筑2000平方米，由合并前广大工民建91届毕业生捐赠。其中鲁班广场及鲁班铜像由工民建91届校友、大石建筑集团董事长林明新捐赠，工程总造价200余万元。现场新种植的3棵凤凰木由工民建91届校友集体捐赠，为学校首个校友捐赠的校园景观。

10—11日，2021广州大学"智能+"大学生创新创业作品展暨广州市创新创业（就业）教育项目成果展（以下简称成果展）在图书馆广场举行。本次成果展由学校电子与通信工程学院、面向IAB产业的SMERT"三创"人才培养实践基地承办，暨南大学、广东工业大学、金鹏电子信息机器有限公司、广州数控设备有限公司协办。

14日，由学校师生编演的庆祝建党100周年时代报告剧《笃行者》在大学城校区演艺中心首演。

16日，学校召开语言文字工作会议。

22日，教育部关工委召开第六次工作会议暨成立30周年纪念大会，学校关工委获"全国教育系统关心下一代工作先进集体"荣誉称号，学校关工委讲师团团长谭世泉获"全国教育系统关心下一代工作先进工作者"荣誉称号。

30日，"数字经济与管理创新高峰论坛暨广东省数字经济创新发展报告发布会"在学校大学城校区召开。本次论坛由广东省科学技术厅、广州市科学技术局指导，广州大学主办，学校管理学院、数字化管理创新研究院承办，粤港澳经济文化交流中心、广东省经济学家企业家联谊会协办。

是月，2021年度教育部哲学社会科学研究重大课题攻关项目立项结果公布，学校法学院刘云生教授申报的"民法典民族性表达与制度供给研究"获立项资助。

是月，经广东省人民政府批准，广东省第九届哲学社会科学优秀成果评奖结果正式公布，学校24项成果获得广东省第九届哲学社会科学优秀成果奖。其中，一等奖4项，二等奖14项，三等奖6项。

是月，根据《教育部关于公布第六届全国教育科学研究优秀成果奖评选结果的通知》（教办函〔2021〕12号），学校3项成果获得优秀成果奖三等奖。

是月，教育部公布2021年第二批产学合作协同育人项目立项名单。学校49个项目获得立项，其中实践条件和实践基地建设18项，新工科、新医科、新农科3项，师资培训10项，创新创业教育改革1项，教学内容和课程体系改革17项。

第三部分

党群工作

纪检监察工作

（一）协助学校党委落实全面从严治党政治责任

协助校党委召开2021年全面从严治党工作会议，完成2020年度校属66个单位落实全面从严治党主体责任检查考核，对考核排名靠后的7名二级党组织负责人进行约谈；向校党委建议开展"未巡先查、未巡先改"工作，并协助制定问题整改清单，配合校党委对市委第七巡察组交办的问题线索及时进行核查，提出整改意见；每季度向校党委常委会专题报告校领导班子成员落实"一岗双责"、开展廉政风险排查和谈心谈话情况报告，报告校纪委落实党风廉政建设和反腐败工作情况；组织校纪委委员、相关职能部门负责人、院务监督委员会主任代表及"两代表一委员"代表召开学校政治生态分析研判工作推进会，为校党委提供决策参考；组织召开2020年度领导干部述责述廉述德会议，2名校党委常委、7名二级单位党委（党总支）书记、1名职能部门负责人进行现场"三述"，实现本届校领导班子任期内向校纪委全会"三述"全覆盖。学校党委在省管高校党政领导班子和领导干部2020年度考核中，学校领导班子考核结果为优秀；在2020年度广州市属高校党风廉政建设责任制考核中，学校党委名列第一。

（二）提高站位意识，着力强化政治监督

一是常态开展疫情防控监督检查。向学校提出监督建议13条，问题5条，作出提醒3次。督促和指导有关学院对2名违反疫情防控管理规定的学生党员进行处理，根据上级纪委监委工作要求，督办涉疫舆情处置2项。二是开展党史学习教育监督。印发《中共广州大学纪律检查委员会关于开展党史学习教育专项监督的工作方案》，组成7个监督组对校属31个基层党组织开展监督检查，通过听取汇报、查阅材料、开展座谈、当面反馈意见建议的方式推动主题教育走深走实。三是加强对"稳就业"工作监督，对9个就业率排名靠后二级学院的党政主要领导开展集体约谈，压实就业主体责任。四是开展"双减"工作监督。向附属中学和附属艺术学校发出"关于切实做好中小学有偿补课和教师违规收受礼品礼金问题专项整治工作的提醒函"，针对"双减"政策落实情况到附属中学和附属小学进行调研走访，提出切实贯彻"双减"政策的工作要求。五是对学校中心工作落实情况进行监督。聚焦学校"十四五"规划开局起步、马院课程思政建设等工作进行监督检查。六是加强"关键少数"的监督。落实《关于进一步加强和改进同级监督的八项措施》，纪委书记定期与校领导、二级单位主要负责人开展谈话，对在信访核查、纪律审查中发现的突出问题和廉政风险隐患，向分管校领导点对点发函提醒，向校属单位发出的纪检监察建议书同时抄送分管校领导，督促其关注处置，向学校党委常委发出"廉情告知函"2封，对二级单位领导干部开展提醒谈话12人次，开展任前廉政谈话97人次。七是严把党风廉政意见回复关。严肃换届纪律，严格流程，集体审议出具党风廉政意见382人次。

（三）做实日常监督，推动监督有形有效

一是深入24个基层学院党委开展监督走访。聚焦学院"第一议题"学习、"三重一大"决策事

项、意识形态、师德师风建设、院务监督情况等进行监督检查，压实基层党组织党风廉政建设的主体责任、落实"一岗双责"。二是紧盯廉政风险较高的重点领域、关键环节。着力对师生关注度高的人事招聘、职称评聘、科研经费、招生考试、招标采购、工程建设、学生资助等高风险领域进行精准监督。三是严防"四风"问题反弹回潮。紧盯五一、中秋和国庆等重要节点，整治违规公款吃喝、公车私用、公款旅游、违规接受管理服务对象或学生及家长宴请、收受红包礼金等问题，对学校"三公"经费使用、车辆管理、财务相关票据报销情况等查阅资料、现场检查，对相关人员进行提醒谈话。四是做好领导干部廉政档案填报工作。严格落实上级要求，按期完成2021年我校276名中层干部廉政档案的填报收集及系统上传工作。

（四）抓好专项监督，突出监督实效

持续跟进巡察、审计、财政监督专项检查、审查调查发现问题的整改落实，推动问题整改见人见事见成效。一是开展"周转房"清理和饮食服务中心审计整改专项监督。督促后勤服务处对全校公租房、周转房进行清理整改，规范管理；对饮食服务中心的水电费核算、合同工管理等问题进行整改。二是牵头开展科研经费使用警示教育暨自查自纠专项工作。印发《广州大学科研经费使用中的红线与禁区问题清单》，全校27个学院、15个Ⅰ类科研机构组织学习、对照自查，督促推动科研处出台科研成果转化、科研经费管理使用等制度文件2份。三是对领导干部廉政档案比对不符情况开展专项核查，开展公职人员涉农村土地专项清理整改工作。四是配合驻市教育局纪检监察组开展商业中心历史遗留问题处置监督工作，推动组织、人事和离退休等职能部门协同研究离退休干部管理规范问题。五是开展四个领域腐败风险专项清理整顿工作。牵头成立核查组查清学校四个领域的现状、管理情况和存在问题，及时向专项清理整顿领导小组汇报。六是督促人事处开展全校教职工兼职自查工作，推动制订教职工创新创业管理办法。

（五）保持严的主基调，做好信访处置和执纪审查

切实强化纪法思维、程序意识和专业能力，推动问题线索管理与处置工作规范化。根据市纪委监委要求，开展长期未办结线索和案件大起底工作，开展清理排查涉及上级纪检监察机关受理范围问题线索，对十八大以来的所有信访和案件进行全面起底自纠自查，进一步推进纪检工作规范化建设和高质量发展。扎实做好信访线索处置和案件查办工作。2021年收到群众信访举报35件（不含重复件），处置问题线索25件，已全部办结。对发现的问题提醒谈话11人，批评教育5人，责令书面检查13人，诫勉处理4人。立案4件4人，现已查处4人，给予党纪处分8人次，政纪处分2人次。做好监督执纪后半篇文章，做实教育回访工作。对7名受处分干部进行教育回访，开展教育回访谈话12人次。

（六）一体推进"三不"机制建设

一是常态开展"五个一"警示教育活动。定期通报一批查办的典型案例、组织一次纪法专题辅导报告、参观一次廉政教育基地、观看一部警示教育片、开展一次主题党日活动。二是办好"一网一号一刊"宣传矩阵。建设"广大清风"网站、"廉洁广大"微信公众号和《广州大学学报》廉政专刊，发布纪检监察权威信息和廉洁提醒等内容，主动占领廉政教育阵地。三是开展"廉政教育直

通车"。学校纪委主动送教送学上门，针对日常监督和审查调查发现的合规管理、风险防控等方面的问题，到后勤服务处、继续教育学院等部门开展纪律宣讲4次。

（七）纪检监察队伍建设情况

加强纪检监察干部培训。采取"请进来、走出去"方式，加强专兼职纪检监察干部队伍建设，组织专题培训一次，校内78名专兼职纪检监察干部参训，着力解决纪检监察干部不敢、不愿、不会监督的问题；新调入2名纪检监察专职干部，3名纪检监察专职干部参加市委巡察、市纪委和省纪委借调代训工作；加强纪检监察工作规范化、制度化建设。制定《广州大学纪委2021年工作要点》，印发《广州大学纪委委员分片联系工作制度（试行）》《广州大学设立学院院务监督委员会实施方案（修订）》；加强对各学院院务监督委员会换届指导工作，选强配齐院务监督委员会成员。

组织工作

（一）强化理论武装，思想根基更加稳固

为引导广大党员不断增强对习近平新时代中国特色社会主义思想真理力量的政治认同、思想认同和情感认同，一是通过"第一议题"制度、"三会一课"、党员专题教育培训等常态化机制，把学习贯彻习近平新时代中国特色社会主义思想不断引向深入，使学习融入日常，成为习惯。二是组织全体党员深入学习贯彻习近平总书记"七一"重要讲话精神、《中国共产党普通高等学校基层组织工作条例》、党的十九届六中全会精神等党的创新理论，时刻保持党员队伍思想的先进性。三是创办广州大学党建工作简报——《广大组工动态》，内设"学习进行时""组织新风采""党员先锋号""品牌特色窗""党务知识栏"五个模块，持续增强学校各基层党组织、党员间的学习和交流，为基层党建工作不断提供新思路、新做法、新举措。

（二）强化党史学习教育，学党史氛围更加浓厚

为激发师生学习党史的热情和积极性，推动党史学习教育真正走实走深走心，一是结合现有校园环境，建设广州大学党建红色文化长廊，通过大量文字、图片、浮雕、灯光、音效、多媒体技术、科技互动等青年学生喜闻乐见的呈现方式，打造立体式党史教科书，让党史在眼前"活"起来，让党史学习教育与校园生活"融"起来，在青年学生中"火"起来。二是开展党史学习教育系列活动，丰富党史学习教育形式。开展百个支部参观瞻仰百个红色教育基地主题党日活动，参观活动达266场次，参观人员达6716人次；开展"百名书记讲党史"活动，全校基层党支部书记面向5400多名党员讲授三轮系列党史课。开展"双微"行动工作，目前共收集师生微项目、微心愿550个，已完成510个（其中40个需长期开展，正在持续推进中）。三是组织全校基层党支部开展党史学习

教育专题组织生活会，引导广大党员坚定理想信念、增强历史自觉、争做先锋模范，真正做到学史力行、知行合一。

（三）强化基层组织建设，战斗堡垒更加坚实

为着力打造坚强有力的党组织，确保党的执政基础坚如磐石，一是不断完善党建工作制度，2021年出台《广州大学加强党的基层组织建设三年行动计划实施方案（2021—2023年）》《关于进一步加强党员管理工作实施细则》等6项党建工作制度，为基层党组织开展工作提供依据、指引。二是不断织密建强组织体系，认真落实换届提醒督促机制，今年圆满完成了27个基层党组织换届工作；落实党员下沉居住地工作，实现党员100%"双报到"；根据《中国共产党普通高等学校基层组织工作条例》，规范设立基层党组织；为每个党支部配备资料箱，使支部组织生活开展更加规范、便利。三是完成广州大学网络党校建设，打造党员线上线下相结合教育培训模式；完成1314名党员发展工作；23人参加全国高校基层党组织书记党史学习教育专题网络培训，264人参加"知史爱党"全省高校党支部书记党史学习教育专题网络培训，10人参加2021年第二期广州市教育系统党史学习教育培训示范班。四是在"双带头人"教师党支部书记全覆盖的基础上，落实院士、国家级人才、杰青等高层次人才担任基层党支部第一书记，以党建引领科研初心，推动党建、科研、教学工作相融相促。

（四）强化党员队伍锻造，党员先锋模范作用更加凸显

党员是党组织的细胞，党员的素质和形象决定着党组织的整体素质和形象。一是在脱贫攻坚、乡村振兴、疫情防控等重大工作中，广州大学涌现出许多可圈可点的党员先锋典型，今年共4名党员和1个基层党组织获评全国、省、市"两优一先"，张新长教授受邀出席国家科学技术奖励大会，荣获国家科技进步二等奖。二是为引导广大师生学习先进、争作先锋，学校召开"七一"表彰大会，共表彰80名优秀共产党员、31名优秀党务工作者及32个基层党组织。三是成立机关干部、教师、学生三支党员突击队，使其在重大任务中勇于担当作为，在今年广州疫情防控阻击战中，学校共3262人次师生党员参与校园、社区疫情防控志愿服务活动。

（五）强化干部选育管用，干部干事创业更加有活力

贯彻新时代党的组织路线，建设忠诚干净担当的高素质干部队伍是关键，为进一步做好干部选育管用工作，一是探索干部选任机制创新，着力优化干部资源配置。2021年换届以来，学校党委新提任中层领导干部95人（正职22人，副职73人）。换届后中层干部平均年龄比换届前下降3岁，具有博士、硕士学位的比换届前增加3.25%，干部活力不断提升，干部队伍知识化、专业化、年轻化水平显著提高。二是2020年度学校"一报告两评议"中"好"评达到96.21%，较2019年、2018年逐年均有约10%的提升，学校综合得分超过全市市直单位平均分，广大干部对2020年提拔的干部的平均认同度超过94%。三是加强干部教育培训管理，牵头组织"学党史 担使命 推动学校高质量发展高水平建设"学习研讨主题报告会，在广东南岭干部学院举办新任中层干部和党务干部专题培训班。2021年共选派47名干部参加上级组织部门的主体班，利用省干部培训网络学院等网络平台培训1227人次；开发干部教育培训信息登记系统（流程），加强干部培训管理。四是加强干部日常管理

监督。出台《关于进一步加强中层领导干部日常管理和监督工作的实施细则（试行）》，加强干部个人有关事项报告和查核工作，严格干部因私出国（境）管理。2021年在查核人数倍增的情况下，学校一致率为95.65%，达到省市目标要求。五是牵头开展"违规兼职取酬问题"自查和专项整治、"裸官"专项治理工作、开展执行任职回避制度不严问题专项治理"回头看"、干部"带病提拔"倒查、个人有关事项专项整治等，把推进干部队伍高质量建设作为抓好整治整改的重要检验。

（六）强化党建引领，党建工作成果更加丰硕

立足新发展阶段，提升党建成效至关重要，2021年我校党建工作也取得了丰硕的成果。一是深入贯彻"大学习、深调研、真落实"工作，共有19项党建课题获省、市级立项；获评省级高校基层党建工作创新案例2项。二是在"对标争先"工作中再创佳绩，1个"标杆院系"、3个"样板支部"获省级立项；1个院系、4个支部正在参加全国党建"双创"立项申报。三是开展校级党建"双创"立项工作，2021年共有16个院系、77个党支部、30个教师党支部书记工作室在开展校级党建"双创"培育创建工作。

宣传工作

2021年，宣传部在校党委的正确领导下，坚持以习近平新时代中国特色社会主义思想统领宣传思想文化工作，深入学习贯彻习近平总书记系列重要讲话精神以及对广东重要讲话和重要指示批示精神，深入开展党史学习教育，紧紧围绕举旗帜、聚民心、育新人、兴文化、展形象的使命任务，坚定主心骨、汇聚正能量、振奋精气神，不断推动学校宣传思想文化各方面工作取得新成效。获批教育部2021年高校思想政治工作精品项目、广东省高校"三全育人"体制机制建设试点单位、创建广东省文明校园先进学校，成功开通"广州大学"学习强国号，成为全省第15家学习强国号，编演的庆祝建党百年时代报告剧《笃行者》，成为学校党史学习教育一大亮点。

（一）聚力"三个贯通"，抓实党史学习教育

1. 把高位谋划与基层细化贯通起来，推动党史学习教育走深走实。党中央召开党史学习教育动员大会后，校党委迅速行动，第一时间召开校党委常委会会议传达习近平总书记在党史学习教育动员大会上的重要讲话精神，以及全国、全省、全市动员大会精神，制定实施方案，召开学校党史学习教育动员大会，各项工作全面迅速铺开、有序推进。压实主体责任，各基层党组织均相应成立工作机构，及时召开动员会，认真制定工作安排，形成主要负责人亲自抓、一级抓一级、层层抓落实的责任体系。

2. 把"学党史"和"悟思想"贯通起来，高质量开展党史进校园系列活动。一是领导班子带头学，理论学习有深度。组织开展了4次全校性宣讲报告会，推动校院两级党委书记带头开展中心

组专题学习175次，校党委班子成员到基层党组织讲党史课20次，组织全校教职工政治学习31次。二是基层书记系统讲，宣传宣讲有广度。大力开展"百名书记讲党史"系列活动，开展集体备课，组织全校300多名基层党组织书记，面向学校5400多名党员及广大师生讲述中国共产党的百年历程等专题内容，不断激励广大党员和师生开启新征程、奋进新时代。三是广大师生齐参与，红色教育有热度。协同有关部门、学院广泛开展"习近平总书记'七一'重要讲话金句敬书""百部红色经典阅读推广""百首红歌师生大合唱""百年党史知识竞赛""百歌百书暨百幅美术作品每日推荐""百个支部参观瞻仰百个红色教育基地"等活动，加强革命传统教育，传承红色基因，推动党史学习教育入脑入心。四是专家团队深挖掘，理论阐释研究有高度。紧紧围绕立德树人根本任务，会同马克思主义学院积极推动党史融入思想政治理论课程体系，组织专家团队大力加强党史专题研究，成效明显。

3. 把"办实事"和"开新局"贯通起来，积极推动为师生办实事解难题。会同两办等部门聚焦落实"六稳""六保"，不断提升服务毕业生就业创业能力；聚焦提升师生工作、学习、生活品质，切实解决师生急难愁盼问题；聚焦强服务、开新局，推动开展覆盖全体党员干部教职员工的大讨论大培训，把党史学习教育同谋划推进学校"十四五"发展以及高水平大学二期建设紧密结合起来，将党史学习教育的热情转为干事创业的强大动力，推动学校高质量发展。

（二）聚力"三全育人"，强化思想政治工作

1. 思想政治工作取得新突破。学校"以文化人，以文育人：基于中华优秀传统文化传承的高校文化育人模式的构建与实践"项目入选教育部2021年高校思想政治工作精品项目。学校"以学年礼构建三全育人新格局"项目获批广东省高校"三全育人"体制机制建设试点单位，建设成果在广东省大中小学"三全育人"工作成果展中得到省内外兄弟高校的高度认可和知名媒体的广泛报道。《我们谈教育》（院长篇、书记篇、管理篇、教师篇）等教育理论成果正式出版，为学校立德树人实践提供了有益的好经验和金点子。认真组织2021年春季、秋季"思政第一课"，校党委书记、校长、学院党委书记、院长围绕"学百年党史 做世纪新人"为主题的党史学习教育和深入学习习近平总书记在庆祝中国共产党成立100周年大会上的重要讲话精神开展宣讲教育，共授课96人次，覆盖学生7400余人。

2. 宣传思想文化人才队伍建设得到新加强。认真组织并成功申报周福霖院士团队2021年度全国"黄大年式"教师团队，组织高校思想政治工作精品项目、广州市宣传思想文化领军人才、优秀创新团队、青年文化英才和青年后备人才申报，共申报49人次，2021年已有6人获批。按照上级的部署要求，统筹做好全校宣传思想战线优秀人才的管理服务工作。

3. 学生"德才兼备 家国情怀"培养工作和培养发展评价展现新面貌。认真实施《广州大学学生"德才兼备 家国情怀"培养发展评价方案》《广州大学学生"德才兼备 家国情怀"培养工作评价方案》及配套评价指标，组织开展2020—2021学年广州大学学生"德才兼备 家国情怀"培养工作和培养发展评价，评选出"德才兼备 家国情怀"先进单位10个、"十大育人"先进单位27个、学生"德才兼备 家国情怀"先进集体133个，先进个人409人，发布《广州大学2020—2021学年"德才兼备 家国情怀"评价报告》，进一步撬动学校全程育人、全员育人、全方位育人

新格局的形成。

（三）聚力责任落实，筑牢意识形态安全防线

1. 制定实施方案，明确职责分工。制定出台学校意识形态工作责任制实施方案、广州大学应对校园出现新冠病毒疫情应急宣传引导工作预案等制度、文件，使校党委、党委部门、各基层党组织的职责和责任分工更加明确、更加具体，为加强和改进学校意识形态工作提供了行动指南。为进一步规范学校网络舆情应急处置工作，制定《广州大学突发网络舆情应急处置工作指引》，按照"及时发现、及时报告、及时处置"的原则，及时妥当有效处置相关舆情事件。各项舆情监控处置工作及时有效，未出现产生严重负面影响的重大舆情事件，切实维护了校园安全和谐稳定。

2. 强化三大机制落实，提升管理能力。认真落实协同工作机制、定期汇报机制和安全排查机制，不断压紧压实意识形态工作责任制。每季度定期会同有关部门分析研判意识形态工作，学校党委及书记例会研究和听取意识形态工作汇报19次。开展专项排查8次，日常走访检查11次，发现问题及时向校领导汇报，交相关单位研判处置。

3. 强化阵地管理，压实工作责任。一年来按照《广州大学形势报告会和学术报告会、研讨会、论坛、讲座管理办法》，严格执行审批和登记备案制度135次，确保学校举办的形势报告会和学术报告会、研讨会、论坛、讲座坚持正确的政治导向，使其成为宣传科学理论、传播先进文化、弘扬社会正气的重要阵地。以各单位自查和学校抽查相结合的方式，开展意识形态工作专项检查。对校属各单位在意识形态工作中存在的薄弱环节、风险隐患开展检查，同时落实图书馆及各单位图书资料（含电子资料）清查，着力防范化解风险隐患。强化舆情监测处置，做好每日网络舆情监控，每日舆情信息250份，每周舆情报告52份，有效处置舆情事件21宗，全年未出现产生严重负面影响的重大舆情事件。

（四）聚力壮大主流舆论，讲好广大故事

1. 全媒体宣传格局初步形成。成功开通"广州大学"学习强国号，积极构建全媒体宣传格局。积极创造条件，于2021年2月22日正式开通"广州大学"学习强国号，成为全省第15家强国号。学校积极加强"学习强国"平台建设，现已形成各主流媒体及学校学习强国号、人民号等多平台呈现、"报网微"三位一体的工作格局。2021年"广州大学"学习强国号发稿1600余篇；官方微信号获评2020广东高校新媒体影响力第七名，官方微博在开学季话题活动中获全国第三，所指导的学生融媒体团队第十次获评广东省"十佳校媒"，新媒体中心获得2020—2021"中国大学官微百强"。

2. 围绕学校中心工作，专题新闻宣传引导取得新成效。深入基层一线，为统筹做好疫情防控和高水平大学建设营造良好舆论氛围，策划实施疫情背景下推进学生就业创业、《南方日报》"党建引领育新人"、《广州日报》"高水平大学建设跑出加速度"、2021年本科及研究生招生宣传、"互联网+"大学生创新创业大赛、中华经典诵读港澳展演交流活动、立德树人先进典型等系列全媒体专题报道。2021年，"学习强国"平台、《人民日报》《光明日报》《中国教育报》《中国社会科学报》《中国青年报》及省市各大主流媒体刊发学校报道496篇。特别是线上线下相结合做好党史学习教育宣传报道，共在专题网站发布相应专题内容496篇，在学校官方微信公众号、"广州

大学"学习强国号分别发布相应宣传内容142篇、467篇，开辟"庆祝建党100周年百歌百书暨百幅美术作品"和习近平总书记"七一"重要讲话金句敬书等新媒体专栏，相关专题阅读总量达18万次；特色报道共10次进入"学习强国"总平台首页"青春向党""高校党史学习教育""强国高校圈"等栏目推荐。

（五）聚力以文育人，建好校园文化

1. 以文明校园建设为契机，不断加强学校精神文明建设。以创建文明和谐校园为目标，以社会主义核心价值观为引领，以创新校园文化为动力，以平安校园和阵地建设为保障，按照"六好"标准持续推动文明校园创建走深走实。按照市委、市创建办部署安排，全方位加强校园环境整治，成立党员志愿服务队加强日常督查，师生文明素养和学校文明程度得到不断提升。2021年7月，学校成功入选"2021—2023年创建广东省文明校园先进学校"名单。

2. 以标志性校园文化育人场所建设为抓手，大力加强校园文化育人功能。面向广大师生和校友广泛宣传、阐释学校办学理念和精神传统，积极推进立德树人、以文化人。大力推动以校史展览厅为代表的标志性校园文化育人场所建设，校史展览厅进驻新模型设备等得到实质性推动；会同组织部、机关党委等广泛宣传党建红色文化长廊，将红色文化内涵注入标志性校园景观中；策划并创演庆祝建党百年时代报告剧《笃行者》，以原创文艺精品讲好学校精神传承、号召师生向身边的优秀党员学习。

统战工作

（一）加强党建引领培根铸魂，凝心聚力立德树人

1. 加强党的领导，把开展党史学习教育作为重大政治任务，加强"三力"淬炼，紧抓两会召开、《中国共产党统一战线工作条例》颁布、"七一"重要讲话精神学习、辛亥革命110周年、十九届六中全会召开等重要时间节点，开展党内及党外干部的各项学习教育活动。开展业务学习、政治学习52次，党史学习教育12次。支部书记讲党课3次。专题学习会3次，党外人士座谈会4次。2篇对辛亥革命110周年学习讲话的感悟心得分别在省教厅和学校官微上登载。获批2021年市组织工作重点调研课题1项。与黄埔研究生院联合承办市欧美同学会"羊城海归讲坛"活动，150多名师生及海归企业家代表参加活动；党内外一心，增强"四个意识"，坚定"四个自信"，做到"两个维护"。

2. 加强党的作风建设，坚定不移落实学校全面从严治党主体责任，以警示教育、谈心谈话等方式强化党员干部的规矩意识和风险意识。加强管理效能，落实意识形态和保密工作责任，制定工作实施细则，紧盯关键节点和重要环节，扎实推进舆情防控和保密工作。

3. 以"德才兼备　家国情怀"学校人才培养目标为着眼点和着力点，根据统战、校友、基金会工作内在的育人元素，坚持管理服务育人，鼓励部内党员、统战成员在工作岗位上建功立业。产生了一批先进个人、优秀典范，其中，九三学社张季超教授当选为俄罗斯自然科学院外籍院士；立项省委统战部重点课题1项。

4. 强化责任担当，部门全体党员积极参加学校党员先锋队工作，参与社区志愿者工作，并鼓励校友企业或联盟捐资捐物参与疫情防控工作，形成上下一心、多向并举的良好态势。

（二）构建大统战工作格局，扩大同心圆彰显法宝作用

1. 校党委多次研究统战工作，专题学习统战政策。建立健全统战工作领导小组，完善党委常委联系党外代表人士制度，加强部门、学院联动，逐渐形成齐抓共建的良好局面。

2. 注重统一战线队伍建设。紧抓骨干培养，做好干部推荐，进一步激发基层党委的战斗力和凝聚力。多名成员任党派市委会主委、副主委、委员。24人次进入到省、市各类统战团体任领导或理事职务。2人当选为市人大代表，1人为番禺区政协委员；推荐新一届市政协委员人选12人、市政协台侨事顾问人选1人、省留联会副会长人选1人。

3. 坚持政治引领，加强民主党派思想建设，打造建言履职平台，加强信息宣传工作，深入开展统战工作理论研究。组织开展学习7次，选派党外人士13人参加上级部门举办的各类培训班；学校哈迎飞、刘翠红、姚海霞、姚焱撰写的3件社情民意信息被评为民进广州市委优秀议政调研成果。民盟基层委主委张泽涛教授撰写的《以法律保障劳动者尊严　促进人的全面发展和共同富裕》被民盟广州市委采用作为提交民盟中央共同富裕专题座谈会的建议，获得全国人大常委会副委员长、民盟中央主席丁仲礼批示，民盟广州市委会特发来感谢信，感谢我校为广州民盟参政议政工作作出的积极贡献。5篇成果被推荐市统战研究成果，1项省统战重点研究课题。2项统战工作信息被市委统战部公众号报道。卢捷部长受邀参加广州市统战政策理论研究座谈会暨统一战线智库建设交流会并在会上做交流发言。

4. 建立我校党外代表人士后备队伍人才库，加强培养培育。按省、市委统战部工作部署，顺利完成2021年我校党外知识分子及无党派人士统计和认定工作，同时建档立册，实行动态管理。发挥校友优秀资源，加强新的社会阶层人士队伍建设和打造。2人成为省新的社会阶层人士联合会理事会成员，1人任副会长。师生助力校友发展，曹志伟委员工作室入选全国杰出政协委员工作室（站）。

5. 以铸牢中华民族共同体意识为主线，坚持宗教中国化方向，积极稳妥做好民族宗教工作。加强对有关情况的执行检查，健全工作网络；开展各类民族团结工作。统战部牵头顺利完成中央、省、市专项工作督察工作。认真做好"铸牢中华民族共同体意识教育实践基地"建设，申报市级实践基地。

6. 聚焦壮大爱国爱乡力量，团结港澳台侨建设力量。关注学校港澳台籍教师的工作和生活，密切与海外侨胞的联系，发挥统一战线法宝作用，积极推进"广州大学城高校海外校友会·番禺海外社团侨智联盟"建设，"以侨为桥"，充分发挥"番禺海外友好社团＋大学城高校＋高校海外校友会＋市、区职能部门＋重点平台＋孵化基地和文化交流平台"的积极作用，进一步铸牢海内外中

华儿女的"根、魂、梦",在全球范围内汇聚维护国家核心利益的强大力量。

(三)培育优良校友文化,积极打造有温度的校友服务体系

1. 优化校友工作顶层设计,坚持校院结合、远近结合、内外结合、潜显结合、凡达结合,建立全方位校友工作服务网络。提出并推进校友工作"五个一"工程:召开校友会工作会议、发起"我为母校添光彩"活动倡议、召开首次校友企业专场招聘会、每周走访一次校友(校友企业)、开展一次专题实践活动。多渠道多措施形成校内校外、国内国外的全方位联系工作服务群。

加强工作联动,调研走访24个学院校友分会。聘任71位校友工作联络员,建立长效年级联系机制。克服疫情困难,开展线上线下结合的"寻找校友的足迹"社会实践活动,累计采访校友70多位,形成稿件67篇,分期在"广大校友"网页及公众号推送。

制定《广州大学二级校友组织管理办法》《广州大学校友社交网群管理规定》,完善校友办工作职责,制定档案查阅、学籍查询、值年返校等服务指引及流程表,编制《广州大学校友会工作制度汇编》,明确指导,规范运作,构建资源共享、开放共荣的校友文化长效发展基础,营造校友文化。指导并鼓励二级校友分会开展校友工作,累计开展各校友座谈30多场,校企合作成果12项。

2. 主抓毕业季、秩年返校季,进行校友文化浸润。为毕业生定制个人专属校徽、开通个人终身邮箱;为西部计划志愿者和滞留在中高风险地区的毕业生免费邮寄行李;举办校友讲座,组织校友秩年返校志愿者活动,校史馆推广、优秀校友图片展等系列校友文化活动。受到南方都市报、南方+、信息时报、网易、搜狐网等媒体的广泛报道。

3. 细化校友服务,耕植校友文化,让校友在感受母校的荣誉和体会母校服务和关心中增强与母校的共同体意识。持续完善涵盖群、网、号、刊的"互联网+"信息平台建设。及时向数十万校友传递母校各类信息;其中"广大校友"微信公众号持续每周推送,累计推送140篇。"广大校友"内容不断完善丰富,受到校友好评。"校友之窗"网页完成改版工作,已链接广大主页。打造暖心项目,以党史学习教育为契机,扎实开展"我为群众办实事"活动,推动解决校友档案查阅等实际困难,沟通开放校友回校报备登记、活动开展等便民通道,受到校友广泛好评。2021年,设立第一个以班级命名的奖学金——"97生本"奖学金。校友林明新捐赠建设的第一处校园景观"鲁班广场"落成。建工系91届毕业生进行毕业30周年庆活动,并捐赠名贵树木4棵。

(四)以审促进,以查促改,全面推进规范化建设,多措并举发挥基金会效能

1. 按照《基金会管理条例》、广东省民政厅关于做好年报年检工作的指示精神,开展基金会年度审计工作,完成了基金会年报涉及机构建设、制度建设、公益项目开展、财务会计报告、信息公开、党建情况等十一大类信息的填报和报送工作。严格遵照《基金会管理条例》和基金会《章程》规定,组织理事会会议,审议2020年基金会工作总结、财务收支情况报告,以及2021年工作计划、2021年重大捐赠收入支出项目等;根据工作情况,按照《章程》规定履行民主决议程序,表决变更理事会理事长、副理事长(秘书长)、监事等负责人,完善基金会组织机构。按照省民政厅有关法定代表人离任审计工作要求,顺利完成法人离任审计工作。

2. 加强内部管理,完善内控制度。进一步完善捐赠协议范本的相关条款修订、项目经费使

用、实施流程规范等，制定《基金会经费使用流程图》《基金会项目实施情况报告书》；汇编形成《广州大学基金会内部管理制度及工作规范》，使基金会内部管理更加规范清晰，为基金会更好开展筹资和管理工作提供便捷服务。加强财务工作的指导和监督，对报账流程、捐赠票据出具、建账立项等工作做了进一步明确。

3. 加强组织领导，认真开展基金会法人治理专项整治工作。从章程制定规范、法人内部治理、政策法规遵守、信息公开、人员管理及党建工作等八大项内容36个小项进行逐项对照检查和排查，结合存在问题制定整改计划，召开理事会会议进行审议表决，形成总结上报材料，在规定时间内完成整改落实工作。

4. 强化项目管理，积极做好资金募集工作。加强与校友和潜在捐赠人的联系沟通工作，认真做好捐赠前期沟通、协议文本修订、捐赠协议签署等各环节的指导服务工作，努力促成各类捐赠项目的达成。截至2021年12月30日，基金会共收到捐款62项，累计人民币8021万元，设立重大慈善项目4个，其中第七届"互联网+"省分赛校友及校友企业捐赠创新创业大赛资金共计27.3万元。

学生工作

（一）开展常态化疫情防控

一是春秋季学期学生返校核验学生近8万人次，无一差错。二是牵头校园专班达650天（截至11月22日）。三是每天坚持报送学生离校返校、健康打卡、晨午晚检等数据。四是严格活动管理，保障校园安全。

（二）加强学生思想引领

一是合理安排每两周一次的主题班会和政治学习；抓好新生入学教育，举办了4场"名师第一课"，用线上和线下相结合的方式，实现2020级新生全覆盖，给新生扣好大学生活第一颗扣子；成功举办了三场学年礼，创新地完成了毕业典礼等常规工作；劳动教育推进顺利。二是加强学生的党史、国情等学习教育，组织了全校学生党史知识竞赛，常态化组织内地和港澳台学生、各民族学生知党史、一家亲、过传统节日"我们的节日"等系列活动。全省大学生讲党史公开课展示活动我校5项作品均获奖，包括一等奖1项。三是坚持人心向学，落实加强班集体建设"1+3"文件，着力加强班集体建设和学风建设。四是加强网络思政，结合党史学习教育，在易班等网络平台上开展"学党史齐分享""学党史知识、讲党史故事"等主题鲜明、意义深远的活动，组织全校学生参加广东省第六届网络媒体展示节等省级和校级的各类文创作品大赛，参赛超3000人次，获得"传承红色基因、争当时代新人"音频视频征集大赛等国家级、省级奖项30余项，评选出校级一、二、三等奖1000多人次，在网络上充分弘扬主旋律、传播正能量；广大学工微信公众号和易班平台上，全年共推送600多篇推文，充分利用新媒体平台，宣传党和国家的方针政策、学校新闻和活动报道、各种安全提示等，对学生进行宣传教育，并且极大地方便学生的校园生活；组织开展春节"写春联、迎新春、送祝福"活动，寒假"易起阅读，相伴经典"读书打卡活动，"学党史齐分享"活动，易班优课"身边的榜样"宣传会视频及"广大易班五周年"定向越野活动。

（三）重视学生意识形态安全及安全教育

一是抓好意识形态和校园安全稳定工作。加强对港澳台生、新疆生、交换生的教育管理服务工作。通过开学典礼、新生第一课、主题班会、广大学工公众号、"思政第一课""不负青春　不负韶华　不负时代"港澳台生征文比赛、少数民族学生全体大会、少数民族学生"我为祖国升国旗"活动、网上视频会议等多种形式和方式，加强对学生意识形态领域全方面教育，做到全覆盖、不疏漏。二是加强铸牢中华民族共同体意识教育。组织开展少数民族学生骨干夏令营、暑期社会实践、新疆生学业帮扶结对子等活动，提供平台充分展示特色风采，加强民族之间的交往交流交融。组织各民族学生、港澳台学生、交换生观看红色电影10余次，组织港澳台学生、交换生开展国情教育系列实践活动，前往广州市增城区大埔围村、惠州市惠城区东湖旅店、惠州市博罗县东江纵队纪念馆等爱国主义教育基地，走进深圳领略改革开放伟大成就，切实铸牢中华民族共同体意识。三是强化社团管理服务。四是强化依法治校，开展2021年《广州大学学生手册》《广州大学学生违纪处分规定》修订，实行学生宿舍安全用电网格化管理。本年度共依规通报处分违纪学生71人次，其中通报处分违反疫情防控规定学生64人，处分违规为电动车电池充电学生3人，确保学校疫情防控安全及消防安全。

（四）加强服务育人、管理育人工作

持续开展心理育人、资助育人；加强学生宿舍管理，做好服务育人等工作；加强队伍建设，现已举行8场辅导员沙龙、8场讲座，累计1600多人次参加，效果显著。

（五）大力推进"我为群众办实事"工作

推进"我为群众办实事"，大力抓好调查研究，抓紧优化项目清单，分层分类全面推动为师生办实事解难题，以看得见、感受得到的实际成效取信于广大师生。截至11月22日，学生处收集的办实事数量是6类，共12项，现已办结清单件数是11项，以"三个聚焦"持续推进办实事各类事项。

保卫处、武装部工作

（一）党建初具特色

年初及时完成支部委员补选，规范和健全支部设置。结合安全管理、国防武装业务，设立有部

门特色的党建文化墙，完成党员活动室的改造，党建工作氛围、支部精神面貌焕然一新。一年来，党支部发挥支部战斗堡垒作用，加强党支部政治建设、作风建设、规范化建设，营造风清气正的良好政治生态，转变机关作风，提升管理和服务水平；党员凝心聚力，共同构筑校园安全防线，全处党员"网格化"参加疫情防控、安全管理、安全专项整治和学生宿舍管理，切实守护全校师生安全，维护校园平安。根据部门工作特点，成立校园安全和基干民兵两个临时党支部，组建退役学生应急处突先锋队。不断提升服务师生和维护校园安全、稳定的能力。

（二）疫情防控毫不松懈

严格校门管理，切实守好校门第一道防线，有效阻击疫情输入校园。实行"逢进必查、逢进必测"的管控机制，严把入校人员、车辆进校的查证、测温、检查健康码及登记关，累计查验入校人员385万人次、入校车辆33.4万辆次；完成社会考试、招聘会等40多项大型活动的安全保卫和防疫管控，校园平安有序，没有发生疫情输入校园情况。

（三）校园维稳履职尽责

按上级教育行政部门通知精神和学校部署要求，扎实有力开展校园安保维稳工作，确保校园安全稳定。组织1700多人次保安进行业务培训，成立社区应急处置单元联防分队21个，组织10次校园反恐防暴演练，3次校园防洪防汛演练；协助公安机关处置校园意识形态、治安等不稳定事件26宗。

（四）治安形势持续向好

2021年，查获校内师生被盗、遗失物品等治安案情3宗，校内治安警情（学生手机、书包、自行车、外卖等财物被盗和遗失）发案率下降52%，校园易发的诈骗、个人极端事件等呈现明显下降趋势。以防诈骗和务工人员管理为重点开展校园治安综合治理，全面发动师生全覆盖安装、注册"国家反诈中心"APP，举办宣教、培训会议20多场次，利用微信公众号等推送20多篇宣传教育和警示材料，发放、张贴宣传单、海报7000多份。师生员工安全意识和安全感不断提升，与校属各单位、属地公安部门的沟通、协调、联防联控机制进一步健全和完善，校园治安形势持续向好。

（五）消防安全不断夯实

健全和完善各类消防安全规章制度10项；加强基础设施整治，完成桂花岗校区自动报警系统、消防整治项目验收和大学城校区图书馆共享空间消防升级改造，抢修消防管网漏水25次、更换灭火器等老旧器材4400多件（套）；加强安全隐患排查，坚持常态化消防巡查，建立检查台账，切实抓好安全防范，全年组织消防日常检查45次，大型检查12次，学生宿舍防火用电专项检查18次，电动车专项整治行动50多次，累计排查隐患行为2821处并完成闭环整改，有效遏制校园火灾的发生。组织开展广州大学第21届"119"消防宣传月活动，指导化学化工学院等19个部门开展消防技能培训及演练，有效提高师生员工的火灾防范意识和技能，为防范火灾事故的发生打好坚实基础。

（六）国防武装成绩斐然

融合学校"德才兼备 家国情怀"的人才培养目标，履行责任与担当，传承红色基因，切实做到组织领导有力度、宣传教育有深度、征兵服务有温度、融合发展有广度，学校大学生征兵工作取得扎实成效，持续位列大学生征兵先进单位前列。2021年，开展征兵工作调研会23场，超额完成2021年省下达的毕业生征集任务数。高质量完成2020、2021两个年级15000多名学生军训任务。

（七）校园交通安全有序

改造教学区停车场，新增223个机动车停车位，有效缓解了教职工停车难的问题；规划单车停车位60多处，保障单车与共享单车4300多辆停放有序；新增1条大学城校区高峰期入校通道，缓解高峰期入校拥堵问题；增设道路指示灯箱、限速指示标志等4处设施，处理校园堵塞人行消防通道违规停放机动车辆230多辆次，清理校园废旧单车130多辆，进一步完善了校园交通环境和秩序。

（八）应急处置高效稳妥

建立统一指挥、职责明确、反应迅速、处置有力的应急处置体系，提高校园应对突发公共事件的能力，最大限度降低突发公共事件造成的危害；严格执行应急值守制度，落实领导带班、值班人员24小时值守，全年应急值班电话呼入（出）10000余次、400余小时，有效保障了信息"上传下达"；按照"分级负责，归口办理，谁主管、谁负责"的原则，快速有效地解决和答复应急值守收集到的各类问题，妥善处置了校园突发事件56起，办结上级紧急来电来函15件，推送防汛应急预警信息50多条。

（九）桂花岗校区安全稳定

在保卫处、武装部的领导和桂花岗校区管委会的统筹下，切实抓好治安防范，进一步加大师生安全宣传教育，认真落实消防整改，规范校区交通管理秩序，妥善处置突发事件，校区总体安全形势良好，确保了校园安全稳定和师生生命财产安全，为师生创造一个平安、整洁、有序的工作学习生活环境。

离退休工作

（一）突出政治引领，扎实推进离退休党建工作

1. 持续抓好思想政治建设。坚持领导干部带头学、在职干部领着学、离退休老同志跟着学，自学、集中学习、送书送学上门，线上线下学习相结合，抓好经常性思想教育。积极探索离退休干部党建融入城市基层党建机制，整合社会资源，组织引导离退休老同志为社区建设增添正能量。

2. 不断加强党的组织建设。以高校党建工作"双创"为抓手，强化离退休工作处在职党支部作为全省高校党建工作样板支部的示范带头作用，以点带面推动离退休基层党组织标准化、规范化建设。新成立退休党支部1个，完成在职党支部、37个离退休党支部支委换届工作，2个退休党支部

进行了个别委员的增补调整。开展新任离退休党支部书记培训班，举行离任书记荣退仪式。通过师生党支部、校企党支部、老中青党支部等共建，共聚党建合力。前往广州地铁集团公司"红色羊角"党建基地参观，并与广州地铁集团公司运营总部线网管控中心公共关系党支部携手共建开展主题党日活动。

3. 健全党内激励关怀机制。传递党的温暖与关怀，激励党员责任担当，为我校本部142名老党员颁发"光荣在党50年"纪念章。"学习强国"平台6月30日报道学校"不忘初心跟党走 接续奋斗薪火传""光荣在党50年"纪念章颁发仪式。在学校"两优一先"评选活动中，1个退休党支部评为学校"先进基层党组织"，5名退休党员评为学校"优秀共产党员"，1名离退休党总支书记评为学校"优秀党务工作者"。

4. 扎实开展党史学习教育。一是精心统筹谋划，多措并举助力营造党史学习教育浓厚氛围。挖掘先进人物与事迹素材，深化成果应用，分别从入党故事、奋斗经历、先进事迹及"光荣在党50年"等方面深入挖掘内容深度，撰写、录制一批作品制作成微党课，通过新媒体手段进行传播，增强传播力、影响力，充分发挥先进人物、活动作品在党史学习教育中的育人价值。二是着力以"党建带关建"，把党史学习教育同关心下一代工作相结合，不断拓展党史学习教育深度广度。引导有能力、身体条件允许的离退休党员通过开展主题党课，就近就便到党史学习教育基地开展现场教学及"老中青"党支部共建学习党史等活动。学习强国中国教育在线2021年4月25日发文《广州大学：师生"沉浸式"学党史 让党史学习教育更鲜活》，报道"五老"党员、在职党支部携手管理学院学生第五党支部开展"携手共建学党史，传承精神守初心"主题党日活动。党龄超过72年的离休干部、"银领"讲师团高志光同志受邀分别为海珠区退役军人事务局、广州开放大学作主题为"传承红色基因 弘扬烈士精神"的党史课，广州开放大学师生现场听讲，全系统25万学子通过云直播同步收看。三是调动广大离退休老同志参与文艺创作积极性，以主题作品创作增强党史学习教育的魅力。组织广大离退休老同志积极参加"百年华诞颂党恩"主题诗词征集、"迎建党百年，展巾帼风采"主题作品征集展示、庆祝建党100周年"永远跟党走，奋进新征程"书画摄影作品展览、"庆祝中国共产党成立100周年暨广州大学关工委成立20周年"主题书画摄影展等一系列主题文艺创作活动，编辑《广州大学离退休教职工庆祝中国共产党成立100周年暨广州大学关工委成立20周年书画摄影作品集》。易佐永、梁贞才诗词作品分获"百年华诞颂党恩"主题诗词征集活动三等奖和优秀奖，学校荣获优秀组织奖。学校退休老同志提交15件作品，其中有13件作品入围广州市退（离）休教育工作者协会举办的庆祝建党100周年"永远跟党走，奋进新征程"书画摄影作品展览。

（二）突出用心用情，认真做好离退休老同志服务管理

1. 落实政治生活待遇。离退休老同志代表定期听取学校工作情况通报，163人次积极参与番禺区人大代表选举，参与学校党员代表大会、教师节大会、教职工及工会委员代表大会以及党史学习教育、学校"十四五"规划、学校章程修订等专项工作征求意见座谈会，积极建言献策，共助学校发展。

2. 开展助困送温暖活动。定期走访慰问老党员、老干部及困难老同志，2021年1—11月，走访慰问离退休老党员140人次，落实困难老党员、离退休老同志等128人次的住院慰问、困难补助等合

计169600元；组织70岁高龄退休老同志祝寿活动；向3位百岁离休老同志送去党和组织的关怀与温暖；编制新退休教职工办事指南；参与退休老同志宿舍加建电梯的协调沟通工作；慰问36位去世老同志家属，协助做好丧后工作；组织离退休老同志738人次参加高知高干及普通健康体检；重阳节开展"九九重阳节，浓浓敬老情"——2021年重阳节线上趣味竞答活动，受到广大离退休老同志的喜爱与好评。

3. 推进活动阵地建设。推进"我为群众办实事"走深走实，桂花岗校区离退休教职工活动中心在原有基础上升级改造，新增党员之家、书画阅览室、多媒体课室等工作、活动空间，使活动中心成为离退休老同志"老有所养、老有所学、老有所为、老有所乐"的理想场所和安度幸福晚年的美好家园。

4. 充分发挥网络阵地作用。运用学校新闻网、"广州大学离退休"微信公众号、离退休工作处网页、"智慧管理系统""短信服务平台"等云服务平台，不断创新"智慧服务""线上讲堂""线上主题展览"等学习与活动形式，引导广大离退休老同志借助网络平台积极传递正能量、传播广大好声音，结合自身奋斗历程讲好广大故事。线上推送7期学习贯彻习近平总书记"七一"重要讲话精神宣讲报告会，8期离退休干部专题报告，252期"一起学党史"栏目，140期党史学习教育系列党课，37期教育部关工委"读懂中国"——"讲好入党故事 传承红色基因"优秀作品展播，2篇先进典型人物事迹报道，8期"院士回母校——线上讲堂，重温经典"，6期导读《论中国共产党历史》《改革开放简史》等著作的主题讲座。

5. 助力解决运用智能技术困难。离退休工作处在职党支部携手管理学院学生第五党支部合力推出15期"智慧助老，指尖生活"智能化运用小课程，并分期开展线下培训指导，为离退休老同志运用手机微信查询出示健康码、办理核酸检测、获取乘车码等交通出行、日常生活服务事宜提供指导和帮助。

6. 疫情期间贴心暖心为老同志服务。时刻牵挂着在疫情中高风险地区、重点管控区域的老同志健康和平安，想老同志所想，积极为离退休老同志排忧解难。组织线上学习疫情防护相关知识，协助做好校区几轮全员核酸检测大排查信息登记工作。倡议老同志积极参与和配合社区疫情防控工作，为抗击疫情献爱心、作贡献。同时，鼓励老同志运用创作诗歌、书画、文章等形式助力疫情防控、传递正能量，用文艺作品弘扬伟大抗疫精神，用优秀诗词书画作品讲述抗疫过程中的动人故事，以振奋人心的创作作品传递战疫力量、致敬抗疫英雄。

（三）突出服务大局，助推离退休老同志作用发挥

1. 助力主渠道开展思政教育，积极参与2021年教育部"读懂中国"活动。组织学生与"五老"结对，对老同志进行采访与拍摄、开展线下交流，将活动变成课堂，将采访变成互动。2021年"读懂中国"活动共采访"五老"25人，参与主创团队学生346人，面向受益学生25600人，收集作品60项，其中征文作品48篇，微视频作品4项，短视频作品7项，舞台剧作品1项。1项短视频作品荣获"最佳短视频"，1项舞台剧作品荣获"优秀舞台剧"，我校是广东省地方高校获奖项目最多的单位。学校关工委同时获得教育部关工委、广东省教育系统关工委"读懂中国"活动"优秀组织奖"。

2. 以中国共产党成立100周年为契机，推动学生学习"四史"教育活动。积极筹备与组织开展"银领讲堂"党史学习教育主题报告会、"共同的信仰，光荣的传承"——"老少共话"系列活动、"光荣在党50年"专题党课等，"银领"讲师团董世明教授讲授"南陈北李，相约建党——中国共产党诞生"主题党课，档案馆原馆长吴小强教授以"党史视角下的广大奋斗精神——以私立广州大学为例"为题为港澳台学生开展"四史"专题讲座，有力推动学生学习"四史"教育活动，让学生从中汲取思想、信仰的力量。

3. 凝聚老同志力量，促进教学质量全面提升。配合学校组织老同志参与教学和科研实践，发挥他们对学校教育教学的监督和引导作用。15名退休老教授尽职尽责，长期致力于校、院教学督导、督学工作。

4. 积极搭建平台，营造关心下一代工作良好工作氛围。成功举行广州大学关工委成立20周年大会，编印纪念册、举办成果展和制作专题宣传片，回顾总结学校关工委成立20周年的历程。2021年实现全校24个二级关工委全覆盖。学校关工委获得"全国教育系统关心下一代工作先进集体"荣誉称号，1位老同志获评先进个人。"学习强国"平台对广州大学关工委成立20周年大会情况进行报道，大会的成功召开得到省、市各级关工委领导以及广大老同志的充分肯定和一致好评。

工会工作

（一）深化党建引领，全面提升工会党支部建设制度化、规范化、科学化水平

1. 深入学习贯彻习近平新时代中国特色社会主义思想，全面贯彻党的十九大和十九届二中、三中、四中、五中、六中全会精神，严格落实工会党支部第一议题学习制度，围绕庆祝建党100周年、弘扬爱国主义精神等，精心策划组织主题学习宣传贯彻活动。2021年开展支部活动12次，主题教育学习4次，学习习近平总书记重要讲话49次，加强政治建设专题组织会1次，重读入党申请书专题组织会2次。

2. 按照学校党委的部署和要求，推进高校基层党建工作和三年行动计划实施方案的落实；开展述职评议考核工作；加强对支部党员的教育监督，关心党员日常工作、学习、生活和家庭状况；支部书记坚持新学期上"思政第一课"；规范支部建设，全面落实"三会一课"制度、民主评议党员制度、组织生活制度、民主生活会制度、谈心谈话制度、联系服务群众制度；加强对党员利用"学习强国"平台开展学习的督促检查；组织支部全体党员参观番禺星海园、"百年恰是风华正茂"庆祝中国共产党成立100周年主题档案文献展和"百年风华 时代画卷"——广州美术经典中的党史展等党日活动，现场开展革命传统教育；组织全校教职工以线下和线上两种方式观看宣传习近平新时代中国特色社会主义思想主题影片《村路弯弯》；组织300余名教职工观看《三湾，那一夜》《呼吸》等红色话剧演出；以工会干部为主创作了广州大学庆祝建党100周年时代报告剧暨专

题片——《笃行者》；疫情防控期间，落实在职党员回社区报到并开展服务工作。

3．按照学校党委工作要求，认真谋划落实好党史学习教育各项工作，坚持学习党史与学习新中国史、改革开放史、社会主义发展史相贯通，开展好"我为群众办实事"实践活动，联合党委组织部、党委宣传部、校团委举办近2000名师生同台参加的"颂百年华章，传红色基因"合唱大赛，引导全校师生进一步坚定信心、聚焦我们正在做的事情。

4．进一步提高政治站位，严明政治纪律和政治规矩，严格执行新形势下党内政治生活若干准则，把思想从严、管党从严、执纪从严、作风从严、反腐从严贯穿到各项工作中，重点进行党风廉政建设相关活动2次。

5．遵照《中共中央政治局贯彻落实中央八项规定实施细则》《中国共产党廉洁自律准则》《中国共产党纪律处分条例》，强化日常监督，进一步加强作风建设，深化落实基层正风反腐三年行动方案，深入整治形式主义、官僚主义。

（二）围绕学校中心工作，开展师德师风教育活动，促进教师队伍建设

1．以党史学习教育为主线，以高质量教育发展和高水平大学建设为中心，联合教务部门开展以师德建设为主题的教职工思政教育活动，坚持用社会主义核心价值体系引导教职工，为教职工建功立业搭建更大更好的平台。如张季超劳模工作室、李敏工作室通过省、市总工会复评；贯彻落实省总工会女职工委员会《关于开展"玫瑰书香"全省女职工主题阅读活动的通知》精神，举办以《英雄母亲的铁骨柔情——赵一曼烈士诗书品读》为内容的"巾帼共奋进　永远跟党走"主题阅读讲座，进一步做好全校女教职工思想政治引领工作，促进教职工素质提升。

2．利用多媒体网络等宣传阵地，在工会微信号中推送我校胡春、哈迎飞、马玉宏、梁红、肖思为等优秀女教职工先进事迹。

3．发挥典型示范作用，推选出广州市最美教师刘宝辉教授，培养选树优秀典型。

4．开展书香家庭、慈善家庭评选等活动；开展"寻找广州市最美职工健身达人（团队）"，评选出一个优秀团队和10位健身达人；组织广东省总工会学习贯彻习近平总书记关于工人阶级和工会工作重要理论的征文，公共管理学院王洁老师获一等奖；在广州市职工发明创新大赛获得二等奖和优秀"五小"奖各一项并获优秀组织奖。

（三）进一步发挥教代会（工代会）的职能作用，充分发挥广大教职员工在学校改革发展中的积极作用

1．召开第五届教职工（工会会员）代表大会第二次会议，审议2020年度学校工作报告，教代会、工会工作报告，2020年度学校教代会、工会经费使用情况报告，2021年教代会、工会提案收集情况的报告，《学校财务预决算报告》；对《广州大学章程修正案（草案）》和《广州大学"十四五"事业发展规划（审议稿）》进行说明。

2．落实第五届教职工（工会会员）代表提案的征集、整理工作，共收集76份提案，整理出11份上报学校审核并予以提案落实。

3．开展以"提高提案质量　提升教职工代表履职能力"为中心的新一届教职工代表大会200多

名代表培训，全面提升教代会代表和工会干部的理论素质和业务能力。

4. 对新接手工会工作的各分工会50多名一线工会主席、委员中存在的工会经费管理、工会活动开展等困惑问题，开展新一届工会干部培训。

（四）以服务教职工为中心，做好"我为群众办实事"实践活动

1. 关心劳模身心健康，认真细致做好劳模疗休养、体检、二次医疗保险、赠阅报刊等工作。

2. 积极与体育学院联系，工作日下班后安排篮球场、室内羽毛球场地；教工活动中心工作日下班后坚持开展有氧健身操、瑜伽、乒乓球培训等文体活动。

3. 积极联系番禺区教育部门，将54名教职工子女入读小学材料统一收集并交给番禺区有关教育部门，为80多名教职工的子女入小学、入幼儿园提供了最好的解决办法；与桂花岗小学签订共建合作协议书，尽最大可能解决学校教职工子女入学等"揪心事"。

4. 对有特殊困难教职工开展走访、慰问工作，特别是针对今年教职工体检中发现的重大疾病问题，主动与学校门诊部联系，联合各单位分工会开展重大疾病教职工专门慰问；为927名（新参保143名，续保784名）教职工购买广州市女职工安康互助保障计划；为2036名（新参保328名，续保1708名）教职工购买广州市特种重病医疗互助保障计划；给予427名教职工办理住院关爱，发放慰问金35.74万元；为23名患重病教职工理赔647500元；办理广州歌舞剧院有限公司114名教职工的二次医保；通过政府公开招标，为3388名教职工发放生日蛋糕券和为3400多名教职工发放节日慰问品。

5. 关心青年教职工的身心健康和生活，组织50余名青年教师开展联谊活动，为大龄青年的恋爱交友提供交流平台，增强青年教师对学校的归属感和向心力。

6. 出台《广州大学教职工社团（协会）管理办法（试行）》，规范与教职工业余文化活动有关的教职工社团（协会）的设立及活动；组织8个教职工社团（协会）换届工作，聘用政治素质较好的37位老师为各社团（协会）负责人。

7. 依托教育学院心理系教授团队，对教职工心理健康进行调查，通过问卷星平台共回收问卷1541份，其中有效问卷1397份，形成教职工心理健康状况报告，提交相关部门并开展有针对性的心理咨询，引导教职工发现自身的心理问题。

8. 按照学校党委要求，与教师工作部一起组建126人的教师党员突击队，在学校抗疫、创文等活动中，发挥党员的战斗堡垒作用和先锋模范作用。

（五）开展文体活动，增强教职工综合素质，营造校园和谐氛围

1. 坚持开展面对全校教职工的工间操活动，全年参与此项活动的教职工达20000人次。

2. "三八"妇女节之际，组织700多名女教职工集体参加的广播体操展示活动，1500名教职工参加的健步行、46名教职工参加的旗袍秀等活动。

3. 举办广州大学第三届教职工羽毛球对抗赛、羽毛球双打混合团体赛，第十九届教职工乒乓球赛，趣味运动会，篮球赛，足球赛等；代表市教育系统工会参加广州市职工广播操比赛获第七名；组队参加市教育系统"钟声杯"运动会，全部四个项目中有两个项目获第一名、两个项目分获

第三名和第五名。

4. 联合美术与设计学院青年志愿者协会七彩艺社面向200多名教职工开展扎染活动，让教职工感受传统工艺的魅力，陶冶情操。

5. 面向全校教职工开展"徒手心肺复苏和气道异物梗阻急救知识讲座"，让广大教职工增强急救意识，掌握急救技能，培养珍视生命情怀、完善健康理念。

6. 为了进一步加强青年教师队伍建设，更深入地了解新进教师入职以来遇到的问题和困惑，不断提升获得感、荣誉感、幸福感，与教师工作部一起组织青年教师座谈会。

共青团工作

（一）聚焦主责主业，思想政治引领工作扎实推进

1. 思想政治引领常抓不懈，团员思想素质显著提高。以学习贯彻习近平新时代中国特色社会主义思想为统领，全方位全过程抓好大学生思想政治教育。以主题团日活动为主抓手，围绕"学党史、强信念、跟党走"等主题，强化团员理想信念教育；以"千千工程"为主渠道，有力推进党建带团建、团建促党建；以"青马工程"为主平台，强化青年政治骨干培养力度。在"讲党史、话初心、践使命"——第四届广州团干部讲党史团课大赛中获得"优秀组织奖"。

2. "网上共青团"建设不断拓展，网络思政取得新成效。积极利用网络新媒体加强"网上共青团"建设，增强思想引领的时效性和趣味性。依托"广大团学+"全媒体联盟，加强与学院团委及各大学生组织微信平台的有效联动，扩大网络思政有效覆盖。校团委微信公众号、视频号年度总阅读量突破百万人次，排名长期位居全省前列，成功入选全国首批200个高校思政类公众号建设名单。为庆祝建党100周年打造的《没有共产党就没有新中国》千人大合唱MV成功登录"学习强国"平台。

（二）立足第二课堂，服务学生成长成才工作成效显著

1. 学术科技活动扎实有效，创新创业水平不断提升。充分发挥以"挑战杯"为龙头的学术科技创新工作机制，积极组织学生参与"攀登计划"，获得团省委40多万元的培育资金。在"挑战杯"大赛省赛中共获5项特等奖、6项一等奖、9项二等奖、9项三等奖；国赛中我校报送的6项作品均获奖，4项晋级国赛终审决赛，与华工、广工、暨大并列广东省第一。我校学生科技创新竞赛工作势头良好，在2021年广东大学生群众性创新创业活动活跃度上排名第四。在软科最新排名中，我校学生科创竞赛全国排名第42名，对提升我校综合实力作出重要贡献。

2. 社会实践活动蓬勃开展，志愿服务工作广受好评。组织赴省内外多地开展社会实践活动，获得国家、省级以上荣誉4项。24位志愿者参与西部计划，志愿者人数位居广东高校前列。校红十

字会被评为"全国红十字模范单位"。校红十字会联合校计生办开展"青春健康"国际合作项目，面向新生班级开展青春健康及预防艾滋病课程百余场，荣获由中国计生协会颁发的全国唯一一个优秀集体奖。

疫情防控中，积极开展社区防控、线上"云"家教、校园疫情防控志愿服务等。其中线上"云"家教志愿服务被学校共青团、"学习强国"等媒体报道。

3. 校园文化精彩纷呈，文体艺育人成效突显。举办校园篮球赛等各类体育活动，为学生"爱体育"提供多样的载体；举办迎新晚会、师生大合唱等各类校园文化艺术活动，为学生"懂艺术"提供广阔舞台；持续推广中华经典诵读诵学考小程序，助力提升学生的人文素养。组织学生参加各类比赛，获得国际合唱节金奖、大学生艺术展演等各类奖项共计8项。

（三）强化组织建设，共青团工作根基夯实有力

1. 以党建促团建，部门党支部建设得到加强。校团委以党建工作为引领，积极组织开展"三会一课"，落实第一议题学习制度，切实加强支部党员的理想信念教育。以党史学习教育活动为契机，2021年开展理论学习和专题研讨20余次，外出参观、观影3次，支部成员每人对接联系3个学院团委，每人与3个贫困毕业生就业帮扶结对；积极组织"我为群众办实事"活动，开展"微心愿"收集活动，共落实学生"微心愿"12个；联合网络中心，成功开通学生活动宣传栏、红棉路摊位、青年活动中心、第二课堂学分线上等四个板块网上服务功能；响应学院需求开展学术科技训练营、团学新媒体技能培训、校艺术团小老师送教到学院等活动，共帮助近1000人次。

2. 以改革促发展，团学组织及社团工作进一步规范。以共青团改革为主线，积极落实广东共青团整治软弱涣散基层组织三年行动"命脉工程"的要求，进一步规范基层团组织建设。以"智慧团建"系统为抓手强化基础团务工作，规范开展团的"三会两制一课"和完善班团一体化协同工作机制，完善每年团员教育评议结果进入团籍档案管理，发挥其对学生政治素质评价和政治人才举荐的积极作用。常态化组织校院两级团干部参加团中央、省、市委培训班，团干队伍建设不断加强。

3. 学生会稳步推进各项改革，不断增强政治性、先进性和群众性，主动服务学生，密切关注学生的思想动态，及时解决学生日常生活中遇到的问题，每年提交学生提案56项，当好学校联系青年学生的桥梁和纽带。同时，协同党委学生工作部重新修订《广州大学学生社团建设管理办法》，进一步规范学生社团管理，重新认证学生社团共98个（其中新注册社团3个），学生社团人数共计13969人次，明确业务指导单位31个，并落实市委巡察组关于加强学生社团自媒体管理的巡察整改工作，强化党对学生社团的领导。

第四部分

教学工作

办学层次

博士学位授权点一览表

序号	学科代码	学科名称	授权类型	授权时间
1	0401	教育学	博士一级	2018年3月
2	0701	数学	博士一级	2011年3月
3	0704	天文学	博士一级	2018年3月
4	0710	生物学	博士一级	2021年10月
5	0714	统计学（可授理学、经济学学位）	博士一级	2011年8月
6	0814	土木工程	博士一级	2011年3月
7	0839	网络空间安全	博士一级	2018年3月
8	1202	工商管理	博士一级	2018年3月
9	0451b	教育博士	博士专业学位	2018年3月
10	0859b	土木水利博士	博士专业学位	2021年10月

学术型硕士学位授权点一览表

序号	学科代码	学科名称	授权类型	授权日期
1	010101	马克思主义哲学	硕士二级	2006年1月
2	0202	应用经济学	硕士一级	2018年3月
3	0301	法学	硕士一级	2011年3月
4	0303	社会学	硕士一级	2018年3月
5	0305	马克思主义理论	硕士一级	2011年3月
6	0401	教育学▲	硕士一级	2011年3月
7	0402	心理学（可授教育学、理学学位）	硕士一级	2011年3月
8	0403	体育学	硕士一级	2011年3月
9	0501	中国语言文学	硕士一级	2011年3月
10	0502	外国语言文学	硕士一级	2021年10月

续上表

序号	学科代码	学科名称	授权类型	授权日期
11	0503	新闻传播学	硕士一级	2011年3月
12	0602	中国史	硕士一级	2011年8月
13	0701	数学▲	硕士一级	2011年3月
14	0702	物理学	硕士一级	2021年10月
15	0703	化学	硕士一级	2011年3月
16	0704	天文学▲	硕士一级	2011年3月
17	0705	地理学	硕士一级	2011年3月
18	0710	生物学▲	硕士一级	2011年3月
19	0714	统计学（可授理学、经济学学位）▲	硕士一级	2011年8月
20	0801	力学（可授工学、理学学位）	硕士一级	2018年3月
21	0802	机械工程	硕士一级	2011年3月
22	0805	材料科学与工程	硕士一级	2020年4月
23	0810	信息与通信工程	硕士一级	2018年3月
24	0813	建筑学	硕士一级	2011年8月
25	0814	土木工程▲	硕士一级	2006年1月
26	0817	化学工程与技术	硕士一级	2011年3月
27	0830	环境科学与工程（可授工学、理学、农学学位）	硕士一级	2011年3月
28	0833	城乡规划学	硕士一级	2011年8月
29	0839	网络空间安全▲	硕士一级	2018年3月
30	1201	管理科学与工程	硕士一级	2021年10月
31	1202	工商管理▲	硕士一级	2011年3月
32	1204	公共管理	硕士一级	2011年3月
33	1302	音乐与舞蹈学	硕士一级	2011年8月
34	1303	戏剧与影视学	硕士一级	2011年8月
35	1304	美术学	硕士一级	2011年8月
36	1305	设计学（可授艺术学、工学学位）	硕士一级	2011年8月

注：带"▲"者同时为博士专业学位授权点。

专业型硕士学位授权点一览表

序号	专业学位类别（领域）代码	专业学位类别（领域）名称	授权类型	授权日期
1	0251	金融	硕士专业学位	2018年3月
2	0252	应用统计	硕士专业学位	2021年10月
3	0351	法律	硕士专业学位	2014年5月
4	0352	社会工作	硕士专业学位	2014年5月
5	0451	教育▲	硕士专业学位	2004年12月
6	0452	体育	硕士专业学位	2009年6月
7	0453	汉语国际教育	硕士专业学位	2010年9月
8	0454	应用心理	硕士专业学位	2014年5月
9	0551	翻译	硕士专业学位	2021年10月
10	0552	新闻与传播	硕士专业学位	2021年10月
11	0851	建筑学	硕士专业学位	2021年10月
12	0853	城市规划	硕士专业学位	2021年10月
13	0854	电子信息	硕士专业学位	2019年5月
14	0855	机械	硕士专业学位	2019年5月
15	0856	材料与化工	硕士专业学位	2019年5月
16	0857	资源与环境	硕士专业学位	2019年5月
17	0858	能源动力	硕士专业学位	2021年10月
18	0859	土木水利▲	硕士专业学位	2019年5月
19	0860	生物与医药	硕士专业学位	2021年10月
20	0861	交通运输	硕士专业学位	2019年5月
21	0953	风景园林	硕士专业学位	2018年3月
22	1251	工商管理	硕士专业学位	2018年3月
23	1252	公共管理	硕士专业学位	2021年10月
24	1253	会计	硕士专业学位	2014年5月
25	1254	旅游管理	硕士专业学位	2018年3月
26	1256	工程管理	硕士专业学位	2019年5月
27	1351	艺术	硕士专业学位	2009年6月

注：带"▲"者同时为博士专业学位授权点。

本科招生专业一览表

序号	学院	专业名称	学科门类	开设时间（年）	备注
1	经济与统计学院	国际经济与贸易	经济学	2004	
2	经济与统计学院	统计学	理学	2013	
3	经济与统计学院	金融学	经济学	2002	
4	经济与统计学院	经济学	经济学	2014	
5	经济与统计学院	数据科学与大数据技术	理学	2018	
6	法学院（律师学院）	法学	法学	2002	
7	马克思主义学院	思想政治教育（师范）	法学	1978	
8	教育学院（师范学院）	学前教育（师范）	教育学	2012	
9	教育学院（师范学院）	教育技术学（师范）	理学	2002	
10	教育学院（师范学院）	应用心理学（师范、非师范）	理学	2001	
11	教育学院（师范学院）	小学教育（师范）	教育学	2015	
12	教育学院（师范学院）	特殊教育（师范）	教育学	2017	
13	体育学院	体育教育（师范）	教育学	1999	
14	体育学院	社会体育指导与管理	教育学	2004	
15	人文学院	汉语言文学（师范、非师范）	文学	1978	
16	人文学院	历史学（师范）	历史学	1978	
17	外国语学院	英语（师范、非师范）	文学	1978	
18	外国语学院	法语	文学	2013	
19	外国语学院	日语	文学	2004	
20	新闻与传播学院	广播电视学	文学	1995	
21	新闻与传播学院	广播电视编导	艺术学	2013	
22	新闻与传播学院	播音与主持艺术	艺术学	2003	
23	新闻与传播学院	网络与新媒体	文学	2014	
24	管理学院（旅游学院/中法旅游学院）	工程管理	工学	1993	
25	管理学院（旅游学院/中法旅游学院）	工商管理	管理学	2003	

续上表

序号	学院	专业名称	学科门类	开设时间（年）	备注
26	管理学院（旅游学院/中法旅游学院）	物流管理	管理学	2004	
27	管理学院（旅游学院/中法旅游学院）	电子商务	管理学	2003	
28	管理学院（旅游学院/中法旅游学院）	会计学	管理学	2003	
29	管理学院（旅游学院/中法旅游学院）	旅游管理（含中法项目）	管理学	1988	
30	管理学院（旅游学院/中法旅游学院）	会展经济与管理	管理学	2007	
31	公共管理学院	行政管理	管理学	2002	
32	公共管理学院	社会学	法学	2017	
33	音乐舞蹈学院	音乐学（师范、非师范）	艺术学	2002	
34	音乐舞蹈学院	舞蹈编导	艺术学	2008	
35	美术与设计学院	美术学（师范）	艺术学	1996	
36	美术与设计学院	数字媒体艺术	艺术学	2018	
37	美术与设计学院	环境设计	艺术学	2013	
38	美术与设计学院	产品设计	艺术学	2013	
39	数学与信息科学学院	数学与应用数学（师范、非师范）	理学	1978	
40	数学与信息科学学院	信息与计算科学	理学	2001	
41	化学化工学院	化学（师范、非师范）	理学	1978	
42	化学化工学院	化学工程与工艺	工学	2002	
43	物理与材料科学学院	物理学（师范）	理学	1978	
44	物理与材料科学学院	光电信息科学与工程	工学	2009	
45	物理与材料科学学院	材料科学与工程	工学	2020	
46	地理科学与遥感学院	地理科学（师范、非师范）	理学	1978	
47	地理科学与遥感学院	人文地理与城乡规划	理学	2013	
48	地理科学与遥感学院	地理信息科学	理学	2001	
49	地理科学与遥感学院	遥感科学与技术	工学	2021	新增
50	生命科学学院	生物科学（师范、非师范）	理学	1978	
51	生命科学学院	生物制药	工学	2019	
52	机械与电气工程学院	机械设计制造及其自动化	工学	2001	

续上表

序号	学院	专业名称	学科门类	开设时间（年）	备注
53	机械与电气工程学院	电气工程及其自动化	工学	2001	
54	机械与电气工程学院	机器人工程	工学	2017	
55	机械与电气工程学院	智能制造工程	工学	2021	新增
56	电子与通信工程学院	电子信息工程	工学	2009	
57	电子与通信工程学院	通信工程	工学	2015	
58	电子与通信工程学院	物联网工程	工学	2015	
59	计算机科学与网络工程学院	计算机科学与技术	工学	1997	
60	计算机科学与网络工程学院	软件工程	工学	2004	
61	计算机科学与网络工程学院	网络工程	工学	2003	
62	计算机科学与网络工程学院	网络空间安全	工学	2019	
63	计算机科学与网络工程学院	人工智能	工学	2020	
64	土木工程学院	土木工程	工学	1991	
65	土木工程学院	建筑环境与能源应用工程	工学	2000	
66	土木工程学院	给排水科学与工程	工学	1991	
67	建筑与城市规划学院	建筑学	建筑学/工学	1991	
68	建筑与城市规划学院	城乡规划	工学	1999	
69	建筑与城市规划学院	风景园林	工学	2014	
70	环境科学与工程学院	环境科学	理学	2003	
71	环境科学与工程学院	环境工程	工学	2001	

注：1. 电子信息工程专业通过中华工程教育学会（IEET）工程教育专业认证，有效期3年，自2021年1月起至2023年12月止。

2. 建筑学专业本科（五年制）通过住房和城乡建设部高等学校建筑学专业教育评估（认证），有效期4年，自2020年5月起至2024年5月止。

3. 建筑环境与能源应用工程专业通过住房和城乡建设部高等教育建筑环境与能源应用专业评估（认证），有效期6年，自2021年5月起至2027年5月止。

4. 环境工程专业通过中国工程教育专业认证，有效期6年，自2021年1月起至2026年12月止。

高等继续教育专业一览表

序号	专业名称	学科门类	学习层次	学习形式	学制	备注
1	法学	法学类	专升本	业余	三年	
2	社会工作	法学类	专升本	业余	三年	
3	教育学	教育学类	专升本	业余	三年	
4	学前教育	教育学类	专升本	业余	三年	
5	工程管理	经济管理类	专升本	业余	三年	
6	工商管理	经济管理类	专升本	业余	三年	
7	行政管理	经济管理类	专升本	业余	三年	
8	会计学	经济管理类	专升本	业余	三年	
9	金融学	经济管理类	专升本	业余	三年	
10	人力资源管理	经济管理类	专升本	业余	三年	
11	市场营销	经济管理类	专升本	业余	三年	
12	电气工程及其自动化	理工类	专升本	业余	三年	
13	给排水科学与工程	理工类	专升本	业余	三年	
14	计算机科学与技术	理工类	专升本	业余	三年	
15	土木工程	理工类	专升本	业余	三年	
16	汉语言文学	文史类	专升本	业余	三年	
17	英语	文史类	专升本	业余	三年	
18	社会工作	法学类	专升本	函授	三年	
19	教育学	教育学类	专升本	函授	三年	
20	学前教育	教育学类	专升本	函授	三年	
21	工程管理	经济管理类	专升本	函授	三年	
22	工商管理	经济管理类	专升本	函授	三年	
23	国际经济与贸易	经济管理类	专升本	函授	三年	
24	行政管理	经济管理类	专升本	函授	三年	
25	会计学	经济管理类	专升本	函授	三年	
26	人力资源管理	经济管理类	专升本	函授	三年	
27	电气工程及其自动化	理工类	专升本	函授	三年	
28	建筑学	理工类	专升本	函授	三年	

续上表

序号	专业名称	学科门类	学习层次	学习形式	学制	备注
29	土木工程	理工类	专升本	函授	三年	
30	电气工程及其自动化	理工类	高起本	业余	五年	
31	交通工程	理工类	高起本	业余	五年	
32	网络工程	理工类	高起本	业余	五年	
33	电子商务	文史类	高起本	业余	五年	
34	人力资源管理	文史类	高起本	业余	五年	
35	物流管理	文史类	高起本	业余	五年	
36	学前教育	文史类	高起本	业余	五年	
37	工程造价	理工类	高起专	业余	三年	
38	机电一体化技术	理工类	高起专	业余	三年	
39	机械制造及自动化	理工类	高起专	业余	三年	原名机械制造与自动化，2021年更新
40	计算机应用技术	理工类	高起专	业余	三年	
41	建筑工程技术	理工类	高起专	业余	三年	
42	商务英语	外语类	高起专	业余	三年	
43	大数据与会计	文史类	高起专	业余	三年	原名会计，2021年更新
44	电子商务	文史类	高起专	业余	三年	
45	工商企业管理	文史类	高起专	业余	三年	补充
46	国际经济与贸易	文史类	高起专	业余	三年	原名国际贸易实务，2021年更新
47	现代物流管理	文史类	高起专	业余	三年	原名物流管理，2021年更新
48	学前教育	文史类	高起专	业余	三年	补充
49	服装与服饰设计	艺术类	高起专	业余	三年	

续上表

序号	专业名称	学科门类	学习层次	学习形式	学制	备注
50	室内艺术设计	艺术类	高起专	业余	三年	
51	艺术设计	艺术类	高起专	业余	三年	
52	计算机应用技术	理工类	高起专	函授	三年	
53	建筑工程技术	理工类	高起专	函授	三年	
54	数控技术	理工类	高起专	函授	三年	
55	大数据与会计	文史经济管理类	高起专	函授	三年	原名会计，2021年更新
56	电子商务	文史经济管理类	高起专	函授	三年	

办学规模

博士研究生分专业（领域）学生数

指标名称	代码	毕业生数	授予学位数	招生数	在校生数	一年级	二年级	三年级	四年级	五年级以上
甲	乙	1	2	3	4	5	6	7	8	9
总计	01	36	36	115	408	115	102	181	10	0
#女	02	19	19	50	167	50	48	64	5	0
全日制博士研究生	03	36	36	115	408	115	102	181	10	0
学术学位	04	36	36	79	319	79	75	165	0	0
专业学位	05	0	0	36	89	36	27	16	10	0

注：数据来源于2021年教育事业综合统计调查表。

硕士研究生分专业（领域）学生数

指标名称	代码	毕业生数	授予学位数	招生数	在校生数	一年级	二年级	三年级	四年级	五年级以上
甲	乙	1	2	3	4	5	6	7	8	9
总计	01	1638	1638	2613	6429	2617	2470	1342	0	0
#女	02	914	914	1232	3179	1236	1284	659	0	0
全日制硕士研究生	03	1406	1406	2406	5699	2408	2236	1055	0	0
学术学位	04	421	421	652	1766	652	636	478	0	0
专业学位	05	985	985	1754	3933	1756	1600	577	0	0
非全日制硕士研究生	06	232	232	207	730	209	234	287	0	0
学术学位	07	0	0	0	0	0	0	0	0	0
专业学位	08	232	232	207	730	209	234	287	0	0

注：数据来源于2021年教育事业综合统计调查表。

普通本科分专业学生数

指标名称	代码	毕业生数	#师范生	授予学位数	招生数	#师范生	在校生数	#师范生	一年级	二年级	三年级	四年级	五年级以上
甲	乙	1	2	3	4	5	6	7	8	9	10	11	12
总计	01	7297	1230	7297	7406	1308	30003	5466	7448	7494	7437	7441	183
#女	02	3907	944	3907	3936	923	15750	4036	3959	3868	3807	4018	98
高中起点本科	03	7297	1230	7297	7406	1308	30003	5466	7448	7494	7437	7441	183

注：数据来源于2021年教育事业综合统计调查表。

高等职业教育专科分专业学生数

指标名称	代码	毕业生数	#职业类证书	#职业技能等级证书	招生数	在校生数	#现代学徒制	一年级	二年级	三年级	四年级以上
甲	乙	1	2	3	4	5	6	7	8	9	10
总计	01	2009	401	188	1086	5913	0	1093	2629	2191	0
#女	02	1269	221	142	637	3528	0	641	1600	1287	0

注：数据来源于2021年教育事业综合统计调查表。

成人本科分专业学生数

指标名称	代码	毕业生数	授予学位数	招生数	在校生数	一年级	二年级	三年级	四年级	五年级	六年级以上
甲	乙	1	2	3	4	5	6	7	8	9	10
总计	01	3427	391	5752	14164	5752	4630	3575	207	0	0
#女	02	2182	289	3156	8154	3156	2771	2126	101	0	0
函授	03	485	66	1058	2446	1058	793	595	0	0	0
业余	04	2942	325	4694	11718	4694	3837	2980	207	0	0
脱产	05	0	0	0	0	0	0	0	0	0	0

注：数据来源于2021年教育事业综合统计调查表。

成人专科分专业学生数

指标名称	代码	毕业生数	招生数	在校生数	一年级	二年级	三年级	四年级以上
甲	乙	1	2	3	4	5	6	7
总计	01	5158	3259	10108	3259	3020	3829	0
#女	02	3159	1947	6103	1947	1875	2281	0
函授	03	284	213	661	213	141	307	0
业余	04	4874	3046	9447	3046	2879	3522	0
脱产	05	0	0	0	0	0	0	0

注：数据来源于2021年教育事业综合统计调查表。

学位获得者及毕业生名单

学术博士学位获得者名单

（共46人）

理学（27人）

蔡云鹭　陈裕城　邓春亮　杜思嘉　郝红花　李杰民　李卫霞　罗荔龄
吕松涛　梅　鹏　秦　杰　石晓红　涂志豪　谢　佳　朱小渊　蔡　敏
高　隆　李启锐　梁　鑫　罗　萍　徐建挺　Amirhossein Nafei　Saber Ali
Shafqat Iqbal　　Seyedeh Maedeh Mirmohseni Amiri　　Mehvish Fazal Ur Rehman
Najva Aminakbari

工学（14人）

李　晶　李　琳　李　松　李艳敏　潘静雯　张小婧　赵运超　钟子林
樊成亮　贺　辉　林超伟　尚继英　张紫祥　朱龙基

经济学（5人）

陈丽姗　陈培荣　董　浩　殷　红　封艳红

学术硕士学位获得者名单

（共424人）

哲学（1人）

李　敏

经济学（3人）

林剑威　李晴雯　刘艺萍

法学（18人）

段晓霞　高　敏　胡靖伟　黄金英　雷伟侨　李安琪　廖建勋　刘　昭
卢　昇　丘一铭　覃冬琴　陶再忆　王传斌　卫慧敏　杨嘉敏　张美林
郑宏敏　姜仁基

教育学（49人）

陆哲毅　陈安莉　林晓欣　林志鹏　麦哲豪　彭小燕　吴铭珊　张美琦

张馨雯	陈志慧	杜倩韵	何 昕	蒙宇丹	国礼羽	汪 澜	谢家全
许 冰	曾宪卿	陈晓玲	黄晨琳	梁伟堂	龚雪雪	皇甫超楠	黄咏欣
刘雨丝	曾翠霞	涂 甜	王 佩	宗 琪	刘巧云	夏雨璇	张庆华
连培灿	蔡惠燕	梁振宇	罗 媛	阮春红	王荣强	谢楚茵	张锦涛
王亚文	李 倩	邓明司	罗金凤	罗苏婷	谢健鹏	许嘉琪	韩一坤
李 芸							

文学（32人）

陈婉琴	陈微子	陈 新	邓 聪	黄婷婷	黄子洪	蒋业勇	荆高宏
雷 婷	梁嘉辉	卢雅静	罗玉琪	马思泳	马晓宇	莫堂辉	谭慧红
谭原杭	唐 婧	王朝阳	王慕雪	王天一	王雅萱	王 影	吴嘉雯
许晓珊	杨 柳	叶丹盈	张文娴	周姗杰	周 奕	孙美妮	周千惠

历史学（4人）

| 蓝国铭 | 廖梓蔚 | 吕长岭 | 王 健 |

理学（137人）

高 枫	林广坤	彭逸桓	邱俊良	孙秋远	武 花	杨智威	张 军
陈德宝	陈浩然	李 芳	陆 宇	邱坚坚	宋龙剑	徐云龙	张凯煌
何镇宇	简钰清	邝晨曦	廖粤军	刘慕瑛	罗小凤	萧炜鹏	钟 亮
洪晓烁	黄 琳	欧阳智健	陈 科	韩汶凯	孔 怡	梁芷珊	陆丽娜
罗 健	屈俊任	杨铭锋	蒋鹏阳	刘凤丽	李奕燕	欧阳禄锋	韦秋钰
曾梓晖	刘力荣	彭海榕	王霖龙	谢杰辉	许良焕	邓康蓝	郭宏勇
何嘉铧	李铭泓	李珊珊	刘晓晗	马 戈	潘舒昕	王裕猛	文旺凤
卢信宇	蔡瑞琦	法代东	刘杰容	王 婕	翁金塔	吴丽苏	蔡锦贤
吴 霞	文 高	郑为法	鲍 玉	龚润宇	黄雨婷	蓝汉勇	梁楚欣
李洪喜	李莉丽	林娟运	林莹莹	罗丹娜	史君慧	徐蔓蕤	叶婉颖
张翰博	邓希楷	潘显基	杨佳鑫	张明清	苏智宏	赖泽豪	谭芷晴
杨华杰	张 婷	李红春	汪永红	甘卓然	刘 俊	孙小媛	曾祥健
陈丽婷	陈 瑶	杜 宁	廖 星	李 媛	魏闲妹	巫舒敏	张廷聪
邓文杰	胡业周	萧梓健	杨宁滨	陈惠敏	陈丽鸿	陈燕珊	陈依甯
李金水	林鸿夸	邱玉婷	武 丹	钟余友	周洁容	张修志	吴玉容
劳俊铭	莫淑霞	饶子悦	栾天成	陈家梁	何嘉升	何思乐	刘晓蓝
孙浩民	徐亦骏	林雪儿	何金红	林健香	刘家乐	沈钰杰	王尚卿
张国兰							

工学（110人）

曹阿坤	曹晨阳	曹雪娇	曹占彬	曾碧惠	曾雅娴	曾子君	陈国梁
陈廷森	陈小兰	陈信宪	陈星江	陈子琦	邓启祥	范培彦	方蛟鹏
方锐	方宇健	方月超	甘华国	高磊	管欣欣	郭欢	郭锦培
郭中祥	韩宇娴	黄斌	黄凯文	黄伟健	贾霞霞	江斯琪	姜恒
金梁	金世红	赖立怡	兰李	黎承维	李本科	李博平	李鸿
李家乐	李浪	李敏琪	李荣泽	李小炼	李晓磊	李旖旎	梁浩
梁家驰	梁景怡	梁文习	廖兴升	林健颖	刘华恩	刘添瑶	刘雨晴
龙宇	鲁进	鲁猛	马琛	马建业	马婷婷	毛锐	闵冬明
莫迪威	彭淦棣	邱洁鹏	邱仕义	邱泽霖	邵兵	邵鹤天	施冬冬
苏迈佳	王慧	温锦锋	吴嘉生	吴胜	吴小平	武启颖	武玉倩
席珺琳	肖汉	谢威	谢志坤	辛业文	徐敏	宣泽明	薛玉祥
杨冠宇	杨强	杨泽帆	叶华津	喻金楼	张家骏	张杰	张路
张世豪	张韬	张晓聪	张铱淳	张毓淳	张振强	章凯	赵寄橦
赵婉霖	郑迎灿	周帆	方温博	王跃	朱江凌		

管理学（34人）

曾晓晴	陈嘉敏	邓颖捷	高汝敏	郭波武	胡春	姜嘉怡	劳科源
李龙	李莹	李梓颖	林淑瑜	刘伟聪	罗澜	罗依茹	马静
麦梓欣	宋芷君	汤晓玲	唐民泽	王飞飞	王科宏	韦梅	许文朔
姚琼	喻佩云	张书玉	郑满玲	郑伟训	钟锐芳	朱婷	庄斯惠
Hafiz Muhammad Ahad Alam			李昌隆				

艺术学（36人）

陈艺冰	陈煜然	成玥璇	段思思	范晶菁	何玮	黄腾	姜美权
李雨聪	李媛	梁嘉欣	林贵海	林丽晶	林绮祈	林思欣	刘思彤
刘子扬	倪茂家	祁靖雯	丘雨轲	苏叶子	田静	万真利	王可欣
王梦	王璇	王亚婷	夏雪	肖雨笛	杨雪	詹钰婷	张党婷
赵凯	赵夕冉	朱剑豪	尚淳				

专业型硕士学位获得者名单
（共1206人）

工程硕士（499人）

白栖霞	柏宇翔	鲍君杰	毕志浩	蔡嘉仪	蔡伟男	蔡泽林	曹井生

曹林娟	曹志奋	曾诚东	曾金凤	曾俊海	曾 亮	曾孟儒	曾嵘森
曾鑫彬	陈广豪	陈昊夫	陈浩民	陈慧敏	陈嘉佳	陈江东	陈锦鹏
陈俊民	陈 磊	陈美榴	陈梦翔	陈 盼	陈盼盼	陈培宇	陈伟翔
陈小龙	陈小明	陈晓聪	陈要男	陈一夫	陈雨果	陈园园	陈运达
陈泽义	陈泽宇	陈展鹏	陈哲皓	陈震寰	陈志杰	陈宗仕	陈祖浩
程 刚	崔文天	戴 熠	邓清文	邓雄杰	杜晨宇	樊 月	范美华
方 飞	方拓迁	方煜博	冯 浩	冯 林	冯 毅	冯志伟	付 强
付潇鹏	付永纬	高鹏瑜	高素成	高伟林	古航坤	古星月	关翠柳
关文川	关钰明	管正锋	郭浩镛	郭 攀	郭欣颖	郭秀玲	郭雅兰
郭 颖	虢小燕	韩 跃	何嘉坤	何杰旭	何 科	何陆潇涵	何绮环
何 欣	何杨广	何芷晴	何子俊	贺香华	洪斯磊	胡叠丽	胡俊杰
胡 丽	胡卫雄	胡宇彤	黄宝全	黄斌聪	黄聪聪	黄冬秋	黄飞宇
黄凤丹	黄冠平	黄 海	黄怀刚	黄继明	黄 建	黄建枫	黄建海
黄锦盛	黄俊浩	黄林杰	黄美心	黄妙虹	黄敏杰	黄明杰	黄 萍
黄庭坚	黄伟锋	黄伟键	黄雯雯	黄晓丽	黄兴原	黄奕斌	黄永强
黄煜铎	黄煜俊	黄镇杰	黄正杰	黄 智	黄梓烁	纪泓言	贾梦柯
贾旭东	贾亚鹏	江 剑	江世明	江祖慊	姜 瑜	蒋俊杰	蒋 芃
蒋 瑞	蒋笑楠	蒋镇鸿	焦 点	金成杰	孔德冠	孔祥祎	旷 素
赖君秋	赖俊豪	赖振锋	蓝宇城	雷成豪	雷欢庆	黎 俊	黎伟明
李柏强	李 晨	李程辉	李德友	李 峰	李国燕	李宏涛	李宏宇
李甲森	李剑锋	李江涛	李金桂	李锦玉	李均豪	李 兰	李林林
李梅香	李潘军	李清源	李全珍	李 涛	李文馨	李小丽	李小鹏
李 雅	李益本	李玉萍	李玉莹	李泽宾	李 哲	李智文	梁 浩
梁华健	梁嘉键	梁 健	梁健明	梁炯照	梁荣清	梁志城	廖 宏
廖 权	林海波	林海颖	林嘉昇	林建烁	林容粤	林劭楠	林文浩
刘广明	刘 海	刘佳宝	刘家明	刘 健	刘静哲	刘 盼	刘世林
刘 铁	刘伟洛	刘卫森	刘相裔	刘晓玲	刘鑫龙	刘洋洋	刘 烨
刘远清	刘泽权	刘泽宇	刘 增	刘兆年	刘振宇	龙 娟	龙铭春
龙钰斯	龙云云	卢 超	卢锦杰	陆瀚兴	栾鑫宇	罗鑑森	罗杰斯
罗 锦	罗甜恬	罗 炜	罗文升	罗雪平	罗艳平	骆伊铭	吕孝东
吕幸谕	马 冲	马宏锐	马亮华	马伟斌	马媛媛	马鎏钰	毛华健
毛 凯	蒙庚宇	聂桂海	聂休文	聂竹林	农文钰	欧阳伯成	潘步新
潘刘峰	潘 添	潘殷豪	潘志鹏	庞祖锋	彭百豪	彭标文	彭 敏
彭思强	彭文星	彭琰楠	彭 卓	漆自强	丘金兴	丘铭斌	丘愉庄
邱丙文	邱荣康	邱世平	区富炤	任世兴	荣 一	阮 锋	阮杰儿
申东燕	沈 健	沈伊洁	施 磊	施泽益	石永锋	石泽南	史 笑

宋丹丹	宋豪峰	宋　维	苏国龙	苏建旭	苏　煜	苏忠群	孙会梅
孙慧明	孙　娟	孙　起	孙　悦	孙越华	孙中元	覃秋圆	谭桥桥
谭润楠	谭炜彤	檀星光	汤蕓巍	汤政斌	唐立峰	唐天巍	陶　婉
陶　兴	田　潇	田永寿	汪建旭	王朝斌	王　浩	王洪发	王皇瀛子
王惠明	王健球	王　杰	王景州	王开文	王丽美	王　璐	王铭麒
王　茜	王水玲	王为国	王　星	王兴雯	王　燕	王耀洲	王一维
王宇飞	韦国成	韦霁纯	魏小军	魏志巍	温晓梅	文新钧	吴凤萍
吴国荣	吴海彬	吴嘉乔	吴键澄	吴俊陶	吴　攀	吴佩雯	吴　璞
吴启睿	吴　强	吴庭聪	吴伟林	吴彦鑫	吴颖峰	吴芷静	吴智铨
吴卓栩	吴宗键	向俊将	向晓宇	肖大东	肖佳怡	肖　玮	肖章益
谢德芳	谢劼君	谢　敏	谢诗胜	谢一涵	谢禹舜	谢蕴文	熊海燕
熊　雄	徐超山	徐　丹	徐　涵	徐嘉顺	徐　平	徐泽峰	许　皓
许嘉兴	许世达	薛嘉俊	严志帆	严志豪	杨成龙	杨芳果	杨航锋
杨佳庚	杨家谋	杨嘉楠	杨俊威	杨　奎	杨　敏	杨　翘	杨秋松
杨文斌	杨文文	杨燕珊	杨　也	杨枝盟	杨志辉	姚博宇	叶美俊
易艳青	殷　茹	殷　诗	尹蓝燕	余丽娜	余明霞	余珊珊	余伟吉
余　周	虞　钦	袁　利	袁梦醒	张博瑀	张　畅	张超群	张川京
张　帆	张冠乔	张国城	张梦辉	张　娜	张棋祥	张天生	张　威
张炜昊	张　晓	张欣炜	张　鑫	张鑫国	张怡雄	张映蓉	张　宇
章　敏	章　震	赵　睿	赵永强	赵子超	郑莉雯	郑　鹏	郑少鹏
郑伟基	郑晓光	郑振淡	钟碧蓉	钟建明	钟景阳	钟均浩	钟伊雯
周　聪	周　娟	周琪琴	周　腾	周　危	周　卫	周璇玉	周贻敏
周永顺	周玉婷	周煜斌	朱浩程	朱俊杰	朱　锐	朱素茵	朱桐林
朱卫斌	朱希诚	朱小芬	朱晓辉	朱云鹏	祝　韬	邹　华	邹小红
邹小健	黎川豪	李文杰	李燕杰	廖仕苹	凌嘉乐	刘　冰	刘子阳
罗赵青	彭文康	石　伟					

汉语国际教育硕士（19人）

常丹妮	陈　婕	陈伟聪	翟颖聪	范亚楠	管　鑫	胡　俊	贾　赟
梁文博	廖礼琳	留莉莉	麦　荷	石金宜	王　萱	吴　艳	徐　欣
杨　蕾	于兴华	张　涵					

教育硕士（439人）

蔡　飘	蔡日宇	蔡婉丹	蔡莹莹	蔡月炎	曹丽红	曹林波	曹艺市
曾嘉玲	曾嘉敏	曾金有	曾利霞	曾思露	曾燕思	曾志桃	陈安娜
陈春霞	陈纯纯	陈恩帆	陈国华	陈佳梅	陈金玲	陈靖旻	陈丽聪

陈柳柳	陈柳屏	陈梦吉	陈萍萍	陈姝	陈淑娴	陈思琪	陈素华
陈武	陈晓芬	陈晓君	陈晓怡	陈雪妍	陈雅静	陈炎林	陈瑶
陈艺	陈奕芝	陈益晖	陈玉林	陈志清	成茵茵	戴梦妮	戴燕芳
戴于敏	邓慧红	邓嘉慧	邓静雯	邓丽娟	邓秋雨	邓树生	邓苏炀
邓予韬	邓子艺	窦金龙	杜桂萍	杜婉怡	范家琪	范谢艳	方大云
方洁君	方丽婷	方文青	冯薇	高梦真	高玉娟	耿琳琳	龚春燕
龚雪迎	顾丽丽	关学文	郭虹	郭丽娟	郭瑞	郭正民	何美琳
何宁	何青映	何秋萍	何小雪	何永乐	何裕丽	何昭华	何昭颖
洪剑	洪美旋	洪敏佳	胡春翠	胡嘉欣	胡莉燕	胡兴	胡振欢
黄福平	黄欢	黄欢欢	黄惠如	黄佳缘	黄家茵	黄金颜	黄玲丽
黄玲容	黄柳槐	黄妙	黄妙英	黄盼	黄实超	黄仕文	黄淑梅
黄思民	黄婷	黄薇	黄文君	黄小梅	黄晓丹	黄欣馨	黄咏情
黄苑芳	黄泽曼	黄芷婷	黄志远	纪铭媛	江小凤	蒋静	靳志悦
匡子恒	赖楚伊	赖红招	赖家连	赖嘉惠	赖婷婷	赖泽薇	蓝晓霖
劳晓鋆	黎丹丹	黎方燕	黎佩	李东迪	李庚	李桂芳	李嘉琪
李嘉强	李金华	李静贤	李浬	李理	李路瑶	李敏华	李敏婷
李柠	李琼	李娆	李汝勤	李森	李双双	李伟中	李星凯
李延康	李奕清	李莹	李宇冬	李雨倩	李远燕	连胡姗	练崇燕
练捷情	梁冰冰	梁嘉颖	梁健婷	梁结瑜	梁靖宜	梁倩	梁汝国
梁小梨	梁雅芳	梁燕婷	梁艺	梁莹莹	廖楚茵	廖燕	廖自娜
林彬	林春丽	林德立	林国华	林锦燕	林慕飞	林巧玲	林若彤
林思敏	林思琪	林燕茹	林紫环	凌秋霞	凌小娃	凌雪怡	刘聪玲
刘芳	刘欢	刘科文	刘媚媚	刘卿英	刘如梦	刘顺英	刘思炼
刘思怡	刘素芬	刘婉宜	刘苇琳	刘文晓	刘艳茹	刘钰君	刘子屹
龙婷	娄攀霞	卢慧茹	卢苏琴	鲁炎山	罗迪朗	罗恩桃	罗欢
罗洁	罗美玲	罗明诗	罗强	罗杏玲	罗云	吕慧	吕燕君
吕怡霞	马慧	马婧滢	麦幸春	毛慧婷	莫兴展	聂杜梅	聂少芳
宁丽盈	欧敏玲	欧阳素敏	潘美玲	潘睿聪	潘淑华	潘思蓉	潘晓佳
庞春丽	庞观丽	庞光梅	彭可铭	彭荣键	彭杏秋	彭燕晴	丘丙凤
丘丽平	邱家莹	邱丽娉	邱丽婷	邱思颖	饶慧祺	沙荣莉	沈忱忱
沈芳祺	沈玲丹	沈小榆	时贞文	苏婷	随敬德	孙金丽	孙镜荃
孙远强	汤晓琳	唐凯	田思勉	王丹妮	王泓力	王欢	王健城
王君莉	王明东	王霜	王婉冰	王霞	王秀岩	王奕几	韦镜辉
韦晓凤	魏丽蓉	魏诗虹	魏婷婷	温年新	温赛琴	温诗惠	温笑航
温艺敏	温永欣	温正涛	文仁欢	吴春梅	吴帝凤	吴海燕	吴景雄
吴均柔	吴蕾	吴丽娟	吴丽贤	吴其蔓	吴若为	吴少洁	吴思曼

吴思婷	吴伟海	吴秀惠	吴艺裕	吴雨桐	伍雪容	向　菁	肖　晨
肖　龙	肖文婷	肖志雄	谢　斐	谢　凤	谢　慧	谢景云	谢玲玲
谢宁力	谢素莉	谢婷婷	谢小丽	谢燕红	谢颖芬	熊　静	熊　琳
徐杰展	徐　蕾	徐圣君	徐小媛	许伟健	许燕娥	许场场	薛敏玲
严洪权	严妙君	颜兆轩	杨　贺	杨华星	杨惠敏	杨嘉敏	杨静草
杨丽萍	杨　琳	杨　敏	杨　蕊	杨诗婷	杨文慧	姚旭珊	姚紫玲
叶　帆	叶　锋	叶健萍	叶金珠	叶绍琼	叶新姿	游佳琳	余冰琼
原泳诗	詹佩珊	张爱娣	张彩红	张彩娟	张慈钗	张恭铭	张贯禹
张涵茗	张　虹	张路旋	张美琳	张　敏	张宁宇	张水锦	张　腾
张　伟	张文增	张　莹	张永丽	张雨霏	张悦霞	赵　迪	赵　宏
赵涟枫	赵思敏	赵奕涵	肇丽达	郑宾如	郑冬兰	郑师勤	郑诗婷
郑　涯	郑煜芬	郑子松	郑梓曼	钟　蕾	钟荣萱	钟诗茗	钟雨薇
钟玉玲	钟志林	周　浩	周　洁	周美玲	周晓晴	周艳霞	朱庚兰
朱海婷	朱慧桃	朱旷谋	朱丽华	朱巧仙	朱少茹	朱维斯	朱文维
朱幼静	朱瑜雯	朱月莹	朱韵霏	庄露萍	卓恒业	邹佳豫	邹莉玲
邹晓慧	邹育梅	曾娟燕	李媛婕	梁维林	王慕瑶	张　娜	

体育硕士（22人）

曹伍健	程宇鹏	邓子祥	何利华	何志光	胡锐鹏	黄乔英	鞠凯利
李晓君	李益明	梁梓杰	龙木贵	罗安妮	汤启渊	王绮璇	谢佩珠
徐善意	徐子奇	阳　乐	钟菊婷	钟小芳	徐子童		

会计硕士（61人）

蔡艳慧	曾绿婷	陈　赫	陈　磊	陈力嘉	陈钟灵	代洋洋	邓　静
丁格蕾丝	韩京池	何静君	何丽华	黄　玥	江华昆	蒋晓晗	兰宁馨
李　莉	李曼曼	李铭晴	李诗琴	李姝桦	李　彤	李雯婧	李泽仑
梁　冰	梁钰青	刘　赛	刘小珊	刘　艳	卢坪鑫	罗承熙	骆嘉慧
马　岚	倪雪姣	牛嘉颖	彭芷又	普梦瑶	邵晨亚	石一德	谭淦兜
汤俊秀	王　冰	王　松	王　雪	魏　晨	魏玲铃	吴　杨	肖丁韦
谢　娜	熊婷庭	许玉华	姚瀚博	袁丹妮	袁　琳	詹天成	张　慧
张晔婷	陈丽芳	万　培	赵思皓	周骄阳			

应用心理硕士（43人）

蔡诗琪	陈冠全	陈锦冰	陈　璐	陈　沛	陈奕凯	冯学优	郭梦君
韩　政	胡诚晋	黄郁槐	李彩燕	李雪香	李泽枫	廖君瑶	林晓琦
刘琴琴	潘家健	秦莺宁	王利敏	王　芹	王月艺	韦坤懿	吴诗嫣

吴思林	伍昕怡	武文君	谢 捷	谢琳琳	谢雪婉	辛木城	许子莹
杨 珍	叶倚明	张名琛	张铁晓	赵智茵	郑 含	周亚玲	周卓贤
周子暖	朱 景	梁慧菲					

社会工作硕士（39人）

陈 娣	陈纳童	陈世英	陈 鑫	代 丹	邓冠婷	甘燕娴	胡基伟
黄家贤	黄晓婷	孔俊铿	李剑锐	李倩玉	李尚恒	李 艳	李莹瑶
梁世杰	林靖锋	刘翠媚	刘江珊	卢行之	彭莎莎	邱子健	谭妙萍
唐夏依	唐燕冰	韦 韬	夏飞燕	徐广贵	许 瑜	杨龙惠	叶爱丽
余烁萍	张博宇	张健君	赵天琦	郑佳茹	钟丽云	朱俊帆	

法律硕士（46人）

白南丁	蔡雨清	曾梦雯	陈柯宇	陈熠山	程子木	戴同乐	丁 玲
窦馨媛	方潇雨	冯子轩	甘 甜	顾子祺	郭伟锐	过佳达	何 淳
何莎莎	洪怀玉	赖 婷	李向鹏	梁佳茵	刘 云	卢 鸣	罗悦媛
莫华文	莫莲萍	秦天成	邱美辰	施 玥	宋海超	苏炯尹	佟昭荟
王永贤	肖承志	谢燕梅	徐浩然	徐思远	薛丽荣	鄢 磊	姚子彦
袁子媚	张纷纷	张 简	张文婷	钟鸿咏	朱文琪		

金融硕士（38人）

蔡 奎	程 曼	程世明	段倩文	方 戈	何蕊颖	贾高磊	赖长琨
李玉芬	刘新语	刘 颖	莫雨娴	欧观劭	沈 霞	苏子超	孙 宜
唐 珂	王东星	王 根	王一杰	魏 鑫	吴锡华	夏国强	夏 宇
谢广华	谢颂祖	晏紫薇	杨青青	杨子慧	游智俊	张昊石	张 红
张琪琪	张诗颖	郑树楷	郑亦炜	朱耀钦	张 露		

研究生毕业名单

博士研究生
（共47人）

防灾减灾工程及防护工程（5人）

李艳敏　朱龙基　尚继英　贺 辉　林超伟

概率论与数理统计（1人）

李杰民

供热、供燃气、通风及空调工程（2人）
樊成亮　　赵运超

基础数学（6人）
谢　佳　　秦　杰　　涂志豪　　石晓红　　罗荔龄　　吕松涛

计算数学（2人）
陈裕城　　Asgharihemmatabadi Maryam

结构工程（2人）
潘静雯　　李　松

桥梁与隧道工程（3人）
张紫祥　　钟子林　　李　晶

市政工程（1人）
张小婧

统计学（15人）
董　浩　　殷　红　　陈丽姗　　封艳红　　蔡　敏　　朱小渊　　邓春亮　　陈培荣
李卫霞　　郝红花　　梁　鑫　　罗　萍　　徐建挺　　Saber Ali　　Shafqat Iqbal

岩土工程（1人）
李　琳

应用数学（9人）
杜思嘉　　梅　鹏　　高　隆　　李启锐　　蔡云鹭　　Amirhossein Nafei
Seyedeh Maedeh Mirmohseni Amiri　　　　Aminakbari Najva Abbas
Mehvish Fazal Ur Rehman

硕士研究生
（共1603人）

比较文学与世界文学（1人）
王雅萱

城乡规划学（9人）
陈小兰　　席珺琳　　曹晨阳　　陈信宪　　陈子琦　　江斯琪　　龙　宇　　武启颖

郑迎灿

传播学（4人）
雷 婷　　王天一　　杨 柳　　周千惠

地图学与地理信息系统（9人）
高 枫　　林广坤　　林雪儿　　彭逸桓　　邱俊良　　孙秋远　　武 花　　杨智威
张 军

电子与通信工程（24人）
程 刚　　陈运达　　付永纬　　黄伟键　　黄兴原　　胡叠丽　　蒋镇鸿　　凌嘉乐
刘 铁　　刘兆年　　龙钰斯　　卢锦杰　　罗 炜　　彭百豪　　邱丙文　　荣 一
施 磊　　孙 娟　　吴键澄　　向俊将　　严志豪　　张 畅　　章 震　　朱希诚

动物学（3人）
陈山多　　林健香　　张翰博

发展与教育心理学（9人）
陈安莉　　林晓欣　　林志鹏　　麦哲豪　　彭小燕　　吴铭珊　　张美琦　　张馨雯
陆哲毅

法律硕士（法学）（24人）
姚子彦　　蔡雨清　　曾梦雯　　陈柯宇　　戴同乐　　窦馨媛　　方潇雨　　冯子轩
甘 甜　　过佳达　　何 淳　　何莎莎　　李向鹏　　卢 鸣　　秦天成　　邱美辰
施 玥　　佟昭荟　　王永贤　　谢燕梅　　徐浩然　　袁子媚　　张文婷　　钟鸿咏

法律硕士（非法学）（22人）
白南丁　　程子木　　陈熠山　　丁 玲　　郭伟锐　　顾子祺　　洪怀玉　　赖 婷
梁佳茵　　刘 云　　罗悦媛　　莫华文　　莫莲萍　　宋海超　　苏炯尹　　肖承志
薛丽荣　　徐思远　　鄢 磊　　张纷纷　　张 简　　朱文琪

法学理论（4人）
刘 昭　　卢 昇　　丘一铭　　姜仁基

防灾减灾工程及防护工程（4人）
方宇健　　兰 李　　刘添瑶　　杨 强

概率论与数理统计（1人）

曾祥健

高等教育学（4人）

陈志慧　　杜倩韵　　何　昕　　蒙宇丹

工程力学（3人）

方温博　　郭锦培　　王　跃

工业催化（2人）

梁家驰　　马婷婷

公共管理（11人）

高汝敏　　姜嘉怡　　林淑瑜　　李　莹　　宋芷君　　王飞飞　　韦　梅　　许文朔
郑满玲　　郑伟训　　庄斯惠

供热、供燃气、通风及空调工程（6人）

陈廷森　　姜　恒　　李敏琪　　马　琛　　曾雅娴　　张毓淳

汉语国际教育（19人）

陈　婕　　陈伟聪　　管　鑫　　胡　俊　　贾　赟　　梁文博　　廖礼琳　　留莉莉
麦　荷　　石金宜　　王　萱　　杨　蕾　　于兴华　　张　涵　　吴　艳　　翟颖聪
常丹妮　　范亚楠　　徐　欣

汉语言文字学（2人）

马晓宇　　王慕雪

化学工程（43人）

蔡泽林　　曹林娟　　陈江东　　陈俊民　　陈要男　　方煜博　　冯　浩　　冯志伟
郭欣颖　　黄　萍　　黄晓丽　　贾亚鹏　　雷欢庆　　梁华健　　李国燕　　李林冰
李全珍　　刘广明　　刘世林　　刘鑫龙　　李文杰　　李小鹏　　龙　娟　　彭标文
彭　卓　　邱世平　　申东燕　　石泽南　　孙　悦　　王　璐　　王宇飞　　吴卓栩
吴宗键　　谢　敏　　熊　雄　　杨　翘　　杨文文　　叶美俊　　曾金凤　　张梦辉
张　娜　　周琪琴　　朱素茵

化学工艺（2人）

邓启祥　　张铱淳

环境工程（62人）

温晓梅　刘力荣　卢信宇　彭海榕　王霖龙　谢杰辉　许良焕　白栖霞
毕志浩　曹志奋　陈震寰　戴　熠　关钰明　郭秀玲　何子俊　黄煜铎
蒋　瑞　江世明　孔德冠　廖仕苹　刘晓玲　刘洋洋　刘　烨　刘泽权
李　雅　李益本　卢　超　马宏锐　彭文康　彭琰楠　任世兴　阮　锋
沈伊洁　石永锋　孙慧明　汤政斌　谭炜彤　陶　婉　王皇瀛子　王景州
王丽美　王铭麒　王　茜　王兴雯　王　燕　吴国荣　吴佩雯　吴彦鑫
吴芷静　熊海燕　尹蓝燕　殷　茹　余明霞　曾诚东　张　帆　张炜昊
张　晓　钟伊雯　周永顺　周玉婷　朱俊杰　邹小健

环境科学（10人）

邓康蓝　郭宏勇　何嘉铧　李铭泓　李珊珊　刘晓晗　马　戈　潘舒昕
王裕猛　文旺凤

会计（61人）

蔡艳慧　曾绿婷　陈　赫　陈　磊　陈力嘉　陈丽芳　陈钟灵　代洋洋
邓　静　周骄阳　韩京池　何静君　何丽华　黄　玥　江华昆　蒋晓晗
兰宁馨　李　莉　李曼曼　李铭晴　李诗琴　李姝桦　李　彤　李雯婧
李泽伦　梁　冰　梁钰青　刘　赛　刘小珊　刘　艳　卢坪鑫　罗承熙
骆嘉慧　马　岚　倪雪姣　牛嘉颖　彭芷又　普梦瑶　邵晨亚　石一德
谭淦悦　汤俊秀　万　培　王　冰　王　松　王　雪　魏　晨　魏玲铃
吴　杨　肖丁韦　谢　娜　熊婷庭　许玉华　姚瀚博　袁丹妮　袁　琳
詹天成　张　慧　张晔婷　赵思皓　丁格蕾丝

会计学（5人）

邓颖捷　李昌隆　罗　澜　罗依茹　姚　琼

机械电子工程（3人）

鲁　猛　莫迪威　邱泽霖

机械工程（34人）

祝　韬　陈雨果　邓清文　高素成　高伟林　贺香华　黄建枫　黄伟锋
黄　智　蒋笑楠　旷　素　赖俊豪　雷成豪　梁　浩　梁炯照　李德友
李金桂　刘　冰　刘　盼　刘泽宇　罗文升　马亮华　庞祖锋　潘殷豪
沈　健　陶　兴　王　星　谢德芳　徐泽峰　杨成龙　杨家谋　曾俊海
周　聪　朱　锐

机械设计及理论（2人）

李博平　　施冬冬

机械制造及其自动化（4人）

陈国梁　　赖立怡　　温锦锋　　杨冠宇

基础数学（8人）

陈丽婷　　陈　瑶　　杜　宁　　廖　星　　李　媛　　魏闲妹　　巫舒敏　　张廷聪

基础心理学（6人）

国礼羽　　李　芸　　汪　澜　　谢家全　　许　冰　　曾宪卿

计算机技术（68人）

陈伟翔	陈小龙	陈园园	陈哲皓	陈宗仕	方拓迁	范美华	冯　林
冯　毅	付潇鹏	郭　颖	古星月	韩　跃	何　科	何陆潇涵	黄冬秋
黄敏杰	黄梓烁	胡　丽	胡卫雄	贾旭东	金成杰	孔祥祎	赖君秋
黎　俊	李清源	刘佳宝	李小丽	李玉莹	李　哲	吕幸谕	马鋆钰
区富焰	孙　起	苏　煜	苏忠群	汤蕓巍	谭润楠	王朝斌	汪建旭
王为国	王耀洲	王一维	韦国成	韦霁纯	吴　璞	向晓宇	肖　玮
谢诗胜	谢禹舜	徐　丹	徐嘉顺	杨航锋	杨佳庚	殷　诗	余珊珊
张博瑀	张川京	张棋祥	张　鑫	张鑫国	张　宇	赵　睿	赵子超
郑莉雯	钟建明	钟均浩	肖大东				

计算数学（4人）

邓文杰　　胡业周　　萧梓健　　杨宁滨

建设与房地产管理（3人）

李梓颖　　汤晓玲　　王科宏

建筑学（15人）

陈星江	方月超	管欣欣	梁景怡	李本科	李荣泽	刘雨晴	李旖旎
鲁　进	毛　锐	闵冬明	谢　威	徐　敏	曾碧惠	张　韬	

建筑与土木工程（260人）

陈泽宇	蔡伟男	关翠柳	关文川	黄冠平	黄　海	黄怀刚	梁荣清
李程辉	阮杰儿	宋豪峰	吴　攀	谢蕴文	杨燕珊	袁　利	张超群

陈锦鹏	黄继明	黄雯雯	贾梦柯	梁健明	林建烁	刘增	李玉萍
罗鑑森	丘铭斌	孙会梅	谢劼君	许嘉兴	杨嘉楠	张欣炜	张映蓉
周娟	周煜斌	柏宇翔	鲍君杰	蔡嘉仪	曹井生	陈广豪	陈昊夫
陈浩民	陈慧敏	陈嘉佳	陈磊	陈梦翔	陈盼	陈盼盼	陈培宇
陈晓聪	陈一夫	陈泽义	陈展鹏	陈志杰	陈祖浩	崔文天	邓雄杰
杜晨宇	方飞	樊月	付强	高鹏瑜	管正锋	古航坤	郭浩镛
郭攀	郭雅兰	何嘉坤	何欣	何杨广	何芷晴	洪斯磊	黄宝全
黄斌聪	黄聪聪	黄飞宇	黄凤丹	黄建	黄建海	黄锦盛	黄俊浩
黄林杰	黄美心	黄妙虹	黄庭坚	黄奕斌	黄煜俊	黄镇杰	胡俊杰
江剑	蒋芃	姜瑜	江祖谦	焦点	纪泓言	赖振锋	蓝宇城
梁嘉键	梁健	梁志城	廖权	李柏强	李晨	李峰	李宏涛
李宏宇	李剑锋	李江涛	李甲森	李锦玉	李均豪	李梅香	林海波
林海颖	林嘉昇	林容粤	林劲楠	李潘军	李涛	刘海	刘家明
刘静哲	刘伟洛	刘卫森	刘相裔	刘远清	刘振宇	刘子阳	黎伟明
李文馨	李燕杰	李泽宾	李智文	栾鑫宇	陆瀚兴	罗杰斯	罗锦
罗甜恬	罗雪平	罗艳平	骆伊铭	罗赵青	毛华健	毛凯	蒙庚宇
聂桂海	聂竹林	欧阳伯成	潘步新	潘刘峰	潘添	潘志鹏	彭思强
彭文星	覃秋圆	丘金兴	邱荣康	丘愉庄	漆自强	石伟	史笑
施泽益	宋丹丹	宋维	苏国龙	苏建旭	孙越华	唐立峰	唐天巍
谭桥桥	檀星光	田永寿	王洪发	王健球	王杰	王开文	魏小军
文新钧	吴凤萍	吴海彬	吴嘉乔	吴俊陶	吴庭聪	吴伟林	吴颖峰
吴智铨	肖章益	谢一涵	徐超山	薛嘉俊	徐涵	许皓	徐平
许世达	杨俊威	杨奎	杨秋松	杨文斌	杨也	杨志辉	杨枝盟
严志帆	姚博宇	袁梦醒	余周	曾亮	曾孟儒	曾嵘森	曾鑫彬
张国城	章敏	张天生	赵永强	郑鹏	郑少鹏	郑伟基	郑晓光
郑振淡	钟景阳	周腾	周危	周卫	周璇玉	朱浩程	朱桐林
朱卫斌	朱小芬	朱晓辉	朱云鹏	邹华	陈美榴	陈小明	虢小燕
黄正杰	胡宇彤	蒋俊杰	李兰	林文浩	刘健	马冲	聂休文
农文钰	彭敏	王浩	王惠明	王水玲	吴强	吴启睿	肖佳怡
杨敏	易艳青	虞钦	余伟吉	张冠乔	张怡雄	钟碧蓉	邹小红
廖宏	黎川豪	孙中元	杨芳果				

教育管理（41人）

蔡莹莹	郭正民	杨丽萍	黄欢欢	陈纯纯	陈志清	戴燕芳	戴于敏
方丽婷	耿琳琳	胡振欢	江小凤	练捷情	李敏华	李柠	刘媚媚
李莹	聂杜梅	潘思蓉	邱丽婷	孙金丽	王泓力	王君莉	王慕瑶

王　霜　　王秀岩　　吴丽娟　　谢　斐　　谢素莉　　熊　琳　　徐圣君　　杨　敏
张　娜　　郑宾如　　郑冬兰　　李远燕　　王丹妮　　吴少洁　　鲁炎山　　彭可铭
朱海婷

教育技术学（10人）
蔡瑞琦　　法代东　　何金红　　刘杰容　　王　婕　　翁金塔　　吴丽苏　　张国兰
蔡锦贤　　吴　霞

教育经济学（3人）
陈晓玲　　黄晨琳　　梁伟堂

教育学原理（5人）
龚雪雪　　曾翠霞　　黄咏欣　　刘雨丝　　皇甫超楠

结构工程（34人）
曹占彬　　方蛟鹏　　方　锐　　郭中祥　　韩宇娴　　贾霞霞　　金　梁　　金世红
廖兴升　　黎承维　　李家乐　　李　浪　　林健颖　　刘华恩　　李晓磊　　邱洁鹏
邱仕义　　邵鹤天　　苏迈佳　　王　慧　　吴　胜　　吴小平　　武玉倩　　辛业文
宣泽明　　薛玉祥　　张家骏　　张　杰　　章　凯　　张世豪　　张晓聪　　赵婉霖
周　帆　　朱江凌

金融（38人）
蔡　奎　　程　曼　　程世明　　段倩文　　方　戈　　何蕊颖　　贾高磊　　赖长琨
李玉芬　　刘新语　　刘　颖　　莫雨娴　　欧观劭　　沈　霞　　苏子超　　孙　宜
唐　珂　　王东星　　王　根　　王一杰　　魏　鑫　　吴锡华　　夏国强　　夏　宇
谢广华　　谢颂祖　　晏紫薇　　杨青青　　杨子慧　　游智俊　　张昊石　　张　红
张　露　　张琪琪　　张诗颖　　郑树楷　　郑亦炜　　朱耀钦

课程与教学论（5人）
涂　甜　　王　佩　　宗　琪　　许嘉琪　　韩一坤

理论物理（2人）
吴玉容　　张修志

旅游管理（4人）
陈嘉敏　　胡　春　　麦梓欣　　马　静

马克思主义基本原理（2人）
胡靖伟　　陶再忆

马克思主义哲学（1人）
李　敏

马克思主义中国化研究（1人）
张美林

美术学（9人）
成玥璇　　黄　腾　　梁嘉欣　　刘子扬　　李　媛　　倪茂家　　王可欣　　杨　雪
朱剑豪

民商法学（1人）
覃冬琴

民族传统体育学（1人）
王亚文

凝聚态物理（3人）
劳俊铭　　莫淑霞　　饶子悦

企业管理（7人）
郭波武　　朱　婷　　劳科源　　唐民泽　　曾晓晴　　张书玉
Hafiz Muhammad Ahad Alam

桥梁与隧道工程（5人）
高　磊　　黄伟健　　吴嘉生　　肖　汉　　喻金楼

人文地理学（8人）
陈德宝　　陈浩然　　李　芳　　陆　宇　　邱坚坚　　宋龙剑　　徐云龙　　张凯煌

设计学（9人）
何　玮　　林绮祈　　林思欣　　祁靖雯　　丘雨轲　　苏叶子　　王亚婷　　张悦婷
赵　凯

社会工作（39人）

陈娣　　陈纳童　　陈鑫　　代丹　　邓冠婷　　黄家贤　　黄晓婷　　孔俊铿
李倩玉　李尚恒　　邱子健　谭妙萍　唐夏依　　韦韬　　　夏飞燕　　许瑜
杨龙惠　余烁萍　　赵天琦　郑佳茹　刘翠媚　　张健君　　陈世英　　甘燕娴
胡基伟　梁世杰　　李剑锐　林靖锋　刘江珊　　李艳　　　李莹瑶　　卢行之
彭莎莎　唐燕冰　　徐广贵　叶爱丽　张博宇　　钟丽云　　朱俊帆

社会体育指导（6人）

何利华　何志光　　鞠凯利　李益明　梁梓杰　　徐善意

生理学（4人）

邓希楷　潘显基　　杨佳鑫　张明清

食品贮藏与加工（1人）

曹雪娇

市政工程（12人）

曹阿坤　郭欢　　　黄斌　　黄凯文　梁浩　　　李鸿　　　李小炼　　马建业
彭淦棣　邵兵　　　曾子君　张路

思想政治教育（3人）

段晓霞　卫慧敏　　郑宏敏

诉讼法学（2人）

黄金英　杨嘉敏

体育教学（10人）

程宇鹏　邓子祥　　胡锐鹏　黄乔英　李晓君　　龙木贵　　谢佩珠　　阳乐
钟菊婷　钟小芳

体育教育训练学（5人）

邓明司　罗金凤　　罗苏婷　谢健鹏　李倩

天文学（7人）

陈家梁　何嘉升　　何思乐　刘晓蓝　孙浩民　　徐亦骏　　栾天成

统计学（18人）

郑为法　林剑威　李晴雯　刘艺萍　鲍　玉　龚润宇　黄雨婷　蓝汉勇
梁楚欣　李洪喜　李莉丽　林娟运　林莹莹　罗丹娜　史君慧　徐蔓蕤
叶婉颖　文　高

土地资源管理（3人）

李　龙　刘伟聪　钟锐芳

文艺学（1人）

谭原杭

无机化学（4人）

洪晓烁　黄　琳　沈钰杰　欧阳智健

物理电子学（2人）

甘华国　谢志坤

物理化学（9人）

陈　科　韩汶凯　孔　怡　梁芷珊　陆丽娜　罗　健　屈俊任　王尚卿
杨铭锋

戏剧与影视学（11人）

林贵海　尚　淳　段思思　范晶菁　刘思彤　李雨聪　王　璇　万真利
肖雨笛　夏　雪　赵夕冉

现代教育技术（28人）

陈国华　高梦真　顾丽丽　郭　虹　黄实超　林　彬　张恭铭　张　伟
赵　迪　肇丽达　陈恩帆　陈晓君　洪敏佳　黄小梅　梁汝国　廖自娜
李嘉强　林国华　林巧玲　刘顺英　李嫒婕　庞光梅　孙远强　谢小丽
张　腾　张文增　张悦霞　吴若为

现代物流与供应链（1人）

喻佩云

宪法学与行政法学（3人）

高　敏　雷伟侨　廖建勋

心理健康教育（20人）

李星凯	连胡姗	刘卿英	刘如梦	罗 强	马 慧	麦幸春	欧敏玲
詹佩姗	赵奕涵	周 浩	钟 蕾	陈 姝	范家琪	梁维林	沈芳祺
汤晓琳	吴雨桐	张涵茗	钟诗茗				

新闻学（7人）

谭慧红　荆高宏　马思泳　孙美妮　王朝阳　叶丹盈　周姗杰

刑法学（2人）

李安琪　王传斌

学科教学（地理）（22人）

蔡月炎	陈炎林	陈玉林	邓慧红	邓子艺	高玉娟	赖家连	劳晓鋆
凌雪怡	吴丽贤	潘睿聪	魏丽蓉	温诗惠	颜兆轩	郑师勤	钟志林
胡春翠	陈柳柳	邓嘉慧	黄淑梅	凌小娃	欧阳素敏		

学科教学（化学）（7人）

陈安娜　杜婉怡　郭丽娟　黄芷婷　赖泽薇　杨诗婷　朱维斯

学科教学（生物）（17人）

曾嘉敏	陈萍萍	成茵茵	何裕丽	黄泽曼	王 欢	吴均柔	吴其蔓
朱韵霏	邹佳豫	方文青	李奕清	邱丽娉	王 霞	吴春梅	杨静草
严妙君							

学科教学（数学）（58人）

许伟健	蔡 飘	曾金有	陈靖旻	陈柳屏	陈 武	陈雪妍	陈雅静
戴梦妮	邓静雯	邓树生	关学文	何秋萍	何永乐	黄福平	黄信缘
黄玲容	黄 妙	蒋 静	匡子恒	赖红招	李路瑶	李宇冬	林思敏
林燕茹	刘科文	刘钰君	罗美玲	罗杏玲	彭荣键	时贞文	苏 婷
温永欣	吴景雄	许场场	杨惠敏	姚旭珊	余冰琼	原泳诗	张彩红
郑煜芬	周美玲	邹育梅	朱庚兰	范谢艳	黄欣馨	梁雅芳	梁莹莹
李静贤	莫兴展	沈玲丹	吴伟海	曾燕思	张美琳	郑 涯	李东迪
丘丙凤	谢 慧						

学科教学（思政）（54人）

曹丽红　方大云　冯 薇　胡嘉欣　黄 盼　李 庚　李桂芳　梁健婷

梁结瑜	梁靖宜	梁燕婷	凌秋霞	刘思炼	娄攀霞	吕燕君	潘美玲
潘淑华	庞春丽	唐 凯	田思勉	文仁欢	徐杰展	杨华星	姚紫玲
叶绍琼	张宁宇	赵思敏	郑诗婷	钟荣萱	钟玉玲	黄妙英	卢慧茹
方洁君	郭 瑞	何昭华	洪 剑	黄柳槐	梁小梨	廖 燕	林德立
黎 佩	聂少芳	丘丽平	伍雪容	严洪权	曾娟燕	曾志桃	张爱娣
张水锦	赵涟枫	郑子松	周 洁	周艳霞	朱月莹		

学科教学（物理）（12人）

| 蔡日宇 | 蔡婉丹 | 黄家茵 | 潘晓佳 | 孙镜荃 | 肖 龙 | 叶新姿 | 张 虹 |
| 温赛琴 | 黄仕文 | 胡莉燕 | 叶 锋 | | | | |

学科教学（英语）（75人）

曹林波	曹艺沛	曾嘉玲	陈晓芬	陈 艺	邓苏炀	邓予韬	杜桂萍
龚春燕	龚雪迎	何美琳	何 宁	何昭颖	洪美旋	胡 兴	黄惠如
黄文君	黄晓丹	黄苑芳	纪铭媛	靳志悦	黎丹丹	李嘉琪	李 琼
李 娆	梁冰冰	梁嘉颖	林春丽	林思琪	刘思怡	刘苇琳	罗迪朗
罗 云	马婧滢	庞观丽	邱家莹	邱思颖	王健城	王明东	吴思曼
谢 凤	谢景云	谢玲玲	谢婷婷	熊 静	杨 贺	杨 琳	杨 蕊
叶金珠	游佳琳	张彩娟	张 敏	赵 宏	庄露萍	郑梓曼	黄金颜
李 理	李敏婷	刘 芳	刘素芬	李雨倩	卢苏琴	毛慧婷	彭杏秋
王婉冰	吴秀惠	吴艺裕	叶健萍	张永丽	朱瑜雯	邹莉玲	陈益晖
温正涛	薛敏玲	叶 帆					

学科教学（语文）（77人）

陈丽聪	曾思露	陈春霞	陈佳梅	陈金玲	陈梦吉	陈淑娴	陈思琪
陈素华	陈奕芝	邓丽娟	黄玲丽	黄思民	黄 婷	黄咏情	黄志远
赖嘉惠	李金华	李汝勤	李 森	李双双	李伟中	李延康	梁 倩
梁 艺	林锦燕	林若彤	林紫环	刘 欢	刘子屹	罗恩桃	罗 欢
罗 洁	罗明诗	吕怡霞	宁丽盈	彭燕晴	沈忱忱	沈小榆	韦镜辉
韦晓凤	魏诗虹	魏婷婷	吴帝凤	吴思婷	肖文婷	肖志雄	谢宁力
许燕娥	杨文慧	张慈钗	张贯禹	张 莹	张雨霏	钟雨薇	朱慧桃
朱旷谋	朱丽华	朱少茹	卓恒业	吴 蕾	何小雪	廖楚茵	黎方燕
林慕飞	刘聪玲	刘文晓	刘艳茹	吕 慧	随敬德	王奕几	肖 晨
徐 蕾	曾利霞	邹晓慧	黄 欢	徐小媛			

学前教育（14人）

| 陈晓怡 | 邓秋雨 | 赖楚伊 | 李 浬 | 练崇燕 | 刘婉宜 | 温笑航 | 谢颖芬 |
| 杨嘉敏 | 张路旋 | 周晓晴 | 龙 婷 | 吴海燕 | 朱幼静 | | |

学前教育学（3人）

刘巧云　　夏雨璇　　张庆华

岩土工程（5人）

范培彦　　梁文习　　杨泽帆　　叶华津　　赵寄橦

遗传学（5人）

赖泽豪　　谭芷晴　　杨华杰　　张　婷　　苏智宏

音乐与舞蹈学（7人）

陈艺冰　　陈煜然　　姜美权　　林丽晶　　田　静　　王　梦　　詹钰婷

应用化学（1人）

张振强

应用数学（10人）

| 陈惠敏 | 陈丽鸿 | 陈燕珊 | 陈依甯 | 李金水 | 林鸿夸 | 邱玉婷 | 武 丹 |
| 钟余友 | 周洁容 | | | | | | |

应用心理（43人）

蔡诗琪	陈冠全	陈 璐	陈 沛	陈奕凯	冯学优	郭梦君	韩 政
黄郁槐	李彩燕	李雪香	李泽枫	廖君瑶	林晓琦	潘家健	王利敏
王 芹	王月艺	吴思林	武文君	谢 捷	谢琳琳	谢雪婉	辛木城
许子莹	杨 珍	叶倚明	张名琛	赵智茵	郑 含	周亚玲	周卓贤
周子暖	朱 景	陈锦冰	胡诚晋	梁慧菲	刘琴琴	秦莺宁	韦冲懿
吴诗嫣	伍昕怡	张铁晓					

应用心理学（8人）

| 蔡惠燕 | 梁振宇 | 罗 媛 | 阮春红 | 王荣强 | 谢楚茜 | 张锦涛 | 连培灿 |

英语语言文学（7人）

陈微子　　邓　聪　　黄子洪　　卢雅静　　王　影　　吴嘉雯　　许晓珊

有机化学（7人）

蒋鹏阳　　刘凤丽　　刘家乐　　李奕燕　　欧阳禄锋　　韦秋钰　　曾梓晖

语言学及应用语言学（2人）

罗玉琪　　周　奕

运动训练（6人）

曹伍健　　罗安妮　　汤启渊　　王绮璇　　徐子奇　　徐子童

植物学（5人）

汪永红　　甘卓然　　刘　俊　　孙小媛　　李红春

中国古代文学（5人）

陈　新　　蒋业勇　　梁嘉辉　　唐　婧　　张文娴

中国史（4人）

蓝国铭　　廖梓蔚　　吕长岭　　王　健

中国现当代文学（3人）

陈婉琴　　黄婷婷　　莫堂辉

自然地理学（8人）

何镇宇　　简钰清　　邝晨曦　　廖粤军　　刘慕瑛　　罗小凤　　萧炜鹏　　钟　亮

普通全日制本科毕业生名单
（共7289人）

播音与主持艺术（89人）

李潇洋	女	马心宇	女	张紫千	女	郑　好	女	谢浩彬	男
江梓毅	男	陈　烁	女	黎欣瑜	女	李塨铭	女	童颖俊	男
吴晓琦	女	苏智文	男	徐　婕	女	李梦妮	女	陈颖怡	女
黄　鑫	女	张英杰	男	吴　涵	女	黄高雅	女	王睿璇	女
曾沛芸	女	刘帅珍	女	古翔泽	男	方恒锐	女	韦俊婷	女
周芸伊	女	陈晓艳	女	唐梦洋	女	唐小茜	女	杨意林	女
李　想	女	白鸣远	男	王文宇	男	许峻崧	男	钟炳轩	男

姓名	性别	姓名	性别	姓名	性别	姓名	性别	姓名	性别
曹越	男	石心怡	女	穆彦君	女	艾奕嵘	女	刘雪聪	女
姚影晨	女	王旭	女	冉昀艳	女	黎梓傲	男	区婉莹	女
林轩蕴	女	区芷欣	女	凌镇杰	男	郭晓晴	女	倪晴阳	男
陈嘉俊	男	叶浩弘	男	温幸欣	女	谢沁颐	女	黄达	男
崔晓琳	女	杨崇杰	男	陈曦雯	女	何姗姗	女	陈丝铭	女
徐伟彬	男	黄嘉慧	女	郑钰山	男	麦显镶	男	李子楚	女
黄嘉泗	女	黄思思	女	曾蕾	女	李绍炜	男	区鹏刚	男
汤键恒	男	李佩玉	女	姚震	女	李思奇	男	杨鸿博	男
康贝尔	女	郑雨楠	女	马婧卓	女	何军杰	男	蒋诗琦	女
庄仪	女	黄婧婕	女	先远平	女	何书凝	女	屈佩锦	女
王天睿	女	成思睿	女	龙曼雪	女	朱丽婷	女		

产品设计（29人）

姓名	性别	姓名	性别	姓名	性别	姓名	性别	姓名	性别
林粤河	男	黄子辉	男	欧阳羽宁	女	常阳阳	男	董干波	男
黄宝仪	女	赵宇斐	女	陈荣浩	男	揭育媚	女	洪梓钦	男
陈海盛	男	冯嬿文	女	颜昌铭	男	陈道书	男	吴永旭	男
李芷韵	女	梁家威	男	薛明湛	男	杨怡婷	女	汪乾	男
韦洪恩	男	黄坤才	男	廖敏妤	女	王威	男	宋芝鹏	男
褚嘉濠	男	梁建利	男	曾英诚	男	林启奋	男		

城乡规划（47人）

姓名	性别	姓名	性别	姓名	性别	姓名	性别	姓名	性别
蔡宏志	男	吕妍	女	卢清怡	女	李柔美	女	彭学健	男
陈美君	女	黄泽嵘	男	吴乐琳	女	梁敏德	男	刘思慧	女
邹汉彬	男	黎振裕	男	邱婉琪	女	蔡美玲	女	郑宇培	男
薛荣濠	男	苏艺寒	女	陈伦烨	男	王秀金	女	邝文勇	男
陈艳标	男	潘帅杰	男	金嘉俊	男	吴思雅	女	柯夏瑜	女
陈高鹏	男	张军华	男	张杰	男	陈丽晴	女	朱健飞	男
谢楚婷	女	梁嘉慧	女	赵浩扬	男	曾滢琪	女	郑昊彬	男
杜嘉乐	男	卢雨硏	女	唐璐	女	罗志辉	男	俞滔	女
梁冠蓝	男	张钧溢	男	周祥飞	男	周伟焕	男	刘伟	男
王莹莹	女	周勤柔	女						

地理科学（师范）（59人）

姓名	性别	姓名	性别	姓名	性别	姓名	性别	姓名	性别
袁健聪	男	龙星羽	男	杨崙雅	女	张瑜芳	女	胡凯红	女
谢晓仪	女	萧倩雯	女	王瑜	女	蓝洁婵	女	谢敏琴	女
郭炜	男	郑晓玲	女	陈冰妮	女	陈桦桦	女	周倩怡	女

谢佩卫	女	黄宁	女	吴绮琦	女	李玉坤	女	郑淑梅	女
董敏敏	女	吴铃铃	女	周明健	男	黄俊峰	男	陈逸渲	女
黄姗茹	女	钟钰文	女	林可欣	女	胡森岩	男	张艳	女
叶咏琪	女	赵佩娴	女	王泽韵	女	梁德乐	女	梁筱仪	女
龙凌汎	男	谢慧宇	女	刘嘉慧	女	梁颖欣	女	李嘉敏	女
卢俊聪	男	邓丽珊	女	张文敏	女	林泳欣	女	黄洁琼	女
欧诗婷	女	张小意	女	黄芷君	女	罗振鹏	男	邓昌荣	男
郑舒桓	女	刘彩媚	女	何晓蓝	女	郑明慧	女	陈华玥	女
张鹏	男	谢宇晗	男	刘添翼	男	欧俊宏	男		

地理信息科学（33人）

龚梓恒	男	陈泽锋	男	林茵	女	王逢禧	男	郭泳鸿	女
周晓琳	女	肖秋霞	女	谢俊国	男	崔曜	男	王炜幸	男
张泳仪	女	张晓茵	女	吴紫楹	女	朱芷宜	女	谢佳纯	女
苏琬文	女	张银苑	女	杨心怡	女	冯敏婷	女	周泳诗	女
庄财钢	男	林郑波	男	陈瑜森	女	徐汝霜	女	余玉辉	男
刘泽锋	男	杨鹏	男	王卓婷	女	杨鑫妮	女	谭霁壕	男
孙金萍	女	郭金峰	男	张波	男				

电气工程及其自动化（197人）

王雄信	男	王正行	男	任柳桃	男	柏水林	男	郑棋源	男
冯活添	男	曾慧东	男	黄博	男	程鸿	男	金骢	男
汤铖哲	男	李嘉乐	男	陈潮伟	男	黄焯健	男	陈泓宇	男
吴嘉维	男	冯超文	男	梁伟基	男	邵炜忠	男	张润成	男
蓝晓林	男	周俊宇	男	梁康正	男	陈敏金	男	黄旭钦	男
梁国富	男	叶枫	男	庄岳	男	欧阳少鑫	男	翁伟杰	男
李俊源	男	蔡丹丹	女	周铱旭	男	邓其发	男	杨鹏洲	男
许士威	男	邓嘉荣	男	吴嘉栩	男	何佳涌	男	莫靖	男
曹华干	男	叶伟亮	男	詹耀国	男	刘智	男	李宇航	男
余满森	男	覃志光	男	王国宇	男	江远怀	男	卢狄	男
李忠昊	男	赖臻瑞	男	王增华	男	李树臻	男	陈永浩	男
吴宇深	男	黄奕翰	男	李镓溢	男	庄瑞东	男	符一友	男
盛元沣	男	张树添	男	颜宇杰	男	黄杨程	男	黄国栋	男
孔维霆	男	林斯鹏	男	李欣	男	陈铭峰	男	余伟霖	男
刘延钦	男	曾祥谦	男	林稔普	男	丁键煌	男	郑明沣	男
李咏	男	杨杰志	男	谭铭华	男	花浩	男	吴森海	男

廖永健	男	周锐泓	男	李咏华	男	万天航	男	石凯健	男
方少琪	男	陈光灼	男	庄陈发	男	关磊	男	陈乐成	男
李森林	男	周献前	男	利俊纬	男	姚逢吉	男	陈满天	男
谢浩科	男	郭川利	男	龚浩	男	陈耿强	男	林锦辉	男
李卓营	男	何海青	男	庄沐亮	男	刘伟深	男	杨焕	男
杜俊杰	男	杨伟东	男	杨锦嵘	男	周阳	男	何庆放	男
杨嘉	男	陈裕华	男	胡烁	男	颜思明	男	杨建锋	男
华天贺	男	林曦	女	吴昆崇	男	杨文通	男	杜佳妍	女
韦元辉	男	庄伟涛	男	张杰钊	男	林彦旭	男	李美珊	女
张晶	女	洪悦宜	女	陈丹丹	女	郭志荣	男	熊子健	男
卢超毅	男	林益健	男	陈沛昌	男	刘子龙	男	吴伟钊	男
梁浩东	男	蓝金城	男	杨遂传	男	张若凤	女	宋建博	男
卓铭权	男	叶露晓	女	刘飞婷	女	闫武豪	男	陈锦锋	男
黄浩军	男	陈海潮	男	黄子豪	男	陈艺婷	女	黄嘉铖	男
谭振杰	男	钟立财	男	王挥淇	男	霍骏尧	男	陈满庭	男
区富华	男	陆瀚林	男	叶卓祺	男	林峻宁	男	陈书畅	男
郑棉忠	男	曾江	男	刘淑婷	女	陈思远	男	梁富铭	男
柯博文	男	邱铭淮	男	朱彦霓	女	陈俊明	男	成镇澎	男
苏振浩	男	李奕甸	男	钟长岳	男	陈俊宇	男	林涛	男
何嘉宝	女	徐若佳	男	许志鹏	男	叶泓槟	男	廖礼炉	男
刘锦旺	男	陈柏岐	男	陈锦能	男	林炜彬	男	郭浩照	男
劳展鹏	男	吕敏玲	女	陈明希	男	梁家成	男	杨盛元	男
黄朗	男	李斌	男	陈松桂	男	苏浩	男	陈梓洛	男
谢紫欣	女	蔡家明	男						

电子商务（101人）

钟梓祺	男	谭敏怡	女	陈旭阳	男	戴晓慧	女	伍晓昕	女
洪泽贤	男	谢泳笙	女	梁诗颖	女	袁欣欣	男	谢利华	女
林景锋	男	谢兆湘	男	陈艳	女	陈伟健	男	韦晓玉	女
李施晴	女	陈晓雯	女	张峥榕	女	周楚瑶	女	郑晓娜	女
彭苑娜	女	孔凡杰	男	梁蔼靖	女	王梓恩	女	林洪敏	女
郑洁诗	女	夏雪	女	叶凌峰	男	彭铭洋	女	卢梓晴	女
曾艳芬	女	王美萱	女	林远勇	男	傅慧婷	女	何绮铃	女
黎靖娴	女	范晓晖	女	陈晓宇	女	梁晓童	女	潘紫焕	女
陈嘉涛	男	李伟斌	男	邱文君	女	罗金泽	男	孙颖	女
吴伟锋	男	张金湖	男	欧阳允健	女	吴金华	女	陈成娟	女

薛志鹏	男	陈家津	女	黄晓丽	女	梁晶晶	女	洪佳萍	女
郑敏慧	女	徐英杰	男	吴韵彤	女	潘颖心	女	陈浪	女
何金盛	男	梁峻轩	男	章晓璇	女	庄纯莹	女	谢锦雄	男
王淋佳	女	郭晓吟	女	黄诏鹏	男	冯永富	男	陈裕权	男
孙龙	男	李元潮	男	苏南旭	男	廖春燕	女	麦晓婷	女
尹淑敏	女	马颖欣	女	林曦	女	陈楠楠	女	曾嘉宜	女
陈硕	男	梁思洁	女	李恒婷	女	吴淑妮	女	李剑桃	女
高清华	女	谢文聪	男	钟晓君	女	赖雪超	女	李秋燕	女
冯敏仪	女	李伟斌	男	何扬	男	杨战峰	男	陈嫒依	女
朱俊生	男	石宇琦	女	罗作涛	男	曾令亚	女	林岱龄	女
朱家发	男								

电子信息工程（94人）

魏思棋	男	罗昭明	男	官贵川	男	陈伟聪	男	陈联贵	男
唐慕航	男	谢泽泳	男	黄文哲	男	周栩锐	男	朱炜希	男
贾美麟	男	田秋炎	男	钟骏韬	男	伍钰婷	女	毛开宇	男
潘士强	男	袁佳心	女	黄泳桥	女	何凯莹	女	李桂梅	女
林铭毓	女	黄文浩	男	李森鸿	男	张炜航	男	颜振雄	男
刘晓钟	男	张惠敏	女	许远祝	男	廖建展	男	肖伊婷	女
张水荣	男	陈武备	男	朱燕婷	女	陈晓如	女	刘晴	女
陈威岳	男	曾祥沣	男	梁建鸿	男	谢伟敏	男	余卓权	男
朱亮宇	男	戴云鹏	男	朱镨航	男	招乾民	男	吴娉怡	女
陈裕熙	男	杨耀华	男	金冰淳	女	马叶椿	男	黄遵利	男
黄坤镇	男	蓝维凯	男	张晋荣	男	邱礼坚	男	李钦诚	男
谭敏聪	男	邓晓葵	女	黄耿淇	男	林铮鸿	男	张健豪	男
杨志康	男	李君豪	男	陈旭斌	男	黄显亮	男	李善斌	男
叶嘉俊	男	王文聪	男	廖海斌	男	陈秋良	男	郑超轩	男
王培梁	男	徐国琛	男	彭春怡	女	朱芸慧	女	杨华文	男
梁培添	男	吴汉超	男	唐新阳	男	梁桂成	男	张梓峰	男
谢伟立	男	陈映潼	女	王友康	男	林生益	男	骆福信	男
王茹皓	女	邱安松	男	林成材	男	付伟森	男	李嘉维	男
吴少槟	男	陈增添	男	梁储铭	男	杨宇涵	女		

电子信息科学与技术（48人）

周春莹	女	林阳	男	林晓宇	男	郑楚焕	男	林志扬	男
黄松祥	男	蒙传然	男	李可锦	男	余子扬	男	阮家怡	女

付明	男	尹舒琪	女	郑振勤	男	杨学振	男	陈湘粤	男
戚满林	男	文旭莹	女	蔡文珠	女	刘惠娜	女	邓梓鹏	男
罗文彬	男	梁瑞德	男	黄晓彬	男	陈俊凯	男	陈涌楠	男
薛兆丰	男	李健维	男	廖明浩	男	谭凯元	男	包烨滔	男
谢羽平	男	张俊发	男	郭佳豪	男	李镓豪	男		
古扎努尔·阿不都			女	徐渊博	男	陆艺文	男		
迪力尼拉·买买提克里木			女	伊尔夏提·阿卜杜热西提			男		
沈靖淞	男	陈子豪	男	肖潇	女	黄嘉瑜	女	张国威	男
李海俊	男	屈凯文	男	郑志杏	男	李瑞辉	男		

动画（60人）

杨蕊滋	女	李伊玲	女	毛振禧	男	周广健	男	李红燕	女
邓栋昊	男	许汪	男	张恺桐	男	杨远添	男	梁楚全	男
余世烁	男	李伟	男	吴东海	男	梁凯婷	女	何迟颖	女
龙炫峄	男	王诗虹	女	扶佩莹	女	张景晶	女	陆如媚	女
许钊庆	男	黄教凤	女	侯瑜宽	女	蔡智磊	男	胡凯怡	女
黄宏超	男	杨婉君	女	冯维香	女	蔡华潘	男	李雨晴	女
方婉蓉	女	陈丽婷	女	麦世杰	男	黄英俊	男	陈佳苗	女
李诗逸	女	马杰	男	崔慧琳	女	陈诗华	女	苏乐菲	女
周晓怡	女	何翠俐	女	陈文欣	女	范芷珊	女	欧冠熙	男
高志洪	男	卢云鹏	男	冯菲怡	女	张燕	女	李学林	男
曾芷君	女	陈杰文	男	温锦俊	男	刘明威	男	方诗婷	女
赵静颖	女	吴家僖	男	张诗瑜	女	林子琅	男	韦新坤	女

法学（268人）

蔡丰泽	男	梁巧	女	陈俊杰	男	王俊杰	男	邓晶慧	女
陈嘉豪	男	陈诺	男	唐明杰	男	王嘉森	男	郑景僖	女
莫齐贤	男	朱湘慧	女	刘澧莹	女	钟蔓萱	女	黄常赓	女
陈惠银	男	邢萌	女	王金睿	男	吴星辰	女	陈超裕	男
温敏羽	女	曾梓晴	女	李淏	男	谢政明	男	刘昭君	女
梁静	女	黄小梅	女	李畅畅	女	谢李泽	男	陈晓君	女
吴沛熙	男	张嘉琪	女	郑泽媛	女	周齐	男	罗怡敏	女
张翔超	女	谢晓文	女	李盈莹	女	肖淑文	女	冯佳建	男
梁浩坚	男	邱涵	男	温镘婷	女	吴雁桦	女	吴伟娜	女
黄翠萍	女	罗晓聪	男	罗少君	女	吴思语	女	李志远	男
邱治望	男	董子钰	男	冯道华	男	谭婧萍	女	钟美娜	女

姓名	性别	姓名	性别	姓名	性别	姓名	性别	姓名	性别
吴雨晴	女	陈雪菲	女	陈旭英	女	何桐心	女	黄家明	男
黄汝涛	女	何小晴	女	张力源	男	陈锐涵	男	陈浩杰	男
沈俞廷	男	陈润华	男	沈聪	女	朱贺	男	李青	女
何东森	女	伍雪畅	女	安雨欣	女	王英凡	男	张可	女
黄紫琦	女	叶梓锋	男	钟观晓	女	潘柳昕	女	杨耀广	男
丁凯荣	男	许秀凤	女	陶卫	男	赖晨颖	女	何梓纯	女
林润鑫	男	周清蓝	女	肖锐岚	男	蔡芝恬	女	李琳纯	女
凌可心	女	邓锦冰	女	彭梓宏	男	黎芊荷	女	蔡资淦	男
赵宏政	男	冯文韬	男	林美婷	女	刘弘彦	男	蔡成伟	男
罗媛	女	姚岳烽	男	方梓鹏	男	陈民轩	男	王姝	女
郭思敏	女	李晓洵	男	王飘飘	女	张欣婷	女	林育榕	女
张琬玥	女	李芸香	女	潘佳圆	女	辛悦	女	董家潮	男
蔡泽美	女	李程	男	郑凤如	女	王琰	女	谢晗	女
陈睿	女	谢丽虹	女	梁博毅	女	梁艳姿	女	郑政昊	男
黄曦	女	覃诗蕴	女	何心怡	女	陈日联	女	李晨	女
刘乾	男	邹锋	男	李远婷	女	陈泳岑	女	关沅铧	女
白心怡	女	黎雨宸	男	林家俊	男	刘洁	女	黄文静	女
陈彦妤	女	梁莹	女	张慧娟	女	郑堂盛	男	陈芳菲	女
张宇	女	蒋珍珍	女	马梓婴	女	陈本沅	女	张杭信	男
朱晓颖	女	黎颖彤	女	李钰涵	女	谭济民	男	简倩颖	女
杨岚兰	女	李炜莹	女	张曼婷	女	罗伟业	男	何婷	女
陈铨	男	黄德姬	女	黄杰	男	吴珊茹	女	李钰淇	女
陈思婷	女	李伙琳	男	王雨川	女	李春妮	女	吴婉婷	女
黄日进	男	施淇奋	男	黄彩琳	女	梁思婷	女	谢荣玲	女
杨一方	女	刘艺莹	女	黄秋洁	女	盛琳烁	女	叶佩仪	女
潘炳屹	男	何少凤	女	黎洪宇	男	庄利鑫	男	刘东敏	女
李家儿	女	卫炜锋	男	张春敏	女	郑晓敏	女	梁永达	男
杨健	男	周文静	女	韩纤	女	魏芷晴	女	黄景俊	男
陈俊铭	男	陈嘉华	女	林钰滢	女	何嘉敏	女	钟韵	女
陈瑾	女	刘碧兰	女	刘耿铭	男	黄钰媛	女	朱仰琪	女
曾岸仪	女	梁绮澜	女	郑滢滢	女	潘伟涛	男	许欢纯	女
谭杰豪	男	李料	女	姚承悦	男	郭轩扬	男	谢一依	女
王佳	女	陈铭韬	男	肖梓杰	男	吕新元	男	陈奕名	男
陈炯宇	男	王不凡	男	石娟	女	袁利娜	女	温冠源	男
陈晨	男	黄文钰	女	王熙谋	男	叶舒婷	女	曾桐源	男
陈苗	女	苏颖聪	男	李彩丽	女	宋婷婷	女	曹馨元	女

陈咏珊	女	刘嘉琪	女	林婉纯	女	罗蓝	女	吴世凡	女
庄敏玲	女	麦子晴	女	丁林	女	陈依洁	女	陈嘉慧	女
林铠然	男	蔡启源	男	吴添淼	男	许碧瑜	女	李昊洲	男
刘嘉莹	女	肖傲婷	女	江惠美	女	陈博信	女	杜晓琪	女
林立挺	男	陈昕悦	女	李彦明	男	李子杰	男	张漫	女
翁凯	男	朱婧	女	龙昌余	男	余卓彦	女	李晟	女
林静菲	女	蓝志源	男	蔡焕隆	男				

法语（31人）

李卓豪	男	黎焱	女	李诗雨	女	冯锦萍	女	陈咏钰	女
陈海琦	女	周艺琳	女	倪瑞晴	女	陈慧绵	女	吴玉莹	女
陈欣妍	女	黄巧欣	女	吴嘉慧	女	郑培珊	女	林科霞	女
黄晓彤	女	钟检妹	女	姚淳钰	女	丘舒雨	女	黄秋琪	女
李妍颖	女	王浩航	男	陈晓晴	女	陈思庭	女	李美仪	女
黄慧童	女	郑萱琪	女	张誉丹	女	徐新纪	女	王喆	男
王冠蕊	女								

房地产开发与管理（37人）

李智娟	女	汤振兴	男	江启涛	男	梁文颖	男	潘锦辉	男
刘瑜	男	陈伟铧	男	牛萍	女	陈笑君	女	林景成	男
陈斯菡	女	林镇与	男	陈嘉慧	女	赖钰倩	女	李炫	男
黄子相	女	李雪琳	女	周春梅	女	华彬	男	李彩丹	女
洪滩	女	陈伟琳	女	文罗炫	女	肖子杰	男	林国栋	男
李海如	女	廖俊鹏	男	洪永明	男	李健蓬	男	李晋安	男
肖敏婷	女	周紫荧	女	邓标	男	林敏仪	女	李梓滔	男
张桓滔	男	陈卫	女						

风景园林（31人）

叶伟才	男	李楚瑜	女	谭超仁	男	吴杰铮	女	曾静瑶	女
邓心峪	女	蔡倩盈	女	杨晨	女	叶翠妍	女	张彬彬	男
蔡奕婷	女	刘欣	女	邱文轩	男	苏丽娥	女	柯莹婷	女
陈秀玲	女	谢心怡	女	许铭琪	女	张清雅	女	孔令锋	男
袁浩钧	男	余钰滢	女	卢盈安	女	胡宇生	男	陈松铭	男
李俊霖	女	徐扬	男	孔繁亮	男	杨水英	女	马兰	女
李嘉欣	女								

服装与服饰设计（42人）

魏浩旭	男	蔡雅琪	女	蒋曼琳	女	李咏琪	女	谢雨君	男
胡雍诚	男	李星雨	女	吴崇柏	男	区静怡	女	廖蕾蕾	女
罗煜霄	男	谢石圣	男	戴思颖	女	叶浓	女	陈东安	女
林炜仪	女	肖婉莹	女	杨粤渝	女	李冬琪	女	余婉情	女
袁文婷	女	江思敏	女	钟家园	女	杨浩婷	女	唐廷轩	男
邓意发	男	蔡海青	男	寇新慧	女	杨之灏	男	郭宜茹	女
王渝	女	高嘉欣	女	孙晴虹	女	吴颖楠	女	杨煜凡	男
曹泽森	男	张文昕	女	苏易琳	女	马露杰	女	张湜	男
刘昊	男	王月涵	女						

给排水科学与工程（53人）

袁华	男	韩雨晴	女	覃秋梅	女	黄昌济	男	朱文佩	女
程梅莹	女	沈若余	女	陈晓兵	男	周子琳	女	钟文杰	男
张泽源	男	林灿杰	男	黄浩晋	男	曾敏华	女	吕得正	男
杜周武	男	薛志豪	男	林梓龙	男	罗宇新	男	陈深民	男
詹清裕	男	王诗颖	女	刘艳琴	女	戴嘉乐	男	黄洪涛	男
蔡海振	男	陈淑玲	女	唐钧陶	男	王美琦	女	李曼	男
杨尚攀	男	钟思铭	女	黎明辉	男	廖思颖	女	邓丝竹	女
周形颖	女	陈其瑞	男	何美源	女	孙广汇	男	黄欢	女
彭丹丹	女	陈海洋	男	罗彦菲	女	尹梓菁	女	陈伟淳	男
朱柏锟	男	李沅橾	男	吴佳玲	女	翟文蔚	男	王绍铸	男
杨洁彬	男	叶明溥	男	张虎军	男				

工程管理（117人）

刘诗颖	女	李雄飞	男	李天铭	男	翟圣皓	男	尹赵强	男
郑伟鑫	男	谢淑仪	女	李伟杰	男	黎嘉宇	男	詹晓珊	女
刘敏	女	何韵莹	女	刘雪莹	女	李承恩	男	罗祥鹏	男
胡家强	男	刘皓旸	男	周文峰	男	钟元盈	男	曾丽敏	女
黎子鸿	男	林珂帆	女	郭晗静	女	龚思思	女	黎丹	女
麦嘉欣	女	谢晓丹	女	郭心惠	女	李宛婷	女	崔议丹	女
黄诗茵	女	陈可欣	女	郑復盛	男	黄舒恒	女	林映彤	女
郑振豪	男	张梓莹	女	郑嘉纯	女	李明祝	男	梁美琪	女
周飞彤	女	韩晨阳	男	黄苑航	男	黎佩龙	男	郑丹颖	女
蔡悦盛	男	王晓媚	女	杨芮	女	蔡嘉仪	女	赵柔君	女
邓志宏	男	蔡嘉琪	女	杨智棒	男	黄腾辉	女	莫京山	男

姓名	性别	姓名	性别	姓名	性别	姓名	性别	姓名	性别
李岚	女	颜昌慧	女	康文添	女	唐小珊	女	肖煜	男
吴芷媚	女	李宏宇	男	汪琦宇	男	鞠恩思	女	莫逸民	男
邓海全	男	黄正溢	男	唐斌	男	李昊桐	女	杨新锋	男
蔡丽莹	女	何东成	男	洪敏仪	女	张旭月	女	叶鑫泉	男
张筱筠	女	黄诗婉	女	罗琪	女	陈浩然	男	朱杰明	男
王丁宁	男	邓可	女	许清	男	李金浩	男	古浪	男
郝雨潇	女	董冬铃	女	彭晓东	男	吴泳欣	女	何嘉利	女
钟培源	男	杨蕾蕾	女	黄伟	男	王思榕	女	陈朗	男
叶子露	女	彭俊谦	男	吕翠琪	女	刘庚阳	男	钟非凡	男
李耀洋	男	马梁超	男	李诗琪	女	高铭浩	男	陈彦行	女
张静君	女	邓晓斌	男	胡敏玲	女	李仲富	男	陈少珊	女
卢丹敏	女	赖俊羊	男	劳俊熙	男	陆华儒	女	杨彦雄	男
谭钰麒	女	黄小玲	女						

工商管理（131人）

姓名	性别	姓名	性别	姓名	性别	姓名	性别	姓名	性别
周志聪	男	赖家榆	女	彭月苗	女	孙泽嘉	男	张渝	女
吴婉晴	女	梁洛	女	黎浩	男	李杨	男	梁晓琳	女
何家茹	女	梁涛	男	李振兴	男	龙慧梅	女	蔡学旋	男
许君雯	女	周斯敏	女	陈晓冰	女	马玮淇	女	吴榕儿	女
湛敏华	女	施肇江	男	林诗琦	女	詹雨欢	女	彭慧敏	女
郭晓燕	女	程同理	男	戚钰浈	女	程为聪	男	蔡崤倪	女
何秋丽	女	吴若琳	女	林旭武	男	张伟豪	男	黄小燕	女
陈思羽	女	孔思华	女	黄嘉琳	女	刘彤彤	女	张冰琳	女
曾陈梅	女	鲜一多	女	朱奇	男	袁咏仪	女	洪浪	女
彭金鹏	男	刘春梅	女	付睿晔	男	梁健仪	女	刘诗媚	女
刘琪琪	女	戴伯儒	男	梁碧晴	女	陈苑仪	女	刘芩	女
李汉河	男	郑丹欣	女	麦培琪	女	赖捷	女	叶鑫南	男
陈诗颖	女	廖明归	女	曹文诗	女	卓英奋	男	童慧琪	女
陈雅昕	女	李咏涛	男	周伟	男	张帅	男	万正琼	女
李思阳	男	张健珊	女	赵树淼	女	黄琪媛	女	杨晓颖	女
朱苑仪	女	梁江宝	女	刘裕民	男	蔡思燕	女	阮国珍	女
梁冠婷	女	王涓涓	女	殷怡彤	女	陈泽泓	男	麦钰琪	女
黎晓欣	女	许丽思	女	骆万星	男	周桂铭	男	李春妍	女
黄禧	男	钟富伟	男	林晓珍	女	黄华帅	男	郭夏夏	女
陈玲玲	女	江燕伶	女	沈锐滨	男	朱婷婷	女	徐颖欣	女
吴兆聪	男	何媚	女	林漫淑	女	孔杰美	女	欧阳紫莹	女

叶佳欢	女	曾咏琪	女	李卓恒	男	谢金娣	女	黄燕梅	女
李爱明	女	梁辉豪	男	陈温铭	女	蓝钻锋	男	杨子钰	女
苏梦兰	女	全靖雯	女	梁宝珊	女	杨晓莹	女	钟婷婷	女
张耀明	男	潘诗茵	女	林妙梅	女	卢思曼	女	姚立瀚	男
吴少丽	女	王维廷	男	刘运财	男	蔡木燕	女	张海明	男
罗庆红	男								

公共事业管理（35人）

萧灿斌	男	姜东方	男	聂照航	男	梁泰倩	女	刘晓晴	女
兰凌云	女	刘文慧	女	彭绍英	女	吴剑霞	女	叶选婷	女
谢嘉莹	女	赵小珊	女	卢诗滢	女	张慧茹	女	谭锐姿	女
陈颖茵	女	潘颖彤	女	何晓欣	女	吴万如	女	李恺茵	女
余燕婷	女	邹卓君	女	陈舒婷	女	邓晓明	女	王玥	女
景思梦	女	赖茂林	男	何雨扬	男	赵楠	女	方利娟	女
胡羽欣	女	余丽杰	女	梁静雯	女	魏雯钰	女	陈芷琦	女

光电信息科学与工程（82人）

伍朝广	男	彭祖梁	男	邓嘉迪	男	莫易兴	男	蔡泽楷	男
黄世伟	男	李名睿	男	李楚耿	男	杨怡馨	女	李学权	男
房华恒	男	颜健锋	男	廖梓炜	男	宁子威	男	杜洽宇	男
李镇锋	男	黄子铭	男	张志杰	男	吴润民	男	张家禄	男
乔涵	男	高耀荣	男	王瑞瑀	男	彭一灏	男	官俊琅	男
邱戈帆	男	潘乃豪	男	徐楚楠	男	方灿鸿	男	廖志峰	男
曾凌峰	男	马伟东	男	黄文健	男	张健雄	男	方庆杰	男
伍飞虎	男	李浩斌	男	陈俊朗	男	张志军	男	许文潮	男
许贤瑜	女	符方恒	男	招梓文	男	梁毅锋	男	刘剑涛	男
杨宝印	男	张志毅	男	陈正彬	男	赖宏图	男	骆睿	女
周悦	男	张俊杰	男	王瑞轩	男	骆国权	男	李锦锋	男
梁轩	男	陈楚杰	男	程彪	男	陈远沛	男	王文君	男
洪志豪	男	张勇	男	陈威龙	男	曹栩诚	男	徐兴鑫	男
马泽霖	男	邓健明	男	晏大力	男	袁启弘	男	温霭伦	男
钟富贤	男	杨绍源	男	曹毓竣	男	戴智弘	男	许立锋	男
林家怡	女	陆明慧	女	杨燕旭	男	陈川	男	谭献明	男
刘海文	男	谭子钊	男						

广播电视编导（91人）

姓名	性别	姓名	性别	姓名	性别	姓名	性别	姓名	性别
龚瑶	女	李曦程	男	肖海亮	男	王婷婷	女	陈玥	女
周天宇	男	杨伟灵	女	欧阳钰钏	女	刘姿彤	女	汪逸灵	女
欧阳子艾	女	张晓怡	女	李彦	女	肖雅怡	女	李露茵	女
林华龙	男	高方智健	男	许高敏	女	权康	男	管梓均	女
邱颖欣	女	胡月西	女	林茵欣	女	范嘉瑶	女	陈晓潼	女
曾泳淇	女	陆湘玮	女	钦艺佳	女	蔡嘉琪	女	丁慧	女
杨昱	女	陆镘妃	女	魏云帆	女	邹佳颖	女	任佳穗	女
杨月儿	女	吴让	男	曾子豪	男	温乐怡	女	周敏敏	女
江盈	女	李昕洋	男	邓庭晖	女	罗夏云	女	焦宇	女
何炎婉儿	女	邓楚晴	女	叶美勤	女	周丽	女	李舒婷	女
阙伊宁	女	许亚男	女	姜丹	女	齐雨欣	女	汪淑芳	女
汪淑芬	女	阳程	女	李园园	女	刘炜烽	男	李逸欣	女
邹允丰	女	张娜	女	殷爱婷	女	郭润芝	女	卢姿英	女
马连慧	女	谢紫嫣	女	付熹薇	女	黄琪	女	邓蕾	女
项晗	女	周永菲	女	佘彤萱	女	唐耀迪	男	何信琪	女
龚友媛	女	姚欣欣	女	黄彦桃	女	刘雨晴	女	苏淑怡	女
刘传霞	女	曾思繁	女	彭霖	女	李奇	男	粟雨希	女
杜知微	女	黄宇虹	女	舒炜莹	女	吴正瑶	女	狄梦雅	女
廖紫琪	女								

广播电视学（82人）

姓名	性别	姓名	性别	姓名	性别	姓名	性别	姓名	性别
云艾琳	女	王擎	男	郑晓芬	女	梁子沣	男	温思敏	女
胡河丽	女	林钰莹	女	崔莹	女	姚瑶	女	陈梓艺	女
区婉怡	女	黄亮聪	男	钟彩霞	女	李璇华	女	邓芷菁	女
苏诗琪	女	李晨希	女	王泳仪	女	谭炤南	男	萧荣璇	女
甘芷筠	女	李锦仪	女	钟宝莹	女	李适如	女	阮淑桦	女
林中姗	女	邓子浩	男	陈燕	女	刘霏	女	黄悦禧	女
陈志江	男	邬宇琛	男	张静虹	女	林诗扬	女	汤琳茵	女
李美仪	女	魏可欣	女	杨运	女	郑凯鸿	女	杨春希	女
张微	女	施展华	女	孙晓青	女	杨海飞	女	李芊颖	女
吴玲霞	女	黄荃	女	陈丽君	女	郑金凤	女	蔡译萱	女
黄雪莲	女	伍炜珺	女	黄婷	女	林诗琪	女	陈漫琪	女
陈胜伟	男	许洁	女	邓健仪	女	陈妮可	女	邹祥亮	男
江立红	女	郑琳	女	张东鹏	男	钟丽珊	女	杨帆	女
谢钻湖	男	邱应发	男	钟翊	女	陈穗欢	女	刘浩斌	男

王钰栋	男	康振豪	男	黄楚琪	女	曾晓彤	女	何芷轩	女
吕静敏	女	陈继尧	男	胡陈乾源	女	黄诗琪	女	张思怡	女
陈嘉敏	女	池奕恬	女						

广告学（51人）

严琼乐	女	陈逸杨	女	陈钟恒	男	徐博煊	男	吴朋菲	女
徐欣宜	女	林子悦	女	芮淑娥	女	梁泳娴	女	黎子晴	女
郭宝宜	女	李巧洁	女	陈佳妮	女	李淳妍	女	黄曼珊	女
闫霖娇	女	邝友谷	女	张喜悦	女	崔江鹏	男	梁嘉琪	女
陈岳琪	男	谢佩君	女	黄悦	女	林秋纯	女	犹沁莹	女
陈境获	男	赵宇轩	男	王文静	女	刘丽聪	女	周倩	女
江思漫	女	宋钎芊	女	陈晓真	女	肖梓彦	男	吴嘉欣	女
欧靖妍	女	陈祎锐	男	张祥	男	何水弟	女	陈恩华	女
谭海波	男	欧阳丹琦	女	钟悦盈	女	许贵玉	女	叶宏洲	男
徐惠怡	女	杜婉琪	女	钟辉耀	男	苏楠	女	周英	女
郑锦涛	男								

国际经济与贸易（176人）

黄晋	男	王培希	女	冯梓轩	男	谭维湛	男	柳娜	女
区敏菁	女	李俊锋	男	程陈嘉	男	刘玫希	女	黄少婷	女
黄河清	男	程国珉	男	周丽敏	女	张海培	女	李骁	女
杨汶庆	男	吴彩瑶	女	曾聪	男	廖婉珊	女	李芷琪	女
林嘉琪	女	唐彬	男	薛健辉	男	徐显盈	女	谢丽婷	女
孔耀伟	男	李雯琪	女	林冰钰	女	李翠怡	女	李青莹	女
张丽萍	女	李玮靖	男	张嘉欣	女	李绮萍	女	曾思衡	男
陈倩怡	女	刘吉淳	男	梁咏仪	女	叶晓红	女	张乾	男
吴晓芸	女	冯筱文	女	庞月明	女	黎秀兰	女	朱志丹	女
肖琳	女	梁懿	女	黄提	男	盘晓榕	女	张田富	男
郑嘉瑶	女	温慧雯	女	林子杰	男	莫叶青	女	江凯鸿	男
陈淑珍	女	谢亮	男	李慧琳	女	罗雍霞	女	刘慧娴	女
黎杏茹	女	陈绮凤	女	李咏欣	女	詹思晨	女	张世超	男
雷滢	女	陈泓钰	女	洪韵静	女	刘雪	女	李水凤	女
孙晓凤	女	万嘉琪	女	伍会伦	男	邓诗颖	女	汪德伟	男
黄嘉宝	男	查倩	女	魏昊天	男	黄桂锋	男	曾凌峰	男
梁梓钧	女	王镱洵	女	蔡倩芸	女	何子玲	女	陈阅敏	女
曾婉莹	女	伍梅	女	李燕雯	女	翁翠梅	女	叶欣盈	女

李志锋	男	夏志鹏	男	彭婵	女	吴文文	女	温绮茵	女
程钰	男	杨泽纯	女	冯嘉雯	女	陈厚桦	男	黎清琳	女
黄晓茵	女	陆永芳	女	陈琪	女	张钲财	男	萧广源	男
喻茜	女	韩莉莉	女	陈婉仪	女	何思滢	女	林婷	女
郭嘉慧	女	郑浩铃	女	黄沁怡	女	刘展	女	聂岚轩	男
陈玉珊	女	李心怡	女	苏伟健	男	刘诗晴	女	陈晓东	男
连曼琼	女	黄雪莉	女	邹家炜	男	程楚妮	女	梁旭腾	男
谢丹琦	女	刘雪丽	女	林泽华	男	程颖琳	女	何婉彤	女
庄晓琪	女	王睿	男	方佳丽	女	张倩	女	欧阳晴	女
黎晓琳	女	罗浩莹	女	叶景浩	男	黄靖诗	女	钟丽淇	女
谭琴清	女	陈林	男	蒋晓琤	女	杨丽珠	女	黄银滋	女
但晶晶	女	涂芳	男	李晓雯	女	何云艳	女	林焕达	男
朱文茜	女	朱云碧	女	庄昱晨	男	谢垄	男	方新域	男
陈青云	女	杨睿婷	女	叶林峰	女	何巧儿	女	温凯彤	女
黄景顺	男	邹利苹	女	欧阳俊逸	男	卢梓愉	女	刘浩珠	女
陈淼纯	女	林燕珍	女	朱以生	男	曹嘉宝	女	马勉珊	女
李静文	女	吴思成	男	陈天秀	女	何浩文	男	孙虹	女
张桐宇	男								

汉语国际教育（师范）（60人）

朱敏华	女	买热帕提·买买提		女		卡地尔牙·买买提			女
曾思敏	女	杨玲	女	佘科田	女	罗晓玲	女	林思敏	女
张东玉	女	李今晴	女	廖丸谊	女	郑宁霞	女	游雅婷	女
姚光韵	男	陈咏琪	女	李绮彤	女	杨逸汶	女	刘慧婷	女
郭晞蓝	女	苏柔	女	温馨	女	唐佳欣	女	李扬	女
陈丽霞	女	冯庭卉	女	陈峻江	男	刘武南	男	陈珂昕	女
黄湧森	男	再努热·库尔班		女		古再丽努尔·麦麦提			女
陶羿	女	王婷	女	曾文燕	女	温蕴灵	女	杨佩琳	女
江静仪	女	揭晨	女	余浪	女	马诗采	女	黄文芳	女
刘锦洁	女	钟梦容	女	蔡秀梅	女	温紫琦	女	冯珊珊	女
李宇彤	女	刘书琴	女	洪彩云	女	苏廷轩	男	陈姿汶	女
巫丽君	女	廖丽诗	女	张楸涵	女	陈秀冰	女	李欣	女
罗苑茵	女	姬雅兰	女	罗茹兰	女	杜思荨	女		

汉语言文学（182人）

吴雨晴	女	陈铭杰	男	邓海倩	女	潘梓莹	女	黄蓉	女

沈倩如	女	陈淑婷	女	贾潮纬	男	欧芷茵	女	黄炜宗	男
龙祈君	女	郭婷茵	女	颜容蓉	女	祝微	女	龙诗琳	女
黄立欣	女	李美燕	女	林舒婷	女	朱子希	女	吴抒涵	女
林帼华	女	梁卓颖	女	陈正如	女	谭晓彤	女	覃颖珊	女
陈素铃	女	黄金兰	女	叶燕婷	女	陈炜诗	女	邓洁敏	女
陈泳辰	女	李丽莹	女	蔡晓欣	女	麦钲妍	女	黄诗淇	女
杨媛玫	女	林倩娜	女	黄敏清	女	卓泰然	女	陈杜惠	女
梁炜钰	女	巫玉婷	女	叶钰如	女	何嘉瑜	女	周紫柳	女
黄剑友	男	克迪丽亚·阿布力米提	女	张镇鸿	男	邓豪杰	男
林洁茵	女	刘源琦	男	何永塑	男	卢辉源	男	李滋博	男
储元	女	陈易民	男	孜乃提古丽·吐尼牙孜	女	黄玫琳	女
邓宇晨	女	钟柳园	女	赵双艳	女	何韵诗	女	黄梓莹	女
林晓婷	女	李之炜	女	朱芯仪	女	区倩文	女	苏静涵	女
黄雅静	女	黄悦	女	赖钰宇	女	陈敏仪	女	费敏	女
刘灵锋	男	罗慧清	女	钟燕菁	女	毕雅妮	女	何青霞	女
唐彬武	男	陶秋娴	女	梁红	女	梁萍	女	张江南	男
韦煜杰	男	吴江兴	男	莫海珊	女	柳伊霖	女	骆丽珊	女
伍乐仪	女	钟历莹	女	古丽给娜·艾合买提	女	彭呈伟	女
黄晓扬	女	林景雯	女	陈凯生	男	张双涛	男	赵一忆	女
谢栩茵	女	吴惠茹	女	陈静	女	林敏仪	女	彭名益	女
黄宇镕	女	邵泽丽	女	陈芳楚	女	邱晓曼	女	梁颖兰	女
梁宇轩	男	周桂如	女	周雪敏	女	麦慧莹	女	周卉芊	女
罗悦	女	骆雪松	女	庞婧怡	女	白敏瑜	女	李恬田	女
吴嘉倩	女	李钰雯	女	钱楚韵	女	廖燕玲	女	巫志杰	男
伍朗贤	男	罗咏琪	女	林国治	男	江桂香	女	梁亦冕	男
易华健	男	黄嘉莉	女	李梓欣	女	李梦珅	男	周庭好	女
夏哈代提·吐尔干	女	洪晓洁	女	郭晓婷	女	杨睿娟	女
刘泳仪	女	谌曼琦	女	莫殷殷	女	曹沁楠	女	李嘉嘉	女
冯雨晴	女	李忻蔚	女	李嘉芙	女	蔡晓彤	女	王伟婷	女
胡健文	男	向扬	女	方荣达	男	郑望津	女	林靖翔	男
吴聪颖	女	李婷	女	汤泽儒	男	周思琪	女	钟文颖	女
曾舒雯	女	陈年起	男	蔡嘉洋	男	钟美雪	女	莫镇霞	女
孙博然	女	李琳	女	李香真	女	何颖贤	女	陈子君	女
曾鑫然	男	谢智敏	女	吕思敏	女	张爽霞	女	谢欣桐	女
叶升平	男	郑若璇	女	刘烁瑾	女	陈敏玲	女		
买热哈巴·买买江	女	高睿	男	阿依达娜·沙尔山	女

| 王远航 | 男 | 王 严 | 男 | 陈 莹 | 女 | 杨 灵 | 女 | | |

汉语言文学（师范）（203人）

蔡颖希	女	郑槟炫	男	吴上清	女	张芷雅	女	王 婷	女
王 欣	女	孙观静	女	朱俏霞	女	钟智芳	女	陈 铭	女
郑晓欣	女	邱萌慧	女	傅美娴	女	余涵柔	女	陈梓华	女
梁 军	女	申伊洁	女	陈 曦	女	陈丽红	女	李芯宇	女
叶嘉惠	女	邓芷玥	女	邓婉雯	女	方梓荧	女	钟晓潼	女
刘宇欢	女	伍绍豪	男	李伟琳	女	黄晓雯	女	陈秋告	女
梁祖儿	女	陈卉苗	女	陈倩怡	女	邓富聪	男	袁淑芬	女
黄 恺	男	许增慧	女	李 玥	女	郑佳敏	女	杨幸子	女
谭丽娉	女	罗琛瑜	女	刘舒滢	女	杜镘婷	女	罗 煊	女
吴艾婷	女	刘诗婷	女	陈子曼	女	莫颖怡	女	许琦昕	女
胡舒玥	女	蔡莉芸	女	区翠雯	女	黄 銮	女	邹艳玮	女
许旭林	男	马铭荣	男	张丽莹	女	黄心怡	女	杨 颖	女
郑珊珊	女	林育红	女	卢 清	女	洪春慧	女	陈 丹	女
黄婉苡	女	刘雨馨	女	张辉璐	女	冯燕珏	女	徐 静	女
钟雨馨	女	简碧莹	女	姚修颀	女	陈 莹	女	张嘉证	男
赖晓君	女	廖晓华	女	温佳瑜	女	高雅琪	女	范嘉慧	女
王胜婷	女	王珊珊	女	邓慧淳	女	江王美鑫	女	刘洁瑜	女
黄宝珠	女	王振杰	男	罗诗韵	女	欧茗芠	女	蔡金钰	女
林 浩	男	张莹莹	女	郑敏虹	女	黄晓怡	女	禚媚好	女
赵建璇	女	龚智欣	女	谭韵华	女	钟紫君	女	宋思颖	女
刘 影	女	陈咏琪	女	陈浩楠	男	李虹舒	女	张嘉希	女
刘仕贤	女	钟逸洋	男	邓淦丹	女	刘秋芳	女	李婉铭	女
曾祥玲	女	陈浩峰	男	陈炜愉	女	潘炜梨	女	吴素珊	女
陈苑平	女	麦嘉铟	女	林舒琪	女	胡嘉仪	女	茹广平	男
陈明秀	女	钟怡婷	女	李晓静	女	熊国芳	女	谢卢泓	女
梁 钰	女	成冬玲	女	黄永琳	女	邬 旋	女	骆 羽	女
李舒琦	女	张世衡	男	宁星雨	女	许沛然	女	吴君鸣	女
林秋云	女	邬锦扬	女	刘嘉怡	女	唐彩连	女	林瑞铭	女
李旭媚	女	张金茂	男	梁柳恩	女	古格妃	女	陈晓君	女
俞芷凡	女	吴志欢	女	冯曼琪	女	李婷姝	女	黄美意	女
杨保儿	女	林慧婷	女	王颖思	女	蔡燕暖	女	陈诗虹	女
李薛霞	女	陈楚晴	女	黄佳懿	女	林 帆	女	詹贤玲	女
劳晓君	女	余悦瑶	女	罗颖彤	女	陈瑞欣	女	陈露滋	女

温家仪	女	陈璇	女	杨遥远	女	冯玉欣	女	陈玉荣	女
刘昊	男	谭雨清	女	杨敏	女	郑璇玲	女	李雨瑾	女
杨洁丽	女	廖志明	男	钟倩文	女	陈敏	女	关美婵	女
黄子睿	男	林梓榕	女	李颖祺	女	何妙纯	女	王敏学	女
龙滢盈	女	王焕琪	女	古锦桃	女	徐婉盈	女	张越	女
郭亦璇	女	何欣桐	女	黄钥媛	女	谢伟婷	女	刘忻	女
叶倩玲	女	谢雅雯	女	胡丹	女	古蔓琳	女	黄嘉蕾	女
冯曼君	女	叶翘毅	男	朱慧琳	女				

化学（53人）

龙倩倩	女	尹唯先	男	蔡暖辉	男	肖雪霞	女	汤紫媛	女
莫颂民	男	李相睿	男	徐尔杰	男	翟召芬	女	郭颖欣	女
陈宝茵	女	凌霄宇	女	梁锦辉	男	刘健鹏	男	王建午	女
黄凤漫	女	周学铭	男	李惠枝	女	郭闻	女	杨宝臻	男
李雅欣	女	余振飞	男	伍嘉燕	女	江文靖	女	简子莹	女
黄增	男	王韵晖	女	娄昱	男	陶柏利	女	陈思琳	女
江冠良	男	李艳晨	女	覃刚枝	男	张健锋	男	卓茹	女
曹玫芝	女	黄钰钿	女	温远智	男	余灿文	男	邱意博	男
何泰和	男	李涵	女	冯柳霞	女	宋康金	女	钟云静	女
伍采妍	女	刘派勇	男	戴慧敏	女	杨欣	女	林日衍	男
何健锋	男	黄志宏	男	张伟军	男				

化学（师范）（40人）

周靖雯	女	邓益萍	女	黄小婷	女	陈晓婷	女	麦秀琼	女
柯绮婷	女	陈碧婵	女	黎意敏	女	李巧贤	女	李晓彤	女
梁敏娴	女	张锦辉	男	唐宇	男	李美欣	女	吴凯燕	女
黄舒平	女	赖湘钿	女	黄翊	女	林文霞	女	李晓慧	女
张亮	女	黄淼	女	洪晓旋	女	石珂伦	女	彭丽娟	女
陈少婷	女	郭远江	男	王达茹	女	谢涌	女	林海婷	女
谢楚淇	女	王绿绵	女	吴颖	女	萧倩怡	女	陈俊豪	男
廖鹏飞	男	黄菲	女	洪仰珊	女	洪颖菲	女	陈晓真	女

化学工程与工艺（79人）

詹文慧	女	曾俊鸿	男	麦永雄	男	罗海民	男	黎家铭	男
黄志高	男	黄宇伦	男	韩雨凡	男	吴泽南	男	陈健肯	男
张艺生	男	蔡铖智	男	胡小凤	女	蒋子冰	男	梁诗华	女

潘卉楠	女	吴宝琪	女	朱杰钦	男	陈瑶	女	邓小梅	女
邓益家	女	胡姣	女	李海鹏	男	周子桢	女	黄志寅	男
王昱杰	男	陈镇南	男	曾土城	男	李旭日	男	林泽凯	男
黄锦涛	男	姬博	男	池益忠	男	王炳雄	男	陈汶	男
赵仲发	男	罗奕鸿	男	刘光华	男	谢伟豪	男	梁志锦	男
伍钧浩	男	张世睿	男	周吉鑫	男	黄渭彬	男	刘赤霖	男
周杰锋	男	彭锦豪	男	罗志佳	男	陈家润	男	温均荣	男
陈苑辉	男	李楗烽	男	莫文奇	男	张鸿生	男	吴冯芳	男
陈启豪	男	黄贤义	男	党科麒	男	方少健	男	李华达	男
朱剑烨	男	吕建深	男	张静舒	女	李文渊	男	张楠	女
王孟琪	女	吴泓立	男	谢杨仪	女	王勤	男	赖秋琳	女
黄国英	男	朱雪雯	女	王瑶芝	女	吴炫君	女	陈嘉亮	男
陈燕婷	女	梁健锋	男	戚美琪	女	林乐锋	男		

环境工程（50人）

黄炜新	男	关碧夏	女	冯雯怡	女	廖汶文	女	陈毅锋	男
曾佳雄	男	杨敏玲	女	张洪清	男	刘佳栋	男	郑景升	男
郭泳婷	女	周景乐	男	许信发	男	伍肇杰	男	黄楷敏	女
徐玉苗	女	陈建东	男	陈信宇	男	许嘉皓	男	纪澄	女
林冰	男	黄品添	男	魏迎	女	曾天渝	男	苟子论	男
卢仪蕊	女	何若煊	女	刘志聪	男	陶国钦	男	莫丰宇	男
肖炽辉	男	黄梦然	女	李伟俊	男	陈文健	男	张卓楠	男
陈子彪	男	朱家进	男	高晓冰	女	潘熙	女	林添乐	男
黄思彬	男	张帅	男	杨锦彬	男	吴国庆	男	梁焕焕	男
王嘉皓	男	王瑛淇	女	包敏	女	刘春彤	女	黄选	男

环境科学（38人）

梁峻榕	男	钟麒健	男	刘健	男	李致远	男	薛梅梅	女
麦浩培	男	廖丹丹	女	冯澎贤	男	潘俊钟	男	梁镇乾	男
符月青	女	黄丽婷	女	李满枝	女	林耀森	男	林连花	女
谢镇宇	女	梁景源	男	林祖龙	男	何进锋	男	陈创平	男
余岸锟	男	许迪锋	男	郑世达	男	张嘉峻	女	陈岸	男
黄梦焱	女	任董怡	女	方羽	女	林泽鑫	男	杨晓雯	女
李敏烯	女	关杰扬	男	陈展杰	女	黄俞斐	男	刘超荣	男
刘伟锋	男	胡杰标	男	余东	男				

环境设计（48人）

梁石伟	男	杜晓阳	男	谭金雨	女	邝志斌	男	张玉婷	女
陈学宁	男	郑志德	男	何灿杰	男	陈乔碧	女	黄家慧	女
莫惠雯	女	李金华	男	吴雨嫣	女	李诗胤	男	李伟锋	男
张宏春	男	莫苑华	女	陈宇欣	女	蔡凯贤	男	许玉淇	女
王莺洁	女	郭 蓉	女	周苑怡	女	陈文婷	女	吴宏翔	男
林 思	男	陈康森	男	刘俊杰	女	赵浩庆	男	梁文治	男
黄阳哲	女	陈晓瑜	女	吴德廉	男	辜培宏	男	谭 晔	男
卢思怡	女	付铁凡	男	黄世熙	男	邓凯晨	女	曹小瑜	女
包纭嘉	男	苟季康	男	陈展能	男	郑玉凤	女	林俏羽	女
邹沅婷	女	黄 琦	女	邱洪曦	男				

会计学（198人）

郑子康	男	曾泳红	女	屈昊源	男	孔明炜	女	李镇东	男
蓝禄文	男	冯泽华	男	陈好男	男	王子琦	女	马瑞琪	女
邓诗音	女	黄绮铧	女	王晓珊	女	陈嘉颖	女	梁超红	女
张永昊	男	何锶曼	女	关淇文	男	沈凯琳	女	林茵娜	女
李敏燨	女	李文锦	男	张 缘	女	冼林茵	女	龙 颖	女
曾畅怡	女	余 意	男	张梓辉	男	郑晓芳	女	张 政	男
伍颖沛	女	曾俊添	男	朱斯荧	女	黄昊然	男	唐慧琛	女
李亭枫	男	温梓琳	女	陈心怡	女	黄 焘	男	陈 淼	女
袁舒苗	女	吴鸿任	男	李梓敏	女	韩文雨	女	莫业炼	男
陈家仪	女	康露宸	女	朱子熠	男	梁嘉惠	女	高 琳	男
刘亚杰	女	黄诗涵	女	黄嘉敏	女	陈曼妮	女	潘嘉璇	女
黄嘉霖	女	刘利珠	女	辛丽金	女	苏昊然	男	黄敏丽	女
何楚楚	女	邱星宇	男	徐 晨	女	谢淳宇	男	汪宇澄	男
张雨嫣	女	苏鑫婷	女	蒋倩倩	女	梁幸儒	女	陈嘉颖	女
黎健珏	女	赵慧琳	女	黄 旋	女	苏晓琛	女	柯颖康	男
黄欣仪	女	李若琳	女	周棋棋	女	刘 蔚	女	蔡紫莹	女
林泽辉	男	赵 樱	女	陆 华	女	伍思颖	女	陈菲菲	女
梁浩铭	男	梁静妍	女	刘嘉韵	女	丘文艳	女	林芝华	女
迟 甄	女	叶晓婷	女	王智祺	男	吴华晓	女	吴晓婷	女
杨爵恩	女	陈杭宇	男	郭玟仪	女	高 月	女	赖惠珊	女
严乃烨	男	谢宇莹	女	曾梓炘	女	林倩妃	女	黄心圆	女
杨颖诗	女	黄子珊	女	林子豪	男	邹颖慧	女	谭华斯	女
彭方俊	男	黄丽晓	女	饶嘉嘉	女	苏 滢	女	郑瑞敏	女

颜茵茵	女	欧健清	女	黄子铭	男	赵彩云	女	陈丽敏	女
李瑶	女	方春鸣	女	袁昊锋	男	邓小时	女	欧梓杰	男
韦晓璇	女	钟雪媚	女	谢祺能	男	潘燕婷	女	张维唯	女
乔辰	男	骆昉程	男	罗竟文	女	李桂珍	女	李宇婷	女
黄淑敏	女	陈军宇	男	吴慧沂	女	刘嘉如	女	陈惠奕	男
陈薇媚	女	李婷婷	女	杜杰	男	邱泽虹	女	叶钦华	男
付浩轩	男	李楠	女	覃丽云	女	王湘	男	李想	女
王丽	女	许慧雯	女	卢永权	男	周润铎	男	李天佑	男
程晴	女	彭曦	女	邵雪	女	黄钰婷	女	庞茹尹	女
欧晓倩	女	朱慧珍	女	张楚文	女	黄嘉琳	女	黄炜杰	男
王敏	女	张漫娜	女	郑真萍	女	孙琳曼	女	陈岚	女
彭梓姗	女	吴思仪	女	刘燕菁	女	高贤娜	女	柳晓婷	女
林石娟	女	梁幸而	女	曾方励	男	王珠涵	女	袁志文	男
王馨	女	李宝婷	女	胡睿芳	女	曾伟杰	男	李忻蓓	女
刘钰宜	女	许漫红	女	李静	女	黎诗婷	女	张永喜	男
杨殊娇	女	周凯航	男	谢冰煌	女	林文虹	女	朱柔屏	女
梁殷玮	女	谢欣欣	女	陈晓虹	女				

会展经济与管理（99人）

梁泓嫣	女	斯坎代尔·艾合买提		男		罗伟佳	男	李幸昱	女
黄悦	女	林洁	女	何婉华	女	黄静怡	女	罗琪	女
蔡晓娟	女	何致远	男	黄镕琪	女	吕妍	女	李子俊	男
叶文婷	女	黄桐辉	男	温志键	男	戴欢欢	女	陈奕优	男
董倩莹	女	蔡勇	男	王丽娟	女	原一林	女	何夏程	女
章祺彬	男	蔡明哲	男	陈奕欣	女	江春甜	女	张如婷	女
陈燕萍	女	何志全	男	陈婷	女	蔡钰玉	女	张俏宁	女
谢晓婷	女	金晓仪	女	黄惠思	女	张梓桐	男	徐晓盈	女
翁彩娟	女	叶纯兵	女	黄素萍	女	丁思尹	女	谭舒琪	女
黄明慧	女	黄奕涵	女	郑漪婷	女	谢金艳	女	黄柳仪	女
杨彩君	女	林嘉纯	女	吴金婷	女	陈洁洁	女	陈家丽	女
翁佳婷	女	肖姗姗	女	陈丹欣	女	江泳鑫	女	罗宇城	男
吴杨观	女	陈芷君	女	张妮	女	邱越清	女	陈楚楚	女
何彬彬	女	杨晓湻	女	谢嘉珊	女	林楚琪	女	黄佳良	男
何绮彤	女	张银琼	女	杨卓欣	男	罗丽婵	女	田添坤	男
俞庭筠	女	杨宝宁	女	罗小怡	女	简静云	女	叶厚谷	男
刘兆欢	女	谢楷如	女	黄翠翡	女	郑丽娟	女	伍月凤	女

罗婷婷	女	刘　静	女	卢秋帆	女	陈舒华	女	谢立智	男
饶欢欢	女	钟梓柔	女	范　甄	女	陈晓婷	女	何玉华	女
江腾龙	男	林　石	男	师梦仙	女	金哲妍	女	周　静	女

绘画（32人）

古雅君	女	郭嘉辉	男	段靖雍	男	尚玉迪	女	黄超锴	男
张雪欢	女	夏铠熙	男	罗　凯	男	朱丽锦	女	吴居杰	男
杨林明	男	李金津	女	廖雅娟	女	张贞贞	女	陈菡馨	女
马唯维	女	李晓霞	女	陈芷莹	女	钟夏怡	女	何文珊	女
黄育昕	男	黄　晶	女	余妙韵	女	孙　婕	女	曾安婷	女
陆婷婷	女	杨树沛	男	王臻领	女	周钰榕	女	陈晓冰	女
郭澄桦	女	徐若诗	女						

机器人工程（83人）

岳佳欣	女	蔡宏广	男	钟洪烨	男	谭　彦	男	袁子轩	男
陈　鑫	男	梁振兴	男	刘庭君	男	林乾杰	男	黄　声	男
邓国涛	男	余华新	男	李志强	男	黄俊锋	男	温权焕	男
许　翊	男	廖晓晴	女	郭洁旋	女	曾圣洲	男	邱佳伦	男
陈一航	男	龙宇翔	男	廖沛鑫	男	罗光顺	男	何海鹏	男
薛义豪	男	郑鸿昌	男	王亚风	男	李　柯	男	陈海琳	男
何杰贤	男	李创德	男	庄裕荃	男	胡凌恺	男	彭广龙	男
陈杰勇	男	王　冬	男	柯琼宽	男	刘毅文	男	陈朝政	男
黄伙球	男	朱焯坤	男	胡　威	男	吴政昊	男	董吉峰	男
吴　森	男	吴凯泽	男	罗振乐	男	林俊芳	女	利恒浩	男
李飞龙	男	冯锦翔	男	汪汉林	男	黄　婷	女	蒋文俊	男
周丹婷	女	陈凯宇	男	谭昊晴	女	陈乔津	男	郑兴晔	男
花　明	男	姜　楠	男	杨晋昌	男	孙一龙	男	冯炼梅	女
刘加勋	男	王蕴婷	女	包振兴	男	刘良文	男	谭智锋	男
刘君临	男	陈铖治	男	刘奕铭	男	谢凯旋	男	简梓康	男
朱夏萍	女	陈乐臻	男	冯烨禹	男	覃诚轩	男	陈仕泽	男
李　量	男	梁家铖	男	张海旭	男				

机械设计制造及其自动化（171人）

伍青华	男	吕海斌	男	楚绪洲	男	余灼滔	男	李文峰	男
马仪涛	男	彭翔宇	男	陈志熠	男	刁海锋	男	刘祖鑫	男
叶凌裕	男	尹　浩	男	马旭发	男	沈瑞雪	女	何增健	男

王培钦	男	谢宝山	男	曾祥彪	男	邓柏锋	男	李朝浩	男
劳起勇	男	占木宏	男	屈建人	男	张玉婷	女	李聪	男
黄金发	男	王灿	男	肖锦才	男	许炉锋	男	刘宏伟	男
何海源	男	何镇宇	男	何定坤	男	唐圣浩	男	刘志聪	男
肖俊龙	男	龚伟东	男	范绍锐	男	邬钊钒	男	黄煜坚	男
陆广铨	男	梁铭豪	男	王培源	男	蔡鹏程	男	杨洪泽	男
李创锌	男	吴捷铠	男	杨凯	男	李盛特	男	李承霖	男
李晓锋	男	黎宇	男	徐嘉声	男	邓兆东	男	梁恺贤	男
刘文珊	男	钟晖	男	黄方林	男	黎子良	男	黎达	男
陈伯川	男	林嘉靖	男	许伟良	男	林润彬	男	李展华	男
刘韬	男	陈建宇	男	黄春茂	男	林志成	男	谭天	男
徐耿聪	男	吕东宇	男	邱楠	女	周国齐	男	罗杰	男
陈佳超	男	邱鸿楠	男	高锦锟	男	陈宇星	男	吴先浩	男
周泽鑫	男	麦剑华	男	关嘉杰	男	周志伟	男	黄超权	男
郑舒潮	男	谭俊杰	男	张天昊	男	徐梓博	男	谢锐	男
张家根	男	陈昱铨	男	林上河	男	黄诚敬	男	罗海	男
王浩锟	男	邝家琪	男	区康德	男	张韬	男	林育轮	男
康东晓	男	黄鑫茂	男	谢辛育	女	李信	男	刘璇	女
宋永浩	男	杨植佳	男	廖健宏	男	陈李昕	男	王宇	女
郭俊毅	男	钟育鑫	男	张逸帆	男	卢炽松	男	曾灏	男
颜铭琛	男	陈礼活	男	戴金	男	赵力辉	男	曾国威	男
何健雄	男	邝鸿晖	男	张昊越	男	管广鸿	男	张培达	男
李晓航	男	黄冠翔	男	宁土瑞	男	钟剑鸣	男	陈礼智	男
吕航宇	男	余鹏飞	男	祁春尊	男	蔡伟林	男	高伟佳	男
赵剑凡	男	欧承锐	男	曾琪	男	李杰	男	曹明杰	男
张峻才	男	谭惠铭	男	王桓博	男	温永宁	男	王冲	男
谢金花	女	林华建	男	余伟杰	男	张庆发	男	钟一鸣	男
周思齐	男	陈敏锋	男	王百健	男	陈兆聪	男	李强	男
黄仕业	男	苏允聪	男	郑仲之	男	肖锦伦	男	曾耀华	男
谢堂	男	卢健乐	男	林永耀	男	林伟驹	男	杜鹏川	男
林伟炯	男	吴居豪	男	李浩明	男	叶土仙	男	容章活	男
潘永智	男								

计算机科学与技术（172人）

李镇越	男	何浠铖	男	杨凯杰	男	郑志涛	男	黄奕聪	男
李峥鸣	男	吴世杰	男	谭正萱	女	何翰灏	男	唐国添	男

蔡国灿	男	林伯松	男	邓慧	女	甘皓文	男	何俊健	男
张志钦	男	杨智钦	男	高嘉键	男	陈兆基	男	郑悦宇	男
粘申	男	吕源玲	女	曾煜豪	男	邓展鹏	男	曾泽锋	男
李金源	男	卢尚佳	男	官大权	男	何家辉	男	谢瑞标	男
崔玉勤	男	张鸿彬	男	李逸扬	男	陈俊东	男	程子倩	女
黄家泉	男	李余鑫	男	黄章威	男	洪伟军	男	胡成鑫	男
张凌宇	女	向烊	男	范宇豪	男	蒋莉苹	女	张珂豪	男
陈善鑫	男	唐子康	男	林远思	男	李广平	男	张李杰	男
黄梓东	男	郭志杰	男	王彬	男	张梓瀚	男	麦致远	男
孙皓	男	徐锦彪	男	叶冠宇	男	李志彬	男	邓志昊	男
冼锦荣	男	谢绍波	男	严泽铠	男	严晓缘	男	黎国本	男
陈鸣兵	男	邓晓涛	男	梁家宁	男	林丽琼	女	卢启璋	男
郑浩东	男	刘俊贤	男	梁其斌	男	陈沛锹	男	倪浩钦	男
胡庆贵	男	许奕金	男	李煜峰	男	梁恩飞	男	陈宇翔	男
郑建濠	男	黄思源	男	马泽	男	杨卓翰	男	杨楷俊	男
陈土明	男	周江辉	男	潘子斌	男	余乐钊	男	梁淑雯	女
刘屹林	男	周景熙	男	林盛祥	男	曾烁鑫	男	张琳	男
龚锐	男	陈勇再	男	李明康	男	周廷钊	男	郑威	男
陈俊东	男	王星雨	男	尹俊杰	男	罗紫丹	女	谢海和	男
郭振楠	男	盘淮光	男	王理达	男	黄浩贤	男	李春晔	男
林家成	男	吴玉琦	女	马伟宾	男	赵文炫	男	邓俊豪	男
吴泽全	男	许英枫	男	林潮昌	男	叶俊男	男	郑嘉煌	男
张海镜	男	柯金发	男	林家豪	男	谢冠雄	男	刘德浩	男
黄家俊	男	杨嘉俊	男	骆俊健	男	朱嘉维	男	方遗秀	女
黄敏捷	女	罗涛	男	李旭彬	男	谢绍兴	男	陈弘毅	男
陈志恒	男	吴康凤	女	邝晓辉	男	李文龙	男	幸海铭	男
欧文锋	男	何子豪	男	林煜	男	林宇恒	男	费彬彬	男
潘珂欣	女	张光威	男	任子俊	男	张智信	男	丁森广	男
李诗云	男	庞杏英	男	梅真诚	男	林锋	男	黄淑贤	女
吴盈盈	女	魏豪杰	男	周泳肖	女	陈梓鑫	男	梁俊颖	男
袁浩扬	男	谢婕	女	赖茗欣	男	黄慧霞	女	连勇芳	女
王藤旭	男	严洁华	男	谢振峰	男	王嘉伟	男	李镇城	男
黄俊敏	男	肖淦耀	男						

建筑环境与能源应用工程（44人）

陈常幸	女	朱仁欣	男	文秋毅	男	刘欣然	女	区杰琳	女

李学媚	女	黄欢	男	余海涛	男	李振怡	男	谢坤炫	男
梁可伟	男	郭炜豪	男	梁海宏	男	刘文祥	男	陈奕昊	男
叶玉妮	女	苏捷荣	男	陈柏志	男	吴景顺	男	林忠愿	男
刘翔	男	林家乐	男	黎银河	男	李一	女	梁永标	男
何晓平	男	陈漪淇	女	何翠香	女	冯焕宗	男	陈运炽	男
沈绍澜	女	吴浪	女	关晓悠	女	梁超梅	女	廖文振	男
陈奕纯	女	刘辉鹏	男	朱庆强	男	冯鑫	男	徐浩锴	男
唐祥璇	男	王天琦	女	高楚强	男	许俊	男		

建筑学（80人）

古俊华	男	王涵	男	温诗慧	女	廖代洪	男	谢庆聪	男
缪松涛	男	李玉旻	女	江泉	女	罗康	男	林鸿威	男
张坤豪	男	李伟荣	男	周萃楠	女	陈志婵	女	陈昊玄	男
梁豪森	男	黄正杰	男	谢宇静	女	陈洁莹	女	林泳豪	男
林董伟	男	吕叶恒	男	陈林源	男	唐英浩	男	牟庆怡	男
张瑞	女	海刚	男	郑鑫	男	杨玉敏	女	陈嘉蓉	女
黎志豪	男	郑裕莹	女	李嘉铭	男	庄靖	女	杨一帆	女
张涛	男	湛凯超	男	张国佳	男	陈慧娴	女	潘志明	男
辛业远	男	刘晓芹	女	梁浩锋	男	包嵘	女	梁子亮	男
谢晓山	男	计少敏	女	陈灏霖	男	蔡奕森	男	徐晓军	男
李劲隆	男	陈潇智	男	符晓明	男	陈岩君	女	钟咏娟	女
梁永杰	男	李泳漾	女	许柏基	男	刘钰彤	女	郑柳浪	男
练德辉	男	刘广华	男	成智勇	男	周榆略	男	上官逸芬	女
何士源	男	蒋鸿琪	男	祝金成	男	陶柑权	男	郑健豪	男
谢进	男	柯华权	男	刘海洋	男	江星曦	女	梁润	女
雷振波	男	刘晗韬	男	曾柳瑞	女	严培瑞	男	陈绮雯	女

交通工程（31人）

吕金灵	女	黄祥鹏	男	陈婉莹	女	赵慧雄	男	郭峰任	男
赵沫涵	男	严文豪	男	刘肇湛	男	黄展瀚	男	殷洪漳	男
黄嘉诚	男	梁永杰	男	丘承远	男	李慧	女	邱瑜豪	男
黎建辉	男	池思淇	女	周延峰	男	陈舒逸	男	林伟韩	男
邓芊芊	女	谢尚东	男	张劭华	女	罗海健	男	张家胜	男
李嘉浩	男	范宇琪	女	温鑫	男	王展	男	陈威	男
张海洋	男								

教育技术学（师范）（37人）

姓名	性别	姓名	性别	姓名	性别	姓名	性别	姓名	性别
艾丽排热姆·奥斯曼	女	曾小林	女	鲁海灵	女	梁瑛	女		
黎炜豪	男	梁心怡	女	黄海纳川	男	杨东梅	女	黄彬东	男
许家乐	女	黄广伟	男	王紫君	女	龙凤	女	叶斌斌	男
郑嘉琦	女	洪畅	女	王佳琦	女	董国菊	女	高筱晓	女
胡淑怡	女	陈嘉勤	女	熊芷榕	女	刘文依	女	黄姿青	女
孙沛淋	女	周雨航	女	蓝晓红	女	陈怡伶	女	李诗欣	女
林春秀	女	黄伟灏	男	郭又丰	女	鲍蕊	女	谢银琴	女
冯惠琳	女	戴亦昕	女	张峻森	男				

金融工程（53人）

姓名	性别	姓名	性别	姓名	性别	姓名	性别	姓名	性别
彭柳	男	陈泳芳	女	王晨雨	女	周宇华	男	侯雨彤	女
吴泽涛	男	张乐怡	女	陈炜童	女	庄俏俏	女	廖泽晓	女
冯丽珠	女	江梦婷	女	林玉清	女	张佳怡	女	廖岱佳	女
梁子曰	女	陈表彦	男	卢杰裕	男	吴琼瑾	女	方纪君	女
欧轩兰	男	陈傅俊杰	男	王君宇	男	蔡泽威	男	许嘉宝	女
黎林杰	男	邹咏薇	女	余庶桓	男	姚铭华	女	黎昊昕	女
林远洲	男	林爽	女	张琴	女	梁镇宇	男	黄思博	男
罗力昶	男	赖瑞连	女	张楚玉	女	林煜阳	男	黎颖彬	女
范小榆	女	钟泽锋	男	王淇芬	女	朱健武	男	邓森尹	女
黎裔悠	男	杨楚森	男	傅俊彬	男	余景	男	饶梦荣	女
黎清舟	男	卢航	男	梁誉	男				

金融学（187人）

姓名	性别	姓名	性别	姓名	性别	姓名	性别	姓名	性别
李雄虎	男	张思琪	女	刘格余	女	姜伟奇	男	何源富	男
阮璐	女	叶倩菁	女	高伟文	男	薛之润	男	陈锡鹏	男
张芬娴	女	陈丕香	男	邓诗琪	女	吴清清	女	郭娟玲	女
黄晓阳	女	叶阳	男	陈梓航	男	黄雪儿	女	苏小缓	女
马雨欣	女	蔡健裕	男	曹文婷	女	徐翠映	女	张煜阳	男
李小燕	女	陈琳琳	女	彭腾	男	蒙观胜	男	郑燕燕	女
何国年	男	李春丽	女	蔡文清	男	李茂芳	女	高劲昌	男
陈志凤	女	杨君贤	男	梁晓琪	女	胡颢	男	曾珊	女
邱林生	男	李金玉	女	陈泓宇	女	郑灿慧	女	周润深	男
梁雨茵	女	黄文权	男	黎婉滢	女	吴倩蕴	女	蔡曙豪	男
谭晓敏	女	胡伟楷	男	黄滢	女	曾纲正	男	陈宇兰	女
张文波	男	徐烈虎	男	艾丹强	男	沈婉媛	女	徐羽航	男

姓名	性别	姓名	性别	姓名	性别	姓名	性别	姓名	性别
杨晓芳	女	杜泓阳	男	陈玫丹	女	伍正函	男	伍 娅	女
周明烽	男	郭泰延	男	陈绵亿	女	蔡树乔	男	古昌鑫	男
郑小妹	女	陈文岳	男	刘美均	女	罗嘉辉	男	卢玉坚	男
黄星悦	女	黄佳耿	男	叶 婷	女	黄嘉慧	女	闭祺瑾	男
曾易笑	女	张 磊	男	陈 惠	女	袁诗慧	女	麦嘉懿	女
钟嘉宝	男	李 钰	女	戴陈梅	女	张皓焜	男	李 广	男
黄贤芬	女	刘 琦	女	刘禹兰	女	卢楚婷	女	杨如贤	男
钟展军	男	陈丹柠	女	杨佩珊	女	谢泽伟	男	黄耀庆	男
陈敏婕	女	冯湘凡	男	吴子芸	女	郑晓苗	女	黄燕舜	女
高蒸烝	女	朱子弘	男	何思华	女	郑樱桃	女	区楚岷	男
杨雪靖	女	陈 琰	女	郑鑫城	男	陈少珍	女	刘子英	女
徐浩雄	男	吴绮荧	女	祝海杰	女	香泽锋	男	胡雯镟	女
蔡泽荣	男	马晓丽	女	梁耀远	男	廖俊燕	女	陈 鑫	女
吴源婷	女	黄子聪	男	陆梓欣	女	蒲惊梦	男	朱志丽	女
莫宝玲	女	邱子钿	女	李巨琛	男	邓晓雪	女	陈子瑶	女
骆家庆	男	陈明君	男	谭树培	男	陈玉娴	女	刘宇晨	男
肖文智	男	袁钊颖	女	吴秋鑫	男	王贤炫	男	刘颖诗	女
黄伟斌	男	郑奕慧	女	黄泽泓	男	潘顺芬	女	郑维宇	男
廖玉琼	女	何 泉	男	张奕贤	男	黄寿坚	男	朱崇铭	男
杨溢诗	女	周腾峰	男	张晓茜	女	黄佳裕	男	刘杰恒	男
孙梦霞	女	陈妮宛欣	女	白冰珂	女	张宇嘉	女	李子峰	男
纪燕萍	女	黄晓圳	男	黄梦青	女	曾超洵	男	苏考彤	女
梁柏杨	男	张伟杰	男	何易峰	男	薛韵竹	女	陈慧婷	女
赖冬铃	女	杨雪绒	女	高锦萍	女	王增钦	男	蔡淑君	女
陈彩芸	女	罗家斌	男	陈紫仪	女	李卓锋	男	黄奕霞	女
陈锦泰	男	范惜娣	女						

经济学（87人）

姓名	性别	姓名	性别	姓名	性别	姓名	性别	姓名	性别
魏方豪	男	涂曼诗	女	许钰琪	女	冯 进	女	曾伟健	男
彭舒涵	女	吕帅康	男	陈志刚	男	彭云辉	男	陆钰峻	男
赵 影	女	邱 璇	女	邓辅健	男	崔鑫玥	女	焦 迪	女
胡炜雯	女	叶嘉璇	女	彭文怡	女	王东旭	男	张佳铃	女
陈玟岑	女	许婷霞	女	黄嘉玮	女	吴其锋	男	赵雨晴	女
陈妙娜	女	张芷芮	女	张巧盈	女	陈少容	女	郑镛埔	女
邓旭杰	男	张若彤	女	张苑妮	女	王仕文	男	董亚凤	女
范昊林	男	罗宝婷	女	王丽妍	女	王富传	男	林嘉欣	女

王君琳	女	王燕玫	女	何 曼	男	盘晓妍	女	洪泽昊	女
张佳纯	女	张柳琪	女	吴绮梦	女	陈碧璇	女	陈钰迪	女
黄雯仪	女	林绮婷	女	张健美	女	傅淑芬	女	魏 微	女
谢小翠	女	廖梅丽	女	吴泽芬	女	吴艳超	男	阮嘉怡	女
黎 颖	女	彭正宜	女	李承浩	男	李明媚	女	张 颖	女
张文欣	女	庄晓敏	女	方少华	女	朱乔莹	女	李雅锦	女
黄慧婷	女	邵伊婷	女	吴钧华	男	李志杰	男	蔡楷霖	男
彭莉华	女	黄文娴	女	罗秋惠	女	许丽淋	女	曾 强	男
黄嘉云	女	叶健铭	男	杨佳婷	女	林文燕	女	梁梓浩	男
刘 富	男	叶 彬	男						

历史学（20人）

刘泽洋	男	刘洁榕	女	曾文畅	男	许佳烨	女	蔡盈颖	女
陈楚姮	女	许卓岚	女	陈 律	女	王家俊	男	虞水冰	女
李晓然	男	王惠婷	女	廖安安	女	谢玉樱	女	曾金莹	女
郭煊凤	女	黄昊云	男	吴凯桐	男	伍梦凡	女	罗 颐	女

历史学（师范）（28人）

梁海燕	女	刘 彤	女	张 妍	女	洪梓迎	女	潘秋红	女
黄 靖	女	孔紫莹	女	何美萱	女	温 梅	女	杨宝怡	女
黄 锋	男	谢 冰	女	吴慧莹	女	方 津	女	廖城玉	女
陈沼汝	女	成其幸	男	吴哲明	男	刘雅婷	女	黄蕴琳	女
龚 盼	女	梁宏玉	女	刘灼红	女	邹佳琳	女	陆梓茵	女
李家安	男	郭晓晨	女	赵莹莹	女				

旅游管理（86人）

钟明杰	男	米日沙力江·艾力		男		李 仪	女	林帼青	女
黄佳逸	男	郑雨萍	女	张 霖	男	李瑞丹	女	洪伟凯	男
黄洁婷	女	苏靖琳	女	彭 义	男	姚倩沂	女	林心怡	女
郑 重	男	方婷婷	女	谭月莹	女	李金倩	女	莫嘉淋	女
刘美辰	女	梁晓彤	女	罗烨霖	女	陈咏欣	女	马敏贤	女
刘智霖	男	张艺泸	女	刘艺彤	女	周 磊	女	张明慧	女
郭宋玲	女	姚雪萍	女	梁紫程	女	陈雅玲	女	何诗欣	女
郑惠芹	女	黄君如	女	王韵婷	女	林紫玲	女	刘俊宜	女
简奕臻	女	陈蔼佳	女	张淑娜	女	黄海珠	女	陈华艳	女
梁婉莹	女	刘雨昕	女	刘瑶瑶	女	陈 彦	女	陈 慧	女

周源芳	女	刘晓怡	女	朱楚晴	女	陈悦愉	女	王彦澄	女
薛宇晴	女	李彩娟	女	贾麟慧	女	王齐平	女		
古力亚尔·阿卜杜热西提	女			颜奇肖	女	马薇薇	女	周湘东	男
蔡昊青	男	梁希言	女	范可心	女	吴锦豪	男	肖佩君	女
梁佩婷	女	王巧虹	女	何文纯	女	莫晴诗	女	许瑞文	女
谢恒硕	男	朱维盈	女	邓怡琪	女	冯靖怡	女	廖会岚	女
丘春燕	女	时守位	男	阙梦丹	女	何泓历	男	萧柔柔	女
郭梓炜	女	李小兰	女	郑丽阳	女	吕丽鑫	女		

美术学（师范）（52人）

刘昊天	男	凌瀚琛	男	熊 芝	女	黄郭琳	女	游铮杰	男
周晓琪	女	李文慧	女	黄子君	女	高 宁	女	谢宛蓉	女
苏木荣	女	李 洁	女	谢雪梅	女	谭明生	男	彭思密	女
陈康林	男	黄斯榆	女	周艳霞	女	江彩莹	女	李倩怡	女
黄 琦	女	朱建宁	男	胡慧珍	女	陈明光	男	龙姝月	女
苏佳烨	男	陆小康	男	王 谦	男	刘梦钰	女	潘景发	男
王畴铭	男	黄宝瑜	女	祝晓聪	男	黄均英	女	马于岚	女
许宏姝	女	王 梅	女	傅小燕	女	黄娇梅	女	苏铭欣	女
方诗茵	女	曾 淦	男	徐依然	女	谢雨欣	女	柯华盈	女
罗淑玲	女	林泽耿	男	刘东坡	男	蒋雨萱	女	黄廉杰	男
陈浩标	男	张 睿	女						

人力资源管理（104人）

刘宇皓	男	徐龙珺	女	黄素够	女	李 莹	女	郭晓燕	女
傅圣佳	男	丘咏琳	女	罗雲方	男	钟莉君	女	李政隆	男
曾炜文	男	岑 璐	女	李 蓉	女	蔡美雅	女	邓 涛	男
宿梦倩	女	钟涛铧	男	谭元昀	男	沈子欣	女	林映霞	女
黄楚哲	男	黄诗婷	女	张子怡	女	林梓梅	女	余嘉韵	女
钟诗嫣	女	邓诗睿	女	钟靖宇	女	李小雪	女	梁 爽	女
陈晓莉	女	黄小燕	女	李若妍	女	冼泳珊	女	庾晓晴	女
钟鸿彬	男	何泳琪	女	林君涵	女	朱胤彦	男	骆玉洁	女
朱宋群	女	阮琳君	女	梁颖欣	女	潘梓然	女	吴燕梅	女
张慧媛	女	曾 为	女	林洁霞	女	林玉珊	女	蔡雯琪	女
吴秀华	女	陈晴晴	女	黄江妍	女	王日河	男	沈小薇	女
黄惠诗	女	张思勤	女	黄韵铃	女	谭芷珊	女	吴泳诗	女
温梓铭	男	姚雪慧	女	周明蕾	女	江珊珊	女	梁敏仪	女

黄创兴	男	李宗峰	男	胡洁宇	女	陈水莲	女	邓志锋	男
朱晓琳	女	肖洁萍	女	陈嘉宇	男	钟灵诗	女	曾佳凌	女
温卓莹	女	吴绮玲	女	李洁华	女	许派瑜	女	颜艳丽	女
刘晓榕	女	陈启瑶	女	梁海健	男	郑珊	女	郑灿涛	男
石艺璇	女	雷慧颖	女	吴佳容	女	孟钰玲	女	苏泽琼	女
黎镁怡	女	叶颖彤	女	郭俊铭	男	陈康怡	女	卢泳琪	女
张婉仪	女	林颖珊	女	谢诗晴	女	刘畅	男	朱洁莹	女
余炫锋	男	刘嘉颖	女	张佩怡	女	李锐婷	女		

人文地理与城乡规划（47人）

林采璇	女	蔡潞	女	李涛	男	何钊妍	女	刘淑仪	女
彭建滔	男	张小月	女	黄秋慧	女	杨开元	男	吴春蕾	女
邓丽香	女	钟宇圆	女	刘诗月	女	林冰钰	女	李樾	女
黎苑	女	刘华臻	男	黎家琪	女	何慧玲	女	刘文锋	男
叶朝哲	男	潘炳鹏	男	李桐	男	邬姗颖	女	林思慧	女
梁芊蕙	女	梁文杰	男	张秋萌	女	罗欣然	女	陈新颖	男
麦巧芸	女	李德健	男	沈哲	男	郑景美	女	林燕雅	女
梁幸炫	女	周东权	男	袁洁滢	女	付慧惠	女	林金炀	男
余旭阳	女	曾颖诗	女	黎梓尧	男	吴科毅	男	尹顺清	女
王旻之	女	郭靖然	女						

日语（68人）

黎俊杰	男	秦子咛	男	麦紫莹	女	王水靖	女	方圆	女
张思慧	女	吴文锋	男	欧浩贤	男	黄诗月	女	陈柏名	男
郑晓津	女	陈芷君	女	胡洁裕	女	谭舒尹	女	陈永丽	女
赖丽彤	女	闭翠婷	女	吕婉文	女	王莹莹	女	梁嘉慧	女
李秀芳	女	陈剑飞	男	谢雪梅	女	陈诗	女	王茵	女
朱晓秋	女	李俏妍	女	蒋贝怡	女	蔡泽婷	女	张雯娅	女
尤小梅	女	邹海韵	女	于果	女	杨瑞琳	女	许敏静	女
吴芳	女	黎梓晴	女	梁旖晴	女	林泳钊	女	姚瑶	女
林柳君	女	黎嘉裕	女	郑吴姝	女	张顺仪	女	陈嘉淇	女
罗玮媚	女	张慧	女	麦曼雅	女	黄洁文	女	刘婉仪	女
肖丽琼	女	黄冰旋	女	黄维润	男	刘相霖	女	刘凯玲	女
陈玲	女	招嘉燕	女	梁玉宝	女	林志杰	男	颜浩森	男
陈铭珊	女	周晓聪	男	钟雨婷	女	邬忠梅	女	梁丹彤	女
陈燕霞	女	叶炜昕	女	郭风帆	女				

软件工程（174人）

蒋仕鹏	男	佘　政	男	和英俊	女	温益豪	男	冼锦富	男
潘鹏必	男	余思成	男	陈振鹏	男	陈浩炜	男	华航苇	男
李自强	男	黄镇锋	男	曾圣淞	男	欧阳康	男	谢金宏	男
冯国蕴	男	赖夏昕	男	周泽铭	男	何钧朗	男	徐汉楠	男
黄冠淦	男	潘阳欢	男	杨　威	男	郑泽铓	男	余志阳	男
余梓宁	男	卫凯俊	男	刘永亮	男	林书杰	男	张华咏	女
杨仕淼	男	何嘉成	男	杨伟楷	男	余杰斌	男	曾　标	男
罗英潮	男	陈德友	男	吴伟明	男	吴品硕	男	肖泽锴	男
王振宇	男	周伟凌	男	马詠汛	男	庞观源	男	潘伟钧	男
何幸强	男	邓柏林	男	万晓彤	女	叶伟健	男	陈玉婷	女
杨北训	男	李素建	男	陈仕勇	男	罗华宏	男	叶景洁	男
曾志鹏	男	林润盛	男	黄康龙	男	苏　鼎	男	黄春杰	男
黄勉丞	男	张隽豪	男	陈桂发	男	张栩滢	女	吴茗然	女
李庆林	男	赖新颖	女	吴涵晗	男	傅振杰	男	李学悦	男
陈光文	男	林镇雄	男	李尚坤	男	孙朝佳	男	郑　宇	男
雷成杰	男	张志鹏	男	李维志	男	施鹏飞	男	吴煜辉	男
陈建捷	男	宋明雪	女	李俊杰	男	崔欣洁	女	王景瑞	男
黄泽赟	男	林欣煜	男	余润鑫	男	蔡立晴	女	钟洲城	男
林源盛	男	李子阳	男	肖　镇	男	卢贵键	男	黄俊杰	男
杨泰桦	男	叶青亮	男	杨燕彬	男	李镇豪	男	莫昌康	男
陆姚霖	男	汤佳翰	男	黄慧媚	女	胡剑奇	男	冼钰婷	女
余宣霖	男	李俊旸	男	李晓伟	男	方灿杰	男	吴泽锋	男
卢海浪	男	钟坤荣	男	何贵涛	男	李瑞麟	男	李珂斌	男
刘煜星	男	何华鸿	男	揭英蕾	男	李　锴	男	李海艺	男
姚赞文	男	黎文瀚	男	温文焕	男	郑树凯	男	梁鑫添	男
莫明轩	男	杨伟镇	男	陈炳雄	男	许创春	男	卢浩宇	男
刘贻钧	男	郑焕钦	男	陈佳录	男	张秋凭	女	林炼升	男
邱童杰	男	郭岳挺	男	谭文泽	男	李炬东	男	郑柯柯	女
龙军明	男	伍增丰	男	梁亦烺	男	陈代晟	男	黄晓威	男
冯涛宇	男	潘鑫周	男	许佳灿	男	陈依静	女	张海洋	男
张宇豪	男	潘乐诗	女	董华朝	男	许伟聪	男	温子壕	男
谢浩麟	男	李　彬	男	张新阳	男	翁柳生	男	李立波	男
黎永杰	男	朱彬汪	男	瞿封滢	男	王家富	男	潘义涛	男
李　林	男	张宏图	男	简德昊	男	邓　婧	女	周浩彬	男
莫杏材	男	梁钊华	男	廖进添	男	刘广燊	男		

社会工作（28人）

林淑琪	女	袁铭汉	男	叶文卓	女	王文莉	女	方仲勋	男
钟金娴	女	梁炜嘉	女	林嘉敏	女	李毅峰	男	林楠楠	女
叶茹	女	袁淑芬	女	黄瑞静	女	蔡漫溶	女	王晓婷	女
陈妍洁	女	叶依婷	女	陈启亮	男	郑永健	男	于嘉怡	女
卓军雄	男	叶泽锴	男	刘思娴	女	张为民	男	谭世杰	男
马翔程	男	蒋何昕	女	何玲玲	女				

社会体育指导与管理（64人）

赖宇东	男	容毅宇	男	张家奇	男	黄楚舜	男	易杰	男
李志炜	男	林俊泽	男	伍秀红	女	邓肇伦	男	苏俊辉	男
龙键秀	男	黄华基	男	谢钦城	男	陈浩铭	男	许浩宇	男
王晨辉	男	谭嘉仲	男	范水航	男	吴宏福	男	黄兴挺	男
罗聪	男	何家杰	男	罗敬庄	男	叶倚霖	女	陈金铭	男
黄子明	男	赖伟鹏	男	魏智华	男	赖浩然	男	陈楚苗	女
宋鑫	男	赖品红	女	周俊逸	男	钟荫平	男	谭淑芳	女
陈卓辉	男	陈俏丹	女	李俊颖	男	赖增东	男	丘嘉锐	男
李智航	男	董名棋	男	李锋	男	谢富祺	男	陈钊聪	男
陈枞枝	男	李庆添	男	李昱	男	卢瑶妮	女	胡灿森	男
邓豪	男	冯浚濠	男	仇宜家	男	廖晓健	男	王锦鹏	男
潘定境	男	廖钟颖	男	缪汉深	男	杨特焕	男	张国城	男
姚博逸	男	李永鑫	男	陈思颖	女	曾尚文	男		

社会学（32人）

陈泰安	男	李俊锋	男	王炳发	男	杨毅晖	男	冯健仁	男
黄富村	男	陈美彬	男	黄名扬	男	陈沛琪	女	梁茵岚	女
刘津琳	女	王慧娜	女	许嘉欣	女	练艳婷	女	黄瀚威	男
邹紫桐	女	何韵诗	女	吴美璇	女	洪诗淇	女	连洁仪	女
古瑞鑫	女	黄芳	女	幸垂宇	男	谭萃雯	女	钟艳红	女
李莹莹	女	刘睿然	男	刘沛强	男	韦喜娜	女	文荧莹	女
曾康楚	男	谭嘉莹	女						

生物工程（42人）

陈周鑫	男	杜烨江	男	伍星燎	男	曾一哲	男	柏杉	女
何雨桐	女	何洁文	女	郭维	男	吴蕾	女	吴家熙	男
陈泽敏	女	陈艺之	男	何艳影	女	黄凤仪	女	冯湘池	女

梁 亮	男	罗绍鸿	男	赖笔威	男	谢晶晶	女	李 淇	女
陈世幼	女	梁文琳	女	林国冠	男	陈树辉	男	吴曼玲	女
黄泽荣	男	袁佩珊	女	梁金伟	男	朱海燕	女	韩明阳	男
陈家宝	男	陈仪铃	女	陈振宇	男	李方云	男	陈忠凯	男
勾传杰	男	张立林	男	吴彩霞	女	钟仕永	男	郑文康	男
贾桂云	女	刘芳利	女						

生物技术（34人）

刘世炜	男	赵 洋	男	李乐欣	女	高 枫	男	江行健	男
戚思兰	女	张文伟	男	李杰彤	女	文天兰	女	黄琼儒	女
龙剑钊	男	蔡银怡	女	邓 雨	女	詹漫君	女	陈俊强	男
侯颖诗	女	许泳彬	男	杨金霖	男	许洁虹	女	沈佩钰	女
朱彦安	男	杨金永	男	彭港澳	男	耿德志	男	丘翠英	女
曾禹龙	男	陈炼恒	男	蔡国威	男	王亿伟	男	蔡什国	男
陈宝龙	男	何铭聪	男	焦加艺	男	陈力嘉	女		

生物科学（师范）（76人）

唐海峰	男	罗思维	男	杨梓苑	女	戴裕勇	男	林嘉诚	男
刘 凤	女	林宗杰	男	司徒金容	女	马雄昌	男	梁铭中	男
史 楚	女	陈 闯	女	林钰烨	女	陈思青	女	钟东霖	男
罗嘉仪	女	易慧娴	女	张曼琪	女	沈英华	女	汤敏瑜	女
孙丹丹	女	郭思诗	女	李鹏基	男	庄嘉欣	女	蔡凯鑫	男
邓欣如	女	劳 译	女	刘 昀	女	赖妙婷	女	李洁莹	女
吴亿文	女	詹雪梅	女	黄美静	女	黄丽云	女	郭海芬	女
杨晶晶	女	李嘉鸿	男	曾思琴	女	黄冠超	男	郑桂铃	女
李子荧	女	蔡慧冠	男	卢楚琪	女	郑雅丹	女	谢雨馨	女
陈卫坚	男	张钰萌	女	黎 晓	女	梁绮泳	女	周铭辉	男
卢丽琴	女	祝青松	男	吴 思	女	李梓乐	女	刘小晴	女
张哲平	男	张 妍	女	刘诗赟	女	陈雯盈	女	林华强	男
刘瑜芳	女	陈思华	女	黄沁莹	女	陈晓珊	女	刘雪儿	女
吴佳茵	女	邹 意	女	潘敏铃	女	梁顺智	男	朱铭亮	男
林志豪	男	邓汶圃	男	叶恬恬	女	罗茗钰	女	莫海玲	女
陈奕君	女								

食品科学与工程（60人）

| 钟雪蓝 | 女 | 程卓然 | 女 | 林 典 | 男 | 徐 帅 | 男 | 詹金泽 | 男 |

陈家乐	男	陈明珠	女	荣繁	男	林薇	女	王丽金	女
梁咏怡	女	麦雨柔	女	梁梓妍	女	罗颖琦	女	李晓茵	女
王勤睿	男	陈美姗	女	张海怡	女	温苑君	女	邓婉婷	女
黎晓彤	女	罗美莹	女	周子豪	男	黄钰燕	女	卫兆锠	男
谭进潮	男	陈芸	女	陈雪莹	女	陈月滴	女	李泳祺	女
陈俊德	男	朱景濠	男	彭恺琳	女	李柏良	男	丁宇峰	男
周秀慧	女	冯嘉宝	女	何泽棠	男	张郑敏	女	何沛蓉	女
曾晓圆	女	冼雪梅	女	李佩莹	女	吴杰霖	男	丘璇	女
陈沁然	女	游琼	女	李妙仪	女	潘锐文	男	郝芮青	女
简翠琴	女	萧润锋	男	全诗婷	女	朱莎	女	黄思思	女
巢海劲	男	李婷	女	连泽森	男	何婉荧	女	王艳	女

市场营销（125人）

张沛捷	男	张文琪	女	蔡俊雅	女	李锦业	男	罗锦潮	男
陈霭怡	女	黄绍群	男	邱珏珂	女	佘泳佳	男	罗蓉	女
李佳慧	女	江幸美	女	徐小端	女	郑加鹏	男	赖海标	男
张佳玲	女	黄紫琪	女	王文彬	男	刘语嫣	女	王伟博	男
胡琳	女	郭永超	男	梁瀛月	女	李日晓	男	欧铸锌	男
徐慧莹	女	卢镇豪	男	叶倩	女	黄涌标	男	黎彩缎	女
陈土亮	男	叶泽鑫	男	方桂涛	男	黄虎	男	沈天琪	女
杨斯敏	女	何保霖	女	何婧怡	女	潘慧怡	女	吴柳燕	女
黎瑜莘	女	姚嘉颖	女	胡晔敦	男	梁飘荣	男	王敏琪	女
陈晓璇	女	文定格	男	王慧雯	女	罗浩辉	男	崔曼琦	女
陈嘉丽	女	何洪运	女	陈子慧	女	张锋帆	男	余斯婷	女
蔡逸滔	男	梁颖欣	女	陈新鸿	男	庄梓铭	男	江子豪	男
谢盛美	女	陈晓梅	女	朱林	男	朱晓琳	女	陈浩彬	男
洪润乔	女	张春燕	女	陈垂青	男	罗家欣	女	刘晓悦	女
黄子琼	女	刘雨	男	谢盖	男	蔡乐贤	女	古立炼	男
曾羽	女	邓晓云	女	苏俊良	男	尹家怡	女	张子莹	女
梁志鑫	男	刘奇	男	李蔼妍	女	李亮	男	陈龙青	男
尹梓皓	男	何柳妍	女	蓝小桃	女	翁丹燕	女	陈汇聪	男
廖洛思	男	黄丽芊	女	杨瑶	女	王子国	男	石燕婵	女
廖展杰	男	梁晓慧	女	许智勇	男	黄斯衡	男	陈武宏	男
吴少英	女	张乔凡	女	康嘉伟	男	刘志伟	男	温诗雅	女
陈颖凯	男	黄晓宁	女	陈圳炜	男	陈子俊	男	金磊	男
黄海玲	女	李颖而	女	徐润峰	男	蒋浩	男	黄至聪	男

黄金城	男	冯小敏	女	苏紫欣	女	杨颖铨	女	卓晓婷	女
冯炳超	男	谢佳怡	女	周国铭	男	伍 静	女	孙钰珊	女

视觉传达设计（50人）

何筱茗	女	余 锞	男	屈 蔷	女	黄焯文	男	叶敏芳	女
刘丝语	女	李锦源	男	吴靖彦	男	林 迪	男	陈 彬	男
黄翠轩	女	曾思衡	女	陈伟健	男	田芷姗	女	刘丽坤	男
扈骞支	女	吴欣燕	女	黄剑英	男	刘淑文	女	陈卓华	男
李瑞卓	男	林梓薇	女	张靖苡	女	姚钰岑	女	谌诗瑶	女
吴婉宁	女	曾颖欣	女	刘海依	女	黄晓茵	女	王文婷	女
李文欣	女	陈炜坚	男	黄 璇	女	翁婉珊	女	冯馒澄	女
李晓欣	女	万桂枫	男	卢冰虹	女	谢璐瑶	女	冯晓斌	男
陈嘉和	男	陈思丽	女	杨 崴	男	钟如桂	男	郑悠妍	女
刘伶俐	女	彭诗琪	女	赖丹丹	女	黄志贤	男	吴欣桐	女

数学与应用数学（112人）

陈岚岚	女	罗 云	男	朱朗迅	男	姜 帆	女	许 阳	男
韩金池	男	李文慧	女	黄少浩	男	何才全	男	邱扬祖	男
余元达	男	梁炜锋	男	黄荣辉	男	利楚锋	男	陈勇君	男
苏运行	男	陈 硕	男	杜汶芙	女	张靖国	男	龙皆伟	男
贝 磊	男	庞振宇	男	任丰文	女	朱慧聪	女	黎子萱	女
张一萌	女	张紫蕊	女	李晓琳	女	陈紫明	女	王 玥	女
许钰娜	女	侯宜乐	男	李 丹	女	苏芷茵	女	刘卓然	男
林殷淇	男	冯旗峰	男	陈英凯	男	李智广	男	刘腾龙	男
孔 婷	女	周陈宇	男	林铭贤	男	袁逸文	女	刘 鑫	男
章罂薇	女	刘锦波	男	张 慧	女	缪晨曦	男	王慧敏	女
曾小可	女	陈可欣	女	涂 畅	女	王 哲	男	蒋俊淞	男
栾茜庆	女	王政赢	女	吴 扬	男	张明威	男	黄增光	男
杨青野	男	钟 琴	女	吴楚亮	男	梁可谊	女	赖飞同	男
张皓楠	男	郑丽君	女	陈子阳	男	刘彦彤	女	陈洁纯	女
蔡奕涛	男	何明英	男	徐鸿森	男	韦策远	男	王智达	男
陈瑞特	男	陈伟雄	男	詹卓婷	女	刘董瑶	女	武 倩	女
余书健	男	陆世杰	男	董子麦	女	熊 杰	男	吴一柯	女
陆丽婷	女	丘晓梅	女	苏丽珠	女	蔡梓琪	女	林漫虹	女
赵睿智	男	罗鸿基	男	蔡鹏程	男	杨珈江	男	黎拉弟	女
刘子扬	男	古浩杰	男	王梅洁	女	倪德祥	男	钱佳燚	女

黄嘉朋	男	黄杰明	男	成婷婷	女	曹宴宁	男	康鑫	男
邹韫	女	宋依涵	女	叶振梆	男	林康	女	王馨玥	女
彭淑莹	女	赖俊豪	男						

数学与应用数学（师范）（102人）

赵慧琳	女	许嘉乐	男	张峻松	男	秦培睿	男	陈树薇	女
刘林燕	女	庄吉平	女	苏智鹏	男	邓伟杏	女	刘秋贵	女
罗蕊凤	女	高晓琳	女	叶柳兵	男	姚梓均	男	赖绮琪	女
程晋源	男	黄冬玲	女	陈文雪	女	麦炜锋	男	吴伟玲	女
邓燕琴	女	余柏镭	男	杨峰峰	男	梁艺龄	女	练鼎意	男
陈科浔	男	邓凯盈	女	何惠婷	女	谭颖妍	女	卫子安	男
周宇潼	女	李秋锐	女	陈秋婵	女	吴晓燕	女	刘美伶	女
谢美诗	女	王馨萍	女	罗思思	女	林孙镘	女	杨阳	女
叶曈	女	黄思惠	女	肖钠	女	罗丽姗	女	罗春梅	女
李逸芳	女	吴晓静	女	谢琳	女	吴敏莉	女	梁健毓	男
林敏华	女	刘芬芳	女	王斯敏	女	吴秋菊	女	吴绮棋	女
李志安	男	许泽钰	女	冯晓莹	女	李玉玲	女	黎观玲	女
钱钊才	男	钟碧瑶	女	林灿珍	女	江荷	女	卢苇	女
潘梓荣	男	林楚铭	男	李碧云	女	黄嘉德	男	陈伟超	男
吴俊毅	男	徐博为	女	韦文康	男	李缘凤	女	马燕菱	女
姚燕云	女	郑嘉璇	女	林悠	女	蔡超艳	女	温馨	女
刘信贝	女	梁钲	女	苏章宁	女	洪佳蓝	女	林洁瑜	女
黄玉琼	女	刘嘉维	女	尹嘉琪	女	张佳佳	女	曾榆桃	女
谢婷	女	许瑞婷	女	刘琳惠	女	张冰	女	朱柏蓉	女
陈家冉	女	杨婵	女	郑衍芷	女	黄嘉协	男	郑秀巧	女
叶晓茵	女	韦林兵	女						

思想政治教育（师范）（39人）

布玛丽亚木·吐尔逊		女	朱力得孜·阿努尔别克		女	杨杰俣	男
王颂婷	女	乐娟	女	麦晓彤	女	冯滔鑫	女
玛拉斯白克·艾山		男	依力亚司江·艾力		男		
热非哈·库尔拜江		女	吾勒潘·阿勒哈		女		
帕丽旦·依明		女	宋炜	女	陈婉鋆	女	周佩佩	女
梁晓梅	女	张晓敏	女	陈静雯	女	罗娜	女	冯楚贤	女
曾桂凌	女	何颖	女	黄倩曦	女	盘燕丽	女	吴丹婷	女
徐慧琳	女	陈泽琪	女	邱玉丽	女	周珠琴	女	魏柳青	女

许晓珍	女	黎锦雲	女	李雨铮	女	袁文清	女	陈海青	女
詹佳晨	女	罗思婷	女	罗　鑫	男	张梦媛	女		

特殊教育（师范）（30人）

杨健妍	女	赵　赫	男	李健霖	女	王安衍	女	陈柳欣	女
陈佳蔚	女	李晓洁	女	钟清安	女	陈彩凤	女	袁政律	男
张木娇	女	曾　宇	男	廖　坤	男	霍祖汶	女	黄苏琪	女
李锡华	男	陈　琛	女	麦烨颖	女	黎颖琳	女	杨晓玲	女
连绪燕	女	杨雪悦	女	刘瑞婷	女	林　欢	女	黄艳婷	女
潘倚华	女	何碧荧	女	揭银渍	女	吴翠瑜	女	黄韵如	女

体育教育（师范）（71人）

李学成	男	杨　枫	男	朱粤辉	男	刘永国	男	袁锐威	男
李忠鑫	男	李伟锋	男	石　峰	男	骆业强	男	李　昕	女
谭钰颖	女	覃程龙	男	江子浩	男	李永钊	男	江金花	女
方正煜	男	曾惠敏	女	陈昭同	男	廖　宁	男	吴君怡	女
邓　祺	男	蔡　琳	女	谭伦球	男	甘钦青	男	叶学鹏	男
全非凡	男	严镇权	男	黄煜恒	男	杨　榕	女	徐永权	男
黄　文	男	李家锋	男	张开创	男	李振武	男	李伟钊	男
丘尤波	男	黄祖传	男	杨家益	男	石伟豪	男	吴尚东	男
许志林	男	张景锋	男	何典苑	男	林金辉	男	谢思豪	男
丘学劲	男	叶龙生	男	周冰华	男	李木谦	男	吴锦才	男
王名滔	男	易县军	男	曾宇陵	男	邱锦宁	男	潘国良	男
章心怡	女	郭嘉琦	女	胡慧珍	女	吴华天	男	陈志樱	男
罗文渊	男	陈东浪	男	唐志成	男	陈燕梅	女	李奇伟	男
邓立钧	男	黄龙基	男	张卓镇	男	黄晴浪	男	倪佳睿	男
郑涛怡	女								

通信工程（47人）

李小刚	男	谢　峰	男	杨嘉琦	男	邱园芳	女	林艾轩	女
陈志韬	男	方悠祥	女	杨佳悦	女	吕优美	女	蔡林良	男
李瑶瑶	男	陈宗荣	男	巫鸿旭	男	胡梦宽	男	林来智	男
吴湛文	男	梁佩莹	女	陈　滢	女	林文宏	男	劳斯特	男
万相礼	男	谢一锋	男	吴炊帮	男	范梓彬	男	杨立麒	男
梁国荣	男	王文浩	男	黄浩林	男	张钧智	男	周伟星	男

傅锦江	男	李政烨	男	郭宇航	男	何嘉颖	男	丘华丽	女
蔡柏霖	男	梁 鑫	男	陈浩民	男	邵翔宇	男	曾路玲	女
吴 松	男	陈桂丰	男	余学颖	男	钱志强	男	熊贤灵	女
孟 妍	女	刘 楠	女						

统计学（44人）

邹文政	男	李江洲	男	陈建军	男	吴叔立	男	梁 烨	女
郭 淇	男	林展彦	男	陈少文	男	杨子万里	男	彭紫丹	女
李璋颖	女	丁 芮	女	李惠琳	女	钱潇羽	女	占依婷	女
刘宝仪	女	翁海桃	女	刘智霖	男	黄怡婷	女	张裕君	女
范晓菲	女	李莉婷	女	郑敏真	女	尹思惠	女	李乙侠	男
陈燕珊	女	冯雅诗	女	陈展鹏	男	郑育兴	男	何沛言	女
卢丹娜	女	王 薇	女	何承谦	男	陈正鸿	男	马克骏	男
范理炜	男	李乾坤	男	张 硕	男	周泽航	男	李恩童	女
谭新宇	男	常 颖	女	刘浩楠	男	孙德涛	男		

土地资源管理（34人）

方少杭	男	祖姆热提·阿不都热合曼		女	阿力木江·阿不都斯木		男		
喀米力·图尔荪		男	伊帕尔古丽·衣明		女	巫永盛	男		
胡盈盈	女	罗晓彤	女	黄嘉琳	女	刘 畅	女	黄奕钦	男
李芷薇	女	陈羽佳	女	陈海一	男	黄铭清	男	阮可照	女
刘 宇	男	史传姣	女	杨文溱	女	陈俊韬	男	罗淑仪	女
蔡世荣	男	钟玮琪	女	陈玉婷	女	黄冉冉	女	曾 玲	女
许泽嘉	男	邓梓林	男	卢奕帆	女	叶飞玲	女	李敏喆	女
邓逸茗	男	叶志超	女	陈贝贝	女				

土木工程（333人）

黎传光	男	陈梓盛	男	万树凡	男	杨艺超	男	雷志良	男
梁 恒	男	鲁信浩	男	邓浩铨	男	陈锦浩	男	马卓丁	男
黄国伟	男	朱开杰	男	丘志鹏	男	郑春扬	男	刁汉权	男
陈佳琪	男	龚惠青	女	刘振豪	男	董可帆	男	黄 琪	男
张学文	男	曹华新	男	王森宇	男	廖鸿政	男	黄志超	男
陈 嫦	女	房 宾	男	胡启鹏	男	卢勇彬	男	孙一帆	男
黎盛学	男	何 鑫	男	韦迪文	男	邵锦鸿	男	梁 政	男
陈伟豪	男	蒋新宇	男	吴 杰	男	曾一家	男	陈樱雪	女
吕静文	女	曾 秀	女	罗旭生	男	陈钲宜	男	冯沃明	男

黄法铨	男	张瑞麟	男	林进秋	男	卢梓聪	男	杨第成	男
莫卓宏	男	谢一航	男	李清庆	男	伍日荣	男	彭彤远	男
林志海	男	万通	男	刘展鸿	男	何金峰	男	李源海	男
谭森	男	夏荣文	男	温润球	男	劳其达	男	詹惠淇	男
刘德贵	男	燕鹏	男	高金旭	男	陈乐胜	男	何乐	男
吴梓灿	男	黄云龙	男	江伟聪	男	倪杰	男	黄镇钦	男
李琳琳	女	黄焜	男	黄浩泉	男	黄沾胡	男	姚逸康	男
杨鸿彪	男	梁志成	男	吕颖东	男	荣汗宝	男	姚欣腾	男
张国宇	男	朱忱	女	郭嘉洋	男	李建霆	男	陈艺锋	男
黄天昊	男	郑文伟	男	庞瑞民	男	郭汶俊	男	雷文杰	男
朱涵	男	陈世鸿	男	卢伯承	男	覃艳玲	女	林佳礼	男
马靖凌	男	曾佳林	男	邵辉宽	男	练运龙	男	汪静	女
黄泰森	男	余伟杰	男	蒋霖涛	男	董林杰	男	周崇威	男
周宇轩	男	罗裕同	男	许家腆	男	龙其凯	男	曾德韩	男
吴嘉泉	男	王泽盼	男	王文虎	男	谢明桦	男	赵冠华	男
庾梓豪	男	黄名瑜	女	黎桂发	男	曾亮	男	聂书宇	男
林仁邦	男	吕慎龙	男	许昌豪	男	谢天星	男	陈超	男
林永锐	男	刘付梓烨	男	何锦欢	男	何志鹏	男	貌宇斌	男
张志秋	男	谢剑锋	男	何楚骏	男	方展雄	男	叶国威	男
肖明	男	彭思学	男	张湫玲	女	谢古宁	男	曾俊伟	男
康伟壬	男	陈鹏飞	男	林冬游	女	丘宇鹏	男	赖煜山	男
张朝熙	男	陈俊杰	男	何智濠	男	党李琰	女	林炽	男
魏旭奇	男	刘浩恒	男	李晓俊	男	罗承志	男	方暑庭	男
麦浩威	男	黄旭华	男	张维健	男	林泽键	男	陈志龙	男
张恒	男	吴永福	男	梁晓振	男	陈锦邦	男	卢振宇	男
刘乾	男	刘健鹏	男	康锡虎	男	姜梦豪	男	曾镇明	男
梁梓濠	男	李明	男	冯志伟	男	邓景楠	男	钟振棠	男
陈泽扬	男	叶文朗	男	朱泉	男	陈晓东	男	毕永韬	男
梁钊林	男	梁智轩	男	郑杰峰	男	许健豪	男	叶凯聪	男
麦文发	男	王旺军	男	叶文康	男	潘颖怡	女	颜伟杰	男
黄楚涛	男	余洪鑫	男	黄永彬	男	陈柯霖	男	岑志豪	男
姜楠	女	梁伟浩	男	陈冠华	男	欧进锋	男	周煜辉	男
李育斌	男	李展中	男	黄宝辉	男	王元鸿	男	周杰	男
李涛	男	肖行	男	梁子广	男	杨成	男	陈剑盛	男
张嘉龙	男	罗键潮	男	杨晋东	男	欧阳升	男	付郅翔	男
李文亨	男	蔡智杭	男	赵文浩	男	沈峰	男	唐枭雄	男

武业忱	男	戴梓楠	男	邹钦钦	男	田鑫昊	男	薛雨宁	男
杨雄聪	男	蔡晓聪	男	宋绍志	男	郑威乐	男	余庆伦	男
原奕炫	男	杨崇熙	男	任元睿	女	蔡惠瑜	女	汤昊	男
许保鑫	男	冯文发	男	何俞锋	男	何嘉敏	女	雷俊健	男
吴成龙	男	尤烽	男	廖康华	男	何佳伟	男	黄凯岚	男
张伯熙	男	肖彤飞	男	施宗直	男	朱焯鸿	男	林子健	男
李豪	男	梁日朗	男	陈宇升	男	杨焕杰	男	黄文杰	男
曾杏彬	男	方志毅	男	徐达	男	吴琳	女	陈琳梅	女
杨宇镔	男	康泽聪	男	陈柏健	男	胡海杭	男	许邓华	男
袁显财	男	李海胜	男	叶晓涛	男	陈宇恒	男	黄崇秋	男
朱嘉港	男	张钊淳	男	莫可凡	男	沈泽桐	男	李景毅	男
谭泽寅	男	单鎏尧	男	陈梓钊	男	郑钰祺	男	黄城	男
陈宏俊	男	张家盛	男	陈伟勇	男	何俏茵	女	彭少策	男
邓欣林	男	陈健华	男	刘子峻	男	黄宇立	男	李成朗	男
陈宛彤	女	杨晓聪	男	钟家城	男	卢健聪	男	陈蔡民	男
杨海军	男	戴冠民	男	李林杰	男	黄鸿权	男	姜艺涵	女
刘志斌	男	伍立铭	男	曾勇	男	李陈	男	陈豪威	男
朱曦	男	麦紫珺	女	赵旭湘	男	李志钊	男	陈炯奇	男
蔡达成	男	钟可敏	女	李聪	男	丘伟丰	男	刘科涵	男
茹逸飞	男	蔡卓锋	男	林琳	女	匡子丰	男	陈濠彬	男
黎伟鑫	男	雷世杰	男	蔡锦福	男	何慧怡	女	邓世邦	男
黄余健	男	黎永盛	男	张毅	男				

网络工程（141人）

钟永健	男	苏建茂	男	刘晓辉	男	李嘉滢	女	林伟宏	男
鲁晓轩	男	朱俊杰	男	张宇雯	女	刘洋	男	黄俊东	男
李先铭	男	包淑娴	女	郑晓琪	女	郭建伟	男	周敬友	男
莫如腾	男	莫达谦	男	萧嘉豪	男	叶菁华	女	房家杰	男
陈茨莹	女	邓景栩	男	郑则亮	男	叶卓豪	男	孔祥彬	男
陈志雄	男	杨浩天	男	庄焕熙	男	卢家乐	男	张棋峰	男
廖韬	男	邱建平	男	孙煜钜	男	李丽	女	陈秋棠	男
陈洁宋	男	张瑜勃	男	郭晓峰	男	钟奕航	男	周建辉	男
张寅东	男	莫离谦	男	庄焕铭	男	许梓煜	男	黄伟斌	男
周健声	男	张炜宁	男	苏钰林	男	邹献文	男	谢新荣	男
杨伊凡	男	蔡龙	男	梁健滔	男	庄瑞彬	男	刘国杨	男
韩永枫	男	刘建威	男	何柱良	男	郑凯胜	男	蒋正阳	男

黄锦卓	男	郑泽鹏	男	郑裕乾	男	蒋凯	男	傅佳鸿	男
王思涵	女	贾斯渊	男	谭永全	男	刘家乐	男	袁建锋	男
梁泳芹	女	熊永龙	男	覃家飞	男	陈晓聪	男	叶国豪	男
周嘉升	男	李志强	男	吴麟明	男	陈伟坚	男	林贤	女
李浩宇	男	廖少境	男	吴森	男	黄火健	男	林虹彤	女
钱家俊	男	吴桂兴	男	李润川	男	陈俊华	女	詹嘉欣	女
李天颖	女	黄文庆	男	袁海斌	男	曾劲浩	男	陈杨	男
陈浩弘	男	邬连生	男	哈静	女	庄锦华	男	叶至杰	男
陈其雄	男	黄子彬	男	牛犇	男	陈晓冉	女	周宝莹	女
袁振业	男	吴先松	男	辛熙洋	男	谢徽东	男	李铨	男
方敬宾	男	陈晓丽	女	刁志峰	男	周哲贤	男	李哲	男
邹元东	男	骆小静	女	谢祝威	男	郑耀球	男	吴松灏	男
张裕	男	陈文彬	男	曾宇杰	男	吴俊方	男	李俊杰	男
周玉娟	女	曾少勇	男	江俊杰	男	龙木轩	男	林豪茂	男
高博焕	男	黄镇东	男	许嘉浩	男	陈展鹏	男	张子凌	男
陈宇炫	男	张泽鑫	男	陈芷君	女	苏海洪	男	陈嘉琪	女
倪皓舟	男								

网络与新媒体（50人）

林俊颖	男	李泳仪	女	张子捷	女	梁晓晴	女	余勋赟	女
王远钧	男	林芝	女	邹菲琼	女	陈诗凡	女	陈晓婷	女
邓健斌	男	陈杰徽	女	何银喜	女	陈一钒	女	谭翠璐	女
陈乐超	男	陈祉伶	女	范泺瑶	女	李浩琪	女	林若婉	女
钟洁柔	女	陈雨莹	女	徐泽伦	男	林奕玲	女	孙芷芬	女
黄泽贤	女	刘拉思	女	张梓炜	男	黄志杰	男	吴晓敏	女
黄芳	女	许妙君	女	黄晓欢	女	李雪霞	女	梁雪儿	女
胡韵	女	黎晓茵	女	罗咏诗	女	刘南滨	男	麦泳琪	女
张芷芊	女	赖翠婷	女	刘创锐	男	林燕璇	女	黄艺炜	女
周玉也	女	段家乐	男	羊开元	女	潘泳珊	女	林嘉惠	女

舞蹈编导（42人）

张雨婷	女	宋钰	男	周冬丽	女	王小晶	女	岑心茹	女
鄂鹏	男	刘薇	女	邓邦泽	男	卢乐乐	女	王洁梅	女
刘佳慧	女	文博涵	男	钟欣雨	女	吴茜雨	女	徐宜滨	女
范锡恩	女	熊姜怡	女	张易	女	王瑜	女	邓慧琪	女
吴金妹	女	施晓楠	女	李敏	女	莫梓怡	女	吴玉莹	女

朱美炎	女	李曼滢	女	贺星语	女	伍晓宇	女	杨春茹	女
林忻儿	女	夏馨佳	女	陈琳莹	女	梁欣欣	女	何琳静	女
李飞龙	男	行云龙	男	徐卓然	女	马紫樱	女	黄文静	女
朱琳媛	女	程俊涵	女						

物理学（师范）（66人）

徐志龙	男	陈 文	男	陈昱宇	男	郭钟锐	男	陈治润	男
谢巧能	男	杨 奕	男	彭禄富	男	朱紫恺	男	钟豪杰	男
熊东方	女	陈禹山	男	张万云斐	女	彭雨晴	女	林华枝	女
张颖怡	女	张 莹	女	黄立翔	男	丘佳鹭	女	李昆灿	男
严定爽	男	方 聪	男	王英如	女	赖文淇	女	詹映柔	女
梁彩芬	女	钱汉希	男	郭益航	男	叶虹欣	女	潘永馨	女
季 杰	男	范运卓	男	陈志杰	男	陈毅铖	男	钟升东	男
蓝国顺	男	叶兆平	男	梁炜杰	男	李俊杰	男	黄健宇	男
罗巧玲	女	刘毅鸿	男	郭彦童	女	梁 铭	男	黎思羽	女
谭焱雯	女	利美颖	女	梁文懿	女	邓晓琪	女	吴少锋	男
袁伟堂	男	曾文静	女	邹仲正	男	卢沛珊	女	柯浩彪	男
陈玲姗	女	吕钧铨	男	林怡洁	女	程 焘	男	梁启荣	男
施艺芬	女	袁兆锋	男	谢兆彤	男	谭艺鹏	男	吕不悔	男
邹益鹏	男								

物联网工程（104人）

黎亦文	男	何晓彬	男	蔡健斌	男	陈 鸿	女	冼桂民	男
杜文杰	男	谢心仪	女	李金岐	男	车艺锋	男	周 威	男
罗锟鹏	男	林钰昊	男	郑楚璇	女	胡国俊	男	刘志鑫	男
陈莹忠	男	郭正荣	男	袁浩倍	男	张宏辉	男	苏栩敏	男
陈夏冰	女	陈展航	男	黎浩文	男	莫伯涛	男	陈焯恒	男
冯金锋	男	曾 巍	男	邓兆伟	男	张淑瑶	女	刘烈荣	男
潘 欢	男	陈珏熹	男	蓝锦皇	男	陈子洋	男	黄业广	男
温献东	男	成毅康	男	肖瑞林	男	周子健	男	李伟杰	男
王锦鸿	男	陈宏燊	男	庞欣源	女	林闰鑫	男	梁 敏	女
罗延伸	男	宋深泉	男	罗安鑫	男	杨思铭	男	何东承	男
温必乐	男	罗悦鑫	男	严发开	男	林方任	男	邝婉童	女
陈卓越	男	陈洁瑜	女	林学敏	男	吴楚婷	女	张宗艺	男
廖忠炼	男	黄颖昌	男	黄琳方	男	韩智鹏	男	植浩昌	男
郑烁桐	男	吕良伟	男	卢厚霖	男	王家鸿	男	黄林松	男

刘远汕	男	车铿谋	男	潘安妮	女	钱文杰	男	丘　先	男
杨宜侨	男	陈活聪	男	陈朝楷	男	张晓营	女	侯城斌	男
杨熙镟	男	卢灿恒	男	李振远	男	陈梓康	男	黄亮凯	男
梁柏明	男	余　洁	女	严玥琪	女	陈泽炜	男	潘国辉	男
周飞响	男	郭浚伟	男	冯承豪	男	陈颖文	男	李靖宜	女
李钰成	男	詹　逸	男	唐一晟	男	吴炳南	男	陈金杰	男
李　森	男	孙启超	男	朱俊杰	男	林舒翰	男		

物流管理（76人）

吕栢鸿	男	李志雄	男	潘夏阳	女	黄敏珍	女	吴宇衡	男
刘睿智	男	朱小燕	女	林丹婷	女	蒋超毅	男	许贤凤	女
宁国信	男	黄玉婷	女	梁明子	女	卢紫莹	女	郑海镕	男
曹楚忠	男	周丽娜	女	谢旅程	女	莫苑钧	女	王泽卿	男
方　堃	女	李倚泳	女	龙婉文	女	李妙英	女	卢泽亮	男
马晓华	女	黄英汉	男	黄若敏	女	肖梓韵	女	余凌震	男
陈清纯	女	黄韵怡	女	石梦琳	女	黄荣斌	男	王国鉴	男
杨英芳	女	梁清清	女	卓玉雯	女	刘茵茵	女	柯凯丽	女
钟沐铠	男	欧阳惠敏	女	李嘉慧	女	黄怡茵	女	蒋志彦	男
林　茜	女	陈俊健	男	郭荫民	男	李晓彤	女	曾朝源	男
曹文怡	女	林晓燕	女	于淼靓	女	雷　宇	男	黄丽茵	女
高楚欣	女	廖家彪	男	郭成旺	男	龚妍行	女	赖冬愉	女
林泽涛	男	冯巧玲	女	李洁怡	女	黄心怡	女	李芷源	女
王晓璐	女	刘子洋	男	许莹莹	女	陈烈楠	男	何锦阳	男
郑佳丽	女	邓楚妍	女	刘　畅	男	梁恩恩	女	岳文嘉	女
刘钰苇	女								

小学教育（师范）（49人）

何秋恒	女	黄诗蕾	女	任莲琼	女	林佳奇	女	梁冬茹	女
陈晓伟	男	陈香丽	女	张　奕	女	黄金燕	女	唐雨婷	女
傅淑雯	女	陈嘉敏	女	刘柳静	女	岑炜欣	女	梁洁盈	女
刘慧怡	女	王倩怡	女	彭锦玉	女	许欣欣	女	吴雅婷	女
吴伟玲	女	秦　寒	女	梁颖仪	女	李思慧	女	钟佳敏	女
吴淋钰	女	郑兰梅	女	张嘉欣	女	崔馨文	女	罗淑琪	女
霍惠欣	女	朱敏贤	女	麦焯莹	女	黄昌业	男	李蕴怡	女
刘乐晴	女	陈晓婷	女	陈淑琳	女	林晓玲	女	张文瀚	男
黄舒茵	女	黎金峰	男	黄裕钧	男	肖婉秋	女	蔡德威	男

| 吴玥桥 | 女 | 张玲玲 | 女 | 李琪琪 | 女 | 苟思玮 | 女 | | |

心理学（师范）（46人）

洪延译	男	冼文浠	男	刘 好	女	胡维武	男	罗欣欣	女
唐晓珊	女	叶咏川	男	李 玲	女	许苇婧	女	冯绮汀	女
庄晓鹏	男	苏婉婷	女	黄祖愿	男	招映虹	女	付慧香	女
黄燕虹	女	林颖怡	女	徐颂淇	女	许渭欣	女	黄碧旋	女
姚筱彤	女	叶健彤	女	吕颖仪	女	刘文婷	女	邱丰丰	男
朱美琪	女	萧嘉怡	女	刘龙帮	男	谭家锦	男	曾紫琴	女
翁丹丹	女	古淑君	女	黎甜媛	女	刘俊毅	男	陈韶珍	女
吴结燕	女	古展辉	男	刘雪丹	女	张启圳	男	林其秀	女
欧胤江	男	范 艳	女	刘 斌	男	付鑫宇	女	吴 睿	女
赵嘉悦	女								

信息安全（38人）

薛博誉	男	邵宇航	女	蓝文聪	男	龚雅薇	女	丁一帆	男
李倩兰	女	黄海蓝	男	李镇山	男	蔡锦锋	男	王 楠	女
佘佳平	男	阿依古力·吐尼亚孜		女		雷嘉伟	男	陈安超	男
罗文鑫	男	张旭迪	男	李键鸿	男	张锐华	男	蓝 天	男
程丽铭	男	邓华斌	男	叶羽丰	男	李盈茵	女	罗依健	男
洪梓达	男	曾建锋	男	陈逸枝	男	阿迪兰木·艾海提		男
凯迪热娅·依力哈木		女		怕提马·卡纳提		女	胡应锋	男
陈其裕	男	王靖然	男	梁颖婕	女	王力冬	女	陈树涛	男
刘奕凡	女	钟万杰	男						

信息与计算科学（70人）

许良邦	男	蔡芝波	男	杨晓婷	女	罗晓彤	女	黄梓峰	男
刘奕阳	男	郭恒余	男	陈浩珲	男	卓炽彪	男	李宇涛	男
谢鑫玲	女	黄集杰	男	李锐聪	男	周卓然	男	刘志豪	男
方新哲	男	郑琬祯	女	张锦辉	男	钟枚伶	女	苏明皓	男
江少芳	女	肖 宇	女	余钟升	男	骆燕燕	女	章 楠	男
古凯琳	女	陈 基	男	洪吉璇	女	雷铭春	男	吴俊晖	男
颜惠钰	女	吴思妍	女	谢宝瑞	男	李炜星	男	郭 峰	男
廖英麟	男	冯子权	男	张召汉	男	李嘉鑫	男	黄启聪	男
王兴华	男	林景鹏	男	陈洁茵	女	曾文文	男	高梓杰	男
蒋建桥	男	黄 霞	女	刘燕如	女	胡旭森	男	陈俊宇	男

许莉芬	女	杨漫玲	女	梁宇静	女	杨思	女	林桂如	女
刘锦珊	女	何婉怡	女	姚铃聪	女	林泽瀚	男	严雪贞	女
黄妙玲	女	吴冯充	男	陈嘉铨	男	杨奇男	男	陈浩东	男
叶静渝	男	刘鑫	男	董月寅	男	柴惠哲	男	方杰	男

学前教育（师范）（31人）

叶沛岷	男	陈兆天	男	余彤	男	黄泽珊	女	欧阳雪滢	女
许亚娟	女	麦芷韵	女	杨铭茵	女	黎琬诗	女	陈美同	女
陈家昕	女	吴海娟	女	周心晖	女	刘力嘉	女	张丽宁	女
钟文慧	女	黄钰雅	女	李心宇	女	孙维思	女	谢树松	男
刘晓芬	女	唐宇欣	女	张澳	女	陈璇	女	江蔚淳	女
钟淑敏	女	李卓	女	张璇	女	陈晓霞	女	邓恺歌	女
李烨彤	女								

行政管理（115人）

陈政元	男	谢绮雯	女	梁晓明	男	刘海怡	女	邹秀由	男
柯杰豪	男	邓若男	女	汤韵泳	女	蔡烁佳	女	张芷茵	女
彭思华	女	陈桦	女	刁靖宇	男	李悦童	女	文思晴	女
卜翠桢	女	杨嘉琪	女	严水滢	女	李镕佐	男	林庆凯	男
陈绮瞳	女	徐瑾	女	范嘉雯	女	邹彤彤	女	余泙彤	女
谢苑	女	张莹	女	陈玮瑶	女	徐洁懿	女	郭敏洁	女
伦巧瑶	女	廖依倩	女	黄钰衡	男	陈小滢	女	叶张婷	女
叶柳茵	女	黄慧	女	罗纪为	男	陈臆安	男	黄欣怡	女
鄞晓诗	女	陈绮婷	女	罗浩奇	男	陈志凤	女	李健宁	男
陈惠琳	女	朱春雨	女	林翔威	男	吴晓萍	女	黄恩豪	男
黄湧彬	男	梁炘淇	女	张泽锴	男	陈美儿	女	谢晋熙	男
刘志勤	男	黄海燕	女	卢铭诗	女	马如华	女	邓洁文	女
丁悦	女	陈吉纯	女	林皓铎	男	赖婉怡	女	梁家贤	女
吴诗颖	女	张粤	女	马晖琦	女	佟嘉莉	女	林慧娟	女
陆翠烨	女	冯伟豪	男	郑丽婷	女	梁思敏	女	冯超敏	女
李大建	男	杨雨晨	女	黄春霞	女	郭晓盈	女	黄冬琴	女
刘键钧	男	邱丽宇	女	曾攀	女	陈俊强	男	管延礽	女
李燕芝	女	徐琳	女	李畅	男	黎明霖	男	卢荷英	女
李润庭	男	蔡承良	男	陈一仪	男	陈郯	女	蔡凤清	女
孙甲波	男	秦美诗	女	梁诗韵	女	陈楚滢	女	许欣莹	女
叶美意	女	冯子珊	女	陈伊眉	女	麦迪娜	女	麦忻蔚	女

赖新怡	女	林嘉欣	女	王燕君	女	李冬梅	女	黄梓锋	男
李 敏	女	沈水晶	女	林静淑	女	叶漫妮	女	罗惠红	女

音乐学（36人）

毛金贤	男	徐文慧	女	曾仕臻	男	朱泳思	女	汤赐炯	男
陈焕翠	女	徐永煌	男	邹家俊	男	詹国潮	男	麦倬云	女
王玉媛	女	杨键宝	男	薛桂娟	女	罗雅歆	女	简淑仪	女
肖善婷	女	文芷涵	女	宋晓琳	女	林奕君	女	谢林玲	女
胡静耘	女	黄婉萍	女	魏荣鑫	女	邱若琳	女	谭子鹏	男
龙怡民	女	张美思	女	尹伟嘉	女	辜佩恩	女	陈子然	男
乔梦蕾	女	张筱妍	女	叶锦成	男	刘叶琳	女	杨梓媛	女
谭秀丽	女								

音乐学（师范）（102人）

李卓逊	女	李宇轩	男	常笑凡	男	黄 鑫	女	罗剑鸿	男
杨詠楠	女	詹大吕	男	温晓晴	女	谭笑语	女	陈仲鹏	男
陈志彬	男	叶梦凡	男	陈国文	男	林纪廷	女	杨淑婷	女
卢 溢	男	谢露霖	女	蒲雨柔	女	邓宇欣	女	伍颖彤	女
李 娜	女	黎奕菲	女	陈桐欣	女	尹 嘉	女	黄佳丽	女
林铭琼	女	游晓燕	女	张温兰	女	徐炜盈	女	陈雅萍	女
萧俊英	男	杨观莹	女	邵锦义	女	黄灼豫	女	何紫莹	女
李诗韵	女	魏钰淼	女	利蔚琳	女	李杉杉	女	吴泳欣	女
尤成威	男	林琪瑶	女	林汇聪	男	马晓金	女	何金根	男
林 莉	女	林凯彤	女	黄慧芬	女	钱 逸	女	刘诗筠	女
李树楠	男	杨 君	女	刘伟健	男	钟泳彤	女	王舒然	女
蓝诗琪	女	张晓莹	女	谢丽君	女	黄嘉莉	女	梁天尺	男
韩佳倖	男	李家辉	男	雷嘉辉	男	方玉婕	女	李卓琳	女
黎 媛	女	钟淑晶	女	杨淑真	女	郑琪航	男	梁敏珊	女
李佳嘉	女	罗海娜	女	李凤玉	女	徐文琪	女	李 悦	女
陈晓欣	女	何晓靖	女	周钰茜	女	李 玲	女	冯嘉锜	女
梁彦清	女	陈星宇	男	梁佳玲	女	余永辉	男	张颖玲	女
郑思潼	女	朱依琳	女	李晓琪	女	姜宇杰	男	官苑怡	女
罗 滔	女	李颖然	女	江彦君	女	吴耀鑫	男	刘贯书	男
廖浩森	男	张嘉航	男	邓洁莹	女	谢聪泹	男	彭 健	男
肖 泓	女	张紫颖	女						

英语(161人)

黄悦	女	莫舒琳	女	陈淑燕	女	杨爱江	女	李颖欣	女
刘馨阳	女	杨仕莉	女	李立峰	男	梁文倬	男	马默凡	男
钟靖	女	刘萍萍	女	吴凯瑜	女	郑秋满	女	詹晓珊	女
陈嘉娜	女	张文昕	女	胡智钦	男	郑铃铃	女	林佳怡	女
孙文洁	女	陈喆楠	女	罗家楚	女	何敏华	女	周俊杰	男
梁世凯	男	张丽贞	女	陈秋谕	女	陈燕金	女	何舒岚	女
杨伟利	男	劳建颖	女	史阳光	女	朱若芊	女	杨明	女
林晓南	女	张思琳	女	杨彩莲	女	施舜烯	男	黎美玲	女
钟灵	女	刘婷	女	张裕晶	女	李斯倩	女	曾秀茹	女
梁泳仪	女	邹卓城	男	魏雪欢	女	张惠玲	女	余嘉慧	女
刘彩茵	女	钟晓文	女	巫继鸿	男	陈丹纯	女	朱绎加	女
张思琪	女	傅晓珊	女	陈韵芊	女	张美欣	女	朱洁丽	女
黄家敏	女	杨芳焕	女	陆雯	女	方凯璇	女	黄文杏	女
肖静	女	何晓君	女	唐英杰	男	陈彦廷	女	黄金盈	女
周玲羽	女	陈畅	女	樊娜	女	黄佳燕	女	邓丽雅	女
赖梦洁	女	黄可澄	女	陈芳芳	女	何蕾	女	陈桦	女
黄宇萱	女	吴宛蓉	女	彭雯	女	李钰儿	女	毛晓斌	男
陈韦琪	女	袁园	女	刘晓曼	女	杨观梅	女	张文	男
郑丽	女	和峰羽	女	陈惠仪	女	唐稚婷	女	黎晓芳	女
谢韵怡	女	李嘉琪	女	林舒淇	女	潘颖仪	女	李晓彤	女
莫晶晶	女	胡敏轩	女	唐馨玥	女	王珑璇	女	龙雨鸣	男
李浩明	男	翁逸	女	梁敏仪	女	罗小慧	女	朱彦桦	男
张海	男	曾健纯	女	汤梓健	男	陈宝姗	女	陈宇风	女
唐玲欣	女	唐奇	女	章瑛纯	女	何宛琳	女	李琳婷	女
刘学媚	女	邓泽儒	男	吴婉莹	女	孙周怡	女	林素玉	女
甘宁	女	黄嘉乐	女	张逸航	女	戚冬霞	女	邵丹	女
梁金清	女	邓竹秀	女	周启权	男	陈婵	女	陈翰西	女
何建辉	男	钟梦子	女	唐丽婷	女	王秀芬	女	欧玉婷	女
冯于蓝	女	戈沁	女	林燕	女	黄泳琪	女	黄嘉辉	男
陈水凤	女	钟楚君	女	沈燕燕	女	陈易娟	女	陈佳璇	女
罗峻航	男	祝锦明	男	赖敏婷	女	林桂峻	男	黎晓晴	女
陈悦楷	男	严子柔	女	张鲜桦	女	吴碧雯	女	刘洁婷	女
冼静怡	女								

英语(师范)(139人)

严海楠	女	杨展婷	女	肖雯姗	女	李俊威	男	朱晓莉	女

林秋萍	女	何赖懿	女	岑彩霞	女	林沁谕	女	何杰	男
谢延蔓	女	蓝倩	女	陈志莹	女	黄妍玲	女	李彦蓉	女
方树珊	女	何诗雨	女	刁洁慧	女	胡玉菲	女	杨桂兰	女
陈春燕	女	肖宇婷	女	许晓琪	女	李雨飞	女	王金飞	女
何欣彤	女	林倩	女	赖雯琦	女	郑丹珊	女	李建初	男
林杏欢	女	陈思敏	女	苏倩雯	女	张泽佩	女	李倩茗	女
何华惠	女	梁华婷	女	郑楚旋	女	潘建涛	男	谭舒荷	女
郑靖仪	女	邱飞燕	女	华好	女	杨开花	女	陈依珊	女
幸秋燕	女	张洁	女	许晓琪	女	梁绮珊	女	杨厚莹	女
陈炜晴	女	黄月彬	女	陈嘉琳	女	黄雪儿	女	张琳	女
邓丽雲	女	黄美彤	女	梁咏欣	女	薛惠芳	女	郑静霞	女
李凤玲	女	张旖溦	女	张月嫦	女	罗心茹	女	王宝莹	女
陈芷韵	女	黄永峰	男	刘颖琪	女	张远婕	女	郑玮琦	女
郑小琳	女	李婉薇	女	李林蓓	女	欧绰维	女	周泳思	女
莫丽坤	女	吴紫菁	女	林荔	女	戴舒静	女	王晶晶	女
刘彩玉	女	温碧莹	女	陈理英	女	黄倚秋	女	曾爱敏	女
谢丽华	女	高靖	女	吴慧莹	女	梁尔婕	女	郭婷仪	女
林敏	女	黄锐冰	女	丘凯丽	女	邓洁颖	女	黄宝怡	女
李嘉欣	女	何佩珊	女	刘晓婷	女	植宇彤	男	方婷	女
黄婉玲	女	林虹妤	女	倪芳芳	女	陆华昱	男	叶慧	女
郑杨敏	女	宋海靖	女	廖志清	女	郑晓仪	女	林卓峰	男
黄以萍	女	招雪莹	女	张淇淇	女	蔡玉清	女	罗灵	女
张咏茵	女	江家彩	女	陈海文	女	黄尹琳	女	林怡彤	女
王慈玲	女	黄可瑶	女	蔡琪满	女	黎幸怡	女	魏文东	男
郭茜	女	王欣仪	女	李若琳	女	曾衍	女	吴玫彤	女
吴曼婷	女	方煜林	女	杨玉燕	女	黄宝仪	女	高文瑶	女
王俊青	女	李梓贤	女	曾云靖	女	陆雨婷	女		

应用心理学（110人）

黄俊杰	男	李伟熙	男	于秋杰	女	木克迪斯·亚森			女
孔显颐	男	吕濡汐	男	陈绮婷	女	古再丽努尔·司马义			女
周梓彬	男	蔡方成	男	邹静欣	女	邓振球	男	周士茗	男
侯珺玫	女	方佳慧	女	韩东燊	男	潘嘉颖	女	肖芬妮	女
李瀚朗	男	邓志文	男	刘子琪	女	林政豪	男	王楚茵	女
林纯	女	黄伟明	男	李泰征	男	万钰羚	女	唐宏燕	女
阿丽米热·萨迪尔			女	麦丽白娅·艾尔肯			女		

祖丽菲娅·西阿力		女	郑记茜	女	关美诗	女	杨 婧	女
唐家宜	女	何靖宜	女	吴若迪	女	梁颖嫦	女	叶镇豪	男
梁子豪	男	何雨珺	女	叶晓娴	女	曾小婷	女	唐 滢	女
杨 文	男	陈嘉莉	女	刘灿烷	女	杨欢愉	女	卢仕枫	男
刘思琪	女	努孜燕·努尔买买提		女	钟子滢	女	韩雨晴	女
洪灵芝	女	王华华	女	李紫妍	女	周珺婕	女	贝淑怡	女
刘映珊	女	陈俊英	女	陈艺丹	女	林楚瑶	女	何嘉俊	男
田晋峰	男	马若腾	男	张贤瑜	女	郭琳萍	女	梁洁雅	女
易宇哲	男	石晖倩	女	张会萍	女	高靖峰	男	张溢聪	男
罗庆铉	男	何惠仪	女	邓 龙	男	李亿珠	女	胡方芳	女
郑 略	男	阿依尼格·艾克拜		女	苏比努尔·阿不力米提		女
张 也	女	叶婉玉	女	张少芹	女	梁梓淳	女	关楚彤	女
余蔓铧	女	王安琪	女	陈锶韫	女	谢仆姗	女	林诗颖	女
黄琪琪	女	马依林	女	谭国炜	男	孔笑华	女	卢志杰	男
谭楚筠	女	何康敏	女	叶心怡	女	包生锐	男	张景怡	女
杨丹萍	女	欧阳晨	男	陈黎幸	女	魏延怡	女	黄梓细	女
罗晓红	女	陈美杏	女	刘展宇	男	周 密	女		

普通全日制专科毕业生名单

纺织服装学院

（共1083人）

电子商务（44人）

蔡华栋	男	曾小丹	女	陈慧婷	女	陈沃娇	女	陈小炎	女
关梓仪	女	郭 文	女	黄丽明	女	黄湘华	男	黄欣仪	女
黄信佳	女	蒋 博	男	赖俊熙	男	雷锦铭	男	黎怡珠	女
李泉江	男	李晓华	女	李晓莹	女	李运妮	女	梁湘晓	女
廖思盈	女	林可倪	女	凌霞晖	女	刘晓彤	女	刘永祺	女
刘梓灿	男	卢柱祥	男	罗艳东	女	莫小鹏	男	彭竹兰	女
王晓娴	女	文小花	女	吴宝燕	女	吴锦达	男	吴鹏鹏	男
吴焱敏	女	肖富国	男	许智鑫	男	薛明慧	女	杨土娥	女
于亚楠	女	张锦滔	男	张展辉	男	张智鸿	男		

纺织品检验与贸易（28人）

张民向	男	蔡涵怡	女	陈俊东	男	陈燕婷	女	陈梓欣	女

方维	女	甘莹文	女	何嘉晴	女	黄礼盛	男	黄炜宏	男
黎曦阳	男	李馨蔚	男	李永涛	男	李芷晴	女	梁洁仪	女
梁金洪	男	梁燕	女	梁依群	女	梁茵茵	女	刘洁薇	女
宋帅鹏	男	王紫琼	女	吴铭华	女	徐桂英	女	徐银笑	女
薛绍康	男	庄子慧	女	梁欣	女				

服装与服饰设计（187人）

伦舒	女	潘泉烨	女	蔡毓	女	陈洁	女	陈亚特	男
程佳乐	女	冯楚龙	男	何冰冰	女	黄艾淇	女	黄淑仪	女
黄水燕	女	黄子秧	女	李碧慧	女	李华柏	男	李蔚钰	女
梁碧莹	女	林方榆	男	林文琪	女	林心盈	女	刘乾齐	男
卢智雄	男	莫菲	女	莫汉钊	男	邱倍倍	女	谭文欣	女
王晨	女	王一帆	女	吴梦绮	女	易丛梅	女	游楚莹	女
张舒淇	女	张紫妍	女	郑朝丰	男	周海茜	女	杜新新	女
高淑仪	女	古那婷	女	关倩贤	女	官晓漫	女	黄丽君	女
黄前策	男	黄炜杰	男	雷洋森	男	李莹	女	林漫雨	女
罗佳莉	女	罗嘉欣	女	麦钜明	男	欧阳纯	女	潘思苹	女
苏晶莹	女	谭濠霖	女	王冰心	女	吴芬	女	吴月浪	女
伍漫婷	女	杨世春	男	杨燕娣	女	叶世家	男	袁蕾	女
智双印	男	周玉黎	女	朱海婷	女	朱嘉辰	男	陈洪娟	女
陈泳佳	女	陈梓妍	女	陈紫涵	女	高鑫	男	古静娣	女
郭楚仪	女	郭怀圳	男	黎佩雯	女	李豪	男	李炜琳	女
梁颖潼	女	林晓婷	女	刘力嘉	女	卢敏瑶	女	罗科黛	女
麦绮雯	女	莫晓婷	女	欧秋勤	女	潘文杰	男	谢丽晶	女
徐惠琴	女	许美祺	女	叶健	男	于若英	女	袁淑敏	女
张兆天	男	周思宁	女	陈心汕	女	陈新悦	女	陈玉燕	女
陈钰怡	女	戴斯欣	女	何家泳	男	何林峨	女	黄荣杰	男
黄芮	女	黄婉玲	女	揭婉君	女	李河安	男	李文慧	女
李雯雯	女	廖婷婷	女	刘付清洋	女	卢晓琳	女	谭子君	女
王楚怡	女	王嘉莉	女	王锦绣	女	吴佳凝	女	许佳琪	女
杨金润	女	杨晓敏	女	姚远清	女	原倩怡	女	张静婷	女
张雪怡	女	钟沅儿	女	岑彦钰	女	陈楚倩	女	陈珺君	女
陈妍静	女	陈子筠	女	陈紫蕾	女	邓梓倩	女	冯慧雯	女
冯斯华	女	高伟梅	女	黄乐玲	女	黄荣	女	邝杏仪	女
林琳	女	林斯慧	女	林泳琦	女	潘彩云	女	潘姿霖	女
任艺	女	苏伟聪	男	苏晓晴	女	巫晓锋	男	吴家恩	女

谢嘉祺	女	杨维聪	男	张成娇	女	张洁宜	女	钟华宇	男
钟伟华	女	钟伟健	男	曾锦云	女	陈晓琳	女	邓雅允	女
黄铭心	女	黄雁华	女	黄紫莹	女	李靖俊	男	李铭浩	男
李梓婧	女	廖家俊	男	林美婷	女	林熙蕾	女	林玉瑶	女
刘 娟	女	卢纪暄	女	邱李扬	女	宋 磊	女	苏璐伽	女
苏杏铃	女	唐俊敏	女	温智恒	男	吴艳玲	女	张家达	男
张静宜	女	张 瑜	女	赵佳欣	女	郑杰煌	男	钟惠琦	女
周丽敏	女	周舒仪	女	周运华	男	朱翠兰	女	朱凤英	女
邹宝莹	女	邹婉滢	女						

广告设计与制作（26人）

曾翊朗	男	陈洁然	女	邓春琳	女	邓莲彩	女	房嘉惠	女
黄琴琴	女	江曲华	女	姜博涛	男	李丽雅	女	利芷琳	女
梁静怡	女	梁欣欣	女	林 希	女	卢炜玲	女	丘龙如	女
苏海珊	女	覃思思	女	王文静	女	文丽辉	女	谢 彬	男
徐秀芳	女	杨 瑾	女	张思瑶	女	张文宗	男	郑香琳	女
周嘉美	女								

国际贸易实务（89人）

蔡 杰	男	曹晓仪	女	陈家旭	男	陈嘉慧	女	陈睿宇	男
陈树权	男	戴嘉欣	女	杜文珊	女	段伊环	女	范秀媚	女
冯靖雅	女	甘金艳	女	高君巧	女	何咏诗	女	何泳欣	女
黄蓉华	女	黄文炜	女	孔晓晴	女	李金铭	男	李圣雯	女
梁美君	女	林晓洁	女	林秀文	女	刘爱玲	女	刘杰成	男
潘志宇	男	彭家晟	男	邱嘉敏	女	谭欣桐	女	谭旭佳	女
唐铫蔓	女	唐 琼	女	万 晔	女	王楚文	男	谢沣琳	女
许晓平	男	杨钧钧	女	张志梅	女	张紫翘	女	赵星杰	男
郑小芸	女	郑雨欣	女	郑贞权	男	钟喜平	男	周明珊	女
庄佳宜	女	黄丽冰	女	陈婉怡	女	陈晓晓	女	陈泳岚	女
陈涌杰	男	邓南垣	男	刁楚玲	女	冯美珊	女	冯智枝	女
傅嘉晓	女	胡泳琳	女	黄超君	女	黄文希	男	黄泽玲	女
孔慧茵	女	李智明	男	李子明	男	梁俊和	男	梁韵彤	女
梁 姿	女	林佳新	女	林钰英	女	刘佩纯	女	刘 欣	女
罗晓柔	女	潘雨元	女	潘长娣	女	施丽芬	女	宋倩雯	女
苏少玉	女	王锦丽	女	王智健	男	吴林隆	男	吴文静	女
伍思琪	女	肖颖欣	女	杨诗泳	女	张惠仪	女	张 威	男

张宇峰	男	周红艳	女	周敏静	女	林国盈	女		

环境艺术设计（56人）

邓梓辉	男	陈家庭	男	陈俊豪	男	陈伟力	男	关炜明	男
郭倩盈	女	胡燕杰	男	蒋金艳	女	黎桦诗	女	黎隆基	男
李恒龙	男	李可幸	男	李媛媛	女	梁子贤	男	凌杰科	男
卢党涯	男	罗婉琳	女	饶惠连	女	王 铭	男	王琪丹	女
温国柱	男	吴耀智	男	谢可莹	女	许苑琪	女	杨 昊	男
叶炜聪	女	余秋彤	女	张 羽	男	周泳欣	女	曾桂心	女
曾子馨	女	陈 婷	女	陈怡春	女	陈远龙	男	郭幸福	男
何永强	男	胡爱玲	女	黄亦勤	男	邝腾昊	男	李观达	男
李泽森	男	梁思雅	女	梁颖婷	女	林铖杰	男	刘应乐	男
陆杰锋	男	马祎璇	女	邱泽锴	男	文筱梵	女	吴琪峰	男
吴伟聪	男	武铭钰	女	姚国泰	男	叶思欣	女	叶雪敏	女
张倩儿	女								

会计（144人）

白颖菲	女	蔡怡琼	女	陈茗芝	女	陈素珍	女	陈雪琪	女
陈展程	男	陈昭煜	男	高嘉慧	女	关月圆	女	郭 霞	女
何 玲	女	黄美华	女	黄敏贤	女	黄 韵	女	纪桂华	女
江玉燕	女	蒋涛莲	女	赖莹莹	女	黎 昕	女	李小冰	女
李泽宇	男	梁诗琳	女	梁文雯	女	林丹纯	女	林婉婷	女
林沃丰	男	林泽鑫	男	刘 静	男	卢 倩	女	罗锦钧	男
罗玉婷	女	莫琼燕	女	欧丽源	女	潘婷婷	女	钱凯欣	女
孙海凤	女	谭有红	女	王菁菁	女	吴秀婷	女	伍华锋	女
冼永君	女	许欣宁	女	杨惠灵	女	杨 龙	男	叶 淇	女
叶绮雯	女	张琪琪	女	张涎耀	男	钟思敏	女	蔡倩桦	女
陈静婷	女	陈思彦	女	陈伟霞	女	陈晓筠	女	方一新	女
封开慧	女	何子盈	女	胡俊瑶	女	胡茵彦	女	黄楚瑜	女
黄惠珍	女	黄嘉莉	女	黄嘉祺	女	江欣欣	女	雷 雨	女
黎嘉欣	女	黎雅君	女	李慧琪	女	李嘉怡	女	李舒婷	女
梁舒华	女	梁颖施	女	廖敏婷	女	廖小萍	女	林君娣	女
刘泳诗	女	陆尚燕	女	罗淑杨	女	麦 青	女	毛绮琳	女
毛颖玮	女	吴晓雪	女	香艳微	女	肖洪铨	男	徐焯莹	女
许先锋	男	杨安玲	女	叶丽婷	女	张丽丹	女	张 敏	女
张 敏	女	张 淇	女	朱珈慧	女	朱莹莹	女	庄月华	女

沈芷晴	女	蔡晓彤	女	曾雅丹	女	陈昌坤	女	陈 晨	女
陈莹丽	女	陈钰莹	女	陈月媛	女	陈韵郅	女	邓颖新	女
甘晓晖	男	郭颖桦	女	何婉君	女	黄静仪	女	黄晓琳	女
黄颖雯	女	黄芸琛	女	黄振港	男	黄政文	男	江舒婷	女
李水秀	女	李 奕	女	梁弘禧	男	梁凯岚	女	梁梅丹	女
林千沅	女	林园园	女	刘丽娣	女	刘敏盈	女	刘雪情	女
刘烨希	男	刘映霞	女	庞艳晶	女	彭俊美	女	阮惠如	女
邵玲俐	女	苏颖恩	女	谭青霞	女	王颖琦	女	杨 番	女
杨嘉俊	男	叶炯良	男	余颖梨	女	张嘉佳	女	张悦蕾	女
赵健汝	女	郑瑶瑶	女	钟雨圻	女	周嘉慧	女		

计算机应用技术（48人）

许洁纯	女	岑艺轩	男	陈宏浪	男	陈洁嫦	女	陈 警	男
陈俊铭	男	古水美	女	郭一豪	男	何泰铭	男	黄彬辉	男
黄俊源	男	黄忠禄	男	赖天煜	男	李观艳	女	李海莲	女
李振贤	男	梁家亮	男	梁倩怡	女	梁志聪	男	梁梓铭	男
林东薇	女	林铭坤	男	林艺龙	男	刘俊辉	男	刘升雄	男
刘泰麒	男	刘伟澎	男	卢海涛	男	罗汝淇	女	吕洪涛	男
马维毅	男	欧阳达明	男	彭泽彬	男	谭东文	男	谭诗红	女
王雅雯	女	吴敏强	男	徐 莹	女	许智庆	男	杨佳瑞	男
易君豪	男	张丽华	女	郑桐健	男	钟汇航	男	钟雨纯	女
庄尔豪	男	林秋菊	女	叶青青	女				

商务英语（133人）

李蔚莹	女	陈嘉华	女	陈嘉欣	女	范翠霞	女	韩丽江	女
韩依娜	女	洪文芳	女	洪燕敏	女	黄红检	女	黄俊鸿	男
蒋颜龙	男	赖定福	男	黎 丽	女	黎尚泓	男	李嘉慧	女
李丽莎	女	李梦如	女	李文龙	男	李小凤	女	李雪仪	女
林佳纯	女	林巧玲	女	林晓珠	女	林兴峙	男	林莹莹	女
刘海燕	女	刘 佳	女	刘芷茵	女	龙林红	女	卢烨林	男
罗金凤	女	骆丽娟	女	吕颖仪	女	马颖欣	女	潘韵诗	女
王梦茹	女	温水清	女	温伟东	男	吴扬瑞	男	伍洁莹	女
冼晓莹	女	谢美琪	女	叶 隆	男	张家豪	男	钟馨莹	女
林紫婷	女	蔡心莹	女	陈思兰	女	崔文静	女	冯婉莹	女
古泳媚	女	郭泳潼	女	何宇珩	女	洪婉君	女	侯 旭	男
黄嘉惠	女	黄梅红	女	黄蓉蓉	女	李嘉怡	女	李文锋	男

姓名	性别	姓名	性别	姓名	性别	姓名	性别	姓名	性别
李欣远	女	梁健平	女	林晓君	女	林晓宁	女	林娅云	女
罗倩莹	女	罗锐强	男	马娜儿	女	麦钰莹	女	欧阳婉雅	女
彭春丽	女	芮泽淳	男	谭梅妹	女	王北雁	女	危兆麒	男
文珮颖	女	吴依丹	女	冼浩然	男	谢惠心	女	许会梅	女
杨欣妮	女	尹婷	女	张健萍	女	张露	女	张希文	女
张逸豪	男	张滢	女	郑楚腾	男	郑诗瑶	女	钟傲柏	男
周慧仪	女	蔡晶晶	女	蔡雪柔	女	曾晓枫	女	陈锦碧	女
陈庆曼	女	陈淑玲	女	陈晓桦	女	冯金凤	女	顾坤	男
何汝君	女	侯启欣	女	胡嘉麟	男	胡奕	女	黄金玲	女
黄俊潮	男	黄凯晖	男	黄子莹	女	邝秋明	女	赖淑芳	女
李进添	男	李丽平	女	梁慧玲	女	梁钰仪	女	廖少珊	女
林炜桑	女	刘应军	男	卢柳旋	女	骆笑琼	女	马思琪	女
莫静宜	女	彭翠婷	女	容彩盈	女	苏静纯	女	苏志康	男
吴劲聪	男	伍艳红	女	谢莹	女	尹沈桥	女	张思微	女
朱乐怡	女	朱颖衡	女	朱宇超	男				

视觉传播设计与制作（135人）

姓名	性别	姓名	性别	姓名	性别	姓名	性别	姓名	性别
阙家豪	男	蔡春吉	男	蔡惠舒	女	曾健锋	男	陈传臻	男
陈焕仪	女	陈秋杏	女	陈晓晴	女	陈泳恩	女	陈梓樱	女
古宇雯	女	郭毅桐	男	郭芷君	女	胡啟文	男	黄顺	男
黄炜忠	男	李海花	女	李捷骋	男	梁思敏	女	梁文瑶	女
林湘霓	女	龙志翔	男	卢结怡	女	吕梓豪	男	马日河	男
莫文怡	女	欧思含	女	潘振鹏	男	王金妹	女	徐祖意	女
许东泰	男	张泽钦	女	周子楠	男	曾芷婧	女	陈蝶群	女
陈东	男	陈敏仪	女	陈杨月	女	陈玉婷	女	陈育彤	女
陈钰霞	女	杜俊承	男	杜雅芝	女	侯志彬	男	胡淑仪	女
邝诗琦	女	蓝铃	女	李渭锦	女	李云婧	女	梁嘉炜	男
林彦彤	女	刘欢晴	女	卢双庆	男	苏宇	女	王琦玥	女
韦之广	男	吴嘉浩	男	吴俊霆	男	吴润生	男	肖立基	男
谢华聪	男	叶凯琪	女	张志斌	男	赵禧贤	女	赵云洲	男
邹力	男	蔡卓江	男	曾祥海	男	曾禹铭	男	陈彤	女
邓颖欣	女	董秋凤	女	胡智豪	男	黄雯雯	女	黄小惠	女
纪诗瑶	女	江洁红	女	李倩宜	女	李少龙	男	李彦孜	男
林嘉谊	女	林枣贝	女	刘倩婷	女	卢敏仪	女	卢晓彤	女
罗晓韵	女	聂欢	男	潘俊希	男	邱琪琪	女	邱童	女
苏金苹	女	吴楠	女	杨君富	男	叶梓	男	张凌宇	男

张玮燊	男	郑敏俊	男	钟小凤	女	周立然	男	左智庭	男
陈 敏	女	林妍彤	女	詹念瑛	女	赵效莹	女	鲜于文亚	男
陈 捷	女	陈伟涵	女	陈颖茵	女	陈梓隆	男	邓蔚楠	男
丁浩铭	男	方家强	男	房海欣	女	黄光锐	男	蒋键濠	男
梁金明	男	梁满芳	女	梁智焰	男	梁紫晴	女	廖宇双	女
刘振华	男	龙永培	男	卢曙光	男	麦雪莹	女	农琪宇	男
潘妍静	女	孙岳葵	男	谭伟业	男	徐孙科理	男	许浩鑫	男
杨智钧	男	张楚怡	女	张名添	男	郑宇翔	男	周家铭	男

室内艺术设计（122人）

梅文亮	男	郭俊宇	男	黎嘉欣	女	黎梓贤	男	蔡杰程	男
陈丽萍	女	陈 婷	女	陈小莲	女	冯海容	女	郭子浩	男
何桂芳	女	黄嘉仪	女	黄雨乔	女	赖源梁	男	雷泳红	女
黎梓轩	男	李家强	男	李明剑	男	李旭锐	男	梁楚欣	女
梁 杰	男	林俊羽	男	林烜璇	女	刘梦莹	女	马翠玲	女
欧家燕	女	潘俊宇	女	邵颖欣	女	苏大程	男	谭龙飞	男
唐佳宏	男	温紫煊	女	余小梅	女	庄智华	男	曾健航	男
陈晓静	女	陈梓岚	女	符沛茵	女	洪文豪	男	胡海琪	女
黄展鑫	男	黄作艺	男	赖 仪	女	李翠菲	女	李进鹏	男
李康婷	女	梁嘉琪	女	林耀威	男	刘学森	男	马婉娜	女
潘振辉	男	庞文杰	女	阮发耀	男	王嘉琳	女	王 玥	女
温廷勇	男	吴学远	男	谢 颖	女	杨金晖	女	杨思宇	男
余凯薇	女	原芷柔	女	钟奕俊	男	黄 丹	女	曹艳芳	女
曾省溢	男	曾志锌	男	陈浩锋	男	陈玫锦	女	陈思琪	女
陈智睿	男	邓惠珍	女	方 熙	男	方 圆	女	甘有庭	男
关可盈	女	黄凤仪	女	黄火森	男	林伟淇	男	卢诗茵	女
麦纪露	女	倪学敏	女	许程智	男	许晓燕	女	杨育慈	女
叶美仪	女	叶玮杰	男	余薇诗	女	张于峰	男	赵慧玲	女
郑 燕	女	陈金怡	女	梁锡杰	男	曾志群	女	陈金丽	女
陈静勤	女	陈肖肖	女	陈妍池	女	陈 真	男	邓楚婷	女
邓旭明	男	冯 丹	女	高梓晴	女	关伟涛	男	黄超然	男
黄晓岚	女	黄信盛	男	梁日力	男	梁蕴捷	女	刘欣雨	女
罗如栋	男	麦龙敏	女	谭杰鸿	男	汤泳相	女	韦秀林	女
吴玮彬	男	熊绮曼	女	许玉如	女	叶家辉	男	张泽宜	女
钟楚欣	女	钟佳豪	男						

艺术设计（22人）

曾钊晓	男	曾志安	男	丁漩	女	董志熠	女	关嘉敏	女
黄宇东	男	江皑雪	女	李英莹	女	李泽斌	男	梁碧盈	女
刘嘉怡	女	刘剑龙	女	刘思童	女	刘威利	女	罗昌婷	女
骆洪江	男	饶智环	女	王佩汶	女	吴渝	女	向南茜	女
严雅静	女	钟志辉	男						

展示艺术设计（49人）

陈伊晴	女	陈卓	男	邓舒韵	女	付沅莹	女	郭菲绮	女
何嘉明	男	黄敬松	男	赖由美	女	李宝庆	男	李昊东	男
李泽锴	男	廖江扬	男	林诗晴	女	林炀欣	女	刘雨佳	女
彭苑珊	女	王颖	女	温钎梅	女	吴祖孟	男	杨蕙瑜	女
张健铭	男	张金峰	男	张燕玲	女	郑海璇	女	周海怡	女
陈晓晴	女	郭栋威	男	黄钰琪	女	黄玥玥	女	江慧英	女
赖宝怡	女	梁锦鹏	男	梁秀丹	女	林钶樾	女	刘畅	男
刘蝶茹	女	王梓君	女	潘莹	女	沈志鹏	男	谭嘉怡	女
温俊秀	男	吴闲庭	男	冼华坚	男	肖璇	女	谢飞	男
叶健华	女	张嘉怡	女	张政扬	男	郑毅	男		

市政技术学院
（共1076人）

道路桥梁工程技术（48人）

陈兆坚	男	许锐妮	女	陈海滨	男	陈豪贤	男	陈少鑫	男
成菲菲	女	邓裕亮	男	杜高泉	男	方晓丹	女	伏睿康	男
高文浩	男	高志武	男	何恭甫	男	洪俊祥	男	洪秋园	女
黄俊明	男	黄俊源	男	李国富	男	李花	女	李杰	女
李立森	男	李欣倍	男	梁国栋	男	梁健华	男	林时颖	男
林阳辉	男	林泽安	男	刘娟	女	刘智成	男	聂灶卿	女
潘丙丰	男	潘文武	男	区泽安	男	宋程隆	男	苏健燊	男
吴浩东	男	吴李胤	男	吴孟杰	男	吴肖霞	女	谢叔烽	男
谢钟声	男	辛月仙	女	严火荣	男	杨纯	女	钟钦圳	男
钟庆兰	女	钟玉婷	女	周英玉	女	周英玉	女		

法律文秘（43人）

郑奕霞	女	蔡小锦	女	陈金华	女	陈倩雅	女	陈玉仪	女

陈悦婷	女	陈紫莹	女	邓钟令	女	俸晓丹	女	郭淇淇	女
何思颖	女	胡小红	女	胡小虹	女	胡颖雯	女	黄晓榆	女
黄宇晴	女	柯晓惠	女	黎海媚	女	李翠珍	女	李兰雪	女
廖珊灵	女	林智清	女	潘晓娥	女	庞楚斌	男	苏美珠	女
温洁欣	女	吴铭杰	男	吴展洲	男	谢玉华	女	杨丹丹	女
杨莹思	女	姚绮婷	女	叶美珍	女	曾晓敏	女	湛凯岚	女
郑爱玲	女	郑钊荣	女	周嘉颖	女	周健平	女	周明秀	女
周 正	男	朱 玫	女	邹林志	男				

给排水工程技术（41人）

蔡栩轩	男	陈 丹	女	陈惠梅	女	邓文杰	男	邓紫薇	女
杜沛楠	男	冯钰琳	女	高廷彬	男	古海汪	男	何 龙	男
何梦恬	女	黄浩宇	男	黄小丹	女	黄 欣	女	黄梓妍	女
蓝杰豪	男	李杰亮	男	李均汶	男	梁剑波	男	梁晓莹	女
梁 瑜	男	廖浩钧	男	廖婷婷	女	林淑仪	女	卢国涛	男
罗天贵	男	罗钰婷	女	邱 浩	男	王晓佳	女	徐 强	男
杨鸿桑	女	杨熙明	男	姚鑫海	男	叶森珊	女	尤小东	男
臧 硕	男	曾静雯	女	赵乙通	男	郑煜俊	男	钟宇轩	男
周 烨	男								

工程测量技术（50人）

麦子豪	男	毕雪霞	女	陈铧添	男	陈嘉妙	女	陈世钦	男
陈旭灵	男	陈雨彰	男	程康瑜	女	邓剑锋	男	邓林凤	女
冯净华	女	傅君临	男	高丽珊	女	洪君华	女	侯钧强	男
黄健霜	女	黄雅雯	女	简 宁		赖泽彬	男	李家良	男
李健林	男	李俊烨	男	李莲香	女	廖淦润	男	林慧玲	女
林佳薇	女	刘 丹	女	刘仕宇	男	罗焌凯	男	莫淑雯	女
莫学炫	男	慕容居钧	男	任灏源	男	史政缘	女	宋嘉豪	男
苏鹏程	男	王素兰	女	吴睿鑫	男	吴雨鑫	女	伍玉雯	女
谢土娟	女	徐仪敏	女	杨嘉茵	女	杨 倩	女	曾 沁	男
张渭梅	女	张艺志	男	钟巧仪	女	钟智岳	男	邹 涛	男

工程造价（94人）

蔡金邦	男	曹 靖	男	陈彩霞	女	陈楚明	男	陈静茵	女
陈伟源	男	陈文波	男	陈艺丹	女	陈莹珊	女	陈源泰	男
邓黎瑄	女	冯龙祥	男	龚瑞新	男	何超宝	男	洪其琛	男

黄恩慧	女	黄鸿喜	男	黄健	男	黄军锐	男	黄雪欣	女
孔鸿娟	女	黎欣欣	女	李东燕	女	李文成	女	梁嘉进	男
梁校晖	男	梁泳恩	女	廖展鹏	男	凌小燕	女	罗旭鹏	男
莫雪芬	女	潘敬龙	男	彭钟钰	女	苏月凤	女	关皓廷	男
吴慧清	女	伍玉平	女	向秋杰	女	谢勋玲	女	许悦	女
杨锦如	女	余晓君	女	张睿	女	郑铠昕	男	钟晓丽	女
周佳玫	女	祝欣怡	女	蔡志远	男	岑远燊	男	陈宏湖	男
陈曙鑫	男	陈思敏	女	陈欣	女	陈妍欣	女	李姗珊	女
陈政宇	男	戴国际	男	丁欣	女	冯可钿	女	古玥媛	女
何惠镇	男	何健朗	男	胡凯朝	男	黄海琼	女	黄洁	女
黄喜	女	黄月琴	女	赖舒娜	女	雷绍基	男	李广鑫	男
李素雯	女	梁广源	男	梁沛珊	女	廖航庆	男	林钧壕	男
刘莉	女	麦舒静	女	麦炜琪	女	彭宁	女	丘芷琪	女
邱锦星	男	温海州	男	吴佳纯	女	吴家宝	女	冼子祺	女
谢翠云	女	杨东海	男	杨炜明	男	杨子君	女	易茜	女
张梅	女	赵振华	男	钟淑峰	女	朱月芳	女		

环境工程技术（47人）

蔡炳贵	男	岑耀国	男	陈紫红	女	程旭	男	邓素芬	女
关文强	男	何洁	女	何俏萍	女	何艺施	女	侯宛肖	女
黄铭熙	男	黄月雪	女	黄铸旺	男	黄子健	男	赖元静	女
李达浚	男	廖伟豪	男	林美华	女	林晓燕	女	刘莹莹	女
刘詠欢	女	刘昭宜	女	卢淑华	女	麦杰华	男	麦启灿	男
麦蓉	女	莫淑涓	女	潘琳	女	丘家逸	男	王菡	女
王晓杰	男	韦钰熙	女	韦子荣	男	文纪伟	男	吴冬辉	男
吴香莹	女	谢汉奇	男	叶恩彤	女	余国和	男	詹惠方	女
张东星	男	张凤婷	女	张诗云	女	张毅	男	郑伟龙	男
郑晓如	女	卓健汇	男						

环境艺术设计（136人）

陈景豪	男	程伟豪	男	冯广坤	男	甘晓桦	女	黄千锋	男
黄伟杰	男	惠一	男	赖建行	男	李奕泓	男	梁欣渝	女
梁泽斌	男	林婉欣	女	林希	男	林震远	男	林宗明	男
刘华孛	男	陆炳杰	男	罗婉梅	女	罗伟宇	男	莫可欣	女
谭日艳	女	汤森	男	陶伟杰	男	王彬	男	王鸿瑞	男
温茹晴	女	吴琼媚	女	吴倚婷	女	肖文娟	女	朱彩娜	女

尹晓涵	男	陈安佳	男	陈伊莉	女	陈 媛	女	邓丽欣	女
董纵民	男	甘映诺	女	郭宇欣	女	韩烁远	男	何美荣	女
贺小涵	女	黄海峰	男	黄松涛	男	黄祖洋	女	江芷晴	女
孔 薇	女	雷素云	女	梁俊晖	男	凌钰婷	女	刘淑梅	女
龙广运	女	吕子浩	男	骆绮风	女	骆婷桦	女	史礼敏	女
伍少婷	女	杨海杰	男	杨兴辉	男	叶芳芳	女	叶蕙婷	女
张 陈	男	钟海燕	女	朱金燕	女	邹远昌	男	陈华栋	男
陈嘉泳	女	邓美婷	女	邓雪玲	女	邓 滢	女	杜家宁	男
甘容胜	男	何颖欣	女	何钰婷	女	何梓琪	女	洪 雄	男
胡 影	女	黄玉斌	男	李军民	男	利碧婷	女	廖家健	男
廖运焕	男	林子琪	男	罗欣琪	女	罗煜友	男	彭倩倩	女
苏熙妍	女	汤燕南	女	谢福生	男	谢兰清	女	许志锋	男
张 新	男	张裕铨	男	钟宝琴	女	钟宝声	女	钟进财	男
钟炜洛	男	陈灿辉	男	陈冠导	男	陈俊桦	男	陈 芊	女
陈晓婷	女	池烨斌	男	丁国强	男	方业怀	男	龚秋月	女
洪钰斌	男	黄键豪	男	黄景孟	男	黄筠浩	男	黄丽连	女
江可欣	女	赖梦兰	女	梁秀婷	女	梁雪儿	女	林 健	男
林卓婷	女	林子盛	男	刘丁沛	男	刘玉婷	女	庞文杰	男
沈咏琳	女	苏思嘉	女	谭焯丹	女	文振全	男	吴嘉倩	女
吴婉琪	女	吴仪婷	女	冼 宙	男	张居铖	男	张钜淇	男
张俊杰	男	张 衍	女	张裕兴	男	郑钦元	女	周耕平	男
朱杰沛	男								

会计（97人）

庄妙娜	女	刘美玲	女	蔡家蔚	女	陈任江	男	陈思淇	女
陈晓怡	女	陈梓祺	女	戴小丽	女	邓丽雯	女	范樱桃	女
管玉如	女	何丽媚	女	何敏珊	女	黄凤娟	女	黄晓怡	女
江嘉浚	男	蒋莎莎	女	老颖姗	女	李铭焯	男	梁焯盈	女
梁花仙	女	梁小珍	女	廖绮婷	女	林炜璇	女	林 炀	男
林玉芝	女	刘钏浩	女	卢夏婷	女	吕慧辰	女	马丽婷	女
欧惠敏	女	欧阳颖诗	女	王金玉	女	王雯雯	女	温思瑜	女
吴深仪	女	吴炜棋	男	伍敏儿	女	冼柔柔	女	姚嘉杰	男
余雨晴	女	袁梓韵	女	曾嘉莉	女	曾小清	女	张莹霞	女
郑妍晴	女	周可芹	女	周泳照	男	邹文静	女	林金丽	女
曾 婉	女	蔡敏佳	女	蔡蔚萱	女	陈红霞	女	陈 莉	女
陈思敏	女	陈伊萍	女	陈 颖	女	程绮雯	女	邓恒君	男

邓紫珊	女	傅琳琳	女	何熙彤	女	何 曦	男	何雪明	女
胡家文	女	黄锦洪	男	黄晓颖	女	蒋雅静	女	黎明暖	女
李徽音	女	李舒华	女	梁翠丽	女	梁敏奇	女	林锦斌	男
林雅洁	女	林映如	女	刘彩燕	女	罗嘉雯	女	罗雪娴	女
麦伟杰	男	欧阳金珠	女	彭秋云	女	苏佳琪	女	唐富贵	女
王美云	女	温家瑜	女	吴佩琳	女	吴镇谊	女	冼银蝶	女
许文香	女	杨嘉仪	女	张钧旺	男	张莹峰	男	郑佳婷	女
朱浩然	男	朱小满	女						

机电一体化技术（49人）

郭杰锋	男	宁家乐	男	陈方正	男	陈国富	男	陈栩生	男
崔锡柱	男	樊晓露	女	范志宝	男	冯浩澎	男	冯满权	男
冯世才	男	何锦华	男	侯绰烜	男	黄书闲	女	黄云乾	男
黄泽钦	男	焦镇雨	男	赖广斌	男	黎建平	男	李泓翰	男
李焕昌	男	李嘉怡	女	李联森	男	梁觉彬	男	梁思婷	女
梁兆安	男	梁梓锋	男	刘明乐	男	吕 林	男	罗海涛	男
莫伟鹏	男	彭帅超	男	彭治恩	男	全 鹏	男	沈 威	男
谭洪斌	男	唐 科	男	王相凌	男	吴境锐	男	吴木尾	男
吴致瑞	男	谢伟峰	男	严漳广	男	叶海威	男	张城茂	男
招俊杰	男	周俊健	男	周明泽	男	朱永池	男		

机械制造与自动化（52人）

胡俊强	男	杨康亮	男	陈明浩	男	陈万里	男	陈伟京	男
戴国鸿	男	范家钦	男	范金锋	男	关世煌	男	桂明南	男
何梓浩	男	胡程万	男	黄德润	男	黄海镖	男	黄海松	男
黄菊梅	女	黄 森	男	黄世明	男	康国金	男	孔维镇	男
匡浩军	男	黎军成	男	黎志敏	男	李耀波	男	李业威	男
李咏欣	女	林金辉	男	刘伟浩	男	龙贵汉	男	罗苏连	男
莫昊文	男	潘建鸿	男	容建聪	男	童家平	男	王海煜	男
王华任	男	温健威	男	吴富健	男	杨伟康	男	姚 广	男
余嘉成	男	张庆伟	男	张扬森	男	钟昊青	男	钟进运	男
钟俊兴	男	周皓炜	男	周嘉轩	男	周岳志	男	朱定顺	男
朱亨谷	男	邹佩雯	女						

计算机应用技术（31人）

陈文淦	男	陈铟宇	女	成宇航	男	东国明	男	冯振威	男

关楚桐	男	黄立光	男	简超其	男	江羽	男	孔金燕	女
赖钧豪	男	李国耀	男	林娟	女	林庆扬	男	林卫英	女
林艳平	女	龙木森	男	卢耀明	男	罗文振	男	马乃健	男
沈洁	女	王子铭	男	文小琳	女	吴燕	女	谢旭安	男
曾梦桔	女	张春宝	男	张穗莹	女	郑豪林	男	钟宏发	男
朱带娣	女								

建筑工程技术（34人）

蔡涛泽	男	蔡梓涛	男	陈军君	男	陈明杰	男	陈万捷	男
陈晓秋	男	冯海莹	女	冯胜华	男	郭庆哲	男	黄昌棋	男
黄树周	男	李丹娜	女	李炯贤	男	梁启锋	男	林欣键	男
陆思佳	女	吕素威	男	罗梦蝶	女	罗庭宏	男	麦琪明	男
麦晓聪	男	彭际养	男	戚健伦	男	丘淘云	男	吴居钊	男
吴小杨	男	吴志强	男	肖建华	男	谢城聪	男	张海盈	女
郑伟智	男	钟宥成	男	钟志敏	男	周沃轩	男		

建筑设备工程技术（42人）

陈金文	男	陈静雯	女	陈俊杰	男	陈其甫	男	陈威霖	男
陈文超	男	陈芷媛	女	杜江婷	女	冯金明	男	高丽晶	女
关少薇	女	黄丹阳	男	黄洁莹	女	黄丽洁	女	黄仁杰	男
黄玉英	女	靳蓓桦	女	黎燚阳	男	李鸿英	女	李烨其	男
梁胜锋	男	梁晓诗	女	林荣聘	男	林伟玲	女	刘港隆	男
刘炼婷	女	卢剑峰	男	陆文乐	男	马曼婷	女	马钦滨	男
莫世轩	男	王展宇	男	徐然	女	颜泽雄	男	杨桂余	男
余东林	男	曾凌聪	男	张海深	男	郑惠轩	女	植凯诗	女
钟学翔	男	周海婷	女						

建筑智能化工程技术（46人）

蔡俊明	男	陈浩鑫	男	陈朗彬	男	陈泽城	男	邓馨	男
冯小泳	男	高宇杨	男	郭锦锋	男	胡继明	男	胡婷	女
黄凯伦	男	黄胜佳	男	黄泽州	男	李智萍	女	连巧玲	女
梁飞敏	女	梁昆焜	男	梁宇翔	男	廖华宇	男	林豪颖	男
林珊	女	刘雄豪	男	卢伯威	男	卢华有	男	欧雪云	女
彭敏仪	女	谭瑞鹏	男	谭文龙	男	王国强	男	王加鑫	男
王裕昊	男	吴景星	男	吴侨斌	男	吴怡	女	谢家宏	男
徐渝胜	男	杨慧婷	女	杨兴横	男	余洁珍	女	源旭鹏	男

郑晓凡	女	周振宇	男	朱冠鸣	男	祝理良	男	庄信潘	男
卓成成	男								

商务英语（97人）

张晓敏	女	沈丽婷	女	陈嘉涛	男	陈显敏	男	陈奕芬	女
邓益标	男	何熳铃	女	何心妍	女	胡佩玲	女	黄丽婷	女
黄倩童	女	江雪媚	女	柯妍	女	李晨辉	男	李家全	男
李嘉琪	女	李锦文	女	李志鹏	男	李卓婷	女	廖钰婴	女
林美华	女	林婉悠	女	刘桂虹	女	刘娟芳	女	刘可	女
吕碧涛	男	骆秀欢	女	欧锦培	女	秦燕飞	女	王鋆	女
吴丽芬	女	谢小琪	女	谢雨	女	颜健炜	女	杨嘉敏	女
杨旭业	男	曾楚琳	女	曾可昕	女	曾美琪	女	曾婷	女
张汇瑶	女	张秋月	女	张瑞娜	女	张思琳	女	张颖	女
赵思琪	女	钟李丽	女	朱春燕	女	祝家欣	女	邹嘉棋	女
李烨	女	陈诗欣	女	陈文静	女	陈晓蝶	女	陈雪莲	女
陈燕婷	女	陈芷珊	女	程晓霞	女	邓倩雯	女	冯萍芬	女
冯斯	女	何晓潼	女	洪振奋	女	胡洛怡	女	黄慧敏	女
黄洁仪	女	简焕明	女	黎敏华	女	黎颖善	女	李沁怡	女
李香	女	李泳欣	女	林玉萍	女	凌奕霞	女	刘婷芳	女
刘紫薇	女	卢言鑫	女	莫嘉丽	女	莫江源	女	莫雯	女
莫韵怡	女	莫芷晴	女	潘俊韬	男	邱莉芬	女	孙建华	男
汤银贵	女	吴镁钰	女	伍婷怡	女	严露飘	女	叶镕瑜	女
俞悦	女	曾嵘	男	张玲肖	女	张予希	女	朱秋平	女
邹敏	女	邹智威	男						

社会工作（59人）

谈汝梅	女	陈丹丹	女	蔡婷婷	女	陈丽清	女	陈明雍	女
陈扬	男	冯金融	女	冯文晴	女	高素萍	女	龚嘉伟	男
关嘉亮	女	郭宝莹	女	郭景新	男	郭珊珊	女	何泳仪	女
胡珊珊	女	胡欣媛	女	黄健安	男	黄宁	男	黄桥花	女
黄俏蕾	女	黄宇祺	男	江静仪	女	蓝心源	女	李晓君	女
梁敏凌	女	梁毓韵	男	林燕纯	女	刘海棠	女	刘佳敏	女
刘少琼	女	刘淑琳	女	刘梓琪	女	马颖欣	女	麦吉凌	男
潘旻昕	男	钱金茵	女	邱彦皓	男	任若晴	女	阮家雯	女
孙凌	男	温金豪	男	温婷婷	女	温友维	男	谢健	男
杨丽苏	女	杨诗曼	女	叶欢	女	叶俏廷	女	易宇琪	女

尹炜森	男	余丽鑫	女	湛家莹	女	张海云	女	赵奇龙	男
钟　萍	女	周　圣	男	朱清平	女	邹嘉艺	女		

视觉传播设计与制作（39人）

李雨晨	男	邓才明	男	黎敏怡	女	李紫嫣	女	鲍寒蓓	女
蔡艳萍	女	曹新园	女	陈佳銮	女	戴荣孙	男	樊哈利	男
冯飞燕	女	黄嘉禧	女	黄兆禧	女	江培鸿	男	李鹏程	男
李子劲	男	梁彩桦	女	林安持	女	林　静	女	林绮雯	女
陆文敏	女	马莎宜	女	彭朝翔	男	邱小凤	女	宋庆华	女
王　婧	女	温少珍	女	吴海婷	女	吴云飞	男	伍莹琳	女
萧智敏	女	徐梓峰	女	严国豪	男	杨浩炜	男	曾添花	女
张梦晓	女	章琦玮	女	赵　邯	女	钟彩慧	女		

物流管理（50人）

陈本意	男	陈常欣	男	陈洁菁	女	陈日飞	女	陈欣婷	女
成汶谕	女	邓海东	男	邓红芬	女	邓雁琼	女	范　玲	女
冯锡汇	男	高　杰	男	龚冬慧	女	郭依婷	女	何嘉雯	女
黄惠婷	女	黄丽贤	女	黄思华	女	黄雪仪	女	黄雁凯	男
黄艺婷	女	霍经宇	男	江晓岚	女	李淑芬	女	李霞妮	女
李　瑶	女	李咏斌	男	梁琛泽	男	林楚琦	女	林　娇	女
林丽妍	女	林欣欣	女	卢丽萍	女	陆海东	男	麦国运	男
苏茵琦	女	覃倩莲	女	王美涵	女	王娅虹	女	吴妙全	男
谢非池	男	许冰鑫	男	杨业成	男	姚小碟	女	叶铭凤	女
曾锋洲	男	曾泽栩	男	张啟聪	男	周楚静	女		
朱丽君	女								

艺术设计（电脑美术）（21人）

陈　露	女	陈　泳	女	邓锦钊	男	洪灿彬	男	黄　润	男
柯凯杰	男	赖东荣	男	黎庆杰	男	林子秋	男	刘鑫明	男
马伟鹏	男	莫金辉	男	邵国满	男	宋宗永	男	吴丽攀	女
谢志亮	男	叶利芬	女	叶镇光	男	张秀渝	女	朱美杰	男
邹柳炬	男								

成人高等教育毕业生名单

（共8566人）

专升本　函授

（共485人）

电气工程及其自动化（17人）

白汉德	男	白徐欢	男	丁　浩	男	侯钧文	男	邝静仪	女
李燕标	男	廖紫妍	女	林才福	男	林永骏	男	罗福秋	男
麦焕坤	男	丘伟庆	男	沈贞才	男	苏兴来	男	汤立军	男
王幸明	男	吴德康	男						

工程管理（42人）

毕紫姗	女	陈　君	女	陈俊鸿	男	陈尚健	男	邓锦标	男
邓日桦	男	邓亚雅	女	杜敏耀	男	段　钰	女	房俊辉	男
高婷婷	女	龚家艳	女	何嘉琪	女	胡诗韵	女	华成坤	男
黄俊文	男	黄友财	男	江启燊	男	柯建章	男	黎春瑜	女
李宇钊	男	李岳波	男	凌许娣	女	罗念群	女	罗卫君	男
潘志成	男	苏俊宇	男	谭詠烽	男	吴　清	男	吴景辉	男
吴志婷	女	谢宜淼	男	徐伟程	男	徐伟浩	男	徐伟男	男
叶韵诗	女	叶智安	男	张敏红	女	张太栩	男	张煜导	男
张紫晴	女	周惠珊	女						

工商管理（138人）

艾银华	男	毕慧明	女	毕敏杰	男	蔡海明	男	蔡嘉伟	男
曾富群	女	曾晓雯	女	曾颖仪	女	曾梓灿	男	陈带娣	女
陈小玲	女	邓辉淋	男	杜嘉欣	女	杜新秋	女	方少霓	女
方亚婵	女	冯瑞萍	女	顾松鑫	男	郭志文	男	何建滨	男
何敏健	男	贺丽萍	女	侯素君	女	侯芝林	女	胡国仿	男
胡海姗	女	胡庆德	男	黄　慧	女	黄辉娜	女	黄可晴	女
黄美欣	女	黄姗姗	女	黄思庭	女	黄婉虹	女	黄泽阳	男
黄震东	男	黄志锋	男	黄智豪	男	江洁静	女	蒋雨芯	女
邝靖文	女	黎梓聪	男	李　芳	女	李　良	男	李　远	男
李楚碧	女	李杰锋	男	李小婷	女	梁　茵	女	梁翠萍	女
梁建锴	男	梁满花	女	梁淑贤	女	梁文彬	男	梁欣欣	女
林　虹	女	林江洁	女	林敏玲	女	林倩菁	女	林少姬	女
林志雄	男	林志杨	男	刘　琼	女	刘东旭	男	刘国军	男

刘嘉楠	女	刘君君	女	刘兴国	男	刘学军	男	刘梓枫	男
龙钰铭	男	卢素玲	女	卢育湘	男	罗 勇	男	罗韵枝	女
麦惠婷	女	麦庆南	女	梅扬扬	女	蒙莎莎	女	莫桂萍	女
潘秀金	女	庞家波	男	乔延奇	男	邱丽群	女	邱彦平	男
曲 访	女	任婉静	女	沈慧玲	女	沈千惠	女	石 敏	女
斯 玲	女	宋卓杰	男	苏风珍	女	孙丽娟	女	谭韵静	女
檀 林	女	汤清凤	女	汤溢和	男	陶 靓	女	王 鹏	男
王 艳	女	王国炜	男	王小翀	女	王旭辉	男	危 娜	女
韦 静	女	吴 瑜	女	吴琳惠	女	吴文雨	女	伍世钧	男
肖带花	女	谢健攀	男	徐 婕	女	徐碧婷	女	徐继利	男
徐嘉琪	女	许颖诗	女	薛贝贝	女	颜雨香	女	杨锐龙	男
杨芷芬	女	姚嘉俊	男	于良艺	男	詹志亮	男	张 松	女
张纯良	女	张达茹	女	张家乐	男	张晓方	男	郑文辉	男
郑小敏	男	钟春晓	男	钟满康	男	钟思怡	女	周海燕	女
朱 露	女	祝宇航	男	邹灿华	男				

国际经济与贸易（4人）

黄家宝	男	卢玉萍	女	吴 克	男	许恩燕	女

汉语言文学（师范教育）（27人）

陈芬芳	女	陈萍妹	女	杜 佳	女	高雪涓	女	洪泽璇	女
黄丽玲	女	黄瑞芳	女	柯晓霞	女	李佳娜	女	李丽娟	女
连燕璇	女	林培君	女	王丹燕	女	王海云	女	王芒虹	女
许集愉	女	张鑫荣	男	郑克燕	女	郑丽丽	女	郑妹玲	女
郑少丽	女	郑宋花	女	郑晓微	女	郑秀开	女	郑璇英	女
郑燕文	女	郑郁开	女						

行政管理（8人）

陈俊宇	男	林 婷	女	刘燕妃	女	薛敏燕	女	殷正泽	男
张文辉	男	郑凯欣	女	钟思雅	女				

会计学（25人）

蔡燕珊	女	曾建红	女	程 丹	女	邓智华	女	付晓娟	女
何水玲	女	胡 赛	女	黄彦嘉	女	李林利	女	李鹏辉	男
李晓利	女	梁翠飞	女	廖秋苑	女	刘燕芬	女	龙 波	女
卢海婷	女	罗美雲	女	聂倾林	女	丘利兰	女	唐 艳	女
薛丽蓉	女	杨 敏	男	姚 璐	女	张 萁	女	张 润	女

建筑学（22人）

陈 璇	女	陈志才	男	陈志祥	男	甘晓涛	男	洪一嫒	女
胡晶霞	女	黄金玲	女	黄俊韵	女	黄敏敏	女	黄庆亮	男
黎师宁	男	李献令	女	李颖君	女	林仲琼	女	吴宏雄	男
许文威	男	严 莹	女	严俊杰	男	叶原嘉	男	余小翠	女
袁国青	男	张 点	女						

教育学（教育管理）（118人）

敖结茹	女	曾 晴	女	曾桂芝	女	曾杏文	女	陈 芳	女
陈 真	女	陈丰柔	女	陈嘉琳	女	陈杰敏	女	陈结宜	女
陈康萍	女	陈协君	女	邓国清	女	邓嘉燕	女	范桂娟	女
方洁杨	女	冯丽瑶	女	傅嘉君	女	傅敏华	女	高俊林	男
古文娇	女	关汝旋	女	官玉慧	女	郭美娟	女	韩诗咏	女
何海燕	女	何水琴	女	洪振宏	男	胡 容	女	胡佩珊	女
胡群青	女	黄芳洁	女	黄枫妍	女	黄慧珊	女	黄伟群	女
黄秀娇	女	焦 艳	女	柯丽君	女	孔月仪	女	赖扬华	男
黎淑珍	女	黎雪莹	女	李 丹	女	李 娜	女	李嘉仪	女
李丽萱	女	李佩毅	女	李斯敏	女	梁良娟	女	梁淑娴	女
梁紫妍	女	廖华锐	男	林海棒	女	林玉姬	女	林运媚	女
刘惠兰	女	刘牡瑜	女	刘艳艳	女	伦佩姗	女	罗春节	女
罗艳珠	女	吕 敏	女	莫晓旭	男	潘奕年	女	彭金莲	女
丘莹莹	女	邱陈燕	女	邱群艺	女	邱惜如	女	邱晓芬	女
阮少桃	女	史斐璇	女	苏 盼	女	苏晓颖	女	谭丽霞	女
谭燕贞	女	汤映青	女	唐燕梅	女	万燕华	女	王敏仪	女
吴淑珍	女	伍杏仪	女	席辉霞	女	夏亚君	女	谢诗琪	女
谢泳玲	女	徐彩金	女	许敏华	女	杨文静	女	叶 娟	女
叶淑仪	女	叶土明	男	庾文雅	女	袁冬恋	女	袁慧欣	女
袁巧娟	女	张 娜	女	张芬笙	女	张曼雯	女	张妙珍	女
张天妹	女	张蔚萍	女	张小兰	女	张晓君	女	张艳花	女
张玉贞	女	郑彩萍	女	郑翠莹	女	郑光华	女	郑丽丹	女
郑向宇	女	钟美香	女	钟佩诗	女	钟晓丽	女	钟月君	女
周冰梅	女	周昭琴	女	朱晨平	女				

人力资源管理（51人）

曹绕球	男	岑晓琳	女	陈 瑶	女	陈俊婷	女	陈丽雄	男
陈俐妃	女	陈秦玲	女	冯楚倩	女	冯婕莉	女	冯丽婷	女

关倩怡	女	何秋妹	女	何艳清	女	贺洁冰	女	黄惠妙	女
黄舒晴	女	黎珊珊	女	黎紫晴	女	李　昳	女	李小英	女
李晓露	女	梁建霞	女	梁智恒	男	林彦恒	男	凌丹丹	女
刘淑欣	女	刘雅莉	女	骆　妍	女	麦杏冰	女	莫衬欢	女
聂琛岚	女	彭琳鉴	女	沈嘉莉	女	施优秀	女	王静君	女
王子君	女	吴小兰	女	谢天志	男	谢媛莉	女	徐欢欢	女
严　正	女	叶凤玲	女	张　凯	女	张海潮	男	张煌友	男
张美云	女	张瑞冰	女	张怡萍	女	郑丽金	女	钟翠霞	女
钟秋亿	女								

社会工作（6人）

陈妍英	女	黄建华	男	李艳香	女	邵旭萍	女	徐慧茵	女
钟文丽	女								

学前教育（27人）

陈　洁	女	陈建华	女	陈小兰	女	戴美玲	女	冯　燕	女
何　娜	女	何　月	女	胡红玉	女	胡利君	女	蓝岁纳	女
李　甜	女	李园园	女	梁丽华	女	林晓霞	女	刘　玲	女
马克能	女	莫晓玲	女	沈丽红	女	史潇潇	女	宋　姚	女
唐　晓	女	唐晓兰	女	汪兴琴	女	伍绮玲	女	熊秋群	女
杨观婷	女	周　慧	女						

专升本　业余
（共2929人）

电气工程及其自动化（36人）

陈海军	男	陈家升	男	陈流赵	男	陈真富	男	崔英阁	女
房浩标	男	冯文智	男	金国伟	男	邝炯豪	男	雷桂雄	男
李　贵	男	李彦霖	男	梁永忠	男	廖柳声	男	刘广标	男
龙慧林	男	吕佐钦	男	马振涛	男	莫意恒	男	欧晓东	男
申志桧	男	王　磊	男	吴梓亨	男	肖　翔	男	谢柱龙	男
许耀辉	男	杨大显	男	杨德裕	男	杨永强	男	叶伟龙	男
游宪鹏	男	张培伟	男	张少旭	男	钟海平	男	钟耀铭	男
朱杨贵	男								

法学（52人）

陈　威	男	陈　欣	女	陈超丽	女	陈伟健	男	陈炜杰	男

陈相仪	女	高 文	男	郭 卉	女	胡其法	男	胡小玲	女
黄莉莉	女	黄佩仪	女	黄少鹏	男	黄潇容	女	邝干杰	男
黎德成	男	黎铭章	男	李德新	男	李怡敏	女	梁杰彬	男
梁婉滢	女	刘大川	男	刘海芳	女	刘嘉俊	男	龙发源	男
卢美元	男	卢秋艳	女	罗宏宇	男	盛 利	男	苏俊杰	男
谭敏霞	女	王 帅	男	王翠微	女	王自强	男	韦楚龙	男
温伟健	男	吴嘉辉	男	吴添添	女	伍浩军	男	谢东婷	女
谢瑞仪	女	徐茵然	女	徐永健	男	薛俊杰	男	严炳津	男
杨恩杰	男	姚晓君	女	袁永升	男	张东伟	男	钟嘉丽	女
朱慧珊	女	卓嘉琪	女						

给排水科学与工程（47人）

蔡嘉荣	男	蔡文滔	男	陈建林	男	陈美华	男	陈树豪	男
陈伟强	男	邓君辉	女	邓天生	男	邓韵珊	女	范明格	男
冯剑萍	女	冯琬雯	女	傅 琳	女	关伟健	男	胡金永	男
黄赐仪	男	邝嫣妮	女	邝芷娴	女	赖门福	男	李嘉文	女
李金凤	女	李素怡	女	梁兆辉	男	林子豪	男	刘可欣	女
刘子健	男	罗洪杰	男	马斯琦	女	欧阳惠儿	女	沈志标	男
汪妤嘉	女	卫 楠	男	文 瑶	女	吴海明	男	吴永辉	男
叶宋鑫	男	叶小翠	女	尹 斐	女	张 甜	女	张佳旭	男
张铭成	男	张瑞盈	女	张应兴	男	植美扬	男	周 茜	女
周国添	男	邹王应	男						

工程管理（400人）

白焕红	男	卜嘉豪	男	才孟钊	男	蔡 锋	男	蔡博宇	男
蔡传鑫	男	蔡达真	男	曹伟聪	男	曹裕健	男	曾 珍	女
曾子彦	男	车文杰	男	陈 波	男	陈 林	男	陈 颖	女
陈浩鹏	男	陈洪钊	男	陈华妃	女	陈华荣	男	陈恢越	男
陈俊良	男	陈凯成	男	陈明辉	男	陈钦洲	男	陈青柳	男
陈庆贤	男	陈润境	男	陈树艳	女	陈土有	男	陈伟琦	男
陈文基	男	陈文静	女	陈文钊	男	陈锡平	男	陈小宝	男
陈晓津	男	陈晓军	男	陈晓立	男	陈昱晓	女	陈泽彬	男
陈肇业	男	陈洲锐	男	陈卓文	男	程立元	男	程志森	男
崔狄生	男	戴小凤	女	邓惠文	男	邓永坚	男	邓兆杰	男
董泽夏	女	杜钢行	男	段 冬	男	段有文	男	范 俊	男
范耿伟	男	范晓冬	男	方燕婷	女	冯 干	男	冯文泉	男

姓名	性别	姓名	性别	姓名	性别	姓名	性别	姓名	性别
甘梓杰	男	淦克平	男	高嫡	女	高东兴	男	谷燕	女
顾国权	男	官子运	男	郭佳文	男	郭家权	男	郭兰兰	女
郭燕杏	女	何鹏	男	何淳干	男	何德华	男	何嘉堃	男
何敏达	男	何明晋	男	何善贤	女	何晓婷	女	何韵婷	女
贺静	女	洪弟	男	洪格森	男	胡桂银	男	胡磊磊	男
胡良华	男	胡演仪	女	胡樱琼	女	胡则明	男	胡志樑	男
黄波	男	黄恒	男	黄欢	男	黄朋	男	黄通	男
黄春丽	女	黄恩华	男	黄冠豪	男	黄冠鑫	男	黄国斌	男
黄宏江	男	黄厚义	男	黄辉鸿	男	黄健鹏	男	黄洁燕	女
黄乐前	男	黄丽霞	女	黄玲君	女	黄梅芳	女	黄明裕	男
黄婷婷	女	黄伟哲	男	黄文婷	女	黄文武	男	黄雯诗	女
黄旭生	男	黄炀夏	男	黄雨鸿	女	黄裕明	男	黄誉浩	男
黄志全	男	纪姝妙	女	江娟	女	江涛	男	江鑫龙	男
江学文	男	姜志敏	女	金奎	男	康亚民	男	孔令能	男
邝佛有	男	赖尚坤	男	蓝威	女	蓝伟坚	男	乐家欢	男
黎建文	男	黎秋萍	女	黎文嘉	男	李坤	男	李年	男
李玉	男	李成宝	男	李成河	男	李春京	男	李春鸠	女
李海燕	女	李汉龙	男	李浩飞	男	李剑东	男	李健祺	男
李杰婷	女	李兰鹏	男	李亮梅	女	李罗坤	男	李茂书	男
李斯琴	女	李苏楠	男	李太增	男	李添恩	男	李炎燃	男
李仰鹏	男	李志豪	男	李志江	男	连文杰	男	梁斌	男
梁蓉	女	梁冰妹	女	梁伯根	男	梁佳洁	男	梁嘉安	男
梁嘉雯	女	梁凯桑	男	梁利春	女	梁龙程	女	梁思敏	女
梁思欣	女	梁伟明	男	梁永仪	女	梁钰辉	男	梁志雄	男
梁智斌	男	梁梓俊	男	廖彩霞	女	廖创军	男	廖伟兵	男
林彩勋	男	林承钊	男	林华春	男	林锦碧	女	林靖梅	女
林康晋	男	林妙玲	女	林庆兰	男	林日彬	男	林锐珊	女
林厦凯	男	林少亮	男	林盛友	男	林文惠	男	林晓娜	女
林泽佳	男	林志升	男	林忠盛	男	凌伊鹏	男	零欢	男
刘敏	女	刘敏	女	刘升	女	刘双	女	刘昌森	男
刘凤霞	女	刘付恒	男	刘眷君	男	刘俊锋	男	刘龙潭	男
刘南浩	男	刘绍锋	男	刘婷婷	女	刘文浩	男	刘小惠	女
刘星明	男	刘勇斌	男	刘钊明	男	龙焊健	男	龙国威	男
龙田凤	女	龙泳仪	女	卢燕京	男	陆彩珍	女	罗广舜	男
罗立志	男	罗茜茜	女	罗润曦	男	罗水红	男	罗宇敏	男
骆翀	女	吕毅	男	马腾飞	男	麦家源	男	麦景念	男

蒙万坤	女	明炎平	男	莫沛清	男	莫小斌	女	欧阳志刚	男
潘庆怡	女	潘铨升	男	潘婷婷	女	彭梦洁	女	彭天凤	女
邱致君	男	区剑峰	男	屈晓博	男	饶梓怡	女	任嘉立	男
任文武	男	佘典坤	男	沈伟枫	男	沈忠钦	男	施殷勤	女
石 强	男	宋雪芹	女	苏 升	男	苏白冰	女	苏星辉	男
谈满超	男	覃达贵	男	谭检宝	男	谭秋红	女	唐 卫	男
滕永姣	女	王 晓	男	王慧梅	女	王丽丹	女	王丽如	女
王亮明	男	王沛淙	男	王秋霞	女	王绍兴	男	王永峰	男
王友林	男	王有祥	男	王玉莹	女	韦其国	男	魏创雄	男
魏凌锋	男	魏堉生	男	吴 俊	男	吴海强	男	吴弦蔚	男
吴晓铭	男	吴绪祥	男	吴艳霞	女	吴玉芳	女	吴志兴	男
伍柏宇	男	伍尚权	男	伍思儒	男	伍晓云	女	伍兴群	男
伍梓豪	男	席小白	男	肖晓玉	男	谢 翔	男	谢济芳	女
谢剑雄	男	谢萍萍	女	谢松开	男	谢文足	男	谢晓伟	男
熊 薇	男	徐德祥	男	徐开慧	男	徐康文	男	徐如子	男
许佳鑫	男	许嘉慧	女	许群英	女	许伟杰	男	褟嘉健	男
严少梅	女	杨 键	男	杨 青	男	杨健源	男	杨金星	男
杨静娜	女	杨明旭	男	杨亚杰	男	姚连珠	女	姚鑫炜	男
叶基佑	男	叶永琪	男	鄞鸿临	男	于 江	男	余钡填	男
余军海	男	余明珠	女	余展龙	男	余志昂	男	喻建华	男
袁 康	男	袁 振	男	袁天朗	男	袁永佳	男	詹毓丹	女
张 峰	男	张 错	男	张 悦	女	张成兴	男	张丹琳	女
张嘉峰	男	张嘉欣	女	张丽萍	女	张南城	男	张胜广	男
张盛圳	男	张晚仪	女	张文容	女	张武军	男	张奕杰	男
张志柱	男	张忠铭	男	张自操	男	招翠平	女	赵绿茵	女
郑富文	男	郑金华	男	郑娟萍	女	郑伟霞	女	郑奕鹏	男
郑应亮	男	郑永铭	男	郑泽海	男	植思伟	女	钟鸿波	男
钟桦安	男	钟美施	女	周 标	男	周 俊	男	周锋允	男
周海程	男	周素玲	女	周笑宇	男	周永臻	男	周榆胜	男
周钰彬	男	周越升	男	周增杰	男	朱含正	男	朱纪龙	男
朱嘉炜	男	朱小媚	女	庄楚武	男	庄泽鑫	男	庄铮圣	男
庄志鸿	男	邹 月	女	邹浩根	男	邹韦韦	女	邹紫云	女

工程管理（投资与造价）（85人）

蔡邦柱	男	蔡嘉诗	女	蔡丽婷	女	曾春霞	女	曾伟豪	男
陈 海	男	陈 胜	男	陈鸿任	男	陈佳婉	女	陈家鹏	男

陈淑纯	女	陈婉虹	女	陈志成	男	邓伟清	女	邓向辉	男
刁锦新	男	方 魁	男	方培旭	男	甘毅敏	男	关嘉俊	男
何景霞	女	何绿娃	女	贺亚帝	女	洪小雨	女	胡桂婷	女
黄冰冰	女	黄立涛	男	黄棋均	男	黄素瑜	女	黄文锋	男
黄晓文	女	黄雪慧	女	黄莹莹	女	黄志婷	女	黄志兴	男
江杏池	女	赖汉钦	男	兰一川	男	李彩虹	女	李添浩	男
李醒然	男	李杨圳	男	李玉萍	女	梁思华	女	梁子健	男
林敏平	女	刘惠怡	女	刘诗吟	女	卢佳锋	男	吕泽标	男
马仕韩	男	马子腾	男	孟 雪	女	丘俏静	女	沈培钧	男
苏慧娴	女	苏俏君	女	覃裕灵	男	唐少媚	女	王健聪	男
王树坤	男	王晓琳	女	王肇军	女	吴金榜	男	吴上海	男
吴炎晴	女	伍卓亮	男	谢 玲	女	谢东伟	男	谢家鸿	男
谢丽琼	女	徐文哲	男	许 金	男	许加劲	男	杨艳玲	女
张华杰	女	张慧玲	女	张健浩	男	张锦荣	男	张伟烽	男
张再明	男	赵晓键	男	郑康荣	男	郑淑梅	女	周秋平	女

工商管理（317人）

巴艳娟	女	蔡冬瑜	女	蔡剑冰	男	曹碧珍	女	曹鹏晖	男
曹仕勇	男	岑艺阳	男	曾祥俊	男	曾振健	男	陈 斌	男
陈 琳	女	陈 雪	女	陈达恒	男	陈凤玲	女	陈海南	女
陈浩杰	男	陈嘉玲	女	陈健明	男	陈俊杰	男	陈丽红	女
陈思华	女	陈思婷	女	陈文锋	男	陈小静	女	陈欣然	女
陈秀秀	女	陈妍悦	女	陈艳梅	女	陈迎春	女	陈泳恩	女
陈志明	男	陈志强	男	陈子愉	女	陈紫梅	女	崔 旭	女
戴国维	男	戴婉玲	女	单晓莹	女	邓钰洁	女	刁 鹏	男
董超毅	男	樊雪梅	女	冯 静	女	冯燕秋	女	付昌盛	男
傅丽黎	女	甘桂丹	女	高 为	男	高文记	男	龚根乐	男
古国栋	男	古露萍	女	关翠媚	女	郭达彬	男	郭杰凤	女
郭翌娜	女	郭芷晴	女	韩斯雅	女	何海永	男	何君谊	女
何康明	男	何明富	男	何文静	女	何贤豪	男	何晓蓉	女
何艳艳	女	何振优	男	洪居通	男	侯 敏	女	胡 盼	男
胡慧莹	女	胡镜洋	男	胡晓红	女	黄 琪	女	黄保明	男
黄春燕	女	黄桂民	男	黄桂容	女	黄金兰	女	黄俊标	男
黄俊洲	男	黄灵灵	女	黄梅芳	女	黄萍萍	女	黄巧花	女
黄润光	男	黄少梅	女	黄燕娜	女	黄银河	男	黄泽华	男
霍 芳	女	江献钧	男	江晓明	男	姜红霞	女	蒋 丹	女

蒋丽萍	女	蒋倩蓝	女	亢星	男	柯诗	女	邝伟冠	男
况冬萍	女	赖弟兰	女	郎国强	男	劳宇飞	男	雷德娇	女
雷南舟	女	黎广记	女	黎明鑫	男	黎湘妃	女	李季	女
李科	男	李敏	男	李彤	男	李钊	女	李达裕	男
李贵宏	男	李金帆	女	李俊杰	男	李丽敏	女	李眉眉	女
李玟佳	女	李斯维	男	李文杰	男	李锡芳	女	李咸满	男
李欣珊	女	李雅婷	女	李有朋	男	李玉婷	女	李兆豪	男
李梓峰	男	连宗荣	男	梁爽	女	梁宝荣	男	梁冰丽	女
梁浩荣	男	梁晶晶	女	梁庆兰	女	梁荣滔	男	梁锐彬	男
梁伟俊	男	梁欣如	女	梁韵芝	女	梁钊章	男	梁振锋	男
梁志坚	男	梁祖盼	男	林衡	女	林旭	男	林冬琪	女
林锦秀	女	林李满	女	林茂云	男	林美云	女	林培鹏	男
林少仙	女	林婷婷	女	林伟祥	男	林贤玲	女	林小双	女
林小霞	女	林月妃	女	刘桂	男	刘丹纯	女	刘瀚昆	男
刘丽梅	女	刘玲冰	女	刘美诗	女	刘容秀	女	刘诗莹	女
刘婉珊	女	刘艳湘	女	刘杨坚	男	刘银君	女	刘泳珊	女
刘钰莹	女	柳晓霞	女	龙雨	女	龙维亮	男	卢德焕	男
卢润豪	男	卢希琳	女	罗红帆	女	罗丽娜	女	罗志鹏	男
吕兆斌	男	麦嘉莉	女	麦志悦	男	毛刘艳	女	毛露璐	女
莫林彬	男	莫婉婷	女	欧达城	男	潘慧敏	女	潘敏仪	女
潘顺源	男	潘韵玉	女	彭剑	男	彭秋影	女	彭学坚	男
戚华英	男	钱芷蕙	女	钱智海	男	沈彩英	女	沈美芳	女
舒秀环	女	宋春妙	女	苏俊	男	孙泉成	男	谭娟	女
谭鸿健	男	谭康炳	男	谭敏儿	女	谭伟安	男	唐毅	女
唐秋勇	男	唐柱芝	女	王骞	男	王英	女	王娟娟	女
王立俊	男	王喜霞	女	王夏岚	女	王亚莉	女	王志聪	男
王中涛	男	温碧坚	女	温翠萍	女	温毅华	女	巫翠萍	女
吴海波	男	吴桥伟	男	吴淑敏	女	吴思颖	女	吴文威	男
吴杏梅	女	吴岩岩	女	鲜春珍	女	冼锡勇	男	肖尧	男
肖婧伟	女	谢跃	女	谢碧莹	女	谢彩凤	女	谢建芳	女
谢利珍	女	谢绮雯	女	谢炜武	男	熊俊子	女	徐超	男
徐璐	女	徐凤微	女	徐国龙	男	徐伟昌	男	许鸿森	男
许文祺	女	许艺霖	女	许悦潮	男	严佩余	女	严玉添	男
杨关雄	男	杨海红	女	杨孟泽	男	杨晓菲	女	杨秀萍	女
杨智文	男	姚丽芬	女	姚昭薇	女	叶惠嫦	女	叶科志	男
叶小玲	女	叶晓东	男	叶志伟	男	殷芷敏	女	尹思	女

余健荣	男	余晶晶	女	余清云	女	袁清清	女	张弢	男
张惟	男	张楚雯	女	张耿霞	女	张海欣	女	张汉杰	男
张嘉铭	男	张黎明	男	张炼槟	男	张凌霄	男	张美婷	女
张少波	男	张婉荣	女	张伟杰	男	张一昊	男	张意林	女
张元灏	男	赵学胜	男	郑凯铃	女	郑丽珊	女	郑日安	男
郑水安	男	植凯晴	女	钟琴	女	钟蕙蔓	女	钟钊鸿	男
周亮	男	周平	男	周超烙	男	周金钊	女	周宽茵	女
周丽君	女	周穗志	男	朱彩霞	女	朱嘉伦	男	朱嘉敏	女
庄晓琳	女	邹慧敏	女						

国际经济与贸易（10人）

陈庆彬	男	范明华	男	黄深文	男	黄银玲	女	贾富楷	男
江绮雯	女	李静怡	女	梁雪仪	女	张茵	女	郑锦冰	女

汉语言文学（秘书）（47人）

陈宝倩	女	陈海超	男	陈菊倩	女	成素洁	女	樊启程	男
范馨方	女	冯意婷	女	胡欣婵	女	黄莹	女	黄敏如	女
黄佩贤	女	黄雅翘	女	霍绮雯	女	黎欣	女	黎建辉	男
黎祎梦	女	李金花	女	李蓝清	女	李美莹	女	李小静	女
李子笑	女	梁念慈	女	梁世弘	男	梁玉仪	女	林嘉津	男
林丝敏	女	刘丽婷	女	刘玉珠	女	刘智龙	男	彭学新	男
宋岷	女	宋淑君	女	谭乐欣	女	王英霖	男	温爱娣	女
吴绍丰	男	冼志良	男	徐子雯	女	杨丽萍	女	叶春梅	女
游超华	女	余华平	女	张越	男	张来宴	女	张晓燕	女
钟嘉颖	女	朱丹	女						

汉语言文学（师范教育）（34人）

包想兰	女	曾思然	女	陈丽	女	陈桂云	女	陈为贤	女
陈贤瑜	女	陈小玲	女	方娟慧	女	冯凯珊	女	何婉文	女
胡俊超	男	黄燕红	女	赖秋明	女	李丹云	女	李诗婷	女
李晓岚	女	李志鹏	男	李智茵	女	梁毅	男	梁成志	男
卢晓丽	女	陆彩书	女	罗云娜	女	容浩义	男	覃森梅	女
谭靖	女	谭斯尹	女	王蘅	女	王丹梅	女	许小凤	女
杨洁萍	女	张慧霞	女	张宁松	男	钟鑫昌	男		

行政管理（89人）

曹　颖	女	曾志豪	男	车少罗	男	陈惠柱	男	陈林敏	男
陈沛珍	女	陈瑞生	男	陈素雯	女	陈穗宁	女	陈肖婷	女
陈紫茵	女	邓健朗	男	邓婷文	女	邓祎萍	女	董可维	男
杜咏诗	女	冯嘉敏	女	符日静	女	郭惠娴	女	何嘉宝	女
何妙婷	女	何韵倩	女	胡艳芳	女	黄　静	女	黄婉君	女
黄小羽	女	黄钰槐	男	黄梓欣	女	江进高	男	焦文芳	女
邝健荷	女	雷春燕	女	李　炜	女	李俊杰	男	李敏瑶	女
李洽铭	女	李少霞	女	李文俊	男	李尹玲	女	梁沛瑜	女
梁秋俊	男	林　丹	女	林家盈	女	林雪敏	女	刘　娇	女
刘　静	女	刘丽敏	女	罗大敏	女	吕　艺	女	吕艳平	女
马秋月	女	欧滢幸	女	区端芝	女	沈婉婷	女	石文婷	女
苏夏兰	女	苏彦静	女	唐彩虹	女	王　键	男	吴创浩	男
吴慧雯	女	萧志毅	男	徐淑芳	女	许灿禹	男	许洋森	男
严伟潮	男	杨　杨	男	杨秋怡	女	姚　慧	女	叶炳贤	男
叶俊鹏	男	叶伟宗	男	余嘉丽	女	余曼仪	女	张颖宜	女
张芷莎	女	张梓婷	女	赵慧怡	女	甄彩怡	女	郑子聪	男
钟怡仲	男	周锦韶	男	周树彬	男	周小琳	男	周颖珊	女
朱海燕	女	朱素坤	女	庄文伟	男	庄映珠	女		

会计学（201人）

毕嘉辉	男	蔡海兰	女	蔡文基	女	蔡锡丽	女	曹　毓	男
曹楚君	女	曹小平	女	曾　红	女	曾　莉	女	曾春桃	女
曾美惠	女	曾诗欣	女	曾玉芹	女	曾张凤	女	曾志远	男
陈　玲	女	陈　婉	女	陈　曦	女	陈冬霞	女	陈耿生	男
陈国锋	男	陈海清	女	陈嘉欣	女	陈剑芬	女	陈静雯	女
陈琳珊	女	陈明玲	女	陈琼芬	女	陈少璇	女	陈淑敏	女
陈婷婷	女	陈炜程	男	陈晓彤	女	陈晓文	女	陈秀清	女
陈燕君	女	陈燕娜	女	陈奕芝	女	陈颖诗	女	陈玉翠	女
邓　培	女	邓惠敏	女	杜淑立	女	范秋燕	女	冯小盈	女
何国强	男	何嘉雯	女	何嘉仪	女	何君然	女	何晓东	女
贺瑞滢	女	洪慧君	女	侯丽雅	女	侯晓珍	女	胡莉萍	女
胡兆钧	男	黄　新	女	黄彩凤	女	黄楚欣	女	黄海云	女
黄浩宏	男	黄焕雯	女	黄俊汇	男	黄敏莲	女	黄映霞	女
黄珠瑜	女	霍垌希	男	纪　琳	女	江香妹	女	江燕敏	女
蒋芷晴	女	孔丽媚	女	孔欣怡	女	雷璐澌	女	黎静霞	女

黎文芬	女	黎小桃	女	黎倬利	男	黎子凤	女	李浩文	男
李家贤	男	李嘉健	男	李坚玲	女	李群融	女	李诗韵	女
梁海欣	女	梁艳莎	女	林旭	男	林佳玲	女	林晓丹	女
林燕欢	女	凌秋潮	女	刘华婷	女	刘曼清	女	刘巧洁	女
刘巧萍	女	刘润兰	女	刘彦君	女	刘银环	女	陆美婷	女
陆韵莹	女	罗慧琳	女	罗锦屏	女	罗美芝	女	罗愉萍	女
吕宝琳	女	吕孟霞	女	吕燕丹	女	马珍	女	莫培基	男
欧彩云	女	庞奕君	女	彭佳培	女	彭杰恩	女	彭利娜	女
邱丹纯	女	邱青平	女	任适如	女	邵明珍	女	沈楚芹	女
沈大婉	女	苏凤清	女	苏铭康	男	苏倩菲	女	孙朦朦	女
谭海萍	女	谭慧晶	女	谭逸瑜	女	汤明锋	男	唐月莎	女
唐昭君	女	王华	女	王珍	女	王敏仪	女	王木珠	女
王森林	男	王思萍	女	王晓碧	女	王艺臻	女	韦安红	女
韦斯雅	女	魏明妹	女	温丽婷	女	文上珍	女	文亚梅	女
邬翩	女	吴素娴	女	吴雯琪	女	吴晓敏	女	吴玉琴	女
吴粤琼	女	伍思颖	女	伍雨松	女	冼嘉琪	男	萧扬	女
萧桃懿	女	谢蕾	女	谢琳	女	谢春燕	女	谢广纤	女
谢金吉	女	徐慧欣	女	徐小珠	女	徐奕丽	女	徐玉桥	女
薛立蓉	女	严沛峰	男	颜龙飞	男	杨静雯	女	杨巧玲	女
杨万利	女	杨雪雯	女	姚沁韵	女	姚小华	女	叶庆连	女
叶艳珊	女	叶祉毅	女	余燕燕	女	袁怡	女	詹佩君	女
张琳	女	张勉	女	张敏	女	张榕	男	张丹妮	女
张洪捷	女	张惠璇	女	张坤莲	女	张丽萍	女	张绮云	女
张要柳	女	赵必铭	男	甄嘉颖	女	郑佳儿	女	钟春霞	女
钟美娟	女	朱翠芳	女	朱叶芬	女	朱玉平	女	卓依萍	女
邹铭慧	女								

计算机科学与技术（110人）

陈彬	男	陈锋	男	陈狄梅	女	陈广宁	男	陈黄建	男
陈嘉杰	男	陈立业	男	陈伟祥	男	陈艳萍	女	陈追文	男
邓曦	男	邓汉聪	男	高志杰	男	何奎	男	何东晖	女
何国良	男	何世锐	男	何毅富	男	洪庭	男	洪浩彬	男
胡展源	男	黄辉鹏	男	黄俊生	男	黄楼荣	男	黄伟坚	男
黄志强	男	简世豪	男	孔浩威	男	黎俊	男	黎明	男
黎德有	男	李坤	男	李道征	男	李德江	男	李孟陶	男
李琼佳	女	李尚志	男	李硕立	男	李土均	男	李星辉	男

李志雄	男	李宗恒	男	梁杰文	男	梁敬瑭	男	林 科	男
林亨辉	男	林培燕	男	林少聪	男	林伟东	男	林映芳	女
林长鸿	男	刘 智	男	刘俊杰	男	刘丽莎	女	卢敏夫	男
陆嘉俊	男	罗婵熙	女	罗文杰	男	麦健雄	男	麦金鸿	男
麦锦娣	女	饶辉裕	男	史维鹏	男	宋 勇	男	宋文浩	男
宋艳良	男	宋子浩	男	谭永锋	男	汪广怀	男	王 阳	男
王敏辉	男	韦 琦	男	温伟兴	男	温正堂	男	邬玉香	女
吴 昊	男	吴 权	男	吴焯毅	男	吴东儒	女	吴文强	男
吴学金	男	冼建东	男	谢亮斌	男	徐健彬	男	徐健锋	男
许贵治	男	许立明	男	许路加	男	禤志锋	男	杨 健	男
杨利燕	女	杨兆维	男	叶捷成	男	余 静	男	余晓然	男
张海林	男	张建兴	男	张天岷	男	张志行	男	郑辉豪	男
郑立扑	男	郑少峰	男	植键浠	男	钟嘉玲	女	钟小秋	女
周诚锋	男	周巧巧	女	周仁辉	男	周思达	男	邹仲贤	男

建筑学（38人）

冯铭燊	男	郭龙宝	男	何文涛	男	何志花	女	胡荣根	男
黄嘉荣	男	暨洁萍	女	邝伟龙	男	劳丹霞	女	李 芳	女
李 梅	女	李沛洲	男	李颖洙	女	李智聪	男	梁伟东	男
林盛贵	男	刘 彬	男	刘 沁	女	罗 冰	男	邱瑞琼	女
苏会亮	男	王凤毫	女	王家珍	男	吴爱玲	女	吴英烽	男
伍肇伟	男	熊响华	男	许译丹	女	杨家印	男	杨小康	男
姚啟源	男	余 盼	男	张 丹	男	植丽君	女	钟 伟	男
周柏南	男	周妙发	男	庄帝醒	男				

教育学（教育管理）（440人）

白紫晶	女	贝宝芬	女	蔡海滨	女	蔡婉雯	女	蔡汶丽	女
蔡艳丽	女	曹祥莉	女	岑金群	女	曾丽萍	女	曾丽媛	女
曾梅芬	女	曾佩仪	女	曾赛媚	女	曾信荣	男	曾远慧	女
陈 桂	男	陈 惠	女	陈 洁	女	陈 丽	女	陈 雪	女
陈彩侠	女	陈础薇	女	陈翠萍	女	陈凤玲	女	陈桂梅	女
陈海明	男	陈华群	女	陈惠敏	女	陈惠珍	女	陈嘉琪	女
陈建枝	男	陈杰清	女	陈静芬	女	陈君梅	女	陈钧潜	男
陈俊杰	男	陈满如	女	陈美君	女	陈敏霞	女	陈敏仪	女
陈绮雯	女	陈琼丽	女	陈秋兵	男	陈珊珊	女	陈淑梅	女
陈思霖	女	陈思霖	女	陈思琪	女	陈婉芬	女	陈雯静	女

陈晓君	女	陈笑仪	女	陈旭容	女	陈雪伦	女	陈燕青	女
陈玉澜	女	陈玉屏	女	陈玉茹	女	陈月敏	女	陈韵诗	女
陈紫怡	女	谌庆燕	女	程朝康	男	程晓雯	女	崔保持	男
崔倩倩	女	戴家暖	女	戴胜如	女	单伟康	男	单樱汶	女
邓莹	女	邓碧婵	女	邓楚汶	女	邓美娟	女	邓素容	女
邓小娣	女	邓韵欣	女	邓泽华	女	杜惠玲	女	范杰贞	女
范敏晶	女	范敏怡	女	范少东	女	范少坪	女	方莹	女
方淋玲	女	方满能	男	冯惠静	女	冯纪颖	女	冯金燕	女
冯盼盼	女	冯晓蓉	女	冯叶仪	女	符鸿妙	女	符梦玉	女
符燕兰	女	高世文	男	高晓敏	女	高勇劲	男	古嘉愉	女
古静贤	女	古仕群	女	古艳萍	女	关嘉丽	女	关峣琳	女
关紫君	女	管春欣	女	郭楚玲	女	郭秋霞	女	郭伟坚	男
郭雪萍	女	郭燕婷	女	韩宇思	女	何徽	女	何楚君	女
何广梅	女	何桂碧	女	何嘉裕	女	何晋桦	女	何静怡	女
何丽华	女	何丽君	女	何美兰	女	何敏斯	女	何穆娟	女
何庆霖	男	何小丽	女	何玉梅	女	何玉莹	女	何志权	男
侯亚丽	女	胡海燕	女	胡玲玲	女	胡敏华	女	胡木榕	女
胡庆锋	男	胡少琪	女	胡梓琼	女	黄宾	女	黄碧玉	女
黄翠静	女	黄光保	男	黄海芬	女	黄惠娟	女	黄莉娟	女
黄莉莉	女	黄美容	女	黄敏仪	女	黄铭如	女	黄佩敏	女
黄佩珊	女	黄秋怡	女	黄日银	女	黄荣夏	女	黄少妮	女
黄偲琪	女	黄婉伊	女	黄小调	女	黄雪华	女	黄依娜	女
黄银双	女	黄莹宇	女	黄玉英	女	黄月娣	女	黄转弟	女
黄子凌	女	纪婷婷	女	江瑾	女	江微	女	江丽婷	女
江淑文	女	江小萍	女	蒋炽恩	女	蒋焕仪	女	蒋秋玲	女
蒋子媚	女	柯小妹	女	孔敏锋	女	赖静	女	赖柏瑜	女
赖玉娟	女	蓝珊珊	女	黎冰婵	女	黎曼莹	女	黎思恩	女
黎烷滢	女	李璇	女	李丹丹	女	李海燕	女	李好兰	女
李嘉欢	女	李嘉玲	女	李结莹	女	李景红	女	李丽丽	女
李丽珊	女	李梦婷	女	李梦婷	女	李铭斌	男	李培仪	女
李绮琪	女	李少惠	女	李少丽	女	李树清	女	李帅飞	女
李思源	女	李伟权	男	李炜星	男	李小聪	女	李晓斌	男
李耀斌	男	李玉敏	女	李云媚	女	练飘婷	女	梁雯	女
梁炳坚	男	梁彩君	女	梁翠婷	女	梁桂花	女	梁国熙	男
梁蓝英	女	梁佩榕	女	梁聘珍	女	梁巧琴	女	梁瑞仪	女
梁舒琦	女	梁婉媚	女	梁笑玲	女	梁雪冰	女	梁雪君	女

梁艳升	女	梁燕辉	女	梁泳欣	女	廖 金	女	廖靖靖	女
廖文芳	女	廖文清	女	林春连	女	林桂英	女	林洁芳	女
林小翠	女	林小萍	女	林小珊	女	林燕玲	女	林媛媛	女
林允宜	女	刘 辉	女	刘 倩	女	刘 霞	女	刘惠君	女
刘洁妞	女	刘金娣	女	刘静敏	女	刘明君	女	刘小燕	女
刘演华	女	卢雅洁	女	罗绿旋	女	罗敏莎	女	罗庆平	女
罗倚咏	女	罗银妹	女	罗宇慧	女	罗韵茹	女	马家强	男
马结欣	女	马炜华	女	马晓燕	女	麦 宁	女	麦碧莹	女
麦薇薇	女	麦煜佳	男	麦芷莹	女	蒙念念	女	母秀兰	女
农 艳	女	欧春兰	女	欧东丽	女	欧阳娟	女	潘凤珍	女
潘小嫚	女	潘轩桧	女	彭健生	男	祁 斌	男	秦 蝶	女
丘斯芬	女	邱丽萍	女	饶 臻	女	阮金桃	女	沈 虹	女
沈燕玲	女	石海红	女	石丽芳	女	石思桃	女	石秀清	女
宋思红	女	宋雅娟	女	苏 霞	女	苏翠娴	女	苏丽菊	女
苏敏东	女	孙宝兰	女	谭梦婷	女	谭卫娣	女	谭小娜	女
谭小样	女	汤丽燕	女	唐颖玲	女	涂 娟	女	汪林燕	女
汪晓芸	女	王 蓓	女	王 韬	男	王嘉梨	女	王美莲	女
王艳云	女	王茵茵	女	韦燕英	女	卫绍铜	男	卫智灵	女
魏瑶瑶	女	魏玉珊	女	温 琴	女	温凤玲	女	温柳娣	女
温清婷	女	温瑞花	女	邬远珍	女	吴 洁	女	吴彩冰	女
吴华月	女	吴绮琪	女	吴秋琳	女	吴珊珊	女	吴思敏	女
吴思茵	女	吴小屏	女	伍洪妹	女	夏 青	女	夏艺佳	男
冼灏贤	女	冼少静	女	肖 琴	女	肖锦霞	女	肖丽雅	女
肖良艳	女	肖舒晴	女	谢 玲	女	谢秉成	男	谢冬妹	女
谢诗敏	女	谢素文	女	谢玉金	女	徐 妹	女	徐丽萍	女
徐晓君	女	许 婷	女	许键豪	男	许南娇	女	许震宇	女
禤晓莉	女	严圆圆	女	颜映丽	女	杨 荣	女	杨 玉	女
杨海萍	女	杨景荣	女	杨立珂	女	杨莉萍	女	杨森裕	男
杨婷婷	女	杨文慧	女	杨小燕	女	杨志敏	女	姚爱华	女
姚洁萍	女	姚晓童	女	叶 媚	女	叶美华	女	叶佩珊	女
叶诗婷	女	叶晓丽	女	叶燕丽	女	易灵芝	女	郁小金	女
袁振鸣	男	詹桂容	女	张 静	女	张 宁	女	张 蓉	女
张 欣	女	张 云	女	张晨乐	女	张翠娥	女	张翠文	女
张丹云	女	张桂娣	女	张惠仪	女	张可欣	女	张丽君	女
张俐珍	女	张敏清	女	张茜淇	女	张倩玲	女	张倩文	女
张瑞连	女	张雪萍	女	张颖晶	女	张玉君	男	张玉梅	女

张苑芬	女	郑翠丽	女	郑观俞	女	郑嘉裕	女	郑洁娜	女
郑曼丽	女	郑晓君	女	郑幼君	女	植绮华	女	钟丽敏	女
钟乔红	女	钟水凤	女	钟晓霞	女	钟杏连	女	周纯洁	女
周海欣	女	周会丹	女	周嘉慧	女	周丽青	女	周穗萍	女
周文杰	男	周贤娴	女	周玉华	女	周玉梅	女	朱曼玲	女
朱素素	女	朱文婷	女	朱小燕	女	庄梦莹	女	邹玉文	女

金融学（93人）

蔡鸿琴	女	曾少婉	女	曾逼春	男	曾宪聪	男	曾祥立	男
曾艳萍	女	陈东	男	陈璧珥	女	陈洪生	男	陈丽珊	女
陈莉娟	女	陈文锋	男	陈小红	女	陈晓秋	女	陈旭洋	男
褚笑	女	邓红梅	女	邓志涛	男	刁韵文	男	丁子瑜	女
冯敏莹	女	付晓波	女	高静娴	女	何海波	男	何威卓	男
侯燕萍	女	胡旭玲	女	黄凤华	女	黄锦仁	男	赖月容	女
雷允灏	男	黎俊兄	女	李军	男	李汉飞	男	李嘉华	男
李艳红	女	李玉娣	女	梁东波	男	梁汝坤	男	梁晓琳	女
梁旭昆	男	廖玉连	女	林海燕	女	林丽欣	女	凌嘉亮	男
刘嘉琪	女	刘曼江	女	刘秋娟	女	刘瑞雪	女	刘雪珍	女
龙柯志	男	卢韫	女	卢熙贤	男	伦颖茵	女	罗巧	女
罗坤旺	男	吕大千	男	麦家骏	男	莫进术	男	农艳清	女
彭新标	男	彭演湄	女	苏彩赞	女	苏雪莹	女	覃耀恒	男
汤智鹏	男	唐华	男	唐梦娇	女	王丹	女	王岳芳	女
魏宝燊	男	翁秀燕	女	吴楚杰	男	吴冬媚	女	吴锡相	男
吴艳芳	女	向宇	女	徐利华	男	颜智颖	女	杨婵燕	女
叶伟清	男	余国力	男	余丽娜	女	张杰	女	张颖	女
张国景	男	张卉姿	女	张家升	男	张睿琪	女	张诗韵	女
张向东	男	钟柏豪	男	朱文君	女				

人力资源管理（277人）

蔡林	女	蔡冰玲	女	蔡妙宣	女	蔡少华	女	蔡少勤	女
曹珊霞	女	曾焯颖	女	曾楚峻	男	曾颖琳	女	曾颖贤	女
曾子雯	女	陈蕾	女	陈翌	女	陈昌劲	男	陈楚玲	女
陈冠安	男	陈桂儿	女	陈华生	男	陈佳灵	女	陈嘉雯	女
陈嘉烨	女	陈洁明	男	陈金婷	女	陈静凡	女	陈丽霞	女
陈丽欣	女	陈敏芝	女	陈启浩	男	陈秋霞	女	陈少玲	女
陈少敏	女	陈少珊	女	陈诗玲	女	陈世强	男	陈淑铷	女

陈淑贤	女	陈水利	女	陈婉雯	女	陈小春	女	陈晓君	女
陈晓稳	女	陈燕藩	男	陈一秀	女	陈颖颖	女	陈勇行	男
陈月玲	女	陈玥韵	女	陈哲东	男	陈志华	女	崔倩文	女
戴翠云	女	邓 立	男	邓冠伦	男	邓慧雯	女	邓炀君	女
邓棹森	男	杜 丹	女	杜得福	男	范芷瑜	女	方裕冰	女
冯 婷	女	冯楠楠	女	冯钰华	女	高 源	女	高红飞	女
高洁梅	女	高延颖	女	高艺尹	女	高志敏	女	关润河	女
郭浩伦	男	何宝婷	女	何红英	女	何润成	男	何晓东	男
何妍君	女	何燕莹	女	何泳诗	女	何子茜	女	贺凤仪	女
洪美燕	女	胡舒韵	女	胡永健	女	黄宝琪	女	黄称花	女
黄带娣	女	黄关婷	女	黄华洲	男	黄佳泳	男	黄家琳	女
黄嘉欣	女	黄杰浩	男	黄锦敏	女	黄丽云	女	黄栎文	女
黄荣坚	男	黄锐纯	女	黄锐涛	男	黄思婷	女	黄小玲	女
黄谢华	女	黄信恒	男	黄咏思	女	简嘉敏	女	江 娜	女
江嘉建	女	柯思婷	女	赖 晓	女	赖曼盈	女	蓝阳光	男
雷淑文	女	雷文娟	女	黎建杰	男	黎锡琪	女	李 丹	女
李 芳	女	李 霁	女	李 静	女	李 婷	女	李 珍	女
李超凡	男	李冠英	女	李积良	女	李丽婷	女	李倩倩	女
李诗颖	女	李婉精	女	李小连	女	李小婷	女	李艳欣	女
李裕婷	女	梁金芳	女	梁晶晶	女	梁静怡	女	梁丽芬	女
梁土凤	女	梁晓琳	女	梁雅靖	女	梁英华	女	梁颖君	女
廖恺滢	女	廖雪文	女	林冬敏	女	林洁如	女	林婉婷	女
林婉怡	女	林晓媛	女	林笑莹	女	刘翠娟	女	刘桂婵	女
刘海彦	女	刘竞豪	男	刘静茹	女	刘淑婷	女	刘晓英	女
刘欣硕	男	刘燕青	女	刘玉莹	女	龙 佩	女	龙嘉欢	女
龙玉斐	女	卢 欣	女	卢彩兰	女	卢嘉怡	女	鲁颖斯	女
陆国睿	男	陆静静	女	陆丽珊	女	罗 倩	女	罗俐敏	女
罗颖仪	女	罗云秋	女	马晓茵	女	麦芷凤	女	莫秋燕	女
欧元卓	男	潘 妙	女	潘惠珍	女	潘志雄	男	彭 健	男
戚雅楠	女	丘依珊	女	区伟英	女	全 晓	女	全冰冰	女
沈璐昕	女	舒利华	女	苏凤英	女	苏馨云	女	苏秀玉	女
谭国权	男	谭嘉妍	女	谭丽梅	女	谭伟明	男	谭雅之	女
汤钰鸿	女	唐秀娟	女	王碧华	男	王东莉	女	王浩力	男
王丽霞	女	王小慧	女	王小仙	女	王晓华	女	王义雄	男
危玉婵	女	韦炀娜	女	魏 林	女	温 莉	女	温春茹	女
温嘉利	女	温银宇	女	翁翠锋	女	吴瑞珍	女	吴文珊	女

吴晓春	女	吴晓梅	女	吴奕凯	男	吴泳森	男	吴紫雯	女
伍婉婷	女	伍燕文	女	夏川	女	肖丽馨	女	肖美玲	女
肖志伟	男	谢娟	女	谢英	女	谢美葱	女	谢佩健	男
谢旭恒	男	徐双	女	徐润玲	女	徐小静	女	许海梅	女
许伟安	男	许晓婷	女	许艳芳	女	许羽婷	女	严丹妮	女
杨健婷	女	杨文婷	女	姚解玉	女	姚秋婷	女	叶颖娴	女
叶泳藻	女	袁诗韵	女	袁展珊	女	张梨	女	张倩婷	女
张意红	女	赵琨亮	男	郑嘉华	女	郑利潮	男	郑梦成	女
郑思凤	女	郑文婷	女	郑梓清	女	钟烨	女	钟鸿钊	男
钟金海	男	钟锦英	女	钟景丽	女	钟连英	女	钟林苑	女
钟秋娴	女	钟智凤	女	周利兰	女	周秋仪	女	周伟敏	女
周文杰	男	周艳莹	女	周燕婷	女	周梓君	女	朱敏媚	女
朱敏舒	女	邹新萍	女						

社会工作（80人）

岑钰婵	女	陈苗	女	陈代利	男	陈桂仪	女	陈嘉慧	女
陈杰文	男	陈启鹏	男	陈燕萍	女	邓丽芬	女	邓倩怡	女
邓燕玲	女	冯烨媚	女	傅素芳	女	古春菲	女	关春燕	女
何广志	男	何秋冰	女	何一冬	女	胡广	男	黄彬	男
黄燕	女	黄佳然	女	黄艳芬	女	黄燕茵	女	黄苑君	女
黄韵芯	女	黄子嬴	女	蒋莉	女	揭洪	女	邝雨佳	男
黎凤诗	女	黎志腾	男	李海欣	女	李俊华	男	李丽霞	女
李敏聪	女	李敏华	女	李识毅	男	李志滔	男	梁凯龄	女
梁英莉	女	廖红花	女	林惠芝	女	林丽丽	女	林芸琼	女
凌妙婷	女	刘嘉祺	女	刘晶晶	女	刘晓倩	女	刘子晴	女
卢丽欢	女	陆倩华	女	罗雪盈	女	沈梅玲	女	宋晓刚	男
谭嘉慧	女	谭智珊	女	汤键豪	男	汤梓杰	男	温小桃	女
吴美欣	女	伍惠琼	女	谢雪婷	女	谢紫妍	女	熊汝鸿	男
徐英	女	姚洪慧	女	姚健秋	男	游桂珍	女	袁慧君	女
袁文进	男	张慧荃	女	张文杰	男	张文明	男	赵智晖	男
郑楚瑶	女	钟婉明	女	钟文骏	男	周威	男	邹燕清	女

市场营销（46人）

陈胜	男	陈鸿彬	男	陈慧珍	女	陈文超	男	池志铭	男
高碧妍	女	何喜贤	男	胡海灵	男	黄深华	男	黄素琴	女
黄小青	女	江浩锋	男	劳诗晓	女	李聪	男	李磊磊	女

李敏健	男	李展鸿	男	李真梅	女	刘春明	女	刘淑宜	女
卢锦添	男	卢秋池	男	卢随君	女	卢婉婷	女	陆少波	男
罗宇华	女	骆丽玲	女	莫嘉丽	女	莫晓颖	女	莫杏伟	男
彭丽华	女	彭志健	男	时森	男	苏耀冲	女	孙蕊	女
谭泳枫	女	王海琼	女	吴文敏	男	谢袖华	女	徐莹	女
许海曼	女	杨泽华	男	庾颖锵	男	张进	男	张金梅	女
朱晓琪	女								

土木工程（199人）

蔡坤	男	蔡国潮	男	蔡文广	男	曾志龙	男	曾仲英	男
车汉武	男	陈斌	男	陈川	男	陈超泽	男	陈春林	男
陈德乐	男	陈迪青	男	陈东升	男	陈观兴	男	陈光辉	男
陈广帅	男	陈焕杰	男	陈辉间	男	陈金生	男	陈鹏志	男
陈启忠	男	陈庆威	男	陈思羽	女	陈天望	男	陈文岳	男
陈小丹	女	陈展鹏	男	陈子良	男	陈梓杨	男	单良达	男
邓安利	男	邓满琼	女	邓瑞宏	男	邓伟飞	男	窦康富	男
杜思文	男	范石恩	男	冯俊杰	男	冯小霖	男	甘幼婷	女
高山	男	高国惠	男	郭凤玲	女	郭浩辉	男	郭家威	男
郭俊峰	男	郭敏仪	女	郭庆升	男	韩星	男	何丽媚	女
何炜康	男	何颖烽	男	贺思婷	女	洪俊伟	男	黄俊	男
黄强	男	黄光耿	男	黄纪源	男	黄可茵	女	黄立雄	男
黄日活	男	黄汝汉	男	黄水军	女	黄锡芳	女	黄永亮	男
黄裕添	男	黄志城	男	黄智强	男	孔堰燊	男	赖梦雷	男
劳春承	男	劳菊兴	女	黎洁霞	女	李国亮	男	李海清	女
李惠燕	女	李嘉恩	女	李嘉强	男	李建波	男	李康宁	男
李思华	女	李腾荣	男	李永文	男	李宗泽	男	梁楚浓	男
梁富帝	男	梁均明	男	梁丽莹	女	梁新洁	男	梁漪媛	女
梁梓楠	男	廖伟浩	男	林丹虹	女	林国辉	男	林健雯	女
林景荣	男	林美珊	女	林裕峰	男	刘磊	男	刘涛	男
刘健豪	男	刘锦城	男	刘丽娜	女	刘庆杨	男	刘群英	女
刘伟志	男	龙森甜	男	龙雨婷	女	卢春兰	女	卢锦贵	男
卢祥华	男	卢燕仪	女	卢子淮	男	陆武鹏	男	骆灿杰	男
骆东福	男	麦泽振	男	莫浪霞	女	莫文威	男	宁建恩	男
欧阳海波	男	潘嘉伟	男	潘启志	男	潘伟杰	男	庞均源	男
彭磊	男	彭瑞华	女	钱锦豪	男	邱采琳	女	邱建峰	男
任荔威	男	阮家安	男	佘智健	男	沈观创	男	沈俊材	男

沈孝武	男	覃艳妮	女	谭凌彦	男	汤俊鹏	男	童善文	男
王戟	男	王汉钦	男	王永贵	男	王玉琴	女	温达能	男
温逸灏	男	温子昕	女	吴昊	男	吴海峰	男	吴朋朋	女
吴叙填	男	吴一波	男	吴兆平	男	伍世昌	男	夏佳炜	男
冼志浩	男	谢敏	男	谢健锋	男	谢晓平	男	谢艳泸	男
谢泽兵	男	严俊	男	颜巧巧	女	杨北山	男	杨梦思	女
叶晨曦	男	叶继长	男	叶志辉	男	叶宗明	男	易土荣	男
苑春蕾	女	岳永感	男	詹国春	男	张健	男	张永	男
张海龙	男	张利民	男	张彭新	男	张清龙	男	张蓉蓉	女
张韶辉	男	张颖婷	女	张智威	男	招灼坚	男	郑桥	男
郑宏波	男	郑南昌	男	郑永攀	男	郑仲源	男	郑宗鸿	男
钟灿星	男	钟均辉	男	钟凯强	男	钟隆展	男	周锋	男
周澄樟	男	朱志锋	男	庄俊杰	男	邹闻玲	女		

物业管理（7人）

毕肖欢	女	曹磊	女	纪铁臣	男	鲁齐江	男	温泽鹏	男
张强	男	周婷婷	女						

学前教育（202人）

蔡茜菁	女	蔡伟君	女	蔡晓清	女	蔡晓雲	女	蔡雪玲	女
蔡依秀	女	曹晓晴	女	曾爱玲	女	曾彩维	女	曾飞燕	女
曾洁群	女	曾妙芳	女	曾远梅	女	陈欣	女	陈楚珠	女
陈红丽	女	陈嘉玲	女	陈景萍	女	陈静侨	女	陈丽明	女
陈琳曼	女	陈思明	女	陈艺瑜	女	陈玉清	女	崔倩茹	女
邓雪东	女	方小翠	女	冯剑芳	女	冯启津	男	符柳青	女
甘海燕	女	高秋艳	女	郭碧婵	女	郭颖斯	女	韩惠洁	女
何杨	女	何楚瑶	女	何倩云	女	何婉珍	女	何文楚	女
何文意	女	何笑冰	女	何炎兴	女	何艳芳	女	贺健平	女
黄彩蝶	女	黄翠英	女	黄怀英	女	黄桥凤	女	黄秋梅	女
黄森娜	女	黄晓虹	女	黄奕冰	女	黄颖怡	女	黄永仪	女
黄玉仪	女	黄运娣	女	黄韵瑜	女	霍少敏	女	纪宝珍	女
江雁萍	女	蒋联婷	女	金美林	女	赖美玲	女	赖婷婷	女
赖文丽	女	劳慧敏	女	李芳	女	李昕	女	李桂连	女
李红艳	女	李慧中	女	李康平	女	李露珠	女	李梅铃	女
李秋蝶	女	李淑贤	女	李水梦	女	李思美	女	李思杏	女
李雪萍	女	李燕兴	女	李叶莉	女	梁婷	女	梁惠兰	女

梁金秀	女	梁丽萍	女	梁丽群	女	梁铭斌	男	梁琼文	女
梁晓军	女	梁秀金	女	梁云华	女	梁植苹	女	廖秋莹	女
廖紫芬	女	林晓	女	林海玲	女	林美艳	女	林敏玲	女
凌巧燕	女	刘婕	女	刘贝茵	女	刘碧群	女	刘碧霞	女
刘付亚敏	女	刘洁珊	女	刘丽君	女	刘锹怡	女	刘淑兰	女
刘水兰	女	刘小芳	女	刘燕璇	女	卢秋妹	女	罗秀	女
罗洁玲	女	罗丽娟	女	马焕甜	女	麦连珠	女	麦晓敏	女
麦秀芳	女	麦秀芸	女	麦羽兵	女	莫丽芳	女	倪湘冰	女
欧秋风	女	欧卫清	女	欧卫霞	女	潘嘉静	女	潘健芬	女
潘丽红	女	潘雪梅	女	彭苗	女	彭甜甜	女	丘莉云	女
沈少颜	女	史佳鑫	女	宋慧媛	女	苏慈	女	谭佳怡	女
谭素静	女	汤意	女	汤玉谊	女	唐佳婷	女	唐燕秋	女
王梅贤	女	王姿婷	女	韦楚容	女	韦昭欣	女	温小玲	女
温瑶丽	女	温智庭	女	吴春燕	女	吴千娣	女	吴善婷	女
吴小琴	女	伍雯意	女	伍秀娟	女	冼嘉琳	女	肖树莲	女
肖思思	女	谢佳爽	女	谢敏莹	女	谢晓华	女	徐白浪	女
徐建伟	女	许琳	女	杨晓	女	杨咏	女	杨健梅	女
杨明凤	女	杨秋兰	女	杨秀梅	女	杨燕婷	女	叶琰	女
叶春兰	女	叶蔚薇	女	叶小梅	女	易群	女	游杜鹃	女
游立文	女	余晓玲	女	余子珊	女	张彩霞	女	张嘉禧	女
张简娇	女	张伟琪	女	张文秀	女	张湘云	女	赵月娥	女
郑佳敏	女	郑嘉玲	女	钟飞飞	女	钟威婷	女	钟文珊	女
钟玉彩	女	周惠恩	女	朱建珍	女	朱美玲	女	朱婉婷	女
朱卓玲	女	邹翠萍	女						

英语(商务英语)(119人)

边玉鹏	男	蔡小容	女	蔡晓丹	女	蔡晓婷	女	蔡瑜珊	女
曹金桦	女	岑诗英	男	曾凡婵	女	陈旭	女	陈国雯	女
陈国彦	男	陈美香	女	陈亭君	女	陈旺发	男	陈颖欣	女
丁波	男	杜惠玲	女	冯淑珍	女	付蓉	女	郭小玲	女
何丽莹	女	何倩莹	女	洪司燕	女	侯熙颖	女	胡嘉宜	女
胡瑞莹	女	胡盈盈	女	黄海丽	女	黄丽玲	女	黄诗韵	女
黄淑莹	女	黄晓娜	女	黄一秀	女	江凤仪	女	江妙华	女
江文菲	女	蒋静	女	焦倩倩	女	赖焕均	女	黎剑武	男
黎咏诗	女	李曼	女	李梅	女	李艳	女	李健琪	女
李绮华	女	李诗雅	女	李鑫樱子	女	李妍威	男	李意娴	女

李颖而	女	李志兰	女	李梓晴	女	梁宝玲	女	梁惠敏	女
梁慧仪	女	梁嘉华	男	梁浚荣	男	梁育远	男	廖少欣	女
林加豪	男	林君静	女	林佩惠	女	林沁沁	女	刘毅	女
刘洪琳	女	刘建萍	女	刘希文	女	刘小兰	女	刘晔凌	女
刘颖茹	女	卢剑颖	女	陆雪雯	女	罗美云	女	马晓茵	女
马雪艳	女	麦冰莲	女	麦乃慧	女	蒙建辉	男	欧文意	女
潘丽洁	女	潘伟桥	女	区梓毅	男	全水连	女	苏奋	女
苏青霞	女	孙美芳	女	谭家贤	女	谭荣华	男	谭炜樱	女
王佩欣	女	王小玲	女	温世艳	女	吴晓琴	女	吴玉霞	女
谢碧莹	女	谢惠敏	女	谢绪铁	男	颜惠敏	女	颜志康	男
杨红玲	女	杨子麟	男	姚健	男	叶凤梅	女	游嘉伦	男
张蓓媚	女	张结芳	女	张曼丽	女	张诗琪	女	张晓莹	女
张幸莲	女	郑燕宁	女	周文杰	男	周艳葵	女	周燕飞	女
朱华雨	女	祝小倩	女	庄晓满	女	庄紫欣	女		

专科 函授
（共284人）

电子商务（56人）

曾利娟	女	陈佩仪	女	陈水仙	女	陈文浩	男	陈文意	女
戴玲茜	女	邓晓玲	女	何梦洁	女	何晓莉	女	何贻婷	女
胡艳霞	女	黄萌	女	黄基宽	男	黄静娴	女	黄美兰	女
黄琬琪	女	黄心儿	女	黄毅仁	男	黄宇阳	男	雷科芬	女
黎家荣	男	黎景昕	女	李江鹏	男	李婉霞	女	李小清	女
梁美婷	女	梁寿愉	男	林英霞	女	刘冬兰	女	刘嘉乐	男
刘俊玲	女	刘南娟	女	刘晓彤	女	陆彩银	女	罗惠丹	女
罗盛媚	女	吕梦君	女	帅海兵	男	宋琦军	男	谭志佳	男
涂珊	女	王议娴	女	韦旭婷	女	吴丹	男	吴杏贵	女
向健	女	薛伟芳	女	言卉	女	杨涛	女	叶华梅	女
张满	女	张凤英	女	张浩源	男	张静敏	女	张舒媛	女
钟飞虹	男								

国际贸易实务（23人）

戴华艳	女	邓琳	女	丁冠球	男	龚素梅	女	黄高政	男
金路	女	冷称心	女	李嘉敏	女	梁赞	男	林晓菁	女
谭红艳	女	王素真	女	吴娟娟	女	吴敏静	女	杨换雷	男
杨嘉茜	女	尹花	女	袁雪娇	女	张欢	女	张旭英	女

| 周 建 | 男 | 邹 萌 | 女 | 邹晓婷 | 女 | | | | |

会计（66人）

蔡传妹	女	曾 香	女	曾凤芹	女	陈彩萍	女	陈梦娜	女
程明生	男	邓芬芝	女	邓丽琴	女	邓青兰	女	丁 艳	女
杜美美	女	范 裕	女	范 悦	女	方 旭	女	郭晓娟	女
郭晓君	女	郭奕玲	女	侯改玲	女	胡丽婷	女	胡丽英	女
黄淑云	女	黄子琼	女	江东婷	女	江丽金	女	赖远丽	女
雷银芳	女	李 璇	女	李晨弘	男	李燕茹	女	李怡静	女
梁凤妍	女	梁金萍	女	梁锐荨	女	廖庆斯	女	廖英霞	女
林雨干	女	刘 琼	女	刘佳玲	女	刘曲贤	女	罗德欣	女
潘冬梅	女	石巧玲	女	舒小菲	女	宋 娜	女	谭春娇	女
汤艳林	女	陶 银	女	王亚宁	女	王远端	女	肖 燕	女
杨春玲	女	杨浩苑	女	杨丽娟	女	杨美苑	女	叶冬妹	女
叶建玲	女	余玮娜	女	袁 艺	女	张 燕	女	张丹纯	女
张丽雯	女	张艳茹	女	赵晓晴	女	钟朝霞	女	钟丽华	女
朱 超	女								

机电一体化技术（48人）

蔡 烨	男	蔡浩廷	男	蔡焕鑫	男	陈 浩	男	陈灿伟	男
陈楚有	男	陈连城	男	陈隆洁	男	陈宣宇	男	陈永鑫	男
郭松欣	男	洪烁佳	男	洪业鑫	男	胡楠焜	男	黄 钊	男
黄鸿铭	男	黄建财	男	黄雍毅	男	李 瀚	男	梁智侨	男
林 涛	男	林庚潢	男	林和源	男	林锦峰	男	林勤鑫	男
刘晓鹏	男	莫树楷	男	潘洽彬	男	沈锦涛	男	吴 亮	男
吴建鑫	男	吴泽彪	男	谢锐宏	男	谢锐永	男	许环禧	男
许剑杰	男	杨典昊	男	杨斯武	男	叶英扬	男	张林源	男
郑灿明	男	郑耿深	男	郑满浩	男	郑棉泳	男	郑卫东	男
郑有壮	男	郑镇杰	男	朱鸿炜	男				

计算机网络技术（52人）

蔡钊仕	男	曾丽丹	女	陈冰媛	女	陈泓杰	男	陈佳文	男
陈力填	男	陈林凯	男	陈铭敏	男	陈伟林	男	陈业泳	男
陈奕润	男	陈育依	男	杜培杰	男	郭 荣	男	洪俊腾	男
黄辉杰	男	黄文涛	男	黄逸楷	男	江溥斌	男	李佳德	男
李佳敏	女	李金宇	男	李炫庆	男	连凯莹	女	林 枫	女

林恩颖	男	林鸿钦	男	林伟樱	女	刘俊成	男	柳俊斌	男
罗天华	男	马梓果	男	潘攀	男	乔固	男	秦聘祥	男
施锐泓	男	万泽楠	男	王杰波	男	翁锦链	男	吴铭翔	男
吴少斌	男	吴心志	男	吴志豪	男	夏浴敏	男	张锦涛	男
张立锴	男	张晓忠	男	郑锐楷	男	郑润斯	男	郑伟滨	男
郑宗渠	男	朱旭烽	男						

计算机应用技术（11人）

曾灏哲	男	关观泉	男	官朋	男	黄伟雄	男	李刚	男
廖焕昊	女	罗文强	男	许超	男	余奕山	男	赵显云	男
郑镇鑫	男								

市场营销（17人）

陈世军	男	范玲香	女	黄珍	女	黄彩媛	女	黄思静	女
赖晓兰	女	李嘉民	男	李雯琳	女	林鸿肯	男	王方令	女
杨兵	男	杨鹏	男	杨俊卿	男	余祥碧	女	张林友	男
赵玲	女	郑丽妹	女						

数控技术（11人）

蔡学鑫	男	曾钰瀛	男	陈俊平	男	陈梓源	男	洪卫斌	男
林晓丰	男	缪世伟	男	彭润校	男	翁嘉仪	男	张朝炀	男
张树澄	男								

专科 业余

（共4868人）

电子商务（643人）

白楚林	女	白舒程	女	白燕萍	女	白紫薇	女	包玲	女
蔡洁	女	蔡海英	女	蔡华英	女	蔡明珠	女	蔡毅青	女
蔡智辉	男	曹婷	女	曹建瑜	女	曹瑞锋	男	曾嘉欣	女
曾剑锋	男	曾丽琼	女	曾威威	男	曾维林	男	曾鑫钰	女
陈城	男	陈杰	男	陈捷	男	陈娟	女	陈朗	男
陈雷	男	陈丽	女	陈佩	女	陈才金	女	陈楚雅	女
陈春梅	女	陈丹丹	女	陈东鹏	男	陈东煜	男	陈凤娟	女
陈海琦	女	陈家豪	男	陈家辉	男	陈嘉琪	男	陈嘉怡	女
陈金蓉	女	陈金源	男	陈锦敏	女	陈俊宏	男	陈俊宇	男
陈康琼	女	陈丽平	女	陈明丽	女	陈穆铿	男	陈潘红	女

陈佩怡	女	陈珊珊	女	陈少华	女	陈少萍	女	陈淑芬	女
陈淑芝	女	陈思敏	女	陈田凤	女	陈土轩	男	陈婉仪	女
陈伟红	女	陈伟鑫	男	陈伟莹	女	陈炜宇	男	陈文丹	女
陈文静	女	陈夏佳	女	陈贤凯	男	陈小翠	女	陈小亚	女
陈晓凯	女	陈晓梦	女	陈晓琼	女	陈晓诗	女	陈晓燕	女
陈星均	男	陈雪玲	女	陈彦亮	男	陈燕娴	女	陈怡颜	女
陈忆佳	女	陈颖妍	女	陈映梅	女	陈宇航	男	陈玉屏	女
陈育鸿	男	陈育儒	男	陈月清	女	陈泽如	女	陈展鹏	男
陈珍妮	女	陈政君	男	陈智凤	女	陈梓聪	男	陈宗宇	男
成庚怡	女	成锦颖	女	成宇轩	男	程智秋	女	崔诗云	女
戴考玲	女	戴思敏	女	邓丽勤	女	邓琳洁	女	邓思琦	女
邓苏雷	男	邓媛婵	女	邓芷珊	女	杜晓鹏	男	范安乐	女
范绮琪	女	范伟芝	女	方 淳	男	方楚芹	女	方楚香	女
冯 霞	女	冯桂华	女	冯基维	男	冯景葵	女	冯启琛	男
冯秋文	男	冯燕银	女	冯志安	男	付利敏	女	傅建怡	女
甘广娟	女	甘海龙	男	甘雪莲	女	高 潮	男	高 洋	男
高韩萍	女	高嘉男	男	高经泰	男	高美兰	女	高维涛	男
高文敏	女	高玉丽	女	龚 月	女	龚俊梁	男	官 愉	女
官锡萍	女	桂 梦	女	郭 倩	女	郭 野	男	郭丽金	女
郭玉松	男	韩惠婷	女	韩秋妹	女	何翠碧	女	何家建	男
何莉洁	女	何敏雀	女	何诗敏	女	何颖庆	男	何智勇	男
洪彩英	女	胡碧连	女	胡枚丝	女	黄 翠	女	黄 慧	女
黄 力	男	黄 嫚	女	黄彬洲	男	黄楚茵	女	黄东成	男
黄冠森	女	黄国威	男	黄汉珊	女	黄红娟	女	黄宏燕	女
黄华蝶	女	黄慧珠	女	黄嘉丽	女	黄剑瑶	男	黄洁珊	女
黄金枝	女	黄锦清	女	黄俊铭	男	黄康凤	女	黄可铭	男
黄丽华	女	黄丽仙	女	黄良松	男	黄曼丽	女	黄明春	女
黄丕敬	男	黄青梅	女	黄日晖	男	黄少安	女	黄时华	男
黄婉琪	女	黄伟民	男	黄文科	男	黄文霞	女	黄文勇	男
黄小迪	女	黄小先	女	黄心钡	女	黄心燕	女	黄心莹	女
黄新荣	男	黄秀煌	女	黄燕琼	女	黄尤敏	女	黄玉贝	女
黄玉婷	女	江惠萍	女	江家辉	男	江锦威	男	江燕红	女
江燕君	女	孔忆棋	女	孔裕琪	女	孔月柑	女	赖国荣	男
赖丽豪	女	赖禄锋	男	赖沛杰	男	赖秋丽	女	赖思兰	女
蓝苗津	女	雷慧琳	女	雷云通	男	冷裕美	男	黎宝欣	女
黎灿阳	男	黎官卓	男	黎浩燊	男	黎杰斌	男	黎铭皓	男

姓名	性别	姓名	性别	姓名	性别	姓名	性别	姓名	性别
黎其其	女	黎施业	男	黎文萃	女	黎闻鸿	男	黎梓豪	男
黎梓维	女	李冰娜	女	李朝琴	女	李达贤	男	李丹泳	女
李浩锋	男	李红琴	女	李鸿什	男	李华娇	女	李焕球	男
李慧慧	女	李慧敏	女	李加晋	男	李佳敏	女	李家明	男
李金梅	女	李俊凤	女	李俊树	男	李俊威	男	李兰英	女
李梅凤	女	李美仪	女	李敏谊	女	李佩欣	女	李青引	女
李日云	女	李榕枫	男	李锐涛	男	李瑞敏	女	李诗婷	女
李淑妍	女	李斯琪	女	李小燕	女	李学靖	男	李燕春	女
李燕萍	女	李宜深	男	李颖康	男	李镇城	男	李周星	女
李紫铃	女	连伟丹	女	练宇蕴	女	梁德健	男	梁海菲	女
梁惠兰	女	梁坚丽	女	梁锦成	男	梁丽婷	女	梁梅凤	女
梁美环	女	梁钦茹	女	梁少芳	女	梁淑芬	女	梁淑雯	女
梁舒健	男	梁桃清	女	梁伟刚	男	梁杏怡	女	梁怡婷	女
梁玉玲	女	梁智杰	男	梁梓成	男	廖贵	男	廖广媚	女
廖华宏	男	廖龙辉	男	廖颖欣	女	廖玉莉	女	林康	男
林涛	男	林彩霞	女	林春怡	女	林纯娜	女	林东华	女
林东梅	女	林嘉德	男	林洁莹	女	林铭欣	女	林其炎	男
林倩阳	女	林锐钿	男	林少虹	女	林斯妮	女	林武彬	男
林晓仪	女	林秀燕	女	林雨彤	女	林玉玲	女	林月金	女
林泽良	男	林之盛	男	林钟纯	女	凌	女	刘超	男
刘永	女	刘碧蓝	男	刘翠林	女	刘国凤	女	刘家乐	男
刘金祯	女	刘利芹	女	刘漫菱	女	刘漫滢	女	刘绍毅	男
刘统坚	男	刘土庆	男	刘婉华	女	刘万雯	女	刘文婷	女
刘文英	女	刘小静	女	刘晓凤	女	刘耀文	男	刘业臻	男
刘颖欣	女	刘勇婷	女	刘中兴	男	刘梓壕	男	龙翠英	女
龙嘉雯	女	龙舒华	女	龙伟烨	男	卢婷	女	卢超荣	男
卢冬榆	女	卢雯幼	女	卢小花	女	卢镇辉	男	陆春兰	女
陆桂清	女	陆柳叶	女	罗炜	男	罗洪波	男	罗惠宝	男
罗惠玲	女	罗建文	男	罗理元	女	罗丽明	女	罗晓丹	女
罗晓颖	女	罗莹莹	女	罗宇云	女	罗煜兰	女	罗月丹	女
罗芷君	女	罗志凯	男	吕国美	女	吕宜珊	女	吕泽纯	女
麻金兰	女	马文红	女	马艳菲	女	马执伟	男	麦华清	女
麦嘉敏	女	麦志欢	女	毛扬桂	女	莫琳	女	莫慧婷	女
莫境欣	女	聂榕珍	女	宁詠诗	女	欧丽燕	女	欧奕君	女
潘华志	男	潘米黎	女	潘晓文	女	庞国华	男	庞培汉	男
皮燕	女	浦翠怡	女	戚章玲	女	丘美菱	女	邱嘉慧	女

姓名	性别	姓名	性别	姓名	性别	姓名	性别	姓名	性别
邱俊杰	男	邱林威	男	邱施维	女	全雪梅	女	饶采蝶	女
容志甜	女	阮远斐	女	商晓妮	女	商晓钰	女	商韵莹	女
邵煌恒	男	申玲霞	女	沈慧	女	施斯楠	男	舒杰婷	女
司徒曼莎	女	宋景平	男	宋丽明	女	宋美莲	女	宋贤腾	女
苏大敏	男	苏健炜	男	苏伟欣	女	苏雪秋	女	苏勇娇	女
孙嘉鸿	男	孙林科	男	孙孝铨	男	谭丽华	女	谭明珍	女
谭思铭	女	谭新言	女	汤诗丽	女	汤杏仙	女	唐建清	女
唐振源	男	唐振洲	男	童海娜	女	万添文	女	汪月红	女
王威	男	王辰灏	男	王培容	女	王婷婷	女	王文华	男
王鑫云	女	王幸忠	男	王燕玲	女	王玉婷	女	王玉婷	女
王悦婵	女	王忠露	女	卫明珠	女	魏丽杨	女	温顺怡	女
温梓浩	男	文雅	女	文琳淋	女	翁俊荣	男	翁伟健	男
吴传鑫	男	吴春丽	女	吴福林	男	吴钧泉	男	吴俊岳	男
吴琳富	女	吴沛卿	男	吴佩欣	女	吴巧仪	女	吴巧云	女
吴舒萍	女	吴晓燕	女	吴燕平	女	吴宇琪	女	吴振钧	男
吴志文	男	吴子豪	男	伍欢琳	女	伍钊伟	男	冼倩文	女
冼向荣	男	向巧	女	肖思敏	女	肖婷婷	女	萧凯健	男
谢金胜	男	谢敏婷	女	谢培敏	女	谢培泉	男	谢其焯	男
谢晓青	女	谢永钊	男	徐浩楠	男	徐俊斌	男	徐施源	女
徐新然	女	徐艺华	男	徐源鑫	男	许楷	男	许果心	女
许家琪	女	许坚畅	男	许剑梅	女	许静爱	女	许南南	女
许琼璇	女	许石娣	女	许思佳	女	许小丹	女	许泽玲	女
严金水	男	严小黎	女	严志欣	女	颜晓勤	女	阳云	女
杨澜	女	杨敏	男	杨碧文	女	杨彩平	女	杨海连	女
杨景伟	男	杨凯杰	男	杨美玲	女	杨梦茹	女	杨敏敏	女
杨倩瑶	女	杨土养	女	杨伟鹏	男	杨伟萍	女	杨文俊	男
杨祥维	男	杨晓欣	女	杨晓怡	女	杨秀婷	女	杨媛媛	女
杨智俊	男	姚嘉华	男	姚晓璇	女	叶蕊	女	叶微	女
叶鸿昇	男	叶慧贤	女	叶嘉欣	女	叶楸瑕	女	叶晓旋	女
易建	男	易兰珍	女	易陆陆	女	易子情	男	阴红梅	女
尹学华	女	于进波	男	余欣	女	余浩斌	男	余慧丽	女
余俊霖	男	余伟杰	男	余小敏	女	余泽瀚	男	虞道格	男
庾灿广	男	袁瑞	男	袁彩婷	女	袁深铭	男	袁秀云	女
袁梓健	男	詹洁纯	女	詹玉怡	女	张静	女	张婷	女
张垚	女	张柏崇	男	张碧琴	女	张炳坤	男	张凤琴	女
张冠华	男	张慧婷	女	张乐淇	女	张路妹	女	张绮婷	女

张少燕	女	张腾凯	男	张伟祥	女	张晓敏	女	张晓霞	女
张雪梅	女	张阳方	女	张瑶瑶	女	张漪琳	女	张茵如	女
张娱乐	女	张月明	女	张智茵	女	章美志	男	赵桂玉	女
赵子麟	男	郑伯林	男	郑楚玲	女	郑丹平	女	郑景月	女
郑敬澜	女	郑俊健	男	郑美兰	女	郑钦萍	女	郑少云	女
郑世流	男	郑晓君	女	郑雪丽	女	郑怡雯	女	郑玉晶	女
钟丹萍	女	钟银丹	女	周槟	男	周媚	女	周灿坤	男
周合花	女	周立涛	男	周丽婷	女	周文健	男	周燕琼	女
周燕如	女	周永棋	男	朱海媚	女	朱嘉琪	女	朱鹏锦	男
朱晓婷	女	庄惠君	女	庄小梅	女	邹嘉欣	女	邹丽花	女
邹丽萍	女	邹先勇	男	邹志莹	女				

服装与服饰设计（129人）

闭莹莹	女	卜可妍	女	蔡满满	女	曹丽燕	女	曾安琪	女
陈创鑫	男	陈洁文	女	陈锦芬	女	陈梦婕	女	陈敏仪	女
陈俏余	女	陈淑娴	女	陈思铭	女	陈小任	女	陈宣典	男
陈映平	女	成颖香	女	程小倩	女	崔颖锶	女	戴莹	女
戴家乐	女	戴文扬	男	戴志芳	女	邓兴顿	男	方嘉豪	男
方施榆	女	冯昭裕	女	淦纤纤	女	高榴	女	高爱亲	女
顾小愉	女	韩家茵	女	何春明	女	何力环	女	何晓莹	女
何泽钦	男	胡丽娟	女	黄惠旋	女	黄基慧	男	黄家恩	女
黄舒楠	女	黄小敏	女	黄鑫琪	女	霍瑞冰	女	蹇雨霜	女
江强强	男	江粤婷	女	金倩茹	女	赖国维	男	赖茹珊	女
蓝旭瑜	女	李诚	男	李滢	女	李华菲	女	李洁茹	女
李茹周	女	李晓婷	女	李秀君	女	梁楚惠	女	梁丽霞	女
梁敏敏	女	梁欣榆	女	廖晓蝶	女	林筠瑞	男	林淑怡	女
林依钿	女	林英睿	女	林莹莹	女	刘慧	女	刘焰	女
刘晨晨	女	刘慧玲	女	刘姗姗	女	刘颖怡	女	刘泳希	女
罗丽	女	罗婷婷	女	马晶兰	女	潘好儿	女	潘晓燕	女
庞观福	女	钱沁萱	女	丘茵茵	女	邱君华	女	石铭儿	女
孙甜	女	谭莹	女	万梦成	女	王雁	女	王汉桃	女
王欣娴	女	魏雪娇	女	吴裕文	女	谢海红	女	谢诗琪	女
谢芷琼	女	谢梓璇	女	徐俏娟	女	许成龙	男	杨金香	女
杨金钰	女	杨绮虹	女	杨友霞	女	叶李清	女	叶诗彤	女
游纳斯	男	俞惠娴	女	湛廷锴	男	张燎	男	张家乐	女
张如欣	女	张淑莉	女	张文婷	女	张雯芳	女	张雅芝	女

张义莉	女	郑晓琳	女	郑梓林	男	钟桂桦	女	周美琦	女
周笑怡	女	周雪玲	女	周映彤	女	朱薇	女	朱文娟	女
朱萧颖	女	卓美伶	女	邹明仲	男	邹云开	女		

给排水工程技术（73人）

蔡隆旻	男	蔡明郎	男	曾丹妮	女	陈曼红	女	陈明榆	女
陈宋苗	男	陈伟涛	男	陈炜冰	男	陈旭东	男	陈烜镔	男
陈雪燕	女	陈奕峰	男	陈泽蓉	女	邓婉诗	女	杜金潮	男
杜少曼	女	方建伟	男	方廷文	男	方文华	男	方乙生	男
黄浩涛	男	黄浩源	男	黄木池	男	江星	男	赖标光	男
李创贤	男	李桂生	男	李宏杰	男	李坚铿	男	李少义	男
李伟平	男	李伟升	男	梁永忠	男	廖令川	男	林青	女
林忠	男	林东强	男	林少波	男	林伟涛	男	林镇锐	男
凌盛	男	刘永锋	男	马泽鑫	男	戎献文	男	阮慧琳	女
苏冬旭	男	王超	男	魏晓丹	女	魏卓韩	男	翁绍坤	男
吴冰	女	吴裕	男	吴和生	男	吴锡耀	男	吴苑珊	女
谢琪	女	谢立楷	男	辛喜国	男	许东鹏	男	许泳杰	男
杨喜彬	男	姚文	男	姚武宏	男	叶方诺	男	叶智锴	男
詹益祥	男	张广伟	男	张剑群	男	张逸龙	男	张英可	男
张元清	男	郑松贞	男	钟毅	男				

工程造价（224人）

蔡坤莹	女	岑文惠	女	曾飞剑	男	曾俊杰	男	陈楚鑫	男
陈春娜	女	陈广进	男	陈剑肖	男	陈景源	男	陈佩杰	男
陈秋茹	女	陈日旺	男	陈少彬	男	陈显儒	男	陈校传	男
陈雅静	女	陈艳祥	女	陈莹莹	女	陈智锋	男	崔其海	男
刁广君	男	樊广飞	男	樊桂桃	女	方森坚	男	冯伟浩	男
符春燕	女	甘媚钰	女	高德圳	男	高烽珲	男	韩绍康	男
何淳哲	男	何广辉	男	何海荣	男	何金龙	男	何亮亮	女
何陆云	女	何晓淋	女	黄恒	男	黄婷	女	黄鑫	男
黄必润	男	黄楚辉	男	黄楚伟	男	黄春宇	男	黄嘉琳	女
黄俊标	男	黄立红	女	黄妙燕	女	黄树烽	男	黄伟健	男
黄显达	男	黄燕璇	女	黄泳琪	女	黄泽锋	男	黄泽鑫	男
黄泽宜	男	黄湛敏	男	黄镇清	男	黄周新	男	纪丹欣	女
江媛	女	江建丽	女	江丽珠	女	江旺旺	男	江泽平	男
蓝艳玲	女	李明	男	李秋	女	李东曦	男	李海涛	男

李继滨	男	李剑芳	女	李勉发	男	李木贵	男	李文倩	女
李晓东	男	李晓虹	女	李晓珠	女	李依生	男	李怡茜	女
李乂康	男	李友光	男	李有清	女	李振鹏	男	李卓莹	女
梁建球	男	梁杰礼	男	梁锐贤	男	梁宇键	男	梁泽鸿	男
梁重耳	男	廖铁坚	男	廖裕银	男	林宝铅	男	林彩玲	女
林浩祥	男	林洪镟	女	林佳森	女	林健鸿	男	林诗莹	女
林树鑫	男	林泽钦	男	林兆麟	男	林镇津	男	刘媚	女
刘艳	女	刘国林	男	刘启权	男	刘汝杰	男	刘水赛	男
刘杏诗	女	刘燕华	女	刘燕丽	女	陆世士	男	陆祖如	女
罗静	女	罗雪	女	罗乔瑜	女	罗希彤	女	莫燕秋	女
宁翠荧	女	欧阳超晶	女	欧颖童	女	庞燕	女	庞海香	女
彭凤平	女	彭秋红	女	彭晓蝶	女	秦毓锋	男	邱金瑞	男
邱立成	男	邱玉峰	男	邵伟浩	男	覃弋君	女	汤家俊	男
唐孝川	男	田维敏	女	汪春梅	女	王春桐	男	魏伟鑫	男
温碧娴	女	巫子耀	男	吴彩妮	女	吴春龙	男	吴德培	男
吴国云	女	吴海军	男	吴秋正	男	吴土弟	女	吴伟烽	男
吴晓珊	女	吴贻灿	男	吴梓欣	男	习婉月	女	肖铷	女
肖灿鑫	男	肖惠萍	女	谢江梅	女	谢敏玲	女	谢娜媚	女
谢晓燕	女	谢芷婷	女	许泰	男	许桂娣	女	许浩楠	男
许上清	男	许统悦	男	杨铠	男	杨灿灿	女	杨思敏	女
杨晓志	男	杨玉婷	女	杨远升	男	姚泽昊	男	叶带娣	女
叶华清	女	叶丽莹	女	叶宗伟	男	詹建辉	男	詹贤才	男
张沛	女	张楚坤	男	张金星	男	张满怡	女	张秋泓	女
张志军	男	张志鹏	男	张梓鹏	男	赵金梅	女	赵林峰	男
赵铭章	男	赵伟鸿	男	赵彦兴	男	郑圣	男	郑浩楠	男
郑金海	男	郑金烨	男	郑炯发	男	郑秋芸	女	郑少珊	女
郑淑贞	女	郑伟康	男	郑伟亮	男	郑旭东	男	郑梓康	男
钟汝锋	男	钟诗楹	女	钟松海	男	钟展辉	男	钟镇玲	女
周彩珍	女	周凤球	女	周家明	男	周茹欣	女	周泽通	男
朱信禧	男	朱月英	女	庄灿乐	男	庄楚鑫	男	庄东飞	男
庄海林	男	庄炯锐	男	庄泽斌	男	卓恩湛	男		

工商企业管理（119人）

蔡树沿	女	蔡延帆	男	曹亚楠	女	曹娅玲	女	曾炳花	女
曾美华	女	曾仲杰	男	陈桂梅	女	陈丽娜	女	陈柳云	女
陈绿泓	女	陈漫虹	女	陈美霞	女	陈秋梅	女	陈瑞莹	女

陈伟铎	男	陈雪瑶	女	陈芷珊	女	陈卓文	男	程婷	女
杜华栋	男	高丽姗	女	龚雪华	男	郭超	男	何笑云	女
黄艳	女	黄枫霖	男	黄佳霓	女	黄嘉雯	女	黄楷鹏	男
黄民飞	男	黄秀萍	女	黄旭晖	男	黄泽银	女	江晓芸	女
江瑶瑶	女	邝婷	女	李妹	女	李嘉琪	女	李梅珍	女
李秋霞	女	李锐凤	女	李苏珍	女	李泰民	男	李文霞	女
李肖霞	女	李绪霞	女	梁财铭	男	梁颖瑶	女	梁智毅	男
廖炳东	男	廖燕茹	女	廖银烟	女	林浩鑫	男	林晓婷	女
林玉銮	女	林泽冰	女	林泽丽	女	林泽林	男	刘焰	女
刘金长	男	刘西云	女	刘栩江	男	刘志瑜	男	柳庆丹	女
卢娟娥	女	卢小春	女	罗敏霞	女	罗日喜	男	罗晓静	女
罗永恩	女	罗泽玲	女	罗智民	男	马宇鹏	男	毛红梅	女
莫晓明	男	欧佩纯	女	盘锦清	女	秦扬	女	丘美玲	女
阮锦万	男	邵冠兰	女	宋慧慈	女	宋小英	女	苏智乔	女
孙伟	男	王琴	女	王清香	女	王三妹	女	王焱钢	男
韦富晶	女	温佳佳	女	翁丽铃	女	吴佳丽	女	吴洁儿	女
肖纯	女	谢镜朝	男	谢星星	女	谢祖怡	女	徐菲	女
薛科敏	女	闫晶晶	女	杨爽	男	杨鑫	男	杨满意	男
杨苗苗	女	杨宇航	男	姚文婷	女	余法淼	女	余鸿雁	女
余子强	男	袁亚杰	女	张方燕	女	张光华	男	张文甲	男
赵合群	男	郑丽萍	女	郑泽清	女	周燕玲	女		

国际贸易实务（48人）

曾忆	女	曾双双	女	巢阳兴	男	陈蔡浪	女	陈慧妍	女
陈佳圻	女	陈佳源	男	陈庆平	男	陈有安	男	陈玉茹	女
陈悦娜	女	邓家伟	男	邓沛怡	女	邓小冬	女	傅文健	男
郭舒怡	女	黄婉明	女	黄伟英	女	黄寅贤	男	黄元培	男
黎诗敏	女	李洁媚	女	李淑媛	女	李智敏	女	练文艺	男
梁海芬	女	梁海伟	女	梁钰华	女	廖雅颖	女	林思琪	女
刘海花	女	刘万乔	女	卢静宜	女	罗素琴	女	罗晓燕	女
骆嘉欣	女	麦碧霞	女	莫振锋	男	苏瑞伟	男	苏艳玲	女
孙晓婷	女	温美婷	女	吴梅芬	女	杨倩欣	女	张亦陈	女
张珠妮	女	章洪源	男	钟美琪	女				

会计（819人）

| 白晓虹 | 女 | 白茵茵 | 女 | 卜彩婷 | 女 | 蔡佳萍 | 女 | 蔡丽文 | 女 |

姓名	性别	姓名	性别	姓名	性别	姓名	性别	姓名	性别
蔡秋菊	女	蔡淑铭	女	蔡文琼	女	蔡小玉	女	蔡晓燕	女
蔡晓怡	女	蔡杏珍	女	蔡毓茹	女	蔡月葵	女	曹新	女
曾甜	女	曾惠萍	女	曾美芳	女	曾秋萍	女	曾淑婷	女
曾水连	女	曾文霞	女	曾小兰	女	曾小兰	女	曾小全	女
曾宇婷	女	曾志英	女	陈芳	女	陈菲	女	陈香	女
陈艳	女	陈樱	女	陈彩娇	女	陈超莹	女	陈楚芳	女
陈春丽	女	陈春影	女	陈翠芬	女	陈翠婷	女	陈桂凤	女
陈海梅	女	陈海映	女	陈焕珍	女	陈慧珊	女	陈佳慧	女
陈嘉儿	女	陈嘉瑜	女	陈贱秀	女	陈杰均	女	陈洁珍	女
陈静仪	女	陈俊珊	女	陈可茹	女	陈可欣	女	陈丽妃	女
陈林敏	女	陈玲玲	女	陈柳薇	女	陈美美	女	陈铭铢	女
陈木花	女	陈清晓	女	陈庆红	女	陈秋玲	女	陈瑞丹	女
陈瑞华	女	陈诗婷	女	陈诗维	女	陈淑杏	女	陈淑珍	女
陈思敏	女	陈思琪	女	陈素丽	女	陈婉玲	女	陈伟才	男
陈伟杰	男	陈炜富	男	陈文霞	女	陈小妹	女	陈小敏	女
陈小哲	女	陈晓奋	女	陈晓莉	女	陈晓玲	女	陈晓璇	女
陈信芳	女	陈杏贞	女	陈雪琴	女	陈雪珊	女	陈雪霞	女
陈艳香	女	陈燕嫦	女	陈燕姿	女	陈倚菲	女	陈银纯	女
陈银芳	女	陈莹莹	女	陈友金	女	陈玉婷	女	陳玉婷	女
陈云英	女	陈泽玲	女	陈哲如	女	陈仲文	女	陈慈玲	女
程曼	女	戴尚姗	女	单单单	男	单子君	女	邓丹	女
邓佳	女	邓丹虹	女	邓梅林	女	邓梦春	女	邓敏仪	女
邓清燕	女	邓人洪	女	邓婉冰	女	邓锡君	女	邓雅巧	女
邓颖敏	女	邓悦辉	女	丁格莹	女	丁秋平	女	段韵莹	女
范金水	女	范杏芳	女	范运好	女	方舒婷	女	方思琪	女
方智芬	女	冯冬玲	女	冯涧开	女	冯连带	女	冯路花	女
冯秋连	女	冯素春	女	冯婉瑶	女	冯雪芬	女	冯雅萍	女
冯雅瑶	女	冯泽婷	女	冯志敏	女	符柳	女	付德美	女
傅炽丽	女	甘梦梦	女	高翠妍	女	古美玲	女	古雨恩	女
顾文翠	女	关乐彬	女	关文辉	男	官美云	女	郭碧云	女
郭初成	男	郭海欣	女	郭梁燕	女	郭秋萍	女	郭淑贤	女
郭秀芬	女	郭媛媛	女	郭芷晴	女	何桦	女	何静	女
何丽	女	何敏	女	何爱贞	女	何海燕	女	何慧琴	女
何金凤	女	何锦玲	女	何丽芳	女	何丽珍	女	何林盈	女
何汝仪	女	何思婷	女	何羡玲	女	何小丹	女	何晓菲	女
何艳芬	女	何叶玲	女	何月平	女	何祖贺	男	贺颖	女

贺仁媛	女	洪爽	女	洪丽清	女	洪丽珊	女	胡楠	女
胡嘉惠	女	胡嘉怡	女	胡露平	女	胡梦足	女	胡文勇	女
胡小娟	女	胡小丽	女	胡小燕	女	胡秀局	女	黄静	女
黄丽	女	黄萍	女	黄萍	女	黄容	女	黄鸳	女
黄雅	女	黄雁	女	黄宝兴	女	黄碧燕	女	黄楚晓	女
黄慈展	男	黄凤玲	女	黄凤仪	女	黄海琼	女	黄海霞	女
黄恒惠	女	黄惠娟	女	黄惠霞	女	黄慧怡	女	黄家凤	女
黄家明	男	黄洁仪	女	黄结英	女	黄金连	女	黄锦苹	女
黄锦雀	女	黄静霞	女	黄君钰	女	黄俊琪	女	黄俊愉	女
黄丽冰	女	黄丽敏	女	黄丽娜	女	黄曼如	女	黄曼欣	女
黄梅坤	女	黄梦花	女	黄梦麒	女	黄苗苗	女	黄淑桦	女
黄淑青	女	黄顺连	女	黄思彤	女	黄婉莹	女	黄伟玲	女
黄文静	女	黄小玲	女	黄晓凤	女	黄晓君	女	黄晓倩	女
黄秀华	女	黄妍佳	女	黄毅娟	女	黄映凤	女	黄永钊	男
黄泳茵	女	黄玉莹	女	黄源顺	女	黄月开	女	黄云珍	女
黄佐连	女	贾丽婷	女	简丹	女	简凤宜	女	简建勋	男
江珊	女	江丽婷	女	江希文	女	江欣然	女	蒋洁	女
蒋娟	女	蒋燕	女	蒋海珠	女	蒋何英	女	孔祥艳	女
邝劲彬	男	邝思咏	女	赖辉琼	女	赖洁霞	女	赖晓琴	女
赖雪慧	女	赖玉香	女	蓝秋霞	女	雷炳秀	女	雷彩连	女
雷巩利	女	黎冬梅	女	黎惠婵	女	黎柳娇	女	黎容美	女
黎素芬	女	黎欣婷	女	黎燕君	女	李翠	女	李芳	女
李娟	女	李霞	女	李艳	女	李莹	女	李必霞	女
李彬玲	女	李春菊	女	李芳婷	女	李海珍	女	李红妹	女
李华琴	女	李华清	女	李华英	女	李佳旋	女	李嘉红	女
李嘉蕙	女	李嘉琪	女	李捷红	女	李金鸿	女	李可嘉	女
李可盈	女	李丽如	女	李利丽	女	李梦萍	女	李敏怡	女
李木琴	女	李培端	女	李赛妹	女	李少敏	女	李诗玲	女
李诗媚	女	李舒敏	女	李婷慧	女	李婷娜	女	李伟媚	女
李喜群	女	李小梅	女	李小婷	女	李晓文	女	李笑笑	女
李秀婷	女	李雪怡	女	李雅妍	女	李艳梅	女	李艳珊	女
李燕平	女	李英娇	女	李玉玲	女	李月美	女	李芷铟	女
李竹青	女	李紫红	女	连婷婷	女	练嘉静	女	梁妹	女
梁珊	女	梁燕	女	梁戈嫦	女	梁海波	女	梁海燕	女
梁华玉	女	梁换仪	女	梁火娇	女	梁嘉裕	女	梁洁荧	女
梁金连	女	梁娟漫	女	梁丽娟	女	梁丽娟	女	梁敏超	女

姓名	性别	姓名	性别	姓名	性别	姓名	性别	姓名	性别
梁明娇	女	梁倩怡	女	梁珊瑜	女	梁少英	女	梁舒芸	女
梁晓敏	女	梁燕如	女	梁燕珊	女	梁永浩	男	梁永锦	女
梁永裕	女	梁咏仪	女	梁泳贤	女	梁玉贤	女	梁镇炜	男
廖敏霞	女	廖晓棋	女	列丽冰	女	林冰	女	林洁	女
林坤	男	林敏	女	林贞	女	林晨希	女	林春梅	女
林豆豆	女	林嘉玲	女	林靖仪	女	林丽洁	女	林丽娜	女
林丽萍	女	林玲萍	女	林梅贤	女	林敏慧	女	林佩昭	女
林巧信	女	林日明	女	林少燕	女	林树娜	女	林素佳	女
林晓丹	女	林晓慧	女	林晓萍	女	林晓彤	女	林燕璇	女
林咏琪	女	林月琼	女	林志萍	女	林紫蕊	女	凌娟	女
凌华秋	女	凌华穗	女	凌秋怡	女	刘静	女	刘珍	女
刘爱萍	女	刘彩冯	女	刘德莲	女	刘恩彤	女	刘淦方	女
刘桂园	女	刘海婷	女	刘剑珊	女	刘洁莹	女	刘金玲	女
刘丽萍	女	刘玲玲	女	刘沛颖	女	刘秋敏	女	刘日荣	男
刘瑞音	女	刘绍菊	女	刘思棋	女	刘思思	女	刘小倩	女
刘小欣	女	刘晓冰	女	刘晓兰	女	刘晓晴	女	刘晓婷	女
刘晓欣	女	刘晓莹	女	刘欣婷	女	刘雪芬	女	刘雪芬	女
刘艳娜	女	刘雁凤	女	刘玉婷	女	刘远云	女	刘月球	女
卢创惠	女	卢凤敏	女	卢海婷	女	卢嘉慧	女	卢娇芬	女
卢洁玲	女	卢锦清	女	卢瑞到	女	卢泳杰	男	卢钻仪	女
陆美怡	女	罗妙	女	罗湘	女	罗翠婷	女	罗观忍	女
罗慧权	女	罗嘉丽	女	罗剑敏	女	罗文静	女	罗雯敏	女
罗夏燕	女	罗晓苏	女	罗晓婷	女	罗智嘉	女	吕璐	女
吕泽敏	女	马倩	女	马曼琪	女	马晓丽	女	毛佩凤	女
蒙琪尹	女	莫翠怡	女	莫丽芳	女	莫梅珍	女	莫沛珍	女
莫淇淇	女	莫文迪	男	莫文炜	女	莫燕玲	男	莫燕霞	女
倪夏尔	女	聂凤美	女	欧慧怡	女	欧容娟	女	欧小珠	女
欧阳红	女	潘惠婷	女	潘立冰	女	潘丽聪	女	潘柳聪	女
潘美娟	女	潘素梦	女	潘文格	女	潘文佩	女	潘禧莹	女
潘夏萍	女	潘晓玉	女	潘英富	女	盘嘉茵	女	庞土金	女
庞紫恩	女	彭海欢	女	彭世珍	女	彭芷茵	女	戚碧霞	女
齐秋霞	女	秦秋菊	女	丘巧如	女	丘艺津	女	邱广凤	女
邱金霞	女	邱燕珊	女	任桥	女	任小娅	女	容敏华	女
阮银欣	女	佘敏珠	女	沈灿智	男	沈静洁	女	史菲菲	女
司徒月圆	女	宋俊达	男	苏丽萍	女	谭柏俊	男	谭楚萍	女
谭发琼	女	谭华玲	女	谭梦蝶	女	谭敏婷	女	谭铭红	女

谭威倩	女	谭艳基	女	谭志好	女	谭准花	女	汤翠兰	女
唐海媚	女	唐华娟	女	唐华玲	女	唐淑针	女	唐晓瑜	女
唐颖颖	女	唐勇英	女	唐毓聆	女	田月妹	女	涂少鑫	女
涂晓纯	女	涂志慧	女	万娣	女	王冰	女	王丹	女
王艳	女	王翠眉	女	王丽红	女	王銮梅	女	王木香	女
王佩仪	女	王伟清	女	王文怡	女	王晓莹	女	王秀玲	女
王彦分	女	王永霞	女	王泽萍	女	王赵英	女	韦丽娜	女
魏江燕	女	温海君	女	温敏清	女	温琪琪	女	温玉英	女
温梓琳	女	温紫兰	女	翁雪贤	女	邬顺虹	女	巫燕霞	女
巫泽容	女	吴芳	女	吴莉	女	吴霞	女	吴蔼玲	女
吴福平	女	吴海燕	女	吴海燕	女	吴嘉敏	女	吴嘉敏	女
吴洁容	女	吴金花	女	吴娟璇	女	吴丽慈	女	吴丽琼	女
吴妙明	女	吴敏华	女	吴木轩	女	吴琼宣	女	吴秋萍	女
吴瑞兰	女	吴思华	女	吴小妹	女	吴小珠	女	吴燕清	女
吴燕婷	女	吴燕芸	女	吴玉思	女	吴煜雯	女	吴韵诗	女
伍彩凤	女	伍文杰	男	伍晓云	女	冼碧婵	女	冼凤英	女
冼观妹	女	冼惠婵	女	冼幸璇	女	向玉静	女	肖翠	女
肖黄娟	女	肖金秀	女	肖丽玲	女	肖培燕	女	肖秋梅	女
肖瑞冰	女	肖文婷	女	肖夏敏	女	肖晓君	女	谢聪	男
谢冬媚	女	谢丽慧	女	谢秋燕	女	谢柔燕	女	谢瑞粦	男
谢小焕	女	谢小丽	女	谢咏芯	女	谢泳诗	女	邢瑞	女
幸琳霖	女	熊媛	女	徐雯	女	徐寅	男	徐海云	女
徐倩明	女	徐梓纯	女	许翠婷	女	许耿珍	女	许华凤	女
许惠燕	女	许佳欢	女	许穗萍	女	许秀椰	女	严小红	女
颜莹	女	颜惠雅	女	颜慧玲	女	颜家成	男	颜丽梅	女
杨凤	女	杨恩萍	女	杨海云	女	杨卉娟	女	杨凯欣	女
杨丽仙	女	杨丽瑜	女	杨美凤	女	杨美荣	女	杨平平	女
杨秋菊	女	杨婉婷	女	杨翔梅	女	杨秀玲	女	杨秀梅	女
杨艳玲	女	杨芷文	女	姚楚燕	女	姚境裕	男	姚丽萍	女
姚梅清	女	姚淑怡	女	姚晓敏	女	姚燕萍	女	姚宇真	女
叶华敏	女	叶金妹	女	叶梦焦	女	叶木仙	女	叶绮丽	女
叶仕巧	女	叶思茵	女	叶伟杰	男	叶小芳	女	叶咏晴	女
易静	女	易晓霞	女	余楚婷	女	余舒桐	女	余夏莹	女
余晓敏	女	郁燕红	女	袁俪华	女	袁敏敏	女	袁小靖	女
詹秋霞	女	詹淑琼	女	湛格思	女	张豪	男	张莉	女
张倩	女	张薇	女	张爱玲	女	张碧丽	女	张碧霞	女

张翠玲	女	张桂枝	女	张辉红	女	张健华	男	张金丽	女
张金霞	女	张丽娟	女	张琳琳	女	张美贤	女	张淼雁	女
张敏婷	女	张琪琪	女	张倩允	女	张情华	女	张茹芬	女
张诗琪	女	张天姝	女	张薇薇	女	张小敏	女	张晓惠	女
张晓娜	女	张晓妮	女	张晓霞	女	张心榆	女	张炎堂	女
张颖娴	女	张玉侠	女	张苑银	女	张志芬	女	赵桂玲	女
赵辉平	女	赵秋怡	女	赵燕丽	女	赵紫珊	女	郑楚君	女
郑楚玲	女	郑丹丹	女	郑鸿如	女	郑洁琼	女	郑康容	女
郑丽纯	女	郑畦丽	女	郑少玲	女	郑舒婷	女	郑思嫚	女
郑思琪	女	郑雯雯	女	郑梓纯	女	钟 春	女	钟 瑶	女
钟彩莹	女	钟楚颖	女	钟海婷	女	钟梦玲	女	钟敏佳	女
钟榕清	女	钟诗琪	女	钟淑尧	女	钟思丽	女	钟思艳	女
钟文静	女	钟晓华	女	钟雅雯	女	周 敏	女	周 婷	女
周 霞	女	周佛桃	女	周国慧	女	周海燕	女	周会勤	女
周烁銮	女	周文君	女	周晓萍	女	周彦婷	女	周玉华	女
朱 婧	女	朱海羚	女	朱景芬	女	朱淑仪	女	朱斯娜	女
朱素娇	女	朱小群	女	朱秀霞	女	朱艳旭	女	祝海珊	女
庄冰梅	女	庄慧雯	女	庄慧瑶	女	庄小丽	女	庄晓欣	女
庄泽燕	女	邹冰桃	女	邹定萍	女	邹湘婷	女		

机电一体化技术(235人)

白竣毅	男	蔡锦涛	男	蔡周宏	男	曾家豪	男	曾嘉成	男
曾嘉劲	男	陈 宝	男	陈 聪	男	陈迪生	男	陈华海	男
陈建金	男	陈教飞	男	陈景豪	男	陈俊文	男	陈康文	男
陈培浩	男	陈启岸	男	陈琼豪	男	陈荣腾	男	陈世铜	男
陈伟杰	男	陈伟贤	男	陈文俊	男	陈贤钧	男	陈翔宇	男
陈兴安	男	陈旭标	男	陈泳龙	男	陈宇恒	男	崔高智	男
崔正钱	男	戴伟贤	男	邓天智	男	樊梓健	男	范杜桂	男
冯建业	男	冯凯宁	男	冯少聪	男	龚鹏森	男	古金福	男
郭 鹏	男	郭镜聪	男	郭权根	男	韩濠成	男	何 业	男
何炽权	男	何家熙	男	何礼亮	男	何明礼	男	何宪荣	男
何以泓	男	贺镜奎	男	洪焕运	男	胡嘉振	男	胡文豪	男
黄 浩	男	黄 培	男	黄成维	男	黄东来	男	黄观生	男
黄嘉浩	男	黄嘉灏	男	黄锦峰	男	黄锦辉	男	黄科培	男
黄茂威	男	黄山宏	男	黄书庶	男	黄庭峰	男	黄志尚	男
江滔滔	男	蒋乐昌	男	蒋书望	男	邝耀庭	男	赖道煌	男

赖高翔	男	黎柏强	男	黎明富	男	黎炜健	男	黎相帆	男
李　超	男	李　俊	男	李　悦	男	李　正	男	李朝飞	男
李道信	男	李德志	男	李东华	男	李恩德	男	李国成	男
李海程	男	李浩正	男	李华勇	男	李家凯	男	李金昌	男
李开荣	男	李炼煌	男	李马育	男	李培强	男	李启浚	男
李日河	男	李诗鉴	男	李坛次	男	李伟健	男	李志坚	男
李智锟	男	李重庆	男	梁　雷	男	梁妃柳	男	梁汇兴	男
梁家豪	男	梁铭豪	男	梁铭雄	男	梁启桦	男	梁思乐	男
梁永罡	男	林　基	男	林　晶	男	林枫杰	男	林观涛	男
林桂宁	男	林鸿琛	男	林建业	男	林强宇	男	林文超	男
林英辉	男	林智文	男	刘　吟	男	刘广荣	男	刘健达	男
刘庆鹏	男	刘维明	男	刘锡铠	男	刘智勇	男	刘紫兴	男
龙嘉骏	男	龙荣彪	男	卢博文	男	罗　庆	男	罗文君	男
罗智锋	男	吕华文	男	缪基然	男	莫　劲	男	莫建飞	男
欧阳波	男	潘志昌	男	庞锡光	男	彭俊添	男	戚旭聪	男
秦日华	男	邱建文	男	邱杰明	男	任巨扬	男	沈会强	男
苏峰民	男	苏星兆	男	苏子敬	男	孙正森	男	覃世桥	男
谭华瑶	男	谭铭涛	男	谭伟权	男	谭卓钧	男	唐浩儒	男
王　涛	男	王景坤	男	王康水	男	王炜煜	男	韦松成	男
温　俊	男	温杭辉	男	文家荣	男	问博瑶	男	吴　坪	男
吴权艺	男	吴王成	男	吴文辉	男	吴永杰	男	吴志恺	男
吴卓钦	男	伍嘉俊	男	伍尚强	男	肖　锋	男	谢　洪	男
谢家豪	男	谢俊丰	男	谢绍河	男	谢伟翔	男	谢梓华	男
禤子铭	男	薛鉴锐	男	薛明发	男	严东来	男	严庭满	男
严志炜	男	杨凯雄	男	姚泽明	男	叶冠泽	男	叶龙生	男
易港贵	男	易全方	男	易泽书	男	余江宇	男	庚子健	男
袁　嵩	男	张　莹	女	张　渊	男	张德山	男	张俊彬	男
张康强	男	张土有	男	张文升	男	张业戈	男	张逸彬	男
赵杰华	男	郑灿佳	男	郑海彬	男	郑汉锋	男	郑子安	男
钟　豪	男	钟　豪	男	钟建豪	男	钟俊强	男	钟永术	男
钟梓壕	男	周　韬	男	周书东	男	周伟城	男	朱国华	男
朱文基	男	庄　浩	男	庄创锴	男	邹明东	男	邹伟行	男

机械制造与自动化（204人）

卞金华	男	蔡嘉宏	男	蔡嘉辛	男	蔡业锴	男	曾溢彬	男
曾紫琳	女	陈　华	男	陈　杰	男	陈　青	男	陈柏宇	男

陈德亮	男	陈橄生	男	陈冠菲	男	陈桂有	男	陈继銮	男
陈江喜	男	陈景超	男	陈俊松	男	陈明康	男	陈明茵	女
陈思远	男	陈文涛	男	陈炎劲	男	陈艺文	男	陈永栏	男
陈志勇	男	程广源	男	池建广	男	戴坤荧	男	戴中禹	男
邓家豪	男	邓锦耀	男	邓景涛	男	邓志明	男	邓卓宏	男
杜子强	男	范宇毅	男	冯 栩	男	冯春阳	男	冯家豪	男
冯琳宏	男	冯智聪	男	符如建	男	高海忠	男	古浩何	男
古吉龙	男	郭志聪	男	韩 益	男	何国能	男	何海华	男
何泓辉	男	何柳江	男	何润荣	男	何倬权	男	何子扬	男
贺怡舒	女	黄超劲	男	黄翠丽	女	黄华隆	男	黄锦思	男
黄俊生	男	黄峻滔	男	黄秋丽	女	黄权卫	男	黄荣耀	男
黄一波	男	黄玉宝	男	黄远峰	男	黄章兴	男	柯传杰	男
孔令辉	男	赖炳弟	男	赖玫瑞	男	赖思达	男	雷 阳	男
李 豪	男	李伴全	男	李斌源	男	李德律	男	李嘉城	男
李建华	男	李明德	男	李书俊	男	梁建文	男	梁龙凯	男
梁文森	男	梁栩城	男	梁亦发	男	梁智健	男	廖广耀	男
廖汉华	男	廖柳军	男	林繁荣	男	林佛韶	男	林金碧	女
林上坚	男	刘柏毅	男	刘浩坚	男	刘浩均	男	刘俊池	男
刘文健	男	刘文静	男	刘洋凯	男	刘业想	男	刘远绍	男
刘致江	男	刘仲楠	男	龙云钦	男	卢浩铭	男	卢叶秀	男
罗俊杰	男	罗晓湛	男	罗子幸	男	吕炳洪	男	吕兴旺	男
麦斌斌	男	麦炜乾	男	麦志华	男	毛家宝	男	毛嘉维	男
明关林	男	宁 冠	男	欧阳源	男	潘开晓	男	彭 鸿	男
彭胤荣	男	戚晖乃	男	丘志青	男	邱家伟	男	沈聪宇	男
沈华海	男	孙成波	男	谭伟伦	男	王 弟	男	王辉贤	男
王陆校	男	王庆顺	男	王然君	男	韦荣祖	男	温观福	男
温凌烽	男	文 劲	男	吴昌鸿	男	吴海平	男	吴海鑫	男
吴洪熔	男	吴军庭	男	吴培鑫	男	吴文威	男	吴延涛	男
吴宇聪	男	吴泽祥	男	吴镇庭	男	伍 龙	男	肖 杰	男
肖木炎	男	肖胜贤	男	肖逸夫	男	谢锻政	男	谢高成	男
谢俊浩	男	谢科松	男	谢梓颖	男	颜嘉培	男	杨文杰	男
杨智恒	男	杨忠和	男	姚国栋	男	姚华秋	男	叶华银	男
叶剑锋	男	叶日铨	男	叶雅诗	女	叶佐伦	男	易锋书	男
游嘉兴	男	袁富勇	男	袁浩南	男	张 丽	女	张超然	男
张海东	男	张津铭	男	张俊豪	男	张康辉	男	张穗漳	男
张伟鸣	男	张钰惠	女	赵军明	男	甄俊杰	男	郑斌儒	男

郑国辉	男	郑建文	男	郑可骏	男	郑丽莎	女	钟豪仔	男
钟文杰	男	钟熙龙	男	钟晓彬	男	周宣岳	男	朱晓松	男
朱志辉	男	卓盛	男	邹嘉祥	男	邹振成	男		

计算机网络技术（171人）

蔡浩恩	男	蔡能辉	男	蔡泗治	男	蔡修余	男	曹焯平	男
曾翠萍	女	曾庆文	男	曾文杰	男	陈斌南	男	陈桂丽	女
陈贺维	男	陈麒生	男	陈玩江	男	陈祥飞	男	陈泽涛	男
陈肇昌	男	陈智军	男	陈子军	男	程飞	男	崔秋润	男
邓宝杰	男	邓颂鹏	男	邓柱彬	男	樊豪	男	方晓虹	女
冯剑威	男	冯永杰	男	冯岳铭	男	甘烁鹏	男	龚俊	男
郭志坚	男	郭梓业	男	何彩玲	女	何超锋	男	何海蝶	男
何家伟	男	何锦华	男	何倪旗	男	胡宜良	男	胡昭文	男
黄富杰	男	黄吉亮	男	黄家豪	男	黄建华	男	黄丽珠	女
黄铭乐	男	黄腾飞	男	黄伟机	男	黄怡晖	女	黄裕政	男
计俊红	男	江宝桎	男	柯锦杰	男	孔境荣	女	邝思琪	男
赖家强	男	赖建强	男	赖仪洋	男	黎采蓉	女	黎洪健	男
黎勇权	男	黎远航	男	黎智勇	男	李光英	女	李海娟	女
李恒昌	男	李佳霖	男	李坤朗	男	李荣轩	男	李时起	男
李思进	男	李锡辉	男	李裕海	男	李远东	男	李卓凡	男
李子君	女	练子健	男	梁嘉耀	男	梁金桂	男	梁骏杰	男
梁锐其	男	梁诗琪	女	梁伟圆	男	梁羽生	男	廖帅	男
廖达明	男	廖富荣	男	廖泽明	男	林国聪	男	林泓标	男
林鸿山	男	林莉琴	女	林生琳	男	林振强	男	林梓纯	女
林梓良	男	刘汉超	男	刘鸿杰	男	刘苏东	男	刘婷婷	女
刘志明	男	刘子豪	男	龙志扬	男	陆生	男	陆英杰	男
吕家良	男	马林昊	男	麦英杰	男	麦志辉	男	缪镇宏	男
莫观培	男	莫静仪	女	倪锦桐	男	倪生顿	男	倪泽楷	男
欧成辉	男	欧浩建	男	欧祖荣	男	潘乾鑫	男	庞康敏	男
彭宇航	男	秦书辉	男	区润华	男	区哲铭	男	宋健明	男
苏悦升	男	粟凯	男	田惠方	女	汪晶龙	男	王连	女
王灿锋	男	王梓龙	男	危巧玲	女	韦会文	男	吴迪	男
吴华超	男	吴凯鹏	男	吴梓杰	男	夏雨	男	谢淮聪	男
谢世苗	男	谢晓城	男	谢长江	男	徐广铭	男	徐建宇	男
徐世豪	男	徐郁都	男	许乘滔	男	许升汉	男	许松沣	男
杨省鹏	男	杨文锋	男	杨子杰	男	易鹏亮	男	余子祥	男

张博千	男	张峻华	男	张康锴	男	张晓倩	女	张志杰	男
赵群翠	女	郑乔丞	男	郑素玲	女	钟其宇	男	钟文俊	男
周文彬	男	朱明强	男	朱钟表	男	庄 阳	男	卓芸裕	男
邹明桦	男								

计算机应用技术（277人）

贝林涛	男	毕展浩	男	蔡 秋	女	蔡广辉	男	蔡俊煌	男
蔡永康	男	蔡肇闯	男	曹 晖	男	曾 卓	男	曾家城	男
曾家健	男	曾万军	男	曾伟豪	男	曾玮民	男	曾宪日	男
曾玉梅	女	曾煜轩	男	陈 姣	女	陈安邦	男	陈宝锟	男
陈春燕	女	陈丹铸	男	陈德威	男	陈观贤	男	陈国忠	男
陈海燕	女	陈海洋	男	陈怀浩	男	陈剑钦	男	陈江家煜	男
陈洁芸	女	陈金海	男	陈景杰	男	陈骏浩	男	陈丽慧	女
陈佩凯	男	陈平校	男	陈荣超	男	陈荣坚	男	陈少健	男
陈水钊	男	陈伟明	男	陈秀琪	女	陈耀鹏	男	陈友广	男
陈宇烽	男	陈育林	男	陈泽平	男	陈增财	男	程 朗	男
程芝彪	男	池梓杰	男	戴东廷	男	戴子华	男	邓发科	男
邓浩翔	男	邓文杰	男	邓晓屏	女	董华宇	男	董一强	男
樊进丰	男	冯熙隆	男	符健源	男	符镇荣	男	高梓毅	男
龚德政	男	顾梓东	男	郭浩星	男	郭家辉	男	郭子航	男
何高尚	男	何厚华	男	何嘉进	男	何嘉颖	男	何洺坤	男
何盛锋	男	何玉峰	男	何振周	男	何志业	男	何仲初	男
洪位焜	男	黄 杰	男	黄 鹏	男	黄 涛	男	黄 慰	男
黄 盈	男	黄博滔	男	黄汉东	男	黄浩佳	男	黄宏常	男
黄家严	男	黄嘉豪	男	黄健钊	男	黄景荣	男	黄朗洲	男
黄婉君	女	黄小燕	女	黄寅赞	男	黄永恒	男	黄泽杰	男
黄卓辉	男	简诗琪	女	江华毅	男	蒋康诏	男	邝丽敏	女
邝梓博	男	旷黄超	男	赖 韬	男	赖青微	女	蓝翠桑	女
劳良铭	男	黎江源	男	黎俊杰	男	黎骏杰	男	黎坤艳	男
李 浪	男	李 琳	女	李 宇	男	李灿昇	男	李观超	男
李冠辉	男	李广彬	男	李贵钲	男	李鸿杰	男	李加龙	男
李锦成	男	李锦星	男	李俊辉	男	李明星	男	李酥灵	女
李文濠	男	李晓辉	男	李晓威	男	李永佳	男	李余杰	男
李镇龙	男	梁洁盈	女	梁锦辉	男	梁俊伟	男	梁泽健	男
梁中威	男	梁自立	男	廖 俊	男	廖健文	男	廖晓华	男
廖振鹏	男	林 健	男	林必锴	男	林伯有	男	林金龙	男

林进悦	男	林俊杰	男	林志明	男	刘铭	男	刘涛	男
刘超宇	男	刘汉成	男	刘美琪	女	刘思斌	男	刘已冰	女
刘志强	男	刘梓怡	男	龙永杰	男	卢文龙	男	罗键	男
罗国芬	女	罗俊杰	男	罗强威	男	吕鹏伟	男	马杰	男
马威龙	男	满莉静	女	毛俊杰	男	潘杰彬	男	庞华添	男
庞晓明	男	彭嘉嘉	女	彭炜增	男	丘燕娃	女	丘亿婷	女
丘宗钰	男	邱彩欣	女	全秋志	男	饶东林	男	容健	男
阮耀贤	男	沈智群	男	苏彩云	女	苏国恩	男	孙丝敏	女
谭程文	男	谭建平	男	谭思维	男	谭穗汉	男	谭伟谋	男
谭裔增	男	汤敏聪	男	万康勤	男	王彪夷	男	王冠东	男
王桂福	男	王伟杰	男	王晓荣	男	温惠厦	男	温嘉宏	男
温俊辉	男	翁宏铃	男	翁楷枞	男	吴皇权	男	吴康寿	男
伍旭	男	伍雄就	男	肖熙捷	男	谢棣联	男	谢沅俊	男
熊浣渝	女	徐浩文	男	徐佳州	男	徐棱烽	男	徐鑫炎	男
许宝元	女	许日鑫	男	许淑婷	女	许毓济	男	薛煜	男
薛建文	男	杨翠丽	女	杨景模	男	杨磊鑫	男	杨培坤	男
杨石卿	男	杨双双	男	杨思明	男	杨子俊	男	杨梓校	男
姚泽民	男	叶涛	男	叶志锋	男	银琪斌	男	游建慧	女
庾智贤	男	元斯涵	男	詹铭锋	男	张靖	男	张娜	女
张忠	男	张家浩	男	张嘉禧	男	张敬增	男	张漫萍	女
张庆杰	男	张庆金	男	张书瀚	男	张香平	女	张耀灿	男
张中祥	男	赵汝良	男	郑国栋	男	郑惠琳	女	郑钦元	男
郑汝坤	男	郑思慧	女	郑伟鑫	男	郑晓东	男	郑雪霞	女
郑义才	男	钟裕	男	钟金鑫	男	钟良明	男	钟庆玲	女
钟世荣	男	钟伟彬	男	钟月亮	男	钟志豪	男	周紫毅	男
朱锦良	男	朱俊烨	男						

建筑工程技术（172人）

毕启杰	男	蔡树强	男	蔡雪英	女	曾嘉伟	男	曾俊华	男
曾顺生	男	陈辉	男	陈卓	男	陈彩迷	女	陈凤婵	女
陈国标	男	陈汉贤	女	陈鸿仪	女	陈嘉豪	男	陈丽红	女
陈绵周	男	陈棉君	女	陈少斌	男	陈深文	男	陈奕海	男
邓秀花	女	丁梓涵	男	杜宛莹	女	范伟桦	男	冯承志	男
冯扬明	男	冯永杰	男	郭少君	女	韩奇峰	男	何天佐	男
贺应成	男	洪德双	男	侯浩杰	男	胡志一	男	黄娜	女
黄才华	男	黄诚实	男	黄富荣	男	黄华信	男	黄佳智	男

黄列杰	男	黄锰津	男	黄穗然	男	黄仙花	女	黄榆深	男
巨博	男	邝榕佳	男	旷均云	女	赖炳光	男	赖道超	男
劳信豪	男	雷勇	男	黎启健	男	黎致鹏	男	李东	男
李楠	男	李辉豪	男	李建民	男	李景彬	男	李丽思	女
李林津	男	李平华	男	李文辉	男	李振豪	男	梁斯源	男
梁章铭	男	林庚涛	男	林嘉杰	男	林全良	男	林容群	女
林伟斌	男	林杏隆	男	林怡祥	男	林莹莹	女	林志铭	男
刘浩昌	男	刘静雯	女	刘林生	男	刘文静	女	刘玉清	男
龙金富	男	卢俊杰	男	陆永升	男	罗财	男	罗建	男
罗世浩	男	罗永辉	男	马建云	男	马雪芹	女	麦文军	男
缪爱平	女	莫长易	男	宁玛力	男	彭伟星	男	彭宗杰	男
戚子均	男	秦焱	男	邱可欣	女	区伟锋	男	沈国华	男
苏楚渝	女	覃梅婷	女	汤梓鹏	男	唐志广	男	万伟光	男
王丁楗	男	王文特	男	王泽荣	男	王峥嵘	男	温俊彦	男
吴婷	女	吴海杰	男	吴丽满	男	吴烈宏	男	吴伦倍	男
吴添杰	男	夏文启	男	肖金瑞	男	肖文静	女	肖文燕	男
谢伟	男	谢嘉良	男	谢晓添	男	谢泽辉	男	徐常兴	男
徐伟豪	男	许志龙	男	杨新来	男	杨玉玲	女	姚志	男
叶建海	男	叶金亮	男	叶宁志	男	叶文君	女	易敏生	男
余秋杨	女	袁鹰	男	袁灿均	男	袁仁苡	男	袁锡基	男
张佳	男	张涛	男	张成武	男	张国钦	男	张宏鹏	男
张林函	男	张梦薇	女	张文俊	男	张晓宏	男	张鑫明	男
张映滨	男	郑国森	男	郑海鑫	男	郑淮烽	男	郑建辉	男
郑天雄	男	郑奕鹏	男	郑则涛	男	郑泽洪	男	钟其波	男
周惠兴	男	周建聪	男	周丽英	女	周士杰	男	周晓彤	女
周雄德	男	朱灿文	男	庄竣田	男	庄永芬	女	庄永真	男
庄增裕	男	邹迪强	男						

商务英语（361人）

白锦玲	女	蔡阳	女	蔡楚群	女	蔡妙燕	女	蔡晓彤	女
蔡颖琪	女	蔡镇蔓	女	蔡子冬	女	曹碧芸	女	岑炜琪	女
曾蓓琳	女	曾慧玲	女	曾晓敏	女	柴港	男	陈丹	女
陈娟	女	陈霜	女	陈彩霞	女	陈楚君	女	陈丹铃	女
陈丹云	女	陈海燕	女	陈红梅	女	陈慧容	女	陈嘉敏	女
陈嘉琪	女	陈嘉雯	女	陈锦云	女	陈娟华	女	陈丽梅	女
陈美常	女	陈梦朝	女	陈乃嫦	女	陈秋平	女	陈莎莎	女

陈诗婷	女	陈淑芳	女	陈天坤	男	陈婷婷	女	陈秀琼	女
陈学颖	女	陈艳芳	女	陈燕红	女	陈玉渝	女	陈钰雯	女
陈远方	女	陈云婷	女	成连英	女	程海燕	女	程梅谊	女
程志华	女	池伟豪	男	戴素君	女	戴雯雯	女	邓红娟	女
邓丽萍	女	邓丽霞	女	董俏君	女	杜凤娟	女	段文静	女
范海玲	女	封丽平	女	冯晓婷	女	冯钰滢	女	傅俊杰	女
高家丽	女	高晓红	女	葛群	女	管慧玲	女	桂子嫣	女
郭晓燕	女	何高雨	男	何国骏	男	何丽娜	女	何奕文	女
何英萍	女	何芷华	女	洪明娲	女	洪秋欣	女	胡剑霞	女
胡丽萍	女	胡兴吉	男	黄楚怡	女	黄冬梅	女	黄芙容	女
黄广灼	男	黄桂云	女	黄家琪	女	黄嘉宝	女	黄嘉怡	女
黄洁静	女	黄金婷	女	黄进秀	女	黄靖珺	女	黄丽玲	女
黄丽曼	女	黄梅珍	女	黄孟霞	女	黄敏聪	女	黄敏君	女
黄敏茹	女	黄青蓓	女	黄雪英	女	黄颜萍	女	黄玉婷	女
黄紫晴	女	江青梅	女	蒋慧平	女	揭柳青	女	康榕青	女
邝彩云	女	赖婵	女	赖彩云	女	赖小红	女	赖晓琪	女
赖燕茹	女	赖志勇	男	雷存	男	黎观梅	女	黎凯茵	女
黎淑娟	女	黎雪娇	女	黎宇霞	女	黎云凤	女	李环	女
李蕾	女	李师	女	李芷	女	李桂梅	女	李惠玲	女
李佳欣	女	李嘉欣	女	李建军	男	李锦培	男	李林泽	男
李岷芮	女	李润怡	女	李松玲	女	李素欣	女	李温婷	女
李文英	女	李小丽	女	李雁琴	女	李耀樑	男	李叶茂	男
李玉英	女	李紫楣	女	梁碧云	女	梁国柔	女	梁丽雅	女
梁文晓	女	梁玉玲	女	梁玉萍	女	梁芷媚	女	廖丹敏	女
廖乐欣	女	廖瑞芳	女	廖施敏	女	廖送萍	女	廖婷敏	女
廖婉莹	女	廖小娟	女	廖雪芬	女	林国欣	女	林坤钊	男
林莉欣	女	林明苑	女	林思意	女	林晓静	女	林晓升	女
林延晋	男	林燕珊	女	林依璇	女	林远红	女	林志宇	男
林子雄	男	刘文	女	刘媛	女	刘海媚	女	刘海萍	女
刘家儿	女	刘嘉满	女	刘嘉耀	男	刘美丹	女	刘美丽	女
刘梦丹	女	刘伟丽	女	刘晓琳	女	刘晓彤	女	刘梓湘	女
柳燕钰	女	卢叶敏	女	罗俊	女	罗爱珍	女	罗燎生	男
罗瑞敏	女	罗玉娟	女	罗远华	女	吕木蓉	女	马丹娜	女
马舒婷	女	马晓玲	女	麦小莲	女	麦燕霞	女	毛诗敏	女
蒙飞燕	女	莫靖华	女	莫筱雯	女	倪艾佳	女	聂思榆	女
欧阳敏玲	女	潘婷	女	潘炳健	男	潘海伦	女	潘梦莹	女

潘敏玲	女	潘英草	女	庞嘉琪	女	庞宇宁	女	彭俊杰	男
彭棉友	男	祁小艳	女	丘丽婧	女	丘曼灵	女	邱文英	女
任超	女	任华	男	任宇	女	任伟云	男	盛志平	女
石明华	女	史运灵	女	宋雪芳	女	宋亚妮	女	苏颖	女
苏慧佳	女	隋克英	女	沓媚莹	女	覃秋琬	女	谭芳	女
谭洁	女	唐鸿	女	唐夏莉	女	唐雨婷	女	陶安琪	女
万娟	女	万远兰	女	王金	女	王婷	女	王霞	女
王碧会	女	王佳鑫	女	王柳伟	女	王熙银	女	王燕琴	女
魏若瑶	女	魏玉娟	女	温静研	女	温珏茵	女	温柳移	女
温宪瑜	女	温影琪	女	吴楚玲	女	吴春蕾	女	吴春丽	女
吴建川	男	吴锦平	女	吴静仪	女	吴漫晶	女	吴美华	女
吴明彤	女	吴少东	女	吴小娜	女	吴雪铃	女	吴燕花	女
吴志锋	男	吴梓珊	女	吴紫妍	女	谢欣	女	谢丽媛	女
谢丽玲	女	谢外香	女	谢武家	男	谢晓燕	女	谢旖琦	女
徐焕宜	女	徐柳宜	女	徐映玲	女	许冬兰	女	许明燕	女
严琳	女	严晓玲	女	杨丹	女	杨剑	女	杨琳	女
杨姝	女	杨敏敏	女	杨守其	男	杨伟萍	女	姚玮琪	女
叶慧红	女	叶佳佳	女	叶清源	女	叶香君	女	叶小芹	女
叶秀文	女	尹佩敏	女	余婷婷	女	庚嘉文	女	庚捷敏	女
庚燕文	女	袁芳	女	袁石珍	男	袁小燕	女	詹美玲	女
詹佩佩	女	詹佩如	女	詹松龄	女	詹秀予	女	湛钰研	女
张耿	男	张洪	女	张敏	女	张媛	女	张凤莲	女
张湖红	女	张家捷	女	张沛欣	女	张佩芬	女	张思裕	女
张文婧	女	张文静	女	张欣欣	女	张亚林	女	郑嘉莉	女
郑金浩	男	郑妙纯	女	郑萍华	女	郑绮文	女	郑秋榕	女
郑素欣	女	郑晓华	女	郑雅婷	女	郑泽吟	女	钟绮雯	女
钟周兰	女	周颖	女	周佳琴	女	周家志	男	周峻任	男
周梦薇	女	周浓花	女	朱伟婷	女	朱文华	女	朱文清	女
朱雪曼	女	朱雅华	女	朱昭华	女	庄嘉敏	女	庄少容	女
庄晓宜	女								

社会工作（30人）

艾飞	男	曾芷珊	女	陈昌旺	男	陈芳芳	女	陈湖秋	女
陈章芬	女	邓景妍	女	杜丽嫦	女	冯阕城	男	郭丽肖	女
何玉荣	男	黄明	男	邝贤敏	女	李雪梅	女	梁健	男
梁健斌	男	梁汶儿	女	廖玉莲	女	林宜燕	女	卢建宁	女

莫艳媚	女	唐湘辉	男	王虎生	男	王月婵	女	吴凤仪	女
杨海华	女	庾丽霞	女	张　建	男	赵　婷	女	郑惠敏	女

市场营销（645人）

敖玉萍	女	白根强	男	毕孟杰	女	毕世杰	男	蔡东锐	男
蔡金玲	女	蔡金明	男	蔡树盛	男	蔡文婷	女	蔡习于	女
蔡喜君	女	蔡晓婉	女	曹丹丹	女	曹文义	男	曹颖怡	女
曾　群	女	曾　炜	男	曾红舒	女	曾家宏	男	曾思敏	女
曾月红	女	陈　帆	男	陈　国	男	陈　凯	男	陈　生	男
陈　艳	女	陈柏韬	男	陈春漫	女	陈大妹	女	陈登艳	女
陈冬枚	女	陈恩谦	男	陈枫婷	女	陈广跃	男	陈国豪	男
陈焕玲	女	陈家海	男	陈家骏	男	陈嘉伟	男	陈景花	女
陈俊荣	男	陈俊贤	男	陈骏敏	女	陈科雄	男	陈兰妹	女
陈礼斌	男	陈丽平	女	陈莉如	女	陈美连	女	陈美玲	女
陈敏捷	女	陈木龙	男	陈秋霞	女	陈容才	男	陈舒乐	女
陈伟灿	男	陈伟纯	女	陈伟强	男	陈文兴	男	陈小婷	女
陈小雅	女	陈晓凡	男	陈晓娇	女	陈晓丽	女	陈晓敏	女
陈芯莹	女	陈欣怡	女	陈新云	女	陈兴蕊	女	陈宣萌	男
陈业增	男	陈奕兴	男	陈永强	男	陈苑玲	女	陈泽珊	女
陈泽薇	女	陈珍锦	女	陈真佳	男	陈之炀	男	陈志泳	男
陈智斌	男	陈智佳	男	陈智钊	男	陈子玲	女	陈子轩	男
陈子璇	女	陈子颖	男	陈梓威	男	程　娇	女	程剑珍	女
丛　珊	女	崔二佳	女	崔丽端	女	崔梅丽	女	崔荣清	男
戴宏强	男	戴梓豪	男	邓宏玄	男	邓莲芳	女	邓梅平	女
邓木金	男	邓闪萍	女	邓少冲	男	邓王骄	女	邓伟健	男
邓颖坚	女	邓玉倩	女	邓兆安	男	邓宗媚	女	丁　平	女
丁铁姣	女	董泳施	女	董梓豪	男	杜　爽	女	范东侨	男
范伟康	男	冯光祖	男	冯桂香	女	冯慧仪	女	冯建英	女
冯敏琳	女	冯小琼	女	冯宇超	女	符世鹏	男	傅鸿玲	女
甘桂月	女	甘沛燎	男	高子茹	女	龚思思	女	古小菲	女
关淦洪	男	官清森	男	官清雪	女	郭　超	男	郭东平	男
郭继仁	男	郭素娟	女	郭婉姗	女	韩　洋	男	韩申宇	男
郝泽坤	男	何　映	女	何海涛	男	何建珍	女	何皆明	男
何洁莹	女	何景成	男	何境娣	女	何培英	女	何佩雯	女
何思因	女	何文恩	男	何文杰	男	何雪英	女	何艳芳	女
何怡倩	女	何月海	女	何悦仪	女	何志永	男	何智勇	男

何子晴	女	侯彩玲	女	侯江毅	男	胡瑞	男	胡婷	女
胡昂立	男	胡彩春	女	胡凯旋	女	胡丽晶	女	胡淑娴	女
胡小云	女	胡雪霞	女	华秋容	女	黄冰	女	黄珙	女
黄凯	男	黄玲	女	黄明	男	黄彩萍	女	黄楚忠	男
黄纯敏	女	黄琮贻	女	黄翠平	女	黄凤枝	女	黄高梅	女
黄海城	男	黄鸿一	男	黄慧慧	女	黄济民	男	黄继美	女
黄健惠	女	黄金燕	女	黄凯琪	女	黄可欣	女	黄丽华	女
黄琳萱	女	黄南龙	男	黄绮雪	女	黄巧算	女	黄少玲	女
黄舜文	女	黄素君	女	黄婷婷	女	黄伟剑	男	黄秀丽	女
黄雪冰	女	黄颖琳	女	黄永豪	男	黄玉婷	女	黄育涛	男
黄志钊	男	霍伟杨	男	江剑明	男	江佩琼	女	江文闻	男
江星亮	男	江玉玲	女	蒋益娟	女	蒋忠宝	男	柯自欢	女
孔祥煜	男	邝文旭	男	赖媚	女	赖家彪	男	赖美嘉	女
兰永刚	男	蓝钰玲	女	劳彩娇	女	劳美玲	女	劳志强	男
雷蕊琪	女	黎平	女	黎岗雄	男	黎广玲	女	黎海柔	女
黎家杰	男	黎剑明	男	黎晓霞	女	黎英豪	男	李飞	男
李红	女	李玲	女	李婷	女	李艳	女	李炳满	男
李彩霞	女	李朝雨	男	李春花	女	李翠平	女	李红军	男
李鸿运	男	李华芬	女	李惠婷	女	李建明	女	李锦佳	男
李锦铭	男	李京泽	男	李婧波	女	李君阳	男	李丽佳	女
李丽丽	女	李丽玲	女	李良明	男	李龙周	男	李明园	女
李青芸	女	李秋丽	女	李秋梅	女	李秋平	女	李荣波	男
李少明	男	李世川	男	李淑茵	女	李树佳	男	李微微	女
李文朗	男	李小浪	女	李雪燕	女	李雪媛	女	李瑶瑶	女
李叶骞	男	李宜炫	女	李奕明	男	李远峰	男	李月景	女
李泽坚	男	李志广	男	李紫君	女	连洁莉	女	连怡斐	女
练彩洪	女	练晶晶	女	梁宏	男	梁碧霞	女	梁婵婵	女
梁翠洁	女	梁坚伟	男	梁俊极	男	梁丽珊	女	梁柳冰	女
梁美平	女	梁少辉	男	梁师豪	男	梁梓强	男	廖亮	男
廖德慧	女	林燕	女	林燕	女	林冰洪	女	林绰姿	女
林丹红	女	林凤纯	女	林海燕	女	林鸿锦	女	林华星	男
林健武	男	林俊玉	女	林莉婵	女	林妙珊	女	林小丽	女
林兴文	男	林耀玉	女	林永良	男	林瑜婷	女	林长兴	男
林振炬	男	凌永发	男	刘辉	男	刘玉	女	刘炳浩	男
刘灿威	男	刘铖鑫	男	刘方洁	女	刘付帆	男	刘海峰	男
刘海佳	男	刘海燕	女	刘华健	男	刘佳麒	女	刘嘉婷	女

刘锦灿	男	刘妙妙	女	刘秋莹	女	刘绍庆	男	刘舒暖	女
刘细玲	女	刘贤波	男	刘晓燕	女	刘永乐	男	龙 荣	男
龙锦弘	男	龙玲玲	女	卢慧敏	女	卢婷婷	女	卢映娜	女
陆群幼	女	罗碧云	女	罗丹萍	女	罗海燕	女	罗辉跃	男
罗嘉丽	女	罗建锋	男	罗江龙	男	罗丽平	女	罗灵燕	女
罗世远	男	罗淑芬	女	罗婉怡	女	罗薇薇	女	罗湘丽	女
罗欣欣	女	罗选萍	女	罗雨霞	女	罗志聪	男	罗子聪	男
骆嘉莉	女	马文妹	女	麦梓晴	女	蒙 林	男	莫 红	女
莫敏贤	女	莫燕芳	女	莫振文	男	莫志慧	男	聂梦瑶	女
宁 莉	女	宁 敏	女	宁 婷	女	农珍艳	女	欧健苗	女
欧妙仪	女	欧琼波	男	欧阳杰	男	潘 海	男	潘春桃	女
潘丽平	女	潘文金	男	潘晓梅	女	庞华倩	女	庞子龙	男
裴国成	男	彭 云	女	彭丹霞	女	彭宏璇	女	彭积婷	女
彭文娇	女	彭小云	女	彭燕婷	女	钱秋谷	女	秦子维	男
丘佳华	女	邱 丽	女	邱 锐	男	邱冬梅	女	任旭光	男
阮淑敏	女	尚喜艳	女	邵敏灵	女	沈新亮	男	施国健	男
宋林燕	女	宋晓婷	女	宋雅婷	女	苏 娜	女	苏淑娴	女
苏文文	女	苏艳芬	女	覃桂梅	女	覃金连	女	覃思臆	女
谭丽娜	女	汤卫伦	男	汤茵憧	女	唐惠欢	女	唐金华	女
田路平	女	涂梅琪	女	涂霜霜	女	万 磊	男	汪树彬	男
王 芬	女	王 维	男	王丹妮	女	王海贵	女	王华君	女
王静舒	女	王考红	女	王佩飞	女	王倾莉	女	王伟丽	女
王闻俊	男	王小奋	女	王小清	女	王晓江	男	卫文静	女
卫智舜	男	魏冰冰	女	温桂燕	女	温惠玲	女	温锦标	男
温美先	男	温小梅	女	温永杰	男	翁少玉	女	翁斯林	男
翁伟晟	男	巫慧燕	女	巫雪娴	女	吴 爽	女	吴杰生	男
吴春香	女	吴鼎燐	男	吴慧君	女	吴家浩	男	吴声勇	男
吴绮梅	女	吴汝轩	男	吴瑞芬	女	吴邵敏	女	吴圳鸿	男
吴晓佳	女	吴艳姣	女	吴艳柳	女	吴奕彬	男	肖观洋	男
吴志静	女	伍配军	男	伍秀瑜	女	肖楚琳	女	萧子媚	女
肖娇湘	女	肖劲辉	男	肖康剑	男	肖志强	男	谢小丽	女
谢城香	女	谢俊杰	男	谢尚源	男	谢伟鹏	男	徐圆圆	女
熊亮亮	男	胥年凤	女	徐明康	男	徐思敏	女	许晓婷	女
徐远方	女	许明浩	男	许佩儒	女	许少卿	女	杨 惠	女
许璇芬	女	许远鹏	男	薛咏琛	女	杨 芳	女	杨嘉敏	女
杨 莉	女	杨端云	男	杨富盛	男	杨皓杰	男	杨尚霖	男

杨立渊	男	杨秋霞	女	杨日凤	女	杨善强	男	杨雨婷	女
杨小云	女	杨晓敏	女	杨醒南	男	杨艳菲	女	姚权盛	男
杨月红	女	杨运平	男	杨增杯	男	杨卓伟	男	叶俊杰	男
姚玉梅	女	叶平	女	叶维	男	叶高奋	男	叶兆美	女
叶俊星	男	叶汝弟	女	叶伟立	男	叶引娣	女	于建伟	男
叶子莹	女	易华金	女	殷桐	男	殷灿洪	男	余素铃	女
余丹蓓	女	余烁翰	男	余思梅	女	余素到	女	詹淑婷	女
郁霞	女	詹广林	男	詹丽玫	女	詹珊珊	女	张东萍	女
张康	男	张庭	女	张宇	男	张聪颖	女	张凯欣	女
张浩锐	男	张嘉莉	女	张嘉琪	女	张建芳	女	张明霞	女
张丽娟	女	张丽丽	女	张丽云	女	张梅拉	女	张汶杰	男
张秋婷	女	张榕梅	女	张思燕	女	张伟聪	男	张玉珍	女
张小妹	女	张雪莹	女	张艳彤	女	张颖贤	女	郑钿恬	女
张梓烁	男	赵通	男	赵羽欣	女	郑翠妃	女	郑妙李	女
郑锦萍	女	郑君秀	女	郑俊豪	男	郑丽琼	女	郑晓旋	女
郑婉莹	女	郑伟隆	男	郑熙靖	女	郑贤妹	女	钟海强	男
郑雪敏	女	郑奕珠	女	钟碧娟	女	钟飞足	女	钟少奇	男
钟家敏	女	钟建嘉	男	钟秋兰	女	钟秋怡	女	周海玲	女
钟银凤	女	钟永雄	男	钟月凤	女	周颖	女	周舒亭	女
周皓琛	男	周敬文	女	周满红	女	周美兰	女	周志军	男
周小湘	女	周晓盈	女	周玉婷	女	周镇洪	男	朱嘉敏	女
周智豪	男	周仲玲	女	朱晖铭	男	朱嘉静	女	朱穗欣	女
朱锦威	男	朱景涛	男	朱丽萍	女	朱敏嘉	女	庄灿昆	男
朱彦聪	男	朱泽钰	女	朱智希	女	祝晓军	女	庄小考	女
庄泽雁	男	卓丹丹	女	卓宏辉	男	邹紫叶	女		
乌娜·达吾	女								

市政工程技术（15人）

陈边	男	程令	男	黄海忠	男	黄信祥	男	黎键龙	男
林楚东	男	刘家健	男	刘志成	男	庞慧锋	男	温锦田	男
严梓沂	男	杨仕波	男	张博威	男	庄灿利	男	庄东润	男

室内艺术设计（28人）

陈婕	女	陈碧玉	女	陈日辉	男	陈雪雁	女	郭嘉莉	女
韩琼娜	女	黄少冰	女	李春燕	女	李红美	女	梁秀清	女
刘晓婷	女	罗美欣	女	盘志源	男	王圣东	男	王伟星	男

王雪莲	女	文丽萍	女	吴少芬	女	吴永斌	男	吴宇欣	女
谢芳洁	女	徐海银	女	许文伟	男	杨海生	男	张婉君	女
张烨铃	女	钟春丽	女	周 晔	女				

数控技术（11人）

曾家宝	男	陈志敏	男	梁燊华	男	刘 童	男	陆永恒	男
肖久年	男	徐洲锐	男	许庆登	男	杨华杰	男	袁景峰	男
钟 鹏	男								

物流管理（124人）

蔡金萍	女	曾佳媚	女	陈惠清	女	陈慧欣	女	陈洁榕	女
陈铭婷	女	陈荣捷	男	陈小连	女	陈亚柱	男	陈政伟	男
戴梓阳	男	邓琳彦	女	邓伟林	男	邓裕俊	男	杜锦添	男
段尔格	女	冯琳琳	女	符耀政	男	龚 义	男	郭恩婷	女
何健涛	男	何杰武	男	何乐韵	女	何文敏	女	何雪芳	女
侯 娟	女	黄 钢	男	黄 娜	女	黄 娜	女	黄春仙	女
黄嘉辉	男	黄柯雄	男	黄妙丽	女	黄升军	男	黄燕珠	女
黄映霞	女	赖汝静	女	黎伟光	男	李 程	男	李 权	男
李保营	男	李嘉俊	男	李嘉鋆	女	李堪川	男	李靓文	女
李文婷	女	李锡威	男	李燕清	女	李叶辉	男	梁 臻	男
梁伟珠	女	廖莹莹	女	林育桃	女	凌宇宙	男	刘 悦	女
刘建津	男	刘文泽	男	刘永常	男	刘勇涛	男	刘梓鹏	男
罗嘉俊	男	罗俊彬	男	罗文翔	男	蒙永秋	女	莫进通	男
莫景怡	男	潘文晋	男	庞锦炎	男	庞允友	男	彭荣法	男
彭珊珊	女	彭小慧	女	彭荧莹	女	沈洁晴	女	宋红光	男
苏家恒	男	苏银好	女	陶海珠	女	王 慧	女	王华仙	女
王钧宇	男	王荣毅	男	王伟英	女	王小冰	女	王学杰	男
韦杭锴	男	韦云丽	女	魏飘婷	女	吴恩贵	男	吴观民	男
吴金穗	女	吴少鹏	男	吴振斌	男	武妙裕	女	谢淑芬	女
谢燕苗	女	谢云鹏	男	许欣鹏	男	杨红梅	女	杨惠煊	女
杨龙俊	男	杨雅文	女	叶炳焕	男	尹依妮	女	袁桂芳	女
袁日英	女	袁玉冰	女	张 宁	男	张楚悦	女	张欣燕	女
张志威	男	郑碧容	女	郑德瑜	男	郑晓霜	女	钟丽婵	女
钟威豪	男	钟文凰	女	周凯鑫	男	周秋德	男	周松彬	男
朱国萌	男	朱燕玲	女	庄秋荣	女	庄争贵	女		

学前教育（484人）

姓名	性别	姓名	性别	姓名	性别	姓名	性别	姓名	性别
白秀梅	女	蔡丹丹	女	蔡凤妹	女	蔡纪韵	女	蔡丽莎	女
蔡莉丽	女	蔡秋萍	女	蔡艳霞	女	曹丹如	女	曹月玉	女
曹蕴妍	女	岑洪媚	女	岑玉慈	女	曾海霞	女	曾巾育	女
曾梦珠	女	曾渺惠	女	曾敏娟	女	曾水英	女	曾文飞	女
曾文静	女	曾小平	女	曾玉瑶	女	陈兰	女	陈容	女
陈莹	女	陈越	女	陈邦旗	女	陈贝贝	女	陈彩云	女
陈春梅	女	陈丹霞	女	陈东凤	女	陈凤珊	女	陈凤缘	女
陈国清	女	陈海云	女	陈惠美	女	陈慧欣	女	陈嘉慧	女
陈嘉嘉	女	陈健诗	女	陈健怡	女	陈洁玲	女	陈金巧	女
陈锦朋	女	陈景春	女	陈娟霞	女	陈康妹	女	陈来妹	女
陈曼婷	女	陈妙钗	女	陈敏静	女	陈敏时	女	陈敏婷	女
陈明珠	女	陈乃霞	女	陈佩芬	女	陈绮明	女	陈绮雯	女
陈秋艳	女	陈绍谊	男	陈思维	女	陈思瑜	女	陈素玲	女
陈婉桃	女	陈婉莹	女	陈夏婵	女	陈贤花	女	陈香香	女
陈晓明	女	陈笑佳	女	陈学梅	女	陈艳辉	女	陈燕凤	女
陈燕华	女	陈燕华	女	陈燕君	女	陈燕平	女	陈燕萍	女
陈业娟	女	陈玉贤	女	陈紫涵	女	崔铭婵	女	崔秋香	女
代朝红	女	单恒丽	女	邓意	女	邓海霞	女	邓红艳	女
刁秋玲	女	丁婉宣	女	董珏江	女	范敏莹	女	方清媚	女
方小英	女	方泽慧	女	房雪乔	女	冯铭勤	男	冯倩文	女
冯秋萍	女	冯淑贞	女	冯思棋	女	冯素文	女	扶贞群	女
缑云霞	女	古就霞	女	古美玲	女	郭碧珍	女	郭春玲	女
郭建淑	女	郭静怡	女	韩文婷	女	韩香连	女	何枝	女
何焯华	女	何春梅	女	何红文	女	何凌云	女	何绮蕴	女
何秋婷	女	何韶云	女	何雪清	女	何宜玲	女	何银玲	女
何宇丹	女	何芷颖	女	洪丹云	女	洪晓英	女	侯结梅	女
胡海艳	女	胡秋霞	女	胡文婷	女	胡玉珍	女	胡远丽	女
华玉蓉	女	黄薇	女	黄爱华	女	黄晨敏	女	黄冬仪	女
黄家谊	女	黄嘉燕	女	黄嘉仪	女	黄健仪	女	黄锦欣	女
黄静文	女	黄梅霞	女	黄美玲	女	黄妙玲	女	黄敏红	女
黄敏华	女	黄木泉	女	黄佩洁	女	黄秋芬	女	黄秋霞	女
黄少洁	女	黄素贞	女	黄文恩	女	黄小燕	女	黄雪花	女
黄艳清	女	黄燕梅	女	黄玉英	女	霍诗欣	女	纪海敏	女
蒋观英	女	蒋家宜	女	蒋雪仪	女	蒋燕飞	女	焦洁薇	女
匡兰兰	女	邝文雅	女	邝玉英	女	赖慧娴	女	蓝飞璇	女

姓名	性别	姓名	性别	姓名	性别	姓名	性别	姓名	性别
雷琼	女	雷海明	女	黎敏	女	黎碧玉	女	黎美华	女
黎淑仪	女	黎斯敏	女	黎婉君	女	黎晓敏	女	黎燕菲	女
李宇	女	李保梨	女	李朝怡	女	李春英	女	李凤华	女
李海燕	女	李汉文	男	李金凤	女	李乐琪	女	李丽容	女
李漫娟	女	李敏墉	女	李明菊	女	李秋霞	女	李世慧	女
李舒莹	女	李斯琪	女	李文茜	女	李惜婷	女	李小静	女
李晓丹	女	李晓君	女	李燕萍	女	李月霞	女	李运珍	女
李韵儿	女	李志敏	女	梁婵	女	梁丹	女	梁爱玲	女
梁焯谊	女	梁翠芸	女	梁凤兰	女	梁桂凤	女	梁海金	女
梁海琼	女	梁焕坚	女	梁惠敏	女	梁金怡	女	梁军霞	女
梁美娟	女	梁美玲	女	梁敏君	女	梁诗茵	女	梁释芳	女
梁淑英	女	梁婉怡	女	梁晓君	女	梁燕萍	女	梁燕芯	女
梁仰珊	女	梁颖恩	女	梁泳琪	女	梁玉仪	女	梁浈浈	女
梁梓程	女	廖米兰	女	廖月花	女	林爱玲	女	林彩容	女
林楚敏	女	林桂珠	女	林家碧	女	林嘉欣	女	林丽凤	女
林丽莹	女	林巧燕	女	林秋萍	女	林淑娥	女	林婷婷	女
林雪娴	女	林伊祺	女	林奕慧	女	林月丽	女	林悦凡	女
刘斐	女	刘宸华	女	刘福莲	女	刘海玉	女	刘金英	女
刘丽婷	女	刘敏杏	女	刘佩相	女	刘闪闪	女	刘小俄	女
刘燕红	女	刘燕婷	女	刘银彩	女	刘蕴瑶	女	龙昌芝	女
龙红娟	女	龙少萍	女	卢关娣	女	卢秋燕	女	罗新	女
罗爱玲	女	罗家文	女	罗江秀	女	罗丽娟	女	罗敏瑛	女
罗瑞霞	女	罗润冰	女	罗思琴	女	吕倩宏	女	马威	女
马安琪	女	马凤娜	女	麦华娣	女	麦丽茵	女	毛彩	女
毛桂红	女	莫锦丽	女	莫清莲	女	莫树云	女	莫雪梅	女
倪谊敏	女	宁兰桂	女	欧阳海欣	女	欧阳丽萍	女	欧阳萍	女
潘坤	女	潘翠绿	女	潘茂婷	女	潘雯霞	女	潘雅诗	女
庞志群	女	彭佩	女	彭湘妹	女	戚水调	女	丘新儿	女
邱丽玲	女	邱丽莹	女	邱秀萍	女	屈倩	女	商志娴	女
尚可丽	女	沈嘉璇	女	施小波	女	石洲	女	石家崇	男
石莹莹	女	史小娟	女	苏桂慧	女	苏桂兰	女	覃金枝	女
覃文玲	女	覃玉献	女	覃圆铃	女	谭小红	女	谭映华	女
唐丽华	女	唐龙娟	女	唐苑婷	女	田春花	女	田雨尼	女
汪晶	女	汪如意	女	王彩虹	女	王嘉玲	女	王嘉倩	女
王坤燕	女	王翎子	女	王淼清	女	王明珠	女	王雅嵘	女
王怡婷	女	韦秀	女	韦翠金	女	韦小英	女	魏佳娜	女

温春晖	女	温焕如	女	温群英	女	温小丽	女	文炜倩	女
邬健珊	女	吴　嫣	女	吴柏怡	女	吴畅畅	女	吴翠莹	女
吴丰亮	女	吴家怡	女	吴嘉欣	女	吴剑兰	女	吴妙婷	女
吴敏敏	女	吴秋惠	女	吴少梅	女	吴文静	女	吴秀红	女
吴旭玲	女	吴艳霞	女	吴依伦	女	吴椅绮	女	吴宇珍	女
吴月娇	女	伍海林	女	伍慧慈	女	伍丽燕	女	伍小兰	女
夏春雨	女	冼　瑜	女	冼仙红	女	冼玉萍	女	肖恒艳	女
肖丽华	女	肖丽娟	女	谢　萍	女	谢瑞芝	女	谢润芬	女
谢文思	女	谢颖怡	女	徐冬雪	女	徐海养	女	徐洁林	女
徐静怡	女	徐利影	女	徐宛诗	女	徐欣欢	女	许敏琼	女
许田田	女	许秀琳	女	许宇婷	女	颜妙如	女	杨　洋	女
杨碧桃	女	杨翠兰	女	杨秋玲	女	杨晓勉	女	杨信蝶	女
杨耀丽	女	杨滢滢	女	杨永娣	女	姚尚余	女	姚元西	女
叶　怡	女	叶彩红	女	叶惠芳	女	叶惠琼	女	叶小勤	女
易土花	女	余崔英	女	余金芳	女	余秀慧	女	原荣娟	女
詹漫娃	女	张　穗	女	张　桃	女	张宝婷	女	张碧君	女
张桂娣	女	张宏梅	女	张慧君	女	张慧玲	女	张金玲	女
张康玉	女	张美玲	女	张年芳	女	张倩敏	女	张秋红	女
张淑娟	女	张伟霞	女	张晓虹	女	张晓琼	女	张晓钰	女
张远平	女	张紫玲	女	招珠茹	女	赵弘玲	女	正瑞欣	女
郑　妹	女	郑　敏	女	郑惠颜	女	郑丽萍	女	郑淑芬	女
郑淑容	女	郑小珊	女	郑晓慈	女	郑燕娜	女	植金燕	女
植水兰	女	钟　婷	女	钟林燕	女	钟敏娇	女	钟苏华	女
钟子君	女	周　慧	女	周盼盼	女	周小艳	女	周映华	女
朱桂琪	女	朱丽欢	女	朱美瑜	女	朱世威	女	朱水群	女
朱小珊	女	邹金平	女	邹雪锋	女	邹怡恒	女		

艺术设计（56人）

蔡静茹	女	蔡汶其	男	陈惠敏	女	陈锦源	男	陈旺佳	男
陈喜云	女	陈晓荣	男	陈欣怡	女	邓美琴	女	杜　弟	女
杜文静	女	方星量	男	冯晖灿	男	何跃周	男	洪晓玉	女
黄炜杰	男	黄晓玲	女	黄雅婵	女	简　颖	女	李　旭	男
李晓云	女	李苑滢	女	练肖霞	女	梁熙滟	女	梁心月	女
廖玉微	女	林雅乐	女	刘汉楠	男	卢华春	女	马志亮	男
欧炯辉	男	庞少婷	女	庞小嫩	女	邱伯强	男	苏宏裕	男
孙慧红	女	谭丽萍	女	汤镇威	男	唐建威	男	王文钊	男

王志远	男	温舒琪	女	吴彩舒	女	吴燕珠	女	萧浩敏	女
徐漫玲	女	晏稚婷	女	叶静怡	女	尹世雄	男	赵丽娜	女
郑健治	男	郑日瑜	男	郑燕娥	女	周思欣	女	朱金鑫	女
朱吕洁	女								

毕业生就业情况

本科毕业生毕业去向分布

毕业去向		本科毕业生人数	占比
协议和合同就业	签就业协议形式就业	2331	32.05%
	签劳动合同形式就业	1083	14.89%
	国家、地方基层项目	83	1.14%
	科研助理	69	0.95%
	应征义务兵	13	0.17%
	小计	3579	49.20%
灵活就业	自由职业	1415	19.45%
	其他录用形式就业	764	10.50%
	小计	2179	29.96%
升学	国内升学	883	12.14%
	出国、出境	191	2.63%
	小计	1074	14.76%
自主创业		38	0.52%
未就业		404	5.55%

数据来源：广东省大学生就业创业智慧平台（截至2021年11月30日）。

注：由于四舍五入的缘故，分量之和与总量有微小误差。

本科毕业生就业行业分布

学校2021届本科毕业生就业行业主要集中在"教育"领域（29.93%），其次为"信息传输、软件和信息技术服务业"（13.47%）、"文化、体育和娱乐业"（9.45%）和"制造业"（9.14%）。

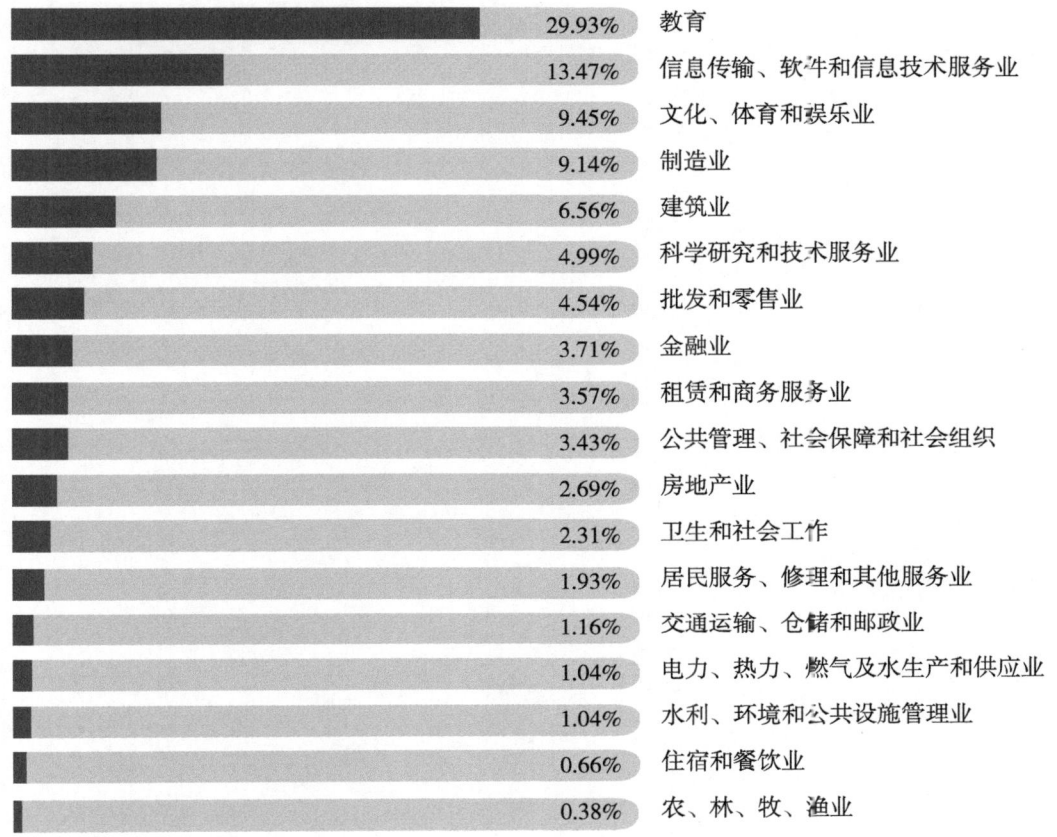

数据来源：广东省大学生就业创业智慧平台（截至2021年11月30日）。

第五部分

科研工作

重点实验室（重点研究基地）

科技类平台一览表

序号	平台名称	类型
1	减震控制与结构安全实验室	省部共建国家重点实验室培育基地
2	工程结构抗风与结构安全国际科技合作基地	国际科技合作基地
3	工程抗震减震与结构安全实验室	省部（教育部）共建重点实验室
4	珠江三角洲水质安全与保护实验室	
5	土木工程新型复合材料与复合结构学科创新引智基地	国家级研究平台
6	土木工程减震防灾省部共建协同创新中心	省部共建协同创新中心
7	广东省地震工程与应用技术重点实验室	广东省重点实验室
8	广东省信息安全技术重点实验室	
9	广东省建筑节能与应用技术重点实验室	
10	广东省放射性核素污染控制与资源化重点实验室	
11	广东省植物适应性与分子设计重点实验室	
12	广东乡村地域系统野外科学观测研究站	广东省野外科学观测站
13	广东省工程结构抗风与健康监测工程技术研究中心	广东省工程技术研究中心
14	广东省节能环保精细化学品工程技术研究中心	
15	广东省水肥高效利用及太阳能智能灌溉工程技术研究中心	
16	广东省模块化建筑产业工程技术研究中心	
17	广东省数学教育软件工程技术研究中心	
18	广东省现代视听信息工程技术研究中心	
19	广东省机电设备状态监测与自动化工程技术研究中心	
20	广东省复杂钢结构工程技术研究中心	
21	广东省地理国情监测与综合分析工程技术研究中心	
22	广东省大数据安全与隐私保护工程技术研究中心	
23	广东省智慧金财税工程技术研究中心	
24	广东省半导体照明与背光工程技术研究中心	
25	广东省强化研磨高性能微纳加工工程技术研究中心	

续上表

序号	平台名称	类型
26	广东省新型空调系统节能工程技术研究中心	广东省工程技术研究中心
27	广东省建筑热工与低碳控制工程技术研究中心	
28	广东省路桥全寿命绿色管养工程技术研究中心	
29	广东省可持续城镇建设工程技术研究中心	
30	广东省农村水环境面源污染综合治理工程技术研究中心	
31	广东省水质安全及污染控制工程技术研究中心	
32	广东省建筑金属围护系统工程技术研究中心	
33	广东省滨海软土地区地下结构安全防护工程技术研究中心	
34	广东省工程结构灾害与控制国际科技合作基地	省国际科技合作基地
35	广东省韧性材料与结构国际联合研究中心	
36	工程结构抗风与结构安全协同创新平台	省级协同创新平台
37	广东省太阳能智能灌溉装备科技创新中心	省级现代农业创新中心
38	粤港智慧金财税联合创新中心	粤港联合创新平台
39	广东大亚湾重要海洋经济动物种质资源库	广东省生物种质资源库
40	天文观测与技术实验室	广东省高校重点实验室
41	工程抗震减震与结构安全实验室	
42	数学与交叉科学实验室	
43	人工智能安全实验室	
44	隔震减震控制与抗震工程技术研究中心	广东省高校工程技术研究开发中心
45	广东高校结构安全与健康监测工程技术研究中心	
46	广东灯光与声视频工程技术研究中心	
47	减震控制与工程防灾协同创新中心	省级协同创新中心
48	广州大学—伯明翰大学服务业与城市发展联合研究中心	广东省国际暨港澳台合作创新平台
49	广州大学—基尔大学基因干扰应用联合研究中心	
50	广州大学作物抗逆国际合作研究中心	
51	减震控制与安全结构重点实验室	市级重点实验室
52	广州市市政公用工程重点实验室	
53	广州市环境污染控制与同位素应用技术重点实验室	
54	广州市建筑节能与应用技术重点实验室	

续上表

序号	平台名称	类型
55	广州市氢能与绿色催化重点实验室	市级重点实验室
56	广州市植物抗逆基因功能研究重点实验室	市级重点实验室
57	广州市天文观测与技术重点实验室	市级重点实验室
58	广州市结构安全与健康监测重点实验室	市级重点实验室
59	广州市环境功能材料与技术重点实验室	市级重点实验室
60	广州市金属材料强化研磨高性能加工重点实验室	市级重点实验室
61	广州市机电设备状态监测与控制重点实验室	市级重点实验室
62	广州市移动互联网安全与容灾重点实验室	市级重点实验室
63	水泥基泡沫轻质材料与固体废物资源化重点实验室	市级重点实验室
64	广州市信息处理与传输重点实验室	市级重点实验室
65	广州市作物基因编辑应用重点实验室	市级重点实验室
66	广州市清洁能源材料重点实验室	市级重点实验室
67	广州市数学教育软件行业工程技术研究中心	广州市工程技术研究开发中心
68	服务机器人及智能装备研究平台	广州市工业和信息化局平台

社科类平台一览表

序号	平台名称	负责人	类型
1	人权研究与教育中心	李步云	国家人权教育与培训基地
2	国家语言服务与粤港澳大湾区语言研究中心	屈哨兵	国家语委科研中心
3	现代产业高质量发展研究中心	孙延明	广东省社会科学研究基地
4	广州大学广州发展研究院	谭苑芳	广东省普通高校人文社科重点研究基地
5	广州大学人权研究中心	李步云	广东省普通高校人文社科重点研究基地
6	广州大学文学思想研究中心	沙红兵	广东省普通高校人文社科重点研究基地
7	广州大学党内法规研究中心	张其学	广东省普通高校人文社科重点研究基地
8	台湾教育政策研究中心	刘　晖	广东省国际暨港澳台合作创新平台
9	广府文化研究基地	纪德君	广东地方特色文化研究基地
10	未成年人心理健康与教育神经科学实验室	叶浩生	广东省普通高校哲学社会科学重点实验室

续上表

序号	平台名称	负责人	类型
11	广东省少数民族学生教育服务管理研究与指导中心	李　敏	省级少数民族学生教育服务管理研究与指导中心
12	内地高校新疆少数民族学生教育服务管理重点研究基地	李　敏	教育部民族教育发展中心
13	广东省地方立法研究评估与咨询服务基地	董　皞	省级立法研究服务基地
14	广州廉政建设研究中心	卢汉桥	省级反腐倡廉教育基地
15	广东省中国特色社会主义理论体系研究中心广州大学研究基地	赵中源	省级中国特色社会主义理论体系研究中心
16	广东省习近平新时代中国特色社会主义思想研究中心广州大学研究基地	赵中源	广东省习近平新时代中国特色社会主义思想研究中心
17	农村电子商务研究中心	孙延明	广东省决策咨询研究基地
18	广东省广州大学协同创新发展中心	涂成林	省级协同创新中心
19	粤港澳大湾区法制研究中心	董　皞	广东省社会科学研究基地
20	粤港澳大湾区语言服务与文化传承研究中心	屈哨兵	广东省社会科学研究基地
21	国家文化安全研究中心	涂成林	广东省社会科学研究基地
22	广东省城市与移民研究中心	朱　竑	广东省社会科学研究基地
23	广州智慧治理研究中心	陈　潭	广州市人文社科重点研究基地
24	广州法治建设研究中心	陈佑武	广州市人文社科重点研究基地
25	广州市青年马克思主义理论人才培养研究重点基地	罗明星	广州市人文社科重点研究基地
26	广州社会工作研究中心	周利敏	广州市人文社科重点研究基地
27	广州十三行研究中心	王元林	广州市人文社科重点研究基地
28	广府文化研究基地	纪德君	广州市人文社科重点研究基地
29	广州廉政建设研究中心	刘雪明	广州市人文社科重点研究基地
30	广州基础教育改革与发展研究中心	吴开俊	广州市人文社科重点研究基地
31	广州大学新结构经济学研究中心	邓宏图	广州市人文社科重点研究基地
32	超高清内容生产与智能传播研究基地	田秋生	广州市人文社科重点研究基地
33	广州大学海上丝绸之路重点实验室	孙延明	广东省哲学社会科学重点实验室

续上表

序号	平台名称	负责人	类型
34	广州大学南方治理研究院	陈潭	广东省决策咨询研究基地
35	教育经济研究中心	吴开俊	广东省社会科学研究基地
36	广东戏剧影视与传媒文化创新研究基地	田秋生	广东省岭南文化研究基地
37	粤港澳大湾区改革创新研究院	谭苑芳	广东省决策咨询研究基地
38	广州金融发展与数据科学研究中心	李正辉	
39	广州大学广东省乡村振兴研究院	谢治菊	广东省社会科学研究基地

2021年新增市级以上科研平台（基地）一览表

序号	所属部门	平台（基地）名称	批准单位
1	广州大学风工程与工程振动研究中心	土木工程新型复合材料与复合结构学科创新引智基地	教育部和科技部（联合发文）
2	生命科学学院	广东省植物适应性与分子设计重点实验室	广东省科技厅
3	生命科学学院	广东乡村地域系统野外科学观测研究站	广东省科技厅
4	人文学院	广州大学海上丝绸之路重点实验室	广东省社科联
5	公共管理学院	广州大学南方治理研究院	广东省社科联
6	教育学院（师范学院）	教育经济研究中心	广东省社科联
7	新闻与传播学院	广东戏剧影视与传媒文化创新研究基地	广东省社科联
8	广州大学广州发展研究院（广东发展研究院）	粤港澳大湾区改革创新研究院	广东省社科联
9	广州大学金融研究院（广州国际金融研究院）	广州金融发展与数据科学研究中心	广东省社科联
10	公共管理学院	广州大学广东省乡村振兴研究院	广东省社科联
11	化学化工学院	广州市传感材料与器件重点实验室	广州市科技局
12	广州大学网络空间先进技术研究院	广州市网络空间新兴技术安全重点实验室	广州市科技局

理工类科研机构一览表

序号	名称	机构类别	依托单位
1	广州大学工程抗震研究中心	I类	
2	广州大学风工程与工程振动研究中心	I类	
3	广州大学计算科技研究院	I类	
4	广州大学智能制造工程研究院	I类	
5	广州大学网络空间先进技术研究院	I类	
6	广州大学大湾区环境研究院（珠江三角洲水质安全与保护，教育部重点实验室）	I类	
7	广州大学应用数学研究中心	I类	
8	广州大学人工智能与区块链研究院	I类	
9	广州大学黄埔研究院	I类	
10	广州大学—中山市人民医院生命医学联合研究院	I类	
11	广州大学—广东腐蚀科学与技术创新研究院联合研究院	I类	
12	广州大学能源与催化研究所	II类	化学化工学院
13	广州大学分析科学技术研究中心	II类	化学化工学院
14	广州大学精细化工研究所	II类	化学化工学院
15	广州大学天体物理中心	II类	物理与电子工程学院
16	广州大学基因干扰与应用研究所	II类	生命科学学院
17	广州大学作物抗逆国际合作研究中心	II类	生命科学学院
18	广州大学精准基因编辑工程中心	II类	生命科学学院
19	广州大学分子遗传与进化创新研究中心	II类	生命科学学院
20	广州大学智能装备与网联系统研究中心	II类	机械与电气工程学院
21	广州大学声光视讯技术研究所	II类	机械与电气工程学院
22	广州大学建筑节能研究院	II类	物理与电子工程学院
23	广州大学绿色建筑材料工程技术研究中心	II类	物理与电子工程学院
24	广州大学地下工程与地质灾害研究中心	II类	物理与电子工程学院
25	广州大学—林雪平大学城市可持续发展研究中心	II类	环境科学与工程学院
26	广州大学公共安全地理信息分析中心	II类	地理科学与遥感学院
27	广州大学防护工程研究中心	II类	物理与电子工程学院
28	广州大学绿色加工及智能灌溉装备研究中心	II类	机械与电气工程学院

续上表

序号	名称	机构类别	依托单位
29	广州大学机电装备智能监测与控制研究中心	II类	机械与电气工程学院
30	广州大学清洁能源材料研究所	II类	化学化工学院
31	广州大学固废资源化与环境材料研究中心	II类	环境科学与工程学院
32	广州大学城市生态与环境遥感研究中心	II类	地理科学与遥感学院
33	广州大学结构力学分析与测试研究中心	II类	物理与电子工程学院
34	广州大学奇异波研究中心	II类	数学与信息科学学院
35	广州大学机器生命与智能研究中心	II类	数学与信息科学学院
36	广州大学智慧交通与安全研究中心	II类	土木工程学院
37	广州大学智能通信工程研究中心	II类	电子与通信工程学院
38	广州大学新型信息功能材料研究中心	II类	物理与材料科学学院
39	广州大学遥感大数据智能应用创新中心	II类	地理科学与遥感学院
40	广州大学黄埔氢能源创新中心	II类	化学化工学院

社科类科研机构情况一览表

序号	名称	机构类别	依托单位
1	广州大学人权研究院	I类	
2	广州大学金融研究院	I类	
3	广州发展研究院	I类	
4	广州大学台湾研究院	I类	
5	广州大学岭南文化艺术研究院	I类	
6	广州大学岭南统计科学研究院	II类	经济与统计学院
7	广府文化研究中心	II类	人文学院
8	广州大学公法研究中心	II类	法学院（律师学院）
9	广州大学廉政研究中心	II类	公共管理学院
10	广东省习近平新时代中国特色社会主义思想研究中心广州大学基地	II类	马克思主义学院
11	广州大学粤港澳大湾区经济研究中心	II类	经济与统计学院
12	广州大学电子商务研究院	II类	工商管理学院
13	广州大学心理与脑科学研究中心	II类	教育学院（师范学院）

续上表

序号	名称	机构类别	依托单位
14	广州大学高等教育研究所	II类	教育学院（师范学院）
15	广州大学文学思想研究中心	II类	人文学院
16	广州十三行研究中心	II类	人文学院
17	广州大学创业研究院	II类	创新创业学院
18	广州大学艺术创作研究中心	II类	美术与设计学院
19	广州大学新结构经济学研究中心	II类	经济与统计学院
20	广州大学语言服务研究中心	II类	人文学院
21	广州大学智慧金财税研究所	II类	经济与统计学院
22	粤港澳大湾区社会发展与教育政策研究院	II类	教育学院（师范学院）
23	广州大学当代文化研究中心	II类	人文学院
24	广州大学南方治理研究院	II类	公共管理学院
25	广州大学不动产研究院	II类	法学院（律师学院）
26	广州大学粤港澳传媒研究中心	II类	新闻与传播学院
27	广州大学国家公园研究中心	II类	建筑与城市规划学院
28	广州大学华南人文地理与城市发展研究中心	II类	地理科学与遥感学院
29	广州城市民族关系研究中心	II类	广州大学广州发展研究院
30	广州大学科技创新法治研究中心	II类	法学院（律师学院）
31	广州大学现代产业高质量发展研究中心	II类	经济与统计学院
32	广州大学健康管理交叉科学研究中心	II类	体育学院
33	广州大学乡村振兴研究院	II类	公共管理学院
34	广州大学数字化管理创新研究院	II类	管理学院（旅游学院/中法旅游学院）

2021年新增科研机构一览表

序号	机构名称	机构类型	依托单位
1	广州大学健康管理交叉科学研究中心	II类	体育学院
2	广州大学乡村振兴研究院	II类	公共管理学院
3	广州大学数字化管理创新研究院	II类	管理学院（旅游学院/中法旅游学院）

人员情况

自然科学科研人员一览表

分类	类别	合计		教师技术职务系列人员						其他技术职务系列人员						辅助人员
			女性	小计	教授	副教授	讲师	助教	其他	小计	正高级	副高级	中级	初级	其他	
	合计	1563	595	1150	286	408	395	61	0	413	47	22	145	66	129	4
按学科分类	自然科学	507	182	443	115	163	145	20	0	64	8	1	22	14	17	2
	工程与技术	721	247	607	149	214	208	36	0	114	13	1	48	17	33	2
	医药科学	0	0	0	0	0	0	0	0	0	0	0	0	0	0	0
	农业科学	0	0	0	0	0	0	0	0	0	0	0	0	0	0	0
	其他	335	166	100	22	31	42	5	0	235	26	20	75	35	79	0
按学历分类	博士研究生	971	288	891	235	316	288	52	0	80	31	3	18	17	11	0
	硕士研究生	314	161	148	19	56	71	2	0	166	1	3	62	9	91	0
	大学本科	270	142	110	31	36	36	7	0	160	15	16	63	39	27	0
	大学专科	8	4	1	1	0	0	0	0	7	0	0	2	1	0	4
	中专及以下	0	0	0	0	0	0	0	0	0	0	0	0	0	0	0
按年龄分类	29岁及以下	51	21	18	0	3	7	8	0	33	0	0	5	2	26	0
	30—34岁	279	113	202	0	46	117	39	0	77	1	0	18	4	54	0
	35—39岁	324	113	240	6	104	125	5	0	84	8	2	34	13	27	0
	40—44岁	224	83	180	39	82	58	1	0	44	4	3	20	9	8	0
	45—49岁	254	115	187	67	72	43	5	0	67	8	3	29	20	6	1
	50—54岁	214	92	140	59	50	29	2	0	74	13	7	31	16	6	1
	55—59岁	190	56	160	93	50	16	1	0	30	9	7	8	2	2	2
	61岁及以上	27	2	23	22	1	0	0	0	4	4	0	0	0	0	0

人文社会科学科研人员一览表

分类	类别	合计		按职称划分					按最后学历划分			按最后学位划分		其他人员
			女性	小计	教授	副教授	讲师	助教	初级	研究生	本科生	其他	博士	硕士	
	合计	1442	670	1442	210	412	672	148	0	1185	257	1	762	534	0
按学科分类	管理学	215	93	215	34	66	93	22	0	187	28	0	122	83	0
	马克思主义	37	18	37	4	8	19	6	0	25	12	0	11	23	0
	哲学	28	11	28	8	11	7	2	0	25	3	0	14	13	0
	逻辑学	0	0	0	0	0	0	0	0	0	0	0	0	0	0
	宗教学	1	1	1	1	0	0	0	0	1	0	0	1	0	0
	语言学	125	94	125	9	34	80	2	0	93	32	0	32	72	0
	中国文学	63	34	63	12	29	18	4	0	59	4	0	51	11	0
	外国文学	23	11	23	6	6	10	1	0	23	0	0	16	7	0
	艺术学	161	88	161	17	52	78	14	0	115	46	0	53	78	0
	历史学	33	14	33	6	15	11	1	0	32	1	0	23	9	0
	考古学	0	0	0	0	0	0	0	0	0	0	0	0	0	0
	经济学	108	43	108	19	20	62	7	0	104	4	0	89	16	0
	政治学	30	10	30	2	13	13	2	0	23	7	0	17	11	0
	法学	75	31	75	21	22	25	7	0	68	7	0	50	22	0
	社会学	36	20	36	6	14	14	2	0	34	2	0	28	8	0
	民族学与文化学	5	4	5	0	1	3	1	0	5	0	0	4	1	0
	新闻学与传播学	70	34	70	12	11	42	5	0	60	10	0	34	32	0
	图书馆、情报与文献学	37	21	37	7	13	15	2	0	16	21	0	4	15	0
	教育学	258	97	258	27	66	110	55	0	220	38	0	162	80	0
	统计学	34	13	34	5	3	23	3	0	32	2	0	27	5	0
	心理学	21	6	21	4	1	12	4	0	21	0	0	14	7	0
	体育科学	78	26	78	10	26	34	8	0	38	40	0	6	41	0
	其他学科	4	1	4	0	1	3	0	0	4	0	0	4	0	0

续上表

分类	类别	合计		按职称划分					按最后学历划分			按最后学位划分		其他人员
			女性	小计	教授	副教授	讲师	助教	初级	研究生	本科生	其他	博士	硕士	
按年龄分类	60岁及以上	0	0	0	0	0	0	0	0	0	0	0	0	0	0
	55—59岁	128	0	128	65	53	10	0	0	88	40	0	57	38	0
	50—54岁	245	128	245	81	111	52	1	0	153	92	0	92	99	0
	45—49岁	263	143	263	42	123	92	6	0	185	78	0	102	128	0
	40—44岁	289	153	289	19	88	175	7	0	247	42	0	138	128	0
	35—39岁	269	133	269	3	28	211	27	0	265	4	0	214	52	0
	30—34岁	212	95	212	0	9	118	85	0	211	1	0	153	59	0
	29岁及以下	36	18	36	0	0	14	22	0	36	0	0	6	30	0

研究课题

2021年科技新立项课题一览表

序号	所属单位	负责人	项目名称	项目级别	项目来源	批准经费（万元）
1	经济与统计学院	段江涛	高维因子模型中断点和聚类的统计推断	国家级	国家自然科学基金委项目	30
2	经济与统计学院	李永军	沃尔巴克氏体通过调控胰岛素信号通路诱导白纹伊蚊抗登革病毒的机制研究	国家级	国家自然科学基金委项目	30
3	地理科学与遥感学院	朱竑	战略研究类：迈向人文与自然的综合：人—地互动中的关键带研究	国家级	国家自然科学基金委项目	23
4	地理科学与遥感学院	袁振杰	会议培训类：社会文化地理国际高级研修班	国家级	国家自然科学基金委项目	9

续上表

序号	所属单位	负责人	项目名称	项目级别	项目来源	批准经费（万元）
5	地理科学与遥感学院	杨现坤	NSFC-RGC青年学者论坛：河流—水库—近海连续体泥沙输移、碳循环与固碳增汇对策研讨会	国家级	国家自然科学基金委项目	20
6	地理科学与遥感学院	王晋年	亚太区域对地观测数据枢纽及典型应用工具集研发	国家级	国家重点研发计划	400
7	地理科学与遥感学院	吴卓	空间韧性视角下的森林生态系统多尺度响应与模拟研究——以珠三角国家森林城市群为例	国家级	国家自然科学基金委项目	53
8	地理科学与遥感学院	宋广文	警察巡逻对城市街面犯罪时空格局的作用机制、防控效益及布控策略	国家级	国家自然科学基金委项目	55
9	地理科学与遥感学院	董旭辉	湖泊沉积及流域长期记录揭示的贫困地区可持续发展"安全公正空间"	国家级	国家自然科学基金委项目	56
10	地理科学与遥感学院	李腾	基于树轮的清代以来珠江流域中部极端气候变化及其社会动乱响应研究	国家级	国家自然科学基金委项目	24
11	地理科学与遥感学院	冼汉标	泥盆纪保山地块在冈瓦纳北缘古地理位置的古地磁约束	国家级	国家自然科学基金委项目	24
12	电子与通信工程学院	唐冬	信息与功能双安融合的内嵌式控制系统防护技术研究	国家级	国家重点研发计划	126
13	电子与通信工程学院	尚文利	边缘控制器安全与可信运行机理及方法研究	国家级	国家自然科学基金委项目	58
14	电子与通信工程学院	张承云	基于鸟鸣声时空信息的陆域鸟类多样性监测技术研究	国家级	国家自然科学基金委项目	59
15	公共管理学院	杨小聪	知觉生育压力对生育意愿和行为的影响及政策因应——基于计划行为理论的纵惯性调查	国家级	国家自然科学基金委项目	24

续上表

序号	所属单位	负责人	项目名称	项目级别	项目来源	批准经费（万元）
16	管理学院（旅游学院/中法旅游学院）	魏明海	我国超大资产规模企业集团资本扩张的机制及其风险管控研究	国家级	国家自然科学基金委项目	50
17	管理学院（旅游学院/中法旅游学院）	苏郁锋	数字平台企业价值主张双元化：模式、动因及作用	国家级	国家自然科学基金委项目	24
18	广州大学大湾区环境研究院	胡春	催化剂表面微电场构建与有机污染物能量驱动的废水净化原理	国家级	国家自然科学基金委项目	75
19	广州大学大湾区环境研究院	张哲	三联吡啶基超分子类双光子光敏剂的设计合成及光动力治疗应用	国家级	国家自然科学基金委项目	24
20	广州大学大湾区环境研究院	李余杰	纳米施氏矿物对土壤砷的长效稳定化及微生物对砷固定的影响机制	国家级	国家自然科学基金委项目	24
21	广州大学大湾区环境研究院	黄开龙	印染废水中壬基酚高效降解菌群组成识别与功能调控的微生物组学机理研究	国家级	国家自然科学基金委项目	24
22	广州大学大湾区环境研究院	李凡	强电子耦合光催化体系构筑与驱动有机污染物能量利用增效污水净化技术	国家级	国家自然科学基金委项目	24
23	广州大学大湾区环境研究院	吕来	工业废水深度处理	国家级	国家自然科学基金委项目	200
24	广州大学大湾区环境研究院	池海远	Fenton体系中高价Fe产生及形态演变的原位拉曼研究	国家级	国家自然科学基金委项目	24
25	广州大学大湾区环境研究院	闫希亮	基于原子尺度深度学习的纳塑料及其复合污染物构效关系和毒性预测研究	国家级	国家自然科学基金委项目	24
26	广州大学大湾区环境研究院	陈名钊	异核多金属互锁超分子的可控制备及功能应用研究	国家级	国家自然科学基金委项目	24
27	广州大学风工程与工程振动研究中心	吴楠	地震作用下劣化岩石非线性动力响应特征及跨尺度损伤破坏机理研究	国家级	国家自然科学基金委项目	24
28	广州大学风工程与工程振动研究中心	何运成	超高层建筑台风风效应短时预测研究	国家级	国家自然科学基金委项目	58

续上表

序号	所属单位	负责人	项目名称	项目级别	项目来源	批准经费（万元）
29	广州大学工程抗震研究中心	刘彦辉	基于阻尼增效的高性能惯容系统及其结构振动控制研究	国家级	国家重点研发计划	57.6
30	广州大学工程抗震研究中心	吴迪	约束橡胶支座的三维隔震（振）性能和失效防控研究	国家级	国家自然科学基金委项目	58
31	广州大学工程抗震研究中心	张俊平	基于降维理论的既有中小跨径桥梁检测评估荷载体系研究	国家级	国家自然科学基金委项目	58
32	广州大学工程抗震研究中心	李大伟	基于电磁惯容减震系统的基础隔震结构性能提升策略	国家级	国家自然科学基金委项目	24
33	广州大学计算科技研究院	鲍振申	基于个性化网络的肺癌药物推荐方法研究	国家级	国家自然科学基金委项目	24
34	广州大学计算科技研究院	强小利	基于混合编码的分子计算模型及应用研究	国家级	国家自然科学基金委项目	61
35	广州大学计算科技研究院	邵泽辉	基于图论的用户身份认证方法研究	国家级	国家自然科学基金委项目	60
36	广州大学金融研究院（广州国际金融研究院）	莫斌	国际负利率政策影响下中国金融系统性风险的测度及机制研究	国家级	国家自然科学基金委项目	24
37	广州大学人工智能与区块链研究院	何逸	动态特征空间中的弱监督在线学习	国家级	国家自然科学基金委项目	24
38	广州大学人工智能与区块链研究院	蒋海	供应链金融区块链系统的安全与监管关键技术研究	国家级	国家自然科学基金委项目	58
39	广州大学人工智能与区块链研究院	吴迪（外）	面向大规模稀疏数据的深度哈希推荐模型研究	国家级	国家自然科学基金委项目	58
40	广州大学人工智能与区块链研究院	王绍蔚	稀疏数据的分布式差分隐私保护机制研究	国家级	国家自然科学基金委项目	24
41	广州大学人工智能与区块链研究院	闫红洋	分布式机器学习中的隐私计算关键技术研究	国家级	国家自然科学基金委项目	24
42	广州大学人工智能与区块链研究院	李文娟	基于区块链的分布式检测安全研究	国家级	国家自然科学基金委项目	24

续上表

序号	所属单位	负责人	项目名称	项目级别	项目来源	批准经费（万元）
43	广州大学网络空间先进技术研究院	王滨（外）	工业互联网边缘侧轻量化可信智能安全系统理论与方法	国家级	国家自然科学基金委项目	259
44	广州大学网络空间先进技术研究院	胡宁	内嵌工业特征的网络环境智能协同安全防护技术研究	国家级	国家重点研发计划	170
45	广州大学网络空间先进技术研究院	苏申	智能合约在线防护关键技术研究	国家级	国家自然科学基金委项目	58
46	广州大学网络空间先进技术研究院	罗熙	跨域物联网环境下的僵尸网络检测关键技术研究	国家级	国家自然科学基金委项目	24
47	广州大学网络空间先进技术研究院	唐可可	面向三维点云局部形状匹配的几何深度学习模型对抗鲁棒性研究	国家级	国家自然科学基金委项目	24
48	广州大学应用数学研究中心	朱春娟	交互式信号路径随机基因表达数学模型的研究及应用	国家级	国家自然科学基金委项目	24
49	化学化工学院	王伟	基于数字微镜阵列的小型化、多通道表面等离子体共振仪器研制及分析检测应用	国家级	国家自然科学基金委项目	60
50	化学化工学院	袁杨	具有层次结构的复合凝聚型乳液凝胶的构建、物性学及风味控释机制研究	国家级	国家自然科学基金委项目	58
51	化学化工学院	韩冬雪	铋系半导体材料各向异性晶面调控及光催化固氮载流子行为研究	国家级	国家自然科学基金委项目	60
52	化学化工学院	刘运林	基于氮杂联烯的不对称催化反应构建杂环和烯烃类轴手性化合物	国家级	国家自然科学基金委项目	60
53	化学化工学院	张玉微	单粒子化学活性测量	国家级	国家自然科学基金委项目	200
54	化学化工学院	徐秀彬	荧光假单胞菌复合水凝胶的构筑及有效抗菌浓度全表面抗菌机制研究	国家级	国家自然科学基金委项目	24

续上表

序号	所属单位	负责人	项目名称	项目级别	项目来源	批准经费（万元）
55	化学化工学院	宋忠乾	用于无扰式高保真脉搏波监测的可穿戴装置的关键技术研究	国家级	国家自然科学基金委项目	24
56	环境科学与工程学院	刘娟	典型污染土壤-水稻体系中铊迁移转化特征与铊同位素分馏机制研究	国家级	国家自然科学基金委项目	61
57	机械与电气工程学院	李致富	基于显微视觉的高密度柔性封装基板微检测的优化、控制与视觉处理	国家级	国家自然科学基金委项目	57
58	机械与电气工程学院	陈凯锐	随机通信噪声下分布式状态估计及其在多自主体系统中的应用研究	国家级	国家自然科学基金委项目	24
59	机械与电气工程学院	安大伟	基于压电复合波与微纳米调控的轴承滚子超声强化机理研究	国家级	国家自然科学基金委项目	24
60	机械与电气工程学院	刘征	多环境应力耦合作用下考虑尺寸效应的海上风机叶片后缘疲劳可靠性研究	国家级	国家自然科学基金委项目	58
61	机械与电气工程学院	邹涛	大型无人潜航器多主体互动模式下能源管理与控制器协同	国家级	国家自然科学基金委项目	58
62	机械与电气工程学院	刘杰	介电高弹体驱动空间软体攀爬机器人动力学建模与优化设计	国家级	国家自然科学基金委项目	61
63	机械与电气工程学院	王晓明	基于质量矩的大柔性太阳能无人机姿态/变形协调控制研究	国家级	国家自然科学基金委项目	24
64	计算机科学与网络工程学院	杜娇	面向脑肿瘤的自主学习智能多模态医学图像融合方法研究	国家级	国家自然科学基金委项目	57
65	计算机科学与网络工程学院	王子佳	云计算下的离散大规模分布式群体智能算法研究	国家级	国家自然科学基金委项目	24
66	计算机科学与网络工程学院	夏隽娟	多用户干扰下边缘缓存网络无线协同传输的理论与方法研究	国家级	国家自然科学基金委项目	24

续上表

序号	所属单位	负责人	项目名称	项目级别	项目来源	批准经费（万元）
67	教育学院（师范学院）	季琭妍	多面孔平均情绪加工的采样机制及集合变异性的作用	国家级	国家自然科学基金委项目	24
68	生命科学学院	芦思佳	基于染色体片段代换系挖掘大豆密植高产基因及机制解析	国家级	国家重点研发计划	400
69	生命科学学院	刘宝辉	大豆光周期与产量品质形成分子调控机理	国家级	国家重点研发计划	1900
70	生命科学学院	余文华	华中、华南、华东区翼手目物种多样性及分布调查	国家级	国家重点研发计划	205
71	生命科学学院	侯丽萍	环境孕激素诱导雌性食蚊鱼子代神经发育受损的DNA甲基化作用	国家级	国家自然科学基金委项目	57
72	生命科学学院	喻 华	AF9识别并抑制乙酰化Snail转录活性的机制研究及应用	国家级	国家自然科学基金委项目	24
73	生命科学学院	杨新泉	浆果中矢车菊素-3-O-半乳糖苷靶向抑制β-淀粉样蛋白聚集的分子机制研究	国家级	国家自然科学基金委项目	58
74	生命科学学院	汤 杨	大豆光敏色素GmPHYBs基因调控避荫反应的功能研究	国家级	国家自然科学基金委项目	58
75	生命科学学院	杨 莉	小胶质细胞介导AD早期神经炎症的钾通道和线粒体机制及干预靶点	国家级	国家自然科学基金委项目	58
76	生命科学学院	宫雯珺	大豆花药特异基因SAS1调控雄性不育的功能研究	国家级	国家自然科学基金委项目	24
77	生命科学学院	朱家富	大豆非编码RNA在转录调控中的作用	国家级	国家自然科学基金委项目	24
78	数学与信息科学学院	杨 军	Cahn-Hilliard方程的非线性相变现象	国家级	国家自然科学基金委项目	50
79	数学与信息科学学院	李进军	Beurling维数及其在谱结构研究中的应用	国家级	国家自然科学基金委项目	50

续上表

序号	所属单位	负责人	项目名称	项目级别	项目来源	批准经费（万元）
80	数学与信息科学学院	郭志明	时间离散扩散系统的全局动力学及其应用	国家级	国家自然科学基金委项目	50
81	数学与信息科学学院	王 术	航空发动机中的非线性流固耦合偏微分方程的适定性理论及其应用	国家级	国家自然科学基金委项目	51
82	数学与信息科学学院	唐春明	基于线性密钥共享方案的最优安全多方计算协议及应用	国家级	国家自然科学基金委项目	50
83	数学与信息科学学院	孙启文	细胞分裂周期与随机基因转录耦合的研究	国家级	国家自然科学基金委项目	51
84	数学与信息科学学院	胡林超	基于Wolbachia氏体的胞质不兼容与不育技术控制蚊媒的数学建模与实践	国家级	国家自然科学基金委项目	51
85	数学与信息科学学院	刘春根	群作用不变非线性哈密顿系统之对称周期解及其相关问题的研究	国家级	国家自然科学基金委项目	51
86	数学与信息科学学院	谢莹莹	两类典型电磁场问题的弱有限元方法及其自适应方法	国家级	国家自然科学基金委项目	24
87	土木工程学院	刘 超	复杂地质条件下海底盾构隧道施工灾变的多尺度耦合机理及智能预警	国家级	国家自然科学基金委项目	59
88	土木工程学院	张永山	超设计地震作用下非基岩场地核电站结构动力灾变机理与新型三维隔震技术研究	国家级	国家自然科学基金委项目	58
89	土木工程学院	范 高	数据驱动下基于深度学习的结构健康监测响应重构和结构损伤识别研究	国家级	国家自然科学基金委项目	24
90	土木工程学院	邓 军	基于SMA/CFRP复合加固的带裂纹钢箱梁疲劳性能提升机制及智能监测方法研究	国家级	国家自然科学基金委项目	58
91	土木工程学院	吴 杨	降压开采过程中地震作用下海底含天然气水合物沉积物储层变形机理研究	国家级	国家自然科学基金委项目	59

续上表

序号	所属单位	负责人	项目名称	项目级别	项目来源	批准经费（万元）
92	土木工程学院	瞿芳术	厌氧膜蒸馏生物反应器中膜污染与膜润湿形成机理及能量中和研究	国家级	国家自然科学基金委项目	59
93	土木工程学院	赵美花	白腐真菌强化污泥堆肥DOM与重金属协同转化机制	国家级	国家自然科学基金委项目	58
94	土木工程学院	牛艳飞	基于细观力学的UHPC疲劳损伤机理及多尺度分析研究	国家级	国家自然科学基金委项目	24
95	土木工程学院	易江	强震作用下斜拉桥支座脱空致损机制与控制方法研究	国家级	国家自然科学基金委项目	24
96	土木工程学院	刘海	基于极化探地雷达的混凝土钢筋锈蚀无损检测与诊断方法研究	国家级	国家自然科学基金委项目	58
97	土木工程学院	周云	抗震能力可恢复的装配式钢框架消能梁—柱节点减震机理及设计方法研究	国家级	国家自然科学基金委项目	58
98	土木工程学院	罗威力	地铁隧道上覆建筑物振动传播机理与振震双控技术研究	国家级	国家自然科学基金委项目	58
99	土木工程学院	李俊	不完整动力响应监测数据下桥梁结构灾后损伤诊断方法研究	国家级	国家自然科学基金委项目	58
100	土木工程学院	梁颖晶	三重周期极小曲面多级多孔防护吸能超材料结构一体化设计研究	国家级	国家自然科学基金委项目	59
101	土木工程学院	任凤鸣	FRP—钢—混凝土组合结构新型梁柱节点的设计方法研究	国家级	国家自然科学基金委项目	58
102	土木工程学院	曹飒飒	强震下变刚度自恢复桥梁结构体系	国家级	国家自然科学基金委项目	58
103	土木工程学院	荣宏伟	抗生素在菌藻共生生物膜处理系统中的迁移转化及抗性基因归趋研究	国家级	国家自然科学基金委项目	58

续上表

序号	所属单位	负责人	项目名称	项目级别	项目来源	批准经费（万元）
104	土木工程学院	陈英	高强钢框架焊接节点动态性能评估	国家级	国家自然科学基金委项目	24
105	土木工程学院	陆毅	考虑水化效应对于土工复合膨润土垫（GCL）防渗性能失效机制的研究	国家级	国家自然科学基金委项目	24
106	土木工程学院	郑文智	连续梁桥新型形状记忆合金变频摩擦摆隔震机理与设计方法研究	国家级	国家自然科学基金委项目	24
107	土木工程学院	陈柳洁	视觉智能Shapelet Transform驱动的SHM数据关联分析与域自适应迁移机制深度学习	国家级	国家自然科学基金委项目	24
108	土木工程学院	李璐希	新型预应力筋非贯通式自复位混凝土框架抗震性能研究	国家级	国家自然科学基金委项目	24
109	土木工程学院	刘彦辰	基于视频图像分析的办公建筑室内热环境自适应行为识别和评价模型研究	国家级	国家自然科学基金委项目	24
110	土木工程学院	王静文	基于分子设计和过程模拟的低共熔溶剂相变材料多尺度筛选及其性能调控机理研究	国家级	国家自然科学基金委项目	24
111	土木工程学院	黄健彰	纳尺度界面摩擦及其应变效应的微观机制研究	国家级	国家自然科学基金委项目	24
112	物理与材料科学学院	王洪光	基于FAST银道面巡天的脉冲星观测与理论研究	国家级	国家自然科学基金委项目	310
113	物理与材料科学学院	陈龙斌	强子对撞机上单顶夸克产生的两圈量子色动力学修正研究	国家级	国家自然科学基金委项目	55
114	物理与材料科学学院	邓青林	基于多机制协同效应的柔性储钠负极的结构调控及其储能机理研究	国家级	国家自然科学基金委项目	24
115	物理与材料科学学院	刘军丰	马约拉纳零能模输运信号的理论研究	国家级	国家自然科学基金委项目	60

续上表

序号	所属单位	负责人	项目名称	项目级别	项目来源	批准经费（万元）
116	物理与材料科学学院	舒玉蓉	去禁闭量子相变的虚时弛豫动力学研究	国家级	国家自然科学基金委项目	24
117	物理与材料科学学院	王思思	高陈数拓扑材料中背景自旋及轨道磁电耦合性质的研究	国家级	国家自然科学基金委项目	24
118	物理与材料科学学院	裴致远	费米耀变体相对论性喷流中高能粒子加速机制研究	国家级	国家自然科学基金委项目	24
119	研究生院	唐春明	自主可控的区块链高延展共识机制设计	国家级	国家重点研发计划	389
120	土木工程学院	叶锡钧	沿海城市内涝风险预警与应急管理关键性智能技术应用研究	部级	其他各部委项目	0
121	地理科学与遥感学院	杨锦鑫	基于卫星遥感数据的高密度城区地表温度反演及微气象扰动因子分析	省级	广东省科技厅项目	10
122	地理科学与遥感学院	杨现坤	气候变化和人类活动干预下的西江流域水沙过程及模拟	省级	广东省科技厅项目	10
123	电子与通信工程学院	周发升	突破移动通信基站非理想回程限制的边缘缓存研究与应用设计	省级	广东省科技厅项目	10
124	管理学院（旅游学院/中法旅游学院）	黄丽娟	广东省农村科技特派员项目——智能直播电商科技	省级	广东省科技厅项目	30
125	管理学院（旅游学院/中法旅游学院）	黄家良	电子商务系统中游戏化满足基本心理需要的机制研究	省级	广东省科技厅项目	10
126	管理学院（旅游学院/中法旅游学院）	宫再静	粤港澳大湾区城市能源系统韧性增强路径研究	省级	广东省科技厅项目	10
127	管理学院（旅游学院/中法旅游学院）	曹兵兵	区块链技术驱动下跨区域生鲜农产品供应链溯源的政府激励机制研究	省级	广东省科技厅项目	10
128	广州大学大湾区环境研究院	王铸	厌氧硫酸盐还原强化抗生素去除与耐药基因削减机制及调控研究	省级	广东省科技厅项目	10

续上表

序号	所属单位	负责人	项目名称	项目级别	项目来源	批准经费（万元）
129	广州大学大湾区环境研究院	陈志鸿	磷限域单原子石墨烯的可控制备及其驱动光催化有机污染物能量用于产氢机制	省级	广东省科技厅项目	10
130	广州大学大湾区环境研究院	柳 飞	纳塑料与土壤纳米颗粒的相互作用及联合毒性效应研究	省级	广东省科技厅项目	10
131	广州大学大湾区环境研究院	刘志泉	载体表面负载固定化胞外电子介体强化处理高毒性制药废水的效能与机制	省级	广东省科技厅项目	10
132	广州大学大湾区环境研究院	周小霞	微纳塑料在典型水生生物中富集、净化及沿食物链传递过程研究	省级	广东省科技厅项目	10
133	广州大学大湾区环境研究院	吴佳鹏	溶氧调控陆海界面沉积物中反硝化真菌和N_2O还原细菌释放N_2O的分子机制	省级	广东省科技厅项目	10
134	广州大学大湾区环境研究院	王晓红	Pyrethroids类纳米农药对斑马鱼胚胎的神经发育毒性及机制研究	省级	广东省科技厅项目	10
135	广州大学大湾区环境研究院	陈 圆	基于多组学分析Bacillus-megateriumY-4中Pd（II）还原酶基因的定位与克隆	省级	广东省科技厅项目	10
136	广州大学大湾区环境研究院	柳 飞	纳塑料与土壤纳米颗粒在饱和多孔介质中的共迁移机制研究	省级	广东省科技厅项目	10
137	广州大学大湾区环境研究院	吴佳鹏	盐度调控陆海界面沉积物中硝化过程释放N_2O的分子机制	省级	广东省科技厅项目	10
138	广州大学风工程与工程振动研究中心	欧阳小伟	微纳米尺度集料化学特性对水泥混凝土水化和强度的影响机理研究	省级	广东省科技厅项目	10
139	广州大学风工程与工程振动研究中心	邓 挺	一类典型高长细比超高层建筑风效应控制研究	省级	广东省科技厅项目	10
140	广州大学工程抗震研究中心	刘彦辉	高层建筑结构主被动混合质量鲁棒振动控制理论与试验研究	省级	广东省科技厅项目	10

续上表

序号	所属单位	负责人	项目名称	项目级别	项目来源	批准经费（万元）
141	广州大学计算科技研究院	朱恩强	基于图论的网络安全认证研究	省级	广东省科技厅项目	10
142	广州大学网络空间先进技术研究院	李默涵	开放域数据投毒攻击检测与防御关键技术研究	省级	广东省科技厅项目	10
143	广州大学网络空间先进技术研究院	韦南	基于深度学习技术的广东省天然气用户用气负荷预测	省级	广东省科技厅项目	10
144	广州大学网络空间先进技术研究院	唐可可	基于几何深度学习的服务机器人室内场景三维语义地图构建研究	省级	广东省科技厅项目	10
145	广州大学网络空间先进技术研究院	孙哲	基于联邦学习的多方隐私数据协同分析机制研究	省级	广东省科技厅项目	10
146	化学化工学院	刘自力	Pd基催化剂化学环境调控及其对甲酸分解制氢性能的影响	省级	广东省科技厅项目	10
147	化学化工学院	董文	荧光自旋交叉双功能配合物分子材料的合成和性质研究	省级	广东省科技厅项目	10
148	化学化工学院	蔡卫权	坚果壳基磁性碳微球的一步水热法制备及其电镀废水处理性能	省级	广东省科技厅项目	10
149	化学化工学院	韩冬雪	基于铋系半导体材料各向异性晶面调控的光催化固氮载流子行为研究	省级	广东省科技厅项目	10
150	化学化工学院	陈旖勃	高效红光/远红光荧光粉的局域结构定向设计与应用	省级	广东省科技厅项目	10
151	化学化工学院	张保华	低效率滚降、高亮度下高功效型溶液法白光有机电致发光二极管的设计与制备	省级	广东省科技厅项目	10
152	化学化工学院	陈国术	Frustrated Lewis pairs催化的不对称合成C2-螺环吲哚啉化合物	省级	广东省科技厅项目	10

续上表

序号	所属单位	负责人	项目名称	项目级别	项目来源	批准经费（万元）
153	化学化工学院	欧阳婷	Fe_2O_3基Z-型复合材料构筑及其光电催化甲醇选择性氧化性能研究	省级	广东省科技厅项目	10
154	化学化工学院	纪永飞	Cu_2O催化人工光合作用机理的第一性原理研究	省级	广东省科技厅项目	10
155	化学化工学院	陈丽娟	基于动态二硫键的功能性纳米粒子对橡胶网络结构及可逆性的影响	省级	广东省科技厅项目	10
156	化学化工学院	徐秀彬	水凝胶介观尺度结构对自修复性能的调控机制与性能研究	省级	广东省科技厅项目	10
157	化学化工学院	张玉微	基于单分子单粒子荧光显微技术的多维度普适性单纳米粒子活性测量技术与方法	省级	广东省科技厅项目	100
158	环境科学与工程学院	阎佳	协同净化沼气沼液的脱硫反硝化耦合厌氧氨氧化工艺构建及其机制研究	省级	广东省科技厅项目	10
159	环境科学与工程学院	孔令军	废水铀酰仿矿固定的成矿机制及纳米矿调控回收应用研究	省级	广东省科技厅项目	50
160	环境科学与工程学院	王津	土壤剖面铀化学形态垂向迁移转化机制与铀同位素示踪	省级	广东省科技厅项目	10
161	环境科学与工程学院	苏敏华	Fe基纳米材料晶格矿化镉的行为及转化机制研究	省级	广东省科技厅项目	10
162	环境科学与工程学院	王剑桥	白腐真菌对氯噻啉的降解及转录组水平的降解机制分析	省级	广东省科技厅项目	10
163	环境科学与工程学院	刘娟	农田土壤铊环境地球化学过程研究	省级	广东省科技厅项目	100
164	机械与电气工程学院	朱萍玉	基于光纤传感的晶圆级芯片封装翘曲原位测量方法研究	省级	广东省科技厅项目	10

续上表

序号	所属单位	负责人	项目名称	项目级别	项目来源	批准经费（万元）
165	机械与电气工程学院	陈凯锐	基于分布式状态观测器的异质多智能体输出一致性研究	省级	广东省科技厅项目	10
166	机械与电气工程学院	秦 剑	含In组分的GaN基HEMT复合场板调制新结构与器件建模方法研究	省级	广东省科技厅项目	10
167	机械与电气工程学院	刘外喜	知识驱动的网络级分布式机器学习加速关键技术研究	省级	广东省科技厅项目	10
168	机械与电气工程学院	谢金龙	喷雾冷却稳定换热机制及主动设计方法研究	省级	广东省科技厅项目	10
169	机械与电气工程学院	刘 杰	面向深海可燃冰钻探的碳纤维薄壳结构的随机振动优化设计方法研究	省级	广东省科技厅项目	10
170	机械与电气工程学院	赖添茂	基于石墨烯界面液膜流动的微纳粘着研究	省级	广东省科技厅项目	10
171	机械与电气工程学院	沈 腾	面向离心微流控体外诊断芯片的主动气动操控方法研究	省级	广东省科技厅项目	10
172	机械与电气工程学院	桂珍珍	全降解镁基复合支架材料胶着复合界面结构设计和机理研究	省级	广东省科技厅项目	10
173	计算机科学与网络工程学院	谭恒良	基于黎曼流形几何结构的深度学习框架研究及其在图像集识别上的应用	省级	广东省科技厅项目	10
174	计算机科学与网络工程学院	夏隽娟	复杂干扰环境下缓存使能物联网无线传输的关键技术研究	省级	广东省科技厅项目	10
175	计算机科学与网络工程学院	唐 卷	多领域统一建模中大规模微分代数系统的混合计算研究	省级	广东省科技厅项目	10
176	经济与统计学院	李树威	多元区间删失数据的变量选择方法研究及其在慢性病危险因素筛查中的应用	省级	广东省科技厅项目	10

续上表

序号	所属单位	负责人	项目名称	项目级别	项目来源	批准经费（万元）
177	美术与设计学院	刘昕	高负荷高传染情境下病毒检测设备人机界面设计与人因可靠性评价	省级	广东省科技厅项目	10
178	生命科学学院	唐珂	智力障碍相关COUP-TFI基因在海马发育中的功能及其机制研究	省级	广东省科技厅项目	10
179	生命科学学院	张元伟	PKG信号通路介导5-羟色胺转运体磷酸化的生理调控与化学干预的研究	省级	广东省科技厅项目	10
180	生命科学学院	陈鲲	天然产物来源烯丙基半胱氨酸及没食子酸的缀合衍生物对缺血性脑卒中的生物学活性及机制研究	省级	广东省科技厅项目	10
181	生命科学学院	侯丽萍	环境孕激素诱导食蚊鱼雄性化的分子机制研究	省级	广东省科技厅项目	10
182	生命科学学院	周建奎	利用单核苷酸多态性的连锁特征探讨小鼠受精卵同源染色体间同源重组及其调控机制	省级	广东省科技厅项目	10
183	生命科学学院	王雄军	代谢物调控癌症化疗耐药的功能与机制研究	省级	广东省科技厅项目	100
184	实验中心、网络与现代教育技术中心	胡维	隔离型电力电子变换器远场电磁辐射建模及主动抑制	省级	广东省科技厅项目	10
185	数学与信息科学学院	余玉银	密码函数的差分、置换和等价性质的研究	省级	广东省科技厅项目	10
186	数学与信息科学学院	狄华斐	两类高阶非局部浅水波方程解的适定性，爆破现象及尖峰孤立波解的稳定性	省级	广东省科技厅项目	10
187	数学与信息科学学院	白定勇	扩散—非扩散混合时滞系统的动力学	省级	广东省科技厅项目	10
188	土木工程学院	吴杨	基于等效骨架孔隙比理论的珊瑚砂砾混合料静动力学特性研究	省级	广东省科技厅项目	10

续上表

序号	所属单位	负责人	项目名称	项目级别	项目来源	批准经费（万元）
189	土木工程学院	潘楚东	桥梁车致移动荷载矩阵正则化识别	省级	广东省科技厅项目	10
190	土木工程学院	徐涛	多能互补相变储热太阳能热泵系统性能优化研究	省级	广东省科技厅项目	50
191	土木工程学院	熊明祥	超高强钢管混凝土正截面受压高温力学行为与抗火设计方法研究	省级	广东省科技厅项目	10
192	土木工程学院	方赵嵩	亚热带地区防疫口罩对户外活动人群热舒适与热安全影响机制研究	省级	广东省科技厅项目	10
193	土木工程学院	刘海	基于弹性波波场分离逆时成像的混凝土结构缺陷无损检测方法研究	省级	广东省科技厅项目	10
194	土木工程学院	吴成清	爆炸和火灾耦合作用下超高性能地聚物混凝土柱的动态响应与损伤破坏机理	省级	广东省科技厅项目	10
195	土木工程学院	王星	岛礁吹填钙质砂地基浅基础破坏模式和设计理论研究	省级	广东省科技厅项目	10
196	土木工程学院	陈柳洁	复杂环境下基于FCN模型的混凝土结构缺陷特征提取及评价方法研究	省级	广东省科技厅项目	10
197	土木工程学院	刘彦辰	基于多人动作识别算法的人群高密集建筑室内环境优化方法研究	省级	广东省科技厅项目	10
198	土木工程学院	刘燕妮	基于相变蓄热的太阳能热水系统研究	省级	广东省科技厅项目	10
199	土木工程学院	孟旭	针对天问一号火星巡视器次表层探测雷达高频通道的类比试验研究	省级	广东省科技厅项目	10
200	土木工程学院	张季超	基于5G+AIoT的数字孪生路桥智慧管养关键技术研发与示范应用	省级	广东省科技厅项目	0
201	物理与材料科学学院	张福鹏	星系核致密双星动力学及引力波并合事件的观测效应研究	省级	广东省科技厅项目	10

续上表

序号	所属单位	负责人	项目名称	项目级别	项目来源	批准经费（万元）
202	物理与材料科学学院	刘军丰	马约拉纳模输运性质的理论研究	省级	广东省科技厅项目	10
203	物理与材料科学学院	林浩	基于核壳结构微腔的上转换发光及能量传递机理研究	省级	广东省科技厅项目	10
204	地理科学与遥感学院	潘文彬	广州科普游自由行项目	市级	广州市科学技术协会项目	0.33
205	地理科学与遥感学院	赵冠伟	顾及尺度效应的广州市人口分布动态精细化模拟	市级	广州市科技局项目	20
206	地理科学与遥感学院	邱霓	"穿越时空，多彩家园"地学知识科普活动	市级	广州市科学技术协会项目	5
207	电子与通信工程学院	李俊	序号调制技术在6G网络中的应用与研究	市级	广州市科技局项目	5
208	广州大学大湾区环境研究院	陈志鸿	过渡金属类石墨烯络合体驱动光催化有机污染物净化——产氢机制	市级	广州市科技局项目	20
209	广州大学大湾区环境研究院	蒋志龙	基于过渡金属配合物耦合近红外荧光探针的探针——光动力治疗一体化分子设计、合成及生物活性评价	市级	广州市科技局项目	20
210	广州大学大湾区环境研究院	刘荣荣	基于聚集诱导发光效应的新型致病性耐药菌抗菌探针的研究	市级	广州市科技局项目	20
211	广州大学大湾区环境研究院	周宏钰	基于人体类器官的纳米材料毒性效应高通量筛选平台的构建	市级	广州市科技局项目	20
212	广州大学大湾区环境研究院	刘志泉	基于细胞完整性模拟优化预氧混凝沉淀工艺处理高藻原水的效能与机制	市级	广州市科技局项目	20
213	广州大学大湾区环境研究院	高耀文	单原子催化剂活化过硫酸盐降解水中有机污染物效能与机制	市级	广州市科技局项目	5
214	广州大学大湾区环境研究院	余力	多相芬顿催化高价金属中心生成势的调控与选择性氧化有机污染物机制	市级	广州市科技局项目	5

续上表

序号	所属单位	负责人	项目名称	项目级别	项目来源	批准经费（万元）
215	广州大学大湾区环境研究院	杨兢欣	铜活化亚硫酸盐氧化/还原双机制降解碘代造影剂及碘转化研究	市级	广州市科技局项目	5
216	广州大学大湾区环境研究院	刘叠	刺激响应的超分子聚合物的制备及其拓扑结构可控转化	市级	广州市科技局项目	5
217	广州大学大湾区环境研究院	吕来	表面贫富电子微反应区构建活化惰性氧物种去除水中难降解污染物研究	市级	广州市科技局项目	5
218	广州大学大湾区环境研究院	周丽	基于单分子技术的多种致病菌灵敏检测方法研究	市级	广州市科技局项目	5
219	广州大学大湾区环境研究院	吴佳鹏	珠江口真菌反硝化驱动的N_2O产生和释放机制及关键环境要素控制	市级	广州市科技局项目	5
220	广州大学大湾区环境研究院	邢学辞	石墨烯–铁氧化物强化生物活性炭体系构建及其保障饮用水管网水质稳定性机制	市级	广州市科技局项目	5
221	广州大学大湾区环境研究院	王晓红	多孔载体材料装载Pyrethroids类纳米农药对斑马鱼胚胎的神经发育毒性及机制研究	市级	广州市科技局项目	5
222	广州大学大湾区环境研究院	贾建博	高环境暴露风险金属基纳米材料的脂代谢干扰效应与机制研究	市级	广州市科技局项目	5
223	广州大学大湾区环境研究院	陈名钊	形状尺寸可控的金属有机大分子及其结构与性能	市级	广州市科技局项目	5
224	广州大学工程抗震研究中心	陈华霆	基于复模态理论的减隔震结构非线性设计方法	市级	广州市科技局项目	20
225	广州大学工程抗震研究中心	郝霖霏	钢筋混凝土结构基于性能冗余率和全寿命经济性的消能减震设计研究	市级	广州市科技局项目	5
226	广州大学网络空间先进技术研究院	尹晓霞	面向乳腺肿瘤智能诊断及新辅助化疗疗效的磁共振影像基因组学时空一致的表征学习	市级	广州市科技局项目	20

续上表

序号	所属单位	负责人	项目名称	项目级别	项目来源	批准经费（万元）
227	广州大学网络空间先进技术研究院	唐可可	基于Affordance的机器人物体识别与抓取研究	市级	广州市科技局项目	20
228	广州大学网络空间先进技术研究院	殷丽华	基于联盟链的多方数据安全共享与隐私保护技术	市级	广州市科技局项目	20
229	广州大学网络空间先进技术研究院	李树栋	基于深度学习的恶意代码检测及其关联分析	市级	广州市科技局项目	20
230	广州大学网络空间先进技术研究院	苏申	基于图神经网络的域间路由建模关键技术研究	市级	广州市科技局项目	20
231	广州大学网络空间先进技术研究院	胡宁	面向互联网环境的隐蔽通信技术研究	市级	广州市科技局项目	20
232	广州大学网络空间先进技术研究院	顾钊铨	针对图像识别神经网络的攻防对抗技术	市级	广州市科技局项目	20
233	广州大学网络空间先进技术研究院	李默涵	知识受限场景下数据投毒攻防理论及技术研究	市级	广州市科技局项目	5
234	广州大学网络空间先进技术研究院	孙彦斌	面向工业互联网的漏洞知识图谱构建关键技术研究	市级	广州市科技局项目	5
235	广州大学网络空间先进技术研究院	张帆	基于社交网络结构的关键用户计算	市级	广州市科技局项目	5
236	化学化工学院	包宇	微型化多功能电化学传感检测系统研究	市级	广州市科技局项目	20
237	化学化工学院	史文静	近红外双功能荧光探针的设计合成及其溶酶体粘度和Aβ聚集体成像研究	市级	广州市科技局项目	20
238	化学化工学院	张平	基于阴离子调控工业废水铊及重金属资源化回收	市级	广州市科技局项目	20
239	化学化工学院	刘浩怀	石墨烯–银/壳聚糖复合创伤敷料的制备与性能研究	市级	广州市科技局项目	20
240	化学化工学院	范浩森	Co@Ni$_3$C异质结构催化剂的界面调控及电催化性能研究	市级	广州市科技局项目	20
241	化学化工学院	蔡卫权	常压室温下双水相体系可控制备高性能η-Al$_2$O$_3$微球载体材料	市级	广州市科技局项目	20

续上表

序号	所属单位	负责人	项目名称	项目级别	项目来源	批准经费（万元）
242	化学化工学院	张玉微	单粒子水平锂离子电池正极材料金属离子迁移过程研究	市级	广州市科技局项目	20
243	化学化工学院	刘鹏	淀粉基离子导电材料刺激响应机制的研究	市级	广州市科技局项目	20
244	化学化工学院	刘运林	多环螺吲哚啉的不对称催化构建新策略研究	市级	广州市科技局项目	20
245	化学化工学院	张保华	高效蓝光有机/钙钛矿发光材料和器件研究	市级	广州市科技局项目	20
246	化学化工学院	刘锋钢	基于多发色团构型的新型二元枝状有机电光材料的研究	市级	广州市科技局项目	20
247	化学化工学院	韩冬雪	基于新型单原子金属催化剂的电化学气体传感研究	市级	广州市科技局项目	20
248	化学化工学院	苏东晓	基于循环热泵干制系统的荔枝果肉多糖–多酚复合物共价相互作用机制	市级	广州市科技局项目	20
249	化学化工学院	毛桃嫣	季铵盐微波反应动力学模型的构建及关键技术研究	市级	广州市科技局项目	20
250	化学化工学院	陈国术	螺环吲哚啉化合物的合成研究	市级	广州市科技局项目	20
251	化学化工学院	王家海	纳米孔单分子生物传感器	市级	广州市科技局项目	20
252	化学化工学院	吴旭	柔性器件多尺度结构型防污涂层材料设计构建与作用机制	市级	广州市科技局项目	20
253	化学化工学院	李楠	微生物燃料电池抗生物污染阴极催化剂的制备与应用研究	市级	广州市科技局项目	20
254	化学化工学院	何山	涡流流体环境与分子量分布和糖化作用的协同作用对改性蛋白乳化性改善的理论研究	市级	广州市科技局项目	20

续上表

序号	所属单位	负责人	项目名称	项目级别	项目来源	批准经费（万元）
255	化学化工学院	党成雄	制氢复合催化剂的结构调控及其稳定性提升机理研究	市级	广州市科技局项目	20
256	化学化工学院	陈丽娟	橡胶助剂功能化生物炭的制备及其对橡胶结构与导热性能的影响及机理研究	市级	广州市科技局项目	20
257	化学化工学院	郑李垚	羟基苯甲酸参与的多样化绿色环化反应研究	市级	广州市科技局项目	5
258	化学化工学院	周凯	水系镍锌电池三维多级复合结构镍基正极材料制备与性能研究	市级	广州市科技局项目	5
259	化学化工学院	钟丽杰	可控制备异元素掺杂碳材料电催化氧还原合成过氧化氢	市级	广州市科技局项目	5
260	化学化工学院	甘世宇	基于金纳米纤维电极构筑的可穿戴汗液离子分析传感器件	市级	广州市科技局项目	5
261	化学化工学院	马英明	石英晶体静态电容补偿新方法及电化学联用研究	市级	广州市科技局项目	5
262	化学化工学院	肖抗	氟离子取代调控锰氧化物赝电容增强行为研究	市级	广州市科技局项目	5
263	化学化工学院	廖伯凯	海洋大气环境中锡基电子材料在应力和电场耦合作用下晶须生长机理研究	市级	广州市科技局项目	5
264	化学化工学院	林伟权	单优势键稀土单分子磁体的设计合成及其磁构关系研究	市级	广州市科技局项目	5
265	化学化工学院	毛燕	基于功能化棉纤维的固相微萃取应用研究	市级	广州市科技局项目	5
266	化学化工学院	杨猛	基于功能化氮氧自由基多核稀土配合物的研究	市级	广州市科技局项目	5
267	化学化工学院	乔智威	面向室内/车内极微量气态污染物捕获的金属–有机框架材料的人工智能批量设计和定向实验合成	市级	广州市科技局项目	5

续上表

序号	所属单位	负责人	项目名称	项目级别	项目来源	批准经费（万元）
268	化学化工学院	徐秀彬	新型柔性应变传感器的构筑及其类皮肤"无感"和"自修复"关键性能聚合物网络协同调控机制	市级	广州市科技局项目	5
269	化学化工学院	于丹凤	界面破乳与选择透过协同驱动构筑高效油水乳液分离网膜	市级	广州市科技局项目	5
270	化学化工学院	刘吉旦	单质硫为硫源合成硫醚化合物研究	市级	广州市科技局项目	5
271	化学化工学院	陈淑杰	可见光促进的酰基吲哚叶立德自由基的可控生成及反应活性研究	市级	广州市科技局项目	5
272	化学化工学院	陈文斌	荧光稀土基单分子磁体的合成与光磁性质研究	市级	广州市科技局项目	5
273	化学化工学院	伍辉祥	贵金属基自清洁SERS传感器的构建及应用研究	市级	广州市科技局项目	5
274	环境科学与工程学院	王玉琪	重金属污染农田生物修复技术研究与应用	市级	广州市科技局项目	20
275	环境科学与工程学院	崔金立	地表水关键组分对珠江三角洲土壤—地下水体系砷释放过程的影响机制研究	市级	广州市科技局项目	20
276	环境科学与工程学院	李淑更	短程反硝化耦合厌氧氨氧化处理高硝酸盐废水的脱氮性能与机理研究	市级	广州市科技局项目	20
277	环境科学与工程学院	唐进锋	发酵类抗生素废水生物处理系统中微生物群落的解析与合成研究	市级	广州市科技局项目	20
278	环境科学与工程学院	韦乐章	锰氧化物纳米颗粒协同重金属铊在多孔介质中的运移机制及数学模拟	市级	广州市科技局项目	20
279	环境科学与工程学院	王剑桥	新烟碱类杀虫剂污染土壤的白腐真菌生物强化修复的研究	市级	广州市科技局项目	20
280	环境科学与工程学院	刘玉贤	淡水贝类对蓝藻水华水体中氮、磷归趋途径的调节过程及机理	市级	广州市科技局项目	5

续上表

序号	所属单位	负责人	项目名称	项目级别	项目来源	批准经费（万元）
281	环境科学与工程学院	吴丽琴	同型巴蜗牛对城市大气—土壤—植物重金属污染水平监测的适用性研究——以广州为例	市级	广州市科技局项目	5
282	环境科学与工程学院	王娜娜	溶解性有机质介导下多组分次生铁矿物的转化机制及对锑环境行为的影响	市级	广州市科技局项目	5
283	环境科学与工程学院	李芊	海洋微生物诱导自体生物膜成矿钝化硫化物的研究	市级	广州市科技局项目	5
284	环境科学与工程学院	金鹏	海洋酸化和重金属镉对珠江口典型浮游植物的耦合效应研究	市级	广州市科技局项目	5
285	黄埔研究院/研究生院	李进	基于区块链的商品供应链金融系统及应用	市级	广州市科技局项目	500
286	机械与电气工程学院	石惠民	三维微纳电极的3D打印制造及构效关系研究	市级	广州市科技局项目	5
287	机械与电气工程学院	Lee Hsiao mun	城市道路交通噪声地图的构建与研究	市级	广州市科技局项目	20
288	机械与电气工程学院	江帆	稠油运输柔性管内油水环状流稳定性研究	市级	广州市科技局项目	20
289	机械与电气工程学院	刘长红	电火花线切割的火花视觉识别及伺服进给控制研究	市级	广州市科技局项目	20
290	机械与电气工程学院	赵志甲	多约束条件下柔性加油机软管PDE建模及控制理论研究	市级	广州市科技局项目	20
291	机械与电气工程学院	蓝雪婧	飞行器群集作战下的最优截击与智能协调控制方法研究	市级	广州市科技局项目	20
292	机械与电气工程学院	王晓刚	分数阶LCL并网逆变器及其控制策略研究	市级	广州市科技局项目	20
293	机械与电气工程学院	沈腾	高通量离心微流控芯片的精确操控方法研究	市级	广州市科技局项目	20
294	机械与电气工程学院	谢金龙	高效喷雾冷却喷嘴的主动设计方法研究	市级	广州市科技局项目	20

续上表

序号	所属单位	负责人	项目名称	项目级别	项目来源	批准经费（万元）
295	机械与电气工程学院	邹涛	工业环境下人机协同决策研究	市级	广州市科技局项目	20
296	机械与电气工程学院	邵子韵	广州市电动汽车充电负荷预测及大规模充电优化调度策略研究	市级	广州市科技局项目	20
297	机械与电气工程学院	赖添茂	基于AFM的硅—石墨烯界面的微纳粘着研究	市级	广州市科技局项目	20
298	机械与电气工程学院	李方义	基于非概率模型的多相材料柔顺机构可靠性拓扑优化设计方法研究	市级	广州市科技局项目	20
299	机械与电气工程学院	朱萍玉	基于光纤光栅的IGBT嵌入式结温监测关键技术研究	市级	广州市科技局项目	20
300	机械与电气工程学院	常家庆	空中液滴高频碰撞包裹机理研究	市级	广州市科技局项目	20
301	机械与电气工程学院	王孝伟	微纳卫星用反作用飞轮超薄与轻量化的关键基础问题研究	市级	广州市科技局项目	20
302	机械与电气工程学院	魏巍	用于自动驾驶的高精度激光雷达关键技术的研究	市级	广州市科技局项目	20
303	机械与电气工程学院	钟晓静	基于异质社会网络的传染病传播动力学建模与随机间歇控制方法研究	市级	广州市科技局项目	5
304	机械与电气工程学院	周琰	轮轨滚动接触界面摩擦白层结构演变及疲劳行为研究	市级	广州市科技局项目	5
305	机械与电气工程学院	王锐坤	面向超超临界机组高温部件的表面高热稳纳米孪晶层制备及其晶间腐蚀行为与控制方法研究	市级	广州市科技局项目	5
306	机械与电气工程学院	陈首彦	面向早期自闭症辅助诊断的机器人多模态特征识别系统研究	市级	广州市科技局项目	5
307	机械与电气工程学院	陈凯锐	神经网络的分布式协同训练算法研究	市级	广州市科技局项目	5

续上表

序号	所属单位	负责人	项目名称	项目级别	项目来源	批准经费（万元）
308	机械与电气工程学院	马 鸽	面向特种设备安全的X射线检测关键理论与技术研究	市级	广州市科技局项目	5
309	机械与电气工程学院	陈达奇	基于无线石英晶体微天平与CRISPR/Cas技术的核酸检测改进研究	市级	广州市科技局项目	5
310	机械与电气工程学院	萧金瑞	机器人减速器圆锥滚子轴承套圈强化研磨加工表层微结构创成及调控研究	市级	广州市科技局项目	5
311	机械与电气工程学院	崔金生	多尺度颗粒材料/系统传热特性影响及其与机具作用的研究	市级	广州市科技局项目	5
312	机械与电气工程学院	陈 洋	动力锂电池组均衡系统结构建模及能量路径优化	市级	广州市科技局项目	5
313	机械与电气工程学院	曹 流	激光选区熔化镍合金介观熔池动力学与微观组织演化多尺度模拟研究	市级	广州市科技局项目	5
314	机械与电气工程学院	程乐峰	泛在电力物联网下基于多源数据融合的负荷预测方法及柔性负荷调度策略研究	市级	广州市科技局项目	5
315	机械与电气工程学院	黄文恺	"科普+青少年科技"逐梦工程	市级	广州市科学技术协会项目	10
316	机械与电气工程学院	温泉河	"科普+特色品牌"打造工程	市级	广州市科学技术协会项目	60
317	机械与电气工程学院	刘 杰	青年人才托举工程类（2021—2023年）	市级	广州市科学技术协会项目	8
318	计算机科学与网络工程学院	陈 祺	安全多方计算协议中的若干问题研究	市级	广州市科技局项目	20
319	计算机科学与网络工程学院	颜国风	端到端云服务优化算法研究	市级	广州市科技局项目	20
320	计算机科学与网络工程学院	高崇志	公钥加密系统的抗胁迫攻击研究及其在云计算安全外包中的应用	市级	广州市科技局项目	20

续上表

序号	所属单位	负责人	项目名称	项目级别	项目来源	批准经费（万元）
321	计算机科学与网络工程学院	方美娥	基于类B样条的等几何边界元分析及形状优化	市级	广州市科技局项目	20
322	计算机科学与网络工程学院	饶彦祎	无人机基站蜂窝网络优化方法研究	市级	广州市科技局项目	5
323	计算机科学与网络工程学院	谭伟强	面向用户热点区域覆盖的毫米波大规模MIMO无线通信技术研究	市级	广州市科技局项目	5
324	计算机科学与网络工程学院	杨朔	基于表格式文档交换的跨平台语义信息互操作的理论研究	市级	广州市科技局项目	5
325	计算机科学与网络工程学院	杜娇	自适应分解多特征医学图像融合方法研究	市级	广州市科技局项目	5
326	建筑与城市规划学院	索华	基于信息交互的建设项目4D模拟与可持续性评价研究	市级	广州市科技局项目	20
327	建筑与城市规划学院	王雪霏	基于可定期轨迹的标志性景观时效价值认同评价机制研究——以广州市为例	市级	广州市科技局项目	20
328	建筑与城市规划学院	杨晓琳	基于居民行为与空间网络拟合分析的住区公共空间可达性研究	市级	广州市科技局项目	5
329	经济与统计学院	李树威	左截断区间删失生存数据的统计推断及其在癌症筛查研究中的应用	市级	广州市科技局项目	20
330	经济与统计学院	熊强	非平稳函数系数时间序列模型的统计推断	市级	广州市科技局项目	5
331	经济与统计学院	余玉丰	基于稀疏逼近与张量分解的高维数据降维方法研究	市级	广州市科技局项目	5
332	科研处	杨新泉	豆丹养殖技术应用	市级	广州市科技局项目	10
333	科研处	王玉林	豆丹多肽制备及其抗氧化活性研究	市级	广州市科技局项目	5
334	科研处	杨新泉	广州大学产学研融合交流之系列精准对接会	市级	广州市科学技术协会项目	4

续上表

序号	所属单位	负责人	项目名称	项目级别	项目来源	批准经费（万元）
335	生命科学学院	黄俊英	GLO1/MGO通路影响NF-kB调节糖尿病肾脏纤维化的作用研究	市级	广州市科技局项目	20
336	生命科学学院	杨新泉	大豆GmTFL2基因调控开花的功能研究	市级	广州市科技局项目	20
337	生命科学学院	程 群	大豆开花基因GmFT2a内含子区与GmFT5a3'UTR区结合蛋白的筛选	市级	广州市科技局项目	20
338	生命科学学院	董利东	大豆生育期基因E1调控开花性状分子机制的研究	市级	广州市科技局项目	20
339	生命科学学院	夏岩石	关联菜心蔗糖积累候选基因的挖掘	市级	广州市科技局项目	20
340	生命科学学院	孔 波	基于核受体FXR新型配体筛选体系的建立及其在治疗脂肪肝病中的应用	市级	广州市科技局项目	20
341	生命科学学院	阳运华	可见光催化防霉抗菌剂的构筑及应用研究	市级	广州市科技局项目	20
342	生命科学学院	申迎宾	辣木叶多酚分离纯化、结构鉴定及其抗氧化、抗肿瘤活性	市级	广州市科技局项目	20
343	生命科学学院	刘吉升	利用反向遗传学对家蚕BmToll9-2受体的功能性研究	市级	广州市科技局项目	20
344	生命科学学院	吕鹏程	新型靶向EGFR和c-Met多靶点激酶抑制剂作为抗肿瘤先导化合物的研发	市级	广州市科技局项目	20
345	生命科学学院	李 馨	寡核苷酸纠正强直性肌营养不良症中mRNA选择性剪接错误的应用	市级	广州市科技局项目	5
346	实验中心、网络与现代教育技术中心	李潮林	学前儿童多模态脑图谱的构建及应用研究	市级	广州市科技局项目	20
347	数学与信息科学学院	王迎占	仿射Grassmann流形上的Radon变换	市级	广州市科技局项目	20
348	数学与信息科学学院	李海洋	基于核方法的非线性稀疏信号重构理论和方法研究	市级	广州市科技局项目	20

续上表

序号	所属单位	负责人	项目名称	项目级别	项目来源	批准经费（万元）
349	数学与信息科学学院	王光武	量子流体力学方程爆破机制与渐近极限的研究	市级	广州市科技局项目	20
350	数学与信息科学学院	席肖玉	等离子体物理中的一类非线性偏微分方程的长波逼近理论研究	市级	广州市科技局项目	5
351	数学与信息科学学院	杨艳芳	多项流问题的全局—局部模型降阶方法	市级	广州市科技局项目	5
352	数学与信息科学学院	王启志	旋量流形中的共形正质量定理与Penrose不等式研究	市级	广州市科技局项目	5
353	体育学院	何建伟	远红外陶瓷微珠干预运动所致Th1/Th2失衡下Ras-MAPK信号转导途径研究	市级	广州市科技局项目	20
354	土木工程学院	魏春海	基于厌氧膜生物反应器组合工艺的养猪场废水资源能源回收利用研究	市级	广州市科技局项目	10
355	土木工程学院	赫俊国	供水管网漏损监测与控制技术研究	市级	广州市科技局项目	40
356	土木工程学院	熊明祥	高强钢管约束超高强混凝土柱压弯相关性能研究	市级	广州市科技局项目	20
357	土木工程学院	于志伟	半刚性节点网壳结构强震失效机理及灾变控制研究	市级	广州市科技局项目	20
358	土木工程学院	温丽维	不同细小颗粒含量南海岛礁珊瑚砂动剪切模量和阻尼比的试验研究	市级	广州市科技局项目	20
359	土木工程学院	魏春海	国产高压膜在珠三角典型再生水生产中的综合效能	市级	广州市科技局项目	20
360	土木工程学院	黄宇	基于典型值提取的珠三角地区智慧城市模型设定和开发	市级	广州市科技局项目	20
361	土木工程学院	赫俊国	基于多维石墨烯骨架强化电子传递的低剪切好氧颗粒污泥构建及其污染物深度削减机制	市级	广州市科技局项目	20

续上表

序号	所属单位	负责人	项目名称	项目级别	项目来源	批准经费（万元）
362	土木工程学院	张力文	基于硅铝酸盐类可回收建筑废料的再生多孔吸能绿色材料性能试验研究	市级	广州市科技局项目	20
363	土木工程学院	张效禹	基于机器学习技术的液化场地高桩码头基础承载特性研究	市级	广州市科技局项目	20
364	土木工程学院	刘海	基于探地雷达和深度学习的铁路隧道隐蔽缺陷探测与智能识别方法研究	市级	广州市科技局项目	20
365	土木工程学院	陈柳洁	基于无人机视觉与深度学习的建筑结构裂缝智能检测方法研究	市级	广州市科技局项目	20
366	土木工程学院	刘长江	建筑膜结构在随机冲击荷载作用下的动力可靠度研究	市级	广州市科技局项目	20
367	土木工程学院	顾美湘	交通荷载下双向增强复合地基承载变形机理及其分析方法研究	市级	广州市科技局项目	20
368	土木工程学院	汪大洋	考虑平面内外耦合效应的新型组合耗能剪力墙结构抗震韧性研究	市级	广州市科技局项目	20
369	土木工程学院	杨国良	湿热环境下温拌橡胶沥青抗老化性能及机理研究	市级	广州市科技局项目	20
370	土木工程学院	江进	水泥基复合材料性能与高温爆裂机制研究	市级	广州市科技局项目	20
371	土木工程学院	吴志刚	新型双相磁性记忆合金设计与增韧机理研究	市级	广州市科技局项目	20
372	土木工程学院	章婧	新型速生材重组木框架结构的性能优化方法和抗震可靠度研究	市级	广州市科技局项目	20
373	土木工程学院	余华荣	厌氧膜生物过滤中基于群感调谐的污水处理能耗自给研究	市级	广州市科技局项目	20
374	土木工程学院	何正铭	约束再生混凝土本构模型研究	市级	广州市科技局项目	20

续上表

序号	所属单位	负责人	项目名称	项目级别	项目来源	批准经费（万元）
375	土木工程学院	吴从晓	在复杂振动环境下高精密试验室的厂房防微振技术研究	市级	广州市科技局项目	20
376	土木工程学院	赖勉亨	轴心受压钢管人工砂混凝土构件的力学性能研究	市级	广州市科技局项目	20
377	土木工程学院	暴伟	装配式半刚性钢框架-减震墙板支撑结构体系协同工作机理研究	市级	广州市科技局项目	20
378	土木工程学院	王星	节点半刚性连接对大跨度空间钢结构受力性能的影响分析	市级	广州市科技局项目	20
379	土木工程学院	项新梅	新型复合材料防爆性能研究	市级	广州市科技局项目	5
380	土木工程学院	孟旭	基于包络速度谱的多偏移距探地雷达道路沥青厚度检测算法研究	市级	广州市科技局项目	5
381	土木工程学院	罗强	车联网环境下车辆防追尾预警模型研究	市级	广州市科技局项目	5
382	土木工程学院	储昭瑞	基于功能菌生态位分离的城市污水主流厌氧氨氧化工艺调控及分子生态学机理研究	市级	广州市科技局项目	5
383	土木工程学院	夏敬潮	融合泛在无线信号与GNSS的室内外定位方法研究	市级	广州市科技局项目	5
384	土木工程学院	黄健彰	碳纳米管线性驱动器的应变调控机理研究	市级	广州市科技局项目	5
385	土木工程学院	刘义捷	基于广义等几何分析的超声导波频散行为关键技术的研究	市级	广州市科技局项目	5
386	土木工程学院	易江	基于高强螺栓连接和耗能的新型预制节段桥墩体系研究	市级	广州市科技局项目	5
387	土木工程学院	刘超	基于监测数据深度学习的隧道灾变智慧感知理论和智能预警技术	市级	广州市科技局项目	5

续上表

序号	所属单位	负责人	项目名称	项目级别	项目来源	批准经费（万元）
388	土木工程学院	骆华勇	基于微流控技术的纳米复合壳聚糖微球的可控制备及其吸附回收水中磷的机理	市级	广州市科技局项目	5
389	土木工程学院	徐慎春	基于超高性能混凝土的防爆墙抗爆性能提升关键技术研究	市级	广州市科技局项目	5
390	土木工程学院	罗威力	陶粒-砂混合物的动力特性及其在地铁上覆建筑的隔振研究	市级	广州市科技局项目	5
391	土木工程学院	张亚九	全补偿亚铁磁自旋零能隙半导体开发与物性研究	市级	广州市科技局项目	5
392	土木工程学院	陆毅	膨润土防水毯基于珠三角地质情况的工程特性研究	市级	广州市科技局项目	5
393	物理与材料科学学院	刘翠红	广州科普游自由行项目	市级	广州市科学技术协会项目	0.4686
394	物理与材料科学学院	马颖	2021年广州科普自由行活动——广州大学物理实验室	市级	广州市科学技术协会项目	0.33
395	物理与材料科学学院	黄峰	广州科普游自由行项目	市级	广州市科学技术协会项目	0.396
396	物理与材料科学学院	王彬	半导体聚合物/三维石墨烯复合结构的构筑及其气敏性能研究	市级	广州市科技局项目	20
397	物理与材料科学学院	刘玉华	光氧化还原羰基α/β-C-H官能化的催化剂构效关系的理论研究	市级	广州市科技局项目	20
398	物理与材料科学学院	曹忠	基于耗散Hamilton系统的移动智能体鲁棒控制器参数化及优化研究	市级	广州市科技局项目	20
399	物理与材料科学学院	张武	基于微流控系统的可重构电磁超表面及其应用	市级	广州市科技局项目	20
400	物理与材料科学学院	王洪光	利用贵州500米射电望远镜开展脉冲星磁层辐射区跃变的研究	市级	广州市科技局项目	20

续上表

序号	所属单位	负责人	项目名称	项目级别	项目来源	批准经费（万元）
401	物理与材料科学学院	张绍林	面向臭氧检测应用的新型气敏材料高通量开发研究	市级	广州市科技局项目	20
402	物理与材料科学学院	张伟	基于时域布里渊散射的钙钛矿光伏材料的缺陷态密度分布研究	市级	广州市科技局项目	20
403	物理与材料科学学院	黄海鸣	二维过渡金属碳化物拉曼性质的受力调控机制研究	市级	广州市科技局项目	5
404	物理与材料科学学院	万明桂	面向OCT成像应用的双波段扫频光源实现技术研究	市级	广州市科技局项目	5
405	物理与材料科学学院	梅盈	基于深度学习的射频干扰检测方法研究	市级	广州市科技局项目	5
406	物理与材料科学学院	舒玉蓉	去禁闭量子相变的虚时短时临界动力学	市级	广州市科技局项目	5
407	物理与材料科学学院	张姗	载流子输运调控对深紫外LED发光效率提升研究	市级	广州市科技局项目	5
408	物理与材料科学学院	林浩	近红外会聚光作用下的微腔三基色发光行为研究	市级	广州市科技局项目	5
409	物理与材料科学学院	郭康贤	氮化铝基材料及其深紫外光电器件产业化关键共性技术研究	市级	广州市科技局项目	50
410	地理科学与遥感学院	朱竑	人文地理与区域战略研究团队	厅级	广东省教育厅项目	6
411	广州大学大湾区环境研究院	洪义国	氮循环过程与污染控制	厅级	广东省教育厅项目	6
412	化学化工学院	郑李垚	基于多重碳氢键官能化的多环功能分子合成方法研究	厅级	广东省教育厅项目	1.5
413	化学化工学院	伍辉祥	基于尖晶石氧化物电化学检测H_2O_2及催化机制	厅级	广东省教育厅项目	1.5
414	环境科学与工程学院	刘玉贤	广州大学合益围涌生态系统健康问题诊断与修复研究	厅级	广东省教育厅项目	1.5

续上表

序号	所属单位	负责人	项目名称	项目级别	项目来源	批准经费（万元）
415	环境科学与工程学院	黄磊	密度泛函理论计算和实验辅助高岭土对冶金高氟废水中多氟形态吸附去除机制研究	厅级	广东省教育厅项目	1.5
416	机械与电气工程学院	吴文强	异型复杂玻璃幕墙机器人注胶系统的研发与应用	厅级	广东省教育厅项目	5
417	机械与电气工程学院	李萍	光学微透镜结构自由曲面的双空间精密微细磨削加工方法研究	厅级	广东省教育厅项目	1.5
418	机械与电气工程学院	安大伟	压电行波作动轴承滚子超声强化研抛机理研究	厅级	广东省教育厅项目	1.5
419	土木工程学院	邓军	智慧交通基础设施与安全运维创新团队	厅级	广东省教育厅项目	6
420	土木工程学院	焦楚杰	生态混凝土在乡村建设中的应用研究	厅级	广东省教育厅项目	5
421	土木工程学院	易江	强震作用下斜拉桥拉索松弛产生机理与效应研究	厅级	广东省教育厅项目	1.5
422	土木工程学院	杨俊恒	轨道综合交通枢纽集散行为建模与仿真研究	厅级	广东省教育厅项目	1.5
423	管理学院（旅游学院/中法旅游学院）	刘广海	生鲜农产品物流节能低碳冷链技术运用及示范	局级	其他局级政府部门科技类项目	10
424	建筑与城市规划学院	邓毅	南岭国家公园地役权保护实施方案编制	局级	其他局级政府部门科技类项目	80
425	生命科学学院	桂林	对接粤港澳大湾区产业布局的生物制药"新工科"人才培养模式的构建	局级	其他局级政府部门社科类项目	5
426	电子与通信工程学院	曹忠	智能型安全防护系统研制以及典型流程工业应用验证	纵向其他	纵向其他项目	27
427	电子与通信工程学院	曹忠	工业控制安全动态感知与智能决策关键技术研究	纵向其他	纵向其他项目	38

续上表

序号	所属单位	负责人	项目名称	项目级别	项目来源	批准经费（万元）
428	电子与通信工程学院	曹忠	基于机器学习的太阳射电阵列射频干扰去除方法研究	纵向其他	纵向其他项目	4
429	电子与通信工程学院	尚文利	面向边缘智能控制器的局域高安全可信执行环境构建技术	纵向其他	纵向其他项目	50
430	管理学院（旅游学院/中法旅游学院）	张元新	广东省公共建筑绿色建造策划指引	纵向其他	纵向其他项目	80
431	广州大学人工智能与区块链研究院	王宇	区块链分布式账本交易安全检测与防护技术研究	纵向其他	纵向其他项目	1
432	化学化工学院	王欢	木质素/ZnO纳米杂化颗粒的可构建及其抗UV性能研究	纵向其他	纵向其他项目	2
433	化学化工学院	张巧	光助生物质燃料电池的构建及其性能研究	纵向其他	纵向其他项目	5
434	化学化工学院	淡猛	高效太阳光驱动重金属离子去除材料的构建	纵向其他	纵向其他项目	2
435	机械与电气工程学院	李致富	跨系统业务流程融合与产品全流程协同优化控制	纵向其他	纵向其他项目	50
436	计算机科学与网络工程学院	夏隽娟	无人自主系统智能协同作业关键技术研究	纵向其他	纵向其他项目	4
437	计算机科学与网络工程学院	王洁	粤港澳大湾区东西部教育协作研究	纵向其他	纵向其他项目	0
438	科研处	杨新泉	广东省高校知识产权运营促进工程项目	纵向其他	纵向其他项目	50
439	土木工程学院	张超	韧性装配式钢框架—消能围护墙结构体系抗震性能研究	纵向其他	纵向其他项目	3
440	土木工程学院	刘彦辰	临时用房围护结构节能低碳关键技术研究	纵向其他	纵向其他项目	29.4
441	物理与材料科学学院	仝号	脉冲星中的天体物理理论研究	纵向其他	纵向其他项目	90

注："外"代表校外人员。

2021年社科新立项课题一览表

序号	所属单位	负责人	项目名称	项目级别	项目来源	批准经费（万元）
1	经济与统计学院	邹文理	生命周期视角下经济政策不确定性影响企业投资的机制、效应与对策研究	国家级	国家社科基金一般项目	20
2	经济与统计学院	刘子玉	宏观经济治理的跨周期政策设计和逆周期调节能力提高研究	国家级	国家社科基金青年项目	20
3	经济与统计学院	吴华强	金融系统流动性分层对企业融资的影响机制及其治理研究	国家级	国家社科基金青年项目	20
4	经济与统计学院	黄敏	中国影子银行系统性金融风险的多维传染与防范研究	国家级	国家社科基金青年项目	20
5	经济与统计学院	叶祥松	新一代人工智能驱动中国制造业高质量发展的机制、路径及应对战略研究	国家级	国家社科基金重点项目	35
6	经济与统计学院	刘金全	健全目标优化、分工合理、高效协同的宏观经济治理体系的理论与实践研究	国家级	国家社科基金重大项目	60
7	教育学院（师范学院）	谢爱磊	城市中产阶层教育焦虑的成因及对策研究	国家级	国家社科基金一般项目	20
8	教育学院（师范学院）	刘晖	其他国家和地区教育改造及其治理的经验研究	国家级	国家社科基金教育学重大项目子课题	10
9	教育学院（师范学院）	任平	德国中小学劳动教育课程体系研究	国家级	国家社科基金教育学一般项目	20
10	教育学院（师范学院）	刘子云	新时代民族团结教育话语体系的生成与本土建构研究	国家级	国家社科基金教育学青年项目	20
11	教育学院（师范学院）	谢翌	普通高中高质量课程体系的多元协同建设机制研究	国家级	国家社科基金教育学一般项目	20
12	地理科学与遥感学院	朱竑	革命老区"红色文化+旅游"融合发展研究	国家级	国家社科基金重大项目	60
13	法学院（律师学院）	刘云生	民法典民族性表达与制度供给研究	国家级	教育部人文社科重大攻关项目	80
14	法学院（律师学院）	蒋银华	党的领导法治化视域下的执政权研究	国家级	国家社科基金一般项目	20

续上表

序号	所属单位	负责人	项目名称	项目级别	项目来源	批准经费（万元）
15	法学院（律师学院）	张颖	"大一统"视阈下封建国家地方监察权配置演变研究	国家级	国家社科基金一般项目	20
16	公共管理学院	郭明	面向数字贫困农民的公共服务信息可及性研究	国家级	国家社科基金一般项目	20
17	公共管理学院	谢颖	人工智能技术与社会学方法的融合发展研究	国家级	国家社科基金一般项目	20
18	公共管理学院	谢建社	新时代城乡社区治理体系建设研究	国家级	国家社科基金一般项目	20
19	公共管理学院	谢俊贵	万联时代的社会变迁与网络社会规划研究	国家级	国家社科基金一般项目	20
20	公共管理学院	陈晓佳	以优化交通基础设施驱动"双循环"的机制、效应和对策研究	国家级	国家社科基金一般项目	20
21	管理学院（旅游学院/中法旅游学院）	苏郁锋	制度视角的创业行为过程、机制与策略研究	国家级	国家社科基金后期资助一般项目	25
22	管理学院（旅游学院/中法旅游学院）	张仁寿	粤港澳大湾区产业协同发展的测度方法与政策研究	国家级	国家社科基金后期资助一般项目	25
23	管理学院（旅游学院/中法旅游学院）	魏雷	非物质文化遗产的利用对乡村振兴的促进机制研究	国家级	国家社科基金一般项目	20
24	管理学院（旅游学院/中法旅游学院）	崔雪竹	城市尺度交通碳排放的空间影响因素与减排空间规划研究	国家级	国家社科基金一般项目	20
25	管理学院（旅游学院/中法旅游学院）	黄丽娟	乡村振兴战略下农村电商创业生态系统的运行机制与优化路径研究	国家级	国家社科基金一般项目	20
26	管理学院（旅游学院/中法旅游学院）	谢洪明	融入全球创新网络提升企业技术创新能力的学理、机制与政策研究	国家级	国家社科基金重大项目	80
27	广州大学广州发展研究院（广东发展研究院）	汪文姣	粤港澳大湾区协同创新与城市功能的耦合机制及效应研究	国家级	国家社科基金青年项目	20
28	广州大学金融研究院（广州国际金融研究院）	黄哲豪	企业金融化引致系统性风险的统计监测研究	国家级	国家社科基金青年项目	20

续上表

序号	所属单位	负责人	项目名称	项目级别	项目来源	批准经费（万元）
29	广州大学金融研究院（广州国际金融研究院）	贾帅帅	交叉性金融风险水平测度、传导路径识别与监测预警研究	国家级	国家社科基金青年项目	20
30	教师培训学院（继续教育学院）	周昌梅	六朝陈郡谢氏家族文学与文献研究	国家级	国家社科基金后期资助一般项目	25
31	教务处	谢治菊	认知科学与贫困治理研究	国家级	国家社科基金后期资助一般项目	25
32	马克思主义学院	史英哲	人的解放：马克思与福柯的思想比较研究	国家级	国家社科基金后期资助一般项目	25
33	马克思主义学院	陈志伟	查尔斯·泰勒的框架内在化转型理论研究	国家级	国家社科基金后期资助一般项目	25
34	马克思主义学院	刘莉	中国共产党伟大精神融入高校思想政治理论课教学研究	国家级	国家社科基金其他专项项目	20
35	马克思主义学院	王雄	人大代表议案建议联署机制与优化路径研究	国家级	国家社科基金一般项目	20
36	马克思主义学院	赵楠楠	宋明儒学的身体观及现代意义研究	国家级	国家社科基金一般项目	20
37	美术与设计学院	许洪林	百年社会美育发展历程与"中国经验"研究	国家级	国家社科基金教育学一般项目	20
38	期刊中心	李春雷	提升面对重大突发风险事件的媒介化治理能力研究	国家级	国家社科基金重大项目	60
39	人文学院	赵德波	本事解经传统影响下的汉代文学研究	国家级	国家社科基金一般项目	20
40	人文学院	陈咏红	商周隐逸观念与文学书写演化研究	国家级	国家社科基金一般项目	20
41	人文学院	付祥喜	中国现代文学史料学理论研究	国家级	国家社科基金重点项目	35
42	人文学院	马将伟	明代古文之学研究	国家级	国家社科基金一般项目	20
43	新闻与传播学院	陶冶	"双循环"新格局下中国电视节目模式的演化创新研究	国家级	国家社科基金一般项目	20
44	新闻与传播学院	彭雨晴	马来西亚华裔的粤语媒介使用与文化认同研究	国家级	国家社科基金青年项目	20

续上表

序号	所属单位	负责人	项目名称	项目级别	项目来源	批准经费（万元）
45	新闻与传播学院	姚睿	新世纪中国系列电影的叙事与营销创新研究	国家级	国家社科基金艺术学青年项目	20
46	音乐舞蹈学院	祝凡淇	梅兰芳"剧舞"的美学研究	国家级	国家社科基金青年项目	20
47	地理科学与遥感学院	陈颖彪	基于空间博弈理论的粤港澳大湾区生态红线划定规则及情景模拟研究	部级	教育部人文社科规划基金项目	10
48	法学院（律师学院）	章礼明	环境公益诉讼中"鉴定贵"问题的实证研究	部级	其他各部委项目	0
49	公共管理学院	李风华	人身所有权视域中的新型群己权界问题研究	部级	教育部人文社科规划基金项目	10
50	管理学院（旅游学院/中法旅游学院）	黎文飞	风险投资与劳动投资决策：理论与实证研究	部级	教育部人文社科青年基金项目	8
51	管理学院（旅游学院/中法旅游学院）	邹婷	积极心理学视角下高校辅导员与学生谈心谈话实效性提升研究	部级	教育部人文社科专项任务项目	2
52	教育学院（师范学院）	胡艳芝	依托"智慧党建"平台创新高校学生党员教育管理服务机制研究	部级	教育部人文社科专项任务项目	2
53	教育学院（师范学院）	张忠炉	诱发式顿悟对问题解决事件的记忆促进效应及认知神经机制研究	部级	教育部人文社科青年基金项目	8
54	教育学院（师范学院）	张丽敏	人文湾区背景下粤港澳教师文化认同及其提升路径研究	部级	教育部人文社科青年基金项目	8
55	教育学院（师范学院）	张甜甜	基于利益相关者理论的中国高校学术不端治理体系构建研究	部级	教育部人文社科青年基金项目	8
56	教育学院（师范学院）	李俊堂	少先队辅导员队伍政治素质评价指标体系研究	部级	其他各部委项目	2
57	教育学院（师范学院）	黄宁宁	中华民族共同体意识视阈下的中国民族教育政策研究	部级	其他各部委项目	0
58	经济与统计学院	陈喜强	国家重大战略背景下城市群多重身份治理共生效应的内生机制及优化策略研究	部级	教育部人文社科规划基金项目	10

续上表

序号	所属单位	负责人	项目名称	项目级别	项目来源	批准经费（万元）
59	经济与统计学院	赵灿	进口中间品国外垄断对我国的效率损失研究	部级	教育部人文社科青年基金项目	8
60	马克思主义学院	詹明鹏	习近平总书记关于劳动教育的重要论述及其落实机制研究	部级	教育部人文社科规划基金项目	10
61	马克思主义学院	陈咸瑜	"金课"视阈下"马克思主义基本原理概论"课"哲理与诗情糅合式"教学改革研究	部级	教育部人文社科专项任务项目	10
62	美术与设计学院	张立巍	日本设计管理的学术脉络及理论借鉴研究（1982—2014）	部级	教育部人文社科规划基金项目	10
63	美术与设计学院	李银广	敦煌莫高窟第285窟的空间布局与壁画的经营位置研究	部级	教育部人文社科青年基金项目	8
64	人文学院	王文豪	港澳地区国家通用语言文字学习资源平台建设及应用研究	部级	其他各部委项目	10
65	人文学院	王凤霞	晚清40年《申报》广告戏剧资料整理（1872—1911）	部级	其他各部委项目	2
66	人文学院	张连桥	当代美国戏剧中的悖论诗学研究	部级	教育部人文社科青年基金项目	8
67	人文学院	王隽	清代紫光阁功臣像研究	部级	教育部人文社科青年基金项目	8
68	外国语学院	方岚	汉语背景的英语学习者英语句子韵律边界加工的认知与神经机制研究	部级	教育部人文社科规划基金项目	10
69	新闻与传播学院	董开栋	智能媒体的用户信任及其提升路径研究	部级	教育部人文社科青年基金项目	8
70	音乐舞蹈学院	王洪涛	语言音乐学视角下的汉语古典诗词歌曲研究（1912—2012）	部级	教育部人文社科青年基金项目	8
71	招生就业工作处	唐蕾	动机、目标导向的大学生"慢就业"行为研究	部级	教育部人文社科规划基金项目	10
72	创新创业学院	王满四	减税降费改革治理实体企业脱实向虚的效果与机制研究	省级	广东省哲学社科规划一般项目	5

续上表

序号	所属单位	负责人	项目名称	项目级别	项目来源	批准经费（万元）
73	地理科学与遥感学院	何亚琼	中小学研学课程评价体系构建——基于社会空间理论的视角	省级	广东省哲学社科规划一般项目	5
74	地理科学与遥感学院	线实	移动性视角下大城市老旧小区改造的邻里变迁研究——以广州市为例	省级	广东省哲学社科规划一般项目	5
75	地理科学与遥感学院	吴大放	粤港澳大湾区高产出耕地的生态风险识别、评价与防控研究	省级	广东省哲学社科规划学科共建项目	4
76	法学院（律师学院）	刘云生	民俗信仰的法源地位与民法典权利对标	省级	广东省哲学社科规划一般项目	5
77	法学院（律师学院）	应飞虎	医疗机构合作现状、问题及规制研究	省级	广东省哲学社科规划一般项目	5
78	公共管理学院	王枫云	改革开放以来广东流动人口管理历史研究	省级	广东省哲学社科规划其他专项项目	5
79	广州大学金融研究院（广州国际金融研究院）	莫斌	开放条件下动态金融风险演变及货币政策效果识别研究	省级	广东省哲学社科规划学科共建项目	4
80	建筑与城市规划学院	顾忠华	乡村文化遗产活化与旅游融合发展研究	省级	广东省哲学社科规划一般项目	5
81	教育学院（师范学院）	王鹏飞	成瘾者冲动性的产生机制、脑机制以及干预效果研究	省级	广东省哲学社科规划青年项目	5
82	教育学院（师范学院）	宁志军	基于学生心理发展特点的小学教师有效关怀行为研究	省级	广东省哲学社科规划青年项目	5
83	教育学院（师范学院）	陈瑞华	"一带一路"背景下英语超常人才的识别框架研究	省级	广东省哲学社科规划青年项目	5
84	教育学院（师范学院）	曾红	基于具身效应和VR技术的成瘾冲动性行为的机制与干预研究	省级	广东省哲学社科规划一般项目	5
85	教育学院（师范学院）	任杰	特殊儿童父母的养育心理：基于家庭系统理论的研究	省级	广东省哲学社科规划一般项目	5
86	教育学院（师范学院）	张丽敏	粤港澳大湾区幼儿园教师文化认同及其实现路径研究	省级	广东省哲学社科规划学科共建项目	4

续上表

序号	所属单位	负责人	项目名称	项目级别	项目来源	批准经费（万元）
87	教育学院（师范学院）	李育球	新时代教师劳动教育素养的理论基础与培育路径研究	省级	广东省哲学社科规划学科共建项目	4
88	经济与统计学院	徐永慧	广东省乡村振兴发展指标和政策优化路径研究	省级	广东省哲学社科规划青年项目	5
89	经济与统计学院	徐宝亮	数字经济视域下广东省内需扩大的驱动机制、支撑条件与政策体系研究	省级	广东省哲学社科规划青年项目	5
90	经济与统计学院	刘啟仁	工业机器人驱动广东经济高质量发展的经验与对策研究	省级	广东省哲学社科规划一般项目	5
91	马克思主义学院	莫炳坤	从脱贫攻坚到乡村振兴的衔接机制研究	省级	广东省哲学社科规划一般项目	5
92	马克思主义学院	叶丽萍	港澳在广东"先走一步"中的影响和作用	省级	广东省哲学社科规划其他专项项目	5
93	美术与设计学院	陈晨	乡村振兴战略下潮州大吴泥塑"非遗"技艺的保护路径研究	省级	广东省哲学社科规划一般项目	5
94	美术与设计学院	袁媛	广州百年音乐家数字化档案建设及其视觉叙事策略研究	省级	广东省哲学社科规划一般项目	5
95	美术与设计学院	贺景卫	乡村振兴视域下"大岭村"非遗文创设计体系与活态传承研究	省级	广东省哲学社科规划学科共建项目	4
96	美术与设计学院	陈欢迎	基于文脉当代的岭南中国画没骨法研究	省级	广东省哲学社科规划学科共建项目	4
97	美术与设计学院	卓莎	广东新中国建设主题山水画的整理与研究	省级	广东省哲学社科规划学科共建项目	4
98	美术与设计学院	刘素君	图像学和影视学交互视野下的动画研究	省级	广东省哲学社科规划学科共建项目	4
99	人文学院	邓海涛	近代粤调说唱文学研究	省级	广东省哲学社科规划学科共建项目	4

续上表

序号	所属单位	负责人	项目名称	项目级别	项目来源	批准经费（万元）
100	体育学院	吴义华	利益法学视野下我国职业体育劳资合同法律制度的构建研究	省级	广东省哲学社科规划学科共建项目	4
101	体育学院	张现成	2022年北京冬奥会与香港青少年国家认同感教育融合研究	省级	广东省哲学社科规划学科共建项目	4
102	体育学院	张现成	湖湘民生体育服务获得感提升机制与路径研究	省级	其他省级政府部门项目	2
103	外国语学院	翁素贤	基于共享调节的英语师范生混合式协作学习模式及干预研究	省级	广东省哲学社科规划外语信息化专项	3
104	外国语学院	王晋军	基于国家安全的港澳语言政策与语言能力建设研究	省级	广东省哲学社科规划一般项目	5
105	外国语学院	陈小红	露易丝·格丽克诗学研究	省级	广东省哲学社科规划外语学科专项	5
106	外国语学院	梁凤娟	基于语料库的期刊论文作者身份跨语境对比研究	省级	广东省哲学社科规划学科共建项目	4
107	外国语学院	汪东萍	佛典汉译译场研究	省级	广东省哲学社科规划冷门绝学项目	15
108	新闻与传播学院	王童辰	广东青少年电子烟使用的危害因素及健康宣导研究	省级	广东省哲学社科规划青年项目	5
109	新闻与传播学院	杨健	粤剧传承与创新对推动大湾区文旅融合的赋能研究	省级	广东省哲学社科规划岭南文化项目	5
110	音乐舞蹈学院	祝凡淇	中国舞蹈现代转型背景下的梅兰芳戏曲舞蹈探索及其价值研究	省级	广东省哲学社科规划学科共建项目	4
111	招生就业工作处	陈玮瑜	大湾区建设背景下大学生职业决策的影响及教育干预研究	省级	广东省哲学社科规划青年项目	5

续上表

序号	所属单位	负责人	项目名称	项目级别	项目来源	批准经费（万元）
112	管理学院（旅游学院/中法旅游学院）	宋丹霞	数字技术驱动下制造企业服务化转型模式与路径研究——以广州定制家居行业为例	市级	广州市社科规划学科共建项目	0
113	管理学院（旅游学院/中法旅游学院）	何 向	社会性别视角下广州非物质文化遗产女性传承人流动性研究	市级	广州市社科规划学科共建项目	0
114	管理学院（旅游学院/中法旅游学院）	苏郁锋	"双循环"新格局背景下广州打造中非合作桥头堡研究	市级	广州市社科规划一般项目	5
115	广州大学广州发展研究院（广东发展研究院）	涂成林	增强广州深圳双城联动改革创新叠加效应研究	市级	广州市社科规划智库项目	10
116	广州大学金融研究院（广州国际金融研究院）	莫 斌	RCEP协定影响下广州构建"双循环"重要战略地位研究	市级	广州市社科规划其他专项项目	3
117	国际教育学院（卫斯理安学院）	常向阳	广州开展数字化引领推动垃圾分类提质增效的可行性研究	市级	广州市科学技术协会科普项目	3
118	教育学院（师范学院）	路 红	教师心理健康评估与咨询研究	市级	广州市教育局项目	6
119	教育学院（师范学院）	张忠炉	诱发式顿悟对记忆的促进效应及机制	市级	广州市教育局项目	4
120	教育学院（师范学院）	杨 阳	新时代与新师范：职前教师数字胜任力模型构建与应用研究	市级	广州市教育局项目	2
121	教育学院（师范学院）	窦 凯	青少年心理健康问题的预防及干预机制研究	市级	广州市教育局项目	6
122	教育学院（师范学院）	王卫东	后疫情时代广州市老年教育改革问题研究	市级	广州市教育局项目	6
123	教育学院（师范学院）	喻承甫	青少年自伤行为的预防及干预机制研究	市级	广州市教育局项目	4
124	教育学院（师范学院）	陈少华	大学生人格智力的建构与应用研究	市级	广州市社科规划学科共建项目	0

续上表

序号	所属单位	负责人	项目名称	项目级别	项目来源	批准经费（万元）
125	马克思主义学院	刘燕	培育积极公民提升城市社区治理能力的机制研究	市级	广州市社科规划学科共建项目	0
126	马克思主义学院	黄罡	把我国制度优势转化为国家治理效能的实现路径与保障机制研究	市级	广州市社科规划学科共建项目	0
127	马克思主义学院	栾欣超	新时代青年马克思主义者培养路径创新研究	市级	广州市社科规划其他专项项目	0.5
128	期刊中心	孙向荣	期刊媒介与学术研究范式的互动机理研究——以文学研究为例	市级	广州市社科规划学科共建项目	0
129	人文学院	张迎宝	粤港澳大湾区中小学生书面语能力发展研究与数据库建设	市级	广州市教育局项目	4
130	人文学院	吕珍珍	从"抗疫戏剧"到"灾难戏剧"——中国当代疫情题材戏剧的转型研究	市级	广州市社科规划学科共建项目	0
131	人文学院	叶从容	文学经济学视域下新时期岭南文学经验研究	市级	广州市社科规划学科共建项目	0
132	人文学院	邓海涛	近代粤调说唱与粤港澳俗文学的建构转型	市级	广州市社科规划学科共建项目	0
133	人文学院	陈楚敏	广州红色教育品牌与红色校园建设相结合研究：以教育基地融入高校主题党日育人建设为例	市级	广州市社科规划其他专项项目	0.5
134	人文学院	郭文安	民间收藏广州地方文献的整理与研究：以广州家谱清代生员资料为主	市级	广州大典与广州历史文化研究一般项目	5
135	外国语学院	杨冬玲	外语教学智慧思政理论与实践研究	市级	广州市教育局项目	4
136	外国语学院	何爱晶	岭南文化背景下广州中小学综合实践活动课程的开发及教学范式研究	市级	广州市社科规划学科共建项目	0
137	学生处（学生工作部）	俞健	以"榜样的力量"营造新时代大学优良校风研究	市级	广州市社科规划其他专项项目	0.5

续上表

序号	所属单位	负责人	项目名称	项目级别	项目来源	批准经费（万元）
138	音乐舞蹈学院	喻晓雯	粤剧艺术与学校音乐课程融合的创新与研究	市级	广州市教育局项目	4
139	音乐舞蹈学院	屠金梅	岭南文化的发展脉络与内在机理研究：20世纪潮州弦诗乐的风格演变研究	市级	广州市社科规划其他专项项目	3
140	财务处（国有资产管理办公室）	陈珏荟	财政善治下政府财务报告信息决策有效性研究	厅级	其他厅级政府部门社科类项目	0
141	财务处（国有资产管理办公室）	易小暖	大数据和人工智能背景下广东省高校财务人才培养体系研究	厅级	其他厅级政府部门社科类项目	0
142	财务处（国有资产管理办公室）	袁仁淼	财政事权与支出责任划分不匹配的经济增长效应——以广东省为例	厅级	其他厅级政府部门社科类项目	0
143	地理科学与遥感学院	何亚琼	基于智慧教室的地理实践力培养路径研究	厅级	广东省教育厅教育科学项目	0
144	地理科学与遥感学院	朱竑	基于成果导向（OBE）的引导型教学模式：以《文化地理学》课程为例	厅级	广东省教育厅教育科学项目	0
145	地理科学与遥感学院	白鹤云飞	着力提升大学生党史学习教育的实效性和常态化机制研究	厅级	广东省教育厅其他类项目	0
146	公共管理学院	董石桃	廉政治理研究团队	厅级	广东省教育厅创新强校创新团队项目	0
147	公共管理学院	徐凌	产学研一体化建设中地校合作创新研究——以广东省乡村毒品治理为例	厅级	广东省教育厅创新强校特色创新项目	0
148	管理学院（旅游学院/中法旅游学院）	李敏才	连续并购的学习效应及绩效研究	厅级	其他厅级政府部门社科类项目	0
149	管理学院（旅游学院/中法旅游学院）	黄丽娟	广东农村电商创业生态系统的运行机制与优化路径研究	厅级	广东省教育厅创新强校特色创新项目	0
150	计算机科学与网络工程学院	吕延明	新时代高校学风建设现状的调查研究	厅级	广东省教育厅教育科学项目	0

续上表

序号	所属单位	负责人	项目名称	项目级别	项目来源	批准经费（万元）
151	计算机科学与网络工程学院	吕延明	新时代培育大学生文化自信的路径研究	厅级	广东省教育厅德育专项项目	0
152	教育学院（师范学院）	汤晓蒙	类型与层次之维：本科层次职业教育的定位研究	厅级	其他厅级政府部门社科类项目	1
153	教育学院（师范学院）	任杰	融合教育背景下基于安置目的的特殊儿童评估研究	厅级	广东省教育厅教育科学项目	0
154	教育学院（师范学院）	曾小军	新发展阶段民办高校青年教师职业发展支持问题研究	厅级	广东省教育厅教育科学项目	0
155	教育学院（师范学院）	任杰	融合教育背景下特殊儿童的评估与安置研究	厅级	广东省教育厅其他类项目	10
156	教育学院（师范学院）	叶平枝	广东省幼儿园课程教学类资源审核政策研究	厅级	广东省教育厅其他类项目	6
157	经济与统计学院	刘广	财政政策刺激居民消费：机理、路径与对策	厅级	其他厅级政府部门社科类项目	0
158	经济与统计学院	冯锐	"十四五"时期地方政府促进科技金融发展的财政政策研究	厅级	其他厅级政府部门社科类项目	0
159	经济与统计学院	胡春兰	国家治理现代化背景下政府行政成本规模下降的原因研究	厅级	其他厅级政府部门社科类项目	0
160	马克思主义学院	栾欣超	新时代高校学生社团建设管理的使命、问题及对策研究	厅级	广东省教育厅教育科学项目	0
161	美术与设计学院	高娅娟	数字虚拟技术赋能广州牙雕工艺的濒危保护与传承创新研究	厅级	广东省教育厅创新强校青年创新人才类项目	0
162	人文学院	凌彦	身份认同、社会资本与商业拓展：巴布亚新几内亚的华人个案研究	厅级	其他厅级政府部门社科类项目	0
163	审计处	姚俊生	区域差异下地方政府债务规模与优化配置研究——以广东省为例	厅级	其他厅级政府部门社科类项目	0
164	生命科学学院	桂林	对接粤港澳大湾区产业布局的生物制药"新工科"人才培养模式的构建	厅级	广东省教育厅教育科学项目	0

续上表

序号	所属单位	负责人	项目名称	项目级别	项目来源	批准经费（万元）
165	外国语学院	梁凤娟	思政融入的外语课程混合式教学创新与实践	厅级	广东省教育厅教育科学项目	0
166	外国语学院	陈丽虹	基于组合赋权法的广东高校师范生就业能力评价模型研究	厅级	广东省教育厅教育科学项目	0
167	外国语学院	李丽	课程思政背景下大学英语教学范式的重构与应用研究	厅级	广东省教育厅教育科学项目	0
168	学生处（学生工作部）	俞健	高校网络思想政治教育工作的评价研究	厅级	广东省教育厅教育科学项目	0
169	学生处（学生工作部）	俞健	构建大学校园"新媒体+党史育人"生态系统的实践探索	厅级	广东省教育厅其他类项目	0
170	学生处（学生工作部）	崔洪波	广东省大学生亲密关系现状以及形成机制分析	厅级	广东省教育厅德育专项项目	0
171	音乐舞蹈学院	王珊	"一带一路"背景下岭南民族舞蹈的传承与弘扬研究	厅级	广东省教育厅创新强校青年创新人才类项目	0
172	招生就业工作处	周子乔	粤港澳大湾区生涯教育协同发展模式构建研究	厅级	广东省教育厅教育科学项目	0
173	教育学院（师范学院）	蔡辰梅	广州市中小学教师师德师风建设现状、问题及对策研究	局级	广州市教育科学规划重大项目	10
174	地理科学与遥感学院	武国松	着力构建高校基层党组织党史学习教育长效机制研究	其他级	纵向其他项目	0
175	法学院（律师学院）	张玉洁	人工智能辅助量刑的司法适用及其风险防控研究	其他级	纵向其他项目	0
176	法学院（律师学院）	陈刚	我国民事执行回转制度的完善	其他级	纵向其他项目	0
177	法学院（律师学院）	余煜刚	高校党史学习教育长效机制的构建——基于广州大学"沉浸式"党史学习活动的研究	其他级	纵向其他项目	0
178	经济与统计学院	林晓珊	粤港澳大湾区青年就业创业策略研究——基于共青团供给侧结构性改革视角	其他级	纵向其他项目	0

续上表

序号	所属单位	负责人	项目名称	项目级别	项目来源	批准经费（万元）
179	经济与统计学院	林晓珊	基层党组织在应对处置突发公共事件中宣传群众能力提升研究	其他级	纵向其他项目	0
180	经济与统计学院	赵梅岳	新时代加强高校党建工作责任推进党的组织体系建设	其他级	纵向其他项目	0
181	美术与设计学院	高娅娟	基于"云上艺享"环境设计专业数字化教学资源建设与实践	其他级	纵向其他项目	0.5
182	生命科学学院	杨敏	"三全育人"理念下高校党史学习教育长效机制研究	其他级	纵向其他项目	0
183	外国语学院	曾祥薇	广州红色文化对大学生党员理想信念教育的作用及实现路径探析	其他级	纵向其他项目	0
184	新闻与传播学院	方建平	广州红色文化全媒体传播路径创新与教育功能提升研究	其他级	纵向其他项目	0
185	学生处（学生工作部）	师赛赛	百年党史教育学习融入高校网络思想政治教育建设研究	其他级	纵向其他项目	0
186	学生处（学生工作部）	葛泽胜	三个"一肩挑"后村党组织书记能力建设研究——以广州市南沙区为例	其他级	纵向其他项目	0
187	音乐舞蹈学院	王珊	从中韩两国传统民族舞蹈风格差异看地域性文化审美取向	其他级	纵向其他项目	0
188	音乐舞蹈学院	王珊	高等教育国际化背景下综合类高校舞蹈艺术人才培养模式研究	其他级	纵向其他项目	0
189	音乐舞蹈学院	张甜甜	常态化开展大学生党史学习教育的有效路径研究	其他级	纵向其他项目	0
190	音乐舞蹈学院	喻晓雯	粤剧艺术与小学音乐课程融合的创新与研究——以佛山地区为例	其他级	纵向其他项目	0
191	音乐舞蹈学院	祝晨光	"一元多维"高校音乐教育专业践行能力培养方法研究	其他级	纵向其他项目	0
192	音乐舞蹈学院	肖源远	高校钢琴集体课模块教学探索	其他级	纵向其他项目	0

续上表

序号	所属单位	负责人	项目名称	项目级别	项目来源	批准经费（万元）
193	音乐舞蹈学院	王洪涛	中国电视剧中苏联歌曲本土化的研究：进程、传播与创新	其他级	纵向其他项目	0
194	音乐舞蹈学院	唐馨	课程思政背景下高校钢琴教学创新研究	其他级	纵向其他项目	0
195	音乐舞蹈学院	唐靓	音乐素质在舞蹈艺术中的作用研究	其他级	纵向其他项目	0
196	音乐舞蹈学院	欧阳蓓蓓	中国古诗词艺术歌曲声乐教学实践与传承研究	其他级	纵向其他项目	0
197	音乐舞蹈学院	郭博理	中国古诗词艺术歌曲歌唱语言研究	其他级	纵向其他项目	0
198	音乐舞蹈学院	弓丽	广州市中小学合唱教育教学改革建议	其他级	纵向其他项目	0
199	音乐舞蹈学院	高颜仙	基于"方言进课堂"的广东高校粤语歌曲声乐教学实践研究	其他级	纵向其他项目	0
200	音乐舞蹈学院	常诚	高校声乐室内乐课程设置与实践研究	其他级	纵向其他项目	0

教学科研人员编著出版书目

2021年科技公开出版著作（不含教材）

序号	著作名称	所有作者	所属单位	著作类别	出版单位	出版日期
1	从零开始掌握工业互联网（实操篇）	金键（外） 揭海 郑艳华	物理与材料科学学院	专著	人民邮电出版社	2021年12月1日
2	中国自由贸易区中农产品市场准入例外安排研究	吕建兴	经济与统计学院	专著	中国农业出版社	2021年11月1日

续上表

序号	著作名称	所有作者	所属单位	著作类别	出版单位	出版日期
3	城市水环境恢复的实践探索	唐瑶	数学与信息科学学院	专著	华南理工大学出版社	2021年10月1日
4	自然地理实践教学指导书（气象与地质学基础）	陈斌 杨木壮 王蕾彬 周平德	地理科学与遥感学院	编著	中国地质大学出版社	2021年10月1日
5	QGIS教程（高级篇）	杨现坤 张文欣（学） 解学通	地理科学与遥感学院	编著	中国地质大学出版社	2021年9月10日
6	贪婪的多巴胺	郑李垚	化学化工学院	译著	中信出版集团	2021年9月5日
7	天文知识漫谈	潘文彬 谢学雯（学） 王婕萍(学) 王素美(学) 温牡玉（外）	地理科学与遥感学院	编著	中国地质大学出版社	2021年8月10日
8	电化学分析仪器设计与应用	牛利 包宇 刘振邦	化学化工学院	专著	化学工业出版社	2021年8月1日
9	人民币汇率变动对中国经济波动及企业的影响研究	袁申国	经济与统计学院	专著	经济科学出版社	2021年8月1日
10	Equations of Motion for Incompressible Viscous Fluids	Tujin Kim（外） 曹道民	数学与信息科学学院	专著	Birkäuser	2021年7月8日
11	道路交通运行可靠性理论及应用	臧晓冬 张晓明（外） 朴莲花（外） 杨俊恒 罗强	土木工程学院	编著	人民交通出版社	2021年7月1日
12	中国经济增长的生产率视角：从微观到宏观	张少华	经济与统计学院	专著	社会科学文献出版社	2021年7月1日
13	光纤通信	满文庆	物理与材料科学学院	编著	电子工业出版社	2021年7月1日
14	嫦娥探月工程	潘文彬	地理科学与遥感学院	编著	广东科技出版社	2021年6月15日

续上表

序号	著作名称	所有作者	所属单位	著作类别	出版单位	出版日期
15	村落传统	曹伟	地理科学与遥感学院	专著	中国建材工业出版社	2021年6月15日
16	大爆炸后的宇宙	潘文彬 温诗惠（学）	地理科学与遥感学院	编著	广东科技出版社	2021年5月15日
17	太空寻梦	潘文彬 许亮（学） 郑淑梅（学）	地理科学与遥感学院	编著	广东科技出版社	2021年5月13日
18	从对口支援到中国特色横向财政转移支付转型研究	伍文中	经济与统计学院	专著	经济科学出版社	2021年4月30日
19	月有圆缺	潘文彬 温牡玉（外） 谭秀娟（学） 黄佳蕙（学）	地理科学与遥感学院	编著	广东科技出版社	2021年4月15日
20	普通高中教科书化学必修第一册实验手册	李慧珍	化学化工学院	编著	上海教育科技出版社	2021年4月1日
21	太阳系之旅	方碧真 杨洁（学） 刘喜莹（学）	地理科学与遥感学院	编著	广东科技出版社	2021年3月31日
22	大学物理实验	袁聿海 张姗 张义财 秦杰利 张福鹏 詹康生 梁鸿东 刘玉华 陈泽龙	物理与材料科学学院	编著	北京大学出版社	2021年3月4日
23	公众——基础设施、建筑与土地研究	魏筱丽	建筑与城市规划学院	其他	巴黎美术出版社	2021年2月1日
24	艺术构图研究	徐志华（外） 王斌	建筑与城市规划学院	专著	中国纺织出版社	2021年2月1日
25	结构健康监测教程	李俊	土木工程学院	专著	高等教育出版社	2021年1月15日
26	图解机械工程英语	朱派龙（外） 刘晓初 雷宇航（外）	机械与电气工程学院	工具书	化学工业出版社	2021年1月1日

注："外"代表外校人员，"学"代表本校学生。

2021年社科公开出版著作（不含教材）

序号	著作名称	作者	所属单位	著作类别	出版单位	出版日期
1	肉类冷链物流产业发展蓝皮书	刘广海	管理学院（旅游学院/中法旅游学院）	皮书	中国商业出版社	2021年12月31日
2	社会工作应急管理	谢建社	公共管理学院	专著	社会科学文献出版社	2021年12月26日
3	中国地方法治发展报告（2021）	王凌光	法学院（律师学院）	专著	社会科学文献出版社	2021年12月15日
4	管理沟通：理念、方法与实践	李云健	管理学院（旅游学院/中法旅游学院）	编著	清华大学出版社	2021年12月9日
5	广府民间艺术传承人口述历史研究	纪德君	人文学院	编著	广东人民出版社	2021年12月6日
6	晚清社会的"唐吉诃德"——吴趼人读本	纪德君	人文学院	编著	广州出版社	2021年12月3日
7	种树的人	陈潇	外国语学院	译著	江苏凤凰文艺出版社	2021年12月1日
8	《夷坚志》的故事类型与传播研究	王瑾	人文学院	专著	暨南大学出版社	2021年12月1日
9	公平正义的社会秩序维护研究	杨松才 张颖 张晓明（外）	广州大学人权研究院	专著	湖南大学出版社	2021年12月1日
10	制度视角下文化旅游地社会变迁研究	肖佑兴	管理学院（旅游学院/中法旅游学院）	专著	重庆大学出版社	2021年11月30日
11	广州市中产阶层日常活动的时空间特征	代丹丹	管理学院（旅游学院/中法旅游学院）	专著	科学出版社	2021年11月30日
12	返乡工伤者的疾痛故事——基于贵州、重庆两地返乡工伤者的田野调查	张灵敏	新闻与传播学院	专著	中国社会科学出版社	2021年11月15日
13	时间遇难者	陈潇	外国语学院	译著	广东旅游出版社	2021年11月4日

续上表

序号	著作名称	作者	所属单位	著作类别	出版单位	出版日期
14	The Relationship between Regime "Type" and Civic Education: The Cases of Three Chinese Societies	李惠	教育学院（师范学院）	专著	Springer	2021年11月2日
15	婴幼儿行为观察与指导	叶平枝 张丽敏 陈穗清	教育学院（师范学院）	编著	北京师范大学出版社	2021年11月1日
16	心智哲学视域下的英语辞格系统研究	何爱晶	外国语学院	专著	科学出版社	2021年11月1日
17	跨越边界的亚洲电影：聚焦中国香港和印度	易莲媛	新闻与传播学院	专著	东方出版社	2021年10月31日
18	秒速五千公里	陈潇	外国语学院	译著	广东旅游出版社	2021年10月22日
19	电商直播营销原理与方法	陈浩	新闻与传播学院	专著	中国广播影视出版社	2021年10月15日
20	新拉封丹寓言：55个现代动物故事	陈潇	外国语学院	译著	上海人民美术出版社	2021年10月8日
21	2021年中国广州经济形势分析与预测	涂成林 赖志鸿（外）	广州大学广州发展研究院（广东发展研究院）	皮书	社会科学文献出版社	2021年10月1日
22	中国广州文化发展报告（2021）	张其学 涂成林	广州大学广州发展研究院（广东发展研究院）	皮书	社会科学文献出版社	2021年10月1日
23	思想政治理论课线上线下混合式教学案例	吴九占	马克思主义学院	编著	光明日报出版社	2021年9月15日
24	广东省工程造价行业发展报告（2019—2020）	陈德义 李军红 刘景矿 张元新 王泽宇 张磊	管理学院（旅游学院/中法旅游学院）	编著	中国建筑工业出版社	2021年9月10日
25	广东消费蓝皮书2021	郑红军（外） 姜彩芬	管理学院（旅游学院/中法旅游学院）	皮书	广东经济出版社	2021年9月3日

续上表

序号	著作名称	作者	所属单位	著作类别	出版单位	出版日期
26	政府、企业、公众共治环境污染相互作用的机理与实证研究	姜太碧（外） 李　强 马训舟（外） 王　鹏（外） 杨　丽（外）	公共管理学院	专著	中国经济出版社	2021年9月1日
27	算法：人工智能在想什么	王　静（外） 王　轩	法学院（律师学院）	专著	国家行政管理出版社	2021年9月1日
28	手机舆情形成及治理	邹　军	新闻与传播学院	专著	中国传媒大学出版社	2021年9月1日
29	英美过罪化研究	胡　莎	法学院（律师学院）	专著	法律出版社	2021年9月1日
30	老年心理健康	姚若松 袁欣悦（学） 蔡　冰	教育学院（师范学院）	编著	广东高等教育出版社	2021年8月18日
31	大学生心理健康教育与自我成长	龙亚婳	美术与设计学院	编著	人民邮电出版社	2021年8月3日
32	幼儿深度学习主题探究课程活动指引（小班1—10月，共10本）	叶平枝	教育学院（师范学院）	编著	广东教育出版社	2021年8月1日
33	刘禹锡研究（第三辑）	戴伟华	人文学院	编著	暨南大学出版社	2021年8月1日
34	服装画技法	熊　忆	美术与设计学院	编著	中国海洋大学出版社	2021年8月1日
35	舞蹈创编与教学研究	金　念	音乐舞蹈学院	专著	外文出版社	2021年8月1日
36	2021年中国广州社会形势分析与预测	涂成林 何镜清（外）	广州大学广州发展研究院（广东发展研究院）	皮书	社会科学文献出版社	2021年8月1日
37	大学生心理健康教育与自我成长	陶剑飞	学生处（学生工作部）	编著	中国工信集团、人民邮电出版社	2021年8月1日
38	攻坚2020：一线扶贫干部亲历记	谢治菊	教务处（含非学历教育办学管理办公室）	编著	社会科学文献出版社	2021年7月13日
39	轻松培养孩子社交能力	黄　芳 范兰德（外）	教育学院（师范学院）	编著	广东人民出版社	2021年7月8日

续上表

序号	著作名称	作者	所属单位	著作类别	出版单位	出版日期
40	房地产开发行政处罚风险防范与实务应对	王凌光 陈作科（外） 裴红艳（外） 李云舒（外） 成晨阳（外）	法学院（律师学院）	专著	法律出版社	2021年7月1日
41	大学立德树人以文化人探究录	屈哨兵	校领导	专著	社会科学文献出版社	2021年7月1日
42	城市治理概论	王枫云	公共管理学院	编著	中山大学出版社	2021年7月1日
43	最美连州等你来	王怀坚	音乐舞蹈学院	其他	广东音像出版社	2021年6月30日
44	企业风险承担经济后果研究——基于债务契约	施燕平 叶姣（学）	管理学院（旅游学院/中法旅游学院）	专著	光明日报出版社	2021年6月30日
45	经济统计视野下的钢铁产能过剩问题研究	贾帅帅	广州大学金融研究院（广州国际金融研究院）	专著	经济科学出版社	2021年6月15日
46	经济社会学研究	刘世定（外） 张茂元	公共管理学院	编著	社会科学文献出版社	2021年6月6日
47	阿伦特指南：著作与主题	陶东风	人文学院	译著	北京大学出版社	2021年6月1日
48	20世纪岭南水彩画发展史	汪晓曙（外） 李茂宁	美术与设计学院	专著	广州出版社	2021年6月1日
49	工业互联网：企业变革引擎	孙延明 宋丹霞 张延平	校领导	编著	机械工业出版社	2021年6月1日
50	中国粤港澳大湾区改革创新报告	涂成林 田丰（外） 李罗力（外）	广州大学广州发展研究院（广东发展研究院）	皮书	社会科学文献出版社	2021年6月1日
51	文化研究（第42辑）	陶东风	人文学院	编著	社会科学文献出版社	2021年5月17日
52	粤港澳大湾区语言生活状况报告（2021）	屈哨兵 禤健聪 张迎宝	校领导	皮书	商务印书馆	2021年5月1日

续上表

序号	著作名称	作者	所属单位	著作类别	出版单位	出版日期
53	樱桃日记5：英仙座流星雨	陈潇	外国语学院	译著	花山文艺出版社	2021年4月10日
54	美丽黑暗	陈潇	外国语学院	译著	中国纺织出版社	2021年4月2日
55	南词	刘富琳	音乐舞蹈学院	编著	福建教育出版社	2021年4月1日
56	心肺复苏与除颤	李爽	体育学院	编著	社会科学文献出版社	2021年3月31日
57	何以为师：学前教育改革背景下幼儿园教师的身份构建研究	张丽敏	教育学院（师范学院）	专著	中国社会科学出版社	2021年3月31日
58	现代同居身份关系法律问题研究	何群	法学院（律师学院）	专著	厦门大学出版社	2021年3月30日
59	中华人民共和国行政处罚法理解与适用	王凌光 杨伟东（外） 王静（外） 张效羽（外） 祖博媛（外） 王轩 杨霞（外） 安丽娜（外）	法学院（律师学院）	编著	中国法制出版社	2021年3月25日
60	中国民族音楽の世界	刘富琳	音乐舞蹈学院	专著	日本長崎文献社	2021年3月25日
61	立法的规范审视：历史、创新与实践	张玉洁	法学院（律师学院）	专著	社会科学文献出版社	2021年3月15日
62	转型社会政务微信创新扩散研究——基于广东区县级政府的实证考察	曾丽红	新闻与传播学院	专著	中国传媒大学出版社	2021年3月10日
63	循证心理治疗的实践与研究	杨文登 邓巍（外）	教育学院（师范学院）	译著	商务印书馆	2021年3月10日
64	岭南文心	龙其林 薛平（学）	人文学院	编著	百花洲文艺出版社	2021年3月1日
65	公众急救科普系列——心肺复苏与除颤	商执娜	体育学院	编著	社会科学文献出版社	2021年3月1日

续上表

序号	著作名称	作者	所属单位	著作类别	出版单位	出版日期
66	工程项目管理	王学通	管理学院（旅游学院/中法旅游学院）	专著	中国建筑工业出版社	2021年3月1日
67	民法典文化解读	刘云生	法学院（律师学院）	专著	中国民主法制出版社	2021年2月8日
68	我等你	陈潇	外国语学院	译著	上海人民美术出版社	2021年2月6日
69	给孩子讲民法典	雷建威（外） 李文胜	法学院（律师学院）	编著	新世纪出版社	2021年2月1日
70	工业化建筑发展水平评价——体系、方法与标准	薛小龙 王玉娜 张季超 满庆鹏（外） 王学通	管理学院（旅游学院/中法旅游学院）	专著	中国建筑工业出版社	2021年2月1日
71	建筑工业化创新发展路径——基于大数据的全景式分析	薛小龙 王玉娜 张季超 薛维锐	管理学院（旅游学院/中法旅游学院）	专著	中国建筑工业出版社	2021年2月1日
72	爱如初见	陈潇	外国语学院	译著	西泠印社出版社	2021年2月1日
73	新职业英语教程（第二版）	宋专茂	教师发展与教学评估中心	编著	国家开放大学出版社	2021年1月30日
74	老年教育管理：理论与实务	李海燕 杨芳 戴星	教育学院（师范学院）	编著	华龄出版社	2021年1月28日
75	广府文化（第7辑）	纪德君	人文学院	编著	中国社会科学出版社	2021年1月21日
76	我和我的祖国——广州大学学生摄影作品集	蔡忆龙	美术与设计学院	编著	汕头大学出版社	2021年1月20日
77	中国语文教育思想发展史	林晖 周小蓬（外）	人文学院	编著	北京大学出版社	2021年1月5日
78	老年大学课程论	田秋华 李俊堂 王卫东 苏启敏 温小军	教育学院（师范学院）	编著	华龄出版社	2021年1月1日
79	1949—1966年中国文学对外翻译研究	倪秀华	外国语学院	专著	广州出版社	2021年1月1日

各单位发表高水平论文

2021年科技公开发表论文（SCI/SSCI）一览表

序号	论文题目	第一/通讯作者	所属单位	发表刊物/论文集
1	Output feedback domain stabilization in probability in fixed time for nonlinear stochastic systems	尹居良	经济与统计学院	JOURNAL OF THE FRANKLIN INSTITUTE-ENGINEERING AND APPLIED MATHEMATICS
2	Integrating a softened multi-interval loss function into neural networks for wind power prediction	胡建明	经济与统计学院	APPLIED SOFT COMPUTING
3	Instrumental variable estimation of complier causal treatment effect with interval-censored data	李树威	经济与统计学院	BIOMETRICS
4	Perceived academic stress and depressive symptoms among Chinese adolescents: A moderated mediation analysis of overweight status	付艳	经济与统计学院	JOURNAL OF AFFECTIVE DISORDERS
5	Does the level of financial cognition affect the income of rural households? Based on the moderating effect of the Digital Financial Inclusion Index	Zou, Fanqi	经济与统计学院	AGRONOMY-BASEL
6	Determinants and Mechanisms of Digital Financial Inclusion Development: Based on Urban-Rural Differences	刘广	经济与统计学院	AGRONOMY-BASEL
7	Simultaneous variable selection in regression analysis of multivariate interval-censored data	孙六全	经济与统计学院	BIOMETRICS
8	Variable selection for a mark-specific additive hazards model using the adaptive LASSO	Han, Dongxiao	经济与统计学院	STATISTICAL METHODS IN MEDICAL RESEARCH

续上表

序号	论文题目	第一/通讯作者	所属单位	发表刊物/论文集
9	A semiparametric mixture model approach for regression analysis of partly interval-censored data with a cured subgroup	孙六全	经济与统计学院	STATISTICAL METHODS IN MEDICAL RESEARCH
10	Dual calibration mechanism based $L_{2,p}$-Norm for graph matching	余玉丰	经济与统计学院	IEEE TRANSACTIONS ON CIRCUITS AND SYSTEMS FOR VIDEO TECHNOLOGY
11	Decomposition of energy intensity in Chinese industries using an extended LMDI method of production element endowment	张伟	经济与统计学院	ENERGY
12	Research on the portfolio model based on Mean-MF-DCCA under multifractal feature constraint	李佳	经济与统计学院	JOURNAL OF COMPUTATIONAL AND APPLIED MATHEMATICS
13	A joint modeling approach for analyzing marker data in the presence of a terminal event	Zhou, Jie	经济与统计学院	BIOMETRICS
14	Flexible Subspace Clustering: A Joint Feature Selection and K-Means Clustering Framework	Long, Zhongzhen	经济与统计学院	BIG DATA RESEARCH
15	An international comparison analysis of CO_2 emissions in the construction industry	陈进道	经济与统计学院	SUSTAINABLE DEVELOPMENT
16	Joint transformation learning via the $L_{2,1}$-Norm Metric for robust graph matching	余玉丰	经济与统计学院	IEEE TRANSACTIONS ON CYBERNETICS
17	How does technological progress promote carbon productivity? Evidence from Chinese manufacturing industries	张伟	经济与统计学院	JOURNAL OF ENVIRONMENTAL MANAGEMENT
18	Quality control of long-term mass-reared Aedes albopictus for population suppression	李永军	经济与统计学院	JOURNAL OF PEST SCIENCE
19	Psychosocial factors predict the level of substance craving of people with drug addiction: A machine learning approach	Gong, Hua	教育学院（师范学院）	INTERNATIONAL JOURNAL OF ENVIRONMENTAL RESEARCH AND PUBLIC HEALTH

续上表

序号	论文题目	第一/通讯作者	所属单位	发表刊物/论文集
20	Social exclusion and impulsive buying among Chinese college students: The mediating role of self-esteem and the moderating role of risk preference	Luo, Haocheng	教育学院（师范学院）	INTERNATIONAL JOURNAL OF ENVIRONMENTAL RESEARCH AND PUBLIC HEALTH
21	Alabama Parenting Questionnaire-9: A reliability generalization meta-analysis	Liang, Jinghui	教育学院（师范学院）	PSYCHOLOGICAL ASSESSMENT
22	Validation and psychometric properties of the Chinese version of the fear of missing out scale	Li, Yanyu	教育学院（师范学院）	INTERNATIONAL JOURNAL OF ENVIRONMENTAL RESEARCH AND PUBLIC HEALTH
23	Perceived social support and life satisfaction of Chinese parents of children with autism spectrum disorder: Loneliness as a mediator and moderator	鲁明辉	教育学院（师范学院）	RESEARCH IN AUTISM SPECTRUM DISORDERS
24	The association between interparental conflict and problematic Internet use among Chinese adolescents: Testing a moderated mediation model	Wang, Linxin	教育学院（师范学院）	COMPUTERS IN HUMAN BEHAVIOR
25	Chinese college students' knowledge of Autism Spectrum Disorder (ASD) and social distance from individuals with ASD: the mediating role of negative stereotypes	鲁明辉	教育学院（师范学院）	JOURNAL OF AUTISM AND DEVELOPMENTAL DISORDERS
26	Measurement invariance and psychometric properties of the Spence Children's anxiety scale-short version (SCAS-S) in Chinese students	龚杰	教育学院（师范学院）	CURRENT PSYCHOLOGY
27	The School-ladder effect: Subjective socioeconomic status and diurnal cortisol profile among adolescents	Chen, Lihua	教育学院（师范学院）	PSYCHOSOMATIC MEDICINE
28	Factor structure and construct validity of the proposed specifiers for conduct disorder (PSCD) scale in Chinese adolescents	Luo, Jie	教育学院（师范学院）	ASSESSMENT

续上表

序号	论文题目	第一/通讯作者	所属单位	发表刊物/论文集
29	Parental warmth, gratitude, and prosocial behavior among Chinese adolescents: The moderating effect of school climate	Luo, Haocheng	教育学院（师范学院）	INTERNATIONAL JOURNAL OF ENVIRONMENTAL RESEARCH AND PUBLIC HEALTH
30	The relationship between peer attachment and aggressive behavior among Chinese adolescents: The mediating effect of regulatory emotional self-efficacy	刘海涛	教育学院（师范学院）	INTERNATIONAL JOURNAL OF ENVIRONMENTAL RESEARCH AND PUBLIC HEALTH
31	The relationship between family functioning and pathological internet use among Chinese adolescents: The mediating role of hope and the moderating role of social withdrawal	李星凯	教育学院（师范学院）	INTERNATIONAL JOURNAL OF ENVIRONMENTAL RESEARCH AND PUBLIC HEALTH
32	Why victimized by peer promotes cyberbullying in college students? Testing a moderated mediation model in a three-wave longitudinal study	Zhang, Mingchen	教育学院（师范学院）	CURRENT PSYCHOLOGY
33	Chinese public's panic buying at the beginning of COVID-19 outbreak: The contribution of perceived risk, social media use, and connection with close others	Li, Jianbin	教育学院（师范学院）	CURRENT PSYCHOLOGY
34	Resting heart rate mediates the relationship between parenting style and callous-unemotional traits in Chinese children	Zhang, Xintong; Wang, Rongqiang	教育学院（师范学院）	RESEARCH ON CHILD AND ADOLESCENT PSYCHOPATHOLOGY
35	Association between perceived social support of parents and emotional/behavioral problems in children with ASD: A chain mediation model	鲁明辉	教育学院（师范学院）	RESEARCH IN DEVELOPMENTAL DISABILITIES
36	Developing and validating a Chinese version of the comprehensive assessment of psychopathic personality-self-report	Shou, Yiyun	教育学院（师范学院）	PERSONALITY DISORDERS—THEORY RESEARCH AND TREATMENT

续上表

序号	论文题目	第一/通讯作者	所属单位	发表刊物/论文集
37	Parent-adolescent communication, school engagement, and Internet addiction among Chinese adolescents: The moderating effect of rejection sensitivity	李菁菁	教育学院（师范学院）	INTERNATIONAL JOURNAL OF ENVIRONMENTAL RESEARCH AND PUBLIC HEALTH
38	Refining the Parenting Stress Index-Short Form (PSI-SF) in Chinese parents	Luo, Jie	教育学院（师范学院）	ASSESSMENT
39	The influence of parental knowledge and basic psychological needs satisfaction on peer victimization and internet gaming disorder among Chinese adolescents: A mediated moderation model	Liang, Qiao	教育学院（师范学院）	INTERNATIONAL JOURNAL OF ENVIRONMENTAL RESEARCH AND PUBLIC HEALTH
40	Cybervictimization and adolescent Internet addiction: A moderated mediation model	辛木城	教育学院（师范学院）	INTERNATIONAL JOURNAL OF ENVIRONMENTAL RESEARCH AND PUBLIC HEALTH
41	Left-hemispheric predominance on appropriateness evaluation of restructuring during chunk decomposition problem solving	张忠炉	教育学院（师范学院）	PSYCHOPHYSIOLOGY
42	Individual and interpersonal correlates of changes in college adaptation among Chinese freshmen: A longitudinal study	Dou, Kai	教育学院（师范学院）	CURRENT PSYCHOLOGY
43	The relationship between presence of meaning, search for meaning, and subjective well-being: A Three-Level Meta-Analysis based on the meaning in life questionnaire	Dou, Kai; Liang, Yue	教育学院（师范学院）	JOURNAL OF HAPPINESS STUDIES
44	Radial growth of *Larix sibirica* was more sensitive to climate at low than high altitudes in the Altai Mountains, China	Dong, Zhicheng	生命科学学院	AGRICULTURAL AND FOREST METEOROLOGY
45	Underlying topography inversion using dual polarimetric TomoSAR	Du, Yanan	地理科学与遥感学院	SENSORS
46	Forest height estimation from a robust tomoSAR method in the case of small Tomographic aperture with airborne dataset at L-band	Du, Yanan	地理科学与遥感学院	REMOTE SENSING

续上表

序号	论文题目	第一/通讯作者	所属单位	发表刊物/论文集
47	Research on the chaotic characteristics and noise reduction prediction of information system anomalies in equipment manufacturing enterprises	Sun, Yanming	工商管理学院	SUSTAINABILITY
48	Identification of a microalgae-yeast coculture system for nutrient removal in shrimp culture wastewater	Luo, Zhizhan	生命科学学院	JOURNAL OF APPLIED PHYCOLOGY
49	Smart healthcare-oriented online prediction of lower-limb kinematics and kinetics based on data-driven neural signal decoding	Yi, Chunzhi	广州大学网络空间先进技术研究院	FUTURE GENERATION COMPUTER SYSTEMS—THE INTERNATIONAL JOURNAL OF ESCIENCE
50	Adopt or not: Manufacturers' RFID decisions for gray marketing in a competitive environment	Yuan, Hongping	管理学院（旅游学院/中法旅游学院）	COMPUTERS AND INDUSTRIAL ENGINEERING
51	Exploring the role of organizational support, and critical success factors on renewable energy projects of Pakistan	Rasool, Samma Faiz	创新创业学院	ENERGY
52	How toxic workplace environment effects the employee engagement: The mediating role of organizational support and employee wellbeing	Rasool, Samma Faiz	创新创业学院	INTERNATIONAL JOURNAL OF ENVIRONMENTAL RESEARCH AND PUBLIC HEALTH
53	Application of adaptive resource allocation algorithm and communication network security in improving educational video transmission quality	吴广智	党委宣传部	ALEXANDRIA ENGINEERING JOURNAL
54	Earliest parietal art: Hominin hand and foot traces from the middle Pleistocene of Xizang	章典	地理科学与遥感学院	SCIENCE BULLETIN
55	Evaluating the performance of LBSM data to estimate the gross domestic product of China at multiple scales: A comparison with NPP-VIIRS nighttime light data	Huang, Ziwei	地理科学与遥感学院	JOURNAL OF CLEANER PRODUCTION
56	A Pixel-based vegetation greenness trend analysis over the russian tundra with all available landsat data from 1984 to 2018	Liu, Caixia	地理科学与遥感学院	REMOTE SENSING

续上表

序号	论文题目	第一/通讯作者	所属单位	发表刊物/论文集
57	Revealing anthropogenic effects on lakes and wetlands: Pollen-based environmental changes of Liangzi Lake, China over the last 150 years	Ge, Yawen	地理科学与遥感学院	CATENA
58	Assessment of temporal and spatial progress of urban resilience in Guangzhou under rainstorm scenarios	Ruan, Jieer	地理科学与遥感学院	INTERNATIONAL JOURNAL OF DISASTER RISK REDUCTION
59	Understanding the Impact of Vertical Canopy Position on Leaf Spectra and Traits in an Evergreen Broadleaved Forest	俞方圆	地理科学与遥感学院	REMOTE SENSING
60	Residents, employees and visitors: Effects of three types of ambient population on theft on weekdays and weekends in Beijing, China	宋广文	地理科学与遥感学院	JOURNAL OF QUANTITATIVE CRIMINOLOGY
61	Analyzing the impact of three-dimensional building structure on CO_2 emissions based on random forest regression	林锦耀	地理科学与遥感学院	ENERGY
62	Mapping total exceedance $PM_{2.5}$ exposure risk by coupling social media data and population modeling data	曹峥	地理科学与遥感学院	GEOHEALTH
63	Identifying and mapping the responses of ecosystem services to land use change in rapidly urbanizing regions: A case study in Foshan City, China	吴卓	地理科学与遥感学院	REMOTE SENSING
64	Observed inequality in urban greenspace exposure in China	Song, Yimeng	地理科学与遥感学院	ENVIRONMENT INTERNATIONAL
65	The impact of community residents' occupational structure on the spatial distribution of different types of crimes	徐冲	地理科学与遥感学院	HABITAT INTERNATIONAL
66	Orbit error removal in InSAR/MTInSAR with a patch-based polynomial model	杜亚男	地理科学与遥感学院	INTERNATIONAL JOURNAL OF APPLIED EARTH OBSERVATION AND GEOINFORMATION

续上表

序号	论文题目	第一/通讯作者	所属单位	发表刊物/论文集
67	Characteristics of land surface temperature clusters: Case study of the central urban area of Guangzhou	Yang, Zhiwei	地理科学与遥感学院	SUSTAINABLE CITIES AND SOCIETY
68	Comparison of hydrological patterns between glacier-fed and non-glacier-fed lakes on the southeastern Tibetan Plateau	孙芳蒂	地理科学与遥感学院	REMOTE SENSING
69	Combining UAV-based hyperspectral and LiDAR data for mangrove species classification using the rotation forest algorithm	Liu, Lin; Zhu, Yuanhui	地理科学与遥感学院	INTERNATIONAL JOURNAL OF APPLIED EARTH OBSERVATION AND GEOINFORMATION
70	Spatial and temporal variability of $p{CO_2}$ and CO_2 emissions from the Dong River in south China	Yang, Xiankun	地理科学与遥感学院	BIOGEOSCIENCES
71	Modification effect of urban landscape characteristics on the association between heat and stroke morbidity: A small-scale intra-urban study in Shenzhen, China	曹峥	地理科学与遥感学院	SCIENCE OF THE TOTAL ENVIRONMENT
72	Three-step tomographic algorithm for ionospheric electron density reconstruction	闻德保	地理科学与遥感学院	IEEE TRANSACTIONS ON GEOSCIENCE AND REMOTE SENSING
73	Observing the impact of urban morphology and building geometry on thermal environment by high spatial resolution thermal images	杨锦鑫	地理科学与遥感学院	URBAN CLIMATE
74	Linking the past and present to predict the distribution of Asian crested ibis (Nipponia nippon) under global changes	俞方圆	地理科学与遥感学院	INTEGRATIVE ZOOLOGY
75	A study of Sea surface rain identification based on HY-2A scatterometer	Peng, Yihuan	地理科学与遥感学院	REMOTE SENSING
76	A novel framework to predict water turbidity using Bayesian modeling	Song, Song	地理科学与遥感学院	WATER RESEARCH
77	Tree-ring width data of *Tsuga longibracteata* reveal growing season temperature signals in the North-Central Pearl River Basin since 1824 AD	李腾	地理科学与遥感学院	FORESTS

续上表

序号	论文题目	第一/通讯作者	所属单位	发表刊物/论文集
78	Continued monitoring and modeling of Xingfeng Solid Waste Landfill Settlement, China, Based on multiplatform SAR images	杜亚男	地理科学与遥感学院	REMOTE SENSING
79	Underlying Topography Inversion Using TomoSAR based on Non-Local Means for an L-Band Airborne Dataset	Wang, Youjun	地理科学与遥感学院	REMOTE SENSING
80	Precipitation in surrounding mountains instead of lowlands facilitated the prosperity of ancient civilizations in the eastern Qaidam Basin of the Tibetan Plateau	李腾	地理科学与遥感学院	CATENA
81	Using nighttime light data to identify the structure of polycentric cities and evaluate urban centers	Yang, Zhiwei	地理科学与遥感学院	SCIENCE OF THE TOTAL ENVIRONMENT
82	Mitigate human-wildlife conflict in China	尹铎	地理科学与遥感学院	SCIENCE
83	Sending children to the interior cities and enabling them a promising future-a qualitative study of Tibetan parents' educational decisions	Yuan, Zhenjie	地理科学与遥感学院	JOURNAL OF MULTILINGUAL AND MULTICULTURAL DEVELOPMENT
84	Urbanization contribution to human perceived temperature changes in major urban agglomerations of China	Xu, Yong	地理科学与遥感学院	URBAN CLIMATE
85	Africa's protected areas are brightening at night: A long-term light pollution monitor based on nighttime light imagery	Zheng, Zihao	地理科学与遥感学院	GLOBAL ENVIRONMENTAL CHANGE-HUMAN AND POLICY DIMENSIONS
86	Magnitude and drivers of CO_2 and CH_4 emissions from an arid/semiarid river catchment on the Chinese Loess Plateau	Ran, Lishan	地理科学与遥感学院	JOURNAL OF HYDROLOGY
87	Climate-driven desertification and its implications for the ancient Silk Road trade	Wang, Leibin	地理科学与遥感学院	CLIMATE OF THE PAST
88	No evidence for an anti-phased Holocene moisture regime in mountains and basins in Central Asian: Records from Ili loess, Xinjiang	Wang, Leibin	地理科学与遥感学院	PALAEOGEOGRAPHY, PALAEOCLIMATOLOGY, PALAEOECOLOGY

续上表

序号	论文题目	第一/通讯作者	所属单位	发表刊物/论文集
89	Ridership exceedance exposure risk: Novel indicators to assess $PM_{2.5}$ health exposure of bike sharing riders	曹峥	地理科学与遥感学院	ENVIRONMENTAL RESEARCH
90	Investigating the role of green infrastructure on Urban Water Logging: Evidence from metropolitan coastal cities	Zhang, Qifei	地理科学与遥感学院	REMOTE SENSING
91	Multiframe video satellite image super-resolution via attention-based residual learning	Liu, Lin	地理科学与遥感学院	IEEE TRANSACTIONS ON GEOSCIENCE AND REMOTE SENSING
92	Investigating the influence of three-dimensional building configuration on urban pluvial flooding using random forest algorithm	林锦耀	地理科学与遥感学院	ENVIRONMENTAL RESEARCH
93	Ambient population and surveillance cameras: The guardianship role in street robbers' crime location choice	龙冬平	地理科学与遥感学院	CITIES
94	Explicit the urban waterlogging spatial variation and its driving factors: The stepwise cluster analysis model and hierarchical partitioning analysis approach	Zhang, Qifei	地理科学与遥感学院	SCIENCE OF THE TOTAL ENVIRONMENT
95	351-year tree ring reconstruction of the Gongga Mountains winter minimum temperature and its relationship with the Atlantic Multidecadal Oscillation	Li, Teng	地理科学与遥感学院	CLIMATIC CHANGE
96	Flood monitoring in rural areas of the Pearl River Basin (China) using sentinel-1 SAR	Qiu, Junliang	地理科学与遥感学院	REMOTE SENSING
97	Urban signatures in the spatial clustering of precipitation extremes over Mainland China	Liu, Lin	地理科学与遥感学院	JOURNAL OF HYDROMETEOROLOGY
98	Spatiotemporal shifts of population and war under climate change in imperial China	张盛达	地理科学与遥感学院	CLIMATIC CHANGE
99	Population mapping in China with Tencent social user and remote sensing data	徐勇	地理科学与遥感学院	APPLIED GEOGRAPHY

续上表

序号	论文题目	第一/通讯作者	所属单位	发表刊物/论文集
100	Burglars blocked by barriers? The impact of physical and social barriers on residential burglars' target location choices in China	肖露子	地理科学与遥感学院	COMPUTERS, ENVIRONMENT AND URBAN SYSTEMS
101	Facilitating urban climate forecasts in rapidly urbanizing regions with land-use change modeling	Huang, Kangning	地理科学与遥感学院	URBAN CLIMATE
102	Comparison of the hydrological dynamics of Poyang Lake in the wet and dry seasons	孙芳蒂	地理科学与遥感学院	REMOTE SENSING
103	Inferring the trip purposes and uncovering spatio-temporal activity patterns from dockless shared bike dataset in Shenzhen, China	李少英	地理科学与遥感学院	JOURNAL OF TRANSPORT GEOGRAPHY
104	A simple method for near-real-time monthly nighttime light image production	Zheng, Zihao	地理科学与遥感学院	IEEE GEOSCIENCE AND REMOTE SENSING LETTERS
105	Street connectivity, physical activity, and childhood obesity: A systematic review and meta-analysis	Zou, Yuxuan; Wu, Zhifeng	地理科学与遥感学院	OBESITY REVIEWS
106	Uyghur educational elites in China: mobility and subjectivity uncertainty on a life-transforming journey	袁振杰	地理科学与遥感学院	JOURNAL OF ETHNIC AND MIGRATION STUDIES
107	Soil mesofauna community changes in response to the environmental gradients of urbanization in Guangzhou City	余世钦	地理科学与遥感学院	FRONTIERS IN ECOLOGY AND EVOLUTION
108	Understanding the modifiable areal unit problem in dockless bike sharing usage and exploring the interactive effects of built environment factors	Gao, Feng	地理科学与遥感学院	INTERNATIONAL JOURNAL OF GEOGRAPHICAL INFORMATION SCIENCE
109	Poverty estimation at the county level by combining LuoJia1-01 nighttime light data and points of interest	林锦耀	地理科学与遥感学院	GEOCARTO INTERNATIONAL
110	A laboratory study to disentangle hydrological, mechanical and structural mechanisms of soil stabilization by plant mucilage between eroding and depositional zones of a slope	Zhong, Xiaolan	地理科学与遥感学院	EVROPEAN JOURNAL OF SOIL SCIENCE

续上表

序号	论文题目	第一/通讯作者	所属单位	发表刊物/论文集
111	Assessing the impact of street-view greenery on fear of neighborhood crime in Guangzhou, China	Liu, Lin	地理科学与遥感学院	INTERNATIONAL JOURNAL OF ENVIRONMENTAL RESEARCH AND PUBLIC HEALTH
112	Placement and concise mse lower-bound for UAV-enabled localization via RSS	周发升	电子与通信工程学院	IEEE TRANSACTIONS ON VEHICULAR TECHNOLOGY
113	Analysis and application of functional connectivity in synchronic hybrid mental tasks for brain-computer interface	王 力	电子与通信工程学院	MEASUREMENT-JOURNAL OF THE INTERNATIONAL MEASUREMENT CONFEDERATION
114	Cyber-physical co-modeling and optimal energy dispatching within Internet of smart charging points for vehicle-to-grid operation	Shao, Ziyun	电子与通信工程学院	APPLIED ENERGY
115	Performance study of cybertwin-assisted random access NOMA	Chen, Qingchun	电子与通信工程学院	IEEE INTERNET OF THINGS JOURNAL
116	Equidistant distribution loss for person re-identification	杨 钊	电子与通信工程学院	NEUROCOMPUTING
117	Joint task offloading and computation in cooperative multicarrier relaying-based mobile-edge computing systems	Hu, Dieli	电子与通信工程学院	IEEE INTERNET OF THINGS JOURNAL
118	Joint-mapping orthogonal frequency division multiplexing with subcarrier number modulation	Li, Jun	电子与通信工程学院	IEEE TRANSACTIONS ON COMMUNICATIONS
119	Achieving high throughput in wireless networks with hybrid backscatter and wireless-powered communications	Long, Yusi	电子与通信工程学院	IEEE INTERNET OF THINGS JOURNAL
120	Generalized quadrature spatial modulation and its application to vehicular networks with NOMA	李 俊	电子与通信工程学院	IEEE TRANSACTIONS ON INTELLIGENT TRANSPORTATION SYSTEMS
121	UAV-aided vehicular communication design with vehicle trajectory's prediction	Liu, Zhaonian	电子与通信工程学院	IEEE WIRELESS COMMUNICATIONS LETTERS

续上表

序号	论文题目	第一/通讯作者	所属单位	发表刊物/论文集
122	Smart detection using the cascaded artificial neural network for OFDM with subcarrier number modulation	李俊	电子与通信工程学院	IEEE WIRELESS COMMUNICATIONS LETTERS
123	Secrecy enhancing of SSK systems for IoT applications in smart cities	Huang, Zhentao	电子与通信工程学院	IEEE INTERNET OF THINGS JOURNAL
124	The peak load shaving assessment of developing a user-oriented vehicle-to-grid scheme with multiple operation modes: The case study of Shenzhen, China	郑言冲	电子与通信工程学院	SUSTAINABLE CITIES AND SOCIETY
125	Combined relay selection enabled by supervised machine learning	Li, Jun	电子与通信工程学院	IEEE TRANSACTIONS ON VEHICULAR TECHNOLOGY
126	Delay-optimal scheduling for IRS-aided mobile edge computing	周发升	电子与通信工程学院	IEEE WIRELESS COMMUNICATIONS LETTERS
127	DRL-R: Deep reinforcement learning approach for intelligent routing in software-defined data-center networks	刘外喜	电子与通信工程学院	JOURNAL OF NETWORK AND COMPUTER APPLICATIONS
128	Robust iterative learning control for linear continuous systems with vector relative degree under varying input trail lengths and random initial state shifts	韦蕴珊	电子与通信工程学院	INTERNATIONAL JOURNAL OF ROBUST AND NONLINEAR CONTROL
129	A centralized vehicle-to-grid scheme with distributed computing capacity engaging internet of smart charging points: Case study	Shang, Yitong	电子与通信工程学院	INTERNATIONAL JOURNAL OF ENERGY RESEARCH
130	Space-time block coded cooperative MIMO systems	Li, Jun	电子与通信工程学院	SENSORS
131	Nonorthogonal multiple access for wireless-powered IoT networks	Chen, Qingchun	电子与通信工程学院	IEEE INTERNET OF THINGS JOURNAL
132	Achievable rate region of energy-harvesting based secure two-way buffer-aided relay networks	Nie, Yulong	电子与通信工程学院	IEEE TRANSACTIONS ON INFORMATION FORENSICS AND SECURITY

续上表

序号	论文题目	第一/通讯作者	所属单位	发表刊物/论文集
133	Loan default prediction of Chinese P2P market: A machine learning methodology	徐军辉	公共管理学院	SCIENTIFIC REPORTS
134	No means yes: Review of a problem of presence: Beyond scripture in an African church	陈明丽	公共管理学院	LOGOS & PNEUMA-CHINESE JOURNAL OF THEOLOGY
135	The short-term associations of chronic obstructive pulmonary disease hospitalizations with meteorological factors and air pollutants in Southwest China: A time-series study	Tang, Chengxiang	公共管理学院	SCIENTIFIC REPORTS
136	Factors affecting the public acceptance of extramarital sex in China	刘 念	公共管理学院	INTERNATIONAL JOURNAL OF ENVIRONMENTAL RESEARCH AND PUBLIC HEALTH
137	Perceptions of the appropriate response to norm violation in 57 societies	Zhang, Qingpeng	公共管理学院	NATURE COMMUNICATIONS
138	Curse or blessing? Obesity and income-related inequality in the Chinese labor force	唐程翔 杨小聪	公共管理学院	FRONTIERS IN PUBLIC HEALTH
139	Intelligent query optimization and course recommendation during online lectures in E-learning system	Rafiq, Muhammad Sajid	公共管理学院	JOURNAL OF AMBIENT INTELLIGENCE AND HUMANIZED COMPUTING
140	Ascertaining the inconsistency of AEC students' perceptions and behaviors regarding sustainability by mixed methods	张元新 宫再静	管理学院（旅游学院/中法旅游学院）	INTERNATIONAL JOURNAL OF ENVIRONMENTAL RESEARCH AND PUBLIC HEALTH
141	Explore potential barriers of applying circular economy in construction and demolition waste recycling	刘景矿	管理学院（旅游学院/中法旅游学院）	JOURNAL OF CLEANER PRODUCTION
142	A smoothing method for ramp metering	Gu, Chuanye	管理学院（旅游学院/中法旅游学院）	IEEE TRANSACTIONS ON INTELLIGENT TRANSPORTATION SYSTEMS

续上表

序号	论文题目	第一/通讯作者	所属单位	发表刊物/论文集
143	Online channel expansion strategy: An empirical investigation	容哲	管理学院（旅游学院/中法旅游学院）	INFORMATION & MANAGEMENT
144	Cooperative control and the governance of cross-border trade in Chinese border cities	苏晓波	管理学院（旅游学院/中法旅游学院）	TERRITORY, POLITICS, GOVERNANCE
145	An integrated decision-making framework for existing building retrofits based on energy simulation and cost-benefit analysis	Song, Xiangnan	管理学院（旅游学院/中法旅游学院）	JOURNAL OF BUILDING ENGINEERING
146	Environmentally specific transformational leadership and team pro-environmental behaviors: The roles of pro-environmental goal clarity, pro-environmental harmonious passion, and power distance	彭坚	管理学院（旅游学院/中法旅游学院）	HUMAN RELATIONS
147	Exploring the dependence and influencing factors of carbon emissions from the perspective of population development	Zhao, Kuokuo	管理学院（旅游学院/中法旅游学院）	INTERNATIONAL JOURNAL OF ENVIRONMENTAL RESEARCH AND PUBLIC HEALTH
148	Pricing and channel coordination in online-to-offline supply chain considering corporate environmental responsibility and lateral inventory transshipment	曹兵兵	管理学院（旅游学院/中法旅游学院）	MATHEMATICS
149	Embeddedness and perceived oneness: Examining the effects of job embeddedness and its trajectory on employee proactivity via an identification perspective	Li, Junchao (Jason)	管理学院（旅游学院/中法旅游学院）	THE JOURNAL OF APPLIED PSYCHOLOGY
150	Does vivid imagination deter visitation? The role of mental imagery processing in virtual tourism on tourists' behavior	郑春晖	管理学院（旅游学院/中法旅游学院）	JOURNAL OF TRAVEL RESEARCH
151	Self-correcting error-based prediction model for the COVID-19 pandemic and analysis of economic impacts	汤萱	管理学院（旅游学院/中法旅游学院）	SUSTAINABLE CITIES AND SOCIETY
152	Family ownership and cooperative R&D: The moderating effect of political ties	Chen, Jiawen	管理学院（旅游学院/中法旅游学院）	JOURNAL OF KNOWLEDGE MANAGEMENT

续上表

序号	论文题目	第一/通讯作者	所属单位	发表刊物/论文集
153	Supply chain power and corporate environmental responsibility: Mediation effects based on business performance	Luo, Tao	管理学院（旅游学院/中法旅游学院）	INTERNATIONAL JOURNAL OF ENVIRONMENTAL RESEARCH AND PUBLIC HEALTH
154	Daily micro-break activities and workplace well-being: A recovery perspective	Peng, Jian	管理学院（旅游学院/中法旅游学院）	CURRENT PSYCHOLOGY
155	Generalized elastic net optimal scoring problem for feature selection	Wu, Changzhi	管理学院（旅游学院/中法旅游学院）	NEUROCOMPUTING
156	Research on the performance of human capital at different organizational levels of Pharmaceutical Corporations: Moderation of Informal Relational Capital	皮圣雷	管理学院（旅游学院/中法旅游学院）	INTERNATIONAL JOURNAL OF ENVIRONMENTAL RESEARCH AND PUBLIC HEALTH
157	Compact supervisory system for cold chain logistics	瑭 杰	管理学院（旅游学院/中法旅游学院）	FOOD CONTROL
158	Closed-loop supply chain network with interaction of forward and reverse logistics	Huang, Zuqing	管理学院（旅游学院/中法旅游学院）	SUSTAINABLE PRODUCTION AND CONSUMPTION
159	Rethinking indigenous people as tourists: modernity, cosmopolitanism, and the re-invention of indigeneity	魏 雷	管理学院（旅游学院/中法旅游学院）	ANNALS OF TOURISM RESEARCH
160	An empirical study of green retrofit technologies and policies for aged residential buildings in Hong Kong	Xue, Xiaolong	管理学院（旅游学院/中法旅游学院）	JOURNAL OF BUILDING ENGINEERING
161	Practical issues in implementing machine-learning models for building energy efficiency: Moving beyond obstacles	王泽宇	管理学院（旅游学院/中法旅游学院）	RENEWABLE AND SUSTAINABLE ENERGY REVIEWS
162	Measuring Chinese adolescents' learning outcomes in family travel: A scale development approach	吴 微	管理学院（旅游学院/中法旅游学院）	JOURNAL OF DESTINATION MARKETING & MANAGEMENT

续上表

序号	论文题目	第一/通讯作者	所属单位	发表刊物/论文集
163	Exploring regional advanced manufacturing and its driving factors: A case study of the Guangdong-Hong Kong-Macao Greater Bay Area	窦子欣	管理学院（旅游学院/中法旅游学院）	INTERNATIONAL JOURNAL OF ENVIRONMENTAL RESEARCH AND PUBLIC HEALTH
164	Does global value chains participation improve skill premium? Mediating role of skill-biased technological change	李惠娟	管理学院（旅游学院/中法旅游学院）	ECONOMIC MODELLING
165	Exploring the relationship between despotic leadership and job satisfaction: The role of self efficacy and leader-member exchange	周 翔	管理学院（旅游学院/中法旅游学院）	INTERNATIONAL JOURNAL OF ENVIRONMENTAL RESEARCH AND PUBLIC HEALTH
166	Transportation de-carbonization pathways and effect in China: A systematic analysis using STIRPAT-SD model	Wang, Luqi	管理学院（旅游学院/中法旅游学院）	JOURNAL OF CLEANER PRODUCTION
167	The driving factors in the corporate proactivity of carbon emissions abatement: Empirical evidence from China	Xue, Xiaolong	管理学院（旅游学院/中法旅游学院）	JOURNAL OF CLEANER PRODUCTION
168	Social gamification affordances in the green IT services: perspectives from recognition and social overload	黄家良	管理学院（旅游学院/中法旅游学院）	INTERNET RESEARCH
169	Political promotion events and energy conservation decisions: Evidence from China	孔高文	管理学院（旅游学院/中法旅游学院）	ENERGY ECONOMICS
170	The selection of marketplace mode and reselling mode with demand disruptions under cap-and-trade regulation	Chen, Yujing	管理学院（旅游学院/中法旅游学院）	INTERNATIONAL JOURNAL OF PRODUCTION RESEARCH
171	An analysis of strategies for adopting blockchain technology in the fresh product supply chain	曹兵兵	管理学院（旅游学院/中法旅游学院）	INTERNATIONAL JOURNAL OF PRODUCTION RESEARCH

续上表

序号	论文题目	第一/通讯作者	所属单位	发表刊物/论文集
172	Blog text quality assessment using a 3D CNN-based statistical framework	Zhang, Heqing	管理学院（旅游学院/中法旅游学院）	FUTURE GENERATION COMPUTER SYSTEMS—THE INTERNATIONAL JOURNAL OF ESCIENCE
173	Business model innovation and growth of manufacturing SMEs: A social exchange perspective	陈嘉文	管理学院（旅游学院/中法旅游学院）	JOURNAL OF MANUFACTURING TECHNOLOGY MANAGEMENT
174	The impact of the spatio-temporal neighborhood effect on urban eco-efficiency in China	Chen, Peirong	管理学院（旅游学院/中法旅游学院）	JOURNAL OF CLEANER PRODUCTION
175	Mapping the dynamics of China's prefabricated building policies from 1956 to 2019: A bibliometric analysis	王玉娜	管理学院（旅游学院/中法旅游学院）	BUILDING RESEARCH & INFORMATION
176	Enterprises' decisions on adopting low-carbon technology by considering consumer perception disparity	Yuan, Hongping	管理学院（旅游学院/中法旅游学院）	TECHNOVATION
177	D.C. programming for sparse proximal support vector machines	吴昌质	管理学院（旅游学院/中法旅游学院）	INFORMATION SCIENCES
178	Baidu index-based forecast of daily tourist arrivals through rescaled range analysis, support vector regression, and autoregressive integrated moving average	Yao, Lifei	管理学院（旅游学院/中法旅游学院）	ALEXANDRIA ENGINEERING JOURNAL
179	A systematic overview of prefabricated construction policies in China	Xue, Xiaolong	管理学院（旅游学院/中法旅游学院）	JOURNAL OF CLEANER PRODUCTION
180	Learning in family travel: What, how, and from whom?	吴微	管理学院（旅游学院/中法旅游学院）	JOURNAL OF TRAVEL & TOURISM MARKETING
181	Intelligent travelling visitor estimation model with big data mining	张河清	管理学院（旅游学院/中法旅游学院）	ENTERPRISE INFORMATION SYSTEMS

续上表

序号	论文题目	第一/通讯作者	所属单位	发表刊物/论文集
182	Regional logistics demand forecasting: A BP neural network approach	黄丽娟	管理学院（旅游学院/中法旅游学院）	COMPLEX & INTELLIGENT SYSTEMS
183	Risk aversion and urban land development options	樊纲治	管理学院（旅游学院/中法旅游学院）	REAL ESTATE ECONOMICS
184	Image-based road crack risk-informed assessment using a convolutional neural network and an unmanned aerial vehicle	Wang, Yuna	管理学院（旅游学院/中法旅游学院）	STRUCTURAL CONTROL HEALTH MONITORING
185	Achieving a just-in-time supply chain: The role of supply chain intelligence	Xie, Hongming	管理学院（旅游学院/中法旅游学院）	INTERNATIONAL JOURNAL OF PRODUCTION ECONOMICS
186	Enhancing photocatalytic hydrogen production via the construction of robust multivariate Ti-MOF/COF composites	Su, Peiyang	广州大学大湾区环境研究院	ANGEWANDTE CHEMIE—INTERNATIONAL EDITION
187	Hierarchically superhydrophilic poly (vinylidene fluoride) membrane with self-cleaning fabricated by surface mineralization for stable separation of oily wastewater	瞿芳术	广州大学大湾区环境研究院	JOURNAL OF MEMBRANE SCIENCE
188	A novel metal-organic complex surfactant for high-efficiency mineral flotation	Liu, Die	广州大学大湾区环境研究院	CHEMICAL ENGINEERING JOURNAL
189	The control of red water occurrence and opportunistic pathogens risks in drinking water distribution systems: A review	Hu, Chun	广州大学大湾区环境研究院	JOURNAL OF ENVIRONMENTAL SCIENCES
190	In situ grown co-based interstitial compounds: Non-3d metal and non-metal dual modulation boosts alkaline and acidic hydrogen electrocatalysis	Huang, Yongchao	广州大学大湾区环境研究院	SMALL
191	Surface sulfur vacancies enhanced electron transfer over Co-ZnS quantum dots for efficient degradation of plasticizer micropollutants by peroxymonosulfate activation	古宇婷	广州大学大湾区环境研究院	CHINESE CHEMICAL LETTERS

续上表

序号	论文题目	第一/通讯作者	所属单位	发表刊物/论文集
192	Metabolomic and bioenergetic responses of human hepatocellular carcinoma cells following exposure to commercial copper hydroxide nanopesticide	Li, Xiaoyu	广州大学大湾区环境研究院	ENVIRONMENTAL SCIENCE—NANO
193	Intracellular exposure dose-associated susceptibility of steatotic hepatocytes to metallic nanoparticles	张晓俐	广州大学大湾区环境研究院	INTERNATIONAL JOURNAL OF MOLECULAR SCIENCES
194	Targeted accumulation and spatial confinement effect of Fe（II）-MOFs@MIP for efficiently removing low concentration dibutyl phthalate	池海远	广州大学大湾区环境研究院	CHEMICAL ENGINEERING JOURNAL
195	MOF Encapsulating N-Heterocyclic Carbene-Ligated Copper Single-Atom Site Catalyst towards Efficient Methane Electrosynthesis	Chen, Mingzhao	广州大学大湾区环境研究院	ANGEWANDTE CHEMIE—INTERNATIONAL EDITION
196	Tango of dual nanoparticles: Interplays between exosomes and nanomedicine	Yan, Bing	广州大学大湾区环境研究院	BIOENGINEERING & TRANSLATIONAL MEDICINE
197	Emerging impacts of ionic liquids on eco-environmental safety and human health	Yan, Xiliang	广州大学大湾区环境研究院	CHEMICAL SOCIETY REVIEWS
198	Highly selective removal and recovery of Ni（II）from aqueous solution using magnetic ion-imprinted chitosan nanoparticles	陈 圆	广州大学大湾区环境研究院	CARBOHYDRATE POLYMERS
199	A triple-pore tessellated square array by a metal-hexagonal ligand with reinforced tetra-connectors	Chen, Mingzhao	广州大学大湾区环境研究院	CHEMICAL COMMUNICATIONS
200	Electrostatic attraction of cationic pollutants by microplastics reduces their joint cytotoxicity	Liu, Jian	广州大学大湾区环境研究院	CHEMOSPHERE
201	Nanostructured transition metal compounds coated 3D porous core-shell carbon fiber as monolith water splitting electrocatalysts: A general strategy	Huang, Yongchao	广州大学大湾区环境研究院	CHEMICAL ENGINEERING JOURNAL

续上表

序号	论文题目	第一/通讯作者	所属单位	发表刊物/论文集
202	Biosafety-inspired structural optimization of triazolium ionic liquids based on structure-toxicity relationships	Pan, Xiujiao	广州大学大湾区环境研究院	JOURNAL OF HAZARDOUS MATERIALS
203	Sensitive and rapid on-site detection of SARS-CoV-2 using a gold nanoparticle-based high-throughput platform coupled with CRISPR/Cas12-assisted RT-LAMP	Zhou, Li	广州大学大湾区环境研究院	SENSORS AND ACTUATORS B: CHEMICAL
204	Enhanced photocatalytic efficiency by direct photoexcited electron transfer from pollutants adsorbed on the surface valence band of BiOBr modified with graphitized C	Lu, Zhicong	广州大学大湾区环境研究院	JOURNAL OF HAZARDOUS MATERIALS
205	Comprehensive interrogation on acetylcholinesterase inhibition by ionic liquids using machine learning and Molecular Modeling	Yan, Jiachen	广州大学大湾区环境研究院	ENVIRONMENTAL SCIENCE & TECHNOLOGY
206	Customized self-assembled molecules: Rim adjustable coronal polygons with multiple-folds symmetry	陈名钊	广州大学大湾区环境研究院	ORGANIC CHEMISTRY FRONTIERS
207	Fe@C activated peroxymonosulfate system for effectively degrading emerging contaminants: Analysis of the formation and activation mechanism of Fe coordinately unsaturated metal sites	池海远	广州大学大湾区环境研究院	JOURNAL OF HAZARDOUS MATERIALS
208	Comprehensive interrogation of metabolic and bioenergetic responses of early-staged zebrafish (*Danio rerio*) to a commercial copper hydroxide nanopesticide	王晓红	广州大学大湾区环境研究院	ENVIRONMENTAL SCIENCE & TECHNOLOGY
209	Modulation of cell uptake and cytotoxicity by nanoparticles with various physicochemical properties after humic acid adsorption	Liu, Fang	广州大学大湾区环境研究院	ENVIRONMENTAL SCIENCE—NANO
210	The silver linings of mercury: Reconsideration of its impacts on living organisms from a multi-timescale perspective	李成俊	广州大学大湾区环境研究院	ENVIRONMENT INTERNATIONAL

续上表

序号	论文题目	第一/通讯作者	所属单位	发表刊物/论文集
211	Boosted storage kinetics in thick hierarchical micro-nano carbon architectures for high areal capacity Li-Ion Batteries	Wu, Yang	广州大学大湾区环境研究院	ENERGY & ENVIRONMENTAL MATERIALS
212	Physiologically based pharmacokinetic model revealed the distinct biotransportation and turnover of arsenobetaine and arsenate in marine fish	熊海燕	广州大学大湾区环境研究院	AQUATIC TOXICOLOGY
213	Variations in nitrogen removal rates and microbial communities over sediment depth in Daya Bay, China	吴佳鹏	广州大学大湾区环境研究院	ENVIRONMENTAL POLLUTION
214	Designing narcissistic self-sorting terpyridine moieties with high coordination selectivity for complex metallo-supramolecules	Ma, Jianjun	广州大学大湾区环境研究院	COMMUNICATIONS CHEMISTRY
215	Comparative evaluation of simultaneous nitritation/denitritation and energy recovery in air-cathode microbial fuel cells (ACMFCs) treating low C/N ratio wastewater	Yang, Nuan	广州大学大湾区环境研究院	SCIENCE OF THE TOTAL ENVIRONMENT
216	Efficient light-free activation of peroxymonosulfate by carbon ring conjugated carbon nitride for elimination of organic pollutants	Chen, Zhenhuan	广州大学大湾区环境研究院	CHEMICAL ENGINEERING JOURNAL
217	Dynamic control of sacrificial bond transformation in the Fe-N-C Single-Atom catalyst for molecular oxygen reduction	余力	广州大学大湾区环境研究院	ANGEWANDTE CHEMIE INTERNATIONAL EDITION
218	Nano-cell and nano-pollutant interactions constitute key elements in nanoparticle-pollutant combined cytotoxicity	孔龙	广州大学大湾区环境研究院	JOURNAL OF HAZARDOUS MATERIALS
219	Toxic effects of acute exposure to polystyrene microplastics and nanoplastics on the model insect, silkworm *Bombyx mori*	Muhammad, Abrar	广州大学大湾区环境研究院	ENVIRONMENTAL POLLUTION
220	Supramolecular triangular orthobicupola: Self-assembly of a giant Johnson solid J_{27}	伍曦	广州大学大湾区环境研究院	CHEM

续上表

序号	论文题目	第一/通讯作者	所属单位	发表刊物/论文集
221	3-Hydroxyflavone derivatives: Promising scaffolds for fluorescent imaging in cells	Zhao, Xueke; Li, Xiang	广州大学大湾区环境研究院	RSC ADVANCES
222	Mechanistic studies of oxygen reduction and evolution reactions on Ni_3S_2 surfaces	张鹏	广州大学大湾区环境研究院	APPLIED CATALYSIS A: GENERAL
223	Cation-π induced surface cleavage of organic pollutants with ·OH formation from H_2O for water treatment	Wang, Yumeng	广州大学大湾区环境研究院	ISCIENCE
224	The leading role of adsorbed lead in $PM_{2.5}$-induced hippocampal neuronal apoptosis and synaptic damage	Liu, Rongrong	广州大学大湾区环境研究院	JOURNAL OF HAZARDOUS MATERIALS
225	Triclosan detoxification through dechlorination and oxidation via microbial Pd-NPs under aerobic conditions	陈圆	广州大学大湾区环境研究院	CHEMOSPHERE
226	Quantification of nanoplastic uptake in cucumber plants by pyrolysis gas chromatography/mass spectrometry	李成俊	广州大学大湾区环境研究院	ENVIRONMENTAL SCIENCE & TECHNOLOGY LETTERS
227	Effect of increasing C/N ratio on performance and microbial community structure in a membrane bioreactor with a high ammonia load	Xu, Huaihao	广州大学大湾区环境研究院	INTERNATIONAL JOURNAL OF ENVIRONMENTAL RESEARCH AND PUBLIC HEALTH
228	Corrigendum to "occurrence, risk and influencing factors of polycyclic aromatic hydrocarbons in surface soils from a large-scale coal mine, Huainan, China"	Liu, Fei	广州大学大湾区环境研究院	ECOTOXICOLOGY AND ENVIRONMENTAL SAFETY
229	Co-exposures of TiO_2 nanoparticles and cadmium ions at non-lethal doses aggravates liver injury in mice with ConA-induced hepatitis	Yan, Bing	广州大学大湾区环境研究院	ENVIRONMENTAL TOXICOLOGY AND PHARMACOLOGY
230	Pretreatment with metformin prevents microcystin-LR-induced tau hyperphosphorylation via mTOR-dependent PP_2A and GSK-3β activation	Zhou, Hongyu	广州大学大湾区环境研究院	ENVIRONMENTAL TOXICOLOGY

续上表

序号	论文题目	第一/通讯作者	所属单位	发表刊物/论文集
231	Occurrence, risk and influencing factors of polycyclic aromatic hydrocarbons in surface soils from a large-scale coal mine, Huainan, China	Liu, Fei	广州大学大湾区环境研究院	ECOTOXICOLOGY AND ENVIRONMENTAL SAFETY
232	Contribution of extracellular polymeric substances and microbial community on the safety of drinking water quality: By mean of Cu/activated carbon biofiltration	毕志浩	广州大学大湾区环境研究院	CHEMOSPHERE
233	Synthesis of nickel-iron layered double hydroxide via topochemical approach: Enhanced surface charge density for rapid hexavalent chromium removal	Huang, Shuangqiu	广州大学大湾区环境研究院	JOURNAL OF COLLOID AND INTERFACE SCIENCE
234	$FeVO_4$ nanopolyhedron photoelectrodes for stable and efficient water splitting	Cheng, Sheng	广州大学大湾区环境研究院	CHEMSUSCHEM
235	$BiO(OH)_xI_{1-x}$ solid solution with rich oxygen vacancies: interlayer guest hydroxyl for improved photocatalytic properties	Hu, Chun	广州大学大湾区环境研究院	JOURNAL OF COLLOID AND INTERFACE SCIENCE
236	Polycyclic aromatic hydrocarbons in fine road dust from a coal-utilization city: Spatial distribution, source diagnosis and risk assessment	Liu, Fei	广州大学大湾区环境研究院	CHEMOSPHERE
237	H_2O_2 inducing dissolved oxygen activation and electron donation of pollutants over Fe-ZnS quantum dots through surface electron-poor/rich microregion construction for water treatment	高婷婷	广州大学大湾区环境研究院	JOURNAL OF HAZARDOUS MATERIALS
238	Recent advances in covalent organic frameworks for cancer diagnosis and therapy	Bagheri, Ahmad Reza	广州大学大湾区环境研究院	BIOMATERIALS SCIENCE
239	Tailoring the cationic and anionic sites of $LaFeO_3$-based perovskite generates multiple vacancies for efficient water oxidation	Selvadurai A., Paul Blessington	广州大学大湾区环境研究院	JOURNAL OF MATERIALS CHEMISTRY A
240	Highly-active, metal-free, carbon-based ORR cathode for efficient organics removal and electricity generation in a PFC system	曾庆意	广州大学大湾区环境研究院	CHINESE CHEMICAL LETTERS

续上表

序号	论文题目	第一/通讯作者	所属单位	发表刊物/论文集
241	Microbial nitrogen loss by coupled nitrification to denitrification and anammox in a permeable subterranean estuary at Gloucester Point, Virginia	吴佳鹏	广州大学大湾区环境研究院	MARINE POLLUTION BULLETIN
242	Destruction of microbial stability in drinking water distribution systems by trace phosphorus polluted water source	邢学辞	广州大学大湾区环境研究院	CHEMOSPHERE
243	Harmful algal blooms and their eco-environmental indication	沙 君	广州大学大湾区环境研究院	CHEMOSPHERE
244	Enhanced $BiVO_4$ Photoanode Photoelectrochemical Performance via Borate Treatment and a $NiFeO_x$ Cocatalyst	Huang, Yongchao	广州大学大湾区环境研究院	ACS SUSTAINABLE CHEMISTRY & ENGINEERING
245	Effects of chemical and natural ageing on the release of potentially toxic metal additives in commercial PVC microplastics	Meng, Jun	广州大学大湾区环境研究院	CHEMOSPHERE
246	Unraveling the high-activity origin of single-atom iron catalysts for organic pollutant oxidation via peroxymonosulfate activation	高耀文	广州大学大湾区环境研究院	ENVIRONMENTAL SCIENCE & TECHNOLOGY
247	π-π conjugation driving peroxymonosulfate activation for pollutant elimination over metal-free graphitized polyimide surface	Cao, Wenrui	广州大学大湾区环境研究院	JOURNAL OF HAZARDOUS MATERIALS
248	Unexpected degradation and deiodination of diatrizoate by the Cu(II)/S(IV) system under anaerobic conditions	杨兢欣	广州大学大湾区环境研究院	WATER RESEARCH
249	Cation-π structure inducing efficient peroxymonosulfate activation for pollutant degradation over atomically dispersed cobalt bonding graphene-like nanospheres	Lyu, Lai	广州大学大湾区环境研究院	APPLIED CATALYSIS B: ENVIRONMENTAL
250	Synergistic effects of carbon nanoparticle-Cr-Pb in $PM_{2.5}$ cause cell cycle arrest via upregulating a novel lncRNA NONHSAT074301.2 in human bronchial epithelial cells	Pan, Xiujiao	广州大学大湾区环境研究院	JOURNAL OF HAZARDOUS MATERIALS

续上表

序号	论文题目	第一/通讯作者	所属单位	发表刊物/论文集
251	Hemin covalently functionalized carbon nanobranch with enzyme-like and photocatalytic activities for synergistic dye degradation and antibacterial therapy	Zhou, Li	广州大学大湾区环境研究院	ADVANCED SUSTAINABLE SYSTEMS
252	Molecular hexagram and octagram: Position determined 3D metallo-supermolecules and concentration-induced transformation	伍暾	广州大学大湾区环境研究院	CHINESE CHEMICAL LETTERS
253	Enhancing photocatalytic performance by direct photo-excited electron transfer from organic pollutants to low-polymerized graphitic carbon nitride with more C-NH/NH_2 exposure	李凡	广州大学大湾区环境研究院	APPLIED CATALYSIS B: ENVIRONMENTAL
254	Elucidation of the Critical Role of Core Materials in $PM_{2.5}$-Induced Cytotoxicity by Interrogating Silica-and Carbon-Based Model $PM_{2.5}$ Particle Libraries	Liu, Guohong	广州大学大湾区环境研究院	ENVIRONMENTAL SCIENCE & TECHNOLOGY
255	Protein corona-mediated extraction for quantitative analysis of nanoplastics in environmental waters by pyrolysis gas chromatography/mass spectrometry	周小霞	广州大学大湾区环境研究院	ANALYTICAL CHEMISTRY
256	Sub-thick electrodes with enhanced transport kinetics via in situ epitaxial heterogeneous interfaces for high areal-capacity Lithium Ion Batteries	Huang, Yongchao	广州大学大湾区环境研究院	SMALL
257	A comprehensive review of strobilurin fungicide toxicity in aquatic species: Emphasis on mode of action from the zebrafish model	王晓红	广州大学大湾区环境研究院	ENVIRONMENTAL POLLUTION
258	Enhanced Fenton-like efficiency by the synergistic effect of oxygen vacancies and organics adsorption on Fe_xO_y-d-g-C_3N_4 with Fe-N complexation	Wang, Yumeng	广州大学大湾区环境研究院	JOURNAL OF HAZARDOUS MATERIALS
259	Establishment of sulfate radical advanced oxidation process based on Fe^{2+}/O_2/dithionite for organic contaminants degradation	Yang, Jingxin	广州大学大湾区环境研究院	CHEMICAL ENGINEERING JOURNAL

续上表

序号	论文题目	第一/通讯作者	所属单位	发表刊物/论文集
260	All-carbon-frameworks enabled thick electrode with exceptional high-areal-capacity for Li-Ion storage	Huang, Yongchao	广州大学大湾区环境研究院	CARBON
261	Advanced Tri-Layer carbon matrices with π-π stacking interaction for binder-free Lithium-Ion storage	Huang, Yongchao	广州大学大湾区环境研究院	ACS APPLIED MATERIALS & INTERFACES
262	Clover leaf-shaped supramolecules assembled using a predesigned metallo-organic ligand	Bai, Qixia；伍暾	广州大学大湾区环境研究院	ORGANIC CHEMISTRY FRONTIERS
263	Influence of critical factors on nitrogen removal contribution by anammox and denitrification in an anammox-inoculated wastewater treatment system	王丽美	广州大学大湾区环境研究院	JOURNAL OF WATER PROCESS ENGINEERING
264	Different pioneer plant species have similar rhizosphere microbial communities	叶飞	广州大学大湾区环境研究院	PLANT AND SOIL
265	Heterogeneous Fenton-like reaction followed by GAC filtration improved removal efficiency of NOM and DBPs without adjusting pH	Zhang, Yao	广州大学大湾区环境研究院	SEPARATION AND PURIFICATION TECHNOLOGY
266	Chemical vapor deposition of amorphous molybdenum sulphide on black phosphorus for photoelectrochemical water splitting	Chou, Zhihong	广州大学大湾区环境研究院	JOURNAL OF MATERIALS SCIENCE AND TECHNOLOGY
267	$Ni_{0.58}Al_{0.42}$ alloy growth on various conductive substrates and their use as advanced self-supportive electrocatalysts for boosted oxygen evolution catalysis	Huang, Yongchao	广州大学大湾区环境研究院	JOURNAL OF ALLOYS AND COMPOUNDS
268	Fe-Mn Oxides Based Multifunctional Adsorptive/Electrosensing Nanoplatforms: Dynamic Site Rearrangement for Metal Ion Selectivity	余力	广州大学大湾区环境研究院	ENVIRONMENTAL SCIENCE & TECHNOLOGY
269	Sequential isolation of microplastics and nanoplastics in environmental waters by membrane filtration, followed by cloud-point extraction	Zhou, Xiaoxia	广州大学大湾区环境研究院	ANALYTICAL CHEMISTRY

续上表

序号	论文题目	第一/通讯作者	所属单位	发表刊物/论文集
270	More octahedral Cu^+ and surface acid sites in uniformly porous $Cu-Al_2O_3$ for enhanced Fenton catalytic performances	Hu, Chun	广州大学大湾区环境研究院	JOURNAL OF HAZARDOUS MATERIALS
271	MOF-derived core/shell $C-TiO_2/CoTiO_3$ type II heterojunction for efficient photocatalytic removal of antibiotics	Lin, Biyun	广州大学大湾区环境研究院	JOURNAL OF HAZARDOUS MATERIALS
272	Contrasting effects of microplastics on sorption of diazepam and phenanthrene in soil	Xu, Baile	广州大学大湾区环境研究院	JOURNAL OF HAZARDOUS MATERIALS
273	Efficient integrated module of gravity driven membrane filtration, solar aeration and GAC adsorption for pretreatment of shale gas wastewater	Li, Tong	广州大学大湾区环境研究院	JOURNAL OF HAZARDOUS MATERIALS
274	Versatile synthesis of a highly porous DNA/CNT hydrogel for the adsorption of the carcinogen PAH	马戈	广州大学大湾区环境研究院	CHEMICAL COMMUNICATIONS
275	Quantitative analysis of polystyrene and poly (methyl methacrylate) nanoplastics in tissues of aquatic animals	周小霞	广州大学大湾区环境研究院	ENVIRONMENTAL SCIENCE & TECHNOLOGY
276	Improving the charge properties of the WO_3 photoanode using a $BiFeO_3$ ferroelectric nanolayer dagger	Wang, Mingqi	广州大学大湾区环境研究院	PHYSICAL CHEMISTRY CHEMICAL PHYSICS
277	One Pot Synthesis of Large Gold Nanoparticles with Triple Functional Ferrocene Ligands	Wang, Shenqing	广州大学大湾区环境研究院	INTERNATIONAL JOURNAL OF MOLECULAR SCIENCES
278	Transfer and bioavailability of inorganic and organic arsenic in sediment-water-biota microcosm	张伟	广州大学大湾区环境研究院	AQUATIC TOXICOLOGY
279	Russian-Doll-Like Molecular Cubes	刘叠	广州大学大湾区环境研究院	JOURNAL OF THE AMERICAN CHEMICAL SOCIETY

续上表

序号	论文题目	第一/通讯作者	所属单位	发表刊物/论文集
280	Shifts in the abundance and community composition of particle-associated and free-living nitrospira across physicochemical gradients in the pearl River Estuary	洪义国	广州大学大湾区环境研究院	ESTUARIES AND COASTS
281	Membrane fouling performance of Fe-based coagulation-ultrafiltration process: Effect of sedimentation time	Li, Tong	广州大学大湾区环境研究院	ENVIRONMENTAL RESEARCH
282	Breakthrough of ZrO_2 nanoparticles into fetal brains depends on developmental stage of maternal placental barrier and fetal blood-brain-barrier	Zhang, Congcong	广州大学大湾区环境研究院	JOURNAL OF HAZARDOUS MATERIALS
283	Degradation of neurotoxin β-N-methylamino-L-alanine by UV_{254} activated persulfate: Kinetic model and reaction pathways	Yan, Boyin	广州大学大湾区环境研究院	CHEMICAL ENGINEERING JOURNAL
284	Toward the next generation of sustainable membranes from green chemistry principles	Li, Tong	广州大学大湾区环境研究院	ACS SUSTAINABLE CHEMISTRY & ENGINEERING
285	Vanadium tetrasulfide cross-linking graphene-like carbon driving a sustainable electron supply chain from pollutants through the activation of dissolved oxygen and hydrogen peroxide	邓康蓝,高婷婷	广州大学大湾区环境研究院	ENVIRONMENTAL SCIENCE—NANO
286	Identification of polystyrene nanoplastics using surface enhanced Raman spectroscopy	周小霞	广州大学大湾区环境研究院	TALANTA
287	Enhancing inhibition of disinfection byproducts formation and opportunistic pathogens growth during drinking water distribution by Fe_2O_3/Coconut shell activated carbon	邢学辞	广州大学大湾区环境研究院	ENVIRONMENTAL POLLUTION
288	A novel high-efficient MOFs-based corrosion inhibitor for the reinforcing steel in cement extract	Ma, Yuwei	广州大学风工程与工程振动研究中心	CONSTRUCTION AND BUILDING MATERIALS
289	Delamination detection in composite laminates using improved surrogate-assisted optimization	童华炜,潘静雯	广州大学风工程与工程振动研究中心	COMPOSITE STRUCTURES

续上表

序号	论文题目	第一/通讯作者	所属单位	发表刊物/论文集
290	Wind-resistant structural optimization of supertall buildings based on high-frequency force balance wind tunnel experiment	徐 安	广州大学风工程与工程振动研究中心	ENGINEERING STRUCTURES
291	Study of acidic degradation of alkali-activated materials using synthetic C-(N)-A-S-H and N-A-S-H gels	Ma, Yuwei	广州大学风工程与工程振动研究中心	COMPOSITES PART B: ENGINEERING
292	Long-term lateral-torsional buckling behavior of pin-ended CFST arches under uniform radial loads and temperature field	黄永辉	广州大学风工程与工程振动研究中心	MECHANICS OF ADVANCED MATERIALS AND STRUCTURES
293	Insights into the high-velocity impact behaviour of bio-inspired composite laminates with helicoidal lay-ups	Zhang, Zhifang	广州大学风工程与工程振动研究中心	POLYMER TESTING
294	Corrosion behavior of the reinforcement in chloride-contaminated alkali-activated fly ash pore solution	Ma, Yuwei	广州大学风工程与工程振动研究中心	COMPOSITES PART B: ENGINEERING
295	Turning sandstone clay into supplementary cementitious material: Activation and pozzolanic reactivity evaluation	Ma, Yuwei	广州大学风工程与工程振动研究中心	COMPOSITES PART B: ENGINEERING
296	Investigation on the damping of rectangular water tank with bottom-mounted vertical baffles: Hydrodynamic interaction and frequency reduction effect	吴玖荣	广州大学风工程与工程振动研究中心	ENGINEERING STRUCTURES
297	Mechanical properties and structural health monitoring performance of carbon nanotube-modified FRP composites: A review	黎健斌	广州大学风工程与工程振动研究中心	NANOTECHNOLOGY REVIEWS
298	pH-triggered release performance of microcapsule-based inhibitor and its inhibition effect on the reinforcement embedded in mortar	Ma, Yuwei	广州大学风工程与工程振动研究中心	MATERIALS
299	Performance of a bistable flow-energy harvester based on vortex-induced vibration	吴 楠	广州大学风工程与工程振动研究中心	JOURNAL OF WIND ENGINEERING AND INDUSTRIAL AERODYNAMICS

续上表

序号	论文题目	第一/通讯作者	所属单位	发表刊物/论文集
300	Surface properties of clay brick powder and its influence on hydration and strength development of cement paste	欧阳小伟	广州大学风工程与工程振动研究中心	CONSTRUCTION AND BUILDING MATERIALS
301	Surface characteristics and electrochemical behaviors of passive reinforcing steel in alkali-activated slag	Ma, Yuwei	广州大学风工程与工程振动研究中心	CORROSION SCIENCE
302	Flexural-torsional buckling of shear deformable steel circular arches under a central concentrated load in a thermal environment	Liu, Lulu	广州大学风工程与工程振动研究中心	ENGINEERING STRUCTURES
303	Vibration-based detection of skin-stiffener debonding on composite stiffened panels using surrogate-assisted algorithms	潘静雯	广州大学风工程与工程振动研究中心	COMPOSITE STRUCTURES
304	The role of graphene/graphene oxide in cement hydration	Meng, Shaoqiang	广州大学风工程与工程振动研究中心	NANOTECHNOLOGY REVIEWS
305	Nonlinear in-plane buckling of fixed shallow arches with an orthotropic thin-walled section under uniform radial and thermal loading	Zhang, Zixiang	广州大学风工程与工程振动研究中心	THIN-WALLED STRUCTURES
306	Study of Flexural and Crack Propagation Behavior of Layered Fiber-Reinforced Cementitious Mortar Using the Digital Image Correlation（DIC）Technique	Meng, Shaoqiang	广州大学风工程与工程振动研究中心	MATERIALS
307	Isogeometric nonlinear bending analysis of porous FG composite microplates with a central cutout modeled by the couple stress continuum quasi-3D plate theory	饶 瑞	广州大学风工程与工程振动研究中心	ARCHIVES OF CIVIL AND MECHANICAL ENGINEERING
308	A theoretical study on nonlinear in-plane buckling of shallow angle-ply laminated arches with elastic supports	Zhang, Zixiang	广州大学风工程与工程振动研究中心	COMPOSITE STRUCTURES
309	Bistable energy harvester using easy snap-through performance to increase output power	吴 楠	广州大学风工程与工程振动研究中心	ENERGY

续上表

序号	论文题目	第一/通讯作者	所属单位	发表刊物/论文集
310	A comparison of machine learning algorithms for assessment of delamination in fiber-reinforced polymer composite beams	He, Mengyue	广州大学风工程与工程振动研究中心	STRUCTURAL HEALTH MONITORING-AN INTERNATIONAL JOURNAL
311	On the competitive antagonism effect in combined chloride-sulfate attack: A numerical exploration	Liu, Airong	广州大学风工程与工程振动研究中心	CEMENT AND CONCRETE RESEARCH
312	Characterization of vertical wind velocity variability based on fractal dimension analysis	He, Yuncheng	广州大学风工程与工程振动研究中心	JOURNAL OF WIND ENGINEERING AND INDUSTRIAL AERODYNAMICS
313	Analytical and experimental studies on out-of-plane dynamic parametric instability of a circular arch under a vertical harmonic base excitation	Zhong, Zilin	广州大学风工程与工程振动研究中心	JOURNAL OF SOUND AND VIBRATION
314	Relationship between microstructure of AgCl film and electrochemical behavior of Ag|AgCl electrode for chloride detection	Ma, Yuwei	广州大学风工程与工程振动研究中心	CORROSION SCIENCE
315	Sensitivity of solidification hydration model in estimating carbonation of fly ash cement system	Liu, Airong	广州大学风工程与工程振动研究中心	CONSTRUCTION AND BUILDING MATERIALS
316	Fresh and hardened properties of alkali-activated fly ash/slag binders: Effect of fly ash source, surface area, and additives	Wang, Yanru	广州大学风工程与工程振动研究中心	JOURNAL OF SUSTAINABLE CEMENT-BASED MATERIALS
317	Numerical modelling of foam-core sandwich panels with nano-reinforced composite facesheets	Zhang, Zhifang	广州大学风工程与工程振动研究中心	JOURNAL OF SANDWICH STRUCTURES & MATERIALS
318	Investigation of chaotic features of surface wind speeds using recurrence analysis	He, Yuncheng	广州大学风工程与工程振动研究中心	JOURNAL OF WIND ENGINEERING AND INDUSTRIAL AERODYNAMICS
319	Recent progress of utilization of activated kaolinitic clay in cementitious construction materials	Ma, Yuwei	广州大学风工程与工程振动研究中心	COMPOSITES PART B: ENGINEERING

续上表

序号	论文题目	第一/通讯作者	所属单位	发表刊物/论文集
320	Enhancing the performance of stochastic subspace identification method via energy-oriented categorization of modal components	何运成	广州大学风工程与工程振动研究中心	ENGINEERING STRUCTURES
321	Revisiting Typhoon York (9915) at landfall	Mao, Huajian	广州大学风工程与工程振动研究中心	JOURNAL OF WIND ENGINEERING AND INDUSTRIAL AERODYNAMICS
322	Dependence of wind load on air density for highrise buildings	何运成	广州大学风工程与工程振动研究中心	JOURNAL OF WIND ENGINEERING AND INDUSTRIAL AERODYNAMICS
323	Analytical prediction for nonlinear buckling of elastically supported FG-GPLRC arches under a central point load	Liu, Airong	广州大学风工程与工程振动研究中心	MATERIALS
324	Elastic lateral-torsional instability of monosymmetric shear deformable fixed arches under a localized uniform radial load	Liu, Lulu	广州大学风工程与工程振动研究中心	THIN-WALLED STRUCTURES
325	An integrated framework for modelling time-dependent corrosion propagation in offshore concrete structures	Yu, Yuguo	广州大学风工程与工程振动研究中心	ENGINEERING STRUCTURES
326	The effect of organic core-shell corrosion inhibitors on corrosion performance of the reinforcement in simulated concrete pore solution	Hu, Jie	广州大学风工程与工程振动研究中心	CONSTRUCTION AND BUILDING MATERIALS
327	Effects of the combined usage of nanomaterials and steel fibres on the workability, compressive strength, and microstructure of ultra-high performance concrete	Rao, Rui	广州大学风工程与工程振动研究中心	NANOTECHNOLOGY REVIEWS
328	In-plane dynamic instability of a shallow circular arch under a vertical-periodic uniformly distributed load along the arch axis	Zhong, Zilin	广州大学风工程与工程振动研究中心	INTERNATIONAL JOURNAL OF MECHANICAL SCIENCES
329	Spectral characteristics of surface atmosphere in range of macroscale to microscale at Hong Kong	林海波	广州大学风工程与工程振动研究中心	JOURNAL OF WIND ENGINEERING AND INDUSTRIAL AERODYNAMICS

续上表

序号	论文题目	第一/通讯作者	所属单位	发表刊物/论文集
330	Development of a true-biaxial split hopkinson pressure bar device and its application	Tao, Weijun	广州大学工程抗震研究中心	MATERIALS
331	Investigation of using the ceramic polishing brick powder in engineered cementitious composites	Xiong, Yan	广州大学工程抗震研究中心	JOURNAL OF BUILDING ENGINEERING
332	Performance evaluation of multiple tuned inerter-based dampers for seismic induced structural vibration control	陈华霆	广州大学工程抗震研究中心	STRUCTURAL CONTROL & HEALTH MONITORING
333	A new nonlinear model to describe the degradation law of the mechanical properties of lead-rubber bearings under high-speed horizontal loading	刘彦辉	广州大学工程抗震研究中心	STRUCTURAL CONTROL & HEALTH MONITORING
334	Innovative formulation for topological fatigue optimisation based on material defects distribution and TopFat algorithm	Gao, Xingjun	广州大学工程抗震研究中心	INTERNATIONAL JOURNAL OF FATIGUE
335	Simplified multimode control of seismic response of high-rise chimneys using distributed tuned mass inerter systems（TMIS）	Hao, Linfei	广州大学工程抗震研究中心	ENGINEERING STRUCTURES
336	Enhancement of strength and ductility in non-equiatomic CoCrNi medium-entropy alloy at room temperature via transformation-induced plasticity	邓皓玮	广州大学黄埔研究院	MATERIALS SCIENCE AND ENGINEERING: A-STRUCTURAL MATERIALS PROPERTIES MICROSTRUCTURE AND PROCESSING
337	Prediction of pandemic risk for animal-origin coronavirus using a deep learning method	寇铮	广州大学计算科技研究院	INFECTIOUS DISEASES OF POVERTY
338	Fully decoupled control of the machine directional register in roll-to-roll printing system	陈智华	广州大学计算科技研究院	IEEE TRANSACTIONS ON INDUSTRIAL ELECTRONICS

续上表

序号	论文题目	第一/通讯作者	所属单位	发表刊物/论文集
339	Adaptive complete synchronization of two complex networks with uncertain parameters, structures, and disturbances	Wang, Gang	广州大学计算科技研究院	JOURNAL OF COMPUTATIONAL SCIENCE
340	A survey on domination in vague graphs with application in transferring cancer patients between countries	饶永生	广州大学计算科技研究院	MATHEMATICS
341	Hamilton-connectivity of line graphs with application to their detour index	钟育彬	广州大学计算科技研究院	JOURNAL OF APPLIED MATHEMATICS AND COMPUTING
342	Exploring the effects of computational costs in extensive games via modeling and simulation	Zhu, Enqiang	广州大学计算科技研究院	INTERNATIONAL JOURNAL OF INTELLIGENT SYSTEMS
343	Analysis and optimization for downlink cell-free massive MIMO system with mixed DACs	Tan, Weiqiang	广州大学计算科技研究院	SENSORS
344	A comprehensive micromechanical analysis of the thermoelastic properties of polymer nanocomposites containing carbon nanotubes with fully random microstructures	石晓龙	广州大学计算科技研究院	MECHANICS OF ADVANCED MATERIALS AND STRUCTURES
345	Total Roman {3}-Domination: The complexity and linear-time algorithm for trees	Liu, Xinyue	广州大学计算科技研究院	MATHEMATICS
346	Double Roman Graphs in P($3k$, k)	邵泽辉	广州大学计算科技研究院	MATHEMATICS
347	An improved nordhaus-gaddum-type theorem for 2-rainbow independent domination number	朱恩强	广州大学计算科技研究院	MATHEMATICS
348	A note on the paired-domination subdivision number of trees	强小利	广州大学计算科技研究院	MATHEMATICS
349	Sustainable development goals, financial inclusion, and grain security efficiency	贾帅帅	广州大学金融研究院（广州国际金融研究院）	AGRONOMY-BASEL

续上表

序号	论文题目	第一/通讯作者	所属单位	发表刊物/论文集
350	Dynamic dependence nexus and causality of the renewable energy stock markets on the fossil energy markets	Jiang, Yonghong	广州大学金融研究院（广州国际金融研究院）	ENERGY
351	Does digital financial inclusion affect agricultural eco-efficiency? A case study on China	Ma, Jiehua	广州大学金融研究院（广州国际金融研究院）	AGRONOMY-BASEL
352	Spatial interaction spillover effects between digital financial technology and urban ecological efficiency in China: An empirical study based on spatial simultaneous equations	粟亚亚	广州大学金融研究院（广州国际金融研究院）	INTERNATIONAL JOURNAL OF ENVIRONMENTAL RESEARCH AND PUBLIC HEALTH
353	Does ownership concentration affect corporate environmental responsibility engagement? The mediating role of corporate leverage	陈双莲	广州大学金融研究院（广州国际金融研究院）	BORSA ISTANBUL REVIEW
354	Does environmental policy affect green total factor productivity? Quasi-natural experiment based on China's Air Pollution Control and Prevention Action Plan	李庭辉	广州大学金融研究院（广州国际金融研究院）	INTERNATIONAL JOURNAL OF ENVIRONMENTAL RESEARCH AND PUBLIC HEALTH
355	The relationship between environmental regulation, pollution and corporate environmental responsibility	王孟欣	广州大学金融研究院（广州国际金融研究院）	INTERNATIONAL JOURNAL OF ENVIRONMENTAL RESEARCH AND PUBLIC HEALTH
356	Revisiting the valuable roles of global financial assets for international stock markets: Quantile coherence and causality-in-quantiles approaches	李正辉	广州大学金融研究院（广州国际金融研究院）	MATHEMATICS
357	Do the green credit guidelines affect corporate green technology innovation? empirical research from China	洪敏	广州大学金融研究院（广州国际金融研究院）	INTERNATIONAL JOURNAL OF ENVIRONMENTAL RESEARCH AND PUBLIC HEALTH

续上表

序号	论文题目	第一/通讯作者	所属单位	发表刊物/论文集
358	PNAS: A privacy preserving framework for neural architecture search services	Pan, Zijie	广州大学人工智能与区块链研究院	INFORMATION SCIENCES
359	Adversarial perturbation in remote sensing image recognition	艾 山	广州大学人工智能与区块链研究院	APPLIED SOFT COMPUTING
360	MHAT: An efficient model-heterogenous aggregation training scheme for federated learning	Hu, Li	广州大学人工智能与区块链研究院	INFORMATION SCIENCES
361	Camdar-adv: Generating adversarial patches on 3D object	Chen, Chang	广州大学人工智能与区块链研究院	INTERNATIONAL JOURNAL OF INTELLIGENT SYSTEMS
362	PPCL: Privacy-preserving collaborative learning for mitigating indirect information leakage	闫红洋	广州大学人工智能与区块链研究院	INFORMATION SCIENCES
363	CSRT rumor spreading model based on complex network	Ai, Shan	广州大学人工智能与区块链研究院	INTERNATIONAL JOURNAL OF INTELLIGENT SYSTEMS
364	GAN-based differential private image privacy protection framework for the Internet of multimedia things	Yu, Jinao	广州大学人工智能与区块链研究院	SENSORS
365	Malicious mining code detection based on ensemble learning in cloud computing environment	李树栋 厉 源	广州大学网络空间先进技术研究院	SIMULATION MODELLING PRACTICE AND THEORY
366	Towards embedding information diffusion data for understanding big dynamic networks	Yang, Hong	广州大学网络空间先进技术研究院	NEUROCOMPUTING
367	MRI radiogenomics for intelligent diagnosis of breast tumors and accurate prediction of neoadjuvant chemotherapy responses — A review	Yin, Xiaoxia	广州大学网络空间先进技术研究院	COMPUTER METHODS AND PROGRAMS IN BIOMEDICINE
368	A peer-to-peer blockchain based interconnected power system	Shafiq, Muhammad Zubair	广州大学网络空间先进技术研究院	ENERGY REPORTS

续上表

序号	论文题目	第一/通讯作者	所属单位	发表刊物/论文集
369	On heterogeneous sensing capability for distributed rendezvous in cognitive radio networks	顾钊铨	广州大学网络空间先进技术研究院	IEEE TRANSACTIONS ON MOBILE COMPUTING
370	The security of internet of vehicles network: Adversarial examples for trajectory mode detection	仇晶	广州大学网络空间先进技术研究院	IEEE NETWORK
371	Construction of hierarchical $CuBi_2O_4$/Bi/BiOBr ternary heterojunction with Z-scheme mechanism for enhanced broad-spectrum photocatalytic activity	Zhu, Huijie	广州大学网络空间先进技术研究院	JOURNAL OF ALLOYS AND COMPOUNDS
372	An aerial computing assisted architecture for large-scale sensor networks	顾钊铨	广州大学网络空间先进技术研究院	IEEE WIRELESS COMMUNICATIONS
373	Forecasting the daily natural gas consumption with an accurate white-box model	韦南	广州大学网络空间先进技术研究院	ENERGY
374	Investigating the nexus between education expenditure, female employers, renewable energy consumption and CO_2 emission: Evidence from China	Rasool, Samma Faiz	广州大学网络空间先进技术研究院	JOURNAL OF CLEANER PRODUCTION
375	A novel web attack detection system for Internet of things via ensemble classification	Tian, Zhihong	广州大学网络空间先进技术研究院	IEEE TRANSACTIONS ON INDUSTRIAL INFORMATICS
376	Influences of the optimized air curtain at subway entrance to reduce the ingress of outdoor airborne particles	Chen, Tingsen	广州大学网络空间先进技术研究院	ENERGY AND BUILDINGS
377	Ground state and nodal solutions for critical Schrödinger-Kirchhoff-type Laplacian problems	Zhang, Huabo	广州大学网络空间先进技术研究院	JOURNAL OF FIXED POINT THEORY AND APPLICATIONS
378	Honeypot identification in softwarized industrial Cyber-Physical Systems	孙彦斌	广州大学网络空间先进技术研究院	IEEE TRANSACTIONS ON INDUSTRIAL INFORMATICS

续上表

序号	论文题目	第一/通讯作者	所属单位	发表刊物/论文集
379	LSVP: A visual based deep neural direction learning model for point-of-interest recommendation on sparse check-in data	桑瑜	广州大学网络空间先进技术研究院	NEUROCOMPUTING
380	An evaluation of the reactivity of synthetic Fe-Ni oxygen carriers: CO oxidation, H_2O reforming, and toluene cracking	Zhong, Zhen	广州大学网络空间先进技术研究院	ENERGY CONVERSION AND MANAGEMENT
381	A weighted network community detection algorithm based on deep learning	李树栋	广州大学网络空间先进技术研究院	APPLIED MATHEMATICS AND COMPUTATION
382	A privacy-preserving federated learning for multiparty data sharing in social IoTs	殷丽华	广州大学网络空间先进技术研究院	IEEE TRANSACTIONS ON NETWORK SCIENCE AND ENGINEERING
383	Biomass enhances the reduction of oxidized pellets with carbon monoxide	Guo, Dabin	广州大学网络空间先进技术研究院	BIORESOURCE TECHNOLOGY
384	Boundary-aware arbitrary-shaped scene text detector with learnable embedding network	谭庆丰	广州大学网络空间先进技术研究院	IEEE TRANSACTIONS ON MULTIMEDIA
385	Energy-aware geographic routing for real-time workforce monitoring in industrial informatics	Amir, Javadpour	广州大学网络空间先进技术研究院	IEEE INTERNET OF THINGS JOURNAL
386	Ambient particulate matter (PM_1, $PM_{2.5}$, PM_{10}) and childhood pneumonia: The smaller particle, the greater short-term impact?	Ho, Hung Chak	广州大学网络空间先进技术研究院	SCIENCE OF THE TOTAL ENVIRONMENT
387	Global component analysis of errors in three satellite-only global precipitation estimates	Chen, Hanqing	广州大学网络空间先进技术研究院	HYDROLOGY AND EARTH SYSTEM SCIENCES
388	A personalized search query generating method for safety-enhanced vehicle-to-people networks	Haroon, Elahi	广州大学网络空间先进技术研究院	IEEE TRANSACTIONS ON VEHICULAR TECHNOLOGY
389	Natural gas consumption forecasting: A discussion on forecasting history and future challenges	Liu, Jinyuan	广州大学网络空间先进技术研究院	JOURNAL OF NATURAL GAS SCIENCE AND ENGINEERING

续上表

序号	论文题目	第一/通讯作者	所属单位	发表刊物/论文集
390	Towards personalized task-oriented worker recruitment in mobile crowdsensing	Li, Chao	广州大学网络空间先进技术研究院	IEEE TRANSACTIONS ON MOBILE COMPUTING
391	A search for cloud cores affected by shocked carbon chain chemistry in l1251	Chen, X.	广州大学网络空间先进技术研究院	THE ASTROPHYSICAL JOURNAL
392	Exploring the variation trend of urban expansion, land surface temperature, and ecological quality and their interrelationships in Guangzhou, China, from 1987 to 2019	Zhao, Yi	广州大学网络空间先进技术研究院	REMOTE SENSING
393	Towards a physical-world adversarial patch for blinding object detection models	Lv, Haoran	广州大学网络空间先进技术研究院	INFORMATION SCIENCES
394	IoT root union: A decentralized name resolving system for IoT based on blockchain	苏　申	广州大学网络空间先进技术研究院	INFORMATION PROCESSING & MANAGEMENT
395	Ciprofloxacin-degrading Paraclostridium sp. isolated from sulfate-reducing bacteria-enriched sludge: Optimization and mechanism	He, Zhiqing	广州大学网络空间先进技术研究院	WATER RESEARCH
396	Crushing performances of Kirigami modified honeycomb structure in three axial directions	Yang, Qiusong	广州大学网络空间先进技术研究院	THIN-WALLED STRUCTURES
397	DIDDOS: An approach for detection and identification of Distributed Denial of Service (DDoS) cyberattacks using Gated Recurrent Units (GRU)	Shafiq, Muhammad Zubair	广州大学网络空间先进技术研究院	FUTURE GENERATION COMPUTER SYSTEMS—THE INTERNATIONAL JOURNAL OF ESCIENCE
398	Unraveling the stabilization mechanism of solid electrolyte interface on ZnSe by rGO in sodium ion battery	Huang, Xiaolian	广州大学网络空间先进技术研究院	JOURNAL OF ENERGY CHEMISTRY

续上表

序号	论文题目	第一/通讯作者	所属单位	发表刊物/论文集
399	The direct and interactive impacts of hydrological factors on bacillary dysentery across different geographical regions in central China	Ho, Hung Chak	广州大学网络空间先进技术研究院	SCIENCE OF THE TOTAL ENVIRONMENT
400	Gradient shielding: Towards understanding vulnerability of deep neural networks	顾钊铨	广州大学网络空间先进技术研究院	IEEE TRANSACTIONS ON NETWORK SCIENCE AND ENGINEERING
401	Temperature variation and preterm birth among live singleton deliveries in Shenzhen, China: A time-to-event analysis	Ho, Hung Chak	广州大学网络空间先进技术研究院	ENVIRONMENTAL RESEARCH
402	KdV-Type equation limit for ion dynamics system	Rong, Rong	广州大学网络空间先进技术研究院	COMMUNICATIONS ON PURE & APPLIED ANALYSIS
403	Deep learning feature exploration for Android malware detection	Zhang, Nan	广州大学网络空间先进技术研究院	APPLIED SOFT COMPUTING
404	CISK: An interactive framework for conceptual inference based spatial keyword query	许佳捷	广州大学网络空间先进技术研究院	NEUROCOMPUTING
405	Periodic solutions of stochastic differential equations driven by levy Noises	Guo, Xiaoxia	广州大学网络空间先进技术研究院	JOURNAL OF NONLINEAR SCIENCE
406	AutoD: Intelligent blockchain application unpacking based on JNI layer deception call	鲁辉	广州大学网络空间先进技术研究院	IEEE NETWORK
407	CorrAUC: A Malicious Bot-IoT Traffic Detection method in IoT network using machine-learning techniques	Shafiq, Muhammad	广州大学网络空间先进技术研究院	IEEE INTERNET OF THINGS JOURNAL
408	Building agile and resilient UAV networks based on SDN and blockchain	胡宁	广州大学网络空间先进技术研究院	IEEE NETWORK
409	Crack self-healing of cement-based materials by microorganisms immobilized in expanded vermiculite	Zhan, Qiwei	广州大学网络空间先进技术研究院	CONSTRUCTION AND BUILDING MATERIALS

续上表

序号	论文题目	第一/通讯作者	所属单位	发表刊物/论文集
410	Neighbourhood speed limit and childhood obesity	Zou, Yuxuan	广州大学网络空间先进技术研究院	OBESITY REVIEWS
411	Appraisal for organic amendments and plant growth-promoting rhizobacteria to enhance crop productivity under drought stress: A review	Sajid, Mehmood	广州大学网络空间先进技术研究院	JOURNAL OF AGRONOMY AND CROP SCIENCE
412	Phytochemistry, pharmacodynamics, and pharmacokinetics of a classic Chinese herbal formula Danggui Beimu Kushen Wan: A review	Lu, Leyao	广州大学网络空间先进技术研究院	PHYTOTHERAPY RESEARCH
413	Heat transfer performance of an assembled multilayer wall in a Chinese solar greenhouse considering humidity	Zhang, Guangpeng	广州大学网络空间先进技术研究院	JOURNAL OF ENERGY STORAGE
414	Oral application of Chinese herbal medicine for allergic rhinitis: A systematic review and meta-analysis of randomized controlled trials	Lu, Leyao	广州大学网络空间先进技术研究院	PHYTOTHERAPY RESEARCH
415	Origami metamaterial with two-stage programmable compressive strength under quasi-static loading	Yang, Qiusong	广州大学网络空间先进技术研究院	INTERNATIONAL JOURNAL OF MECHANICAL SCIENCES
416	Patterns of non-radial solutions to coupled semilinear elliptic systems on a disc	Krawcewicz, Wiestaw Z.	广州大学网络空间先进技术研究院	NONLINEAR ANALYSIS
417	Stability and periodicity in a mosquito population suppression model composed of two sub-models	Zhu, Zhongcai	广州大学应用数学研究中心	NONLINEAR DYNAMICS
418	Modeling mosquito population control by a coupled system	刘云峰	广州大学应用数学研究中心	JOURNAL OF MATHEMATICAL ANALYSIS AND APPLICATIONS
419	Existence and multiplicity of positive solutions for a class of quasilinear schrödinger equations in R^N	袁子清	广州大学应用数学研究中心	DISCRETE AND CONTINUOUS DYNAMICAL SYSTEMS—SERIES S

续上表

序号	论文题目	第一/通讯作者	所属单位	发表刊物/论文集
420	Approximating gene transcription dynamics using steady-state formulas	焦　锋	广州大学应用数学研究中心	PHYSICAL REVIEW E
421	The dynamics of gene transcription with a periodic synthesis rate	孙启文	广州大学应用数学研究中心	NONLINEAR DYNAMICS
422	Hopf bifurcation in a delayed reaction-diffusion-advection equation with ideal free dispersal	刘云峰	广州大学应用数学研究中心	BOUNDARY VALUE PROBLEMS
423	Multiple solutions for weighted Kirchhoff equations involving critical Hardy-Sobolev exponent	Shen, Zupei	广州大学应用数学研究中心	ADVANCES IN NONLINEAR ANALYSIS
424	Nitrogen-doped graphdiyne for efficient electrocatalytic N_2 reduction: A first-principles study	王　刚	化学化工学院	APPLIED SURFACE SCIENCE
425	Anti-corrosion mechanism of parsley extract and synergistic iodide as novel corrosion inhibitors for carbon steel-q235 in acidic medium by electrochemical, XPS and DFT methods	万　闪	化学化工学院	FRONTIERS IN BIOENGINEERING AND BIOTECHNOLOGY
426	A novel methylenemalononitrile-BODIPY-based fluorescent probe for highly selective detection of hydrogen peroxide in living cells	韦永凤	化学化工学院	EUROPEAN JOURNAL OF MEDICINAL CHEMISTRY
427	Melamine resin-coated lignocellulose fibers with robust superhydrophobicity for highly effective oil/water separation	康　磊	化学化工学院	SEPARATION AND PURIFICATION TECHNOLOGY
428	Converting amorphous kraft lignin to hollow carbon shell frameworks as electrode materials for lithium-ion batteries and supercapacitors	Xi, Yuebin	化学化工学院	INDUSTRIAL CROPS AND PRODUCTS
429	Evolution of interfacial coupling interaction of Ni-Ru species for pH-universal water splitting	Jin, Wei	化学化工学院	CHEMICAL ENGINEERING JOURNAL
430	Synthesis of functionalized diarylbenzofurans via Ru-catalyzed C-H activation and cyclization under air: rapid access to the polycyclic scaffold of diptoindonesin G	欧阳禄锋	化学化工学院	ORGANIC CHEMISTRY FRONTIERS

续上表

序号	论文题目	第一/通讯作者	所属单位	发表刊物/论文集
431	Electrocatalytic hydrogen evolution by cobalt complexes with a redox non-innocent polypyridine ligand	Liu, Jiale	化学化工学院	INORGANIC CHEMISTRY
432	Design and synthesis of organic optical nonlinear multichromophore dendrimers based on double-donor structures	刘锋钢	化学化工学院	MATERIALS CHEMISTRY FRONTIERS
433	Conductive metal organic framework for ion-selective membrane-free solid-contact potentiometric Cu^{2+} sensing	许龙斌	化学化工学院	JOURNAL OF ELECTROANALYTICAL CHEMISTRY
434	Porous Ni-Ca-Al-O bi-functional catalyst derived from layered double hydroxide intercalated with citrate anion for sorption-enhanced steam reforming of glycerol	党成雄	化学化工学院	APPLIED CATALYSIS B: ENVIRONMENTAL
435	Solid-Contact Potentiometric Anion Sensing Based on Classic Silver/Silver Insoluble Salts Electrodes without Ion-Selective Membrane	Liao, Chunxian	化学化工学院	MEMBRANES
436	Rhodium（Ⅲ）-catalyzed oxidative annulation of isoquinolones with allyl alcohols: synthesis of isoindolo[2, 1-b] isoquinolin-5（7H）-ones	江锦源	化学化工学院	ORGANIC & BIOMOLECULAR CHEMISTRY
437	Adsorption and anticorrosion mechanism of glucose-based functionalized carbon dots for copper in neutral solution	万 闪	化学化工学院	JOURNAL OF THE TAIWAN INSTITUTE OF CHEMICAL ENGINEERS
438	In situ etching strategy to construct yolk-shell $CoSe_2$@$NiCoSe_4$-NC heterostructures for high-performance sodium ion battery	Liang, Huajian	化学化工学院	MATERIALS CHEMISTRY FRONTIERS
439	Ni_3Se_4@$CoSe_2$ hetero-nanocrystals encapsulated into CNT-porous carbon interpenetrating frameworks for high-performance sodium ion battery	Xu, Feng	化学化工学院	JOURNAL OF COLLOID AND INTERFACE SCIENCE
440	High-performance fluorescent organic electroluminescent devices benefit from sensitization of thermally activated delayed fluorescence	崔荣朕	化学化工学院	JOURNAL OF MATERIALS CHEMISTRY C

续上表

序号	论文题目	第一/通讯作者	所属单位	发表刊物/论文集
441	Mussel-inspired MgAl-LDH/carbon fiber film modified by polydopamine for highly efficient removal of Pb^{2+}	Yang, Wenwen	化学化工学院	JOURNAL OF ENVIRONMENTAL CHEMICAL ENGINEERING
442	Ion-exchange strategy of CoS_2/Sb_2S_3 hetero-structured nanocrystals encapsulated into 3D interpenetrating dual-carbon framework for high-performance Na^+/K^+ batteries	Li, Xiaotong	化学化工学院	CHEMICAL ENGINEERING JOURNAL
443	Self-healing of a covalently cross-linked polymer electrolyte membrane by diels-alder cycloaddition and electrolyte embedding for lithium ion batteries	陈丽娟	化学化工学院	POLYMERS
444	A novel synthetic strategy towards NaCl-type $Ni_xCo_{1-x}O$ solid solution nanoplatelets encapsulated in N-doped carbon for enhanced lithium-ion storage	张梦辉 谢辉	化学化工学院	JOURNAL OF ALLOYS AND COMPOUNDS
445	Effects of low relative humidity on respiratory metabolism and energy status revealed new insights on "calcification" in chestnut (*Castanea mollissima* Bl. cv. 'Youli') during postharvest shelf life	Xiao, Jiaqi	化学化工学院	SCIENTIA HORTICULTURAE
446	Sulfuration of Fe-N/C porous nanosheets as bifunctional catalyst with remarkable biocompatibility for high-efficient microbial fuel cells	蒋鹏阳	化学化工学院	JOURNAL OF POWER SOURCES
447	Strategies to enhance photocatalytic activity of graphite carbon nitride-based photocatalysts	Huang, Runda	化学化工学院	MATERIALS AND DESIGN
448	Simultaneous realization of superoleophobicity and strong substrate adhesion in water via a unique segment orientation mechanism	于丹凤	化学化工学院	ADVANCED MATERIALS
449	Graphite-like carbon nitride nanotube for electrochemilumin escence featuring high efficiency, high stability, and ultrasensitive ion detection capability	Zhao, Bolin	化学化工学院	THE JOURNAL OF PHYSICAL CHEMISTRY LETTERS

续上表

序号	论文题目	第一/通讯作者	所属单位	发表刊物/论文集
450	Bioinspired electro-RAFT polymerization for electrochemical sensing of nucleic acids	胡琼	化学化工学院	ACS APPLIED MATERIALS & INTERFACES
451	Efficient green fluorescent organic light-emitting diodes with extended lifetimes by exploiting an iridium complex as a sensitizer	崔荣朕	化学化工学院	JOURNAL OF MATERIALS CHEMISTRY C
452	Stable Ti^{3+} sites derived from the Ti_xO_y-P_z Layer Boost cubic Fe_2O_3 for enhanced photocatalytic N_2 Reduction	Zhang, Wensheng	化学化工学院	ACS SUSTAINABLE CHEMISTRY & ENGINEERING
453	A dual-interfacial system with well-defined spatially separated redox-sites for boosting photocatalytic overall H_2S splitting	淡猛	化学化工学院	CHEMICAL ENGINEERING JOURNAL
454	Upsized vortex fluidic device enhancement of mechanical properties and the microstructure of biomass-based biodegradable films	He, Shan	化学化工学院	ACS SUSTAINABLE CHEMISTRY & ENGINEERING
455	Improving Na^+ transport kinetics and Na^+ storage of hierarchical rhenium-nickel sulfide（ReS_2@NiS_2）hollow architecture by assembling layered 2D-3D heterostructures	Cai, Zelin	化学化工学院	CHINESE CHEMICAL LETTERS
456	High-stability silver nanowire-Al_2O_3 composite flexible transparent electrodes prepared by electrodeposition	Luo, DongXiang	化学化工学院	NANOMATERIALS
457	Controllable morphology tailoring with solvothermal method toward $LiMnPO_4$/C cathode materials for improved performance and favorable thermostability	杨伟	化学化工学院	ACTA METALLURGICA SINICA-ENGLISH LETTERS
458	Interfacial polymerized copolymers of aniline and phenylenediamine with tunable magnetoresistance and negative permittivity	Yao, Feichong	化学化工学院	MATERIALS TODAY PHYSICS
459	Coenzyme-mediated electro-grafting for ultrasensitive electrochemical DNA biosensing	胡琼	化学化工学院	SENSORS AND ACTUATORS B: CHEMICAL

续上表

序号	论文题目	第一/通讯作者	所属单位	发表刊物/论文集
460	Aggregation-induced delayed fluorescence luminogens: The innovation of purely organic emitters for aqueous electrochemiluminescence	张保华	化学化工学院	CHEMICAL SCIENCE
461	Skin-inspired hair-epidermis-dermis hierarchical structures for electronic skin sensors with high sensitivity over a wide linear range	宋忠乾	化学化工学院	ACS NANO
462	Novel strategy of natural antioxidant nutrition quality evaluation in food: Oxidation resistance mechanism and synergistic effects investigation	Liang, Zhishan	化学化工学院	FOOD CHEMISTRY
463	CH_3OH selective oxidation to HCHO on Z-scheme $Fe_2O_3/g-C_3N_4$ hybrid: The rate-determining step of C-H bond scission	Huang, Sheng	化学化工学院	CHEMICAL ENGINEERING JOURNAL
464	Constructing the frustrated Lewis pairs within N, S-codoped carbon to reveal the role of adjacent heteroatom sites for highly effective removal of heavy metal ions	Chen, Junwu	化学化工学院	CHEMICAL ENGINEERING JOURNAL
465	Essential analysis of cyclic voltammetry of methanol electrooxidation using the differential electrochemical mass spectrometry	Lai, Lihua	化学化工学院	JOURNAL OF POWER SOURCES
466	Syntheses, structural modulation, and slow magnetic relaxation of three dysprosium (Ⅲ) complexes with mononuclear, dinuclear, and one-dimensional structures	叶华健	化学化工学院	DALTON TRANSACTIONS
467	Engineering highly active $Ag/Nb_2O_5@Nb_2CT_x$ (MXene) photocatalysts via steering charge kinetics strategy	Peng, Feng	化学化工学院	CHEMICAL ENGINEERING JOURNAL
468	Significant improvement on selectivity and capacity of glycine-modified FeCo-layered double hydroxides in the removal of As (Ⅴ) from polluted water	Lin, Jing	化学化工学院	CHEMOSPHERE

续上表

序号	论文题目	第一/通讯作者	所属单位	发表刊物/论文集
469	Metal organic framework-derived C-doped ZnO/TiO$_2$ nanocomposite catalysts for enhanced photodegradation of Rhodamine B	Lin, Jing	化学化工学院	JOURNAL OF COLLOID AND INTERFACE SCIENCE
470	Suppression of Eu^{2+} Luminescence Loss	何瑾	化学化工学院	ADVANCED OPTICAL MATERIALS
471	Comparative investigation on copper atmospheric corrosion by electrochemical impedance and electrical resistance sensors	万闪	化学化工学院	TRANSACTIONS OF NONFERROUS METALS SOCIETY OF CHINA
472	A near-infrared-emission aza-BODIPY-based fluorescent probe for fast, selective, and "turn-on" detection of HClO/ClO$^-$	史文静	化学化工学院	TALANTA
473	Self-assembly enabled nano-intercalation for stable high-performance MXene membranes	龙庆武	化学化工学院	JOURNAL OF MEMBRANE SCIENCE
474	A new antibacterial nano-system based on hematoporphyrin-carboxymethyl chitosan conjugate for enhanced photostability and photodynamic activity	Zhou, Ting	化学化工学院	CARBOHYDRATE POLYMERS
475	Phase-controllable growth Ni$_x$P$_y$ modified CdS@Ni$_3$S$_2$ electrodes for efficient electrocatalytic and enhanced photoassisted electrocatalytic overall water splitting	Peng, Feng	化学化工学院	SMALL METHODS
476	Hydroxyl group-directed, tartaric acid-catalyzed synthesis of meta-functionalized aryl ethers and phenols through domino conjugate addition/aromatization of para-quinols	陈国术	化学化工学院	ORGANIC CHEMISTRY FRONTIERS
477	Production of high-purity hydrogen from paper recycling black liquor via sorption enhanced steam reforming	Dang, Chengxiong	化学化工学院	GREEN ENERGY & ENVIRONMENT
478	Lattice proton intercalation to regulate WO$_3$-based solid-contact wearable ph sensor for sweat analysis	Tang, Yitian	化学化工学院	ADVANCED FUNCTIONAL MATERIALS

续上表

序号	论文题目	第一/通讯作者	所属单位	发表刊物/论文集
479	Machine learning and high-throughput computational screening of hydrophobic metal-organic frameworks for capture of formaldehyde from air	Yuan, Xueying	化学化工学院	GREEN ENERGY & ENVIRONMENT
480	Development and mechanical properties of soy protein isolate-chitin nanofibers complex gel: The role of high-pressure homogenization	陈绮蕙	化学化工学院	LWT
481	Wearable self-powered human motion sensors based on highly stretchable quasi-solid state hydrogel	Chen, Jianhao	化学化工学院	NANO ENERGY
482	Anticorrosive reinforcement of waterborne epoxy coating on Q235 steel using NZ/BNNS nanocomposites	万闪	化学化工学院	PROGRESS IN ORGANIC COATINGS
483	Highly efficient blue phosphorescent organic light-emitting diodes with low operation voltage	Zhu, Qi	化学化工学院	OPTICS AND LASER TECHNOLOGY
484	One-pot hydrothermal preparation of manganese-doped carbon microspheres for effective deep removal of hexavalent chromium from wastewater	Liu, Pei	化学化工学院	JOURNAL OF COLLOID AND INTERFACE SCIENCE
485	Re-looking into the active moieties of metal X-ides (X– = Phosph–, Sulf–, Nitr–, and Carb–) toward oxygen evolution reaction	Du, Lei	化学化工学院	ADVANCED FUNCTIONAL MATERIALS
486	Intercalation mechanism of the ammonium vanadate ($NH_4V_4O_{10}$) 3D decussate superstructure as the cathode for high-performance aqueous Zinc-Ion batteries	Sun, Rui	化学化工学院	ACS SUSTAINABLE CHEMISTRY & ENGINEERING
487	A surface-confined gradient conductive network strategy for transparent strain sensors toward full-range monitoring	徐秀彬 陈睿 李云龙	化学化工学院	ACS APPLIED MATERIALS & INTERFACES
488	Transition metal-based electrocatalysts for overall water splitting	Li, Xiaopeng	化学化工学院	CHINESE CHEMICAL LETTERS

续上表

序号	论文题目	第一/通讯作者	所属单位	发表刊物/论文集
489	Photocatalytic degradation of tobacco tar using $CsPbBr_3$ quantum dots modified Bi_2WO_6 composite photocatalyst	Wang, Kunqiang	化学化工学院	NANOMATERIALS
490	Detection of the effect of polydopamine (PDA)-coated polydimethylsiloxane (PDMS) substrates on the release of H_2O_2 from a single HeLa cell	Xiao, Jingyu	化学化工学院	ANALYST
491	Synthesis, molecular docking, and evaluation of antibacterial activity of 1, 2, 4-triazole-norfloxacin hybrids	Wang, Zizhou	化学化工学院	BIOORGANIC CHEMISTRY
492	The zinc vacancy induced CdS/ZnS Z-scheme structure as a highly stable photocatalyst for hydrogen production	Guo, Cong	化学化工学院	JOURNAL OF ALLOY AND COMPOUNDS
493	Flotation separation of acrylonitrile-butadienestyrene (ABS) and high impact polystyrene (HIPS) from waste electrical and electronic equipment (WEEE) by potassium permanganate surface modification	Wang, Xiaojing	化学化工学院	SEPARATION AND PURIFICATION TECHNOLOGY
494	Boosting photocatalytic hydrogen evolution using a noble-metal-free co-catalyst: CuNi@C with oxygen-containing functional groups	Peng, Feng	化学化工学院	APPLIED CATALYSIS B—ENVIRONMENTAL
495	Smart self-cleaning membrane via the blending of an upper critical solution temperature diblock copolymer with PVDF	Wu, Xu	化学化工学院	ACS APPLIED MATERIALS & INTERFACES
496	Deactivated Pt electrocatalysts for the oxygen reduction reaction: The regeneration mechanism and a regenerative protocol	Du, Lei	化学化工学院	ACS CATALYSIS
497	Rhodium (III)-catalyzed oxidative cyclization of oxazolines with cyclopropanols: Synthesis of isoindolinones	刘吉旦	化学化工学院	ORGANIC LETTERS

续上表

序号	论文题目	第一/通讯作者	所属单位	发表刊物/论文集
498	Mechanistic insights into the electrochemical reduction of CO_2 and N_2 on the regulation of a boron nitride defect-derived two-dimensional catalyst using density functional theory calculations	Zhang, Qiao	化学化工学院	JOURNAL OF PHYSICAL CHEMISTRY LETTERS
499	Epitaxially Grown Heterostructured $SrMn_3O_{6-x}$-$SrMnO_3$ with high-valence $Mn^{3+/4+}$ for improved oxygen reduction catalysis	Chen, Cheng	化学化工学院	ANGEWANDTE CHEMIE INTERNATIONAL EDITION
500	Flexible and hollow polypyrrole foam with high loading of metal-organic framework nanowires for wearable supercapacitors	Yue, Ting	化学化工学院	JOURNAL OF MATERIALS CHEMISTRY A
501	Design and synthesis of Phenylaminothiophene donor-based chromophore with enhanced electro-optic activity	Yang, Minfeng	化学化工学院	DYES AND PIGMENTS
502	Newly generated and increased bound phenolic in lychee pulp during heat-pump drying detected by UPLC-ESI-triple-TOF-MS/MS	Liu, Hesheng	化学化工学院	JOURNAL OF THE SCIENCE OF FOOD AND AGRICULTURE
503	Coupling of ReS_2 nanosheet arrays with hollow $NiCoS_4$ nanocubes enables ultrafast Na^+ diffusion kinetics and super Na^+ storage of a $NiCoS_4$@ReS_2 heterostructure	Li, Zhiyong	化学化工学院	MATERIALS CHEMISTRY FRONTIERS
504	The solubilization of naphthalene using tea saponin as a biosurfactant: Effect of temperature	Sun, Yue	化学化工学院	JOURNAL OF MOLECULAR LIQUIDS
505	Regioregular narrow-bandgap n-type polymers with high electron mobility enabling highly efficient all-polymer solar cells	Zhang, Baohua	化学化工学院	ADVANCED MATERIALS
506	Identification of M-NH_2-NH_2 intermediate and rate determining step for nitrogen reduction with bioinspired sulfur-bonded FeW catalyst	Ji, Yongfei	化学化工学院	ANGEWANDTE CHEMIE—INTERNATIONAL EDITION

续上表

序号	论文题目	第一/通讯作者	所属单位	发表刊物/论文集
507	Exploration in materials, electrolytes and performance towards metal ion (Li, Na, K, Zn and Mg) -based hybrid capacitors: A review	Niu, Li	化学化工学院	NANO ENERGY
508	Hierarchical porous Co_9S_8 nanowire arrays derived from zeolitic imidazolate framework on Ni foam for button-type asymmetric supercapacitor	Peng, Zhuo	化学化工学院	JOURNAL OF ENERGY STORAGE
509	Tempura-like carbon/carbon composite as advanced anode materials for K-ion batteries	Sun, Zhonghui	化学化工学院	JOURNAL OF ENERGY CHEMISTRY
510	Constructing N-doping biomass-derived carbon with hierarchically porous architecture to boost fast reaction kinetics for high-performance lithium storage	Zeng, Dong	化学化工学院	JOURNAL OF COLLOID AND INTERFACE SCIENCE
511	A low-cost and green-solvent-processable hole-transport material enabled by a traditional bidentate ligand for highly efficient inverted perovskite solar cells	Niu, Li	化学化工学院	JOURNAL OF MATERIALS CHEMISTRY C
512	Understanding the catalytic sites in porous hexagonal boron nitride for the epoxidation of styrene	Fu, Hongquan	化学化工学院	ACS CATALYSIS
513	Controlled synthesis of Cu-based SAPO-18/34 intergrowth zeolites for selective catalytic reduction of NO_x by ammonia	Zhang, Shoute	化学化工学院	JOURNAL OF HAZARDOUS MATERIALS
514	Study of synergetic effects of ternary transition metal in the electrochemical performance of metal oxides anode for lithium-ion battery	杨 伟	化学化工学院	CERAMICS INTERNATIONAL
515	Coenzyme-mediated electro-RAFT polymerization for amplified electrochemical interrogation of trypsin activity	胡 琼	化学化工学院	ANALYTICAL CHEMISTRY

续上表

序号	论文题目	第一/通讯作者	所属单位	发表刊物/论文集
516	Design and preparation of three-dimensional hetero-electrocatalysts of NiCo-layered double hydroxide nanosheets incorporated with silver nanoclusters for enhanced oxygen evolution reactions	Chu, Bingxian	化学化工学院	NANOSCALE
517	Nanostructured lateral boryl substitution conjugated donor-acceptor oligomers for visible-light-driven hydrogen production	Wei, Qiuyu;张倩倩	化学化工学院	SMALL
518	Photocatalysis over MXene-based hybrids: Synthesis, surface chemistry, and interfacial charge kinetics	Peng, Feng	化学化工学院	APL MATERIALS
519	Insight into effect of electrolyte temperature on electroactivity degradation of conducting polypyrrole in NaOH	Guo, Xingpeng	化学化工学院	POLYMER DEGRADATION AND STABILITY
520	Aliovalent-ion-induced lattice regulation based on charge balance theory: Advanced fluorophosphate cathode for sodium-ion full batteries	Gu, Zhenyi	化学化工学院	SMALL
521	Synergistic effect of carboxymethylcellulose and *Cryptococcus laurentii* on suppressing green mould of postharvest grapefruit and its mechanism	Lin, Jing	化学化工学院	INTERNATIONAL JOURNAL OF BIOLOGICAL MACROMOLECULES
522	Vertically-interlaced NiFeP/MXene electrocatalyst with tunable electronic structure for high-efficiency oxygen evolution reaction	Chen, Jiexin	化学化工学院	SCIENCE BULLETIN
523	An integrated strategy for achieving oil-in-water separation, removal, and anti-oil/dye/bacteria-fouling	王宇飞	化学化工学院	CHEMICAL ENGINEERING JOURNAL
524	A review of the use of carbon nanotubes and graphene-based sensors for the detection of aflatoxin M1 compounds in milk	He, Shan	化学化工学院	SENSORS
525	Solid-contact ion sensing without using an ion-selective membrane through classic li-ion battery materials	Lyu, Yan	化学化工学院	ANALYTICAL CHEMISTRY

续上表

序号	论文题目	第一/通讯作者	所属单位	发表刊物/论文集
526	Preparation and properties of polyvinyl alcohol/N-succinyl chitosan/lincomycin composite antibacterial hydrogels for wound dressing	Qing, Xiaoyan	化学化工学院	CARBOHYDRATE POLYMERS
527	High-purity hydrogen production by sorption-enhanced steam reforming of iso-octane over a Pd-promoted Ni-Ca-Al-O bi-functional catalyst	党成雄	化学化工学院	FUEL
528	Self-assembled perylene-tetracarboxylic acid/multi-walled carbon nanotube adducts based modification of screen-printed interface for efficient enzyme immobilization towards glucose biosensing	Han, Dongxue	化学化工学院	MICROCHEMICAL JOURNAL
529	Effects of heat pump drying and superfine grinding on the composition of bound phenolics, morphology and microstructure of lychee juice by-products	Xiong, Xiong	化学化工学院	LWT
530	Nanoencapsulation strategy: Enabling electrochemiluminescence of thermally activated delayed fluorescence (TADF) emitters in aqueous media	Zeng, Zihui	化学化工学院	CHEMICAL COMMUNICATIONS
531	A review of the use of carbon nanotubes and graphene-based sensors for the detection of aflatoxin M1 compounds in milk	He, Shan; Gao, Jingrong	化学化工学院	SENSORS
532	Facile synthesis of heterogeneous Co_3S_4@Ni_3S_4 nanoflower arrays on Ni foam for high-performance asymmetric all-solid-state supercapacitors	Feng, Zhiwei	化学化工学院	JOURNAL OF ALLOYS AND COMPOUNDS
533	Conjugated nickel phthalocyanine polymer selectively catalyzes CO_2-to-CO conversion in a wide operating potential window	Ji, Rongfei	化学化工学院	APPLIED CATALYSIS B: ENVIRONMENTAL
534	Solution-processable Metal-organic framework nanosheets with variable functionalities	乔智威	化学化工学院	ADVANCED MATERIALS

续上表

序号	论文题目	第一/通讯作者	所属单位	发表刊物/论文集
535	Bridging the gap between highly active oxygen reduction reaction catalysts and effective catalyst layers for proton exchange membrane fuel cells	Fan, Jiantao	化学化工学院	NATURE ENERGY
536	Improved performance of wrinkled CoNi-LDHs via in situ immobilization onto cotton gauze for solid phase extraction of non-steroidal anti-inflammatory drugs	毛　燕	化学化工学院	MICROCHEMICAL JOURNAL
537	Ultralong cycle life and high rate potassium ion batteries enabled by multi-level porous carbon	Niu, Li	化学化工学院	JOURNAL OF POWER SOURCES
538	P-doped $CoCO_3$ nanosheets: an ultra-active versatile electrocatalyst for hydrogen evolution, oxygen evolution and hydrazine oxidation reactions	刘锋钢	化学化工学院	SUSTAINABLE ENERGY & FUELS
539	Electrochemically induced grafting of ferrocenyl polymers for ultrasensitive cleavage-based interrogation of matrix metalloproteinase activity.	胡　琼	化学化工学院	BIOSENSORS AND BIOELECTRONICS
540	$CoMn_2O_4$ supported on carbon nanotubes for effective low-temperature HCHO removal	Peng, Feng	化学化工学院	JOURNAL OF ALLOYS AND COMPOUNDS
541	Engineering bismuth-tin interface in bimetallic aerogel with a 3D porous structure for highly selective electrocatalytic CO_2 reduction to HCOOH	Cai, Weiquan	化学化工学院	ANGEWANDTE CHEMIE INTERNATIONAL EDITION
542	Enhanced photocatalytic CO_2 reduction in H_2O vapor by atomically thin Bi_2WO_6 nanosheets with hydrophobic and nonpolar surface	Liu, Yunpeng	化学化工学院	APPLIED CATALYSIS B: ENVIRONMENTAL
543	Rational design and synthesis of hollow Fe-N/C electrocatalysts for enhanced oxygen reduction reaction	吴晓童	化学化工学院	CHEMICAL COMMUNICATIONS
544	Enhanced performance of microbial fuel cells using Ag nanoparticles modified Co, N co-doped carbon nanosheets as bifunctional cathode catalyst	蒋鹏阳	化学化工学院	BIOELECTROCHEMISTRY

续上表

序号	论文题目	第一/通讯作者	所属单位	发表刊物/论文集
545	Oxidized titanium carbide MXene-enabled photoelectrochemical sensor for quantifying synergistic interaction of ascorbic acid based antioxidants system	韩冬雪	化学化工学院	BIOSENSORS & BIOELECTRONICS
546	Electrochemical detection of glucose molecules using laser-induced graphene sensors: A review	何 山	化学化工学院	SENSORS
547	Double-network hydrogels with superior self-healing properties using starch reinforcing strategy	尚小琴	化学化工学院	CARBOHYDRATE POLYMERS
548	Selective oxidation of glycerol over supported noble metal catalysts	He, Zhiyan	化学化工学院	CATALYSIS TODAY
549	Aromatin D-J: Seven previously undescribed labdane diterpenoids isolated from *Blumea aromatica*	He, Zhizhou	化学化工学院	PHYTOCHEMISTRY
550	Design advanced porous Polyaniline-PEDOT: PSS composite as high performance cathode for sodium ion batteries	Niu, Li	化学化工学院	COMPOSITES COMMUNICATIONS
551	Highly stable and thermo-responsive gel foams by synergistically combining glycyrrhizic acid nanofibrils and cellulose nanocrystals	Yuan, Yang	化学化工学院	JOURNAL OF COLLOID AND INTERFACE SCIENCE
552	Nanocavity-enriched Co_3O_4@$ZnCo_2O_4$@NC porous nanowires derived from 1D metal coordination polymers for fast Li^+ diffusion kinetics and super Li^+ storage	Peng, Zilin	化学化工学院	DALTON TRANSACTIONS
553	BCNO QDs and ROS synergistic oxidation effect on fluorescence enhancement sensing of tetracycline	Wu, Zhengtao	化学化工学院	SENSORS AND ACTUATORS B: CHEMICAL
554	Development and characterization of an edible chitosan/zein-cinnamaldehyde nano-cellulose composite film and its effects on mango quality during storage	Xiao, Jiaqi	化学化工学院	LWT
555	Aerobic oxidation of methane to formaldehyde mediated by crystal-O over gold modified tungsten trioxide via photocatalysis	Wei, Shilei	化学化工学院	APPLIED CATALYSIS B: ENVIRONMENTAL

续上表

序号	论文题目	第一/通讯作者	所属单位	发表刊物/论文集
556	Topological cyclodextrin nanoparticles as crosslinkers for self-healing tough hydrogels as strain sensors	Chen, Junmin	化学化工学院	CARBOHYDRATE POLYMERS
557	Preliminary investigations of the mechanisms involved in the ultrasonication-Assisted production of carboxylic cellulose nanocrystals with different structural carboxylic acids	Luo, Yuanchao	化学化工学院	ACS SUSTAINABLE CHEMISTRY & ENGINEERING
558	Techno-economic analysis of metal-organic frameworks for adsorption heat pumps/chillers: From directional computational screening, machine learning to experiment	Shi, Zenan	化学化工学院	JOURNAL OF MATERIALS CHEMISTRY A
559	Lychee (*litchi chinensis* Sonn.) pulp phenolics activate the short-chain fatty acid-free fatty acid receptor anti-inflammatory pathway by regulating microbiota and mitigate intestinal barrier damage in dextran sulfate sodium-induced colitis in mice	Huang, Guitao	化学化工学院	JOURNAL OF AGRICULTURAL AND FOOD CHEMISTRY
560	Interfacing spinel $NiCo_2O_4$ and NiCo alloy derived N-doped carbon nanotubes for enhanced oxygen electrocatalysis	Chen, Cheng	化学化工学院	CHEMICAL ENGINEERING JOURNAL
561	Surface oxidized nano-cobalt wrapped by nitrogen-doped carbon nanotubes for efficient purification of organic wastewater	Yang, Guanrong	化学化工学院	SEPARATION AND PURIFICATION TECHNOLOGY
562	Electrocatalytic hydrogen peroxide production in acidic media enabled by NiS_2 nanosheets	梁 杰	化学化工学院	JOURNAL OF MATERIALS CHEMISTRY A
563	A novel near-infrared-emitting aza-boron-dipyrromethene-based remarkable fluorescent probe for Hg^{2+} in living cells	史文静	化学化工学院	SPECTROCHIMICA ACTA PART A: MOLECULAR AND BIOMOLECULAR SPECTROSCOPY
564	Enhanced Photoelectrocatalytic Activities for CH_3OH-to-HCHO Conversion on Fe_2O_3/MoO_3: Fe-O-Mo Covalency Dominates the Intrinsic Activity	黄 胜	化学化工学院	ANGEWANDTE CHEMIE INTERNATIONAL EDITION

续上表

序号	论文题目	第一/通讯作者	所属单位	发表刊物/论文集
565	High temperature anionic Fe（Ⅲ）spin crossover behavior in a mixed-valence Fe（Ⅱ）/Fe（Ⅲ）complex	Ouyang, Zhijian	化学化工学院	DALTON TRANSACTIONS
566	Ultrafast Li+ diffusion kinetics enhanced by cross-stacked nanosheets loaded with Co_3O_4@NiO nanoparticles: Constructing superstructure to enhance li-ion half/full batteries	Deng, Qixiang	化学化工学院	JOURNAL OF COLLOID AND INTERFACE SCIENCE
567	A novel complex coacervate formed by gliadin and sodium alginate: Relationship to encapsulation and controlled release properties	苏春儒	化学化工学院	LWT—FOOD SCIENCE AND TECHNOLOGY
568	Thermo and light-responsive strategies of smart titanium-containing composite material surface for enhancing bacterially anti-adhesive property	林璟	化学化工学院	CHEMICAL ENGINEERING JOURNAL
569	High-ionicity fluorophosphate lattice via aliovalent substitution as advanced cathode materials in sodium-ion batteries	Gu, Zhenyi	化学化工学院	INFOMAT
570	Recent progress of nanostructured metal chalcogenides and their carbon-based hybrids for advanced potassium battery anodes	Li, Zhiyong	化学化工学院	MATERIALS CHEMISTRY FRONTIERS
571	Soy protein-polysaccharide complex coacervate under physical treatment: Effects of pH, ionic strength and polysaccharide type	李国燕	化学化工学院	INNOVATIVE FOOD SCIENCE & EMERGING TECHNOLOGIES
572	Bimetallic sulfide interfaces: Promoting destabilization of water molecules for overall water splitting	肖抗	化学化工学院	JOURNAL OF POWER SOURCES
573	Molecularly imprinted photo-electrochemical sensor for hemoglobin detection based on titanium dioxide nanotube arrays loaded with CdS quantum dots	高博文	化学化工学院	TALANTA

续上表

序号	论文题目	第一/通讯作者	所属单位	发表刊物/论文集
574	Co-Cr mixed spinel oxide nanodots anchored on nitrogen-doped carbon nanotubes as catalytic electrode for hydrogen peroxide sensing	伍辉祥	化学化工学院	JOURNAL OF COLLOID AND INTERFACE SCIENCE
575	Surface engineering induced hierarchical porous $Ni_{12}P_5$-Ni_2P polymorphs catalyst for efficient wide pH hydrogen production	Ji, Yongfei	化学化工学院	APPLIED CATALYSIS B: ENVIRONMENTAL
576	Cp^*Ir(Ⅲ)- and Cp^*Rh(Ⅲ)-catalyzed C(sp^2)-H amination of arenes using thioethers as directing groups	Liu, Jidan	化学化工学院	ORGANIC CHEMISTRY FRONTIERS
577	Palladium-modified cuprous(Ⅰ)oxide with {100} facets for photocatalytic CO_2 reduction	Zhang, Xiaojing	化学化工学院	NANOSCALE
578	Vortex fluidics mediated non-covalent physical entanglement of tannic acid and gelatin for entrapment of nutrients	Cao, Xuejiao	化学化工学院	FOOD & FUNCTION
579	Tuning morphology-dependent localized surface plasmon resonance in quasi-metallic tungsten oxide nanostructures for enhanced photocatalysis	Li, Yiyan	化学化工学院	JOURNAL OF MATERIALS CHEMISTRY C
580	Surface-structure sensitive chemical diffusivity and reactivity of CO adsorbates on noble metal electrocatalysts	Shen, Dongyan	化学化工学院	APPLIED CATALYSIS B: ENVIRONMENTAL
581	$CdS@Ni_3S_2$ for efficient and stable photo-assisted electrochemical(P-EC)overall water splitting	Peng, Feng	化学化工学院	CHEMICAL ENGINEERING JOURNAL
582	Study of a novel fabrication method of 3D Ag-based nanoporous structures for electrochemical detection	韩冬雪	化学化工学院	JOURNAL OF ELECTROANALYTICAL CHEMISTRY
583	Rational enhancement of electro-optic activity: Design and synthesis of cyanoacetate containing nonlinear optical chromophores	刘锋钢	化学化工学院	DYES AND PIGMENTS
584	Electrochemical and pseudocapacitive analysis of rod-like $MoO_2@MoSe_2@NC$ heterostructures for high-performance lithium ion batteries	Qin, Zhaoxia	化学化工学院	ACTA METALLURGICA SINICA—ENGLISH LETTERS

续上表

序号	论文题目	第一/通讯作者	所属单位	发表刊物/论文集
585	Synthesis of Metal Oxides@C (Metal = Ni, Fe) based prussian blue analogs as a high-performance anode material for lithium-ion battery	杨伟	化学化工学院	ACTA METALLURGICA SINICA—ENGLISH LETTERS
586	Selective photocatalytic oxidation of methane by quantum-sized bismuth vanadate	范英英	化学化工学院	NATURE SUSTAINABILITY
587	N, N-dimethylformamide assisted facile hydrothermal synthesis of boehmite microspheres for highly effective removal of Congo red from water	Zhou, Jinpeng	化学化工学院	JOURNAL OF COLLOID AND INTERFACE SCIENCE
588	Fabrication and characterization of bi-crosslinking Pickering emulsions stabilized by gliadin/alginate coacervate particles	Wang, Hao	化学化工学院	JOURNAL OF FOOD ENGINEERING
589	The design and synthesis of nonlinear optical chromophores containing two short chromophores for an enhanced electro-optic activity	刘锋钢	化学化工学院	MATERIALS ADVANCES
590	Hydroxypropyl chitosan-based dual self-healing hydrogel for adsorption of chromium ions	Cao, Jilong	化学化工学院	INTERNATIONAL JOURNAL OF BIOLOGICAL MACROMOLECULES
591	Aromatin D-J: Seven previously undescribed labdane diterpenoids isolated from Blumea aromatica	He, Zhizhou	化学化工学院	PHYTOCHEMISTRY
592	Implanting polyethylene glycol into MIL-101 (Cr) as hydrophobic barrier for enhancing toluene adsorption under highly humid environment	Qiao, Zhiwei	化学化工学院	CHEMICAL ENGINEERING JOURNAL
593	Effects of molecular polarity on the adsorption and desorption behavior of asphaltene model compounds on silica surfaces	Liu, Fanghui	化学化工学院	FUEL
594	MXenes: Advanced materials in potassium ion batteries	Wu, Yuanji	化学化工学院	CHEMICAL ENGINEERING JOURNAL

续上表

序号	论文题目	第一/通讯作者	所属单位	发表刊物/论文集
595	Rhodium（Ⅲ）-catalyzed oxidative alkylation of *N-aryl*-7-azaindoles with cyclopropanols	刘吉旦	化学化工学院	ORGANIC & BIOMOLECULAR CHEMISTRY
596	Syntheses, formation mechanisms and structures of a series of linear diborazanes	李慧珍	化学化工学院	CRYSTENGCOMM
597	Novel Zn-binding peptide isolated from soy protein hydrolysates: Purification, structure, and digestion	Zhu, Suyin	化学化工学院	JOURNAL OF AGRICULTURAL AND FOOD CHEMISTRY
598	A three-electrode integrated electrochemical platform based on nanoporous gold for the simultaneous determination of hydroquinone and catechol with high selectivity	韩冬雪	化学化工学院	ANALYST
599	*In vitro* simulated digestion and colonic fermentation of lychee pulp phenolics and their impact on metabolic pathways based on fecal metabolomics of mice	Huang, Guitao	化学化工学院	FOOD & FUNCTION
600	Dimensional and shape properties of a single linear polycatenane: Effect of catenation topology	Lei, Huanqing	化学化工学院	POLYMER
601	Widely targeted metabolomics analysis reveals new biomarkers and mechanistic insights on chestnuch (*Castanea mollissima Bl.*) calcification process	Xiao, Jiaqi	化学化工学院	FOOD RESEARCH INTERNATIONAL
602	Size-dependent activity and selectivity of atomic-level copper nanoclusters during CO/CO_2 electroreduction	Ji, Yongfei	化学化工学院	ANGEWANDTE CHEMIE—INTERNATIONAL EDITION
603	FeCo alloy@N-doped graphitized carbon as an efficient cocatalyst for enhanced photocatalytic H_2 evolution by inducing accelerated charge transfer	Peng, Feng	化学化工学院	JOURNAL OF ENERGY CHEMISTRY
604	Modifying coconut shell activated carbon for improved purification of benzene from volatile organic waste gas	林 璟	化学化工学院	ADVANCED COMPOSITES AND HYBRID MATERIALS

续上表

序号	论文题目	第一/通讯作者	所属单位	发表刊物/论文集
605	FRET modulated signaling: a versatile strategy to construct photoelectrochemical microsensors for in vivo analysis	韩冬雪	化学化工学院	ANGEWANDTE CHEMIE—INTERNATIONAL EDITION
606	Achieving highly efficient all-polymer solar cells by green-solvent-processing under ambient atmosphere	Zhang, Wei	化学化工学院	ENERGY & ENVIRONMENTAL SCIENCE
607	A strategy of liquid-grafted slippery sponges with simultaneously enhanced absorption and desorption performances for crude oil spill remediation	Liu, Shilin	化学化工学院	MACROMOLECULAR MATERIALS AND ENGINEERING
608	Reaction condition-dependent divergent synthesis of spirooxindoles and bisoxindoles	陈国术	化学化工学院	ORGANIC CHEMISTRY FRONTIERS
609	Synthesis of hollow three-dimensional channels $LiNi_{0.5}Mn_{1.5}O_4$ microsphere by peo soft template assisted with solvothermal method	Zeng, Jinfeng	化学化工学院	ACTA METALLURGICA SINICA—ENGLISH LETTERS
610	Modeling the natural degradation kinetics of conducting polypyrrole for service failure prediction in NaOH aqueous media	Guo, Xinggreng	化学化工学院	POLYMER DEGRADATION AND STABILITY
611	QAP14 suppresses breast cancer stemness and metastasis via activation of dopamine D1 receptor	Chen, Guoshu	化学化工学院	ACTA PHARMACOLOGICA SINICA
612	Efficient and inexpensive preparation of graphene laminated film with ultrahigh thermal conductivity	吴同舜	化学化工学院	CARBON
613	Vein-supported porous membranes with enhanced superhydrophilicity and mechanical strength for oil-water separation	龙庆武	化学化工学院	SEPARATION AND PURIFICATION TECHNOLOGY
614	High-pseudocapacitance of porous and square NiO@NC nanosheets for high-performance lithium-ion batteries	Cai, Zelin	化学化工学院	RARE METALS
615	Comparison of the structure and properties of hydroxypropylated acid-hydrolysed maize starches with different amylose/amylopectin contents	Chen, Pei	化学化工学院	FOOD HYDROCOLLOIDS

续上表

序号	论文题目	第一/通讯作者	所属单位	发表刊物/论文集
616	The combined effects of ocean acidification and heavy metals on marine organisms: A meta-analysis	金 鹏	环境科学与工程学院	FRONTIERS IN MARINE SCIENCE
617	Potocatalytic antifouling membrane with dense nano-TiO_2 coating for efficient oil-in-water emulsion separation and self-cleaning	杨 洋 赖巧云 卢江燕	环境科学与工程学院	JOURNAL OF MEMBRANE SCIENCE
618	Insights into enhanced removal of U(VI) by melamine sponge supported sulfurized nanoscale zero-valent iron	Song, Gang	环境科学与工程学院	JOURNAL OF CLEANER PRODUCTION
619	Applications of water-stable metal-organic frameworks in the removal of water pollutants: A review	Zhang, Shu	环境科学与工程学院	ENVIRONMENTAL POLLUTION
620	A review of water pollution arising from agriculture and mining activities in Central Asia: Facts, causes and effects	刘 煜	环境科学与工程学院	ENVIRONMENTAL POLLUTION
621	Recent advances in metal-organic framework membranes for water treatment: A review	Yu, Shujun	环境科学与工程学院	SCIENCE OF THE TOTAL ENVIRONMENT
622	Effects of organic acids on heavy metal release or immobilization in contaminated soil	姚文斌	环境科学与工程学院	TRANSACTIONS OF NONFERROUS METALS SOCIETY OF CHINA
623	International analysis of sources and human health risk associated with trace metal contaminants in residential indoor dust	Wu, Linqin	环境科学与工程学院	ENVIRONMENTAL SCIENCE & TECHNOLOGY
624	Removal efficiencies and risk assessment of endocrine-disrupting chemicals at two wastewater treatment plants in South China	龚 剑	环境科学与工程学院	ECOTOXICOLOGY AND ENVIRONMENTAL SAFETY
625	Sorption of arsenate(V) to naturally occurring secondary iron minerals formed at different conditions: The relationship between sorption behavior and surface structure	李 慧	环境科学与工程学院	CHEMOSPHERE

续上表

序号	论文题目	第一/通讯作者	所属单位	发表刊物/论文集
626	Relevance of the microbial community to Sb and As biogeochemical cycling in natural wetlands	Deng, Jinmei	环境科学与工程学院	THE SCIENCE OF THE TOTAL ENVIRONMENT
627	Facet-specific reactivity of hematite nanocrystals during Fe(II)-catalyzed recrystallization	Fei, Yingheng	环境科学与工程学院	CHEMICAL GEOLOGY
628	Additive impacts of ocean acidification and ambient ultraviolet radiation threaten calcifying marine primary producers	金 鹏	环境科学与工程学院	THE SCIENCE OF THE TOTAL ENVIRONMENT
629	Research progress of metal organic frameworks and their derivatives for adsorption of anions in water: A review	Huang, Xuanjie; 黄 磊	环境科学与工程学院	ENVIRONMENTAL RESEARCH
630	Reinforcing hydration layer on membrane surface via nano-capturing and hydrothermal crosslinking for fouling reduction	熊 竹; Yang, Yang	环境科学与工程学院	JOURNAL OF MEMBRANE SCIENCE
631	Quantification of smelter-derived contributions to thallium contamination in river sediments: Novel insights from thallium isotope evidence	刘 娟	环境科学与工程学院	JOURNAL OF HAZARDOUS MATERIALS
632	Review on the synthesis and activity of iron-based catalyst in catalytic oxidation of refractory organic pollutants in wastewater	Ruan, Yang	环境科学与工程学院	JOURNAL OF CLEANER PRODUCTION
633	U(VI) adsorption by green and facilely modified *Ficus microcarpa* aerial roots: Behavior and mechanism investigation	Wang, Lulu; Fang, Fa	环境科学与工程学院	THE SCIENCE OF THE TOTAL ENVIRONMENT
634	Recent advances in nanoscale zero-valent iron-based materials: Characteristics, environmental remediation and challenges	Tang, Hao	环境科学与工程学院	JOURNAL OF CLEANER PRODUCTION
635	Enhanced oxygen reduction upon Ag/Fe co-doped UiO-66-NH_2-derived porous carbon as bacteriostatic catalysts in microbial fuel cells	钟铿锵	环境科学与工程学院	CARBON
636	Lipid remodeling reveals the adaptations of a marine diatom to ocean acidification	金 鹏	环境科学与工程学院	FRONTIER IN MICROBIOLOGY

续上表

序号	论文题目	第一/通讯作者	所属单位	发表刊物/论文集
637	Geochemical distribution and speciation of thallium in groundwater impacted by acid mine drainage (Southern China)	刘　煜	环境科学与工程学院	CHEMOSPHERE
638	Removal of levofloxacin through adsorption and peroxymonosulfate activation using carbothermal reduction synthesized nZVI/carbon fiber	Tan, Weitong	环境科学与工程学院	CHEMOSPHERE
639	Dual light-driven p-ZnFe$_2$O$_4$/n-TiO$_2$ catalyst: Benzene-breaking reaction for malachite green	李家宜	环境科学与工程学院	ENVIRONMENTAL RESEARCH
640	Synthesis of thickness-controllable polydopamine modified halloysite nanotubes (HNTs@PDA) for uranium (VI) removal	Ou, Tao	环境科学与工程学院	JOURNAL OF HAZARDOUS MATERIALS
641	Imidazolium-based cationic polymeric nanotraps for efficient removal of Cr$_2$O$_7^{2-}$	Huang, Lei	环境科学与工程学院	JOURNAL OF ENVIRONMENTAL CHEMICAL ENGINEERING
642	Efficient fenton-like catalysis boosting the antifouling performance of the heterostructured membranes fabricated via vapor-induced phase separation and in situ mineralization	Xiong, Zhu	环境科学与工程学院	ACS APPLIED MATERIALS & INTERFACES
643	Microbial response and adaption to thallium contamination in soil profiles	She, Jingye	环境科学与工程学院	JOURNAL OF HAZARDOUS MATERIALS
644	Enhanced adsorption of aqueous Pb (Ⅱ) by modified biochar produced through pyrolysis of watermelon seeds	Ahmed, Waqas	环境科学与工程学院	SCIENCE OF THE TOTAL ENVIRONMENT
645	Thallium geochemical fractionation and migration in Tl-As rich soils: The key controls	Wei, Xudong	环境科学与工程学院	SCIENCE OF THE TOTAL ENVIRONMENT
646	Transformation and fate of thallium and accompanying metal (loid) s in paddy soils and rice: A case study from a large-scale industrial area in China	Jiang, Yanjun	环境科学与工程学院	JOURNAL OF HAZARDOUS MATERIALS
647	A combined management scheme to simultaneously mitigate As and Cd concentrations in rice cultivated in contaminated paddy soil	Yang, Xiao	环境科学与工程学院	JOURNAL OF HAZARDOUS MATERIALS

续上表

序号	论文题目	第一/通讯作者	所属单位	发表刊物/论文集
648	Escalating health risk of thallium and arsenic from farmland contamination fueled by cement-making activities: A hidden but significant source	Zhou, Yuchen	环境科学与工程学院	SCIENCE OF THE TOTAL ENVIRONMENT
649	Uranium re-adsorption on uranium mill tailings and environmental implications	Yin, Meiling	环境科学与工程学院	JOURNAL OF HAZARDOUS MATERIALS
650	New insights into ball milling effects on MgAl-LDHs exfoliation on biochar support: A case study for cadmium adsorption	Liu, Juan	环境科学与工程学院	JOURNAL OF HAZARDOUS MATERIALS
651	Simultaneous adsorption of Cr(VI) and phenol by biochar-based iron oxide composites in water: Performance, kinetics and mechanism	Kong, Lingjun	环境科学与工程学院	JOURNAL OF HAZARDOUS MATERIALS
652	Adsorption of arsenic(III) from aqueous solution by a novel phosphorus-modified biochar obtained from *Taraxacum mongolicum* Hand-Mazz: Adsorption behavior and mechanistic analysis	Ahmed, Waqas	环境科学与工程学院	JOURNAL OF ENVIRONMENTAL MANAGEMENT
653	Geochemical distribution and speciation of Tl and other trace metals in upper Beijiang River in South China: Approach of in-situ DGT monitoring	邓红梅	环境科学与工程学院	SCIENCE OF THE TOTAL ENVIRONMENT
654	Anoxic oxidation of As(III) during Fe(II)-induced goethite recrystallization: Evidence and importance of Fe(IV) intermediate	费颖恒	环境科学与工程学院	JOURNAL OF HAZARDOUS MATERIALS
655	Genome-and community-level interaction insights into the ecological role of archaea in rare earth element mine drainage in South China	Chen, Ziwu	环境科学与工程学院	WATER RESEARCH
656	Arsenic and antimony co-contamination influences on soil microbial community composition and functions: Relevance to arsenic resistance and carbon, nitrogen, and sulfur cycling	Xiao, Enzong	环境科学与工程学院	ENVIRONMENT INTERNATIONAL

续上表

序号	论文题目	第一/通讯作者	所属单位	发表刊物/论文集
657	Facile synthesis of novel tremella-like $Mn^0@Mn_2O_3$ and its exceptional performance on removal of phosphate	吴芷静	环境科学与工程学院	JOURNAL OF ENVIRONMENTAL CHEMICAL ENGINEERING
658	Peroxymonosulfate activation through LED-induced $ZnFe_2O_4$ for levofloxacin degradation	Zhong, Yiwen	环境科学与工程学院	CHEMICAL ENGINEERING JOURNAL
659	Fabrication, characterization and U(Ⅵ) sorption properties of a novel biochar derived from Tribulus terrestris via two different approaches	Ahmed, Waqas	环境科学与工程学院	SCIENCE OF THE TOTAL ENVIRONMENT
660	Environmental-friendly preparation of Ni-Co layered double hydroxide(LDH) hierarchical nanoarrays for efficient removing uranium(Ⅵ)	Guo, Xiuling	环境科学与工程学院	JOURNAL OF CLEANER PRODUCTION
661	Nanomaterials in Water Applications: Adsorbing Materials for Fluoride Removal	黄磊	环境科学与工程学院	NANOMATERIALS
662	Electrochemically-mediated capture and reduction of Cr(Ⅵ) by highly porous N-doped carbon spheres	Huang, Lei	环境科学与工程学院	JOURNAL OF ENVIRONMENTAL CHEMICAL ENGINEERING
663	Geochemical and U-Th isotopic insights on uranium enrichment in reservoir sediments	王津	环境科学与工程学院	JOURNAL OF HAZARDOUS MATERIALS
664	Roxarsone transformation and its impacts on soil enzyme activity in paddy soils: A new insight into water flooding effects	Gui, JinLi	环境科学与工程学院	ENVIRONMENTAL RESEARCH
665	Preparation of 2D carbon ribbon/Al_2O_3 and nitrogen-doped carbon ribbon/Al_2O_3 by using MOFs as precursors for removing high-fluoride water	黄磊	环境科学与工程学院	TRANSACTIONS OF NONFERROUS METALS SOCIETY OF CHINA
666	U(Ⅵ) sequestration by Al-rich minerals: Mechanism on phase dependence and the influence of natural organic matter	Liu, Zequan	环境科学与工程学院	CHEMICAL ENGINEERING JOURNAL
667	Microbial community responses to land-use types and its ecological roles in mining area	肖恩宗	环境科学与工程学院	SCIENCE OF THE TOTAL ENVIRONMENT
668	$^{236}U/^{238}U$ analysis of femtograms of ^{236}U by MC-ICPMS	Liu, Juan	环境科学与工程学院	ANALYTICAL CHEMISTRY

续上表

序号	论文题目	第一/通讯作者	所属单位	发表刊物/论文集
669	Survival strategies and dominant phylotypes of maize-rhizosphere microorganisms under metal（loid）s contamination	She，Jingye	环境科学与工程学院	SCIENCE OF THE TOTAL ENVIRONMENT
670	Efficient reduction of antimony by sulfate-reducer enriched bio-cathode with hydrogen production in a microbial electrolysis cell	Arulmani，Samuel Raj Babu	环境科学与工程学院	SCIENCE OF THE TOTAL ENVIRONMENT
671	Cadmium isotopic fractionation in lead-zinc smelting process and signatures in fluvial sediments	Zhong，Qiaohui	环境科学与工程学院	JOURNAL OF HAZARDOUS MATERIALS
672	Adaptation of a marine diatom to ocean acidification and warming reveals constraints and trade-offs	钟嘉慧	环境科学与工程学院	SCIENCE OF THE TOTAL ENVIRONMENT
673	Silver（I）-catalyzed tandem reaction of enynones and 4-alkynyl isoxazoles：regioselective synthesis of highly functionalized 4H-furan[3，4-c]pyrroles	Deng，Hongmei	环境科学与工程学院	ORGANIC CHEMISTRY FRONTIERS
674	Effective multi-functional biosorbent derived from corn stalk pith for dyes and oils removal	Li，Huosheng	环境科学与工程学院	CHEMOSPHERE
675	Distribution and migration characteristics of dinitrotoluene sulfonates（DNTs）in typical TNT production sites：Effects and health risk assessment	Liu，Juan	环境科学与工程学院	JOURNAL OF ENVIRONMENTAL MANAGEMENT
676	Investigation of the antimony fractions and indigenous microbiota in aerobic and anaerobic rice paddies	Xiao，Enzong	环境科学与工程学院	SCIENCE OF THE TOTAL ENVIRONMENT
677	Soil bacterial community functions and distribution after mining disturbance	肖恩宗	环境科学与工程学院	SOIL BIOLOGY AND BIOCHEMISTRY
678	Utilization of *Citrullus lanatus* L. seeds to synthesize a novel $MnFe_2O_4$-biochar adsorbent for the removal of U（Ⅵ）from wastewater：Insights and comparison between modified and raw biochar	Ahmed，Waqas	环境科学与工程学院	SCIENCE OF THE TOTAL ENVIRONMENT

续上表

序号	论文题目	第一/通讯作者	所属单位	发表刊物/论文集
679	Petrogenesis and tectonic implications of cambrian Nb-enriched I- and aluminous A-type granites in the North Qilian suture zone	陈育晓	环境科学与工程学院	INTERNATIONAL GEOLOGY REVIEW
680	Continental crust growth during the evolution of accretionary orogens: Insights from the early Paleozoic granitoids in the Western Kunlun orogen, Northwest China	Wu, Kai	环境科学与工程学院	LITHOS
681	Enhanced ozonation of Cu（Ⅱ）-organic complexes and simultaneous recovery of aqueous Cu（Ⅱ）by cathodic reduction	Wang, Jin	环境科学与工程学院	JOURNAL OF CLEANER PRODUCTION
682	A green method for recovery of thallium and uranium from wastewater using polyethylene glycol and ammonium sulfate based on aqueous two-phase system	黄莹	环境科学与工程学院	JOURNAL OF CLEANER PRODUCTION
683	Red mud for the efficient adsorption of U（Ⅵ）from aqueous solution: Influence of calcination on performance and mechanism	Wu, Wanying	环境科学与工程学院	JOURNAL OF HAZARDOUS MATERIALS
684	Indicator species drive the key ecological functions of microbiota in a river impacted by acid mine drainage generated by rare earth elements mining in South China	Chen, Ziwu	环境科学与工程学院	ENVIRONMENTAL MICROBIOLOGY
685	Tree-ring recorded variations of 10 heavy metal elements over the past 168 years in southeastern China	Liu, Juan	环境科学与工程学院	ELEMENTA SCIENCE OF THE ANTHROPOCENE
686	Emergent thallium exposure from uranium mill tailings	Yin, Meiling	环境科学与工程学院	JOURNAL OF HAZARDOUS MATERIALS
687	Oxidized biochar obtained from rice straw as adsorbent to remove uranium（Ⅵ）from aqueous solutions	Ahmed, Waqas	环境科学与工程学院	JOURNAL OF ENVIRONMENTAL CHEMICAL ENGINEERING
688	Metal accumulations in aquatic organisms and health risks in an acid mine-affected site in South China	Luo, Dinggui	环境科学与工程学院	ENVIRONMENTAL GEOCHEMISTRY AND HEALTH
689	Zn-doped $CaFeO_3$ perovskite-derived high performed catalyst on oxygen reduction reaction in microbial fuel cells	Zhang, Hongguo	环境科学与工程学院	JOURNAL OF POWER SOURCES

续上表

序号	论文题目	第一/通讯作者	所属单位	发表刊物/论文集
690	How do socioeconomic factors influence urban $PM_{2.5}$ pollution in China? Empirical analysis from the perspective of spatiotemporal disequilibrium	闫 丹	环境科学与工程学院	SCIENCE OF THE TOTAL ENVIRONMENT
691	Effect of the structure and micropore of activated and oxidized black carbon on the sorption and desorption of nonylphenol	Gong, Jian	环境科学与工程学院	SCIENCE OF THE TOTAL ENVIRONMENT
692	Current understanding and challenges for aquatic primary producers in a world with rising micro-and nano-plastic levels	Yan, Dan	环境科学与工程学院	JOURNAL OF HAZARDOUS MATERIALS
693	Geogenic pollution, fractionation and potential risks of Cd and Zn in soils from a mountainous region underlain by black shale	Xiao, Tangfu	环境科学与工程学院	SCIENCE OF THE TOTAL ENVIRONMENT
694	Marine bacteria inhibit corrosion of steel via synergistic biomineralization	Zeng, Zhenshun	环境科学与工程学院	JOURNAL OF MATERIALS SCIENCE & TECHNOLOGY
695	One-step synthesis of cake-like biosorbents from plant biomass for the effective removal and recovery heavy metals: Effect of plant species and roles of xanthation	王娜娜	环境科学与工程学院	CHEMOSPHERE
696	Super-adsorptive and photo-regenerable carbon nanotube based membrane for highly efficient water purification	杨 洋 王 铸	环境科学与工程学院	JOURNAL OF MEMBRANE SCIENCE
697	Contamination, oral bioaccessibility and human health risk assessment of thallium and other metal（loid）s in farmland soils around a historic Tl-Hg mining area	Xiao, Tangfu	环境科学与工程学院	SCIENCE OF THE TOTAL ENVIRONMENT
698	Bimetallic hybrids modified with carbon nanotubes as cathode catalysts for microbial fuel cell: Effective oxygen reduction catalysis and inhibition of biofilm formation	王 燕	环境科学与工程学院	JOURNAL OF POWER SOURCES
699	Zeolitic imidazolate framework-based nanomaterials for the capture of heavy metal ions and radionuclides: A review	Liu, Yue	环境科学与工程学院	CHEMICAL ENGINEERING JOURNAL

续上表

序号	论文题目	第一/通讯作者	所属单位	发表刊物/论文集
700	Removal of fluoride from industrial wastewater by using different adsorbents: A review	Wan, Kuilin；黄磊	环境科学与工程学院	SCIENCE OF THE TOTAL ENVIRONMENT
701	A novel fluorescent optical fiber sensor for highly selective detection of antibiotic ciprofloxacin based on replaceable molecularly imprinted nanoparticles composite hydrogel detector	孙慧	环境科学与工程学院	SENSORS AND ACTUATORS B—CHEMICAL
702	Novel strains with superior degrading efficiency for lincomycin manufacturing biowaste	Tang, Jinfeng	环境科学与工程学院	ECOTOXICOLOGY AND ENVIRONMENTAL SAFETY
703	Root microbiome assembly of As-hyperaccumulator Pteris vittata and its efficacy in arsenic requisition	肖恩宗	环境科学与工程学院	ENVIRONMENTAL MICROBIOLOGY
704	Biosorbent with superhydrophobicity and superoleophilicity for spilled oil removal.	Peng, Dan	环境科学与工程学院	ECOTOXICOLOGY AND ENVIRONMENTAL SAFETY
705	Defluorination by ion exchange of SO_4^{2-} on alumina surface: Adsorption mechanism and kinetics	Huang, Lei	环境科学与工程学院	CHEMOSPHERE
706	Emerging risks of toxic metal (loid) s in soil-vegetables influenced by steel-making activities and isotopic source apportionment	王津	环境科学与工程学院	ENVIRONMENT INTERNATIONAL
707	Highly-efficient and easy separation of hexahedral sodium dodecyl sulfonate/δ-FeOOH colloidal particles for enhanced removal of aqueous thallium and uranium ions: Synergistic effect and mechanism study	黄莹	环境科学与工程学院	JOURNAL OF HAZARDOUS MATERIALS
708	Assessment of heavy metals mobility and correlative recovery and decontamination from MSWI fly ash: Mechanism and hydrometallurgical process evaluation.	唐进峰	环境科学与工程学院	THE SCIENCE OF THE TOTAL ENVIRONMENT
709	Highly efficient removal of thallium in wastewater by $MnFe_2O_4$-biochar composite	刘娟	环境科学与工程学院	JOURNAL OF HAZARDOUS MATERIALS

续上表

序号	论文题目	第一/通讯作者	所属单位	发表刊物/论文集
710	Impact of metal ions and organic ligands on uranium removal properties by zeolitic imidazolate framework materials	Song, Gang	环境科学与工程学院	JOURNAL OF CLEANER PRODUCTION
711	Performance and microbial communities of a novel integrated industrial-scale pulp and paper wastewater treatment plant	Su, Minhua	环境科学与工程学院	JOURNAL OF CLEANER PRODUCTION
712	Cadmium and lead distribution in pyrite ores: Environmental concerns over geochemically mobile fractions	Cao, Jielong	环境科学与工程学院	ELEMENTA-SCIENCE OF THE ANTHROPOCENE
713	Metabolic potentials of members of the class Acidobacteriia in metal-contaminated soils revealed by metagenomic analysis	Xiao, Enzong	环境科学与工程学院	ENVIRONMENTAL MICROBIOLOGY
714	Effects of thallium exposure on intestinal microbial community and organ functions in zebrafish (Danio rerio)	王煜煊	环境科学与工程学院	ELEMENTA-SCIENCE OF THE ANTHROPOCENE
715	Thallium shifts the bacterial and fungal community structures in thallium mine waste rocks	肖恩宗	环境科学与工程学院	ENVIRONMENTAL POLLUTION
716	Microbiome-environment interactions in antimony-contaminated rice paddies and the correlation of core microbiome with arsenic and antimony contamination	Li, Baoqin	环境科学与工程学院	CHEMOSPHERE
717	Graphene oxide functionalized with nano hydroxyapatite for the efficient removal of U(Ⅵ) from aqueous solution	苏敏华	环境科学与工程学院	ENVIRONMENTAL POLLUTION
718	Cetus: an efficient symmetric searchable encryption against file-injection attack with SGX	Li, Jin	黄埔研究院/研究生院	SCIENCE CHINA INFORMATION SCIENCES
719	VeriFL: Communication-efficient and fast verifiable aggregation for federated learning	Li, Jin	黄埔研究院/研究生院	IEEE TRANSACTIONS ON INFORMATION FORENSICS AND SECURITY
720	Stacked-origami mechanical metamaterial with tailored multistage stiffness	文桂林	机械与电气工程学院	MATERIALS & DESIGN

续上表

序号	论文题目	第一/通讯作者	所属单位	发表刊物/论文集
721	Soft array surface-changing compound eye	吴 羽	机械与电气工程学院	SENSORS
722	Death mechanism-based moth-flame optimization with improved flame generation mechanism for global optimization tasks®	李致富	机械与电气工程学院	EXPERT SYSTEMS WITH APPLICATIONS
723	Evaluating and minimizing induced microbending losses in optical fiber sensors embedded into glass-fiber composites	朱萍玉	机械与电气工程学院	JOURNAL OF LIGHTWAVE TECHNOLOGY
724	Alternating positive and negative feedback control model based on catastrophe theories	黄文恺	机械与电气工程学院	MATHEMATICS
725	A modular cooperative wall-climbing robot based on internal soft bone	黄文恺	机械与电气工程学院	SENSORS
726	The impact of attention mechanisms on speech emotion recognition	陈首彦	机械与电气工程学院	SENSORS
727	Cooperative deterministic learning and formation control for underactuated USVs with prescribed performance	何树德	机械与电气工程学院	INTERNATIONAL JOURNAL OF ROBUST AND NONLINEAR CONTROL
728	Influence of silicone rubber coating on the characteristics of surface streamer discharge	孟晓波	机械与电气工程学院	POLYMERS
729	Revealing the dynamic characteristics of composite material-based miura-origami tube	朱厚耀	机械与电气工程学院	MATERIALS
730	Slippage effects on the crack behavior of pearlitic steel induced via rolling-sliding friction	周 琰	机械与电气工程学院	WEAR
731	Adaptive neural network control for nonlinear cyber-physical systems subject to false data injection attacks with prescribed performance	Zhao, Zhijia	机械与电气工程学院	PHILOSOPHICAL TRANSACTIONS OF THE ROYAL SOCIETY A—MATHEMATICAL PHYSICAL AND ENGINEERING SCIENCES

续上表

序号	论文题目	第一/通讯作者	所属单位	发表刊物/论文集
732	Out-of-plane impact analysis for a bioinspired sinusoidal honeycomb	Huang, Jiale	机械与电气工程学院	MECHANICS OF ADVANCED MATERIALS AND STRUCTURES
733	Adaptive neural-network boundary control for a flexible manipulator with input constraints and model uncertainties	Zhao, Zhijia	机械与电气工程学院	IEEE TRANSACTIONS ON CYBERNETICS
734	Hard decorrelated centralized Loss for fine-grained image retrieval	Chen, Kairui	机械与电气工程学院	NEUROCOMPUTING
735	Reliable packaging of optical fiber Bragg grating sensors for carbon fiber composite wind turbine blades	朱萍玉	机械与电气工程学院	COMPOSITES SCIENCE AND TECHNOLOGY
736	Design, analysis and semi-active control of a quasi-zero stiffness vibration isolation system with six oblique springs	文桂林	机械与电气工程学院	NONLINEAR DYNAMICS
737	Adaptive proportional integral robust control of an uncertain robotic manipulator based on deep deterministic policy gradient	卢普伟	机械与电气工程学院	MATHEMATICS
738	A novel nano interface for particulate-reinforced titanium matrix composites	Gui, Zhenzhen	机械与电气工程学院	JOURNAL OF THE AMERICAN CERAMIC SOCIETY
739	Fabrication and *in vitro* evaluation of PCL/gelatin hierarchical scaffolds based on melt electrospinning writing and solution electrospinning for bone regeneration	Wang, Wenlong	机械与电气工程学院	MATERIALS SCIENCE AND ENGINEERING C
740	Double-layer model predictive control integrated with zone control	Zou, Tao	机械与电气工程学院	ISA TRANSACTIONS
741	Simulation and experimental study on droplet breakup modes and redrawing of their phase diagram	常家庆	机械与电气工程学院	PHYSICS OF FLUIDS
742	Dynamical behavior analysis of a time-delay SIRS-L model in rechargeable wireless sensor networks	刘贵云	机械与电气工程学院	MATHEMATICS

续上表

序号	论文题目	第一/通讯作者	所属单位	发表刊物/论文集
743	Cacla-based trajectory tracking guidance for rlv in terminal area energy management phase	蓝雪婧	机械与电气工程学院	SENSORS
744	Adaptive inverse control of a vibrating coupled vessel-riser system with input backlash	He, Xiuyu	机械与电气工程学院	IEEE TRANSACTIONS ON SYSTEMS, MAN AND CYBERNETICS: SYSTEMS
745	Boundary output constrained control for a flexible beam system with prescribed performance	赵志甲	机械与电气工程学院	IEEE TRANSACTIONS ON SYSTEMS MAN CYBERNETICS–SYSTEMS
746	Boundary adaptive fault-tolerant control for a flexible Timoshenko arm with backlash-like hysteresis	赵志甲	机械与电气工程学院	AUTOMATICA
747	Investigation on a novel bellows-type piezo-hydraulic actuator	Zhou, Chunhua	机械与电气工程学院	SMART MATERIALS AND STRUCTURES
748	Bio-inspired bistable piezoelectric vibration energy harvester: Design and experimental investigation	Zhou, Jiaxi	机械与电气工程学院	ENERGY
749	Simulation of the hydrodynamics in the onset of fouling for oil-water core-annular flow in a horizontal pipe	江帆	机械与电气工程学院	JOURNAL OF PETROLEUM SCIENCE AND ENGINEERING
750	Adaptive neural-network-based fault-tolerant control for a flexible string with composite disturbance observer and input constraints	赵志甲	机械与电气工程学院	IEEE TRANSACTIONS ON CYBERNETICS
751	Robust adaptive control of a riser-vessel system in three-dimensional space	赵志甲	机械与电气工程学院	IEEE TRANSACTIONS ON SYSTEMS MAN CYBERNETICS–SYSTEMS
752	A quadruped robot with three-dimensional flexible legs	黄文恺	机械与电气工程学院	SENSORS

续上表

序号	论文题目	第一/通讯作者	所属单位	发表刊物/论文集
753	Adaptive robust barrier-based control of a 3D flexible riser system subject to boundary displacement constraints	马鸽	机械与电气工程学院	INTERNATIONAL JOURNAL OF ROBUST AND NONLINEAR CONTROL
754	Adaptive neural event-triggered control for nonlinear uncertain system with input constraint based on auxiliary system	王建晖	机械与电气工程学院	INTERNATIONAL JOURNAL OF ROBUST AND NONLINEAR CONTROL
755	Behavioral decision-making in power demand-side response management: A multi-population evolutionary game dynamics perspective	程乐峰	机械与电气工程学院	INTERNATIONAL JOURNAL OF ELECTRICAL POWER AND ENERGY SYSTEMS
756	Workpiece-scale numerical simulations of SLM molten pool dynamic behavior of 316L stainless steel	曹流	机械与电气工程学院	COMPUTERS AND MATHEMATICS WITH APPLICATIONS
757	A comparative study of the dynamics of a three-disk dynamo system with and without time delay	Wen, Guilin	机械与电气工程学院	APPLIED MATHEMATICS AND COMPUTATION
758	Precipitation behaviors and mechanical properties of a solution-treated Mg-Gd-Nd-Zn-Zr alloy during equal-channel angular pressing process	桂珍珍	机械与电气工程学院	JOURNAL OF MAGNESIUM AND ALLOYS
759	A coupled Galerkin and Newmark techniques for resonance simulation of the electrically single-curved system under low-velocity impact	张春良	机械与电气工程学院	ENGINEERING WITH COMPUTERS
760	Energy absorption characteristics of axially varying thickness lateral corrugated tubes under axial impact loading	Deng, Xiaolin	机械与电气工程学院	THIN-WALLED STRUCTURES
761	Material-related contact time dependence of adhesion force revealed by an AFM cantilever in a humid environment	赖添茂	机械与电气工程学院	APPLIED SURFACE SCIENCE

续上表

序号	论文题目	第一/通讯作者	所属单位	发表刊物/论文集
762	Regulating alkali metal deposition behavior via Li/Na-philic Ni nanoparticles modified 3D hierarchical carbon skeleton	Shi, Huimin	机械与电气工程学院	CHEMICAL ENGINEERING JOURNAL
763	Adaptive fault-tolerant control of a probe-and-drogue refueling hose under varying length and constrained output	Zhao, Zhijia	机械与电气工程学院	IEEE TRANSACTIONS ON CONTROL SYSTEMS TECHNOLOGY
764	Modeling and adaptive control for a spatial flexible spacecraft with unknown actuator failures	Zhao, Zhijia	机械与电气工程学院	SCIENCE CHINA INFORMATION SCIENCES
765	Neural-network-based sliding-mode control of an uncertain robot using dynamic model approximated switching gain	Liu, Chengxiang	机械与电气工程学院	IEEE TRANSACTIONS ON CYBERNETICS
766	Neural adaptive self-triggered control for uncertain nonlinear systems with input hysteresis	王建晖	机械与电气工程学院	IEEE TRANSACTIONS ON NEURAL NETWORKS AND LEARNING SYSTEMS
767	Multiobjective optimization of axially varying thickness lateral corrugated tubes for energy absorption	Huang, Jiale	机械与电气工程学院	MECHANICS OF ADVANCED MATERIALS AND STRUCTURES
768	Data-driven cloud simulation architecture for automated flexible production lines: Application in real smart factories	Yue, Lei	机械与电气工程学院	INTERNATIONAL JOURNAL OF PRODUCTION RESEARCH
769	Intraband hot-electron photoluminescence of a silver nanowire-coupled gold film via high-order gap plasmons	Shi, Huimin	机械与电气工程学院	NANOSCALE
770	Analysis of time-delay epidemic model in rechargeable wireless sensor networks	刘贵云	机械与电气工程学院	MATHEMATICS
771	Dynamical analysis and optimal control for a SEIR model based on virus mutation in WSNs	刘贵云	机械与电气工程学院	MATHEMATICS

续上表

序号	论文题目	第一/通讯作者	所属单位	发表刊物/论文集
772	Vibration control for spatial aerial refueling hoses with bounded actuators	Zhao, Zhijia	机械与电气工程学院	IEEE TRANSACTIONS ON INDUSTRIAL ELECTRONICS
773	Boundary disturbance observer-based control of a vibrating single-link flexible manipulator	赵志甲	机械与电气工程学院	IEEE TRANSACTIONS ON SYSTEMS MAN CYBERNETICS-SYSTEMS
774	Thermal performance of flexible branch heat pipe	Huang, Jiale	机械与电气工程学院	APPLIED THERMAL ENGINEERING
775	Dynamic collaborative fireworks algorithm and its applications in robust pole assignment optimization	Wei, Wenqi	机械与电气工程学院	APPLIED SOFT COMPUTING
776	Autonomous control strategy of a swarm system under attack based on projected view and light transmittance	蓝雪婧	机械与电气工程学院	IEEE-CAA JOURNAL OF AUTOMATICA SINICA
777	Event-triggered adaptive finite-time tracking control for full state constraints nonlinear systems with parameter uncertainties and given transient performance	Huang, Yunchang	机械与电气工程学院	ISA TRANSACTION
778	A modified sparrow search algorithm with application in 3D route planning for uav	刘贵云	机械与电气工程学院	SENSORS（SWITZERLAND）
779	Long-term photovoltaic performance of thin-film solar cells with diffractive microlens arrays on glass substrates	李 萍	机械与电气工程学院	RESULTS IN PHYSICS
780	Meshing drive mechanism of double traveling waves for rotary piezoelectric motors	安大伟	机械与电气工程学院	MATHEMATICS
781	CFRP origami metamaterial with tunable buckling loads: A Numerical study	朱厚耀	机械与电气工程学院	MATERIALS
782	FPGA-based sensorless speed control of PMSM using enhanced performance controller based on the reduced-order EKF	杨 红	机械与电气工程学院	IEEE JOURNAL OF EMERGING AND SELECTED TOPICS IN POWER ELECTRONICS

续上表

序号	论文题目	第一/通讯作者	所属单位	发表刊物/论文集
783	Efficient, high-resolution topology optimization method based on convolutional neural networks	Xue, Liang	机械与电气工程学院	FRONTIERS OF MECHANICAL ENGINEERING
784	Finite-time convergence disturbance rejection control for a flexible timoshenko manipulator	赵志甲	机械与电气工程学院	IEEE/CAA JOURNAL OF AUTOMATICA SINICA
785	Epidemic analysis of wireless rechargeable sensor networks based on an attack-defense game model	刘贵云	机械与电气工程学院	SENSORS
786	A novel small motor measurement system based on ultrasonic bearings	Wang, Dong	机械与电气工程学院	MEASUREMENT
787	Influence of lateral movement on level behavior of adhesion force measured repeatedly by an atomic force microscope（AFM）colloid probe in dry conditions	李萍	机械与电气工程学院	MATERIALS
788	Adaptive fault-tolerant boundary control for a flexible string with unknown dead zone and actuator fault	Zhao, Zhijia	机械与电气工程学院	IEEE TRANSACTIONS ON CYBERNETICS
789	A novel valve-less piezoelectric micropump generating recirculating flow	Chen, Xiaosheng	机械与电气工程学院	ENGINEERING APPLICATIONS OF COMPUTATIONAL FLUID MECHANICS
790	An any-cell（s）-to-cell（s）equalization method with a single magnetic component for lithium-ion battery pack	陈洋	机械与电气工程学院	JOURNAL OF ENERGY STORAGE
791	Fuzzy adaptive two-bit-triggered control for a class of uncertain nonlinear systems with actuator failures and dead-zone constraint	张春良	机械与电气工程学院	IEEE TRANSACTIONS ON CYBERNETICS
792	Numerical investigation on molten pool dynamics during multi-laser array powder bed fusion process	曹流	机械与电气工程学院	METALLURGICAL AND MATERIALS TRANSACTIONS A—PHYSICAL METALLURGY AND MATERIALS SCIENCE

续上表

序号	论文题目	第一/通讯作者	所属单位	发表刊物/论文集
793	Adaptive robust control for active suspension systems: targeting nonholonomic reference trajectory and large mismatched uncertainty	Long, Shangbin	机械与电气工程学院	NONLINEAR DYNAMICS
794	Observer-based adaptive neural output-feedback event-triggered control for discrete-time nonlinear systems using variable substitution	Zhao, Zhijia	机械与电气工程学院	INTERNATIONAL JOURNAL OF ROBUST AND NONLINEAR CONTROL
795	Isogeometric boundary element analysis based on UE-splines	方美娥	计算机科学与网络工程学院	JOURNAL OF COMPUTATIONAL AND APPLIED MATHEMATICS
796	Improved strategies of relation extraction based on graph convolutional model on tree structure for web information processing	杨朔	计算机科学与网络工程学院	JOURNAL OF INDUSTRIAL INFORMATION INTEGRATION
797	SecVKQ: Secure and verifiable kNN queries in sensor-cloud systems	Peng, Tao	计算机科学与网络工程学院	JOURNAL OF SYSTEMS ARCHITECTURE
798	Mobile edge-enabled trust evaluation for the Internet of Things	Wang, Guojun	计算机科学与网络工程学院	INFORMATION FUSION
799	Liveness detection for voice user interface via wireless signals in IoT environment	Li, Jin	计算机科学与网络工程学院	IEEE TRANSACTIONS ON DEPENDABLE AND SECURE COMPUTING
800	DSAGAN: A generative adversarial network based on dual-stream attention mechanism for anatomical and functional image fusion	Du, Jiao	计算机科学与网络工程学院	INFORMATION SCIENCES
801	OBPP: An ontology-based framework for privacy-preserving in IoT-based smart city	Wang, Guojun	计算机科学与网络工程学院	FUTURE GENERATION COMPUTER SYSTEMS
802	Adaptive estimation distribution distributed differential evolution for multimodal optimization problems	王子佳	计算机科学与网络工程学院	IEEE TRANSACTIONS ON CYBERNETICS
803	Resisting membership inference attacks through knowledge distillation	Wang, Hanpin	计算机科学与网络工程学院	NEUROCOMPUTING

续上表

序号	论文题目	第一/通讯作者	所属单位	发表刊物/论文集
804	Ventral & dorsal stream theory based zero-shot action recognition	Peng, Weilong	计算机科学与网络工程学院	PATTERN RECOGNITION
805	A human-centered artificial intelligence approach for privacy protection of elderly App users in smart cities	Haroon, Elahi	计算机科学与网络工程学院	NEUROCOMPUTING
806	Oblivious transfer for privacy-preserving in VANET's feature matching	王显珉	计算机科学与网络工程学院	IEEE TRANSACTIONS ON INTELLIGENT TRANSPORTATION SYSTEMS
807	A blockchain-enabled deduplicatable data auditing mechanism for network storage services	Wang, Gaojun	计算机科学与网络工程学院	IEEE TRANSACTIONS ON EMERGING TOPICS IN COMPUTING
808	A coprocessor-based introspection framework via intel management engine	Wang, Gaojun	计算机科学与网络工程学院	IEEE TRANSACTIONS ON DEPENDABLE AND SECURE COMPUTING
809	Edge server placement for vehicular Ad hoc networks in metropolitans	Deng, Xia	计算机科学与网络工程学院	IEEE INTERNET OF THINGS JOURNAL
810	Efficient and flexible management for industrial Internet of Things: A federated learning approach	郭英浩	计算机科学与网络工程学院	COMPUTER NETWORKS
811	Enhancing the security of blockchain-based software defined networking through trust-based traffic fusion and filtration	Li, Wenjuan	计算机科学与网络工程学院	INFORMATION FUSION
812	Dynamic offloading for multiuser muti-CAP MEC networks: A deep reinforcement learning approach	李超	计算机科学与网络工程学院	IEEE TRANSACTIONS ON VEHICULAR TECHNOLOGY
813	Challenge-based collaborative intrusion detection in software-defined networking: an evaluation	李文娟	计算机科学与网络工程学院	DIGITAL COMMUNICATIONS AND NETWORKS
814	Learning-based signal detection for MIMO systems with unknown noise statistics	何科	计算机科学与网络工程学院	IEEE TRANSACTIONS ON COMMUNICATIONS

续上表

序号	论文题目	第一/通讯作者	所属单位	发表刊物/论文集
815	Dynamic computation offloading for MIMO mobile edge computing systems with energy harvesting	Xia, Junjuan	计算机科学与网络工程学院	IEEE TRANSACTIONS ON VEHICULAR TECHNOLOGY
816	Privacy preserving and data publication for vehicular trajectories with differential privacy	Arif, Muhammad	计算机科学与网络工程学院	MEASUREMENT
817	Analysis and optimization for downlink cell-free massive mimo system with mixed dacs	Tan, Weiqiang	计算机科学与网络工程学院	SENSORS
818	Blockchain-enabled accountability mechanism against information leakage in vertical industry services	Wang, Guojun	计算机科学与网络工程学院	IEEE TRANSACTIONS ON NETWORK SCIENCE AND ENGINEERING
819	Secure fine-grained friend-making scheme based on hierarchical management in mobile social networks	Wang, Guojun	计算机科学与网络工程学院	INFORMATION SCIENCES
820	A novel (t, s, k, n)-threshold visual secret sharing scheme based on access structure partition	Wang, Yuangen	计算机科学与网络工程学院	ACM TRANSACTIONS ON MULTIMEDIA COMPUTING, COMMUNICATIONS, AND APPLICATIONS
821	Aspect-level sentiment analysis using context and aspect memory network	Yu, Shui	计算机科学与网络工程学院	NEUROCOMPUTING
822	Privacy-preserving and verifiable online crowdsourcing with worker updates	闫红洋	计算机科学与网络工程学院	INFORMATION SCIENCES
823	A hardware-aware CPU power measurement based on the power-exponent function model for cloud servers	高崇志	计算机科学与网络工程学院	INFORMATION SCIENCES
824	Maximizing positive influence in competitive social networks: A trust-based solution	Wang, Guojun	计算机科学与网络工程学院	INFORMATION SCIENCES
825	Pareto-optimal resource allocation in decentralized wireless powered networks	Diamantoulakis, Panagiotis D.	计算机科学与网络工程学院	IEEE TRANSACTIONS ON COMMUNICATIONS

续上表

序号	论文题目	第一/通讯作者	所属单位	发表刊物/论文集
826	Enhancing intrusion detection with feature selection and neural network	李文娟	计算机科学与网络工程学院	INTERNATIONAL JOURNAL OF INTELLIGENT SYSTEMS
827	Abstractive multi-document summarization based on semantic link network	诸葛海	计算机科学与网络工程学院	IEEE TRANSACTIONS ON KNOWLEDGE AND DATA ENGINEERING
828	Opportunistic access point selection for mobile edge computing networks	夏隽娟	计算机科学与网络工程学院	IEEE TRANSACTIONS ON WIRELESS COMMUNICATIONS
829	Integrated fusion framework based on semicoupled sparse tensor factorization for spatio-temporal-spectral fusion of remote sensing images	Du, Jiao	计算机科学与网络工程学院	INFORMATION FUSION
830	Cognitive population initialization for swarm intelligence and evolutionary computing	Arif, Muhammad	计算机科学与网络工程学院	JOURNAL OF AMBIENT INTELLIGENCE AND HUMANIZED COMPUTING
831	Defeating lattice-based data hiding code via decoding security hole	王员根	计算机科学与网络工程学院	IEEE TRANSACTIONS ON CIRCUITS AND SYSTEMS FOR VIDEO TECHNOLOGY
832	An automatic cost learning framework for image steganography using deep reinforcement learning	唐伟轩	计算机科学与网络工程学院	IEEE TRANSACTIONS ON INFORMATION FORENSICS AND SECURITY
833	Comprehensive evaluation of BIM calculation quantity in domestic construction engineering based on fuzzy comprehensive evaluation	邓毅	建筑与城市规划学院	COMPUTATIONAL INTELLIGENCE AND NEUROSCIENCE

续上表

序号	论文题目	第一/通讯作者	所属单位	发表刊物/论文集
834	Application of mathematical metamodeling for an automated simulation of the Dong nationality drum tower architectural heritage	邓 毅	建筑与城市规划学院	COMPUTERS AND CONCRETE
835	Multi-objective building design optimization considering the effects of long-term climate change	邹煜凯	建筑与城市规划学院	JOURNAL OF BUILDING ENGINEERING
836	Life-cycle cost analysis and resilience consideration for coupled grey infrastructure and low-impact development practices	王 墨	建筑与城市规划学院	SUSTAINABLE CITIES AND SOCIETY
837	Occurrence and distribution of poly-and perfluoroalkyl substances（PFASs）in a surface flow constructed wetland	Wang, Mo	建筑与城市规划学院	ECOLOGICAL ENGINEERING
838	Digital city landscape planning and design based on spatial information technology	邓 毅	建筑与城市规划学院	NEURAL COMPUTING & APPLICATIONS
839	Research on digital urban architecture design based on cloud computing data center	蔡 凌	建筑与城市规划学院	ENVIRONMENTAL TECHNOLOGY AND INNOVATION
840	Framing social sustainability and justice claims in urban regeneration：A comparative analysis of two cases in Guangzhou	顾忠华	建筑与城市规划学院	LAND USE POLICY
841	Long-term performance of bioretention systems in storm runoff management under climate change and life-cycle condition	王 墨	建筑与城市规划学院	SUSTAINABLE CITIES AND SOCIETY
842	The influence of meaning in life on children and adolescents' problematic smartphone use：A three-wave multiple mediation model	丘彩霞	教务处（含非学历教育办学管理办公室）	ADDICTIVE BEHAVIORS
843	The association between school climate and aggression：A moderated mediation model	利振华 聂衍刚	教务处（含非学历教育办学管理办公室）	INTERNATIONAL JOURNAL OF ENVIRONMENTAL RESEARCH AND PUBLIC HEALTH

续上表

序号	论文题目	第一/通讯作者	所属单位	发表刊物/论文集
844	Exploring the effects of anthocyanins on volatile organic metabolites of alzheimer's disease model mice based on HS-GC-IMS and HS-SPME-GC-MS	Yang, Xinquan	科研处	MICROCHEMICAL JOURNAL
845	Generation of high-precision ground penetrating radar images using improved least square generative adversarial networks	岳云鹏	美术与设计学院	REMOTE SENSING
846	Application of computer simulation and high-precision visual matching technology in green city garden landscape design	罗冠林	美术与设计学院	ENVIRONMENTAL TECHNOLOGY & INNOVATION
847	Industrial product art design method based on internet of things technology and virtual VR	王 荔	美术与设计学院	JOURNAL OF AMBIENT INTELLIGENCE AND HUMANIZED COMPUTING
848	Transcriptional network orchestrating regional patterning of cortical progenitors	Tang, Ke	生命科学学院	PROCEEDINGS OF THE NATIONAL ACADEMY OF SCIENCES OF THE UNITED STATES OF AMERICA
849	Mutation signatures inform the natural host of SARS-CoV-2	邢 珂	生命科学学院	NATIONAL SCIENCE REVIEW
850	Ovipositor and mouthparts in a fossil insect support a novel ecological role for early orthopterans in 300 million years old forests	Yang, Qiang	生命科学学院	ELIFE
851	The legume-specific transcription factor E1 controls leaf morphology in soybean	Li, Yongli; 芦思佳	生命科学学院	BMC PLANT BIOLOGY
852	Effect of ultrasonic pretreatment on the emulsification properties of Clanis Bilineata Tingtauica Mell protein	Shen, Yingbin	生命科学学院	ULTRASONICS SONOCHEMISTRY

续上表

序号	论文题目	第一/通讯作者	所属单位	发表刊物/论文集
853	Viral haplotypes in COVID-19 patients associated with prolonged viral shedding	He, Yutong	生命科学学院	FRONTIERS IN CELLULAR AND INFECTION MICROBIOLOGY
854	Cul4A-DDB1-mediated monoubiquitination of phosphoglycerate dehydrogenase promotes colorectal cancer metastasis via increased S-adenosylmethionine	喻 华	生命科学学院	THE JOURNAL OF CLINICAL INVESTIGATION
855	Sperm epigenetic alterations contribute to inter-and transgenerational effects of paternal exposure to long-term psychological stress via evading offspring embryonic reprogramming	Qiao, Yunbo	生命科学学院	CELL DISCOVERY
856	Parallel selection of distinct Tof5 alleles drove the adaptation of cultivated and wild soybean to high latitude	董利东 程 群 方 超 孔令平 杨 慧; Hou, Zhihong	生命科学学院	MOLECULAR PLANT
857	Echinacoside and verbascoside protect against hepatotoxicity of inhalation exposure to benzo[a] pyrene on liver lipid metabolism of C57BL/6 mice	熊文婷	生命科学学院	HEPATOLOGY
858	The transcriptional coactivator, ALL_1-fused gene from chromosome 9, simultaneously sustains hypoxia tolerance and metabolic advantages in liver cancer	喻 华	生命科学学院	HEPATOLOGY
859	Research progress of small molecule fluorescent probes for detecting hypochlorite	Song, Zhiguo	生命科学学院	SENSORS
860	Systemic LPS-induced microglial activation results in increased GABAergic tone: A mechanism of protection against neuroinflammation in the medial prefrontal cortex in mice	江锦祥 王 蕾	生命科学学院	BRAIN, BEHAVIOR, AND IMMUNITY

续上表

序号	论文题目	第一/通讯作者	所属单位	发表刊物/论文集
861	Modeling a cataract disorder in mice with prime editing	Lin, Jianxiang	生命科学学院	MOLECULAR THERAPY–NUCLEIC ACIDS
862	Integrating multiple indices of geobiodiversity reveals a series of regional species-rich areas worthy of conservation in the region of the Qinghai-Xizang Plateau	于海彬	生命科学学院	BIOLOGICAL CONSERVATION
863	Genome-wide analysis of the *IQM* gene family in rice（*Oryza sativa* L.）	范 甜	生命科学学院	PLANTS–BASEL
864	GmRAV confers ecological adaptation through photoperiod control of flowering time and maturity in soybean	董利东	生命科学学院	PLANT PHYSIOLOGY
865	Acute neuroinflammation increases excitability of prefrontal parvalbumin interneurons and their functional recruitment during novel object recognition	Feng, Xiaoyi	生命科学学院	BRAIN, BEHAVIOR, AND IMMUNITY
866	Arabidopsis NF-YCs play dual roles in repressing brassinosteroid biosynthesis and signaling during light-regulated hypocotyl elongation	Tang, Yang	生命科学学院	THE PLANT CELL
867	Multiplex CRISPR/Cas9-mediated knockout of soybean *LNK2* advances flowering time	程 群 张宇航; Gan, Zhuoran	生命科学学院	THE CROP JOURNAL
868	Endogenous stress-related signal directs shoot stem cell fate in Arabidopsis thaliana	Dong, Zhicheng	生命科学学院	NATURE PLANTS
869	Rapid excavating a *FLOWERING LOCUS T*-regulator *NF-YA* using genotyping-by-sequencing	Kong, Lingping	生命科学学院	MOLECULAR BREEDING
870	Oncogenic enhancers drive esophageal squamous cell carcinogenesis and metastasis	Ye, Bo	生命科学学院	NATURE COMMUNICATIONS
871	Overcoming the genetic compensation response of soybean florigens to improve adaptation and yield at low latitudes	方 超	生命科学学院	CURRENT BIOLOGY
872	MS1 is essential for male fertility by regulating the microsporocyte cell plate expansion in soybean	方小龙 孙小媛	生命科学学院	SCIENCE CHINA—LIFE SCIENCES

续上表

序号	论文题目	第一/通讯作者	所属单位	发表刊物/论文集
873	Base editing-mediated perturbation of endogenous PKM1/2 splicing facilitates isoform-specific functional analysis in vitro and in vivo	Lin, Jianxiang	生命科学学院	CELL PROLIFERATION
874	Norethindrone causes cellular and hepatic injury in zebrafish by compromising the metabolic processes associated with antioxidant defence: Insights from metabolomics	王小兰	生命科学学院	CHEMOSPHERE
875	Oil crops: From the classical traits to genetic improvement	董志诚	生命科学学院	JOURNAL OF INTEGRATIVE PLANT BIOLOGY
876	Natural variation of the *Dt2* promoter controls plant height and node number in semi-determinant soybean	Yang, Hui	生命科学学院	MOLECULAR BREEDING
877	A flowering time locus dependent on *E2* in soybean	Kong, Lingping	生命科学学院	MOLECULAR BREEDING
878	Reproductive potential of mosquitofish is reduced by the masculinizing effect of a synthetic progesterone, gestodene: Evidence from morphology, courtship behaviour, ovary histology, sex hormones and gene expressions	Chen, Shanduo	生命科学学院	SCIENCE OF THE TOTAL ENVIRONMENT
879	Structure-guided rational design of a mono- and diacylglycerol lipase from *aspergillus oryzae*: A single residue mutant increases the hydrolysis ability	Wang, Jia	生命科学学院	JOURNAL OF AGRICULTURAL AND FOOD CHEMISTRY
880	Molecular mechanisms of mutualistic and antagonistic interactions in a plant-pollinator association	Liu, Min	生命科学学院	NATURE ECOLOGY & EVOLUTION
881	A Slc25a46 mouse model simulating age-associated motor deficit, redox imbalance, and mitochondria dysfunction	Yang, Xinquan	生命科学学院	THE JOURNALS OF GERONTOLOGY. SERIES A—BIOLOGICAL SCIENCES AND MEDICAL SCIENCES

续上表

序号	论文题目	第一/通讯作者	所属单位	发表刊物/论文集
882	Ancient relaxation of an obligate short-day requirement in common bean through loss of *CONSTANS*-like gene function	Fang, Chao	生命科学学院	CURRENT BIOLOGY
883	Structure-guided engineering of adenine base editor with minimized RNA off-targeting activity	Wu, Susu	生命科学学院	NATURE COMMUNICATIONS
884	Cotranscriptional and posttranscriptional features of the transcriptome in soybean shoot apex and leaf	朱家富	生命科学学院	FRONTIERS IN PLANT SCIENCE
885	Molecular mechanisms for the photoperiodic regulation of flowering in soybean	林晓雅	生命科学学院	JOURNAL OF INTEGRATIVE PLANT BIOLOGY
886	The gibberellin signaling negative regulator RGA-LIKE3 promotes seed storage protein accumulation	Kong, Fanjiang	生命科学学院	PLANT PHYSIOLOGY
887	Brassinosteroid homeostasis is critical for the functionality of the Medicago truncatula pulvinus	Wang, Hongfeng	生命科学学院	PLANT PHYSIOLOGY
888	A recent retrotransposon insertion of J caused E6 locus facilitating soybean adaptation into low latitude	方　超 刘　俊； Zhang, Ting	生命科学学院	JOURNAL OF INTEGRATIVE PLANT BIOLOGY
889	Will climate change impact distribution of bats in Nepal Himalayas? A case study of five species	Thapa, Sanjan	生命科学学院	GLOBAL ECOLOGY AND CONSERVATION
890	Interneuron development and dysfunction	杨佳鑫 杨　雄	生命科学学院	FEBS JOURNAL
891	From genes to networks: The genetic control of leaf development	王洪峰	生命科学学院	JOURNAL OF INTEGRATIVE PLANT BIOLOGY
892	Two homologous LHY pairs negatively control soybean drought tolerance by repressing the abscisic acid responses	王　凯 步田田 程　群	生命科学学院	NEW PHYTOLOGIST

续上表

序号	论文题目	第一/通讯作者	所属单位	发表刊物/论文集
893	Chloride-dependent conformational changes in the GlyT1 glycine transporter	张元伟	生命科学学院	PROCEEDINGS OF THE NATIONAL ACADEMY OF SCIENCES OF THE UNITED STATES OF AMERICA
894	Immediate transcriptional responses of Arabidopsis leaves to heat shock	刘　敏 朱家富	生命科学学院	JOURNAL OF INTEGRATIVE PLANT BIOLOGY
895	Unraveling the characterization of minichromosome maintenance complex component 2 (*MCM2*) gene and its SNPs associated with cold-tolerance trait in Pacific white shrimp (*Litopenaeus vannamei*)	Sun, Huiming	生命科学学院	AQUACULTURE REPORTS
896	A critical role of the soybean evening complex in the control of photoperiod sensitivity and adaptation	步田田 芦思佳 王　凯 董利东	生命科学学院	PROCEEDINGS OF THE NATIONAL ACADEMY OF SCIENCES OF THE UNITED STATES OF AMERICA
897	Mitochondrial dysfunction and oxidative stress in alzheimer's disease	Misrani, Afzal	生命科学学院	FRONTIERS IN AGING NEUROSCIENCE
898	A BIN2-GLK1 signaling module integrates brassinosteroid and light signaling to repress chloroplast development in the dark	Liu, Baohui	生命科学学院	DEVELOPMENTAL CELL
899	Exploiting novel rotors with auxochromic dynamic motors for monitoring lysosomal viscosity	吕鹏程	生命科学学院	DYES AND PIGMENTS
900	Interaction between the MtDELLA-MtGAF1 complex and MtARF3 mediates transcriptional control of MtGA3ox1 to elaborate leaf margin formation in Medicago truncatula	Wen, Lizhu	生命科学学院	PLANT AND CELL PHYSIOLOGY

续上表

序号	论文题目	第一/通讯作者	所属单位	发表刊物/论文集
901	Preferential ribosome loading on the stress-upregulated mrna pool shapes the selective translation under stress conditions	陈 岩	生命科学学院	PLANTS-BASEL
902	Post-translational modifications: Regulation of nitrogen utilization and signaling	Zhang, Zhihua	生命科学学院	PLANT & CELL PHYSIOLOGY
903	Linkage and association study discovered loci and candidate genes for glycinin and beta-conglycinin in soybean (Glycine max L. Merr.)	Li, Haiyang	生命科学学院	TAG. THEORETICAL AND APPLIED GENETICS. THEORETISCHE UND ANGEWANDTE GENETIK
904	First record of disk-footed bat Eudiscopus denticulus (Chiroptera, Vespertilionidae) from China and resolution of phylogenetic position of the genus	余文华	生命科学学院	ZOOLOGICAL RESEARCH
905	FT5a interferes with the Dt1-AP1 feedback loop to control flowering time and shoot determinacy in soybean	岳 琳	生命科学学院	JOURNAL OF INTEGRATIVE PLANT BIOLOGY
906	Chinese herbal medicine for the treatment of depression: Effects on the neuroendocrine-immune network	李 婵	生命科学学院	PHARMACEUTICALS (BASEL, SWITZERLAND)
907	Genome-wide DNA methylation analysis of soybean *curled-cotyledons* mutant and functional evaluation of a homeodomain-leucine zipper (HD-Zip) I gene GmHDZ20	杨 慧	生命科学学院	FRONTIERS IN PLANT SCIENCE
908	Cytosolic GDH1 degradation restricts protein synthesis to sustain tumor cell survival following amino acid deprivation	王雄军	生命科学学院	THEEMBO JOURNAL
909	Identification of novel quantitative trait nucleotides and candidate genes for bacterial wilt resistance in tobacco (*Nicotiana tabacum* L.) using genotyping-by-sequencing and multi-locus genome-wide association studies	Lai, Ruiqiang; Ikram, Muhammad	生命科学学院	FRONTIERS IN PLANT SCIENCE

续上表

序号	论文题目	第一/通讯作者	所属单位	发表刊物/论文集
910	EDS1-interacting J protein 1 is an essential negative regulator of plant innate immunity in Arabidopsis	Kong, Fanjiang	生命科学学院	PLANT CELL
911	Bifurcation and chaos behaviors of Lyapunov function controlled PWM boost converter	陈新兵	实验中心、网络与现代教育技术中心	ENERGY REPORTS
912	Stability analysis of voltage controlled buck converter feed from a periodic input	胡维	实验中心、网络与现代教育技术中心	IEEE TRANSACTIONS ON INDUSTRIAL ELECTRONICS
913	A novel approach for calculating exact forms of mRNA distribution in single-cell measurements	陈嘉欣	数学与信息科学学院	MATHEMATICS
914	Periodic solutions for a class of second-order differential delay equations	Wu, Xuan	数学与信息科学学院	COMMUNICATIONS ON PURE & APPLIED ANALYSIS
915	Orbital stability of solitary waves and a Liouville-type property to the cubic Camassa-Holm-type equation	狄华斐	数学与信息科学学院	PHYSICA D: NONLINEAR PHENOMENA
916	Website fingerprinting on early QUIC traffic	Tang, Yi	数学与信息科学学院	COMPUTER NETWORKS
917	Optimizing the first-passage process on a class of fractal scale-free trees	Gao, Long	数学与信息科学学院	FRACTAL AND FRACTIONAL
918	On the well-posedness and stability for the fourth-order schrodinger equation with nonlinear derivative term	Li, Kelin; 狄华斐	数学与信息科学学院	DISCRETE AND CONTINUOUS DYNAMICAL SYSTEMS—SERIES S
919	A high order operator splitting method based on spectral deferred correction for the nonlocal viscous Cahn-Hilliard equation	Yang, Yanfang	数学与信息科学学院	JOURNAL OF COMPUTATIONAL PHYSICS
920	On Ambrosetti-Malchiodi-Ni conjecture on two-dimensional smooth bounded domains: Clustering concentration layers	Yang, Jun	数学与信息科学学院	JOURNAL OF FUNCTIONAL ANALYSIS
921	Convergence of an adaptive modified WG method for second-order elliptic problem	谢莹莹	数学与信息科学学院	NUMERICAL ALGORITHMS

续上表

序号	论文题目	第一/通讯作者	所属单位	发表刊物/论文集
922	On the multiplicity of solutions for the discrete boundary problem involving the singular phi-laplacian	邱子华	数学与信息科学学院	JOURNAL OF FUNCTION SPACES
923	Generative design and fabrication of a locust-inspired gliding wing prototype for micro aerial robots	Fu, Qinbing	数学与信息科学学院	JOURNAL OF COMPUTATIONAL DESIGN AND ENGINEERING
924	Design of a model-free adaptive sliding mode control to synchronize chaotic fractional-order systems with input saturation: An application in secure communications	Chen, Yucheng	数学与信息科学学院	JOURNAL OF THE FRANKLIN INSTITUTE
925	Existence and uniqueness of nontrivial periodic solutions to a discrete switching model	常李洁	数学与信息科学学院	MATHEMATICS
926	Infinitely many solutions for discrete boundary value problems with the (p, q)-laplacian operator	张卓敏	数学与信息科学学院	JOURNAL OF FUNCTION SPACES
927	Wavelets and Real Interpolation of Besov Spaces	Lou, Zhenzhen	数学与信息科学学院	MATHEMATICS
928	Positive solutions of the discrete Robin problem with ϕ-Laplacian	凌娇秀	数学与信息科学学院	DISCRETE AND CONTINUOUS DYNAMICAL SYSTEMS—SERIES S
929	A new blow-up criterion of the strong solution to the quantum hydrodynamic model	王光武	数学与信息科学学院	APPLIED MATHEMATICS LETTERS
930	Existence and regularity of co-rotating and traveling-wave vortex solutions for the generalized SQG equation	曹道民	数学与信息科学学院	JOURNAL OF DIFFERENTIAL EQUATIONS
931	An empirical study of supervised email classification in Internet of Things: Practical performance and key influencing factors	李文娟	数学与信息科学学院	INTERNATIONAL JOURNAL OF INTELLIGENT SYSTEMS

续上表

序号	论文题目	第一/通讯作者	所属单位	发表刊物/论文集
932	Traveling waves solutions for delayed temporally discrete non-local reaction-diffusion equation	Guo, Hongpeng	数学与信息科学学院	MATHEMATICS
933	Perturbation of wavelet frames of quaternionic-valued functions	Xiao, Fusheng	数学与信息科学学院	MATHEMATICS
934	Optimized score function and its application in group multiattribute decision making based on fuzzy neutrosophic sets	Nafei, AmirHossein	数学与信息科学学院	INTERNATIONAL JOURNAL OF INTELLIGENT SYSTEMS
935	Toeplitz operators with IMO^s symbols between generalized fock spaces	Zhang, Yiyuan	数学与信息科学学院	JOURNAL OF FUNCTION SPACES
936	Long-time behavior for 3D MHD equations with nonlinear damping	宋小亚	数学与信息科学学院	JOURNAL OF MATHEMATICAL ANALYSIS AND APPLICATIONS
937	Ground state for the X-ray free electron laser Schrödinger equation with harmonic potential	Luo, Tingjian	数学与信息科学学院	APPLIED MATHEMATICS AND COMPUTATION
938	The generalized Cole-Hopf transformation for a generalized Burgers-Fisher equation with spatiotemporal variable coefficients	尚亚东	数学与信息科学学院	APPLIED MATHEMATICS LETTERS
939	Existence and uniqueness of periodic orbits in a discrete model on Wolbachia infection frequency	郑波	数学与信息科学学院	ADVANCES IN NONLINEAR ANALYSIS
940	On the existence of multiple solutions for a partial discrete Dirichlet boundary value problem with mean curvature operator	杜思嘉	数学与信息科学学院	ADVANCES IN NONLINEAR ANALYSIS
941	Three solutions for a partial discrete dirichlet problem involving the mean curvature operator	王绍红	数学与信息科学学院	MATHEMATICS
942	An iterative viscosity approximation method for the split common fixed-point problem	贺慧敏	数学与信息科学学院	OPTIMIZATION

续上表

序号	论文题目	第一/通讯作者	所属单位	发表刊物/论文集
943	Yau type gradient estimates for $\Delta u+au(\log u)^p+bu=0$ on Riemannian manifolds	Wang, Youde	数学与信息科学学院	JOURNAL OF MATHEMATICAL ANALYSIS AND APPLICATIONS
944	Quasi-neutral limit and the initial layer problem of the electro-diffusion model arising in electro-hydrodynamics	王术	数学与信息科学学院	NONLINEAR ANALYSIS: REAL WORLD APPLICATIONS
945	Multitype bistability and long transients in a delayed spruce budworm population model	林耿鸿	数学与信息科学学院	JOURNAL OF DIFFERENTIAL EQUATIONS
946	Discriminative semi-supervised non-negative matrix factorization for data clustering	Wen, Meng	数学与信息科学学院	ENGINEERING APPLICATIONS OF ARTIFICIAL INTELLIGENCE
947	Exact analytical solutions of generalized fifth-order KdV equation by the extended complex method	Rehman, Mehvish Fazal Ur	数学与信息科学学院	JOURNAL OF FUNCTION SPACES
948	Derivation of the mKdV equation from the Euler-Poisson system at critical densities	蒲学科	数学与信息科学学院	JOURNAL OF DIFFERENTIAL EQUATIONS
949	Zakharov-Kuznetsov-type limit for ion dynamics system with external magnetic field in R^3 ☆	蒲学科	数学与信息科学学院	APPLIED MATHEMATICS LETTERS
950	A bioinspired angular velocity decoding neural network model for visually guided flights	Peng, Jigen	数学与信息科学学院	NEURAL NETWORKS
951	First encounters on Bethe lattices and Cayley trees	彭俊好	数学与信息科学学院	COMMUNICATIONS IN NONLINEAR SCIENCE AND NUMERICAL SIMULATION
952	Three solutions for a partial discrete Dirichlet boundary value problem with p-Laplacian	王绍红	数学与信息科学学院	BOUNDARY VALUE PROBLEMS

续上表

序号	论文题目	第一/通讯作者	所属单位	发表刊物/论文集
953	Three solutions to Dirichlet problems for second-order self-adjoint difference equations involving p-Laplacian	熊　峰	数学与信息科学学院	ADVANCES IN DIFFERENCE EQUATIONS
954	Riesz potentials and orthogonal radon transforms on affine grassmannians	Wang, Yingzhan	数学与信息科学学院	FRACTIONAL CALCULUS AND APPLIED ANALYSIS
955	Clustering of boundary interfaces for an inhomogeneous Allen-Cahn equation on a smooth bounded domain	Yang, Jun	数学与信息科学学院	CALCULUS OF VARIATIONS AND PARTIAL DIFFERENTIAL EQUATIONS
956	Uniform persistence and multistability in a two-predator-one-prey system with inter-specific and intra-specific competition	龙玉华	数学与信息科学学院	JOURNAL OF APPLIED MATHEMATICS AND COMPUTING
957	Traveling wavefronts of a delayed temporally discrete reaction-diffusion equation	郭志明	数学与信息科学学院	JOURNAL OF MATHEMATICAL ANALYSIS AND APPLICATIONS
958	Dynamics of an intraguild predation food web model with strong Allee effect in the basal prey	白定勇	数学与信息科学学院	NONLINEAR ANALYSIS: REAL WORLD APPLICATIONS
959	Standing waves with prescribed mass for the Schrodinger equations with van der Waals type potentials	曹道民	数学与信息科学学院	JOURNAL OF DIFFERENTIAL EQUATIONS
960	Ergodic shadowing properties of iterated function systems	汪火云	数学与信息科学学院	BULLETIN OF THE MALAYSIAN MATHEMATICAL SCIENCES SOCIETY
961	Global large, smooth solutions of the 2D surface quasi-geostrophic equations	Li, Jinlu	数学与信息科学学院	MATHEMATICAL METHODS IN THE APPLIED SCIENCES
962	Weak and strong convergence theorems for the split common fixed point problem with demicontractive operators	范钦伟	数学与信息科学学院	OPTIMIZATION

续上表

序号	论文题目	第一/通讯作者	所属单位	发表刊物/论文集
963	Quantum resistant key-exposure free chameleon hash and applications in redactable blockchain	伍春晖	数学与信息科学学院	INFORMATION SCIENCES
964	Duality of large fock spaces in several complex variables and compact localization operators	Liu, Youqi	数学与信息科学学院	JOURNAL OF FUNCTION SPACES
965	A discrete cosine transform-based query efficient attack on black-box object detectors	Gao, Xianfeng	数学与信息科学学院	INFORMATION SCIENCES
966	Uniform analytic solutions for fractional Navier-Stokes equations	Lou, Zhenzhen	数学与信息科学学院	APPLIED MATHEMATICS LETTERS
967	Ground state and nodal solutions for fractional schrödinger-maxwell-kirchhoff systems with pure critical growth nonlinearity	刘春根	数学与信息科学学院	COMMUNICATIONS ON PURE AND APPLIED ANALYSIS
968	Optimal order finite difference local discontinuous Galerkin method for variable-order time-fractional diffusion equation	Yang, Yanfang	数学与信息科学学院	JOURNAL OF COMPUTATIONAL AND APPLIED MATHEMATICS
969	Residual and ecological risk assessment of heavy metals in fly ash from co-combustion of excess sludge and coal	唐瑶	数学与信息科学学院	SCIENTIFIC REPORTS
970	Desingularization of vortex rings in 3 dimensional Euler flows	曹道民	数学与信息科学学院	JOURNAL OF DIFFERENTIAL EQUATIONS
971	Convergence of a gradient-based learning algorithm with penalty for ridge polynomial neural networks	范钦伟	数学与信息科学学院	IEEE ACCESS
972	Global weak solutions for landau-lifshitz flows and heat flows associated to micromagnetic energy functional	Wang, Youde	数学与信息科学学院	COMMUNICATIONS ON PURE AND APPLIED ANALYSIS
973	Self-control, consideration of future consequences, and internet addiction among Chinese adolescents: The moderating effect of deviant peer affiliation	Chen, Yanhan	体育学院	INTERNATIONAL JOURNAL OF ENVIRONMENTAL RESEARCH AND PUBLIC HEALTH

续上表

序号	论文题目	第一/通讯作者	所属单位	发表刊物/论文集
974	Anti-inflammatory and pro-apoptotic effects of 18beta-glycyrrhetinic acid in vitro and in Vivo models of Rheumatoid Arthritis	冯云辉	体育学院	FRONTIERS IN PHARMACOLOGY
975	Enhancing GABAergic signaling ameliorates aberrant gamma oscillations of olfactory bulb in AD mouse models	陈 明	体育学院	MOLECULAR NEURODEGENERATION
976	Longitudinal association between participation in organized sport and psychosocial development in early childhood	Ye, Guo	体育学院	THE JOURNAL OF PEDIATRICS
977	Mechanical performance of 6082-T6 aluminum alloy columns under eccentric compression at elevated temperatures	Yu, Zhiwei	土木工程学院	THIN-WALLED STRUCTURES
978	Moving force identification based on sparse regularization combined with moving average constraint	潘楚东	土木工程学院	JOURNAL OF SOUND AND VIBRATION
979	Experimental study on calcium carbide residue as a combined activator for coal gangue geopolymer and feasibility for soil stabilization	李亚东	土木工程学院	CONSTRUCTION AND BUILDING MATERIALS
980	Buckling and free vibration of axially functionally graded graphene reinforced nanocomposite beams	刘东滢	土木工程学院	ENGINEERING STRUCTURES
981	Evaluation of applying membrane distillation for landfill leachate treatment	Qu, Fangshu	土木工程学院	DESALINATION
982	RC beams strengthened by prestressed CFRP plate subjected to sustained loading and continuous wetting condition: Flexural behaviour	邓 军	土木工程学院	CONSTRUCTION AND BUILDING MATERIALS
983	Study on preparation and thermal performance improvements of composite phase change material for asphalt steel bridge deck	Hu, Huachong	土木工程学院	CONSTRUCTION AND BUILDING MATERIALS
984	The influences of cooling regimes on fire resistance of ultra-high performance concrete under static-dynamic coupled loads	刘 恺	土木工程学院	JOURNAL OF BUILDING ENGINEERING

续上表

序号	论文题目	第一/通讯作者	所属单位	发表刊物/论文集
985	Study on the interfacial contact behavior of carbon nanotubes and asphalt binders and adhesion energy of modified asphalt on aggregate surface by using molecular dynamics simulation	Cui, Wentian	土木工程学院	CONSTRUCTION AND BUILDING MATERIALS
986	Mechanical behavior and fatigue failure analysis of standing seam aluminum alloy roof system under temperature effect	Wang, Mingming	土木工程学院	JOURNAL OF BUILDING ENGINEERING
987	Insight into effects of long-chain fatty acids on propionic acid production in anaerobic fermentation：A case study of oleic acid and palmitic acid	Wei, Tong	土木工程学院	JOURNAL OF WATER PROCESS ENGINEERING
988	The mechanical characteristics of graded Miura-ori metamaterials	项新梅	土木工程学院	MATERIALS & DESIGN
989	Thermal environment and thermal comfort built by decoupled radiant cooling units with low radiant cooling temperature	Wu, Huijun	土木工程学院	BUILDING AND ENVIRONMENT
990	Investigation of pregnant women thermal comfort in the waiting area of the hospital in South China，Guangzhou	Peng, Ting	土木工程学院	JOURNAL OF BUILDING ENGINEERING
991	Thermal preference prediction based on occupants' adaptive behavior in indoor environments—A study of an air-conditioned multi-occupancy office in China	刘彦辰	土木工程学院	BUILDING AND ENVIRONMENT
992	Experimental and numerical investigation on seismic performance of retrofitted RC frame with sector lead viscoelastic damper	张超	土木工程学院	JOURNAL OF BUILDING ENGINEERING
993	Application of energy-saving control strategy in air conditioning terminal equipment based on constant temperature difference of chilled water	Mao, Zubing	土木工程学院	CASE STUDIES IN THERMAL ENGINEERING
994	Preparation and thermal properties of a novel pseudo ionic liquid phase change material for solar water heating system	唐旭东	土木工程学院	SOLAR ENERGY MATERIALS AND SOLAR CELLS

续上表

序号	论文题目	第一/通讯作者	所属单位	发表刊物/论文集
995	Double-level energy absorption of 3D printed TPMS cellular structures via wall thickness gradient design	Zhong, Minting	土木工程学院	MATERIALS
996	Flexural behavior and modelling of FRP-bar reinforced seawater sea sand concrete beams exposed to subtropical coastal environment	任凤鸣	土木工程学院	CONSTRUCTION AND BUILDING MATERIALS
997	Numerical simulation and data-driven analysis on the flexural performance of steel reinforced concrete composite members	Xiong, Mingxiang	土木工程学院	ENGINEERING STRUCTURES
998	Development and preliminary mix design of ultra-high-performance concrete based on geopolymer	徐慎春	土木工程学院	CONSTRUCTION AND BUILDING MATERIALS
999	Tunable control of subwavelength topological interface modes in locally resonance piezoelectric metamaterials	刘义捷	土木工程学院	COMPOSITE STRUCTURES
1000	Performance of seismically isolated buildings with variable friction pendulum bearings under near-fault ground motions	谭平	土木工程学院	JOURNAL OF BUILDING ENGINEERING
1001	The biomechanical mechanism of upper airway collapse in OSAHS patients using clinical monitoring data during natural sleep	陈柳洁	土木工程学院	SENSORS
1002	Deep learning-based nondestructive evaluation of reinforcement bars using ground-penetrating radar and electromagnetic induction data	Liu, Hai	土木工程学院	COMPUTER-AIDED CIVIL AND INFRASTRUCTURE ENGINEERING
1003	Experimental study on out-of-plane behaviour of an infilled masonry wall with damping layer joint	周云	土木工程学院	ENGINEERING STRUCTURES
1004	Experimental and numerical study on seismic performance of semi-rigid steel frame infilled with prefabricated damping wall panels	张超	土木工程学院	ENGINEERING STRUCTURES

续上表

序号	论文题目	第一/通讯作者	所属单位	发表刊物/论文集
1005	Reliability based design optimization of bridges considering bridge-vehicle interaction by Kriging surrogate model	Li, Jun	土木工程学院	ENGINEERING STRUCTURES
1006	Detailed thermal indicators analysis based on outdoor thermal comfort indices in construction sites in South China	Tang, Tianwei	土木工程学院	BUILDING AND ENVIRONMENT
1007	Experimental study on mechanical properties of the hybrid lead viscoelastic damper	周云	土木工程学院	ENGINEERING STRUCTURES
1008	Application of buckling-restrained braces to earthquake-resistant design of buildings: A review	周云	土木工程学院	ENGINEERING STRUCTURES
1009	Slender FRP-confined steel-reinforced RAC columns under eccentric compression: Buckling behavior and design calculation models	任凤鸣	土木工程学院	ENGINEERING STRUCTURES
1010	Particle breakage characteristics of a foundation filling material on island-reefs in the South China Sea	王星	土木工程学院	CONSTRUCTION AND BUILDING MATERIALS
1011	Unconventional elastomeric isolators reinforced with engineered plastic plates: compressive failure analysis	谭平	土木工程学院	INTERNATIONAL JOURNAL OF SOLIDS AND STRUCTURES
1012	Medium chain fatty acids production from simple substrate and waste activated sludge with ethanol as the electron donor	赫俊国	土木工程学院	CHEMOSPHERE
1013	Cyclic behavior and reinforcement of moment-resisting bolted glulam joints with cracks	章婧	土木工程学院	JOURNAL OF BUILDING ENGINEERING
1014	Determining the specific surface area of coarse aggregate based on sieving curve via image-analysis approach	王庆	土木工程学院	CONSTRUCTION AND BUILDING MATERIALS
1015	Prediction of fire resistance of concrete encased steel composite columns using artificial neural network	Xiong, Mingxiang	土木工程学院	ENGINEERING STRUCTURES

续上表

序号	论文题目	第一/通讯作者	所属单位	发表刊物/论文集
1016	Predicting the maximum seismic response of the soil-pile-superstructure system using random forests	张效禹	土木工程学院	JOURNAL OF EARTHQUAKE ENGINEERING
1017	Debonding damage detection of the CFRP-concrete interface based on piezoelectric ceramics by the electromechanical impedance method	邓 军	土木工程学院	CONSTRUCTION AND BUILDING MATERIALS
1018	Effect of nano-silica as cementitious materials- reducing admixtures on the workability, mechanical properties and durability of concrete	刘长江	土木工程学院	NANOTECHNOLOGY REVIEWS
1019	Open-source Modelica models for the control performance simulation of chiller plants with water-side economizer	Fan, Chengliang	土木工程学院	APPLIED ENERGY
1020	Impact response of a novel sandwich structure with Kirigami modified corrugated core	李哲健	土木工程学院	INTERNATIONAL JOURNAL OF IMPACT ENGINEERING
1021	Super absorbent polymer as support for shape-stabilized composite phase change material containing $Na_2HPO_4 \cdot 12H_2O$-$K_2HPO_4 \cdot 3H_2O$ eutectic hydrated salt	邹 婷	土木工程学院	SOLAR ENERGY MATERIALS AND SOLAR CELLS
1022	A resilient column with angular friction damper for seismic performance upgrading of underground structures	He, Zhiming	土木工程学院	TUNNELLING AND UNDERGROUND SPACE TECHNOLOGY
1023	Microbial profiles associated improving bioelectricity generation from sludge fermentation liquid via microbial fuel cells with adding fruit waste extracts	赫俊国	土木工程学院	BIORESOURCE TECHNOLOGY
1024	Evaluation of electrocoagulation process for high-strength swine wastewater pretreatment	Chen, Runfeng	土木工程学院	SEPARATION AND PURIFICATION TECHNOLOGY
1025	Flexural performance of RC T-beams strengthened with external double steel channel	章 婧	土木工程学院	JOURNAL OF BUILDING ENGINEERING

续上表

序号	论文题目	第一/通讯作者	所属单位	发表刊物/论文集
1026	Assessing the influence of liquefied soil resistance on the critical axial load of rock-socketed piles: Shake-table test and numerical analyses	张效禹	土木工程学院	ACTA GEOTECHNICA
1027	Magnesium phosphate cement prepared with electric furnace ferronickel slag: Properties and its hydration mechanism	He, Juan	土木工程学院	CONSTRUCTION AND BUILDING MATERIALS
1028	Characteristics of ammonia-soda residue and its reuse in magnesium oxychloride cement pastes	李从波	土木工程学院	CONSTRUCTION AND BUILDING MATERIALS
1029	Shear performance of recycled asphalt mixture based on contact interface parameter analysis	Zhang, Qiran	土木工程学院	CONSTRUCTION AND BUILDING MATERIALS
1030	Engineering characteristics of coral reef and site assessment of hydraulic reclamation in the South China Sea	Wu, Yang	土木工程学院	CONSTRUCTION AND BUILDING MATERIALS
1031	Experimental and analytical investigation of variable friction pendulum isolator	Shang, Jiying	土木工程学院	ENGINEERING STRUCTURES
1032	Sewage sludge ash-based thermo-responsive hydrogel as a novel draw agent towards high performance of water flux and recovery for forward-osmosis	潘志辉	土木工程学院	DESALINATION
1033	Analytical Investigation on elastic-plastic deformation of reentrant honeycomb structures	蓝林华	土木工程学院	AIAA JOURNAL
1034	Hysteretic response and failure behavior of an SMA cable-based self-centering brace	石菲	土木工程学院	STRUCTURAL CONTROL & HEALTH MONITORING
1035	An experimental study on properties of pre-coated aggregates grouting asphalt concrete for bridge deck pavement	Xiao, Zhicheng	土木工程学院	MATERIALS
1036	Study on the road performance of foamed warm-mixed reclaimed semi-flexible asphalt pavement material	Xie, Jiawen	土木工程学院	MATERIALS

续上表

序号	论文题目	第一/通讯作者	所属单位	发表刊物/论文集
1037	A new magnesium phosphate cement based on renewable oyster shell powder: flexural properties at different curing times	吴 辉	土木工程学院	MATERIALS
1038	Effect of sewage sludge ash contents on the performance of thermo-sensitive hydrogel as draw agent for forward osmosis application	潘志辉	土木工程学院	JOURNAL OF CLEANER PRODUCTION
1039	Quantitative seasonal outdoor thermal sensitivity in Guangzhou, China	Zheng, Zhimin	土木工程学院	URBAN CLIMATE
1040	Seismic performance of semi-rigid steel frame infilled with prefabricated damping wall panels	张 超	土木工程学院	JOURNAL OF CONSTRUCTIONAL STEEL RESEARCH
1041	Integration of seeding-and heating-induced crystallization with membrane distillation for membrane gypsum scaling and wetting control	Qu, Fangshu	土木工程学院	DESALINATION
1042	Deciphering the microbial patterns of anammox process under hexavalent chromium stress: Abundant and rare subcommunity respond differently	张绍青	土木工程学院	JOURNAL OF HAZARDOUS MATERIALS
1043	Strong adsorption properties and mechanism of action with regard to tetracycline adsorption of double-network polyvinyl alcohol-copper alginate gel beads	廖 权	土木工程学院	JOURNAL OF HAZARDOUS MATERIALS
1044	Effect of organic substances on nutrients recovery by struvite electrochemical precipitation from synthetic anaerobically treated swine wastewater	Chen, Runfeng	土木工程学院	MEMBRANES
1045	Experimental study of chloride resistance of polypropylene fiber reinforced concrete with fly ash and modeling	陈雪非	土木工程学院	MATERIALS
1046	Study on the influence of aggregate strength and shape on the performance of asphalt mixture	Hassan, Hafiz; Zahid, Muhammad	土木工程学院	CONSTRUCTION AND BUILDING MATERIALS

续上表

序号	论文题目	第一/通讯作者	所属单位	发表刊物/论文集
1047	Crack propagation behavior of ultra-high-performance concrete（UHPC）reinforced with hybrid steel fibers under flexural loading	牛艳飞 焦楚杰	土木工程学院	CONSTRUCTION AND BUILDING MATERIALS
1048	Random vibration of composite saddle membrane structure under the impact loading	刘长江	土木工程学院	COMPOSITE STRUCTURES
1049	Regional climate effects on the optimal thermal resistance and capacitance of residential building walls	Wu，Huijun	土木工程学院	ENERGY AND BUILDINGS
1050	Mineralization of norfloxacin in a CoFe-LDH/CF cathode-based heterogeneous electro-fenton system：Preparation parameter optimization of the cathode and conversion mechanisms of H_2O_2 to ·OH	He，Junguo	土木工程学院	CHEMICAL ENGINEERING JOURNAL
1051	On the structural safety of long-span bridges under traffic loadings caused by maintenance works	周军勇	土木工程学院	ENGINEERING STRUCTURES
1052	Study on the adhesion performance of asphalt-calcium silicate hydrate gel interface in semi-flexible pavement materials based on molecular dynamics	Hu，Bei	土木工程学院	MATERIALS
1053	Seismic control of cable-stayed bridges with bearing uplift using tie-down rope-spring device	易 江	土木工程学院	JOURNAL OF EARTHQUAKE ENGINEERING
1054	Characterization of stress-dilatancy behavior for methane hydrate-bearing sediments	吴 杨	土木工程学院	JOURNAL OF NATURAL GAS SCIENCE AND ENGINEERING
1055	Acceleration-based sliding mode hierarchical control algorithm for shake table tests	Yao，Hongcan	土木工程学院	EARTHQUAKE ENGINEERING & STRUCTURAL DYNAMICS
1056	Preparation and properties of composite phase change material based on solar heat storage system	刘燕妮	土木工程学院	JOURNAL OF ENERGY STORAGE

续上表

序号	论文题目	第一/通讯作者	所属单位	发表刊物/论文集
1057	Analysis of SET* and PMV to evaluate thermal comfort in prefab construction site offices: Case study in South China	郑志敏	土木工程学院	CASE STUDIES IN THERMAL ENGINEERING
1058	Calibration of CSCM model for numerical modeling of UHPCFTWST columns against monotonic lateral loading	徐慎春	土木工程学院	ENGINEERING STRUCTURES
1059	Dynamic tensile behaviors of welded steel joint material	陈 英	土木工程学院	JOURNAL OF CONSTRUCTIONAL STEEL RESEARCH
1060	Axial behavior of slender reactive powder concrete-filled steel tubular columns confined by CFRP	Li, Song	土木工程学院	ENGINEERING STRUCTURES
1061	Efficient biostimulants for bacterial quorum quenching to control fouling in MBR	余华荣	土木工程学院	CHEMOSPHERE
1062	Heat transfer modeling and analysis of air-layer integrated radiant cooling unit	Wu, Huijun	土木工程学院	APPLIED THERMAL ENGINEERING
1063	Responses of anammox process to elevated Fe(Ⅲ) stress: Reactor performance, microbial community and functional genes	张绍青	土木工程学院	JOURNAL OF HAZARDOUS MATERIALS
1064	Experimental and numerical study on the dynamic fracture of flattened Brazilian discs with prefabricated cracks	张亚芳	土木工程学院	ENGINEERING FRACTURE MECHANICS
1065	Mechanical properties of high strength POM-FRCC and its performance under elevated temperatures	He, Jianqiang	土木工程学院	CONSTRUCTION AND BUILDING MATERIALS
1066	Projectile impact resistance of fibre-reinforced geopolymer-based ultra-high performance concrete (G-UHPC)	刘 坚	土木工程学院	CONSTRUCTION AND BUILDING MATERIALS
1067	Strength and dilatancy of coral sand in the South China Sea	王 星	土木工程学院	BULLETIN OF ENGINEERING GEOLOGY AND THE ENVIRONMENT

续上表

序号	论文题目	第一/通讯作者	所属单位	发表刊物/论文集
1068	An innovative cation regulation-based anaerobic fermentation strategy for enhancing short-chain fatty acids production from waste activated sludge: Metal ion removal coupled with Na^+-regulation	赫俊国	土木工程学院	BIORESOURCE TECHNOLOGY
1069	Penetration properties of ground penetrating radar waves through rebar grids	刘海	土木工程学院	IEEE GEOSCIENCE AND REMOTE SENSING LETTERS
1070	Force identification under unknown initial conditions by using concomitant mapping matrix and sparse regularization	叶锡钧	土木工程学院	JOURNAL OF VIBRATION AND CONTROL
1071	Random vibration of pretensioned rectangular membrane structures under heavy rainfall excitation	Liu, Changjiang	土木工程学院	THIN-WALLED STRUCTURES
1072	Trust-region based adaptive radial basis function algorithm for global optimization of expensive constrained black-box problems	Liu, Yijie	土木工程学院	APPLIED SOFT COMPUTING
1073	A review of the current in-situ fouling control strategies in MBR Biological versus physicochemical	Yu, Huarong	土木工程学院	JOURNAL OF INDUSTRIAL AND ENGINEERING CHEMISTRY
1074	The effect of graphene oxide on the mechanical properties, impermeability and corrosion resistance of cement mortar containing mineral admixtures	刘长江	土木工程学院	CONSTRUCTION AND BUILDING MATERIALS
1075	Uni-axial behaviour of expansive CFST and DSCFST stub columns	Ou, X.L.	土木工程学院	ENGINEERING STRUCTURES
1076	Experimental study of the coupled wall system of pipe-encapsulated PCM wall and nocturnal sky radiator for self-activated heat removal	Xu, Tao	土木工程学院	ENERGY AND BUILDINGS
1077	Experimental and numerical studies of a novel track bistable nonlinear energy sink with improved energy robustness for structural response mitigation	王菁菁	土木工程学院	ENGINEERING STRUCTURES

续上表

序号	论文题目	第一/通讯作者	所属单位	发表刊物/论文集
1078	Experimental investigation of standard effective temperature (SET*) adapted for human walking in an indoor and transitional thermal environment	方赵嵩	土木工程学院	THE SCIENCE OF THE TOTAL ENVIRONMENT
1079	Improving identifiability of structural damage using higher order responses and phase space technique	Li, Jun	土木工程学院	STRUCTURAL CONTROL HEALTH MONITORING
1080	Fire performance of composite columns made of high strength steel and concrete	Xiong, Mingxiang	土木工程学院	JOURNAL OF CONSTRUCTIONAL STEEL RESEARCH
1081	Optimizing the beam and sky diffuse radiation calculations under random obstructions of urban environments	娄驷渭	土木工程学院	BUILDING AND ENVIRONMENT
1082	A precast beam-column connection using metallic damper as connector: Experiment and application	Li, Dingbin	土木工程学院	JOURNAL OF CONSTRUCTIONAL STEEL RESEARCH
1083	Comparative analysis of indoor air quality in green office buildings of varying star levels based on the grey method	Fang, Zhaosong	土木工程学院	BUILDING AND ENVIRONMENT
1084	Behaviour of composite beams with beam-to-girder end-plate connection under hogging moments	Fang, Jiaopeng	土木工程学院	ENGINEERING STRUCTURES
1085	Research on the impact effect of AP1000 shield building subjected to large commercial aircraft	Wang, Xiuqing	土木工程学院	NUCLEAR ENGINEERING AND TECHNOLOGY
1086	The role of TBM asymmetric tail-grouting on surface settlement in coarse-grained soils of urban area: Field tests and FEA modelling	刘超	土木工程学院	TUNNELLING AND UNDERGROUND SPACE TECHNOLOGY
1087	Nonlinear structural damage detection using output-only Volterra series model	Li, Jun	土木工程学院	STRUCTURAL CONTROL HEALTH MONITORING
1088	Protective effect of unbonded prestressed ultra-high performance reinforced concrete slab against gas explosion in buried utility tunnel	Xu, Shenchun	土木工程学院	PROCESS SAFETY AND ENVIRONMENTAL PROTECTION

续上表

序号	论文题目	第一/通讯作者	所属单位	发表刊物/论文集
1089	Grain size effect of the γ phase precipitation on martensitic transformation and mechanical properties of Ni-Mn-Sn-Fe heusler alloys	Guo, Jinpei	土木工程学院	MATERIALS
1090	Topological interface states in translational metamaterials for sub-wavelength in-plane waves	刘义捷	土木工程学院	INTERNATIONAL JOURNAL OF MECHANICAL SCIENCES
1091	Data driven structural dynamic response reconstruction using segment based generative adversarial networks	范高	土木工程学院	ENGINEERING STRUCTURES
1092	Tensile behaviour of titanium-based carbon-fibre/epoxy laminate	孙静	土木工程学院	CONSTRUCTION AND BUILDING MATERIALS
1093	Shrinkage design model of concrete incorporating wet packing density	赖勉亨	土木工程学院	CONSTRUCTION AND BUILDING MATERIALS
1094	Condensation-free radiant cooling with double-skin infrared-transparent membranes	Du, Ke	土木工程学院	BUILDING AND ENVIRONMENT
1095	Experimental investigation and seismic fragility analysis of isolated highway bridges considering the coupled effects of pier height and elastomeric bearings	Tan, Ping	土木工程学院	ENGINEERING STRUCTURES
1096	Elemental sulfur-driven autotrophic denitrification for advanced nitrogen removal from mature landfill leachate after PN/A pretreatment	Zhao, Qing	土木工程学院	CHEMICAL ENGINEERING JOURNAL
1097	Comparative study on prestress loss and flexural performance of rectangular and T beam strengthened by prestressing CFRP plate	邓军	土木工程学院	COMPOSITE STRUCTURES
1098	Performance and bacterial community dynamics of aerobic granular sludge working at low temperature enhanced by melamine framework embedding	赫俊国	土木工程学院	JOURNAL OF ENVIRONMENTAL CHEMICAL ENGINEERING

续上表

序号	论文题目	第一/通讯作者	所属单位	发表刊物/论文集
1099	Mechanical performance of sustainable modular prefabricated composite shear panels under cyclic loading	汪大洋	土木工程学院	JOURNAL OF CONSTRUCTIONAL STEEL RESEARCH
1100	Structural damage identification with limited modal measurements and ultra-sparse Bayesian regression	Li, Jun	土木工程学院	STRUCTURAL CONTROL HEALTH MONITORING
1101	Experimental study on precast concrete moment-resisting frame system with sector lead viscoelastic dampers	吴从晓	土木工程学院	STRUCTURAL CONTROL HEALTH MONITORING
1102	Radiance of the circumsolar and background parts of skydome for buildings under random obstructions	娄驷渭	土木工程学院	ENERGY AND BUILDINGS
1103	Behavior of FRP-HSC-steel tubular columns under axial compression: A comparative study	熊明祥	土木工程学院	COMPOSITE STRUCTURES
1104	Behavior of CFRP-UHPFRC-steel double skin tubular columns against low-velocity impact	Xu, Shenchun	土木工程学院	COMPOSITE STRUCTURES
1105	Core activated sludge communities are influenced little by immigration: Case study of a membrane bioreactor plant	张绍青	土木工程学院	JOURNAL OF ENVIRONMENTAL SCIENCES
1106	Improving mechanical behavior and microstructure of concrete by using BOF steel slag aggregate	赖勉亨	土木工程学院	CONSTRUCTION AND BUILDING MATERIALS
1107	A fast and general approach to produce a carbon coated Janus metal/oxide hybrid for catalytic water splitting	Wu, Huijun	土木工程学院	JOURNAL OF MATERIALS CHEMISTRY A
1108	RC beams strengthened by prestressed CFRP plate subjected to sustained loading and continuous wetting condition: Time-dependent prestress loss	Li, Xiaoda	土木工程学院	CONSTRUCTION AND BUILDING MATERIALS
1109	Experimental and numerical investigation on dynamic responses of the umbrella membrane structure excited by heavy rainfall	刘长江	土木工程学院	JOURNAL OF VIBRATION AND CONTROL

续上表

序号	论文题目	第一/通讯作者	所属单位	发表刊物/论文集
1110	Size and temperature effect on the mechanical properties of graphene/hexagonal boron nitride van der Waals heterostructure	Qin, Hongfa	土木工程学院	MATERIALS SCIENCE AND ENGINEERING: B—ADVANCED FUNCTIONAL SOLID-STATE MATERIALS
1111	Study on the cyclic shear behavior of damping layer joint for the infilled masonry wall	Chen, Zhangyan	土木工程学院	CONSTRUCTION AND BUILDING MATERIALS
1112	Development and application of random forest technique for element level structural damage quantification	Li, Jun	土木工程学院	STRUCTURAL CONTROL HEAITH MONITORING
1113	Thermal responses of workers during summer: An outdoor investigation of construction sites in South China	方赵嵩	土木工程学院	SUSTAINABLE CITIES AND SOCIETY
1114	Meso-scale mechanical deterioration of mortar subjected to freeze thaw cycles and sodium chloride attack	Li, Junhui	土木工程学院	CEMENT AND CONCRETE COMPOSITES
1115	Interaction between tetracycline and microorganisms during wastewater treatment: A review	Liao, Quan	土木工程学院	SCIENCE OF THE TOTAL ENVIRONMENT
1116	Membrane fouling control by UV/persulfate in tertiary wastewater treatment with ultrafiltration: A comparison with UV/hydroperoxide and role of free radicals	瞿芳术	土木工程学院	SEPARATION AND PURIFICATION TECHNOLOGY
1117	Effect of ferrate pre-oxidation on algae-laden water ultrafiltration: Attenuating membrane fouling and decreasing formation potential of disinfection byproducts	Yu, Huarong	土木工程学院	WATER RESEARCH
1118	Fabrication of heterostructured Ag/AgCl@g-C_3N_4@UIO-66(NH_2) nanocomposite for efficient photocatalytic inactivation of Microcystis aeruginosa under visible light	Qu, Fangshu	土木工程学院	JOURNAL OF HAZARDOUS MATERIALS

续上表

序号	论文题目	第一/通讯作者	所属单位	发表刊物/论文集
1119	Martensitic transformation and mechanical properties of grain refined Ni-Co-Mn-Sn Heusler alloys via Cr doping	张亚九	土木工程学院	MATERIALS SCIENCE AND ENGINEERING A—STRUCTURAL MATERIALS PROPERTIES MICROSTRUCTURE AND PROCESSING
1120	Interdependence of passing ability, dilatancy and wet packing density of concrete	赖勉亨	土木工程学院	CONSTRUCTION AND BUILDING MATERIALS
1121	Ultrasonic inspection of grouted splice sleeves in precast concrete structures using elastic reverse time migration method	刘 海	土木工程学院	MECHANICAL SYSTEMS AND SIGNAL PROCESSING
1122	Deflection-based multilevel structural condition assessment of long-span prestressed concrete girder bridges using a connected pipe system	周军勇	土木工程学院	MEAS J INT MEAS CONFED
1123	Development and experimental validation of anchorage systems for shape memory alloy cables	石 菲	土木工程学院	ENGINEERING STRUCTURES
1124	Couple stress-based nonlinear primary resonant dynamics of FGM composite truncated conical microshells integrated with magnetostrictive layers	杨 勇	土木工程学院	APPLIED MATHEMATICS AND MECHANICS ENGLISH EDITION
1125	Tunable flexural wave band gaps in a prestressed elastic beam with periodic smart resonators	Liu, Dongying	土木工程学院	MECHANICS OF ADVANCED MATERIALS AND STRUCTURES
1126	Experimental investigation of the novel melting point modified Phase-Change material for heat pump latent heat thermal energy storage application	Jin, Xin	土木工程学院	ENERGY
1127	Experimental study of the mechanical behavior of calcareous sand under repeated loading-unloading	王 星	土木工程学院	BULLETIN OF ENGINEERING GEOLOGY AND THE ENVIRONMENT

续上表

序号	论文题目	第一/通讯作者	所属单位	发表刊物/论文集
1128	Dynamic behaviors of reinforced NSC and UHPC columns protected by aluminum foam layer against low-velocity impact	徐慎春	土木工程学院	JOURNAL OF BUILDING ENGINEERING
1129	Hybrid reconstruction of subsurface 3-D objects using FRTM and VBIM enhanced by Monte Carlo Method	Liu, Hai	土木工程学院	IEEE GEOSCIENCE AND REMOTE SENSING LETTERS
1130	Investigation of outdoor thermal comfort prediction models in South China: A case study in Guangzhou	方赵嵩	土木工程学院	BUILDING AND ENVIRONMENT
1131	Seismic behavior of an innovative hybrid beam-column connection for precast concrete structures	叶 茂	土木工程学院	ENGINEERING STRUCTURES
1132	Thermal conductivity enhancement of a sodium acetate trihydrate-potassium chloride-urea/expanded graphite composite phase-change material for latent heat thermal energy storage	Jin, Xin	土木工程学院	ENERGY AND BUILDINGS
1133	Effects of different types of fibers on the physical and mechanical properties of MICP-treated calcareous sand	Zhao, Jitong	土木工程学院	MATERIALS
1134	Propagation and attenuation characteristics of Rayleigh waves in the irregular bottom of the ocean in porous half-spaces	Xiao, Meng	土木工程学院	WAVES IN RANDOM AND COMPLEX MEDIA
1135	Experimental investigation on mechanical behavior and particle crushing of calcareous sand retrieved from South China Sea	吴 杨	土木工程学院	ENGINEERING GEOLOGY
1136	Effect of biopolymers and humic substances on gypsum scaling and membrane wetting during membrane distillation	瞿芳术	土木工程学院	JOURNAL OF MEMBRANE SCIENCE
1137	Research progress on key problems of nanomaterials-modified geopolymer concrete	Liu, Changjiang	土木工程学院	NANOTECHNOLOGY REVIEWS
1138	Research progress on individual effect of graphene oxide in cement-based materials and its synergistic effect with other nanomaterials	刘长江	土木工程学院	NANOTECHNOLOGY REVIEWS

续上表

序号	论文题目	第一/通讯作者	所属单位	发表刊物/论文集
1139	Investigations on the response of ceramic ball aggregated and steel fibre reinforced geopolymer-based ultra-high performance concrete（G-UHPC）to projectile penetration	刘　坚	土木工程学院	COMPOSITE STRUCTURES
1140	Algae-laden water treatment with ultrafiltration：effects of moderate oxidation by Fe（Ⅱ）/permanganate on hydraulically irreversible fouling and deposition of iron and manganese oxides	瞿芳术	土木工程学院	ENVIRONMENTAL SCIENCE—WATER RESEARCH & TECHNOLOGY
1141	Enhancing volatile fatty acids production from waste activated sludge by a novel cation-exchange resin assistant strategy	He，Junguo	土木工程学院	JOURNAL OF CLEANER PRODUCTION
1142	On the free vibration and bending analysis of functionally graded nanocomposite spherical shells reinforced with graphene nanoplatelets：Three-dimensional elasticity solutions	刘东滢	土木工程学院	ENGINEERING STRUCTURES
1143	Advance on the dispersion treatment of graphene oxide and the graphene oxide modified cement-based materials	刘长江	土木工程学院	NANOTECHNOLOGY REVIEWS
1144	Effectiveness and robustness of an asymmetric nonlinear energy sink-inerter for dynamic response mitigation	王菁菁	土木工程学院	EARTHQUAKE ENGINEERING & STRUCTURAL DYNAMICS
1145	Intrinsic identification and mitigation of multipath for enhanced GNSS positioning	Xia，Jingchao	土木工程学院	SENSORS
1146	Fire resistance of high-strength steel tubes infilled with ultra-high-strength concrete under compression	熊明祥	土木工程学院	JOURNAL OF CONSTRUCTIONAL STEEL RESEARCH
1147	Achieving ultra-large elastic strains in Nb thin films on NiTi phase-transforming substrate by the principle of lattice strain matching	Wu，Zhigang	土木工程学院	MATERIALS & DESIGN
1148	In-car particulate matter exposure across ten global cities	Meng，Mingrui	土木工程学院	SCIENCE OF THE TOTAL ENVIRONMENT

续上表

序号	论文题目	第一/通讯作者	所属单位	发表刊物/论文集
1149	Research on the effectiveness of English online learning based on neural network	彭念凡	外国语学院	NEURAL COMPUTING & APPLICATIONS
1150	Anti-icing ceramics surface induced by femtosecond laser	Hong, Zhihao	物理与材料科学学院	CERAMICS INTERNATIONAL
1151	Photonic bandgap terahertz fibers based on honeycombed tubes	鲁敦科, 万明桂	物理与材料科学学院	OPTICS EXPRESS
1152	Pyroelectric effect mediated infrared photoresponse in Bi_2Te_3/Pb（$Mg_{1/3}Nb_{2/3}$）O_3-$PbTiO_3$ optothermal ferroelectric field-effect transistors	郑仁奎	物理与材料科学学院	NANOSCALE
1153	Hydrogen embrittlement of bulk W-0.5 wt% ZrC alloy induced by annealing in hydrogen atmosphere	Zhang, Tao	物理与材料科学学院	JOURNAL OF NUCLEAR MATERIALS
1154	The eccentric and accelerating stellar binary black hole mergers in galactic nuclei: Observing in ground and space gravitational-wave observatories	张福鹏	物理与材料科学学院	ASTROPHYSICAL JOURNAL
1155	Chemically Fresh Gas Inflows Detected in a Nearby High-mass Star-forming Region	陈曦	物理与材料科学学院	ASTROPHYSICAL JOURNAL LETTERS
1156	Fine-grained solar flare forecasting based on the hybrid convolutional neural networks	王锋 邓辉	物理与材料科学学院	ASTROPHYSICAL JOURNAL
1157	Interstellar nitrogen isotope ratios: New NH_3 data from the galactic center out to the perseus arm	陈家梁	物理与材料科学学院	ASTROPHYSICAL JOURNAL SUPPLEMENT SERIES
1158	Achieving rapid response and high sensitivity in ethanol gas sensing using a $Pt/W_{18}O_{49}$ ohmic contact via modulating the adsorption and activation properties: Theoretical and experimental insights	Zhang, Shaolin	物理与材料科学学院	SENSORS AND ACTUATORS B—CHEMICAL
1159	Superfluid density, Josephson relation and pairing fluctuations in a multi-component fermion superfluid	张义财	物理与材料科学学院	SCIENTIFIC REPORTS

续上表

序号	论文题目	第一/通讯作者	所属单位	发表刊物/论文集
1160	Electrically controlled spin polarized current in Dirac semimetals	Liu, Junfeng	物理与材料科学学院	SCIENTIFIC REPORTS
1161	X-ray quasi-periodic eruptions driven by star-disk collisions: Application to GSN069 and probing the spin of massive black holes	Xian, Jingtao	物理与材料科学学院	ASTROPHYSICAL JOURNAL LETTERS
1162	Unveiling the origins of low lattice thermal conductivity in 122-phase Zintl compounds	郭 凯	物理与材料科学学院	MATERIALS TODAY PHYSICS
1163	Discovery of the ultrahigh-energy gamma-Ray Source LHAASO J2108+5157	Cai, J.T.	物理与材料科学学院	ASTROPHYSICAL JOURNAL LETTERS
1164	Collision of two self-trapped atomic matter wave packets in an optical ring cavity	秦杰利	物理与材料科学学院	PHYSICAL REVIEW E
1165	Collective dipole oscillations in a bosonic ladder lattice with effective magnetic flux	Qin, Jieli	物理与材料科学学院	RESULTS IN PHYSICS
1166	Profiles of cosmic filaments since z=4.0 in cosmological hydrodynamical simulation	Zhang, Fupeng	物理与材料科学学院	THEASTROPHYSICAL JOURNAL
1167	Optoelectronic coincidence detection with two-dimensional Bi_2O_2Se ferroelectric field-effect transistors	Yan, Jianmin	物理与材料科学学院	ADVANCED FUNCTIONAL MATERIALS
1168	Novel cationic Gemini ester surfactant as an efficient and eco-friendly corrosion inhibitor for carbon steel in HCl solution	毛桃嫣	物理与材料科学学院	JOURNAL OF MOLECULAR LIQUIDS
1169	Theoretical assessment of Raman spectra on MXene Ti_2C: From monolayer to bilayer	黄海鸣	物理与材料科学学院	PHYSICAL CHEMISTRY CHEMICAL PHYSICS
1170	Calibration of the air shower energy scale of the water and air Cherenkov techniques in the LHAASO experiment	Cai, J.T.	物理与材料科学学院	PHYSICAL REVIEW D
1171	Ultrahigh energy storage performance of layered polymer nanocomposites over a broad temperature range	姚玲敏	物理与材料科学学院	ADVANCED MATERIALS
1172	The piezotronic effect on carrier recombination processes in InGaN/GaN multiple quantum wells microwire	Zou, Xianshao	物理与材料科学学院	NANO ENERGY

续上表

序号	论文题目	第一/通讯作者	所属单位	发表刊物/论文集
1173	Long-term X-ray evolution of SDSS J134244.4+053056.1: A more than 18 year-old, long-lived IMBH-TDE candidate	He, J.S.	物理与材料科学学院	ASTRONOMY & ASTROPHYSICS
1174	Unification of BL Lac objects and FR I and FR II (G) radio galaxies, and Doppler factor estimation for BL Lac objects	Ye, Xuhong	物理与材料科学学院	PUBLICATIONS OF THE ASTRONOMICAL SOCIETY OF JAPAN
1175	Discovery of a New Gamma-Ray Source, LHAASO J0341+5258, with Emission up to 200 TeV	Cai, J.T.	物理与材料科学学院	THE ASTROPHYSICAL JOURNAL LETTERS
1176	Excited-state properties of Y-series small molecule semiconductors	Wen, Guanzhao	物理与材料科学学院	DYES AND PIGMENTS
1177	Peta-electron volt gamma-ray emission from the Crab Nebula The LHAASO Collaboration	Cao, Zhen	物理与材料科学学院	SCIENCE
1178	Sucrose solution assisted femtosecond laser ablation of aluminum film to induce nanospikes for efficient and stable oil-water separation	马泽霖	物理与材料科学学院	SURFACE AND COATINGS TECHNOLOGY
1179	Optoelectronic coincidence detection with two-dimensional Bi_2O_2Se ferroelectric field-effect transistors	Zhang, Tao	物理与材料科学学院	ADVANCED FUNCTIONAL MATERIALS
1180	Simultaneous 2.25/8.60 GHz observations of the newly discovered magnetar-Swift J1818.0-1607	Tong, Hao	物理与材料科学学院	MONTHLY NOTICES OF THE ROYAL ASTRONOMICAL SOCIETY
1181	Optical monitoring and intraday variabilities of the BL Lac Object PKS 0735+178	袁聿海	物理与材料科学学院	PUBLICATIONS OF THE ASTRONOMICAL SOCIETY OF THE PACIFIC
1182	Superfluid density and collective modes of fermion superfluid in dice lattice	Wu, Yurong	物理与材料科学学院	SCIENTIFIC REPORTS
1183	Extended very-high-energy gamma-ray emission surrounding PSR J0622+3749 observed by LHAASO-KM2A	Cai, J.T.	物理与材料科学学院	PHYSICAL REVIEW LETTERS

续上表

序号	论文题目	第一/通讯作者	所属单位	发表刊物/论文集
1184	Low-defect-density aluminum nitride（AlN）thin films realized by zigzag macrostep-induced dislocation redirection	Zhang, Shan	物理与材料科学学院	CRYSTAL GROWTH & DESIGN
1185	The powers of relativistic jets depend on the spin of accreting supermassive black holes	Chen, Yongyun	物理与材料科学学院	ASTROPHYSICAL JOURNAL
1186	Flat band assisted topological charge pump in the dice lattice	Wang, Xiaohua	物理与材料科学学院	PHYSICAL REVIEW B
1187	Synergistic engineering of substituents and backbones on donor polymers: Toward terpolymer design of high-performance polymer solar cells	Wen, Guanzhao	物理与材料科学学院	ACS APPLIED MATERIALS & INTERFACES
1188	The nonlinear optical absorption in $Al_xGa_{1-x}As/GaAs$ double-graded quantum wells: magnetic field effect and the position-dependent effective mass effect	Guo, Kangxian	物理与材料科学学院	THE EUROPEAN PHYSICAL JOURNAL PLUS
1189	Giant photoresponse enhancement in Cr_2O_3 films by Ni doping-induced insulator-to-semiconductor transition	范梓豪	物理与材料科学学院	CERAMICS INTERNATIONAL
1190	Pulse profile variations associated with the glitch of PSR B2021+51	刘 杰	物理与材料科学学院	ASTROPHYSICAL JOURNAL
1191	Rotating vector model for magnetars	仝 号	物理与材料科学学院	MONTHLY NOTICES OF THE ROYAL ASTRONOMICAL SOCIETY
1192	Substantially improved energy storage capability of ferroelectric thin films for application in high-temperature capacitors	Yao, Lingmin	物理与材料科学学院	JOURNAL OF MATERIALS CHEMISTRY A
1193	Signal processing assisted Vernier effect in a single interferometer for sensitivity magnification	方晓惠	物理与材料科学学院	OPTICS EXPRESS
1194	Infrared echoes of optical tidal disruption events: ~1% dust-covering factor or less at subparsec scale	Dou, Liming	物理与材料科学学院	THE ASTROPHYSICAL JOURNAL

续上表

序号	论文题目	第一/通讯作者	所属单位	发表刊物/论文集
1195	Radio loudness and classification for radio sources	Zhang, Lixia	物理与材料科学学院	PUBLICATIONS OF THE ASTRONOMICAL SOCIETY OF JAPAN
1196	Constructing a small core-multishell nanostructure for Ho-based red upconversion emission	林 浩	物理与材料科学学院	JOURNAL OF MATERIALS CHEMISTRY C
1197	Microfluid-based soft metasurface for tunable optical activity in THz wave	张 武	物理与材料科学学院	OPTICS EXPRESS
1198	Large ferroelectric-polarization-modulated photovoltaic effects in bismuth layered multiferroic/semiconductor heterostructure devices	Zhang, Tao	物理与材料科学学院	JOURNAL OF MATERIALS CHEMISTRY C
1199	Optical photometry of the quasar 3C 454.3 during the period 2006—2018 and the long-term periodicity analysis	樊军辉	物理与材料科学学院	ASTROPHYSICAL JOURNAL SUPPLEMENT SERIES
1200	Next-to-next-to-leading order calculation of quasiparton distribution functions	陈龙斌	物理与材料科学学院	PHYSICAL REVIEW LETTERS
1201	Zonotopic fault interval estimation for discrete-time Markovin jump systems with generally bounded transition probabilities	Lu, Dunke	物理与材料科学学院	JOURNAL OF THE FRANKLIN INSTITUTE—ENGINEERING AND APPLIED MATHEMATICS
1202	Ductile to brittle transition temperature of advanced tungsten alloys for nuclear fusion applications deduced by miniaturized three-point bending tests	Zhang, Tao	物理与材料科学学院	INTERNATIONAL JOURNAL OF REFRACTORY METALS AND HARD MATERIALS
1203	Microstructural evolution in pure and ZrC strengthened tungsten under ion irradiation at 600℃	Zhang, Tao	物理与材料科学学院	JOURNAL OF NUCLEAR MATERIALS
1204	Parameterized reconstruction with random scales for radio synthesis imaging	Wang, F.	物理与材料科学学院	ASTRONOMY & ASTROPHYSICS

续上表

序号	论文题目	第一/通讯作者	所属单位	发表刊物/论文集
1205	Years-delayed X-ray afterglows of TDEs originated from wind-torus Interactions	Dou, Liming	物理与材料科学学院	THE ASTROPHYSICAL JOURNAL
1206	Mid-infrared outbursts in nearby galaxies (MIRONG). I. sample selection and characterization	Dou, Liming	物理与材料科学学院	ASTROPHYSICAL JOURNAL SUPPLEMENT SERIES
1207	Single-polarization single-mode photonic crystal fibers with uniformly sized air holes	鲁敦科	物理与材料科学学院	JOURNAL OF LIGHTWAVE TECHNOLOGY
1208	A sub-500 mV monolayer hexagonal boron nitride based memory device	葛 军 黄海鸣	物理与材料科学学院	MATERIALS AND DESIGN
1209	Dithienobenzoxadiazole-based wide bandgap donor polymers with strong aggregation properties for the preparation of efficient as-cast non-fullerene polymer solar cells processed using a non-halogenated solvent	Wen, Guanzhao	物理与材料科学学院	JOURNAL OF MATERIALS CHEMISTRY C
1210	Electronic transport properties of $Nb_{1-x}Ta_xSb_2$ single-crystal semimetals grown by a chemical vapor transport based high-throughput method	Zhang, Tao	物理与材料科学学院	CRYSTAL GROWTH & DESIGN
1211	Ultrahigh-energy photons up to 1.4 petaelectronvolts from 12 γ-ray Galactic sources	Fan, J.H.	物理与材料科学学院	NATURE
1212	From the fermi blazar sequence to the relation between fermi blazars and γ-ray narrow-line seyfert 1 galaxies	Fan, Junhui	物理与材料科学学院	ASTROPHYSICAL JOURNAL
1213	Effects of ultrasound on invasive golden mussel *Limnoperna fortunei* mortality and tissue lesions	Cui, Bin	研究生院	SCIENCE OF THE TOTAL ENVIRONMENT
1214	Dueling deep Q-networks for social awareness-aided spectrum sharing	Deng, Xia	计算机科学与网络工程学院	COMPLEX & INTELLIGENT SYSTEMS
1215	The cascade effect of collaborative innovation in infrastructure project networks	Xue, Xiaolong	管理学院（旅游学院/中法旅游学院）	JOURNAL OF CIVIL ENGINEERING AND MANAGEMENT

续上表

序号	论文题目	第一/通讯作者	所属单位	发表刊物/论文集
1216	Promoting reviewer-related attribution: Moderately complex presentation of mixed opinions activates the analytic process	Du, Wenbo	管理学院（旅游学院/中法旅游学院）	SUSTAINABILITY
1217	Does firm life cycle impact corporate investment efficiency?	Xie, Hongming	管理学院（旅游学院/中法旅游学院）	SUSTAINABILITY
1218	The effect of CEO on bank efficiency: Evidence from private commercial banks	Khan, Israr	创新创业学院	FRONTIERS IN PSYCHOLOGY
1219	Evaluating corporate performance and bank productivity in China: The moderating role of independent directors	Khan, Israr	创新创业学院	SUSTAINABILITY
1220	Investigation of the STIRPAT model of environmental quality: A case of nonlinear quantile panel data analysis	王满四	创新创业学院	ENVIRONMENT DEVELOPMENT AND SUSTAINABILITY
1221	A slight temperature warming trend occurred over Lake Ontario from 2001 to 2018	Yang, Jinxin	地理科学与遥感学院	LAND
1222	Integrating the eigendecomposition approach and k-means clustering for inferring building functions with location-based social media data	Gao, Feng; Huang, Guanping	地理科学与遥感学院	ISPRS INTERNATIONAL JOURNAL OF GEO-INFORMATION
1223	Spatiotemporal changes of ecosystem services value by incorporating planning policies: A case of the Pearl River Delta, China	Chen, Chengjing	地理科学与遥感学院	ECOLOGICAL MODELLING
1224	Do migrant and native robbers target different places?	龙冬平	地理科学与遥感学院	ISPRS INTERNATIONAL JOURNAL OF GEO-INFORMATION
1225	An assessment framework for improving protected areas based on morphological spatial pattern analysis and graph-based indicators	林锦耀	地理科学与遥感学院	ECOLOGICAL INDICATORS

续上表

序号	论文题目	第一/通讯作者	所属单位	发表刊物/论文集
1226	Spatiotemporal changes in mulberry-dyke-fish ponds in the Guangdong-Hong Kong-Macao Greater Bay Area over the Past 40 Years	Zhang, Wenxin	地理科学与遥感学院	WATER
1227	Comparison of twelve machine learning regression methods for spatial decomposition of demographic data using multisource geospatial data: An experiment in Guangzhou City, China	赵冠伟	地理科学与遥感学院	APPLIED SCIENCES—BASEL
1228	Assessing impacts of new subway stations on urban thefts in the surrounding areas	徐冲	地理科学与遥感学院	ISPRS INTERNATIONAL JOURNAL OF GEO-INFORMATION
1229	Motivation-based segmentation of game meat consumers: A look at the beliefs of food consumers during the COVID-19 crisis in China	Zhu, Hong	地理科学与遥感学院	VETERINARY MEDICINE AND SCIENCE
1230	Rethinking wildlife tourism and conservation during the COVID-19 Pandemic: An animal ethics perspective	尹铎	地理科学与遥感学院	SOCIETY & NATURAL RESOURCES
1231	Geographical detector-based spatial modeling of the COVID-19 mortality rate in the continental United States	岳瀚	地理科学与遥感学院	INTERNATIONAL JOURNAL OF ENVIRONMENTAL RESEARCH AND PUBLIC HEALTH
1232	The coupling between urban expansion and population growth: An analysis of urban agglomerations in China (2005—2020)	Huang, Qingyao	地理科学与遥感学院	SUSTAINABILITY
1233	How urban expansion affects the thermal environment? A study of the impact of natural cities on the thermal field value and footprint of thermal environment	Yang, Zhiwei	地理科学与遥感学院	ECOLOGICAL INDICATORS
1234	Low-elevation endemic Rhododendrons in China are highly vulnerable to climate and land use change	俞方圆	地理科学与遥感学院	ECOLOGICAL INDICATORS

续上表

序号	论文题目	第一/通讯作者	所属单位	发表刊物/论文集
1235	A method for quality management of vegetation phenophases derived from satellite remote sensing data	阮永俭	地理科学与遥感学院	INTERNATIONAL JOURNAL OF REMOTE SENSING
1236	Portraying citizens' occupations and assessing urban occupation mixture with mobile phone data: A novel spatiotemporal analytical framework	Gao, Feng	地理科学与遥感学院	ISPRS INTERNATIONAL JOURNAL OF GEO-INFORMATION
1237	Distribution patterns and multilevel factors of the innovation activities of china's new energy vehicle industry	Zhang, Kaihuang	地理科学与遥感学院	ISPRS INTERNATIONAL JOURNAL OF GEO-INFORMATION
1238	Major ion chemistry in the headwater region of the Yellow River: Impact of land covers	Yu, Ruihong	地理科学与遥感学院	ENVIRONMENTAL EARTH SCIENCES
1239	Causal analysis of ecological impairment in land ecosystem on a regional scale: Applied to a mining city Daye, China	郭 凯	地理科学与遥感学院	LAND
1240	Inferring mixed use of buildings with multisource data based on tensor decomposition	Wang, Fang	地理科学与遥感学院	ISPRS INTERNATIONAL JOURNAL OF GEO-INFORMATION
1241	Measurement of potential victims of burglary at the mesoscale: Comparison of census, phone users, and social media data	Liu, Lin	地理科学与遥感学院	ISPRS INTERNATIONAL JOURNAL OF GEO-INFORMATION
1242	Achieving socioeconomic development fuelled by globalization: An analysis of 146 countries	Dong, Xuhui	地理科学与遥感学院	SUSTAINABILITY
1243	How is urban greenness spatially associated with dockless bike sharing usage on weekdays, weekends, and holidays?	Gao, Feng	地理科学与遥感学院	ISPRS INTERNATIONAL JOURNAL OF GEO-INFORMATION
1244	Estimating Chinese residential populations from analysis of impervious surfaces derived from satellite images	Wu, Zhifeng	地理科学与遥感学院	INTERNATIONAL JOURNAL OF REMOTE SENSING
1245	Spatial distribution and natural environment mechanism of the cholera epidemic in ancient Jiangnan area, China	杨梦琪	地理科学与遥感学院	PLOS ONE

续上表

序号	论文题目	第一/通讯作者	所属单位	发表刊物/论文集
1246	High-resolution monitoring of inland water bodies across China in long time series and water resource changes	Song, song	地理科学与遥感学院	ENVIRONMENT, DEVELOPMENT AND SUSTAINABILITY
1247	Three-year-period nitrogen additions did not alter soil organic carbon content and lability in soil aggregates in a tropical forest	Chen, Xiaomei	地理科学与遥感学院	ENVIRONMENTAL SCIENCE AND POLLUTION RESEARCH
1248	Location of greenspace matters: A new approach to investigating the effect of the greenspace spatial pattern on urban heat environment	郭冠华	地理科学与遥感学院	LANDSCAPE ECOLOGY
1249	Land suitability assessment for supporting transport planning based on carrying capacity and construction demand	李龙	地理科学与遥感学院	PLOS ONE
1250	Regional land eco-security evaluation for the mining city of Daye in China using the GIS-based grey TOPSIS method	张新长	地理科学与遥感学院	LAND
1251	Assessing the impact of urban geometry on surface urban heat island using complete and nadir temperatures	杨锦鑫	地理科学与遥感学院	INTERNATIONAL JOURNAL OF CLIMATOLOGY
1252	Effects of simulated nitrogen deposition on the bacterial community of urban green spaces	Mo, Lingzi	地理科学与遥感学院	APPLIED SCIENCES—BASEL
1253	Discovering spatial-temporal indication of crime association (STICA)	Liu, Lin	地理科学与遥感学院	ISPRS INTERNATIONAL JOURNAL OF GEO-INFORMATION
1254	Impact of urban agglomeration and physical and socioeconomic factors on surface urban heat islands in the pearl river delta region, China	吴志峰	地理科学与遥感学院	IEEE JOURNAL OF SELECTED TOPICS IN APPLIED EARTH OBSERVATIONS AND REMOTE SENSING

续上表

序号	论文题目	第一/通讯作者	所属单位	发表刊物/论文集
1255	Anomaly detection for hyperspectral images based on improved low-rank and sparse representation and joint gaussian mixture distribution	Wang, Jinnian	地理科学与遥感学院	IEEE JOURNAL OF SELECTED TOPICS IN APPLIED EARTH OBSERVATIONS AND REMOTE SENSING
1256	Attention-guided label refinement network for semantic segmentation of very high resolution aerial orthoimages	Zhang, Xinchang	地理科学与遥感学院	IEEE JOURNAL OF SELECTED TOPICS IN APPLIED EARTH OBSERVATIONS AND REMOTE SENSING
1257	Data-driven-based relay selection and cooperative beamforming for non-regenerative multi-antenna relay networks	罗 杰	电子与通信工程学院	IEEE ACCESS
1258	Higher-order iterative learning control with optimal control gains based on evolutionary algorithm for nonlinear system	韦蕴珊	电子与通信工程学院	COMPLEXITY
1259	Study on noise reduction with paving different low noise pavement materials	Wang, Jie	电子与通信工程学院	APPLIED SCIENCES—BASEL
1260	Shadowing cancellation and iterative newton-gradient algorithm for UAV-assisted localization	邹 旭	电子与通信工程学院	IEEE COMMUNICATIONS LETTERS
1261	A temporal-spectral generative adversarial network based end-to-end packet loss concealment for wideband speech transmission	王 杰	电子与通信工程学院	JOURNAL OF THE ACOUSTICAL SOCIETY OF AMERICA
1262	A deep analysis of object capabilities for intelligence considering wireless IoT devices with the DNN approach	Li, Jun	电子与通信工程学院	THE JOURNAL OF SUPERCOMPUTING
1263	Enabling multicarrier relay selection by sensing fusion and cascaded ANN for intelligent vehicular communications	Li, Jun	电子与通信工程学院	IEEE SENSORS JOURNAL
1264	Investigation of an MAA test with virtual sound synthesis	Wang, Jie	电子与通信工程学院	FRONTIERS IN PSYCHOLOGY

续上表

序号	论文题目	第一/通讯作者	所属单位	发表刊物/论文集
1265	APPM: Adaptive parallel processing mechanism for service function chains	Liu, Waixi	电子与通信工程学院	IEEE TRANSACTIONS ON NETWORK AND SERVICE MANAGEMENT
1266	Single-photon emission by the plasmon-induced transparency effect in coupled plasmonic resonators	魏巍	电子与通信工程学院	PHOTONICS
1267	MAC layer energy consumption and routing protocol optimization algorithm for mobile ad hoc networks	陈耀华	电子与通信工程学院	COMPLEXITY
1268	Adaptive ILC of tracking nonrepetitive trajectory for two-dimensional nonlinear discrete time-varying fornasini-marchesini systems with iteration-varying boundary states	Wei, Yunshan	电子与通信工程学院	INTERNATIONAL JOURNAL OF CONTROL, AUTOMATION AND SYSTEMS
1269	Observations from Wuhan: An adaptive risk and crisis communication system for a health emergency	张惠	公共管理学院	RISK MANAGEMENT AND HEALTHCARE POLICY
1270	When environmental activism meets local governance: The role of government transparency and responsiveness in China	彭铭刚	公共管理学院	SOCIETY & NATURAL RESOURCES
1271	The equal surplus division value for cooperative games with a level structure	胡勋锋	管理学院（旅游学院/中法旅游学院）	GROUP DECISION AND NEGOTIATION
1272	Structural paths of changes in CO_2 emissions in the Chinese construction industry	陈进道	管理学院（旅游学院/中法旅游学院）	JOURNAL OF ENVIRONMENTAL PLANNING AND MANAGEMENT
1273	Megaproject management research: The status quo and future directions	袁红平	管理学院（旅游学院/中法旅游学院）	BUILDINGS
1274	Exploring the relationship of image formation on tourist satisfaction and loyalty: evidence from china	Jebbouri, Abdelhamid	管理学院（旅游学院/中法旅游学院）	FRONTIERS IN PSYCHOLOGY

续上表

序号	论文题目	第一/通讯作者	所属单位	发表刊物/论文集
1275	Development strategy for prefabricated construction projects: A tripartite evolutionary game based on prospect theory	Xue, Xiaolong	管理学院（旅游学院/中法旅游学院）	ENGINEERING CONSTRUCTION AND ARCHITECTURAL MANAGEMENT
1276	Examining the uncertainty of carbon emission changes: A systematic approach based on peak simulation and resilience assessment	崔雪竹	管理学院（旅游学院/中法旅游学院）	ENVIRONMENTAL IMPACT ASSESSMENT REVIEW
1277	Impact of uncertainty on regional carbon peak paths: An analysis based on carbon emissions accounting, modeling, and driving factors	Zhao, Kuokuo	管理学院（旅游学院/中法旅游学院）	ENVIRONMENTAL SCIENCE AND POLLUTION RESEARCH INTERNATIONAL
1278	Social marketing of electronic coupons under the perspective of social sharing behavior	Chang, Kueifeng	管理学院（旅游学院/中法旅游学院）	FRONTIERS IN PSYCHOLOGY
1279	Framework for a blockchain-based infrastructure project financing system	张元新	管理学院（旅游学院/中法旅游学院）	IEEE ACCESS
1280	Electronic commerce for sustainable rural development: Exploring the factors influencing BoPs' entrepreneurial intention	黄丽娟	管理学院（旅游学院/中法旅游学院）	SUSTAINABILITY
1281	Internet development and environmental quality-evidence from the development of Chinese cities	Zhong, Xiaoying	管理学院（旅游学院/中法旅游学院）	SUSTAINABILITY
1282	The architecture of mass customization-social Internet of Things System: Current research profile	窦子欣	管理学院（旅游学院/中法旅游学院）	ISPRS INTERNATIONAL JOURNAL OF GEO-INFORMATION
1283	When pursuing more career, success hits home and job: Examining the cost of vocational delay of gratification	刘晓燕	管理学院（旅游学院/中法旅游学院）	CAREER DEVELOPMENT INTERNATIONAL
1284	How to effectively guide carbon reduction behavior of building owners under emission trading scheme? An evolutionary game-based study	宋向南	管理学院（旅游学院/中法旅游学院）	ENVIRONMENTAL IMPACT ASSESSMENT REVIEW

续上表

序号	论文题目	第一/通讯作者	所属单位	发表刊物/论文集
1285	A form-finding method for branching structures based on dynamic relaxation	Gong, Zaijing	管理学院（旅游学院/中法旅游学院）	APPLIED SCIENCES—BASEL
1286	A model for analyzing compensation for the treatment costs of construction waste	刘景矿	管理学院（旅游学院/中法旅游学院）	SUSTAINABLE ENERGY TECHNOLOGIES AND ASSESSMENTS
1287	Risk sharing for PPP project in construction waste recycling industry in China	刘景矿	管理学院（旅游学院/中法旅游学院）	ENVIRONMENTAL SCIENCE AND POLLUTION RESEARCH
1288	Simulation-based operational evaluation of a single-berth multipurpose Seaport with wharf space restriction	Zhuge, Siyi	管理学院（旅游学院/中法旅游学院）	JOURNAL OF MARINE SCIENCE AND ENGINEERING
1289	Assessing consumer preference for overpackaging solutions in E-commerce	Xie, Guojie	管理学院（旅游学院/中法旅游学院）	INTERNATIONAL JOURNAL OF ENVIRONMENTAL RESEARCH AND PUBLIC HEALTH
1290	Dark tourism destinations: the relationships between tourists' on-site experience, destination image and behavioural intention	Zheng, Chunhui	管理学院（旅游学院/中法旅游学院）	TOURISM REVIEW
1291	Factors affecting the manufacturing industry transformation and upgrading: A case study of Guangdong-Hong Kong-Macao Greater Bay Area	Yang, Fan	管理学院（旅游学院/中法旅游学院）	INTERNATIONAL JOURNAL OF ENVIRONMENTAL RESEARCH AND PUBLIC HEALTH
1292	Regional manufacturing industry demand forecasting: A deep learning approach	Dou, Zixin	管理学院（旅游学院/中法旅游学院）	APPLIED SCIENCES—BASEL
1293	Perceived authenticity and place attachment: New findings from Chinese world heritage sites	Zheng, Chunhui	管理学院（旅游学院/中法旅游学院）	JOURNAL OF HOSPITALITY & TOURISM RESEARCH

续上表

序号	论文题目	第一/通讯作者	所属单位	发表刊物/论文集
1294	Optimal return policies and micro-plastics prevention based on environmental quality improvement efforts and consumer environmental awareness	王 东	管理学院（旅游学院/中法旅游学院）	WATER（SWITZERLAND）
1295	Dynamic modeling and chaos control of informatization development in manufacturing enterprises	Sun, Yanming	管理学院（旅游学院/中法旅游学院）	ENTROPY
1296	Regional differences and driving factors of construction and demolition waste generation in China	王振双	管理学院（旅游学院/中法旅游学院）	ENGINEERING CONSTRUCTION AND ARCHITECTURAL MANAGEMENT
1297	Application of big data technology in the impact of tourism E-commerce on tourism planning	张河清	管理学院（旅游学院/中法旅游学院）	COMPLEXITY
1298	Narcissism and entrepreneurship: A systematic review and an agenda for future research	刘得格	管理学院（旅游学院/中法旅游学院）	FRONTIERS IN PSYCHOLOGY
1299	'Growing out of the growing pain': Financial literacy and life insurance demand in China	Fan, Gangzhi	管理学院（旅游学院/中法旅游学院）	PACIFIC-BASIN FINANCE JOURNAL
1300	A text mining-based thematic model for analyzing construction and demolition waste management studies	Yuan, Hongping	管理学院（旅游学院/中法旅游学院）	ENVIRONMENTAL SCIENCE AND POLLUTION RESEARCH
1301	Economic benefits of construction waste recycling enterprises under tax incentive policies	刘景矿	管理学院（旅游学院/中法旅游学院）	ENVIRONMENTAL SCIENCE AND POLLUTION RESEARCH
1302	Leave or stay with a lonely leader? An investigation into whether, why, and when leader workplace loneliness increases team turnover intentions	Peng, Jian	管理学院（旅游学院/中法旅游学院）	ASIAN BUSINESS & MANAGEMENT
1303	Political promotion and pay gap: Evidence from SOEs in China	孔高文	管理学院（旅游学院/中法旅游学院）	ECONOMIC ANALYSIS AND POLICY

续上表

序号	论文题目	第一/通讯作者	所属单位	发表刊物/论文集
1304	Determination of Optimal MR&R Strategy and Inspection Intervals to Support Infrastructure Maintenance Decision Making	Xie, Hongming	管理学院（旅游学院/中法旅游学院）	SUSTAINABILITY
1305	A dissipative structure theory-based investigation of a construction and demolition waste minimization system in China	袁红平	管理学院（旅游学院/中法旅游学院）	JOURNAL OF ENVIRONMENTAL PLANNING AND MANAGEMENT
1306	How temporal leadership boosts employee innovative job performance	张军成	管理学院（旅游学院/中法旅游学院）	EUROPEAN JOURNAL OF INNOVATION MANAGEMENT
1307	The effectiveness of effectuation: A meta-analysis on contextual factors	陈嘉文	管理学院（旅游学院/中法旅游学院）	INTERNATIONAL JOURNAL OF ENTREPRENEURIAL BEHAVIOR & RESEARCH
1308	Logistics service mode selection for last mile delivery: An analysis method considering customer utility and delivery service cost	Cao, Bingbing	管理学院（旅游学院/中法旅游学院）	SUSTAINABILITY
1309	Dynamic reward and penalty strategies of green building construction incentive: an evolutionary game theory-based analysis	吴昌质	管理学院（旅游学院/中法旅游学院）	ENVIRONMENTAL SCIENCE AND POLLUTION RESEARCH
1310	A type of mixed logical system model using in laboratory optimal energy-saving management	Zhang, Jingxin	管理学院（旅游学院/中法旅游学院）	IEEE ACCESS
1311	Impact analysis of team leader on green behaviors based on affective events theory in cyber physical social energy system	张婧昕	管理学院（旅游学院/中法旅游学院）	IEEE ACCESS
1312	An asset value evaluation for docking finance lease problems in the peer-to-peer platform	Zhu, Hui	管理学院（旅游学院/中法旅游学院）	JOURNAL OF BUSINESS ECONOMICS AND MANAGEMENT

续上表

序号	论文题目	第一/通讯作者	所属单位	发表刊物/论文集
1313	Carbon nanomaterials as emerging nanotherapeutic platforms to tackle the rising tide of cancer—A review	Yan, Bing	广州大学大湾区环境研究院	BIOORGANIC & MEDICINAL CHEMISTRY
1314	Nitrification mainly driven by ammonia-oxidizing bacteria and nitrite-oxidizing bacteria in an anammox-inoculated wastewater treatment system	Lu, Jing	广州大学大湾区环境研究院	AMB EXPRESS
1315	Surface properties of nanoparticles dictate their toxicity by regulating adsorption of humic acid molecules	Yan, Bing	广州大学大湾区环境研究院	ACS SUSTAINABLE CHEMISTRY & ENGINEERING
1316	Enhancing the charge carrier transfer of $ZnFe_2O_4/C/TiO_2$ hollow nanosphere photocatalyst via contact interface engineering	Liu, Kuiliang	广州大学大湾区环境研究院	INDUSTRIAL & ENGINEERING CHEMISTRY RESEARCH
1317	Spatial variability pattern of the anaerobic ammonia-oxidizing bacterial community across a salinity gradient from river to ocean	Li, Yiben	广州大学大湾区环境研究院	ECOTOXICOLOGY
1318	Difference in toxicity of Pd(Ⅱ) and mechanism of action before and after reduction by *Bacillus wiedmannii* MSM	陈　圆	广州大学大湾区环境研究院	ENVIRONMENTAL SCIENCE AND POLLUTION RESEARCH
1319	Poly(catechol) modified Fe_3O_4 magnetic nanocomposites with continuous high Fenton activity for organic degradation at neutral pH	Hua, Yani	广州大学大湾区环境研究院	ENVIRONMENTAL SCIENCE AND POLLUTION RESEARCH
1320	Exfoliated and plicated $g-C_3N_4$ nanosheets for efficient photocatalytic organic degradation and hydrogen evolution	Beyhaqi, Ahmad	广州大学大湾区环境研究院	INTERNATIONAL JOURNAL OF HYDROGEN ENERGY
1321	Cytotoxicity induction by the oxidative reactivity of nanoparticles revealed by a combinatorial GNP library with diverse redox properties	Yan, Xiliang	广州大学大湾区环境研究院	MOLECULES
1322	Water-stable lanthanide-organic macrocycles from a 1, 2, 4-triazole-based chelate for enantiomeric excess detection and pesticide sensing	Xie, Tingzheng	广州大学大湾区环境研究院	DALTON TRANSACTIONS

续上表

序号	论文题目	第一/通讯作者	所属单位	发表刊物/论文集
1323	A simple and reliable single tube septuple PCR assay for simultaneous identification of seven meat species	Liu, Qianqian	广州大学大湾区环境研究院	FOODS
1324	Al^{3+} reduces $PM_{2.5}$-induced cytotoxicity in human bronchial epithelial cells via reducing ROS production	Wang, Dujia	广州大学大湾区环境研究院	AIR QUALITY, ATMOSPHERE AND HEALTH
1325	Relative comparison of strobilurin fungicides at environmental levels: Focus on mitochondrial function and larval activity in early staged zebrafish (*Danio rerio*)	李小玉	广州大学大湾区环境研究院	TOXICOLOGY
1326	Protamine assisted rapid synthesis of carbon dots for living nucleolus imaging and gene delivery applications	Zhang, Kena	广州大学大湾区环境研究院	JOURNAL OF MATERIALS SCIENCE
1327	Shift of DNRA bacterial community composition in sediment cores of the Pearl River Estuary and the impact of environmental factors	Hong, Yaohao	广州大学大湾区环境研究院	ECOTOXICOLOGY
1328	Novel 2D/2D BiOBr/UMOFNs direct Z-scheme photocatalyst for efficient phenol degradation	Lin, Biyun	广州大学大湾区环境研究院	NANOTECHNOLOGY
1329	New insights into the role of MWCNT in cement hydration	Meng, Shaoqiang	广州大学风工程与工程振动研究中心	MATERIALS AND STRUCTURES
1330	Nonlinear buckling of fixed functionally graded material arches under a locally uniformly distributed radial load	Liu, Airong	广州大学风工程与工程振动研究中心	FRONTIERS IN MATERIALS
1331	Dynamic characterization of wind speed under extreme conditions by recurrence-based techniques: A comparative study	He, Yuncheng	广州大学风工程与工程振动研究中心	JOURNAL OF AEROSPACE ENGINEERING
1332	Lateral-torsional buckling of shear deformable monosymmetric steel I-section arches with elastic rotational-end restraints under a central concentrated load	Liu, Lulu	广州大学风工程与工程振动研究中心	JOURNAL OF STRUCTURAL ENGINEERING

续上表

序号	论文题目	第一/通讯作者	所属单位	发表刊物/论文集
1333	Dynamic analysis of meteorological time series in Hong Kong: A nonlinear perspective	He, Yuncheng	广州大学风工程与工程振动研究中心	INTERNATIONAL JOURNAL OF CLIMATOLOGY
1334	Effect of damper failure on the seismic loss assessment of retrofitted steel moment-resisting frames	翟治鹏	广州大学工程抗震研究中心	SOIL DYNAMICS AND EARTHQUAKE ENGINEERING
1335	Controller and sensor placement for a 3D irregular building based on Hankel norm	王玉梅	广州大学工程抗震研究中心	SMART STRUCTURES AND SYSTEMS
1336	Impact testing of 3D re-entrant honeycomb polyamide structure using split hopkinson pressure bar	Tao, Weijun	广州大学工程抗震研究中心	APPLIED SCIENCES—BASEL
1337	Response mitigation performance and energy dissipation enhancement of tuned viscous mass damper applied on adjacent structures	郝霖霏	广州大学工程抗震研究中心	SOIL DYNAMICS AND EARTHQUAKE ENGINEERING
1338	Experimental research on compressive and shrinkage properties of ECC containing ceramic wastes under different curing conditions	Wu, Di	广州大学工程抗震研究中心	FRONTIERS IN MATERIALS
1339	Evaluation of optimal FVDs for inter-storey isolation systems based on surrogate performance models	Donà, Marco	广州大学工程抗震研究中心	BULLETIN OF EARTHQUAKE ENGINEERING
1340	Mechanics-based fragility curves for Italian residential URM buildings	Donà, Marco	广州大学工程抗震研究中心	BULLETIN OF EARTHQUAKE ENGINEERING
1341	Seismic response of masonry buildings in historical centres struck by the 2016 central Italy earthquake. Impact of building features on damage evaluation	Hei, Sha	广州大学工程抗震研究中心	INTERNATIONAL JOURNAL OF ARCHITECTURAL HERITAGE
1342	Direct evaluation method for load-deformation curve of precast prestressed concrete frame with different tendon forces	Hao, Linfei	广州大学工程抗震研究中心	BULLETIN OF EARTHQUAKE ENGINEERING
1343	Conceptual design and experimental verification study of a special-shaped composite arch bridge	Zhang, Junping	广州大学工程抗震研究中心	STRUCTURES

续上表

序号	论文题目	第一/通讯作者	所属单位	发表刊物/论文集
1344	Theoretical and experimental study of floating foundation vibration reduction system based on deep neural network	Zhu, Longji	广州大学工程抗震研究中心	IEEE ACCESS
1345	Robust design optimization for SMA based nonlinear energy sink with negative stiffness and friction	Chou, Yangyang	广州大学工程抗震研究中心	SOIL DYNAMICS AND EARTHQUAKE ENGINEERING
1346	A novel description on vague graph with application in transportation systems	寇铮	广州大学计算科技研究院	JOURNAL OF MATHEMATICS
1347	A note on the w-pseudo-orders in ordered (Semi) hyperrings	强小利	广州大学计算科技研究院	SYMMETRY—BASEL
1348	An investigation on weak concepts in ordered hyperstructures	饶永生	广州大学计算科技研究院	SYMMETRY—BASEL
1349	A note on the connection between ordered semihyperrings	寇铮	广州大学计算科技研究院	SYMMETRY—BASEL
1350	A local search algorithm for the influence maximization problem	朱恩强	广州大学计算科技研究院	FRONTIERS IN PHYSICS
1351	Upper paired domination in graphs	Jiang, Huiqin	广州大学计算科技研究院	AIMS MATHEMATICS
1352	Quadruple Roman domination in trees	寇铮	广州大学计算科技研究院	SYMMETRY—BASEL
1353	A direct-decoupling closed-loop control method for roll-to-roll web printing systems	Zhang, Tao	广州大学计算科技研究院	IEEE TRANSACTIONS ON AUTOMATION SCIENCE AND ENGINEERING
1354	Equitable domination in vague graphs with application in medical sciences	饶永生	广州大学计算科技研究院	FRONTIERS IN PHYSICS
1355	Hamilton-connectedness and Hamilton-laceability of planar geometric graphs with applications	Khan, Asad	广州大学计算科技研究院	AIMS MATHEMATICS
1356	On a generalization of fractional Langevin equation with boundary conditions	寇铮	广州大学计算科技研究院	AIMS MATHEMATICS
1357	Picture preview generation for interactive educational resources	王剑雄	广州大学计算科技研究院	COMPLEXITY

续上表

序号	论文题目	第一/通讯作者	所属单位	发表刊物/论文集
1358	Analysis and forecasting COVID-19 outbreak in Pakistan using decomposition and ensemble model	强小利	广州大学计算科技研究院	CMC-COMPUTERS MATERIALS & CONTINUA
1359	Complexity of signed total k-Roman domination problem in graphs	Saeed, Kosari	广州大学计算科技研究院	AIMS MATHEMATICS
1360	Does mandatory CSR disclosure affect enterprise total factor productivity?	李正辉	广州大学金融研究院（广州国际金融研究院）	ECONOMIC RESEARCH—EKONOMSKA ISTRAZIVANJA
1361	Spatio-temporal evolution characteristics and spatial interaction spillover effects of new-urbanization and green land utilization efficiency	Yang, Cunyi	广州大学金融研究院（广州国际金融研究院）	LAND
1362	Asymmetric risk spillover of the international crude oil market in the perspective of crude oil dual attributes	贾帅帅	广州大学金融研究院（广州国际金融研究院）	FRONTIERS IN ENVIRONMENTAL SCIENCE
1363	The dynamics of carbon on green energy equity investment: Quantile-on-quantile and quantile coherency approaches	莫斌	广州大学金融研究院（广州国际金融研究院）	ENVIRONMENTAL SCIENCE AND POLLUTION RESEARCH
1364	Heterogeneity of the impact of geopolitical events on energy trade: An empirical study based on regression discontinuity design	Yang, Cunyi	广州大学金融研究院（广州国际金融研究院）	FRONTIERS IN ENVIRONMENTAL SCIENCE
1365	Impact of the "low-carbon city pilot" policy on energy intensity based on the empirical evidence of Chinese cities	Chen, Shuanglian	广州大学金融研究院（广州国际金融研究院）	FRONTIERS IN ENVIRONMENTAL SCIENCE
1366	The impact of economic policy uncertainty on stock returns: The role of corporate environmental responsibility engagement	廖高可	广州大学金融研究院（广州国际金融研究院）	INTERNATIONAL JOURNAL OF FINANCE & ECONOMICS
1367	Is there a moderate range of impact of financialization on corporate R&D?	李正辉	广州大学金融研究院（广州国际金融研究院）	PLOS ONE

续上表

序号	论文题目	第一/通讯作者	所属单位	发表刊物/论文集
1368	Research on the impact of green technology innovation on energy total factor productivity, based on provincial data of China	王孟欣	广州大学金融研究院（广州国际金融研究院）	FRONTIERS IN ENVIRONMENTAL SCIENCE
1369	Does financial excess support land urbanization—An empirical study of cities in China	李正辉	广州大学金融研究院（广州国际金融研究院）	LAND
1370	Does the land market have an impact on green total factor productivity? A case study on China	李庭辉	广州大学金融研究院（广州国际金融研究院）	LAND
1371	Does geopolitics have an impact on energy trade? Empirical research on emerging countries	李 芬	广州大学金融研究院（广州国际金融研究院）	SUSTAINABILITY
1372	What are bitcoin market reactions to its-related events?	李正辉	广州大学金融研究院（广州国际金融研究院）	INTERNATIONAL REVIEW OF ECONOMICS & FINANCE
1373	Financial speculation or capital investment? Evidence from relationship between corporate financialization and green technology innovation	黄哲豪	广州大学金融研究院（广州国际金融研究院）	FRONTIERS IN ENVIRONMENTAL SCIENCE
1374	Re-examining bitcoin volatility: A CAViaR-based approach	李正辉	广州大学金融研究院（广州国际金融研究院）	EMERGING MARKETS FINANCE AND TRADE
1375	DCUS: Evaluating double-click-based unlocking scheme on smartphones	李文娟	广州大学人工智能与区块链研究院	MOBILE NETWORKS & APPLICATIONS
1376	Multilayer social reinforcement induces bistability on multiplex networks	Zheng, Hongwei	广州大学人工智能与区块链研究院	JOURNAL OF STATISTICAL MECHANICS: THEORY AND EXPERIMENT

续上表

序号	论文题目	第一/通讯作者	所属单位	发表刊物/论文集
1377	Toward a blockchain-based framework for challenge-based collaborative intrusion detection	李文娟	广州大学人工智能与区块链研究院	INTERNATIONAL JOURNAL OF INFORMATION SECURITY
1378	Modeling confirmation bias and peer pressure in opinion dynamics	Zheng, Zhiming	广州大学人工智能与区块链研究院	FRONTIERS IN PHYSICS
1379	Community detection based on first passage probabilities	Zheng, Zhiming	广州大学人工智能与区块链研究院	PHYSICS LETTERS A
1380	Mobile network traffic pattern classification with incomplete a priori information	Wang, Yu	广州大学人工智能与区块链研究院	COMPUTER COMMUNICATIONS
1381	Adversarial examples：Attacks and defenses in the physical world	Ren, Huali	广州大学人工智能与区块链研究院	INTERNATIONAL JOURNAL OF MACHINE LEARNING AND CYBERNETICS
1382	Editorial：Intelligence and safety for humanoid robots：Design, control, and applications	顾钊铨	广州大学网络空间先进技术研究院	FRONTIERS IN NEUROROBOTICS
1383	Relation-aware entity matching using sentence-BERT	Zhou, Huchen	广州大学网络空间先进技术研究院	COMPUTERS MATERIALS & CONTINUA
1384	Smart healthcare：RL-based task offloading scheme for edge-enable sensor networks	Shafiq, Muhammad	广州大学网络空间先进技术研究院	IEEE SENSORS JOURNAL
1385	The g-extra diagnosability of the balanced hypercube under the PMC and MM* model	Zhou, Naqin	广州大学网络空间先进技术研究院	JOURNAL OF SUPERCOMPUTING
1386	Graded functionality obtained in NiTi shape memory alloy via a repetitive laser processing strategy	Wu, Zhigang	广州大学网络空间先进技术研究院	JOURNAL OF MATERIALS PROCESSING TECHNOLOGY

续上表

序号	论文题目	第一/通讯作者	所属单位	发表刊物/论文集
1387	An ownership verification mechanism against encrypted forwarding attacks in data-driven social computing	孙 哲	广州大学网络空间先进技术研究院	FRONTIERS IN PHYSICS
1388	A scalable rule engine system for trigger-action application in large-scale IoT environment	罗 熙	广州大学网络空间先进技术研究院	COMPUTER COMMUNICATIONS
1389	Rinegan: A Scalable image processing architecture for large scale surveillance applications	罗 熙	广州大学网络空间先进技术研究院	FRONTIERS IN NEUROROBOTICS
1390	HP-VCS: A high-quality and printer-friendly visual cryptography scheme	张登辉	广州大学网络空间先进技术研究院	JOURNAL OF VISUAL COMMUNICATION AND IMAGE REPRESENTATION
1391	Power grid-oriented cascading failure vulnerability identifying method based on wireless sensors	李树栋	广州大学网络空间先进技术研究院	JOURNAL OF SENSORS
1392	On α-multiplier on almost distributive lattices	Wang, Ying	广州大学网络空间先进技术研究院	JOURNAL OF MATHEMATICS
1393	The determinants to promote college students' use of car-sharing: An empirical study at dalian Maritime University, China	Liu, Yuanqian	广州大学网络空间先进技术研究院	SUSTAINABILITY
1394	Discovering key users for defending network structural stability	张 帆	广州大学网络空间先进技术研究院	WORLD WIDE WEB-INTERNET AND WEB INFORMATION SYSTEMS
1395	VEK: A vertex-oriented approach for edge k-core problem	Zhang, Fan	广州大学网络空间先进技术研究院	WORLD WIDE WEB-INTERNET AND WEB INFORMATION SYSTEMS
1396	Multi-party transaction framework for drone services based on alliance blockchain in smart cities	田志宏	广州大学网络空间先进技术研究院	JOURNAL OF INFORMATION SECURITY AND APPLICATIONS

续上表

序号	论文题目	第一/通讯作者	所属单位	发表刊物/论文集
1397	Anchored coreness: Efficient reinforcement of social networks	Zhang, Fan	广州大学网络空间先进技术研究院	THE VLDB JOURNAL
1398	Perceiving social-emotional volatility and triggered causes of COVID-19	Fang, Binxing	广州大学网络空间先进技术研究院	INTERNATIONAL JOURNAL OF ENVIRONMENTAL RESEARCH AND PUBLIC HEALTH
1399	A blockchain-based collaborative training method for multi-party data sharing	殷丽华	广州大学网络空间先进技术研究院	COMPUTER COMMUNICATIONS
1400	Secure data sharing framework via hierarchical greedy embedding in darknets	孙彦斌	广州大学网络空间先进技术研究院	MOBILE NETWORKS & APPLICATIONS
1401	Examining the sources of high school chemistry teachers' practical knowledge of teaching with practical work: From the teachers' perspective	Chen, Lijun	广州大学网络空间先进技术研究院	CHEMISTRY EDUCATION RESEARCH AND PRACTICE
1402	Geometrical reconstruction of fluorescence events observed by the LHAASO experiment	Fan, J.H.	广州大学网络空间先进技术研究院	CHINESE PHYSICS: C
1403	Measuring seismic resilience of building portfolios based on innovative damage ratio assessment model	Li, Yiming	广州大学网络空间先进技术研究院	STRUCTURES
1404	Enhancing the power grid robustness against cascading failures under node-based attacks	李树栋	广州大学网络空间先进技术研究院	MODERN PHYSICS LETTERS B
1405	A method of chained recommendation for charging piles in internet of vehicles	张天乐	广州大学网络空间先进技术研究院	COMPUTING
1406	Parallel computing for efficient and intelligent industrial Internet of Health Things: An overview	Shafiq, Muhammad	广州大学网络空间先进技术研究院	COMPLEXITY
1407	A material identification approach based on Wi-Fi signal	李超	广州大学网络空间先进技术研究院	CMC—COMPUTERS MATERIALS & CONTINUA

续上表

序号	论文题目	第一/通讯作者	所属单位	发表刊物/论文集
1408	Evaluation of life expectancy loss associated with submicron and fine particulate matter（PM_1 and $PM_{2.5}$）air pollution in Nanjing, China	Chak Ho, Hung	广州大学网络空间先进技术研究院	ENVIRONMENTAL SCIENCE AND POLLUTION RESEARCH
1409	Impact of remittances on carbon emission: fresh evidence from a panel of five remittance-receiving countries	RasooL, Samma Faiz	广州大学网络空间先进技术研究院	ENVIRONMENTAL SCIENCE AND POLLUTION RESEARCH
1410	Periodic solutions of hybrid jump diffusion processes	Guo, Xiaoxia	广州大学网络空间先进技术研究院	FRONTIERS OF MATHEMATICS IN CHINA
1411	User knowledge, data modelling, and visualization: Handling through the fuzzy logic-based approach	Shafiq, Muhammad	广州大学网络空间先进技术研究院	COMPLEXITY
1412	Higher-order graph convolutional networks with multi-scale neighborhood pooling for semi-supervised node classification	Liu, Xun	广州大学网络空间先进技术研究院	IEEE ACCESS
1413	Insights into conventional and recent technologies for arsenic bioremediation: A systematic review	Mehmood, Sajid	广州大学网络空间先进技术研究院	ENVIRONMENTAL SCIENCE AND POLLUTION RESEARCH
1414	Intelligent tourism recommendation algorithm based on text mining and MP nerve cell model of multivariate transportation modes	Feng, Guanghui	广州大学网络空间先进技术研究院	IEEE ACCESS
1415	Robust optimization approach to two-echelon agricultural cold chain logistics considering carbon emission and stochastic demand	Wu, Xiaoqing	广州大学网络空间先进技术研究院	ENVIRONMENT DEVELOPMENT AND SUSTAINABILITY
1416	Molecular and morphological revision of small Myotinae from the Himalayas shed new light on the poorly known genus Submyotodon（Chiroptera: Vespertilionidae）	Thapa, Sanjan	广州大学网络空间先进技术研究院	MAMMALIAN BIOLOGY

续上表

序号	论文题目	第一/通讯作者	所属单位	发表刊物/论文集
1417	Hierarchical core maintenance on large dynamic graphs	张 帆	广州大学网络空间先进技术研究院	PROCEEDINGS OF THE VLDB ENDOWMENT
1418	A multiple-kernel clustering based intrusion detection scheme for 5G and IoT networks	胡 宁	广州大学网络空间先进技术研究院	INTERNATIONAL JOURNAL OF MACHINE LEARNING AND CYBERNETICS
1419	Edge intelligence based identification and classification of encrypted traffic of Internet of Things	Hu, Ning	广州大学网络空间先进技术研究院	IEEE ACCESS
1420	Enhanced YOLO v3 tiny network for real-time ship detection from visual image	Gu, Zhaoquan	广州大学网络空间先进技术研究院	IEEE ACCESS
1421	Modeling and analysis of the implementation of the wolbachia incompatible and sterile insect technique for mosquito population suppression	郑 波	广州大学应用数学研究中心	SIAM JOURNAL ON APPLIED MATHEMATICS
1422	A deep-learning-inspired person-job matching model based on sentence vectors and subject-term graphs	王孝伟	广州大学智能制造工程研究院	COMPLEXITY
1423	Resveratrol derivative, Trans-3, 5, 4'-trimethoxystilbene sensitizes osteosarcoma cells to apoptosis via ROS-induced caspases activation	洪 明	广州大学—中山市人民医院生命医学联合研究院	OXIDATIVE MEDICINE AND CELLULAR LONGEVITY
1424	Fabrication of superhydrophobic nano-soil coated surfaces for oil/water separation and metal corrosion protection	康 磊	化学化工学院	COLLOIDS AND SURFACES A: PHYSICOCHEMICAL AND ENGINEERING ASPECTS
1425	Synergistic effect of nano-silica and eco-friendly hydrogel for the cost-effective and highly efficient oil-water separation	Zhang, Zhenqiang	化学化工学院	COLLOIDS AND SURFACES A: PHYSICOCHEMICAL AND ENGINEERING ASPECTS

续上表

序号	论文题目	第一/通讯作者	所属单位	发表刊物/论文集
1426	The influence of self-crosslinked epoxidized castor oil on the properties of Poly (lactic acid) via dynamic vulcanization: Toughening effect, thermal properties and structures	He, Weidi	化学化工学院	COLLOIDS AND SURFACES A: PHYSICOCHEMICAL AND ENGINEERING ASPECTS
1427	Synthesis of Fe^{2+} substituted high-performance $LiMn_{1-x}Fe_xPO_4/C$ (x=0, 0.1, 0.2, 0.3, 0.4) cathode materials for lithium-ion batteries via Sol-Gel processes	Fang, Kaibin	化学化工学院	MOLECULES
1428	Research and progress of transparent, flexible tin oxide ultraviolet photodetector	Luo, Dongxiang	化学化工学院	CRYSTALS
1429	Understanding the direct relationship between various structure-directing agents and low-temperature hydrothermal durability over Cu-SAPO-34 during the NH_3-SCR reaction	Cai, Weiquan	化学化工学院	CATALYSIS SCIENCE & TECHNOLOGY
1430	Low-temperature catalytic dry reforming of methane over Pd promoted Ni-CaO-$Ca_{12}Al_{14}O_{33}$ multifunctional catalyst	党成雄	化学化工学院	INDUSTRIAL & ENGINEERING CHEMISTRY RESEARCH
1431	Two unexpected temperature-induced supermolecular isomers from multi-topic carboxylic acid: Hydrogen bonding layer or helix tube	Li, Yanyong	化学化工学院	MOLECULES (BASEL, SWITZERLAND)
1432	Enhanced thermal conductivity and antistatic property of energy-saving tyres	Fan, Haosen	化学化工学院	JOURNAL OF POLYMER RESEARCH
1433	H_2O treatment—induced uniform NiO_X interfacial layer boosting brightness and light-emitting efficiency of blue perovskite electroluminescence	Zhang, Baohua	化学化工学院	ORGANIC ELECTRONICS
1434	Synergistic effect between 1T'-ReS_2 nanosheet arrays and FeS_2 nano-spindle in 1T'-ReS_2@FeS_2@NC heterostructured anode for Na^+ storage	Lin, Jinyi	化学化工学院	ELECTROCHIMICA ACTA

续上表

序号	论文题目	第一/通讯作者	所属单位	发表刊物/论文集
1435	Platinum-based ternary catalysts for the electrooxidation of ethanol	Peng, Feng	化学化工学院	PARTICUOLOGY
1436	Preparation of Mg, N-co-doped lignin adsorbents for enhanced selectivity and high adsorption capacity of As(V) from wastewater	Lin, Jing	化学化工学院	PARTICUOLOGY
1437	Theoretical design study on the origin of the improved phosphorescent efficiency of DPEphos quinoline-substituted derivatives for OLEDs	Wu, Tongshun	化学化工学院	ORGANIC ELECTRONICS
1438	Enhanced photocatalytic degradation of tetracycline by constructing a controllable Cu_2O-TiO_2 heterojunction with specific crystal facets	Zhang, Xiaojing	化学化工学院	CATALYSIS SCIENCE & TECHNOLOGY
1439	Efficiency Boosting by Thermal Harvesting in InGaN/GaN Light-Emitting Diodes	Luo, Dongxiang	化学化工学院	FRONTIERS IN PHYSICS
1440	Waste utilization of crab shell: 3D hierarchical porous carbon towards high-performance Na/Li storage	王晓彤	化学化工学院	NEW JOURNAL OF CHEMISTRY
1441	High-throughput computational screening of porous polymer networks for natural gas sweetening based on a neural network	Cai, Weiquan	化学化工学院	AICHE JOURNAL
1442	Hole-transporting materials based on diarylfluorene compounds containing different substituents: DFT simulation, spectroscopic characterization and applications in organic light emitting diodes	Zhang, Baohua	化学化工学院	OPTICAL MATERIALS
1443	Hydrothermally synthesized Ti/Zr bimetallic MOFs derived N self-doped TiO_2/ZrO_2 composite catalysts with enhanced photocatalytic degradation of methylene blue	Lin, Jing	化学化工学院	COLLOIDS AND SURFACES A: PHYSICOCHEMICAL AND ENGINEERING ASPECTS
1444	Directional assist (010) plane growth in $LiMnPO_4$ prepared by solvothermal method with polyols to enhance electrochemical performance	Xie, Qian	化学化工学院	CHINESE JOURNAL OF CHEMICAL ENGINEERING

续上表

序号	论文题目	第一/通讯作者	所属单位	发表刊物/论文集
1445	Defective vs high-quality graphene for solid-contact ion-selective electrodes: Effects of capacitance and hydrophobicity	Wang, Shangqing	化学化工学院	ELECTROCHEMISTRY COMMUNICATIONS
1446	Stereoselective access to spirooxindoles and bisoxindoles through organocatalyzed asymmetric divergent transformations of Isatin-derived MBH carbonates	Fang, Yubo	化学化工学院	CHEMISTRY—AN ASIAN JOURNAL
1447	Pt-calcium cobaltate enables sorption-enhanced steam reforming of glycerol coupled with chemical-looping CH_4 combustion	Dang, Chengxiong	化学化工学院	AICHE JOURNAL
1448	Molecular metal nanoclusters for ORR, HER and OER: Achievements, opportunities and challenges	秦冬冬	化学化工学院	INTERNATIONAL JOURNAL OF HYDROGEN ENERGY
1449	Inhibition of adverse phase transition at 4.2 V via increasing cobalt content on Ni-rich layered cathode materials	杨 伟	化学化工学院	ACS APPLIED ENERGY MATERIALS
1450	Understanding the feasibility of manganese substitution for cobalt in the synthesis of nickel-rich and cobalt-free cathode materials	Fang, Kaibin	化学化工学院	ACS APPLIED ENERGY MATERIALS
1451	Strategies for improving the catalytic performance of 2D covalent organic frameworks for hydrogen evolution and oxygen evolution reactions	Chen, Yibo	化学化工学院	CHEMISTRY—AN ASIAN JOURNAL
1452	Exploring MXene-based materials for next-generation rechargeable batteries	Niu, Li	化学化工学院	JOURNAL OF PHYSICS–ENERGY
1453	Super Na^+ half/full batteries and ultrafast Na^+ diffusion kinetics of cobalt-nickel selenide from assembling $Co_{0.5}Ni_{0.5}Se_2$@NC nanosheets into cross-stacked architecture	Li, Zhiyong	化学化工学院	CHINESE JOURNAL OF CHEMISTRY
1454	Inhibitory effect of Zn^{2+} on the chain-initiation process of cumene oxidation	Chen, Zhicheng	化学化工学院	INTERNATIONAL JOURNAL OF QUANTUM CHEMISTRY

续上表

序号	论文题目	第一/通讯作者	所属单位	发表刊物/论文集
1455	Surface state passivation ignited photoelectrochemical sensing of Thallium（Ⅰ）with ultrathin In_2S_3 Nanosheets	Wei, Qiuyu; 纪永飞	化学化工学院	ACS APPLIED ELECTRONIC MATERIALS
1456	Three-dimensional core-shell CoFe Prussian blue analog at NiCoFe layered ternary hydroxide electrocatalyst for efficient oxygen evolution reaction	Chen, Yibo	化学化工学院	APPLIED PHYSICS LETTERS
1457	Bi-functional particles for integrated thermo-chemical processes: Catalysis and beyond	党成雄	化学化工学院	PARTICUOLOGY
1458	Molecular fingerprint and machine learning to accelerate design of high-performance homochiral metal-organic frameworks	乔智威	化学化工学院	AICHE JOURNAL
1459	Effects of methyl cellulose-based coating on physiochemical properties and chemical hazards of Chinese fried dough cake during storage	韩立鹏	化学化工学院	INTERNATIONAL JOURNAL OF FOOD SCIENCE AND TECHNOLOGY
1460	Investigation of the mechanism/effect of surface etching and post-process of Kevlar fiber by metal ions	Zhang, Shaohu	化学化工学院	POLYMER BULLETIN
1461	Polyoxometalates-based semi-flexible metal-semiconductor triboelectric nanogenerators for low frequency and small amplitude mechanical energy harvesting	Guan, Hongyu	化学化工学院	CHEMISTRY-A EUROPEAN JOURNAL
1462	Preparation of high-temperature active zirconium boride powders via precursor route and microwave sintering	丁志辉	化学化工学院	ADVANCES IN APPLIED CERAMICS
1463	Enhanced Thermal Insulation and Flame-Retardant Properties of Polyvinyl Alcohol-Based Aerogels Composited with Ammonium Polyphosphate and Chitosan	Luo, Minyi	化学化工学院	INTERNATIONAL JOURNAL OF POLYMER SCIENCE
1464	A simple method for the preparation of a nickel selenide and cobalt selenide mixed catalyst to enhance bifunctional oxygen activity for Zn-air batteries	彭丽娟	化学化工学院	RSC ADVANCES

续上表

序号	论文题目	第一/通讯作者	所属单位	发表刊物/论文集
1465	Facile molten vanadate-assisted surface treatment strategy for Li_2MnO_3 activation of Li-Rich cathode materials	Luo, Qi	化学化工学院	ACS APPLIED ENERGY MATERIALS
1466	Microgel-stabilized hydroxypropyl methylcellulose and dextran water-in-water emulsion: Influence of pH, ionic strength, and temperature	Yuan, Yang	化学化工学院	LANGMUIR
1467	Ion chromatography coupled with fluorescence/UV detector: A comprehensive review of its applications in pesticides and pharmaceutical drug analysis	Han, Dongxue	化学化工学院	ARABIAN JOURNAL OF CHEMISTRY
1468	Highly enhanced methanol electrooxidation on Pt/N-CNT-decorated FeP	Liu, Dongqin	化学化工学院	CHEMELECTROCHEM
1469	Effects of in vitro simulated digestion on the free and bound phenolic content and antioxidant activity of seven species of seaweeds	黄芷婷 陈淇琪 胡铠熙	化学化工学院	INTERNATIONAL JOURNAL OF FOOD SCIENCE AND TECHNOLOGY
1470	A novel method to prepare flexible 3D NiO nanosheets electrodes for alkaline rechargeable Ni-Zn batteries	周 凯; Guo, Xinying	化学化工学院	CHEMELECTROCHEM
1471	Non noble-metal copper-cobalt bimetallic catalyst for efficient catalysis of the hydrogenolysis of 5-hydroxymethylfurfural to 2, 5-dimethylfuran under mild conditions	Zhang, Qingtu	化学化工学院	ACS OMEGA
1472	Polymer electrochemiluminescence featuring thermally activated delayed fluorescence	黄 萍	化学化工学院	CHEMPHYSCHEM
1473	Free-standing N-doped porous carbon fiber membrane derived from Zn-MOF-74: Synthesis and application as anode for sodium-ion battery with an excellent performance	Xie, Shuya	化学化工学院	FRONTIERS IN CHEMISTRY
1474	Metal-organic frameworks for Xylene Separation: from computational screening to machine learning	Qiao, Zhiwei	化学化工学院	JOURNAL OF PHYSICAL CHEMISTRY C

续上表

序号	论文题目	第一/通讯作者	所属单位	发表刊物/论文集
1475	A polypropylene melt-blown strategy for the facile and efficient membrane separation of oil-water mixtures	Zhang, Zhenqiang	化学化工学院	CHINESE JOURNAL OF CHEMICAL ENGINEERING
1476	Reactivity and mechanisms of hydridic hydrogen of B-H in ammonia borane towards acetic acids：The ammonia B-monoacyloxy boranes	李慧珍	化学化工学院	NEW JOURNAL OF CHEMISTRY
1477	Investigation on initial atmospheric corrosion of copper and inhibition performance of 2-phenyl imidazoline based on electrical resistance sensors	万 闪	化学化工学院	MATERIALS CHEMISTRY AND PHYSICS
1478	New electroactive polymers with electronically isolated 4，7-diarylfluorene chromophores as positive charge transporting layer materials for OLEDs	Zhang, Baoguo	化学化工学院	MOLECULES
1479	Hydrogen peroxide electrosynthesis via regulating the oxygen reduction reaction pathway on Pt noble metal with ion poisoning	何德权	化学化工学院	ELECTROCHIMICA ACTA
1480	UV/enzyme dual responsive photosensitizer-loaded 4-（Phenylazo）benzoic Acid-mPEG nanosystem for enhanced photodynamic insecticide efficacy	Cai, Weiquan	化学化工学院	JOURNAL OF APPLIED POLYMER SCIENCE
1481	Enhanced photocatalytic CO_2 reduction by constructing an In_2O_3-CuO heterojunction with CuO as a cocatalyst dagger	Chen，Ke	化学化工学院	CATALYSIS SCIENCE & TECHNOLOGY
1482	Pd-promoted Ni-Ca-Al bi-functional catalyst for integrated sorption-enhanced steam reforming of glycerol and methane reforming of carbonate	党成雄	化学化工学院	CHEMICAL ENGINEERING SCIENCE
1483	Selenide/sulfide heterostructured $NiCo_2Se_4$/$NiCoS_4$ for oxygen evolution reaction, hydrogen evolution reaction，water splitting and Zn-air batteries	Tao, Chunlan	化学化工学院	ELECTROCHIMICA ACTA

续上表

序号	论文题目	第一/通讯作者	所属单位	发表刊物/论文集
1484	DNA as template and P-source for synthesis of Co$_2$P/Co$_2$N core-shell nanostructure embedded in N-doped carbon nanofiber derived from electrospun precursor for oxygen evolution reaction	李慧珍	化学化工学院	ELECTROCHIMICA ACTA
1485	Filling the charge-discharge voltage gap in flexible hybrid zinc-based batteries by utilizing a pseudocapacitive material	Wang, Ling	化学化工学院	CHEMISTRY—A EUROPEAN JOURNAL
1486	Optimizing surface N-Doping of Fe-N-C catalysts derived from Fe/Melamine-decorated polyaniline for oxygen reduction electrocatalysis	Mahmood, Azhar	化学化工学院	ADVANCED MATERIALS INTERFACES
1487	Catalytic enantioselective isocyanide-based reactions: Beyond passerini and ugi multicomponent reactions	Luo, Jian	化学化工学院	CHEMISTRY—A EUROPEAN JOURNAL
1488	Sesame oil inhibits the formation of glycidyl ester during deodorization	韩立鹏	化学化工学院	INTERNATIONAL JOURNAL OF FOOD PROPERTIES
1489	Resistance band training after triamcinolone acetonide injection for subacromial bursitis: A randomized clinical trial	廖伯凯	化学化工学院	JOURNAL OF REHABILITATION MEDICINE
1490	Recombinant platelet-derived growth factor-BB alleviates osteoarthritis in a rat model by decreasing chondrocyte apoptosis in vitro and in vivo	Liao, Bokai	化学化工学院	JOURNAL OF CELLULAR AND MOLECULAR MEDICINE
1491	Homogeneous photocatalytic hydrogen evolution system with assembly of CdSe quantum dots and graphene oxide	Dan, Meng	化学化工学院	TOPICS IN CATALYSIS
1492	A rare 2D framework Cu（atz）$_2$ with ferrimagnetic and high proton conductivity	Lin, Weiquan	化学化工学院	CHEMISTRY—AN ASIAN JOURNAL
1493	Rapid screening of butyl paraben additive in toner sample by molecularly imprinted photonic crystal	Liu, Yangyang	环境科学与工程学院	CHEMOSENSORS

续上表

序号	论文题目	第一/通讯作者	所属单位	发表刊物/论文集
1494	Concurrent adsorption and reduction of chromium（Ⅵ）to chromium（Ⅲ）using nitrogen-doped porous carbon adsorbent derived from loofah sponge	Huang, Lei	环境科学与工程学院	FRONTIERS OF ENVIRONMENTAL SCIENCE & ENGINEERING
1495	Occurrence of phthalates in bottled drinks in the Chinese market and its implications for dietary exposure	Liu, Yuxian	环境科学与工程学院	MOLECULES
1496	Trace carbonyl analysis in water samples by integrating magnetic molecular imprinting and capillary electrophoresis	He, Jiahua; Liu, Jiawei	环境科学与工程学院	RSC ADVANCES
1497	The roles of selectivity filters in determining aluminum transport by AtNIP1；2	王玉琪	环境科学与工程学院	PLANT SIGNALING & BEHAVIOR
1498	Evaluation of the key factors to dominate aerobic ammonia-oxidizing archaea in wastewater treatment plant	Xie, Jiehui	环境科学与工程学院	INTERNATIONAL BIODETERIORATION AND BIODEGRADATION
1499	Characteristics of heavy metals in seawater and sediments from Daya Bay（South China）：Environmental fates, source apportionment and ecological risks	Gong, Jian	环境科学与工程学院	SUSTAINABILITY
1500	Genesis and mineralization potential of the Late Cretaceous Chemen granodioritic intrusion in the southern Gangdese magmatic belt, Xizang	Chen, Yuxiao	环境科学与工程学院	JOURNAL OF ASIAN EARTH SCIENCES
1501	Bibliometric analysis of global research on white rot fungi biotechnology for environmental application	Xiao, Pengfei	环境科学与工程学院	ENVIRONMENTAL SCIENCE AND POLLUTION RESEARCH
1502	Sustainable bioelectricity production from Amaranthus viridis and Triticum aestivum mediated plant microbial fuel cells with efficient electrogenic bacteria selections	Arulmani, Samuel Raj Babu	环境科学与工程学院	PROCESS BIOCHEMISTRY
1503	A novel carbon dot/polyacrylamide composite hydrogel film for reversible detection of the antibacterial drug ornidazole	Wu, Xiaoyi	环境科学与工程学院	RSC ADVANCES

续上表

序号	论文题目	第一/通讯作者	所属单位	发表刊物/论文集
1504	Transcriptomic analysis reveals ligninolytic enzymes of white-rot fungus *Phanerochaete sordida* YK-624 participating in bisphenol F biodegradation under ligninolytic conditions	王剑桥	环境科学与工程学院	ENVIRONMENTAL SCIENCE AND POLLUTION RESEARCH
1505	Degradation of trimethoprim by sulfate radical-based advanced oxidation processes: Kinetics, mechanisms, and effects of natural water matrices	Huang, Lei	环境科学与工程学院	ENVIRONMENTAL SCIENCE AND POLLUTION RESEARCH
1506	Transcriptomics analysis reveals the high biodegradation efficiency of white-rot fungus *Phanerochaete sordida* YK-624 on native lignin	王剑桥	环境科学与工程学院	JOURNAL OF BIOSCIENCE AND BIOENGINEERING
1507	Removal mechanisms of slag against potentially toxic elements in soil and plants for sustainable agriculture development: A critical review	Ahmed, Waqas	环境科学与工程学院	SUSTAINABILITY
1508	Linkages between ecoenzymatic stoichiometry and microbial community structure under long-term fertilization in paddy soil: A case study in China	Ahmed, Waqas	环境科学与工程学院	APPLIED SOIL ECOLOGY
1509	Arsenic in the Pearl River Delta and its related waterbody, South China: occurrence and sources, a review	Luo, Chen	环境科学与工程学院	GEOSCIENCE LETTERS
1510	Atmospheric sources of anthropogenic and geogenic trace metals in Australian lichen and fungi	吴丽琴	环境科学与工程学院	ANTHROPOCENE
1511	Characterization of cadmium biosorption by inactive biomass of two cadmium-tolerant endophytic bacteria *Microbacterium* sp. D2-2 and Bacillus sp. C9-3	龙建友	环境科学与工程学院	ECOTOXICOLOGY
1512	Impacts of long-term inorganic and organic fertilization on phosphorus adsorption and desorption characteristics in red paddies in southern China	陈迪云	环境科学与工程学院	PLOS ONE

续上表

序号	论文题目	第一/通讯作者	所属单位	发表刊物/论文集
1513	Tea leaves biochar as a carrier of *Bacillus cereus* improves the soil function and crop productivity	Mehmood, Sajid	环境科学与工程学院	APPLIED SOIL ECOLOGY
1514	Self-adaptively commensal learning-based Jaya algorithm with multi-populations and its application	Xie, Zuanjia；张春良	机械与电气工程学院	SOFT COMPUTING
1515	A robust node-shifting method for shape optimization of irregular gridshell structures	王洪鑫	机械与电气工程学院	STRUCTURES
1516	Different evolution behaviors of adhesion force with relative humidity at Silica/Silica and Silica/Graphene interfaces studied using atomic force microscopy	赖添茂	机械与电气工程学院	LANGMUIR：THE ACS JOURNAL OF SURFACES AND COLLOIDS
1517	Structure-actuator integrated design of piezo-actuated composite plate wing for active shape control	Wang, Xiaoming	机械与电气工程学院	JOURNAL OF AEROSPACE ENGINEERING
1518	Reliability Analysis of CFRP-Packaged FBG Sensors Using FMEA and FTA Techniques	刘征	机械与电气工程学院	APPLIED SCIENCES–BASEL
1519	Online pH monitoring based on a wireless electrodeless quartz crystal microbalance with dissipation	Chen, Daqi	机械与电气工程学院	SENSORS AND ACTUATORS A：PHYSICAL
1520	Characteristics of cabin noise of light rail systems	谢金龙	机械与电气工程学院	APPLIED ACOUSTICS
1521	A method of crack detection based on digital image correlation for simulated cracked tooth	张春良	机械与电气工程学院	BMC ORAL HEALTH
1522	High-temperature superplastic behavior and ECAP deformation mechanism of two-phase Mg-Li alloy	Cui, Zhenzhen	机械与电气工程学院	MATERIALS LETTERS
1523	Design, analysis and experiment of a bridge-type piezoelectric actuator for infrared image stabilization	Huang, Weiqing	机械与电气工程学院	MICROMACHINES
1524	Distributed observer design for linear systems under time-varying communication delay	陈凯锐	机械与电气工程学院	COMPLEXITY

续上表

序号	论文题目	第一/通讯作者	所属单位	发表刊物/论文集
1525	Bidirectional active piezoelectric actuator based on optimized bridge-type amplifier	黄卫清	机械与电气工程学院	MICROMACHINES
1526	Successive over relaxation recurrent confidence inference network based on linear extrapolation	黄文恺	机械与电气工程学院	IEEE ACCESS
1527	Inverse Jacobian adaptive tracking control of robot manipulators with kinematic, dynamic, and actuator uncertainties	Chen, Kairui	机械与电气工程学院	COMPLEXITY
1528	Modelling and analysis of the epidemic model under pulse charging in wireless rechargeable sensor networks	刘贵云	机械与电气工程学院	ENTROPY
1529	Evolution of millimetric-range electrostatic forces between an AFM cantilever and a charged dielectric via suspended force curves	赖添茂	机械与电气工程学院	JOURNAL OF ADHESION
1530	Modeling and optimization for multi-objective nonidentical parallel machining line scheduling with a jumping process operation constraint	Yue, Lei	机械与电气工程学院	SYMMETRY—BASEL
1531	A visual-based angle measurement method using the rotating spot images: mathematic modeling and experiment validation	张帆	机械与电气工程学院	IEEE SENSORS JOURNAL
1532	Mobile robot dynamic path planning based on self-adaptive harmony search algorithm and morphin algorithm	Quan, Yongbin	机械与电气工程学院	IEEE ACCESS
1533	Enhancing the stability of polymer nanostructures via ultrathin oxide coatings for nano-optical device applications	Shi, Huiming	机械与电气工程学院	NANOTECHNOLOGY
1534	Cluster percolation causes shear thinning behavior in concentrated solutions of monoclonal antibodies	Lanzaro, Alfredo	机械与电气工程学院	MOLECULAR PHARMACEUTICS
1535	Review of conceptual and systematic progress of precision irrigation	梁忠伟	机械与电气工程学院	INTERNATIONAL JOURNAL OF AGRICULTURAL AND BIOLOGICAL ENGINEERING

续上表

序号	论文题目	第一/通讯作者	所属单位	发表刊物/论文集
1536	Performance of hybrid composite propellers for drone	谢金龙	机械与电气工程学院	JOURNAL OF AEROSPACE ENGINEERING
1537	Comparison of soundwalks in major European cities	谢金龙	机械与电气工程学院	APPLIED ACOUSTICS
1538	Towards locust-inspired gliding wing prototypes for micro aerial vehicle applications	Yue, Shigang	机械与电气工程学院	ROYAL SOCIETY OPEN SCIENCE
1539	Application of fractional calculus to modeling the nonlinear behaviors of ferroelectric polymer composites: Viscoelasticity and dielectricity	孟瑞繁	机械与电气工程学院	MEMBRANES
1540	Spark analysis based on the CNN-GRU model for WEDM process	刘长红	机械与电气工程学院	MICROMACHINES
1541	Plasmonic metal nanostructures with extremely small features: new effects, fabrication and applications	石惠民	机械与电气工程学院	NANOSCALE ADVANCES
1542	Decrease in adhesion force at silica-mica interface with short contact time due to dynamic formation process of liquid bridge revealed on an AFM	赖添茂	机械与电气工程学院	JOURNAL OF ADHESION
1543	A review of the application of active noise control technologies on windows: Challenges and limitations	李晓曼	机械与电气工程学院	APPLIED ACOUSTICS
1544	Nonlinear nonsingular fast terminal sliding mode control using deep deterministic policy gradient	徐泽峰	机械与电气工程学院	APPLIED SCIENCES—BASEL
1545	Dynamics analysis of a wireless rechargeable sensor network for virus mutation spreading	刘贵云	机械与电气工程学院	ENTROPY
1546	Research on a piezoelectric pump with flexible valves	黄卫清	机械与电气工程学院	APPLIED SCIENCES—BASEL
1547	Simulation and analysis of LPBF multi-layer single-track forming process under different particle size distributions	曹流	机械与电气工程学院	INTERNATIONAL JOURNAL OF ADVANCED MANUFACTURING TECHNOLOGY

续上表

序号	论文题目	第一/通讯作者	所属单位	发表刊物/论文集
1548	A time-variant reliability analysis method based on the stochastic process discretization under random and interval variables	李方义	机械与电气工程学院	SYMMETRY—BASEL
1549	Novel fuzzy event-triggered adaptive control for nonlinear systems with input hysteresis	Chen, Zicong	机械与电气工程学院	SOFT COMPUTING
1550	Adaptive prediction of water droplet infiltration effectiveness of sprinkler irrigation using regularized sparse autoencoder-adaptive network-based fuzzy inference system（RSAE-ANFIS）	梁忠伟	机械与电气工程学院	WATER
1551	Enhancing coupled networks robustness via removing key fragile dependency links	Zou, Tao	机械与电气工程学院	IEEE TRANSACTIONS ON CIRCUITS AND SYSTEMS II—EXPRESS BRIEFS
1552	Simultaneous state and parameter estimation：The role of sensitivity analysis	Zou, Tao	机械与电气工程学院	INDUSTRIAL AND ENGINEERING CHEMISTRY RESEARCH
1553	Effect of the content and morphology of β-compounds and precipitation on the corrosion behavior of biodegradable magnesium alloys	桂珍珍	机械与电气工程学院	ADVANCED ENGINEERING MATERIALS
1554	A semantic encoding out-of-distribution classifier for generalized zero-shot learning	丁嘉昱	机械与电气工程学院	IEEE SIGNAL PROCESSING LETTERS
1555	General three-population multi-strategy evolutionary games for long-term on-grid bidding of generation-side electricity market	程乐峰	机械与电气工程学院	IEEE ACCESS
1556	Emotional deep learning programming controller for automatic voltage control of power systems	Cheng, Lefeng	机械与电气工程学院	IEEE ACCESS
1557	Hybrid harmony search differential evolution algorithm	Fu, Liyun；朱厚耀	机械与电气工程学院	IEEE ACCESS

续上表

序号	论文题目	第一/通讯作者	所属单位	发表刊物/论文集
1558	Evaluation on ground surface accuracies of large-depth and steeply micro-structured SiC surfaces	李 萍	机械与电气工程学院	INTERNATIONAL JOURNAL OF PRECISION ENGINEERING AND MANUFACTURING
1559	Personalised context-aware re-ranking in recommender system	Wang, Guojun	计算机科学与网络工程学院	CONNECTION SCIENCE
1560	Intelligent ubiquitous computing for future UAV-enabled MEC network systems	Chen, Lunyuan	计算机科学与网络工程学院	CLUSTER COMPUTING—THE JOURNAL OF NETWORKS SOFTWARE TOOLS AND APPLICATIONS
1561	Offloading strategy with PSO for mobile edge computing based on cache mechanism	Zhou, Wenqi	计算机科学与网络工程学院	CLUSTER COMPUTING—THE JOURNAL OF NETWORKS SOFTWARE TOOLS AND APPLICATIONS
1562	On the characterization and risk assessment of AI-Powered mobile cloud applications	Elahi, Haroon	计算机科学与网络工程学院	COMPUTER STANDARDS & INTERFACES
1563	Research on information security in text emotional steganography based on machine learning	李福芳	计算机科学与网络工程学院	ENTERPRISE INFORMATION SYSTEMS
1564	Efficient personalized search over encrypted data for mobile edge-assisted cloud storage	Wang, Guojun	计算机科学与网络工程学院	COMPUTER COMMUNICATIONS
1565	Performance-aware cache management for energy-harvesting nonvolatile processors	王 艳	计算机科学与网络工程学院	JOURNAL OF SUPERCOMPUTING
1566	Physical layer authentication for automotive cyber physical systems based on modified HB protocol	Li, Jing	计算机科学与网络工程学院	FRONTIERS OF COMPUTER SCIENCE

续上表

序号	论文题目	第一/通讯作者	所属单位	发表刊物/论文集
1567	Secure multi-keyword fuzzy searches with enhanced service quality in cloud computing	Wang, Guojun	计算机科学与网络工程学院	IEEE TRANSACTIONS ON NETWORK AND SERVICE MANAGEMENT
1568	Exploiting temporal dynamics in product reviews for dynamic sentiment prediction at the aspect level	Wang, Guojun	计算机科学与网络工程学院	ACM TRANSACTIONS ON KNOWLEDGE DISCOVERY FROM DATA
1569	Exploring weather data to predict activity attendance in event-based social network: From the organizer's view	Wang, Guojun	计算机科学与网络工程学院	ACM TRANSACTIONS ON THE WEB
1570	Geometrical consistency modeling on B-spline parameter domain for 3D Face reconstruction from limited number of wild images	彭伟龙	计算机科学与网络工程学院	FRONTIERS IN NEUROROBOTICS
1571	Exploring touch-based behavioral authentication on smartphone email applications in IoT-enabled smart cities	李文娟	计算机科学与网络工程学院	PATTERN RECOGNITION LETTERS
1572	A multiscale residual pyramid attention network for medical image fusion	Du, Jiao	计算机科学与网络工程学院	BIOMEDICAL SIGNAL PROCESSING AND CONTROL
1573	Disentangling style on dynamic aligned poses for individual identification	Peng, Weilong	计算机科学与网络工程学院	AD HOC NETWORKS
1574	VDARN: Video disentangling attentive relation network for few-shot and zero-shot action recognition	Peng, Weilong	计算机科学与网络工程学院	AD HOC NETWORKS
1575	Spatio-temporal multi-factor model for individual identification from biological motion	Peng, Weilong	计算机科学与网络工程学院	AD HOC NETWORKS
1576	Hamilton connectivity of convex polytopes with applications to their detour index	Khan, Suliman	计算机科学与网络工程学院	COMPLEXITY

续上表

序号	论文题目	第一/通讯作者	所属单位	发表刊物/论文集
1577	Securing top-k query processing in two-tiered sensor networks	Deng, Xia	计算机科学与网络工程学院	CONNECTION SCIENCE
1578	Adaptive contention window MAC protocol in a global view for emerging trends networks	李福芳	计算机科学与网络工程学院	IEEE ACCESS
1579	Intelligent Mobile Edge Computing Networks for Internet of Things	Xia, Junjuan	计算机科学与网络工程学院	IEEE ACCESS
1580	Hyperspectral image superresolution using global gradient sparse and nonlocal low-rank tensor decomposition with hyper-laplacian prior	Du, Jiao	计算机科学与网络工程学院	IEEE JOURNAL OF SELECTED TOPICS IN APPLIED EARTH OBSERVATIONS AND REMOTE SENSING
1581	Epidemiologic evolution platform using integrated modeling and geographic information system	Wang, Guojun	计算机科学与网络工程学院	COMPUTERS, MATERIALS & CONTINUA
1582	On computing the suitability of non-human resources for business process analysis	Muhammad, Arif	计算机科学与网络工程学院	COMPUTERS, MATERIALS & CONTINUA
1583	Answer selection based on aligned local composite features and global features	Lan, Yongshun	计算机科学与网络工程学院	IEEE ACCESS
1584	Generating transferable adversarial examples based on perceptually-aligned perturbation	Chen, Hongqiao	计算机科学与网络工程学院	INTERNATIONAL JOURNAL OF MACHINE LEARNING AND CYBERNETICS
1585	A computer-based method to determine predictive potential of distance-spectral descriptors for measuring the pi-electronic energy of benzenoid hydrocarbons with applications	Khan, S.	计算机科学与网络工程学院	IEEE ACCESS
1586	A bayesian decision model for optimum investment and design of low-impact development in urban stormwater infrastructure and management	王 墨	建筑与城市规划学院	FRONTIERS IN ENVIRONMENTAL SCIENCE

续上表

序号	论文题目	第一/通讯作者	所属单位	发表刊物/论文集
1587	A study of the skylight coverage ratio for air-conditioned atriums in the hot and humid regions	娄驷渭	建筑与城市规划学院	INTERNATIONAL JOURNAL OF LOW-CARBON TECHNOLOGIES
1588	Will innovation of pharmaceutical manufacturing improve perceived health?	Li, Xue	建筑与城市规划学院	FRONTIERS IN PUBLIC HEALTH
1589	Parental corporal punishment, peer victimization, and aggressive adolescent behavior: The moderating effect of parent-adolescent relationship	利振华	教务处（含非学历教育办学管理办公室）	JOURNAL OF CHILD AND FAMILY STUDIES
1590	The emotion regulation questionnaire for children and adolescents (ERQ-CA): Factor structure and measurement invariance in a Chinese student samples	Wang, Mengcheng	教育学院（师范学院）	JOURNAL OF PERSONALITY ASSESSMENT
1591	When adolescents believe that SES can be changed, they achieve more: The role of growth mindset of SES	Nie, Yangang	教育学院（师范学院）	PERSONALITY AND INDIVIDUAL DIFFERENCES
1592	The relationship between self-control and Internet addiction among students: A meta-analysis	Ren, Ping	教育学院（师范学院）	FRONTIERS IN PSYCHOLOGY
1593	Variants of psychopathy in chinese juvenile offenders: A latent profile analysis	王孟成	教育学院（师范学院）	CRIMINAL JUSTICE AND BEHAVIOR
1594	Configuration of parent-reported and adolescent-perceived career-related parenting practice and adolescents' career development: A person-centered, longitudinal analysis of chinese parent-adolescent dyads	Dou, Kai	教育学院（师范学院）	JOURNAL OF CHILD AND FAMILY STUDIES
1595	The effect of high nameable features on category learning: An eye-tracking study	Xing, Qiang	教育学院（师范学院）	INTERNATIONAL JOURNAL OF PSYCHOPHYSIOLOGY
1596	Core features of callous-unemotional traits: Network analysis of the inventory of callous-unemotional traits in offender and community samples	Deng, Jiaxin	教育学院（师范学院）	JOURNAL OF CLINICAL PSYCHOLOGY

续上表

序号	论文题目	第一/通讯作者	所属单位	发表刊物/论文集
1597	Two processing stages of the SNARC effect	南威治	教育学院（师范学院）	PSYCHOLOGICAL RESEARCH-PSYCHOLOGISCHE FORSCHUNG
1598	Psychosocial factors predict the level of aggression of people with drug addiction: a machine learning approach	路 红	教育学院（师范学院）	PSYCHOLOGY HEALTH & MEDICINE
1599	Early tobacco smoke exposure, preschool cool/hot inhibitory control, and young adolescents' externalizing/internalizing problems	Liang, Yue	教育学院（师范学院）	JOURNAL OF FAMILY PSYCHOLOGY
1600	Linking self-control to voluntary behaviors at workplace: The mediating role of job satisfaction	Dou, Kai	教育学院（师范学院）	FRONTIERS IN PSYCHOLOGY
1601	Emotional responses to mortality salience: Behavioral and ERPs evidence	Du, Hongfei	教育学院（师范学院）	PLOS ONE
1602	How adolescents and adults learn about changes in the trustworthiness of others through dynamic interaction	Sun, Nan	教育学院（师范学院）	FRONTIERS IN PSYCHOLOGY
1603	Economic inequality is associated with lower internet use: A nationally representative study	Du, Hongfei	教育学院（师范学院）	SOCIAL INDICATORS RESEARCH
1604	Parental self-efficacy and behavioral problems in children with autism during COVID-19: A moderated mediation model of parenting stress and perceived social support	Chen, Shudan	教育学院（师范学院）	PSYCHOLOGY RESEARCH AND BEHAVIOR MANAGEMENT
1605	Growth mindset of socioeconomic status boosts subjective well-being: A longitudinal study	Du, Hongfei	教育学院（师范学院）	PERSONALITY AND INDIVIDUAL DIFFERENCES
1606	Fractal statistical measure and portfolio model optimization under power-law distribution	Li, Jia	经济与统计学院	NORTH AMERICAN JOURNAL OF ECONOMICS AND FINANCE

续上表

序号	论文题目	第一/通讯作者	所属单位	发表刊物/论文集
1607	Private conversation matters: Evidence from sell-side analyst reports after private meetings	Qi, Zhen	经济与统计学院	THE NORTH AMERICAN JOURNAL OF ECONOMICS AND FINANCE
1608	Network-based transcriptomic analysis identifies the genetic effect of COVID-19 to chronic kidney disease patients: A bioinformatics approach	Auwul, Md. Rabiul	经济与统计学院	SAUDI JOURNAL OF BIOLOGICAL SCIENCES
1609	A simulation-extrapolation approach for regression analysis of misclassified current status data with the additive hazards model	李树威	经济与统计学院	STATISTICS IN MEDICINE
1610	Robots and skill-biased development in employment structure: Evidence from China	Liu, Qiren	经济与统计学院	ECONOMICS LETTERS
1611	Corporate site visits and earnings management	齐 震	经济与统计学院	JOURNAL OF ACCOUNTING AND PUBLIC POLICY
1612	CO_2 emissions from the electricity sector during China's economic transition: from the production to the consumption perspective	Chen, Jindao	经济与统计学院	SUSTAINABLE PRODUCTION AND CONSUMPTION
1613	Financial openness and Chinese regional growth imbalance: New insight from spatial spillovers	袁申国	经济与统计学院	NORTH AMERICAN JOURNAL OF ECONOMICS AND FINANCE
1614	Does energy efficiency affect ambient $PM_{2.5}$? the moderating role of energy investment	Yang, Cunyi	经济与统计学院	FRONTIERS IN ENVIRONMENTAL SCIENCE
1615	Trade creation, political sensitivity and product exclusions: the political economy of agriculture protection in China's FTAs	吕建兴	经济与统计学院	AUSTRALIAN JOURNAL OF AGRICULTURAL AND RESOURCE ECONOMICS
1616	On developing sensitive nonparametric mixed control charts with application to manufacturing industry	Saber, Ali	经济与统计学院	QUALITY AND RELIABILITY ENGINEERING INTERNATIONAL

续上表

序号	论文题目	第一/通讯作者	所属单位	发表刊物/论文集
1617	Constrained average stochastic games with continuous-time independent state processes	Zou, Xiaolong	经济与统计学院	OPTIMIZATION
1618	B-spline estimation in varying coefficient models with correlated errors	Liu, Yanping	经济与统计学院	AIMS MATHEMATICS
1619	Multi-stage differential evolution algorithm for constrained D-optimal design	张新风	经济与统计学院	AIMS MATHEMATICS
1620	Daily nonparametric ARCH（1）model estimation using intraday high frequency data	梁鑫	经济与统计学院	AIMS MATHEMATICS
1621	Identification and analysis of small interfering RNAs associated with heat stress in flowering Chinese cabbage using high-throughput sequencing	Ahmed, Waqas; 夏岩石 李荣华	生命科学学院	FRONTIERS IN GENETICS
1622	Altered corticostriatal synchronization associated with compulsive-like behavior in APP/PS1 mice	Jiang, Jinxiang	生命科学学院	EXPERIMENTAL NEUROLOGY
1623	Minocycline inhibits sleep deprivation-induced aberrant microglial activation and Keap1-Nrf2 expression in mouse hippocampus	Yang, Li	生命科学学院	BRAIN RESEARCH BULLETIN
1624	Genome-wide association studies for sulfur-containing amino acids in soybean seeds	Yu, Deyue	生命科学学院	EUPHYTICA
1625	Predicting the potential global distribution of Ageratina adenophora under current and future climate change scenarios	Yu, Haibin	生命科学学院	ECOLOGY AND EVOLUTION
1626	Altered posterior cerebellar lobule connectivity with perigenual anterior cingulate cortex in women with primary dysmenorrhea	Yu, Wenjun	生命科学学院	FRONTIERS IN NEUROLOGY
1627	Pollen development in three selected species of Rubiaceae provides ontogenetic evidence for pollen evolution	Yue, Lin	生命科学学院	REVIEW OF PALAEOBOTANY AND PALYNOLOGY

续上表

序号	论文题目	第一/通讯作者	所属单位	发表刊物/论文集
1628	Extraction and purification of total flavonoids from Eupatorium lindleyanum DC. and evaluation of their antioxidant and enzyme inhibitory activities	Shen, Yingbin	生命科学学院	FOOD SCIENCE & NUTRITION
1629	Extraction and purification of total flavonoids from *Gnaphalium affine* D. Don and their evaluation for free radicals' scavenging and oxidative damage inhabitation potential in mice liver	Shen, Yingbin	生命科学学院	ARABIAN JOURNAL OF CHEMISTRY
1630	Distinctive egg-laying patterns in terminal versus non-terminal periods in three fruit fly species	Hu, Junjie	生命科学学院	EXPERIMENTAL GERONTOLOGY
1631	Amyloid-β Protein Precursor Deficiency Changes Neuronal Electrical Activity and Levels of Mitochondrial Proteins in the Medial Prefrontal Cortex	Huo, Qingwei	生命科学学院	JOURNAL OF ALZHEIMERS DISEASE
1632	Deficiency of the CYLD impairs fear memory of mice and disrupts neuronal activity and synaptic transmission in the basolateral amygdala	Yang, Li	生命科学学院	FRONTIERS IN CELLULAR NEUROSCIENCE
1633	Dynamic network topological properties for classifying primary dysmenorrhoea in the pain-free phase	杨 莉	生命科学学院	EUROPEAN JOURNAL OF PAIN
1634	Identification of miRNAs encoded by Autographa californica nucleopolyhedrovirus	Xing, Ke	生命科学学院	JOURNAL OF GENERAL VIROLOGY
1635	Genome-wide association study of soybean (Glycine Max) phosphorus deficiency tolerance during the seedling stage	Du, Haiping	生命科学学院	PLANT BREEDING
1636	Disrupted prefrontal neuronal oscillations and morphology induced by sleep deprivation in young APP/PS1 transgenic AD mice	Misrani, Afzal	生命科学学院	BRAIN RESEARCH BULLETIN
1637	Dynamics of underwriting profits in the US market: Payout patterns and regulation effects	姜世杰	数学与信息科学学院	INTERNATIONAL JOURNAL OF FINANCE & ECONOMICS

续上表

序号	论文题目	第一/通讯作者	所属单位	发表刊物/论文集
1638	Some extremal results on hypergraph Turán problems	Zhang, Tao	数学与信息科学学院	SCIENCE CHINA MATHEMATICS
1639	Optimal networks revealed by global mean first return time	彭俊好	数学与信息科学学院	PHYSICA SCRIPTA
1640	On the non-degeneracy of radial vortex solutions for a coupled ginzburg-landau system	Yang, Jun	数学与信息科学学院	DISCRETE AND CONTINUOUS DYNAMICAL SYSTEMS
1641	Global bifurcation of periodic solutions in symmetric reversible second order systems with delays	Xiao, Huafeng	数学与信息科学学院	INTERNATIONAL JOURNAL OF BIFURCATION AND CHAOS
1642	Multi-transitivity of semigroup actions	汪火云	数学与信息科学学院	JOURNAL OF DIFFERENCE EQUATIONS AND APPLICATIONS
1643	Polynomial approximation and composition operators	He, Li	数学与信息科学学院	PROCEEDINGS OF THE AMERICAN MATHEMATICAL SOCIETY
1644	Lattice-based logarithmic-size non-interactive deniable ring signatures	贾惠文	数学与信息科学学院	ENTROPY（BASEL, SWITZERLAND）
1645	Small solutions of the perturbed nonlinear partial discrete dirichlet boundary value problems with（p, q）-laplacian operator	熊　峰	数学与信息科学学院	SYMMETRY—BASEL
1646	Trapping efficiency of random walks on weighted scale-free trees	Gao, Long	数学与信息科学学院	JOURNAL OF STATISTICAL MECHANICS–THEORY AND EXPERIMENT
1647	Modeling porcine pseudorabies with age structure	龙玉华	数学与信息科学学院	ELECTRONIC JOURNAL OF DIFFERENTIAL EQUATIONS

续上表

序号	论文题目	第一/通讯作者	所属单位	发表刊物/论文集
1648	Liouville type theorems for fractional and higher-order fractional systems	曹道民	数学与信息科学学院	DISCRETE AND CONTINUOUS DYNAMICAL SYSTEMS
1649	Dimension reduction based on small sample entropy learning for hand-writing image	Peng, Jigen	数学与信息科学学院	MULTIMEDIA TOOLS AND APPLICATIONS
1650	Global smooth solutions of the generalized MHD equations with large initial data	李金禄	数学与信息科学学院	RESULTS IN MATHEMATICS
1651	On schwarz-pick type inequality for mappings satisfying poisson differential inequality	Meng, Fanling	数学与信息科学学院	ACTA MATHEMATICA SCIENTIA
1652	Posterior contraction for empirical bayesian approach to inverse problems under non-diagonal assumption	Peng, Jigen	数学与信息科学学院	INVERSE PROBLEMS AND IMAGING
1653	Minimal period estimates on *P-symmetric* periodic solutions of first-order mild superquadratic Hamiltonian systems	Liu, Chungen	数学与信息科学学院	FRONTIERS OF MATHEMATICS IN CHINA
1654	Entropy generation on the interaction of nanoparticles over a stretched surface with thermal radiation	Shahid, A.	数学与信息科学学院	COLLOIDS AND SURFACES A: PHYSICOCHEMICAL AND ENGINEERING ASPECTS
1655	Limiting weak-type behaviors for certain classical operators in Harmonic analysis	He, Jianxun	数学与信息科学学院	POTENTIAL ANALYSIS
1656	Cryptanalysis of a non-interactive deniable ring signature scheme	贾惠文	数学与信息科学学院	INTERNATIONAL JOURNAL OF INFORMATION SECURITY
1657	A new iterative construction for approximating solutions of a split common fixed point problem	贺慧敏	数学与信息科学学院	JOURNAL OF MATHEMATICS
1658	Two weight commutators on spaces of homogeneous type and applications	Gong, Ruming	数学与信息科学学院	THE JOURNAL OF GEOMETRIC ANALYSIS

续上表

序号	论文题目	第一/通讯作者	所属单位	发表刊物/论文集
1659	Existence of two homoclinic solutions for a nonperiodic difference equation with a perturbation	龙玉华	数学与信息科学学院	AIMS MATHEMATICS
1660	Pansharpening via neighbor embedding of spatial details	Zhou, Changsheng	数学与信息科学学院	IEEE JOURNAL OF SELECTED TOPICS IN APPLIED EARTH OBSERVATIONS AND REMOTE SENSING
1661	An extension of the topsis for multi-attribute group decision making under neutrosophic environment	Nafei, AmirHossein	数学与信息科学学院	MISKOLC MATHEMATICAL NOTES
1662	Attractors for a quasilinear viscoelastic equation with nonlinear damping and memory	Shang, Yadong	数学与信息科学学院	AIMS MATHEMATICS
1663	Smartphone-based pedestrian dead reckoning for 3D indoor positioning	Xia, Jinchao	土木工程学院	SENSORS
1664	Incorporating the unevenness of lane truck loading into fatigue load modeling of multi-lane bridges	周军勇	土木工程学院	STRUCTURES
1665	A stochastic method for simulating near-field seismograms: Application to the 2016 Tottori earthquake	党鹏飞	土木工程学院	EARTH AND SPACE SCIENCE
1666	Effects of clay mineral composition on the dynamic properties and fabric of artificial marine clay	单毅	土木工程学院	JOURNAL OF MARINE SCIENCE AND ENGINEERING
1667	Anaerobic fermentation of peanut meal to produce even-chain volatile fatty acids using *Saccharomyces cerevisiae* inoculum	Zhang, Lu	土木工程学院	ENVIRONMENTAL TECHNOLOGY
1668	Magnetic-field-induced transformation and strain in polycrystalline FeMnGa ferromagnetic shape memory alloys with high cold-workability	张亚九	土木工程学院	APPLIED PHYSICS LETTERS
1669	Improved calculation of load and resistance factors based on third-moment method	王娇	土木工程学院	APPLIED SCIENCES–BASEL

续上表

序号	论文题目	第一/通讯作者	所属单位	发表刊物/论文集
1670	Experimental and numerical study of the dynamic response of XCC pile-raft foundation under high-speed train loads	付 强	土木工程学院	APPLIED SCIENCES—BASEL
1671	Research on seismic isolation of truss string structure with rubber bearings considering relative rotation	徐忠根	土木工程学院	STRUCTURES
1672	Performance and fracture analysis of composite interfaces for semi-flexible pavement	吴旷怀	土木工程学院	COATINGS
1673	Tie-down cable-spring restrainers for seismic protection of isolated bridges	易 江	土木工程学院	STRUCTURES
1674	Modelling of stay cables with large earthquake-induced force variations in cable-stayed bridges	易 江	土木工程学院	STRUCTURES
1675	Electro-responsive semi-IPN hydrogel with enhanced responsive property for forward osmosis desalination	Xu, Zirong	土木工程学院	JOURNAL OF APPLIED POLYMER SCIENCE
1676	Impact of elevated temperatures on the performance of high-strength engineered cementitious composite	He, Jianqiang	土木工程学院	JOURNAL OF MATERIALS IN CIVIL ENGINEERING
1677	Synthesis of dual pH-and temperature-sensitive poly（N-isopropylacrylamide-co-acrylic acid）/sewage sludge ash hydrogel with the simultaneously high performance of swelling and deswelling	潘志辉	土木工程学院	POLYMERS FOR ADVANCED TECHNOLOGIES
1678	Seismic isolation design of structure using variable friction pendulum bearings	Shang, Jiying	土木工程学院	SOIL DYNAMICS AND EARTHQUAKE ENGINEERING
1679	Editorial：Composite use of high strength steel and concrete materials for sustainable civil engineering	熊明祥	土木工程学院	FRONTIERS IN MATERIALS
1680	Research developments in adaptive intelligent vibration control of smart civil structures	Muhammad, Usman Saeed	土木工程学院	JOURNAL OF LOW FREQUENCY NOISE, VIBRATION AND ACTIVE CONTROL

续上表

序号	论文题目	第一/通讯作者	所属单位	发表刊物/论文集
1681	Experimental study on mechanical properties and microstructures of steel fiber-reinforced fly ashmetakaolin geopolymer-recycled concrete	Liu, Changjiang	土木工程学院	REVIEWS ON ADVANCED MATERIALS SCIENCE
1682	Development of an indoor environment evaluation model for heating, ventilation and air-conditioning control system of office buildings in subtropical region considering indoor health and thermal comfort	Huang, Miaohong	土木工程学院	INDOOR AND BUILT ENVIRONMENT
1683	Theoretical threshold of travel time for travel time reliability from probabilistic measures	臧晓冬	土木工程学院	TRANSPORTMETRICA B—TRANSPORT DYNAMICS
1684	Improved automatic operational modal analysis method and application to large-scale bridges	潘楚东	土木工程学院	JOURNAL OF BRIDGE ENGINEERING
1685	Thermal effect of welding on mechanical behavior of high-strength steel	江 进	土木工程学院	JOURNAL OF MATERIALS IN CIVIL ENGINEERING
1686	Data-driven ionic liquid design for CO_2 capture: Molecular structure optimization and DFT verification	Wang, Jingwen	土木工程学院	INDUSTRIAL & ENGINEERING CHEMISTRY RESEARCH
1687	Application of polyhedral meshing strategy in indoor environment simulation: Model accuracy and computing time	Chen, Haofu	土木工程学院	INDOOR AND BUILT ENVIRONMENT
1688	Estimation of the critical buckling load of pile foundations during soil liquefaction	Zhang, Xiaoyu	土木工程学院	SOIL DYNAMICS AND EARTHQUAKE ENGINEERING
1689	Tuning of subwavelength topological interface states in locally resonant metastructures with shunted piezoelectric patches	刘义捷	土木工程学院	JOURNAL OF APPLIED PHYSICS
1690	Correlation of critical state strength properties with particle shape and surface fractal dimension of clinker ash	吴 杨	土木工程学院	INTERNATIONAL JOURNAL OF GEOMECHANICS

续上表

序号	论文题目	第一/通讯作者	所属单位	发表刊物/论文集
1691	Experimental study on static temperature field effect on standing seam metal roof system	Wang, Mingming	土木工程学院	STRUCTURES
1692	Reexamination of collapse failure of fine-grained soils and characteristics of related soil indexes	单　毅	土木工程学院	ENVIRONMENTAL EARTH SCIENCES
1693	Analysis on stability of roadside parking system in a rail-integrated transport hub	杨俊恒	土木工程学院	SUSTAINABILITY
1694	Vehicle lane-changing safety pre-warning model under the environment of the vehicle networking	罗　强	土木工程学院	SUSTAINABILITY
1695	Experimental investigation on fire resistance of high-strength concrete encased steel composite columns	Xiong, Mingxiang	土木工程学院	FIRE SAFETY JOURNAL
1696	An improved algorithm for pile damage localization based on complex continuous wavelet transform	Ye, Xijun	土木工程学院	SMART STRUCTURES AND SYSTEMS
1697	Detection of road cavities in urban cities by 3D ground-penetrating radar	刘　海	土木工程学院	GEOPHYSICS
1698	The evolution and influence of particle breakage on the compression behavior of calcareous sand	Wu, Yihang	土木工程学院	MARINE GEORESOURCES & GEOTECHNOLOGY
1699	A study of pressure characteristics of methane explosion in a 20 m buried tunnel and influence on structural behaviour of concrete elements	Xu, Shenchun	土木工程学院	ENGINEERING FAILURE ANALYSIS
1700	Efficient adsorption of tetracycline from aqueous solutions by modified alginate beads after the removal of Cu（Ⅱ）ions	骆华勇	土木工程学院	ACS OMEGA
1701	Case study on long-term ground settlement of reclamation project on clay deposits in Nansha of China	Zheng, Xianchang	土木工程学院	MARINE GEORESOURCES & GEOTECHNOLOGY
1702	Energy absorption and deformation behavior of 3D printed triply periodic minimal surface stainless steel cellular structures under compression	梁颖晶	土木工程学院	STEEL RESEARCH INTERNATIONAL

续上表

序号	论文题目	第一/通讯作者	所属单位	发表刊物/论文集
1703	A computational tool for ground-motion simulations incorporating regional crustal conditions	唐玉翔	土木工程学院	SEISMOLOGICAL RESEARCH LETTERS
1704	Martensitic transformation behaviour and mechanical property of dual-phase Ni-Co-Mn-Sn-Fe ferromagnetic shape memory alloys	张亚九	土木工程学院	JOURNAL OF MAGNETISM AND MAGNETIC MATERIALS
1705	Experimental and numerical study on column-foundation connection through external socket	Zhou, Junyong	土木工程学院	JOURNAL OF CIVIL ENGINEERING AND MANAGEMENT
1706	Effect of coconut fiber dosage on flexural performances of magnesium phosphate cement	江祖慊	土木工程学院	FRONTIERS IN MATERIALS
1707	Thermodynamic-based cross-scale model for structural soil with emphasis on bond dissolution	Wu, Yang	土木工程学院	CANADIAN GEOTECHNICAL JOURNAL
1708	Parameter optimal investigation of modular prefabricated two-side connected buckling-restrained steel plate shear wall	Mei, Can	土木工程学院	STRUCTURES
1709	Impact of condensed silica fume on splitting tensile strength and brittleness of high strength self-compacting concrete	王庆	土木工程学院	STRUCTURAL CONCRETE
1710	Evaluating microbial interactions of autotrophs and heterotrophs in partial nitritation/anammox（PN/A）process by experimental and simulation analyses	Lai, Guowang	土木工程学院	WATER
1711	Influence of different material parameters on nonlinear vibration of the cylindrical skeleton supported prestressed fabric composite membrane	刘长江	土木工程学院	REVIEWS ON ADVANCED MATERIALS SCIENCE
1712	Damage development analysis of the whole nuclear power plant of AP1000 type under strong Main-aftershock sequences	Chen, Wanruo	土木工程学院	NUCLEAR ENGINEERING AND DESIGN
1713	Wind resistance performance of a continuous welding stainless steel roof under static ultimate wind loading with testing and simulation methods	汪大洋	土木工程学院	WIND AND STRUCTURES

续上表

序号	论文题目	第一/通讯作者	所属单位	发表刊物/论文集
1714	Bifurcation analysis of shear band in sand under true triaxial conditions with hypoplasticity	Wu, Yang	土木工程学院	INTERNATIONAL JOURNAL FOR NUMERICAL AND ANALYTICAL METHODS IN GEOMECHANICS
1715	Research progress on mechanical properties of geopolymer recycled aggregate concrete	Liu, Changjiang	土木工程学院	REVIEWS ON ADVANCED MATERIALS SCIENCE
1716	Comparison of thermal comfort in different kinds of building spaces: Field study in Guangzhou, China	Zhang, Yuchun	土木工程学院	INDOOR AND BUILT ENVIRONMENT
1717	Mechanical and thermo-physical performances of gypsum-based PCM composite materials reinforced with carbon fiber	Xu, Tao	土木工程学院	APPLIED SCIENCES—BASEL
1718	Site preference, magnetic and electronic properties of half-metallic Vanadium-based full Heusler alloys	Zhang, Yajiu	土木工程学院	JOURNAL OF MAGNETISM AND MAGNETIC MATERIALS
1719	Presented discourse in popular science: Professional voices in books for lay audiences	付 雪	外国语学院	JOURNAL OF PRAGMATICS
1720	An improved watermarking algorithm for robustness and imperceptibility of data protection in the perception layer of internet of things	Shafiq, Muhammad	网络空间安全学院	PATTERN RECOGNITION LETTERS
1721	Optical evidence for non-Hermitian topological phases of two-dimensional Dirac fermions	Liu, Junfeng	物理与材料科学学院	PHYSICAL REVIEW B
1722	Analytic two-loop master integrals for tW production at hadron colliders: I	陈龙斌	物理与材料科学学院	CHINESE PHYSICS C
1723	The charge localization deteriorating the thermoelectric properties: The case of kiddcreekite-type Cu_6WSnSe_8	Guo, Kai	物理与材料科学学院	JOURNAL OF SOLID STATE CHEMISTRY

续上表

序号	论文题目	第一/通讯作者	所属单位	发表刊物/论文集
1724	Ultrafast laser modulation of local magnetization orientation in perpendicularly exchange-coupled bilayer	谢志坤 周洁林	物理与材料科学学院	FRONTIERS IN PHYSICS
1725	Strain-mediated voltage-controlled magnetic double-vortex states in elliptical nanostructures	Song, Xiao	物理与材料科学学院	JOURNAL OF MAGNETISM AND MAGNETIC MATERIALS
1726	The electrical and thermal transport properties of La-doped $SrTiO_3$ with Sc_2O_3 composite	郭 凯	物理与材料科学学院	MATERIALS
1727	Flow direction-dependent elastic instability in a symmetry-breaking microchannel	张 武	物理与材料科学学院	MICROMACHINES
1728	Understanding of photophysical processes in DIO additive-treated PTB7：$PC_{71}BM$ solar cells	Wen, Guanzhao	物理与材料科学学院	CRYSTALS
1729	Charge photogeneration and recombination in ternary polymer solar cells based on compatible acceptors	Zhang, Wei	物理与材料科学学院	JOURNAL OF MATERIALS SCIENCE
1730	In situ passivation of $Ga_xIn_{(1-x)}P$ nanowires using radial $Al_yIn_{(1-y)}P$ shells grown by MOVPE	Zhang, Wei	物理与材料科学学院	NANOTECHNOLOGY
1731	Control of Neel-type magnetic kinks confined in a square nanostructure by spin-polarized currents	陈继培	物理与材料科学学院	FRONTIERS IN PHYSICS
1732	Synthesis of heteroleptic phosphine-copper（Ⅰ）complexes：Fluorescence sensing and catalytic properties	Wen, Guanzhao	物理与材料科学学院	NEW JOURNAL OF CHEMISTRY
1733	Bulk entanglement and its shape dependence	范仲英	物理与材料科学学院	EUROPEAN PHYSICAL JOURNAL C
1734	Ground-and excited-state characteristics in photovoltaic polymer N2200	Wen, Guanzhao	物理与材料科学学院	RSC ADVANCES

续上表

序号	论文题目	第一/通讯作者	所属单位	发表刊物/论文集
1735	Anisotropic optical properties in a square quantum well wire under different polarizations of intense laser fields	劳俊铭	物理与材料科学学院	JOURNAL OF THE OPTICAL SOCIETY OF AMERICA B—OPTICAL PHYSICS
1736	Study of microwave-induced Ag nanowire welding for soft electrode conductivity enhancement	Fang, Xiaohui	物理与材料科学学院	MICROMACHINES
1737	Giant magnetoresistance effect due to the tunneling between quantum anomalous Hall edge states	Liu, Junfeng	物理与材料科学学院	APPLIED PHYSICS LETTERS
1738	Quantized Majorana pump in semiconductor-superconductor heterostructures	Tan, Hui	物理与材料科学学院	PHYSICAL REVIEW B
1739	Fabrication of an ultrafine-grained W-ZrC-Re alloy with high thermal stability	Zhang, Tao	物理与材料科学学院	FUSION ENGINEERING AND DESIGN
1740	Mechanistic insights into the palladium-catalyzed hydroaminocarbonylation of alkenes	刘玉华	物理与材料科学学院	NEW JOURNAL OF CHEMISTRY
1741	Numerical and experimental investigation on the optical manipulation from an axicon lensed fiber	张　武	物理与材料科学学院	MICROMACHINES
1742	Quantum spin Hall phase transition in the α-T3 lattice	Liu, Junfeng	物理与材料科学学院	PHYSICAL REVIEW B
1743	Observation of the Crab Nebula with LHAASO-KM2A-a performance study	Cai, J.T.	物理与材料科学学院	CHINESE PHYSICS C
1744	Comparative study of charge characteristics in PCPDTBT：Fullerenes solar cells	Zhang, Liangjin	物理与材料科学学院	CHEMICAL PHYSICS
1745	The competitiveness of manufacturing and its driving factors：A case study of G20 participating countries	Dou, Zixin	管理学校	SUSTAINABILITY
1746	Construction of leisure consumer loyalty from cultural identity—A case of Cantonese Opera	杨　健	新闻与传播学院	SUSTAINABILITY

续上表

序号	论文题目	第一/通讯作者	所属单位	发表刊物/论文集
1747	Role of ballet basic skills training based on multimedia video in international standard dance teaching	王 珊	音乐舞蹈学院	JOURNAL OF SENSORS
1748	Non-dominated sorting methods for multi-objective optimization: Review and numerical comparison	Wu, Changzhi	管理学院（旅游学院/中法旅游学院）	JOURNAL OF INDUSTRIAL AND MANAGEMENT OPTIMIZATION
1749	Spatial and temporal dynamics of surface water in China from the 1980s to 2015 based on remote sensing monitoring	宋 松	地理科学与遥感学院	CHINESE GEOGRAPHICAL SCIENCE
1750	Numerical study on the influence of well layout on electricity generation performance of enhanced geothermal systems	Sun, Fangdi	地理科学与遥感学院	PROCESSES
1751	Numerical study on application conditions of equivalent continuum method for modeling heat transfer in fractured geothermal reservoirs	Sun, Fangdi	地理科学与遥感学院	PROCESSES
1752	Spatiotemporal variations and controls on anthropogenic heat fluxes in 12 selected cities in the Eastern China	曹 峥	地理科学与遥感学院	CHINESE GEOGRAPHICAL SCIENCE
1753	Influences of temperature and moisture on abiotic and biotic soil CO_2 emission from a subtropical forest	陈小梅	地理科学与遥感学院	CARBON BALANCE AND MANAGEMENT
1754	Effect of vertical permeability heterogeneity in stratified formation on electricity generation performance of enhanced geothermal system	Sun, Fangdi	地理科学与遥感学院	PROCESSES
1755	Urban heat islands in Hong Kong: Bonding with atmospheric stability	Xu, Yong	地理科学与遥感学院	ATMOSPHERIC SCIENCE LETTERS
1756	Cost optimization of distributed data centers via computing workload distribution for next generation network systems	Li, Jun	电子与通信工程学院	PHYSICAL COMMUNICATION
1757	UHF RFID indoor localization based on phase difference	曾衍瀚	电子与通信工程学院	IETE JOURNAL OF RESEARCH

续上表

序号	论文题目	第一/通讯作者	所属单位	发表刊物/论文集
1758	The effects of subway openings on air quality: Evidence from China	Li, Qiang	公共管理学院	ENVIRONMENTAL SCIENCE AND POLLUTION RESEARCH
1759	Distributionally robust multi-period portfolio selection subject to bankruptcy constraints	Jiang, Lin	管理学院（旅游学院/中法旅游学院）	JOURNAL OF INDUSTRIAL AND MANAGEMENT OPTIMIZATION
1760	How to decode the value-consequence-attribute relationship: The application of TISM and ANP techniques	张魁峯	管理学院（旅游学院/中法旅游学院）	JOURNAL OF MODELLING IN MANAGEMENT
1761	Parents' social network, job location, and graduate wages: Evidence based on the first jobs of graduates from a Chinese college	孔高文	管理学院（旅游学院/中法旅游学院）	THE SINGAPORE ECONOMIC REVIEW
1762	Transformational leadership and employees' reactions to organizational change: Evidence from a meta-analysis	彭 坚	管理学院（旅游学院/中法旅游学院）	JOURNAL OF APPLIED BEHAVIORAL SCIENCE
1763	Stackelberg pricing policy in dyadic capital-constrained supply chain considering bank's deposit and loan based on delay payment scheme	曹兵兵	管理学院（旅游学院/中法旅游学院）	JOURNAL OF INDUSTRIAL AND MANAGEMENT OPTIMIZATION
1764	B2C online ride-hailing pricing and service optimization under competitions	Wu, Zhichang	管理学院（旅游学院/中法旅游学院）	JOURNAL OF INDUSTRIAL AND MANAGEMENT OPTIMIZATION
1765	Assessing the impact of COVID-19 and safety parameters on energy project performance with an analytical hierarchy process	Hussain, Shahid	管理学院（旅游学院/中法旅游学院）	UTILITIES POLICY
1766	New axiomatizations of the Owen value	胡勋锋	管理学院（旅游学院/中法旅游学院）	MATHEMATICAL METHODS OF OPERATIONS RESEARCH

续上表

序号	论文题目	第一/通讯作者	所属单位	发表刊物/论文集
1767	Risk-averse pricing decisions related to recyclables' quality in a closed-loop supply chain	Huang, Zuqing	管理学院（旅游学院/中法旅游学院）	MATHEMATICAL PROBLEMS IN ENGINEERING
1768	Analyzing the formation mechanism of cross-city transportation network resilience	薛小龙	管理学院（旅游学院/中法旅游学院）	DISCRETE DYNAMICS IN NATURE AND SOCIETY
1769	Identifying market structure to monitor product competition using a consumer-behavior-based intelligence model	Zhu, Hui	管理学院（旅游学院/中法旅游学院）	ASIA PACIFIC JOURNAL OF MARKETING AND LOGISTICS
1770	Incumbents achieving coopetition with disruptively technological entrants: A case from Chinese animation industry	皮圣雷	管理学院（旅游学院/中法旅游学院）	TECHNOLOGY ANALYSIS & STRATEGIC MANAGEMENT
1771	Ni/Cu regulating Nitrogen-doped porous carbon as electrocatalyst for Oxygen reduction reaction	Zhang, Peng	广州大学大湾区环境研究院	CHEMISTRYSELECT
1772	Biogeographic pattern of methanogenic community in surface water along the Yangtze River	叶 飞	广州大学大湾区环境研究院	GEOMICROBIOLOGY JOURNAL
1773	Study on the efficiency and dynamic characteristics of an energy harvester based on flexible structure galloping	Liao, Peng	广州大学风工程与工程振动研究中心	ENERGIES
1774	Reduced sea-surface roughness length at a coastal site	何运成	广州大学风工程与工程振动研究中心	ATMOSPHERE
1775	Study of the properties of a hybrid piezoelectric and electromagnetic energy harvester for a civil engineering low-frequency sloshing environment	吴 楠	广州大学风工程与工程振动研究中心	ENERGIES
1776	Bistable nonlinear energy sink using magnets and linear springs: Application to structural seismic control	陈洋洋	广州大学工程抗震研究中心	SHOCK AND VIBRATION
1777	Displacement-based determination of BRBs in retrofitting an RC frame building	王玉梅	广州大学工程抗震研究中心	ADVANCES IN STRUCTURAL ENGINEERING

续上表

序号	论文题目	第一/通讯作者	所属单位	发表刊物/论文集
1778	Assessment of seismic performance of an isolated structure equipped with a friction damper with coupling mechanism and an oil damper	邹 爽	广州大学工程抗震研究中心	ADVANCES IN STRUCTURAL ENGINEERING
1779	Factors affecting the dependency of shear strain of LRB and SHDR: Experimental study	沈朝勇 黄襄云	广州大学工程抗震研究中心	ACTUATORS
1780	Green's function method for modal analysis of structures with interval parameters	Ma, Haitao	广州大学工程抗震研究中心	JOURNAL OF ENGINEERING MATHEMATICS
1781	New concepts of intuitionistic fuzzy trees with applications	饶永生	广州大学计算科技研究院	INTERNATIONAL JOURNAL OF COMPUTATIONAL INTELLIGENCE SYSTEMS
1782	Predicting cross-species infection of swine influenza virus with representation learning of amino acid features	寇 铮	广州大学计算科技研究院	COMPUTATIONAL AND MATHEMATICAL METHODS IN MEDICINE
1783	A hierarchical error correction strategy for text DNA storage	昝乡镇	广州大学计算科技研究院	INTERDISCIPLINARY SCIENCES: COMPUTATIONAL LIFE SCIENCES
1784	Multilevel privacy controlling scheme to protect behavior pattern in smart IoT environment	Khan, Asad	广州大学计算科技研究院	WIRELESS COMMUNICATIONS AND MOBILE COMPUTING
1785	Novel concepts of domination in vague graphs with application in medicine	强小利	广州大学计算科技研究院	MATHEMATICAL PROBLEMS IN ENGINEERING
1786	Method for processing graph degeneracy in dynamic geometry based on domain design	管 皓	广州大学计算科技研究院	JOURNAL OF COMPUTER SCIENCE AND TECHNOLOGY
1787	A study on $A\text{-}I\text{-}\Gamma$-hyperideals and (m, n) Γ-hyperfilters in ordered gamma-semihypergroups	饶永生	广州大学计算科技研究院	DISCRETE DYNAMICS IN NATURE AND SOCIETY
1788	Fractals via generalized jungck-s iterative scheme	陈智华	广州大学计算科技研究院	DISCRETE DYNAMICS IN NATURE AND SOCIETY

续上表

序号	论文题目	第一/通讯作者	所属单位	发表刊物/论文集
1789	Electronic guidance cane for users having partial vision loss disability	Khan, Asad	广州大学计算科技研究院	WIRELESS COMMUNICATIONS AND MOBILE COMPUTING
1790	Existence and uniqueness of solution for quantum fractional pantograph equations	Saeed, Kosari	广州大学计算科技研究院	IRANIAN JOURNAL OF SCIENCE AND TECHNOLOGY, TRANSACTION A: SCIENCE
1791	On the star chromatic index of generalized petersen graphs	朱恩强	广州大学计算科技研究院	DISCUSSIONES MATHEMATICAE GRAPH THEORY
1792	Asymmetry of risk evolution in crude oil market: From the perspective of dual attributes of oil	Li, Zhenghui	广州大学金融研究院（广州国际金融研究院）	ENERGIES
1793	An IoT crossdomain access decision-making method based on federated learning	李超	广州大学网络空间先进技术研究院	WIRELESS COMMUNICATIONS & MOBILE COMPUTING
1794	List scheduling algorithm based on virtual scheduling length table in heterogeneous computing system	周娜琴	广州大学网络空间先进技术研究院	WIRELESS COMMUNICATIONS AND MOBILE COMPUTING
1795	ASNN-FRR: A traffic-aware neural network for fastest route recommendation	Wang, Chaoxiong	广州大学网络空间先进技术研究院	GEOINFORMATICA
1796	A generative adversarial network model based on intelligent data analytics for music emotion recognition under IoT	Shafiq, Muhammad	广州大学网络空间先进技术研究院	MOBILE INFORMATION SYSTEMS
1797	Communication delay modeling for wide area measurement system in smart grid Internet of Things Networks	Shafiq, Muhammad	广州大学网络空间先进技术研究院	WIRELESS COMMUNICATIONS AND MOBILE COMPUTING
1798	The FAST galactic plane pulsar snapshot survey: I. Project design and pulsar discoveries	Huang, Wenjun	广州大学网络空间先进技术研究院	RESEARCH IN ASTRONOMY AND ASTROPHYSICS
1799	IMG-forensics: Multimedia-enabled information hiding investigation using convolutional neural network	Shafiq, Muhammad	广州大学网络空间先进技术研究院	IET IMAGE PROCESSING

续上表

序号	论文题目	第一/通讯作者	所属单位	发表刊物/论文集
1800	An overview on analyzing deep learning and transfer learning approaches for health monitoring	Shafiq, Muhammad	广州大学网络空间先进技术研究院	COMPUTATIONAL AND MATHEMATICAL METHODS IN MEDICINE
1801	A high-quality authenticatable visual secret sharing scheme using SGX	张登辉	广州大学网络空间先进技术研究院	WIRELESS COMMUNICATIONS AND MOBILE COMPUTING
1802	A collaborative service resource evaluation model based on trust network	Lu, Hui	广州大学网络空间先进技术研究院	EURASIP JOURNAL ON WIRELESS COMMUNICATIONS AND NETWORKING
1803	Exploring security vulnerabilities of deep learning models by adversarial attacks	Fu, Xiaopeng	广州大学网络空间先进技术研究院	WIRELESS COMMUNICATIONS AND MOBILE COMPUTING
1804	IDV: Internet domain name verification based on blockchain	胡宁	广州大学网络空间先进技术研究院	COMPUTER MODELING IN ENGINEERING & SCIENCES
1805	Mechanical behavior of CCA wall infilled steel frames with preset vertical slits	Mei, Can	广州大学网络空间先进技术研究院	KSCE JOURNAL OF CIVIL ENGINEERING
1806	Measuring the symmetry of model errors for varying coefficient regression models based on correlation coefficient	Chen, Aixian	广州大学网络空间先进技术研究院	COMMUNICATIONS IN STATISTICS-SIMULATION AND COMPUTATION
1807	Kernel density estimation for multiplicative distortion measurement regression models	Chen, Aixian	广州大学网络空间先进技术研究院	COMMUNICATIONS IN STATISTICS-SIMULATION AND COMPUTATION
1808	Synthesis of novel nicotinamide susbstituted phthalocyanine and photodynamic antomicrobial chemotherapy evaluation potentiated by potassium iodide against the gram positive *S. aureus* and gram negative *E. coli*	Rahman, Abdul	广州大学网络空间先进技术研究院	BIOTECHNOLOGY LETTERS

续上表

序号	论文题目	第一/通讯作者	所属单位	发表刊物/论文集
1809	Run-time dynamic resource adjustment for mitigating skew in MapReduce	Zhang, Shuo	广州大学网络空间先进技术研究院	COMPUTER MODELING IN ENGINEERING & SCIENCES
1810	Stage-structured models for interactive wild and periodically and impulsively released sterile mosquitoes	Yu, Jianshe	广州大学应用数学研究中心	DISCRETE AND CONTINUOUS DYNAMICAL SYSTEMS—SERIES B
1811	Mosquito control based on pesticides and endosymbiotic bacterium wolbachia	胡林超	广州大学应用数学研究中心	BULLETIN OF MATHEMATICAL BIOLOGY
1812	Sesamol can inhibit the formation of glycidyl ester in deep frying palm oil	韩立鹏	化学化工学院	JOURNAL OF FOOD PROCESSING AND PRESERVATION
1813	Effects of methyl cellulose and soybean protein isolate coating on amount of oil and chemical hazards in Chinese fried dough cake	韩立鹏	化学化工学院	JOURNAL OF FOOD PROTECTION
1814	MoS_2 and Ti_3C_2 Ensembles into TiO_2 for efficient photocatalytic hydrogen evolution: Dual-bonding interactions and capacitive effect trigger the intrinsic activities	淡猛	化学化工学院	ENERGY TECHNOLOGY
1815	Radical propagation facilitating aerobic oxidation of substituted aromatics promoted by tert-butyl hydroperoxide	Zhang, Qiao	化学化工学院	CHEMISTRYSELECT
1816	High-voltage $LiNi_{0.4}Co_{0.4}Mn_{0.2}O_2$/graphite pouch battery cycled at 4.5 V with a LiDFP-based electrolyte	Yang, Wei	化学化工学院	IONICS
1817	Hydroxyapatite-supported polyoxometalates for the highly selective aerobic oxidation of 5-hydroxymethylfurfural or glucose to 2,5-diformylfuran under atmospheric pressure	Guan, Hongyu	化学化工学院	CHEMPLUSCHEM

续上表

序号	论文题目	第一/通讯作者	所属单位	发表刊物/论文集
1818	Impacts of chain extenders on thermal property, degradation, and rheological performance of poly (butylene adipate-co-terephthalate)	Lin, Jing	化学化工学院	JOURNAL OF MATERIALS RESEARCH
1819	Adsorption behavior of metal-organic frameworks: From single simulation, high-throughput computational screening to machine learning	Yan, Yaling; Zhang, Lulu	化学化工学院	COMPUTATIONAL MATERIALS SCIENCE
1820	Catalytic Transfer Hydrogenation of Biomass-Derived 5-Hydroxymethylfurfural into 2, 5-Dihydroxymethylfuran over Co/UiO-66-NH_2	Wang, Lu	化学化工学院	CATALYSIS LETTERS
1821	Electrochemical corrosion and protection of low-temperature sintered silver nanoparticle paste in NH_4Cl solution	Wang, Hong	化学化工学院	JOURNAL OF MATERIALS SCIENCE: MATERIALS IN ELECTRONICS
1822	A facile macroporous resin-based method for separation of yellow and orange *Monascus* pigments	Su, Dongxiao	化学化工学院	FOOD SCIENCE AND BIOTECHNOLOGY
1823	Electrochemical migration behavior of low-temperature-sintered Ag nanoparticle paste using water-drop method	廖伯凯	化学化工学院	JOURNAL OF MATERIALS SCIENCE: MATERIALS IN ELECTRONICS
1824	Regioselective markovnikov hydrodifluoroalkylation of difluoroenoxysilanes with alkenes	陈国术	化学化工学院	CHINESE JOURNAL OF ORGANIC CHEMISTRY
1825	Green-emitting carbon dots as fluorescent probe for nitrite detection	荣铭聪	化学化工学院	JOURNAL OF ANALYSIS AND TESTING
1826	Two 2p-3d-4f complexes constructed from functionalized nitronyl nitroxides: Synthesis, structure and magnetic properties	Zhang, Yandie	化学化工学院	JOURNAL OF MOLECULAR STRUCTURE
1827	High-throughput screening of real metal-organic frameworks for adsorption separation of C_4 olefins	Cai, Weiquan	化学化工学院	ACTA CHIMICA SINICA

续上表

序号	论文题目	第一/通讯作者	所属单位	发表刊物/论文集
1828	Optimization and preparation of a gel polymer electrolyte membrane for supercapacitors	杨伟	化学化工学院	CHEMICAL ENGINEERING & TECHNOLOGY
1829	Efficient red electroluminescent devices with very low operation voltage by utilizing hole and electron transport materials as the host	Wang, Jiahai	化学化工学院	THIN SOLID FILMS
1830	Investigation into polycyclic aromatic hydrocarbons in sediments of Wei River Basin	Shi, Yongfeng	环境科学与工程学院	WATER AIR AND SOIL POLLUTION
1831	Investigation on the efficient removal of U(VI) from water by sulfide nanoscale zero-valent Iron	Bai, Ziang	环境科学与工程学院	ACTA CHIMICA SINICA
1832	Novel strontium/iron bimetallic carbon composites as synergistic catalyst for oxygen reduction reaction in microbial fuel cells	You, Henghui	环境科学与工程学院	ELECTROCATALYSIS
1833	*Delicatophycus liuweii sp. nov.*, a new cymbelloid diatom (Bacillariophyceae) from an upper tributary of the Liujiang River, Guangxi, China	刘威	环境科学与工程学院	PHYTOTAXA
1834	Insight into the interaction between microplastics and microorganisms based on a bibliometric and visualized analysis	Tang, Jinfeng	环境科学与工程学院	BULLETIN OF ENVIRONMENTAL CONTAMINATION AND TOXICOLOGY
1835	Mechanism and experiment study of non-contact ultrasonic assisted grinding	黄卫清	机械与电气工程学院	ACTUATORS
1836	Influence of disc parameters on output performance of elastic valve piezoelectric pump	黄卫清	机械与电气工程学院	MICROSYSTEM TECHNOLOGIES: MICRO-AND NANOSYSTEMS INFORMATION STORAGE AND PROCESSING SYSTEMS

续上表

序号	论文题目	第一/通讯作者	所属单位	发表刊物/论文集
1837	Dynamic mixed model lotsizing and scheduling for flexible machining lines using a constructive heuristic	岳 磊	机械与电气工程学院	PROCESSES
1838	Improved droop control strategy of multiple energy storage applications in an AC microgrid based on the state of charge	王晓刚	机械与电气工程学院	ELECTRONICS
1839	Mechanical properties of polyvinyl alcohol-basalt hybrid fiber engineered cementitious composites with impact of elevated temperatures	Wang, Qing	机械与电气工程学院	JOURNAL OF CENTRAL SOUTH UNIVERSITY
1840	Dependence of adhesion force on contact time due to water thin-film flow revealed with an AFM cantilever at low humidity	陈雨果	机械与电气工程学院	JOURNAL OF ADHESION SCIENCE AND TECHNOLOGY
1841	The electrocaloric effect of PBZ/PVDF flexible composite film near room temperature	Huang, Weiqing	机械与电气工程学院	JOURNAL OF MATERIALS SCIENCE—MATERIALS IN ELECTRONICS
1842	Comparisons of modeling methods for fractional-order cuk converter	王晓刚	机械与电气工程学院	ELECTRONICS
1843	A weighted local steady-state determination approach based on the globally optimal economic steady-states	Hu, Jingtao	机械与电气工程学院	CANADIAN JOURNAL OF CHEMICAL ENGINEERING
1844	Adaptive self-triggered control for a nonlinear uncertain system based on neural observer	Wang, Jianhui	机械与电气工程学院	INTERNATIONAL JOURNAL OF CONTROL
1845	Mesoscopic-scale numerical investigation including the influence of process parameters on LPBF multi-layer multi-path formation	曹 流	机械与电气工程学院	COMPUTER MODELING IN ENGINEERING & SCIENCES
1846	Mesoscopic-scale numerical investigation including the influence of scanning strategy on selective laser melting process	曹 流	机械与电气工程学院	COMPUTATIONAL MATERIALS SCIENCE

续上表

序号	论文题目	第一/通讯作者	所属单位	发表刊物/论文集
1847	Limb-inspired bionic quasi-zero stiffness vibration isolator	文桂林	机械与电气工程学院	ACTA MECHANICA SINICA
1848	Studies on the sound absorption and transmission loss performances of wood-based, natural and waste materials	李晓曼	机械与电气工程学院	ACTA MECHANICA SINICA
1849	Numerical and experimental investigations on tunable low-frequency locally resonant metamaterials	Wen, Guilin	机械与电气工程学院	ACTA MECHANICA SOLIDA SINICA
1850	Investigation on the influence of design parameters of streamline flow tubes on pump performance	Bian, Kan	机械与电气工程学院	SHOCK AND VIBRATION
1851	A blockchain-based authentication protocol using cryptocurrency technology in LEO satellite networks	邓霞	计算机科学与网络工程学院	ELECTRONICS
1852	An improving sparse coding algorithm for wireless passive target positioning	黄华锟	计算机科学与网络工程学院	PHYSICAL COMMUNICATION
1853	Re-ranking with multiple objective optimization in recommender system	Wang, Guojun	计算机科学与网络工程学院	TRANSACTIONS ON EMERGING TELECOMMUNICA-TIONS TECHNOLOGIES
1854	A blockchain-based mobile crowdsensing scheme with enhanced privacy	彭滔	计算机科学与网络工程学院	CONCURRENCY AND COMPUTATION-PRACTICE & EXPERIENCE
1855	Lattice-based unidirectional infinite-use proxy re-signatures with private re-signature key	陈文彬	计算机科学与网络工程学院	JOURNAL OF COMPUTER AND SYSTEM SCIENCES
1856	Battery-constrained federated edge learning in UAV-enabled IoT for B5G/6G networks	汤舜璞	计算机科学与网络工程学院	PHYSICAL COMMUNICATION
1857	An adaptive deep learning-based UAV receiver design for coded MIMO with correlated noise	王子执	计算机科学与网络工程学院	PHYSICAL COMMUNICATION

续上表

序号	论文题目	第一/通讯作者	所属单位	发表刊物/论文集
1858	BER analysis of NOMA with max-min relay selection	Fan, Lisheng	计算机科学与网络工程学院	CHINA COMMUNICATIONS
1859	Single image deraining via detail-guided efficient channel attention network	Lin, Xiao	计算机科学与网络工程学院	COMPUTERS & GRAPHICS
1860	Intelligent secure mobile edge computing for beyond 5G wireless networks	赖诗炜	计算机科学与网络工程学院	PHYSICAL COMMUNICATION
1861	Probabilistic serial mechanism for multi-type resource allocation	Wang, Hanpin	计算机科学与网络工程学院	AUTONOMOUS AGENTS AND MULTI-AGENT SYSTEMS
1862	Graphs associated with the ideals of a numerical semigroup having metric dimension 2	Wang, Ying	计算机科学与网络工程学院	MATHEMATICAL PROBLEMS IN ENGINEERING
1863	A survey on transmission schemes on large-scale Internet of Things with nonorthogonal multiple access	Zhao, Rui	计算机科学与网络工程学院	WIRELESS COMMUNICATIONS AND MOBILE COMPUTING
1864	In-network generalized trustworthy data collection for event detection in cyber-physical systems	Ur Rahman, Hafiz	计算机科学与网络工程学院	PEERJ COMPUTER SCIENCE
1865	The recognition of emotional prosody in students with blindness: Effects of early visual experience and age development	Lu, Minghui	教育学院（师范学院）	THE BRITISH JOURNAL OF DEVELOPMENTAL PSYCHOLOGY
1866	The Brief Problem Monitor（BPM-Y/BPM-P）among chinese youth: Psychometric properties and measurement invariance	Xu, Wenbing	教育学院（师范学院）	JOURNAL OF PSYCHOPATHOLOGY AND BEHAVIORAL ASSESSMENT
1867	Why students leave Chinese elite universities for doctoral studies abroad: Institutional habitus, career script and college graduates' decision to study abroad	Xie, Ailei	教育学院（师范学院）	INTERNATIONAL JOURNAL OF EDUCATIONAL DEVELOPMENT
1868	Decreased event-related desynchronization of mental rotation tasks in Young Tibetan Immigrants	向祖强	教育学院（师范学院）	FRONTIERS IN HUMAN NEUROSCIENCE

续上表

序号	论文题目	第一/通讯作者	所属单位	发表刊物/论文集
1869	Attention can operate on object representations in visual sensory memory	Xie, Tong; 南威治	教育学院（师范学院）	ATTENTION PERCEPTION & PSYCHOPHYSICS
1870	Spline estimation of partially linear regression models for time series with correlated errors	Liu, Yanping	经济与统计学院	COMMUNICATIONS IN STATISTICS–SIMULATION AND COMPUTATION
1871	Efficient computational algorithms for approximate optimal designs	段江涛	经济与统计学院	JOURNAL OF STATISTICAL COMPUTATION AND SIMULATION
1872	Decomposition of industrial electricity efficiency and electricity-saving potential of special economic zones in china considering the heterogeneity of administrative hierarchy and regional location	游建民	经济与统计学院	ENERGIES
1873	Dynamic characteristics of oil attributes and their market effects	Li, Tinghui	经济与统计学院	ENERGIES
1874	The mixture design threshold accepting algorithm for generating D-optimal designs of the mixture models	王浩宇	经济与统计学院	METRIKA
1875	On designing mixed nonparametric control chart for monitoring the manufacturing processes	Ali, Saber	经济与统计学院	ARABIAN JOURNAL FOR SCIENCE AND ENGINEERING
1876	Regression analysis of doubly censored data with a cured subgroup under a class of promotion time cure models	Cai, Min	经济与统计学院	ACTA MATHEMATICA SINICA, ENGLISH SERIES
1877	Asymptotic properties of GEE estimator for clustered ordinal data with high-dimensional covariates	Chen, Xianbin	经济与统计学院	COMMUNICATIONS IN STATISTICS—THEORY AND METHODS
1878	A parallel multi-block alternating direction method of multipliers for tensor completion	Yu, Yufeng	经济与统计学院	IET IMAGE PROCESSING
1879	Research status and challenges of data-driven construction project management in the big data context	Chen, Jindao	经济与统计学院	ADVANCES IN CIVIL ENGINEERING

续上表

序号	论文题目	第一/通讯作者	所属单位	发表刊物/论文集
1880	A generalized semiparametric regression and its efficient estimation	Cui, Xia	经济与统计学院	SCANDINAVIAN JOURNAL OF STATISTICS
1881	Mixture design model with uncertain response and its application	Li, Weixia	经济与统计学院	COMMUNICATIONS IN STATISTICS-SIMULATION AND COMPUTATION
1882	Vector co-occurrence morphological edge detection for colour image	Yu, Yufeng	经济与统计学院	IET IMAGE PROCESSING
1883	Content popularity prediction for cache-enabled wireless B5G networks	Lai, Shiwei	生命科学学院	EURASIP JOURNAL ON ADVANCES IN SIGNAL PROCESSING
1884	Mitophagy pathways and Alzheimer's disease: From pathogenesis to treatment	Pan, Xianji	生命科学学院	MITOCHONDRION
1885	Pelvic pain alters functional connectivity between anterior cingulate cortex and hippocampus in both humans and a rat model	Yu, Wenjun	生命科学学院	FRONTIERS IN SYSTEMS NEUROSCIENCE
1886	Screening for effective odors through which *Conopomorpha sinensis* Bradley (Lepidoptera: Gracillariidae) locates its host	Hu, Junjie	生命科学学院	CHEMOECOLOGY
1887	The frequency window effect of sinusoidal electromagnetic fields in promoting osteogenic differentiation and bone formation involves extension of osteoblastic primary cilia and activation of protein kinase A	周 建	生命科学学院	CELL BIOLOGY INTERNATIONAL
1888	The blood-stage dynamics of malaria infection with immune response	刘 建	数学与信息科学学院	JOURNAL OF BIOLOGICAL DYNAMICS
1889	Multiplicity of solutions for perturbed nonlinear fractional p-laplacian boundary value systems related with two control parameters	左佳斌	数学与信息科学学院	FILOMAT

续上表

序号	论文题目	第一/通讯作者	所属单位	发表刊物/论文集
1890	Sums of dual toeplitz products on the orthogonal complements of the hardy-sobolev spaces	何 莉	数学与信息科学学院	COMPLEX ANALYSIS AND OPERATOR THEORY
1891	Atomic bases of quantum cluster algebras of type $\tilde{A}_{2n-1,1}$	丁 明	数学与信息科学学院	JOURNAL OF ALGEBRA
1892	An improved group signature scheme with VLR over lattices	Jia, Huiwen	数学与信息科学学院	SECURITY AND COMMUNICATION NETWORKS
1893	Toeplitz products on Bergman-Sobolev spaces over the unit polydisk	何 莉	数学与信息科学学院	ACTA MATHEMATICA SINICA—ENGLISH SERIES
1894	New constructions of Sidon spaces	张 韬	数学与信息科学学院	JOURNAL OF ALGEBRAIC COMBINATORICS
1895	Discrete dynamical models on Wolbachia infection frequency in mosquito populations with biased release ratios	Shi, Yantao	数学与信息科学学院	JOURNAL OF BIOLOGICAL DYNAMICS
1896	Hankel operators with pluriharmonic symbols on Hardy-Sobolev spaces	He, Li	数学与信息科学学院	COMPLEX VARIABLES AND ELLIPTIC EQUATIONS
1897	Nonlinear stability of planar vortex patches in an ideal fluid	曹道民	数学与信息科学学院	JOURNAL OF MATHEMATICAL FLUID MECHANICS
1898	Modulation approximation for the quantum euler-poisson equation	Pu, Xueke	数学与信息科学学院	DISCRETE AND CONTINUOUS DYNAMICAL SYSTEMS—SERIES B
1899	Mean oscillation and hankel operators on fock-type spaces	TU, Zhi Hao	数学与信息科学学院	ACTA MATHEMATICA SINICA
1900	Lattice-based hash-and-sign signatures using approximate trapdoor, revisited	贾惠文	数学与信息科学学院	IET INFORMATION SECURITY
1901	Pullback attractors for 2D MHD equations with delays	宋小亚	数学与信息科学学院	JOURNAL OF MATHEMATICAL PHYSICS

续上表

序号	论文题目	第一/通讯作者	所属单位	发表刊物/论文集
1902	LBPSGORA: Create load balancing with particle swarm genetic optimization algorithm to improve resource allocation and energy consumption in clouds networks	Mirmohseni, Seyedeh Maedeh	数学与信息科学学院	MATHEMATICAL PROBLEMS IN ENGINEERING
1903	Drinfel'd doubles of the n-rank taft algebras and a generalization of the jones polynomial	Feng, Ge	数学与信息科学学院	PACIFIC JOURNAL OF MATHEMATICS
1904	Bernoulli (G'/G)-expansion method for nonlinear Schrödinger equation under effect of constant potential	Aminakbari, Najva	数学与信息科学学院	OPTICAL AND QUANTUM ELECTRONICS
1905	Non-uniform dependence on initial data for the Camassa-Holm Equation in the critical besov space	李金禄	数学与信息科学学院	JOURNAL OF MATHEMATICAL FLUID MECHANICS
1906	Existence and symmetry of solutions to 2-D Schrodinger-Newton equation	曹道民	数学与信息科学学院	DYNAMICS OF PDE
1907	Initial and boundary value problems for a class of nonlinear metaparabolic equations	狄华斐	数学与信息科学学院	ADVANCES IN MATHEMATICAL PHYSICS
1908	Minimal periodic problem for brake orbits of first-order Hamiltonian systems	Liu, Chungen	数学与信息科学学院	TOPOLOGICAL METHODS IN NONLINEAR ANALYSIS
1909	Existence of steady symmetric vortex patch in a disk	曹道民	数学与信息科学学院	JOURNAL OF MATHEMATICAL FLUID MECHANICS
1910	Optimal convergence rates of the magnetohydrodynamic model for quantum plasmas with potential force	Pu, Xueke	数学与信息科学学院	DISCRETE & CONTINUOUS DYNAMICAL SYSTEMS-B
1911	An explicit lower bound for blow up time in a class of nonlinear wave equations with nonlinear damping and source terms	Shang, Yadong	数学与信息科学学院	ACTA MATHEMATICA APPLICATAE SINICA
1912	On the Codegree Density of $PG_m(q)$	张韬	数学与信息科学学院	SIAM JOURNAL ON DISCRETE MATHEMATICS

续上表

序号	论文题目	第一/通讯作者	所属单位	发表刊物/论文集
1913	Equivalence theorem of D-optimal equal allocation design for multiresponse mixture experiments	朱小渊	数学与信息科学学院	HACETTEPE JOURNAL OF MATHEMATICS AND STATISTICS
1914	Research on influence mechanism of running clothing fatigue based on BP neural network	Xiong, Yan	体育学院	JOURNAL OF INTELLIGENT AND FUZZY SYSTEMS
1915	Phase diagram and dynamics of spin-orbit coupling bose-josephson junction optical cavity	Zhang, Yicai	图书馆（知识产权信息服务中心）	JOURNAL OF THE PHYSICAL SOCIETY OF JAPAN
1916	Experimental analysis on dynamic response of X-section piled raft composite foundation under cyclic axial load for ballastless track in soft soil	付 强	土木工程学院	SHOCK AND VIBRATION
1917	Indirect reconstruction of structural responses based on transmissibility concept and matrix regularization	潘楚东	土木工程学院	SHOCK AND VIBRATION
1918	A practical multi-lane factor model of bridges based on multi-truck presence considering lane load disparities	周军勇	土木工程学院	FRONTIERS OF STRUCTURAL AND CIVIL ENGINEERING
1919	Dilatancy reversal in superplasticised cementitious mortar	赖勉亨	土木工程学院	MAGAZINE OF CONCRETE RESEARCH
1920	Review of piezoelectric impedance based structural health monitoring: Physics-based and data-driven methods	Fan, Xingyu	土木工程学院	ADVANCES IN STRUCTURAL ENGINEERING
1921	Innovative stabilization diagram for automated structural modal identification based on ERA and hierarchical cluster analysis	叶锡钧	土木工程学院	JOURNAL OF CIVIL STRUCTURAL HEALTH MONITORING
1922	Investigations on a mega-sub isolation system under near-fault ground motions	Tan, Ping	土木工程学院	ADVANCES IN STRUCTURAL ENGINEERING
1923	Shape memory alloy-spring damper for seismic control and its application to bridge with laminated rubber bearings	曹飒飒	土木工程学院	ADVANCES IN STRUCTURAL ENGINEERING

续上表

序号	论文题目	第一/通讯作者	所属单位	发表刊物/论文集
1924	Hailstone-induced dynamic responses of pretensioned umbrella membrane structure	刘长江	土木工程学院	ADVANCES IN STRUCTURAL ENGINEERING
1925	Performance evaluation and shear resistance of modular prefabricated two-side connected composite shear walls	Mei, Can	土木工程学院	KSCE JOURNAL OF CIVIL ENGINEERING
1926	Behavior of CFRP-confined reactive powder concrete-filled steel tubes under axial compression	Li, Song	土木工程学院	ADVANCES IN STRUCTURAL ENGINEERING
1927	Strongly nonlinear damped vibration of orthotropic membrane under initial displacement: Theory and experiment	Liu, Changjiang	土木工程学院	JOURNAL OF VIBRATION ENGINEERING & TECHNOLOGIES
1928	Identification and assessment of subway construction risk: An integration of AHP and experts grading method	Ma, Lixing	土木工程学院	ADVANCES IN CIVIL ENGINEERING
1929	Cyclic behavior and modeling of bolted glulam joint with cracks loaded parallel to grain	章婧	土木工程学院	ADVANCES IN CIVIL ENGINEERING
1930	Computationally efficient approximations using adaptive weighting coefficients for solving structural optimization problems	Liu, Yijie	土木工程学院	MATHEMATICAL PROBLEMS IN ENGINEERING
1931	Investigation on the influence caused by shield tunneling: WSN monitoring and numerical simulation	Li, Jiasan	土木工程学院	ADVANCES IN CIVIL ENGINEERING
1932	Designing new tetragonal Heusler materials using V, Cr, Fe and Ni doped Ti_2CoGa: A first-principles study	Zhang, Yajiu	土木工程学院	COMPUTATIONAL MATERIALS SCIENCE
1933	Mechanical properties of calcareous silts in a hydraulic fill island-reef	王星	土木工程学院	MARINE GEORESOURCES & GEOTECHNOLOGY
1934	Seismic behavior of a novel buckling-restrained steel plate shear wall	Tan, Ping	土木工程学院	SHOCK AND VIBRATION
1935	Investigation of surface settlement and wall deflection caused by braced excavation in spatially variable clays based on anisotropic random fields	Li, Jianbin	土木工程学院	ARABIAN JOURNAL FOR SCIENCE AND ENGINEERING

续上表

序号	论文题目	第一/通讯作者	所属单位	发表刊物/论文集
1936	Performance evaluation of English learning through computer mode using neural network and AI techniques	彭念凡	外国语学院	JOURNAL OF INTELLIGENT AND FUZZY SYSTEMS
1937	A study of the intrinsic γ-ray emission of *Fermi*/LAT-detected BL Lacs	Ye, X. H.	物理与材料科学学院	ASTROPHYSICS AND SPACE SCIENCE
1938	Enhanced remote astronomical archive system based on the file-level Unlimited Sliding-Window technique	Shi, Congming	物理与材料科学学院	RESEARCH IN ASTRONOMY AND ASTROPHYSICS
1939	Linear and nonlinear optical absorption coefficients and refractive index changes of zigzag quantum wells affected by terahertz laser field	You, Jiahao	物理与材料科学学院	THIN SOLID FILMS
1940	Effect of terahertz laser field on anisotropic optical absorption and refractive index changes of coaxial square quantum well wires	You, Jiahao	物理与材料科学学院	PHYSICA B—CONDENSED MATTER
1941	Effects of hydrostatic pressure and temperature on the nonlinear optical properties of semiparabolic plus semi-inverse squared quantum wells	Guo, Kangxing	物理与材料科学学院	COMMUNICATIONS IN THEORETICAL PHYSICS
1942	Fabrication and stability of ultrafine ZrC nanoparticles dispersion strengthened sub-micrometer grained W alloy	Zhang, Tao	物理与材料科学学院	FUSION ENGINEERING AND DESIGN
1943	Influence of thermal annealing on the charge generation and transport in PM6-based non-fullerene solar cells	Zhang, Wei	物理与材料科学学院	JOURNAL OF MATERIALS SCIENCE—MATERIALS IN ELECTRONICS
1944	Optical monitoring and intra-day variabilities of BL Lac Objects OJ 287	袁聿海	物理与材料科学学院	RESEARCH IN ASTRONOMY AND ASTROPHYSICS
1945	Low-temperature thermodynamic properties of the Heisenberg antiferromagnetic chain with two easy-axis single-ion anisotropies	陈渊	物理与材料科学学院	INTERNATIONAL JOURNAL OF MODERN PHYSICS B

续上表

序号	论文题目	第一/通讯作者	所属单位	发表刊物/论文集
1946	Stability of switched Markovian jump systems with time-varying generally bounded transition rates	鲁敦科	物理与材料科学学院	TRANSACTIONS OF THE INSTITUTE OF MEASUREMENT AND CONTROL
1947	Superfluid states in α-T_3 lattice	Wu, Yurong	物理与材料科学学院	CHINESE PHYSICS B
1948	Optical monitoring and IDV analysis of the blazars S5 0716+714 and 3C 273	Liu, Xiaolan	物理与材料科学学院	RESEARCH IN ASTRONOMY AND ASTROPHYSICS
1949	Controllable four-wave mixing based on quantum dot-cavity coupling system	Guo, Kangxian	物理与材料科学学院	COMMUNICATIONS IN THEORETICAL PHYSICS
1950	Controllable four-wave mixing response in a dual-cavity hybrid optomechanical system	Guo, Kangxian	物理与材料科学学院	CHINESE PHYSICS B
1951	Deconvolution with hybrid parameterizations for radio emission reconstruction	Wang, Feng	物理与材料科学学院	RESEARCH IN ASTRONOMY AND ASTROPHYSICS
1952	Adaptive scale model reconstruction for radio synthesis imaging	Wang, Feng	物理与材料科学学院	RESEARCH IN ASTRONOMY AND ASTROPHYSICS
1953	Onsager reaction field theory applied to the phase diagram of Heisenberg chain with ferromagnetic long-range interaction and antiferromagnetic nearest-neighbor interaction	陈渊	物理与材料科学学院	INTERNATIONAL JOURNAL OF MODERN PHYSICS B
1954	The spectral index study for Fermi blazars	Ouyang, Zhihao	物理与材料科学学院	ASTROPHYSICS AND SPACE SCIENCE
1955	Purchase motivation, landscape preference, and housing prices: Quantile hedonic analysis in Guangzhou, China	Jia, Shijun	管理学院（旅游学院/中法旅游学院）	JOURNAL OF URBAN PLANNING AND DEVELOPMENT
1956	Nanofiltration-like forward osmosis membranes on in-situ mussel-modified polyvinylidene fluoride porous substrate for efficient salt/dye separation	Xiong, Zhu	环境科学与工程学院	JOURNAL OF POLYMER SCIENCE

续上表

序号	论文题目	第一/通讯作者	所属单位	发表刊物/论文集
1957	ICS software trust measurement method based on dynamic length trust chain	尚文利	电子与通信工程学院	SCIENTIFIC PROGRAMMING
1958	Robust secure beamforming design for cooperative cognitive radio nonorthogonal multiple access networks	Zhao, Sai	电子与通信工程学院	SECURITY AND COMMUNICATION NETWORKS
1959	A test cases generation method for industrial control protocol test	尚文利	电子与通信工程学院	SCIENTIFIC PROGRAMMING
1960	On the adaptive aoi-aware buffer-aided transmission scheme for NOMA networks	Chen, Junjie	电子与通信工程学院	2021IEEE WIRELESS COMMUNICATIONS AND NETWORKING CONFERENCE（WCNC）
1961	Cluster analysis with regression of non-Gaussian functional data on covariates	Fan, Gangzhi	管理学院（旅游学院/中法旅游学院）	THE CANADIAN JOURNAL OF STATISTICS–LA REVUE CANADIENNE DE STATISTIQUE
1962	Why insisting in being volunteers? A practical case study exploring from both rational and emotional perspectives	张魁峯	管理学院（旅游学院/中法旅游学院）	INTERNATIONAL JOURNAL OF MENTAL HEALTH PROMOTION
1963	Using cloud-based augmented reality to 3d-enable the 2D drawings of AISC steel sculpture：A plan-reading educational experiment	Zhang, Yuanxin	管理学院（旅游学院/中法旅游学院）	JOURNAL OF CIVIL ENGINEERING EDUCATION
1964	The application of virtual reality technology in the digital preservation of cultural heritage	钟泓	管理学院（旅游学院/中法旅游学院）	COMPUTER SCIENCE AND INFORMATION SYSTEMS
1965	A hybrid blockchain model for trusted data of supply chain finance	刘景矿	管理学院（旅游学院/中法旅游学院）	WIRELESS PERSONAL COMMUNICATIONS
1966	Seeing China's social-cultural change through the eyes of tourists	李一平	管理学院（旅游学院/中法旅游学院）	JOURNAL OF TOURISM AND CULTURAL CHANGE

续上表

序号	论文题目	第一/通讯作者	所属单位	发表刊物/论文集
1967	Information credibility evaluation in presence of users' safety in new retailing	王 东	管理学院（旅游学院/中法旅游学院）	JOURNAL OF WEB ENGINEERING
1968	Investigation on the fate of quinolone antibiotics in three drinking water treatment plants of China	刘志泉	广州大学大湾区环境研究院	WATER SUPPLY
1969	A special issue on functional materials for advanced future applications	Mao, Yanchao	广州大学大湾区环境研究院	SCIENCE OF ADVANCED MATERIALS
1970	Nitrogen-coordinated cobalt embedded in a hollow carbon polyhedron for superior catalytic oxidation of organic contaminants with peroxymonosulfate	高耀文	广州大学大湾区环境研究院	ACS ES&T ENGINEERING
1971	Design and research of intelligent educational administration management system based on mobile edge computing Internet	戴荔珠	广州大学广州发展研究院（广东发展研究院）	MOBILE INFORMATION SYSTEMS
1972	Factorizable ordered hypergroupoids with applications	石晓龙	广州大学计算科技研究院	MATHEMATICAL PROBLEMS IN ENGINEERING
1973	On the outer independent double roman domination number	Shao, Zehui	广州大学计算科技研究院	BULLETIN OF THE IRANIAN MATHEMATICAL SOCIETY
1974	Some properties of derivations and m-k-hyperideals in ordered semihyperrings	饶永生	广州大学计算科技研究院	UNIVERSITY POLITEHNICA OF BUCHAREST SCIENTIFIC BULLETIN–SERIES A—APPLIED MATHEMATICS AND PHYSICS
1975	Some progress on the mixed roman domination in graphs	Kosari, Saeed	广州大学计算科技研究院	RAIRO-OPERATIONS RESEARCH
1976	Disprove of a conjecture on the doubly connected domination subdivision number	Kosari, Saeed	广州大学计算科技研究院	BULLETIN OF THE IRANIAN MATHEMATICAL SOCIETY

续上表

序号	论文题目	第一/通讯作者	所属单位	发表刊物/论文集
1977	Some degree-based topological indices of caboxy-terminated dendritic macromolecule	饶永生	广州大学计算科技研究院	MAIN GROUP METAL CHEMISTRY
1978	Left k-BI-quasi hyperideals in ordered semihyperrings	饶永生	广州大学计算科技研究院	UNIVERSITY POLITEHNICA OF BUCHAREST SCIENTIFIC BULLETIN-SERIES A：APPLIED MATHEMATICS AND PHYSICS
1979	Optimizing distance constraints frequency assignment with relaxation	邵泽辉	广州大学计算科技研究院	RAIRO-OPERATIONS RESEARCH
1980	Recent advances in blockchain and artificial intelligence integration：Feasibility analysis，research issues，applications，challenges，and future work	Wang，Yu	广州大学人工智能与区块链研究院	SECURITY AND COMMUNICATION NETWORKS
1981	An energy-efficient in-network computing paradigm for 6G	胡宁	广州大学网络空间先进技术研究院	IEEE TRANSACTIONS ON GREEN COMMUNICATIONS AND NETWORKING
1982	Automatic breast tissue segmentation in MRIs with morphology snake and deep denoiser training via extended Stein's unbiased risk estimator	Yin，Xiaoxia	广州大学网络空间先进技术研究院	HEALTH INFORMATION SCIENCE AND SYSTEMS
1983	WEB DDoS Attack Detection Method Based on Semisupervised Learning	Li，Shudong	广州大学网络空间先进技术研究院	SECURITY AND COMMUNICATION NETWORKS
1984	Which is the fairest allocation in the max-min fairness-based coalitional game?	Gu，Zhaoquan	广州大学网络空间先进技术研究院	THEORETICAL COMPUTER SCIENCE
1985	StFuzzer：Contribution-aware coverage-guided fuzzing for smart devices	Yang，Jiageng	广州大学网络空间先进技术研究院	SECURITY AND COMMUNICATION NETWORKS

续上表

序号	论文题目	第一/通讯作者	所属单位	发表刊物/论文集
1986	A blockchain-based IoT cross-domain delegation access control method	李 超	广州大学网络空间先进技术研究院	SECURITY AND COMMUNICATION NETWORKS
1987	Attribution classification method of APT malware in iot using machine learning techniques	李树栋	广州大学网络空间先进技术研究院	SECURITY AND COMMUNICATION NETWORKS
1988	Frame duplication forgery detection and localization algorithm based on the improved levenshtein distance	Shafiq, Muhammad	广州大学网络空间先进技术研究院	SCIENTIFIC PROGRAMMING
1989	Controlled sharing mechanism of data based on the consortium blockchain	Lu, Hui	广州大学网络空间先进技术研究院	SECURITY AND COMMUNICATION NETWORKS
1990	Premature ventricular contractions' detection based on active learning	Zhang, Xianrong	广州大学网络空间先进技术研究院	SCIENTIFIC PROGRAMMING
1991	Assessing security of software components for Internet of Things: A systematic review and future directions	Shafiq, Muhammad	广州大学网络空间先进技术研究院	SECURITY AND COMMUNICATION NETWORKS
1992	Key performance indicators for the integration of the service-oriented architecture and scrum process model for IOT	Shafiq, Muhammad	广州大学网络空间先进技术研究院	SCIENTIFIC PROGRAMMING
1993	An adversarial smart contract honeypot in ethereum	Cui, Xiang	广州大学网络空间先进技术研究院	CMES-COMPUTER MODELING IN ENGINEERING & SCIENCES
1994	Artificial intelligence in breast MRI radiogenomics: Towards accurate prediction of neoadjuvant chemotherapy responses	尹晓霞	广州大学网络空间先进技术研究院	CURRENT MEDICAL IMAGING
1995	Breakthrough on the chiral Brønsted acids catalysed asymmetric dearomatization of ynamides	古满珍 陈国术	化学化工学院	CHINESE SCIENCE BVLLETIN
1996	Effective removal of Pb^{2+} and Cd^{2+} from wastewater by mesoporous tobermorite synthesized from alumina-extracted fly ash	Cai, Weiquan	化学化工学院	DESALINATION AND WATER TREATMENT

续上表

序号	论文题目	第一/通讯作者	所属单位	发表刊物/论文集
1997	Research progress of tetracycline optical sensor	Chi, Siting	化学化工学院	CHINESE JOURNAL OF ANALYTICAL CHEMISTRY
1998	3D tungsten trioxide nanosheets as optoelectronic materials for on-chip quantification of global antioxidant capacity	Han, Dongfang	化学化工学院	CHEMICAL RESEARCH IN CHINESE UNIVERSITIES
1999	Multiple modes of electrochemiluminescence using thermally activated delayed fluorescent polymer	Yi, Kong	化学化工学院	CHINESE JOURNAL OF ANALYTICAL CHEMISTRY
2000	Environmental effects of heavy metals from the E-waste dismantling site, South China	Kong, Deguan	环境科学与工程学院	SOIL AND SEDIMENT CONTAMINATION
2001	Study on the self-propulsion of the rigid-flexible composite plate	吴文波	机械与电气工程学院	FLUID DYNAMICS RESEARCH
2002	Cross refinement network with edge detection for salient object detection	Xiang, Junjiang	机械与电气工程学院	IET SIGNAL PROCESSING
2003	The Transnational Happiness Study with Big Data Technology	彭凌西	机械与电气工程学院	ACM TRANSACTIONS ON ASIAN AND LOW-RESOURCE LANGUAGE INFORMATION PROCESSING
2004	Edge-based detection and classification of malicious contents in tor darknet using machine learning	李润川	计算机科学与网络工程学院	MOBILE INFORMATION SYSTEM
2005	An intelligent garbage sorting system based on edge computing and visual understanding of Social Internet of Vehicles	Chen, Shuhong	计算机科学与网络工程学院	MOBILE INFORMATION SYSTEMS
2006	A saliency detection and gram matrix transform-based convolutional neural network for image emotion classification	Zhang, Dengyong	计算机科学与网络工程学院	SECURITY AND COMMUNICATION NETWORKS
2007	Improving the efficiency of customer's credit rating with machine learning in big data cloud computing	Javadpour, Amir	计算机科学与网络工程学院	WIRELESS PERSONAL COMMUNICATIONS

续上表

序号	论文题目	第一/通讯作者	所属单位	发表刊物/论文集
2008	Parameter analysis and optimization of polling-based medium access control protocol for multi-sensor communication	Li, Fufang	计算机科学与网络工程学院	INTERNATIONAL JOURNAL OF DISTRIBUTED SENSOR NETWORKS
2009	A collaborative MAC protocol with heterogeneous energy harvesting and dynamic spectrum sensing	Zhang, Bin	计算机科学与网络工程学院	AD HOC & SENSOR WIRELESS NETWORKS
2010	Cross-context semantic document exchange through a novel tabular document representation approach	杨 朔	计算机科学与网络工程学院	JOURNAL OF INFORMATION SCIENCE AND ENGINEERING
2011	Automated discovery of geometric theorems based on vector equations	Zhang, Jingzhong	计算机科学与网络工程学院	JOURNAL OF AUTOMATED REASONING
2012	The influence of social pain experience on empathic neural responses: The moderating role of gender	Sun, Nan	教育学院（师范学院）	EXPERIMENTAL BRAIN RESEARCH
2013	Cross-cultural asymmetries in oculomotor interference elicited by gaze distractors belonging to Asian and White faces	Zhang, Xinyuan	教育学院（师范学院）	SCIENTIFIC REPORTS
2014	Psychometric properties of WISC-IV verbal scales: A study of students in China who are blind	Lu, Minghui	教育学院（师范学院）	JOURNAL OF VISUAL IMPAIRMENT & BLINDNESS
2015	The SNARC effect occurs in the response-selection stage	Yan, Lizhu	教育学院（师范学院）	ACTA PSYCHOLOGICA
2016	Psychometric properties of the teachers' sense of efficacy scale for chinese special education teachers	鲁明辉	教育学院（师范学院）	JOURNAL OF PSYCHOEDUCATIONAL ASSESSMENT
2017	Estimating the size of an open population with massive datasets based on a generalized varying-coefficient model	李好奇	经济与统计学院	JOURNAL OF SYSTEMS SCIENCE & COMPLEXITY

续上表

序号	论文题目	第一/通讯作者	所属单位	发表刊物/论文集
2018	Subspace clustering for panel data with interactive effects	段江涛	经济与统计学院	CANADIAN JOURNAL OF STATISTICS-LA REVUE CANADIENNE DE STATISTIQUE
2019	R-optimal design of the second-order Scheffé mixture model	Hao, Honghua	经济与统计学院	STATISTICS & PROBABILITY LETTERS
2020	Boosting sustainability in healthcare sector through fintech: Analyzing the moderating role of financial and ICT development	Li, Meiling	经济与统计学院	INQUIRY: THE JOURNAL OF HEALTH CARE ORGANIZATION, PROVISION, AND FINANCING
2021	An IM-based efficient test for non inferiority of the odds ratio between two independent binomial proportions	Jin, Hua	经济与统计学院	COMMUNICATIONS IN STATISTICS—THEORY AND METHODS
2022	Logarithmic calibration for nonparametric multiplicative distortion measurement errors models	Cui, Xia	经济与统计学院	JOURNAL OF STATISTICAL COMPUTATION AND SIMULATION
2023	Periodic oscillating dynamics for a delayed nicholson-type model with harvesting terms	张伟	经济与统计学院	MATHEMATICAL PROBLEMS IN ENGINEERING
2024	Human reliability evaluation based on objective and subjective comprehensive method used for ergonomic interface design	刘昕	美术与设计学院	MATHEMATICAL PROBLEMS IN ENGINEERING
2025	The complete mitochondrial genome of *Tylonycteris fulvida*（Chiroptera: Vespertilionidae）in South China	Liang, Xiaoling	生命科学学院	MITOCHONDRIAL DNA, PART B, RESOURCES
2026	Complete plastid genome characterization and phylogenetic analysis of *Pentasachme caudatum* Wallich ex Wight（Gentianales: Apocynaceae）from Guangdong, China	缪绅裕	生命科学学院	MITOCHONDRIAL DNA, PART B, RESOURCES

续上表

序号	论文题目	第一/通讯作者	所属单位	发表刊物/论文集
2027	Chloroplast genome organization and phylogeny of *Gynochthodes cochinchinensis* (DC.) Razafim. & B. Bremer (Rubiaceae)	Miao, Shenyu	生命科学学院	MITOCHONDRIAL DNA PART B—RESOURCES
2028	Effects of acute low salinity stress on the liver structure, physiology and biochemistry of juvenile Chinese sea bass (*Lateolabrax maculatus*)	Shu, Hu	生命科学学院	THE ISRAELI JOURNAL OF AQUACULTURE
2029	Dynamical mRNA distribution regulated by multi-step gene activation	Chen, Yitong	数学与信息科学学院	AIP ADVANCES
2030	On complex schrödinger type equations with solutions in a given domain	孟凡宁	数学与信息科学学院	JOURNAL OF CONTEMPORARY MATHEMATICAL ANALYSIS—ARMENIAN ACADEMY OF SCIENCES
2031	Construction of free differential algebras by extending Grobner-Shirshov bases	黎允楠	数学与信息科学学院	JOURNAL OF SYMBOLIC COMPUTATION
2032	On some higher order equations admitting meromorphic solutions in a given domain	Meng, Fanning	数学与信息科学学院	GEORGIAN MATHEMATICAL JOURNAL
2033	Topological pressure for an iterated function system	汪火云	数学与信息科学学院	DYNAMICAL SYSTEMS–AN INTERNATIONAL JOURNAL
2034	Compact toeplitz operators products on hardy-sobolev spaces over the unit polydisk	何 莉	数学与信息科学学院	ROCKY MOUNTAIN JOURNAL OF MATHEMATICS
2035	An efficient method for analyzing widget intent of android system	Peng, Junhao	数学与信息科学学院	ACM INTERNATIONAL CONFERENCE PROCEEDING SERIES
2036	Practical multiauthority attribute-based access control for edge-cloud-aided Internet of Things	Lin, Zhiqiang	数学与信息科学学院	SECURITY AND COMMUNICATION NETWORKS

续上表

序号	论文题目	第一/通讯作者	所属单位	发表刊物/论文集
2037	Influence of intersection angle of prefabricated cracks on impact failure of flattened brazilian disc	刘 浩	土木工程学院	JOURNAL OF WUHAN UNIVERSITY OF TECHNOLOGY
2038	Case study of flexible prefabricated impermeable underground support structure	胡邓平	土木工程学院	IRANIAN JOURNAL OF SCIENCE AND TECHNOLOGY—TRANSACTIONS OF CIVIL ENGINEERING
2039	Microstructural mechanical analysis of warm-mixed reclaimed semiflexible pavement materials with interfacial weakening effect	Huang, Wenke	土木工程学院	ADVANCES IN MATERIALS SCIENCE AND ENGINEERING
2040	Thermal performance of silica aerogel-filled double-layer glazing in a subtropical climate	Huang, Yu	土木工程学院	MATERIALS EXPRESS
2041	Screening and quantification of pharmaceuticals and their metabolites in municipal wastewater treatment facilities in Guangzhou, China	Liu, Zhineng	土木工程学院	DESALINATION AND WATER TREATMENT
2042	A review of the application of oil analysis in condition monitoring and life prediction of wind turbine gearboxes	别 玉	土木工程学院	INSIGHT
2043	Analysis of carrying capacities of connections with different bolt end distances	徐忠根	土木工程学院	INTERNATIONAL JOURNAL OF STEEL STRUCTURES
2044	An analytical-numerical hybrid method for evaluating out-of-plane stability of buckling restrained braces	周 云	土木工程学院	INTERNATIONAL JOURNAL OF STEEL STRUCTURES
2045	Exergy analysis of a thermostatic heat pump drying system with adjustable bypass air ratios	Qin, Qiuyuan	土木工程学院	INTERNATIONAL JOURNAL OF EXERGY
2046	A review of keypoints' detection and feature description in image registration	Wang, Feng	物理与材料科学学院	SCIENTIFIC PROGRAMMING

续上表

序号	论文题目	第一/通讯作者	所属单位	发表刊物/论文集
2047	Performance test of the electromagnetic particle detectors for the LHAASO experiment	Cai, J.T.	物理与材料科学学院	NUCLEAR INSTRUMENTS AND METHODS IN PHYSICS RESEARCH, SECTION A: ACCELERATORS, SPECTROMETERS, DETECTORS AND ASSOCIATED EQUIPMENT
2048	Fine-grained distributed averaging for large-scale radio interferometric measurement sets	Wang, Feng	物理与材料科学学院	RESEARCH IN ASTRONOMY AND ASTROPHYSICS
2049	Evolution of complexity for critical neutral Gauss-Bonnet-anti-de Sitter black holes	Liang, Huazhi	物理与材料科学学院	ACTA PHYSICA SINICA
2050	Time-scale analysis of integrated pulse profiles for PSR B0329+54	Liu, Yi	物理与材料科学学院	ASTRONOMISCHE NACHRICHTEN
2051	Influences of nano-structured thermal stability on the intergranular corrosion of high-carbon austenitic heat-resistant steel	姚玲敏	物理与材料科学学院	JOURNAL OF MATERIALS ENGINEERING AND PERFORMANCE
2052	Construction of rural cultural service system based on mobile information system	Qu, Xingfu	音乐舞蹈学院	MOBILE INFORMATION SYSTEMS
2053	Causes and countermeasures of negative psychology in violin performance teaching	杜帅黎	音乐舞蹈学院	PSYCHIATRIA DANUBINA
2054	Speech enhancement based on perceptually motivated guided spectrogram filtering	王 杰	电子与通信工程学院	JOURNAL OF INTELLIGENT AND FUZZY SYSTEMS
2055	Efficient decomposition of organic pollutants over nZVI/FeO$_x$/FeN$_y$-anchored NC layers via a novel dual-reaction-centers-based wet air oxidation process under natural conditions	曹文锐	广州大学大湾区环境研究院	ACS ES&T ENGINEERING
2056	Mitigation of obesity-related systemic low-grade inflammation and gut microbial dysbiosis in mice with nanosilver supplement	贾建博	广州大学大湾区环境研究院	ACS APPLIED BIO MATERIALS

续上表

序号	论文题目	第一/通讯作者	所属单位	发表刊物/论文集
2057	Marginal attacks of generating adversarial examples for spam filtering	顾钊铨	广州大学网络空间先进技术研究院	CHINESE JOURNAL OF ELECTRONICS
2058	Deep-Green: A dispersed energy-efficiency computing paradigm for green industrial IoT	胡宁	广州大学网络空间先进技术研究院	IEEE TRANSACTIONS ON GREEN COMMUNICATIONS AND NETWORKING
2059	Big data outlier detection model based on improved density peak algorithm	Shao, Mengliang	广州大学网络空间先进技术研究院	JOURNAL OF INTELLIGENT & FUZZY SYSTEMS
2060	Switching the O-O bond formation pathways of ru-pda water oxidation catalyst by third coordination sphere engineering	Tong, Lianpeng	化学化工学院	RESEARCH
2061	Metformin and cyanidin 3-O-galactoside from Aronia melanocarpa synergistically alleviate cognitive impairment in SAMP8 mice	Peng, Yao	科研处	FOOD & FUNCTION

2021年社科公开发表重要论文一览表

序号	论文题目	第一/通讯作者	所属单位	刊物/论文集名称
1	经济增长目标与激进城镇化——来自夜间灯光数据的证据	黄亮雄	经济与统计学院	世界经济
2	大气污染的劳动力区域再配置效应和存量效应	李丁	经济与统计学院	经济研究
3	进城务工人员随迁子女义务教育财政责任划分——基于中央与地方支出的实证分析	吴开俊	教育学院（师范学院）	教育研究
4	身体的意义：生成论视域下的情绪理论	叶浩生	教育学院（师范学院）	心理学报
5	条件性恐惧提取消退的性别差异	陈伟 林小裔	教育学院（师范学院）	心理学报
6	长期戒断海洛因成瘾者冲动性相关脑区的结构及功能特征	蔡惠燕	教育学院（师范学院）	心理学报

续上表

序号	论文题目	第一/通讯作者	所属单位	刊物/论文集名称
7	身体的意义：从现象学的视角看体育运动的认识论价值	叶浩生	教育学院（师范学院）	体育科学
8	无关工作记忆表征的负性情绪信息能否捕获视觉注意？一项眼动研究	黄月胜 张 豹	教育学院（师范学院）	心理学报
9	全面抗战前夕民营报刊上的左翼文艺宣传：沪版《大公报·戏剧与电影》（1936—1937）	田秋生	新闻与传播学院	新闻与传播研究
10	"随浪逐流"：残障人的媒介生活与数字化生计	章玉萍	新闻与传播学院	新闻与传播研究
11	构建中国自主性散文理论话语	吴周文	人文学院	中国社会科学
12	祁彪佳尺牍中的戏曲创作观	张诗洋	人文学院	文艺研究
13	"局中门外汉"：晚清海外诗的身份意识	沙红兵	人文学院	文艺研究
14	坚定不移走中国式现代化道路	吴阳松	马克思主义学院	光明日报（理论版）
15	全面建成小康社会与全面建设社会主义现代化国家	徐德莉	马克思主义学院	光明日报（理论版）
16	推进志愿服务事业的动力之源	赵中源	马克思主义学院	光明日报
17	论"数字人权"不构成第四代人权	刘志强	广州大学人权研究院	法学研究
18	地理学视角下非物质文化遗产的跨地方实践	魏 雷 朱 竑	管理学院（旅游学院/中法旅游学院）	地理学报
19	技术红利共享——互联网平台发展的社会基础	张茂元	公共管理学院	社会学研究
20	近代中国政治学学术团体考证	王枫云	公共管理学院	政治学研究
21	交通结构、市场规模与经济增长	陈晓佳	公共管理学院	世界经济
22	构建认定行政违法前置的行政犯追诉启动模式	张泽涛	法学院（律师学院）	中国法学
23	初查的行政执法化改革及其配套机制——以公安机关"行刑衔接"为视角	张泽涛	法学院（律师学院）	法学研究

续上表

序号	论文题目	第一/通讯作者	所属单位	刊物/论文集名称
24	中国城市养老院的空间分布特征及其分异成因	姜 磊	地理科学与遥感学院	地理学报
25	南方红壤丘陵区采伐变量对森林面积和生物量影响模拟	汪晓帆	地理科学与遥感学院	地理学报
26	遍计·依他·圆成——唯识典籍中的音乐审美文献探赜	何艳珊	音乐舞蹈学院	中国音乐学
27	政府信息技术创新采纳的中间人"接合"机制研究	曾丽红	新闻与传播学院	新闻大学
28	"亲密关系"的购买——接合性情境中网络主播的类社会关系研究	张 杰	新闻与传播学院	国际新闻界
29	当代虚拟偶像的传播路径与产业模式——以虚拟偶像团体K/DA为例	姚 睿	新闻与传播学院	现代传播（中国传媒大学学报）
30	中国科幻电影音乐的审美演变与发展对策	姚 睿	新闻与传播学院	当代电影
31	赋权·赋能·赋意：平台化社会时代国际传播的三重进路	李 鲤	新闻与传播学院	现代传播（中国传媒大学学报）
32	"掠夺性期刊"的伦理问题及治理——基于"利益相关方框架"的思考	邹 军 荆高宏	新闻与传播学院	现代传播（中国传媒大学学报）
33	马来西亚华语电视：媒介全球化的挑战与跨国华人想象的新机遇	彭雨晴	新闻与传播学院	现代传播（中国传媒大学学报）
34	当代华语电影中澳门的视觉形象与文化再现	姚 睿	新闻与传播学院	当代电影
35	影院盗版拷贝放映问题研究——基于不对称信任的技术博弈视角	陶 冶	新闻与传播学院	当代电影
36	澳门电影"后九九"现象与"城市际性"建构	董开栋	新闻与传播学院	当代电影
37	重返公共：乔治·尼禄的新闻史研究及其路径创新	方 晨	新闻与传播学院	新闻大学
38	文学翻译的忠实：以《荷塘月色》七译本为例	陈顺意	外国语学院	中国翻译
39	佛典汉译的源语是"胡"还是"梵"	汪东萍	外国语学院	中国翻译

续上表

序号	论文题目	第一/通讯作者	所属单位	刊物/论文集名称
40	基于系统动力学的北京冬奥会社会风险预警研究	毛旭艳	体育学院	北京体育大学学报
41	"反成长"的"成长"：近年中国内地女性电影中的"少女叙事"	盖琪	人文学院	当代电影
42	产业链视角下的珠三角电影合作	王晓通	人文学院	当代电影
43	学科交叉中的说唱文艺研究	纪德君	人文学院	光明日报
44	见证，叙事，历史——《鼠疫》与见证文学的几个问题	陶东风	人文学院	文艺理论研究
45	论祁彪佳戏曲批评的突破与局限	张诗洋	人文学院	文艺理论研究
46	心理创伤的倾听：论创伤叙事的意义与方法	陶东风	人文学院	现代传播（中国传媒大学学报）
47	《状江南》唱和诗核心人物及其咏物创新形式	戴伟华	人文学院	文学遗产
48	社交媒体对青年群体灾害信息泛娱乐化传播的影响研究——基于台风"山竹"的实地调研	李春雷	期刊中心	现代传播（中国传媒大学学报）
49	从信息素养到受众思维的整合实践：信息可视化课程研究	张璐	美术与设计学院	装饰
50	礼仪的空间：敦煌莫高窟第285窟石窟造型与空间布局再考	李银广	美术与设计学院	装饰
51	百年淬炼铸就大党风范	赵中源	马克思主义学院	经济日报
52	留任还是离职？——基于履职能力视角的人大代表连任机制研究	王雄	马克思主义学院	公共行政评论
53	经济增长、城乡收入双目标驱动下的宏观政策最优控制研究——基于二次线性最优控制策略	伍文中	经济与统计学院	中国软科学
54	IPO补税与IPO抑价——影响机制、外部监督及异质效应	冯锐	经济与统计学院	中国软科学
55	基于稳健回归的经济增长数据可靠性评估	徐建挺	经济与统计学院	数理统计与管理

续上表

序号	论文题目	第一/通讯作者	所属单位	刊物/论文集名称
56	我国货币政策"量""价"转换过程中最优货币政策反应机制研究	陈 琼	经济与统计学院	数理统计与管理
57	基于文本挖掘的股评情绪效应分析	黄雨婷	经济与统计学院	数理统计与管理
58	我国货币政策商业信用渠道传导的非对称特征与"门限效应"的统计检验	付一婷	经济与统计学院	数理统计与管理
59	最低工资与中国多产品企业出口：成本效应抑或激励效应	袁 劲	经济与统计学院	中国工业经济
60	流动经历、流入城市与流动人口的婚姻推迟	潘丽群	经济与统计学院	经济学动态
61	中国银行业结构性全要素生产率增长研究	朱 宁	经济与统计学院	金融研究
62	心理健康经济学研究进展	李庭辉	经济与统计学院	经济学动态
63	经济增长压力与地区创新——来自经济增长目标设定的经验证据	王贤彬	经济与统计学院	经济学（季刊）
64	中国自由贸易协定中市场准入例外安排的基本特征、贸易策略与决定因素——基于产品层面的证据	吕建兴	经济与统计学院	中国工业经济
65	FTA能缓解成员国对华贸易摩擦吗？——基于GTA国家—产品层面的证据	吕建兴	经济与统计学院	数量经济技术经济研究
66	右删失数据下半参数转移模型的变量选择方法研究	李洪喜	经济与统计学院	数理统计与管理
67	税收激励政策与企业国际化行为——基于2014年固定资产加速折旧政策的准自然实验	赵 灿	经济与统计学院	国际贸易问题
68	半参数GARCH类模型的研究综述	熊 强	经济与统计学院	数理统计与管理
69	FDI和OFDI的互动机制与经济增长质量提升——基于狭义技术进步效应和资源配置效应的分析	傅元海	经济与统计学院	中国软科学

续上表

序号	论文题目	第一/通讯作者	所属单位	刊物/论文集名称
70	质性研究的样本量判断——饱和的概念、操作与争议	谢爱磊	教育学院（师范学院）	华东师范大学学报（教育科学版）
71	"生成认知""互动理论"与"预测加工模型"——"他心问题"的新思考	苏佳佳	教育学院（师范学院）	心理科学
72	情绪智力的代际传递：有调节的中介模型	麻书滔	教育学院（师范学院）	心理科学
73	学习条件和样例相似性对类别学习元认知监控的影响	冼美君	教育学院（师范学院）	心理科学
74	基于学习体验的过程性课程评价	谢翌	教育学院（师范学院）	课程·教材·教法
75	反馈延迟对信息整合类别学习的影响：视觉项目精确性的调节作用	林晓欣	教育学院（师范学院）	心理科学
76	场域·论域·视域："互联网+"的教学方法论意蕴——生成论教学哲学的立场	张广君	教育学院（师范学院）	课程·教材·教法
77	地方大学与政府关系探究——基于Z大学2009—2019年政策性文件的分析	刘晖	教育学院（师范学院）	高等教育研究
78	经济政策不确定性宏观金融效应的统计测度研究	李正辉	广州大学金融研究院（广州国际金融研究院）	系统工程理论与实践
79	房车旅行与流动的家	魏雷	管理学院（旅游学院/中法旅游学院）	旅游学刊
80	专业孵化器主导的创业生态系统价值共创：基于达安创谷的案例	张延平	管理学院（旅游学院/中法旅游学院）	南开管理评论
81	参与型领导对员工幸福感的双重影响：感知同事支持的调节作用	彭坚	管理学院（旅游学院/中法旅游学院）	心理科学
82	基于会计信息相关性的五因子模型优化分析研究	胡志勇	管理学院（旅游学院/中法旅游学院）	数理统计与管理
83	地方性知识对民族旅游村寨自然环境的治理实践	刘相军	管理学院（旅游学院/中法旅游学院）	旅游学刊
84	我国各省增加值出口及其价值链嵌入研究——基于全球和国内价值链双视角	刘鹏	管理学院（旅游学院/中法旅游学院）	国际贸易问题

续上表

序号	论文题目	第一/通讯作者	所属单位	刊物/论文集名称
85	工作连通行为的双刃剑效应：多重任务倾向的调节作用	聂琦	管理学院（旅游学院/中法旅游学院）	心理科学
86	高管经管教育背景与企业内部薪酬差距	柳光强	管理学院（旅游学院/中法旅游学院）	会计研究
87	在线"文学圈"英语阅读教学模式的探讨	汪东萍	管理学院（旅游学院/中法旅游学院）	课程·教材·教法
88	促内需消费视角下中国公民出境旅游消费的比较研究——基于境外个人跨境旅游消费调查数据的研究	樊纲治	管理学院（旅游学院/中法旅游学院）	数理统计与管理
89	潭门渔民生计方式与人—海关系变迁的民族志考察	王利兵	公共管理学院	中央民族大学学报（哲学社会科学版）
90	执法堕距：政策执行在基层缘何容易走样？——基于D村违法建设综合整治案例的研究	李利文	公共管理学院	中国行政管理
91	农户是如何组织起来的——基于贵州省安顺市塘约村的分析	谢治菊	公共管理学院	中央民族大学学报（哲学社会科学版）
92	"水生态文明建设"能促进水生态环境持续改善吗？——基于江苏省13市双重差分模型的实证分析	曾维和	公共管理学院	中国软科学
93	数字技术形塑制度的机制与路径	张茂元	公共管理学院	中国社会科学文摘
94	整体性治理视域下的大数据反腐	董石桃	公共管理学院	中国社会科学文摘
95	论自治视角下的公司代表制度	袁碧华	法学院（律师学院）	法律科学（西北政法大学学报）
96	民法典的民族性表达与死者的人格权益保护	刘云生	法学院（律师学院）	中国社会科学文摘
97	ZG市街头抢劫者作案地选择及其影响因素研究	龙冬平	地理科学与遥感学院	地理研究
98	游客具身体验视角下传统乡村旅游地的地方重构——婺源案例	曾丽	地理科学与遥感学院	旅游学刊

续上表

序号	论文题目	第一/通讯作者	所属单位	刊物/论文集名称
99	多情景模拟下粤港澳大湾区生态系统服务评估与权衡研究	林媚珍	地理科学与遥感学院	地理研究
100	中国新能源汽车产业创新网络特征及其多维邻近性成因	张凯煌	地理科学与遥感学院	地理研究
101	后城市景观中的乡愁与地方批判：基于"珠江夜游"艺术展的图像分析	马 凌	地理科学与遥感学院	地理研究
102	超越人类的地理学视角下丽江古城旅游地的营建与消费	尹 铎	地理科学与遥感学院	旅游学刊
103	数字品牌社群的价值共创机理研究——基于体验主导逻辑的视角	王满四	创新创业学院	南开管理评论

获奖研究成果

2021年科技成果获奖一览表

序号	所属单位	项目获奖人	获奖项目名称	授奖单位	所获奖项	获奖时间
1	数学与信息科学学院	庾建设 郭志明 周 展 蔡晓春	离散系统的变分法及其应用	广东省人民政府	2020年度广东省科学技术奖自然科学奖一等奖	2021年11月
2	广州大学网络空间先进技术研究院	方滨兴 贾 焰 黄九鸣 韩伟红 田志宏 顾钊铨 李爱平 王 晔 廖 清 景晓军 韩 毅 陈雷霆 张圣栋 李树栋 符永铨	基于互联网的公开信息大搜索关键技术及系统	广东省人民政府	2020年度广东省科学技术奖科技进步奖一等奖	2021年11月
3	地理科学与遥感学院	张新长 邓 敏 李朝奎 吴志峰 曹凯滨 辛秦川 孙 颖 黄健锋 李乐林 杨文涛 石 岩 刘慧敏 黄 悦	新型城镇化建设地理空间信息智能处理关键技术及应用	广东省人民政府	2020年度广东省科学技术奖科技进步奖一等奖	2021年11月

续上表

序号	所属单位	项目获奖人	获奖项目名称	授奖单位	所获奖项	获奖时间
4	土木工程学院	竺维彬 易觉 程永亮 钟长平 黄辉 张志良 米晋生 林本海 张华 万维燕 黄威然 李新明 罗淑仪 暨智勇 袁守谦	富水岩溶发育条件下复合地层地铁盾构工程成套关键技术研究与应用	广东省人民政府	2020年度广东省科学技术奖科技进步奖一等奖	2021年11月
5	机械与电气工程学院	张春良 陈伟国 吴文强 袁泰北 钟伟良 岳夏 朱厚耀 王建晖 邹良甫 周超	高铁钢轨修磨机器人系统研发与应用	广东省人民政府	2020年度广东省科学技术奖科技进步奖二等奖	2021年11月
6	土木工程学院	吴会军 丁云飞 江向阳 宋敦清 刘光华 徐涛 刘彦辰 杨建坤 张科 杨建明	湿热地区高性能建筑节能材料关键技术及应用	广东省人民政府	2020年度广东省科学技术奖科技进步奖二等奖	2021年11月
7	土木工程学院	陈忠平 郭立成 曾国东 刘鑫 汪建斌 刘吉福 王文强 盛柯 李颂华 谢山海	现浇轻质生态路基成套技术及产业化	广东省人民政府	2020年度广东省科学技术奖科技进步奖二等奖	2021年11月
8	计算机科学学院	范立生 类先富 张胜利 潘高峰	协作通信系统物理层安全传输理论与方法研究	教育部	2020年度国家自然科学奖二等奖	2021年11月
9	地理科学与遥感学院	王家耀 武芳 张新长 闫浩文 艾廷华 邓敏 钱海忠 秦奋 翟仁健 张翔	智能化地图综合与多尺度级联更新关键技术及应用	国务院	2020年度国家科技奖二等奖	2021年11月

2021年社科成果获奖一览表

序号	所属单位	成果名称	成果类别	获奖类别	获奖等级	第一获奖人	获奖时间
1	法学院（律师学院）	新时代人权司法保障研究	专著	第九届广东省哲学社会科学优秀成果奖	一等奖	蒋银华	2021年12月
2	人文学院	当代文学学科建构与文学史写作	论文	第九届广东省哲学社会科学优秀成果奖	一等奖	陈剑晖	2021年12月

续上表

序号	所属单位	成果名称	成果类别	获奖类别	获奖等级	第一获奖人	获奖时间
3	教育学院（师范学院）	进城务工人员随迁子女"教育洼地"真伪考	论文	第九届广东省哲学社会科学优秀成果奖	一等奖	吴开俊	2021年12月
4	管理学院（旅游学院/中法旅游学院）	银行债权、内部治理与企业创新——来自2006—2015年A股技术密集型上市公司的实证分析	论文	第九届广东省哲学社会科学优秀成果奖	二等奖	王满四	2021年12月
5	马克思主义学院	推进制度建设的科学指引	论文	第九届广东省哲学社会科学优秀成果奖	二等奖	赵中源	2021年12月
6	管理学院（旅游学院/中法旅游学院）	2019年度广州市公共服务质量市民满意度测评报告	研究或咨询报告	第九届广东省哲学社会科学优秀成果奖	二等奖	汤　萱	2021年12月
7	人文学院	"拟弹词"：清代弹词编创的一种重要类型	论文	第九届广东省哲学社会科学优秀成果奖	二等奖	纪德君	2021年12月
8	教育学院（师范学院）	"乐"于合作：感知社会善念诱导合作行为的情绪机制	论文	第九届广东省哲学社会科学优秀成果奖	二等奖	窦　凯	2021年12月
9	经济与统计学院	异质性研发、政府支持与中国科技创新困境	论文	第九届广东省哲学社会科学优秀成果奖	二等奖	叶祥松	2021年12月
10	广州大学广州发展研究院（广东发展研究院）	关于加快粤港澳大湾区区块链产业发展的若干建议	研究或咨询报告	第九届广东省哲学社会科学优秀成果奖	二等奖	涂成林	2021年12月
11	广州大学网络空间先进技术研究院	网络空间安全热点事件分析及对策建议	研究或咨询报告	第九届广东省哲学社会科学优秀成果奖	二等奖	田志宏	2021年12月
12	体育学院	新常态经济条件下体育用品企业商业模式理论模型的研究	论文	第九届广东省哲学社会科学优秀成果奖	二等奖	毛旭艳	2021年12月
13	法学院（律师学院）	论公安侦查权与行政权的衔接	论文	第九届广东省哲学社会科学优秀成果奖	二等奖	张泽涛	2021年12月

续上表

序号	所属单位	成果名称	成果类别	获奖类别	获奖等级	第一获奖人	获奖时间
14	教育学院（师范学院）	Identification and transformation difficulty in problem solving: Electrophysiological evidence from chunk decomposition	论文	第九届广东省哲学社会科学优秀成果奖	二等奖	张忠炉	2021年12月
15	教育学院（师范学院）	中国高等教育质量保障体系的完型	论文	第九届广东省哲学社会科学优秀成果奖	二等奖	刘　晖	2021年12月
16	公共管理学院	空间的力量：广场舞的社会文化意义及地方认同效应	论文	第九届广东省哲学社会科学优秀成果奖	三等奖	姚华松	2021年12月
17	公共管理学院	差等正义及其批判研究	专著	第九届广东省哲学社会科学优秀成果奖	三等奖	谢治菊	2021年12月
18	管理学院（旅游学院/中法旅游学院）	核心能力快速丧失企业的公司创业——基于海印商业运营的公司创业纵向案例研究	论文	第九届广东省哲学社会科学优秀成果奖	三等奖	周　翔	2021年12月
19	公共管理学院	互联网治理的公共议程与行动框架	论文	第九届广东省哲学社会科学优秀成果奖	三等奖	陈　潭	2021年12月
20	管理学院（旅游学院/中法旅游学院）	新兴经济体企业连续跨国并购中的价值创造：均胜集团的案例	论文	第九届广东省哲学社会科学优秀成果奖	三等奖	谢洪明	2021年12月
21	法学院（律师学院）	论结果导向的信息披露	论文	第九届广东省哲学社会科学优秀成果奖	三等奖	应飞虎	2021年12月
22	教育学院（师范学院）	进城务工人员随迁子女"教育洼地"真伪考	论文	第六届全国教育科学研究优秀成果奖	三等奖	吴开俊	2021年9月
23	教育学院（师范学院）	中小学教育质量观：误区、反思与重构	论文	第六届全国教育科学研究优秀成果奖	三等奖	苏启敏	2021年9月
24	教育学院（师范学院）	教育知识的基础与教育研究范式分类	论文	第六届全国教育科学研究优秀成果奖	三等奖	马凤岐	2021年9月

续上表

序号	所属单位	成果名称	成果类别	获奖类别	获奖等级	第一获奖人	获奖时间
25	人文学院	试论俗曲体戏曲及其在中国戏剧史上的地位——以蒲松龄《禳妒咒》为中心	专著	第九届广东省哲学社会科学优秀成果奖	一等奖	康保成	2021年9月
26	人文学院	生态中国：文学呈现与跨文化研究	论文	第九届广东省哲学社会科学优秀成果奖	二等奖	龙其林	2021年9月
27	教育学院（师范学院）	幼儿园游戏化课程的理论与实践	论文	第九届广东省哲学社会科学优秀成果奖	二等奖	彭茜	2021年9月

专利授权情况

授权专利一览表

序号	第一发明人	所属学院	专利名称	专利类型	专利号
1	郭冠华	地理科学与遥感学院	颗粒物检测仪	外观设计	2021305229944
2	王荋	美术与设计学院	一种钉锤	实用新型	2021215905793
3	王荋	美术与设计学院	一种螺丝刀	实用新型	2021215920219
4	石坚	机械与电气工程学院	一种新型火灾报警数控系统	实用新型	2021215577869
5	石坚	机械与电气工程学院	一种新型办公室灯光系统	实用新型	2021215577591
6	顾美湘	土木工程学院	一种复合地基加载装置	实用新型	202121466976X
7	吴杨	土木工程学院	设有自动饱和模块的三轴试验装置	实用新型	2021214527256
8	何运成	广州大学风工程与工程振动研究中心	一种多自由度振动控制系统	实用新型	2021214485893
9	张伟	广州大学大湾区环境研究院	一种鱼卵快速收集器	实用新型	2021214097826
10	刘昕	美术与设计学院	一种核酸提取仪的磁棒套夹具	实用新型	2021213981913

续上表

序号	第一发明人	所属学院	专利名称	专利类型	专利号
11	何运成	广州大学风工程与工程振动研究中心	一种随流体漂移的管道检测装置	实用新型	2021213430910
12	何运成	广州大学风工程与工程振动研究中心	一种用于风洞试验的建筑外风场模拟测试装置	实用新型	202121343230X
13	何运成	广州大学风工程与工程振动研究中心	一种建筑结构表面风压检测系统	实用新型	2021213452163
14	何运成	广州大学风工程与工程振动研究中心	一种高层建筑表面风压测试系统	实用新型	2021213452178
15	何运成	广州大学风工程与工程振动研究中心	一种用于风洞试验的悬索风雨激振模拟测试装置	实用新型	2021213450350
16	何运成	广州大学风工程与工程振动研究中心	一种用于风洞试验的建筑风压系数检测装置	实用新型	2021213432051
17	何运成	广州大学风工程与工程振动研究中心	一种低频振动能量采集装置	实用新型	2021213433336
18	曾衍瀚	电子与通信工程学院	一种低功耗多输出CMOS电压基准源电路	实用新型	2021212550883
19	顾美湘	土木工程学院	一种反力架	实用新型	2021212289817
20	顾美湘	土木工程学院	一种桩基承载力试验加载装置	实用新型	2021212290994
21	吴 杨	土木工程学院	一种橡皮筋安装装置	实用新型	2021212138126
22	刘 昕	美术与设计学院	景观公共座椅	外观设计	2021303281296
23	刘 昕	美术与设计学院	荧光定量PCR仪（便携型左右式）	外观设计	202130319834X
24	马玉玮	广州大学风工程与工程振动研究中心	一种应用电极片的压敏材料的成型模具	实用新型	2021211382240
25	罗威力	土木工程学院	一种无结构柱地铁车站装配式结构	实用新型	2021211303060
26	王 涛	广州大学风工程与工程振动研究中心	一种用于地铁车站腋角角撑的提升定位装置	实用新型	202121132129X
27	刘 昕	美术与设计学院	荧光定量仪（可拆分可实时监控PCR）	外观设计	202130313550X
28	刘 昕	美术与设计学院	漩涡振荡器	外观设计	2021303135209
29	刘 昕	美术与设计学院	振荡器（防漏防溅）	外观设计	2021303134884
30	刘 昕	美术与设计学院	隔断屏风（中低）	外观设计	2021303135497

续上表

序号	第一发明人	所属学院	专利名称	专利类型	专利号
31	刘昕	美术与设计学院	隔断屏风（中高）	外观设计	2021303135567
32	刘昕	美术与设计学院	荧光定量仪（后置加热式PCR）	外观设计	202130313529X
33	马玉玮	广州大学风工程与工程振动研究中心	一种弹性模量的测试装置	实用新型	2021210593916
34	王涛	土木工程学院	一种地连墙气囊接头箱防绕流结构	实用新型	2021210332437
35	罗威力	土木工程学院	一种地下连续墙后装光纤监测装置的管盖	实用新型	202121036898X
36	杨华	土木工程学院	一种用于地下连续墙的光纤保护监测装置	实用新型	2021210369060
37	罗威力	广州大学风工程与工程振动研究中心	一种地连墙防绕流结构	实用新型	2021210332615
38	刘爱荣	广州大学风工程与工程振动研究中心	管道检测装置	实用新型	2021209953732
39	王力	电子与通信工程学院	一种分布式心电信号识别系统	实用新型	2021209378105
40	陈柳洁	土木工程学院	供能装置以及洗鼻器	实用新型	2021209371854
41	叶茂	广州大学风工程与工程振动研究中心	一种基于圆球摇摆机制的摇摆墙	实用新型	2021209243432
42	傅继阳	广州大学风工程与工程振动研究中心	一种复合阻尼器	实用新型	2021209244492
43	叶茂	广州大学风工程与工程振动研究中心	一种基于圆环摇摆机制的摇摆墙	实用新型	2021209243606
44	叶茂	广州大学风工程与工程振动研究中心	一种基于滑动摇摆机制的摇摆墙	实用新型	2021209244469
45	周茂	建筑与城市规划学院	建筑物（冥想之所02）	外观设计	2021302546849
46	李树栋	广州大学网络空间先进技术研究院	一种挖矿恶意软件的识别方法、系统和存储介质	发明专利	2021104719432
47	汪大洋	土木工程学院	一种耗能器	实用新型	2021208929219
48	汪大洋	土木工程学院	一种解耦式振震控制装置	实用新型	2021208928536
49	汪大洋	土木工程学院	一种阻尼装置	实用新型	2021208920106
50	汪大洋	土木工程学院	一种摩擦摆振震双控装置	实用新型	2021208919429
51	汪大洋	土木工程学院	一种全解耦式振震双控装置	实用新型	2021208903100

续上表

序号	第一发明人	所属学院	专利名称	专利类型	专利号
52	罗洁	美术与设计学院	智能裤	外观设计	2021302472883
53	罗洁	美术与设计学院	智能服	外观设计	2021302472898
54	章婧	土木工程学院	一种削弱型钢板加强的胶合木梁柱节点	实用新型	202120840906X
55	章婧	土木工程学院	一种用于胶合木梁柱结构的耗能型隅撑	实用新型	2021208416171
56	章婧	土木工程学院	一种用于开裂胶合木梁柱螺栓节点的摩擦耗能加固装置	实用新型	2021208399570
57	马玉玮	广州大学风工程与工程振动研究中心	一种埋入式传感器	实用新型	2021208343734
58	张力文	土木工程学院	一种公路桥墩的防撞装置	实用新型	2021208301515
59	张力文	土木工程学院	防护装置及护栏	实用新型	2021208135479
60	徐国良	地理科学与遥感学院	一种生态折叠桌	实用新型	2021207797123
61	刘长江	土木工程学院	膜结构在风驱雨荷载作用下的动力响应测试装置	实用新型	2021207537821
62	汪大洋	土木工程学院	一种屋面系统储能支座结构	实用新型	2021207285727
63	陈炳聪	广州大学风工程与工程振动研究中心	一种钢梁、钢混组合梁	实用新型	2021206738927
64	王家琳	广州大学风工程与工程振动研究中心	一种水池的可升降池底及水池	实用新型	2021206659624
65	项新梅	土木工程学院	一种仿生多级吸能结构	实用新型	2021206365936
66	张季超	土木工程学院	一种基于数据库的桩承载力计算系统	发明专利	2021103343821
67	张力文	土木工程学院	装配式钢-椰子纤维磷酸镁水泥桥面板组合梁	实用新型	2021206269093
68	陈柳洁	土木工程学院	一种导流管便捷收纳的洗鼻器	实用新型	2021206024749
69	何运成	广州大学风工程与工程振动研究中心	一种管道健康监测装置	实用新型	2021206028468
70	黄襄云	广州大学工程抗震研究中心	一种超设计烈度同步滚轴隔震支座	实用新型	2021206018485
71	刘爱荣	广州大学风工程与工程振动研究中心	一种可搭载接触式检测设备的水下检测机械臂	实用新型	2021206017783

续上表

序号	第一发明人	所属学院	专利名称	专利类型	专利号
72	孙哲	广州大学网络空间先进技术研究院	一种基于区块链的联邦学习数据审计系统及方法	发明专利	2021103153032
73	郭冠华	地理科学与遥感学院	室外温湿度风速监测仪	外观设计	2021301588882
74	曹峥	地理科学与遥感学院	室外温湿度监测仪	外观设计	2021301588897
75	郭冠华	地理科学与遥感学院	室外空气质量监测仪	外观设计	2021301588793
76	芦思佳	生命科学学院	一种大豆萌芽装置	实用新型	2021205917169
77	芦思佳	生命科学学院	一种野生大豆栽培装置	实用新型	2021205915089
78	曹峥	地理科学与遥感学院	一种室外温湿度采集装置	实用新型	2021205927599
79	郭冠华	地理科学与遥感学院	一种室外风速监测装置	实用新型	2021205927669
80	张季超	土木工程学院	基于大数据分析管桩承载力检测实验中的检测设备	实用新型	2021206105375
81	张季超	土木工程学院	管桩承载力数据库数据收集检测设备的校准装置	实用新型	2021205836759
82	何运成	广州大学风工程与工程振动研究中心	一种基于流体运动的发电装置	实用新型	2021205373988
83	李楠	化学化工学院	一种鸡尾酒蒸馏装置	实用新型	2021205093597
84	张效禹	土木工程学院	一种桥梁桩基抗震减灾结构	实用新型	2021204933215
85	刘长红	机械与电气工程学院	一种菠萝采摘机构	实用新型	2021204763568
86	何运成	广州大学风工程与工程振动研究中心	一种自供能的管道监测装置	实用新型	2021204723151
87	任凤鸣	土木工程学院	一种装配式组合结构节点连接系统	实用新型	2021204745362
88	彭滔	计算机科学与网络工程学院	一种基于可信环境与区块链的群智感知系统及其激励方法	发明专利	2021102402964
89	刘长红	机械与电气工程学院	一种垃圾多级单件化处理装置	实用新型	2021204182273
90	项新梅	土木工程学院	一种基于微观啄木鸟喙的仿生蜂窝板和3D打印机	实用新型	2021203553774
91	刘长红	机械与电气工程学院	一种干湿垃圾分类处理装置	实用新型	2021203644364
92	刘长红	机械与电气工程学院	一种垃圾破袋回收装置	实用新型	2021203426656
93	周云	土木工程学院	三维隔振装置	实用新型	2021203131382
94	周云	土木工程学院	轨道交通用三维隔振装置	实用新型	2021203131965

续上表

序号	第一发明人	所属学院	专利名称	专利类型	专利号
95	周云	土木工程学院	用于轨道交通上盖结构的三维隔振装置	实用新型	2021203132991
96	周云	土木工程学院	隔振装置	实用新型	202120313140X
97	伍冯洁	电子与通信工程学院	盲文学习装置	实用新型	2021202788734
98	暴伟	土木工程学院	一种弯曲耗能型索系支撑	实用新型	202120274081X
99	刘爱荣	广州大学风工程与工程振动研究中心	一种便于多方位观察的水下检测机器人手臂	实用新型	2021202748440
100	吴从晓	土木工程学院	一种刚度可预的列车轨道减振橡胶垫	实用新型	2021202264902
101	王菁菁	土木工程学院	离合型惯容质量阻尼器	实用新型	2021202311833
102	王菁菁	土木工程学院	内碰振型多质量阻尼器	实用新型	2021202239474
103	胡宁	广州大学网络空间先进技术研究院	一种抗溯源的匿名通信网络接入方法、系统及设备	发明专利	2021100973966
104	胡宁	广州大学网络空间先进技术研究院	基于互联网文件存储服务的匿名通信方法、系统及设备	发明专利	2021100988726
105	吴会军	土木工程学院	一种地暖模块	实用新型	2021201880752
106	李致富	机械与电气工程学院	水锤式喷射阀	实用新型	202120157705X
107	韩冬雪	化学化工学院	一种光电化学传感器及抗氧化容量分析仪	实用新型	202120148170X
108	何运成	广州大学风工程与工程振动研究中心	一种低频振动控制系统	实用新型	2021201315606
109	李树栋	计算机科学与网络工程学院	面向大规模网络的攻击图分布式构建方法、系统和介质	发明专利	2021100428993
110	陈广英	美术与设计学院	酒瓶（虎头黄色布艺15年老树红葡萄酒）	外观设计	2021300149252
111	陈广英	美术与设计学院	酒瓶（绿蝴蝶几何纹白葡萄酒汁）	外观设计	2021300149360
112	陈广英	美术与设计学院	酒瓶（民族风头饰少女15年老树全汁干红）	外观设计	2021300149074
113	陈广英	美术与设计学院	酒瓶（蝴蝶坎肩纹15年老树红葡萄酒）	外观设计	2021300149178
114	陈广英	美术与设计学院	酒瓶（彝族少女30年老树红葡萄酒）	外观设计	2021300149303

续上表

序号	第一发明人	所属学院	专利名称	专利类型	专利号
115	罗威力	土木工程学院	低净空条件下使用的等效连墙施工系统	实用新型	2021200406491
116	刘坚	土木工程学院	一种钢管约束型钢再生砼柱-梁装配式节点	实用新型	2021200387128
117	刘坚	土木工程学院	一种装配式压型钢板再生混凝土组合剪力墙	实用新型	2021200512293
118	何运成	广州大学风工程与工程振动研究中心	一种智能降温仿真树	实用新型	2021200268773
119	徐国良	地理科学与遥感学院	一种百叶窗	实用新型	2021200266231
120	邓霞	计算机科学与网络工程学院	通过卫星网络的数据传输方法、卫星网络、装置和介质	发明专利	2020116359221
121	沈朝勇	广州大学工程抗震研究中心	一种新型竖向隔震支座	实用新型	2020232863829
122	罗忆源	公共管理学院	橡胶脚垫静态水平刚度测试装置	实用新型	2020232956819
123	沈朝勇	广州大学工程抗震研究中心	一种新型的防火隔震支座装置	实用新型	2020232863072
124	罗忆源	管理学院（旅游学院/中法旅游学院）	空气弹簧静态水平刚度测试装置	实用新型	2020232978822
125	喻晓雯	音乐舞蹈学院	节奏练习器	实用新型	2020232510102
126	文桂林	机械与电气工程学院	一种发电发光减速带	实用新型	2020232488378
127	曾衍瀚	电子与通信工程学院	一种升压转换电路的过零检测装置	发明专利	2020116037092
128	何正铭	土木工程学院	混凝土构件多轴膨胀收缩变形测量仪器	实用新型	2020232330044
129	何正铭	土木工程学院	混凝土构件多轴变形测量仪器	实用新型	2020232330330
130	何运成	广州大学风工程与工程振动研究中心	一种海上能量采集装置	实用新型	202023201670X
131	何运成	广州大学风工程与工程振动研究中心	一种混合能量采集装置和一种传感器供电系统	实用新型	2020232063946
132	何运成	广州大学风工程与工程振动研究中心	一种基于风光互补技术的波形护栏	实用新型	2020232037532
133	何运成	广州大学风工程与工程振动研究中心	一种自供电瑜伽垫	实用新型	2020232015213

续上表

序号	第一发明人	所属学院	专利名称	专利类型	专利号
134	何运成	广州大学风工程与工程振动研究中心	一种高速公路能量采集装置	实用新型	2020232015247
135	何运成	广州大学风工程与工程振动研究中心	一种公共交通设施的吊环拉手	实用新型	2020232038427
136	曹飒飒	土木工程学院	一种绕支座绳索的张拉装置	实用新型	2020231976463
137	何运成	广州大学风工程与工程振动研究中心	一种社区路灯供电系统	实用新型	2020231994071
138	王伟	化学化工学院	一种角度调制型SPR传感器及SPR检测设备	实用新型	2020231649048
139	王伟	化学化工学院	一种基于手机的角度调制型SPR检测装置	实用新型	2020231649033
140	马海涛	广州大学工程抗震研究中心	一种地震地区UHPC临时板房	实用新型	2020231217650
141	索华	建筑与城市规划学院	一种基于BIM的钢结构建筑定位装置	实用新型	2020231052130
142	索华	建筑与城市规划学院	一种基于BIM建筑设计施工用支撑平台	实用新型	2020230967471
143	索华	建筑与城市规划学院	一种基于BIM的装配式建筑构件	实用新型	2020230961973
144	索华	建筑与城市规划学院	一种基于BIM的建筑施工用调节式支架	实用新型	2020230961831
145	索华	建筑与城市规划学院	一种基于BIM技术建筑工程预加工管道	实用新型	2020230967306
146	索华	建筑与城市规划学院	一种基于BIM的钢结构建筑定位贴片	实用新型	2020231054206
147	索华	建筑与城市规划学院	一种基于BIM的建筑模板连接锁紧机构	实用新型	2020231053788
148	索华	建筑与城市规划学院	一种基于BIM的建筑临边洞口安全防护装置	实用新型	2020231077763
149	索华	建筑与城市规划学院	一种基于BIM的建筑施工监管装置	实用新型	2020230962355
150	索华	建筑与城市规划学院	一种基于BIM的建筑模型搭建装置	实用新型	2020230968050
151	索华	建筑与城市规划学院	一种基于BIM的建筑数据监测设备	实用新型	2020230961899
152	索华	建筑与城市规划学院	一种基于BIM的建筑数据监测装置	实用新型	2020230968313

续上表

序号	第一发明人	所属学院	专利名称	专利类型	专利号
153	王伟	化学化工学院	一种基于扫描振镜的角度调制型SPR传感器及SPR检测设备	实用新型	2020230864460
154	王伟	化学化工学院	基于DMD的角度调制型SPR传感器及SPR检测设备	实用新型	2020230836583
155	韩康稳（校外）	联合申报	一种移动式示教主机	实用新型	2020230763351
156	徐安	广州大学风工程与工程振动研究中心	一种兼具发电功能的双塔高层建筑电磁阻尼连廊	实用新型	2020230291806
157	徐安	广州大学风工程与工程振动研究中心	一种用于双塔高层建筑减振的阻尼式连廊	实用新型	2020230355263
158	徐安	广州大学风工程与工程振动研究中心	一种带杠杆的滑块式双塔高层建筑阻尼连廊	实用新型	2020230291844
159	陈原	土木工程学院	一种铝塑板吊顶与石膏板吊顶连接处节点结构	实用新型	2020230437456
160	陈原	土木工程学院	一种用于钢筋混凝土柱加固连接结构	实用新型	2020230225344
161	陈原	土木工程学院	一种钢筋混凝土柱加固连接节点结构	实用新型	2020230225062
162	吴迪	广州大学风工程与工程振动研究中心	一种磁流变旋转阻尼器	实用新型	2020230010484
163	吴迪	广州大学工程抗震研究中心	一种双向惯性速度型阻尼器	实用新型	2020230007388
164	吴迪	广州大学工程抗震研究中心	一种半主动磁流变旋转阻尼器	实用新型	2020229975566
165	刘煜	环境科学与工程学院	模拟地下水可渗透反应墙的装置	实用新型	2020229271981
166	周军勇	土木工程学院	一种用于桥梁新旧主梁横向拼接施工的临时锁定装置	实用新型	2020229154687
167	钟惠	化学化工学院	一种化学教学用试剂高效混合装置	实用新型	2020229084580
168	殷丽华	广州大学网络空间先进技术研究院	一种基于Wi-Fi信号波动的IoT设备安全自动配对方法及装置	发明专利	2020114213013
169	喻晓雯	音乐舞蹈学院	节拍训练器	外观设计	2020307455786
170	张建辉	后勤服务处	雾化装置	发明专利	2020114157687
171	刘爱荣	广州大学风工程与工程振动研究中心	一种组合梁	实用新型	2020228591982

续上表

序号	第一发明人	所属学院	专利名称	专利类型	专利号
172	翟振明	广州大学智能制造工程研究院	力度反馈手套	实用新型	2020228245195
173	刘昕	美术与设计学院	健身器材（老年人用）	外观设计	2020307325903
174	刘昕	美术与设计学院	汽车驾驶室内饰（老年人用）	外观设计	2020307314947
175	朱大昌	机械与电气工程学院	一种对路面自适应的智能小车	发明专利	2020113526538
176	林海东	广州大学风工程与工程振动研究中心	一种防渗水建筑结构	实用新型	2020227717822
177	刘运林	化学化工学院	一种含胍基结构单元的多环螺吲哚啉化合物及其制备方法和应用	发明专利	2020113430997
178	吴轶	土木工程学院	一种摩擦阻尼胶合木支撑结构	实用新型	2020227532718
179	吴轶	土木工程学院	一种高延性的木支撑结构	实用新型	2020227532563
180	周云	土木工程学院	一种金属波纹管-叠层复合材料阻尼器	实用新型	2020227618831
181	林海东	广州大学风工程与工程振动研究中心	一种导水槽建筑结构	实用新型	2020227486508
182	江进	土木工程学院	一种用于杆塔原位升高的装置	实用新型	2020227477369
183	陈斌	地理科学与遥感学院	一种新型节能公厕	实用新型	2020227461182
184	顾钊铨	广州大学网络空间先进技术研究院	一种物料运输的自动调度方法	发明专利	2020113179890
185	谭平	广州大学工程抗震研究中心	一种自恢复型消能支撑	实用新型	2020227148802
186	谭平	广州大学工程抗震研究中心	一种多阶拉索式消能支撑	实用新型	2020226960963
187	谭平	广州大学工程抗震研究中心	一种拉索式消能支撑	实用新型	2020226959699
188	谭平	广州大学工程抗震研究中心	一种多级自恢复型消能支撑	实用新型	2020227196134
189	王晓红	广州大学大湾区环境研究院	一种用于环境监测的高效脱硫喷淋装置	实用新型	2020227134123
190	蓝林华	土木工程学院	泊松比和热膨胀系数可调的新型三维结构	实用新型	2020227061461

续上表

序号	第一发明人	所属学院	专利名称	专利类型	专利号
191	吴会军	土木工程学院	便携式空调模块	实用新型	2020226621038
192	陈炳聪	广州大学风工程与工程振动研究中心	一种用于装配式结构的侵入式螺栓连接件	实用新型	2020226412009
193	桂珍珍	机械与电气工程学院	一种外聚焦反射装置及内窥镜	实用新型	2020226481140
194	陈哲蔚	美术与设计学院	多功能桌（创意鱼缸）	外观设计	2020306906779
195	陈哲蔚	美术与设计学院	多功能桌（M式组合家具）	外观设计	202030690636X
196	吴迪	广州大学工程抗震研究中心	一种旋转速度型阻尼器	实用新型	2020226349749
197	陈哲蔚	美术与设计学院	屏风（风铃）	外观设计	2020306869074
198	陈哲蔚	美术与设计学院	屏风（江南之舟）	外观设计	2020306877780
199	陈哲蔚	美术与设计学院	椅子（莫比乌斯椅）	外观设计	2020306869002
200	许勇	土木工程学院	一种正交胶合木墙体	实用新型	2020226195030
201	王菁菁	土木工程学院	一种惯容型非对称非线性能量阱装置	实用新型	2020226143676
202	刘彦辉	广州大学工程抗震研究中心	一种旋转式电涡流调谐低频质量阻尼器	实用新型	202022603183X
203	陈柳洁	土木工程学院	一种洗鼻器	实用新型	2020225902903
204	李成俊	广州大学大湾区环境研究院	一种水培养装置	实用新型	2020225905988
205	虞为（校外）	联合申报	一种便于排污的养殖池塘	实用新型	2020225668094
206	杨育凯	联合申报	一种抗风浪网箱拉网装置	实用新型	2020225668111
207	赵若红	广州大学风工程与工程振动研究中心	一种用于制备压电复合材料测试样品的模具	实用新型	2020225722506
208	林黑着（校外）	联合申报	一种水样采集装置	实用新型	2020225647473
209	张超	土木工程学院	一种减震墙体结构	实用新型	2020225447068
210	张超	土木工程学院	一种装配式减震墙体框架结构	实用新型	2020225391378
211	张超	土木工程学院	一种装配式减震墙体钢框架结构可动连接构造	实用新型	2020225397321
212	张超	土木工程学院	装配式减震墙体结构	实用新型	2020225438406

续上表

序号	第一发明人	所属学院	专利名称	专利类型	专利号
213	张超	土木工程学院	减震墙体结构	实用新型	2020225376255
214	周茂	建筑与城市规划学院	建筑物（冥想之所01）	外观设计	2020306568448
215	李树栋	计算机科学与网络工程学院	面向带权异质图的恶意行为识别方法、系统和存储介质	发明专利	2020111881253
216	欧阳小伟	广州大学风工程与工程振动研究中心	净浆流动性测试装置	实用新型	2020224546136
217	欧阳小伟	广州大学风工程与工程振动研究中心	一种净浆流动性测试装置	实用新型	202022460343X
218	田志宏	广州大学网络空间先进技术研究院	基于验证分离的PLC防护系统、方法及介质	发明专利	2020111434090
219	欧阳小伟	广州大学风工程与工程振动研究中心	一种3D打印装置	实用新型	2020223748906
220	欧阳小伟	广州大学风工程与工程振动研究中心	3D打印装置	实用新型	2020223743283
221	方赵嵩	土木工程学院	基于微弱电信号的霉菌监测装置、方法和系统	发明专利	2020111367147
222	欧阳小伟	广州大学风工程与工程振动研究中心	一种梯度功能梁	实用新型	2020223661052
223	欧阳小伟	广州大学风工程与工程振动研究中心	一种衬砌管片	实用新型	2020223661029
224	张涛	发展规划处	一种高温稳定性好的双纳米结构钨合金及其制备方法与应用	发明专利	2020111292437
225	高娅娟	美术与设计学院	便携手提袋	外观设计	2020306255439
226	高娅娟	美术与设计学院	钥匙扣挂件	外观设计	2020306246143
227	汪大洋	土木工程学院	一种大悬臂挑篷柱内预应力拉索减振结构体系	实用新型	202022281485X
228	汪大洋	土木工程学院	强风区钢屋盖预应力弹簧阻尼竖向减振可调刚度限位支座	实用新型	2020222827099
229	汪大洋	土木工程学院	应用于高烈度强风区柱顶的弹簧阻尼竖向减振可限位支座	实用新型	2020222827101
230	赵桂峰	土木工程学院	一种电磁阻尼器	实用新型	2020222679576
231	谭平	土木工程学院	一种多级电涡流调谐质量阻尼器	实用新型	2020222518413

续上表

序号	第一发明人	所属学院	专利名称	专利类型	专利号
232	谢金龙	机械与电气工程学院	一种高效管壳式相变储能换热装置	实用新型	2020222375848
233	谢金龙	机械与电气工程学院	一种用于电子器件温度控制的新型相变材料封装结构	实用新型	2020222366393
234	何运成	广州大学风工程与工程振动研究中心	一种利用风力的发电装置	实用新型	2020222163967
235	谭 平	广州大学工程抗震研究中心	一种摇摆调谐质量阻尼器	实用新型	2020222048460
236	黄文柯	土木工程学院	一种自发光路面标线	实用新型	2020222212130
237	何运成	土木工程学院	一种涡激共振复合发电装置	实用新型	2020222174957
238	任凤鸣	土木工程学院	内置复材管约束钢骨混凝土柱的钢管混凝土束组合剪力墙	实用新型	2020221989359
239	任凤鸣	土木工程学院	一种内置复材约束混凝土柱的钢管混凝土束组合剪力墙	实用新型	2020221980176
240	肖 忠	机械与电气工程学院	一种全自动叠衣装置	实用新型	2020221782279
241	何运成	土木工程学院	一种用于吸收振动能的发电装置	实用新型	2020221663689
242	李树栋	计算机科学与网络工程学院	基于同源性分析的APT攻击识别及归属方法、系统和存储介质	发明专利	2020110377090
243	陈奇良	土木工程学院	一种冰蓄冷系统	实用新型	2020221641374
244	陈奇良	土木工程学院	一种可自动除霜或除冰的换热器	实用新型	2020221648848
245	陈奇良	土木工程学院	一种换热器及换热器系统	实用新型	2020221662760
246	傅继阳	广州大学风工程与工程振动研究中心	一种振动能收集装置	实用新型	2020221458951
247	周 云	土木工程学院	一种装配式减震框架	实用新型	2020221476409
248	陈宝星	管理学院（旅游学院/中法旅游学院）	一种智能生鲜快递柜	实用新型	2020221023184
249	傅继阳	广州大学风工程与工程振动研究中心	一种环境能收集装置	实用新型	2020220802129
250	吴 迪	广州大学工程抗震研究中心	一种变阻尼半主动阻尼器	实用新型	2020220850419
251	吴 迪	广州大学工程抗震研究中心	一种变阻尼速度型阻尼器	实用新型	2020220850283

续上表

序号	第一发明人	所属学院	专利名称	专利类型	专利号
252	李亚东	土木工程学院	一种土工三轴试验击样装置	实用新型	2020220639663
253	刘振邦	计算机科学与网络工程学院	一种表面等离子体共振检测装置	实用新型	2020214541583
254	谢如鹤	管理学院（旅游学院/中法旅游学院）	具有柔性空间的多温蓄冷箱	实用新型	2020219978750
255	赵桂峰	土木工程学院	一种双向电涡流非线性能量阱减振装置	实用新型	2020219822579
256	沈朝勇	广州大学工程抗震研究中心	一种具有强承载能力且更换方便的隔震支座	发明专利	2020109561721
257	何运成	广州大学风工程与工程振动研究中心	一种基于翼型的升力直线发电机	实用新型	2020219739035
258	许勇	土木工程学院	一种建筑木模块结构	实用新型	2020219664236
259	戴杰涛	机械与电气工程学院	一种线材除锈喷头	发明专利	2020109439217
260	龙晓莉	实验中心、网络与现代教育技术中心	一种辅助坐便器	实用新型	2020218945020
261	何运成	土木工程学院	一种发电装置以及应用其的健康监测设备	实用新型	2020218924043
262	吴杨	土木工程学院	一种振筛机	实用新型	2020218213520
263	何运成	土木工程学院	一种发电装置	实用新型	2020218291801
264	缪绅裕	生命科学学院	一种用于野外采集植物标本的便携式标本夹	实用新型	2020218093707
265	刘昕	美术与设计学院	救生担架（可变带背包）	外观设计	2020304955018
266	刘昕	美术与设计学院	肥皂（1）	外观设计	2020304955179
267	刘昕	美术与设计学院	肥皂（2）	外观设计	2020304947986
268	刘昕	美术与设计学院	儿童坐骑（带收纳玩具箱）	外观设计	2020304948137
269	刘振邦	化学化工学院	电池欠压保护电路和电源模块	实用新型	2020218202013
270	刘昕	美术与设计学院	肥皂（3）	外观设计	2020304947878
271	张建辉	机械与电气工程学院	一种可调速的雾化装置	实用新型	2020217774 59X
272	张建辉	机械与电气工程学院	一种自适应调速的雾化装置	实用新型	2020217733227
273	张建辉	机械与电气工程学院	一种浮球式雾化装置	实用新型	2020217733246
274	谭平	广州大学工程抗震研究中心	一种自复位防屈曲支撑	实用新型	2020217215482

续上表

序号	第一发明人	所属学院	专利名称	专利类型	专利号
275	谭平	广州大学工程抗震研究中心	一种多阶自复位防屈曲支撑	实用新型	2020217215868
276	王杰	机械与电气工程学院	一种骨传导耳机的串声消除方法及系统	发明专利	2020108289392
277	蔡旭	土木工程学院	一种旧料马歇尔界面试件的成型装置	实用新型	2020216301546
278	周福霖	广州大学工程抗震研究中心	一种低频杠杆式调谐质量阻尼器	实用新型	2020215248710
279	刘振邦	化学化工学院	一种光电化学检测池	实用新型	2020215228793
280	张超	土木工程学院	一种装配式填充墙板与框架的组合结构	实用新型	2020215095927
281	张超	土木工程学院	一种预制装配式消能器用支墩及支墩与消能器连接节点	实用新型	2020215113910
282	范浩森	化学化工学院	一种异质结构材料及其制备方法和应用	发明专利	2020107231178
283	吴杨	土木工程学院	一种适用于三轴实验的加温盛水装置	实用新型	2020214672880
284	张武	物理与材料科学学院	可调谐太赫兹波极化旋转的柔性超材料及其使用方法	发明专利	2020107043713
285	苏敏华	环境科学与工程学院	一种具有可见光催化活性的LiCl-CN纳米管及其制备方法与应用	发明专利	2020107016684
286	徐慎春	土木工程学院	一种钢筋混凝土中心拉拔试验装置	实用新型	2020214147144
287	刘海	土木工程学院	用于钢筋混凝土结构损伤检测的双极化通道探地雷达天线	实用新型	2020214248130
288	曾衍瀚	电子与通信工程学院	一种带有负反馈的高性能CMOS电压基准源	实用新型	2020214177455
289	向建化	机械与电气工程学院	一种热二极管及其加工方法	发明专利	2020106890394
290	刘晓初	机械与电气工程学院	一种轴承钢球表面强化加工设备	发明专利	2020106890021
291	刘晓初	机械与电气工程学院	一种轴承钢球表面强化加工装置	发明专利	2020106890036
292	刘晓初	机械与电气工程学院	一种轴承钢球表面强化加工方法	发明专利	2020106891166
293	赵桂峰	土木工程学院	一种调频旋转质量变摩擦阻尼器	实用新型	2020213487420

续上表

序号	第一发明人	所属学院	专利名称	专利类型	专利号
294	赵桂峰	土木工程学院	一种具有自复位功能的调频放大质量阻尼器	实用新型	2020213487435
295	刘晓初	机械与电气工程学院	一种土壤墒情的人工智能控制方法及系统	发明专利	2020106661728
296	张高生	环境科学与工程学院	一种镧锰复合氧化物吸附剂及其制备方法和应用	发明专利	2020106551075
297	马玉玮	广州大学风工程与工程振动研究中心	一种基于地聚物基1-3型压电材料的制备模具	实用新型	2020213017459
298	马玉玮	广州大学风工程与工程振动研究中心	一种低熟料水泥及其制备方法和应用	发明专利	2020106422572
299	何运成	广州大学风工程与工程振动研究中心	一种单车手机支架	实用新型	2020212953659
300	祝晨光	音乐舞蹈学院	一种基于跳舞机原理的音乐律动游戏机	实用新型	2020212964761
301	张鸿郭	环境科学与工程学院	一种无隔膜微生物燃料电池装置	实用新型	2020212947906
302	张鸿郭	环境科学与工程学院	一种无隔膜微生物燃料电池装置及其制作方法	发明专利	2020106388656
303	彭绍湖	电子与通信工程学院	一种升降式拾物拐杖	发明专利	2020106365616
304	李树栋	广州大学网络空间先进技术研究院	基于stacking集成的APT组织识别方法、系统及存储介质	发明专利	2020105862984
305	谭平	广州大学工程抗震研究中心	一种两级防屈曲消能支撑	实用新型	2020211468336
306	何运成	土木工程学院	一种发电装置和系统	实用新型	2020211429774
307	何运成	广州大学风工程与工程振动研究中心	一种基于活塞风的能量转换装置和采集装置	实用新型	2020211305362
308	何运成	广州大学风工程与工程振动研究中心	一种活塞风检测装置和系统	实用新型	2020211304887
309	何运成	广州大学风工程与工程振动研究中心	一种基于人工智能的导游眼镜和装置	实用新型	2020211304904
310	张建辉	机械与电气工程学院	一种雾化喷嘴	实用新型	2020211292220
311	张建辉	机械与电气工程学院	一种高效雾化喷嘴	实用新型	2020211289196
312	何运成	土木工程学院	一种风能太阳能发电装置	实用新型	2020210942397

续上表

序号	第一发明人	所属学院	专利名称	专利类型	专利号
313	何运成	土木工程学院	一种基于导线舞动原理的能量采集装置	实用新型	2020210897264
314	何运成	广州大学风工程与工程振动研究中心	一种篮球架	实用新型	202021050787X
315	赵桂峰	土木工程学院	一种自复位凸轮式阻尼器响应放大装置	实用新型	2020210415806
316	张力文	土木工程学院	一种智能分类垃圾桶	实用新型	2020210410732
317	张力文	土木工程学院	防撞护栏装置	实用新型	202021026532X
318	张力文	土木工程学院	一种太阳能发电装置	实用新型	2020210107275
319	彭凌西	机械与电气工程学院	一种基于远程交互监控的心脏除颤器及系统	实用新型	2020209856333
320	杨伟	化学化工学院	一种镍锰酸锂正极材料及其制备方法	发明专利	2020104880449
321	阎佳	环境科学与工程学院	一种硫酸盐脱硫废水集成处理装置	实用新型	2020209608583
322	刘长红	机械与电气工程学院	一种气动破袋装置	实用新型	2020209501355
323	暴伟	土木工程学院	一种墙体单元及拼装模块耗能钢板墙	实用新型	2020209299359
324	徐慎春	土木工程学院	一种装配式钢板组合剪力墙结构	发明专利	2020209174298
325	徐慎春	土木工程学院	一种装配式超高性能混凝土剪力墙结构	实用新型	2020209168526
326	徐慎春	土木工程学院	一种预制混凝土梁柱节点结构	实用新型	2020209173473
327	向建化	机械与电气工程学院	一种柔性热管	实用新型	2020208870352
328	向建化	机械与电气工程学院	一种双通道单向传热热管	实用新型	2020208368154
329	张伟	经济与统计学院	一种飞秒时间分辨吸收光谱探测系统	实用新型	2020208223634
330	吴杨	土木工程学院	土工试验制样器	实用新型	2020207726481
331	胡勇军	管理学院（旅游学院/中法旅游学院）	基于区块链的信息标注方法	发明专利	2020103919121
332	朱大昌	机械与电气工程学院	一种云台装置以及摄像设备	发明专利	2020103863022
333	张承云	电子与通信工程学院	一种提升室内语言清晰度的方法和系统	发明专利	2020103847890
334	罗威力	土木工程学院	一种串珠状溶洞注浆后强度的检测方法	发明专利	202010385248X

续上表

序号	第一发明人	所属学院	专利名称	专利类型	专利号
335	顾美湘	土木工程学院	一种用于散体材料桩复合地基的模型试验装置	实用新型	2020207594054
336	艾山	广州大学智能制造工程研究院	一种子母装卸车系统	发明专利	2020103820934
337	向建化	机械与电气工程学院	一种扁平单向传热热管	实用新型	2020207382008
338	范浩森	化学化工学院	一种二硫化钴-二硫化锡复合颗粒及其制备方法和应用	发明专利	2020103710633
339	范浩森	化学化工学院	一种核壳结构二硒化钴颗粒及其制备方法和应用	发明专利	2020103718688
340	辛军哲	土木工程学院	一种送风模式和湿度可调的空调系统	发明专利	2020103600332
341	何运成	土木工程学院	一种调频液柱阻尼装置	实用新型	2020206865858
342	吴旭	化学化工学院	一种水下防原油黏附涂料及其制备方法和应用	发明专利	2020103473430
343	韦蕴珊	电子与通信工程学院	一种针对高相对度压电电机的开闭环迭代学习控制方法	发明专利	2020103428191
344	周云	土木工程学院	一种金属复合耗能器	实用新型	2020206478253
345	周云	土木工程学院	一种转动摩擦耗能器	实用新型	2020206411357
346	綦科	计算机科学与网络工程学院	基于对抗模仿学习的无人驾驶车辆换道决策方法和系统	发明专利	2020103312161
347	江帆	机械与电气工程学院	一种快递外包装拆卸装置	发明专利	202010314994X
348	艾山	广州大学智能制造工程研究院	一种具有自清洁吸盘机械手的餐具分拣机	发明专利	2020102854651
349	陈洋洋	广州大学工程抗震研究中心	可抗摇摆和抗不均匀沉降的竖向隔震层及三维隔震体系	实用新型	2020204626176
350	陈炳聪	广州大学风工程与工程振动研究中心	一种可固定物体的小推车	实用新型	2020204272896
351	陈炳聪	土木工程学院	一种方便使用的小推车	实用新型	2020204273117
352	孙卓	土木工程学院	一种实验室用的小推车	实用新型	2020204271376
353	徐安	广州大学风工程与工程振动研究中心	一种曲杆式的双塔高层建筑的阻尼连廊	发明专利	2020102285951

续上表

序号	第一发明人	所属学院	专利名称	专利类型	专利号
354	孙 卓	土木工程学院	一种防护栏	实用新型	2020204028261
355	孙 卓	土木工程学院	一种用于自行车的运输设备	实用新型	2020204021991
356	陈洋洋	广州大学工程抗震研究中心	一种具有可调式非线性能量阱及惯容的调谐质量阻尼器	发明专利	2020102099303
357	黄文柯	土木工程学院	一种抗车辙的排水性超薄罩面沥青混合料及其制备方法	发明专利	202010209014X
358	焦楚杰	土木工程学院	一种油页岩渣混凝土配合比的设计方法	发明专利	2020101595005
359	陈洋洋	广州大学工程抗震研究中心	一种隔震阻尼器	发明专利	2020101731372
360	熊 竹	环境科学与工程学院	一种改性碳纳米膜及其制备方法	发明专利	202010168455X
361	周 云	土木工程学院	一种金属与复合材料层叠阻尼器	实用新型	2020202898481
362	周 云	土木工程学院	一种金属与弹簧橡胶复合阻尼器	实用新型	2020202898250
363	赖勉亨	土木工程学院	一种钢管混凝土柱组合剪力墙	实用新型	202020281063X
364	刘运林	化学化工学院	一种1,3-双(β-氨基丙烯酸酯)取代的咪唑类化合物及其制法和应用	发明专利	2020101507339
365	仇 晶	广州大学网络空间先进技术研究院	一种基于Apriori算法挖掘二维数据间关联规则的方法	发明专利	2020101364496
366	李树栋	计算机科学与网络工程学院	一种基于深度学习的加权网络社区发现方法及装置	发明专利	2020101336265
367	蔡长青	土木工程学院	一种物体形状测量系统、方法和存储介质	发明专利	2020101108964
368	蔡长青	土木工程学院	一种散斑干涉图的相位测量方法、系统、装置和存储介质	发明专利	2020101022215
369	韦蕴珊	电子与通信工程学院	一种基于迭代学习的压电电机节能控制方法	发明专利	2020100906717
370	陈忠平	土木工程学院	一种轻质土搅拌设备	实用新型	2020201529831
371	陈忠平	土木工程学院	一种发泡设备	实用新型	2020201529808
372	曾庆祝	化学化工学院	一种锌离子配合肽及其配合物和应用	发明专利	202010073635X

续上表

序号	第一发明人	所属学院	专利名称	专利类型	专利号
373	舒琥	生命科学学院	一种黄斑篮子鱼苗种的规模化培育方法	发明专利	2020100686933
374	张天乐	广州大学网络空间先进技术研究院	一种可编程遥控智能插座及其实现方法	发明专利	2020100648128
375	张天乐	广州大学网络空间先进技术研究院	一种智能多功能物联网插座及其实现方法	发明专利	2020100647924
376	黄文恺	机械与电气工程学院	一种气动软体夹持装置	发明专利	2020100610101
377	文桂林	机械与电气工程学院	一种基于折纸结构的全包围柔性机械爪	发明专利	2020100578337
378	徐昕	土木工程学院	一种集束型钢管消能组合构件	实用新型	2020201164546
379	刘景矿	管理学院（旅游学院/中法旅游学院）	爬坡建筑废弃物分拣机器人系统及控制方法、装置、介质	发明专利	2020100298321
380	綦科	计算机科学与网络工程学院	交通标志识别方法、系统、介质和设备	发明专利	202010024612X
381	向建化	机械与电气工程学院	一种用于热管自动化生产的抽真空和密封装置及方法	发明专利	2020100267639
382	向建化	机械与电气工程学院	一种用于热管自动化生产的下料装置及方法	发明专利	2020100263036
383	向建化	机械与电气工程学院	一种用于热管自动化生产的注水装置及方法	发明专利	2020100263267
384	向建化	机械与电气工程学院	一种流水线生产加工热管的装置及方法	发明专利	2020100263464
385	萧金瑞	机械与电气工程学院	一种用于轴承强化研磨的自动上下料装置	发明专利	2020100241982
386	萧金瑞	机械与电气工程学院	一种脚踏自行铲雪车	发明专利	2020100129018
387	萧金瑞	机械与电气工程学院	一种脚踏自行清扫车	发明专利	2020100132877
388	朱萍玉	机械与电气工程学院	一种FRP-FBG应变传感器疲劳试验装置及方法	发明专利	2019112487406
389	向建化	机械与电气工程学院	一种扁平热管	发明专利	2019112339495
390	梁忠伟	机械与电气工程学院	一种强化研磨加工工件的自动拣选设备	发明专利	2019112257315
391	江帆	机械与电气工程学院	一种基于电浸润现象的双腔微泵	发明专利	2019112243844

续上表

序号	第一发明人	所属学院	专利名称	专利类型	专利号
392	胡勇军	管理学院（旅游学院/中法旅游学院）	一种支持跨语言迁移的细粒度情感分析方法	发明专利	2019112146007
393	梁忠伟	机械与电气工程学院	一种用于规则的长条形物料的送料切割一体设备	发明专利	2019111991640
394	刘贵云	机械与电气工程学院	基于动态规划原理的无线充电传感器网络路由算法、设备	发明专利	2019111885980
395	梁忠伟	机械与电气工程学院	一种自动拨环持续填弹的转盘式投掷机器人	发明专利	2019111962794
396	梁忠伟	机械与电气工程学院	一种弹药自动输送装置	发明专利	2019112100696
397	萧金瑞	机械与电气工程学院	一种同步抽水灌溉变频系统以及控制方法	发明专利	2019111960110
398	梁忠伟	机械与电气工程学院	一种娱乐用陆地漂流船	发明专利	2019111920202
399	牛利	化学化工学院	一种碳包覆亚氧化钛复合氮化碳复合材料及其制法和应用	发明专利	2019111727099
400	朱恩强	广州大学计算科技研究院	基于图论的光网络路由与波长分配方法、系统及存储介质	发明专利	2019111735235
401	焦楚杰	土木工程学院	一种测试梁柱构件抗冲击性能的装置	发明专利	2019111713804
402	张硕	广州大学网络空间先进技术研究院	一种基于区块链的资源公钥基础设施的证书交易告警方法	发明专利	2019111689932
403	刘亚萍	广州大学网络空间先进技术研究院	一种基于区块链的可验证域间路由验证方法	发明专利	2019111544929
404	陈胜洲	化学化工学院	一种镍钴钼三元金属硫化物及其制备方法和应用	发明专利	201911124999X
405	刘晓初	机械与电气工程学院	一种用于加工轴承内圈滚道的强化研磨设备	发明专利	2019111095277
406	周军勇	土木工程学院	基于路网损伤的通行收费方法、系统、介质及收费设备	发明专利	2019110981270
407	江帆	机械与电气工程学院	一种电润湿驱动液滴微阀控制液体流通装置	发明专利	2019110919208
408	蔡长青	土木工程学院	一种单步相移电子散斑干涉测量方法、系统、装置和存储介质	发明专利	2019110375961

续上表

序号	第一发明人	所属学院	专利名称	专利类型	专利号
409	秦冬冬	化学化工学院	一种绿色氮化碳及其制备方法和应用	发明专利	2019110386311
410	杨 伟	化学化工学院	一种核壳结构铁镍复合颗粒及其制备方法和应用	发明专利	2019110292367
411	温泉河	机械与电气工程学院	一种基于图像识别的采摘机	发明专利	2019110163949
412	唐 兰	土木工程学院	一种多联式空调热水联供系统及其控制方法	发明专利	2019109982677
413	刘晓初	机械与电气工程学院	一种用于圆柱推力滚子轴承滚道表面的微织构加工设备	发明专利	2019109975283
414	刘晓初	机械与电气工程学院	一种用于金属板件表面的微织构加工设备	发明专利	2019109975298
415	刘晓初	机械与电气工程学院	一种用于加工金属板件表面的电磁强化研磨设备	发明专利	2019109986786
416	文桂林	机械与电气工程学院	一种具有热缩冷胀超材料特性的致动装置	发明专利	2019109887193
417	朱大昌	机械与电气工程学院	基于机器人的工件加工方法、装置和存储介质	发明专利	2019109668976
418	沈朝勇	广州大学工程抗震研究中心	一种多频段竖向减振支座	发明专利	2019109557579
419	沈朝勇	广州大学工程抗震研究中心	一种储罐用多维减隔震装置	发明专利	2019109557530
420	沈朝勇	广州大学工程抗震研究中心	一种具有变形能力的组合隔震橡胶支座	发明专利	2019109551534
421	区嘉洁	机械与电气工程学院	一种墙面粉刷设备	发明专利	2019109483185
422	邓江东	土木工程学院	一种抗震性能梯度墩柱及其建造方法	发明专利	2019109163384
423	綦 科	计算机科学与网络工程学院	车辆行车路径规划方法、装置、系统、介质和设备	发明专利	2019109029722
424	刘晓初	机械与电气工程学院	一种涂刷式金属工件表面强化研磨加工设备及方法	发明专利	2019109085879
425	刘贵云	机械与电气工程学院	面向无线传感器网络的数据融合联盟博弈方法及系统	发明专利	2019109033111

续上表

序号	第一发明人	所属学院	专利名称	专利类型	专利号
426	彭滔	计算机科学与网络工程学院	一种基于区块链的用户隐私保护群智感知系统	发明专利	2019108720446
427	杨伟	化学化工学院	一种回收废旧锂离子电池正极材料的方法	发明专利	2019108567357
428	刘晓初	机械与电气工程学院	一种抗水锤截止阀	发明专利	2019108312112
429	刘晓初	机械与电气工程学院	一种用于滚动体工件表面的超声强化加工设备	发明专利	2019108310600
430	吴旭	化学化工学院	一种耐碱双网络水凝胶柔性电解质及其制备方法与应用	发明专利	2019108137838
431	刘自力	化学化工学院	一种镧改性的锰氧化物催化剂、其制备方法及其应用	发明专利	2019108211198
432	吴旭	化学化工学院	一种基于改性二氧化硅纳米粒子交联剂的可拉伸水凝胶及其制备方法与应用	发明专利	2019108130218
433	李小梅	生命科学学院	一种海水稻专用的昆虫源性有机肥	发明专利	2019108093878
434	于丹凤	化学化工学院	一种水下超疏油涂料及其制备方法与应用	发明专利	2019107951250
435	孙芳蒂	地理科学与遥感学院	一种基于迭代分类的水体识别方法及装置	发明专利	2019107796999
436	浣沙	电子与通信工程学院	一种多用户接入下OFDM波形目标探测方法、装置及存储介质	发明专利	2019107626536
437	浣沙	电子与通信工程学院	宽带正交啁啾复用雷达通信一体化波形的信号处理方法	发明专利	2019107626540
438	王娜娜	环境科学与工程学院	一种去除废水中锑的方法	发明专利	2019107563857
439	范立生	计算机科学与网络工程学院	一种基于神经网络的可迭代式智能化信号检测方法	发明专利	2019107323834
440	周云	土木工程学院	一种双曲型管铅阻尼器	发明专利	2019212683604
441	乔云波	生命科学学院	一种融合蛋白、碱基编辑工具和方法及其应用	发明专利	2019107250373
442	于丹凤	化学化工学院	一种超润湿性油水分离材料及其制备方法与应用	发明专利	2019107114665
443	梁忠伟	机械与电气工程学院	一种两栖侦查机器人	发明专利	201910701710X

续上表

序号	第一发明人	所属学院	专利名称	专利类型	专利号
444	王刚	生命科学学院	一种能够剔除温度影响的分布式光纤围堰监测系统及方法	发明专利	2019106968470
445	张帆	机械与电气工程学院	一种无码盘编码器	发明专利	2019106796489
446	文桂林	机械与电气工程学院	一种折叠式准零刚度隔振装置	发明专利	2019106642654
447	马英明	化学化工学院	一种石英晶体微天平的静态电容补偿电路和方法	发明专利	2019106531276
448	马玉玮	广州大学风工程与工程振动研究中心	一种压电复合材料及由其制备的压电片	发明专利	2019106445069
449	刘海	土木工程学院	考虑天线方向图的探地雷达绕射叠加成像方法及系统	发明专利	2019106453008
450	徐富刚	联合申报	大坝内观与外观的线式监测装置及其监测方法	发明专利	2019106386179
451	陈洋洋	广州大学工程抗震研究中心	一种防屈曲低频隔振橡胶支座	发明专利	2019106339572
452	徐勇	地理科学与遥感学院	一种基于影像直线特征的建筑物屋顶面重建方法和装置	发明专利	2019106334352
453	陈鲲	生命科学学院	一种硫化氢的供体及其制备方法和用途	发明专利	2019106257587
454	吴大放	地理科学与遥感学院	基于遥感图像的土地利用分类方法、存储介质和计算设备	发明专利	2019105940389
455	曹飒飒	土木工程学院	一种SMA负刚度减震装置	发明专利	2019105966092
456	谢宏威	机械与电气工程学院	一种太阳能电池片色差的检测方法、装置及存储介质	发明专利	2019105939803
457	荣铭聪	化学化工学院	一种TiBx/Cr（x=1.9~3.5）抗氧化多层涂层的制备方法	发明专利	2019105874279
458	荣铭聪	化学化工学院	一种高Al含量的c-TiAlSiN硬质涂层及其制备方法	发明专利	2019105841773
459	邓湘舟	化学化工学院	一种基于荧光光度法测定亚硫酸盐的方法及应用	发明专利	2019105840573
460	朱萍玉	机械与电气工程学院	一种FRP-FBG封装装置及定位方法	发明专利	2019105591299
461	郑成	化学化工学院	一种改性蒙脱土、其制备方法及其应用	发明专利	2019105464768

续上表

序号	第一发明人	所属学院	专利名称	专利类型	专利号
462	魏巍	机械与电气工程学院	一种基于激光雷达和结构光的三维扫描方法及装置	发明专利	2019105202905
463	曹峥	地理科学与遥感学院	一种人为热增温效应的分析方法、装置及存储介质	发明专利	2019105191811
464	刘亚萍	广州大学网络空间先进技术研究院	PCIE总线网卡的寄存器读写方法和计算设备	发明专利	2019104673408
465	刘芝婷	化学化工学院	一种电容器复合电解质及其制备方法和应用	发明专利	2019104754104
466	叶茂	广州大学风工程与工程振动研究中心	三维放大式粘滞阻尼器	发明专利	2019104504842
467	江帆	机械与电气工程学院	一种能快速降温以及快速溶解冲剂的保温杯	发明专利	2019104507164
468	黄文柯	土木工程学院	一种水分在集料表层的含量分布检测方法及装置	发明专利	2019104480547
469	苏敏华	环境科学与工程学院	一种单分散类花球状MoS_2粉体及其制备方法	发明专利	2019104446315
470	蔡旭	土木工程学院	一种测量路面用沥青贯入流动速率的装置及方法	发明专利	2019104436347
471	徐常威	化学化工学院	一种季鳞盐复合抗菌EVA鞋垫材料及其制备方法	发明专利	2019104048784
472	徐常威	化学化工学院	一种基于微波合成季铵盐的抗菌塑料及其制备方法	发明专利	2019104085444
473	赵志甲	机械与电气工程学院	一种柔性起重机缆绳系统的振动控制方法、装置及介质	发明专利	2019104014415
474	蔡卫权	化学化工学院	一种高吸附性能磁性壳聚糖碳球及其制备方法和应用	发明专利	2019103795766
475	刘晓初	机械与电气工程学院	一种喷头调节机构	发明专利	2019103696012
476	徐秀彬	化学化工学院	一种可反复使用且不伤基材表面的水凝胶胶黏剂及其制备和应用	发明专利	2019103675336
477	温泉河	机械与电气工程学院	一种用于汽车的自动挡雨遮阳的智能装置	发明专利	2019103670169
478	温泉河	机械与电气工程学院	智能洗车单元以及智能洗车设备	发明专利	2019103666356

续上表

序号	第一发明人	所属学院	专利名称	专利类型	专利号
479	陈旖勃	化学化工学院	一种温度敏感性荧光材料及其制备方法	发明专利	2019103673947
480	张建辉	机械与电气工程学院	一种清洗及污物分离系统	发明专利	2019103630161
481	刘外喜	机械与电气工程学院	可编程数据平面路由方法、系统、可读存储介质及设备	发明专利	2019103565641
482	张超	土木工程学院	一种装配式减震墙体结构连接构造及其施工方法	发明专利	2019103595238
483	崔翔	广州大学网络空间先进技术研究院	一种安全可控的内网安全巡警系统及方法	发明专利	2019103573900
484	张超	土木工程学院	一种减震墙体结构内嵌式连接构造及其施工方法	发明专利	2019103595223
485	谭庆丰	广州大学网络空间先进技术研究院	基于目标行为的情报分析方法及装置	发明专利	2019103476864
486	李进	计算机科学与网络工程学院	一种基于区块链及可信硬件的物联网数据隐私保护方法	发明专利	2019103380289
487	胡春	广州大学大湾区环境研究院	一种活化过硫酸盐磁性固相催化剂及其制备方法与应用	发明专利	2019103263529
488	韦星船	化学化工学院	一种UV固化水性异氰酸酯接枝氟硅氧烷改性环氧丙烯酸树脂的制备方法	发明专利	2019103233769
489	徐涛	土木工程学院	基于潜热型传热流体的地板辐射空调系统	发明专利	201910316146X
490	李进	计算机科学与网络工程学院	一种基于差分隐私的安全外包机器学习方法	发明专利	201910302716X
491	魏巍	机械与电气工程学院	一种车辆行驶过程中的物体定位方法	发明专利	2019103077741
492	张承云	机械与电气工程学院	一种语音端点检测方法、装置及设备	发明专利	2019103119477
493	魏巍	机械与电气工程学院	一种激光雷达	发明专利	2019103037778
494	谭庆丰	广州大学网络空间先进技术研究院	一种基于知识图谱的暗网话题发现方法和系统	发明专利	201910305756X
495	魏巍	电子与通信工程学院	激光扫描方法、装置及激光雷达	发明专利	201910303491X
496	严一尔	机械与电气工程学院	一种存取车装置及存取车方法	发明专利	2019102844483

续上表

序号	第一发明人	所属学院	专利名称	专利类型	专利号
497	王国军	计算机科学与网络工程学院	网络安全防护方法、系统、可读存储介质及终端设备	发明专利	2019102829801
498	顾钊铨	广州大学网络空间先进技术研究院	一种用于人脸识别的性别隐私保护方法及系统	发明专利	2019102780655
499	顾钊铨	广州大学网络空间先进技术研究院	一种用于人脸识别的情绪信息保护方法及系统	发明专利	2019102752068
500	顾钊铨	广州大学网络空间先进技术研究院	一种用于人脸识别的年龄隐私保护方法及系统	发明专利	201910275185X
501	顾钊铨	广州大学网络空间先进技术研究院	一种单像素攻击样本生成方法、装置、设备及存储介质	发明专利	2019102729803
502	顾钊铨	广州大学网络空间先进技术研究院	一种有目标的攻击样本生成方法、装置、设备及存储介质	发明专利	2019102721290
503	谢宏威	机械与电气工程学院	一种用于瓶底的异物检测方法	发明专利	2019102655975
504	范立生	计算机科学与网络工程学院	一种基于强化学习的对抗智能攻击安全传输方法	发明专利	2019102628709
505	谢宏威	机械与电气工程学院	一种用于瓶子瓶口的缺陷检测方法	发明专利	201910265598X
506	谢宏威	机械与电气工程学院	一种用于瓶子分类的瓶肩检测方法	发明专利	2019102694880
507	黄高飞	电子与通信工程学院	能量转换方法、系统、可读存储介质及计算机设备	发明专利	2019102301260
508	林璟	化学化工学院	一种粒径可控的微米级聚苯乙烯微球的制备方法	发明专利	201910230294X
509	秦冬冬	化学化工学院	一种单斜相二氧化钒纳米线薄膜及其制备方法和应用	发明专利	2019102132296
510	姚玲敏	物理与材料科学学院	一种三维二氧化钛材料的制备方法	发明专利	2019102106037
511	罗威力	土木工程学院	一种结构件的自振特性测试平台	发明专利	2019102021772
512	刘晓初	机械与电气工程学院	一种自动持续加工的轴承强化研磨机	发明专利	2019101865656
513	严一尔	机械与电气工程学院	一种推断式菠萝采摘装置	发明专利	2019101842368
514	刘长红	机械与电气工程学院	一种菠萝采摘装置	发明专利	2019101832506
515	刘长红	机械与电气工程学院	一种菠萝采摘方法	发明专利	2019101785030
516	蔡卫权	化学化工学院	一种水热炭化壳聚糖球吸附剂及其制备方法与应用	发明专利	2019101741422

续上表

序号	第一发明人	所属学院	专利名称	专利类型	专利号
517	赵志甲	机械与电气工程学院	一种针对柔性立管振动控制的方法及装置	发明专利	201910154716X
518	陈娟	广州大学网络空间先进技术研究院	电动车导航方法、系统、可读存储介质及终端设备	发明专利	2019101532215
519	甘伟	土木工程学院	城镇污水处理污泥陶瓷抛光渣陶粒及其制备方法	发明专利	2019101363908
520	张平	化学化工学院	一种以冶炼厂含铊酸性废水为原料制备氯化亚铊的方法	发明专利	2019101141508
521	张平	化学化工学院	一种用含铊酸性废水制备硝酸亚铊和硫酸亚铊的方法	发明专利	2019101166308
522	张平	化学化工学院	一种从冶炼酸性废水中回收铊制备铬酸亚铊的方法	发明专利	2019101155360
523	荣铭聪	化学化工学院	一种Hf/TiBx防腐蚀多层涂层的制备方法	发明专利	2019101088648
524	张平	化学化工学院	一种从冶炼酸性废水中回收铊和铬的方法	发明专利	2019100989295
525	张平	化学化工学院	一种从冶炼污酸中回收铊和铼的方法	发明专利	2019100983392
526	秦剑	机械与电气工程学院	一种袖子折叠机构	发明专利	2019100970509
527	张平	化学化工学院	一种以冶炼厂含铊酸性废水为原料制备溴化亚铊的方法	发明专利	2019100983636
528	孙彦斌	广州大学网络空间先进技术研究院	一种基于贪心嵌入的RPL路由方法、装置及网络拓扑	发明专利	2019100836641
529	徐常威	化学化工学院	一种聚吡咯原位插层石墨抗静电塑料及其制备方法	发明专利	2019100725418
530	彭峰	化学化工学院	一种MoSe2-CdS/CdSe复合光催化剂及其制备方法	发明专利	2019100660625
531	欧阳小伟	广州大学风工程与工程振动研究中心	3D打印建筑喷头以及压印方法	发明专利	2019100607356
532	张伟	物理与材料科学学院	一种可同步进行时间分辨吸收、荧光以及太赫兹探测的光学系统	发明专利	2019100425663
533	吕来	广州大学大湾区环境研究院	一种花状钴钼硫微球体嵌石墨烯纳米片的制备方法及应用	发明专利	2019100474778

续上表

序号	第一发明人	所属学院	专利名称	专利类型	专利号
534	吕 来	广州大学大湾区环境研究院	一种金属有机复合多相芬顿催化剂及其制备方法和应用	发明专利	2019100464051
535	王国军	计算机科学与网络工程学院	一种基于压缩存档的密钥信息隐藏、提取方法及系统	发明专利	2019100280359
536	吕 来	广州大学大湾区环境研究院	珊瑚状铜钼硫微球体嵌石墨烯纳米片及其合成方法与用途	发明专利	2019100259540
537	朱 静	实验中心、网络与现代教育技术中心	一种基于ROS的家庭服务机器人	发明专利	201910004290X
538	彭绍湖	机械与电气工程学院	运动物体检测方法、系统、计算设备及存储介质	发明专利	201910001356X
539	江 帆	机械与电气工程学院	一种适用于回转体上色物自动涂色的装置及方法	发明专利	201311653860X
540	张 平	化学化工学院	一种以含铊污酸废水为原料制备溴化亚铊的方法	发明专利	2018115483008
541	张 硕	广州大学网络空间先进技术研究院	基于用户行为的应用列表动态推荐方法及系统	发明专利	2018115478531
542	刘贵云	机械与电气工程学院	无线传感器网络节点功率选择及高低功率工作的控制方法	发明专利	2018115399313
543	李福芳	计算机科学与网络工程学院	一种物联网海量资源与数据安全可信管理系统	发明专利	2018115316310
544	谢宏威	机械与电气工程学院	一种边缘距离测量的引伸计动态测量方法	发明专利	2018114961869
545	郑李垚	化学化工学院	一种钌催化制备多取代1-萘甲酸类化合物的方法	发明专利	201811479023X
546	赵 赛	机械与电气工程学院	一种保障信息安全的无线携能中继系统及方法	发明专利	2018114787129
547	杨 钊	机械与电气工程学院	一种生成俯视无畸变倒车影像的方法	发明专利	2018114305535
548	柯德森	生命科学学院	一种羟基自由基反应体系制备琼胶寡糖的制备方法	发明专利	2018114163267
549	刘晓初	机械与电气工程学院	一种轮齿形工件强化加工的无心夹具及其设计方法	发明专利	2018113807981

续上表

序号	第一发明人	所属学院	专利名称	专利类型	专利号
550	吴会军	土木工程学院	一种亚微米无机晶须增强气凝胶泡沫混凝土其制备方法	发明专利	201811380907X
551	吴会军	土木工程学院	一种硫酸钙晶须气凝胶泡沫混凝土及其制备方法	发明专利	2018113888599
552	陈旖勃	化学化工学院	一种光催化剂纳米材料及其制备方法	发明专利	2018113737419
553	黄文恺	机械与电气工程学院	一种检测多级电磁炮子弹位置的信号传感装置及实现方法	发明专利	2018113538171
554	黄文恺	机械与电气工程学院	图像融合的恶性肺结节识别方法、装置、设备及存储介质	发明专利	2018113230264
555	林璟	化学化工学院	一种刷型结构耐久型复合抗菌协同防细菌黏附功能的材料	发明专利	201811321765X
556	蓝雪婧	机械与电气工程学院	可重复使用运载器末端能量管理段的三维轨迹在线规划方法及系统	发明专利	2018113164065
557	吴羽	实验中心、网络与现代教育技术中心	基于单片机控制的电磁式软体运动机器人及其控制方法	发明专利	2018113150255
558	黄文恺	机械与电气工程学院	一种基于卷积神经网络检测CT图像的方法	发明专利	2018113164154
559	黄文恺	机械与电气工程学院	一种基于卷积神经网络的三维肺结节识别方法	发明专利	201811243707X
560	朱静	实验中心、网络与现代教育技术中心	基于生成式对抗网络模型的新闻评论自动生成方法及系统	发明专利	2018112283245
561	林浩	物理与材料科学学院	一种上转换荧光粉及其制备方法和应用	发明专利	2018112358237
562	林浩	物理与材料科学学院	一种双离子敏化上转换荧光粉及其制备方法与应用	发明专利	201811171711X
563	林浩	物理与材料科学学院	一种铒离子敏化上转换荧光粉及其制备方法与应用	发明专利	2018111716992
564	高耀文	广州大学大湾区环境研究院	碳、氧共掺杂石墨相氮化碳的制备及其在催化活化过硫酸盐降解水中污染物中的应用	发明专利	2018111468278
565	刘长红	机械与电气工程学院	基于深度学习的垃圾识别进化学习方法、装置、系统及介质	发明专利	2018111374069

续上表

序号	第一发明人	所属学院	专利名称	专利类型	专利号
566	朱 静	实验中心、网络与现代教育技术中心	一种基于Char-RNN模型的文本自动生成方法	发明专利	2018111044425
567	马玉玮	广州大学风工程与工程振动研究中心	一种碳纤维/碱激发复合压敏材料及其制备方法	发明专利	2018110880839
568	陈智华	广州大学计算科技研究院	一种激光软钎焊系统焊接过程中自动配准及质量检测方法	发明专利	2018110434912
569	陈智华	广州大学计算科技研究院	一种基于温度曲线的激光软钎焊质量检测方法	发明专利	2018110269544
570	牛 利	化学化工学院	一种船舶轴系端面密封用静环材料及其制备方法	发明专利	2018110106975
571	牛 利	化学化工学院	一种船舶轴密封静环材料及其制备方法	发明专利	2018110100663
572	谢宏威	机械与电气工程学院	一种用于芯片计数的图像处理方法	发明专利	2018110122569
573	赵若红	广州大学风工程与工程振动研究中心	一种基于压电复合板的车辆违章检测系统	发明专利	2018110027047
574	王剑桥	环境科学与工程学院	一种利用白腐真菌降解烯啶虫胺的方法	发明专利	2018109997413
575	赵若红	广州大学风工程与工程振动研究中心	碱激发粉煤灰矿渣压电片及其制备方法	发明专利	2018110026646
576	黄文恺	机械与电气工程学院	基于图像处理与计算危险系数的变道辅助方法及装置	发明专利	2018110004308
577	吕 来	广州大学大湾区环境研究院	钴硫共掺杂石墨烯的多相芬顿催化剂及其合成方法和用途	发明专利	2018109797830
578	黄文恺	机械与电气工程学院	基于人工智能技术的道路选择方法、装置及可读存储介质	发明专利	2018109826195
579	范立生	计算机科学与网络工程学院	一种安全概率缓存策略及其生成方法	发明专利	2018109133098
580	刘自力	化学化工学院	一种催化氧化甲苯合成苯甲醛的催化剂及其制备方法	发明专利	2018109133844
581	林 浩	物理与材料科学学院	一种上转换荧光粉及其制备方法	发明专利	201810874849X
582	黄文恺	机械与电气工程学院	基于分解径向对称卷积核的卷积优化方法、装置、终端设备及计算机可读存储介质	发明专利	2018108524075

续上表

序号	第一发明人	所属学院	专利名称	专利类型	专利号
583	黄文恺	机械与电气工程学院	基于CT图像的肺分割方法、装置及计算机可读存储介质	发明专利	2018108521645
584	甘伟	土木工程学院	一种中粒度陶瓷抛光渣陶粒的制备方法、制备的陶瓷抛光渣陶粒及其应用	发明专利	2018108474466
585	甘伟	土木工程学院	免搅拌超轻陶粒混凝土切割板的制备方法及免搅拌超轻陶粒混凝土切割板	发明专利	2018108459752
586	吴文强	机械与电气工程学院	一种钢轨焊缝修磨机器人路径规划方法	发明专利	2018108414499
587	刘祥涛	广州大学网络空间先进技术研究院	物联网设备及数据接入系统、方法及计算机可读存储介质	发明专利	2018108416973
588	殷丽华	广州大学网络空间先进技术研究院	一种融合多源数据的物联网搜索系统、方法及存储介质	发明专利	201810851757X
589	吕来	广州大学大湾区环境研究院	一种表面有机络合硫化铜芬顿催化剂及其合成方法与应用	发明专利	2018108233120
590	吕来	广州大学大湾区环境研究院	一种规则钴硅纳米球多相芬顿催化剂及其制备方法和应用	发明专利	2018108093322
591	杨兢欣	环境科学与工程学院	一种测定臭氧体系中碳酸根自由基途径生成溴酸盐的方法	发明专利	2018108000027
592	刘文斌	广州大学计算科技研究院	一种量化miRNA对疾病相关基因影响程度的方法	发明专利	201810787841X
593	李进	计算机科学与网络工程学院	一种指纹与声纹融合身份认证方法	发明专利	2018107871196
594	何芝洲	化学化工学院	一种红花羊蹄甲花红色素的提取制备方法	发明专利	2018107674624
595	何芝洲	化学化工学院	沉香中2-（2-苯乙基）色酮类化合物的用途	发明专利	2018107665589
596	刘长红	机械与电气工程学院	一种水果采摘机器人的控制方法及装置	发明专利	2018107370402
597	林璟	化学化工学院	一种抗菌聚合物乳液及其制备方法与应用	发明专利	2018106109152
598	吕来	广州大学大湾区环境研究院	一种有序纳米片层团簇无金属催化剂及其合成与用途	发明专利	2018105645788

续上表

序号	第一发明人	所属学院	专利名称	专利类型	专利号
599	刘外喜	机械与电气工程学院	一种基于深度学习的网络流类型预测方法	发明专利	2018105282500
600	肖卿灿	数学与信息科学学院	一种基于大素数的公钥密码体制的实现方法	发明专利	2018103992026
601	刘长红	机械与电气工程学院	一种自行车停取装置及控制方法	发明专利	2018103930091
602	潘书生	物理与材料科学学院	一种无表面配体包覆的金属铜纳米团簇的制备方法及其应用	发明专利	2018103893514
603	谭恒良	计算机科学与网络工程学院	一种正则化仿射包模型人脸图像集识别的核快速计算方法	发明专利	2018103694578
604	赵志甲	机械与电气工程学院	一种具有非线性输入的柔性弦线系统的振动控制方法	发明专利	2013102966838
605	江帆	机械与电气工程学院	一种面积可变型方桌	发明专利	2013102926972
606	江帆	机械与电气工程学院	一种多功能手推车	发明专利	2013102878324
607	石明岩	土木工程学院	城市污泥中重金属铜的去除工艺	发明专利	2018102552014
608	杨钊	机械与电气工程学院	一种基于目标中心编码外观模型的行人重识别方法	发明专利	2018102432277
609	方滨兴	广州大学网络空间先进技术研究院	一种可嵌入人工智能行为体内部的反摘除装置	发明专利	2018102341850
610	方滨兴	广州大学网络空间先进技术研究院	一种人工智能行为体的能源供应控制装置及系统	发明专利	2018102341846
611	何运成	广州大学风工程与工程振动研究中心	一种风气候实测资料的精细化分析方法	发明专利	2018102049364
612	韦星船	化学化工学院	一种美白保湿护肤品	发明专利	2018101996357
613	刘文斌	广州大学计算科技研究院	一种基于基因通路识别小分子核糖核酸的方法	发明专利	2018101624528
614	杨汝	机械与电气工程学院	一种DC/DC变换器稳定性分析方法及系统	发明专利	201810150254X
615	谢鸿宇	地理科学与遥感学院	基于建筑图纸的建筑物自动建模方法	发明专利	2018101413921
616	谢鸿宇	地理科学与遥感学院	基于建筑图纸的地板自动识别方法	发明专利	2018101411678

续上表

序号	第一发明人	所属学院	专利名称	专利类型	专利号
617	谢鸿宇	地理科学与遥感学院	基于建筑图纸的井自动识别方法及系统	发明专利	2018101411663
618	谢鸿宇	地理科学与遥感学院	基于建筑图纸的楼梯自动识别方法	发明专利	2018101410054
619	谢鸿宇	地理科学与遥感学院	基于建筑图纸的阳台自动识别方法	发明专利	2018101402946
620	尚小琴	化学化工学院	一种氨基酸表面活性剂及其制备方法和应用	发明专利	2018101183506
621	刘文斌	广州大学计算科技研究院	一种招标信息的个性化推荐方法	发明专利	2018100744236
622	綦科	计算机科学与网络工程学院	一种基于软件定义的平台化高级驾驶辅助系统	发明专利	2018100732879
623	舒琥	生命科学学院	基于EST序列开发EPICs引物的方法	发明专利	2018100661623
624	赵志甲	机械与电气工程学院	基于非线性自回归神经网络的负荷预测方法与系统	发明专利	201810044466X
625	刘鸿	广州大学大湾区环境研究院	一种具有同步产电和反硝化活性的分支杆菌及其应用	发明专利	201810013537X
626	刘鸿	广州大学大湾区环境研究院	一种具有产电特性和反硝化活性的芽孢杆菌及其应用	发明专利	2018100135365
627	赵志甲	机械与电气工程学院	一种针对柔性弦线的干扰拒绝控制方法	发明专利	2017114996933
628	赵志甲	机械与电气工程学院	一种针对柔性Timoshenko梁机械臂抗饱和的边界控制方法	发明专利	2017114996929
629	谢宏威	机械与电气工程学院	一种拍摄装置的位置调节方法及控制装置	发明专利	2017113891012
630	乔云波	生命科学学院	一种具有成瘤性风险的细胞、其分子标记及它们的应用	发明专利	2017111724871
631	王国军	计算机科学与网络工程学院	基于用户使用情况的精品资源图谱构建方法及装置	发明专利	2017108966697
632	陈鲲	生命科学学院	一种碱性成纤维细胞生长因子组合物及其制备方法、生发剂及其制备方法和使用方法	发明专利	2017104273285

续上表

序号	第一发明人	所属学院	专利名称	专利类型	专利号
633	陈鲲	生命科学学院	一种重组人表皮生长因子粉剂及其制备方法、皮肤修护剂及其制备方法和使用方法	发明专利	2017104273270
634	李伙生	广州大学大湾区环境研究院	一种高氯含铊废水的净化处理方法及应用	发明专利	2017102691991
635	王国军	计算机科学与网络工程学院	一种基于受限玻尔兹曼机的物品相似度计算方法	发明专利	201710117953X
636	吴羽	实验中心、网络与现代教育技术中心	一种基于机器学习和物联网的餐厅数据分析系统	发明专利	2017100374249
637	黄文恺	机械与电气工程学院	一种应用于自适应驾座的人脸识别方法	发明专利	2016111971910
638	王杰	机械与电气工程学院	内容重放装置、具有该重放装置的处理系统及方法	发明专利	2016105137086

社会服务工作情况

积极组织洽谈搭建合作关系，2021年与政府和企事业单位签订产学研合作协议25个，共建联合研究院2个、联合实验室1个，深度建设清远广大协同创新研究院，多项技术应用到重大工程建设中。认真做好知识产权服务工作，2021年我校申请知识产权1067项（其中发明专利867项），获授权638项（其中发明专利325项），与2020年相比，申请与授权量均有较大增长。积极推进科技成果转化，2021年横向项目合同到账经费6350.16万元，较2020年增长23.61%，其中，技术转让、专利转让、技术开发等科技成果转化到账总金额约1828.89万元。社会服务经费持续稳定增长，2021年社会服务项目经费2.75亿元。

各单位横向项目情况

2021年横向课题一览表

序号	所属单位	负责人	项目名称	项目来源
1	数学与信息科学学院	贾惠文	格上后量子密码提案的设计与分析	中国电子科技集团公司第三十研究所
2	广州大学网络空间先进技术研究院	苏申	面向工业物联网的虚拟蜜罐识别系统研发	丁牛信息安全科技（江苏）有限公司
3	音乐舞蹈学院	李敏	广州大学——鹰潭市田家炳中学艺术特色教育培养模式新探索	江西省鹰潭市田家炳中学
4	土木工程学院	张力文	抗震支吊架系统对桥梁性能的影响	广州图固建筑科技有限公司
5	广州大学工程抗震研究中心	黄襄云	桥梁隔震橡胶支座力学性能检测	柳州东方工程橡胶制品有限公司
6	地理科学与遥感学院	吴大放	国家海洋局南海信息中心海岛村资料整编	国家海洋局南海信息中心
7	地理科学与遥感学院	陈颖彪	广东省养殖用海补充调查、数据集成管理示范性服务项目建设方案	广东蓝图信息技术有限公司
8	学生处（学生工作部）	俞健	药相汇—MAH平台研发合作协议	广州佰瑞医药有限公司
9	土木工程学院	蔡旭	排水沥青路面排水性能现场检测与评价关键技术研究	广东冠粤路桥有限公司
10	科研处	冼海洲	智能物联网仿真模拟操控软件的研发	广州诚为信息技术有限公司
11	科研处	冼海洲	智慧营销系统的研发及应用	广州乐摇摇信息科技有限公司
12	土木工程学院	刘海	地下管线高效探测关键技术研究	中国建筑第八工程局有限公司
13	广州大学工程抗震研究中心	黄襄云	重大核设施工程隔减震关键技术研究（第一阶段）工作委托合同	中核龙安有限公司

续上表

序号	所属单位	负责人	项目名称	项目来源
14	管理学院（旅游学院/中法旅游学院）	夏明会	广州市公安局（警务保障部）2021年度预算绩效管理咨询服务合同	广州市公安局
15	国际交流与合作处（港澳台工作办公室、孔子学院工作办公室）	汤萱	2021年广州市质量状况分析报告编制工作项目	广州市市场监督管理局
16	广州大学网络空间先进技术研究院	殷丽华	开放网络环境下物联管理平台的大连接高并发业务支撑技术研究	国网浙江省电力有限公司信息通信分公司
17	管理学院（旅游学院/中法旅游学院）	刘广海	典型生鲜易腐食品的铁路冷藏运输品质安全分析与技术条件确定	中车长江运输设备集团有限公司科技开发分公司
18	机械与电气工程学院	黄文恺	智能PCB假点排除系统技术开发	广东炬森智能装备有限公司
19	科研处	李小华	广州大学—佛山成果转化工作站	广东高校科技成果转化中心
20	教育学院（师范学院）	刘晖	广州市发展改革志（2001—2017）	广州市发展和改革委员会
21	发展规划处	张涛	阻氢涂层改性试验	中国核动力研究设计院
22	法学院（律师学院）	董皞	珠海市突发公共卫生事件应急机制评审评估、立法研究及改革方案	珠海市卫生健康局
23	广州大学台湾研究院	李海燕	穗台两岸乡村融合发展现状问题与对策	广州市台湾同胞联谊会
24	土木工程学院	林本海	城维计划——桥梁大中修专项上埗桥旧桥维修加固工程对广州地铁八号线延长线隧道结构及同德围站结构安全性影响评估	广州市广园路建设公司
25	建筑与城市规划学院	古林强	精准频段系列化声学扩散体优化设计咨询	广州市创视智能设备有限公司
26	管理学院（旅游学院/中法旅游学院）	陈琳	广州市住房保障运行机制研究——以公租房政策运行机制为研究重点	广州市住房保障办公室

续上表

序号	所属单位	负责人	项目名称	项目来源
27	管理学院（旅游学院/中法旅游学院）	周耀旭	广州市住房保障运行机制研究——以公租房政策运行机制为研究重点	广州市住房保障办公室
28	管理学院（旅游学院/中法旅游学院）	谭建辉	广州市住房保障运行机制研究——以公租房政策运行机制为研究重点	广州市住房保障办公室
29	管理学院（旅游学院/中法旅游学院）	谭建辉	广州珠江住房租赁发展投资有限公司战略规划咨询服务	广州珠江住房租赁发展投资有限公司
30	管理学院（旅游学院/中法旅游学院）	周耀旭	广州珠江住房租赁发展投资有限公司战略规划咨询服务	广州珠江住房租赁发展投资有限公司
31	管理学院（旅游学院/中法旅游学院）	陈琳	广州珠江住房租赁发展投资有限公司战略规划咨询服务	广州珠江住房租赁发展投资有限公司
32	教育学院（师范学院）	王孟成	广东省明康监狱精神病犯危险性评估量表研发委托协议书	广东省明康监狱
33	教育学院（师范学院）	王孟成	重新犯罪实证调查工具研发和数据分析委托协议书	司法部预防犯罪研究所
34	广州大学工程抗震研究中心	黄襄云	地震动作用下地下结构振动台试验	嘉应学院
35	实验中心、网络与现代教育技术中心	杨琳	卓越学校培育培养工程	深圳市龙岗区麓城外国语小学
36	土木工程学院	张季超	《预制装配整体式模块化建筑设计》《预制装配整体式模块化建筑隔震减震技术》专著编写	中南建筑设计院股份有限公司
37	科研处	冼海洲	高频弱电通信线缆线对间屏蔽结构的研发	广州市广惠通线缆有限公司
38	地理科学与遥感学院	吴大放	益阳市赫山区土地征收成片开发方案编制	湖南韬略地理信息科技有限公司
39	创新创业学院	王满四	工业互联网标识解析国家顶级节点（一期）建设项目上海自筹—教材编写出版	中国信息通信研究院

续上表

序号	所属单位	负责人	项目名称	项目来源
40	广州大学网络空间先进技术研究院	姜誉	《互联网域名系统根服务风险评估技术要求》1项行业标准制修订项目计划研制工作	中国通信标准化协会
41	广州大学网络空间先进技术研究院	谭庆丰	《公有区块链安全测试与验证平台技术要求》等2项行业标准制修订项目计划研制工作	中国通信标准化协会
42	公共管理学院	李双龙	台南市社会各阶层分析	广州市人民政府台湾事务办公室
43	生命科学学院	吴毅	《广东动物志 哺乳纲》编制	广东省科学院动物研究所
44	生命科学学院	柯德森	化妆品功效原料及护肤品开发	广州熙研生物科技有限公司
45	广州大学网络空间先进技术研究院	罗熙	科学技术项目合同——面向实战的网络安全智能隐患排查与威胁响应关键技术研究	国网上海市电力公司
46	土木工程学院	汪大洋	核电厂汽轮发电机基础新型智能隔振抗震系统方案研究	道尔道科技有限公司
47	广州大学网络空间先进技术研究院	顾钊铨	科学技术项目合同——面向实战的网络安全智能隐患排查与威胁响应关键技术研究	国网上海市电力公司
48	科研处	冼海洲	低温热封耐蒸煮包装袋的研究开发	广州通力美橡塑包装有限公司
49	科研处	冼海洲	高通透高光亮镜面革的研究开发	广东卡西奥新材料有限公司
50	土木工程学院	郑先昌	清远市清城区地下空间评价及资源区划研究	广东省有色金属地质局九四〇队
51	机械与电气工程学院	舒华	自动洗瓶机控制系统研制	广州摩特伟希尔机械设备有限责任公司
52	广州大学风工程与工程振动研究中心	傅继阳	广州市市政桥隧健康监测技术应用发展战略研究工作（基于洛溪大桥拓宽工程为案例的）	广州市中心区交通项目领导小组办公室

续上表

序号	所属单位	负责人	项目名称	项目来源
53	教育学院（师范学院）	姚若松	"积极趋势：积极老龄化应用与拓展"项目	广东省老干部大学
54	科研处	毛钟红	科技创新平台培育和建设发展方案	广州广检建设工程检测中心有限公司
55	土木工程学院	叶锡钧	"嵌筋加固法的锚固性能试验研究"委托试验	广东建科建筑工程技术开发有限公司
56	土木工程学院	汪大洋	大型建筑屋面强台风场与温度场耦合致灾机理及其智慧运维预警系统研发	广州广检建设工程检测中心有限公司
57	广州大学风工程与工程振动研究中心	刘爱荣	东莞市滨海湾大桥、沙涌桥施工监控项目技术劳务分包合同	中南安全环境技术研究院股份有限公司
58	机械与电气工程学院	朱厚耀	线缆自动在线检测系统的研发与创新	广州恒星传导科技股份有限公司
59	广州大学风工程与工程振动研究中心	刘爱荣	水下机器人应用技术研究	广东荣骏建设工程检测股份有限公司
60	化学化工学院	刘锋钢	有机电光材料中间体的合成及性能表征	中国科学院理化技术研究所
61	生命科学学院	余文华	琼雷台地—广东（编号：0b07-1）野生动物常规调查	国家林业和草原局野生动植物保护司
62	广州大学工程抗震研究中心	黄襄云	场地环境微振动测试技术服务合同	广东粤港澳大湾区国家纳米科技创新研究院
63	物理与材料科学学院	郭康贤	一种增光型LED封装结构的研发	东莞中之科技股份有限公司
64	生命科学学院	王雄军	三维染色质结构重塑在肝细胞癌转移中的作用与机制	广东省人民医院（广东省医学科学院）
65	地理科学与遥感学院	徐国良	南雄市红砂岭综合治理工程（二期）监测分析与评价项目	韶关市南雄市自然资源局
66	土木工程学院	裴清清	数据驱动空调系统调控模型构建与应用	深圳毅隆能源科技有限公司

续上表

序号	所属单位	负责人	项目名称	项目来源
67	新闻与传播学院	曾丽红	"关于新媒体在涉台宣传工作中的应用研究"委托调研协议书	中国共产党广州市番禺区委员会统一战线工作部
68	广州大学工程抗震研究中心	黄襄云	桥梁支座整体性能检验	新津腾中筑路机械有限公司
69	广州大学工程抗震研究中心	黄襄云	LNR（II）-D800隔震橡胶支座力学性能测试	新力紧科技（深圳）有限公司
70	广州大学人权研究院	肖世杰	广东省信用约束措施清理规范和监测工作	广东省发展与改革委员会
71	公共管理学院	蔡一村	台湾舆论环境的变迁及其外溢效应：过程、后果与应对策略	中共东莞市委台港澳工作办公室
72	土木工程学院	刘海	火星车次表层探测雷达的电磁计算、成像算法和软件开发	中国科学院空天信息创新研究院
73	土木工程学院	汪大洋	变电站装配式建筑绿色材料应用技术及全寿命设计理论与方法研究项目试验部分技术服务合同	广东电网有限责任公司
74	教育学院（师范学院）	叶平枝	广东省学前教育课题研究委托合同书	广东省教育厅
75	土木工程学院	罗威力	便拆式可周转回顶支撑架体系研究与应用	广东博嘉拓建筑科技有限公司
76	土木工程学院	罗威力	深水软岩地层钢板桩围堰设计及施工关键技术研究	中交一公局桥隧工程有限公司
77	广州大学网络空间先进技术研究院	谭庆丰	基于目标行为的情报分析方法及装置	东莞智盾信息安全科技有限公司
78	土木工程学院	罗威力	海珠区新市头振动与噪声监测合同补充协议一	广州新市头投资有限公司
79	土木工程学院	林本海	广州市轨道交通八号线北延段土建工程技术研究项目	广州地铁集团有限公司
80	土木工程学院	林本海	新世界—广州地铁汉溪发展项目地铁相关工程安全评估	广州耀胜房地产开发有限公司

续上表

序号	所属单位	负责人	项目名称	项目来源
81	管理学院（旅游学院/中法旅游学院）	张河清	《广东省旅游景区和旅游度假区发展报告》编制项目	广东省文化和旅游厅
82	科研处	冼海洲	防震全改制装配式篷房结构的研发	丰名装配式建筑科技（广州）有限公司
83	教务处	谢治菊	党支部领办乡村"德育银行"经验研究	青岛卓越创新科技有限公司
84	土木工程学院	张亚芳	高性能水泥基材料抗侵彻性能数值模拟研究	郑州大学
85	人文学院	陈燕芳	粤曲项目存续状况调查研究	广州市文化广电旅游局
86	法学院（律师学院）	李秋高	海洋、空域和陆地边界国际条约	北京理工大学
87	地理科学与遥感学院	李江涛	《从化山地生态旅游功能片区土地利用总体规划（2013—2020年）调整完善方案》建设用地规模置换方案（良口镇良明村地块）编制	广东坤银生态园区投资有限公司
88	广州大学风工程与工程振动研究中心	叶茂	一套杆塔原位升高技术方案研发	广东顺德电力设计院有限公司
89	生命科学学院	郭培国	烟草抗青枯病育种及分子标记辅助选择研究	广州小卫生物科技有限公司
90	公共管理学院	黄旭	关于进一步深化行政审批制度改革的研究	广州市发展与改革委员会
91	数学与信息科学学院	卢建川	基于问题驱动的数学教学设计与教学实验研究合同协议	广州大奥有辰教育咨询有限公司
92	生命科学学院	郭培国	优良烤烟品种的青枯病抗性定向改良研究	中国烟草总公司广东省公司
93	广州大学风工程与工程振动研究中心	刘爱荣	广州塔南广场配建珠江两岸人行景观桥项目抗震专题研究	广州市建设投资发展有限公司
94	土木工程学院	甘伟	蒸压加气混凝土砌块应用关键技术研究	广州市建筑节能与墙材革新管理办公室

续上表

序号	所属单位	负责人	项目名称	项目来源
95	公共管理学院	蒋红军	精品课程开发服务合同	佛山市南海区丹灶镇党建工作办公室
96	环境科学与工程学院	陈迪云	广州市生利贸易有限公司地块（花都区CK0203规划管理单元）控制性详细规划局部修正环境影响篇章	广州市生利贸易有限公司
97	环境科学与工程学院	阎佳	发电厂脱硫废水系统性能测试服务采购（标包2）合同	南方电网电力科技股份有限公司
98	建筑与城市规划学院	饶畅	广东省东莞市鸦片战争海防遗址文化公园规划设计	广东省城乡规划设计研究院有限责任公司
99	土木工程学院	甘伟	轻集料混凝土墙板应用技术规程	广州立墙墙体材料有限公司
100	建筑节能研究院	张传镁	混凝土砌块墙体工程技术规程	广州市建筑材料工业研究所有限公司
101	土木工程学院	甘伟	灰渣混凝土制品应用技术规程	广东科捷检测技术服务有限公司
102	土木工程学院	汪大洋	变电站装配式建筑绿色材料应用技术及全寿命设计理论与方法研究项目试验部分技术服务合同	广东电网有限责任公司
103	音乐舞蹈学院	弓丽	"永远跟党走 逐梦新时代——广东省第十四届'百歌颂中华'歌咏活动"广州参赛队伍合同	广东吉彩文化艺术发展有限公司
104	管理学院（旅游学院/中法旅游学院）	吴剑平	科普教育基地协议书	广州丽芳园林生态科技股份有限公司
105	公共管理学院	沈本秋	应对美国干涉香港事务的对策研究	中共广东省委统战部（委托中山大学付款）
106	地理科学与遥感学院	李颉	"一带一路"国家健康状况时空分异规律及影响因素研究	中国科学院空天信息创新研究院
107	教务处	谢治菊	中山市、六盘水市东西部协作"十四五"规划	贵州省六盘水市乡村振兴局
108	广州大学大湾区环境研究院	王雨	微生物脱氮测试	北京市水科学技术研究院

续上表

序号	所属单位	负责人	项目名称	项目来源
109	广州大学大湾区环境研究院	胡春	天汇广场餐饮废水处理工艺二期生产性试验研究	立德环保设备制造（广州）有限公司
110	化学化工学院	王家海	小分子化合物合成	深圳市新产业生物医学工程股份有限公司
111	广州大学风工程与工程振动研究中心	刘爱荣	桥梁水下结构病害智慧检测技术研究	广州市市政工程设计研究总院
112	土木工程学院	裴清清	BIM与GIS数据融合技术及在古建筑复原中的应用	天津市陆海测绘有限公司
113	地理科学与遥感学院	吴大放	四川省国家公路和省级公路生态承载力评估	北京大学城市与环境学院
114	管理学院（旅游学院/中法旅游学院）	刘广海	冷链行业咨询报告	佛燃能源集团股份有限公司
115	校领导	周云	南海文化中心结构专项计算分析与研究	深圳华森建筑与工程设计顾问有限公司广州分公司
116	机械与电气工程学院	张杰	分块式链式装电机的研发	佛山市南海区绿智电机设备有限公司
117	土木工程学院	温丽维	土工试验（动三轴、共振柱）分包协议	中交第四航务工程勘察设计院有限公司
118	管理学院（旅游学院/中法旅游学院）	张河清	南粤古驿道古道学基础理论课题研究	广东省土地调查规划院
119	广州大学大湾区环境研究院	王雨	水体沉积物微生物群落分析测试	中国科学院生态环境研究中心
120	广州大学工程抗震研究中心	黄襄云	重大核设施工程隔减震关键技术研究（第一阶段）工作委托合同	中核龙安有限公司
121	土木工程学院	徐涛	高性能柔性绝缘导热防水密封胶的开发	广州缆安科技有限公司
122	广州大学风工程与工程振动研究中心	黄永辉	东莞市滨海湾新区东湾大道（交椅湾段）工程—沙涌桥	东莞滨海湾新区工程建设中心
123	广州大学网络空间先进技术研究院	殷丽华	海康威视与广大"物联网智能应用及安全联合实验室"	杭州海康威视数字技术股份有限公司

续上表

序号	所属单位	负责人	项目名称	项目来源
124	广州大学网络空间先进技术研究院	谭庆丰	基于暗网的网络攻击组织、工具及漏洞情报搜集	深信服科技股份有限公司
125	发展规划处	张涛	阻氢涂层改性试验	中国核动力研究设计院
126	土木工程学院	林本海	城维计划——桥梁大中修专项上埗桥旧桥维修加固工程对广州地铁八号线延长线隧道结构及同德围站结构安全性影响评估	广州市广园路建设公司
127	土木工程学院	邓军	知识城海丝知识中心人行天桥工程动力耦合分析、施工监控及健康运维监测	中新广州知识城财政投资建设项目管理中心
128	法学院（律师学院）	王凌光	保健食品广告及网络直播营销的监管与合规研究	中国广告协会
129	物理与材料科学学院	邓辉	子午工程二期太阳射电探测数据处理软件	中国科学院国家天文台
130	图书馆（知识产权信息服务中心）	刘雪明	2021年黄埔区、广州开发区媒体信息服务项目合同	广州市黄埔区文化广电旅游局
131	图书馆（知识产权信息服务中心）	刘雪明	2020年黄埔区、广州开发区媒体信息服务项目合同	广州市黄埔区文化广电旅游局
132	广州大学人权研究院	周露露	关于奥斯陆大学、挪威人权中心和广州大学、人权研究院双方的合同	挪威奥斯陆大学法学院人权中心
133	地理科学与遥感学院	吴志峰	2021年广东省土地利用遥感解译项目	广东省生态环境监测中心
134	土木工程学院	焦楚杰	生态混凝土制备技术研发	珠海春禾新材料研究院有限公司
135	土木工程学院	张立秋	广州从化水务工程有限公司员工招聘服务技术	广州从化水务工程有限公司
136	生命科学学院	易祖盛	陆河花鳗鲡省级自然保护区科学考察报告编制	广东潮惠高速公路有限公司
137	地理科学与遥感学院	吴卓	中国林业科学研究院热带林业研究所科研项目合作协议	中国林业科学研究院热带林业研究所
138	地理科学与遥感学院	吴卓	珠三角城市群森林生态系统连通性及其优化研究	中国林业科学研究院热带林业研究所

续上表

序号	所属单位	负责人	项目名称	项目来源
139	土木工程学院	顾美湘	广东省南沙至中山高速公路项目TJ08标超厚软土区桩侧土水平抗力系数现场测试试验研究技术服务合同	中交二公局第一工程有限公司南沙至中山高速公路TJ08合同段项目经理部
140	计算机科学与网络工程学院	唐卷	基于零信任机制的移动平台安全解决方案	深圳恒拓高科信息技术有限公司
141	创新创业学院	张延平	工业互联网标识解析国家顶级节点（一期）——广州配套—智能+赋能制造企业调研报告	中国信息通信研究院
142	经济与统计学院	冯锐	广东汕尾市金融控股有限公司"十四五"规划项目	汕尾市金融控股有限公司
143	管理学院（旅游学院/中法旅游学院）	邹毅峰	广东省铁路货运"十四五"规划（铁路部分）	广东省现代物流研究院
144	土木工程学院	袁杰	评卷组织服务协议书	广东省人事考试局
145	新闻与传播学院	夏清泉	2021广州市广播电视节目监听监看项目合同	广州市文化广电旅游局
146	新闻与传播学院	夏清泉	广州市广播电视节目监听监看	广州市文化广电旅游局
147	广州大学计算科技研究院	饶永生	高性能计算集群任务调度算法研究合作协议	广州五舟科技股份有限公司
148	马克思主义学院	莫炳坤	中国少数民族文化开放与文化安全整理研究	中南民族大学民族政策与社会发展研究中心
149	广州大学工程抗震研究中心	陈建秋	广州塔南广场配建珠江两岸人行景观桥项目抗震专题研究（校内委托）	广州大学工程抗震研究中心
150	广州大学风工程与工程振动研究中心	刘爱荣	广州塔南广场配建珠江两岸人行景观桥项目抗震专题研究	广州市建设投资发展有限公司
151	化学化工学院	刘吉旦	莫匹拉韦关键中间体的合成研究开发	广州安岩仁医药科技有限公司
152	土木工程学院	刘海	地铁隧道隐蔽缺陷无损探测及结构安全智能评估方法研究技术服务合同	中铁四局集团有限公司

续上表

序号	所属单位	负责人	项目名称	项目来源
153	化学化工学院	刘兆清	新型高效电催化材料的开发	南通寰宇博新化工环保科技有限公司
154	公共管理学院	张惠	花都区新华街田美村旧村改造社会稳定风险评估	广州富美房地产开发有限公司
155	土木工程学院	张立秋	广州从化城乡自来水有限公司员工招聘服务技术	广州从化城乡自来水有限公司
156	计算机科学与网络工程学院	高鹰	物联网RFID应用系统部署的多目标优化及安全关键技术研究	金华航大北斗应用技术有限公司
157	广州大学金融研究院（广州国际金融研究院）	陈晓雯	广州市邮政快递业税收分成分析及发展建议	广州市交通运输局
158	化学化工学院	顾采琴	番茄饮料的研制	新疆红禾谷生物科技有限公司
159	生命科学学院	易祖盛	狮子洋通道水生生态调查报告	上海达恩贝拉环境科技发展有限公司
160	生命科学学院	缪绅裕	广东连南板洞省级自然保护区综合科学考察——植物调查	华南农业大学
161	美术与设计学院	李琨	一种公共设施、一种坐板高度可调节的花盆、自行车停靠座椅专利申请权实施许可	广州中硕建筑设计院有限公司
162	建筑与城市规划学院	邓毅	广东南岭国家公园管理体制与运营机制研究	广州草木蕃环境科技有限公司
163	土木工程学院	罗威力	运营地铁上方基坑竖井法跳仓施工工法	中铁一局集团有限公司广州分公司
164	新闻与传播学院	李鲤	广州市报刊审读	中共广州市委宣传部
165	广州大学网络空间先进技术研究院	罗熙	科学技术项目合同——面向实战的网络安全智能隐患排查与威胁响应关键技术研究（课题3）	国网上海市电力公司
166	广州大学网络空间先进技术研究院	顾钊铨	科学技术项目合同——面向实战的网络安全智能隐患排查与威胁响应关键技术研究（课题4）	国网上海市电力公司

续上表

序号	所属单位	负责人	项目名称	项目来源
167	法学院（律师学院）	陈婕	广东省人大常委会办公厅委托广州大学开展关于"十四五"时期我省立法规划需求研究协议书	广东省人大常委会办公厅
168	环境科学与工程学院	熊竹	高效少污泥新型膜生物反应器在难处理污水处理系统中应用及其核心材料开发	广东宇唐环保集团有限公司
169	土木工程学院	周军勇	广佛肇高速公路广州石井至肇庆大旺段工程GFZKS-01标钢盖梁与混凝土墩柱连接构造设计关键技术研究	广东省交通规划设计研究院集团股份有限公司
170	土木工程学院	林本海	萝岗车辆段南邻里商业中心基坑施工对地铁车辆段影响的安全风险分析评估技术咨询合同	广州市品悦房地产开发有限公司
171	土木工程学院	林本海	广州市轨道交通二十一号线水西停车场上盖物业基坑施工对停车场、在建七号线水西北站及站前明挖区间影响的安全性风险分析评估技术咨询合同	广州市品冠房地产开发有限公司
172	土木工程学院	林本海	陈头岗车辆段上盖项目施工对陈头岗地铁车站及地铁车辆段结构影响的安全性风险分析评估	广州市品荟房地产开发有限公司
173	土木工程学院	焦楚杰	惠州市白花河防洪排涝工程植生混凝土应用关键技术研发	广东省水利电力勘测设计研究院有限公司
174	土木工程学院	徐涛	香港广晟"十四五"发展规划方案	广晟投资发展有限公司
175	法学院（律师学院）	董皞	广州市人民政府规章制定五年规划（2021—2025年）	广州市司法局
176	土木工程学院	徐涛	高性能热界面材料开发	东莞市零度导热材料有限公司

续上表

序号	所属单位	负责人	项目名称	项目来源
177	广州大学工程抗震研究中心	陈洋洋	G15沈海高速公路海口段TJ5合同段工程试验	中交第四航务工程局有限公司海南分公司
178	广州大学工程抗震研究中心	陈洋洋	桥梁支座外委试验合同	中交第二航务工程局有限公司第五工程分公司
179	广州大学工程抗震研究中心	陈洋洋	技术服务合同—中铁四局集团有限公司潮州东联络线TJ1合同段2	中铁四局集团有限公司
180	计算机科学与网络工程学院	王国军	广州大学—英特尔透明计算联合实验室项目协议	英特尔（中国）有限公司
181	教务处	谢治菊	乡村致富带头人口述故事与教材编写	碧桂园控股有限公司
182	化学化工学院	彭峰	工业废盐的资源化综合利用技术开发	广东南方碱业股份有限公司
183	公共管理学院	蒋红军	东莞市凤岗镇基层党建"全域推进、整镇提升"示范镇创建咨询项目	东莞市凤岗镇党建工作办公室
184	土木工程学院	林本海	官湖项目基坑施工对地铁十三号线官湖车辆段影响的安全性风险分析评估合同	广州市品秀房地产开发有限公司
185	管理学院（旅游学院/中法旅游学院）	吴剑平	顾问协议书	广州丽芳园林生态科技股份有限公司
186	校领导	吴开俊	广州市花都区教育事业发展第十四个五年规划	广州市花都区教育局
187	公共管理学院	蒋红军	委托第三方机构对全市2021年参与"门前三包"样本打造的镇（街）开展告知书签订率和知晓率调查服务项目合同	广州市城市管理和综合执法局
188	公共管理学院	蒋红军	委托第三方机构开展培育容貌品质社区工作满意度调查服务合同	广州市城市管理和综合执法局

续上表

序号	所属单位	负责人	项目名称	项目来源
189	管理学院（旅游学院/中法旅游学院）	陈 琳	《中山市"十四五"住房发展规划（2021—2025年）》项目技术咨询委托合同	中山市住房和城乡建设局
190	电子与通信工程学院	魏 巍	产学研合作—功放模块MCU项目	广州市迪声音响有限公司
191	地理科学与遥感学院	袁振杰	市桥街北片地铁商圈整体提升概念规划	广州市番禺区人民政府市桥街道办事处
192	土木工程学院	罗威力	深大基坑上跨运营地铁隧道变形控制施工关键技术研究	中铁一局集团有限公司广州分公司
193	管理学院（旅游学院/中法旅游学院）	刘广海	广州长运现代物流"十四五"发展规划编制项目	广州长运集团有限公司
194	土木工程学院	赫俊国	《海珠西净水厂工艺专题研究》技术服务	广州市净水有限公司
195	土木工程学院	崔 杰	广州市黄埔区保利林语山庄边坡现场试验测试研究	广州市设计院
196	土木工程学院	石明岩	《提质增效背景下黑臭小微水体底泥一体化处理与资源化利用的关键技术研究》合作协议	广州志清蓝环保科技有限公司
197	土木工程学院	李亚东	复杂条件下山岭隧道破除斜交抗滑桩进洞关键技术和地震响应研究	广州市市政工程设计研究院总院有限公司
198	环境科学与工程学院	王美聪	2022年广东省企业重点实验室建设申报技术服务合同	广州广日电梯工业有限公司
199	广州大学人权研究院	肖世杰	金融消费者权益保护与道德风险防范的平衡——消费者在先违法交易行为的金融消费者权益保护职责边界	阳江市金融消费权益保护协会
200	管理学院（旅游学院/中法旅游学院）	胡志勇	白纹伊蚊种群压制数据统计研究	广州威佰昆生物科技有限公司
201	土木工程学院	李从波	绿色无机化工技术创新中心	广东南方碱业股份有限公司

续上表

序号	所属单位	负责人	项目名称	项目来源
202	广州大学大湾区环境研究院	王雨	互花米草防治试验检测项目	天津市生态环境科学研究院
203	土木工程学院	林本海	广州南站区域地下空间及市政配套设施工程项目景观方案、局部基坑开挖对地铁运行安全评估技术咨询合同	广州新中轴建设有限公司
204	广州大学金融研究院（广州国际金融研究院）	钟雄	绿色和可持续带路投资	世界资源研究所（美国）北京代表处
205	土木工程学院	汪大洋	变电站装配式建筑绿色材料应用技术及全寿命设计理论与方法研究项目试验部分技术服务合同	广东电网有限责任公司
206	土木工程学院	顾美湘	广东省南沙至中山高速公路项目TJ06标 桩侧填土对基桩影响现场测试试验研究技术服务合同	佛山市皇宇建筑劳务有限公司
207	机械与电气工程学院	邓武	机械木偶套件开发及应用	广东科学中心
208	科研处	冼海洲	飞特物流国际货物运输综合技术服务的研究与应用	广州飞特物流有限公司
209	土木工程学院	吴从晓	试验服务协议	比亚迪建设工程有限公司深圳分公司
210	土木工程学院	吴从晓	实验服务协议	比亚迪工业汽车有限公司
211	校领导	周云	川投西昌医院隔震设计	中国建筑西南设计研究院有限公司
212	广州大学工程抗震研究中心	黄襄云	场地环境微振动测试技术服务合同	广东粤港澳大湾区国家纳米科技创新研究院
213	广州大学工程抗震研究中心	黄襄云	嘉峪关HJJ0001核电项目	北京绿创声学工程股份有限公司
214	管理学院（旅游学院/中法旅游学院）	刘广海	冷链行业咨询报告	佛燃能源集团股份有限公司

续上表

序号	所属单位	负责人	项目名称	项目来源
215	法学院（律师学院）	李伟	《广州市物业管理条列》实施中法律问题研究	广州瑞贤物业管理有限公司
216	土木工程学院	林本海	新世界—广州地铁汉溪发展项目地铁相关工程安全评估技术咨询服务合同补充协议（一）	广州耀胜房地产开发有限公司
217	土木工程学院	林本海	花都新华第三小学200米跑道运动场改造（含新建地下停车场）工程基坑开挖对地铁九号线隧道影响的安全评估	广州市花都区新华街第三小学
218	土木工程学院	林本海	长大断裂破碎带复杂地质与水文条件下广州地铁十一号线超深基坑工程处理技术研究项目	广州地铁集团有限公司
219	土木工程学院	林本海	天河路站临近既有线安全评估工程	中铁十六局集团有限公司
220	土木工程学院	吴旷怀	专利权转让合同	浙江固路交通科技有限公司
221	管理学院（旅游学院/中法旅游学院）	张河清	《广东省旅游景区和旅游度假区发展报告》编制项目	广东省文化和旅游厅
222	土木工程学院	林本海	大孔轻质材料隔振屏障隔振效果的试验研究	广州地铁设计研究院股份有限公司
223	建筑与城市规划学院	邓毅	南岭国家公园天然林封禁保育实施方案编制	广东省林业局
224	土木工程学院	荣宏伟	中水回用（一起40000吨/天）技改工程项目MBR膜对比中试外委服务合同	佛山市南海西樵鑫龙水处理有限公司
225	数学与信息科学学院	钟育彬	政府采购行业的智能化定位与趋势探究	云采链（广州）信息科技有限公司
226	建筑与城市规划学院	古林强	精准频段系列化声学扩散体优化设计咨询	广州市创视智能设备有限公司
227	机械与电气工程学院	张承云	基于麦克风阵列的音频处理系统的研发	广州晶锐信息技术有限公司

续上表

序号	所属单位	负责人	项目名称	项目来源
228	地理科学与遥感学院	陈颖彪	广东省养殖用海补充调查、数据集成管理示范性服务项目建设方案	广东蓝图信息技术有限公司
229	广州大学风工程与工程振动研究中心	吴玖荣	补充技术协议服务合同2	广州览讯科技开发有限公司
230	广州大学风工程与工程振动研究中心	吴玖荣	补充技术协议服务合同	广州览讯科技开发有限公司
231	土木工程学院	蔡旭	重交通条件下平交路口的沥青路面破坏原因分析及防治措施研究	广州市交通设计研究院有限公司
232	广州大学风工程与工程振动研究中心	江进	一套杆塔原位升高技术方案研发	广东顺德电力设计院有限公司
233	环境科学与工程学院	吴翠琴	2021年第二十三届"广州市美境行动"合作协议	壳牌（中国）有限公司
234	地理科学与遥感学院	徐国良	南雄市红砂岭综合治理工程（二期）监测分析与评价项目	南雄市自然资源局
235	土木工程学院	刘超	岩溶地区地铁基坑开挖稳定性及地连墙—溶洞相互作用机理研究	中国建筑第四工程局有限公司
236	环境科学与工程学院	吴翠琴	2021年第二十三届"广州市美境行动"合作协议	壳牌（中国）有限公司
237	土木工程学院	何娟	产学研合作协议装配式建筑新技术研究	广州番禺桥兴建设安装工程有限公司
238	广州大学网络空间先进技术研究院	苏申	面向工业物联网的虚拟蜜罐识别系统研发	丁牛信息安全科技（江苏）有限公司
239	计算机科学与网络工程学院	王捍贫	4K转播车项目——人工智能超高清视频质量主观评价软件研发项目	广州市广播电视台
240	土木工程学院	温丽维	土工试验分包协议	中交第四航务工程勘察设计院有限公司
241	土木工程学院	罗威力	拌合站施工便桥监控合同	中交一公局桥隧工程有限公司

续上表

序号	所属单位	负责人	项目名称	项目来源
242	土木工程学院	罗威力	BIM技术在肇庆市四会南江工业园至肇庆新区一级公路新建工程项目施工中的应用研究	中铁一局集团有限公司广州分公司
243	土木工程学院	罗威力	深层大倾斜岩面冲孔灌注桩施工技术研究	中铁二十二局集团市政工程有限公司
244	校领导	周云	标准参编协议书	广州市建工设计院有限公司
245	物理与材料科学学院	王锋	举办2021年第六届SKA暑期学校	国家遥感中心
246	机械与电气工程学院	张春良	瓷砖铺贴机械研发	广州市璟宏工程管理有限公司
247	公共管理学院	彭铭刚	广州市燃气工程政府监管流程	广州市城市管理和综合执法局
248	新闻与传播学院	曾丽红	关于新媒体在涉台宣传工作中的应用研究委托调研协议书	中国共产党广州市番禺区委员会统一战线工作部
249	公共管理学院	张惠	花都区新华街田美村旧村改造社会稳定风险评估	广州富美房地产开发有限公司
250	广州大学风工程与工程振动研究中心	吴玖荣	技术服务合同	广州览讯科技开发有限公司
251	广州大学大湾区环境研究院	李伙生	炭步镇朗头村农村生活污水治理设施（MBR）技术服务合同	广州市花都区炭步镇人民政府
252	地理科学与遥感学院	吴大放	国家海洋局南海信息中心海岛村资料整编	国家海洋局南海信息中心
253	土木工程学院	顾美湘	广东省南沙至中山高速公路项目TJ06标 桩侧填土对基桩影响现场测试试验研究技术服务合同	佛山市皇宇建筑劳务有限公司
254	公共管理学院	蒋红军	编制广州市白云区推动社会发展突出贡献奖评选方案及组织专家评审	广州市白云区发展和改革局

续上表

序号	所属单位	负责人	项目名称	项目来源
255	数学与信息科学学院	钟育彬	政府采购行业的智能化定位与趋势探究	云采链（广州）信息科技有限公司
256	土木工程学院	林本海	南沙国际游轮码头综合体项目2号地基坑支护对地铁设施影响评估	广州中交邮轮母港投资发展有限公司
257	计算机科学与网络工程学院	蓁科	与广东国利信息网络有限公司的产学研合作协议	广东国利信息网络有限公司
258	机械与电气工程学院	张承云	音效算法关键技术合作项目	华为技术有限公司
259	土木工程学院	荣宏伟	中水回用（一起40000吨/天）技改工程项目MBR膜对比中试外委服务合同	佛山市南海西樵鑫龙水处理有限公司
260	土木工程学院	焦楚杰	高性能混凝土制备技术研发	中铁一局集团（广州）建设工程有限公司
261	化学化工学院	刘鹏	羟丙基淀粉生产中的技术问题	佛山市国农淀粉有限公司
262	土木工程学院	焦楚杰	废旧陶瓷再生骨料在预拌混凝土中的应用技术研发	佛山市政通混凝土有限公司
263	地理科学与遥感学院	蔡砥	高新技术产业空间数据挖掘与应用	广东易迅信息技术有限公司
264	生命科学学院	吴毅	《广东动物志 哺乳纲》编制	广东省科学院动物研究所
265	土木工程学院	臧晓冬	《遂溪县国土空间总体规划（2020—2035年）》——综合交通运输体系建设及要素布局研究	广州市城市规划勘测设计研究院
266	土木工程学院	汪大洋	深圳地铁车辆段上盖建筑结构设计标准振动台试验合同	深圳市地铁集团有限公司
267	化学化工学院	佟连鹏	环氧树脂固化用新型阳离子促进剂的开发与应用	亿铖达（深圳）新材料有限公司
268	建筑与城市规划学院	古林强	云珠酒店项目地铁列车振动与噪声控制咨询服务合同	广州越秀华城房地产开发有限公司

续上表

序号	所属单位	负责人	项目名称	项目来源
269	土木工程学院	汪大洋	核电厂新型钢—混凝土组合结构数值模拟分析与试验关键技术研发服务合同	中广核工程有限公司
270	土木工程学院	林本海	横琴中大金融大厦基坑支护设计分析评价咨询	珠海横琴新区中大控股有限公司武汉地质勘察基础工程有限公司
271	建筑与城市规划学院	庞玥	广州市天河区新塘街凌塘村旧村更新改造项目历史文化评估篇章	珠海经济特区宝丰物业投资服务有限公司
272	建筑与城市规划学院	庞玥	广州市番禺区大龙街茶东村旧村更新改造项目历史文化评估篇章	珠海经济特区宝丰物业投资服务有限公司
273	物理与材料科学学院	王洪光	大口径射电望远镜研究脉冲星物理的调研	中国科学院国家天文台
274	广州大学大湾区环境研究院	王雨	死猪堆肥产品中析测试	中国农业科学院农业环境与可持续发展研究所
275	管理学院（旅游学院/中法旅游学院）	陈琳	关于支持市场力量建设政策性租赁住房政策研究	广东省住房和城乡建设厅
276	土木工程学院	汪大洋	超大型海水冷却塔混凝土耐久性关键技术研究	中广核工程有限公司
277	机械与电气工程学院	徐保强	基于精益化的设备管理体系研究技术开发（委托）合同	湖北中烟工业有限公司
278	发展规划处	张涛	高热稳定的抗辐照块体纳米晶W合金设计/制备	中国原子能科学研究院
279	校领导	周云	新型消能楼梯间抗震性能及关键技术研究	汕头市建安（集团）公司
280	土木工程学院	徐涛	热泵系统高效相变储热器关键技术开发	广东华天成新能源科技股份有限公司
281	校领导	吴开俊	广州学习型社会运行机制、建设模式与数字化教育学习平台建设研究	广州市广播电视大学
282	广州大学计算科技研究院	陈智华	两项激光软钎焊控制领域技术	武汉博联特科技有限公司

续上表

序号	所属单位	负责人	项目名称	项目来源
283	科研处	汤萱	2020年广州市开展质量状况分析报告撰写项目	广州市市场监督管理局
284	校领导	吴开俊	数字化教育课程资源建设与成果推广应用研究	广州市广播电视大学
285	土木工程学院	瞿芳术	二次供水管道微生物增殖与消毒剂消耗速率测试	上海市政工程设计研究总院（集团）有限公司
286	法学院（律师学院）	王轩	《社会组织登记管理机关行政处罚程序规定（修订草案征求意见稿）》社会风险评估	民政部社会组织管理局
287	广州大学网络空间先进技术研究院	姜誉	网络行为分析与数据安全（1）	深信服科技股份有限公司
288	教育学院（师范学院）	叶平枝	广东省学前教育改革情况	中共广东省委全面深化改革委员会办公室
289	建筑与城市规划学院	庞玥	广州市番禺区钟村街诜敦村旧村更新改造项目历史文化评估篇章	珠海经济特区宝丰物业投资服务有限公司
290	音乐舞蹈学院	弓丽	"永远跟党走 逐梦新时代——广东省第十四届'百歌颂中华'歌咏活动"广州参赛队伍服务合同	广东吉彩文化艺术发展有限公司
291	建筑与城市规划学院	饶畅	深圳城市轨道交通12号线工程公共艺术文化研究与策划合同	深圳市圭派主题装饰设计工程有限公司
292	土木工程学院	石明岩	揭西县凤江镇小微水体应急处理工程	广州志清蓝环保科技有限公司
293	土木工程学院	陈柳洁	基于损伤与修复力学机理的高品质洗护用品技术基础研发	广东禾圣堂生物科技有限公司
294	广州大学工程抗震研究中心	邹爽	和田至若羌铁路桥墩工程预制装配技术应用研究	中铁北京工程局集团有限公司和若铁路S1标合同段
295	土木工程学院	林本海	广州市轨道交通八号线北延段土建工程技术研究项目	广州地铁集团有限公司

续上表

序号	所属单位	负责人	项目名称	项目来源
296	广州大学网络空间先进技术研究院	鲁辉	电能计量安全性评估方法研究技术开发合同	深圳供电局有限公司
297	计算机科学与网络工程学院	李婧	二进制代码躲避动态沙箱识别的仿真测试	南开大学
298	化学化工学院	林璟	与广州保力特密封技术有限公司产学研合作协议	广州保力特密封技术有限公司
299	公共管理学院	黄旭	关于进一步深化行政审批制度改革的研究	广州市发展与改革委员会
300	音乐舞蹈学院	欧阳铭芮	声乐表演专业服务协议	昆山诺亚荣耀投资管理有限公司
301	管理学院（旅游学院/中法旅游学院）	陈德义	香港科技大学（广州）项目一期建设全过程工程咨询管理研究与实践	广州市新誉工程咨询有限公司
302	土木工程学院	袁杰	广州市轨道交通十八号线工程番禺广场站~PN1盾构井区间盾构下穿地铁三号线安全评估	中铁建大桥工程局集团第二工程有限公司广州市轨道交通十八和二十二号线项目部
303	建筑与城市规划学院	古林强	声学测量服务合同	广州市联合利源建材有限公司
304	科研处	冼海洲	高强度抗干扰数据传输线	深圳市威线科电子有限公司
305	法学院（律师学院）	曾赟	法治监狱建设研究	广州市司法局
306	土木工程学院	罗威力	地下车站主体结构混凝土裂缝控制技术研究	中铁广州工程局集团深圳工程有限公司
307	土木工程学院	罗威力	广州市第七资源热力电厂二期工程及周边场地预处理工程施工总承包项目关键技术研究	广州环投从化环保能源有限公司
308	土木工程学院	罗威力	复杂地质条件下地铁深基坑等效地连墙受力机理研究与风险评估	中铁广州工程局集团深圳工程有限公司

续上表

序号	所属单位	负责人	项目名称	项目来源
309	土木工程学院	杨勇	广州市中心城区地下综合管廊40号工作井施工对东晓南高架B匝道桥结构影响性的安全评估	中铁广州工程局集团城轨工程有限公司广州市中心城区地下综合管廊工程项目经理部
310	土木工程学院	赫俊国	韶关市节水城市创建评估和关键技术开发研究	广东省建筑设计研究院有限公司
311	土木工程学院	赫俊国	漠阳江水厂工艺效能提升与节能降耗技术研究	阳江市自来水公司
312	土木工程学院	赫俊国	漠阳江原水处理水质安全保障工艺技术参数优化	阳江市自来水公司
313	土木工程学院	赫俊国	阳江市第一净水有限公司排放达标优化科研项目技术研究	阳江市第一净水有限公司
314	土木工程学院	童华炜	广建装配式建筑成套技术研究	广州建筑产业研究院有限公司
315	创新创业学院	王满四	工业互联网标识解析国家顶级节点（一期）建设项目上海自筹—教材编写出版	中国信息通信研究院
316	土木工程学院	焦楚杰	自流平膨胀砂浆制备技术研发	广州珠江装修工程有限公司
317	土木工程学院	林本海	广州市中心城区地下综合管廊工程盾构掘进对地铁三号线大塘站车站结构影响的安全评估	中铁广州工程局集团城轨工程有限公司广州市中心城区地下综合管廊工程项目经理部
318	化学化工学院	曾庆祝	一种提高花生粕利用及营养价值的方法	安徽科易果网络科技有限公司
319	环境科学与工程学院	陈迪云	广州市生利贸易有限公司地块（花都区CK0203规划管理单元）控制性详细规划局部修正环境影响篇章	广州市生利贸易有限公司
320	科研处	冼海洲	手机装饰件表面防腐金属覆层技术的研究开发	东莞市章盈王金塑胶制品有限公司

续上表

序号	所属单位	负责人	项目名称	项目来源
321	土木工程学院	燕乐纬	施工技术方案智能策划系统研发（第一阶段）——施工方案辅助计算软件GJS研发及应用	广州建筑股份有限公司总工程师办公室
322	土木工程学院	黄宇	融创广州项目（冷热站、空调）BA系统设备安装调试情况评测	博锐尚格科技股份有限公司
323	教务处	谢治菊	中西部5省2020年东西部扶贫协作交叉考核	中国农业大学
324	土木工程学院	林本海	广州市中心城区地下综合管廊工程20号工作井施工对下塘西路高架桥桩基础的影响安全评估	中铁一局集团城市轨道交通工程有限公司
325	广州大学风工程与工程振动研究中心	何运成	压力扫描阀的体积测量方法及体积测量系统	广东省数字智慧城市科技有限公司
326	土木工程学院	袁杰	浅基础民房密集建（构）筑物区域承压富水复杂地层盾构施工综合技术研究创新及应用项目	中建铁投轨道交通建设有限公司
327	化学化工学院	张巧	用于垃圾渗滤液净化的碳基催化剂的研究开发	佛山霖诺环保科技有限公司
328	土木工程学院	袁杰	评卷组织服务协议书	广东省人事考试局
329	土木工程学院	臧晓冬	金融城站综合交通枢纽项目通道及换乘系统设计方案交通论证服务合同	广州金融城站综合交通枢纽有限公司
330	土木工程学院	徐忠根	2020年度质量发展与标准化战略标准制修订项目	广州市市场监督管理局
331	科研处	冼海洲	商家优惠平台的研发	广东银讯信息技术有限公司
332	管理学院（旅游学院/中法旅游学院）	陈卫旗	员工与公司文化理念匹配测量评估合同	中国南方电网有限责任公司
333	管理学院（旅游学院/中法旅游学院）	刘广海	推动农商互联完善农产品供应链专项资金申报	广州南沙国际冷链有限公司

续上表

序号	所属单位	负责人	项目名称	项目来源
334	法学院（律师学院）	曹智	《广州市社会急救医疗管理条例》立法后评估	广州市人大常委会办公厅
335	法学院（律师学院）	曹智	《广州市妇女权益保障规定》实施情况调研项目	广州市妇女联合会
336	土木工程学院	臧晓冬	《棠溪站综合交通枢纽一体化建设工程勘察设计第3标段》交通仿真	广州市城市规划勘测设计研究院
337	管理学院（旅游学院/中法旅游学院）	陈琳	广州珠江住房租赁发展投资有限公司战略规划咨询服务	广州珠江住房租赁发展投资有限公司
338	土木工程学院	汪大洋	超高层结构风振舒适度精细化计算及减震控制方案研究	广东省建筑科学研究院集团
339	建筑与城市规划学院	李希琳	广东省自然保护地群建设研究	广东省林业局
340	广州大学工程抗震研究中心	刘彦辉	Roly Poly（CHINA）	无锡天云数据中心科技有限公司
341	广州大学工程抗震研究中心	和雪峰	沂水县人民医院（西院区）医养中心及中医医院工程设计项目	浙江省建筑设计研究院
342	土木工程学院	方赵嵩	防霉专项课题研究	上海朗诗规划建筑设计有限公司
343	广州大学工程抗震研究中心	陈洋洋	技术服务合同——中铁四局集团有限公司潮州东联络线TJ1合同段	中铁四局集团有限公司
344	广州大学工程抗震研究中心	陈洋洋	板式橡胶支座型式检验合同——技术服务合同	成都济通路桥科技有限公司
345	土木工程学院	徐忠根	2019年度质量发展与标准化战略标准制修订项目	广州市市场监督管理局
346	管理学院（旅游学院/中法旅游学院）	薛小龙	区块链技术在工程建设领域应用的基础性理论及应用研究	北京中建建筑科学研究院有限公司
347	广州大学风工程与工程振动研究中心	黄永辉	凤凰大道工程（进港大道至连溪大道段跨东湾河大桥仿真计算分析	广州市政工程设计研究总院

续上表

序号	所属单位	负责人	项目名称	项目来源
348	美术与设计学院	贺景卫	"广州大学美术与设计学院广绣非遗工作站"的建设与应用	广州市文化广电旅游局
349	机械与电气工程学院	彭妙颜	共建丰顺县产学研科技创新基地合作协议	丰顺县人民政府
350	土木工程学院	刘海	针对地铁隧道隐蔽病害的探地雷达天线选型及成像算法开发服务	深圳大学
351	科研处	冼海洲	浓缩型聚合物高效砂浆胶及其制备技术的研究开发	清远市兴鹏新材料有限公司
352	科研处	冼海洲	抗拉装饰层积板物化性能测试技术的研究开发	广东兆盈合成新材有限公司
353	土木工程学院	张季超	模块化预制装配整体式建筑关键技术创新及应用	河南省基本建设科学实验研究院有限公司
354	土木工程学院	李亚东	如意坊放射线系统工程（一期）"穿越区域性断裂沉管隧道地震响应机理与抗震关键技术"	广州市中心区交通项目领导小组办公室
355	土木工程学院	余华荣	中空纤维膜性能检测评价研究	广州市世来至福科技有限公司
356	土木工程学院	林本海	镇龙车辆段上盖项目施工对镇龙车站、车辆段、地铁二十一号线及地铁十四号线隧道结构影响的安全性风险分析评估	广州市品辉房地产开发有限公司
357	环境科学与工程学院	罗定贵	广州环保科技平台"环保技术科普板块"（综合类）技术服务	广州市环境技术中心
358	土木工程学院	魏春海	超滤净水工艺中试与膜性能评价研究	乙方：清华大学；甲方：东莞市水务集团供水有限公司
359	土木工程学院	辛军哲	满足人体热舒适性要求的通风降温节能组合技术方案	广东瑞泰通风降温设备有限公司

续上表

序号	所属单位	负责人	项目名称	项目来源
360	广州大学大湾区环境研究院	王雨	微生物脱氮测试	北京市水科学技术研究院
361	马克思主义学院	赵中源	专项合作研究协议	广东省社会科学院
362	土木工程学院	林本海	海珠区新市头村旧改项目地铁上盖建筑地基、基础与结构的减振技术和措施研究	广州市新市头投资有限公司
363	马克思主义学院	吴阳松	新中国成立初期党对纪律建设的探索专项合作研究办议	广东省社会科学院
364	物理与材料科学学院	马颖	VR技术在教学中的运用及教育实习	广州市华颖中学
365	管理学院（旅游学院/中法旅游学院）	程露悬	广州旅行社与酒店发展研究之酒店大数据分析	中山大学
366	法学院（律师学院）	刘云生	中国不动产法研究（第21、第22辑）	上海邦信阳中建中汇律师事务所
367	土木工程学院	刘海	地下管线高效探测关键技术研究	中国建筑第八工程局有限公司
368	创新创业学院	王满四	广州新华出版发行集团"十四五"发展规划编制服务合同	广州新华出版发行集团股份有限公司
369	土木工程学院	汪大洋	深圳地铁车辆段上盖建筑结构设计标准振动台试验合同	深圳市地铁集团有限公司
370	广州大学工程抗震研究中心	刘彦辉	学府智能停车楼空间结构体单元设计咨询	深圳市建筑设计研究总院有限公司
371	土木工程学院	徐涛	低温相变蓄冷材料关键技术开发	鹤山澳鸿实业有限公司
372	广州大学工程抗震研究中心	和雪峰	共同研发PKPM隔减震结构设计软件	北京构力科技有限公司
373	广州大学智能制造工程研究院	王孝伟	永磁同步电动辊筒技术开发	上海冠镁科技有限公司
374	管理学院（旅游学院/中法旅游学院）	胡志勇	幼儿智能点读设备及关键技术系统开发	广东伟才教育科技股份有限公司

续上表

序号	所属单位	负责人	项目名称	项目来源
375	环境科学与工程学院	张发根	餐饮废水快速处理技术方案研究	立德环保设备制造（广州）有限公司
376	电子与通信工程学院	魏巍	广州城市中轴线生态景观设计研究	广州园林建筑规划设计研究总院
377	计算机科学与网络工程学院	綦科	易风呼叫业务系统功能扩展	广州易风健康科技服务有限公司
378	土木工程学院	王庆	装配式构件用自密实混凝土研究	东莞市建安集团有限公司
379	土木工程学院	甘伟	装配式构件用机制砂混凝土研究	东莞市建安集团有限公司
380	土木工程学院	甘伟	装配式构件用修补砂浆研究	东莞市建安集团有限公司
381	化学化工学院	曾庆祝	一种制备花生香型鲜味基料的深加工技术方法	广东汇香源生物科技股份有限公司
382	管理学院（旅游学院/中法旅游学院）	陈卫旗	员工与公司文化理念匹配测量评估合同	中国南方电网有限责任公司
383	广州大学网络空间先进技术研究院	孙彦斌	面向工控蜜罐的智能指纹识别关键技术研究	上海工业控制安全创新科技有限公司
384	土木工程学院	汪大洋	弹簧-阻尼支座力学试验研究	广东省建筑设计研究院有限公司
385	机械与电气工程学院	戴杰涛	4100 mm精轧工作辊和支撑辊辊形优化研究及应用	重庆钢铁股份有限公司
386	外国语学院	欧丽贤	第十批"中国外语教育基金"项目资助协议书	外语教学与研究出版社有限责任公司
387	广州大学工程抗震研究中心	陈洋洋	LRB-D900铅芯隔震橡胶支座型式检验	震安科技股份有限公司
388	广州大学工程抗震研究中心	陈洋洋	HDR-D900高阻尼隔震橡胶支座型式检验	苏州海德新材料科技股份有限公司
389	土木工程学院	吴轶	华创动漫产业园二期工程钢结构优化设计咨询项目	广州市华创动漫产业园有限公司
390	广州大学工程抗震研究中心	陈洋洋	HDR-D900高阻尼隔震橡胶支座型式检验	株洲时代新材料科技股份有限公司

续上表

序号	所属单位	负责人	项目名称	项目来源
391	土木工程学院	刘海	南京市汉口西路200号小区地下管线探测	中国建筑第八工程局有限公司
392	土木工程学院	吴旷怀	产学研合作合同	广州华南路桥实业有限公司
393	化学化工学院	林璟	聚合物防水乳液及建筑防水涂料的研究及其产业化	柳州天华新型防水隔热工程有限公司
394	土木工程学院	臧晓冬	金融城站综合交通枢纽项目通道及换乘系统设计方案交通论证编制协议书	广东省建筑设计研究院
395	广州大学金融研究院（广州国际金融研究院）	钟雄	绿色和可持续带路投资	世界资源研究所（美国）北京代表处
396	化学化工学院	刘锋钢	基于等离子激元有机物混合的以太网大带宽接口关键技术发色团子项目	华为技术有限公司
397	化学化工学院	刘锋钢	基于等离子激元有机物混合的以太网大带宽接口关键技术发色团子项目	华为技术有限公司
398	化学化工学院	郑成	一种高性能织物整理乳液	汕头市拓信有机硅科技有限公司
399	化学化工学院	郑成	一种抗菌有机硅乳液及其制备方法与应用	汕头市拓信有机硅科技有限公司
400	法学院（律师学院）	葛自丹	广州市生态环境保护监督管理规定（草案）立法研究	广州市环境保护科学研究院
401	土木工程学院	林本海	中新镇团结小学北规划路新福大道（A线）地铁安全评估及抗浮验算报告	广州市增城区中新镇人民政府
402	科研处	冼海洲	带手机无线充电功能LED卫浴镜的研发	广州市东闻源卫浴五金有限公司
403	法学院（律师学院）	彭心倩	强化企业科技创新主体地位相关制度研究	广州市人大常委会办公厅
404	化学化工学院	战宇	水果疗效香水的研制	广州佰仕路生物科技有限公司

续上表

序号	所属单位	负责人	项目名称	项目来源
405	管理学院（旅游学院/中法旅游学院）	陈德豪	广州市旅业有限公司"十四五"规划编制研究与调查	广州市旅业有限公司
406	土木工程学院	张立秋	2021年广州市从化区城市排水有限公司公开招聘方案	广州市从化区城市排水有限公司
407	环境科学与工程学院	陈迪云	中新广州知识城新一代信息技术创新园（黄埔区AG0625、AG0626、AG0627规划管理单元）控制性详细规划修改	中新广州知识城开发建设办公室
408	管理学院（旅游学院/中法旅游学院）	陈德义	广东省工程造价行业发展报告2019	中量工程咨询有限公司
409	广州大学网络空间先进技术研究院	仇晶	面向新技术新应用的网络安全问题研究	中国网络空间研究院
410	土木工程学院	罗威力	岩溶地区串珠状溶洞探测与处理关键技术研究与应用	中建四局第一建筑工程有限公司
411	美术与设计学院	陈哲蔚	委托设计合同	广州口可口可软件科技有限公司
412	土木工程学院	罗威力	深层大倾斜岩面冲孔灌注桩施工技术研究	中铁二十二局集团市政工程有限公司
413	化学化工学院	顾采琴	番茄饮料的研制	新疆红禾谷生物科技有限公司
414	科研处	李小华	广州大学科学技术协会建设	广州市科学技术协会
415	土木工程学院	张季超	建设工程创新创优实践研究	郑州一建集团有限公司
416	校领导	周云	《屈曲约束支撑应用技术规程》编制	柳州东方工程橡胶制品有限公司
417	校领导	周云	海口美丽沙17—19号地块综合发展项目	广州华森建筑与工程设计顾问有限公司
418	广州大学工程抗震研究中心	刘彦辉	省道S210横县平马至灵山沙坪公路飞龙大桥两阶段设计抗震性能分析	广西翔路建设有限责任公司
419	地理科学与遥感学院	黄剑	省实验室若干工作指引研究及起草	广东省科技基础条件平台中心

续上表

序号	所属单位	负责人	项目名称	项目来源
420	广州大学工程抗震研究中心	陈洋洋	文昌学校（二期）工程——高中部项目隔震橡胶支座见证检测	海南文昌发展控股集团有限公司
421	数学与信息科学学院	李海洋	柔性平台的可重构数字化智控技术应用示范及产业化	中山迈雷特数控技术有限公司
422	数学与信息科学学院	彭济根	柔性平台的可重构数字化智控技术应用示范及产业化	中山迈雷特数控技术有限公司
423	广州大学工程抗震研究中心	邹爽	铁路桥梁预制装配式桥墩结构抗震性能研究	中国铁路总公司
424	教务处	聂衍刚	四会市教育发展"十四五"规划（2021—2025年）编制项目	四会市教育局
425	广州大学网络空间先进技术研究院	仇晶	面向制导控制仿真系统的数据智能管理与分析技术研究	北京航天自动控制研究所
426	广州大学网络空间先进技术研究院	殷丽华	开放网络环境下物联管理平台的大连接高并发业务支撑技术研究	国网浙江省电力有限公司信息通信分公司
427	广州大学网络空间先进技术研究院	张硕	基于边缘计算的智能家居用户隐私保护关键技术研究	中国电信股份有限公司上海研究院
428	建筑与城市规划学院	古林强	精准频段系列化声学扩散体优化设计咨询	广州市创视智能设备有限公司
429	电子与通信工程学院	张承云	基于声学的生物多样性和声景监测技术开发	广州灵感生态科技有限公司
430	土木工程学院	林本海	新市头项目地铁上盖建筑地基、基础与地下结构的隔振减振研究合同补充协议一	广州新市头投资有限公司
431	教育学院（师范学院）	黄洁华	广州大学附属中学与广州大学开展中学生心理健康服务协议书（2020年）	广州大学附属中学
432	生命科学学院	易祖盛	陆河花鳗鲡省级自然保护区调整资源调查	陆河县林业局
433	法学院（律师学院）	董皞	提升基层依法行政能力—以规范性文件管理、行政执法规范化为切入点	佛山市法制局

续上表

序号	所属单位	负责人	项目名称	项目来源
434	法学院（律师学院）	王　轩	广东省人大常委会办公厅委托广州大学对省人大常委会备案的151项规范性文件开展审查研究服务协议书	广东省人大常委会办公厅
435	法学院（律师学院）	董　皞	珠海突发公共卫生事件应急机制评审评估、立法研究及改革方案	珠海市卫生健康局
436	土木工程学院	吴从晓	发明专利成果转让	道尔道科技有限公司
437	建筑与城市规划学院	邓　毅	广东南岭国家公园管理体制与运营机制研究	广州草木蕃环境科技有限公司
438	研究生院	唐春明	基于多方计算的基础机器学习算法研究项目	华为技术有限公司
439	图书馆（知识产权信息服务中心）	刘雪明	2021年广州市政协新闻信息搜集服务协议书	广州市政协办公厅
440	环境科学与工程学院	肖唐付	兴仁县2017年土壤污染示范项目	贵州德润环保产业有限公司
441	管理学院（旅游学院/中法旅游学院）	吴剑平	长租公寓市场监管研究	广州市越秀区房屋租赁和物业管理中心
442	公共管理学院	董石桃	第三届羊城廉政智库建设论坛	广州市纪检监察学会
443	公共管理学院	董石桃	社会交换视域下城市基层腐败的逻辑与机制——基于广州市H区50个个案的质性分析	中国社会科学院社会学研究所
444	土木工程学院	林本海	广州市中心城区地下综合管廊工程盾构掘进对广州地铁二号线和地铁五号线隧道结构影响的安全评估	中铁二局集团有限公司城通分公司
445	土木工程学院	林本海	广州市中心城区地下综合管廊盾构工程及27#工作井基坑施工对地铁六号线隧道结构影响的安全评估	中铁二局第一工程有限公司

续上表

序号	所属单位	负责人	项目名称	项目来源
446	土木工程学院	林本海	广州市轨道交通八号线北延段灰岩区工程风险评估及措施建议报告	广州地铁集团有限公司
447	土木工程学院	甘伟	台州湾循环经济集聚区建筑垃圾利用项目可行性研究咨询服务	台州东达资源利用有限公司
448	机械与电气工程学院	江帆	"一种鱼塘自动投饲增氧装置"等5项发明专利转让	广东高航知识产权运营有限公司
449	机械与电气工程学院	江帆	一种刚性链条推拉执行机构等专利转让	广州市格睿德工程技术有限公司
450	管理学院（旅游学院/中法旅游学院）	刘景矿	广州市地铁11号线建设需求与融资结构分析咨询服务	广州地铁集团有限公司
451	地理科学与遥感学院	袁振杰	市桥街北片地铁商圈整体提升概念规划	广州市番禺区人民政府市桥街道办事处
452	土木工程学院	张季超	新型装配整体式地下综合管廊快速施工方法及关键技术研究	深圳市路桥建设集团有限公司
453	建筑与城市规划学院	罗志华	面向BIM实务型人才培养的社会化协同工作系统及其运行机制研究	广东粤为科技有限公司
454	土木工程学院	张效禹	重大港口工程地震破坏机理及防控技术研究	哈尔滨工业大学
455	机械与电气工程学院	刘杰	面向环卫机械装备的隔声/吸声关键技术研究	湖南思力远科技有限公司
456	广州大学网络空间先进技术研究院	李树栋	基于大数据的网络安全知识图谱关键技术研究及验正	中国电信股份有限公司上海研究院
457	地理科学与遥感学院	吴志峰	广东省自然资源领域科技创新能力调查	广东省土地调查规划院
458	法学院（律师学院）	董皞	规划管制与土地利用权利保障法律问题研究	深圳市前海鹏港咨询有限公司
459	建筑与城市规划学院	古林强	云珠酒店项目地铁列车振动与噪声控制咨询服务合司	广州越秀华城房地产开发有限公司

续上表

序号	所属单位	负责人	项目名称	项目来源
460	计算机科学与网络工程学院	高 鹰	物联网RFID应用系统部署的多目标优化及安全关键技术研究	金华航大北斗应用技术有限公司
461	法学院（律师学院）	王 轩	行政处罚法律问题研究及其他行政法律研究咨询及会议合作协议	腾讯科技（北京）有限公司
462	人文学院	林 瀚	广州市传统工艺振兴名录制定及振兴策略调查研究	广州市文化广电旅游局
463	广州大学风工程与工程振动研究中心	刘爱荣	广州塔南广场配建珠江两岸人行景观桥项目抗震专题研究	广州市建设投资发展有限公司
464	土木工程学院	孙 卓	南沙软基路面板测试技术服务合同	中国建筑科学研究院有限公司
465	土木工程学院	胡永强	用于挥发性有机污染物（VOC）吸附处理装置的吸附材料的结构和性能测试分析	国科（佛山）检测认证有限公司
466	法学院（律师学院）	董 皞	港澳舆论法律规制研究	广东省社会科学界联合会
467	土木工程学院	刘 超	装配式新型钢筋连接用灌浆套筒连接技术研究	广州建筑产业研究院有限公司
468	土木工程学院	吴从晓	广州大学道尔道科技有限公司合作协议书	道尔道科技有限公司
469	法学院（律师学院）	董 皞	法治建设重大课题委托协议书	中共广东省委政法委员会
470	管理学院（旅游学院/中法旅游学院）	邹毅峰	广东省铁路货运"十四五"规划（铁路部分）	广东省现代物流研究院
471	土木工程学院	徐 涛	夏热冬暖地区公共建筑节能教育培训中心建设及运行项目技术援助项目咨询服务合同	住房和城乡建设部科技与产业化发展中心
472	环境科学与工程学院	张鸿郭	重金属污染特征及环境风险评价系统研发	中环（广东）环境技术有限公司

续上表

序号	所属单位	负责人	项目名称	项目来源
473	土木工程学院	郑先昌	基坑开挖对下覆既有地铁隧道的上浮变形计算及工程控制的创新研究	中铁建设投资集团有限公司
474	马克思主义学院	左康华	健全人民政协协商规则研究	广州市人民政协理论研究会
475	广州大学金融研究院（广州国际金融研究院）	钟雄	绿色和可持续带路投资	世界资源研究所（美国）北京代表处
476	管理学院（旅游学院/中法旅游学院）	张仁寿	广州市在粤港澳大湾区协同发展中的角色研究	广州市统计局
477	科研处	杨新泉	联合主办第二届全国食品生物技术大会合作协议	江南大学
478	土木工程学院	林本海	广州地铁九号线在构造岩溶区特殊地层中既有结构安全保护的范围和措施研究	广州地铁集团有限公司
479	土木工程学院	吴轶	华创动漫产业园二期工程钢结构优化设计咨询项目	广州市华创动漫产业园有限公司
480	土木工程学院	林本海	广州地铁八号线北延段在岩溶地层受外部工程影响程度和受保护范围的研究	广州地铁集团有限公司
481	土木工程学院	吴轶	凯里民族文化宫会议中心改造项目结构加固设计超限审查咨询	贵州中建伟业建设（集团）有限责任公司建筑勘察研究院
482	土木工程学院	林本海	中新镇团结小学北规划路新福大道（A线）地铁安全评估及抗浮验算报告	广州市增城区中新镇人民政府
483	土木工程学院	林本海	白云五线（G106国道—大源北路）	广州市广园市政建设有限公司
484	广州大学工程抗震研究中心	陈洋洋	车辆基地土地资源高效（集约）利用设计理论与工艺研究——地铁上盖建筑抗震和综合隔震（振）技术研发及试验研究	深圳市市政设计研究院有限公司

续上表

序号	所属单位	负责人	项目名称	项目来源
485	教育学院（师范学院）	丁国柱	实名制安全教育培训系统开发	广东诚泰交通科技发展有限公司
486	广州大学大湾区环境研究院	李瞳	典型城市污水处理不同季节VOCs排放特征与O_3生成潜势研究	北京工业大学
487	建筑与城市规划学院	邓毅	广东南岭国家公园管理体制与运营机制研究	广州草木蕃环境科技有限公司
488	地理科学与遥感学院	解学通	星载散射计数据仿真软件研制	北京空间飞行器总体设计部
489	计算机科学与网络工程学院	唐卷	基于零信任机制的移动平台安全解决方案	深圳恒拓高科信息技术有限公司
490	地理科学与遥感学院	杨颖频	珠三角农业地块生产及作物参数遥感反演关键技术算法研发	中国科学院空天信息创新研究院
491	环境科学与工程学院	陈迪云	中新广州知识城新一代信息技术创新园（黄埔区AG0625、AG0626、AG0627规划管理单元）控制性详细规划修改	中新广州知识城开发建设办公室
492	教育学院（师范学院）	曹卫真	省教育资源公共服务平台落地服务暨"人人通"试点区（非服务团队支持）指导	广东省教育技术中心（广东省电化教育馆）
493	建筑与城市规划学院	饶畅	佛山三龙湾高端创新集聚区潭州会展北片区城市更新	广东省城乡规划设计研究院有限责任公司
494	机械与电气工程学院	徐保强	基于精益化的设备管理体系研究技术开发（委托）合同	湖北中烟工业有限公司
495	环境科学与工程学院	陈迪云	粤港澳大湾区青年创业科技园（黄埔区AG0203规划管理单元）控制性详细规划修改环境影响篇章	广州市城市规划勘测设计研究院
496	化学化工学院	尚小琴	一种甜菜碱型两性表面活性剂及其制备方法	合肥小刺猬信息科技有限公司
497	机械与电气工程学院	张承云	音效算法关键技术合作项目	华为技术有限公司

续上表

序号	所属单位	负责人	项目名称	项目来源
498	广州大学网络空间先进技术研究院	仇晶	安全高效的联邦学习技术优化研究	中国电信股份有限公司上海研究院
499	广州大学网络空间先进技术研究院	顾钊铨	图片图像人工智能防护关键技术研究	中国电信股份有限公司上海研究院
500	土木工程学院	程从密	新型水泥基材料技术研究	佛山市顺德区协润装饰建材有限公司
501	地理科学与遥感学院	姜燕宁	香港营商环境研究及经验借鉴	广东省制造业协会
502	教育学院（师范学院）	王孟成	广东省肇庆监狱罪犯情绪调查与管理干预	广东省肇庆监狱
503	地理科学与遥感学院	吴大放	东莞市寮步镇村级土地利用规划编制	湖南省第一测绘院
504	地理科学与遥感学院	徐国良	土壤动物检测委托协议书	中国科学院华南植物园
505	广州大学工程抗震研究中心	谭平	港珠澳大桥抗震设计	中铁大桥勘测设计有限公司
506	管理学院（旅游学院/中法旅游学院）	陈琳	广州市公共租赁住房审核流程优化研究	广州市住房保障办公室
507	管理学院（旅游学院/中法旅游学院）	陈琳	广州市南沙新区试点共有产权住房管理办法及南沙区人才公寓管理办法修订	广州市南沙区住房和城乡建设局
508	管理学院（旅游学院/中法旅游学院）	陈琳	《广州市公共租赁住房保障办法》实施效果评估	广州市住房和城乡建设局
509	管理学院（旅游学院/中法旅游学院）	陈琳	广州市公共租赁住房准入标准研究	广州市住房保障办公室
510	土木工程学院	瞿芳术	二次供水管道微生物增殖与消毒剂消耗速率测试	上海市政工程设计研究总院（集团）有限公司
511	广州大学工程抗震研究中心	刘彦辉	学府智能停车楼空间结构体单元设计咨询	深圳市建筑设计研究总院有限公司

续上表

序号	所属单位	负责人	项目名称	项目来源
512	广州大学网络空间先进技术研究院	鲁辉	零封安全——工业互联网漏洞防御领军者	广东高校科技成果转化中心
513	地理科学与遥感学院	张新长	国土空间规划多源数据融合与更新合作研发项目	湖南博通信息股份有限公司
514	广州大学工程抗震研究中心	林佳	国道G360公路隔震橡胶支座检测	海南方能测试技术有限公司
515	土木工程学院	张季超	新型装配组合钢结构建筑及基底隔震技术示范工程的深化研究	河南省基本建设科学实验研究院有限公司
516	机械与电气工程学院	吴文强	智能机器人视觉检测系统研发	广州伯乐智能技术有限公司
517	化学化工学院	韦星船	一种环保水性UV纸张光油的制备方法	佛山市顺德区锐翔涂料有限公司
518	土木工程学院	刘海	火星车次表层探测雷达的电磁计算、成像算法和软件开发	中国科学院空天信息创新研究院
519	物理与材料科学学院	刘翠红	基于信息安全的可见光通信发射模块信号测试	暨南大学
520	土木工程学院	刘海	南京市汉口西路200号小区地下管线探测	中国建筑第八工程局有限公司
521	地理科学与遥感学院	吴志峰	地理信息团体标准建设现状及发展路径研究	广东省国土资源技术中心

第六部分

教职工队伍

在职在编教职工人员结构

教职工类别	数量
专任教师	1862
行政人员	535
教辅人员	327
工勤人员	23
科研机构人员	73
校办企业职工	12
其他附设机构人员	0
总数	2832

注：数据为2021年12月31日，广州大学校本部。

在职在编专业技术人员情况

序号	类别	总计	女	职称情况					学位情况				学历情况		
				正高级	副高级	中级	初级	无职称	博士	硕士	学士	无学位	研究生	本科	专科及以下
1	总计	2243	985	422	787	595	2	437	1333	534	364	12	1867	364	12
2	女	985	985	105	374	324	2	180	486	295	199	5	781	199	5
3	30岁及以下	47	20	0	0	18	1	28	17	29	1	0	46	1	0
4	31岁到35岁	337	147	5	52	72	1	207	261	74	2	0	335	2	0
5	36岁到40岁	423	172	17	143	134	0	129	353	60	10	0	413	10	0
6	41岁到45岁	407	206	53	169	141	0	44	245	118	41	3	363	41	3
7	46岁到50岁	397	207	90	166	125	0	16	198	99	100	0	297	100	0
8	51岁到55岁	336	157	122	132	74	0	8	138	79	116	3	217	116	3
9	56岁到60岁	286	76	125	125	31	0	5	111	75	94	6	186	94	6
10	61岁到65岁	9	0	9	0	0	0	0	9	0	0	0	9	0	0
11	66岁及以上	1	0	1	0	0	0	0	1	0	0	0	1	0	0

注：数据截至2021年12月31日。

2021年各类人才工程入选名单

序号	人才称号	类型	姓名	所在单位
1	国家重大人才项目	青年学者	王雄军	生命科学学院
2	国家自然科学基金优秀青年科学基金获得者	/	吕来	广州大学大湾区环境研究院
3	国家自然科学基金优秀青年科学基金获得者	/	张玉微	化学化工学院
4	国家高层次人才特殊支持计划青年拔尖人才	/	刘海	土木工程学院
5	广东省自然科学杰出青年基金获得者	/	杜磊	化学化工学院
6	广东省自然科学杰出青年基金获得者	/	张伟	广州大学大湾区环境研究院（含珠江三角洲水质安全与保护协同创新中心）
7	广东省自然科学杰出青年基金获得者	/	袁振杰	地理科学与遥感学院

2020—2021学年在编教职工年度考核优秀人员名单

序号	姓名	所在单位
1	邓思清	保卫处、武装部
2	张蓓	保卫处、武装部
3	陈丽丽	保卫处、武装部
4	林俊福	保卫处、武装部
5	孙穗穗	保卫处、武装部
6	姜海玲	财务处（国有资产管理办公室）
7	梁燕霞	财务处（国有资产管理办公室）
8	廖耀宁	财务处（国有资产管理办公室）
9	欧永波	财务处（国有资产管理办公室）
10	冼迪曦	财务处（国有资产管理办公室）
11	王满四	创新创业学院
12	刘英	创新创业学院
13	袁渭锟	党委办公室、校办公室（保密办公室）
14	丁丁	党委办公室、校办公室（保密办公室）
15	罗星	党委办公室、校办公室（保密办公室）

续上表

序号	姓名	所在单位
16	韦 炜	党委办公室、校办公室（保密办公室）
17	张 斌	党委办公室、校办公室（保密办公室）
18	蔡兴勇	党委统战部（校友工作办公室）
19	朱晓军	党委宣传部
20	李 振	党委宣传部
21	陆财深	党委组织部（机关党委）
22	范俊杰	党委组织部（机关党委）
23	张俊毫	档案馆
24	张宏华	档案馆
25	白鹤云飞	地理科学与遥感学院
26	李 衢	地理科学与遥感学院
27	林媚珍	地理科学与遥感学院
28	刘 超	地理科学与遥感学院
29	刘毅华	地理科学与遥感学院
30	千庆兰	地理科学与遥感学院
31	钱乐祥	地理科学与遥感学院
32	徐 冲	地理科学与遥感学院
33	张新长	地理科学与遥感学院
34	吴 卓	地理科学与遥感学院
35	朱 竑	地理科学与遥感学院
36	陈晓亮	地理科学与遥感学院
37	曾衍瀚	电子与通信工程学院
38	曹 忠	电子与通信工程学院
39	杨 钊	电子与通信工程学院
40	张承云	电子与通信工程学院
41	张 技	电子与通信工程学院
42	周发升	电子与通信工程学院
43	李 俊	电子与通信工程学院
44	肖 华	发展规划处

续上表

序号	姓名	所在单位
45	何律君	发展规划处
46	张泽涛	法学院（律师学院）
47	曹　智	法学院（律师学院）
48	胡　莎	法学院（律师学院）
49	宋　敏	法学院（律师学院）
50	王　轩	法学院（律师学院）
51	张　颖	法学院（律师学院）
52	周后春	法学院（律师学院）
53	万朝春	公共管理学院
54	黄　鑫	公共管理学院
55	黄　旭	公共管理学院
56	刘　念	公共管理学院
57	汤秀娟	公共管理学院
58	王　霞	公共管理学院
59	徐军辉	公共管理学院
60	张茂元	公共管理学院
61	郭　明	公共管理学院
62	林曼曼	公共管理学院
63	宋向南	管理学院（旅游学院/中法旅游学院）
64	边　艳	管理学院（旅游学院/中法旅游学院）
65	陈丽坤	管理学院（旅游学院/中法旅游学院）
66	代丹丹	管理学院（旅游学院/中法旅游学院）
67	郭　艳	管理学院（旅游学院/中法旅游学院）
68	胡勇军	管理学院（旅游学院/中法旅游学院）
69	黄祖庆	管理学院（旅游学院/中法旅游学院）
70	李惠娟	管理学院（旅游学院/中法旅游学院）
71	刘景矿	管理学院（旅游学院/中法旅游学院）
72	刘相军	管理学院（旅游学院/中法旅游学院）
73	彭　惠	管理学院（旅游学院/中法旅游学院）

续上表

序号	姓名	所在单位
74	冉佳森	管理学院（旅游学院/中法旅游学院）
75	施燕平	管理学院（旅游学院/中法旅游学院）
76	史丽华	管理学院（旅游学院/中法旅游学院）
77	苏郁锋	管理学院（旅游学院/中法旅游学院）
78	王　东	管理学院（旅游学院/中法旅游学院）
79	许红山	管理学院（旅游学院/中法旅游学院）
80	余中东	管理学院（旅游学院/中法旅游学院）
81	张河清	管理学院（旅游学院/中法旅游学院）
82	张军成	管理学院（旅游学院/中法旅游学院）
83	张仁寿	管理学院（旅游学院/中法旅游学院）
84	郑春晖	管理学院（旅游学院/中法旅游学院）
85	黄家良	管理学院（旅游学院/中法旅游学院）
86	谢洪明	管理学院（旅游学院/中法旅游学院）
87	魏　雷	管理学院（旅游学院/中法旅游学院）
88	付　博	管理学院（旅游学院/中法旅游学院）
89	李增祥	管理学院（旅游学院/中法旅游学院）
90	梁世健	管理学院（旅游学院/中法旅游学院）
91	宋文珍	广州大学大湾区环境研究院
92	胡　春	广州大学大湾区环境研究院
93	吕　来	广州大学大湾区环境研究院
94	高耀文	广州大学大湾区环境研究院
95	张　伟	广州大学大湾区环境研究院
96	黄永辉	广州大学风工程与工程振动研究中心
97	温健婷	广州大学风工程与工程振动研究中心
98	何运成	广州大学风工程与工程振动研究中心
99	欧阳小伟	广州大学风工程与工程振动研究中心
100	倪怡华	广州大学附属艺术学校（广州市艺术学校）
101	何晓晴	广州大学附属中学
102	王守亮	广州大学附属中学

续上表

序号	姓名	所在单位
103	陈建秋	广州大学工程抗震研究中心
104	黄襄云	广州大学工程抗震研究中心
105	沈朝勇	广州大学工程抗震研究中心
106	张　颖	广州大学工程抗震研究中心
107	陈华霆	广州大学工程抗震研究中心
108	涂成林	广州大学广州发展研究院（广东发展研究院）
109	黄　斌	广州大学黄埔研究生院
110	韩磊磊	广州大学教师发展与教学评估中心
111	贾帅帅	广州大学金融研究院（广州国际金融研究院）
112	王　宇	广州大学人工智能与区块链研究院
113	王　欢	广州大学人权研究院
114	肖世杰	广州大学人权研究院
115	苏　申	广州大学网络空间先进技术研究院
116	田志宏	广州大学网络空间先进技术研究院
117	李树栋	广州大学网络空间先进技术研究院
118	璩银吉	桂花岗校区管理委员会
119	李振香	桂花岗校区管理委员会
120	汤　萱	国际交流与合作处（港澳台工作办公室、孔子学院工作办公室）
121	陈毓华	国际交流与合作处（港澳台工作办公室、孔子学院工作办公室）
122	陈务生	国际教育学院（卫斯理安学院）
123	许洁丹	后勤服务处
124	龚　敏	后勤服务处
125	黄宝强	后勤服务处
126	黄炳有	后勤服务处
127	李丽琼	后勤服务处
128	李彦山	后勤服务处
129	梁　洪	后勤服务处
130	颜雪梅	后勤服务处
131	姚中波	后勤服务处

续上表

序号	姓名	所在单位
132	周海兵	化学化工学院
133	董 文	化学化工学院
134	梁 红	化学化工学院
135	梁敏华	化学化工学院
136	林奕勇	化学化工学院
137	刘吉旦	化学化工学院
138	刘 鹏	化学化工学院
139	吕 澍	化学化工学院
140	王玉飞	化学化工学院
141	吴俊荣	化学化工学院
142	欧阳婷	化学化工学院
143	肖 抗	化学化工学院
144	张玉微	化学化工学院
145	徐秀彬	化学化工学院
146	祝梦婷	化学化工学院
147	阎 佳	环境科学与工程学院
148	蔡静仪	环境科学与工程学院
149	邓红梅	环境科学与工程学院
150	李淑更	环境科学与工程学院
151	刘 娟	环境科学与工程学院
152	王伟彤	环境科学与工程学院
153	张发根	环境科学与工程学院
154	肖恩宗	环境科学与工程学院
155	金 鹏	环境科学与工程学院
156	李卓勇	机械与电气工程学院
157	江 帆	机械与电气工程学院
158	李致富	机械与电气工程学院
159	刘 辉	机械与电气工程学院
160	刘 征	机械与电气工程学院

续上表

序号	姓名	所在单位
161	唐睿智	机械与电气工程学院
162	王佳庆	机械与电气工程学院
163	王晓刚	机械与电气工程学院
164	张春良	机械与电气工程学院
165	张　杰	机械与电气工程学院
166	朱萍玉	机械与电气工程学院
167	沈　腾	机械与电气工程学院
168	刘　松	基建处
169	刘　强	计算机科学与网络工程学院
170	蔡　耘	计算机科学与网络工程学院
171	邓　霞	计算机科学与网络工程学院
172	高　鹰	计算机科学与网络工程学院
173	何　锫	计算机科学与网络工程学院
174	戚佩玲	计算机科学与网络工程学院
175	王国军	计算机科学与网络工程学院
176	夏隽娟	计算机科学与网络工程学院
177	张汛涞	计算机科学与网络工程学院
178	张艳玲	计算机科学与网络工程学院
179	程东海	纪委（监察专员办公室）纪检监察室
180	田爱君	纪委（监察专员办公室）纪检监察室
181	李建军	建筑与城市规划学院
182	邓小飞	建筑与城市规划学院
183	邓　毅	建筑与城市规划学院
184	龚兆先	建筑与城市规划学院
185	郭红雨	建筑与城市规划学院
186	郭晓莹	建筑与城市规划学院
187	黄　莉	建筑与城市规划学院
188	李元奎	建筑与城市规划学院
189	杨晓琳	建筑与城市规划学院

续上表

序号	姓名	所在单位
190	徐 硕	教师培训学院（继续教育学院）
191	许建群	教师培训学院（继续教育学院）
192	余庆涛	教师培训学院（继续教育学院）
193	张金兰	教师培训学院（继续教育学院）
194	周昌梅	教师培训学院（继续教育学院）
195	聂衍刚	教务处
196	郭碧乃	教务处
197	和丹丹	教务处
198	李濛晓妍	教务处
199	周丽萍	教育学院（师范学院）
200	马凤岐	教育学院（师范学院）
201	包玉姣	教育学院（师范学院）
202	曹卫真	教育学院（师范学院）
203	曾小军	教育学院（师范学院）
204	陈穗清	教育学院（师范学院）
205	窦 凯	教育学院（师范学院）
206	李俊堂	教育学院（师范学院）
207	刘子云	教育学院（师范学院）
208	杨吉兰	教育学院（师范学院）
209	杨 阳	教育学院（师范学院）
210	喻承甫	教育学院（师范学院）
211	任 平	教育学院（师范学院）
212	李 倩	教育学院（师范学院）
213	傅元海	经济与统计学院
214	马 双	经济与统计学院
215	戴宏亮	经济与统计学院
216	付一婷	经济与统计学院
217	潘丽群	经济与统计学院
218	孙 辉	经济与统计学院

续上表

序号	姓名	所在单位
219	许文儒	经济与统计学院
220	袁 劲	经济与统计学院
221	张新风	经济与统计学院
222	张兴发	经济与统计学院
223	刘金全	经济与统计学院
224	张少华	经济与统计学院
225	刘 源	经济与统计学院
226	余玉丰	经济与统计学院
227	韩超华	经营性资产管理办公室（招投标管理工作办公室）
228	张玉同	经营性资产管理办公室（招投标管理工作办公室）
229	杨玉宝	科研处
230	顾 书	科研处
231	李红宾	科研处
232	李国良	离退休工作处
233	赵中源	马克思主义学院
234	李炳华	马克思主义学院
235	李丽丽	马克思主义学院
236	刘 莉	马克思主义学院
237	刘智标	马克思主义学院
238	王 雄	马克思主义学院
239	张雪娇	马克思主义学院
240	赵楠楠	马克思主义学院
241	宋学来	马克思主义学院
242	陈欢蓉	美术与设计学院
243	柯文兵	美术与设计学院
244	李 健	美术与设计学院
245	李 娟	美术与设计学院
246	刘素君	美术与设计学院
247	裴继刚	美术与设计学院

续上表

序号	姓名	所在单位
248	石国华	美术与设计学院
249	王 丹	美术与设计学院
250	许洪林	美术与设计学院
251	卓 莎	美术与设计学院
252	李银广	美术与设计学院
253	罗 欢	期刊中心
254	肖 湘	期刊中心
255	王国栋	人事处（党委教师工作部、人才工作办公室、博士后管理办公室）
256	何 毅	人事处（党委教师工作部、人才工作办公室、博士后管理办公室）
257	林伟文	人事处（党委教师工作部、人才工作办公室、博士后管理办公室）
258	邱鹏昆	人事处（党委教师工作部、人才工作办公室、博士后管理办公室）
259	任 枫	人事处（党委教师工作部、人才工作办公室、博士后管理办公室）
260	邓永红	人文学院
261	邓宇英	人文学院
262	哈迎飞	人文学院
263	金 琼	人文学院
264	温小军	人文学院
265	吴高泉	人文学院
266	徐奇堂	人文学院
267	杨恒平	人文学院
268	张晓苏	人文学院
269	周文暖	人文学院
270	周文萍	人文学院
271	朱洋洋	人文学院
272	饶珈瑞	人文学院
273	王雪飞	审计处
274	陈学梅	生命科学学院
275	胡位荣	生命科学学院
276	黄丽宜	生命科学学院

续上表

序号	姓名	所在单位
277	黄贤智	生命科学学院
278	刘宝辉	生命科学学院
279	刘顺枝	生命科学学院
280	宋莉英	生命科学学院
281	林晓雅	生命科学学院
282	芦思佳	生命科学学院
283	孔凡江	生命科学学院
284	董志诚	生命科学学院
285	刘月华	生命科学学院
286	方 玲	实验室与设备管理处
287	谷 岩	实验中心、网络与现代教育技术中心
288	戴 伟	实验中心、网络与现代教育技术中心
289	邓文婷	实验中心、网络与现代教育技术中心
290	何绍华	实验中心、网络与现代教育技术中心
291	李晓丹	实验中心、网络与现代教育技术中心
292	林泳琴	实验中心、网络与现代教育技术中心
293	吕贵香	实验中心、网络与现代教育技术中心
294	吕明霞	实验中心、网络与现代教育技术中心
295	谢斌盛	实验中心、网络与现代教育技术中心
296	谢 亮	实验中心、网络与现代教育技术中心
297	彭济根	数学与信息科学学院
298	狄华斐	数学与信息科学学院
299	董军武	数学与信息科学学院
300	何 莉	数学与信息科学学院
301	黎允楠	数学与信息科学学院
302	刘奇萍	数学与信息科学学院
303	路 群	数学与信息科学学院
304	谢佩珠	数学与信息科学学院
305	袁 荣	数学与信息科学学院

续上表

序号	姓名	所在单位
306	张晓磊	数学与信息科学学院
307	赵碧蓉	数学与信息科学学院
308	周　展	数学与信息科学学院
309	曾劲松	数学与信息科学学院
310	王光武	数学与信息科学学院
311	杨　军	数学与信息科学学院
312	胡啟岚	数学与信息科学学院
313	何建伟	体育学院
314	李景红	体育学院
315	林伟良	体育学院
316	刘　成	体育学院
317	屈子路	体育学院
318	童维贞	体育学院
319	吴义华	体育学院
320	向　然	体育学院
321	叶冬清	体育学院
322	张怀钊	体育学院
323	张文闻	体育学院
324	孟伟婷	体育学院
325	张　正	图书馆（广州大学知识产权信息服务中心）
326	程卫东	图书馆（广州大学知识产权信息服务中心）
327	何　涛	图书馆（广州大学知识产权信息服务中心）
328	胡晓鹰	图书馆（广州大学知识产权信息服务中心）
329	梁慧仪	图书馆（广州大学知识产权信息服务中心）
330	刘洪斌	图书馆（广州大学知识产权信息服务中心）
331	刘思敏	图书馆（广州大学知识产权信息服务中心）
332	马艳娥	图书馆（广州大学知识产权信息服务中心）
333	杨　骏	图书馆（广州大学知识产权信息服务中心）
334	张新兴	图书馆（广州大学知识产权信息服务中心）

续上表

序号	姓名	所在单位
335	卓毓荣	图书馆（广州大学知识产权信息服务中心）
336	任凤鸣	土木工程学院
337	蔡卡宏	土木工程学院
338	曹飒飒	土木工程学院
339	丁云飞	土木工程学院
340	方赵嵩	土木工程学院
341	郭　洪	土木工程学院
342	胡永强	土木工程学院
343	黄文柯	土木工程学院
344	焦楚杰	土木工程学院
345	李锦林	土木工程学院
346	廖云丹	土木工程学院
347	刘　涛	土木工程学院
348	童华炜	土木工程学院
349	吴从晓	土木工程学院
350	熊丽霞	土木工程学院
351	于志伟	土木工程学院
352	张　超	土木工程学院
353	张力文	土木工程学院
354	赵美花	土木工程学院
355	王　庆	土木工程学院
356	刘　超	土木工程学院
357	赖勉亨	土木工程学院
358	潘楚东	土木工程学院
359	罗威力	土木工程学院
360	瞿芳术	土木工程学院
361	黄元丰	土木工程学院
362	陈丽虹	外国语学院

续上表

序号	姓名	所在单位
363	陈 姝	外国语学院
364	哈 莎	外国语学院
365	何爱晶	外国语学院
366	蒋晓萍	外国语学院
367	李春景	外国语学院
368	李 丽	外国语学院
369	李 悦	外国语学院
370	梁凤娟	外国语学院
371	刘 卉	外国语学院
372	刘真延	外国语学院
373	倪秀华	外国语学院
374	谭苏燕	外国语学院
375	徐俊仪	外国语学院
376	徐淑丹	外国语学院
377	严江殷	外国语学院
378	张冰志	物理与材料科学学院
379	陈龙斌	物理与材料科学学院
380	何清平	物理与材料科学学院
381	贾兰伟	物理与材料科学学院
382	刘佐濂	物理与材料科学学院
383	满文庆	物理与材料科学学院
384	吴玉洁	物理与材料科学学院
385	张靖仪	物理与材料科学学院
386	张艳华	物理与材料科学学院
387	陈 曦	物理与材料科学学院
388	张 伟	物理与材料科学学院
389	刘军丰	物理与材料科学学院
390	万曙琳	校工会

续上表

序号	姓名	所在单位
391	李睿贤	校团委
392	曾丽红	新闻与传播学院
393	贺诗睿	新闻与传播学院
394	李 鲤	新闻与传播学院
395	刘 涛	新闻与传播学院
396	苏凡博	新闻与传播学院
397	苏 莹	新闻与传播学院
398	尹 杭	新闻与传播学院
399	孔令顺	新闻与传播学院
400	邹演枚	新闻与传播学院
401	刘 军	学生处（学生工作部）
402	宾 晶	学生处（学生工作部）
403	俞 健	学生处（学生工作部）
404	唐 真	学生处（学生工作部）
405	唐春明	研究生院
406	崔 彬	研究生院
407	李 荣	研究生院
408	金 念	音乐舞蹈学院
409	刘惠明	音乐舞蹈学院
410	彭 卉	音乐舞蹈学院
411	屠金梅	音乐舞蹈学院
412	王怀坚	音乐舞蹈学院
413	喻晓雯	音乐舞蹈学院
414	张甜甜	音乐舞蹈学院
415	弓 丽	音乐舞蹈学院
416	伍建芬	招生就业工作处
417	冯健生	招生就业工作处
418	周子乔	招生就业工作处

2021年教职工增加情况统计表

干部录用来源	总计	职称结构			学位结构	
		正高级	副高级	中级	博士	硕士
总计	73	10	6	8	40	28
其中：女	27	1	2	4	13	12
录用应届毕业生	16	0	0	0	8	8
其中：应届本科生	0	0	0	0	0	0
应届硕士生	8	0	0	0	0	8
应届博士生	8	0	0	0	8	0
国内博士后	0	0	0	0	0	0
国外博士/博士后	0	0	0	0	0	0
其他应届生	0	0	0	0	0	0
军队转业、复员	8	0	0	0	0	0
其中：军队干部安置	5	0	0	0	0	2
复员军人安置	0	0	0	0	0	0
随军家属安置	3	0	0	1	0	2
调入	4	0	0	2	0	4
其中：系统内本省调入	2	1	1	0	1	1
系统内本省高校调入	2	1	1	0	1	1
系统内本省其他单位调入	0	0	0	0	0	0
其中：系统内外省调入	1	0	1	0	1	0
系统内外省高校调入	0	0	0	0	0	0
系统内外省其他单位调入	0	0	0	0	0	0
其中：系统外本省调入	0	0	0	0	0	0
系统外外省调入	0	0	0	0	0	0
挂职来校	0	0	0	0	0	0
随调家属	1	0	0	1	0	1
引进人才	28	9	4	1	28	0
其中：院士	0	0	0	0	0	0
特聘教授	0	0	0	0	0	0

续上表

干部录用来源	总计	职称结构			学位结构	
		正高级	副高级	中级	博士	硕士
杰出人才	28	9	4	1	28	0
优秀人才	0	0	0	0	0	0
录用学成归国人员	0	0	0	0	0	0
其他引进人才	3	1	1	1	3	0
外国专家	0	0	0	0	0	0
社会招聘	17	0	0	3	2	15
其中：社会招聘专业技术人员	16	0	0	2	2	14
其他社会招聘人员	1	0	0	1	0	1
社会招聘工勤人员	0	0	0	0	0	0
其他进校人员	0	0	0	0	0	0

2021年教职工减少情况统计表

条目	总计	职称结构			学位结构	
		正高级	副高级	中级	博士	硕士
总计	62	10	20	12	17	15
其中：女	37	3	15	9	4	12
调出	13	3	3	1	9	1
其中：系统内本省调出	10	1	3	1	7	1
系统内外省调出	3	2	0	0	2	0
系统外本省调出	0	0	0	0	0	0
系统外外省调出	0	0	0	0	0	0
参军	0	0	0	0	0	0
进修学习	0	0	0	0	0	0
移民	0	0	0	0	0	0
辞职（辞聘）	4	0	1	1	3	0
辞退	0	0	0	0	0	0
解聘	1	0	1	0	1	0

续上表

条目	总计	职称结构			学位结构	
		正高级	副高级	中级	博士	硕士
自动离职	0	0	0	0	0	0
离职	0	0	0	0	0	0
退职	0	0	0	0	0	0
除名	0	0	0	0	0	0
开除	0	0	0	0	0	0
失踪	0	0	0	0	0	0
借调期满	0	0	0	0	0	0
借调外出	0	0	0	0	0	0
合同期满	0	0	0	0	0	0
解除合同	0	0	0	0	0	0
退休	44	7	16	10	4	14
在职死亡	0	0	0	0	0	0
其他	0	0	0	0	0	0

2021年新入职教师名录

（按姓氏笔画排序）

Jia Li	Kosari Saeed		Mario Alberto Gomez			Shafiq Muhammad	
丁淑萍	于 丹	万 倩	马 娟	王子佳	王汇文	王亚飞	王 欢
王洪鑫	王晓明	王悦人	王梓丞	王 琴	王童辰	王 鹏	尹 铎
孔令平	邓成明	叶 飞	叶祝弟	史宏勇	丛密林	邝雅星	兰 洁
邢丽欣	吕铭辉	朱键军	刘云峰	刘 正	刘汉藤	刘振邦	刘朝阳
刘裕杰	刘 瑾	刘 燕	闫红洋	江远凌	阮永俭	孙大伟	孙会靓
杜 斌	杜 磊	李 古	李可欣	李亚蕾	李成俊	李 华	李华伟
李 丽	李明杰	李 佳	李 珊	李艳敏	李哲健	李莉娜	李舜华
李 腾	李 慧	杨旭东	杨建业	杨婉军	肖亚铁	肖贞倪	肖章益
吴秀英	吴咏妍	吴 楠	何镇宇	余伟吉	邹煜凯	邹静莹	汪洋涛
张东旭	张 帆	张沁丹	张 杰	张泳辉	张怡雄	张诗洋	张绍洋
张峥嵘	张美范	张晋华	张 梦	张盛达	张惊宙	张喜庭	张 谡
张登辉	张 鹏	陆文甜	陈丽姗	陈钊铭	陈凯佳	陈晓玲	陈晓晖

陈雪梅	陈琼	陈湘江	林华荣	林杰辉	欧阳志平	罗东向	岳琳
岳磊	周小俊	周杰	周泽天	周炼	周惠豪	郑云龙	郑仁奎
郑晓诗	孟晓波	赵亚丽	赵灿	赵春艳	赵睿	赵燕	胡忠燊
胡诚	钟玉慧	钟如意	钟亮	俞裕果	饶远	姜霞赤	洪明
贺慧敏	莫锦龙	贾焰	夏鹏	高利芳	郭韦廷		

郭　凯（物理与材料科学学院）　　郭　凯（地理科学与遥感学院）

郭莹莹	唐丽伟	黄华锟	黄思韵	黄家乐	黄腾	黄煜	龚克里
梁荣清	梁莹	梁钰铃	谌彦君	韩成功	喻华	傅沁冰	曾梓舜
曾维和	赖珊	甄子涵	解元	阙镭	廖婷	谭芳芳	滕晓飞
颜婧	潘家超	潘静雯	魏思洛（Krawcewicz Wieslaw）				

2021年退休教师名录

（按姓氏笔画排序）

| 万细仔 | 王真 | 卢婉华 | 白海玲 | 刘庆华 | 刘斌 | 许大玮 | 孙元 |

李文彦（广州大学工程抗震研究中心）　　李文彦（后勤服务处）

李永贤	李红杨	李佳莎	李荣华	李艳	李淑峨	李鹏	李毅
肖卿灿	吴纯红	吴映群	何建勋	沈志民	宋琴夏	张润红	陈家厚
陈琴	苗群鹰	周挥	周燕	赵春玲	姚菁	姚梅	郭青
唐爱真	黄子安	梁伟栋	彭春元	蒋桂凤	韩东	游亚新	谢建社
蔡北海	谭军						

第七部分

办学条件

校舍情况

项目	学校产权校舍建筑面积/平方米
总计	879399.07
#C级危房	0
#D级危房	0
#被外单位租（借）用	0
一、教学科研及辅助用房	438801.77
教室	119162.2
#艺术院校专业课教室	3764.37
实验实习用房	217520.69
专职科研机构办公及研究用房	15445.67
图书馆	61121.41
室内体育用房	19563.38
师生活动用房	416.1
会堂	5572.32
继续教育用房	0
二、行政办公用房	53869.32
校行政办公用房	19968.95
院系及教师办公用房	33900.37
三、生活用房	295362.76
学生宿舍（公寓）	249649.88
食堂	26236
单身教师宿舍（公寓）	4352.19
后勤及辅助用房	15124.69
四、教工住宅	18843.76
五、其他用房	72521.46

注：统计数据为校本部数据。

实验室一览表

学院名称	实验室名称
物理与材料科学学院	物理实验室
	光电子信息技术实验室
土木工程学院	土木工程实验室
	市政工程实验室
	道桥与交通工程实验室
	建筑环境与能源应用工程实验室
建筑与城市规划学院	建筑与城市规划综合实验室
化学化工学院	化学基础实验室
	化二与食品专业实验室
生命科学学院	基础生物学实验室
	生物工程专业实验室
环境科学与工程学院	环境科学与工程实验室
机械与电气工程学院	现代控制技术实验室
	机电工程实验室
电子与通信工程学院	声像灯光技术实验室
	电子信息工程实验室
计算机科学与网络工程学院	计算机科学与工程实验室
教育学院（师范学院）	教育技术学专业实验室
	心理学实验室
数学与信息科学学院	应用数学实验室
地理科学与遥感学院	资源环境与区域规划实验室
实验中心、网络与现代教育技术中心	计算机基础实验室
	电子信息实验室
	语言实验室
工商管理学院/经济与统计学院	经济与管理实验室
管理学院（旅游学院/中法旅游学院）	旅游管理实验室

续上表

学院名称	实验室名称
美术与设计学院	美术与设计艺术实验室
新闻与传播学院	广播电视实验室
体育学院	体育科学实验室

实验室利用一览表

单位名称	实验室名称	所在实验楼	实验室面积（平方米）	教学任务及完成量		实验人时数
				开出实验		
				个数	人数	
工商管理学院/经济与统计学院	经济与管理实验室	文俊东楼	1620	9	875	29660
教育学院（师范学院）	心理学实验室	文逸楼	710	22	253	2640
	教育技术学专业实验室	文逸楼	1070	60	1640	5456
体育学院	体育科学实验室	计算机楼	1360	38	574	30724
新闻与传播学院	广播电视实验室	文逸楼	1385	310	605	53160
数学与信息科学学院	应用数学实验室	理学实验楼	1674	10	910	97600
物理与材料科学学院	光电子信息技术实验室	理学实验楼	1995	52	710	13920
	物理实验室	理学实验楼	5859	68	3468	108644
地理科学与遥感学院	资源环境与区域规划实验室	理学实验楼	2634	2	500	1000
生命科学学院	基础生物学实验室	生化实验楼	2088	57	1076	25888
	生物工程专业实验室	生化实验楼	2858	59	1076	46224
环境科学与工程学院	环境科学与工程实验室	工程实验南楼、生化楼	2988	25	1797	10386
机械与电气工程学院	机电工程实验室	工程实验北楼	3369	102	1525	124586
	现代控制技术实验室	工程实验北楼	1250	86	378	35640
电子与通信工程学院	声像灯光技术实验室	工程实验北楼	1813	4	16	283
	电子信息工程实验室	工程实验北楼、电子信息楼	1014	15	53	793

续上表

单位名称	实验室名称	所在实验楼	实验室面积（平方米）	教学任务及完成量		
				开出实验		实验人时数
				个数	人数	
建筑与城市规划学院	建筑与城市规划综合实验室	工程实验北楼、工程实验南楼	2315	35	440	6180
土木工程学院	土木工程实验室	工程实验北楼、工程实验南楼	2665	7	20	4520
	市政工程实验室	工程实验北楼、工程实验南楼	2924	4	5	1500
	建筑环境与能源应用工程实验室	工程实验北楼、工程实验南楼	2991	3	10	260
	道桥与交通工程实验室	工程实验北楼、工程实验南楼	2015	3	14	44
管理学院（旅游学院/中法旅游学院）	旅游管理实验室	文俊东楼	2520	24	469	10754
计算机科学与网络工程学院	计算机科学与工程实验室	计算机楼、电子信息楼	3391	10	462	4176
化学化工学院	化学基础实验室	生化实验楼	3618	190	2378	83666
	化工与食品专业实验室	生化实验楼	3582	67	864	26136
美术与设计学院	美术与设计艺术实验室	文逸楼	3030	77	2159	6204
实验中心、网络与现代教育技术中心	语言实验室	文俊西楼/计算机实验楼	7285	6	650	2600
	计算机基础实验室	计算机实验楼	7489	445	1160	20000
	电子信息实验室	电子信息实验楼	9058	112	2675	360708

教学科研仪器设备分布一览表

单位代码	单位名称	设备价值		10万元以上设备		备注
		台件数	金额（元）	台件数	金额（元）	
0201	经济与统计学院	585	7476998.89	9	2347400.00	教学科研设备
0202	法学院（律师学院）	339	2321299.41	1	133960.00	教学科研设备
0203	马克思主义学院	58	378012.86	0	0.00	教学科研设备
0204	教育学院（师范学院）	2010	28018664.52	43	13942200.00	教学科研设备
0205	体育学院	1102	10404464.86	7	1628136.00	教学科研设备

续上表

单位代码	单位名称	设备价值		10万元以上设备		备注
		台件数	金额（元）	台件数	金额（元）	
0206	人文学院	329	1608833.53	0	0.00	教学科研设备
0207	外国语学院	114	662068.96	0	0.00	教学科研设备
0208	新闻与传播学院	1411	15845035.54	14	3710710.00	教学科研设备
0211	公共管理学院	287	1433276.18	0	0.00	教学科研设备
0212	音乐舞蹈学院	601	7226910.74	9	2294978.00	教学科研设备
0213	美术与设计学院	1390	13374331.70	5	1181200.00	教学科研设备
0215	数学与信息科学学院	1942	14669717.86	7	2283000.00	教学科研设备
0216	化学化工学院	4645	132906768.15	166	92714954.28	教学科研设备
0217	物理与材料科学学院	5108	59471440.46	47	21769560.10	教学科研设备
0218	地理科学与遥感学院	1679	26113139.74	40	11900591.00	教学科研设备
0219	生命科学学院	4628	106800503.00	186	59838294.40	教学科研设备
0220	机械与电气工程学院	3552	101358963.50	155	60367836.58	教学科研设备
0221	计算机科学与网络工程学院	1957	23874036.37	25	7138060.00	教学科研设备
0222	土木工程学院	5932	132480498.20	216	80182768.49	教学科研设备
0223	建筑与城市规划学院	1588	23902875.62	28	12414690.00	教学科研设备
0224	环境科学与工程学院	2821	42403480.41	62	18658835.00	教学科研设备
0225	国际教育学院（卫斯理安学院）	17	70366.00	0	0.00	教学科研设备
0226	创新创业学院	10078	1564237.00	4	947300.00	教学科研设备
0227	教师培训学院（继续教育学院）	403	2975315.00	1	766000.00	教学科研设备
0230	电子与通信工程学院	1528	18863723.07	15	4680970.00	教学科研设备
0231	广州大学黄埔研究生院	38	291408.00	0	0.00	教学科研设备
0232	管理学院（旅游学院/中法旅游学院）	1668	17198481.59	18	5917400.00	教学科研设备
0301	广州大学工程抗震研究中心	907	66308405.30	74	54796326.43	科研设备
0302	广州大学风工程与工程振动研究中心	828	32943349.78	64	25674641.37	科研设备
0303	广州大学计算科技研究院	359	4645201.50	3	1533799.00	科研设备
0304	广州大学智能制造工程研究院	17	1141653.00	2	744800.00	科研设备
0305	广州大学网络空间先进技术研究院	416	10946742.81	19	5794205.00	科研设备

续上表

单位代码	单位名称	设备价值		10万元以上设备		备注
		台件数	金额（元）	台件数	金额（元）	
0306	广州大学大湾区环境研究院	961	37796613.81	57	29400573.00	科研设备
0307	广州大学应用数学研究中心	20	165309.00	0	0.00	科研设备
0308	广州大学广州发展研究院（广东发展研究院）	174	915827.97	1	178000.00	科研设备
0309	广州大学金融研究院（广州国际金融研究院）	8	92293.00	0	0.00	科研设备
0310	广州大学台湾研究院	12	77107.00	0	0.00	科研设备
0311	广州大学人权研究院	48	187937.60	0	0.00	科研设备
0401	图书馆（广州大学知识产权信息服务中心）	618	8072788.75	9	3361566.00	教辅设备
0403	实验中心、网络与现代教育技术中心	22326	157591360.60	183	56074212.23	教辅设备

新增大型精密仪器设备一览表

序号	仪器名称	型号 品牌	购置日期	单价（元）
1	实验平台（网络行为仿真系统模块）	明御攻防实验室平台 DAS-SLAB-EDU（网络行为仿真系统模块）	2021年8月17日	640000.00
2	实验平台（网络行为仿真系统模块）	明御攻防实验室平台 DAS-SLAB-EDU（网络行为仿真系统模块）	2021年8月17日	558000.00
3	模型绕流分析系统	SEIKA 西华数码映像/KONCERTO Ⅱ	2021年11月17日	1238000.00
4	反力架设备	上海筑邦/ZT-FY250	2021年11月18日	635000.00
5	网络开放教学及资源共享云服务平台软件	（无形资产）	2021年9月9日	525000.00
6	应用光谱实训系统	RLE-0C	2021年9月24日	916000.00
7	200kV场发射透射电子显微镜	JEOL JEM-2100F	2018年1月5日	6998000.00
8	变温扫描探针显微镜	UHV 3500 VT AFM/STM	2008年6月10日	2428140.00
9	动静万能及疲劳试验系统	FTS-6000	2021年8月27日	4498000.00
10	原子力显微镜	布鲁克/MULTIMODE-8	2019年10月8日	1265000.00

续上表

序号	仪器名称	型号 品牌	购置日期	单价（元）
11	高性能疲劳测试系统	MTS 311.31	2021年7月9日	2986500.00
12	多功能原位微区扫描电化学测试系统	Princeton Applied Research / VersaSCAN	2021年6月2日	1998000.00
13	表面张力仪	Dataphysics/OCA25	2020年11月3日	423800.00
14	扫描电子显微镜	Phenom/Phenom Pro	2020年9月20日	828000.00
15	解析日志分析系统	（无形资产）	2021年1月20日	450000.00
16	标识数据管理系统	（无形资产）	2021年1月14日	475000.00
17	标识解析节点多编码互操作系统	（无形资产）	2021年5月19日	460000.00
18	标识解析监测系统	（无形资产）	2021年5月19日	470000.00
19	双梁桥式起重机	矿源	2019年4月18日	1137000.00
20	双梁桥式起重机	矿源	2019年4月18日	1672000.00
21	双梁桥式起重机	矿源	2019年4月18日	910000.00
22	双梁桥式起重机	矿源	2019年4月18日	668000.00
23	净化系统	科贝	2021年3月15日	430175.00
24	带扫描电子显微镜的高温疲劳试验机	岛津/SEM-SERVO	2019年11月12日	3750000.00
25	无掩膜激光直写光刻机	苏大维格/Microlab4A100	2021年1月5日	948000.00
26	感应耦合等离子刻蚀机	Oxford Instruments/ Plasmapro 100 Cobra 300	2020年5月4日	3592185.00
27	千级洁净室废气处理系统	新耀/NSCP600	2021年1月18日	1910805.50
28	高速摄像机	千眼狼/X213C(彩色)	2021年1月19日	449500.00

注：此表数据为2021年新增、价值在40万元以上（含40万元）的设备。

国家级、省级实验教学示范中心一览表

中心名称	级别	所属单位
化学化工实验教学中心	国家级	化学化工学院
电工电子实验中心	省级	实验中心、网络与现代教育技术中心
化学实验教学中心	省级	化学化工学院
生物科学与技术实验教学示范中心	省级	生命科学学院

续上表

中心名称	级别	所属单位
物理实验教学示范中心	省级	物理与材料科学学院
美术与设计实验教学中心	省级	美术与设计学院
机电工程实验教学中心	省级	机械与电气工程学院
经济与管理实验教学示范中心	省级	管理学院（旅游学院/中法旅游学院）
广播电视实验教学中心	省级	新闻与传播学院
计算机科学与工程实验教学中心	省级	计算机科学与网络工程学院
应用数学实验教学中心	省级	数学与信息科学学院
土木工程实验教学中心	省级	土木工程学院
旅游管理实验教学示范中心	省级	管理学院（旅游学院/中法旅游学院）
信息处理与传输实验教学示范中心	省级	电子与通信工程学院
环境科学与工程实验教学示范中心	省级	环境科学与工程学院
资源环境与区域规划实验教学中心	省级	地理科学与遥感学院
教育与学习技术实验教学示范中心	省级	教育学院（师范学院）
智慧物流与供应链协同创新实验中心	省级	管理学院（旅游学院/中法旅游学院）

基建工程情况

（一）做好"十三五"校园建设收尾工作，全力推进重点建设项目

1.减震控制与结构安全实验大楼建设取得重大进展。减震大楼总投资约3.5亿元，面积约1.6万平方米，历时4年，克服施工精度要求高，振动台、大型压剪机等高精设备与大楼建设交叉施工等重重困难，工程在2021年5月实体完工，2021年7月移交试运行，正按政府指引开展竣工验收工作。该项目的完工为培养减震与结构安全高层次人才和创建国家重点实验室提供有力支撑。

2.克服疫情和资金紧张压力，建设高水平大学新增基础设施建设项目进展顺利。项目总投资10.6亿元，涵盖建筑12栋，面积约18.5万平方米。坚持防疫与建设并重，积极协调解决项目建设过程中的问题，7处工地全面开工，2021年完成8栋楼宇主体结构封顶，其中教师宿舍A区（6栋）已开始进行室内装修。

3.大学城校区校园设施维修项目主要施工内容已于2021年初通过竣工验收并投入使用。项目改变了校园破旧、安全隐患多的局面，使校园更安全、更整洁。

（二）推进有品质校园建设，落实"我为群众办实事"各项举措

1.大力推进驷马涌项目及桂花岗校区排水管立管项目，项目年底完工，基本实现桂花岗校区雨污分流。

2. 配合人才引进和平台建设，积极推进实验室用房改造，升级改造一批校园公共服务设施。工程实验北楼机电学院实验室、理学实验楼光电实验室装修工程项目已完工，非传统稳定同位素实验室改造工程（新）、生物制药中试及实训平台改造工程已完工。

3. 落实"我为群众办实事"各项举措。图书馆共享空间维修、鲁班广场建设、生活区绿篱建设、桂花岗校区足球场建设、桂花岗校区9号楼（老干活动中心）电梯加装已完工。

（三）统筹推进"十四五"校园建设规划，起好步，开好局

努力实现"一校多园""多点联动"的办学空间格局，积极拓展新校区规划建设，推动既有校区的优化提升。加快推进高水平大学建设二期期间拟实施项目的前期研究工作，全力做好"十四五"规划校园建设的开局工作。

1. 做好校园建设顶层设计，牵头组织党委宣传部，保卫处，后勤服务处，桂花岗校区管理委员会，校团委，实验中心、网络与现代教育技术中心等部门编制"十四五"校园建设规划（含智慧校园建设），召开多次专题座谈会，广泛征求各单位意见，充分吸收采纳后完成规划编制。

2. 积极谋划优化提升大学城校区，开展大学城校区新建宿舍、新建风雨操场、科技文化创新中心改扩建、体育馆整体功能提升、演艺中心整体功能提升、公共艺术教育展示中心（文逸楼副楼）等一批"十四五"重点项目前期研究，部分项目已完成专家会评审。大学城校区及桂花岗校区生化楼整体改造、校前广场（图书馆至校门广场）改造提升、行政西二楼报告厅改造提升等项目的前期研究准备工作已加快启动。

3. 继续完善桂花岗校区规划方案，已完成《广州大学桂花岗校区发展规划项目策划暨概念方案》和《广州大学桂花岗校区及其周边城市道路交通规划研究》编制。

4. 有序推进新校区规划方案设计研究工作，积极与广州开发区管理委员会对接，已形成较为稳定的黄埔校区建设方案，已开展基础施工；南沙校区建设已启动前期研究工作。同时，开展校园标识一体化设计，黄埔校区校门牌坊设计已通过建设方审议。

5. 根据广大附中办学情况和现状环境，主动作为，与附中一起推动黄华路校区优化提升。目前已完成校园建设概念性方案设计和项目建议书，并完成专家评审。

网络规模

网络项目	项目子类	数量小计	应用系统	应用平台
用户数	学生用户	40587	1. 人事信息管理系统 2. 离退休管理系统 3. 门禁管理系统 4. 干部管理系统 5. 教务管理系统 6. 教学工作量系统 7. 质量工程项目申报与管理系统 8. 教学成果奖网上申报系统	1. 数据生态平台 2. 统一身份认证平台 3. 统一信息门户平台 4. 精品课程平台 5. git代码托管平台 6. MOOC课程平台 7. 博达网站管理系统 8. 微信企业号平台

续上表

网络项目	项目子类	数量小计	应用系统	应用平台
用户数	学生用户	40587	9. 本科教学质量与教学改革工程管理系统 10. 人才培养方案管理系统 11. 教务实验综合管理系统 12. 本科毕业论文管理系统 13. 研究生管理系统 14. 科研管理系统 15. 学报管理系统 16. 采购管理系统 17. 房屋资产管理系统 18. 资产管理系统 19. 迎新管理系统 20. 学生工作管理系统 21. 离校管理系统 22. 校友会管理系统 23. 第二课堂管理系统 24. 一卡通管理系统 25. 网络收费系统 26. OA办公自动化系统 27. 电子邮件管理系统 28. 图书馆管理系统 29. 财务管理系统 30. 档案管理系统 31. 声像管理系统 32. 高校实验室安全考试系统 33. 三会一课系统 34. 党风廉政监督系统 35. 学报系统 36. 学生用户信息填报系统 37. 广州市未成年人心理咨询中心 38. 质量工程评审系统 39. 课室录播系统 40. 公开招聘硕士报名系统 41. 创新创业管理系统 42. 就业管理系统 43. 薪酬管理系统 44. 特殊类考试管理系统 45. 化学品管理系统 46. 综合仿真共享管理系统 47. 校报系统 48. 教研成果系统	9. 网上办事大厅平台 10. 移动校园 11. 教工论坛 12. 新闻发布平台 13. 一表通平台 14. 虚拟云管理平台 15. 数据库审计系统 16. WEB应用防护平台（WAF） 17. 网络安全监控平台 18. ESPC绿盟安全设备系统 19. 网络入侵检测平台 20. 学生成绩自助打印平台 21. 视频监控平台 22. 统一认证 23. 学生上网认证平台 24. 运维平台 25. 学生上网行为监控平台 26. 奕报告平台 27. 缴费平台 28. 订餐平台 29. 人脸识别管理平台 30. 视频直播平台 31. 能力开放平台 32. 教学资源点播和管理平台 33. 计算机基础自主学习平台 34. 教学资源管理平台 35. 心理管理平台 36. 软件正版化管理平台 37. 教学质量数据平台 38. 仪器共享平台 39. 材料采购平台 40. 图书馆科网统一认证 41. 爱数备份管理系统 42. 高性能计算平台

续上表

网络项目	项目子类	数量小计	应用系统	应用平台
用户数	学生用户	40587	49. 经典诵读 50. 电子票据管理系统 51. 学生考勤系统 52. 基建信息管理系统 53. 团委系统 54. 智慧教室管理系统 55. 高效能健康建筑研究中心 56. 公共教学资源库 57. 组织干部管理系统 58. 职称评审管理系统 59. 图书馆新生入馆教育系统 60. 竞价管理系统 61. 创新创业训练计划 62. 智能管理系统 63. 党务管理系统 64. 计算机大赛管理系统 65. 自助打印服务管理系统 66. ESRIArcGIS地理信息系统 67. 代表作管理系统 68. 图书馆IC空间管理系统 69. 移动气象站数据采集系统 70. 教育硕士在线研修平台 71. 招生就业系统 72. 疫情上报系统 73. 教务处自主学习系统 74. 疫情学生回校报到管理系统 75. 未来食品科学期刊投稿管理系统 76. 大学物理课程实验仿真平台 77. 计算机考试系统 78. 天体物理中心系统 79. 区块链成绩管理平台 80. OJ在线测评系统	

图书馆2021年度经费一览表

项目		经费（万元）
文献购置	中文图书购置费	137.499139
	国内版报刊购置费	44.999993
	外文原版报刊、港台报刊购置费	54.9997

续上表

项目		经费（万元）
文献购置	外文、港台图书购置费	39.9995533
	电子资源购置费	1072.4703
	过刊装订费	（含在办公经费中）
设备维护	设备维护费	（含在办公经费中）
广州大学高水平建设专项—人才培养项目工作经费—数据服务工作经费		10
经典百书阅读推广中心工作经费		50
办公经费（含差旅费、接待费、公务交通费）		30.52
桂花岗分馆文化宣传项目经费		20.6
旧书改造专项经费		3
座位二维码贴板经费		2.5
总合计		1466.588665

图书馆2021年文献资料收集一览表

项目	种数	册、件数
中文图书	23250	44471
外文图书（含港澳台）	2009	2009
中文报刊	1757	1849
外文报刊（含港澳台）	78	78
受赠图书	582	1685
合计	27676	50092

图书馆2021年度服务一览表

项目		数量
读者数量	学生（人）	35695
	教职工（人）	3879
周开馆时间（小时）		112
阅览座位（个）		5487
检索终端（台）		466

续上表

项目		数量
纸质资源	图书（万册）	327.9191
	外文书（册）	94140
	古籍书（册）	51434
	中文报刊（册）	1849
	外文报刊①（册）	78
数字资源	中文数据库②（个）	37
	外文数据库（个）	37
	电子图书折算（万册）	943.4206
文献流通量（万册次）		400997
图书馆网页访问量（万人次）		352.7251
咨询服务	现场咨询（人次）	3825
	网上咨询（人次）	10721
	代查代检（人次）	8869
用户教育	专题讲座（次）	65
	培训（人次）	11000

注：① 外文报刊包括港澳台期刊；

②中文数据库指总库（不单独计算子库）。

广州大学（本级）2021年部门决算情况

一、2021年度收入支出决算总体情况说明

（一）年度收入总体情况

广州大学（本级）2021年度总收入566140.73万元，其中本年收入510902.6万元。具体情况如下：

1. 一般公共预算财政拨款收入421704.44万元，比上年决算数增加169280.42万元，增长67.1%。主要变动情况：一是2021年香港科技大学（广州）项目建设经费增加约17亿元；二是中央、省、市追加经费减少。

2. 政府性基金预算财政拨款收入0万元，与上年决算数持平。

3. 国有资本经营预算财政拨款收入0万元，与上年决算数持平。

4. 上级补助收入0万元，与上年决算数持平。

5. 事业收入69748.52万元，比上年决算数增加13451.06万元，增长23.9%。主要变动情况：一是

根据2021年新的财政政策，调整学校教育收费返拨方式，年终决算数体现当年上缴收费收入；二是学校科研和产学研能力提高，科研事业收入增加。

6．经营收入0万元，与上年决算数持平。

7．附属单位上缴收入0万元，与上年决算数持平。

8．其他收入19449.65万元，比上年决算数增加4443.33万元，增长29.6%。主要变动情况：一是饮食服务中心收入增加；二是非同级财政拨款收入及其他收入增加。

（二）年度支出总体情况

广州大学（本级）2021年度总支出566140.73万元，其中本年支出493888.79万元。具体情况如下：

1．基本支出159508.8万元，比上年决算数减少6240.56万元，下降3.8%。主要变动情况：人员经费按市财政局要求压减。

2．项目支出334379.99万元，比上年决算数增加183455.76万元，增长121.6%。主要变动情况：一是2021年香港科技大学（广州）项目建设经费增加；二是广州大学建设高水平大学新增基础设施建设项目经费增加。

3．上缴上级支出0万元，与上年决算数持平。

4．经营支出0万元，与上年决算数持平。

5．对附属单位补助支出0万元，与上年决算数持平。

二、2021年度财政拨款收入支出总表说明

（一）2021年度财政拨款收入说明

广州大学（本级）2021年度财政拨款收入合计421704.44万元。其中，一般公共预算财政拨款收入421704.44万元，比上年决算数增加169280.42万元，增长67.1%，主要变动情况：一是2021年香港科技大学（广州）项目建设经费增加17亿元；二是中央、省、市追加经费减少。政府性基金预算财政拨款收入0万元，比上年决算数增加0万元，增长——（基数为0，不可比），主要变动情况：与上年决算数持平。国有资本经营预算财政拨款收入0万元，比上年决算数增加0万元，增长——（基数为0，不可比），主要变动情况：与上年决算数持平。

（二）2021年度财政拨款支出说明

广州大学（本级）2021年度财政拨款支出合计418784.62万元。其中，一般公共预算财政拨款支出418784.62万元，比年初预算数增加112706.08万元，增长36.8%，主要变动情况：一是2021年年中追加香港科技大学（广州）项目建设经费10亿元；二是中央、省、市追加下达二次分配项目经费。政府性基金预算财政拨款支出0万元，比年初预算数增加0万元，增长——（基数为0，不可比），主要变动情况：与年初预算数持平。国有资本经营预算财政拨款支出0万元，比年初预算数增加0万元，增长——（基数为0，不可比），主要变动情况：与年初预算数持平。

三、2021年度一般公共预算财政拨款"三公"经费支出决算情况说明

（一）"三公"经费财政拨款支出决算总体情况说明

广州大学（本级）2021年度"三公"经费财政拨款支出决算为44.34万元，完成预算106.22万元

的41.7%。其中，因公出国（境）费支出决算为22.29万元，完成预算36.22万元的61.5%；公务用车购置及运行费支出决算为0万元，完成预算0万元的0.0%（其中：公务用车购置支出决算为0万元，完成预算0万元的0.0%；公务用车运行费支出决算为0万元，完成预算0万元的0.0%）；公务接待费支出决算为22.05万元，完成预算70万元的31.5%。

2021年度"三公"经费支出决算小于预算数的主要情况：认真贯彻落实中央八项规定精神和厉行节约的要求，从严控制"三公"经费开支，以及受疫情影响。

（二）"三公"经费财政拨款支出决算具体情况说明

2021年"三公"经费财政拨款支出决算中，因公出国（境）费22.29万元，占50.3%；公务用车购置及运行费支出0万元，占0.0%；公务接待费支出22.05万元，占49.7%。具体情况如下：

1. 因公出国（境）费支出22.29万元。全年使用财政拨款安排出国（境）团组10个、累计22人次。开支内容包括：（1）参加学术研讨会、工作会议等支出10.15万元，主要用于应邀赴澳门城市大学参加会议等；（2）出国（境）谈判、工作磋商支出4.33万元，主要用于2021年内地普通高校联合招收澳门保送生等；（3）业务培训及考察7.81万元，主要用于赴澳门大学参加研修班及交流考察等。

2. 公务用车购置及运行维护费支出0万元。其中：公务用车购置支出为0万元，公务用车购置数0辆。公务用车运行及维护支出0万元，公务用车保有量为0辆，主要用于无。广州大学国有资产登记的车辆23辆，所有车辆的运行维护费均在财政专户管理资金中安排，根据决算填报口径，未使用一般公共预算财政拨款资金的车辆数量不列入公务用车保有量。

3. 公务接待费支出22.05万元。主要用于与国内相关单位考察调研、执行任务、学习交流、请示汇报等公务活动中发生的接待，共接待国外、境外来访团组0个，来访外宾0人次；发生国内接待241次，接待人数共1926人。主要包括城市发展院士峰会，大连理工大学教授来校学术讲座，中国科学院沈阳自动化研究所来校交流调研等接待。

四、其他重要事项的情况说明

（一）机关运行经费支出情况

2021年广州大学机关运行经费支出0万元，比年初预算数增加0万元，增长——（基数为0，不可比）。主要增减变动情况是：无。广州大学是非参公事业单位，不在机关运行经费统计范围内。

（二）政府采购支出情况说明

2021年广州大学政府采购支出总额19448.04万元，其中：政府采购货物支出6,873.98万元、政府采购工程支出1815.26万元、政府采购服务支出10758.8万元。授予中小企业合同金额16859.95万元，占政府采购支出总额的86.7%，其中：授予小微企业合同金额9466.38万元，占授予中小企业合同金额的56.1%；货物采购授予中小企业合同金额占货物支出金额的84.92%，工程采购授予中小企业合同金额占工程支出金额的75.39%，服务采购授予中小企业合同金额占服务支出金额的89.73%。

（三）国有资产占用情况

截至2021年12月31日，广州大学共有车辆23辆，其中，岗位保障用车2辆、机要通信用车1辆、应急保障用车1辆、特种专业技术用车1辆、其他用车18辆，其他用车主要是综合业务保障用车13

辆、实物保障岗位用车5辆，主要用于文件交换、市内因公出行。单价50万元以上通用设备204台（套），单价100万元以上专用设备29台（套）。

（四）预算绩效管理工作开展情况

绩效管理工作总体情况：根据财政预算绩效管理要求，广州大学组织对2021年度一般公共预算项目支出开展绩效自评，其中一级项目55个，二级项目76个，共涉及资金290172.85万元（绩效自评不包含上年结转项目2590.23万元），占一般公共预算项目支出总额的99.1%。

单位整体支出绩效评价自评已在主管部门决算公开中综合反映。

绩效自评结果：单位整体支出绩效评价自评结果已在主管部门决算公开中综合反映。广州大学今年开展的"广州大学高水平大学建设专项——重点平台建设项目工作经费"项目绩效自评情况为：

"广州大学高水平大学建设专项——重点平台建设项目工作经费"项目绩效自评综述：2021年全年预算数为10318.12万元，执行数为10257.64万元，完成预算的99.4%。经综合评定，2021年"广州大学高水平大学建设专项——重点平台建设项目工作经费"项目绩效评价得分为99.63分。

2021年广州大学项目绩效目标完成情况与效益：通过构建分阶段、分类别、资助强度与规模合理的校内科研项目资助体系，稳定支持和培育高水平科研项目和平台，夯实前期研究基础，提升学校承担重大、重点科研项目和申报科研平台的能力，加快科研成果产出与转化，推进学校的科研与学术创新，提高了服务广州、广东乃至国家经济社会发展的水平。学校综合实力和国内外影响力有较大提高。

1. 规范校内科研项目管理，代表性科研成果提质增量。

以规范校内科研项目管理为抓手，激发教师科研活力。完成了2021年新申报校内项目评审立项工作和2020年已立项校内项目续拨工作。2021年新申报校内项目144项，经专家评审，校内审查小组会议审查，校党委常委会审议、公示，最终立项86项，其中，平台类5项，人才类71项，研究类10项。收集汇总2020年度已立项项目的进展报告并进行专家评审，协商确定续拨金额，做好校内审查小组会议审查、校党委常委会审议、公示、续拨建项等工作。2021年共有378项2020年已立项校内项目需续拨经费，其中，平台类15项，人才类284项，研究类79项。完成校内项目新申报和续拨流程后，持续进行校内项目的预算调整、经费监督等规范化管理工作。校内科研项目对新机制教师支持覆盖面较广，2021年新申报和2020年续拨经费的校内科研项目中新机制教师负责的项目占比80.8%。通过持续稳定地支持教师开展基础与应用基础科学研究工作，促进高层次科研项目的承担及成果产出。特别是新机制教师在突出和高水平科研成果方面表现优良。受过校内科研项目资助的新机制教师2021年在Nature及子刊上发表论文9篇；获批国家重点研发计划2项、国家社科基金重大项目4项、教育部人文社科重大项目1项、国家优青2项、广东省杰出青年科学基金2项；获批立项建设3个省级平台、2个市级重点实验室；获国家科技奖二等奖1项、广东省第九届哲学社会科学优秀成果奖4项、第六届全国教育科学研究优秀成果奖三等奖2项。

2. 培育与指导并重，高层次科研项目稳步提升。

通过开展科研项目培育和提升工作，加强项目申报和组织动员，多次实地调研、摸清家底，从学校和学院两个层面分学科对申报书进行数轮指导、评议，各级各类科研项目都有明显提升。一方面，2021年获得国家自然科学基金项目立项109项，项目直接费用5550万元。特别是集中申报期立项率18.1%，高于全国平均资助水平。连续第五年获国家重点研发计划2项，获国家自然科学重点项目1项，国家优青2项。国家社科基金项目立项44项（重大项目4项），较2020年略有增长，年度项目数位列全国第30位左右；教育部人文社科项目立项19项（重大项目1项），位列全国第15位左右。其中，2021年社科类重大项目立项较2020年增长66%。另一方面，省级科研项目稳中向好。省社科规划项目立项40项，年度项目全省排名第三。省自然科学基金面上项目立项数保持高速增长，立项71项，同比增长31.5%；获广东省杰出青年科学基金3项。

3．精准扶持，科研平台建设有新发展。

通过对科研团队精准、持续的支持，2021年学校科研平台竞争力较快提升。广东省植物适应性与分子设计重点实验室（学科类）获批建设，广东乡村地域系统野外科学观测研究站获批建设。我校作为第一批建设广东省哲学社会科学重点实验室的六家高校之一，获批广州十三行与海上丝路重点实验室。获批立项建设广东省社科联基地6个、广州市重点实验室和市校联合重点实验室各1个。3个省级平台、2个市级重点实验室的负责人均获得过校内科研项目资助。广州数学应用中心获1500万元经费支持。在第五轮广州市人文社会科学重点研究基地建设中，我校被授予"广州市人文社会科学重点研究基地建设先进单位"荣誉称号，全市仅有5家单位获此荣誉。

4．主动对接，服务地方经济社会发展取得新成效。

通过加强基础与应用基础研究，抓好技术创新，切实为经济社会发展提供科技支撑。我校主动对接各行业龙头企业及事业单位，组织团队和专家参展7次，参展项目30项（路演项目13项）。组织专家对接企业9次，新增产学研合作项目25项，与广州市司法局、广东省建筑科学研究院、碧桂园控股有限公司等多家企事业单位新建产学研合作关系，与深信服科技股份有限公司共建网络行为分析与数据安全联合实验室。黄埔研究院获批中新广州知识城管理委员会博士后科研工作站分站，与广州市疾控中心、白云电气集团、珠江智联、广州开发区投资集团等企事业单位签订关于战略合作、共建联合实验室协议。深度建设清远广大协同创新研究院，布局生命健康及环境健康两个方向的项目进行重点孵化和产业化。

积极服务社会，横向项目合同经费8661.18万元，同比增长22.1%。资政建言作用日益凸显，获批省教育厅的高校智库1项，报送调研报告共24篇，其中获省级领导批示11篇，1篇获市级部门采用。服务社会经费2.6亿元。

5．多措并举，科研成果质效较大提升。

通过稳定支持和主动调研，扎实推进全流程科研服务管理，提升科研成果质效。科研奖项方面，获国家科技奖二等奖1项，教育部高等学校科学研究优秀成果奖（科学技术）1项，第六届全国教育科学研究优秀成果奖三等奖3项，广东省科学技术奖一等奖3项和二等奖2项。广东省第九届哲学社会科学优秀成果奖24项，与上届相比，获奖数量增长20%，一等奖数量增长100%。知识产权方面，开展国际专利申报、遴选，已报送PCT43项，授权28项。申请知识产权1067件，较上一年同比增长23%，申请专利主要涉及化学化工、机械工程、土木工程、新一代信息技术等相关专业及学科，其中发明专利申请868件，占全部申请专利的81%，专利申请质量整体提升。2021年10月，学校正式启动专利申请前评估工作，这能较好地掌握学校高质量专利的申请情况，例如，周福霖院士团队申报的"一种用于振震双控的模块化层并联三维隔震/隔振支座",王家海教授团队申报的"一种基于双给体结构的有机光学非线性发色团及其合成方法和应用",根据评估情况,以上发明专利申请在申请日之前没有相同的专利,且申请日之前未公开具体专利内容,具有新颖性;具备突出的实质性特点和显著的进步,具有创造性;申请中的技术能够制造或使用,且能够产生积极有益的效果,具有实用性,具有优秀的授权前景。配套建设广州大学科技成果转移转化中心网站,技术转让、专利转让、技术开发等科技成果转化总到账金额2635.44万元,同比增长8.9%。高水平论文方面,发表高水平论文2384篇(SCIE/SSCI 2137篇、CSSCI 247篇),其中在 Science 合作发表2篇,Nature 及子刊发表12篇,较2020年增长71.4%。由我校牵头主编的《建筑隔震设计标准GB/T 51408-2021实施指南》,填补建筑隔震设计领域无标准的国内国际空白,标志着我国在世界建筑工程隔震设计领域科技话语权获得巨大提升。

发现的问题及原因:项目支付进度有待进一步优化。受疫情等因素影响,部分科研学术会议或推迟或取消,调研工作取消,校内科研项目经费的使用进度存在较大差异,致使"广州大学高水平大学建设专项——重点平台建设项目工作经费"年度预算完成为99.4%。

针对上述问题,下一步改进措施是:进一步加强项目过程管理,优化预算编制、预算执行、过程监督、决算考核等环节;严格遵守支付进度规定,充分考虑特殊因素,督促校内科研项目负责人按照项目进展及时使用经费,制定多种应对预案,在合理合规合法的前提下按期完成支付进度。

第八部分

对外交流合作

举办国际、涉外及海峡两岸学术会议一览表

序号	活动名称	时间	地点	主要内容（主题和活动安排）	主办单位和承办单位	备注
1	第七届非平稳状态监测国际学术会议	2021年6月11—13日	广州大学	会议的主题是"状态监测与故障诊断技术及其应用"。内容包括非平稳状态监测、机械动力学建模、故障信号处理及其应用。	广州大学机械与电气工程学院	
2	2021能源金融会议	2021年6月19—20日	广州大学	主题是"极端事件视角下的能源金融"。内容主要是介绍和讨论与能源市场、环境和绿色金融相关的所有金融领域的前沿研究。	广州国际金融研究院、亚太应用经济学会	
3	广州国际友城大学联盟2021年会	2021年11月9—10日	广州大学 西悉尼大学	新增5所国外成员大学；启动"联合科研计划"，资助科英布拉大学、德班理工大学、林雪平大学等高校的学者组建联合科研团队，开展联合科研项目；举办2021年广州国际友城大学联盟城市创新大学生创业竞赛，西悉尼大学学生团队获得一等奖，广州大学、帕多瓦大学、坦佩雷大学学生团队分获二、三等奖。	主办：广州大学、广州国际友城大学联盟秘书处 承办：西悉尼大学	线上线下结合
4	首届"广州大学–华威大学信息学科论坛"	2021年11月23日	广州大学	来自我校和英国华威大学人工智能与信息安全领域的专家学者分享了最新学术成果。	广州大学黄埔研究院/研究生院	涉外会议
5	2021普适安全国际会议	2021年12月28—31日	广州华工大学城中心酒店	关于网络空间、物理世界和社交网络中的安全、隐私和匿名性的一系列会议/专题讨论会/研讨会。	广州大学计算机科学与网络工程学院	

续上表

序号	活动名称	时间	地点	主要内容（主题和活动安排）	主办单位和承办单位	备注
6	第九届两岸教育政策学术研讨会	2021年9月26日	南方科技大学 台湾屏东大学	以"海峡两岸教育政策新动态"为主题，探讨两岸教育政策新动态和新趋势。	广州大学教育学院、台湾屏东大学两岸教育政策研究中心	线上线下结合
7	第六届两岸农村治理研讨会	2021年10月22日	广州大学 台湾朝阳科技大学	以"数字时代的两岸城乡融合发展"为主题，围绕数字时代的两岸乡村振兴、数字时代的两岸乡村融合、数字时代的两岸乡村产业发展、数字时代的两岸智慧农业发展、数字时代的两岸乡村人才培养、数字时代的两岸乡村发展中大学的社会责任等议题等展开深入研讨。	广州大学台湾研究院、台湾农村发展规划学会、台湾屏东大学	线上线下结合
8	第十六届海峡两岸（粤台）高等教育论坛	2021年11月26日	广州大学 台湾中华大学	以"普及化时代的海峡两岸高等教育"为主题，着眼高等教育普及化的新阶段、新理念、新格局，深入探讨高等教育普及化与建设高质量高等教育体系，谋划粤台高等教育在粤港澳大湾区建设中的合作发展契机、政策和路径。	主办：广东省高等教育学会、广东省海峡两岸交流促进会、东莞台商育苗教育基金会、台湾高等教育学会 承办：台湾中华大学、广州大学。	线上线下结合

因公出国一览表

国家	国际会议	合作研究	访问考察	演出比赛	短期讲学	实习培训	攻读学位	访学	其他	合计
波黑	1（14人）	0	0	0	0	0	0	0	0	1（14人）
加拿大	0	0	2（2人）	0	0	0	0	0	0	2（2人）

续上表

国家	国际会议	合作研究	访问考察	演出比赛	短期讲学	实习培训	攻读学位	访学	其他	合计
美国	1（1人）	1（1人）	0	0	0	0	0	0	0	2（2人）
日本	1（1人）	0	0	0	0	0	0	0	0	1（1人）
意大利	0	1（1人）	0	0	0	0	0	0	0	1（1人）
土耳其	0	1（1人）	0	0	0	0	0	0	0	1（1人）
总计：国家数（6个）	3批（16人）	3批（3人）	2批（2人）	0	0	0	0	0	0	8批（21人）

因公临时赴港澳台一览表

地区	国际会议	合作研究	访问考察	演出比赛	短期讲学	实习培训	攻读学位	访学	其他	合计
中国香港	0	0	0	0	0	0	0	1（1人）	0	1（1人）
中国澳门	4（6人）	0	8（31人）	5（225人）	1（1人）	7（24人）	0	0	1（1人）	26（288人）
中国台湾	0	0	0	0	0	0	0	0	0	0
总计（人次）	4批（6人）	0	8批（31人）	5批（225人）	1批（1人）	7批（24人）	0	1批（1人）	1批（1人）	27批（289人）

因公临时出国人员一览表

团长所在单位	团长姓名	出访任务	任务分类	出访地	出境时间	入境时间	备注
地理科学与遥感学院	王瑞胜	访问加拿大卡尔加里大学地理信息工程系	友好访问	加拿大	2021年1月6日	2021年4月30日	
物理与材料科学学院	马颖	参加2021年美国物理教师协会虚拟冬季会议	参加会议	美国	2021年1月9日	2021年1月12日	线上会议
党委宣传部	吴广智	参加媒体信息工程国际会议	参加会议	日本	2021年1月24日	2021年1月26日	线上会议

续上表

团长所在单位	团长姓名	出访任务	任务分类	出访地	出境时间	入境时间	备注
广州大学大湾区环境研究院	闫兵	前往罗格斯大学计算与综合生物学中心与朱浩教授进行为期六天的学术交流	合作研究	美国	2021年6月18日	2021年6月25日	
地理科学与遥感学院	王瑞胜	访问加拿大卡尔加里大学地理信息工程系	友好访问	加拿大	2021年7月20日	2021年12月15日	
广州大学应用数学研究中心	周展	参加第26届差分方程及应用国际会议	参加会议	波黑	2021年7月26日	2021年7月26日	线上会议
土木工程学院	单毅	依托国家重点研发计划"滨海软土地基地震失效与城市重大基础设施耦联灾变控制技术"（"十三五"国家重点研发计划）的延伸子课题"循环荷载作用下滨海海相细粒土地震动参数与破坏机理研究"	合作研究	意大利	2021年8月5日	2022年8月4日	
土木工程学院	邓军	参加第10届FRP在土木工程中的应用国际会议	参加会议	土耳其	2021年12月7日	2021年12月11日	线上会议

因公赴港澳台一览表

学院（部门）	出访人员	出访任务	任务分类	出访地	出境时间	入境时间	备注
招生就业工作处	潘震山	赴澳门参加2021年内地普通高校联合招收澳门保送生考试考务工作	其他	中国澳门	2021年1月15日	2021年1月19日	
校团委	张琳霞 陈欣乔	作为我校学生会代表应澳门城市大学邀请参加大湾区青年峰会	访问考察	中国澳门	2021年3月26日	2021年3月29日	
研究生院	梁展华 万奎麟 吴美婷	作为我校研究生会代表应澳门城市大学邀请参加大湾区青年峰会	访问考察	中国澳门	2021年3月26日	2021年3月29日	
国际交流与合作处（港澳台工作办公室、孔子学院工作办公室）	吴开俊 汤萱 刘思琪	应邀赴澳门城市大学参加都会型大学全球联盟筹备会议暨首届校长论坛、澳门城市大学校庆系列活动	访问考察	中国澳门	2021年3月28日	2021年3月29日	

续上表

学院（部门）	出访人员	出访任务	任务分类	出访地	出境时间	入境时间	备注
建筑与城市规划学院	顾忠华 马雪莲	带领学生参与澳门大学持续进修中心，进行短期培训。	短期培训	中国澳门	2021年4月6日	2021年4月11日	
教育学院（师范学院）	马凤岐	赴澳门城市大学进行学术交流	讲学	中国澳门	2021年4月8日	2021年4月13日	取消
地理科学与遥感学院	冯艳芬 徐 冲 陈晓越 艾克拜尔·艾麦尔	带领学生参与澳门大学持续进修中心主办的大湾区跨境实习研修班	短期培训	中国澳门	2021年4月18日	2021年4月23日	
人文学院	孙延明 王元林 王 睿	赴澳门参加"海上丝路·双城忆——清代广州十三行之广州与澳门印迹图片展"及"海上丝路——澳门与广州十三行历史记忆学术研讨会"	参加会议	中国澳门	2021年4月19日	2021年4月21日	
校团委	吴媛媛 周 彦 陈子希	作为我校学生会代表应澳门大学邀请参加"大湾区机遇下的创意经济发展"主题活动	访问考察	中国澳门	2021年4月27日	2021年5月1日	
广州歌舞剧院有限公司	史前进等11人	受澳门美高梅集团邀请参加大型民族舞剧《醒·狮》新闻发布会及宣传活动。	演出比赛	中国澳门	2021年5月9日	2021年5月12日	
音乐舞蹈学院	潘妍娜 骆丽华	应澳门万紫千红粤剧曲艺会邀请参加2021年澳门万紫千红戏曲展演活动。	访问考察	中国澳门	2021年5月12日	2021年5月16日	
管理学院（旅游学院/中法旅游学院）	肖佑兴 何奕霖 魏 雷 刘相军	带领学生参加澳门城市大学"广大—城大旅游管理专业实习项目"	短期培训	中国澳门	2021年5月16日	2021年5月21日	
地理科学与遥感学院	李文翎 林媚珍 宋 松 陈 斌	带领学生参与澳门大学持续进修中心主办的大湾区跨境实习研修班	短期培训	中国澳门	2021年5月16日	2021年5月21日	

续上表

学院（部门）	出访人员	出访任务	任务分类	出访地	出境时间	入境时间	备注
新闻与传播学院	姚睿	赴澳门参加"数字文化产业发展与合作论坛"	参加会议	中国澳门	2021年6月4日	2021年6月6日	
土木工程学院	陈英	赴香港理工大学土木与环境学院进行交流合作	访学	中国香港	2021年6月14日	2021年6月15日	
法学院（律师学院）	董皞	出席全国港澳研究会2021年年会并作重要发言和学术点评	参加会议	中国澳门	2021年6月16日	2021年6月19日	
音乐舞蹈学院	佟树声 王志刚 唐靓	带领学生参加现代芭蕾舞剧《少年星海》演出	演出比赛	中国澳门	2021年6月17日	2021年6月19日	因疫情取消
广州歌舞剧院有限公司	史前进等85人	受澳门美高梅集团邀请赴澳门参加大型民族舞剧《醒·狮》精华版驻场演出活动。	演出比赛	中国澳门	2021年7月1日	2021年7月15日	因疫情取消
管理学院（旅游学院/中法旅游学院）	何奕霏 肇博	带领学生赴澳门旅游学院参加"澳门旅游学院研习项目"	短期培训	中国澳门	2021年8月1日	2021年8月6日	因疫情取消
国际教育学院（卫斯理安学院）	常向阳 孙莹 周小俊 葛泽胜 段佩佩 林舒莹	带领学生赴澳门大学参加"广州大学-澳门大学卓越人才培养计划"	短期培训	中国澳门	2021年8月8日	2021年8月13日	因疫情取消
计算机科学与网络工程学院	胡鉴源 刘博财	带领学生赴澳门旅游学院参加暑期研习项目	短期培训	中国澳门	2021年8月15日	2021年8月20日	因疫情取消
教育学院（师范学院）	刘晖	出席"澳门高等教育的现状与未来"研讨会并做题为"见微知著：澳门高等教育的格局与布局"的报告	参加会议	中国澳门	2021年9月28日	2021年9月29日	因疫情取消
广州歌舞剧院有限公司	史前进等64人	受澳门美高梅集团邀请赴澳门参加大型民族舞剧《醒·狮》精华版驻场演出活动。	演出比赛	中国澳门	2021年10月3日	2021年10月11日	因疫情取消

续上表

学院（部门）	出访人员	出访任务	任务分类	出访地	出境时间	入境时间	备注
地理科学与遥感学院	吴志峰 袁振杰 朱竑 董旭辉 刘信标 杨玉宝	赴澳门科技大学和澳门城市大学开展粤港澳大湾区高校区域可持续发展联盟的筹办和相关学术和教学合作交流。	访问考察	中国澳门	2021年12月8日	2021年12月10日	取消
法学院（律师学院）	周少华 李伟 曾赟 周露露 段陆平 叶欢欢	赴澳门科技大学和澳门力图律师事务所开展粤港澳大湾区高校与实务部分法律教学与学术合作交流	访问考察	中国澳门	2021年12月8日	2021年12月11日	取消
新闻与传播学院	张爱凤 孔令顺 曾丽红 李鲤 苏凡博 曾岑	赴澳门科技大学人文艺术学院访问	访问考察	中国澳门	2021年12月13日	2021年12月15日	取消
广州歌舞剧院有限公司	史前进等62人	受澳门美高梅集团邀请赴澳门参加大型民族舞剧《醒·狮》精华版驻场演出活动。	演出比赛	中国澳门	2021年12月16日	2021年12月26日	

公派出国留学人员名单

姓名	学院	出国时间	回国时间	留学国家	留学学校	留学身份	项目名称
Tashmatova Perizat	教育学院（师范学院）	2021年12月12日	2022年7月20日	哈萨克斯坦	阿里法拉比哈萨克民族大学	访问学者	2021年广东省青年优秀科研人才国际培养计划博士后项目
段江涛	经济与统计学院	2021年11月14日	2022年4月30日	中国香港	香港城市大学	访问学者	2021年广东省青年优秀科研人才国际培养计划博士后项目

外籍人士、中国港澳台人士和旅居海外中国专家来访一览表

序号	申请部门	被邀请人姓名（中文）	被邀请人姓名（英文）	工作单位	国籍（地区）	来访目的	来访开始日期	来访结束日期	随行人员人数
1	广州大学金融研究院（广州国际金融研究院）	程宜荪	Cheng Yisun	Zhuhai DeltaFit FinTech Inc.	美国	科研合作	2021年1月1日	2021年3月31日	4
2	广州大学金融研究院（广州国际金融研究院）	徐晓红	Xu Xiaohong	Zhuhai DeltaFit FinTech Inc.	美国	科研合作	2021年1月1日	2021年3月31日	4
3	土木工程学院	钟国辉	Chung Kwok Fai	The Hong Kong Polytechnic University	中国（香港）	学术交流	2021年1月27日	2021年1月27日	1
4	化学化工学院	赵帅飞	Zhao Shuaifei	Deakin University	澳大利亚	其他	2021年2月28日	2021年3月28日	0
5	土木工程学院	钟国辉	Chung Kwok Fai	The Hong Kong Polytechnic University	中国（香港）	学术交流	2021年3月24日	2021年3月24日	1
6	教师培训学院（继续教育学院）	刘丽容	Liu Lirong	The Confucius Institute, San Diego State University	美国	学术交流	2021年3月25日	2021年3月25日	1
7	广州大学金融研究院（广州国际金融研究院）	徐晓红	Xu Xiaohong	Zhuhai DeltaFit FinTech Inc.	美国	科研合作	2021年4月1日	2021年6月30日	2
8	建筑与城市规划学院	方晓灵	Fang Xiaoling	ENSA Paris-La-Villette	中国	教学	2021年4月1日	2021年5月6日	0
9	广州大学金融研究院（广州国际金融研究院）	程宜荪	Cheng Yisun	Zhuhai DeltaFit FinTech Inc.	美国	科研合作	2021年4月1日	2021年6月30日	2

续上表

序号	申请部门	被邀请人姓名（中文）	被邀请人姓名（英文）	工作单位	国籍（地区）	来访目的	来访开始日期	来访结束日期	随行人员人数
10	广州大学大湾区环境研究院	肯尼瑟·抖森	Kenneth A. Dawson	University College Dublin	爱尔兰	会议	2021年4月9日	2021年4月12日	0
11	管理学院（旅游学院/中法旅游学院）	查尔斯·斯蒂芬·法尔	Charles Stephen Farr	International Advisor for Guangzhou University	美国	其他	2021年4月18日	2021年4月18日	0
12	机械与电气工程学院	李涵雄	Li Hanxiong	City University of Hong Kong	中国（香港）	学术交流	2021年4月19日	2021年4月21日	0
13	新闻与传播学院	詹瑞文	Jim Chim	无	中国（香港）	学术交流	2021年4月20日	2021年4月20日	1
14	新闻与传播学院	詹昊宸	Jim Chim	无	中国（香港）	学术交流	2021年4月20日	2021年4月20日	0
15	教师培训学院（继续教育学院）	刘丽容	Liu Lirong	the Confucius Institute, San Diego State University	美国	学术交流	2021年4月22日	2021年4月22日	0
16	党委统战部（校友工作办公室）	陈卫	Chen Wei（Tony）	Guangzhou CanSemi Technology Inc.	新加坡	会议	2021年4月29日	2021年4月29日	0
17	国际教育学院（卫斯理安学院）	梁启聪	Liang Qicong	Macao Institute for Tourium Studies	中国（澳门）	其他	2021年4月29日	2021年4月29日	0
18	广州大学大湾区环境研究院	顾继东	Gu Jidong	Guangdong Technion-Israel Institute of Technology	美国	学术交流	2021年5月7日	2021年5月11日	0
19	地理科学与遥感学院	恩里克·耶普森	Erik Jeppesen	Aarhus University	丹麦	学术交流	2021年5月7日	2021年5月7日	0
20	地理科学与遥感学院	海伦·本宁	Helen Bennion	University College London	英国	学术交流	2021年5月7日	2021年5月7日	0
21	新闻与传播学院	理查德·佩尼亚	Richard Pena	Columbia University in the City of New York	美国	教学	2021年5月12日	2021年5月27日	0

续上表

序号	申请部门	被邀请人姓名（中文）	被邀请人姓名（英文）	工作单位	国籍（地区）	来访目的	来访开始日期	来访结束日期	随行人员人数
22	建筑与城市规划学院	翟俊	Zhai Jun	Sochow University	美国	学术交流	2021年5月19日	2021年5月20日	0
23	广州大学大湾区环境研究院	唐杰	Balogun Muhammad	Hunan University	尼日利亚	学术交流	2021年5月20日	2021年5月23日	0
24	管理学院（旅游学院/中法旅游学院）	林振聘	Lin Zhenpin	Lingnan University	中国（香港）	学术交流	2021年5月21日	2021年5月21日	0
25	计算机科学与网络工程学院	周建涛	Zhou Jiantao	University of Macau	中国	学术交流	2021年5月22日	2021年5月23日	0
26	计算机科学与网络工程学院	周怡聪	Zhou Yicong	University of Macau	中国	会议	2021年5月22日	2021年5月23日	0
27	教务处	方晓灵	Fang Xiaoling	ENSH Paris-La-Villette	中国	学术交流	2021年5月27日	2021年5月27日	0
28	国际交流与合作处（港澳台工作办公室、孔子学院工作办公室）	侯赛因·阿里	Hossein Ali	The Consulate General of Iran in Guangzhou	伊朗	其他	2021年5月28日	2021年5月28日	2
29	电子与通信工程学院	路延	Lu Yan	University of Macau	中国	会议	2021年5月29日	2021年5月29日	0
30	数学与信息科学学院	沈文仙	Shen Wenxian	Auburn University	美国	学术交流	2021年5月31日	2021年5月31日	0
31	数学与信息科学学院	刘跃	Liu Yue	University of Texas at Arlington	美国	学术交流	2021年6月7日	2021年6月7日	0
32	管理学院（旅游学院/中法旅游学院）	王翔宇	Wang Xiangyu	Curtin University	澳大利亚	学术交流	2021年6月11日	2021年6月11日	0
33	数学与信息科学学院	魏思洛	Krawcewicz Wieslaw	The University of Texas at Dallas	美国	学术交流	2021年6月16日	2021年8月14日	2
34	计算机科学与网络工程学院	文晟	Wen Sheng	Swinburne University of Technology	中国	学术交流	2021年6月18日	2021年6月20日	0

续上表

序号	申请部门	被邀请人姓名（中文）	被邀请人姓名（英文）	工作单位	国籍（地区）	来访目的	来访开始日期	来访结束日期	随行人员人数
35	计算机科学与网络工程学院	阿拉姆	Md Zakirul Alam	FORDHAM UNIVERSTTY	孟加拉国	会议	2021年6月18日	2021年6月20日	0
36	计算机科学与网络工程学院	闫峥	Yan Zheng	Xidian University	中国	学术交流	2021年6月18日	2021年6月20日	0
37	广州大学应用数学研究中心	王林	Wang Lin	University of New Brunswick Fredericton	中国	学术交流	2021年6月20日	2021年7月20日	0
38	土木工程学院	黄浩勇	Huang Haoyong	National University of Singapore	新加坡	学术交流	2021年6月21日	2021年7月5日	0
39	教师培训学院（继续教育学院）	欧小云	Ou Xiaoyun	Guangzhou Ou Chu Culture and Education Foundation	美国	学术交流	2021年6月25日	2021年6月25日	0
40	数学与信息科学学院	康云	Kang Yun	Arizona State University	美国	学术交流	2021年6月26日	2021年6月27日	0
41	广州大学金融研究院（广州国际金融研究院）	程宜荪	Cheng Yisun	Zhuhai DeltaFit FinTech Inc.	美国	科研合作	2021年7月1日	2021年9月30日	2
42	广州大学金融研究院（广州国际金融研究院）	徐晓红	Xu Xiaohong	Zhuhai DeltaFit FinTech Inc.	美国	科研合作	2021年7月1日	2021年9月30日	2
43	土木工程学院	伏广涛	Fu Guangtao	University Of Exeter	中国	学术交流	2021年7月5日	2021年7月11日	0
44	暂无数据	吴唯民	Wu Weimin	Stanford University	美国	学术交流	2021年7月7日	2021年7月9日	1
45	管理学院（旅游学院/中法旅游学院）	周莉	Zhou Li	University of Greenwich	英国	学术交流	2021年7月7日	2021年7月14日	0
46	建筑与城市规划学院	刘少瑜	Stephen Siu-Yu Lau	the University of HongKong	中国（香港）	学术交流	2021年7月12日	2021年7月23日	0

续上表

序号	申请部门	被邀请人姓名（中文）	被邀请人姓名（英文）	工作单位	国籍（地区）	来访目的	来访开始日期	来访结束日期	随行人员人数
47	机械与电气工程学院	李涵雄	Li Hanxiong	City University of Hong Kong	中国（香港）	学术交流	2021年7月13日	2021年7月13日	0
48	管理学院（旅游学院/中法旅游学院）	米罗斯瓦夫·斯基布涅夫斯基	Miroslaw J. Skibniewski	University of Maryland, College Park	美国	学术交流	2021年7月14日	2021年7月14日	0
49	建筑与城市规划学院	余卓华	Chuck Wah Francis Yu	Xi'an Jiaotong University	英国	学术交流	2021年7月15日	2021年7月15日	0
50	新闻与传播学院	潘忠党	Pan Zhongdang	University of Wisconsin-Madison	美国	学术交流	2021年7月23日	2021年7月25日	0
51	数学与信息科学学院	奚志勇	Xi Zhiyong	Michigan State University	中国	学术交流	2021年7月26日	2021年8月2日	0
52	数学与信息科学学院	王进	Wang Jin	The University of Tennessee at Chattanooga	美国	学术交流	2021年7月29日	2021年7月29日	0
53	教师培训学院（继续教育学院）	卡罗尔·韦斯特比	Carol Westby	A consultant for Bilingual Multicultural Services in Albuquerque, NM.	美国	学术交流	2021年8月11日	2021年8月11日	0
54	广州大学广州发展研究院（广东发展研究院）	艾伦·J.斯科特	Allen J.Scott	The British Academy	美国	学术交流	2021年8月11日	2021年8月11日	0
55	管理学院（旅游学院/中法旅游学院）	李洪燕	Li Hongyan	Aarhus University	丹麦	科研合作	2021年8月12日	2021年8月12日	0
56	国际交流与合作处（港澳台工作办公室、孔子学院工作办公室）	韦璟民	Wai Jingmin	Macao Polytechnic University	中国（澳门）	其他	2021年8月12日	2021年8月12日	14

续上表

序号	申请部门	被邀请人姓名（中文）	被邀请人姓名（英文）	工作单位	国籍（地区）	来访目的	来访开始日期	来访结束日期	随行人员人数
57	教师培训学院（继续教育学院）	卡罗尔·韦斯特比	Carol Westby	A consultant for Bilingual Multicultural Services in Albuquerque, NM.	美国	学术交流	2021年8月13日	2021年8月13日	0
58	数学与信息科学学院	辛周平	Xin Zhouping	The Chinese University of Hong Kong	中国（香港）	学术交流	2021年8月16日	2021年8月19日	0
59	土木工程学院	钟国辉	Chung Kwok Fai	The Hong Kong Polytechnic University	中国（香港）	学术交流	2021年8月30日	2021年8月30日	1
60	数学与信息科学学院	辛周平	Xin Zhouping	The Chinese University of Hong Kong	中国（香港）	学术交流	2021年9月13日	2021年9月17日	0
61	国际交流与合作处（港澳台工作办公室、孔子学院工作办公室）	瑟曦	Voitko Serhii	Igor Sikorsky Kyiv Polytechnic Institute	乌克兰	学术交流	2021年9月14日	2021年9月14日	4
62	数学与信息科学学院	钱涛	Qian Tao	Macau University of Science and Technology	中国（澳门）	学术交流	2021年9月22日	2021年9月24日	0
63	数学与信息科学学院	刘跃	Liu Yue	University of Texas at Arlington	美国	学术交流	2021年9月25日	2021年9月25日	0
64	教育学院（师范学院）	吴清山	Wu Qingshan	University of Taipei	中国（台湾）	会议	2021年9月26日	2021年9月26日	23
65	数学与信息科学学院	邹幸福	Zou Xingfu	University of Western Ontario	加拿大	学术交流	2021年9月27日	2021年9月27日	0
66	国际交流与合作处（港澳台工作办公室、孔子学院工作办公室）	马丽娜	Maryna Pichugina	Igor Sikorsky Kyiv Polytechnic Institute	乌克兰	学术交流	2021年9月28日	2021年9月28日	3

续上表

序号	申请部门	被邀请人姓名（中文）	被邀请人姓名（英文）	工作单位	国籍（地区）	来访目的	来访开始日期	来访结束日期	随行人员人数
67	国际交流与合作处（港澳台工作办公室、孔子学院工作办公室）	苏才江	Toh Chaikeong	Nanjing University of Information Science & Technology	新加坡	学术交流	2021年10月19日	2021年10月21日	0
68	广州大学台湾研究院	黄小萍	Huang Xiaoping	National Sun Yat-sen University	中国（台湾）	学术交流	2021年10月22日	2021年10月22日	5
69	广州大学台湾研究院	陈裕隆	Chen Yulong	昇隆生态文创农业科技有限公司	中国（台湾）	会议	2021年10月22日	2021年10月22日	0
70	教师培训学院（继续教育学院）	刘丽容	Liu Lirong	the Confucius Institute，San Diego State University	美国	学术交流	2021年10月22日	2021年10月22日	0
71	国际交流与合作处（港澳台工作办公室、孔子学院工作办公室）	岑嘉仪	Cen Jiayi	澳门中联办教育与青年工作部教育处	中国（澳门）	会议	2021年10月26日	2021年10月27日	4
72	国际交流与合作处（港澳台工作办公室、孔子学院工作办公室）	郑洪光	Zheng Hongguang	The Chinese Edcators Association of Macau	中国（澳门）	教学	2021年10月27日	2021年10月28日	2
73	数学与信息科学学院	陈明	Chen Ming	University of Pittsburgh	中国	学术交流	2021年10月30日	2021年10月30日	0
74	管理学院（旅游学院/中法旅游学院）	柯奕	Ke Ginger	Memorial University of Newfoundland	加拿大	学术交流	2021年11月2日	2021年11月2日	0
75	数学与信息科学学院	朱克和	Zhu Kehe	State University of New York at Albany	美国	学术交流	2021年11月2日	2021年11月2日	0

续上表

序号	申请部门	被邀请人姓名（中文）	被邀请人姓名（英文）	工作单位	国籍（地区）	来访目的	来访开始日期	来访结束日期	随行人员人数
76	广州大学大湾区环境研究院	顾继东	Gu Jidong	Guangdong Technion-Israel Institute of Technology	美国	学术交流	2021年11月3日	2021年11月4日	0
77	人文学院	邓思颖	Deng Siying	The Chinese University of Hong Kong	中国（香港）	会议	2021年11月6日	2021年11月6日	0
78	生命科学学院	王奕心	Wang Yixin	City University of Macau	中国	其他	2021年11月6日	2021年11月7日	40
79	人文学院	张连航	Zhang Lianhang	The Education University of Hong Kong	中国（香港）	学术交流	2021年11月6日	2021年11月6日	0
80	地理科学与遥感学院	蓝旼轩	Lan Minxuan	The University of Findlay	中国	学术交流	2021年11月6日	2021年11月6日	0
81	人文学院	徐 杰	Xu Jie	University of Macau	中国	会议	2021年11月6日	2021年11月6日	0
82	人文学院	张景玮	Zhang Jingwei	University of Macau	中国	会议	2021年11月6日	2021年11月6日	0
83	人文学院	李 斐	Li Fei	Lingnan University	中国（香港）	学术交流	2021年11月6日	2021年11月6日	0
84	数学与信息科学学院	赵如汉	Zhao Ruhan	The State University of New York at Brockport	中国	学术交流	2021年11月9日	2021年11月9日	0
85	国际交流与合作处（港澳台工作办公室、孔子学院工作办公室）	蓝易振	Lan Yizhen	Western Sydney University	澳大利亚	会议	2021年11月9日	2021年11月10日	40
86	数学与信息科学学院	林经洋	Lin Jingyang	The Ohio State University	英国	学术交流	2021年11月11日	2021年11月20日	0
87	地理科学与遥感学院	邹雨轩	Zou Yuxuan	Hong Kong Baptist University	中国（香港）	学术交流	2021年11月13日	2021年11月20日	0

续上表

序号	申请部门	被邀请人姓名（中文）	被邀请人姓名（英文）	工作单位	国籍（地区）	来访目的	来访开始日期	来访结束日期	随行人员人数
88	数学与信息科学学院	伍智义	Wu Zhiyi	University of Oulu	中国	学术交流	2021年11月14日	2021年12月18日	0
89	国际交流与合作处（港澳台工作办公室、孔子学院工作办公室）	倪明选	Ni Mingxuan	The Hong Kong University of Science and Technology（Guangzhou）	中国（香港）	其他	2021年11月15日	2021年11月15日	6
90	数学与信息科学学院	杨容伟	Yang Rongwei	The State University of New York at Albany	美国	学术交流	2021年11月16日	2021年11月16日	0
91	管理学院（旅游学院/中法旅游学院）	杨晶晶	Yang Jingjing	Macao Institute for Tourism Studies	中国	其他	2021年11月18日	2021年11月19日	3
92	广州大学人工智能与区块链研究院	郝峰	Hao Feng	The University of Warwick	中国	学术交流	2021年11月22日	2021年11月24日	5
93	国际交流与合作处（港澳台工作办公室、孔子学院工作办公室）	刘骏	Liu Jun	City University of Macau	美国	其他	2021年11月23日	2021年11月23日	4
94	教师培训学院（继续教育学院）	曾松添	Tim Zeng	University of Massachusetts Boston	中国	学术交流	2021年11月23日	2021年11月23日	0
95	教师培训学院（继续教育学院）	童宝娟	Tong Baojuan	National Taipei University of Nursing and Health Sciences	中国（台湾）	学术交流	2021年11月23日	2021年11月23日	0
96	教师培训学院（继续教育学院）	刘丽容	Liu Lirong	The Confucius Institute, San Diego State University	美国	学术交流	2021年11月23日	2021年11月23日	0
97	广州大学台湾研究院	马仁宏	Ma Renhong	Guangdong Hongxun Intelligent Technology Co., Ltd.	中国（台湾）	学术交流	2021年11月25日	2021年11月26日	17

续上表

序号	申请部门	被邀请人姓名（中文）	被邀请人姓名（英文）	工作单位	国籍（地区）	来访目的	来访开始日期	来访结束日期	随行人员人数
98	国际交流与合作处（港澳台工作办公室、孔子学院工作办公室）	侯彦伯	Hou Yanbo	Sun Yat-sen University	中国（台湾）	学术交流	2021年11月26日	2021年11月26日	47
99	土木工程学院	李玉国	Li Yuguo	The University of Hong Kong	中国（香港）	学术交流	2021年11月27日	2021年11月28日	0
100	土木工程学院	翟志强	Zhai Zhiqiang	University of Colorado	美国	学术交流	2021年11月27日	2021年11月28日	0
101	土木工程学院	王盛卫	Wang Shengwei	The Hong Kong Polytechnic University	中国（香港）	学术交流	2021年11月27日	2021年11月28日	0
102	美术与设计学院	喻祺茹	Yu Qiru	JINAN UNIVERSITY	中国（台湾）	其他	2021年11月28日	2021年11月29日	2
103	美术与设计学院	张绮颖	Cheung Yee Wing	JINAN UNIVERSITY	中国（香港）	其他	2021年11月28日	2021年11月29日	4
104	美术与设计学院	植观贤	Zhi Guanxian	Low Carbon Design Society of Hong Kong	中国（香港）	学术交流	2021年11月29日	2021年11月29日	0
105	美术与设计学院	梁蓝波	Leong Lam Po	University of Macau	中国（澳门）	会议	2021年11月29日	2021年11月29日	7
106	期刊中心	黄　煜	Huang Yu	Hong Kong Baptist University	中国（香港）	学术交流	2021年11月30日	2021年11月30日	0
107	期刊中心	张志庆	Zhang Zhiqing	Macau University of Science and Technology	中国	学术交流	2021年11月30日	2021年11月30日	0
108	环境科学与工程学院	伊万·米亚科维奇	Ivan Mijakovic	Chalmers University of Technology	克罗地亚	学术交流	2021年12月1日	2021年12月3日	4
109	学生处（学生工作部）	刘延鑫	Damon	Nansha Quchanye Uuan Guanliju	中国（澳门）	其他	2021年12月7日	2021年12月7日	0

续上表

序号	申请部门	被邀请人姓名（中文）	被邀请人姓名（英文）	工作单位	国籍（地区）	来访目的	来访开始日期	来访结束日期	随行人员人数
110	管理学院（旅游学院/中法旅游学院）	王翔宇	Wang Xiangyu	Curtin University	澳大利亚	学术交流	2021年12月9日	2021年12月9日	0
111	土木工程学院	余卓华	Chuck Wah Francis Yu	Interational Society of the Built Environment	英国	学术交流	2021年12月13日	2021年12月14日	0
112	土木工程学院	马克·多纳	Marco Dona	University of Padova	意大利	学术交流	2021年12月14日	2021年12月15日	0
113	外国语学院	奥田·圣	Okuda Satoshi	Fukuoka city Government	日本	其他	2021年12月14日	2021年12月14日	1
114	土木工程学院	俞姝曼	Yu Shuman	Rensselaer Polytechnic Institute	美国	学术交流	2021年12月14日	2021年12月15日	0
115	广州大学网络空间先进技术研究院	李建新	Li Jianxin	Deakin University	澳大利亚	科研合作	2021年12月15日	2021年12月21日	0
116	期刊中心	公婷	Gong Ting	City University of Hong Kong	美国	学术交流	2021年12月18日	2021年12月18日	0
117	数学与信息科学学院	阮士贵	Ruan Shigui	Department of Mathematics, University of Miami, Coral Gables	加拿大	学术交流	2021年12月19日	2021年12月19日	0
118	数学与信息科学学院	艾尚兵	Ai Shangbin	University of Alabama in Huntsville	中国	学术交流	2021年12月20日	2021年12月20日	0
119	计算机科学与网络工程学院	樱井惠一	Kouichi Sakurai	Kyushu University	日本	会议	2021年12月28日	2021年12月31日	4
120	计算机科学与网络工程学院	拉维·桑德胡	Ravi Sandhu	University of Texas at San Antonio	美国	会议	2021年12月28日	2021年12月31日	4

续上表

序号	申请部门	被邀请人姓名（中文）	被邀请人姓名（英文）	工作单位	国籍（地区）	来访目的	来访开始日期	来访结束日期	随行人员人数
121	计算机科学与网络工程学院	肖 央	Xiao Yang	The University of Alabama	美国	会议	2021年12月28日	2021年12月31日	5
122	计算机科学与网络工程学院	麦 提	My T. Thai	University of Florida	美国	会议	2021年12月28日	2021年12月31日	4
123	计算机科学与网络工程学院	周万雷	Zhou Wanlei	City University of Macau	澳大利亚	会议	2021年12月28日	2021年12月31日	6
124	计算机科学与网络工程学院	文森佐·皮里	Vincenzo Piuri	The University of Milan	意大利	会议	2021年12月28日	2021年12月31日	4

在聘国外、境外专家和教师名单

序号	教师姓名	类型	学院/部门	国籍或地区情况
1	何 山	外籍引进人才	化学化工学院	澳大利亚
2	余 水	外籍引进人才	计算机科学与网络工程学院	澳大利亚
3	郝 洪	外籍引进人才（兼职）	土木工程学院	澳大利亚
4	周晓方	外籍引进人才	广州大学网络空间先进技术研究院	澳大利亚
5	张丹青	外籍引进人才	广州大学网络空间先进技术研究院	澳大利亚
6	张彦春	外籍引进人才	广州大学网络空间先进技术研究院	澳大利亚
7	曹金丽	外籍引进人才	广州大学网络空间先进技术研究院	澳大利亚
8	尹晓霞	外籍引进人才	广州大学网络空间先进技术研究院	澳大利亚
9	林学民	外籍引进人才	广州大学网络空间先进技术研究院	澳大利亚
10	杨 杰	外籍引进人才（兼职）	广州大学风工程与工程振动研究中心	澳大利亚
11	Shahid Hussain	外籍博士后	管理学院（旅游学院/中法旅游学院）	巴基斯坦
12	Muhammad Asad Ziaee	外籍博士后	化学化工学院	巴基斯坦
13	Abdul Rahman	外籍博士后	化学化工学院	巴基斯坦
14	Mahmood Azhar	外籍博士后	化学化工学院	巴基斯坦
15	Saqib Ali	外籍博士后	计算机科学与网络工程学院	巴基斯坦

续上表

序号	教师姓名	类型	学院/部门	国籍或地区情况
16	Arif Muhammad	外籍博士后	计算机科学与网络工程学院	巴基斯坦
17	Asad Khan	外籍博士后	计算机科学与网络工程学院	巴基斯坦
18	Mehmood Sajid	外籍博士后	环境科学与工程学院	巴基斯坦
19	Waqas Ahmed	外籍博士后	环境科学与工程学院	巴基斯坦
20	Samma Faiz Rasool	外籍博士后	创新创业学院	巴基斯坦
21	Muhammads Hafiq	外籍引进人才	广州大学网络空间先进技术研究院	巴基斯坦
22	Sakanger Hayat	外籍博士后	数学与信息科学学院	巴基斯坦
23	Rana Muhammad Adana Ikram	外籍博士后	经济与统计学院	巴基斯坦
24	Rana Muhammad Sohail Jafar	外籍博士后	经济与统计学院	巴基斯坦
25	Sebastien Michel J. Damry	外籍语言类教师	国际交流与合作处/外国语学院	比利时
26	Fogelman Ferdinand	外籍语言类教师	附属艺术学校	俄罗斯
27	Anne-Flore, Amandine, Coralie VRAC	外籍语言类教师	国际交流与合作处/外国语学院	法国
28	Frederic Sebastien Girani	外籍语言类教师	国际交流与合作处/外国语学院	法国
29	Florian, Maurice, Aimé Deschanel	外籍语言类教师	国际交流与合作处/中法旅游学院	法国
30	Nicolas, Jean, Christophe Buhot	外籍语言类教师	国际交流与合作处/外国语学院	法国
31	Tashmatova Perizat	外籍博士后	教育学院（师范学院）	吉尔吉斯斯坦
32	李一平	外籍引进人才	管理学院（中法旅游学院）	加拿大
33	王瑞胜	外籍引进人才	地理科学与遥感学院	加拿大
34	贺鹤鸣	外籍引进人才	机械与电气工程学院	加拿大
35	焦大为	外籍引进人才	国际教育学院（卫斯理安学院）	加拿大
36	Wieslaw Krawcewicz	外籍引进人才（兼职）	应用数学研究中心	加拿大

续上表

序号	教师姓名	类型	学院/部门	国籍或地区情况
37	周炼	外籍引进人才	建筑与城市规划学院	加拿大
38	叶思宇	外籍引进人才（特聘教授）	化学化工学院	加拿大
39	Mario Alberto Gomez	外籍引进人才	生命科学学院	加拿大
40	Voundi Koe Arthur Sandor	外籍博士后	黄埔研究生院	喀麦隆
41	李晓曼	外籍引进人才	机械与电气工程学院	马来西亚
42	柳林	外籍引进人才	地理科学与遥感学院	美国
43	张元伟	外籍引进人才	生命科学学院	美国
44	陈建二	外籍引进人才	计算机科学与网络工程学院	美国
45	闫兵	外籍引进人才	广州大学大湾区环境研究院	美国
46	李佳	外籍引进人才（兼职）	广州大学应用数学研究中心	美国
47	唐谟勋	外籍引进人才（兼职）	广州大学应用数学研究中心	美国
48	Charles Stephen Farr	外籍国际顾问	国际交流与合作处	美国
49	Joshua Tseng	外籍语言类教师	国际交流与合作处/外国语学院	美国
50	Scott Eric Stork	外籍语言类教师	国际交流与合作处/外国语学院	美国
51	Randall Joseph Heaton	外籍语言类教师	国际交流与合作处/外国语学院	美国
52	Anthony Michael Rendon	外籍语言类教师	国际交流与合作处/外国语学院	美国
53	Edward Valliere Campbell	外籍语言类教师	国际交流与合作处/外国语学院	美国
54	Filipe Afonso	外籍引进人才	建筑与城市规划学院	葡萄牙
55	Izumi Yamanaka	外籍语言类教师	国际交流与合作处/外国语学院	日本
56	Hunko Liubov	外籍语言类教师	国际交流与合作处/外国语学院	乌克兰
57	Kosari Saeed	外籍博士后	广州大学计算科技研究院	伊朗

续上表

序号	教师姓名	类型	学院/部门	国籍或地区情况
58	Denis Bastieri	外籍引进人才	物理与材料科学学院	意大利
59	Alfredo Lanzaro	外籍引进人才	机械与电气工程学院	意大利
60	Marco Dona	外籍博士后	广州大学工程抗震研究中心	意大利
61	Gutha Yuvaraja	外籍博士后	环境科学与工程学院	印度
62	Shanmugam Vinodh Kumar	外籍博士后	土木工程学院	印度
63	Samuel Raj Babu Arulmani	外籍博士后	环境科学与工程学院	印度
64	王家琳	外籍引进人才	广州大学风工程与工程振动研究中心	英国
65	Stuart Mark Morris	外籍语言类教师	国际交流与合作处/外国语学院	英国
66	Jan Huang	外籍语言类教师	国际交流与合作处/外国语学院	英国
67	Marcelo Alfonso Soto Hernandez	外籍引进人才	机械与电气工程学院	智利

国际（港澳台）合作与交流协议一览表

序号	国家/地区	合作机构	协议名称	协议内容	页数	签署时间	协议有效期
1	日本	神奈川大学	广州大学与神奈川大学校际合作交流协议及土木工程类学生交换协议	学术与科研合作、师生交流、学术材料交流等	英文4（1+3）	2021年2月26日	5
2	意大利	帕多瓦大学	广州大学与帕多瓦大学关于合作开展欧盟伊拉斯谟+学生交流项目的协议	学生交流	英文14	2021年2月26日	/
3	中国澳门	澳门城市大学	澳门城市大学与广州大学合作备忘录	教师交换交流、学生交流等	中文4	2021年3月29日	5

续上表

序号	国家/地区	合作机构	协议名称	协议内容	页数	签署时间	协议有效期
4	中国澳门	澳门城市大学	广州大学与澳门城市大学学生交换协议	学生交流	中文简体3 中文繁体3	2021年5月24日	5
5	中国澳门	澳门旅游学院	广州大学与澳门旅游学院合作协议书	学生交换	中文4	2021年7月2日	/
6	西班牙	萨拉戈萨大学	萨拉戈萨大学（西班牙）与广州大学（中国）合作协议	交流教学经验等	中英文5	2021年12月15日	4

第九部分

联合办学

校外二级学院办学情况

广州大学纺织服装学院办学地点在广州市白云区。2021年，学院有普通全日制专科生4896人，在岗教职工201人，其中专任教师117人，专任教师中被聘为副高以上专业职称者7人。占地面积171297平方米（非学校产权独立使用），校舍建筑面积114860平方米（非学校产权独立使用），固定资产总值2578.65万元，其中教学科研实习仪器设备资产值1140.46万元；图书9.39万册。

广州大学纺织服装学院是根据教育部《关于同意组建新的广州大学的通知》（教发〔2000〕94号）和广东省人民政府《转发教育部关于同意组建新的广州大学的通知》（粤府函〔2000〕379号）精神，由广州市联合职工大学纺织学院转制而来的高职院校，具有独立的事业单位法人资格，其举办单位为广州轻工工贸集团有限公司下属的纺织公司（原广州纺织工贸企业集团有限公司）。广州大学主要负责纺织服装学院的招生计划指标、日常教学监督与管理、学生就业等工作。

第十部分

表彰与奖励

学校、部门获市级以上表彰奖励一览表

表彰名称	获表彰单位或个人	发奖单位	颁奖时间
广东省高校师生党员"知史爱党"党史学习挑战赛优秀组织奖	广州大学	广东省委教育工委	2021年1月
2020年度高等院校对外交流与合作先进集体奖	国际交流与合作处（港澳台工作办公室、孔子学院工作办公室）	广东省高等教育学会高校外国文教专家工作委员会	2021年1月
2021年度"先进基层武装部"	武装部	广州市警备区	2021年1月
2020年高校网络安全演练及IPv6推进工作成效明显单位	广州大学	广东省教育厅	2021年1月
全国红十字模范单位	校团委	中国红十字会总会	2021年1月
二等奖：管理学院学生第五党支部以党员服务站"飞粤计划"科普教育项目，践行新时代党建+实践新模式	管理学院学生第五党支部	广东省委教育工委	2021年3月
优秀奖：人文学院党委党建引领专业行，"3+"模式育先锋——以人文学院党委语言战"疫"服务活动为例	人文学院党委	广东省委教育工委	2021年3月
广州市先进基层党组织	党委组织部	广州市委组织部	2021年4月
2020年度广州市纪检监察机关审查调查工作考核市管高校第一名	纪委（监察专员办公室）	广州市纪委监委	2021年4月
第三批广东省新时代高校党建示范创建单位（样板支部）	新闻与传播学院党委、管理学院学生第五党支部、离退休工作处在职党支部、土木工程学院本科生第一党支部、体育学院体教系党支部	广东省委教育工委	2021年5月
广东省"十佳校媒"	广州大学学生融媒体团队	中青校媒（广东）	2021年6月
广东省"十佳校媒"	广州大学记者团	中青校媒（广东）	2021年6月
2021—2023年创建广东省文明校园先进学校	广州大学	广东省教育厅	2021年7月

续上表

表彰名称	获表彰单位或个人	发奖单位	颁奖时间
2021年全国首届校园排舞大课间网络展示大赛 高校组C组规定曲目一等奖	广州大学	全国排舞广场舞推广中心 国家体育总局体操运动管理中心	2021年7月
第十六届"挑战杯"广东大学生课外学术科技作品竞赛优秀组织奖	广州大学	共青团广东省委员会等	2021年7月
广州市老干部"百年华诞颂党恩"诗词征集活动优秀组织奖	广州大学	广州市委老干部局	2021年7月
2021年广东省教育系统关工委"读懂中国"活动优秀组织奖	广州大学关心下一代工作委员会	广东省教育系统关心下一代工作委员会	2021年8月
2021年广东省红十字标准校	广州大学	广东省红十字会、广东省教育厅	2021年8月
"较真功、展才华"第六届广州市职工发明创新大赛优秀组织奖	广州大学	广州市总工会、广州市科技进步基金会	2021年9月
2020年度履职情况考核获优秀等级	纪委（监察专员办公室）	广东省纪委	2021年9月
2020—2021年度"中国大学官微百强"	广州大学新媒体中心	中国青年报	2021年10月
广东省高校"三全育人"体制机制建设试点单位	广州大学	广东省教育厅	2021年11月
"钟声杯"趣味运动会，篮球运球投篮接力第一名，足球运球绕障碍接力第一名，龙腾飞跃第五名，发接羽毛球第三名	校工会	广州市教育局、广州市教育工会	2021年11月
2021年广州市职工广播操比赛第七名	校工会	广州市总工会	2021年11月
2021年度广州市网络学习空间应用普及活动"网络学习空间优秀学校"	广州大学	广州市电化教育馆	2021年11月
"广州市智慧教育优秀案例巡展"优秀组织奖	广州大学	广州市教育局	2021年11月
2021年优秀通信站	广州大学	"学习强国"广东学习平台	2021年12月
广州市最美职工健身团队	图书馆	广州市总工会	2021年12月

教职工获市级以上表彰奖励一览表

表彰名称	受表彰个人	发奖单位	颁奖时间
全国优秀共产党员	周福霖	广州市委组织部	2021年2月
广东省优秀党务工作者	何晓晴	广州市委组织部	2021年4月
广州市优秀共产党员	吕　来	广州市委组织部	2021年4月
广州市优秀党务工作者	武国松	广州市委组织部	2021年4月
"粤来粤有趣"两岸青年创意短片大赛荣获最佳短片奖影片《千星引力》指导老师	宾　晶	《南方都市报》、南方新闻网、广东两岸融媒体中心	2021年4月
2021年度全市组织系统调研课题优秀成果	陈亚楠（新时代基层公务员激励机制研究——以广州市为例） 陈月文（新时代高校学生爱国主义教育与红色资源融合探析——以广州地区为例） 卢捷（红色资源赋能党员教育融合发展新格局行动方案实践研究——以广州红色资源集散融合模式构建为例）	广州市委组织部	2021年4月
《当爱情遇到同性——同性恋并有自杀倾向的学生案例分析》在广东高校学生工作优秀案例征集活动中获三等奖	邹静莹　莫　杰	高校思想政治工作队伍培训研修中心、广东省高等学校思想政治教育研究会	2021年6月8日
《提升认知 增进交往——高校家庭经济困难新生人际适应不良的案例》在广东高校学生工作优秀案例征集活动中获三等奖	陈月文	高校思想政治工作队伍培训研修中心、广东省高等学校思想政治教育研究会	2021年6月8日
广东高校大学生讲南粤故事音视频作品大赛广东省二等奖	俞　健（指导教师）	广东省教育厅	2021年7月
《用心关爱 共情疏导——对一位癔症女大学生心理根源探究与分析》在广东高校学生工作优秀案例征集活动中获优秀奖	李　黎	高校思想政治工作队伍培训研修中心、广东省高等学校思想政治教育研究会	2021年6月8日

续上表

表彰名称	受表彰个人	发奖单位	颁奖时间
广州市最美退役军人	叶祥松	退役军人事务部	2021年7月19日
2021年广州市老干部"百年华诞颂党恩"诗词征集活动三等奖	易佐永	广州市委老干部局	2021年7月
2021年广州市老干部"百年华诞颂党恩"诗词征集活动优秀奖	梁贞才	广州市委老干部局	2021年7月
2021年全国大学生计算机设计大赛广东省一等奖、国家三等奖	俞　健（指导老师）	教育部、广东省教育厅	2021年8月
南粤优秀教师	林　晖　刘翠红　陈咸瑜	中共广东省委教育工作委员会、广东省教育厅、广东省人力资源和社会保障厅、广东省总工会	2021年8月27日
指导作品《入党誓词的笃行者》获"读懂中国"活动"最佳短视频"	方建平　陈志明	教育部关心下一代工作委员会	2021年8月
指导作品《信念》获"读懂中国"活动"优秀舞台剧"	喻　彬　张　立　方建平	教育部关心下一代工作委员会	2021年8月
感动广州最美教师	刘宝辉	广州市教育局、广州市总工会、广州市文明办	2021年9月
广州市优秀教育工作者	李增祥	广州市人民政府	2021年9月
广东工会学习贯彻习近平总书记关于工人阶级和工会工作重要论述征文一等奖	王　洁	广东省总工会办公室	2021年9月
"较真功、展才华"第六届广州市职工发明创新大赛二等奖	郑先昌　赵　勇　刘继强	广州市总工会、广州市科技进步基金会	2021年9月
"较真功、展才华"第六届广州市职工发明创新大赛优秀"五小"奖	肖　忠　唐春明	广州市总工会、广州市科技进步基金会	2021年9月

续上表

表彰名称	受表彰个人	发奖单位	颁奖时间
优秀心理中心主任	陶剑飞	广东省高校心理健康教育专业委员会	
"2021年广东高校新入职辅导员及思想政治工作人员省级岗前培训研修班"优秀学员	邹静莹	高校思想政治工作队伍培训研修中心（华南师范大学）、教育部高校辅导员培训和研修基地（华南师范大学）	2021年11月
2021第13届全国大学生广告艺术大赛一等奖	李 鲤（指导教师）	广东省教育厅	2021年11月
2021年全国大学生数学建模竞赛全国二等奖	余雅达 胡冬妮 李俊豪（学生） 俞 健（指导老师）	全国大学生数学建模竞赛组委会	2021年11月
广播剧《高山上的银杏》获最佳创新奖	李云宁	广东省文化学会、广州市天河区委宣传部	2021年12月
广州市最美职工健身达人	唐春明 祝晨光 黄 己 陈志明	广州市总工会	2021年12月
2021年广东省哲学社会科学优秀成果二等奖	汤萱	广东省人民政府	2021年12月
教材《大学生心理健康教育与自我成长》获一等奖	陶剑飞	广东省高校心理健康教育专业委员会	2021年12月10日
心理健康工作十年奉献奖、先进个人奖	沈洪炎	广东省高校心理健康教育专业委员会、广东省高校心理健康教育与咨询专业委员会	2021年12月10日
《高校辅导员心理健康教育能力的思考》获优秀论文三等奖	仇妙芹	广东省高校心理健康教育与咨询专业委员会	2021年12月10日
《互联网+心理健康教育混合式教学模式探讨》获优秀论文三等奖	仇妙芹	广东省高校心理健康教育与咨询专业委员会	2021年12月10日
《新型冠状病毒肺炎疫情下公众的心理应激反应及对策》获优秀论文三等奖	仇妙芹	广东省高校心理健康教育与咨询专业委员会	2021年12月10日
中国教育技术协会成立三十周年表彰活动"在会奉献30周年纪念奖"	钟庆	中国教育技术协会	2021年12月19日

续上表

表彰名称	受表彰个人	发奖单位	颁奖时间
广州市人口普查先进个人	刘小燕	广州市第七次全国人口普查领导小组办公室	2021年12月27日
2021年度全市组织系统调研课题优秀成果	陈亚楠（新时代基层公务员激励机制研究——以广州市为例）	广州市党的建设学会	2021年12月29日
	陈月文（新时代高校学生爱国主义教育与红色资源融合探析——以广州地区为例）		
	卢捷（红色资源赋能党员教育融合发展新格局行动方案实践研究——以广州红色资源集散融合模式构建为例）		
	葛泽胜（三个"一肩挑"后村党组织书记能力建设研究——以广州市南沙区为例）		
	周雨（新时代党员红色精神教育内容供给侧改革研究）		
	赵梅岳（高校教育国际化视角下学生党员教育内容供给侧改革研究——基于广州大学城十所高校问卷调查研究）		
	邹静莹（大数据背景下中国共产党100年广州组织建设的成效统计与分析）		
	谭宇轩（发展青年党员与输送乡村振兴事业人才的路径研究）		

学生获市级以上表彰奖励一览表

表彰名称	获表彰单位/个人	发奖单位	时间
广东高校团委官方微信公众号影响力排行榜1月榜"月度十佳人气新媒体团队奖"	广州大学青年传媒中心	广东省学生联合会	2021年1月
2021年中国青年报·中青校媒"传承的力量——国庆节"活动优秀组织奖	广州大学青年传媒中心	中国青年报社、中青校媒	2021年1月

续上表

表彰名称	获表彰单位/个人	发奖单位	时间
2021年广东省大学生定向运动锦标赛乙A组男子短距离赛第五名	黄杰龙	广东省学生体育艺术联合会	2021年1月
2021年广东省大学生定向运动锦标赛乙A组男子团队赛第七名	黄杰龙	广东省学生体育艺术联合会	2021年1月
2021年大学生急救知识技能竞赛优秀奖	曾令昊	四川世泰民安应急技术研究院、上海联合减灾与应急管理促进中心、大学生急救技能竞赛组委会	2021年1月22日
第十五届广东省校园十大歌手大赛二等奖	广州大学学生艺术团合唱团	共青团广东省委员会、广东省教育厅、广东省文化和旅游厅、广东省体育局、广东省学生联合会	2021年2月
2021年中国青年报·中青校媒"传承的力量——春节"活动优秀组织奖	广州大学青年传媒中心	中国青年报社、中青校媒	2021年2月
广东高校团委官方微信公众号影响力排行榜2月榜"月度十佳人气新媒体团队奖"	广州大学青年传媒中心	广东省学生联合会	2021年2月
广东高校团委官方微信公众号影响力排行榜3月榜"月度十佳人气新媒体团队奖"	广州大学青年传媒中心	广东省学生联合会	2021年3月
广东省第六届大学生艺术展演活动艺术作品类决赛	林卓岚	广东省教育厅	2021年3月
广东高校团委官方微信公众号影响力排行榜4月榜"月度十佳人气新媒体团队奖"	广州大学青年传媒中心	广东省学生联合会	2021年4月
全国第六届大学生艺术展演甲组二等奖	广州大学学生艺术团合唱团	教育部	2021年5月
广东省中青校媒第十届"十佳校媒"称号	广州大学青年传媒中心	中国青年报社、中青校媒	2021年5月
2020年广东大学生志愿服务西部（山区）计划绩效考核优秀高校项目办	广州大学青年志愿者协会	广东大学生志愿服务西部（山区）计划项目管理办公室	2021年5月
西汉南越王博物馆2020年度优秀志愿者	雷卓立	南越王博物院	2021年5月

续上表

表彰名称	获表彰单位/个人	发奖单位	时间
全国大学生英语竞赛C类三等奖	许智蕴	国际英语外语教师协会、中国英语外语教师协会、高等院校大学外语教学研究会	2021年5月16日
2021年广东省体育舞蹈公开赛（广州站）暨广东省高校体育舞蹈锦标赛高校专业单人B组拉丁冠军	廖雨婷	广东省体育运动协会	2021年5月23日
2021年广东省体育舞蹈公开赛（广州站）暨广东省高校体育舞蹈锦标赛高校专业单人B组摩登冠军	廖雨婷	广东省体育运动协会	2021年5月23日
广东高校团委官方微信公众号影响力排行榜6月榜"月度十佳人气新媒体团队奖"	广州大学青年传媒中心	广东省学生联合会	2021年6月
第九届世界乐团艺术节银奖	广州大学学生艺术团管弦乐团	世界音乐艺术教育协会、维也纳市政府、维也纳爱乐乐团	2021年6月
读《习近平与大学生朋友们》征文活动三等奖	曹珏宇	广东省学生联合会	2021年6月
第十一届世界和平合唱节成人混声组金奖	广州大学学生艺术团合唱团	世界和平合唱节组委会	2021年6月6日
广东高校团委官方微信公众号影响力排行榜7月榜"月度十佳人气新媒体团队奖"	广州大学青年传媒中心	广东省学生联合会	2021年7月
广东高校大学生讲南粤故事音视频作品大赛广东省二等奖	孙文霞	广东省教育厅	2021年7月
2021年广东省大学生游泳锦标赛女子甲组100米蝶泳第八名	邓昊琳	广东省大学生体育艺术联合会	2021年7月
2021年广州大学生游泳锦标赛女子甲组4×50米混合泳接力第五名	邓昊琳	广东省大学生体育艺术联合会	2021年7月
2021年广东省大学生游泳锦标赛女子乙A组50米蝶泳第八名	彭晓霖	广东省大学生体育艺术联合会	2021年7月
广东省高校艺术作品征集展示活动一等奖	广州大学学生艺术团舞蹈团	广东省教育厅	2021年8月
第九届全国高校数字艺术设计大赛广东赛区三等奖	陈钰妍	全国高校数字艺术设计大赛组委会	2021年8月

续上表

表彰名称	获表彰单位/个人	发奖单位	时间
2021全国大学生计算机设计大赛国家三等奖、广东省一等奖	张欣彤	广东省教育厅、教育部大学计算机课程教学指导委员会、中国大学生计算机设计大赛组委会	2021年8月
第七届中国国际"互联网+"大学生创新创业大赛全国总决赛金奖	植浩昌　吴添贤 杨彬彬　陈宇阳 颜若欣　廖玟皓 周明朗　陈涌楠 詹　逸	教育部	2021年8月
第七届中国国际"互联网+"大学生创新创业大赛全国总决赛金奖	岳云鹏　刘晓玉 赖思聪　陈梓丹 杨　蒲　苏嘉琦 伍永靖邦　马力行 林健颖　杨泽帆 谭毅达　陈志杰 钟景阳　黄肇刚 李鉴辉	教育部	2021年8月
第七届中国国际"互联网+"大学生创新创业大赛全国总决赛银奖	林炼升　李珂斌 邓　婧　张浩楠 张洲瑞　郑焕钦 曾　标　王智玮 杨煜琦　黄欣怡	教育部	2021年8月
第七届中国国际"互联网+"大学生创新创业大赛全国总决赛银奖	张怡孝　谢文高 黄舒嘉　吴晓燕 杨涵博　刘国蔚 张紫祥　许冰芸 梁家乔　董可杰	教育部	2021年8月
第七届中国国际"互联网+"大学生创新创业大赛全国总决赛银奖	芦浩然　黄毅龙 梁　博　何欣瀚 林伊莱　郑宇星 邱　倩　于　轲	教育部	2021年8月
第七届中国国际"互联网+"大学生创新创业大赛全国总决赛银奖	龚　旺　刘泽霖 朱文柯　郑筱星 周昱含　潘婉怡 徐芷晴　陈禧儿 何欣雨　李颖芳 吴雪玲　麦艮廷 吴清清　陈川子 香泽锋	教育部	2021年8月

续上表

表彰名称	获表彰单位/个人	发奖单位	时间
第七届中国国际"互联网+"大学生创新创业大赛全国总决赛银奖	叶珊珊　廖煜容 蒋荣荣　胡仰勇 孙国山　潘　彧 余佳星　陈灵钰 张　格　徐心怡 陈林铎	教育部	2021年8月
第七届中国国际"互联网+"大学生创新创业大赛全国总决赛银奖	潘卓彤　肖家欣 袁子涵　吴　琪 郑　炜　李坤洋 顾君语　易　鸿 李　桦　王怡鸥 彭思密　潘　彧 蔡灿辉　李胜涛 刘如意	教育部	2021年8月
2021年"读懂中国"活动优秀舞台剧	王玉洁（《信念》话剧组）	教育部关心下一代工作委员会	2021年8月16日
2020年广东大学生年度人物	陈晓兵	广东省教育厅	2021年8月26日
广东高校团委官方微信公众号影响力排行榜9月榜"月度十佳人气新媒体团队奖"	广州大学青年传媒中心	广东省学生联合会	2021年9月
2021年中国青年报·中青校媒"传承的力量——中秋节"活动优秀组织奖	广州大学青年传媒中心	中国青年报社、中青校媒	2021年9月
第二届"用英语讲中国故事"活动华南区大学组决选二等奖	许智蕴	第二届"用英语讲中国故事"活动组委会	2021年9月13日
本科组高校大学生讲党史公开课一等奖（《烽火中的红色家书》）	陈紫荆　钟雨倩 谭绍南　李　奇	广东省教育厅	2021年10月
本科组高校大学生讲党史公开课二等奖（《青春似火，可以燎原——追忆陈延年烈士》）	梁　峰　李　严 钟姗姗　陈晓慧	广东省教育厅	2021年10月
本科组高校大学生讲党史公开课二等奖（《赓续小岗精神，凝聚奋进力量》）	王玥玲　石铱敏 谢敬文　徐　琳 黄芷茵　黄志琪	广东省教育厅	2021年10月

续上表

表彰名称	获表彰单位/个人	发奖单位	时间
本科组高校大学生讲党史公开课三等奖（《投身脱贫攻坚战，师生党员在行动》）	杨景昊 许 缘 黄 昊 李泓霓 危安平 莫金沙	广东省教育厅	2021年10月
本科组高校大学生讲党史公开课三等奖（《木棉花开忆英雄——广州起义纪实》）	卢敏君 崔文怡 蔡欣宇 李钟枝 程一帆	广东省教育厅	2021年10月
第七届中国国际"互联网+"大学生创新创业大赛银奖	张 格 徐心怡等	教育部等	2021年10月12日
第七届中国国际"互联网+"大学生创新创业大赛银奖	广咩文创	教育部等	2021年10月12日
第八届广州青年创新创业大赛优胜奖	广咩文创	共青团广州市委员会等	2021年10月12日
第二届大学生国防科技知识竞赛三等奖	曾令昊	第二届大学生国防科技知识竞赛组委会	2021年10月14日
2021年大学生火灾应对技能竞赛三等奖	曾令昊	上海联合减灾与应急管理促进中心、四川省风险科学与应急管理研究会、云南省对外科技合作协会、四川世泰民安应急技术研究院、杭州丁香健康管理有限公司	2021年10月17日
2021年全国高校传统文化知识竞答一等奖	曾令昊	教育部关心下一代工作委员会、中国管理科学研究院教育创新研究所、中华炎黄文化研究会、河北省传统文化促进会、北京中科文育国际文化院	2021年10月27日
国家励志奖学金	陈燕柔	广东省教育厅	2021年10月29日
2021第十三届全国大学生广告艺术大赛广东赛区三等奖	纵 升 李宛霏 刘盈盈 韩霜梅 陈晓敏	广东省教育厅	2021年11月
2021年广东省学生游泳冠军赛女子甲组100米蝶泳第四名	邓昊琳	广东省学生体育艺术联合会	2021年11月

续上表

表彰名称	获表彰单位/个人	发奖单位	时间
2021年广东省学生水球比赛女子甲组第三名	邓昊琳	广东省学生体育艺术联合会	2021年11月
2021年广东省学生游泳冠军赛女子乙A组50米蝶泳第四名	彭晓霖	广东省学生体育艺术联合会	2021年11月
联合国粮食系统峰会青年志愿行动	陈玉妍	中国生物多样性保护与绿色发展基金会	2021年11月6日
第六届中国数据新闻大赛三等奖	陈燕仪	中央民族大学新闻与传播学院、西安交通大学新闻与新媒体学院	2021年11月6日
广东省第五届高校体育教育专业学生基本大赛个人二等奖	梁伟东	广东省教育厅	2021年11月7日
第十五届意大利里米尼国际合唱比赛混声组银奖	广州大学学生艺术团合唱团	意大利里米尼音乐协会	2021年11月14日
第十五届意大利里米尼国际合唱比赛同声组铜奖	广州大学学生艺术团合唱团	意大利里米尼音乐协会	2021年11月14日
"声入人心 红动广州"——寻找广州最美"悦"读之声"经典有我"电影配音大赛 三等奖	吴彤	广州市广播电视台、广州市总工会、珠江电影集团有限公司、广州新华出版发行集团股份有限公司、书香羊城全民阅读活动组委会办公室秘书处	2021年11月16日
2021年全国高校商业精英挑战赛会展创新创业实践竞赛全国总决赛（学生组）一等奖	余珍妮	中国国际贸易促进委员会商业行业委员会、中国国际商会商业行业商会、中国商业经济学会、中国会展经济研究会	2021年11月20日
第六届全国大学生预防艾滋病知识竞赛优秀奖	曾令昊	中国预防性病艾滋基金会、中国性病艾滋病防治协会	2021年11月21日
2021全国高校大学生"一带一路"倡议宣传活动	陈玉妍	中国亚洲经济发展协会职业人才开发与管理委员会	2021年11月27日
第十届全国大学生GIS技能竞赛特等奖	GIS技能2021团队	中国地理信息产业协会、中国地理学会	2021年11月27日

续上表

表彰名称	获表彰单位/个人	发奖单位	时间
第三届香港当代设计奖中国内地赛区学生组铜奖	纵 升	香港当代设计奖组委会	2021年12月
中国大学生广告艺术节学院奖优秀奖	纵 升	中国广告协会	2021年12月
2021年广东省"省长杯"青少年校园足球联赛（大学组）全省总决赛暨广东省第十一届大学生运动会足球预赛男子甲组第四名（一等奖）	王丹阳	广东省学生体育艺术联合会	2021年12月
2021年广东省"省长杯"青少年校园足球联赛（大学组）全省总决赛暨广东省第十一届大学生运动会足球预赛男子甲组第八名	徐柏伦	广东省学生体育艺术联合会	2021年12月
2021年善行100温暖行动爱心团体	新长城广州大学自强社	中国扶贫基金会	2021年12月1日
2021年广东省工科大学生实验综合技能竞赛一等奖	俄式爆破组队（杨栢佐）	广东省教育厅	2021年12月1日
2021年广东省大学生舞龙舞狮锦标赛（乙组男子自选舞龙）第二名	广州大学学生艺术团龙狮队	广东省学生体育艺术联合会	2021年12月11日
2021年广东省大学生舞龙舞狮锦标赛（乙组女子自选舞龙）第一名	广州大学学生艺术团龙狮队	广东省学生体育艺术联合会	2021年12月11日
2021年广东省大学生舞龙舞狮锦标赛（乙组男子群狮）第一名	广州大学学生艺术团龙狮队	广东省学生体育艺术联合会	2021年12月11日
2021年广东省大学生舞龙舞狮锦标赛团体总分第一名	广州大学学生艺术团龙狮队	广东省学生体育艺术联合会	2021年12月12日
2021年广东省大学生舞龙舞狮锦标赛（乙组男子传统南狮）第六名	广州大学学生艺术团龙狮队	广东省学生体育艺术联合会	2021年12月12日
第十六届"大学生年度人物"入围候选人"	陈晓兵	教育部、人民日报社	2021年12月14日

续上表

表彰名称	获表彰单位/个人	发奖单位	时间
广东省第一届校园冰雪嘉年华系列活动暨2021年广东省大学生轮滑锦标赛甲组拉龙第一名	肖子云	广东省学生体育艺术联合会	2021年12月19日
2021年广东省"5·25"大学生心理教育月系列活动一等奖	余珍妮	广东省教育厅	2021年12月20日
2021年广东省"5·25"大学生心理健康月系列活动大赛心理情景剧一等奖（《一院桂香》）	孙泓旭　王幸怡　郭智轩　黄佳璇　余珍妮　李杰琳　罗明珠　梁欣莹（旅游管理201班）	广东省教育厅	2021年12月20日
2021年广东省"5·25"大学生心理健康月系列活动大赛获心理情景剧二等奖（《你一直都很优秀啊》）	严晓玉　蓝小婷　吕凌炜　朱翠玉　陈佳佳　刘仲尧　邓周萍　黄浩琛（行政管理204班）	广东省教育厅	2021年12月20日
2021年广东省"5·25"大学生心理健康月系列活动大赛获心理情景剧三等奖（《如此教子》）	林梓宇　肖凯丹　詹圣霖　蔡浩泉　卢焯楠　黄文欣　黄永鹏（金融202班）	广东省教育厅	2021年12月20日
2021年广东省"5·25"大学生心理健康月系列活动大赛获心理公益广告二等奖（《筑》）	黎静瑶（风景园林201班）	广东省教育厅	2021年12月20日
第三届"南粤师魂杯"广东省教师讲书人大赛大学生组二等奖	刘嘉滢	广东省教育学会	2021年12月21日
第十三届全国舞龙舞狮锦标赛女子自选舞龙第七名	广州大学学生艺术团龙狮队	中国龙狮运动协会	2021年12月24日
首届华南大学生物理实验设计大赛暨第二十二届广东大学生物理实验设计大赛三等奖	张梓锋	广东省物理学会	2021年11月14日

2021年广州大学第九届教学成果奖（校级）获奖名单

高等教育类

序号	获奖成果名称	成果主要完成人	成果主要完成单位	获奖等级
1	广大底色全学段、全覆盖、全面发展型育人模式的构建与实施	屈哨兵 聂衍刚 马凤岐 刘瑾 禤健聪 黄志凯 温志昌 刘雪明 蔡忠兵 祝振军 朱丹丹 汤晓蒙	党委办公室、校办公室（保密办公室）	特等奖
2	"五室一站"学生社区实践育人体系的构建与探索	吴开俊 黄志凯 罗明星 李敏 李黎 李晶 郑美玲 陈爱平 陈宇红 付艳	学生处（学生工作部）	特等奖
3	基于工程教育认证视域下产学研融合的卓越工程师培养体系构建与实践	荣宏伟 方茜 张立秋 赵晴 曹勇锋 骆华勇 王竞茵 赵美花	土木工程学院	特等奖
4	中华优秀传统音乐的"CPR"高校传承模式探索与实践	刘瑾 吴志武 张艳 黄颖仪 潘妍娜 朱丹丹 刘茜 屠金梅	音乐舞蹈学院	特等奖
5	心理健康教育类课程PROBE五步探究教学法的探索与实践	聂衍刚 孙楠 杨文登 窦凯 曾红 路红 陈少华	教育学院（师范学院）	一等奖
6	服务国家战略的精准扶贫育人体系建设与实践	谢治菊 王艺 何瑞豪 蒋红军 王满四 林曼曼 左康华	公共管理学院	一等奖
7	"思政引领、协同交融"的卓越新闻传播人才培养体系的构建与实践	田秋生 夏清泉 邹军 张爱凤 尹杭 黎藜 刘雪梅 苏凡博 王艺	新闻与传播学院	一等奖
8	"云上艺享"美术与设计教学创新平台建设及人才培养实践	刘菲菲 徐志伟 周杰 高娅娟 王荔 许洪林 李茂宁	美术与设计学院	一等奖
9	"业精术专识广"为目标的"一二三四"实践教学体系构建与实践	宋刚 王筱虹 夏建荣 肖唐付 李淑更 崔明超 龚剑 吴翠琴 吴颖娟	环境科学与工程学院	一等奖
10	开放浸润多元——卓越地理教师培养的模式与实施	李文翎 林媚珍 杨木壮 陈小梅 何亚琼 刘毅华 潘文彬 王芳	地理科学与遥感学院	一等奖

续上表

序号	获奖成果名称	成果主要完成人	成果主要完成单位	获奖等级
11	"李敏工作室"的内地高校新疆籍少数民族学生培养模式创新	李　敏　刘　晖　刘子云 曾小军　胡艳芝　褟健聪 蔡　强	学生处 （学生工作部）	一等奖
12	成果导向驱动与课程思政融合的冷热源工程系列课程改革与实践	丁云飞　吴会军　朱赤晖 王　欢　方赵嵩　廖云丹 唐　兰　刘燕妮	土木工程学院	一等奖
13	一流学科支撑、一流师资引领、一流校企协同的智能软件人才培养体系构建与实践	饶永生　汤茂斌　王捍贫 张景中　陈　联　邹　宇 李传中　郭四稳	计算机科学 与网络工程学院	一等奖
14	广州大学公共艺术教育实施与艺术素质测评体系构建	罗　洪　刘　茜　刘　瑾 王　丹　朱丹丹	音乐舞蹈学院	一等奖
15	基于OBE理念的双螺旋递进式化工专业课程的建设与实践	邹汉波　梁　红　陈胜洲 尚小琴　赵朝晖	化学化工学院	一等奖
16	五维一体，三全育人——物联网工程创新人才培养的改革与实践	曾衍瀚　揭　海　曹　忠 周发升　浣　沙	电子与通信 工程学院	一等奖
17	四年一贯制大学体育课程体系构建与教学改革实践	祝振军　商执娜　李卓勇 周　坚　叶冬清　吴焱军 向　然　石　岩	体育学院	一等奖
18	汉语言文学专业师范生教学技能训练"五维"体系构建与实践	林　晖　纪德君　褟健聪 周小蓬　余新明　何镇文 张晓苏　陈楚敏	人文学院	一等奖
19	心理学卓越人才精准培养体系建设	麻彦坤　叶浩生　聂衍刚 邢　强　杨文登　张　豹 郭斯萍　王孟成	教育学院 （师范学院）	一等奖
20	基于课程思政的高校文学经典教育实践与探索	哈迎飞　纪德君　褟健聪 王　琼　曾大兴　刘军军 温小军	人文学院	一等奖
21	"双轮驱动、三位一体"的中法项目创新型人才培养模式改革与实践	张河清　吴水田　肖佑兴 王　锐　何　向　郑春晖 陈平平　肇　博　吴　静	管理学院 （旅游学院/中法 旅游学院）	一等奖
22	"爱国为民、崇德尚艺"一中心三协同新时代创新美术设计人才培养模式构建	罗　洁　周　杰　熊　忆 徐志伟　李　健　王　苅 贺景卫　高娅娟	美术与设计学院	一等奖

续上表

序号	获奖成果名称	成果主要完成人	成果主要完成单位	获奖等级
23	基于"两基三段四拓展"教学模式的法学基础课程改革与实践	张泽涛 邱雪梅 张玉洁 曹智 彭心倩 李丽丽 王力 宋尧玺	法学院（律师学院）	一等奖
24	从"三结合"到"三认同"经济学专业立德树人模式创新与实践	傅元海 聂鹏 马双 付艳 任政亮 叶祥松 陈喜强 刘啟仁	经济与统计学院	一等奖
25	基于实践创新能力提升的机电类一流专业建设与实践	张春良 刘长红 向建化 朱大昌 唐冬 柳晶晶 江帆 吴文强	机械与电气工程学院	二等奖
26	"大赛驱动—思创融合—孵化育成"三位一体的高校创新创业实践教学研究与实践	王满四 张延平 谢治菊 周翔 詹茜 丰艳萍	创新创业学院	二等奖
27	工程教育认证标准下土木工程一流专业再升级的探索与实践	任凤鸣 崔杰 童华炜 于志伟 张季超 张永山 刘坚 燕乐纬	土木工程学院	二等奖
28	基于四融三创的高校数学建模创新教学模式构建与实践	钟育彬 周展 彭俊好 陈蓉西 麦红 冯永平 杨洁霞 何国东 邵任翔	数学与信息科学学院	二等奖
29	专实思创一体化的机械原理课程教学改革与实践	江帆 黄卫清 区嘉洁 游思坤 吴青凤 周超 戴杰涛 崔金生	机械与电气工程学院	二等奖
30	"四位一体、五项互融"复合型数字人才培养实践教学模式构建与实践	温武 郭四稳 李鹏 邓霞 汤茂斌 于鹏 张毅 郝明明	计算机科学与网络工程学院	二等奖
31	基于新的空间色彩组织法的《植物景观规划与设计》教学实践	徐瑾 邓小飞 邱燕 陈伟昌 文铮 王宥彬	建筑与城市规划学院	二等奖
32	一流课程建设背景下基于OBE理念的建筑力学I课程"MOOC+翻转课堂"教学模式研究	燕乐纬 梁颖晶 王菁菁 渠建新	土木工程学院	二等奖
33	"学研融合"培养创新型化学专业人才	陈国术 董文 李楠 何芝洲 王静 林奚勇	化学化工学院	二等奖
34	信息化背景下创新能力培养为导向的数值计算方法课程教学改革与实践	麦红 钟育彬 冯永平 彭俊好 杨艳芳	数学与信息科学学院	二等奖

续上表

序号	获奖成果名称	成果主要完成人	成果主要完成单位	获奖等级
35	基于Career EDGE就业能力模型的师范生专业课程改革实践	陈丽虹 苏远连 雷晓云 陈学梅 汤志娜 翁素贤 吴燊彦 郑飞飞	外国语学院	二等奖
36	实践引领 传承创新 学做融通的生物师范生培养模式的改革与实践	陈健辉 柯德森 陈学梅 潘顺波 王厚麟	生命科学学院	二等奖
37	固本强基，多维并举——地方高校汉语言文学专业多渠道协同育人模式探索与实践	王凤霞 谢治菊 刘军军 郭杰 喻彬 温小军 马喆 张立	人文学院	二等奖
38	课程建设引领的思想政治理论课综合教学改革创新与实践探索	吴九占 赵中源 罗明星 孟凤英 郑亚伟 冉杰 吴阳松 胡宜安	马克思主义学院	二等奖
39	多媒驱动 跨界协同：移动互联时代影视编剧的跨媒介叙事教学模式创新	姚睿 邹鹂薇 张爱凤 夏清泉 曾丽红 苏凡博	新闻与传播学院	二等奖
40	学生中心、问题导向、思政引领的财经类课程混合式教学模式构建与实践	任政亮 刘汉中 冯锐 马双 聂鹏 牛倩 于之倩 范娜	经济与统计学院	二等奖
41	融入沉浸教学的进阶式酒店管理人才培养模式创新与实践	陈平平 肇博 吴水田 何奕霏	管理学院（旅游学院/中法旅游学院）	二等奖
42	深化创新创业教育，提升产品设计专业人才培养质量的探索与实践	张立巍 裴继刚 刘昕 李娟 马浩 陈昊武 王苪 吴诗琳	美术与设计学院	二等奖
43	线上线下混合式一流课程建设的4P教学模式创新研究	徐凌 陈潭 王枫云 沈本秋 彭铭刚 李智	公共管理学院	二等奖
44	"学业优创业新就业先"三维分层理念下的网络与新媒体人才培养实践	刘雪梅 曾丽红 李春霍 张灵敏 杨健	新闻与传播学院	二等奖
45	以媒体融合国家战略为导向的六维一体传媒人才培养模式创新与实践	刘涛 田秋生 黎藜 李鲤 林渊渊 郭秦 列文淦 谢明香	新闻与传播学院	二等奖
46	基于行动学习的《企业管理咨询》课程教材开发与教学改革实践	宋丹霞 冉佳森 马大卫 詹茜	管理学院（旅游学院/中法旅游学院）	二等奖

基础教育类

序号	获奖成果名称	成果主要完成人	成果主要完成单位	获奖等级
1	基于院-校协作的多元一体民族融合教育文化构建实践探索	谢翌 吴小兰 刘晖 刘子云 胡欣华 梁兆	教育学院（师范学院）	特等奖
2	人文经典进中学的模式构建与实践探索	禤健聪 王凤霞 陈建国 黄荣德 林晖 哈迎飞	人文学院	一等奖
3	基于PDS理念的英语教师共同体协同成长模式的探索与实践	苏远连 翁素贤 陈丽虹 马静雅 周海珊 林佩华	外国语学院	一等奖
4	新时代基础教育美育师资三段协同培养模式	赵鑫 李健 臧明 李慧勤 王恩华	美术与设计学院	一等奖

2021年学科竞赛获奖一览表

序号	承办单位	赛事名称	获奖等级	获奖学生	学生所在学院	指导教师	教师所在学院
1	创新创业学院	第七届"互联网+"大学生创新创业大赛	全国金奖	植浩昌 吴添贤 杨彬彬 陈宇阳 颜若欣 廖玟皓 周明朗 陈涌楠 詹逸	电子与通信工程学院、管理学院（旅游学院/中法旅游学院）、经济与统计学院、新闻与传播学院	曾衍瀚 王满四 杜晶晶	电子与通信工程学院、创新创业学院
2	创新创业学院	第七届"互联网+"大学生创新创业大赛	全国金奖	岳云鹏 刘晓玉 赖思聪 陈梓丹 杨蒲 苏嘉琦 伍永靖邦 马力行 林健颖 杨泽帆 谭毅达 陈志杰 钟景阳 黄肇刚 李鉴辉	土木工程学院、管理学院（旅游学院/中法旅游学院）、美术与设计学院	刘海 崔杰 王满四 杜晶晶	土木工程学院、创新创业学院
3			全国银奖	林炼升 李珂斌 邓婧 张浩楠 张洲瑞 郑焕钦 曾标 王智玮 杨煜琦 黄欣怡	计算机科学与网络工程学院、管理学院（旅游学院/中法旅游学院）	苏申 田志宏 鲁辉 谭庆丰 王满四	广州大学网络空间先进技术研究院、创新创业学院

续上表

序号	承办单位	赛事名称	获奖等级	获奖学生	学生所在学院	指导教师	教师所在学院
4	创新创业学院	第七届"互联网+"大学生创新创业大赛	全国银奖	张怡孝 谢文高 黄舒嘉 吴晓燕 杨涵博 刘国蔚 张紫祥 许冰芸 梁家乔 董可杰 刘田彬 刘圆圆 杨泽水 张 凡 唐 浩	土木工程学院、管理学院（旅游学院/中法旅游学院）、经济与统计学院、机械与电气工程学院、美术与设计学院	傅继阳 刘爱荣 陈炳聪 汪大洋 袁向荣 谢 丹 杜晶晶	广州大学风工程与工程振动研究中心、创新创业学院
5			全国银奖	芦浩然 黄毅龙 梁 博 何欣瀚 林伊莱 郑宇星 邱 倩 于 轲	土木工程学院、管理学院（旅游学院/中法旅游学院）、经济与统计学院、美术与设计学院、新闻与传播学院	张延平 王满四 杜晶晶	创新创业学院
6			全国银奖	叶珊珊 廖煜容 蒋荣荣 胡仰勇 孙国山 潘 彧 余佳星 陈灵钰 张 格 徐心怡 陈林铎	美术与设计学院、新闻与传播学院、环境科学与工程学院、地理科学与遥感学院	周 杰 王满四 王 蓟 罗 洁 杜晶晶	美术与设计学院、创新创业学院
7			全国银奖	龚 旺 刘泽霖 朱文柯 郑筱星 周昱含 潘婉怡 徐芷晴 陈禧儿 何欣雨 李颖芳 吴雪玲 麦艮廷 吴清清 陈川子 香泽锋	经济与统计学院、教育学院（师范学院）、新闻与传播学院、管理学院（旅游学院/中法旅游学院）	聂衍刚 王满四 林雪松 谢治菊 杜晶晶	教育学院、公共管理学院、党委组织部、创新创业学院
8			全国银奖	潘卓彤 肖家欣 袁子涵 吴 琪 郑 炜 李坤洋 顾君语 易 鸿 李 桦 王怡鸥 彭思密 潘 彧 蔡灿辉 李胜涛 刘如意	美术与设计学院、经济与统计学院、公共管理学院、管理学院（旅游学院/中法旅游学院）	贺景卫 王满四 裴继刚 徐志伟 杜晶晶 陈贤昌 李银广 袁 媛	美术与设计学院、创新创业学院

续上表

序号	承办单位	赛事名称	获奖等级	获奖学生	学生所在学院	指导教师	教师所在学院
9	创新创业学院	第七届"互联网+"大学生创新创业大赛	全国铜奖	孙伟 刘乐怡 吴贵 钟紫菱 陈诗宇 曹依依 刘振涛 刘怡煊 耿昊然 贺旭 刘慧琳 朱嘉茵 苗润青 邵咏诗 谢俊贤	新闻与传播学院	苏凡博 李鲤 陈浩 王满四 谢治菊 杜晶晶 朱慧	新闻与传播学院、公共管理学院、管理学院（旅游学院/中法旅游学院）、创新创业学院
10			省金奖	王铠宏 蒋洁 黄凯亮 李铭 张志强 李钰 王铠杰 刘梓键	美术与设计学院、公共管理学院、计算机科学与网络工程学院	李琨 王满四 刘向晖 徐志伟	美术与设计学院、公共管理学院、创新创业学院
11			省金奖	韩沐恩 卢超 曹文锐 梁峻榕 高婷婷 古宇婷 孙英涛 石宇豪 张雪健 黄素宾 张夭泉 李城	环境科学与工程学院、管理学院（旅游学院/中法旅游学院）	吕来 胡春 罗顺均 周翔	广州大学大湾区环境研究院、管理学院（旅游学院/中法旅游学院）
12			省金奖	吴俊 吴子轩 范立维 耿晨 谢鑫成 危珊 陈泽威 黄珊珊 何森 沈忠健	机械与电气工程学院	刘晓初 萧金瑞 梁忠伟 黄卫清 张建辉	机械与电气工程学院
13			省金奖	李翔 莫宝玲 黄思镁 李瑶瑶 肖瑶 刘昱辰 李禧 邱倩 陈鑫 刘宇涵 林佳昕	管理学院（旅游学院/中法旅游学院）、公共管理学院、人文学院、新闻与传播学院、经济与统计学院	陈潭 王满四 张延平 许莹冰 陈媛	公共管理学院、管理学院（旅游学院/中法旅游学院）、新闻与传播学院、创新创业学院
14			省金奖	侯智红 杨溇 梁楚妍 陈华倩 谢子宇 钟玉韵 范馨丹 周嘉仪	生命科学学院、管理学院（旅游学院/中法旅游学院）、经济与统计学院	孔凡江 肖杏烟 汤杨 王满四 南海洋 王秋月	生命科学学院、创新创业学院
15			省金奖	柏仕林 李欣原 郑丹苗 王俊祺 张嘉 李相海 蒋启潜 陈浩杰	化学化工学院、经济与统计学院、管理学院（旅游学院/中法旅游学院）、计算机科学与网络工程学院	汪黎明	化学化工学院

续上表

序号	承办单位	赛事名称	获奖等级	获奖学生	学生所在学院	指导教师	教师所在学院
16	创新创业学院	第七届"互联网+"大学生创新创业大赛	省银奖	朱剑豪 潘 彧 彭思密 莫镇雨 戴 金 张诗瑜 陈林铎	美术与设计学院	刘菲菲 徐志伟	美术与设计学院
17			省银奖	龙文迪 林丹璇 张晓雪 谢小鹏	外国语学院、计算机科学与网络工程学院	许多恬	外国语学院
18			省银奖	高清华 黄丽婷 苏佩婷 许玉珠 谭宇洋 黄泽深 庄智鸿 杨松炜 柴 瑞 王栩义 张诗瑜 朱柔柔 黄饶裔 罗东龙	管理学院（旅游学院/中法旅游学院）、美术与设计学院、新闻与传播学院、计算机科学与网络工程学院	黄丽娟 杜晶晶 王满四 秦 伟	管理学院（旅游学院/中法旅游学院）、创新创业学院
19			省银奖	谢禹舜 谭 昊 张 欢 王泽世 谢文嵘 张川京 朱梓其 乔佳诚 邱俊杰 黄楚玲 李奕仪 许锦瑛 邬文杰	计算机科学与网络工程学院、经济与统计学院、管理学院（旅游学院/中法旅游学院）、生命科学学院	顾钊铨 王 乐 田志宏 唐可可 杜晶晶	广州大学网络空间先进技术研究院、创新创业学院
20			省铜奖	陈晓勤 潘 彧 符月碧 林坤慧 彭思密 杨识意 陈林铎 陈彦霖 陈嘉和 戴 金	美术与设计学院	刘菲菲 王满四 吴泽锋 徐志伟 杜晶晶	美术与设计学院、创新创业学院
21			省铜奖	陈以召 庞 薇 谢婉媛 叶汶君 何恺涓 李焕浩 戴慧敏 彭天雨 李 莹 凌 莹 郭丹霞 张 澳	教育学院（师范学院）、美术与设计学院、新闻与传播学院、化学化工学院	鲁明辉 王满四 杜晶晶	教育学院（师范学院）、创新创业学院
22			省铜奖	徐昌勇 范梓键 李志刚 谢智伟 周嘉琦 高 洁 谢丹娜 彭婷婷 冯宇星	生命科学学院、新闻与传播学院、管理学院（旅游学院/中法旅游学院）	肖杏烟 刘 涛 刘 英	新闻与传播学院、创新创业学院

续上表

序号	承办单位	赛事名称	获奖等级	获奖学生	学生所在学院	指导教师	教师所在学院
23	创新创业学院	第七届"互联网+"大学生创新创业大赛	省铜奖	明家辉 林艳梅 李胜涛 王颖欣 王坤辉 陈泽宇 钟绮岚 江卓飞 周嘉玲 黄贻徽 郑森元 凌兴涛 李 林 何泳隆 赵宣博	电子与通信工程学院、经济与统计学院、管理学院（旅游学院/中法旅游学院）、机械与电气工程学院、新闻与传播学院、外国语学院、物理与材料科学学院	朱 静 詹 茜	实验中心、管理学院（旅游学院/中法旅游学院）
24			省铜奖	杨燕霞 易汇群 黎惠宁 彭雅豪 陈思艺 姚晴儿 邓俊麟 胡永灿 唐菁鞠 阳莹艳 吴 涵 高宇豪	新闻与传播学院、管理学院（旅游学院/中法旅游学院）、美术与设计学院	张延平 王满四	创新创业学院
25			省铜奖	任怡彤 李 鑫 王晓鹏 余安林 姚梓梁 吴柳萱	计算机科学与网络工程学院、管理学院（旅游学院/中法旅游学院）	鲁 辉 田志宏 孙彦斌 苏 申 单 纯 王满四	广州大学网络空间先进技术研究院、创新创业学院
26			省铜奖	彭智邦 梁道涵 梁嘉俊 邹茵茵 罗妙兰 廖芷喧 杨淑媛 王菁菁 周心怡 杜光澎 范 飞 包林杰	公共管理学院、管理学院（旅游学院/中法旅游学院）、美术与设计学院	谢治菊 刘向晖 王满四 李利文	公共管理学院、创新创业学院
27			省铜奖	陈智健 邹 娱 谷国邦 马泽霖 陆明慧 洪志豪 王文君	物理与材料科学学院	张成云	物理与材料科学学院
28			省铜奖	辛 婷 蒙映楠 关梓滢 陈玉淳 黄铭恩 苏 彤 林广泽 彭泽林 卢晓婷 余佳琦 吴剑宇 彭林佳 欧阳子晗	化学化工学院、管理学院（旅游学院/中法旅游学院）、经济与统计学院、新闻与传播学院	吴 旭 詹 茜	化学化工学院、管理学院（旅游学院/中法旅游学院）

续上表

序号	承办单位	赛事名称	获奖等级	获奖学生	学生所在学院	指导教师	教师所在学院
29	创新创业学院	第七届"互联网+"大学生创新创业大赛	省铜奖	利恒浩 梁伟健 杨 冲 陆庚有 陈家托 龙新谋 梅馨元 张师师 杨兴鑫	机械与电气工程学院、美术与设计学院、新闻与传播学院、经济与统计学院、电子与通信工程学院	刘长红 朱大昌 王满四 彭绍湖 常向阳	机械与电气工程学院、电子与通信工程学院、国际教育学院（卫斯理安学院）、创新创业学院
30			省铜奖	谢柱坚 许雨晴 黄欣怡 郭倩桦 黄 旻 林智伟 吴 辉 唐文乐 丁晋龙	土木工程学院、管理学院（旅游学院/中法旅游学院）	张力文 陈炳聪 蔡卡宏 黄元丰	广州大学土木工程学院、风工程与工程振动研究中心、创新创业学院
31			省铜奖	李有龙 罗 婷 林茵娜 庞嘉恩 黄睿诚	体育学院、新闻与传播学院、管理学院（旅游学院/中法旅游学院）、经济与统计学院	周二三 王满四 冯荣光 刘忠彪 孟伟婷	体育学院、创新创业学院
32			省铜奖	郭英健 李成业 谢华杰 张 溜 庄培镇 郭佳希 岑江枫 杨 震 罗甜恬 姚若嫣	土木工程学院、经济与统计学院、管理学院（旅游学院/中法旅游学院）、新闻与传播学院	傅继阳 马玉玮 陈炳聪 杜晶晶	广州大学网络空间先进技术研究院、创新创业学院
33	计算机科学与网络工程学院	第46届ICPC国际大学生程序设计亚洲区域赛（济南）	全国三等奖	廖锦滔 张 靖 苏志伟	计算机科学与网络工程学院、数学与信息科学学院、环境科学与工程学院	丘凯伦	计算机科学与网络工程学院
34			全国三等奖	周伟章 覃 浩 卢鑫冽	计算机科学与网络工程学院	丘凯伦	计算机科学与网络工程学院
35		第46届ICPC国际大学生程序设计亚洲区域赛（上海）	全国三等奖	林国旺 汤广楼 吴伟俊	计算机科学与网络工程学院	高 鹰	计算机科学与网络工程学院
36			全国三等奖	乔慧阳 杜红艳 黎宝鸿	计算机科学与网络工程学院	高 鹰	计算机科学与网络工程学院
37	数学与信息科学学院	全国大学生数学建模竞赛	全国二等奖	陈泓丞 刘炳希 梁 爽	土木工程学院、数学与信息科学学院	钟育彬	数学与信息科学学院

续上表

序号	承办单位	赛事名称	获奖等级	获奖学生	学生所在学院	指导教师	教师所在学院
38	数学与信息科学学院	全国大学生数学建模竞赛	全国二等奖	陈晓敏 嵇正中 陈泓江	数学与信息科学学院	麦 红	数学与信息科学学院
39			全国二等奖	黎智轩 郭易之 姚安怡	物理与材料科学学院、数学与信息科学学院	冯永平	数学与信息科学学院
40			全国二等奖	林坤贤 谢楚敏 香倚淇	土木工程学院、数学与信息科学学院	彭俊好	数学与信息科学学院
41			全国二等奖	王殊懿 李永涛 钟子琦	数学与信息科学学院、土木工程学院	钟育彬	数学与信息科学学院
42			全国二等奖	韦沛文 张坤阳 张嘉隆	经济与统计学院、数学与信息科学学院	钟育彬	数学与信息科学学院
43			全国二等奖	余雅达 胡冬妮 李俊豪	经济与统计学院、计算机科学与网络工程学院	俞 健	数学与信息科学学院
44			省一等奖	刘喜月 柯海涛 吴钰城	经济与统计学院、数学与信息科学学院、土木工程学院	陈蓉西	数学与信息科学学院
45			省一等奖	张晶晶 陈思巧 段宇航	数学与信息科学学院	何国东	数学与信息科学学院
46			省一等奖	李相龙 吴婉滢 唐鸿威	数学与信息科学学院、土木工程学院	彭俊好	数学与信息科学学院
47			省一等奖	成婉仪 兰金钟 李远冲	数学与信息科学学院、机械与电气工程学院	麦 红	数学与信息科学学院
48			省一等奖	张 黎 林泓斌 罗怡翔	数学与信息科学学院、计算机科学与网络工程学院	陈蓉西	数学与信息科学学院

续上表

序号	承办单位	赛事名称	获奖等级	获奖学生	学生所在学院	指导教师	教师所在学院
49	数学与信息科学学院	全国大学生数学建模竞赛	省一等奖	吴晓玲 朱莹淇 梁懿麒	经济与统计学院、数学与信息科学学院	秦剑	电子与通信工程学院
50			省一等奖	刘伟涛 许丽钏 刘纪源	数学与信息科学学院、经济与统计学院、数学与信息科学学院	梁达宏	经济与统计学院
51			省一等奖	张维泽 陈依妮 刘子瑶	数学与信息科学学院、经济与统计学院	何清平	物理与材料科学学院
52			省二等奖	刘倩妍 张力 袁克限	经济与统计学院、数学与信息科学学院	余玉丰	经济与统计学院
53			省二等奖	周贝临 曾婷芳 林家伟	数学与信息科学学院、经济与统计学院	黎允楠	数学与信息科学学院
54			省二等奖	吴朝基 陆华深 朱文雅	数学与信息科学学院、经济与统计学院	张新风	经济与统计学院
55			省二等奖	李佳莲 陈树康 方炯丰	数学与信息科学学院、机械与电气工程学院、计算机科学与网络工程学院	何国东	数学与信息科学学院
56			省二等奖	王文亮 黎志鹏 李琪	经济与统计学院、数学与信息科学学院	杨洁霞	数学与信息科学学院
57			省二等奖	张德霖 黄烽燃 黄詠心	数学与信息科学学院、经济与统计学院	杨洁霞	数学与信息科学学院
58			省二等奖	林豪跃 卢嘉浩 符蓉	数学与信息科学学院、计算机科学与网络工程学院	邓明香	数学与信息科学学院

续上表

序号	承办单位	赛事名称	获奖等级	获奖学生	学生所在学院	指导教师	教师所在学院
59	数学与信息科学学院	全国大学生数学建模竞赛	省二等奖	郑力铭 黄忻莹 袁天豪	数学与信息科学学院、管理学院（旅游学院/中法旅游学院）	罗庭健	数学与信息科学学院
60			省二等奖	郑嘉莹 郭浩哲 吴旭龙	经济与统计学院、土木工程学院、数学与信息科学学院	秦剑	电子与通信工程学院
61			省二等奖	陈晓东 刘润 谢泽婷	数学与信息科学学院、土木工程学院	李志文	数学与信息科学学院
62			省二等奖	袁葳 朱镗 蔡鸿建	数学与信息科学学院、计算机科学与网络工程学院	赵红星	数学与信息科学学院
63			省二等奖	颜子辉 马晓庆 李晓娜	数学与信息科学学院、经济统计学院、计算机科学与网络工程学院	孟凡宁	数学与信息科学学院
64			省二等奖	何垌 李丽华 张相龙	数学与信息科学学院	曾志廉	数学与信息科学学院
65			省二等奖	蔡兆航 曹杰凯 关芝琳	数学与信息科学学院	周展	数学与信息科学学院
66			省三等奖	殷龙 杨予煊 钟东昇	数学与信息科学学院	陈蓉西	数学与信息科学学院
67			省三等奖	莫李文 缪志远 陈健豪	土木工程学院、数学与信息科学学院	何国东	数学与信息科学学院
68			省三等奖	方捷 刁启炫 卢松正	数学与信息科学学院、计算机科学与网络工程学院、经济与统计学院	秦剑	电子与通信工程学院

续上表

序号	承办单位	赛事名称	获奖等级	获奖学生	学生所在学院	指导教师	教师所在学院
69	数学与信息科学学院	全国大学生数学建模竞赛	省三等奖	吉裕祥 林煜森 关梓滢	数学与信息科学学院、土木工程学院、经济与统计学院	李 进	数学与信息科学学院
70			省三等奖	林欣宜 柯卓颖 史瑜璧	数学与信息科学学院、经济与统计学院	李 进	数学与信息科学学院
71			省三等奖	陈千慧 曾树德 陈 政	经济与统计学院、数学与信息科学学院	陈宇光	数学与信息科学学院
72			省三等奖	李尔琪 陈志鹏 黄培深	数学与信息科学学院、计算机科学与网络工程学院	陈宇光	数学与信息科学学院
73			省三等奖	苏锡龙 吕诗尹 黄爱雯	数学与信息科学学院、计算机科学与网络工程学院	饶永生	计算机科学与网络工程学院
74			省三等奖	兰雨桥 马滢滢 吴雅凝	数学与信息科学学院、经济与统计学院	蔡云鹭	数学与信息科学学院
75			省三等奖	黄 珊 周浩林 张 立	经济与统计学院、数学与信息科学学院、土木工程学院	何清平	物理与材料科学学院
76			省三等奖	易芳婷 张可莹 洪泽宁	数学与信息科学学院、机械与电气工程学院	何清平	物理与材料科学学院
77			省三等奖	张亦龙 卢俊杓 吴 燕	数学与信息科学学院	冯永平	数学与信息科学学院
78			省三等奖	陈 实 罗 炜 陈梓博	数学与信息科学学院	麦 红	数学与信息科学学院

续上表

序号	承办单位	赛事名称	获奖等级	获奖学生	学生所在学院	指导教师	教师所在学院
79	数学与信息科学学院	全国大学生数学建模竞赛	省三等奖	奉翔宇 林毅 李龙恩	计算机科学与网络工程学院、数学与信息科学学院	杨洁霞	数学与信息科学学院
80	电子与通信工程学院	第五届全国大学生集成电路创新创业大赛华南赛区决赛	省三等奖	吴添贤 李旭 罗威华	电子与通信工程学院	曾衍瀚	电子与通信工程学院
81			省三等奖	梁友槟 钟键 郭永濠	电子与通信工程学院	浣沙	电子与通信工程学院
82		第五届全国大学生集成电路创新创业大赛全国决赛	全国二等奖	植浩昌 陈涌楠 陈俊凯	电子与通信工程学院	曾衍瀚	电子与通信工程学院
83		全国大学生电子设计竞赛	全国二等奖	赵嘉辉 吴金颖 陈为骞	物理与材料科学学院、机械与电气工程学院	邓文婷 郑艳华	实验中心、物理与材料科学学院
84			省二等奖	黄小峰 李昂 刘庆焜	物理与材料科学学院、电子与通信工程学院	揭海 郑艳华	电子与通信工程学院、物理与材料科学学院
85			省二等奖	俞晓飞 戴雨潇 李升晖	电子与通信工程学院	彭绍湖 刘长红	电子与通信工程学院、机械与电气工程学院
86			省二等奖	孔波 黄杰华 廖玟皓	物理与材料科学学院、电子与通信工程学院	郑艳华 邓文婷	物理与材料科学学院、校实验中心
87			省二等奖	吴宇浩 林韦任 冯一峰	机械与电气工程学院	刘长红	机械与电气工程学院
88			省三等奖	杨昆伦 林沛森 连铭增	电子与通信工程学院	刘长红 彭绍湖	机械与电气工程学院、电子与通信工程学院
89			省三等奖	汪洋 李伟唐 黄锦山	电子与通信工程学院	谢斌盛 刘葵	实验中心

续上表

序号	承办单位	赛事名称	获奖等级	获奖学生	学生所在学院	指导教师	教师所在学院
90	土木工程学院	"上海建工杯"第十四届全国大学生结构设计竞赛	全国一等奖	陈东卫 张可顺 林志豪	土木工程学院	暴 伟 于志伟	土木工程学院
91		2021广东省大学生结构设计竞赛暨第十四届全国大学生结构设计竞赛广东省分赛区	省一等奖	陈东卫 欧 童 区庆佑	土木工程学院	于志伟 暴 伟	土木工程学院
92			省二等奖	张 昱 赵 雯 蔡继龙	土木工程学院、建筑与城市规划学院	张 超 暴 伟	土木工程学院
93			省三等奖	符祥焕 林志豪 张可顺	土木工程学院	暴 伟 章 婧	土木工程学院
94	机械与电气工程学院	第十四届全国大学生节能减排社会实践与科技竞赛	全国三等奖	方金龙 罗梓峻 刘靖淞 洪煜彬 王冬雨 白依柔 唐欧浚	环境科学与工程学院	孔令军 陈迪云	环境科学与工程学院
95			全国三等奖	陈浩然 梁伟健 林德裕 谭泰臻 陈伟然 谢泽文	电子与通信工程学院、机械与电气工程学院	刘长红 朱大昌	机械与电气工程学院
96			全国三等奖	赵嘉辉 朱晓健 李少洋 梁镰耀 汪 洋 李伟唐 李明晓	物理与材料科学学院、电子与通信工程学院、机械与电气工程学院	谢斌盛 陈新兵	实验中心
97			全国三等奖	明家辉 陈泽宇 江卓飞 唐立鑫 张慧仪 刘晨曦 谢智铭	电子与通信工程学院、机械与电气工程学院、物理与材料科学学院	朱 静	实验中心
98		第七届全国大学生工程训练综合能力竞赛广东省分赛	省二等奖	赵嘉辉 朱晓健 李少洋 李明晓	物理与材料科学学院、电子与通信工程学院、机械与电气工程学院	谢斌盛 龙晓莉	实验中心
99			省三等奖	冯一峰 何佳伟 冼嘉辉 王靖林	机械与电气工程学院	刘长红 陈耀华	机械与电气工程学院、电子与通信工程学院

续上表

序号	承办单位	赛事名称	获奖等级	获奖学生	学生所在学院	指导教师	教师所在学院
100	机械与电气工程学院	第七届全国大学生工程训练综合能力竞赛广东省分赛	省三等奖	王达任 范雨辰 梁伟健	机械与电气工程学院	刘长红 江帆	机械与电气工程学院
101			省三等奖	郭喜清 陈嘉恒 李俊斌 林婷婷	电子与通信工程学院、机械与电气工程学院	刘长红 梁忠伟	机械与电气工程学院
102			省三等奖	吴宇浩 黎俊杰	机械与电气工程学院	刘长红 朱大昌	机械与电气工程学院
103		第二十三届中国机器人及人工智能大赛	全国二等奖	冯一峰 林韦任 李思道 林焕旭 何佳伟	机械与电气工程学院	刘长红 朱大昌	机械与电气工程学院
104			全国三等奖	杨安琪 郑意华 洪枫获 郭德源 方武彪	管理学院（旅游学院/中法旅游学院）、机械与电气工程学院、新闻与传播学院、计算机科学与网络工程学院	黄丽娟 张延平	管理学院（旅游学院/中法旅游学院）
105	管理学院（旅游学院/中法旅游学院）	第十一届全国大学生电子商务"创新、创意及创业"挑战赛	省一等奖	苏佩婷 黄丽婷 柴瑞 黄泽深 王栩乂	管理学院（旅游学院/中法旅游学院）、新闻与传播学院、计算机科学与网络工程学院	黄丽娟	管理学院（旅游学院/中法旅游学院）
106			省一等奖	林文彬 马泽瀚 孟子樱 张天桓	管理学院（旅游学院/中法旅游学院）	黄丽娟	管理学院（旅游学院/中法旅游学院）
107			省三等奖	陈佳怡 陈泽 李禧 刘宇涵 莫宝玲	管理学院（旅游学院/中法旅游学院）、新闻与传播学院、公共管理学院、人文学院、经济与统计学院	/	/

续上表

序号	承办单位	赛事名称	获奖等级	获奖学生	学生所在学院	指导教师	教师所在学院
108	管理学院（旅游学院/中法旅游学院）	第十一届全国大学生电子商务"创新、创意及创业"挑战赛	省三等奖	雷雨诗 苏爱凤 李滔 梁倩彤	管理学院（旅游学院/中法旅游学院）、美术与设计学院	冉佳森	管理学院（旅游学院/中法旅游学院）
109			省三等奖	林艳梅 苏转梓 刘鑫 陈华倩 罗文俊	管理学院（旅游学院/中法旅游学院）、计算机科学与网络工程学院	冉佳森	管理学院（旅游学院/中法旅游学院）
110			省三等奖	郭雪娟 张梓洋 肖海韵 王晓冰 龙锦颖	地理科学与遥感学院	宋广文	地理科学与遥感学院
111		"中国外运杯"第七届全国大学生物流设计大赛	全国二等奖	汤翠仪 温斯雅 石国连 李洪跃 莫晓彤	管理学院（旅游学院/中法旅游学院）	邹毅峰 刘广海	管理学院（旅游学院/中法旅游学院）
112		第四届"华展杯"广东省大学生物流设计大赛	省二等奖	曾俊皓 莫绮澄 田晓微 李璇 黄彩如	管理学院（旅游学院/中法旅游学院）	陈宝星	管理学院（旅游学院/中法旅游学院）
113			省二等奖	陈石 黄美琼 陈怡君 温黛媚 余金霞	管理学院（旅游学院/中法旅游学院）	陈宝星 刘广海	管理学院（旅游学院/中法旅游学院）
114			省特等奖	柯凯丽 李妙英 龚妍行 郭阴民 钟沐铠	管理学院（旅游学院/中法旅游学院）	谢如鹤	管理学院（旅游学院/中法旅游学院）
115	经济与统计学院	"正大杯"第十一届全国大学生市场调查与分析大赛	全国三等奖	黄钰怡 伍家乐 潘倩 林钰铃 蔡依彤	经济与统计学院	熊健	经济与统计学院
116			省二等奖	黄烽燃 陈翠玉 刘翠如 马心怡 许敏	经济与统计学院	余玉丰	经济与统计学院
117			省二等奖	叶灼熙 黄俊城 郑宏泽 全亦晴	经济与统计学院	钟云燕	经济与统计学院

续上表

序号	承办单位	赛事名称	获奖等级	获奖学生	学生所在学院	指导教师	教师所在学院
118	经济与统计学院	"正大杯"第十一届全国大学生市场调查与分析大赛	省二等奖	岳榕琪 蔡泽润 马滢滢 刘倩妍 秦楚婷	经济与统计学院	肖立群	经济与统计学院
119			省二等奖	陈千慧 郑嘉莹 温洁莹 李梦填 曾丹威	经济与统计学院	张新风	经济与统计学院
120			省三等奖	江志浩 屈美燕 谭越洋 谢明江 涂宏宇	经济与统计学院	张兴发	经济与统计学院
121			省三等奖	朱莹淇 柯卓颖 吴晓玲 吴泳葶 周思婷	经济与统计学院	熊健	经济与统计学院
122	化学化工学院	第十五届全国大学生化工设计大赛	全国二等奖	叶锦昊 梁湘瑶 王海枫 师文君 张宇媚	化学化工学院	杨伟 郑文芝 林璟 邹汉波 陈胜洲	化学化工学院
123	新闻与传播学院	第十三届全国大学生广告艺术大赛	全国一等奖	黄茜宜 刘菁茹 钟浩良	新闻与传播学院	廖伟斌 刘玉萍	新闻与传播学院
124			全国一等奖	商力 刘振涛 黄昊竣 郑撼中 邓田丰	新闻与传播学院	李鲤	新闻与传播学院
125			全国二等奖	曹璇 颜璐 卢珮瑄	新闻与传播学院	尹杭	新闻与传播学院
126			全国二等奖	华丹 柯乐 丁志鹏	新闻与传播学院	许莹冰 陈智勇	新闻与传播学院
127			全国二等奖	刘怡煊 王玉迪 熊承儒	新闻与传播学院	肖思为	新闻与传播学院
128			全国二等奖	植洋洋	新闻与传播学院	杨健	新闻与传播学院

续上表

序号	承办单位	赛事名称	获奖等级	获奖学生	学生所在学院	指导教师	教师所在学院
129	新闻与传播学院	第十三届全国大学生广告艺术大赛	全国二等奖	周昱含	新闻与传播学院	王童辰 陈智勇	新闻与传播学院
130			全国三等奖	陈碧莹	新闻与传播学院	曾丽红	新闻与传播学院
131			全国三等奖	何军杰 杨基锴 姚 震	新闻与传播学院	毛芳瑶 许莹冰	新闻与传播学院
132			全国三等奖	蒋杨洋 肖 琳	新闻与传播学院	李 鲤	新闻与传播学院
133			全国三等奖	李雨鑫 肖思宇 杨景行	新闻与传播学院	陈智勇	新闻与传播学院
134			全国三等奖	林泽睿 刘国佳 蒋沁汐	新闻与传播学院	陈智勇	新闻与传播学院
135			全国三等奖	黄泽深 谭宇洋 李莹莹	新闻与传播学院	陈智勇	新闻与传播学院
136			全国三等奖	商 力 谢俊贤 朱盈婷	新闻与传播学院	廖伟斌 许莹冰	新闻与传播学院
137			全国三等奖	徐芷晴 徐嘉玥 郭晓璐 杨新月	新闻与传播学院	曾丽红 王 艺	新闻与传播学院
138			全国三等奖	杨玲敏 古若卉 林浩玲 黄雅凝 梁敏怡	新闻与传播学院	刘 涛	新闻与传播学院
139			全国三等奖	张星海 梁旖诺 谢东锐	新闻与传播学院	曾丽红 王 艺	新闻与传播学院
140			全国三等奖	钟雨倩 陈蔚青 钟一菲	新闻与传播学院	夏清泉 陈智勇	新闻与传播学院
141			省一等奖	陈禧儿 卢雪勤 梁婵梅 罗丹婷 黎锦燕	新闻与传播学院	曾丽红 王 艺	新闻与传播学院
142			省一等奖	陈玉淳	新闻与传播学院	席 红	新闻与传播学院
143			省一等奖	何嘉昕 林莹莹 晏紫凌 陈诗宇 黄诗韵	新闻与传播学院	刘 涛	新闻与传播学院
144			省一等奖	华 丹 柯 乐 伍一杰	新闻与传播学院	夏清泉 陈智勇	新闻与传播学院

续上表

序号	承办单位	赛事名称	获奖等级	获奖学生	学生所在学院	指导教师	教师所在学院
145	新闻与传播学院	第十三届全国大学生广告艺术大赛	省一等奖	姜莉 谢冰娴 杨景行	新闻与传播学院	肖思为 陈智勇	新闻与传播学院
146			省一等奖	揭慧怡 郑思奥 周昱含	新闻与传播学院	彭雨晴 许莹冰	新闻与传播学院
147			省一等奖	李海韵 蔡纯	美术与设计学院	陈玎玎	美术与设计学院
148			省一等奖	李可欣 陈翠荣	美术与设计学院	陈玎玎	美术与设计学院
149			省一等奖	李宣霖 林泽睿 崔志铭	新闻与传播学院	许莹冰	新闻与传播学院
150			省一等奖	廖豪 胡俊诣 彭珊珊	新闻与传播学院	尹杭	新闻与传播学院
151			省一等奖	石佳雯 梅馨元	新闻与传播学院	陈智勇	新闻与传播学院
152			省一等奖	向昱华 肖心怡 陈以润	新闻与传播学院	彭雨晴 许莹冰	新闻与传播学院
153			省一等奖	姚震 何军杰 杨基锴	新闻与传播学院	毛芳瑶 许莹冰	新闻与传播学院
154			省一等奖	叶晓芙	美术与设计学院	陈广英	美术与设计学院
155			省一等奖	周昱含 姚若嫣	新闻与传播学院	许莹冰 顾熠男	新闻与传播学院
156			省一等奖	邹振东 杨子曦	新闻与传播学院	唐若寻	新闻与传播学院
157			省二等奖	陈苗	新闻与传播学院	魏永秀	新闻与传播学院
158			省二等奖	陈桐悦	美术与设计学院	李小敏	美术与设计学院
159			省二等奖	方书欣 王梓立 陆嘉仪 邱雪莹 曹嘉瑜	新闻与传播学院	田秋生 刘涛	新闻与传播学院
160			省二等奖	冯舒婷	新闻与传播学院	/	/
161			省二等奖	冯烨彤 刘翠萍 廖豪 张诗婷	新闻与传播学院	王艺	新闻与传播学院
162			省二等奖	华丹 柯乐 丁志鹏	新闻与传播学院	陈智勇	新闻与传播学院
163			省二等奖	黄丹婷 吴晓娜 郑嘉彤	新闻与传播学院	苏莹 王艺	新闻与传播学院

续上表

序号	承办单位	赛事名称	获奖等级	获奖学生	学生所在学院	指导教师	教师所在学院
164	新闻与传播学院	第十三届全国大学生广告艺术大赛	省二等奖	商 力 黄昊竣 刘振涛	新闻与传播学院	苏凡博	新闻与传播学院
165			省二等奖	黄茜宜 李绍炜 杨锦浩	新闻与传播学院	廖伟斌 刘玉萍	新闻与传播学院
166			省二等奖	黄泽深 谭宇洋 李莹莹	新闻与传播学院	陈智勇	新闻与传播学院
167			省二等奖	姜 莉 谢冰娴 陈威汝	新闻与传播学院	肖思为 陈智勇	新闻与传播学院
168			省二等奖	赖欣彤 黎冠强 熊秋鹏	新闻与传播学院	廖伟斌 刘玉萍	新闻与传播学院
169			省二等奖	黄泽深 李莹莹 谭宇洋	新闻与传播学院	夏清泉 陈智勇	新闻与传播学院
170			省二等奖	廖 豪 胡俊诣 彭珊珊 陈佩琳	新闻与传播学院	汪润时	新闻与传播学院
171			省二等奖	林泽睿 刘国佳 蒋沁沙	新闻与传播学院	陈智勇	新闻与传播学院
172			省二等奖	刘贵源 杨泳涛	新闻与传播学院	/	/
173			省二等奖	刘怡煊 汤 潇	新闻与传播学院	许莹冰	新闻与传播学院
174			省二等奖	卢百麒 陈可欣 云紫铟	新闻与传播学院	王 艺 刘 涛	新闻与传播学院
175			省二等奖	邱心炫 邹振东 陈 煌 刘晓东	新闻与传播学院	苏 莹 王 艺	新闻与传播学院
176			省二等奖	邵梓秦 蔡依然 吴珍瑜	新闻与传播学院	张化东	新闻与传播学院
177			省二等奖	隋若萱 熊秋鹏 谢俊贤	新闻与传播学院	廖伟斌 刘玉萍	新闻与传播学院
178			省二等奖	涂诗睿 林 桐 宫昌辰	新闻与传播学院	杨 健	新闻与传播学院
179			省二等奖	温炜龙 徐泽伦	新闻与传播学院	曾丽红	新闻与传播学院
180			省二等奖	吴宇涛 谢乐斌 周苗苗 刘明星 陈江柯	新闻与传播学院	苏 莹 王 艺	新闻与传播学院

续上表

序号	承办单位	赛事名称	获奖等级	获奖学生	学生所在学院	指导教师	教师所在学院
181	新闻与传播学院	第十三届全国大学生广告艺术大赛	省二等奖	肖珊珊 周明朗 阳莹艳 胡心怡 何之瑜	新闻与传播学院	张化东	新闻与传播学院
182			省二等奖	熊秋鹏 周嘉玲 朱盈婷	新闻与传播学院	刘玉萍 廖伟斌	新闻与传播学院
183			省二等奖	杨梦妮 马晓婷	新闻与传播学院	刘雪梅	新闻与传播学院
184			省二等奖	杨子曦 何铭鑫 邹振东	新闻与传播学院	唐若寻	新闻与传播学院
185			省二等奖	张欣悦	新闻与传播学院	魏永秀	新闻与传播学院
186			省二等奖	周嘉兴 谢 婷 熊秋鹏	新闻与传播学院	曾 岑	新闻与传播学院
187			省二等奖	庄康杰 陈嘉鸿 许俊慧 林瑛琪	新闻与传播学院	田秋生 王 艺	新闻与传播学院
188			省三等奖	蔡伟英 邝丽雯 赵亦凡 张 秀 余学欣	新闻与传播学院	刘 涛	新闻与传播学院
189			省三等奖	陈玉淳	新闻与传播学院	席 红	新闻与传播学院
190			省三等奖	杜泓进 夏景俊 黎冠强	新闻与传播学院	许莹冰 廖伟斌	新闻与传播学院
191			省三等奖	冯梓泳 黄亦骏	新闻与传播学院	张化东	新闻与传播学院
192			省三等奖	高 洁 王欣蕾 李雅洁 廖若曦	新闻与传播学院	曾 岑 刘 涛	新闻与传播学院
193			省三等奖	郭健彬 方武彪 霍家标 李杰烽	新闻与传播学院	曾丽红 王 艺	新闻与传播学院
194			省三等奖	黄泽深 李莹莹 谭宇洋	新闻与传播学院	陈智勇	新闻与传播学院
195			省三等奖	江铭欣 钟雯诗 谢佩君 袁嘉敏 陈凯诗	新闻与传播学院	刘 涛	新闻与传播学院
196			省三等奖	江 延 陈怡敏 蓝紫青	外国语学院	/	/
197			省三等奖	蒋邱恒 廖泳梅	新闻与传播学院	陈 浩	新闻与传播学院

续上表

序号	承办单位	赛事名称	获奖等级	获奖学生	学生所在学院	指导教师	教师所在学院
198	新闻与传播学院	第十三届全国大学生广告艺术大赛	省三等奖	李浩婷 杨景行 李科辉	新闻与传播学院	肖思为 陈智勇	新闻与传播学院
199			省三等奖	李诗婷 伍诗怡 蔡小丽 周鸿婷	新闻与传播学院	魏永秀 曾丽红	新闻与传播学院
200			省三等奖	李雨鑫 杨景行 许小婷	新闻与传播学院	肖思为 陈智勇	新闻与传播学院
201			省三等奖	李苑姗 吴铭帆 谢春晓	新闻与传播学院	曾丽红 王 艺	新闻与传播学院
202			省三等奖	廖立楷 陈川子 吴嘉莹 张凯滢 何佳玲	新闻与传播学院	曾 岑 刘 涛	新闻与传播学院
203			省三等奖	廖去非 谢天奇 彭一康 陈豪辉 黎姝苗苗	新闻与传播学院	汪润时	新闻与传播学院
204			省三等奖	林 川 吴心然 黄茜宜	新闻与传播学院	刘玉萍 廖伟斌	新闻与传播学院
205			省三等奖	林健浩 陈俊宇 方文杏 冯梓韵	新闻与传播学院	杨 健	新闻与传播学院
206			省三等奖	刘明星 吴家乐 何之瑜 覃天然 李开骏	新闻与传播学院	尹 杭	新闻与传播学院
207			省三等奖	卢嘉宝 林 川 谢俊贤	新闻与传播学院	刘玉萍 廖伟斌	新闻与传播学院
208			省三等奖	骆艺馨 张菀文 隋若萱	新闻与传播学院	廖伟斌 刘玉萍	新闻与传播学院
209			省三等奖	潘鸿斌 陈晓潼	新闻与传播学院	彭雨晴 许莹冰	新闻与传播学院
210			省三等奖	潘 琦 王文婧 曹文慧 杨亚晨	新闻与传播学院	曾 岑	新闻与传播学院
211			省三等奖	石佳雯 梅馨元	新闻与传播学院	夏清泉 陈智勇	新闻与传播学院
212			省三等奖	张楚辉 项兰鸥 谭子煜	新闻与传播学院	张爱凤	新闻与传播学院

续上表

序号	承办单位	赛事名称	获奖等级	获奖学生	学生所在学院	指导教师	教师所在学院
213	新闻与传播学院	第十三届全国大学生广告艺术大赛	省三等奖	王彬 郭健彬	新闻与传播学院	曾丽红	新闻与传播学院
214			省三等奖	杜泓进 夏景俊 黎冠强	新闻与传播学院	许莹冰 廖伟斌	新闻与传播学院
215			省三等奖	向昱华 肖心怡	新闻与传播学院	许莹冰	新闻与传播学院
216			省三等奖	项兰鸥 张楚辉 谭子煜	新闻与传播学院	毛芳瑶 许莹冰	新闻与传播学院
217			省三等奖	萧子祺 何淑慧 张楚辉	新闻与传播学院	肖思为 陈智勇	新闻与传播学院
218			省三等奖	谢俊贤 黄茜宜 杨锦浩	新闻与传播学院	许莹冰 廖伟斌	新闻与传播学院
219			省三等奖	谢俊贤 林川 熊秋鹏	新闻与传播学院	廖伟斌 刘玉萍	新闻与传播学院
220			省三等奖	谢乐斌 萧子祺 肖欣	新闻与传播学院	曾岑 王艺	新闻与传播学院
221			省三等奖	颜璐 曹璇 卢佩瑄 方丹 冯珊珊	新闻与传播学院	王艺	新闻与传播学院
222			省三等奖	杨锦浩 卢嘉宝 谢俊贤	新闻与传播学院	刘玉萍 廖伟斌	新闻与传播学院
223			省三等奖	姚震 何军杰 钟宝莹	新闻与传播学院	毛芳瑶	新闻与传播学院
224			省三等奖	张彩敏 冯诗敏 赵月英 钟颖娴 丘悦	新闻与传播学院	刘涛	新闻与传播学院
225			省三等奖	郑思奥 周昱含 揭慧怡 姚若嫣	新闻与传播学院	许莹冰	新闻与传播学院
226			省三等奖	郑婉华 何海茵 王佳敬 姚嘉欣	新闻与传播学院	汪润时	新闻与传播学院
227			省三等奖	钟雨岚 詹楚芳 郭思颖 杨慧清	新闻与传播学院	曾岑 刘涛	新闻与传播学院
228			省三等奖	周明朗 胡心怡 何之瑜	新闻与传播学院	夏清泉	新闻与传播学院

续上表

序号	承办单位	赛事名称	获奖等级	获奖学生	学生所在学院	指导教师	教师所在学院
229	新闻与传播学院	第十三届全国大学生广告艺术大赛	省三等奖	周涛 莫水权 朱盈婷	新闻与传播学院	廖伟斌 许莹冰	新闻与传播学院
230			省三等奖	纵升 李宛霏 刘盈盈 韩霜梅 陈晓敏	新闻与传播学院	李鲤	新闻与传播学院
231	实验中心	第十六届全国大学生智能汽车竞赛	全国二等奖	洪俊旺 蔡睿 陈奕彬	机械与电气工程学院、电子与通信工程学院	陈新兵 龙晓莉	实验中心
232			省二等奖	黄杰华 陈为骞 孔波	物理与材料科学学院	邓文婷 陈新兵	实验中心
233			省二等奖	林祖恩 蔡睿 林东亮	机械与电气工程学院、电子与通信工程学院	肖忠 胡维	机械与电气工程学院 实验中心
234			省二等奖	林泉余 许舒涵 蔡启淀	机械与电气工程学院、电子与通信工程学院	陈新兵 刘葵	实验中心
235			省二等奖	李伟唐 肖发聪 赵嘉辉	电子与通信工程学院、物理与材料科学学院	谢斌盛 刘洁	实验中心
236			省三等奖	杨金洲 卓越 廖思毅 刘泽佳	电子与通信工程学院、机械与电气工程学院	胡维 陈新兵	实验中心
237		2021年（第14届）中国大学生计算机设计大赛	全国二等奖	刘伟谱 刘庆焜 罗文俊	电子与通信工程学院、计算机科学与网络工程学院	伍冯洁 刘洁	实验中心
238			全国三等奖	李成霖 李泽轩 李惠嫦	电子与通信工程学院	刘洁 欧阳曦	实验中心、电子与通信工程学院
239			全国三等奖	吕明瑞 王婷玉 陈晓斌	电子与通信工程学院	伍冯洁 张倩	实验中心

续上表

序号	承办单位	赛事名称	获奖等级	获奖学生	学生所在学院	指导教师	教师所在学院
240	实验中心	2021年（第14届）中国大学生计算机设计大赛	全国三等奖	明家辉 赵宣博 郑森元	电子与通信工程学院	朱 静	实验中心
241			全国三等奖	李杏然	教育学院（师范学院）	谢 亮 张 文	网络与现代教育技术中心
242			全国三等奖	林楚龙	环境科学与工程学院	谢 亮	网络与现代教育技术中心
243			全国三等奖	张欣彤	生命科学学院	俞 建	学生处（学生工作部）
244			全国三等奖	洪梓钦 杨晶晶 魏星星	美术与设计学院	王 苪	美术与设计学院
245		2021广东省大学生计算机设计大赛	省二等奖	陈诗凡 邹菲琼	新闻与传播学院	刘雪梅	新闻与传播学院
246			省三等奖	邓富聪	人文学院	宋诗海	教育学院（师范学院）
247			省三等奖	李伟唐 肖发聪 赵嘉辉	电子与通信工程学院、物理与材料科学学院	谢斌盛 陈新兵	实验中心
248			省三等奖	李沛岳 胡宁豪 钟永强	计算机科学与网络工程	綦 科	计算机科学与网络工程学院
249			省三等奖	陈树康 方炯丰 周奕桦	机械与电气工程学院、计算机科学与网络工程学院	杨 旭 戴 伟	广州大学黄埔研究院、实验中心
250			省三等奖	梁 健 苏 立 张 睿	电子与通信工程学院、数学与信息科学学院	谢斌盛 刘 洁	实验中心
251			省三等奖	施良玉 洪子文 游嘉炜	电子与通信工程学院	曹 忠 赵文静	电子与通信工程学院、实验中心
252			省三等奖	徐泽伦 刘南滨	新闻与传播学院	刘雪梅	新闻与传播学院
253			省三等奖	卢雪勤 何浩扬 李天祥	新闻与传播学院、经济与统计学院、计算机科学与网络工程学院	刘雪梅	新闻与传播学院
254			省三等奖	林文芝 高雨润	美术与设计学院	袁 媛	美术与设计学院

续上表

序号	承办单位	赛事名称	获奖等级	获奖学生	学生所在学院	指导教师	教师所在学院
255		2021广东省大学生计算机设计大赛	省三等奖	梁瀚俏	美术与设计学院	谢亮	网络与现代教育技术中心
256			省三等奖	杨燕霞 黄凯婷 招铭轩 潘润锟	新闻与传播学院	/	/
257			省三等奖	吕滨雄 李泽轩 邵楚越	电子与通信工程学院、计算机科学与网络工程学院	彭凌西	机械与电气工程学院
258			省三等奖	王文校 吴宇琛	美术与设计学院	李小敏	美术与设计学院
259	实验中心	2021年广东省工科大学生实验综合技能竞赛	省一等奖	汪洋 杨栢佐 吴金颖	电子与通信工程学院、机械与电气工程学院	谢斌盛 刘洁	实验中心
260			省一等奖	吴奕涛 张妤婷 胡磊	电子与通信工程学院、机械与电气工程学院	邓文婷 承江红	实验中心、电子与通信工程学院
261			省一等奖	马霖泓 蔡睿 徐天明	机械与电气工程学院	肖忠 陈新兵	机械与电气工程学院、实验中心
262			省一等奖	刘泽佳 蔡启淀 章树鸿	电子与通信工程学院、机械与电气工程学院	陈新兵 胡维	实验中心
263			省一等奖	赵嘉辉 关泳彬 陈子峰	物理与材料科学学院、机械与电气工程学院	谢斌盛 郑艳华	实验中心
264			省二等奖	陈为骞 孔波 黄杰华	物理与材料科学学院	邓文婷 龙晓莉	实验中心
265			省二等奖	肖发聪 杨创盛 许佳奇	电子与通信工程学院、机械与电气工程学院	谢斌盛 张倩	实验中心
266			省二等奖	张锦程 冯誉锴 黄锦山	电子与通信工程学院	谢斌盛 刘葵	实验中心
267			省二等奖	罗湛腾 陈舒桐	机械与电气工程学院	张倩 龙晓莉	实验中心

续上表

序号	承办单位	赛事名称	获奖等级	获奖学生	学生所在学院	指导教师	教师所在学院
268	实验中心	2021年广东省工科大学生实验综合技能竞赛	省三等奖	洪俊旺 陈奕彬 林东亮	电子与通信工程学院、机械与电气工程学院	陈新兵 胡维	实验中心
269			省三等奖	陈柏瀚 李耀东	机械与电气工程学院	邓文婷 张倩	实验中心
270			省三等奖	陈思霖 伍雄谦	机械与电气工程学院	江帆	机械与电气工程学院
271			省三等奖	陈伟然 韩奇	机械与电气工程学院	谢斌盛 邓文婷	实验中心
274	机械与电气工程学院	第十四届"高教杯"全国大学生先进成图技术与产品信息建模创新大赛	全国二等奖（个人奖）	李煌	机械与电气工程学院	戴杰涛	机械与电气工程学院
275							
276			全国二等奖（个人奖）	江沐鸿	机械与电气工程学院	戴杰涛	机械与电气工程学院
			全国三等奖（个人奖）	何佳伟	机械与电气工程学院	江帆	机械与电气工程学院
277			全国三等奖	李煌 陈伟然 江沐鸿 何佳伟 伍雄谦	机械与电气工程学院	江帆	机械与电气工程学院
			省三等奖（个人奖）	陈伟然	机械与电气工程学院	萧仲敏	机械与电气工程学院
			省三等奖（个人奖）	伍雄谦	机械与电气工程学院	萧仲敏	机械与电气工程学院
278	物理与材料科学学院	第九届全国大学生光电设计竞赛	全国一等奖	蔡元海 唐立鑫 邱文杰	物理与材料科学学院、电子与通信工程学院	陈志峰 郑艳华	物理与材料科学学院
279			全国三等奖	蔡崇轩 孙昭旭 冯显艺	物理与材料科学学院	刘翠红 张伟	物理与材料科学学院
280			省二等奖	尹纪元 叶炜勇 赵宣博	物理与材料科学学院	黄仕宏 钱志龙	物理与材料科学学院

续上表

序号	承办单位	赛事名称	获奖等级	获奖学生	学生所在学院	指导教师	教师所在学院
281	物理与材料科学学院	第九届全国大学生光电设计竞赛	省二等奖	赵嘉辉 汪洋 关泳彬	物理与材料科学学院、电子与通信工程学院、机械与电气工程学院	谢斌盛 刘佐濂	实验中心、物理与材料科学学院
282		第十届全国大学生金相技能大赛	全国二等奖（个人奖）	何晓玲	物理与材料科学学院	林浩 潘书生	物理与材料科学学院
283			全国三等奖（个人奖）	罗承汛	物理与材料科学学院	林浩 刘军丰	物理与材料科学学院
284			全国三等奖（个人奖）	肖萱妮	物理与材料科学学院	林浩 刘志宇	物理与材料科学学院
285		2021年全国大学生物理实验竞赛（创新）	全国二等奖	龚宇彬 罗承汛 张海鹏 黎杰骏 游蕙菁	物理与材料科学学院	皮飞鹏 刘志宇	物理与材料科学学院
286			全国二等奖	陈洁冰 高英鹏 张国琴 吴文祥 陈莹	物理与材料科学学院	马颖 谢洪鲸	物理与材料科学学院
287			全国三等奖	邓家裕 赵嘉辉 陈世宁 周子轩 叶晓	物理与材料科学学院	吴玉洁 刘志宇	物理与材料科学学院
288		第六届中国高校计算机大赛-团体程序设计天梯赛全国总决赛	全国二等奖	余梓宁 林泽瀚 周伟章 赵端浩 杨栋材 卢飞龙 刘可佳 林国旺 汤广楼 吴伟俊	计算机科学与网络工程学院	丘凯伦	计算机科学与网络工程学院
289			全国三等奖	汤韬 潘世良 廖锦滔 黄仁迪 郑浩然 林荣堃 张靖 李中杰 苏志伟 杨育权	计算机科学与网络工程学院、数学与信息科学学院、环境科学与工程学院、电子与通信工程学院	高鹰	计算机科学与网络工程学院

续上表

序号	承办单位	赛事名称	获奖等级	获奖学生	学生所在学院	指导教师	教师所在学院
290	物理与材料科学学院	第六届中国高校计算机大赛-团体程序设计天梯赛全国总决赛	全国三等奖	梁浩伟 乔慧阳 罗锦祺 冯建华 丘靖宇 赵彭羿 吕泓浩 吴梓翀 屈静怡 叶达之	计算机科学与网络工程学院、数学与信息科学学院	丘凯伦	计算机科学与网络工程学院
291	计算机科学与网络工程学院	第六届中国高校计算机大赛-2021网络技术挑战赛省赛	全国三等奖	熊承儒 林俊庆 王秋迪 钟伟琪 刘子辉	计算机科学与网络工程学院	王秀妮	计算机科学与网络工程学院
292		第六届中国高校计算机大赛—移动应用创新赛全国总决赛	全国三等奖	王泽迅 李俊豪	计算机科学与网络工程学院	姚佳岷	计算机科学与网络工程学院
293			省三等奖	庄焕熙 谭永全 张棋峰 袁建锋 刘家乐 卢家乐	计算机科学与网络工程学院	温武	计算机科学与网络工程学院
294	生命科学学院	全国大学生生命科学竞赛（2021）	全国二等奖	李雯 韩佳怡 周志乾 朱雅婷 朱越	生命科学学院	舒琥	生命科学学院
295			省二等奖	丘远涛 余志德 戴梦琳 骆静怡	生命科学学院	桂林 柯德森	生命科学学院
296			省三等奖	罗娉婷 林浩澎 钟舒娴 蔡朗 吴桑如	生命科学学院	陈琼华 舒琥	生命科学学院
297	管理学院（旅游学院/中法旅游学院）	2021年（第十五届）全国高校商业精英挑战赛会展专业创新创业实践竞赛	全国一等奖	刘卷 吴子柔 肖嘉嘉 李巧婷 张丰	管理学院（旅游学院/中法旅游学院）	刘相军	管理学院（旅游学院/中法旅游学院）
298			全国一等奖	向冬梅 刘紫怡 黄志琪 许顺彩 朱洁	管理学院（旅游学院/中法旅游学院）	李晓莉 杨铭德	管理学院（旅游学院/中法旅游学院）
299			全国一等奖	姚瑶 吴晓虹 余丽娜 张雪莹 张佳敏	管理学院（旅游学院/中法旅游学院）	魏芳	管理学院（旅游学院/中法旅游学院）
300			全国一等奖	林诗淇 聂彩东 陈佳怡 何敏瑶 王媛	管理学院（旅游学院/中法旅游学院）	王晓伟 魏芳	管理学院（旅游学院/中法旅游学院）

续上表

序号	承办单位	赛事名称	获奖等级	获奖学生	学生所在学院	指导教师	教师所在学院
301	管理学院（旅游学院/中法旅游学院）	2021年（第十五届）全国高校商业精英挑战赛会展专业创新创业实践竞赛	全国一等奖	梁静蕾 田萍毓 黄晨曦 严婉玲 陈浩瑶	管理学院（旅游学院/中法旅游学院）	王晓伟	管理学院（旅游学院/中法旅游学院）
302			全国一等奖	余珍妮 罗明珠 王幸怡 利雨桦 黄琪棋	管理学院（旅游学院/中法旅游学院）	王晓伟 魏芳	管理学院（旅游学院/中法旅游学院）
303			全国二等奖	冯乐榕 陈景梅 刘瑜 徐佳欣 尹晓婷	管理学院（旅游学院/中法旅游学院）	王晓伟	管理学院（旅游学院/中法旅游学院）
304			全国二等奖	郑梓尧 王钰 吴依琪 袁艺榕	管理学院（旅游学院/中法旅游学院）	杨铭德	管理学院（旅游学院/中法旅游学院）
305	数学与信息科学学院	2021年第十四届全国大学生信息安全竞赛	全国三等奖	李健鸿 肖宏晓 陈铭杰	数学与信息科学学院	周权	数学与信息科学学院
306	计算机科学与网络工程学院	第十二届蓝桥杯全国软件和信息技术专业人才大赛全国总决赛	全国一等奖（个人奖）	卢飞龙	计算机科学与网络工程学院	丘凯伦	计算机科学与网络工程学院
307			全国一等奖（个人奖）	甘洪雨	计算机科学与网络工程学院	高鹰	计算机科学与网络工程学院
308			全国二等奖（个人奖）	林国旺	计算机科学与网络工程学院	高鹰	计算机科学与网络工程学院
309			全国二等奖（个人奖）	汤广桉	计算机科学与网络工程学院	丘凯伦	计算机科学与网络工程学院
310			全国二等奖（个人奖）	丘靖宇	计算机科学与网络工程学院	丘凯伦	计算机科学与网络二程学院
311			全国三等奖（个人奖）	杨栋材	计算机科学与网络工程学院	高鹰	计算机科学与网络工程学院
312			全国三等奖（个人奖）	林荣堃	计算机科学与网络工程学院	/	/

续上表

序号	承办单位	赛事名称	获奖等级	获奖学生	学生所在学院	指导教师	教师所在学院
313	计算机科学与网络工程学院	第十二届蓝桥杯全国软件和信息技术专业人才大赛全国总决赛	全国三等奖（个人奖）	陈国乔	计算机科学与网络工程学院	/	/
314			省一等奖（个人奖）	何锦辉	计算机科学与网络工程学院	/	/
315			省一等奖（个人奖）	吴梓翀	计算机科学与网络工程学院	/	/
316			省一等奖（个人奖）	张 靖	数学与信息科学学院	/	/
317			省一等奖（个人奖）	赵彭羿	计算机科学与网络工程学院	/	/
318			省一等奖（个人奖）	郑浩然	计算机科学与网络工程学院	/	/
319			省一等奖（个人奖）	严宇业	计算机科学与网络工程学院	/	/
320			省一等奖（个人奖）	屈静怡	数学与信息科学学院	/	/
321			省一等奖（个人奖）	梁浩伟	计算机科学与网络工程学院	/	/
322			省一等奖（个人奖）	谭毅聪	经济与统计学院	/	/
323			省二等奖（个人奖）	林炳荣	计算机科学与网络工程学院	/	/
324			省二等奖（个人奖）	黄爱新	数学与信息科学学院	/	/
325			省二等奖（个人奖）	李九辉	计算机科学与网络工程学院	/	/
326			省二等奖（个人奖）	胡文涛	数学与信息科学学院	/	/
327			省二等奖（个人奖）	叶达之	数学与信息科学学院	/	/
328			省二等奖（个人奖）	杨育权	电子与通信工程学院	/	/

续上表

序号	承办单位	赛事名称	获奖等级	获奖学生	学生所在学院	指导教师	教师所在学院
329	计算机科学与网络工程学院	第十二届蓝桥杯全国软件和信息技术专业人才大赛全国总决赛	省二等奖（个人奖）	黄仁迪	计算机科学与网络工程学院	/	/
330			省二等奖（个人奖）	张镇耀	计算机科学与网络工程学院	/	/
331			省二等奖（个人奖）	袁天豪	数学与信息科学学院	/	/
332			省二等奖（个人奖）	黄有亮	计算机科学与网络工程学院	/	/
333			省二等奖（个人奖）	钱 滔	计算机科学与网络工程学院	/	/
334			省二等奖（个人奖）	陈永帆	计算机科学与网络工程学院	/	/
335			省二等奖（个人奖）	郭灿阳	计算机科学与网络工程学院	/	/
336			省二等奖（个人奖）	范瀚文	计算机科学与网络工程学院	/	/
337			省三等奖（个人奖）	欧桶生	计算机科学与网络工程学院	/	/
338			省三等奖（个人奖）	董 鑫	计算机科学与网络工程学院	/	/
339			省三等奖（个人奖）	吕泓浩	计算机科学与网络工程学院	/	/
340			省三等奖（个人奖）	李妙旋	计算机科学与网络工程学院	/	/
341			省三等奖（个人奖）	钟国金	经济与统计学院	/	/
342	美术与设计学院	第九届全国高校数字艺术设计大赛	全国一等奖	张 燕 陈华轩	美术与设计学院	陈 晨	美术与设计学院
343			全国一等奖	吴欣燕	美术与设计学院	黄 虹	美术与设计学院
344			全国二等奖	黄子铭 黄恒生 符景志	新闻与传播学院	杨 健 曾丽红	新闻与传播学院

续上表

序号	承办单位	赛事名称	获奖等级	获奖学生	学生所在学院	指导教师	教师所在学院
345	美术与设计学院	第九届全国高校数字艺术设计大赛	全国二等奖	方诗婷	美术与设计学院	李小敏	美术与设计学院
346			全国二等奖	刘海依	美术与设计学院	李 娟	美术与设计学院
347			全国二等奖	黄坤才	美术与设计学院	王 荔	美术与设计学院
348			全国二等奖	何婉君	美术与设计学院	邓宇珩	美术与设计学院
349			全国三等奖	黄志贤	美术与设计学院	李 娟	美术与设计学院
350			全国三等奖	陈宝青 石一凡 刘芷彤	美术与设计学院	黎田田	美术与设计学院
351			全国三等奖	钟 彦 神婉婷 梁文静	美术与设计学院	邓宇珩	美术与设计学院
352			全国三等奖	钟家园	美术与设计学院	熊 忆	美术与设计学院
353			省一等奖	陈嘉和	美术与设计学院	李茂宁	美术与设计学院
354			省一等奖	黄坤才	美术与设计学院	王 荔	美术与设计学院
355			省一等奖	黄坤才	美术与设计学院	王 荔	美术与设计学院
356			省一等奖	张典诣 吴锐泓	新闻与传播学院	蔡忆龙	美术与设计学院
357			省一等奖	刘淑文	美术与设计学院	缪 鹏	美术与设计学院
358			省一等奖	钟如桂	美术与设计学院	邓宇珩	美术与设计学院
359			省一等奖	邱洪曦	美术与设计学院	高娅娟	美术与设计学院
360			省二等奖	黄 瑶 邓子琳 许丽够	美术与设计学院	蔡忆龙	美术与设计学院
361			省二等奖	江钰婷 刘雪艺 伍可盈	美术与设计学院	蔡忆龙	美术与设计学院
362			省二等奖	陈碧莹	新闻与传播学院	/	/
363			省二等奖	彭柯馨 王 琦	美术与设计学院	/	/
364			省二等奖	尹思洁	美术与设计学院	/	/
365			省二等奖	钟 淳	美术与设计学院	/	/

续上表

序号	承办单位	赛事名称	获奖等级	获奖学生	学生所在学院	指导教师	教师所在学院
366	美术与设计学院	第九届全国高校数字艺术设计大赛	省二等奖	刘丝语	美术与设计学院	陈广英	美术与设计学院
367			省二等奖	吴晓玲	美术与设计学院	/	/
368			省二等奖	姚钰岑	美术与设计学院	黄虹	美术与设计学院
369			省二等奖	方诗婷	美术与设计学院	李小敏	美术与设计学院
370			省二等奖	邓凯晨 张玉婷	美术与设计学院	陈哲蔚	美术与设计学院
371			省二等奖	刘淑文	美术与设计学院	陈广英	美术与设计学院
372			省二等奖	刘淑文	美术与设计学院	陈广英	美术与设计学院
373			省二等奖	戚兆充	美术与设计学院	/	/
374			省二等奖	魏巍	美术与设计学院	熊忆	美术与设计学院
375			省二等奖	邓子琳	美术与设计学院	/	/
376			省二等奖	陈凯诗	美术与设计学院	陈哲蔚	美术与设计学院
377			省二等奖	瞿紫筠	美术与设计学院	/	/
378			省二等奖	刘丝语	美术与设计学院	/	/
379			省二等奖	陈华轩	美术与设计学院	陈晨	美术与设计学院
380			省二等奖	陈展能	美术与设计学院	李琨	美术与设计学院
381			省二等奖	张淑婷	美术与设计学院	熊忆	美术与设计学院
382			省二等奖	刘卓越 张贤丞	美术与设计学院	/	/
383			省二等奖	邓安儿	美术与设计学院	/	/
384			省二等奖	徐渝淇 吴京蓓	美术与设计学院	李小敏	美术与设计学院
385			省二等奖	邹沅婷	美术与设计学院	李琨	美术与设计学院
386			省二等奖	瞿紫筠 梁陆琳	美术与设计学院	/	/
387			省二等奖	郑志德	美术与设计学院	陈哲蔚	美术与设计学院
388			省二等奖	吴婉宁	美术与设计学院	/	/
389			省二等奖	许丽够 江钰婷 邓子琳	美术与设计学院	/	/
390			省二等奖	陈浩羽	新闻与传播学院	王艮	新闻与传播学院
391			省二等奖	谭珞珩 卢烨莲	新闻与传播学院	/	/
392			省二等奖	冯晓斌	美术与设计学院	/	/

续上表

序号	承办单位	赛事名称	获奖等级	获奖学生	学生所在学院	指导教师	教师所在学院
393	美术与设计学院	第九届全国高校数字艺术设计大赛	省二等奖	赵威 蔡超名 劳海群	美术与设计学院	陈晨	美术与设计学院
394			省二等奖	陈伟健	美术与设计学院	沈仰云	美术与设计学院
395			省三等奖	林梓薇	美术与设计学院	黄虹	美术与设计学院
396			省三等奖	扈骞支	美术与设计学院	/	/
397			省三等奖	朱珮虩 招铭轩 张晓冬	新闻与传播学院	汪润时	新闻与传播学院
398			省三等奖	余锞	美术与设计学院	李茂宁	美术与设计学院
399			省三等奖	李坤洋 陈越 徐董成龙	美术与设计学院	/	/
400			省三等奖	陈碧莹	新闻与传播学院	曾丽红	新闻与传播学院
401			省三等奖	陈碧莹	新闻与传播学院	/	/
402			省三等奖	陈碧莹	新闻与传播学院	/	/
403			省三等奖	邓子琳 江钰婷 刘雪艺	美术与设计学院	/	/
404			省三等奖	莫苑华 许玉淇	美术与设计学院	/	/
405			省三等奖	伍可盈 许丽够 黄瑶	美术与设计学院	/	/
406			省三等奖	陈钰妍	美术与设计学院	/	/
407			省三等奖	陈文欣	美术与设计学院	刘素君	美术与设计学院
408			省三等奖	黄坤才	美术与设计学院	/	/
409			省三等奖	赖梓薇 顾君语 陈曦	美术与设计学院	/	/
410			省三等奖	李诗胤	美术与设计学院	李琨	美术与设计学院
411			省三等奖	赵浩庆	美术与设计学院	/	/
412			省三等奖	黄小宝 姚衍慧 李海韵	美术与设计学院	徐志伟	美术与设计学院
413			省三等奖	陈曦 顾君语	美术与设计学院	/	/
414			省三等奖	肖悦 严绮琳 魏巍	美术与设计学院	/	/
415			省三等奖	谌诗瑶	美术与设计学院	/	/

续上表

序号	承办单位	赛事名称	获奖等级	获奖学生	学生所在学院	指导教师	教师所在学院
416	美术与设计学院	第九届全国高校数字艺术设计大赛	省三等奖	蔡凯贤	美术与设计学院	/	/
417			省三等奖	梁昕雨 杨子曦 程浩鑫	新闻与传播学院	唐若寻	新闻与传播学院
418			省三等奖	曾思衡	美术与设计学院	/	/
419			省三等奖	吴婉宁	美术与设计学院	陈玎玎	美术与设计学院
420			省三等奖	包纭嘉 苟季康	美术与设计学院	/	/
421			省三等奖	刘丝语 陈思丽 林 迪	美术与设计学院	/	/
422			省三等奖	张楚曼 梁陆琳 何婉欣	美术与设计学院	/	/
423			省三等奖	江美艺	美术与设计学院	/	/
424			省三等奖	许丽够	美术与设计学院	/	/
425			省三等奖	陈学宁 李伟锋	美术与设计学院	/	/
426			省三等奖	吴雨嫣 黄家慧	美术与设计学院	/	/
427			省三等奖	陈 曦	美术与设计学院	刘素君	美术与设计学院
428			省三等奖	张贤丞 刘卓越	美术与设计学院	/	/
429			省三等奖	邓涛溢	美术与设计学院	/	/
430			省三等奖	罗碧瑜	地理科学与遥感学院	/	/
431			省三等奖	屈 蕾	美术与设计学院	/	/
432			省三等奖	潘洁芮	美术与设计学院	/	/
433			省三等奖	邬晓晴 宋凯奋 姚诗媛	美术与设计学院	陈玎玎	美术与设计学院
434			省三等奖	陈凯诗 陈珠民 曾晓颖	美术与设计学院	/	/
435			省三等奖	刘丝语	美术与设计学院	/	/
436		2021米兰设计周——中国高校设计学科师生优秀作品展	全国一等奖	陈琼容 廖书琪 陈梓聪	建筑与城市规划学院	王雪霏	建筑与城市规划学院

续上表

序号	承办单位	赛事名称	获奖等级	获奖学生	学生所在学院	指导教师	教师所在学院
437	美术与设计学院	2021米兰设计周——中国高校设计学科师生优秀作品展	全国二等奖	苟季康 包纭嘉	美术与设计学院	陈哲蔚	美术与设计学院
438			全国三等奖	安龙龙 张豪 杨怡婷	美术与设计学院	高娅娟	美术与设计学院
439			省三等奖	麦铭浩 陈梓聪	建筑与城市规划学院	徐瑾	建筑与城市规划学院
440			省三等奖	李少飞 简淑仪 谈浩然	建筑与城市规划学院	/	/
441			省三等奖	曾广怡 陈梓聪 张彬彬	建筑与城市规划学院	/	/
442			省三等奖	陈学宁 李伟锋	美术与设计学院	/	/
443			省三等奖	莫苑华 许玉淇	美术与设计学院	陈哲蔚	美术与设计学院
444			省三等奖	黄琦 曹小瑜	美术与设计学院	陈哲蔚	美术与设计学院
445			省三等奖	黄坤才	美术与设计学院	王芴	美术与设计学院
446			省三等奖	吴永旭	美术与设计学院	王芴	美术与设计学院
447			省三等奖	余梓铭 唐悦 高琛妍	建筑与城市规划学院	戚路辉	建筑与城市规划学院
448		2021年广东省高等学校大学生工业设计大赛	省二等奖	林启奋	美术与设计学院	张立巍	美术与设计学院
449			省三等奖	黄坤才	美术与设计学院	王芴	美术与设计学院
450	教育学院（师范学院）	第九届广东省本科高校师范教学技能大赛	省一等奖（个人奖）	叶定远	人文学院	林晖	人文学院
451			省一等奖（个人奖）	钟润菲	地理科学与遥感学院	何亚琼 李文翎	地理科学与遥感学院
452			省二等奖（个人奖）	张洵颖	人文学院	吕慧敏	人文学院
453			省二等奖（个人奖）	陈卓迪	人文学院	吕慧敏	人文学院
454			省二等奖（个人奖）	黄洁萍	化学化工学院	李慧珍 林龚勇	化学化工学院
455			省二等奖（个人奖）	李拓东	外国语学院	翁素贤 杨冬玲	外国语学院

续上表

序号	承办单位	赛事名称	获奖等级	获奖学生	学生所在学院	指导教师	教师所在学院
456	教育学院（师范学院）	第九届广东省本科高校师范教学技能大赛	省二等奖（个人奖）	邵紫曦	地理科学与遥感学院	何亚琼 李文翎	地理科学与遥感学院
457			省二等奖（个人奖）	郑秋玲	地理科学与遥感学院	李文翎 何亚琼	地理科学与遥感学院
458			省二等奖（个人奖）	陈嘉涵	美术与设计学院	杨开颜 吴泽锋	美术与设计学院
459			省二等奖（个人奖）	陈泓菀	美术与设计学院	杨开颜 赵 鑫	美术与设计学院
460			省二等奖（个人奖）	黄译演	美术与设计学院	杨开颜 李 健	美术与设计学院
461			省二等奖（个人奖）	黄颂雅	音乐舞蹈学院	刘 瑾 祝晨光	音乐舞蹈学院
462			省二等奖（个人奖）	吴文琪	教育学院（师范学院）	刘百里 陈丽娜	教育学院（师范学院）
463			省二等奖（个人奖）	邬依纯	生命科学学院	陈学梅 潘顺波	生命科学学院
464			省三等奖（个人奖）	蓝婉祯	人文学院	温小军	人文学院
465			省三等奖（个人奖）	杜嘉仪	马克思主义学院	刘雪松	马克思主义学院
466			省三等奖（个人奖）	张韵妍	外国语学院	杨冬玲 翁素贤	外国语学院
467			省三等奖（个人奖）	杨宝莹	外国语学院	杨冬玲 翁素贤	外国语学院
468			省三等奖（个人奖）	陈翠雯	地理科学与遥感学院	李文翎 何亚琼	地理科学与遥感学院
469			省三等奖（个人奖）	钟意画	美术与设计学院	杨开颜 许洪林	美术与设计学院
470			省三等奖（个人奖）	韩智炜	物理与材料科学学院	马 颖 谢洪鲸	物理与材料科学学院
471			省三等奖（个人奖）	徐源慧	音乐舞蹈学院	高颜仙 韩若晨	音乐舞蹈学院

续上表

序号	承办单位	赛事名称	获奖等级	获奖学生	学生所在学院	指导教师	教师所在学院
472	教育学院（师范学院）	第九届广东省本科高校师范教学技能大赛	省三等奖（个人奖）	刘泽霖	教育学院（师范学院）	路红 陈丽娜	教育学院（师范学院）
473			省三等奖（个人奖）	梁宝娣	数学与信息科学学院	汤志娜	数学与信息科学学院
474			省三等奖（个人奖）	徐翠徽	教育学院（师范学院）	叶平枝	教育学院（师范学院）
475			省三等奖（个人奖）	杜海伦	教育学院（师范学院）	李俊堂 宋诗海	教育学院（师范学院）
476	外国语学院	"外研社·国才杯"全国英语系列赛（英语演讲、英语写作、英语阅读）	全国一等奖（个人奖）	孔梓君	教育学院（师范学院）	谭苏燕	外国语学院
477			全国三等奖（个人奖）	孔梓君	教育学院（师范学院）	谭苏燕	外国语学院
478			省一等奖（个人奖）	孙耀勇	外国语学院	刘真延	外国语学院
479			省二等奖（个人奖）	黄浩佳	外国语学院	温静	外国语学院
480			省三等奖（个人奖）	龙文迪	外国语学院	温静	外国语学院
481			省三等奖（个人奖）	廖盈盈	公共管理学院	谭苏燕	外国语学院
482			省三等奖（个人奖）	蔡立	外国语学院	哈莎 唐丽伟	外国语学院
483			省三等奖（个人奖）	黄慧岚	外国语学院	梁凤娟 叶青	外国语学院
484	法学院（律师学院）	第六届广东省学生"学宪法讲宪法"活动	省一等奖（个人奖）	叶一飞	法学院（律师学院）	卢护锋 罗志光	法学院（律师学院）
485			省二等奖（个人奖）	韩希霖	法学院（律师学院）	邱雪梅 王文锐	法学院（律师学院）
486	计算机科学与网络工程学院	第六届中国大学生程序设计竞赛总决赛	全国三等奖	周伟章 覃浩 卢鑫洌	计算机科学与网络工程学院	高鹰	计算机科学与网络工程学院

续上表

序号	承办单位	赛事名称	获奖等级	获奖学生	学生所在学院	指导教师	教师所在学院
487	计算机科学与网络工程学院	2021中国大学生程序设计竞赛女生赛（山东）	全国三等奖	屈静怡 黄爱新 黄颖瑜	数学与信息科学学院、计算机科学与网络工程学院	丘凯伦	计算机科学与网络工程学院
488	地理科学与遥感学院	第三届全国大学生土地国情调查大赛	全国三等奖	何小钰 刘丹媛 何佩婷 卢思言 杨柳	地理科学与遥感学院	林锦耀	地理科学与遥感学院
489		第十届全国大学生GIS应用技能大赛	全国特等奖	陈川 焦镇志 杨柳 刘景豪	地理科学与遥感学院	骆仁波	地理科学与遥感学院
490	音乐舞蹈学院	广东省高校艺术作品展演艺术表演类	省一等奖	王雨柠 马神冠等19人	音乐舞蹈学院	王志刚 佟树声	音乐舞蹈学院
491		永远跟党走，逐梦新时代——广东省第十四届"百歌颂中华"歌咏活动	省金奖	游铃旎 朱银炜 李沁等	音乐舞蹈学院	弓丽 王洪涛	音乐舞蹈学院
492		广东省高校艺术作品展演活动	省一等奖	黄雨希 陈晓莹 游铃旎等	音乐舞蹈学院	弓丽 王洪涛	音乐舞蹈学院
493			省一等奖	林凯彤	音乐舞蹈学院	黄颖仪 杜帅黎	音乐舞蹈学院
494		全国第六届大学生艺术展演活动	全国一等奖	官苑怡	音乐舞蹈学院	黄颖仪 杜帅黎	音乐舞蹈学院
495		第七届全国青少年民族器乐教育教学成果展示活动	全国三等奖（个人奖）	谢子昊	音乐舞蹈学院	黄颖仪	音乐舞蹈学院
496		第七届岭南舞蹈大赛	省三等奖	黄文静 鄂鹏	音乐舞蹈学院	王阿罗	音乐舞蹈学院
497	数学与信息科学学院	2021年全国大学生数学竞赛	全国一等奖（个人奖）	张理钦	数学与信息科学学院	钟育彬	数学与信息科学学院

续上表

序号	承办单位	赛事名称	获奖等级	获奖学生	学生所在学院	指导教师	教师所在学院
498	数学与信息科学学院	第六届全国高校密码数学挑战赛	全国三等奖	黄泽丰 李相龙 杨尉林	数学与信息科学学院	董军武	数学与信息科学学院
499	建筑与城市规划学院	2021第十五届谷雨杯全国大学生可持续建筑设计竞赛	全国一等奖	章浩楠 唐穗希 李文康 袁梓杰	建筑与城市规划学院	万丰登	建筑与城市规划学院
500			全国三等奖	马昊泓 李金涛 吴卓桐 周意纯	建筑与城市规划学院	万丰登	建筑与城市规划学院
501			全国三等奖	刘睿 吴木通 夏韵鋆 张嘉洋	建筑与城市规划学院	万丰登	建筑与城市规划学院
502			全国三等奖	李晓彤 黄俊玮 单琳 苏梓锋	建筑与城市规划学院	周茂 杨希文	建筑与城市规划学院
503	土木工程学院	2020年CAR-ASHRAE学生设计竞赛	全国一等奖	郭燕玲 黄荼 陈庆英 许家宝	土木工程学院	方赵嵩 郑志敏 丁云飞 周孝清	土木工程学院
504	数学与信息科学学院	美国国际大学生数学建模竞赛	国际一等奖	麦伟健 陈江涛 唐一晟	电子与通信工程学院	麦红	数学与信息科学学院
505			国际一等奖	林莉 赖思聪 梁爽	数学与信息科学学院、土木工程学院	钟育彬	数学与信息科学学院
506			国际二等奖	陈一冰 余雅达 王露苗	经济与统计学院、数学与信息科学学院	秦剑	电子与通信工程学院
507			国际二等奖	张维泽 陈依妮 刘子瑶	数学与信息科学学院、经济与统计学院	钟育彬	数学与信息科学学院
508			国际二等奖	张黎 罗怡翔 陈桌湧	数学与信息科学学院、计算机科学与网络工程学院	秦剑	电子与通信工程学院

续上表

序号	承办单位	赛事名称	获奖等级	获奖学生	学生所在学院	指导教师	教师所在学院
509	数学与信息科学学院	美国国际大学生数学建模竞赛	国际二等奖	翟心瑜 黄珈铭 黄雅婷	土木工程学院、数学与信息科学学院	陈蓉西	数学与信息科学学院
510			国际二等奖	卫雯奇 陈树康 方炯丰	机械与电气工程学院、计算机科学与网络工程学院	秦 剑	电子与通信工程学院
511			国际二等奖	莫丽桦 陈靖瑶 刘鸿琪	数学与信息科学学院、经济与统计学院	杨洁霞	数学与信息科学学院
512			国际二等奖	马秋同 程日强 林焕杰	数学与信息科学学院、计算机科学与网络工程学院	杨洁霞	数学与信息科学学院
513			国际二等奖	陈 实 陈梓博 罗 炜	数学与信息科学学院	陈蓉西	数学与信息科学学院
514	外国语学院	2021年全国大学生英语竞赛（个人奖）	特等奖	韩乃臣	外国语学院	黎志敏	外国语学院
515			特等奖	张 洋	管理学院（旅游学院/中法旅游学院）	谭苏燕	外国语学院
516			特等奖	林楚瑶	马克思主义学院	彭念凡	外国语学院
517			特等奖	张莹莹	经济与统计学院	杨建东	外国语学院
518			一等奖	王誉潼	经济与统计学院	姜同玲	外国语学院
519			一等奖	邹鹏辉	公共管理学院	张 艳	外国语学院
520			一等奖	陈晓敏	教育学院（师范学院）	陈小红	外国语学院
521			一等奖	钟 琪	人文学院	周生辉	外国语学院
522			一等奖	詹秋珊	经济与统计学院	刘真延	外国语学院
523			二等奖	莫晓晴	外国语学院	/	/
524			二等奖	李嘉怡	外国语学院	/	/

续上表

序号	承办单位	赛事名称	获奖等级	获奖学生	学生所在学院	指导教师	教师所在学院
525	外国语学院	2021年全国大学生英语竞赛（个人奖）	二等奖	龙文迪	外国语学院	/	/
526			二等奖	崔家瑜	外国语学院	/	/
527			二等奖	杨德成	外国语学院	/	/
528			二等奖	李永强	外国语学院	/	/
529			二等奖	李芷若	外国语学院	/	/
530			二等奖	陈思颖	管理学院（旅游学院/中法旅游学院）	/	/
531			二等奖	刘一鸣	教育学院（师范学院）	/	/
532			二等奖	韩书颖	法学院（律师学院）	/	/
533			二等奖	唐雨蝶	经济与统计学院	/	/
534			二等奖	魏芊	教育学院（师范学院）	/	/
535			二等奖	冯浚	法学院（律师学院）	/	/
536			二等奖	叶家仪	经济与统计学院	/	/
537			二等奖	刘茵彤	教育学院（师范学院）	/	/
538			二等奖	王律涵	外国语学院	/	/
539			二等奖	陈仪臻	法学院（律师学院）	/	/
540			二等奖	许蕴莹	建筑与城市规划学院	/	/
541			二等奖	曲芷萱	数学与信息科学学院	/	/
542			二等奖	岳琪	经济与统计学院	/	/
543			二等奖	郭泽敏	教育学院（师范学院）	/	/
544			二等奖	邹嘉湄	人文学院	/	/
545			二等奖	侯汶政	计算机科学与网络工程学院	/	/

续上表

序号	承办单位	赛事名称	获奖等级	获奖学生	学生所在学院	指导教师	教师所在学院
546	外国语学院	2021年全国大学生英语竞赛（个人奖）	二等奖	张灿嘉	地理科学与遥感学院	/	/
547			二等奖	陈梓聪	管理学院（旅游学院/中法旅游学院）	/	/
548			二等奖	李香怡	法学院（律师学院）	/	/
549			二等奖	郑淇丹	外国语学院	/	/
550			二等奖	朱雅婷	生命科学学院	/	/
551			二等奖	廖开静	生命科学学院	/	/
552			二等奖	田眉心	经济与统计学院	/	/
553			二等奖	邹明颧	化学化工学院	/	/
554			二等奖	陈可盈	人文学院	/	/
555			二等奖	廖康华	土木工程学院	/	/
556			二等奖	黄琪棋	管理学院（旅游学院/中法旅游学院）	/	/
557			二等奖	蒋雨楚	马克思主义学院	/	/
558			二等奖	黄 彦	经济与统计学院	/	/
559			二等奖	吴邦正	地理科学与遥感学院	/	/
560			二等奖	郑嘉敏	化学化工学院	/	/
561			二等奖	方子渊	马克思主义学院	/	/
562			二等奖	董雨琪	管理学院（旅游学院/中法旅游学院）	/	/
563			二等奖	卢海莹	管理学院（旅游学院/中法旅游学院）	/	/
564			二等奖	杨光明	管理学院（旅游学院/中法旅游学院）	/	/

续上表

序号	承办单位	赛事名称	获奖等级	获奖学生	学生所在学院	指导教师	教师所在学院
565	外国语学院	2021年全国大学生英语竞赛（个人奖）	二等奖	柯嘉雯	经济与统计学院	/	/
566			二等奖	王彦婷	美术与设计学院	/	/

2021年各类奖学金及获奖人数

序号	奖项	获奖人（项、个）数	奖励额度（元）	发放奖金（元）
1	2021届毕业生奖学金	1830人	1000–2500	2847100
2	综合奖学金	5634人	1000–2500	7260900
3	发明专利奖	4人	500–2000	5000
4	论文发表奖	74人	500–2000	106500
5	文体优秀奖	111人	100–15000	178000
6	思想品德奖	9人	100–15000	16000
7	优良学风标兵班	10个	3000	30000
8	优良学风班	140个	1000	140000
9	十佳学生	10人	6000	60000
10	"优良学风型"（考研专项）标兵宿舍	9个	2222	19998
11	"优秀示范型"标兵宿舍	62个	800	49600
12	"文明守纪型"标兵宿舍	131个	500	65500
13	优秀学生楼层长	71个	300	21300
14	合计	/	/	10799898

2021年设立奖学金一览表

序号	项目	拨款单位	金额（万元）	人数	发放时间
1	国家奖学金	省财政	69.6	87	2021年11月
2	国家励志奖学金	省财政	764	1528	2021年11月
3	登峰奖学金	广州市广大法学研究会	4.5	15	2021年9月14日

续上表

序号	项目	拨款单位	金额（万元）	人数	发放时间
4	方泰博识奖学金	广东方泰律师事务所	3	24	2021年9月14日
5	尚宽奖学金	广东尚宽律师事务所	2	10	2021年9月14日
6	97生本奖学金	个人-校友余恋恋	1.98	24	2021年11月
7	"珠江·恺撒堡"奖学金	广州珠江钢琴集团股份有限公司	3	101	2021年11月
8	中建四局五公司学习成绩优异奖	中建四局五公司	3.6	12	2021年6月
9	中建四局五公司实习表现优异奖	中建四局五公司	1.5	6	2021年6月
10	广州大学李玉楼奖学金	李玉楼	2.7	11	2021年6月
11	力麒英苗奖	广州力麒智能科技有限公司	3.5	10	2021年12月21日
	合计		859.38	1828	/

2021年设立助学金一览表

序号	项目	拨款单位	金额（万元）	人数	发放时间
1	国家助学金春季款项	省财政（30%）市财政（70%）	794.98	4827	2021年3月
2	国家助学金秋季款项	省财政（30%）市财政（70%）	684.205	4147	2021年11月
3	广东文化基金助学金	广东中华民族文化促进会	5.731	9	2021年12月
4	镇泰助学金	镇泰慈善基金会	19.9	67	2021年11月
5	仲明助学金	碧桂园集团	10	20	2021年11月
6	何耀光助学金	亚洲公益服务基金会有限公司	25.55	123	2021年4月
7	众人拾柴火焰高助学金	广州大学校友会基金	17.5	35	2021年12月
8	退役士兵国家助学金	省财政（30%）市财政（70%）	34.815	211	2021年12月
9	服兵役学生国家教育资助	省财政（100%）	250.7347	258	2021年12月

续上表

序号	项目	拨款单位	金额（万元）	人数	发放时间
10	校内一次性困难补助	助学贷款中央奖补资金、校内勤工助学及助困资金	13.95	80	2021年1-12月
11	广州市退役士兵职业技能教育培训补助	市退役军人事务局	28.05	57	2021年7月
12	97生本助学金	个人（校友余恋恋）	3.02	21	2021年11月
13	广州大学李玉楼助学金	李玉楼	2.3	9	2021年6月
	合计		1890.7357	9864	/

第十一部分

附 录

重要文件和讲话

中共广州大学委员会关于印发《广州大学学生社团建设管理办法》的通知

广大党〔2021〕1号

校属各单位：

《广州大学学生社团建设管理办法》已经2020年校党委常委会第33次会议审议通过，现予以印发。请认真学习，遵照执行。

中国共产党广州大学委员会
2021年1月7日

广州大学学生社团建设管理办法

第一章 总 则

第一条 为深入学习贯彻习近平新时代中国特色社会主义思想，特别是习近平总书记关于高校思想政治工作和青年工作的重要论述，切实加强学生社团建设管理，充分发挥学生社团育人功能，支持学生社团健康有序发展，根据中共教育部党组、共青团中央印发的《高校学生社团建设管理办法》（教党〔2020〕13号）规定，结合学校实际，特制定本管理办法。

第二条 学生社团是落实立德树人根本任务、推进素质教育的重要载体，是学生根据成长成才需要，结合自身兴趣特长，在校党委的领导和团委的指导下开展活动的群众性学生团体。学生社团一般分为思想政治类、学术科技类、创新创业类、文化体育类、志愿公益类、自律互助类及其他类等。

第三条 学生社团的基本任务是：以习近平新时代中国特色社会主义思想为指导，团结凝聚广大青年学生，坚持思想性、知识性、艺术性、多样性相统一的原则，贯彻落实我校"德才兼备、家国情怀、视野开阔、爱体育、懂艺术，能力发展性强"的人才培养目标，积极开展方向正确、健康向上、格调高雅、形式多样的社团活动，丰富课余生活，繁荣校园文化，促进青年学生德智体美劳全面发展。

第四条 学校、学院两级团委的直属部门、学生会、研究生会、青年志愿者协会、红十字会等学生组织，以及围绕学生专业学术研究、创新创业、社会实践临时成立的学生团队，不属于本办法所称学生社团，按学校其他相关规定报备和开展活动。

第二章 注册登记、年审和注销

第五条 申请成立学生社团，需具备以下条件：

（一）有20名及以上本校在读学生联合发起，所有发起人须是具有正式学籍的学生，未受过校纪校规处分，具有开展该学生社团活动所必备的基本素质。

（二）有规范的名称和相应的组织机构，名称应与其业务性质相符，准确反映其特征，应符合法律法规要求，不得违背校园文明风尚和社会公共道德。

（三）有明确的业务指导单位，原则上本校有学科专业背景的，业务指导单位应是与社团业务相关的学院或校内学术科研机构党组织；本校无学科专业背景的，业务指导单位可以是与社团业务相关的行政职能部门或指导老师所在单位党组织。

（四）有至少1名指导教师。

（五）有规范的社团章程，包括社团类别、宗旨、成员资格、权利和义务、组织管理制度、财务制度、负责人产生程序、章程修改程序、社团终止程序及其他应当由章程规定的相关事项。

第六条 申请成立学生社团的材料包括社团成立筹备申请书、发起人和拟任负责人基本情况（包括思想表现、学习成绩等）、指导教师确认书、业务指导单位确认书以及社团章程草案等。每学年的前8周内可向校团委提交学生社团成立申请，获批成立的社团进入试运行阶段，为期一学年。

第七条 学生社团实行年审制度。年审内容包括社团成员构成、社团负责人工作及学习情况、年度活动清单、指导教师工作情况、业务指导单位意见、财务状况、有无违纪违规情况等。对年审合格的学生社团进行注册登记，只有进行注册登记的学生社团方可开展活动。对运行情况良好的社团，在评奖评优、活动经费等方面给予适当的表彰激励。对年审不合格的学生社团提出整改意见，整改期限一般为6个月，整改期间社团不得开展除整改以外的其他活动。校团委在学生社团建设管理评议委员会的指导下，具体负责对学生社团实行年审，公示学生社团年审情况。学生社团年审期间，可向校团委提出更名申请，审批通过后，与学生社团年审情况一并予以公示。

第八条 学生社团有下列情形之一的，不予批准成立或不予继续注册登记：

（一）申请成立或年审时弄虚作假的；

（二）参加学生社团的人数长期不足20人的；

（三）财务管理混乱、未按规定如实向业务指导单位和学校团委报告财务情况的；

（四）年审不合格且整改无效的；

（五）在同一校区已有性质相同或相似学生社团的；

（六）涉及宗教文化的；

（七）涉及民族排他性或地区排他性的；

（八）跨地跨校联合成立的；

（九）未经学校审核批准的校外机构会员单位或分支机构性质的学生组织；

（十）举办违反法律法规、校纪校规或社团章程宗旨活动的；

（十一）其他不宜批准成立或不宜继续注册登记的。

第九条 企业、社会机构或个人原则上不得在学校建立特定冠名的学生俱乐部、协会等社团。对于与企业、社会机构或个人联系紧密的创新创业类社团，确有冠名需要的，须报校党委批准。原则上学生社团不应涉及外事事务，确有需要的，须报国际合作与交流处审批，必要时报校党委批准。

第十条 未经批准成立或已经注销的学生社团不得开展任何活动。已批准成立的学生社团中的成员，未经学生社团集体研究授权，不得以社团名义开展活动。留学生成立学生社团须报国际合作与交流处审批，必要时报校党委批准。

第十一条 学生社团有下列情形之一的，予以注销：

（一）违背党的路线方针政策或违反法律法规的；

（二）违反相关规章制度且造成较大负面影响的；

（三）已完成学生社团章程规定的使命宗旨的；

（四）全体成员大会决议解散、分立、合并的；

（五）私自刻制公章的；

（六）其他原因终止的。

学生社团一经注销，有关责任成员当年不得继续参加任何学生社团，不得参评当年学生社团活动方面的所有奖项。

第十二条 在校党委的领导下，由党委学生工作部牵头组织各相关部门负责人及学生社团业务相关领域专家成立学生社团建设管理评议委员会，负责对学生社团注册登记及年审等社团建设管理重要事项进行评议审核。评议委员会负责人由校党委分管学生工作的同志担任。评议审核结果须提交校党委核准后方可执行。原则上在把控质量的前提下，促进学生社团精品建设、健康发展。

第十三条 校党委定期组织开展学生社团排查工作。对于未按规定注册或政治导向错误、开展非法活动的学生社团依法依规予以取缔。对于校外人员未经学校许可，滥用、冒用学校名称（包括学校已申请注册具有法律效力的简称、别称）建立学生社团（含其运营的新媒体平台）在校内外开展非法活动的，除对其校内非法活动及活动据点予以取缔外，还将运用法律手段依法追究该非法社团及相关负责人的法律责任，维护学校和学生权益。

第三章　指导教师

第十四条 学生社团指导教师的主要职责是：指导学生社团发展建设，把握社团发展正确方向，加强社团成员思想政治教育，规范学生社团日常管理，参加学生社团相关活动，开展学生社团骨干培训，定期对所指导社团工作进行总结，及时发现掌握、指导整改社团建设、活动中存在的突出问题，并向校团委及党委学生工作部报告等。

第十五条 学生社团指导教师应为本校在职在岗教职工，具备较强的思想政治素质、组织管理能力和学生社团发展相关的专业知识，工作经验丰富，热心公益事务，具有奉献精神，关爱学生成长。

第十六条 配强学生社团指导教师，形成齐抓共管的协调联动长效机制。党委学生工作部牵头建立学生社团指导教师选聘机制，会同校团委、组织部、宣传部、人事处、教务处等部门，注重发挥院（系）依托作用，按照个人申请、组织推荐、双向选择的原则建立指导教师库，并在教师库内选聘指导教师。思想政治类社团和志愿公益类社团指导教师须为中共党员。鼓励选聘高水平的思政课教师担任思想政治类社团的指导教师。指导教师实行聘任制，每个聘期为1年，原则上每名指导教师最多指导2个学生社团。

第十七条 党委学生工作部牵头加强对学生社团指导教师的评价考核与激励。将指导教师纳入高校思想政治工作队伍培训计划，加大培训力度。指导教师工作量参照专任教师担任兼职辅导员标准进行核算认定、享受相应待遇，并将指导学生社团情况纳入教师立德树人业绩评价考核中。对考核优秀的指导教师在绩效工资、职称评聘、评奖评优中给予政策支持，对考核不合格的指导教师要依规解除聘任。校团委根据学校绩效相关管理办法做好指导教师的其他绩效预算申报安排。

第四章　组织建设

第十八条　充分保障学生社团成员权利。所有学生社团成员应当是具有正式学籍的本校在读学生。社团成员有权了解所在社团的章程、组织机构和财务制度，有权对学生社团的管理和活动提出建议和质询，有权按照章程自由加入或退出该学生社团，有权向上级管理部门反映社团及其成员出现的违反法律法规或校纪校规等问题。社团所有成员每学年注册1次，未在规定时间内注册的视为退出社团。社团成员按要求参加社团相关活动，每名学生最多加入2个学生社团。

第十九条　完善学生社团全体成员大会制度。拟批准成立的学生社团要召开全体成员大会或成员代表大会，通过社团章程，选举产生社团执行机构和负责人候选人。已注册的学生社团要定期召开全体成员大会或成员代表大会，依照社团章程行使职权，包括选举和更换社团负责人候选人，审议社团工作报告，对社团变更、解散等事项作出决定，修改社团章程，监督学生社团财务及活动开展情况等。

第二十条　加强学生社团政治引领。具备条件的学生社团原则上应建立临时党支部或团支部，承担政治理论学习、研究社团重要事项等职责。临时党支部（团支部）一般不发展党员（团员），不收缴党费（团费），不选举党代表（团代表）等。学生社团注销后，临时党支部或团支部自然撤销。

第二十一条　健全学生社团骨干遴选机制。学生社团负责人候选人须政治立场鲜明、学习成绩优秀、组织能力突出。学习成绩综合排名须在班级前50%以内。学生社团负责人由校团委在党委学生工作部的指导下，通过提名推荐、公开选举、考察公示、审核批准等环节遴选产生。思想政治类社团和志愿公益类社团的主要负责人应为中共党员。社团各部门负责人由学生社团在指导教师的指导下遴选产生，名单报校团委备案。

第二十二条　强化学生社团骨干评价激励。制定全面客观、科学有效的学生社团骨干评价考核办法，建立以服务和贡献为导向的荣誉激励机制，引导学生社团骨干全心全意为社团发展服务，为社团成员成长助力，在社团工作的实践中受教育、长才干、作贡献。

第五章　活动管理

第二十三条　鼓励学生社团依据法律法规、校纪校规、社团章程广泛开展社团活动。积极创新载体形式，充分利用新媒体技术，不断增强社团活动的吸引力和感染力。社团活动须经学生社团集体决策、指导教师同意、业务指导单位批准并向校团委报备后方可开展。涉及活动场地的，还需按照学校学生活动场地审批流程进行申请审批。邀请校外人士出席活动的，还须向业务指导单位和校团委提交被邀请人基本情况。

第二十四条　学生社团及其成员不得开展与其宗旨不符的活动，不得开展纯商业性活动，不得参与违法违纪活动，不得散布违背宪法、法律、法规和党的路线方针政策的错误观点和言论。未经批准，学生社团不得自行与校外任何单位、组织或个人签订任何形式的合约或协议，不得接受经费资助。学生社团活动严格执行"谁主办，谁负责，谁审批，谁监督"的制度。

第二十五条　学生社团建立网站、新媒体平台及印发刊物等须按相关管理规定向相关部门申报审批。建立内容把关机制，确保发布内容积极健康。学生社团开展线上线下宣传、发布活动信息须经指导教师审核同意。

第二十六条　学生社团以学生社团名义到校外参加活动时，应提前向业务指导单位党组织申请，并报告活动相关情况，同时报备校团委，原则上应由学生社团指导教师带队。

第二十七条　学生社团开展多所（三所及以上）高校跨校学生社团活动，由校团委审核后报校党委批准，并报上级主管单位审批。

第二十八条　党委学生工作部会同校团委等相关部门加强学生社团及其成员开展活动的规范管理和分类指导。对违反法律法规或校纪校规的活动，坚决及时制止，对违反法律法规或校纪校规的学生社团，视情节严重程度，给予相应处理直至强制注销，同时按程序对相关责任人给予纪律处分。在校期间受到校纪校规处分的、曾因违反有关规定被撤销社团职务的、对社团被宣布解散或注销应当承担主要责任的学生不得再担任社团负责人。

第六章　强化领导

第二十九条　校党委压实主体责任，把学生社团工作纳入学校思想政治工作和群团工作整体格局进行谋划部署，定期听取学生社团工作汇报，及时研究解决有关问题。学校分管学生工作的负责同志分管学生社团工作，分管人事、教学的负责同志参与学生社团指导教师选聘考核、社团骨干学习指导等管理工作。

第三十条　构建校党委统一领导，党委学生工作部牵头负责，校团委、组织部、宣传部、保卫处、人事处、教务处等相关职能部门共同参与的学生社团工作机制。党委学生工作部承担学生社团建设发展、统筹管理的相关职责，对全校学生社团建设发展进行研究规划，制度性研究学生社团注册登记及年审、骨干遴选及考核等重要工作和重大事项，推进党的领导具体化。

第三十一条　加强党建带团建，把党建、团建与学生会建设、社团建设有机结合起来。校团委加强对全校学生社团的具体指导，成立学生社团管理中心，配备专职工作人员，做好学生社团建设管理评议委员会日常工作和社团建设管理事务等。

第三十二条　业务指导单位承担学生社团健康发展的主体责任，担负对所负责学生社团日常活动的监督指导和社团成员的教育管理职责，负责指导教师工作情况评价认定等。

第三十三条　校党委鼓励学生社团健康有序发展，在经费、场地、设备、条件、制度等方面给予充分保障，按照平均每年每生不低于20元的标准设立学生社团活动专项经费，其中，学生社团基础建设经费由财务处按照平均每年每生不低于10元的标准专项拨付，由校团委统筹使用；其他活动经费由教务处、校团委等部门及机构或学生社团相关业务指导单位以部门预算形式进行预算申报并按照活动项目予以资助，支持学生社团活动正常开展，并保证专款专用。

第三十四条　学生社团原则上不接受校外资助，不收取成员会费。确有资助需要的，要加强对资助事宜的合法合规性审核,并将各项资助经费纳入学校财务统一管理。学生社团活动经费按照学校财务相关规定使用,必须用于章程规定的学生社团集体活动,任何单位和个人严禁侵占、私分或挪用。学生社团解散或注销后的剩余财产,按照学校的有关规定处理。

第三十五条 建立倒查问责机制,对学生社团管理出现重大问题的单位及个人,要按照全面从严治党要求依规依纪进行严肃追责问责。

第七章 附则

第三十六条 本办法自发布之日起施行。《广州大学学生社团管理办法》(广大〔2017〕10号)同时废止。

中共广州大学委员会 广州大学关于印发《中共广州大学委员会2021年工作要点》《广州大学2021年重点工作》的通知

广大党〔2021〕13号

校属各单位:

《中共广州大学委员会2021年工作要点》《广州大学2021年重点工作》已经2021年第4次校党委常委会会议审议通过,现予以印发,请认真研究落实,确保各项工作有效推进。各责任部门及牵头部门要在2021年6月15日、12月15日前将半年、全年工作完成情况通过OA同时报给党办校办罗星和陈阳同志。

附件:《中共广州大学委员会2021年工作要点》《广州大学2021年重点工作》相关任务事项分工安排方案

中国共产党广州大学委员会 广州大学
2021年3月25日

中共广州大学委员会2021年工作要点

2021年,校党委将以习近平新时代中国特色社会主义思想为指导,全面贯彻党的教育方针,落实立德树人根本任务,增强"四个意识"、坚定"四个自信"、做到"两个维护",以新担当新作为持续强化全面从严治党,按照省委"1+1+9"工作部署、市委"1+1+4"工作举措,牢牢把握"双区"建设、"双城"联动战略机遇,围绕推动广州实现老城市新活力、以"四个出新出彩"引领各项工作全面出新出彩,为全省打造新发展格局的战略支点发挥重要支撑作用,持续推进内涵式高质量发展,持续提升大学治理效能,凝心聚力谋划实施好学校"十四五"事业发展规划和下一阶段高水平大学建设方案,为把广州大学办成与广州城市地位相匹配的一流创新型大学奠定坚实基础,为广州在全省在全面建设社会主义现代化国家新征程中走在全国前列、创造新的辉煌中勇当排头兵作出新的更大贡献,以优异成绩庆祝建党100周年。

一、全面落实新时代党的建设总要求,坚定不移加强党的领导和党的建设

1. 持续推动党的创新理论学习走深走实。深入学习贯彻习近平新时代中国特色社会主义思想,全面贯彻党的十九大和十九届二中、三中、四中、五中全会精神,以及全国教育大会精神,深入贯彻落实习近平总书记出席深圳经济特区建立40周年庆祝大会和视察广东重要讲话、重要指示精神,严格落实"第一议题"制度,及时跟进学习每个阶段习近平总书记重要讲话和重要指示批示精神。围绕迎接和庆祝建党100周年、弘扬爱国主义精神等,精心策划组织主题学习宣传贯彻活动。(牵头领导:屈哨兵、魏明海、聂贵新,责任部门:党办校办、宣传部、各基层党组织)

2. 认真抓好党史学习教育。按照党中央决策部署和省委、市委工作要求,认真谋划落实好党史学习教育各项工作,坚持学习党史与学习新中国史、改革开放史、社会主义发展史相贯通,充分发挥党史以史鉴今、资政育人的作用,坚持一切为了人民、一切依靠人民,开展好"我为群众办实事"实践活动,引导教育学校全体党员尤其是中层以上领导干部学史明理、学史增信、学史崇德、学史力行,力求达致学党史、悟思想、办实事、开新局工作实效。高质量学好党史学习教育要求的必读必学文献,通过开展同上"百堂党课"、百名党员讲党史、百部红色经典观赏学习、百首红歌师生合唱等活动,教育引导广大师生尤其是青年学生以史为镜、以史明智,激发其为实现中华民族伟大复兴而奋斗的信心和动力。(牵头领导:屈哨兵、魏明海、聂贵新,责任部门:宣传部、组织部、党办校办、纪委纪检监察室、各基层党组织)

3. 持续推进"大学习、深调研、真落实"工作。巩固拓展主题教育成果,把"大学习、深调研、真落实"贯彻到学校工作的各方面全过程。根据中央、省委、市委关于国民经济和社会发展第十四个五年规划和2035年远景目标的有关决策部署和工作举措,结合落实省委"1+1+9"工作部署、市委"1+1+4"工作举措,校院领导班子要确定学习主题,拟定调研专题,以实际工作检验落实成效,把学习贯彻成效作为检验党员干部是否树牢"四个意识"、坚定"四个自信"、做到"两个维护"的首要标准。(牵头领导:屈哨兵、聂贵新,责任部门:党办校办、纪委纪检监察室、组织部、宣传部、各基层党组织)

4. 全面开展教职员工学习教育培训。以党史学习教育为主线,以高质量教育发展和高水平大学建设为主题,围绕立德树人根本任务开展面向全校各级各类干部和教师的学习研讨教育培训,开展覆盖全体教职员工的"学党史,担使命,推动学校高质量发展和高水平建设"大学习大讨论,认真系统学习国家、省、市"十四五"规划和2035年远景目标纲要,进一步汇聚学校教育高质量发展和高水平大学建设合力,大力提升教职员工教育教学及管理服务水平。(牵头领导:屈哨兵、魏明海、聂贵新、傅继阳、李小琴、周云、孙延明、张其学、吴开俊,责任部门:党办校办、组织部、宣传部、学生处、人事处、教务处、研究生院、科研处、后勤服务处、网络与现代教育技术中心、校属各单位)

5. 进一步强化党委领导核心作用。不断坚持和完善党委领导下的校长负责制,认真贯彻民主集中制,坚持依法治校,不断提升应对复杂局面和依法治校的能力水平。按照上级要求认真做好学校章程修订工作,建立健全学校各项党建工作规章制度,强化中国特色社会主义大学政治属性,把加强党对高校的全面领导、全面贯彻党的教育方针、坚持马克思主义指导地位、坚持社会主义办学方向、落实立德树人根本任务等要求全面体现在学校章程等制度规范中。（牵头领导：屈哨兵、魏明海、聂贵新、傅继阳，责任部门：党办校办、纪委综合室、组织部、发展规划处）

6. 全面加强党的政治建设。旗帜鲜明讲政治抓政治，把政治建设作为根本性建设贯穿党的建设全过程，进一步提高政治站位，严明政治纪律和政治规矩，严格执行新形势下党内政治生活若干准则和省委、市委坚决落实"两个维护"的制度机制，巩固深化肃清李嘉、万庆良恶劣影响成果，严守"五个必须"，杜绝"七个有之"，开展关于党内政治生活若干准则的学习检查，全面净化党内政治生态。（牵头领导：屈哨兵、聂贵新，责任部门：党办校办、纪委纪检监察室、组织部、各基层党组织）

7. 坚定不移全面从严治党。按照新时代党的建设总要求，把思想从严、管党从严、执纪从严、作风从严、反腐从严贯穿到各项工作中。遵照《中共中央关于加强党的政治建设的意见》《关于加强高校党的政治建设的若干措施》进一步加强政治建设，对照党章党规、先进典型等不断提高领导干部的政治判断力、政治领悟力、政治执行力；遵照"不忘初心、牢记使命"主题教育和党史学习教育要求进一步加强思想建设，结合校院党委（党总支）中心组专题学习重点内容强化理论武装；遵照《中国共产党支部工作条例（试行）》《中国共产党普通高等学校基层组织工作条例》进一步加强组织建设，培育和选树一批叫得响、过得硬、推得开的五星党支部和黄大年式教学科研团队，以及平常工作"看得出"、关键时刻"站得出"、危难关头"豁得出"的党员先锋；遵照《中共中央政治局贯彻落实中央八项规定实施细则》进一步加强作风建设，深化落实基层正风反腐三年行动方案，深入整治形式主义、官僚主义问题；遵照《中国共产党廉洁自律准则》《中国共产党纪律处分条例》进一步加强纪律建设，强化日常监督和对"一把手"监督；同时把制度建设贯穿其中，及时跟进中央、省委、市委出台的党内法规制度，加强对执行情况的监督检查，促进党内法规制度落实。（牵头领导：屈哨兵、魏明海、聂贵新，责任部门：党办校办、纪委纪检监察室、组织部、各基层党组织）

8. 进一步加强纪检监察工作。突出政治监督，着力构建一体推进"不敢腐、不能腐、不想腐"的体制机制。健全抓早抓小工作机制，强化监督教育、理想信念教育、纪律教育、政德教育、家风教育，坚持严管厚爱结合、激励约束并重，贯通纪法情理，做到"三个区分开来"，大力巩固和提升学校风清气正政治生态持续向好的态势。加强纪检监察人员队伍建设，实现各二级学院副书记、党员副院长担任纪检委员全覆盖，不断提高监督执纪问责效能。（牵头领导：屈哨兵、聂贵新，责任部门：党办校办、纪委纪检监察室、组织部）

9. 持续推进基层党组织建设全面进步全面过硬再上新水平，进一步加强党建品牌建设。抓好基层党组织换届工作，以提升基层党组织组织力凝聚力为重点，加强基层党组织领导班子建设和专职党务工作队伍建设，充分发挥学校各级党组织的政治功能和组织功能。建设党建红色文化教育长廊，打造学校党建教育新平台。健全"双星双评"工作长效机制，扎实推进全省党建工作"示范高校""标杆院系"和"样板支部"的创建工作，加大基层组织特色凝练和品牌培育建设力度，根据支部建设的必要性和可行性设立支部第一书记，制定相关标准推动"学校有系统、学院有品牌、支部有特色、党员有典型"迈上新台阶。（牵头领导：屈哨兵、聂贵新，责任部门：组织部、各基层

党组织）

10. 高质量做好干部队伍建设。坚持"信念坚定、为民服务、勤政务实、敢于担当、清正廉洁"好干部标准，贯彻落实《广州大学2020—2023年党员干部教育培训规划》，全面加强干部教育培训，增强干部从政治上观察和处理问题的能力，以及提升防范政治风险的能力。进一步强化年度考核和任期考核，激发新一届中层干部队伍奋发向上，使能干事、肯干事、干成事的干部得到更及时的鼓励与鞭策，推进干部有序合理的多岗位锻炼，努力打造一支适应学校"十四五"规划、高水平大学建设发展需要，结构合理、富有活力，更好落实立德树人根本任务的中层领导干部队伍。（牵头领导：屈哨兵、聂贵新，责任部门：组织部）

11. 持续加强保密工作。强化各级党组织和党员干部保密管理责任，进一步加强涉密人员管理，重点抓好工作秘密源头管理、日常使用管理和宣传教育工作。针对信息化、大数据、网络空间安全等技术发展出现的安全隐患问题，要进一步加强全覆盖保密检查力度，尤其是网络保密安全检查，不断提高师生的保密意识、责任意识和防范能力。在做好军工保密资质复查工作的同时，要进一步拓宽军工项目申报渠道，力争项目经费持续增长。（牵头领导：聂贵新、傅继阳、张其学，责任部门：保密办、军工办）

12. 持续加强统战工作。进一步加强党对学校统一战线工作的集中统一领导，统筹做好民主党派、统战团体和党外代表人士队伍的整体规划与建设，加强各民主党派和统战团体的班子建设及其成员的思想政治引领和教育培训工作。以铸牢中华民族共同体意识为根本方向，做好民族宗教、侨台海归和民族团结进步工作，提升建言献策水平，推动学校事业发展。做好校友会、教育发展基金会理事会的换届工作，着眼长远培植更有温度的校友基础，坚持校院结合、远近结合、内外结合、潜显结合、凡达结合，建立全方位校友网络。推进建立校友基金会和社会捐赠平台，推动产学研合作项目，积极为母校与政府、企业、社会各界发挥校友会资源与力量。（牵头领导：聂贵新，责任部门：统战部）

二、全方位落实立德树人根本任务，围绕德智体美劳全面发展提升育人成效

13. 以学年礼体系建设为平台落实学生全面发展要求。优化用好《广州大学学生学年礼工作实施意见》及相关评价指标体系，谋划组织好年度学生学年礼，确保学年礼运作得更加稳定、出彩，进一步深化"三全育人"和完善四年不断线的学生思想政治教育体系，加强教学成果奖的培育工作。统筹好办学治校各领域、教育教学各环节、人才培养各方面的育人资源和育人力量。（牵头领导：屈哨兵、魏明海、聂贵新、吴开俊，责任部门：宣传部、学生处、教务处）

14. 进一步加强思想政治教育。落实《广州大学关于加强思想政治理论课和思想政治理论课教师队伍建设的实施方案》，加强顶层设计和统筹协调，按照上级要求加强思政课专职教师和辅导员队伍建设。落实马克思主义学院"第一学院"和思政课堂"第一课堂"地位，进一步完善思政课程与课程思政、理论课程与实践课程、必修课程与选修课程"三协同"的思政课程体系。以"一流专业""一流课程"建设为抓手，加强课程思政示范专业、示范团队、示范课程、示范课堂及优秀案例的立项建设和培育。进一步完善学生心理测评、干预辅导与治疗联动机制，健全学校家庭社会协同育人机制。（牵头领导：屈哨兵、魏明海、聂贵新、孙延明、吴开俊，责任部门：宣传部、学生

处、人事处、教务处、马克思主义学院）

15. 加强社会主义核心价值观教育和阵地建设。坚持以马克思主义引领校园文化建设，继续扎实推进文明校园创建工作。全面加强经典阅读推广中心、学生体育活动中心、学生公共艺术教育中心、大学生语言能力教学中心、学生劳动教育中心、创新创业学院等建设，积极开展各类主题实践活动。加强"一网两微"网络文化平台建设，将思想政治素质、人文科学素质和体育艺术素质的培育融入网络育人中，引导更多师生、社团参与优秀网络文化和网上文明校园建设。（牵头领导：聂贵新、吴开俊，责任部门：宣传部、教务处、校团委）

16. 深入推进现代化教育教学工作体系建设。全面修订完善教学评价体系。全力推进智慧课室二期改造工作。强化现代信息技术与教育教学的深度融合，进一步完善学校在线教学的课程资源、技术支撑和管理服务体系建设。加快"智慧教务"建设，进一步融合实践、实验、工作量计算等教学服务，促进形成"一体化"管理服务格局。（牵头领导：魏明海、李小琴，责任部门：教务处、实验中心、网络与现代教育技术中心）

17. 持续推进一流专业和一流课程建设。进一步健全强化人才培养工作中心地位，深入实施学校一流本科专业建设三年行动计划，进一步健全专业动态调整机制，全面修订本科专业人才培养方案。大力推进"一流本科课程"建设，推进"国家级—省级—省级培育—校级"四梯度精品在线开放课程体系建设，遴选培育本年度冲击国家级、省级一流课程的课程。在有条件的学院进一步探索小班制教学和拔尖人才培养体系，有效推动本科生考研率提升工作。组织开展新一届校级、省级、国家级教学成果奖的培育与申报。做好承办广东省第七届"互联网+"大学生创新创业大赛各项工作，做好校内参赛项目的遴选和培育工作，力争在大赛中获得优异成绩。（牵头领导：魏明海、聂贵新，责任部门：教务处、创新创业学院、校团委）

18. 全面实施研究生教育质量提升计划。贯彻落实全国研究生大会精神，开好学校研究生教育大会，做好新增学位点建设工作。修订完善系列研究生培养制度文件，大力推进分类培养研究生工作，优化教学资源建设，有效统筹科技和产业资源，进一步推进产教融合、科教融合，大力提升培养研究生培养质量。（牵头领导：魏明海、吴开俊，责任部门：研究生院）

19. 全力做好招生就业工作。健全全员参与、全过程管理的就业工作机制，确保2021届毕业生初次就业率达到90%以上，年底就业率达到95%以上。适应新高考录取政策，出新招进一步完善招生宣传工作举措，生源质量实现新提升；建立健全招生和就业质量对学科专业优化调整、人才培养的联动机制。（牵头领导：屈哨兵、魏明海，责任部门：招生就业工作处）

20. 压紧压实意识形态工作职责。严格按照中央、省、市有关要求，健全意识形态工作责任制和网络意识形态工作责任制，完善高校防范校园传教和抵御宗教渗透工作机制，落实学校政治安全、意识形态安全有关工作方案预案和管理制度，进一步强化领导干部和全体教师的政治责任，统筹加强对课堂、教材、论坛、网络、学生社团、对外合作交流项目、新疆少数民族学生和港澳台学生等重点领域的管理，强化信息收集，着力风险防控，发现问题及时处置。定期更新学校各级各类网络平台台账，面向师生开展网络安全教育，加强对全校各级各类网络平台的管理。（牵头领导：聂贵新、张其学、吴开俊、李小琴，责任部门：宣传部、学生处、保卫处、科研处、校团委、网络与现代教育技术中心、各基层党组织）

21. 持续加强共青团工作。进一步加强基层团组织建设，通过"千名教工党员联系千个团支部""青年马克思主义者培养工程"等活动加强正面教育，以"三下乡"、志愿服务等工作项目健全实践教育机制，以完善班团一体化协同工作机制为抓手改进组织运行机制，以创新规范开展团的"三会两制一课"和"第二课堂成绩单"为载体创新组织动员方式。持续推进学生会、研究生会和学生社团改革，建立以服务学生、志愿奉献为导向的激励表彰、纪律约束等机制，进一步规范管理，深化育人功能。（牵头领导：聂贵新、吴开俊，责任部门：校团委、研究生院）

22. 以优质教育擦亮广大附中教育品牌。将附中纳入学校建设发展全局，进一步提高社会影响力和美誉度，使广附教育集团的管理更加规范、服务地方基础教育更有品质。（牵头领导：李小琴，责任部门：直属单位管理办公室、附属中学）

23. 做好支持两团一校发展工作。落实广州建设文化强市的部署要求，推动中华优秀文化传承与创新，支持两团一校做好高水平精品佳作创作和人才培养工作。（牵头领导：李小琴，责任部门：直属单位管理办公室、广州歌舞剧院有限公司、广州芭蕾文化艺术有限公司、附属艺术学校）

三、加强新时代高校教师队伍建设，为学校事业高质量发展提供坚强的师资保障

24. 加强师德师风建设。贯彻落实学校教书育人三年行动计划，完成"队伍建设年"各项任务，打造一批标志性成果，使教师的理想追求与学校发展、人才培养齐头并进。进一步巩固师德师风建设、教师培养发展长效机制，进一步完善教师荣誉体系、成就体系和幸福体系建设。全面修订完善教师、研究生导师、管理服务人员师德师风管理制度，着力抓好教师、研究生导师思政工作，坚持德法并举，强化政治意识和品质修养。推进教师思想政治学习制度化规范化，采取切实可行的措施确保教师每周开展1次集中学习、每月开展1次党的创新理论学习得到落实，全面提高教职工的政治素质和育德育人能力。（牵头领导：孙延明、聂贵新，责任部门：人事处、宣传部、校属各单位）

25. 持续深化人事制度改革。进一步修改完善人才引进管理办法，完善新机制引进人才并轨制度建设，推动更加注重"立德树人业绩、教学质量、标志性科研成果"的职称评聘和绩效工资改革。围绕学校学科与专业发展规划进一步加强高层次人才和青年骨干教师的引培工作，坚持"不唯数量看质量，不唯帽子看作用，不唯奖项看贡献，不唯职称看发展，不唯学历看能力"的原则，落实《关于加强新时代高校教师队伍建设改革的指导意见》有关要求，以破除"五唯"为切入点完善各类教师管理评价制度，树立科学的人才评价和人才价值体系，修订完善学校绩效考核体系与办法，完善"广州良师"培选机制，引导教师把更多精力投入教书育人。（牵头领导：孙延明，责任部门：人事处）

26. 推进定岗定编定责和行政人员上岗轮岗工作。全面修订完善全校职能部门工作职责清单、学院和科研机构行政部门工作职责清单，完成学校各单位定编定岗定责与处级以下行政人员重新上岗和交流轮岗，建立职能部门、学院和科研机构年度目标考核体系，进一步激发全校上下干事创业的精气神，使每个部门每个岗位的工作都能出新出彩。（牵头领导：孙延明，责任部门：人事处、组织部）

27. 持续加强工会工作。进一步发挥教代会（工代会）的职能作用，更加充分发挥广大教职员工在学校改革发展中的积极作用,切实维护广大教职员工的合法权益。建设关注教职工心理健康平台,开展困难教职工帮扶。打造健康文明、昂扬向上、全员参与的教职工文化,精心谋划好建党100周年系列教职工文体活动,不断增强广大教职员工的成就感、获得感和幸福感。(牵头领导:聂贵新,责任部门:校工会)

28. 持续加强离退休工作。深化"互联网+党建品牌+精准服务+优质管理"工作模式,积极拓展渠道,广泛搭建平台,充分发挥老同志独特优势作用,进一步以品牌项目推动党建工作提质增效,推动离退休党建工作创新发展。坚持做好对离退休人员的人文关怀,进一步利用离退休信息化管理系统提升精准服务水平。加强学习活动阵地建设,做好桂花岗校区老干活动中心的内部设施完善,推进大学城校区离退休学习活动中心选址、筹备建设工作,不断提升离退休人员的组织归属感和生活幸福感,推动离退休工作更好融入服务学校高水平大学建设进程中。(牵头领导:孙延明,责任部门:离退休工作处)

四、完善顶层设计深化改革创新,不断推进大学治理体系和治理能力现代化建设

29. 全力做好学校"十四五"发展规划和高水平大学二期建设方案的编制和实施工作。对标国家总体战略以及省委、市委工作部署,聚焦提升广州市属高等教育水平、建设国际交通综合枢纽和国际科技创新中心、发展高新技术产业、实现高层次人才集聚,科学编制和实施《广州大学事业发展"十四五"规划》和《广州大学高水平大学二期建设方案(2021—2025年)》,确保学校"十四五"时期建设发展开好局起好步。(牵头领导:屈哨兵、魏明海、孙延明,责任部门:发展规划处、党办校办、校属各单位)

30. 持续深化教育评价改革。统筹推进学校新一轮综合改革,全面落实《深化新时代教育评价改革总体方案》对高等教育的各项要求,深化学校评价机制改革,对接国家"双一流"、省市高水平大学建设成效评估的新要求,建立科学有效的测评指标体系。(牵头领导:屈哨兵、魏明海、聂贵新、孙延明、张其学,责任部门:党办校办、组织部、发展规划处、人事处、教务处、科研处、国际交流与合作处)

31. 深入实施学科建设水平提升工程。根据第五轮学科评估结果和《广州大学高水平大学第二期建设方案(2021—2025年)》制定并实施新一轮学科分类建设计划,大力实施一流学科建设工程,加大"冲一流"学科建设力度,开展下一轮冲击国家一流学科及省一流学科遴选与培育工作。完善顶层设计,依托"2+6+1"科研创新平台,加快推进学校集成电路等交叉学科建设。加强学科数据库建设,积极参与学科的国际和国内竞争,强化学科建设整体监控,健全学科动态调整机制。(牵头领导:孙延明、吴开俊,责任部门:发展规划处、研究生院)

32. 加强科技创新体系建设。深化科研成果评价体系改革,持续深化科研创新体制机制改革,发挥资助奖励、考核评价、完善科研人员职务发明成果权益分享机制等政策导向,提升科研成果质量。聚焦重大共性科学技术问题和关键核心技术,系统推进开展"2+6+1"科研创新平台建设,积极培育和申报国家重点实验室,为国家破解"卡脖子"问题,作出广州大学应有的贡献。加强对国家及省部级科研奖项的培育工作,争取在国家科技奖上取得新突破。(牵头领导:张其学,责任部门:科研处)

33．持续提升服务国家和区域经济社会发展能力。突出科研成果转化和服务经济社会的价值导向，建立和健全产学研融合发展机制。深入推进校—地、校—区、校—企合作，开拓更多合作新渠道和新平台，健全黄埔研究院/研究生院、清远协同创新研究院等运行机制；深化与中山市政府及中山市人民医院合作，在探索医工结合和新医科建设上取得新进展。搭建国防科研平台，建设国防科研团队。（牵头领导：张其学，责任部门：科研处）

34．加强实验室建设。加快两大创新枢纽"中央实验室"、六大交叉创新平台实验室建设，以及满足学科专业（群）教学和科研需求为重点的"专业实验室"建设。加大资源整合力度，强化新兴科研平台培育；启用实验室综合管理系统，探索实验资源共享共建机制；应用实验室安全巡检系统，加强实验室安全检查信息化管理；开展实验室危化品评估检查定级活动，进一步完善实验室安全管理体系建设。（牵头领导：傅继阳，责任部门：实验室与设备管理处）

35．提高办学资源开发和统筹配置能力。持续完善财务制度体系建设，探索合法合规、灵活有效的经费管理、使用模式；推行以绩效为导向的经费分配模式，科学、精准配置经费资源。以财务信息化为手段，强化国有资产管理，高效科学地管理资金支付工作。强化社会合作和对外拓展的筹资渠道和能力，有效推动继续教育、学历教育和教育培训发展，以及无形资产的运用。（牵头领导：傅继阳、李小琴，责任部门：财务处、继续教育学院）

36．突出重点推进高水平开放办学。深入实施国家共建"一带一路"教育行动，深度促进与国（境）外知名高校人文交流，巩固拓展科研合作空间。积极推动香港科技大学（广州）"去筹"正式设立及香港科技大学（广州）校园建设等工作；积极参与粤港澳高校联盟的工作，大力促进港澳融入国家高质量教育体系，扩大港澳生招生规模，拓展与港澳大学的合作，进一步推进两岸教育交流合作。整合统筹学校资源，促进孔子学院建设更加符合国家和学校发展需求。（牵头领导：魏明海、聂贵新、吴开俊，责任部门：国际交流与合作处）

五、全力做好常态化疫情防控，不断夯实高水平大学建设保障基础

37．毫不放松地抓好常态化疫情防控与师生生活服务保障。把师生员工生命安全和身体健康放在第一位，始终保持高度警惕，科学精准做好新冠肺炎疫情常态化防控，着力提高应对重大突发公共卫生事件的能力和水平。加强校园公共卫生体系建设，不断完善校园疾病预防控制体系，完善应对局部聚集性疫情应急预案。深入开展新时代校园爱国卫生运动。在常态化疫情防控背景下进一步做好留学生、港澳台师生、外籍教师等群体的管理与服务。持续提升校园环境整治和食品供应质量，持续抓好各个校区学生食堂的服务品质，完善提升教工（竹苑）餐厅服务品质，推进体训楼开放式师生交流空间维修改造工作，做好粤园餐厅管理服务提升工作，为师生员工用餐提供更卫生更优质的保障。（牵头领导：屈哨兵、魏明海、聂贵新、傅继阳、李小琴、周云、孙延明、张其学、吴开俊，责任部门：党办校办、人事处、学生处、研究生院、保卫处、后勤服务处、国际交流与合作处、校属各单位）

38．加强校园安全防控和国防教育。坚持统筹发展和安全，树立底线思维，建立健全校园消防安全和实验室安全管控制度，分类建立校园各类安全风险清单并明确管控措施。完善校园及周边环境治安防范和隐患排查消除常态化机制；加强应急管理，进一步落实好学校作为安全风险管控的主体责任。增强师生的国防观念和参军光荣的自豪感，在校园营造关心、支持国防建设，踊跃报名参军、报效祖国的良好氛围，确保完成2021年全校22个毕业生征兵任务指标。（牵头领导：张其学，责任部门：保卫处、校属各单位）

39．加强校园基础设施建设。全力推进"一校多园"、多点联动的办学空间格局落地，进一步加快大学城校区创新大楼等新增建筑项目建设，启动大学城校区教学区围蔽工程。推进桂花岗校区修规方案报批工作，有序推进黄埔校区二期校园建设，启动南沙校区概念性方案设计，完善大学城校区体育馆、演艺中心整体功能提升项目的设计方案和项目建议书，启动大学城校区科技文化创新中心改扩建、附中黄华校区校园设施维修维护等项目的设计工作。完成大学城校区新建宿舍装修工作，开展风雨操场改造等项目的前期研究工作。加快推进学校周转房和学生公寓的修缮工程，以及榕轩一栋教师公寓的改造、新建成的教师公寓A区的投入使用，加强周转房管理，改善师生居住条件。规划推进大学城校区教工幼儿园设计建设。（牵头领导：周云，责任部门：基建处、后勤服务处）

40．进一步推进"智慧校园"建设。有序推进数字化档案建设。建设具完整性、及时性、一致性的数据中心和高性能计算科研云服务平台；大力推进基于数据融合的智慧型应用系统的建设；加快推进图书馆智慧化建设及桂花岗校区图书馆改造，实现智慧教育对学校人才培养的全过程支撑。（牵头领导：李小琴，责任部门：实验中心、网络与现代教育技术中心、图书馆、桂花岗校区管委会）

41．建立审计整改联动机制。做好经济责任、预决算、科研经费和合同等项目审计工作，加强关键领域和重点资金的审计力度，推动落实整改工作责任，提高整改监督工作水平，强化整改结果共享和应用。（牵头领导：魏明海，责任部门：审计处）

广州大学2021年重点工作

一、全面落实立德树人根本任务

1．深入实施一流专业和一流课程建设。进一步健全强化人才培养工作中心地位，深化教育教学改革，完善资源配置体制机制。深入实施学校一流本科专业建设三年行动计划，进一步健全专业动态调整机制，全面修订2021版的本科专业人才培养方案。大力推进一流本科课程建设，推进"国家级—省级—省级培育—校级"四梯度精品在线开放课程体系建设，组织开设更多的全校公共选修课、小班研讨课，全面提升公共基础课程质量，遴选培育本年度冲击国家级、省级一流课程的课程。在有条件的学院进一步探索小班制教学和拔尖人才培养体系，有效推动本科生考研率提升工作。改进教学成果培育工作机制，组织开展好新一届国家级教学成果奖的申报工作。办好广东省第七届"互联网+"大学生创新创业大赛，争取获得优异成绩，推动创新创业工作上新台阶。（牵头领导：魏明海、聂贵新，牵头部门：教务处、创新创业学院）

2．以学年礼工作为抓手，持续深化推进学生德智体美劳全面发展。完善以学年礼为牵引的"三全育人"人才培养工作，优化用好《广州大学学生学年礼工作实施意见》及相关评价指标体系，以"十大育人"体系为基础，深化全员育人、全过程育人、全方位育人改革，全面统筹办学治校各领域、教育教学各环节、人才培养各方面的育人资源和育人力量，健全和形成覆盖全体学生全面发展并且覆盖全部学段的全周期教育机制，加强教学成果奖的培育工作。（牵头领导：屈哨兵、魏明海，牵头部门：教务处、学生处、宣传部）

3. 持续提升思想政治教育工作质量。进一步完善思政课程与课程思政、理论课程与实践课程、必修课程与选修课程"三协同"的思政课程体系，推动深化"三全育人"取得新的实质性成果。进一步完善学生心理测评、干预辅导与治疗联动机制，健全学校家庭社会协同育人机制。（牵头领导：魏明海、吴开俊，牵头部门：教务处、学生处）

4. 深入推进现代化教育教学工作体系建设。全面修订完善教学评价体系。强化现代信息技术与教育教学的深度融合，进一步完善学校在线教学的课程资源、技术支撑和管理服务体系建设。加快"智慧教务"建设，进一步融合实践、实验、工作量计算等教学服务，促进形成"一体化"管理服务格局。（牵头领导：魏明海、李小琴，牵头部门：教务处，实验中心、网络与现代教育技术中心）

5. 大力实施研究生培养质量提升计划。贯彻落实全国研究生大会精神，修订完善系列研究生培养制度文件，全面启动实施研究生教育质量提升计划。全面修订完善2021版研究生培养方案，大力推进研究生分类培养工作。优化教学资源建设，有效统筹科技和产业资源，进一步推进产教融合、科教融合，大力提升研究生培养质量。做好新增学位点建设工作。（牵头领导：吴开俊，牵头部门：研究生院）

6. 积极推进招生就业工作。把做好学生就业工作作为一项政治任务，及早部署推进2021届毕业生就业工作，健全全员参与、全过程管理的就业工作机制，确保2021届毕业生初次就业率达到90%以上，年底就业率达到95%以上。适应新高考录取政策，出新招进一步完善招生宣传工作举措，生源质量实现新提升；建立健全招生和就业质量对学科专业优化调整、人才培养的联动机制。（牵头领导：魏明海，牵头部门：招生就业工作处）

二、全面提升学科、科研服务国家和区域创新体系建设能力

7. 深入实施学科建设水平提升工程。根据第五轮学科评估结果和《广州大学高水平大学第二期建设方案（2021—2025年）》制定并实施新一轮学科分类建设计划，大力实施一流学科建设工程，加大"冲一流"学科建设力度，开展下一轮冲击国家一流学科及省一流学科遴选与培育工作。完善顶层设计，依托"2+6+1"科研创新平台，加快推进学校集成电路等交叉学科建设。加强学科数据库建设，积极参与学科的国际和国内竞争，强化学科建设整体监控，健全学科动态调整机制。（牵头领导：孙延明，牵头部门：发展规划处）

8. 全力实施科技创新体系建设。深化科研成果评价体系改革，持续深化科研创新体制机制改革，发挥资助奖励、考核评价、完善科研人员职务发明成果权益分享机制等政策导向，提升科研成果质量。聚焦重大共性科学技术问题和关键核心技术，全力推进开展"2+6+1"科研创新平台建设，积极培育和申报国家重点实验室，努力破解"卡脖子"问题。加强对国家及省部级科研奖项的培育工作，争取在国家科技奖上取得新突破。（牵头领导：张其学，牵头部门：科研处）

9. 提升服务区域经济社会发展能力。突出科研成果转化和服务经济社会的价值导向，建立和健全产学研融合发展机制。深入推进校—地、校—区、校—企合作，开拓更多合作新渠道和新平台，健全黄埔研究院/研究生院、清远协同创新研究院等的运行机制；深化与中山市政府及中山市人民医院合作，在探索医工结合和新医科建设上取得新进展。搭建国防科研平台，建设国防科研团队。（牵头领导：张其学，牵头部门：科研处）

10. 突出重点推进高水平开放办学。深入实施国家共建"一带一路"教育行动，深度促进与国（境）外知名高校人文交流，巩固拓展科研合作空间。积极推动香港科技大学（广州）"去筹"正式设立及香港科技大学（广州）校园建设等工作；积极参与粤港澳高校联盟的工作，大力促进港澳融入国家高质量教育体系，扩大港澳生招生规模，拓展与港澳大学的合作，进一步推进两岸教育交流合作。推动孔子学院内涵建设和品质提升，加快三所孔子学院融合特色发展，加大国际中文教育推广力度。（牵头领导：魏明海、吴开俊，牵头部门：国际交流与合作处）

三、全面加强教师和管理队伍建设

11. 突破人事制度改革的瓶颈障碍。深化人才评价体系改革，进一步修改完善人才引进管理办法，完善新机制引进人才并轨制度建设，推动更加注重"立德树人业绩、教学质量、标志性科研成果"的职称评聘和绩效工资改革。按照《广州大学事业发展"十四五"规划》和《广州大学高水平大学第二期建设方案（2021—2025年）》，统筹做好2021年人才引进和师资精准配备。进一步加强思政课教师和辅导员队伍建设。制订职能部门、学院和科研机构年度目标考核体系；全面修订完善全校职能部门工作职责清单、学院和科研机构行政部门工作职责清单，加强管理服务人员队伍建设，完成学校各单位人员定岗定编定责工作。统筹推进和深化各类人事制度系统性和协调性。（牵头领导：孙延明，牵头部门：人事处、组织部、发展规划处）

12. 大力加强师德师风建设。深入推进学校教书育人三年行动计划，形成导向更加鲜明的工作机制与平台，进一步厚植师德涵养，完善教师荣誉体系建设。全面修订完善教师、研究生导师、管理服务人员师德师风管理制度，着力抓好教师、研究生导师思政工作，坚持德法并举，强化政治意识和品质修养，打造德才兼备的高素质教师队伍和管理服务人员队伍。（牵头领导：孙延明，牵头部门：人事处）

四、全面提升治理能力

13. 做好并认真实施学校"十四五"规划和高水平大学二期建设方案。对标国家总体战略以及省委、市委工作部署，聚焦一流创新型大学建设目标，编制《广州大学事业发展"十四五"规划》和《广州大学高水平大学二期建设方案（2021—2025年）》，统筹推进学校新一轮综合改革，不断完善现代大学治理体系和治理能力建设。全力推进"十四五"规划和高水平大学二期建设方案的实施工作，为学校"十四五"时期建设发展开好局起好步。（牵头领导：孙延明，牵头部门：发展规划处）

14. 提高办学资源开发和统筹配置能力。持续完善财务制度体系建设，探索合法合规、灵活有效的经费管理、使用模式；推行以绩效为导向的经费分配模式，科学、精准配置经费资源。以财务信息化为手段，强化国有资产管理，高效科学地管理资金支付工作。加强校友会工作，着眼长远培植更有温度的校友基础，强化社会合作和对外拓展的筹资渠道和能力，有效推动继续教育、学历教育和教育培训发展，以及学校各类无形资产的利用。（牵头领导：傅继阳、李小琴，牵头部门：财务处、教师培训学院、统战部）

15. 加强校园安全治理和风险防控体系建设。坚持统筹发展和安全，树立底线思维，建立健全校园消防安全和实验室安全管控制度，分类建立校园各类安全风险清单并明确管控措施。完善校园及周边环境治安防范和隐患排查消除常态化机制；加强应急管理，进一步落实好学校作为安全风险管控的主体责任。持续加强保密工作。（牵头领导：张其学，牵头部门：保卫处）

16. 加强直属单位的建设和管理。加强对附属中学和附属艺术学校办学发展的支持与指导，加快构建附中融入学校发展全局的体制机制。支持广州芭蕾舞团、广州歌舞团的工作，配合政府做好其体制改革工作。争取完成纺织服装学院的划转工作，稳妥有序做好两所独立学院转设过渡期相关工作。（牵头领导：李小琴，牵头部门：党办校办）

17. 毫不放松抓好常态化疫情防控。科学精准做好新冠肺炎疫情常态化防控，着力提高应对重大突发公共卫生事件的能力和水平。加强校园公共卫生体系建设，不断完善校园疾病预防控制体系，完善应对局部聚集性疫情应急预案。推动应对"疫后综合征"各项具体工作落地落实。深入开展新时代校园爱国卫生运动。在常态化疫情防控背景下进一步做好留学生、港澳台师生、外籍教师等群体的管理与服务。（牵头领导：周云，牵头部门：后勤服务处、国际交流与合作处）

五、全面提升服务保障能力

18. 进一步加强校园基础设施建设。做好"十四五"规划校园建设工作开局，全力推进"一校多园"、多点联动的办学空间格局落地。进一步加快大学城校区创新大楼等新增建筑项目建设，启动大学城校区教学区绿围工程，做好学生生活区周边绿地环境修治工作。推进桂花岗校区修规方案报批工作，有序推进黄埔校区二期校园建设，启动南沙校区概念性方案设计，完善大学城校区体育馆、演艺中心整体功能提升项目的设计方案和项目建议书，启动大学城校区科技文化创新中心改扩建、附中黄华校区校园设施维修维护等项目的设计工作。开展大学城校区新建宿舍、风雨操场改造等项目的前期研究工作。（牵头领导：周云，牵头部门：基建处）

19. 进一步加强实验室建设和管理。按照学校"十四五"规划和高水平大学二期建设方案，加快两大创新枢纽"中央实验室"、六大交叉创新平台实验室建设，以及满足学科专业（群）教学和科研需求为重点的"专业实验室"建设。加大资源整合力度，强化新兴科研平台培育；启用实验室综合管理系统，探索实验资源共享共建机制；应用实验室安全巡检系统，加强实验室安全检查信息化管理；开展实验室危化品评估检查定级活动，进一步完善实验室安全管理体系建设。（牵头领导：傅继阳，牵头部门：实验室与设备管理处）

20. 进一步推进"智慧校园"建设。推进智慧课室二期建设，加快推进桂花岗校区图书馆改造及智慧化建设，实现智慧教育对学校人才培养的全过程支撑。有序推进数字化档案建设。建设具有完整性、及时性、一致性的数据中心和高性能计算科研云服务平台；大力推进基于数据融合的智慧型应用系统的建设。建设学校新一代校园卡系统，完成教工（竹苑）智慧餐厅建设，为教师用餐提供更好服务。（牵头领导：李小琴，牵头部门：实验中心、网络与现代教育技术中心）

21．进一步提升后勤保障管理服务。加快推进学校周转房和学生公寓的修缮工程，以及榕轩一栋教师公寓的改造、新建成的教师公寓A区的投入使用，改善师生居住条件。加大力度开展学校周转房清理专项工作，加强周转房管理。全面做好行政和教师办公用房的规范管理和保障工作。提升校园环境整治和食品供应质量，以及高质量的防病保健保障水平。（牵头领导：周云，牵头部门：后勤服务处）

六、全面提升党的建设质量

22．以党史学习教育活动为统领，深化完善习近平新时代中国特色社会主义思想学习体系。加强思想理论武装，健全学习贯彻习近平新时代中国特色社会主义思想常态化制度化机制。按照党中央决策部署和省委、市委工作要求，认真谋划落实好党史学习教育各项工作，传承红色基因，建设红色主题长廊，扎实开展好"我为群众办实事"实践活动，高质量高标准抓好党史学习教育。持续加强正面宣传，围绕迎接和庆祝建党100周年、弘扬爱国主义精神等，精心策划组织主题宣传活动，增强"四个意识"、坚定"四个自信"、做到"两个维护"。（牵头领导：聂贵新，牵头部门：宣传部）

23．全面加强党对学校工作的领导。巩固拓展主题教育成果，建立学习教育、调查研究、检视问题、整改落实工作机制，把"大学习、深调研、真落实"贯彻到学校工作的各方面全过程。研究出台《深化新时代教育评价改革总体方案》在学校的各项具体落实措施，统筹推进学校深化改革工作。按照上级要求及时修订学校章程，建立健全学校各项党建工作规章制度。抓好党对学校工作全面领导的各项制度在基层各单位的学习和落实工作。（牵头领导：屈哨兵、魏明海，牵头部门：党办校办、组织部、教务处、人事处、科研处、发展规划处）

24．加强思想政治和意识形态工作。完善校党委书记、校长，学院党委书记、院长"思政第一课"制度，落实马克思主义学院"第一学院"和思政课堂"第一课堂"地位。进一步强化领导干部和全体教师的政治责任，完善意识形态工作责任制和网络意识形态工作责任制，健全责任链条，做到每一块阵地、每一个环节都有人盯、有人管，逐级建立责任清单，层层压实主体责任，形成责任落实的闭环，牢牢掌握工作主导权。发挥高校优势，加强对思想政治和意识形态的理论研究工作。（牵头领导：屈哨兵、聂贵新，牵头部门：宣传部）

25．扎实推进基层党组织建设。全面落实新修订的《中国共产党普通高等学校基层组织工作条例》，健全"双星双评"工作长效机制，深入实施高校党组织"对标争先"建设计划，培育和选树一批叫得响、过得硬、推得开的五星党支部和黄大年式教学科研团队，切实做好选树"党建+教学""党建+科研""党建+文化传承创新"等基层党建工作品牌工作，扎实推进基层党组织建设全面进步全面过硬再上新水平。（牵头领导：屈哨兵、聂贵新，牵头部门：组织部）

26．推进干部队伍建设高质量发展。以提升党员领导干部政治能力建设为重点，落实《广州大学2020—2023年党员干部教育培训规划》，全面加强党员干部的教育培训，不断提高党员干部的政治判断力、政治领悟力、政治执行力，以及防范政治风险的能力，努力打造一支适应学校"十四五"规划、高水平大学建设发展需要、结构合理、富有活力，更好落实立德树人根本任务的中层领导干部队伍。（牵头领导：屈哨兵、聂贵新，牵头部门：组织部）

27. 深入推进全面从严治党向纵深发展。贯彻落实好《党委（党组）落实全面从严治党主体责任规定》，在推动全面从严治党在学校工作各领域各环节实现全覆盖的深度上下功夫。持续加强作风建设，深入整治形式主义、官僚主义问题及其新表现。聚焦"存量清楚·增量清零·生态清明"目标，强化监督执纪问责，突出政治监督，健全抓早抓小工作机制，大力巩固和提升学校风清气正的良好政治生态。（牵头领导：屈哨兵、聂贵新，牵头部门：党办校办、纪委纪检监察室、组织部）

中共广州大学委员会关于印发《全面开展党员干部教职员工专题学习培训方案》的通知

广大党〔2021〕17号

校属各单位：

为贯彻落实习近平总书记在党史学习教育动员大会上的重要讲话和党中央《关于在全党开展党史学习教育的通知》精神，经2021年校党委常委会第6次会议研究决定，在今年全年面向全校各级各类党员干部和教职员工开展具针对性的专题学习培训，开展覆盖全体党员干部教职员工的"学党史、担使命，推动学校高质量发展和高水平建设"教育学习大讨论大培训，现将有关事项通知如下。

一、总体要求

以习近平新时代中国特色社会主义思想为指导，全面贯彻党的教育方针，落实立德树人根本任务，按照省委"1+1+9"工作部署、市委"1+1+4"工作举措，以党史学习教育为主线，以高质量教育发展和高水平大学建设为主题，认真系统学习国家、省、市"十四五"规划和2035年远景目标纲要，学党史、悟思想、办实事、开新局，进一步汇聚学校教育高质量发展和高水平大学建设合力，大力提升党员干部教职员工教育教学、管理服务及履职尽责的能力和水平，为把广州大学办成与广州城市地位相匹配的一流创新型大学奠定坚实基础，为广州在全省在全面建设社会主义现代化国家新征程中走在全国前列、创造新的辉煌中勇当排头兵作出新的更大贡献，以优异成绩庆祝建党100周年。

二、培训内容

1. 中层干部队伍。系统学习习近平新时代中国特色社会主义思想和党史、新中国史、改革开放史、社会主义发展史，提高运用马克思主义立场、观点、方法分析解决实际问题的能力，提高履职尽责能力，培养领导干部战略思维和推进科学发展的能力，深刻领会高等教育高质量发展和学校高水平建设的目标和要求，全面落实立德树人根本任务，进一步加强政治生态建设，不断提高领导干部政治判断力、政治领悟力、政治执行力，全面提升服务国家和区域创新体系建设能力，全面提升治理能力和治理效能，全面提升服务保障能力。（组织部牵头负责）

2．教师与教辅队伍。系统学习习近平新时代中国特色社会主义思想和党史、新中国史、改革开放史、社会主义发展史，融合国家、省、市"十四五"发展规划纲要以及学校"十四五"发展规划要点和高水平大学二期建设方案，推动教师与教辅队伍学术研究与教育教学更加自觉地与国家、省市的经济社会发展需求对接，推动教师与教辅队伍学术研究更好地转化为教育教学成果，并在此基础上形成良好的发展机制，形成更有品质的教师文化。对标《关于深化新时代教育评价改革总体方案》，围绕一流学科、一流专业、一流课程建设，围绕坚守为党育人、为国育才，聚焦立德树人根本使命，深入探索学校思想政治课改革评价模式，推动价值塑造、知识教育与能力培养有机结合，选树一批具有导向性、代表性、引领性的示范课程，认定一批课程思政教学名师和团队。（宣传部牵头负责）

3．学生思想政治工作队伍。系统学习习近平新时代中国特色社会主义思想和党史、新中国史、改革开放史、社会主义发展史，围绕中华优秀传统文化、革命文化、社会主义先进文化，融合学校"十四五"发展规划纲要与高水平大学二期建设方案，培养运用马克思主义立场观点方法分析和解决问题的能力，进一步完善立德树人体制机制建设，以学校24字人才培养目标为导向，以学年礼为牵引，将立德树人根本任务融入学生教育教学管理全过程，以开展学生日常事务管理、心理健康教育、党团及班级建设、资助育人、校园危机事件应对、学风建设、职业规划与就业创业指导等业务主题培训，掌握大学生思想政治教育工作实务相关知识，掌握有关法律法规知识，建设更有品质的学校校园文化。（学生工作部牵头负责）

4．管理服务队伍。系统学习习近平新时代中国特色社会主义思想和党史、新中国史、改革开放史、社会主义发展史，不断提升管理服务人员的政治意识和理论水平，强化管理服务人员的红线意识和底线思维。结合新时代高校管理工作要求，融合学校"十四五"发展规划纲要与高水平大学二期建设方案，学习高校管理创新理论和实践经验，深刻把握学校发展理念和奋斗方向，提升管理服务人员的核心意识和大局意识。加强业务知识能力培训，全面提高管理服务队伍高效一流的服务能力与水平，牢牢把握日常行政办公行为准则和道德规范，建设更有品质的学校管理文化。（教师工作部牵头负责）

三、培训安排

本次专题学习培训贯穿全年，应因不同群体对象制定相应的培训方案，采取多样化的方式开展具针对性的教育学习大讨论大培训。（详见附件）

中层干部队伍培训，以校内培训和校外培训相结合、线上培训与线下培训相结合、课堂讲授与现场教学相结合等形式开展，并在5月安排集中学习培训。教师与教辅队伍，在4月至12月底的时间段内以个人自学、专题讲座、院系研学和论坛交流为主要形式开展培训学习。学生思想政治工作队伍，在3月至12月底的时间段内以专题研修、讲座报告、沙龙讨论、校际交流等多种形式开展培训。管理服务队伍，在3月至12月底的时间段内，以集中研讨与个人自学结合式、线上线下双轨式、理论研讨和校外实践交叉式、党史与业务融合式等模式展开丰富多元的学习培训活动。

四、培训要求

1．统一思想，提高认识。全校教职工要充分认识本次专题学习培训的重要意义，通过培训解放思想、提高认识、凝聚共识,把学习成效作为检验教职工是否树牢"四个意识"、坚定"四个自信"、做到"两个维护"的首要标准,务求把学习成果转化为推动学校学党史、悟思想、办实事、开新局的强大动力。

2. 精心组织,抓好落实。专题学习培训各牵头部门要加强统筹协调,确保相关方案各项工作落细落实。各单位党政主要负责人要切实担负起领导责任,以高度负责的精神做好发动和组织工作,确保学习培训实效。各级领导干部要发挥表率作用,带头认真学习和思考,力戒形式主义、官僚主义。全体教师和教职工要充分参与,积极建言献策,推动学习培训深入开展。

3. 广泛宣传,选树典型。宣传部要通过各类媒体(校报、校园网、微信公众号、学习强国号等)对学习培训及教育学习大讨论大培训的进展、动态与成果进行全方位的宣传报道,选树先进单位与个人典型,以实际行动推动学校高质量发展高水平建设。

附件:1. 广州大学"学党史、担使命,推动学校高质量发展高水平建设"中层干部队伍专题学习培训方案
2. 广州大学"学党史、担使命,推动学校高质量发展高水平建设"教师与教辅队伍专题学习培训方案
3. 广州大学"学党史、担使命,推动学校高质量发展高水平建设"学生思想政治工作队伍专题学习培训方案
4. 广州大学"学党史、担使命,推动学校高质量发展高水平建设"管理服务队伍专题学习培训方案

中国共产党广州大学委员会
2021年4月19日

中共广州大学委员会关于印发《广州大学加强党的基层组织建设三年行动计划实施方案(2021—2023年)》的通知

广大党〔2021〕23号

校属各基层党组织:

《广州大学加强党的基层组织建设三年行动计划实施方案(2021—2023年)》已经2021年校党委常委会第13次会议审议通过,现予以印发,请认真学习,遵照执行。

中国共产党广州大学委员会
2021年6月21日

广州大学加强党的基层组织建设三年行动计划实施方案（2021—2023年）

为深入贯彻习近平总书记关于加强基层党建的重要论述精神，持续加强我校党的基层组织建设，确保中央和省委、市委决策部署和各项工作要求全面落实，根据新修订的《中国共产党普通高等学校基层组织工作条例》《广东省加强党的基层组织建设三年行动计划（2021—2023年）》《广州市加强党的基层组织建设三年行动计划（2021—2023年）》以及省、市教育系统实施方案精神，结合工作实际，制定本方案。

一、总体要求

（一）指导思想

坚持以习近平新时代中国特色社会主义思想为指导，全面贯彻党的十九大和十九届二中、三中、四中、五中全会精神，认真落实习近平总书记关于教育的重要论述、对广东系列重要讲话和重要指示批示精神，认真贯彻新时代党的建设总要求和新时代党的组织路线，围绕把握新发展阶段、贯彻新发展理念、构建新发展格局，以党的政治建设为统领，以完善上下贯通、执行有力的组织体系为重点，以提高基层党建工作质量为主线，以改革创新为动力，以让师生群众满意为根本标尺，以更高标准、更严要求、更实举措把我校基层党组织锻造得更加坚强有力，为学校"十四五"时期实现高质量发展，深化高水平大学建设提供坚强的组织保证。

（二）基本原则

坚持和加强党的全面领导，坚持党要管党、全面从严治党，坚持围绕中心、服务大局，坚持系统观念、整体推进，坚持改革创新、久久为功。

（三）主要目标

2021年以"完善组织体系开启新征程"为主题，实施党建全面覆盖提质行动和基层党组织书记能力整体提升行动。重点加强我校各级党组织组织体系建设，建立健全政治理论学习长效机制和党建互联互动机制，优化党组织设置，创新党组织形式，不断扩大基层党的组织覆盖和工作覆盖，着力解决基层党组织设置不合理、不完善等突出问题，全面提升基层党组织建设制度化、规范化、科学化水平。

2022年以"提升党建引领基层治理效能"为主题，实施党建优化提升行动和基层党建示范引领行动。重点加强党的领导，坚持党建引领，发挥带头作用，建立健全干部监督管理机制和正风肃纪长效机制，着力提升基层党组织书记领导力、执行力及创新力。

2023年以"高质量党建推动高质量发展"为主题，实施抓党建促高质量发展聚力行动和抓党建促重大任务攻坚先锋行动。持续深化党建对学校事业发展的引领作用，牢牢把握社会主义办学方向和立德树人根本任务，完善党建工作与业务工作融合建设机制和基层干部关爱激励机制，加强党对学校工作的全面领导，全面统筹推进党建引领育人，健全学校党建特色品牌培育与推广机制，以高质量党建引领推动学校事业高质量发展。

二、主要任务

（一）全面加强学校党的政治建设，切实增强基层党组织政治领导力

1. 旗帜鲜明讲政治抓政治。坚决落实省委"两个维护"十项制度机制、市委"两个维护"

十二项制度机制,推动基层党组织和党员干部切实增强"四个意识"、坚定"四个自信"、做到"两个维护"。进一步落实《关于加强高校党的政治建设的若干措施》《中国共产党普通高等学校基层组织工作条例》,坚定政治信仰,强化政治领导,坚持社会主义办学方向,确保党的领导、党的建设贯穿学校办学治校全过程。基层党组织要充分发挥政治功能,党员干部要不断提高政治判断力、政治领悟力、政治执行力,确保党中央决策部署落地生根。

2. 强化校院党组织的领导。充分发挥学校党委领导核心作用,坚持和完善校党委领导下的校长负责制,持续完善党委统一领导、党政分工合作、协调运作的工作机制,进一步优化学校党委会会议、校长办公会议事决策制度。进一步完善二级党组织委员会议、学院党政联席会议决策机制。加强对附属单位的组织领导,进一步完善广州大学附属中学和广州大学附属艺术学校党建机构和组织体系,建立健全两所学校党组织议事规则和决策程序。

3. 发挥党组织重大决策监督作用。坚决维护民主集中制的权威,健全校院两级"三重一大"集体研究决策制度,将党的领导融入人才培养、科学研究、服务社会、传承文化创新和国际交流合作等全过程各环节,全面强化学校党委把方向、管大局、作决策、抓班子、带队伍、保落实的政治核心作用。基层党组织要强化政治功能,履行政治责任,保证教学科研管理等各项任务完成。充分发挥教师党支部在教师思想政治工作中的重要作用,结合人事制度改革,在制度上和程序上落实教师党支部在教师入职、考核、评优、晋升等方面考察教师政治表现、政治立场、思想素质、师德师风、立德树人表现、日常工作表现等情况的决定性把关作用,推动党组织围绕中心工作和落实重大任务方面做好做实。

(二)深化师生理想信念教育,切实增强基层党组织思想引领力

4. 把学懂弄通做实习近平新时代中国特色社会主义思想不断引向深入。坚持把学习贯彻习近平新时代中国特色社会主义思想作为首要政治任务,及时跟进学习习近平总书记重要讲话和重要指示批示精神,落实理论学习中心组学习、第一议题、支部"三会一课"等制度,完善落实校党委书记、校长、学院党委书记、院长"思政第一课"制度,推进教师思想政治学习制度化、规范化建设,确保教师每周开展1次集中学习、每月开展1次党的创新理论学习。持续推动习近平新时代中国特色社会主义思想在师生中入脑入心、铸魂育人,引导教育师生党员做习近平新时代中国特色社会主义思想的坚定信仰者、积极传播者和忠实践行者。

5. 持续推进"大学习、深调研、真落实"工作。巩固拓展主题教育成果,把"大学习、深调研、真落实"贯彻到学校工作的各方面全过程。根据中央、省委、市委有关决策部署和工作举措,校院领导班子要根据不同阶段的发展要求确定学习主题,拟定调研专题,以实际工作检验落实成效,把学习贯彻成效作为检验党员干部是否树牢"四个意识"、坚定"四个自信"、做到"两个维护"的首要标准。发挥学校人才和学科优势,积极开展习近平新时代中国特色社会主义思想的理论和实践研究,形成应用价值高、指导意义强的理论成果。

6. 推动党员干部不忘初心、牢记使命。坚持把不忘初心、牢记使命作为加强党的建设的永恒课题和全体党员干部的终身课题,全面落实关于巩固深化"不忘初心、牢记使命"主题教育成果的各项举措,努力构建主题教育目标导向机制、学习教育创新机制、履职担当机制。精心组织开展庆祝建党100周年系列活动,扎实抓好党史学习教育,广泛开展党史、新中国史、改革开放史、社会

主义发展史教育，深入进行理想信念教育、爱国主义教育，推动党员干部、广大师生传承红色基因、践行初心使命。健全完善党章学习和常态化党性教育长效机制。从加快党员干部思想作风转变、激励党员干部干事创业入手，认真抓好落实强化教育报国的初心和使命，不断增强推动学校高质量发展的动力。把党员干部履职尽责、勇于担当作为检验初心使命长效化的基本参照，以框定立德树人的发展坐标、涵养风清气正的校园生态、激发和而不同的内生动力为目标，不断提升学校治理能力，提升党建引领基层治理效能。

7．健全党员教育长效机制。构建多层次、多渠道的党员经常性学习教育体系，坚持党员领导干部领学带学督学，常态化开展党员学习，加强学习考核评估，建立工作台账，切实发挥党支部直接教育、管理、监督党员作用。丰富、创新教育模式，利用党员教育基地、廉政教育基地进行党员学习和教育，持续开展"党课开讲啦"、微党课比赛、支部工作案例创新展示及党支部书记素质能力大赛等活动，增强党员教育的有效性针对性。认真落实《广州大学2020—2023年党员干部教育培训规划》和《中共广州大学委员会关于印发全面开展党员干部教职员工专题学习培训方案的通知》，提高党员教育培训质量。完善党员教育培训课程体系，统筹学校党校、学院分党校、马克思主义学院等培训资源，依托广州大学网络党校平台，有计划分层次高质量开展党员教育培训，实现党员轮训全覆盖，确保党员每年参加集中培训和集体学习的时间不少于32学时，基层党组织书记和班子成员不少于56学时、至少参加1次集中培训。试行学生党员写实性学习教育考核积分管理制度，从严从实抓好党员教育管理。

（三）以师生为中心，切实增强基层党组织群众组织力

8．完善联系服务群众工作机制和结对服务机制。深化作风建设，构建党员干部联系服务师生群众工作体系，严格执行党员领导干部双重组织生活等制度，深入推进各级党组织书记建立基层联系点工作。突出抓好领导干部挂点联系学院、支部、班级、学生宿舍社区等，及时了解师生困难，发挥党员在思想政治引领、教育教学学习中的示范带头作用。持续开展党组织结对帮扶、联系联建活动，继续做好广州松田职业学院的党建帮扶工作。

9．建立"我为群众办实事"的长效机制。落实党员到社区报到和"双微"行动工作，成立党员师生志愿服务队，积极参与疫情防控、垃圾分类、交通安全、心理疏导、学生就业、校园维稳等工作。充分发挥教师党员利用学科专业知识在服务师生、服务社会中发挥先锋模范作用。引导学生党员影响带动广大学生在刻苦学习、全面发展、维护校园稳定、参与志愿服务等方面持续深入开展为群众办实事实践活动。

（四）强化党建引领教育事业高质量发展，切实增强基层党组织社会号召力

10．深化党建引领中心工作高质量发展。牢固树立党的一切工作到支部的鲜明导向，围绕中心工作找准基层党组织发挥作用的切入点，将党建组织优势转化为发展优势，积极探索在全面深化教育领域综合改革、教学科研等一线推进党建工作与业务工作深度融合。牢牢把握"双区"建设、"双城"联动战略机遇，围绕构建"一核一带一区"区域发展格局，提高教育质量，为全省打造新发展格局的战略支点发挥重要支撑作用，持续推动内涵式高质量发展，持续提升学校治理效能。以共建共治共享为动力，落实党组织到街道报到工作，以组织联建实现协同发展，促进党建工作优势互补、资源共享，形成党建工作合力。

11. 夯实意识形态安全基础。全面准确把握意识形态工作规律和当前意识形态领域态势，压实意识形态工作政治责任、领导责任。制定完善维稳应急处置方案，建立健全风险隐患预警通报、评估机制。加强意识形态阵地管理，抓好对讲座、论坛、媒介平台等各类活动，线上线下各类教育资源和书籍、刊物、试卷等方面的意识形态审查，增强意识形态领域主导权和话语权。定期开展意识形态分析研判和工作责任制情况检查，确保政治安全和意识形态安全，守好意识形态安全"南大门"。

（五）着力加强组织建设，织密建强上下贯通、执行有力的组织体系

12. 持续发力推进基层党组织建设。各级党组织进一步强化组织建设，努力在学校高质量发展和高水平大学建设中创优争先。各学院党委（总支）是办学治校的中坚力量，在开展党建工作中要在党组织领导和运行机制、政治把关作用、思想政治工作、基层组织制度执行和推动发展改革等五个方面做到"五个到位"。各基层党支部是党在学校全部工作和战斗力的基础，要扎实贯彻落实《中国共产党支部工作条例（试行）》，不断完善基层党支部建设，以党支部为基本单元，持续加强党支部基本组织、基本队伍、基本制度、基本活动和基本保障建设，在教育党员、管理党员、监督党员、组织师生、宣传师生、凝聚师生、服务师生等七个方面做到"七个有力"。坚持党内民主，严格落实广州大学基层党组织换届提醒督促机制，抓好基层党组织换届工作。每年开展一次软弱涣散党组织排查整顿工作，不设比例、应整尽整，明确整顿对象，明确工作措施，落实台账管理和销号制度。

13. 创新基层党组织设置。进一步规范和优化基层党组织设置，鼓励探索和完善在科研团队、课题项目组、重大专项工作、教学园区、学生组织、学生宿舍社区、楼栋等设置党组织工作机制，可采用师生结合、专业联合、跨年级整合等方式在低年级本科生和研究生群体中成立党支部，解决低年级学生党组织"空白点"和对师生政治引领弱化的问题。充分利用五室一站、千千工程、青马工程等平台，坚持党建带团建，推动党建工作进公寓、进课堂、进学生社团。探索在学生组织、学生社团中建立临时党支部，重点推进在各级各类科研机构中党支部的设置，实现全覆盖。

14. 持续推进基层党建品牌建设。深入开展"对标争先"建设计划，持续开展党建工作示范高校、标杆院系、样板支部和"双带头人"教师党支部书记工作室培育创建，全省高校教师党支部书记能力大赛，基层党建创新项目等，深化和巩固"对标争先"工作成果，形成"一院一品牌、一支部一特色"的党建品牌创建模式，培树一批叫得响、过得硬、推得开的标杆院系、样板支部和双带头人支部书记工作室等基层党组织先进典型。力争三年内培育10个党建工作标杆院系、50个党建工作样板支部；力争培育1—2项全国党建理论研究课题、10—20项省级党建理论研究课题。加大力度培育"黄大年式教师团队"，切实推进教师团队建设，打造高素质专业化创新型的教师队伍。持续开展"双星双评""七一"党内表彰工作，优化提升工作质量，营造创先争优、比超赶学良好氛围。

（六）着力加强队伍建设，锻造过硬的基层党员干部人才队伍

15. 选优配强基层党组织书记。选拔党性强、业务精、有威信、肯奉献的教师党员担任党支部书记。持续实施教师党支部"双带头人"培育工程，不断提升能力水平。创新和探索系主任、支部书记"一肩挑"和院士、国家级人才、杰青等高层次人才担任基层党支部第一书记，以党性引领科研初心，促进党建、科研、教学融合发展。注重从优秀辅导员、骨干教师、优秀学生党员中选拔学生党支部书记。

16. 深化南粤党员先锋工程。按照控制总量、优化结构、提高质量、发挥作用的总要求，坚持把政治标准放在首位，落实政治审查制度，进一步提高发展党员质量。建立健全发展党员指导意见，注重在优秀青年教师和高知识群体中发展党员，持续落实校院党组织领导班子成员联系优秀教师入党积极分子制度，加强对优秀人才的政治吸纳。出台《进一步规范党员发展工作的意见》，严格执行党员发展年度计划，持续落实党员发展和管理工作专人负责与季报制度。推行窗口部门党员佩戴党员徽章，引导党员发挥带头作用。探索创新流动党员管理办法，引导流动党员主动亮身份，对流出党员和流入党员加强教育管理。进一步规范党员党籍和组织关系管理，做好毕业生党员、出国（境）学习研究党员组织关系和党籍管理工作。规范做好失联党员管理和组织处置工作。

17. 加强党务工作者队伍建设。增强学校抓基层党建工作力量，健全工作机构。落实专职党务人员和思想政治工作者不低于1%的要求，确保党建工作力量配置。基层党委（党总支）应至少配备1—2名专职组织员，按师生比不低于1∶200的比例设置专职辅导员岗位。落实党务工作队伍岗位津贴、工作量核算、单独评审等政策。基层专职党务工作者具有管理和教师双重身份，可以按照管理系列或者教师系列进行职称评审。落实省委教育工委"百千万（百名高校党委书记、千名院系党组织书记和万名党支部书记）能力提升工程"，重点培育基层党组织书记、教师和学生党支部书记等"头雁"。

（七）着力加强制度建设，建立健全组织制度体系

18. 持续健全基层党建工作机制。结合实际，建立健全涵盖组织设置、组织生活、组织运行、组织管理、组织监督等的完整组织制度体系。健全党组织书记抓基层党建述职评议考核评估制度，坚持问题导向，不断完善优化制度机制，使党的基层组织建设各项工作均有规可依、有章可循。

19. 提高制度执行力。严格落实党内法规执行责任制，全面落实校院领导班子党建工作责任清单，强化抓党建工作的政治责任，按照党章严格执行民主评议党员等制度，贯彻落实校院两级党组织书记第一责任以及班子成员"一岗双责"，严肃党内政治生活，进一步提高"三会一课"质量，规范落实好组织生活会、民主生活会、民主评议党员、主题党日、谈心谈话等基本制度，持续开展各级党组织书记抓基层党建述职评议考核工作。常态化开展执行组织制度的监督检查与专项评估。把制度执行力作为干部选拔任用、考核评价和基层党建述职评议考核的重要标准，推动广大干部严格按制度开展工作。

（八）着力加强基础保障，切实为基层党组织和党员发挥作用创造有利条件

20. 加强基层党建阵地建设。深化党员活动室建设，充分发挥学校及各学院自身的优势资源，通过创特色、建亮点、挖潜力，因地制宜、整合资源抓好自身党建阵地建设。建设好学校党建红色文化教育长廊，打造党员学习培训、日常交流基地，拓宽党组织活动和党员教育活动的广度和宽度。分期规划建设一批校级党员活动室，打造成为全校师生活动的新阵地。

21. 加快党建信息化建设。充分利用网络信息化手段，开展智慧党建，打造智慧党建云平台，利用VR党建云展馆、党建大数据等，以大数据为核心，以党建流程为导向，整合信息资源，实时感知党建动态，实现党建管理的精准化、智能化、人文化、科学化和可视化。开展党建线上课堂。结合我校学科线上课程资源建设，将党建、党史等内容纳入线上课程资源建设内容，支持开展党建微课录制，通过电视、网络、IPTV等方式推出系列线上党建课程，加大党建工作覆盖面，切实打通党建工作服务师生的"最后一公里"。

22. 加强党内激励关怀。加大评选表彰优秀共产党员、优秀党务工作者和先进基层党组织力度，开展"党员评星定级"和"党支部评星定级"工作。优化经费保障，从严规范党费收缴使用管理。依规依纪保障党员权利，关心关爱基层党员干部，精准关怀帮扶离退休老党员、困难党员，落实有关党员的抚恤保障政策。

三、组织领导

（一）压实主体责任

各级党委（总支）书记要作为抓党建工作的第一责任人，发挥领导把关、示范带头、推动落实的作用，着力解决实际问题。各级党组织要统筹规划并认真开展党的建设各项工作，开展党建工作督促检查和述职评议考核。

（二）推动计划落实

各级党组织根据任务要求制定措施，推动基层党建各项任务落地见效。强化上级党组织对下级党组织和党员、干部的监督，对工作落实不力的及时提醒约谈，出现严重问题的依纪依规严肃追责问责。

（三）强化督促检查

校党委要落实主体责任，扎实开展基层党建督促检查，坚持问题导向，强化问题整改，抓住"关键少数"，持续传导压力，层层都担责任，推动基层党建各项工作全面落实、全面过硬。

中共广州大学委员会关于印发《广州大学教职工社团（协会）管理办法（试行）》的通知

广大党〔2021〕29号

校属各单位：

《广州大学教职工社团（协会）管理办法（试行）》已经2021年校党委常委会第13次会议审议通过，现予以印发，请认真学习，遵照执行。

中国共产党广州大学委员会
2021年7月12日

广州大学教职工社团（协会）管理办法（试行）

第一章 总 则

第一条 为了推进校园文化建设，丰富教职工业余文化生活，规范与教职工业余文化活动有关的教职工社团、协会（以下统称"教职工社团"）的设立及活动，并促进其健康发展，依据《中华人民共和国工会法》《社会团体登记管理条例》等法律法规和相关文件规定，结合我校的实际情况，特制定本办法。

第二条 本办法所称教职工社团，是由教职工自愿组建，具有固定章程的，应当由广州大学工会委员会批准成立和管理的，非营利性的校内群众性团体。

本办法不适用于广州大学教职工组建或参加的校内学术性或专业性群众协会、团体。

第三条 教职工社团的基本任务是：以习近平新时代中国特色社会主义思想为指导，在学校党委领导和校工会具体指导下，团结凝聚广大教职工，坚持思想性、知识性、艺术性、实践性、多样性相统一的原则，积极开展方向正确、健康向上、格调高雅、形式多样的社团活动，丰富业余生活，繁荣校园文化，营造立足岗位建功立业的良好氛围，为学校改革发展和国家的繁荣昌盛做贡献。

第四条 教职工社团必须遵守国家法律法规和相关政策要求，必须遵守学校的各项规章制度；不得损害国家利益、社会公共利益及其他组织和公民的合法权益，不得违背社会道德风尚，不得以社团名义从事超出社团章程范围的活动，不得从事营利性经营活动。

第五条 教职工社团组建方式包括两种：一种是由学校有关部门根据工作需要发起组建；另一种是由校工会会员发起组建。

第六条 校工会在校党委的统一领导下承担对教职工社团的指导和管理职能。

第二章　登记与年检

第七条 成立教职工社团，发起方应当向校工会书面提出登记申请，经校工会审核批准后，方可正式成立并开展活动。

未办理批准登记手续的教职工社团，一律不得开展活动。

第八条 申请成立教职工社团应当具备以下条件：

1．发起方为学校有关部门的，发起成立教职工社团的决定应当经该部门领导集体决策并形成相关决议文件，报分管校领导审批并加盖本单位公章。发起方为自然人的，发起人应为校工会会员，且为本校在职在岗教职工，人数不少于三人。

2．有规范的社团名称。名称应当体现社团的宗旨，与其活动性质和特征相符，符合法律法规要求，符合校园文化建设的需要，不得违背校园文明和社会公序良俗。

3．有规范的社团章程。章程内容应当包括社团宗旨、组织架构、会员资格、权利和义务、组织管理制度、经费来源、财务制度、负责人产生程序、社团章程修改程序、社团终止及其他应由社团章程规定的相关事项。

4．社团会员应为校工会会员，且为本校在职在岗教职工，原则上应该达到或超过20人。

第九条 成立教职工社团的，应当提交以下申请材料：

1．申请报告；

2．社团章程；

3．相关登记表格。

第十条 不符合第八条规定的设立条件，以及具有下列情形之一的，校工会不批准成立：

1．跨地跨校联合成立的，或属于未经学校审核批准的校外机构的会员单位或分支机构性质的；

2. 未经学校批准，以有关部门、企事业单位、社会组织或个人冠名的；

3. 具有"同民族会""同乡会"等民族排他性质或地区排他性质的；

4. 发起人违反师德师风规定，受到党纪、校纪及以上处分且没有取消的；

5. 其他不宜批准成立的。

第十一条 对办法实施前已经成立的教职工社团，应按本办法第九条补办登记手续。

第十二条 教职工社团实行年检制度。

经登记成立的教职工社团，自成立后的第二年起，每年应当向校工会办理年检手续。

年检一般在每年五月份由学校工会统一办理。

第十三条 社团进行年检时，需同时填报上一年度社团活动总结和下一年度活动计划及基本预算。

第十四条 教职工社团有以下情况之一者，年检不合格：

1. 在申请筹备或年检注册时弄虚作假的；

2. 参加社团活动会员数长期不足会员总数的2/3的；

3. 开展的活动与章程的宗旨或业务范围不符的；

4. 发起人违反师德师风规定，受到党纪、校纪及以上处分且没有取消的；

5. 其他与社团章程或宗旨不符之情形的。

第十五条 年检不合格或拒不参加年检的，由校工会发出限期整改通知；拒不整改，或者经整改后仍不合整改要求的，不得继续开展社团活动。

第三章 社团负责人

第十六条 社团负责人的条件：

1. 政治素质好，履职能力强，遵纪守法；

2. 具备本社团活动领域内的特长和影响力；

3. 热心社团工作，有较强的组织能力和责任心；

4. 群众基础好，善于团结广大教职工，乐于为大家服务；

5. 身体健康，有足够的时间和精力做好社团工作；

6. 无师德师风问题，也无纪律处分问题。

第十七条 社团负责人的职责：

1. 负责制定社团发展战略、每学期活动计划、专项活动方案，并负责战略、计划和方案的实施；

2. 负责社团日常运营和管理，认真开展社团活动，定期向校工会和会员汇报工作情况及经费使用情况；

3. 积极调动会员积极性，不断稳定和扩大队伍，保持社团的生机和活力；

4. 维护社团章程的严肃性，及时清退不遵守本社团章程、不履行应尽义务的社团会员，或违规违纪违法的社团会员。

第十八条 社团负责人的产生和更换：

1. 社团负责人设置。注册会员50人以下的社团，负责人不超过3人；注册会员在50人到100人之间的社团（含50人、100人），负责人不超过4人；注册会员在100人以上的社团，负责人不超过5人。

2. 社团负责人候选人可以由学校有关部门按照拟成立社团章程的要求推荐产生，也可以由拟成立社团全体会员大会或会员代表大会按照社团章程选举产生，经校工会资格审查合格并批准后生效。

3. 第一届社团负责人从发起人中产生或由发起人选定；后届的社团负责人由社团全体会员大会或会员代表大会从社团负责人候选人中民主选举产生。

第四章　经费管理

第十九条　经校工会批准成立或年检合格的教职工社团，校工会每年可根据社团活动计划和预算情况，给予一定经费支持。

教职工社团如果开展未曾列入社团年度活动计划的活动，可以向校工会申请专项经费，具体额度由校工会审批确定。

对于获得年度优秀称号的教职工社团，校工会按有关文件的规定，给予奖励性活动经费。

校工会委托社团开展全校性比赛或大型活动，经费由校工会负责。

第二十条　禁止教职工社团向会员收取会员费。但是，社团依据章程的规定，并基于会员自愿和专款专用原则，为开展某项特定的活动而向会员分摊合理的活动费用；该等分摊费用，由社团会员自主管理，不纳入校工会账户。

第二十一条　教职工社团在开展某项特定的活动时，可以接受社会捐赠或赞助，但必须由校工会与捐赠人或赞助商订立合同；受赠款物、赞助款物，均为校工会的收益，由校工会统一管理。

捐赠人或赞助商在合同中指定赠与款物、赞助款物用途的，应按其指定使用，但不得违背有关财经制度。

第二十二条　校工会向教职工社团拨付的经费，应当严格按照广州市教育工会、《广州大学工会经费收支管理实施细则（试行）》和学校有关财务管理规定进行管理和使用，专款专用。任何单位和个人不得随意侵占、私分和挪用社团经费。

社团的财务应有专人管理，并有明确的管理制度，做到账目清楚、管理规范；经费使用要求有预算、有计划，厉行节约，经费支出内容严格执行中央八项规定。

社团的经费收支情况须定期向会员公布，并接受校工会监督。

第五章　换届、变更及终止

第二十三条　社团换届应当依据社团章程的要求进行，换届应提前向校工会提出申请，并将换届结果书面报校工会备案。每届任期三年。

第二十四条　社团的名称及其他登记事项的变更，须经校工会审批，履行变更手续。

第二十五条　社团的终止：

（一）按照社团章程规定自行解散的，由社团负责人向校工会提出解散申请，经校工会同意后办理注销手续。

（二）出现以下情况之一的，校工会有权解散该社团。

1. 违反本办法或超出社团章程宗旨和范围开展活动，造成严重不良影响的；
2. 拒绝接受校工会管理指导和监督检查的；
3. 从事营利性或非法活动的；
4. 财务管理混乱的；
5. 会员人数少于规定人数且不能正常开展活动的；
6. 未按本办法和社团章程规定开展活动或活动效果较差的；
7. 出现其他应予以解散情形的。

第六章 运营、管理与监督

第二十六条 社团会员大会是社团的最高决策机构，由社团全体会员组成，每年定期召开，讨论社团工作，通报经费使用情况。

第二十七条 社团要积极主动开展活动，广泛吸收具有共同爱好的教职工参加，按规定、根据社团需要不定期组织招新。

第二十八条 社团活动原则：

1. 社团活动应在宪法、法律和学校规章制度允许范围内开展，有利于教职工素质提高，促进校园文化和精神文明建设；
2. 社团活动应与该社团章程，社团宗旨、目标和特色相一致；
3. 社团有义务服从学校工作大局，参加和支持校工会组织的全校性文体活动；
4. 社团有义务承办校工会和学校有关部门委托举办的专项活动；
5. 社团活动以组织会员开展校内活动为主。经校工会批准同意后，可组织或参加以交流沟通、提高水平为目的的对外交流活动；
6. 社团在每次活动后，须及时向校工会完整上报活动的通知文件、新闻报道、活动照片以及其他有关资料；
7. 社团按照每年制定并报备校工会的年度活动计划开展活动；拟举办未列入计划的专项活动需要提前履行相应审批程序。

第二十九条 校工会负责指导、扶持、帮助教职工社团健康有序发展，每年对社团活动进行总结评价。

第三十条 校工会对社团履行下列监督管理职能：

1. 接受社团申报登记，对申请社团进行审批，对已批准的社团进行备案；
2. 对社团实施年度检查、审核注册，年审内容包括一年工作情况、经费收支情况、下一年工作计划和经费预算等；
3. 指导社团依据社团章程开展活动；
4. 负责社团组织或参加校外活动的审批工作；
5. 对违反相关规定的社团视情节分别做出警告、责令整改、取消经费支持、限期停止活动、撤销登记和注销等处理。

第七章　罚　则

第三十一条　对违反相关规定的社团、社团负责人和会员，有下列行为之一者，情节较轻的，校工会给予批评教育；情节较重的，通报学校相关职能部门和所涉及人员的人事关系、组织关系所在单位，按照相应规章制度给予处分；触犯法律的，交由司法机关处理。

1. 举办活动没有按照有关规定事先报批，或没有获得有关部门批准同意仍坚持举办的；
2. 举办活动的内容违反社团章程的；
3. 举办活动的内容、形式、参加人员不符合学校有关规定或审批意见的；
4. 举办的活动，其参加人员有违反国家有关法律法规的言行的；
5. 未经校工会和相关部门同意，邀请校外人员参加社团活动的；
6. 未经校工会和相关部门同意，与校外单位签订合作协议的；
7. 未经校工会和相关部门同意，以社团名义在校外组织活动的；
8. 未经校工会和相关部门同意，以社团名义接受并使用捐赠、资助及社会赞助的；
9. 未经校工会和学校外事部门同意，以社团名义参加国外组织或团体，或参加国外组织或团体（含其在华办事处）举办的活动的；
10. 在校内举办活动，对校园秩序和师生人身安全造成危害的；
11. 整改期间开展整改要求以外的活动的；
12. 以社团名义从事以营利为目的的经营性活动的；
13. 违反财经纪律，侵占社团公共财物的；
14. 其他违反学校管理规定行为的。

第八章　附　则

第三十二条　本办法自发布之日起实施。

第三十三条　本办法由校工会负责解释。

中共广州大学委员会办公室关于印发《广州大学开展党的教育方针贯彻落实专项行动实施方案》的通知

广大党办〔2021〕1号

校属各单位：

经校党委同意，现将《广州大学开展党的教育方针贯彻落实专项行动实施方案》印发给你们，请结合工作实际认真贯彻落实。

中国共产党广州大学委员会办公室
2021年7月6日

广州大学开展党的教育方针贯彻落实专项行动实施方案

党的十八大以来，以习近平同志为核心的党中央高度重视教育工作，决定把劳动教育纳入社会主义建设者和接班人的要求之中，提出"德智体美劳"的总体要求。习近平总书记在全国教育大会、学校思想政治理论课教师座谈会等会议发表重要讲话，多次赴各级各类学校考察调研、给学校致信回信，作出重要指示批示，对新时代全面贯彻党的教育方针提出明确要求。2021年4月29日，第十三届全国人大常委会第二十八次会议通过关于修改《中华人民共和国教育法》的决定，将其第五条修改为"教育必须为社会主义现代化建设服务、为人民服务，必须与生产劳动和社会实践相结合，培养德智体美劳全面发展的社会主义建设者和接班人"，将党的教育方针落实为国家法律规范。

为深入贯彻党的教育方针，按照中共广东省委教育工作领导小组办公室《转发中央教育工作领导小组秘书组关于在各级各类学校开展党的教育方针贯彻落实专项行动的通知》有关要求，结合学校实际，特制定我校实施方案。

一、总体要求

以习近平新时代中国特色社会主义思想为指导，深入学习贯彻习近平总书记关于教育的重要论述，不断坚持党对学校工作的全面领导，发挥党的教育方针权威性指导性地位和作用，校属各单位自觉对标对表党的教育方针，深入学习领会党的教育方针科学内涵、核心要义和精神实质，准确把握教育工作的政治属性、宗旨方向和目标任务，把牢政治方向，端正办学理念，清理制度规范，校正误区偏差，不断提升办学治校、教书育人质量和水平。

二、重点任务

围绕深入学习宣传贯彻党的教育方针要求，组织校属各单位聚焦办学治校、教书育人重点领域和关键环节，认真查找与党的教育方针不相符的观念和行为，扎实开展整改工作，推动学习认识再深化、贯彻落实再出发，重点把握以下方面：

1. 结合开展党史学习教育，围绕学习贯彻习近平新时代中国特色社会主义思想，特别是习近平总书记关于教育的重要论述，重点梳理把学习贯彻党的教育方针纳入学校各级党组织学习、组织生活和教师培训研讨等情况，推动党的教育方针成为师生员工耳熟能详、自觉运用的日常规范。（责任部门：宣传部、组织部、教师工作部、学生工作部）

2. 对照党的教育方针检视办学理念，进一步总结凝练办学定位、办学特色、校训校风，结合谋划学校"十四五"发展规划，不断坚定正确办学方向、规范办学行为、提高办学质量。（责任部门：发展规划处、党办校办）

3. 着眼构建德智体美劳全面培养的教育体系，梳理把立德树人融入思想道德教育、文化知识教育、社会实践教育各环节的情况，特别是体育、美育、劳动教育课程是否开足开齐，相关学科专任教师配备是否到位。（责任部门：教务处、学生工作部、宣传部、校团委）

4. 围绕构建思想政治工作体系，重点梳理检视思想政治理论课改革创新、思想政治理论课教师和辅导员队伍建设、师德师风长效机制建设等情况，特别是新时代教师职业行为"十项准则"落实情况，加强课堂、报告会、研讨会、讲座、论坛等意识形态阵地管理情况。（责任部门：宣传部、学生工作部、教师工作部、教务处、马克思主义学院）

5. 按照《深化新时代教育评价改革总体方案》部署，全面梳理盘点学校章程和各项规章制度，特别是对照"十不得、一严禁"负面清单要求，切实做好清理规范和修订完善工作，推动破除"五唯"顽瘴痼疾取得实质性进展。（责任部门：党办校办、教务处、教师工作部、科研处、发展规划处）

6. 对照党的教育方针规范表述和贯彻落实要求，全面排查清理校园各类标语标识、条幅口号等，加强开学和毕业典礼等仪式庆典活动管理，发挥校园文化对师生思想浸润的积极导向作用。（责任部门：宣传部、学生工作部、研究生院、党办校办）

三、工作安排

1. 梳理自查。各责任部门要对照专项行动重点任务，逐条逐项进行认真自查，总结经验做法，查找短板弱项，梳理总结党的十八大以来学校相关经验做法（包括工作成效、存在问题与薄弱环节、加强和改进的思路举措等），形成报告经分管校领导审核签字后，在7月12日下班前将报告的电子版和纸质版（加盖单位公章）报给党办校办罗星同志。

2. 整改落实。各责任部门要坚持问题导向和目标导向相结合、查找问题与立行立改相结合，针对查找的问题即知即改、立行立改，建立并动态更新工作台账，确保整改任务责任到人、落实到位。

3. 巩固拓展。各牵头校领导要加强对责任单位自查整改落实工作的调研指导，建立健全有利于党的教育方针准确把握、有力执行、全面贯彻的长效机制。各责任部门对照专项行动重点任务，在9月16日前形成自查整改落实专项工作报告，经分管校领导审核签字后，将报告的电子版和纸质版（加盖单位公章）报给党办校办罗星同志。

四、工作要求

1. 提高政治站位。校属各单位要深刻理解把握新时代全面贯彻党的教育方针的重大意义，不断提高政治判断力、政治领悟力、政治执行力，充分发挥党的教育方针纲举目张作用，切实加强和改进贯彻落实工作，以实际行动和成效践行"两个维护"。

2. 压紧压实责任。各责任部门要加强组织领导，强化统筹协调和督促落实，力戒形式主义、官僚主义，确保专项行动在规定时间内高质量完成。对工作落实不到位、自查整改不力的单位和个人，要严肃追究责任。

3. 积极稳妥推进。校属各单位要严格按照专项行动任务要求，加强对师生的宣传教育和引导，切实防范化解可能出现的风险隐患，推动将党的教育方针有效融入学校高水平建设和日常管理等各项工作中，不断增强贯彻落实的科学性和有效性。

广州大学党廉办关于印发《2021年广州大学党风廉政建设和反腐败工作责任分工》《广州大学贯彻落实〈关于进一步加强和改进同级监督的八项措施〉责任分工》的通知

党廉办〔2021〕3号

校属各单位：

《2021年广州大学党风廉政建设和反腐败工作责任分工》《广州大学贯彻落实〈关于进一步加强和改进同级监督的八项措施〉责任分工》已经2021年校党委常委第15次会议审议通过，现予以印发，请各责任单位按照分工认真抓好贯彻落实。

广州大学党风廉政建设领导小组办公室
2021年7月21日

2021年广州大学党风廉政建设和反腐败工作责任分工

根据《党委（党组）落实全面从严治党主体责任规定》《关于实行党风廉政建设责任制的规定》精神，为落实市纪委工作要求和校党委工作安排，对2021年党风廉政建设和反腐败工作责任分工如下。

一、强化政治监督，确保党中央重大决策部署贯彻落实到位

1. 督促全校各级党组织深入开展党史学习教育。

责任单位：党委宣传部、纪委综合室、党委组织部（机关党委）、党办校办

2. 健全贯彻习近平总书记重要指示批示和党中央重大决策部署督查问责机制。

责任单位：党办校办、纪委综合室、纪委纪检监察室、党委组织部（机关党委）

3. 严肃换届纪律，加强换届风气监督。严格落实"十个严禁"换届纪律要求，对换届风气开展重点督查，从严查处违规违纪违法问题，确保换届风气清明清正清新。加强对敢担当善作为干部的激励保护，大力推进清廉建设，努力做到风气严实、纪律严明、干部廉洁、班子廉政。

责任单位：纪委综合室、纪委纪检监察室、党委组织部（机关党委）

4. 开展贯彻《党委（党组）落实全面从严治党主体责任规定》监督检查。

责任单位：党委组织部（机关党委）、纪委综合室、党办校办

5. 建立健全制度执行监督机制，督促落实意识形态工作责任制，加大对重大事项请示报告、个人有关事项报告、插手干预重大事项记录等制度执行情况的监督检查。

责任单位：纪委综合室、党委组织部（机关党委）、党委宣传部

二、坚定不移深化反腐败斗争，不断实现"三不"一体推进战略目标

6. 聚焦重要领域、关键环节，坚决查处人事招聘、招生考试、科研管理、项目建设、招标采购等工作中的腐败问题，以及"雅贿""影子股东"等隐性腐败。

责任单位：纪委综合室、纪委纪检监察室、教师工作部

7. 充分发挥信访举报主渠道作用，精准规范处置问题线索，巩固提升实名举报率。从讲政治高度研判问题线索，重点关注贯彻党的路线方针政策不力、"七个有之""两面人"等危害党中央权威和集中统一领导的问题。

责任单位：纪委纪检监察室

8. 紧盯"关键少数"，对党的十八大后不收敛不收手，特别是十九大后仍不知止的，发现一起查处一起，坚决抓紧去存量、有力有效遏增量。高度关注年轻干部违纪违法问题，加强教育管理监督。

责任单位：纪委综合室、纪委纪检监察室、党委组织部（机关党委）

9. 加大谈话函询抽查核实比例，对不如实说明的严肃处理。

责任单位：纪委纪检监察室

10. 建立健全办案、整改、治理和办案、监督、警示一体贯通的制度机制，深化运用纪检监察建议、监督发现问题清单等方式，做实以案促改、以案促治。坚持以案明纪释法，督促违纪违法案件案发单位党组织开好专题民主生活会。

责任单位：纪委综合室、纪委纪检监察室

11. 加强廉洁文化建设，继续办好纪律教育学习月活动，加强领导干部党章党规党纪教育培训，强化监督教育、理想信念教育、纪律教育、政德教育、家风教育。

责任单位：纪委综合室、党委组织部（机关党委）、党委宣传部、校工会

三、毫不松懈纠治"四风"，让求真务实、清正廉洁的新风正气不断充盈

12. 落实中央八项规定及其实施细则精神，进一步加强作风建设，深入推进形式主义、官僚主义专项整治，推动各级党组织全面检视、精准画像、靶向纠治、精准施治。严肃查处学校群体性事件、公共安全事件、重大事故背后的形式主义、官僚主义问题。

责任单位：党办校办、纪委综合室、纪委纪检监察室、党委组织部（机关党委）、党委宣传部、党委统战部、保卫处、武装部、财务处、审计处、校工会

13. 着力整治基层干部不担当不作为，推动建立健全基层减负常态化机制。

责任单位：教师工作部、纪委综合室、纪委纪检监察室、党委组织部（机关党委）、党办校办

14. 把监督节约粮食、坚决制止餐饮浪费行为作为重要任务，督促校属各单位坚持过紧日子，坚决遏制公款消费中的违规违纪违法现象。

责任单位：纪委综合室、纪委纪检监察室、党办校办、财务处、审计处、后勤服务处

15. 建立完善领导干部操办婚丧喜庆事宜、公务用车管理等制度。

责任单位：党委组织部（机关党委）、党办校办、纪委综合室

16. 深入开展作风建设正面宣传教育，以优良党风引领学风教风校风。教育引导党员领导干部坚决反对特权思想和特权行为，从严管好家属子女和身边工作人员，严格家风家教。

责任单位：党委宣传部、党办校办、纪委综合室、纪委纪检监察室、党委组织部（机关党委）

17．深化运用廉政档案，加强领导干部个人事项报告情况核查，督促落实规范领导干部配偶、子女及其配偶经商办企业行为规定。

责任单位：纪委综合室、纪委纪检监察室、党委组织部（机关党委）

18．按照上级要求，开展公职人员违规占用公有住房，违规占有农村土地、农村乱占耕地建房，公职人员违规参与民间借贷等问题的自查自纠和专项整治。持续纠治疫情防控、教学科研、安全生产、食品安全等工作中的腐败和作风问题，坚决惩治基层"微腐败"。

责任单位：党办校办、纪委综合室、纪委纪检监察室、党委组织部（机关党委）、后勤服务处

四、促进各类监督贯通融合，不断增强监督治理效能

19．深入实施市委加强和改进同级监督八项措施，加强对同级党委和下级党组织的监督。推动学校党委全面监督、学校纪检监察机构专责监督、学校党委部门职能监督、校属各基层党组织日常监督、党员民主监督有机结合，加强在信息、资源、力量、成果等方面的共享联动。

责任单位：纪委综合室、纪委纪检监察室、党办校办、党委组织部（机关党委）

20．遵照《中国共产党廉洁自律准则》《中国共产党纪律处分条例》进一步加强纪律建设，突出政治监督，做深做实日常监督和对"一把手"监督，健全抓早抓小工作机制，严把党风廉政意见回复关，对苗头性、倾向性问题或轻微违规违纪问题，及时开展约谈提醒、批评教育、责令检查、诫勉谈话，着力构建一体推进"不敢腐、不能腐、不想腐"的体制机制。

责任单位：纪委综合室、纪委纪检监察室、党办校办、党委组织部（机关党委）

21．坚持严管厚爱结合、激励约束并重，贯通纪法情理，精准运用"四种形态"，坚持"三个区分开来"，推动健全容错纠错正负面清单和典型案例通报制度，早发现早提醒、真容错敢纠错。严格执行党员权利保障条例，严肃查处诬告陷害行为，激发党员、干部干事创业内生动力，大力巩固和提升学校风清气正政治生态持续向好的态势。

责任单位：纪委综合室、纪委纪检监察室、党委组织部（机关党委）

22．准确把握纪检监察证据适用标准，严格规范问责程序，及时纠正问责不力和问责不当等问题，常态化做好被问责和受处分干部的跟踪回访教育工作。

责任单位：纪委综合室、纪委纪检监察室

23．发挥师生群众的民主监督作用，整合基层监督力量，加大对基层干部和公职人员用权监督约束力度。健全完善工作机制，密切关注、审慎稳妥处置涉腐舆情，掌握维护意识形态安全主动权，激发群众监督正能量。

责任单位：纪委综合室、纪委纪检监察室、党委宣传部

五、深化拓展纪检监察体制改革，建设政治素质高、忠诚干净担当、专业化能力强、敢于善于斗争的纪检监察铁军

24．加强纪检监察队伍建设，提升纪检监察队伍能力和水平，实现各二级学院副书记、党员副院长担任纪检委员全覆盖，不断提高监督执纪问责效能。

责任单位：纪委综合室、纪委纪检监察室

广州大学贯彻落实《关于进一步加强和改进同级监督的八项措施》责任分工

根据市委办公厅《关于进一步加强和改进同级监督的八项措施》有关工作要求，结合学校工作实际，对进一步加强和改进同级监督分工如下。

一、压实同级监督主体责任和第一责任人责任

1. 校党委定期分析研判本单位政治生态，督促领导班子成员落实重大事项请示报告、述职述廉、提醒谈话等党内监督制度。（责任部门：党办校办、纪委综合室、组织部）

2. 校党委书记每年对班子其他成员进行全覆盖监督提醒谈话，会同校纪委书记对受处分的领导班子成员进行回访教育。领导班子成员发生重大违纪违法案件、严重"四风"问题，校党委要及时召开专题民主生活会，并向上级党组织报告整改落实情况。（责任部门：党办校办、纪委综合室、组织部）

3. 纪委综合室、纪委纪检监察室每年结合党风廉政建设责任分工，协助校党委制定同级监督重点任务清单，督促将开展同级监督情况纳入述职述廉、民主生活会对照检查内容。（责任部门：纪委综合室、纪委纪检监察室）

二、提升民主生活会质效

4. 实行民主生活会全程录音和会议纪实制度，纪委综合室、纪委纪检监察室、组织部对学院党委（总支）民主生活会进行督促检查和列席指导，重点评估开展批评和自我批评情况，对准备不足，以及批评和自我批评一团和气、评功摆好、以工作建议代替批评意见的及时叫停，对走过场的责令重新召开，并在一定范围通报批评，情节严重的追究主要负责人责任。（责任部门：纪委综合室、纪委纪检监察室、组织部）

三、通过上级监督带动同级监督

5. 坚持和完善上级一把手约谈下级一把手制度，实行校纪委与学院党委（总支）领导班子成员集体谈话、校纪委书记定期与学院党委（总支）党委书记谈话制度。（责任部门：纪委综合室、组织部）

6. 校党委书记及校纪委书记要经常听取学院党委（总支）领导班子成员对学院党委（总支）书记和领导班子其他成员的评价和意见，并向学院党委（总支）书记反馈对领导班子成员的反映，促进领导班子成员之间相互监督。（责任部门：党办校办、纪委综合室、组织部）

四、在领导班子成员间开展提醒谈话

7. 开展校院两级领导班子成员双向约谈工作，发现苗头性、倾向性问题时，领导班子成员要通过谈心谈话、工作交流、问题反馈等方式相互提醒。校院两级党委（总支）书记要采取信函、电话、邮件、视频等与实地家访、召开家属恳谈会相结合的方式，加强对领导班子成员"八小时以外"的监督提醒。领导班子成员非因履行职责需要违规打听过问不属于分管领域重大事项的，班子其他成员应当予以提醒纠正；发现违规干预干部选拔任用、人事招聘、招生考试、科研管理、项目建设、招标采购、监督执纪等问题的，应当按规定记录并及时向上一级党组织报告。（责任部门：

党办校办、纪委综合室、组织部）

五、完善重大事项集体议事决策监督问责机制

8. 严格执行民主集中制，坚持完善重大决策全程纪实、会议主持人末位表态、如实记录等制度，实行会议记录集体签字制度，推动重大决策过程全程留痕记录，建立权力运行可查询、可追溯的反馈机制。（责任部门：党办校办、纪委综合室、组织部）

9. 完善重大决策责任倒查机制，对错误决策提出明确反对意见或保留意见的领导班子成员可以不予问责或者免予问责。（责任部门：纪委综合室、纪委纪检监察室、组织部）

六、强化对同级领导班子成员的定向监督提醒

10. 校纪委在信访举报、监督检查、审查调查、巡视巡察中发现的校党委领导班子成员分管联系单位存在的突出问题和廉政风险隐患，在向相关单位反馈的同时要向校党委领导班子成员点对点发函提醒。（责任部门：纪委综合室、纪委纪检监察室）

11. 校纪委对学校党政主要负责人的函询通知、谈话函询了结反馈意见要同时抄送校党委及上级分管领导。对校属各单位的纪检监察建议，要同时抄送同级党组织和分管联系的校领导。（责任部门：纪委综合室、纪委纪检监察室）

七、提升同级领导班子成员向纪委全会"三述"覆盖面和有效性

12. 完善校纪委"三述"工作现场提问评议机制，邀请特约监察员现场提问，邀请"三述"对象分管联系单位及工作的党员代表现场评议。每年确定参加"三述"对象后，由校纪委提前收集整理在监督中发现的其本人和分管联系单位及工作的问题信息，结合"三述"现场评议和末位约谈情况，增强对"三述"对象反馈提醒的针对性。探索"三述"网络现场直播试点，邀请党员群众代表实时在线提问和评议，打造线上线下同步监督新模式。（责任部门：纪委综合室、纪委纪检监察室）

八、强化同级领导班子成员问题直报制度

13. 校纪委要定期向上级纪检监察机关报告校党委领导班子成员，特别是校党委书记落实主体责任、执行民主集中制、廉洁自律等情况；在监督执纪中发现涉校党委领导班子成员问题线索要按规定向上级纪检监察机关报告。（责任部门：纪委综合室、纪委纪检监察室）

学校各级党组织要把开展同级监督作为加强党的领导、做到"两个维护"的重大政治任务，作为落实全面从严治党主体责任的重要内容，知责于心、担责于身、履责于行，推动同级监督真正做起来、实起来、严起来。党组织书记作为第一责任人要带头接受监督，发挥"头雁效应"，以上率下抓好同级监督，领导班子成员要履行好"一岗双责"，发挥同级相互监督作用。学校纪检监察队伍要积极履行协助职责，发挥监督专责推动作用，重点加强对同级领导班子的监督，强化对下级党组织及其领导班子成员特别是一把手的监督，推动形成上下贯通监督合力，确保同级监督各项措施落到实处。

广州大学关于印发《广州大学推进2021届毕业生就业工作实施方案》的通知

广大〔2021〕17号

校属各单位：

《广州大学推进2021届毕业生就业工作实施方案》经校领导同意，现予以印发，请认真学习，遵照执行。

广州大学
2021年3月4日

广州大学推进2021届毕业生就业工作实施方案

党的十九届五中全会强调，强化就业优先政策，千方百计稳定和扩大就业，完善重点群体就业支持体系。促进高校毕业生就业是就业工作的重中之重。2021年高校毕业生就业面临的国内外发展环境错综复杂，不稳定不确定因素增多，就业面临风险挑战更加严峻。我校2021届毕业生人数总量多，就业工作任务艰巨。为贯彻落实党中央、国务院"稳就业""保就业"决策部署，根据教育部《关于做好2021届全国普通高校毕业生就业创业工作的通知》（教学〔2020〕5号）精神，现就我校推进2021届毕业生就业工作提出如下方案。

一、强化担当，落实对毕业生就业工作的领导和组织保障

1. 加强对就业工作领导统筹部署。学校成立就业工作领导小组，加强对全校就业工作的领导和部署，把推进毕业生就业作为重要的政治任务摆上学校领导班子重要议事日程。校领导对联系学院的毕业生就业工作进行督导和检查。相关职能部门与各学院合力做好学校毕业生就业工作。招生就业工作处负责协调和落实本科生、校外二级学院专科生的就业工作；研究生院负责协调和落实研究生的就业工作；学生处协助开展毕业生思想教育指导和心理辅导工作；教务处负责核准本科和专科毕业生数据和信息工作；人事处、科研处、财务处协助开展毕业生担任校内科研助理的管理工作；保卫处负责毕业生参军、毕业生户籍迁移工作；创新创业学院负责开展毕业生创业工作；校团委负责"西部计划""山区计划"等动员和组织工作；组织部负责督促检查各级党组织、广大党员在毕业生就业工作中发挥作用情况；统战部负责发动联络校友支持接纳毕业生工作；各学院负责本学院毕业生就业推荐和管理工作。

2. 落实就业工作"一把手工程"。学校与各学院签订年度就业工作任务责任书。各学院执行学校工作部署，把做好毕业生就业工作作为一项重要政治任务，成立学院就业工作小组，书记和院长为第一责任人部署督促、分管院领导为直接责任人靠前指挥，学院明确院系班子成员的分工职责，落实辅导员、班主任、导师等具体任务，发动和组织全学院教师、党员干部参与推荐就业工作，实施就业指导、市场拓展、就业招聘等具体计划措施，出台学院帮扶工作方案，落实"千师助千生"工作，以更强的责任担当、更有效的举措、更有力的保障，完成学校下达的年度就业工作各项任务。（落实单位：各学院）

3. 建立全员参与就业工作机制。统战部、学生处、招生就业工作处、各学院共同建设好三支专兼职就业工作队伍，建立全员参与就业工作的长效机制。一是加强对专职就业工作队伍建设，每学院落实1—2名辅导员主要从事毕业生就业工作，确保工作队伍稳定和工作连贯性。招生就业工作处负责组织队伍进行业务知识和技能培训，提升队伍的就业工作专业化素质；二是学院组织以毕业班班主任、导师等院系专任教师为主的就业推荐兼职工作队伍，利用发挥专任教师在行业、在协会的多方资源和在学生中的影响力，为毕业生就业提供推荐帮扶；三是由统战部发动校友和发挥社会热心人士的作用，为我校毕业生提供广阔的就业渠道和资源。（落实单位：学生处、招生就业工作处、统战部；协助单位：各学院）

4. 做好对就业工作的督促检查。学校加强对各学院的就业工作督促检查，推行《广州大学毕业生就业工作考评办法》，将就业工作纳入年度考核重要内容。通过对学院完成的就业任务、工作情况、毕业生就业质量等进行检查、考核，建立就业工作督查、通报、约谈、问责机制，并将考核结果纳入年度学院绩效综合评价体系、纳入年度评奖评先工作中。对政策执行不到位、工作薄弱和就业统计数据造假等情况的学院要追究第一责任人和直接责任人的领导责任。（落实单位：招生就业工作处、研究生院；协助单位：人事处）

二、开展教育，加强对毕业生就业思想引导和心理辅导

5. 引导毕业生转变就业思想观念。各学院要把毕业生就业作为立德树人的重要环节，作为"三全育人"的重要内容，指导辅导员、班主任开展以"成才观、职业观、就业观"为核心的就业主题教育教学活动，通过班会课、政策形势课、座谈会、谈心谈话等形式，引导毕业生把个人理想追求融入现代化国家建设新征程，以党和国家需求为导向，鼓励毕业生为国家战略、重点领域、重点行业服务，把握互联网、大数据、人工智能和实体经济深度融合创造的就业机会。学院要确保毕业生电子简历完善度良好以上达到100%，提高毕业生参与招聘活动的积极性，引导毕业生密切关注部、省市、学校就业网和微信公众号发布的政策信息和招聘信息，积极参与部、省市、校三级联通的就业网络上的各类招聘活动。（落实单位：各学院）

6. 开展职业发展指导和就业心理辅导。大学生职业发展与就业指导教研室针对不同年级开展学生职业发展指导教学工作，组织就业指导咨询活动和开展个性化就业指导，组织行业职业分析大赛等活动，提供职业发展咨询、就业心理咨询服务。各学院要求院系领导、班主任、指导老师与辅导员一起，密切关注毕业生就业动态和心理状况，组织求职经验分享会、择业宣讲活动等，用心用情地做好就业思想教育、诚信教育和心理疏导等，引导学生树立健康、积极、理性的就业心态。（落实单位：各学院、就业教研室；协助单位：学生处）

三、拓宽渠道，提供毕业生各种就业升学机会

7. 提供更多就业信息和渠道。招生就业工作处、研究生院要不间断推送和组织毕业生参加教育部"24365校园招聘"大型公益校园招聘活动，以及依托广东省高校毕业生就业创业智慧服务平台开设校园招聘专场等，收集汇总提供更多的政策性岗位和市场性岗位，及时发布毕业生学科及生源信息，组织网上"云招聘"和现场校园招聘会。各学院制定就业市场开拓方案，尤其是在粤港澳大湾区不断开辟更多的就业地区和在重点企业就业。支持毕业生以新就业形态、灵活多样方式实现就业。对要求考研、升学深造的毕业生，加强对升学政策、录取考试程序的指导和宣传，确保升学与就业工作能有序衔接。（落实单位：招生就业工作处、研究生院；协助单位：各学院）

8．实现校企协同育人提高培养适应度。教务处、科研处、各学院深化科教结合、校企合作、产教融合，促进教育链、人才链与产业链、创新链有机衔接。各学院建立和扩展用人单位信息库，一年内开展对不少于10家的用人单位走访调研，促进与用人单位的人才合作，实现校企协同育人，提高人才培养的目标达成度；主动与战略型新型产业融合，促进人才培养的社会需求适应度。各学院应组织多场行业专场招聘会或专业就业宣讲会，多渠道主动联系用人单位，充分发挥学术资源、校友资源作用，举全院之力为毕业生提供就业信息和指导就业出路。（落实单位：各学院；协助单位：教务处、科研处）

9．引导毕业生积极参加国家和地方基层项目招录。招生就业工作处、研究生院、校团委分别做好国家"三支一扶"、地方选调生、"山区计划""西部计划"等基层项目宣传和招录工作，落实执行国家规定的求职创业有关补贴政策，与保卫处一起做好宣传动员毕业生参军入伍工作。（落实单位：招生就业工作处、研究生院、校团委、保卫处；协助单位：各学院）

10．拓展校内科研助理工作岗位。根据《教育部办公厅关于高等学校进一步做好开发科研助理岗位吸纳毕业生就业工作的通知》（教科技厅函〔2020〕23号）要求，在2021年上半年，科研处、校内科研机构与各学院继续开发科研助理岗位，增强科研助理岗位吸引力，把该项工作作为深化科技管理体制改革的举措。人事处、招生就业工作处、财务处负责落实社会保险、制定合理薪酬标准、加强规范管理等，不断完善科研助理设置和管理工作，成为吸纳我校毕业生就业的途径之一。（落实单位：科研处、招生就业工作处、人事处、财务处；协助单位：各学院）

11．推进创业带动就业工作。依托"互联网+"大学生创新创业大赛、粤港澳大湾区创新创业项目对接、广东"众创杯""挑战杯"等创新创业大赛活动，营造大学生就业创业氛围和机会，创新创业学院要组织开展"高校毕业生创业服务专项活动"，发挥创业孵化基地作用，推动各类创新创业大赛获奖项目成长发展、落地见效，带动更多毕业生实现就业。（落实单位：创新创业学院；协助单位：校团委）

四、创新形式，提升就业推荐服务的能力和水平

12．持续开展线上线下招聘活动。招生就业工作处、研究生院加大组织网上招聘活动的力度，确保每月组织校园现场综合招聘会（2021年上半年每月至少两场），每天安排用人单位招聘宣讲会，每天公布新的岗位招聘信息，为广大毕业生提供更多更有针对性的就业信息，为用人单位招聘毕业生提供良好的服务工作。各学院在上半年组织至少一场有20个以上单位参加的行业专场招聘会或专业就业宣讲会，并通过微信群、QQ群等及时为毕业生推送招聘信息。学校将每月公布就业岗位统计信息、毕业生参加应聘情况、毕业生签约情况。（落实单位：招生就业工作处、研究生院；协助单位：各学院）

13. 建设高质量就业服务平台。招生就业工作处、研究生院在教育部就业平台、广东省大学生就业创业智慧平台的基础上，继续完善我校就业招聘信息系统建设，构建部、省、校联通共享的高质量就业服务体系，组织就业工作人员、毕业班辅导员和毕业生注册使用。在毕业生电子简历完善度良好以上达到100%的基础上，实现学生需求和企业需求的精准推送、智能匹配，提高就业服务的精准性和实效性，实现线上招聘和就业事务办理的一体化。（落实单位：招生就业工作处、研究生院；协助单位：各学院）

五、关心关爱，做好重点群体的就业帮扶工作

14. 做好毕业生情况两本台账。各学院开展深入调查，掌握毕业生就业意向、就业能力、就业情况的第一手资料，做好两本台账，实施就业创业能力提升行动。一是对低收入家庭毕业生、少数民族、残疾或就业相对困难等重点群体毕业生建立工作台账，精准帮扶；二是对有就业意向但未落实就业单位的毕业生建立跟踪工作台账，为毕业生尽快落实单位提供帮助。招生就业工作处汇总各学院工作台账，定期反馈。（落实单位：各学院、招生就业工作处、研究生院）

15. 开展"一帮一""多帮一"的帮扶。对低收入家庭毕业生、少数民族、残疾或就业困难等重点帮扶群体毕业生，学院按照"一人一档""一人一策"要求重点帮扶，派出院系负责人、班主任、导师、专业老师、党员干部"一帮一"或者"多帮一"，让有就业意愿的重点群体毕业生尽快顺利就业，在8月底前达到100%就业。各学院安排教工党支部对接联系1—2个毕业生班级，把促进就业作为支部党建工作内容之一。实行包干到班、包干到人，推荐更多就业岗位，帮助毕业生解决就业过程中面临的困难和问题。（落实单位：各学院、招生就业工作处、研究生院；协助单位：组织部）

六、规范管理，完善就业统计评价和质量反馈

16. 规范就业信息统计上报。学校使用全国高校毕业生网上签约与毕业去向登记平台，实现部、省、校三级就业数据实时同步共享，推行毕业生本人直接填报、学校逐级审核、由省进行最终核查的就业统计方式。学校严格执行教育部关于就业工作"四不准"规定，即不准以任何方式强迫毕业生签订就业协议和劳动合同，不准将毕业证书、学位证书发放与毕业生签约挂钩，不准以户档托管为由劝说毕业生签订虚假就业协议，不准将毕业生顶岗实习、见习证明材料作为就业证明材料。各学院应指导毕业生规范填报就业类型，认真核实就业信息，确保就业数据完整准确真实。学校定期公布反馈各学院专业就业进展情况，对违反就业统计上报有关规定的，将追究相关单位负责人、工作人员的责任。（落实单位：招生就业工作处、研究生院、各学院）

17. 建立就业工作综合评价。由招生就业工作处、研究生院组织和推进就业工作综合评价，建立就业评价指标体系。在对毕业生就业签约数、参与招聘情况、学院帮扶工作进度评价的基础上，增加毕业生到重点领域就业情况，到知名优质单位就业，到西部、基层、艰苦边远地区就业等作为就业工作评价考核的重要内容。健全就业工作通报、约谈机制，从3月份起实行就业情况半月报、毕业生签约进展周报（日报）的工作机制。（落实单位：招生就业工作处、研究生院）

18. 健全就业质量反馈机制。持续开展对应届毕业生就业意向、单位招聘情况调查调研、毕业生当年就业质量报告、毕业五年后质量追踪调查等，健全我校毕业生就业质量报告制度，更好发

挥毕业生就业状况对我校招生、学科专业设置、人才培养的反馈作用。（落实单位：招生就业工作处、研究生院）

广州大学关于印发《广州大学专业技术人员在岗兼职创新创业管理办法（试行）》和《广州大学专业技术人员离岗创业管理办法（试行）》的通知

广大〔2021〕18号

校属各单位：

《广州大学专业技术人员在岗兼职创新创业管理办法（试行）》和《广州大学专业技术人员离岗创业管理办法（试行）》业经2021年校党委常委会第2次会议审议通过，现予以印发，请认真学习，遵照执行。

广州大学
2021年2月27日

广州大学专业技术人员在岗兼职创新创业管理办法（试行）

第一章 总 则

第一条 为贯彻落实《关于进一步支持和鼓励事业单位科研人员创新创业的指导意见》（人社部发〔2019〕137号）、《关于支持和鼓励事业单位专业技术人员创新创业的指导意见》（人社部规〔2017〕4号）、《关于鼓励高校科研院所科研人员创新创业有关人事管理问题的意见》（粤人社规〔2017〕2号）等文件精神，确保学校发展与专业技术人员在岗兼职创新创业互利共赢，指导专业技术人员在岗规范化从事兼职创新创业，为专业技术人员在岗兼职创新创业提供制度保障，结合学校实际，制定本办法。

第二条 本办法适用学校在职在岗专业技术人员。

第三条 专业技术人员在岗兼职创新创业包括以下三种情形：

（一）学校选派专业技术人员到企业挂职或者参与项目合作；

（二）专业技术人员到与本单位业务领域相近企业、科研机构、高校、社会组织等兼职；

（三）专业技术人员利用与本人从事专业相关的创业项目在职创办企业或入股其他企业。

其中，专业技术创业项目涉及知识产权、科研成果的，须同时执行《广州大学知识产权管理办法》等相关文件。

本条未涉及的工作内容不视为兼职，国家、省、市如出台许可文件，按相应文件执行。

第四条 各单位在支持和鼓励专业技术人员在岗兼职创新创业的同时,要全面落实立德树人根本任务,确保本单位的教学、科研、人才培养、学科建设等工作正常开展和完成,有利于服务经济社会发展。

第二章 申请条件及程序

第五条 申请条件

(一)政治素质好,拥护党的方针政策,认真履行本岗位职责,较好完成本职工作。

(二)近3年年度考核为合格及以上等次。

第六条 申请程序

(一)专业技术人员书面提出兼职申请,并填写《广州大学专业技术人员在岗兼职创新创业审批表》,提供与学校业务领域或与本人从事专业有关联性的证明材料。

书面申请内容应包含(但不限于):本人兼职类型,本人兼职工作单位,主要工作内容,主要工作内容与学校业务领域或与本人从事专业的关联性,本人兼职工作目标,工作内容是否涉及学校或他人具有权利的知识产权。

工作内容涉及学校具有权利的知识产权的,书面申请中应列明该知识产权的名称、类别、权证号码及预计需要使用的内容。工作内容涉及他人具有权利的知识产权的,书面申请中应列明该知识产权的名称、类别、权证号码及所有权利相关人同意使用该知识产权的说明。

(二)所在单位根据申请人提交的材料进行初审,并提出初步审批意见。

(三)所在单位同意后报人事处,由人事处会同相关职能部门进行审核。

(四)分管人事校领导审批。

(五)专业技术人员到人事处办理相关手续。

第三章 合同管理

第七条 聘用合同变更

学校应与兼职专业技术人员、兼职单位签订三方协议作为聘用合同的补充条款,明确约定兼职事项、期限、收益分配、成果归属、岗位职责、工作标准和考核、工资待遇等内容。

第八条 兼职协议续订

专业技术人员申请兼职的期限,原则上每期不超过三年。兼职期满如需延续本兼职工作的,应在到期前三个月向所在单位再次提出申请,学校批准后可以继续兼职。

第九条 聘用合同解除

兼职期间,专业技术人员自愿流动到兼职单位工作的;或者与企业协商一致,自愿流动到企业工作的;或者在职创办企业期间提出解除聘用合同的,学校应当依法依规与其解除聘用合同并办理相关手续。解除合同需承担的责任按双方签订的聘用合同及兼职协议执行。

第四章 考核管理

第十条 专业技术人员兼职期间年度考核重点考察其在本职岗位的工作表现。所在单位进行考核时，可参考由兼职单位提供的考核结果。

第十一条 专业技术人员兼职期间年度考核或聘期考核为基本合格的，学校终止其兼职许可，次年不得再次申请。

第十二条 专业技术人员兼职期间年度考核或聘期考核为不合格的，学校终止其兼职许可，三年内不得再次申请。

第十三条 有下列情形之一的，终止兼职许可，当年年度考核评定等次为基本合格。国家、省、市、学校对该情形另有处理或处分的，按照文件一并执行：

（一）兼职工作占用本职工作时间的；

（二）未经学校许可，本人及兼职单位占用学校人力、设备、资金、场地等资源的；

（三）兼职当年仅能基本履行岗位职责，基本完成年度考核任务的。

第十四条 有下列情形之一的，终止兼职许可，当年年度考核评定等次为不合格。国家、省、市、学校对该情形另有处理或处分的，按照文件一并执行：

（一）未经学校许可，对外转让，以单位或个人名义允许兼职单位、其他单位或个人使用学校的知识产权及其他无形资产的；

（二）兼职工作违反法律禁止性规定或侵害学校、他人合法权益的；

（三）兼职当年不能履行岗位职责，不能完成年度考核任务，或者在工作中严重失误、失职的；

（四）未经学校批准从事兼职行为的，或虽经学校批准但从事兼职工作内容与学校批准内容不符的，或兼职期限到期未申请续签而继续从事兼职行为的。

第十五条 兼职期满，无正当理由未返回单位人员，按旷工处理。

第五章 人员管理

第十六条 担任学校正职领导的专业技术人员经批准可以兼任与本单位或者本人教学科研领域相关的社会团体和基金会等职务，但不得在企业兼职。担任学校领导班子其他成员的专业技术人员经批准可以在企业兼职，但不得在兼职企业领取薪酬。

担任学校中层领导的专业技术人员经批准可以在企业兼职，但不得在兼职企业领取薪酬。按有关规定在兼职企业获得的报酬，应全额上缴学校，学校根据实际情况给予适当奖励。没有领导职务的专业技术人员兼职可以兼薪。

担任学校中层及以上领导的专业技术人员在岗创办企业或入股其他企业的，应先辞去领导职务，按干部人事管理权限报校党委组织部或上级组织部门审核批准，并按《党政领导干部辞职暂行规定》《关于党政领导干部辞职从事经营活动有关问题的意见》等党政领导干部相关管理规定执行。在岗创业期间应聘在专业技术岗位上，若相应专业技术岗位无空缺，允许一次性超岗聘用后再逐步消化。创业期满后根据《事业单位领导人员管理暂行规定》等规定及实际情况安排使用。

学校中层及以上领导干部在社会团体、基金会、民办非企业单位和企业兼任职务的，须同时执行国家、省、市党政领导干部在社会团体等兼职的相关规定。

第十七条 所在单位同意专业技术人员兼职申请的，兼职期间，该人员所从事岗位不得申请增补人员，其他同类岗位出现自然减员的除外。

第十八条 专业技术人员在保证保质保量完成本职工作的基础上进行兼职的，继续享有参加职称评审、项目申报、岗位竞聘、培训、考核、奖励等各方面权利，工资、社会保险等各项福利待遇不受影响。在兼职单位的工作业绩或者在职创办企业取得的成绩可以作为其职称评审、岗位竞聘、考核奖励等的重要依据。

第十九条 兼职和创业期间专业技术人员发生工伤的，依法享受工伤保险待遇。学校可与兼职单位或创业企业约定工伤处理及补偿办法。专业技术人员兼职和创业期间发生人员死亡的，由学校按事业单位相关规定发放一次性抚恤金和丧葬费，但已享受工伤保险丧葬补助金的，不再享受丧葬费待遇。

第二十条 专业技术人员与兼职单位产生纠纷或发生其他事故的，由本人及兼职单位承担责任，协议另有约定的除外。

第二十一条 兼职人员在兼职期间须执行事业单位人事管理政策规定和学校相关管理规定。兼职期间违反事业单位工作人员管理相关规定的，按照事业单位人事管理条例等相关政策法规处理。

第二十二条 对于在实施过程中徇私舞弊、弄虚作假的人员，根据情节轻重，按照相关规定，给予批评教育或者处分。构成犯罪的，移送司法机关处理。

第六章 成果转化

第二十三条 专业技术人员兼职须自觉维护学校知识产权，不得侵害学校利益，涉及到知识产权属学校的科研成果，按学校有关规定执行。个人不得对外转让、也不得以单位或个人名义允许兼职单位无偿使用学校的发明成果、专利和非专利技术等无形资产。

第二十四条 专业技术人员及兼职单位原则上不得占用学校人力、设备、资金、场地等资源。

第七章 附 则

第二十五条 本办法自印发之日起实施，由人事处负责解释。

第二十六条 本办法未尽事宜，国家和省、市法律法规另有规定的，从其规定。若上级无明确规定的，由学校和本人另行协商约定执行。

广州大学专业技术人员离岗创业管理办法（试行）

第一章 总 则

第一条 为更好地促进学校科技成果转化，鼓励专业技术人员积极投身"大众创业、万众创新"，保障离岗创业人员的权益，根据中共中央《关于深化人才发展体制机制改革的意见》（中发〔2016〕9号）、《关于支持和鼓励事业单位专业技术人员创新创业的指导意见》（人社部规〔2017〕4号）、《关于深化高校科研体制机制改革的实施意见》（粤府办〔2015〕58号）及《关于鼓励高校科研院所科研人员创新创业有关人事管理问题的意见》（粤人社规〔2017〕2号）等文件精神，结合学校实际，制定本办法。

第二条 本办法所指离岗创业活动是指专业技术人员按干部人事管理权限批准后，在规定期限内保留人事关系，利用本人及其所在团队科研项目、科技成果或者凭借自身专业知识离岗到企业开展创新创业或自主创办企业。

第三条 本办法适用学校在职在岗专业技术人员。

第二章 申请条件及程序

第四条 申请条件

（一）政治素质好，拥护党的方针政策，认真履行本岗位职责，较好完成本职工作。

（二）入校连续工作满3年。

（三）近3年年度考核、聘期考核为合格及以上，无党纪、政务处分。

（四）离岗创业期间从事的工作与所在单位科技成果转化相关或与原从事工作相关。

第五条 现主持国家、省重大科技项目或我校重要工作的人员，原则上不得离岗创业。正在接受审查、调查，尚未作出结论的人员，不得离岗创业。

第六条 从事军工项目或涉及国家秘密的人员（含在脱密期的人员），按照《中华人民共和国保守国家秘密法》等有关规定执行。

第七条 申请程序

（一）个人申请。专业技术人员向所在单位提出书面申请，提交离岗创业计划、公司法人证、公司章程等材料。

（二）所在单位初审。所在单位、科研管理等职能部门对申请人员的条件进行审核，并集体研究决定。

附属单位的申请人需经附属单位校长办公会议/党委常委会会议研究同意，并公示5个工作日无异议后报学校人事处。

（三）职能部门审核。所在单位同意后报学校人事处，由人事处会同相关职能部门审核。担任学校中层及以上领导人员（含"双肩挑"人员），应先辞去领导职务，按干部人事管理权限报校党委组织部或上级组织部门审核批准，并按《党政领导干部辞职暂行规定》《关于党政领导干部辞职从事经营活动有关问题的意见》等党政领导干部相关管理规定执行。

（四）校内公示5个工作日。

（五）校长办公会议审定。

（六）签订或变更聘用合同，办理相关手续。

第三章 管理服务

第八条 人事关系

专业技术人员离岗创业的，其离岗创业期限原则上不超过3年，期间保留人事关系。离岗创业期满确需延期的，经学校同意可适当延长，延长期最多不超过3年。

第九条 合同管理

学校与离岗创业人员、离岗创业所在单位签订三方协议，约定离岗创业事项、期限、工资待遇、社会保险、知识产权、技术秘密保护、研究生培养、返回人事关系所在单位工作相关事宜、违约责任处理、争议处理等事项。

第十条 工资待遇

离岗创业人员离岗创业期间，停发基本工资、绩效工资、津贴补贴等工资待遇及学校规定的相关福利待遇。离岗创业人员享有按上级规定调整基本工资标准及晋升薪级工资的权利。达到国家规定退休条件的，按要求及时办理退休手续。经批准返岗后，工资待遇按所聘岗位同等条件人员确定。

第十一条 社会保险、医疗待遇及住房公积金

离岗创业人员离岗创业期间依法继续在学校参加社会保险及享受医疗待遇，学校按离岗创业人员离岗前一个月的缴费基数为其缴交社会保险、职业年金、住房公积金，其中个人缴费部分由离岗创业人员承担，国家和省、市政策性调整工资时，相应调整缴费工资基数。

创业企业或所工作企业应当依法为离岗创业人员缴纳工伤保险费用。离岗创业人员发生工伤的，依法享受工伤保险待遇。离岗创业期间发生人员死亡的，按事业单位相关规定发放死亡一次性抚恤金和丧葬费，已享受工伤保险丧葬补助金的不再享受丧葬费待遇。

离岗创业人员的医疗待遇费用、工伤保险费用及生育待遇等，由单位与创业企业或所工作企业另行约定补偿及执行办法。

第十二条 职称评审与岗位聘用

离岗创业人员离岗创业期间执行学校职称评审、培训、考核、奖励等管理制度。离岗创业期间取得的业绩、成果等，可以作为其职称评审的重要依据。学校对离岗创业人员离岗创业期间空出的岗位，确因工作需要，经批准后可按国家有关规定用于聘用急需人才。离岗创业人员返岗的，如无相应岗位空缺，可暂时突破岗位总量聘用，并逐步消化。原则上返岗后按岗位等级不低于原聘岗位等级聘用。

第十三条 年度考核

离岗创业期间，由离岗创业所在单位负责离岗创业人员的年度考核，学校对其年度考核结果进行认定，并计入个人人事档案。

离岗创业期间，仍由原所在部门对离岗创业人员进行管理。离岗创业人员应每3个月向原所在部门书面汇报个人工作、创业、计生、遵纪守法等情况。

第十四条 离岗创业期间，离岗创业人员所承担的科研项目原则上不得中止，确需中止的应当按照有关规定办理。

第十五条 离岗创业期间，离岗创业人员若有违法违纪行为，学校应依据有关规定，给予其处分或解除聘用合同。离岗创业人员若违反聘用合同约定事项，学校可依据有关规定或合同约定，予以处理。

第十六条 离岗创业期满，离岗创业人员申请返回人事关系所在单位工作的，应提前30日提交书面申请，并在离岗创业期满15个工作日内返回。对逾期未归的离岗创业人员，学校按照旷工处理，依据有关规定与其解除聘用合同，终止人事关系。

第十七条 离岗创业期间或期满，离岗创业人员不回学校工作的，提交书面辞职申请，学校按有关规定解除聘用合同，终止人事关系。

第四章 其 他

第十八条 专业技术人员离岗创业不得侵害学校利益，涉及学校知识产权的科研成果，按学校有关规定办理。

第十九条 对在实施过程中徇私舞弊、弄虚作假的人员，根据情节轻重，按照相关规定，给予批评教育或者处分。构成犯罪的，移送司法机关处理。

第五章 附 则

第二十条 本办法自印发之日起实施，由人事处负责解释。旧规定与此相冲突的，以本管理办法为准。

第二十一条 本办法未尽事宜，国家和省市法律法规另有规定的，从其规定。若上级无明确规定的，由学校和本人另行协商约定执行。

广州大学关于印发《广州大学新时代劳动教育实施方案》的通知

广大〔2021〕24号

校属各单位：

《广州大学新时代劳动教育实施方案》业经2021年第4次校党委常委会会议审议通过，现予以印发，请认真学习，遵照执行。

广州大学

2021年3月18日

广州大学新时代劳动教育实施方案

为全面贯彻落实新时代党的教育方针和全国教育大会精神，深入落实中共中央、国务院《关于全面加强新时代大中小学劳动教育的意见》和教育部《大中小学劳动教育指导纲要（试行）》，构建实现德智体美劳全面培养的教育体系，引导学生树立正确的劳动观，培养学生的社会责任感、创新精神和实践能力，结合我校实际，特制定本方案。

一、工作目标

1. 打造劳动教育新模式。坚持立德树人、五育并举，把劳动教育纳入人才培养全过程。紧扣国家经济社会发展新趋势，结合学校学科专业特色，遵循学生成长规律，全面修订人才培养方案，打造劳动教育新模式。强化马克思主义劳动观教育，在思政课、就业创业与专业实践教育中新增劳动教育内容，设置服务性劳动教育实践课。

2．构建劳动教育新体系。实施显性课程与隐性课程相结合的课程设置模式，构建劳动教育课程体系。推出以体力劳动为主、服务性劳动和生产性劳动为核心的实践课程体系，学生线上选课，线下实践。

3．构筑协同育人新格局。以学校为主导，家庭为基础，社会为依托，三者深度融合，协同育人。学生完成学校劳动教育课程，亲历居家劳动，参与社会劳动，养成良好的劳动品质，牢固树立"劳动最光荣、劳动最崇高、劳动最伟大、劳动最美丽"的价值观。

4．建立考核评价新机制。以劳动教育目标、内容要求为依据，学校、社会为评价主体，体力劳动、服务性劳动、创新性劳动为评价内容，劳动态度、劳动技能、劳动成效为评价指标，将过程和结果、定性和定量相结合，开展劳动教育过程监测与纪实评价，充分发挥评价的育人导向和反馈改进功能。

二、培养方案

1．将劳动教育有机融入人才培养方案。制定劳动教育课程实施方案，将劳动教育与专业教育、通识教育和创新创业教育有机结合。在思政课、就业创业教育与专业实践教育中新增劳动教育内容，设置服务性劳动教育实践课1.5个学分，纳入本科生第二课堂必修学分，学年内灵活设置集体劳动日、集体劳动周，安排学生定期参加集体劳动，并将日常劳动贯穿学生学习生活全过程。

2．将劳动教育与其他课程相融合。基于学科、专业特点，将劳动教育融入、渗透到专业教育、思想政治教育、创新创业教育、职业生涯教育及就业指导等教育教学活动中，课程呈现为融合课程。在马克思主义基本原理、思想道德修养与法律基础等四门思政课程中突出马克思主义劳动观、劳动安全和劳动法规等内容；在大学生职业发展和就业指导课程中融入劳动教育，结合专业特色，强化"创新创业+劳动教育"实践，同时与"互联网+""挑战杯"等创新创业赛事深度融合，积累职业经验，融入劳动教育；在实习实训、专业服务、社会实践等中有机融入劳动教育，全面提高学生专业劳动能力与素养，强化敬业、诚信、创新、奋斗、合作、奉献等新时代劳动精神。

3．将劳动教育有机融入第二课堂。充分利用学校第二课堂项目优势，将劳动教育实践部分纳入第二课堂必修学分，通过实习实训、专业服务、社会实践、勤工助学、社会服务等活动，强化学生公共服务意识和奉献精神，培养学生的劳动能力和劳动习惯。

三、具体措施

（一）弘扬劳动精神，营造浓厚的劳动教育氛围

系统宣传教育引导。充分运用校报、中英文官网、微信微博微视频等"一报两网三微"平台，立体化宣传劳动教育。通过座谈会、主题班会、党团活动等多种形式，组织学生深入学习习近平总书记系列重要讲话中关于劳动教育的论述，开展劳动教育专题讨论，教育引导学生树立正确的劳动价值观，端正劳动态度，激发劳动兴趣。

校园劳动文化建设。大力营造崇尚劳动、尊重劳动的校园文化氛围，组织开展与劳动相关的社团活动，举办劳动技能、劳动成果展示交流活动；结合植树节、学雷锋纪念日、五一劳动节，开

设集体劳动日、集体劳动周，激发学生劳动的内在需求和动力；邀请大国工匠、劳动模范进校园活动，让学生近距离感受工匠精神和劳模风范，学习各行各业劳动者杰出代表的思想和事迹，通过辛勤劳动、诚实劳动和创造性劳动，引导学生崇尚劳动、尊重劳动、热爱劳动。

（二）加强课程建设，将劳动教育融入人才培养全过程

设置劳动教育理论教育。在劳动教育课程中，开设理论教育，在马克思主义基本原理、思想道德修养与法律基础等四门思政课程中突出马克思主义劳动观、劳动安全和劳动法规等内容；在大学生职业发展和就业指导课程中融入劳动教育，结合专业特色，强化"创新创业+劳动教育"实践，同时与"互联网+""挑战杯"等创新创业赛事深度融合，积累职业经验，融入劳动教育，引导学生爱劳动、会劳动、懂劳动，树立正确的劳动观，崇尚劳动，尊重劳动。

设置劳动教育实践课程。在劳动教育课程中，开设劳动实践环节，设置服务性劳动教育实践1.5个学分，纳入本科生第二课堂必修学分。学校每学年灵活设置集体劳动日、集体劳动周，要求本科生在学校学习期间，以班级或小组（5人及以上）为单位，到广州市各区的街道、社区与工厂等基层单位和大学城各校区进行服务性劳动，积极参与宿舍、教室、食堂等校园场所的卫生保洁、绿化美化等活动；结合学科和专业特色，在实习实训、专业服务、社会实践等中有机融入劳动教育，强化专业性的社会服务劳动；打造"三支一扶"、大学生志愿服务西部计划、"青年红色筑梦之旅""三下乡"等特色社会实践活动。

（三）整合实践资源，充分发挥实践基地的劳动育人功能

拓展校内劳动教育资源。充分利用学校实验室、专用教室、创客空间、协同创新平台开展校内劳动实践活动，拓展环境卫生、绿化美化、图书维护、后勤服务等领域的校内劳动教育资源，进一步整合校内资源，积极拓展校外渠道，与各专业原有的校外实习实践等教学活动结合补充，充分发挥学校各级各类实践教育基地的劳动育人功能。

开拓校外劳动教育资源。在学校的组织与指导下，各学院与广州市的11个区对接，新建校外劳动教育实践基地，以便学生能到广州市各区的街道、社区与工厂等基层单位进行服务性劳动。依托校外实习教学基地，整合校外社会力量和各行各业的专业力量，创建健全的社会实践平台，开发多样的社会实践岗位，让学生在劳动实践中服务他人、奉献社会，教育自我、提升自我。

（四）重视课外实践，优化第二课堂劳动教育

将劳动实践纳入综合素质评价体系。通过第二课堂，记录、审核学生参加劳动实践的活动情况，及时汇总、发布劳动教育活动信息，实现劳动教育管理手段的信息化。学生在校期间通过参与劳动教育活动及实践累计劳动实践学时，纳入综合测评体系，达到劳动实践课程要求的可计入课程学时。

打造特色主题实践平台。充分发挥大学生"青年红色筑梦之旅""挑战杯""创青春"和"互联网+"等优质活动和大学生创新创业大赛优质教育实践平台的作用，鼓励学生用创新创业成果服务乡村振兴战略、助力精准扶贫。

创新劳动教育实践模式。以校院（系）两级团学组织和学生社团为主体，大力开展与劳动有关的兴趣小组或社团活动。利用学雷锋纪念日、"五一"国际劳动节等时间节点组织志愿劳动活动，灵活设置集体劳动日、集体劳动周，开展社会服务性劳动，开展"文明宿舍""美丽校园""公益

同行""技能达人"等系列主题活动，鼓励学生参与劳动教育活动，增强学生对劳动教育的认同感和责任感，推进劳动教育制度化、常态化。

四、考核评分与学分抵扣

考核学分组成。本科生在学校学习期间，以班级或小组（5人及以上）为单位，累计一周半（1.5学分）到广州市各区的街道、社区与工厂等基层单位、大学城各校区进行服务性劳动；0.5学分（8学时）选修以下几门劳动理论与技能课程中的一门课程。2学分纳入本科生第二课堂必修学分。

（1）参加大国工匠、劳动模范等劳动教育讲座4场及以上，由学生处负责；

（2）选修8学时及以上的劳动理论或劳动技能教育选修课，由招生就业工作处负责；或选修8学时及以上的线上劳动理论或劳动技能教育课程，线上教育课由教务处负责。

考核方式。以劳动教育目标、内容要求为依据，将过程性评价和结果性评价结合起来，开展劳动教育过程监测与纪实评价，发挥评价的育人导向和反馈改进功能。根据学生上交的劳动教育体会（2000字及以上），参考学生在劳动中的团结协作精神与综合表现给予评定，评分标准分为：优秀、良好、中、及格、不及格五级。

优秀：严格遵守劳动纪律，劳动教育体会撰写质量优秀，劳动过程积极、认真负责；

良好：严格遵守劳动纪律，劳动教育体会撰写质量良好，劳动过程认真负责；

中：遵守劳动纪律，劳动教育体会撰写质量中，劳动过程较为负责；

及格：遵守劳动纪律，劳动教育体会撰写质量一般，劳动过程不够负责；

不及格：不遵守劳动纪律，劳动教育体会撰写质量较差，劳动过程不认真。

纳入学年礼评价体系。将劳动教育纳入学年礼的《广大底色学生素质发展评价体系》，在"能力发展性强"一级指标中设置"劳动教育"二级指标（权重），增设"劳动达人"的评选，进一步弘扬劳动精神，更好地为学生发展和教书育人工作提供引领。

学分抵扣。服务性劳动课程的2学分可由学生参加大学生志愿服务西部计划、"青年红色筑梦之旅""三下乡"等特色社会实践活动或参加志愿活动满16学时及以上进行抵扣，最多可抵扣0.5学分。

考核细则的制定。各学院需根据具体情况制定具体的、可操作性强的劳动教育考核细则。

五、支撑保障

组织领导。组建学校劳动教育领导小组和劳动教育中心。劳动教育领导小组统筹全校劳动教育工作，设计全校劳动教育体系，定期围绕劳动教育进行专题研究。劳动教育中心负责劳动教育的日常组织与实施及学分认定等工作。劳动教育中心设在学生处，中心主任由学生处处长兼任。劳动教育中心定期召集召开研讨会，分析、商讨、解决工作中遇到的问题。各院系相应成立劳动教育工作小组，根据本方案制定具体措施，细化责任分工，确保落实。

师资建设。建立专职与兼职相结合的劳动教育师资队伍，将劳动教育作为教师思想政治教育和培养培训的重要内容。教师指导学生劳动实践计入教学工作量，并纳入教师职称评聘和年度考核环节。劳动教育中心设置专职副主任及工作人员，统筹落实每学期的劳动教育工作。

经费保障。将劳动教育经费纳入学校年度预算，每年学校视财力情况给予一定的经费支持，为劳动教育实践、劳动教育设施、校内劳动教育场所、校外劳动教育实践基地建设、购买学生劳动保险与劳动工具、劳动教育评选评先及志愿者活动提供充足经费支持，确保经费投入。

安全保障。制定劳动教育安全管理实施细则。组织专家每学年定期评估各类劳动实践活动安全风险，消除劳动实践各种隐患。制定劳动实践活动风险防控预案，建立应急与事故处理机制。

广州大学关于修订《广州大学采购管理办法》及3项配套规章制度的通知

广大〔2021〕25号

校属各单位：

为完善学校采购运行机制，规范采购行为，加强学校采购内部管理，防范业务风险，促进廉政建设，招投标管理工作办公室对《广州大学采购管理办法》，以及《广州大学采购限额标准》《广州大学校内集中采购实施细则》《广州大学校内零散采购实施细则》等3项配套规章制度进行了修订，并经2021年第6次校党委常委会会议审议通过，现予以印发，请认真学习，遵照执行。

广州大学
2021年4月12日

广州大学采购管理办法（2021年修订）

第一章 总 则

第一条 为完善学校采购运行机制，规范采购行为，加强学校采购内部管理，明确内部工作机制，防范业务风险，促进廉政建设，根据《中华人民共和国政府采购法》《中华人民共和国政府采购法实施条例》《中华人民共和国招标投标法》《中华人民共和国招标投标法实施条例》《财政部关于加强政府采购活动内部控制管理的指导意见》等有关法律法规和文件规定，结合学校实际，制定本办法。

第二条 学校采购分为政府采购和校内自主采购。

政府采购是指使用财政性资金，采购政府集中采购目录以内或者采购限额标准以上的货物、服务、工程的行为。

校内自主采购是指使用财政性资金，采购政府集中采购目录以外且采购限额标准以下的货物、服务的行为。

第三条 本办法所称的货物，是指仪器设备、家具、图书教材、办公设备、体育器材、交通工具、房屋、软件等各种形态和种类的物品。

本办法所称的服务，是指印刷、出版、机票、物业管理、维修保养、租赁、劳务、信息软件开发、会议、法律、审计、资产评估、安全、保险等除货物和工程以外的其他采购对象。

本办法所称的工程，是指建设工程及与建设工程有关的货物、服务。建设工程，包括建筑物和构筑物的新建、改建、扩建及其相关的装修、拆除、修缮等；与建设工程有关的货物，是指构成工程不可分割的组成部分，且为实现工程基本功能所必需的设备、材料等；与建设工程有关的服务，是指为完成工程所需的勘察、设计、造价咨询、招标代理、监理等服务。

第四条 学校采购应当遵循公开透明、公平竞争、公正和诚实信用的原则，实行采购活动电子化、程序化、规范化、痕迹化的信息化管理，做到全流程公开、透明、可追溯，实现阳光采购。

第五条 学校采购应严格执行政府采购关于节能产品、环境标志产品、进口产品等政策规定。

第六条 学校负责采购决策、管理、执行和监督的人员及采购项目评审专家（含采购人代表和自主推荐评审专家），与参加采购活动的供应商存在下列利害关系之一的，应当回避：

（一）参加采购活动前三年内，与供应商存在劳动关系，或者担任过供应商的董事、监事，或者是供应商的控股股东或实际控制人；

（二）与供应商的法定代表人或者负责人有夫妻、直系血亲、三代以内旁系血亲或者近姻亲关系；

（三）与供应商有其他可能影响采购活动公平、公正进行的关系；

（四）供应商认为采购人员及相关人员与其他供应商有利害关系的，可申请其回避。

第二章 组织机构及职责

第七条 学校采购实行决策、执行、监管三分离的管理体制。

第八条 学校成立招投标管理工作领导小组，统一领导学校各类采购工作，审定学校采购规章制度，研究决定有关采购工作重大事项。领导小组由校长任组长，分管招投标工作的副校长任副组长，成员由财务处、后勤服务处、实验室与设备管理处、基建处、科研处、网络中心、图书馆、法律顾问室、招投标管理工作办公室主要负责人担任。

第九条 学校设立招投标管理工作办公室（以下简称招标办），归口管理学校采购工作，负责制定学校采购工作的规章制度，代表学校对外委托采购代理机构、选派评审的采购人代表、统计上报政府采购信息，对内管理采购行为、审批采购方式，负责组织实施政府采购及校内集中采购。

第十条 采购承办部门负责审查采购项目的经费落实情况，采购项目的前期论证、进口产品申请、汇总编制用户部门及本部门采购计划和需求，提出采购方式，参与招标，组织采购合同的签订、执行、验收和付款，资料整理归档、移交工作。

政府采购项目和校内集中采购项目需成立工作小组（一般为5人或5人以上，单数），工作小组组长由采购承办部门主要负责人（或委托分管领导）担任，组员由该项目采购承办部门经办人和用户部门主要负责人、经办人等组成，具体执行该项目的采购任务。

后勤服务处归口管理行政办公的货物及服务项目，全校的复印纸、印刷服务、维修工程项目的采购。

实验室与设备管理处归口管理教学科研的货物、服务项目（包括教学科研设备的维修维护）采购。

基建处归口管理建设工程类及相关服务项目采购。

科研处归口管理科学研究服务项目，如试验开发、技术测试和分析、计算、加工等服务项目采购。

网络中心归口管理网络信息类的货物、服务项目采购。

图书馆归口管理图书资料、电子资源、出版类的货物和服务项目采购。

以上归口管理工作，学校有调整的，按新规定执行。

第十一条 财务处负责组织汇总编制部门预算中的政府采购年度预算，并按照采购部门的申请收取履约保证金及办理采购项目资金支付。

第十二条 学校纪检监察、审计部门按照相关规定实施监督。

第三章 编制预算和计划

第十三条 各单位应加强预算和采购计划管理，科学、准确地编制预算和采购计划。需论证的，应先完成论证手续，需政府职能部门审批的项目（如消防、电力、安全等），应先完成审批手续，再进入采购报批程序。用户部门在合理制定采购需求的基础上编制采购预算，申报下一年度部门预算时，应将项目采购预算作为部门预算的一部分报送财务处汇总，由财务处一并上报市财政部门审核。

第十四条 用户部门根据已批复的项目经费预算及时申报采购计划，报经费主管部门核准后交采购承办部门。列入采购计划的采购项目必须已经得到学校立项和落实经费，资金范围包括财政预算资金、纳入财政管理的其他资金。大额资金的采购须符合"三重一大"决策机制。

第十五条 用户部门填写采购计划时，须明确采购项目详细的技术要求、服务要求、采购数量、采购金额、采购时限，确保资料的真实性、准确性和完整性。

第十六条 采购承办部门汇总、编制采购计划，上报财务处、招标办。学校采购必须按照上级主管部门批准的年度采购预算编制采购计划，未纳入年度采购预算和采购计划的采购项目，原则上不能组织实施采购工作，也不支付采购资金。

第四章 政府采购的组织实施

第十七条 政府采购方式包括公开招标、邀请招标、竞争性谈判、询价、竞争性磋商、单一来源。依据《中华人民共和国政府采购法》第三章第二十六条至第三十二条中对采购方式的要求，结合采购项目具体需求、预算金额等实际情况，选择政府采购方式。积极采用协议供应、电子卖场、网上竞价、批量集中采购等采购方式，提高采购效率。

第十八条 通过公开招标、邀请招标、竞争性谈判、竞争性磋商、询价、单一来源采购方式的政府采购项目，须进行采购意向公开（涉密项目不宜公开的除外）。采购意向公开原则上不得晚于采购活动开始前30日。由采购承办部门向招标办提出公开申请，招标办负责在上级部门规定的公开渠道和载体进行发布。公开内容为采购项目名称、采购需求概况、预算金额、预计采购时间等。

第十九条 用户部门编制采购需求书，填写《广州大学采购工作方案审批表》，向归口采购承办部门申报，采购承办部门进行审核并提出采购方式建议，由采购承办部门向招标办报送审批表及用户需求书，经招标办核准后，组织实施采购工作。

10万元以上的单一来源项目、20万元以上政府采购项目和校内集中采购项目需经采购承办部门分管校领导审批后，由采购承办部门向招标办报送审批表及用户需求书，经招标办核准，报招投标分管校领导批准后，组织实施采购工作。

第二十条 达到公开招标数额标准的货物和服务类项目，必须采用公开招标方式，不得将应当以公开招标方式采购的货物或服务化整为零或以其他任何方式规避公开招标。

达到公开招标数额标准的项目，因特殊情况确需要采用公开招标以外的采购方式的，经分管招投标校领导审批同意后，报经市财政部门批准方可实施。书面申请材料应包括采购项目内容和预算情况、申请变更采购方式的事实和理由，并提供相关证明资料等。

第二十一条 采购起点金额以上的项目，应当根据采购项目分类选择政府采购集中代理机构或分散代理机构。委托代理机构办理采购事宜的，应当签订委托协议，约定双方的权利和义务等。

第二十二条 委托采购代理机构后，由招标办提交采购需求书，采购代理机构根据采购需求依法依规编制采购文件。

采购需求书须包括：采购预算、投标人资格条件、商务条款、技术要求、付款方式、合同版本等。采购需求书内容应符合政府采购政策、国家行业法规与技术规范、国家安全标准和强制性标准，不得规定以下内容：

（一）以不合理的注册资本金、销售业绩及资格条件（含特别授权条款）等条款对潜在供应商实行歧视或差别待遇；

（二）设定限制、排斥潜在供应商的商务、技术条款；

（三）以某一品牌特有的技术指标作为技术要求；

（四）其他有违公平竞争的条款。

第二十三条 采购文件应按照财政部门制定的标准编制，主要内容应当包括采购项目的商务条件、采购需求、投标人的资格条件、投标报价要求、评标方法、评标标准以及拟签订的合同文本等。

修改采购文件过程中，用户部门、承办部门经办人须确认采购代理机构每次编制的采购文件；在发布采购项目采购公告前，用户部门经办人和负责人、承办部门经办人和负责人须确认采购文件。

第二十四条 评标委员会（谈判小组、询价小组等）由采购人代表和项目相关领域的专家组成。其中，专家评委由采购代理机构按规定从财政部门专家库中抽取，采购人代表一般由招标办会同采购承办部门选派，采购人代表可以是用户部门推荐的人员，也可选派学校其他相关专业人员。采购人代表应当熟悉项目情况，具备良好职业道德素质和较强业务技能。

根据项目实际情况，无需委派采购人代表的，则全部从财政部门专家库中抽取的专家组成评标委员会（谈判小组、询价小组等）。

第二十五条 采购承办部门应当自收到采购代理机构送交的评审报告之日起5个工作日内，在评审报告推荐的中标（成交）候选人中按顺序确定中标（成交）供应商，如不按评审报告推荐的顺序确定中标（成交）供应商的，应当提供充分的法律法规依据和佐证材料支撑，并经采购承办部门分管校领导审批同意，提交采购代理机构按规定处理。

第二十六条 学校不允许各种形式的"规避政府采购"行为。在一个财政年度内，将一个预算项目下的同一品目或者类别的货物、服务项目，以化整为零方式多次采购，累计资金数额超过政府采购限额标准的，或将政府集中采购目录以内的货物、服务项目采用分散采购的，属于规避政府采购。

第二十七条 学校不允许各种形式的"规避公开招标"行为。在一个财政年度内，将一个预算项目下的同一品目或者类别的货物、服务采用公开招标以外方式多次采购，累计资金数额超过公开招标数额标准的，属于化整为零方式规避公开招标，但项目预算调整或经批准采用公开招标以外方式采购的除外。

第五章 校内自主采购的组织实施

第二十八条 校内自主采购按照《广州大学采购限额标准》划分为校内集中采购、校内零散采购和用户部门自主采购。

第二十九条 采用校内集中采购方式采购的，按《广州大学校内集中采购实施细则》实施。

第三十条 采用校内零散采购方式采购的，按《广州大学校内零散采购实施细则》实施。符合《广州大学网上竞价采购管理办法》适用范围的教学科研类货物和服务，也可按上文规定实施。

第六章 签订合同与履约验收

第三十一条 用户部门、采购承办部门应当在中标（成交）通知书发出之日起30日内按照采购文件确定的事项签订采购合同。

第三十二条 采购合同的起草、审查、签订等具体程序，由用户部门和采购承办部门按学校合同管理规定相关要求执行。

第三十三条 采购合同履行中，需追加与合同标的相同的货物、服务的，在不改变合同其他条款的前提下，可以按规定与供应商协商签订补充合同，但所有补充合同的采购金额不得超过原合同采购金额的百分之十。

第三十四条 校内集中采购、政府采购合同应报送招标办备案。

第三十五条 各有关部门应按照采购合同规定的技术、服务、安全标准对供应商履约情况进行验收，并出具验收报告。验收报告应当包括每一项技术、服务、安全标准的履约情况，由参与验收成员分别签字确认。对于验收合格项目，应按照合同约定及时向供应商支付资金。

第三十六条 采购合同标的涉及实物资产的，验收合格且达到资产标准的，由资产管理部门按资产管理规定办理入库手续。

第七章 质疑与投诉

第三十七条 对供应商就采购活动事项依法提出的询问，应当在收到供应商询问后3个工作日内做出答复；对供应商提出的质疑，应当在收到供应商书面质疑后7个工作日内做出答复，并以书面形式通知质疑供应商和其他相关供应商。对询问和质疑的回复由招标办按照有关规定办理，采购承办部门会同用户部门按要求提供相关回复材料，答复的内容不得涉及商业秘密。

第三十八条 供应商询问或质疑事项可能影响中标（成交）结果的，应当暂停签订合同；已经签订合同的，应当暂停履行合同。

第八章 监督检查

第三十九条 任何部门和个人不得违反政府采购法律规定，要求具体经办工作人员向其指定的供应商进行采购。

第四十条 学校采购活动接受上级监管部门和学校纪检监察、审计等职能部门，以及广大师生和社会的监督。

第四十一条 参与学校采购活动的单位和工作人员必须遵守国家的法律法规和学校的有关规章制度。对于违法违规行为，学校应责令改正，对直接主管人员和其他直接责任人员，按照有关规定进行处理。

第九章 附 则

第四十二条 用户部门、采购承办部门应妥善保管每项采购活动的文件资料，不得伪造、变造、隐匿或者销毁。采购项目验收后，政府采购及校内集中采购项目的相关文件资料（主要包括立项审批表、采购文件、投标文件、评标报告、中标通知书、合同文本、验收证明、质疑答复、投诉处理决定等）由招标办统一归档，其中验收证明等文件采购承办部门应及时移交招标办。采购项目档案的保存期限为从采购结束之日起至少保存十五年。

第四十三条 学校应当做好采购项目的信息公开工作。对单一来源公示、采购计划、采购需求、资格预审公告、采购文件、采购公告、更正或变更公告、结果公告、采购合同等重要采购项目信息，按照财政部门规定的发布渠道和程序进行信息公开，保证我校政府采购信息全流程公开透明。

第四十四条 本办法适用于货物类、服务类和工程类采购项目。采购科研仪器设备同时依照《广州大学科研仪器设备采购管理办法》的规定执行。工程类项目若与广州市相关工程建设项目招标投标管理办法不一致时，按广州市相关规定执行。

第四十五条 本办法自发布之日起施行，原《广州大学采购管理办法（2019年修订）》同时废止。本办法执行中如遇有与国家法律法规相互抵触的，按国家法律法规执行。

第四十六条 本办法由招标办负责解释。

广州大学采购限额标准（2021年）

第一条 政府集中采购目录以内或者采购限额标准以上的采购项目，应执行《中华人民共和国政府采购法》等法律法规有关规定，实行政府采购。

集中采购项目已实行批量集中采购、电子卖场、协议供应等采购模式，结合使用范围、采购起点标准等，由广州市财政局另行规定。

第二条 工程及与工程相关服务由基建处、后勤服务处组织实施。采用招标方式采购的，适用《中华人民共和国招标投标法》及其实施条例；采用其他方式采购的，适用《中华人民共和国政府采购法》及其实施条例。施工单项合同估算价400万元以上的工程项目，与工程建设有关的重要设备、材料等货物项目200万元以上的，以及与工程建设有关的勘察、设计、监理服务项目100万元以上的，必须招标。与建筑物、构筑物的新建、改建、扩建无关的单独装修、修缮工程供应商的选择可实行集中定点采购，工程其他事宜按照建设主管部门相关规定实施。

第三条 政府集中采购目录以外且预算金额100万元以下的采购项目，实行校内自主采购，根据采购项目和预算金额的不同，分为校内集中采购、校内零散采购和用户部门自主采购。

货物、服务

项目预算金额（万元）	采购方式
20≤预算金额＜100	校内集中采购，按《广州大学校内集中采购实施细则》实施
10≤预算金额＜20	校内零散采购，按《广州大学校内零散采购实施细则》实施
预算金额＜10	用户部门自主规范采购，鼓励采用电商平台、广东政府采购智慧云平台、网上竞价等"互联网+"方式采购

注：教学科研类采购项目中属于《广州大学网上竞价采购管理办法》中内容的，按上述文件规定执行。

第四条 使用科研经费采购设备、实验材料、图书等货物（不含办公用品、办公耗材），采购试验开发、技术测试和分析、计算、加工等服务，单次采购20万元以下的，由项目负责人自主组织采购；单次采购20万～50万元的，按《广州大学校内零散采购实施细则》实施，也可按《广州大学网上竞价采购管理办法》实施；单次采购50万元以上100万元以下的，按《广州大学校内集中采购实施细则》实施。

第五条 为做好通用类科研设备管理，结合学校实际情况，制订《广州大学2021年集中采购目录（货物类）》。本目录适用于科研仪器设备采购项目，可经由采购承办部门通过全国高校竞价网进行采购，也可由校属各单位自行规范采购。

广州大学2021年集中采购目录（货物类）

序号	品目	编码	说明
1	台式计算机	A02010104	包括图形工作站
2	便携式计算机	A02010105	包括移动工作站
3	平板式微型计算机	A02010107	/
4	液晶显示器	A0201060401	1000元以上的液晶显示器。

续上表

序号	品目	编码	说明
5	计算机网络设备	A020102	指单项或批量金额在1000元以上的网络交换机、网络路由器、网络存储设备、网络安全产品。
6	打印设备	A02010601	指1000元以上的喷墨打印机、激光打印机、针式打印机。
7	复印机	A020201	不包括印刷机
8	多功能一体机	A020204	/
9	触控一体机	A020208	/
10	投影仪	A020202	用于测量、测绘等专用投影仪除外。
11	通用照相机	A0202050102	指单反数码相机、卡片数码相机、便携式相机等普通摄影机（含镜头）。
12	通用摄像机	A02091102	/

第六条 实验室设备购置专项经费中涉及的水电等项目，与所采购设备紧密相连的安装配套设施，不超过采购金额的20%且费用在10万元以下的，可不列入工程项目采购管理，与设备采购项目打包合并采购，由实验室与设备管理处实施。

采购货物需提供安装配套设施的，参照执行。

第七条 会议举办单位（用户部门）举办会议按《广州大学会议费管理办法》有关规定执行。

预算金额在政府采购限额以下的会议服务项目在广东智慧云平台网上超市简易采购，由会议举办单位自行在平台上查询，选择定点供应商，填写《广州大学会议申报表》，经相关部门审批同意后，向招标办提出确认申请，由招标办在政府采购平台系统内进行确认，供应商在协议采购平台上打印结算单（政府采购合同），由会议举办单位按学校规定签订合同并办理报销手续。

在校内（或同一系统内）酒店（含学校配套接待场所）举办会议，有场租、住宿、餐饮等费用的，且在质量、服务等同等条件下价格低于协议供应单位的，或在校内举办会议，仅需在校外采购住宿的，按《广州大学会议费管理办法》报销。

第八条 培训按《广州大学培训费管理办法》有关规定执行。预算金额在政府采购限额以下的培训项目，用户部门可直接采购。

第九条 公务机票的购买按《广州大学关于加强公务机票购买管理有关事项的通知》有关规定执行。

第十条 采购承办部门可以对常用的实验材料、办公耗材等小额货物通过电商直采平台、网上竞价等方式采购。

第十一条 预算金额10万元以上的单一来源采购项目，须由用户部门申请并组织专家论证，采购承办部门审批，招标办进一步核实后，报分管校领导同意后实施。属于校内单一来源采购的，按《广州大学校内集中采购实施细则》第八条实施；属于政府采购的，报财政部门公示、审批同意后，按《中华人民共和国政府采购法》等相关法律法规实施。

第十二条 属于学校集中采购、零散采购的项目，采购教学专用仪器、图书馆电子资源、体育器材、教学乐器、实验室危险废物回收处置服务等，可以通过广东省教育部门政府采购协议供货方式。

第十三条 其他情况说明：

（一）本规定所涉及的数字，"以上"均含本数，"以下"不含本数。

（二）本规定自发布之日起施行，原《广州大学采购限额标准（2019年修订）》和《广州大学定点供应商资格库管理办法（试行）》（广大〔2017〕287号）同时废止。

（三）本规定由招标办负责解释。

广州大学校内集中采购实施细则（2021年修订）

第一节 总 则

第一条 采购项目在政府集中采购目录以外且预算金额在校内集中采购范围内货物、服务的采购活动适用本细则。

第二条 校内集中采购采用校内自主招标、校内竞争性磋商、校内询价、校内单一来源等采购方式。

（一）符合下列情形之一的，可以申请采用校内竞争性磋商方式采购：

1. 服务项目；

2. 技术复杂或者性质特殊，不能确定详细规格或者具体要求的；

3. 因艺术品采购、专利、专有技术或者服务时间、数量事先不能确定等不能事先计算出价格总额的；

4. 市场竞争不充分的科研项目，以及需要扶持的科研转化项目。

（二）采购的货物规格、标准统一、现货货源充足且价格变化幅度小的采购项目，可以申请采用校内询价方式采购。

（三）符合下列情形之一的货物或服务，可以采用单一来源采购：

1. 只能从唯一供应商处采购的；

2. 发生了不可预见的紧急情况不能从其他供应商处采购的；

3. 必须保证原有采购项目一致性或者服务配套的要求，需要继续从原供应商处添购，且添购资金总额不超过原合同采购金额百分之十的。

（四）采取校内自主招标方式采购的，投标截止时间结束后参加投标的供应商不足3家，以及在评标过程中作出实质响应的供应商不足3家情形的，原则上应重新招标；如有特殊情况，由招标项目工作小组根据实际情况讨论后，重新建议该项目采购方式。

第二节 采购程序

第三条 用户部门编制采购需求书，填写《广州大学采购工作方案审批表》，向归口采购承办部门申报，采购承办部门进行审核并提出采购方式建议，经报采购承办部门分管校领导审批后，由采购承办部门向招标办报送审批表及用户需求书，经招标办核准，报分管校领导批准，组织实施采购工作。

采购需求书须包括：采购预算、投标人资格条件、商务条款、技术要求、付款方式、合同版本等。采购需求书内容应符合政府采购政策、国家行业法规与技术规范、国家安全标准和强制性标准。不得规定以下内容：

（一）以不合理的注册资本金、销售业绩及资格条件（含特别授权条款）等条款对潜在供应商实行歧视或差别待遇；

（二）设定限制、排斥潜在供应商的商务、技术条款；

（三）以某一品牌特有的技术指标作为技术要求；

（四）其他有违公平竞争的条款。

第四条 项目审批通过后，采购承办部门拟定校内采购文件，采购文件由商务部分、技术部分、价格部分和其他部分组成。采购文件经用户部门确认，招标办审核同意后进入采购阶段。

第五条 采取校内自主招标方式采购的：

（一）招标办负责发布招标信息、组织开评标工作，采购承办部门参与开评标工作。

（二）投标人应当按照招标文件的要求编制投标文件，投标文件应当对招标文件提出的要求和条件作出实质性响应。

（三）投标人应在投标截止日期前，将加盖投标人公章的投标文件密封送达指定地点。开标应当在招标文件预先确定的时间和地点公开进行。

（四）评标由评标小组负责。评标小组完成评标后，应向招标办提出书面的评标报告，阐明评标小组对各投标人的评审和比较意见，推荐不超过3名有排序的合格中标候选人或者直接确定中标人。

（五）从校内自主招标文件发出之日起至供应商提交首次响应文件截止之日止不得少于7日；用户部门在收到评标报告起5个工作日内确认中标人，不按时确定的，视为同意评标报告意见；中标公告期限为1个工作日，在公告中标结果的同时，招标办向中标供应商发出中标通知书。

第六条 采取校内竞争性磋商方式采购的：

（一）招标办负责发布校内竞争性磋商信息、组织磋商工作，采购承办部门参与磋商工作。

（二）参与磋商供应商应当按照竞争性磋商文件的要求编制磋商文件，磋商文件应当对竞争性磋商文件提出的要求和条件作出实质性响应。

（三）参与磋商供应商应在投标截止日期前，将加盖公章的磋商文件密封送达指定地点。磋商应当在竞争性磋商文件预先确定的时间和地点公开进行。

（四）竞争性磋商由磋商小组负责。参与磋商供应商应根据要求展开相应轮次的报价。

（五）磋商小组完成磋商后，应提出书面的磋商报告，阐明评标委员会对各参与磋商供应商的评审和比较意见，推荐合格的成交候选人。

（六）从磋商文件发出之日起至供应商提交首次响应文件截止之日止不得少于7日；用户部门在收到评审报告起5个工作日内确认成交人，不按时确定的，视为同意评审报告意见；成交公告期限为1个工作日，在公告成交结果的同时，招标办向成交供应商发出成交通知书。

第七条 采取校内询价方式采购的：

（一）成立询价小组，招标办根据询价小组的要求发布询价文件。

（二）被询价供应商应当按照询价文件的要求编制报价文件，报价文件应当对询价文件提出的要求和条件作出实质性响应。

（三）被询价供应商应在截止日期前，将加盖公章的报价文件按要求送达指定地点。

（四）询价小组根据各供应商的报价文件进行审核，根据合理最低价原则择优确定供应商。

（五）从询价文件发出之日起至供应商提交首次响应文件截止之日止不得少于3日；用户部门在收到评审报告起5个工作日内确认成交人，不按时确定的，视为同意评审报告意见；成交公告期限为1个工作日，在公告成交结果的同时，招标办向成交供应商发出成交通知书。

第八条 采用校内单一来源采购方式的：

（一）用户部门申请并组织专家论证，提交《广州大学单一来源采购方式申请及专家论证意见》和供应商资格证明等相关材料。

（二）经采购承办部门审批，招标办进一步核实后，报分管校领导同意后，招标办对单一来源采购项目进行公示，公示期不得少于5日。

（三）任何供应商、单位或者个人对单一来源采购方式公示有异议的，可以在公示期内向招标办提交书面意见，招标办应及时将书面意见反馈给用户部门，用户部门应当在公示期满后5个工作日内，组织补充论证，论证后认为异议成立的，应当采用其他采购方式，论证后认为异议不成立的，继续采用单一来源采购，补充论证报告等材料一并归档。

（四）公示期间无异议的，在公示完毕后，用户部门组织人员与供应商进行协商，原则上应当由不少于2人参与协商，并明确主要负责人员，确定合理的成交价格并保证采购项目质量，编写协商情况记录。协商记录主要内容包括：公示情况、协商日期、协商地点、供应商提供情况说明、协商主要内容、协商参与人员，协商情况记录应当由用户部门参与采购的全体人员签字认可，对记录有异议的人员，应当签署不同意见并说明理由。协商结束后由招标办向成交供应商发出成交通知书。

第三节　合同签订与验收

第九条 采购承办部门应在供应商确定之日起30日内与供应商订立书面合同。在订立合同前，必须全面审查合同当事人信息、标的、数量、质量、价款、履行期限、违约责任等各项要素。

第十条 各有关部门应按照采购合同规定的技术、服务、安全标准组织对供应商履约情况进行验收，并出具验收报告。验收报告应当包括每一项技术、服务、安全标准的履约情况，由参与验收成员分别签字确认。

第四节 附 则

第十一条 预算金额在50万元以上，或涉及安全、公共利益的项目，可委托采购代理机构组织实施校内集中采购；采购属性相近的项目，可合并进行政府采购。

第十二条 发生紧急、不可预见等特殊情况需要紧急采购的，属于校内集中采购项目，可提交党委常委会会议或校长办公会议讨论，经讨论同意的，可直接采购。

货物和服务项目，由用户部门提出书面申请，经费主管部门负责人审核，报分管校领导批准，由采购承办部门提交党委常委会会议或校长办公会议讨论，经党委常委会会议或校长办公会议同意，可以直接采购。

应急抢险工程按《广州市应急抢险救灾工程管理办法》执行。

第十三条 本细则自发布之日起执行，原《广州大学校内集中采购实施细则（2019年修订）》同时废止。本细则由招标办负责解释。

广州大学校内零散采购实施细则（2021年修订）

第一条 采购项目在政府集中采购目录以外且采购预算金额在校内零散采购范围内货物、服务的采购项目适用本细则。

第二条 校内货物、服务零散采购由采购承办部门负责审批，用户部门组织实施；与工程相关服务零散采购由后勤服务处、基建处负责审批并组织实施。

第三条 用户提出货物、服务零散采购需求，经用户所在单位和经费主管部门的负责人或项目负责人审核后，报采购承办部门审批。

第四条 采购承办部门批准后，用户部门采用自主询价方式采购。

第五条 用户部门成立询价小组，询价小组人员名单由用户部门负责人确认。询价小组由3人及以上的单数组成，其中包含用户代表1人及相关技术专家至少2人。

第六条 询价小组根据采购项目的要求编制询价文件，询价文件必须包含项目名称、采购预算金额、采购清单及要求、保修规定等内容。

第七条 用户部门通过采购承办部门网站或学校采购网发布询价采购公告，公告时间不少于3个工作日。在公告期结束后，供应商按规定递交响应文件，参加询价的有效供应商应不少于3家。

第八条 在满足用户需求的前提下，询价小组按"价低者得"的原则确定成交供应商，如询价文件有约定的，可按综合评分法评议。如参加询价的有效供应商不足3家，但询价结果满足用户需求的，可由用户部门党政联席会议或部（处）务会审批，确定成交供应商。

第九条 询价结果由用户部门通过采购承办部门网站或学校采购网发布公告。公告期不少于1个工作日。询价小组按规定填写《广州大学校内零散采购询价记录表》。

第十条 《广州大学校内零散采购询价记录表》一式三份，一份由用户部门存档，一份由采购承办部门备案，一份作为报销凭证。

第十一条 用户部门负责起草合同（协议），对合同（协议）的各项条款、描述的准确性、经济责任负责，合同（协议）的签署程序按照学校合同管理的相关规定办理。

第十二条 用户部门组织验收、付款。

第十三条 发生紧急、不可预见等特殊情况需要紧急零散采购的，由用户部门提出书面申请，经费主管部门的负责人审核，报采购承办部门审核，经采购承办部门分管校领导批准，可以直接采购。

第十四条 采购承办部门每年三月、九月汇总上学期的校内零散采购统计数据报招标办。

第十五条 本细则自发布之日起施行，原《广州大学校内零散采购实施细则（2019年修订）》同时废止。本细则由招标办负责解释。

广州大学关于修订《广州大学博士后工作管理办法》的通知

广大〔2021〕31号

校属各单位：

为进一步规范我校博士后管理，人事处对《广州大学博士后工作管理办法》（广大〔2020〕51号）进行了修订，并经2021年第4次校长办公会议审议通过。现将修订后的《广州大学博士后工作管理办法》予以印发，请认真学习，遵照执行。

广州大学
2021年4月21日

广州大学博士后工作管理办法（2021年4月修订）

第一章 总 则

第一条 为加强我校博士后科研流动站建设，吸引更多海内外优秀博士来校从事博士后科研工作，推动博士后队伍发展壮大，加快高水平大学建设步伐，根据国家和省市关于博士后人才创新发展和管理工作的相关规定，结合学校实际，制定本管理办法。

第二条 坚持"人才强校"战略，树立全球视野和战略眼光，紧密围绕高水平大学建设需求，优先引进学校"重大基础设施安全+智慧运维创新枢纽""网络空间信息+智能应用技术创新枢纽"2大创新枢纽，"新材料新装备新制造交叉创新平台""地理空间信息与智慧生态环境交叉创新平台""合成生物学与智能育种/精准医疗交叉创新平台""数字经济与智慧管理交叉创新平台""大数据/认知科学与智慧教育交叉创新平台""数字技术与岭南文化艺术交叉创新平台"6个交叉创新平台（简称"2+6"科研创新平台），重点学科，重点发展研究领域等方面急需的海内外博士，使之成为学校学术骨干的孵化器、科技创新的新引擎，以及学科建设的助推器。

第三条 博士后选拔实行公开招聘、平等竞争、择优选录、保证质量的基本原则，严格按照有关程序进行遴选。学校按年度制定博士后招收计划，发布招聘启事，公开招聘，常年受理。

第四条　博士后科研流动站（以下简称"流动站"）是指在高等院校或科研院所具有博士授予权的一级学科内，经人力资源和社会保障部及全国博士后管理委员会批准可以招收博士后的组织。流动站按一级学科设立，其所涵盖的具有博士学位授予权的二级学科均可招收博士后。

第五条　博士后科研工作站（以下简称"工作站"）是指在具备独立法人资格的企业等机构内，经人力资源和社会保障部及全国博士后管理委员会批准可以招收博士后的组织。工作站可与流动站联合招收和培养企业博士后。

第六条　博士后创新实践基地（以下简称"基地"）是指在企业等机构内，经广东省人力资源和社会保障厅、广州市人力资源和社会保障局批准可以招收博士后的组织。基地可依托流动站招收和培养博士后。

第二章　管理机构及职责

第七条　学校成立博士后管理委员会（以下简称"博管委"），主任由分管人事工作的副校长担任，成员由相关职能部门负责人和设有流动站的单位（以下简称"设站单位"）负责人组成。博管委负责学校博士后工作的领导、规划、组织、协调及重大问题的决策。

第八条　博管委下设博士后管理办公室（以下简称"博管办"），挂靠人事处，设专职管理岗位。博管办负责学校博士后的服务和管理工作：组织相关二级单位开展流动站建站申报及评估、博士后招收、进站、在站和出站管理、博士后科学基金等各类基金项目申报、博士后经费申请、指导流动站做好博士后工作、指导博士后联谊会开展活动等。

第九条　设站单位成立博士后科研流动站工作小组（以下简称"工作小组"）。工作小组5-7人，由设站单位博士生导师和行政主管领导组成，设组长一名。工作小组负责本流动站发展规划、综合评估以及博士后进出站评审、科研指导、相关考核、合作导师和博士后管理等。设站单位指定工作人员担任工作秘书，负责本流动站博士后的服务和管理工作。

第十条　招收博士后的单位（以下简称"招收单位"）成立博士后工作专家组（以下简称"专家组"）。专家组5-7人，一般由本单位博士生导师组成，设组长一名。专家组负责本招收单位博士后进出站评审、科研指导、相关考核、合作导师和博士后管理等。招收单位指定工作人员担任工作秘书，负责本招收单位博士后的服务和管理工作。

第十一条　学校组织在站博士后成立博士后联谊会（以下简称"联谊会"），联谊会在博管办指导下开展工作，工作经费由学校拨付和联谊会自行募集。学校通过联谊会加强在站博士后之间的学术交流和科研协作，协调博士后与学校相关职能部门之间的联系与沟通，协助解决博士后工作生活中的困难，推动博士后科技成果转化和应用，促进博士后与社会各界的交流与合作。

第十二条　学校相关职能部门协助做好各项博士后工作：

（一）财务处负责各项博士后经费的管理工作。

（二）科研处负责管理科研项目的申报、立项、阶段性检查、成果申报、鉴定以及知识产权等工作。

（三）后勤服务处负责周转房、公租房的安排、管理、家具配置及维护等工作。

（四）国际交流与合作处负责外籍博士后来华工作手续的办理，以及博士后出国（境）交流的审批工作。

（五）实验室与设备管理处负责博士后科研所需的小型仪器、设备等采购管理工作。

第三章　博士后合作导师

第十三条　博士后合作导师是博士后从事科研工作的指导者与合作者，须切实履行管理、培养和监督责任，为博士后提供必要的科研经费和科研工作条件，加强博士后学术道德规范教育和具体学术行为监管，指导博士后开展创新性研究工作和完成在站研究任务，参加博士后在站期间的各类考核。

第十四条　学校在职在岗教师具有博士生指导教师资格或正高级专业技术职务、拥有充足科研经费和良好科研条件的，经流动站工作小组同意、报学校批准，可担任博士后合作导师。

第四章　博士后招收

第十五条　博士后招收类型

（一）师资博士后：根据学科发展需要设立的工作岗位（聘期2+3年），首个聘期入博士后科研流动站工作，按照国家、省、市博士后相关政策和学校博士后管理办法进行管理，其薪酬待遇、科研经费等由国家、省、市、学校共同筹集。师资博士后同时聘为特聘副研究员（不等同工作岗位和职称）。

（二）计划内博士后：学校各流动站自主招收的博士后，包括国内外高校毕业博士后和外籍博士后，其薪酬待遇、科研经费等由国家、省、市、学校共同筹集。计划内博士后同时聘为特聘副研究员（不等同工作岗位和职称）。

（三）联合培养博士后：博士后工作站与我校联合招收或博士后创新实践基地依托我校招收的博士后，不占学校指标，其薪酬待遇、科研经费等由企业或基地承担。

（四）项目博士后：合作导师由于课题及研究项目需要招收的博士后，不占学校指标，其薪酬待遇、科研经费等从导师项目经费中支出。

第十六条　博士后招收计划

（一）每年12月底前，各招收单位拟定下一年度师资博士后及计划内博士后招收计划，由流动站汇总后报博管办。博管办结合国家、省、市资助计划、学校和各招收单位资源情况制定学校下一年度招收计划，报主管校领导审批后，下达指标。

（二）联合培养博士后和项目博士后招收计划由流动站或合作导师自行制定，报博管办备案。

第十七条　博士后申请资格

（一）品学兼优，身体健康，年龄一般应在35周岁以下，获博士学位时间一般不超过3年；

（二）原则上不能申请其博士毕业单位及在职单位同一个一级学科的流动站从事博士后研究工作；

（三）定向委培、在职人员以及现役军人身份进站人员需脱产从事博士后研究工作，党政机关领导干部不得在职从事博士后研究工作。严格控制在职人员比例。

第十八条　申请人应向招收单位提出书面申请，提交有关证明材料，按学校博士后进站程序办理相关手续。申请人如属在职人员（含定向委培、现役军人）、超过35周岁人员、申请本单位同一个一级学科人员或获得博士学位超过3年的人员需按省博管办相关规定办理特殊进站审批。

第十九条　各招收单位应对申请人的健康状况、思想表现、科研能力、学术水平和已取得的科研成果等方面进行严格考察，结合学科发展需要择优录用。

第五章　博士后进站管理

第二十条　博士后招聘程序

（一）学校制定年度招收计划，发布招聘启事，公开招聘；

（二）申请人选择合作导师并与招收单位联系，提交材料（基本材料、政审材料、业绩材料、工作计划书等）并申请分类（联合招收博士后除外）；

（三）合作导师、招收单位、流动站一周内完成资格审核、面试、分类及推荐工作，并安排其前往指定医院体检（按教师标准）；

（四）流动站将申请材料报博管办审核；

（五）学校组织跨部门会议（发展规划处、人事处、教务处、科研处）审议；

（六）博管办将申请材料提交校长办公会议审定；

（七）申请人在"中国博士后"网上办公系统实名注册提交进站申请；

（八）博管办报广东省人力资源和社会保障厅审批；

（九）博管办安排调档手续或协助办理工作许可（外籍人员），完成后通知申请人办理报到手续；

（十）进站手续办结后，申请人在广州市高层次人才系统办理进站备查业务。

第二十一条　被录用博士后须按期进站，无正当理由逾期超过半个月不报到的，取消进站资格。如有特殊情况，应在规定进站日期前向博管办请假。

第二十二条　博士后进站报到时因故未提交博士学位证书的，须在进站6个月内到博管办交验博士学位证书原件并提交复印件。超过6个月不能交验博士学位证书的，按退站处理。

第二十三条　博士后完成报到手续后，学校发放工作证等各类证件，职务（职称）一栏填写"博士后"。博士后在站期间计算工龄。

第二十四条　博士后进站时须签订博士后人员聘用合同，明确各方权利与义务，约定博士后工作目标、课题要求、在站期限、产权成果归属及违约处罚等事项。

第六章　博士后在站管理

第二十五条　博士后在站期限一般为2年。如提前完成研究任务，由本人提出，经学校批准，可以提前出站，但在站时间不能少于21个月。如确因科研工作需要推迟出站的，由本人提出，经学校批准，可适当延期，在站期限最长不超过3年，期满后必须出站或转至下一站，延期申请须提前3个月报博管办。

第二十六条　博士后进站两个月内，必须向招收单位作开题报告，开题报告送博管办备案。博士后研究方向和研究课题应力求结合招收单位承担的重点科研任务，招收单位应把博士后安排到重大研究任务中从事高水平科研工作。

第二十七条 招收单位须向博士后提供必要的研究条件。

第二十八条 博士后进站满一年，所在流动站须对其进行中期考核。

第二十九条 招收单位可根据自身实际情况，安排在站博士后承担适当的教学工作（教学工作量参照科研为主型教师要求）。开展教学工作前须参加教师岗前培训。

第三十条 博士后考勤管理参照学校在编在岗教职工执行，联合培养博士后除外。

第三十一条 博士后在站期间可根据工作需要申请3个月以内的公派出国（学术交流、科研合作）以及法定节假日的因私出境。申请公派出国的博士后由本人提出正式书面申请，合作导师、专家组和工作小组签署意见，并参照学校在编在岗教职工办理相关手续。

第三十二条 博士后在站期间不得申请到国外做博士后或出国进修，入选国家、省、市等各级博士后国际培养计划项目的除外。

第三十三条 博士后在站期间申报职称评审，按国家、省、市、学校相关规定执行，认定或评审通过者可取得相应专业技术资格和职称证书，但不作为学校聘任岗位的依据。相应岗位聘用由出站后的接收单位根据工作需要，参照任职资格决定。

第三十四条 学校不予办理联合培养博士后各类出国申请手续。

第七章　博士后科研管理

第三十五条 博士后在站期间须根据国家、省、市有关规定申请各类科学基金和科研项目。

第三十六条 博士后在站期间取得的各类研究成果必须以广州大学为第一作者单位，联合培养博士后研究成果归属按协议执行。

第三十七条 博士后在站期间，因学术交流、成果发表等需要公开研究项目内容的，须经合作导师同意。

第三十八条 博士后在站期间可申请广州市博士后科研项目资助，并按其规定使用经费。

第三十九条 博士后申获的中国博士后科学基金资助金的管理按《中国博士后科学基金资助规定》执行。

第四十条 博士后出站必须交回在站期间使用和形成的全部技术资料和文件、样品、产品及实验设备等，并不得侵犯属于广州大学的知识产权。

第八章　博士后经费管理

第四十一条 师资博士后及计划内博士后的专项经费由国家、省、市和学校共同筹集。学校设立博士后经费专户，单独设账，专款专用，统一管理，主要用于薪酬待遇、科研费用等支出，按国家、省、市和学校相关规定执行。

第四十二条 联合培养博士后的管理费、导师指导费由企业支付。其中：管理费为1万元/人，由企业向学校一次性支付，主要用于博士后招聘、联谊、培训、劳务开支等日常管理工作。导师指导费按协议规定，由企业直接拨付至博士后合作导师。

第四十三条 博士后退站后,所余经费由学校收回,按相关规定处理。

第四十四条 流动站工作经费由博管办统一管理并协调使用,用于博士后服务与管理工作。

第九章 博士后薪酬待遇

第四十五条 师资博士后及计划内博士后的薪酬待遇由学校制定,联合培养博士后薪酬待遇由企业或基地参照学校标准制定,项目博士后薪酬待遇由合作导师制定。

第四十六条 师资博士后及计划内博士后薪酬标准(单位:万元/年)如下:

		基础工资+学校业绩绩效			学校突出教学、科研奖励政策	租房补贴(未享受学校住房)	五险一金(单位部分)	出站奖励	合计
		基础工资	学校业绩绩效	小计					
博士后(A类)	一等业绩	24	8	32	N	2.4	约9	3	46.4+N
	二等业绩	24	6	30					44.4+N
	三等业绩	24	4	28					42.4+N
博士后(B类)	一等业绩	22	8	30					44.4+N
	二等业绩	22	6	28					42.4+N
	三等业绩	22	4	26					40.4+N
博士后(C类)	一等业绩	20	8	28					42.4+N
	二等业绩	20	6	26					40.4+N
	三等业绩	20	4	24					38.4+N

备注:

1. 薪酬项目和标准根据国家、省、市有关规定制定,如国家、省、市调整相关政策和拨款额度,学校将作相应调整,薪酬保持不变(在职博士后除外)。入选博士后人才项目的,根据上级文件要求相应提高其薪酬待遇。

2. 基础工资:基础工资经费来源于国家(省)、市、学校,其中国家(省)、市资助金额按照有关政策确定。

3. 学校业绩绩效:一等业绩绩效8万元/年,二等业绩绩效6万元/年,三等业绩绩效4万元/年,按月按标准发放，经费来源于学校。所有博士后在站第一年均暂享受三等业绩绩效。在站第2年，根据学校博士后中期考核结果调整业绩绩效等级，并从起薪月起补齐业绩绩效差额。

4. 突出教学科研奖励：在站期间获得突出教学、科研业绩享受学校教学、科研奖励政策。额度用"N"表示。经费来源于学校。

5. 租房补贴：可按规定租住学校周转房或公租房。如未享受学校住房，按2000元/月（2.4万元/年）标准按月发放租房补贴，经费来源于学校。

6. 五险一金：学校按规定缴纳五险一金（个人部分由个人承担，单位部分由学校承担）。

7. 出站奖励：出站后，奖励3万元/年，2年共计6万元，一次性发放。未能出站的，按规定办理退站手续，不予奖励。

第四十七条 师资博士后及计划内博士后延期期间不再发放基础工资、学校业绩绩效和租房补贴，合作导师和所在团队自行决定是否发放劳务费，五险一金个人和单位部分费用均从合作导师或团队支出；延期期间可续租周转房或公租房，但续租时间最长不得超过1年，出站时须及时退还。

第十章 博士后考核管理

第四十八条 学校根据上级主管部门对博士后工作的有关评估标准和要求，加强对博士后流动站、合作导师和博士后的考核，考核结果作为奖惩及博士后指标分配的主要依据。

第四十九条 各招收单位应结合本单位实际情况，建立日常管理和考核制度。专家组、工作小组负责博士后中期和出站考核，考核结果报学校博管委审定。

第五十条 博士后进站满1年须进行中期考核，所在流动站工作小组须对博士后的科研工作、个人表现、学术道德等方面进行考核评定，考核结果分为优秀、良好、合格和不合格四个等次，优秀等次不超过实际参加考核人数的15%。中期考核不合格或无正当理由不参加中期考核的，按退站处理。

第五十一条 学校根据师资博士后及计划内博士后中期考核结果确定相应学校业绩绩效等级，优秀的享受学校一等业绩绩效，良好的享受学校二等业绩绩效，合格及以下的享受学校三等业绩绩效。

第五十二条 师资博士后及计划内博士后进站期满进行出站考核，所在流动站工作小组须对博士后的科研工作、个人表现、学术道德等方面进行考核评定，考核结果分为优秀、合格和不合格三个等次，考核结果合格及以上等次方能办理出站手续。优秀等次的确定，需经学校人才引进专家组考核，并经校长办公会议审定。具体优秀指标数由学校根据学科发展、创新人才培养、科研创新平台建设及人才精准配置要求确定。

（一）优秀资格条件

1. 理工类。以第一作者或通讯作者发表学术论文达到以下要求之一：①在学校认定的自然科学期刊上发表科研教研论文（不含会议综述）不少于3篇（含3篇），其中，C类及以上不少于2篇（含2篇）；②在学校认定的自然科学期刊上发表科研教研论文（不含会议综述）不少于2篇（含2

篇），其中，B类及以上不少于1篇（含1篇）。

同时，科研项目达到以下要求之一：①主持中国博士后科学基金1项；②主持省部级及以上科研项目1项。

2．人文社科类。以第一作者或通讯作者发表学术论文达到以下要求之一：①在学校认定的人文社科期刊上发表科研教研论文不少于4篇（含4篇），其中，B类及以上不少于2篇（含2篇）；②在学校认定的人文社科期刊上发表科研教研论文（不含会议综述）不少于4篇（含4篇），其中，A类及以上不少于1篇（含1篇）。

同时，科研项目达到以下要求之一：①主持中国博士后科学基金1项；②主持省部级及以上科研项目1项。

（二）合格资格条件

1．理工类。以第一作者或通讯作者发表学术论文达到以下要求之一：①在学校认定的自然科学期刊上发表科研教研论文不少于3篇（含3篇，完成相应教学工作量的可减少1篇），其中C类及以上不少于1篇（含1篇）；②在学校认定的自然科学B类及以上期刊发表科研教研论文不少于1篇（含1篇）。

同时，科研项目达到以下要求之一：①主持中国博士后科学基金1项；②主持省部级及以上科研项目1项；③参与所在单位或导师团队国家级科研项目（排名前3）。

2．人文社科类。以第一作者或通讯作者发表学术论文达到以下要求之一：①在学校认定的人文社科期刊上发表科研教研论文不少于3篇（含3篇，完成相应教学工作量的可减少1篇），其中C类及以上不少于1篇（含1篇）；②在学校认定的人文社科期刊上发表科研教研论文不少于2篇（含2篇），其中B类及以上不少于1篇（含1篇）；③在学校认定的人文社科A类期刊上发表科研教研论文不少于1篇（含1篇）。

同时，科研项目达到以下要求之一：①主持中国博士后科学基金1项；②主持省部级及以上科研项目1项；③参与所在单位或导师团队国家级科研项目（排名前3）。

3．业绩成果特别突出的，科研项目不作硬性要求。

第五十三条 全国优秀博士后、广东省优秀博士后的评选按中华人民共和国人力资源和社会保障部、全国博士后管理委员会和广东省有关文件执行。

第十一章 博士后出站管理

第五十四条 博士后完成工作聘用合同规定的业绩要求，可以申请出站。

第五十五条 博士后出站，须提前1个月提交申请，并提交在站期间的科研成果证明等相关材料，由招收单位、流动站审核。出站前须举行出站报告会，向工作小组、专家组及招收单位师生汇报在站期间的研究工作和研究成果。

第五十六条 博士后应在规定时间内按程序办理出站手续。出站手续办理完毕后，由学校报请全国博士后管理委员会颁发博士后证书。

第五十七条 师资博士后出站考核优秀的，聘全职特聘讲师（聘期3年）。出站考核优秀且符合特聘副教授条件的，可申请聘为特聘副教授（聘期3年）。出站考核优秀且业绩突出、符合百人计划人才引进条件的，经学校人才引进程序进入事业编制，另行商定聘用合同。出站考核达不到优秀的，按规定出站，不进入第二个聘期。

计划内博士后出站实行双向选择、自主择业，出站考核结果优秀的，可参照师资博士后进入第二个聘期。

第五十八条 博士后期满但暂时未落实接收单位的，可将人事关系委托人才市场管理。

第十二章 户口、配偶及子女随迁

第五十九条 博士后在站期间可在学校落常住户口。期满出站后须回原单位工作的博士后，不予办理户口迁移手续。

第六十条 博士后研究人员在站期间，其子女可享受当地常住居民子女就学的同等待遇，按当地相关政策办理入学手续。

第六十一条 博士后期满出站后，可凭广东省人力资源和社会保障厅开具的介绍信到公安户政管理部门办理户口迁出和落户手续。

第十三章 博士后退站管理

第六十二条 博士后在站期间，有下列情形之一的，须予以退站：

（一）进站半年后仍未取得国家承认的博士学位证书的；

（二）提供虚假材料获得进站资格的；

（三）中期或出站考核不合格的；

（四）严重违反学术道德，弄虚作假，影响恶劣的；

（五）被处以刑事处罚的；

（六）因旷工等行为违反所在单位劳动纪律规定，符合解除劳动（聘用）合同情形的；

（七）因患病等原因难以完成研究工作的；

（八）出国逾期不归超过30天的；

（九）合同（协议）期满，无正当理由不办理出站手续的；

（十）其他情况应予退站的。

第六十三条 退站人员不享受博士后相关政策，其户口和人事档案转至人才市场管理，学校收回周转房、公租房，并收回剩余博士后经费。

第十四章 附 则

第六十四条 本办法自发文之日起实施，国家、省、市有新规定的，按新规定执行，原《广州大学博士后工作管理办法》（广大〔2020〕51号）同时废止。

第六十五条 各招收单位可结合学科特点，参照本办法制定本单位博士后工作管理实施细则。

第六十六条 本办法由学校博士后管理办公室负责解释。

广州大学关于印发《广州大学2021年版本科专业人才培养方案修订指导意见》的通知

广大〔2021〕36号

校属各有关单位：

《广州大学2021年版本科专业人才培养方案修订指导意见》业经2021年第6次校长办公会议审议通过，现予以印发。请各单位认真学习，遵照执行。

广州大学

2021年4月23日

广州大学2021年版本科专业人才培养方案修订指导意见

人才培养方案是学校落实立德树人根本任务，实现人才培养目标的总体计划，是组织教学活动、安排教学任务、管理教学过程的主要依据，是学生选课的纲领性文件。为进一步优化人才培养方案，提升人才培养质量，学校决定在全面总结2018年版和后续修订版方案实施经验基础上，开展2021年版方案的修订工作，现提出如下指导意见。

一、指导思想

以习近平新时代中国特色社会主义思想为指导，以立德树人为根本任务，全面贯彻党的教育方针，以本科专业类教学质量国家标准及专业认证标准为依据，以学生为中心，秉承"立德树人、专通相融、体艺见长、个性发展"的培养理念，将德智体美劳全面纳入人才培养体系、实现课程思政全覆盖、创新创业教育实践全覆盖、科研与育人相结合、实践与育人相结合、第二课堂与第一课堂相结合，培养"德才兼备、家国情怀、视野开阔，爱体育、懂艺术，能力发展性强"的高素质创新人才。

二、修订原则

1. 坚持立德树人。切实巩固人才培养中心地位和本科教学基础地位，把立德树人落实到人才培养的各环节，实现价值引领、能力培养、知识传授的有机融合。

2. 坚持需求导向。对接国家和粤港澳大湾区发展战略、社会需求和学生成长需要，基于专业定位和培养目标，精准确定毕业要求，实现培养目标、毕业要求、课程体系及教学内容之间的联动与有效支撑。

3. 加强分层培养。加大拔尖创新人才和卓越应用人才的培养力度，因材施教、重点突破，分层分类满足学生多元化发展需求。做好本科生阶段与研究生阶段教育的有机衔接。

4. 推进分类发展。工科类专业参照"工程教育专业认证标准"，融入新工科建设内涵；文科类专业结合新文科建设要求，加强多学科的交叉融通；师范类专业结合新师范建设要求，其他类专业参照相应专业评估标准，体现学科专业发展前沿及一流专业建设要求。

5. 适应新科技与产业变革趋势。主动应对新科技革命和产业变革对人才培养提出的新要求，以"信息技术+"升级改造传统专业和传统课程，做好课程及教学内容的增量建设和存量调整，增设涵盖人工智能、区块链、云计算、大数据等前沿科技及跨学科思维能力培养方面的课程群或教学内容，推进最新学科建设成果向人才培养知识体系和教学内容的及时转化，确保每门课程的含金量。

三、修订重点

1. 以本为本、立德树人，完善三全育人体系。

坚持"以本为本"，落实"四个回归"，突出人才培养核心地位。全面贯彻党和国家培养德智体美劳全面发展的社会主义事业建设者和接班人的总要求，完善思政教育课程体系，推进"思政课程"与"课程思政"改革，把立德树人内化到专业培养目标和课程体系，发挥好每门课程的育人作用，明确课程思政对专业人才培养目标的支撑作用，完善全员、全过程、全方位的"三全育人"体系。

2. 对标一流，紧扣认证，强化标准引领。

对标一流专业建设要求，秉承"学生中心、成果导向、持续改进"的教育理念，参照"普通高等学校本科专业类教学质量国家标准""工程教育专业认证标准""师范类专业认证标准"，落实落细"新工科""新文科""新农科""新师范"建设要求，参照标杆院校专业人才培养方案，结合学校和专业实际，科学确定人才培养目标、毕业要求和课程体系。建立培养目标、毕业要求与课程体系、课程内容、教学环节之间的实现矩阵。

3. 平台为基，专业为本，筑牢学生发展基础。

加强基础平台课程建设，打破以系为单位封闭办专业和开课程的传统模式与思维惯性，从学科、师资、课程交叉融合等维度优化方案，实现优质师资、课程、科研训练、实习实训等资源的开放共享。增加基础课程的基本学时学分，提升基础课程的教学要求与教学质量。原则上，同一学科/学院的各专业，需设置共同的学科基础课程；同一专业的各专业方向，需设置一定比例的共同的专业基础课程。推进大学数学、大学英语、大学物理、大学化学等学科基础课程及教师教育平台课程的内涵建设。

4. 专通相融，本硕联动，拓展课程广度和深度。

合理提升学业挑战度、增加课程难度、拓展课程的广度与深度。推动高层次人才和科研机构人员走上本科教学一线，打造具有"高阶性、创新性、挑战度"的脸谱化专业核心课程。科研机构人员需积极承担本科课程教学。加强通识教育，每个学院和科研机构根据自身的学科专业特点，采用团队建设团队授课方式，打造2-4门代表学院学科特色的通识教育课程。强化科研育人，切实打通科研与本科教育、科研机构与学院本科教育之间的通道，合理统筹安排课程和任课教师。推进本硕贯通培养，鼓励遴选优质研究生课程作为本科专业人才培养计划中的选修课程供本科生提前修读，鼓励有条件的科研机构开设拔尖创新人才实验班。

5. 分层分类，因材施教，搭建多元成才路径。

着力加强拔尖创新人才和卓越应用人才培养，设置面向学术研究、行业部门应用等不同发展路径的教改实验班，以学院或专业为依托单列培养方案。前者重点加强基础课程教学和学术训练，强化学生批判思维、科研与创新实践培养，引导学术志趣，激励学生继续深造；后者重点强调对接行业企业部门需求，深化实践教学改革，协同行业企业部门创新协同育人模式，开展创新实验班、共建产业学院等多种形式深度参与培养过程，培养创新实践能力强的应用人才。

6. 加强实践，强化协同，深化创新创业教育。

强化实践育人功能，拓展创新创业和实践教学课程体系。加强产教融合、校企合作、校政合作、校社合作，协同建设师资、开发课程、编撰教材、培育学生，构建"政产学研创"协同育人平台，深化协同育人实验班改革，推进产业学院建设上新台阶。强化实践环节，优化实习过程，完善实验平台，增设专业选修实践课程。增设创新创业专业选修课程，促进创新创业教育与专业教育的深度融合。全面落实新时代劳动教育实施方案，推进劳动教育与专业教育、创新创业、实习实践、第二课堂的有机结合，提高学生劳动素质。

7. 创新方法，改进评价，严格学生学业标准。

针对信息化时代学生学习的新特点，以线上、线下、线上线下混合、社会实践、虚拟仿真等一流课程的建设与运用为抓手，全面推行混合式教学、翻转课堂、"大班授课、小班研讨"等教学模式及研究式、讨论式、案例式等教学方法改革，实现现代信息技术与课堂教学的深度融合。科学设计考核方式、考核内容和考核过程，严格学业标准，完善过程性考核与结果性考核相结合的学业考评制度。适度提高学业挑战度，增加过程性考核在课程总成绩中的比重，推动以能力培养为导向的课程考核方式变革。

8. 整合资源，完善配套，深入推进学分制改革。

加强校内校外教学资源的共享共建。校内全校公共必修课程、全校性学科基础课程平台、创新创业类课程、教师教育类课程实行归口管理，充分利用学校现有的教育资源，为学生跨学院、跨学科、跨专业选修课程创造条件。深入推进以选课制和弹性学制为核心的学分制改革及配套制度建设，实行"一生一方案""一生一课表"，为学生充分发展自己的志趣、特长与潜能创造条件。

四、课程体系的基本框架及设置规范

课程体系基本框架

课程体系		课程设置	学分要求
通识教育课程 （43学分）	公共必修课程 （29学分）	1. 军事理论	1
		2. 思想政治理论课	12
		3. 形势与政策	2
		4. 大学体育	4
		5. 大学英语	6
		6. 计算机与信息技术基础	2
		7. 心理健康教育	1
		8. 大学生职业发展与就业指导	1

续上表

课程体系		课程设置	学分要求
通识教育课程（43学分）	通识选修课程（≥14学分）	1. 历史与文化	①全体学生需在第1模块（含四史课程）至少选修2个学分，第6模块至少选修2个学分；②人文社科和艺术类专业的学生需在第4模块至少选修2个学分；③除艺术类专业外的学生需在第5模块至少选修2个学分；④除体育类及舞蹈类专业外的学生需在第7模块至少选修1个学分。
		2. 哲学与逻辑	
		3. 社会与经济	
		4. 科学与技术	
		5. 艺术与审美	
		6. 创新与创业	
		7. 运动与健康	
专业教育课程（≤117学分）	学科基础课程	相近学科及专业必修的学科公共基础课程	50≤必修学分≤80
		专业必修课程	
		专业选修课程	选修学分≥25
	集中性实践教学环节	15≤必修学分≤40，各专业实践教学学时（学分）需满足教育部相关文件的要求	
第二课堂（9学分）		1. 至少取得思想政治课社会实践2学分	
		2. 至少取得创新与创业实训实践2学分	
		3. 至少取得体育运动与审美体验2学分	
		4. 至少取得劳动教育课程2学分	

（一）公共必修课程

1．《军事理论》1学分，32学时，其中课内实践24学时。

2．思想政治教育四年不间断。设置12学分的"思想政治理论课"，2学分的"形势与政策"课程。

3．大学体育分项目教学。学生一、二年级修读《大学体育》（1—4），共4学分；三、四年级以课外参加各种体育活动和健身长跑为主，要求参加《国家学生体质健康标准》测试。

4．大学英语课程开设《通用英语1—2》（必修4学分）、《通用学术英语》（必修2学分）、《高级英语》（选修2学分）；艺术、体育类专业学生开设《实用英语1—3》（6学分）。

5．《计算机与信息技术基础》课程实施模块化教学，2学分，48学时（其中课内实践32学时）。

6．《心理健康教育》1学分，24学时。其中8学时为理论学时，16学时为课内实践学时。

7．《形势与政策》2学分，32学时，在第5—7学期开设。

8．《大学生职业发展与就业指导1》《大学生职业发展与就业指导2》各0.5学分，8学时。四年制本科专业安排在第1学期和第6学期开设，五年制本科专业安排在第1学期和第8学期开设。

公共必修课程除特定专业外，其他专业必须开设，如专业课程所学内容涵盖了某门公共必修课程的基本内容，为避免课程的交叉和重复，相关专业可提出免修该门公共必修课程，报教务处审批同意后方可执行。

（二）通识选修课程

全体学生毕业前需至少修读14学分的通识选修课程，可在全校性通识选修课程、经教务处认定的大学城互选课及外学院开设的专业课程中选修。其中，通识核心课程累计需不少于2学分。

（三）学科基础课程

1. 学科基础课程主要包括两类：一类是全校性学科基础平台课程，包括大学数学、大学物理、大学化学等；一类是相近学科及专业必修的学科公共基础课程。

2. 为引导学生尽早了解专业内涵及学科发展动态，激发求知欲，形成较系统的专业认识，增强专业认同，建议各专业在第一学年第一学期开设《专业导论》或《新生研讨课》课程，1—2学分。

（四）专业课程

专业课程分为专业必修课程和专业选修课程两类。

1. 专业必修课程

各专业需对照教育部本专业建设标准、专业认证与专业评估的基本要求，凝练专业特色，科学设置专业核心课程，突出专业主干课程和基础课程的核心地位。师范类专业须设置课程与教学论必修课程。

各专业增设2学分的《现代信息技术应用》课程，结合学科专业特点，专题讲授人工智能、区块链、云计算、大数据等前沿科技及跨学科思维能力在本学科专业的应用场景与方法。原课程体系已有相关课程的专业除外。

2. 专业选修课

各专业学生毕业前需至少选修25学分〔教师教育类专业（方向）19学分〕的专业选修课程。各专业设置的选修课程可供选修学分须为学生选修学分的3倍及以上。其中，需包含2门以上专业类实践课程，2门以上专创结合的创新创业课程。师生比低的学院应在专业选修课程模块中创造条件多开设小班研讨课。

（五）实验教学

1. 凡学校已搭建平台的实验课程，如大学物理实验、基础化学实验、电子电工类课程实验、非计算机专业计算机类课程实验等实行归口管理，各学院应按照要求自主选定，不得再另行开设类似课程。

2. 专业必修课程的实验学时达到16学时及以上的，原则上设置为独立的实验课程，专业选修课程的实验学时达到16学时及以上的，是否设置为独立的实验课由各学院根据具体情况而定。

3. 完善"一体化、分阶段、多层次、同平台"的实验教学体系。优化实验课程设计，减少演示性、验证性的基础性实验，增加综合性、设计性和探究性实验，确保有综合性、设计性、探究性实验项目的课程占实验课程总数的比例不少于80%。

（六）集中性实践教学环节

各专业要根据教学指导委员会制定的专业标准与专业要求，按照人才培养目标，将实践基本能力、综合能力和创新能力"三个能力层次"进行认真研究和分解，系统优化全学程实践教学内容，强化专业实践能力，科学、合理、系统地设置专业集中性实践教学环节。集中性实践教学环节主要包括军事技能、实习、论文（设计）等三种类型。各专业集中性实践教学环节的名称及学分要求如下：

类别	名称	学分要求		
		人文社科类 （15—30）	理科类 （15—40）	工科类 （20—40）
军事技能	军事训练	1	1	1
实习类	认识实习	0—4	0—4	2—6
	工程实训 （金工/测量/电子电工实习等）	0—1	0—4	2—6
	专业实习 （生产实习/毕业实习等）	2—12	2—12	2—12
论文（设计）类	课程设计	0—5	0—5	2—8
	毕业论文（设计）	8—12	10—15	10—15

1．集中性实践教学环节要求集中时间在1周（含1周）以上，时间分散进行的实习不列入集中性实践教学环节。

2．凡是已列入课程内的实践教学学时（含独立设置的实验课），不能在集中性实践教学环节重复计算。

3．实施卓越人才培养计划的相关专业到企事业单位进行专业实习和毕业设计的时间需累计不少于一个学期；如因教学周数不足，可考虑实习周数顺延至假期。

4．学校已搭建平台的集中性实践教学环节，各学院应结合本专业特点自主选定。

5．原则上，毕业论文（设计）周数不超过十五周，并于第八或十学期的十三周前完成。

（七）教师教育课程

学校统一搭设教师教育课程平台，凡教师教育类专业（方向）的人才培养方案都须加设此平台课程。教师教育类平台课程分必修和选修两大类。

教师教育类专业（方向）课程平台

模块	课程名
教师教育必修课程模块（14学分）	1．心理学基础
	2．教育学基础
	3．教学技能与训练
	4．教师口语
	5．现代教育技术与智慧教学
	6．课程与教学论（各学院开设，专业必修课）
	7．师德养成与班级管理
	8．三字一画（专题教学+技能考核）

续上表

模块	课程名
教师教育选修课程模块（6学分）	1．儿童发展与学习
	2．中小学教育基础
	3．中小学学科教育与活动指导
	4．心理健康与道德教育
	5．职业道德与专业发展
	6．综合素养类课程
教师教育集中性实践教学环节（10学分）	教育研习（1周）
	教育见习（1–2周）
	教育实习（16周）

1．《三字一画》课程为专题教学，完成课堂学习并通过考核获得学分。

2．教师教育类专业（方向）方案须在专业必修课中开设"课程与教学论"，在专业选修课中设置2–3学分的中小学学科教育与活动指导类课程。

3．教师教育专业的教育实习时间原则上为16周，8学分，统一安排在第七学期；情况特殊的可向后顺延。

（八）第二课堂

凡我校本科生在校学习期间，必须至少累计获得9个第二课堂学分方能毕业。其中，必修2学分思想政治课社会实践课程、2学分劳动教育课程。

五、培养方案的基本内容及相关要求

人才培养方案应包括以下几个方面的基本内容，并符合相关要求：

1．学制

基本学制4年（建筑学、城乡规划专业5年）。配合学分制改革进程，学校实行弹性学制，学生可在校学习3—7年（五年制专业为4—8年）。

2．培养目标

专业培养目标是对毕业生毕业后5年左右能够达到的职业和专业预期成就的总体描述。培养目标要有前瞻性和引领性。各专业要根据学校本科人才培养目标和自身办学实际，结合《普通高等学校本科专业类教学质量国家标准》、"工程教育专业认证标准"及"师范教育认证标准"科学制定。专业培养目标须与学校人才培养目标有机衔接，反映学生发展预期，从总体上说明毕业生应具备的知识素质和能力、可就业的领域、人才的特色与优势、人才的基本定位等。

3．专业核心课程

对标《普通高等学校本科专业目录》《普通高等学校本科专业类教学质量国家标准》要求和专业特色，设置10门左右专业核心课程。

4. 毕业要求

毕业要求是对学生毕业时应该掌握的知识和能力的具体描述。

各专业要根据本专业培养目标，从知识、能力、素质等方面对毕业要求进行细化，明确本专业学生毕业时应达到的要求。工科类和师范类专业要分别按照工程教育专业认证通用标准、师范教育认证标准确定毕业要求；其他已有明确认证标准的专业，按照相关认证标准确定毕业要求；其余专业依据《普通高等学校本科专业类教学质量国家标准》要求并结合本专业人才培养目标和特色进行表述，逐条说明学生需要学习的基本知识和基础理论，需要具备的专业实践工作方法与技能，以及需要掌握的专业基本能力，要切实体现知识、能力、素质协调发展。

5. 毕业要求与培养目标关系矩阵

各专业要认真梳理毕业要求与培养目标关系，形成毕业要求与培养目标关系矩阵。

6. 修业指导

对学生选课及课程修读提出具体的指导建议。

7. 学时、学分设置

课内理论教学16学时为1学分，课内实验、实践及独立设置的实验、实践课程32学时为1学分，集中安排的实践性教学环节原则上1周1学分，顺延到暑假的时间按2周1学分计算，但须经教务处审核批准。

四年制专业毕业最低总学分应严格控制在162学分以内（文管艺术类专业建议控制在157学分以内）；五年制毕业最低总学分应严格控制在200学分以内。

8. 集中性实践教学环节安排

列入培养方案中的各实践/实验教学累计学分，人文社会科学类专业不少于总学分的20%；理工类专业不少于总学分的25%，其中工程类专业工程实践（与工程相关的实验、实习、实训和设计）与毕业设计（论文）不低于总学分的20%。

9. 课程设置及教学进程表

专业培养方案进程表包括课程模块、课程类别、课程编号、课程名称、学分、总学时、学时分配、周学时、建议修读学年、建议修读学期、考核方式等11个方面的内容，旨在明确每学期的课程安排以及学时学分的分配，方便师生的教与学。

10. 课程与毕业要求关系矩阵

工科专业和师范专业需按照专业认证/评估要求，认真梳理每门课程对知识、能力和素质培养的支撑作用，将毕业要求达成落实到培养方案每门课程之中，形成各门课程与毕业要求之间的对应矩阵。其他专业暂不做统一要求。

六、修订工作要求

1. 高度重视，精心组织。各学院（部、中心）要高度重视培养方案修订工作，充分认识人才培养方案在育德育才中的指导性、纲领性和战略性地位，主动加强与相关学院、科研机构的沟通，组织高校、企业、用人单位等方面专家深度参与培养方案制定工作，确保培养方案的先进性和可行性。课程设置要合理、论证要充分，坚决杜绝"因人设课""因无人授课而不开课""重复开课"等现象的发生，高效地用好每一个学分，对学生负责、对学校负责。

2. 严格流程，规范管理。各专业要在多方调研，组织专家对人才培养目标、毕业要求、课程设置及考核评价等人才培养各环节进行论证，充分听取用人单位、毕业生和高年级学生的意见。培养方案修订论证相关材料，如调研报告、用人单位座谈会、师生座谈会、专家论证会、教学指导委员会会议记录、修订说明等是教学评估和专业认证的重要支撑材料，应妥善存档保留。

3. 科学决策，严格执行。各专业须全面总结现行方案执行过程中积累的经验与教训，吸收、借鉴国内外同类型高水平大学人才培养的有益做法，做好课程与教学内容的优化调整，将一流学科、一流专业、一流课程、课程思政、示范性实验项目、实践实习基地等方面的建设成果及时融入人才培养方案。培养方案经学校审定后即为正式的教学文件，各教学单位应严格按照培养方案和教学计划执行，确保人才培养目标的全面达成。

七、其他

1. 鼓励各专业与国外、港澳台及国内高校开展交换交流及联合培养，认可与我校正式签订校际合作交流及学分互认协议的高校的本科课程学分为取得我校本科学籍资格的有效学分。

2. 为发挥我校综合性大学的学科优势，学校继续实施辅修第二专业（学位）制度，为学有余力的学生提供跨学科门类学习机会，拓展发展空间。

3. 本次修订的培养方案自2021级学生开始实施。

广州大学关于印发《广州大学科技成果转化管理办法（试行）》的通知

广大〔2021〕37号

校属各单位：

《广州大学科技成果转化管理办法（试行）》业经2021年第7次校党委常委会会议审议通过，现予以印发，请认真学习，遵照执行。

广州大学
2021年4月26日

广州大学科技成果转化管理办法（试行）

第一章 总 则

第一条 为促进我校科技成果转化为现实生产力，规范科技成果转化活动，加快实施创新驱动发展战略，推动经济建设和社会发展，依据《中华人民共和国促进科技成果转化法》《教育部 国家知识产权局 科技部 关于提升高等学校专利质量 促进转化运用的若干意见》《教育部办公厅关于落实科技成果转化国有资产管理有关授权政策的通知》《广东省促进科技成果转化条例》《广州市促进科技成果转化实施办法》等有关文件精神，结合学校的实际，特制定本办法。

第二条 本办法所指的科技成果是指我校师生员工利用学校物质技术、人力及其他条件所完成的职务技术成果，学校对其拥有完全或部分知识产权。

本办法所称的"师生员工"，包括在学校工作的在职在岗人员；在校博士后研究人员、研究生、本科生；在校访问学者和进修人员。具有独立法人资格的附属单位，参照本办法执行。

本办法所称科技成果转化，是指为提高生产力水平而对科技成果所进行的后续试验、开发、应用、推广直至形成新技术、新工艺、新材料、新产品、新服务，以及发展新产业等活动。

第三条 科技成果转化应当遵循以下原则：

（一）有利于促进科技进步并促进经济和社会发展；

（二）符合国家产业政策和技术政策；

（三）有利于我校资源优化配置；

（四）遵守法律、法规，维护国家利益，不得损害社会公共利益。

第四条 本办法适用于学校职务科技成果的转让、许可、作价出资等活动。学校鼓励科技创造发明人（团队）进行科技成果转化，合理分配科技成果转化取得的收益，奖励在科技成果转化工作中作出贡献的人员。

第二章 组织实施

第五条 学校设立科技成果转移转化工作领导小组，负责审议科技成果转移转化重要制度、审核学校涉及重大科技成果转化、职务发明创办公司、非专业技术人员实施科技成果转化等相关事宜。科技成果转移转化工作领导小组成员设9个席位，其中6个席位分别为分管科技成果转化工作校领导、纪委纪检监察室、审计处、科研处、财务处、人事处部门领导，3个席位从学校科技成果转化专家库中抽调。同时，学校设科技成果转移转化中心，挂靠科研处，负责学校科技成果转移转化具体工作。

第六条 学校允许成果完成人以多种形式实施科技成果转化。具体由学校、成果完成人（团队）、合作单位在协商达成一致的基础上，采用下列方式进行转化：

（一）自行实施：指学校教职员工、科技人员以职务发明创造或科技成果作价，自行投资实施由科技成果向生产力的转化；

（二）转让或许可他人使用：是指通过订立转让或者许可合同的方式，允许他人有偿使用科技成果或专利技术的法律行为；

（三）与他人合作实施：是指以科技成果或发明创造转让、许可或作价入股等方式，与他人合作实施转化；

（四）以科技成果作价投资，折算股份或者出资比例：是指以发明创造或科技成果作价，折算为股份或出资比例与他人合作转化。

第七条 建立科技成果的市场定价机制。在向企业或者其他组织转移转化科技成果时，可以通过在技术交易市场挂牌、拍卖等方式确定价格，也可以通过协议定价。协议定价在15万元以上（含）的科技成果，由具有法定资格的资产评估机构评估作价，并经学校科技成果转移转化工作领导小组审核通过；协议定价在50万元以上（含）的科技成果，还须报校长办公会或校党委常委会审议通过。通过协议定价的科技成果，应当通过网站、办公系统、公示栏等方式在校内公示科技成果名称、简介等基本要素和拟交易价格、价格形成过程等，公示时间不少于15天。

第八条　科技成果转化过程中存在关联交易情形的，成果完成人应对与受让方存在的关联关系作出书面说明和承诺，经所在院系审核后提交科研管理部门审核备案，并在资产评估备案的基础上，采取在技术交易市场挂牌交易或者拍卖的定价方式，定价结果公示时间不少于15天。关联交易指科技成果完成人与受让方存在直接或间接的权益或利害关系，包括但不限于成果完成人为受让方的法定代表人、董事、股东、监事、高管、合伙人、雇员或存在近亲属关系等相关关联情况。

第九条　设立兼职技术转移和知识产权专员，学校在学院、独立研究机构设立兼职技术转移和知识产权专员，负责本单位的科技成果披露、可转化成果挖掘及跟踪服务等工作，兼职技术转移专员可以参与转化收益分配，列入成果转化成本。鼓励重大重点项目针对产业关键共性技术研究开发、应用开发进行专利导航和专利布局，设立兼职知识产权专员，负责项目专利申请、专利布局及知识产权保护等工作。

第十条　引入社会技术经纪人等第三方机构参与科技成果推广、商务谈判、产业化等活动，须签署学校、项目负责人、第三方机构三方合作协议，以不高于交易到账金额或作价入股股权10%的比例支付科技服务费用，计入转化成本。

第十一条　学校逐步建立职务科技成果披露制度。科研人员在实施科技成果转化前要自主上报《广州大学科技成果披露表》，由科技成果转移转化中心收集、管理，并签订知识产权承诺书，确保其所完成的科技成果为学校职务成果。

第三章　权益分配

第十二条　本办法所指"权益"是指科技成果转化产生的一切经济权益，包括转让费、许可费、技术入股的股权和与该成果相关的所有权益。

第十三条　科技成果转化所获收益全部纳入学校财务管理，由学校按下列方式进行分配：

（一）科技成果转化所得收益，10%纳入学校成果转移转化专项经费，90%由成果完成人自行支配（可以按照横向科研项目经费进行管理，也可作为成果完成人及其团队的个人绩效予以发放，具体分配方案由成果负责人拟定），报科研处核定后实施，并依法纳税。

（二）以科技成果作价投资实施转化的，学校将作价投资取得股份的90%奖励给科技成果完成人，其余10%作为学校股权。若学校不具备经营股权的条件，其余10%以等值现金进行转化对价，收益纳入学校科技成果转化专项经费统筹管理。转化期间，成果作价及股权折算都必须由具有法定资格的资产评估机构对该项科技成果进行评估，评估金额低于50万元的需学校科技成果转移转化工作领导小组审核通过，评估金额高于50万元（含）的需报校长办公会议或校党委常委会会议审议通过。科技成果作价投资审批通过后需通过网站、办公系统、公示栏等方式之一在校内公示，公示时间不少于15天，同时报上级主管部门及财政部门备案。

第十四条　学校可与职务科技成果完成人签署科技成果所有权处分协议，对职务科技成果进行所有权分割，约定成果完成人占有不低于90%的所有权，并分担相应费用与享有相关收益；或无偿赋予成果完成人不少于十年的长期使用权。

第四章　申请与审批

第十五条　科技成果转化，须履行相应的申请与审批程序；申请人应就科技成果转化事项提交书面材料，经所在单位、院（系）领导审核同意后报科研处，科研处根据不同转化方式提交学校批准。

第十六条　科技成果转化的申请与审批：

（一）转让或许可他人实施

1. 不涉及权属转移的，合作双方具体洽谈，达成一致；申请人提交《广州大学科技成果转化申请审批表》，由所在单位、院（系）领导审核同意，经科研处主管领导审核批准后，可签订许可使用合同；专利实施许可合同生效后，申请人须在规定的期限内向国家专利行政管理机关备案。

2. 涉及权属转移的，由合作各方具体洽谈，达成一致；申请人提交《广州大学科技成果转化申请审批表》，协议定价在50万元以上（含）的科技成果，由具有法定资格的资产评估机构评估作价并通过学校科技成果转移转化工作领导小组审核通过后，报校长办公会议或校党委常委会会议审议通过后执行。

（二）自行实施或与他人合作实施

1. 以技术转让、专利实施许可方式转化的，按本条（一）款（1）程序办理；涉及权属转移的，按本条（一）款（2）程序办理。

2. 以职务技术成果作价入股自行创办或与他人联合申办科技企业的，技术成果完成人就技术入股事项写出书面报告，并与其他出资者以书面形式协议约定各方股权分派或出资比例，由所在单位领导审核同意，报科研处审核，经学校科技成果转移转化工作领导小组批准，方可签订转化协议，须报上级主管部门和财政部门备案的，按相关规定执行。

第十七条　涉及国家安全、国家利益和重大社会公共利益的科技成果，以及科技成果向境外实施转化，依照法律法规规定管理和实施。

第五章　奖励措施

第十八条　学校设立成果转移转化专项经费，经费来源为学校拨款、地方奖励、社会筹资、科技成果转移转化收益等途径，主要用于委托第三方专业机构开展专利导航、专利布局、专利运营等知识产权管理运营工作，以及对有市场前景的初级科技成果进行培育和孵化，实现科技成果的增值，对在成果转化过程中有突出贡献人员实施奖励和成果转移转化人才队伍建设等。

第十九条　担任领导职务的专业技术人员，是科技成果的主要完成人或者为成果转移转化作出重要贡献的，可以按照学校制定的成果转化奖励和收益分配办法给予现金、股份或出资比例等奖励和报酬。对担任领导职务的科技人员的科技成果转化收益分配实行公示和报告制度，明确公示其在成果完成或成果转化过程中的贡献情况及拟分配的奖励、占比情况等。学校正职领导以及学校所属具有独立法人资格单位的正职领导，是科技成果的主要完成人或者为成果转移转化作出重要贡献的，按国家省市相关规定执行。

第二十条 成果完成人及其团队成员所获现金奖励，计入单位绩效工资总量，但不受核定的绩效工资总量限制，不作为人力资源社会保障、财务部门核定单位下一年度绩效工资总量的基数，不作为社会保障缴费基数。

第二十一条 职务科技成果转化所得收益中给予科技人员的现金奖励，可按国家省市相关政策规定享受税收优惠。

第二十二条 鼓励专业技术人员利用自身职务科技成果，以自行创办企业、现金或技术入股等形式开展创新创业活动。科研人员离岗创业的按照人事处相关管理办法执行。职务科技成果优先许可给成果完成人及其团队创办企业。

第二十三条 学校鼓励师生参与企业技术研发、项目攻关等科研活动，将科技成果转化工作业绩作为在职称晋升、绩效考核、岗位聘任、项目结题、人才评价和奖学金评定等政策中的重要参考依据。

第六章 法律责任

第二十四条 凡属学校职务科技成果，教师、科技人员、离退休人员、调离学校人员等均不得据为己有、不得对外泄露，调离学校人员需办理职务科技成果移交手续；未经学校许可和批准，不得自行转化和对外合作转化，不得变相转让和变相对外合作，不可私自利用职务成果开办公司。一经发现，将追究当事人直接责任，情节严重的将依法追究其法律责任。

第二十五条 在科技成果转化活动中，有关人员弄虚作假，骗取奖励和荣誉称号，或者骗取钱财，或者谋取不法利益，或者玩忽职守的，学校取消相应的奖励和荣誉称号，并给予相应的行政处分；给学校或他人造成损失的，依法承担民事责任；涉嫌构成犯罪的，移送有关部门依法追究。

第二十六条 我校教职工违反本办法，泄漏技术秘密，擅自转让、变相转让职务科技成果，或者以其他方式损害学校知识产权权益的，学校将追究有关人员的责任。相关单位和负责人在勤勉尽责、未牟取非法利益的前提下，免除其在科技成果定价中因科技成果转化后续价值变化产生的决策责任。

第七章 附 则

第二十七条 校办企业科技成果转化，可参照本办法自主制定相应的制度或者实施细则。未制定的，适用本办法。

第二十八条 本办法根据上级文件和实际情况适时作出修订。

第二十九条 非专业技术人员涉及成果转化的相关事宜另行审议。

第三十条 本办法自发布之日起实施，由学校授权科研处负责解释。原《广州大学科技成果转化暂行规定（修订）》（〔2017〕340号）同时废止。

广州大学关于印发《广州大学创收经费支出实施细则》的通知

广大〔2021〕43号

校属各单位：

《广州大学创收经费支出实施细则》业经2021年第11次党委常委会会议审议通过，现予以印发，请认真学习，遵照执行。

广州大学

2021年5月21日

广州大学创收经费支出实施细则

第一条 为落实《广州大学创收经费管理办法（2020年修订）》（广大〔2020〕82号）（以下简称《创收管理办法》），充分调动校内二级单位创收的积极性，进一步规范创收经费的使用，防范财务风险，促进学校创收经费收支的健康发展，根据广州市政府办公厅《关于规范公益类事业单位非税收入管理的意见》等文件精神，结合学校已定为公益二类事业单位的实际，以及《创收管理办法》实施期间的实际情况，制定本细则。

第二条 按照公益类事业单位非税收入的分类及上缴方式，可将学校创收收入分为全额上缴创收收入和非全额上缴创收收入，实行分类管理。

1. 全额上缴创收收入包括：学校收取的学生学费、住宿费、联合办学管理费、培训费、考试费等收费收入。即须实行"收支两条线"全额上缴财政专户管理的学校教育收费收入。

2. 非全额上缴创收收入包括：学校收取的利息收入、服务性收费收入、国有资源（资产）有偿使用收入、接受捐赠收入、对外投资单个项目所取得的投资收益和其他收入。即扣除按规定向财政缴纳的部分和应缴税费外，剩余部分均纳入学校预算，由学校统一核算、统一管理的收入。

对具有创收性质的部分非同级财政拨款收入也纳入创收收入的其他收入管理，如接受政府部门的业务委托，获得的由政府部门拨入到学校银行存款基本户（或其他实有账户）的培训费、考试费等，且该收入不开具免税发票。

第三条 创收收入的统计按照自然年度（会计年度）进行，即公历1月1日至12月31日。

第四条 创收经费支出原则：

1. 依法依规原则。创收经费的收支必须符合国家、省、市和学校有关法律法规和财政财务管理制度要求。

2. 持续发展原则。校内二级单位按照"量力而行、勤俭节约、讲求绩效"的原则统筹安排本单位的创收经费支出，除弥补创收活动必需的成本外，应留有余地用于本单位建设发展。

3. 公开透明原则。校内二级单位的创收经费，其收支信息应在本单位内部公开披露和说明解释，其支出方案应经本单位党政联席会议（或领导班子集体会议）讨论通过，并备案待学校检查。

第五条 按照《创收管理办法》和本实施细则规定的比例分配至校内二级单位的创收经费，首先用于服务活动成本和弥补学校预算安排的日常行政、教学及科研活动支出不足部分，其可支出的范围包括公用经费和人员经费。

1. 公用经费是指弥补创收活动的相关成本费用支出、改善教学科研条件支出以及单位事业发展建设支出等。

具体包括：办公费（如办公用品、报刊杂志等）、印刷费（如资料印刷、打印费、复印费、论文版面费等）、咨询费（人员范围仅限于校外人员）、手续费、邮电费、国内差旅费、维修（护）费（如工作用的设备和场地的维护维修）、租赁费（如工作用的设备、专用网络、场地等租赁）、会议费、培训费、专用材料费（如实验材料、实验用品、实验耗材、专用工具和未达到固定资产标准的零星仪器购置等，音乐舞蹈学院、体育学院等学院的专用服装、消耗性体育用品等）、劳务费（人员范围仅限于校外人员）、委托业务费、其他交通费、其他商品和服务支出（如因工作发生的误餐费、工作餐费、广告宣传费、会员费等）、办公设备和办公家具购置、教学和科研实验设备购置、信息网络及软件购置更新等。

2. 人员经费是指为顺利开展创收活动、弥补单位人手不足以及适应单位发展建设对人力资源的需求所产生的人员方面的支出。即除在职在编人员经费、学生奖助支出，还包括直接发放到校内人员（包括在职在编人员、合同制A岗人员、合同制B岗人员、在站博士后、新机制引进或聘用人员、学籍属于本校的学生）的咨询费和劳务费。

具体包括：在职在编人员绩效，校内人员咨询费和劳务费（不含合同制A岗人员工资薪酬），学生的奖助支出（含困难补助）。

第六条 按照《创收管理办法》和本实施细则规定的比例分配至校内二级单位的创收经费不得用于"三公"经费［因公出国（境）费用、公务接待费、公务用车购置及公务用车维护运行费］支出；不可开支汽油费、出租车费；不得用于个人消费事项；不得借合作办班之名将经费挪作他用。

按《创收管理办法》的规定，创收经费原则上不得开支单项投资达到100万元及以上的大型修缮费用，但经学校审批同意，且符合市财政局有关财政评审要求的，可予以列支。

第七条 按照《创收管理办法》和本实施细则规定的比例分配至校内二级单位的创收经费用于人员经费支出的开支标准要求：

（一）总量标准

校内二级单位在实际申请支出额度时，每次申请安排的人员支出总量按照以下要求执行：

1. 考试费收入，人员经费支出占比不得超过90%；
2. 除考试费收入外，人员经费支出占比不得超过60%。

（二）劳务费和咨询费开支标准

劳务费和咨询费的开支标准按照《广州大学劳务酬金发放管理办法》和《广州大学培训费管理办法》的要求执行。

（三）在职在编人员绩效开支标准

1. 总额控制。在职在编人员的教师课酬、答辩费、研究生指导费、监考费、评审费等绩效支出，必须事先按照人事处的要求进行申报，其开支额度纳入人事处绩效工资总量中的"其他绩效"统筹安排，且必须严格控制在人事处核定给校内二级单位的"其他绩效"预算额度内进行发放，以人事处解释为准。

2. 课酬标准。专业硕士、辅修及第二学位的教师课酬标准，分别按照研究生院牵头制定的《广州大学硕士研究生学费分配及管理办法》和教务处的管理要求执行。

3. 监考费、评审费、命题费等绩效支出标准。按照《广州大学劳务酬金发放管理办法》和《广州大学关于规范领导干部劳务酬金发放工作暂行办法》的要求执行。

第八条 创收经费的确认与分成、支出额度申请办理流程。

创收经费的校内二级单位应按照《创收管理办法》的要求，及时提交确认收入与分成的材料给财务处（国有资产管理办公室）（以下简称"财务处"）。对按规定提交，且确认收入与分成的材料符合要求的，财务处将在10个工作日之内，按照规定的分成比例完成分成工作，并将校内二级单位应得的分成收入分配至其相应的创收经费项目。

（一）全额上缴创收收入

1. 收入确认与分成。学历学费收入的分成材料由校内二级单位直接提交给财务处预算计划科（以下简称预算科）办理分成。其中：成人高等学历教育的学费收入分成时间按《创收管理办法》和成人高等学历教育学费管理办法执行；专业硕士学费和辅修、第二学位学费收入分成原则上每年办理一次，研究生院和教务处应于预算年度的第一季度内，提交上一年度的学费分成材料。

除学历教育收入以外的全额上缴创收收入（如考试费收入、培训费收入），校内二级单位提交确认收入与分成的材料给财务处核算中心（以下简称核算中心），由核算中心先完成收入确认后，再移交给预算科办理分成。

校内二级单位按分成比例应得的分成收入，预算科在财务核算系统中先分配至其相应创收经费的"过渡分配项目"。

2. 支出额度申请。校内二级单位根据预算年度实际支出额度需求，提交《创收经费支出申请报告》和《支出预算申报表》给预算科，预算科审核后，将符合要求的支出额度从其相应创收经费的"过渡分配项目"划拨至其相应创收经费的"公用"项目；前述支出额度申请涉及在职在编人员绩效的，从其相应创收经费的"过渡分配项目"回收至学校统筹账户，相应在人事处绩效工资中的"其他绩效"划拨安排支出额度，设立子项目，且该子项目须由人事处和校内二级单位指定负责人联签。

《创收经费支出申请报告》的内容包含但不限于创收经费的来源、项目经费代码、预算申报总额及计划支出用途；《支出预算申报表》的预算总额不得超过其创收经费的"过渡分配项目"可用余额，支出额度涉及在职在编人员绩效的必须严格控制在人事处核定给校内二级单位的"其他绩效"预算额度内。

预算科根据《支出预算申报表》的支出经济分类科目明细，在财务核算系统中按"类"级科目设置限额控制。

（二）非全额上缴创收收入

校内二级单位同时提交确认收入与分成的材料和《支出预算申报表》给核算中心，由核算中心按规定办理分成，并直接将校内二级单位按分成比例应得的分成收入分配至其相应的创收经费项目，不设置"过渡分配项目"，且校内二级单位可直接在其创收经费项目中开支公用经费和人员经费。支出额度涉及在职在编人员绩效的必须严格控制在人事处核定给校内二级单位的"其他绩效"预算额度内。

预算科根据首次分成金额及人员经费支出占比设置人员经费上限额度控制，如有后续分成收入，承办单位可向预算科提出申请。

第九条 校内二级单位提交的创收收入确认与分成材料、支出额度申请材料均需加盖单位公章，并由单位负责人签批。其中，《创收经费支出申请报告》和《支出预算申报表》实行"会签"制度（即单位党、政负责人同时签批）。

第十条 创收经费的报销支出。创收经费的报销支出，其审批权限按照《广州大学经费支出审批权限暂行办法》的要求执行，其报销支出时所需提供的原始发票、附件说明等会计凭证及报销流程等按照财务处有关经费支出的管理规定执行。

第十一条 创收经费结余及结转。

校内二级单位已从其相应创收经费的"过渡分配项目"划拨至其相应创收经费的"公用"项目和在人事处绩效工资中的"其他绩效"划拨安排的支出额度，当年结余未支出的不予结转。

全额上缴创收收入分配形成的创收经费项目中的"过渡分配项目"当年有结余的，原则上可结转两年，连续三年未用完的结转资金由学校统筹回收管理。

非全额上缴创收收入分配形成的创收经费项目当年有结余的，可积累形成单位的发展基金，并结转至以后年度使用。

第十二条 经校内二级单位分工联系校领导批准，且属于上级部门安排的考试考务任务或面向本校师生的考试考务而取得的考试费收入，其分成比例可不执行《创收管理办法》统一的分成比例，可按90%拨回给承办单位，其中无纸化机考类型考试收入可按80%拨回承办单位。

第十三条 利用学校的资源，政府机关及其下属的社会团体等上级单位正式文件要求学校承办的比赛等活动所形成的收入，其分成比例可不执行《创收管理办法》统一的分成比例，可按90%拨回承办单位。

第十四条 法律、法规、规章及国务院、财政部、市财政局文件对创收经费管理与本实施细则规定不一致的，从其规定。

第十五条 本实施细则由财务处负责解释。

第十六条 本实施细则自2021年5月21日起施行，并将视学校发展情况进行适时修改。

广州大学关于印发《广州大学优秀博士硕士学位论文评选办法》的通知

广大〔2021〕47号

校属各单位：

《广州大学优秀博士硕士学位论文评选办法》业经2021年第8次校长办公会议审议通过，现予以印发，请认真学习，遵照执行。

广州大学
2021年5月28日

广州大学优秀博士硕士学位论文评选办法

第一章 总 则

第一条 为提高我校博士生和硕士生培养质量，加快培养拔尖创新人才，推动研究生教育的内涵式发展，根据国家有关文件精神，结合我校实际，特制定本办法。

第二条 优秀博士硕士学位论文（以下简称优秀论文）评选应坚持正确的政治方向和学术导向，遵循"科学公正、注重创新、严格筛选、宁缺毋滥"的原则。

第三条 优秀论文评选每年6月进行一次，评选范围为该学年获得我校学术博士或学术硕士学位者的学位论文。学位论文答辩前已获得副高级以上职称（含副高级）的作者所撰写的学位论文及涉密的学位论文，不参加评选。

第二章 优秀论文评选标准

第四条 优秀论文评选范围为该学年获得我校学术博士或学术硕士学位者的学位论文。

第五条 参评论文应达到如下条件：

（一）学位论文选题具有正确的政治、思想导向，为本学科前沿、有重要的理论或现实意义；

（二）学位论文在理论或方法上有创新，取得突破性成果，达到国际同类学科先进水平，具有较好的社会效益或应用前景；

（三）学位论文材料翔实，推理严密，文字表达准确，符合学术规范，内容不涉密、可公开；

（四）学位论文应获得同行评阅专家较高的评价，在学位论文答辩时获答辩委员会全票通过，且有三分之二以上评阅专家同意推荐或答辩委员会同意推荐为优秀论文；

（五）学位论文研究成果的主要结论或部分结论应以作者第一署名单位为"广州大学"发表，且应发表在本学科内外权威刊物，刊物的级别与范围由各研究生培养单位学位委员会确定。

第三章 评选程序

第六条 推荐名额

每年度评选优秀博士学位论文不超过10篇,优秀硕士学位论文不超过50篇。各研究生培养单位按照研究生院给定的指标,确定推荐名单。若无符合条件的,也可不推荐。

第七条 评选程序

(一)研究生院根据各培养单位当年度受理学位申请人数的全校占比按比例下达推荐指标。

(二)博士生和硕士生个人申报,经导师推荐,申报材料报送各研究生培养单位。

(三)各研究生培养单位学位分委员会召开会议,在论文作者到场答辩后,投票表决出本单位优秀成果推荐名单,并进行排序,推荐名单及材料报送研究生院质量管理与学风建设办公室。

(四)研究生院对研究生培养单位推荐的优秀论文进行评审,并向学校推荐。

(五)校学位评定委员会审批,确定当年优秀论文入选名单。

(六)优秀论文名单在研究生院网站上予以公示,公示期为7日;公示期间任何个人或单位,如对入选结果有异议,可在公示期内以书面形式向研究生院质量管理与学风建设办公室提出异议及其具体依据。

(七)公示无异议,学校发文并予以表彰。

第四章 奖励与追责

第八条 学校对优秀论文的获得者及其导师予以表彰。对优秀论文作者授予"广州大学优秀博士(或硕士)学位论文获得者"称号,在当年度的学位授予仪式上进行表彰并颁发荣誉证书。对优秀学位论文指导教师授予"广州大学年度优秀博士生(或硕士生)导师"称号,颁发荣誉证书。

第九条 对连续两年入选优秀论文的导师,在分配研究生招生指标时予以倾斜性支持。

第十条 入选的优秀论文,如经查实存在学术不端行为,学校将予以撤销,同时根据《广州大学研究生学术道德规范条例》的相应规定予以处理。

第十一条 对于在优秀论文评选过程中违反本办法相关规定的,由研究生院对其进行通报,并责令整改;其中构成违纪需要承担纪律责任的,由学校依照党纪法规和学校规定给予纪律处分;需要追究领导责任的,按照有关党纪法规和学校规定对有关部门、单位及其领导人员实行问责。

第五章 附 则

第十二条 本办法由研究生院负责解释。

第十三条 本办法自发布之日起施行,试行三年。

广州大学关于印发《广州大学党政全日制研究生国家奖助学金实施办法》的通知

广大〔2021〕48号

校属各单位：

《广州大学全日制研究生国家奖助学金实施办法》业经2021年第11次校党委常委会会议审议通过，现予以印发，请认真学习，遵照执行。

广州大学
2021年5月28日

广州大学全日制研究生国家奖助学金实施办法

第一章 总则

第一条 为激励学生勤奋学习，在德智体美劳等方面全面发展，根据《财政部 教育部 人力资源社会保障部 退役军人部 中央军委国防动员部〈关于印发学生资助资金管理办法〉的通知》（财科教〔2019〕19号）、《广东省教育厅 广东省财政厅关于进一步健全学生资助政策体系的意见》（粤教助〔2020〕6号）、《广东省财政厅 广东省教育厅 广东省人力资源和社会保障厅 广东省退役军人事务厅 中国人民解放军广东省军区动员局关于印发〈广东省学生资助资金管理实施办法〉的通知》（粤财规〔2021〕1号）、《普通高等学校学生管理规定》《广州大学章程》有关规定，结合我校实际，制定本办法。

第二条 本办法中的国家奖助学金特指国家奖学金、学业奖学金和国家助学金（以下简称国家奖助学金）。国家奖学金用于奖励表现优异的全日制研究生；学业奖学金用于奖励表现良好的全日制研究生；国家助学金用于资助纳入全国研究生招生计划、没有固定工资收入、规定学制期内的全日制在读研究生。

第二章 国家奖助学金评审机构

第三条 学校成立研究生国家奖助学金评审工作领导小组，领导小组组长由分管研究生工作的校领导担任，副组长由学生工作部、研究生院、财务处的主要负责人担任，成员由各学院党委（党总支）书记或院长、研究生院分管学生资助工作的副院长、研究生导师代表组成。领导小组下设办公室，办公室设在研究生院。学校领导小组主要职责是全面部署学校国家奖助学金的评审工作，对学生名单进行审查和审定。

第四条 学院成立研究生国家奖助学金评审工作小组，具体负责人由分管研究生教育的副院长担任，成员由学院党委（党总支）书记、院长、学院党委（党总支）副书记、研究生导师代表（不少于3人)、研究生秘书(或研究生辅导员)、研究生代表(不少于2人)组成,负责研究生国家奖助学金的申请组织、评审、公示、资料报送等工作。学院根据学校的评审办法制定具体的评选细则和学院成立的评审工作小组成员名单报研究生院备案。

第三章 国家奖助学金奖励标准、基本条件与名额分配

第五条 国家奖学金的奖励标准为博士研究生每生每年30000元,硕士研究生每生每年20000元;国家助学金资助标准为:博士研究生每生每年45600元,硕士研究生每生每年9600元,新生入学当年按4个月计算,毕业生按毕业当年的6个月计算。研究生学业奖学金获奖比例为评选对象的80%,具体等级、金额、比例如下表:

名称	金额	比例
博士研究生一等奖	18000元/年	10%
博士研究生二等奖	12000元/年	20%
博士研究生三等奖	6000元/年	50%
硕士研究生一等奖	12000元/年	10%
硕士研究生二等奖	8000元/年	20%
硕士研究生三等奖	2000元/年	50%

第六条 研究生国家奖助学金申请基本条件。

(一)具有中华人民共和国国籍;
(二)热爱社会主义祖国,拥护中国共产党的领导;
(三)遵守宪法和法律,遵守研究生培养单位规章制度;
(四)诚实守信,道德品质优良;
(五)学习成绩优异,科研能力显著,发展潜力突出;
(六)积极参与科学研究和社会实践;
(七)勤奋学习,积极上进。

其中,申请国家奖学金的,应同时符合条件(一)至(五);申请学业奖学金的,应同时符合条件(一)至(四)和(六);申请国家助学金的,应同时符合条件(一)至(四)和(七)。

第七条 研究生国家奖学金申请条件。

申请国家奖学金的学生,除具备第六条规定的基本条件外,须同时具备下列条件:

(一)纳入全国研究生招生计划的全日制研究生;
(二)按学校规定时间进行学籍注册、缴纳学费;
(三)学位课、必修课或指定选修课成绩均无补考记录;
(四)未受到各类处分及学校、研究生培养单位(学院、系、所、中心)通报批评,学术研究中无弄虚作假行为以及学校认定的其他学术不端情况等。

第八条 学业奖学金申请条件。

申请学业奖学金的学生，除具备第六条规定的基本条件外，须同时具备下列条件：

（一）纳入全国研究生招生计划的全日制研究生（档案关系未转入者除外）；

（二）按学校规定时间进行学籍注册、缴纳学费；

（三）学习成绩优异，科研能力显著，或在某一实践领域成绩突出；

（四）学位课、必修课或指定选修课成绩均无补考记录；

（五）上一学年中未受到各类处分及学校、研究生培养单位（学院、系、所、中心）通报批评，学术研究中无弄虚作假行为以及学校认定的其他学术不端情况等。

第九条 国家助学金申请条件。

申请国家助学金的学生，除具备第六条规定的基本条件外，须同时具备下列条件：

（一）纳入全国研究生招生计划且在正常学制内的全日制非定向研究生；

（二）没有固定的工资收入的研究生。

第四章 国家奖助学金申请

第十条 秋季学期入学后1个月内，由学校根据省、市部署及本校工作安排适时发布评审通知，学生根据申请条件填写相关表格，向所在学院评审工作小组提出申请，并按照通知要求提交相关佐证材料。

第十一条 学生必须在规定时间按程序办理相关奖助学金手续。学生提出申请必须实事求是地根据自身条件填写相关信息，确保提交材料真实、可信、准确。

第五章 国家奖助学金评审

第十二条 同一学年内，符合条件的研究生可同时申请并获得国家奖学金、学业奖学金、国家助学金。

第十三条 国家奖学金、学业奖学金、国家助学金每学年评审一次，由研究生院负责组织评审工作。实行等额评审，坚持公开、公平、公正、择优的原则。

第十四条 评审程序：

（一）学院（或系）初步审查。学院评审工作小组对申请学生进行初步审查，并将推荐名单在学院公示不少于5个工作日。其中学业奖学金在一年级新生当中根据专业潜力、入学成绩、复试成绩等进行评定；在二年级及以上研究生当中根据其上一学年间所获学业成绩、科研成果、社会服务以及家庭经济状况等进行评定。

（二）学校审核公示。各学院将学院公示无异议的推荐名单报送研究生院，研究生院汇总审核后上报学校研究生国家奖助学金评审工作领导小组研究审定，并在校内公示不少于5个工作日。

（三）公示无异议后将评审材料上报省教育厅。评审材料包括评审报告（含评审依据、评审程序、名额分配及评审结果等情况）和获奖研究生汇总表。

第十五条 对评审过程有异议的学生，可在学院公示期间向学院评审工作小组提出投诉或举报，学院评审工作小组应在3个工作日内予以答复。如研究生对学院作出的答复仍存在异议，可向学校评审工作领导小组提请裁决。

第十六条 经学校评定的国家奖学金、国家学业奖学金学生名单，按程序报上级主管部门审批，学校认定的国家助学金名单上报省学生资助管理系统备案。

第十七条 申请但未获得资助的学生，本校将及时告知原因。

第六章 奖助学金的发放、管理与监督

第十八条 研究生院会同财务处将国家奖学金、学业奖学金于每年12月31日前一次性发放给获奖学生；国家奖学金颁发国家统一印制的奖励证书；国家助学金按月（一年分12个月）发给受助学生。

第十九条 研究生院根据学生学籍异动情况，及时对有异动情况的研究生暂缓、停止或恢复发放助学金。研究生在学制期限内，由于出国、疾病等原因办理保留学籍或休学手续的，暂停对其发放研究生国家助学金，待其恢复学籍后再行发放。延期毕业研究生，在超过规定学制年限的学习期间，不再享受研究生国家助学金。

第二十条 学校对国家奖助学金实行分账核算，专款专用，做好资金监管，确保资金安全。接受上级有关部门审计、检查和监督，同时接受学校有关部门、全校师生监督。

第二十一条 研究生院按照《广东省教育厅关于加强全国学生资助管理信息系统全面应用的通知》（粤教助函〔2019〕5号）文件要求限时录入、审核、提交国家奖助学金数据。同时加强管理，确保数据精准，学生信息安全，防止学生信息泄露现象发生。

第二十二条 学校对国家奖助学金评审工作流程执行、进展和效能情况进行监督检查。严肃纪律，坚决纠正和查处国家奖助学金评审工作中的违纪问题。学校设立国家奖助学金评审认定举报、投诉电话：020-39366201，接受全体师生的监督。对违规违纪行为，按照相关法律法规和政策严肃处理。

第二十三条 各学院明确国家奖助学金评审工作中突发事件舆情应对工作，增强国家奖助学金评审舆论引导工作的主动性、针对性、及时性、有效性，营造良好舆论氛围。明确事件处理和督办落实工作，做好国家奖助学金评审工作热点舆情上报、发声和跟踪。

第二十四条 评审过程中及评审结束后，发现参评研究生有抄袭剽窃、弄虚作假等学术不端行为，经查证属实的，取消当年评优评奖资格并追回所发荣誉证书和所发奖金，情节严重者，依据《广州大学学生违纪处分规定》（广大〔2017〕191号）给予处分。

第七章 受奖助学生管理

第二十五条 研究生院和各学院要及时宣传国家奖学金获得者的先进事迹，充分发挥榜样的引领示范和励志教育作用，教育国家助学金获得者勤俭节约、自强不息、立志成才。

第二十六条 各学院要做好对受奖助学生的日常管理，各学院辅导员（导师）应掌握受奖助学生的学习、生活和工作等情况。

第二十七条 为培养受奖助学生的感恩意识和社会责任感，增强其自立、自强、自助的意识，学校组织受奖助学生在不影响学习的前提下，参加一定量的公益活动，以积极的态度回报学校和社会。

第八章 附 则

第二十八条 为切实保证家庭经济困难学生顺利入学，根据教育部、教育厅等部门规定，学校建立"绿色通道"制度，对被录取入学，家庭经济确实困难、无法缴纳学费的新生，一律先办理入学手续，然后再根据核实后的情况，分别采取不同办法予以资助（具体办法由学校另行制定）。

第二十九条 研究生在不影响专业学习和研究的原则下，可参加学校设置的"三助一辅"（助研、助教、助管和担任学生辅导员工作）岗位，获得一定的津贴报酬，帮助完成学业。（"三助一辅"津贴标准由学校依据国家有关规定，结合当地物价水平等因素合理确定）

第三十条 学校从教育收费提取学生奖助基金、利用社会组织和个人捐赠资金等，设立奖学金、助学金，用于奖励和资助本校研究生（具体办法由学校另行制定）。

第三十一条 本办法有关学生资助工作，国家、省有另行规定的，按国家、省的规定执行。

第三十二条 本办法由研究生院负责解释。

第三十三条 本办法从2021年9月1日起施行，原《广州大学研究生国家助学金管理暂行办法（试行）》（2015年9月制定）、《广州大学研究生国家奖学金管理办法》（2015年9月修订）、《广州大学研究生学业奖学金管理暂行办法（试行）》（2018年6月制定）同时废止。

广州大学关于印发《广州大学本科生国家奖助学金实施办法》的通知

广大〔2021〕54号

校属各单位：

《广州大学本科生国家奖助学金实施办法》业经2021年第12次校党委常委会会议审议通过，现予以印发，请遵照执行。

广州大学
2021年6月8日

广州大学本科生国家奖助学金实施办法

第一章 总 则

第一条 为规范我校本科生国家奖学金、国家励志奖学金、国家助学金的审核评审行为，保证评审工作公平、公正、公开、依法依规进行，根据《财政部 教育部 人力资源和社会保障部 退役军人事务部 中央军委国防动员部〈关于印发学生资助资金管理办法〉的通知》（财科教〔2019〕19号）、《广东省教育厅 广东省财政厅关于进一步健全学生资助政策体系的意见》（粤教助〔2020〕6号）、《广东省财政厅 广东省教育厅 广东省人力资源和社会保障厅 广东省退役军人事务厅 中国人民解放军广东省军区动员局关于印发〈广东省学生资助资金管理实施办法〉的通知》（粤财规〔2021〕1号）、《普通高等学校学生管理规定》《广州大学章程》有关规定，结合我校实际，制定本办法。

第二条 本办法适用于广州大学全日制本科生。

第三条 国家奖助学金评选工作每学年进行一次，在每年的9、10月份进行。

第二章 奖助标准与基本条件

第四条 国家奖助学金的设置及金额

（一）国家奖学金8000元/年；

（二）国家励志奖学金5000元/年；

（三）国家助学金人均3300元/年。

同一学年内，获得国家奖学金的家庭经济困难学生可以同时申请并获得国家助学金，但不能同时获得国家励志奖学金；申请国家励志奖学金的家庭经济困难学生可以同时申请并获得国家助学金，但不能同时获得国家奖学金。

第五条 国家奖助学金的申请条件

（一）国家奖学金的申请条件

1. 具有中华人民共和国国籍；

2. 热爱社会主义祖国，拥护中国共产党的领导；

3. 遵守宪法和法律，遵守学校规章制度，在校期间未受过任何处分；

4. 诚实守信，道德品质优良，积极参加校内外公益活动；

5. 在校期间品学兼优，学习成绩优异，社会实践、创新能力、综合素质等方面特别突出，上一学年的学业成绩和综合测评成绩特别优秀的学生。

6. 申请国家奖学金的学生，除具备以上基本条件外，须同时具备下列条件：

（1）年级要求：二年级及以上年级。特殊学制的学生，根据当年所修课程层次确定参与相应学段的国家奖学金评定，原则上从入学第六年开始不再具备本科国家奖学金申请资格。

（2）成绩要求：学习成绩排名与综合考评成绩排名均位于前10%（含10%）的学生（可根据当年的情况有所提高）。学习成绩排名和综合考评成绩排名没有进入前10%，但达到前30%（含30%）的学生，须在其他方面表现非常突出，申请时须提交详细的证明材料，证明材料须经学校审核盖章确认。

（3）其他方面表现非常突出，是指在道德风尚、学术研究、学科竞赛、创新发明、社会实践、社会工作、体育竞赛、艺术展演等某一方面表现特别优秀。具体为：

①在社会主义精神文明建设中表现突出，具有见义勇为、助人为乐、奉献爱心、服务社会、自立自强的实际行动，在本校、本地区产生重大影响，在全国产生较大影响，有助于树立良好的社会风尚。

②在学术研究上取得显著成绩，以第一作者发表的通过专家鉴定的高水平论文，以第一、二作者出版的通过专家鉴定的学术专著。

③在学科竞赛方面取得显著成绩,在由教育行政部门承办的国际和全国性专业学科竞赛、课外学术科技竞赛、中国"互联网+"大学生创新创业大赛、全国职业院校技能大赛等竞赛中获一等奖(或金奖)及以上奖励。

④在创新发明方面取得显著成绩,科研成果获省、部级以上奖励,获通过专家鉴定的国家专利(不包括实用新型专利、外观设计专利)。

⑤在体育竞赛中取得显著成绩,为国家争得荣誉:非体育专业学生参加省级以上体育比赛获得个人项目前三名,集体项目前二名;高水平运动员参加国际和全国性体育比赛获得个人项目前三名、集体项目前二名;集体项目应为上场主力队员。

⑥在艺术展演方面取得显著成绩,参加全国大学生艺术展演获得一、二等奖,参加省级艺术展演获得一等奖;艺术类专业学生参加国际和全国性比赛获得前三名。集体项目应为主要演员。

⑦获全国十大杰出青年、中国青年五四奖章、中国大学生年度人物等全国性荣誉称号。

⑧其他应当认定为表现非常突出的情形。

(二)国家励志奖学金申请条件

1. 具有中华人民共和国国籍;
2. 热爱社会主义祖国,拥护中国共产党的领导;
3. 自觉遵守宪法和法律,遵守学校各项规章制度,在校期间未受过任何处分;
4. 诚实守信,道德品质好,积极参加校内外公益活动;
5. 获得国家励志奖学金的学生为学校在校生中二年级以上(含二年级)的学生;
6. 在校期间各方面表现突出,品学兼优,上一学年的学业成绩和综合测评成绩优秀,无补考科目;
7. 家庭经济困难,生活俭朴,上一学期通过广东省家庭经济困难认定的学生;
8. 在校期间学习成绩排名和综合测评排名均位于评选范围前50%(根据当年的情况可适当提高标准)。

(三)国家助学金的申请条件

1. 热爱社会主义祖国,拥护中国共产党的领导;
2. 自觉遵守宪法和法律,遵守学校各项规章制度,在校期间未受过任何处分;
3. 诚实守信,道德品质优良,积极参加校内外公益活动;
4. 勤奋学习,积极上进;
5. 家庭经济困难,生活俭朴,本学期通过广东省家庭经济困难认定的学生。

第三章 国家奖助学金的评审与组织

第六条 学校成立"广州大学国家奖助学金评审工作领导小组"(以下简称领导小组),由学校分管学生工作的校领导任组长,副组长由学生处(学生工作部)、财务处的主要负责人担任,成员由各学院党委(党总支)书记或院长、学院党委(党总支)副书记组成。领导小组下设办公室,挂靠学生处(学生工作部)的学生资助管理中心,具体负责全校国家奖助学金评选的组织实施工作。学校领导小组主要职责是全面部署学校国家奖助学金的评审工作,对学生名单进行审查和审定。

第七条 各学院成立国家奖助学金评审小组，由学院党委（党总支）副书记、资助工作负责老师、各年级辅导员、班主任或任课教师、学生代表组成，学院党委副书记担任组长。学院国家奖助学金评审小组负责制定本学院奖学金评选细则，组织实施本学院奖助学金评选工作。

第八条 各年级各班级成立国家奖助学金评议小组，由年级辅导员、班主任或任课教师、党员代表、年级干部代表、班级干部代表、学生代表等组成，年级辅导员担任组长。评议小组负责核实本年级本班级学生的综合素质表现，根据本办法及各学院制定的评选细则给予评议，向学院国家奖助学金评审小组推荐获奖助学生候选人。

第九条 国家奖助学金的申请及评审程序

（一）学生处（学生工作部）根据省教育厅下达的当年各类奖助学金的名额，按照各学院学生人数、家庭经济困难学生人数及日常资助工作表现，分配各学院奖助学金指标，并下发相关通知。

（二）国家奖助学金的申请由学生本人自愿提出。

1．填写《国家奖学金申请审批表》《国家励志奖学金申请审批表》或《国家助学金申请表》（只需在网上申请和审核）；

2．申请国家奖学金、国家励志奖学金的学生要提交本人上一学年各科学业成绩在学院存档（成绩单可由学院教务办打印盖章，也可到自助打印区自助打印）。

（三）各学院在做好宣传动员工作的基础上，对申请者的材料进行审查。先由班主任或辅导员在班级组织初评，初选后报学院审查，由学院评审领导小组审核确定奖助学生名单后，在学院内公示5天，将已公示无争议的国家奖学金、励志奖学金、助学金学生名单及其申请材料报学校学生资助管理中心。

（四）学生资助管理中心对各学院上报的学生材料进行审核，在正式确定奖助学生名单之前，将初审名单向全校师生公示5天，并将已公示且无争议的学生名单报校评审领导小组和省教育厅审批后，正式确定我校当年国家奖学金、国家励志奖学金及国家助学金发放名单。

（五）学校财务处将奖助学金通过学生银行卡划款发放。

第四章 国家奖助学金的发放、管理与监督

第十条 学生处（学生工作部）会同财务处将国家奖学金、国家励志奖学金于每年12月31日前一次性发放给获奖学生；国家奖学金颁发国家统一印制的奖励证书，国家励志奖学金颁发广东省教育厅统一印制的荣誉证书；国家助学金统一按照上级要求发给受助学生。

第十一条 取消或停发奖助学金条件

（一）学生当年留级、休学、试读期间均不能享受奖助学金；

（二）学年内违反国家、学校各项规定，受纪律处分者，取消当年奖助学金或评定资格；

（三）学校或学院认为应该取消或停发奖助学金的其他事由。

第十二条 学校对国家奖助学金实行分账核算，做到专款专用，做好资金监管，确保资金安全。国家奖助学金接受上级有关部门审计、检查和监督，同时接受学校有关部门、全校师生

监督。

第十三条 学生处（学生工作部）按照上级部门要求限时录入、审核、提交国家奖助学金数据。同时加强管理，确保数据精准、学生信息安全，坚决防止学生信息泄露现象发生。

第十四条 学校对国家奖助学金评审工作流程执行、进展和效能情况进行监督检查。严肃纪律，坚决纠正和查处国家奖助学金评审工作中的违纪问题。学校学生处（学生工作部）公布和设立专项举报投诉电话（020-39366256），接受群众的举报和投诉，接受全体师生的监督。对违规违纪行为，按照相关法律法规和政策严肃处理。

第十五条 各学院（系）明确国家奖助学金评审工作中突发事件舆情应对工作，增强国家奖助学金评审舆论引导工作的主动性、针对性、及时性、有效性，营造良好舆论氛围。明确事件处理和督办落实工作，做好国家奖助学金评审工作热点舆情上报、发声、跟踪。

第五章 受奖助学生管理

第十六条 学生处（学生工作部）和各学院（系）要及时宣传国家奖学金和国家励志奖学金获得者的先进事迹，充分发挥榜样的引领示范和励志教育作用，教育国家助学金获得者勤俭节约、自强不息、立志成才。

第十七条 各学院要做好对受奖助学生的日常管理，各学院辅导员（班主任）应掌握受奖助学生的学习、生活和工作等情况。

第十八条 为培养受奖助学生的感恩意识和社会责任感，增强其自立、自强、自助的意识，学校组织受奖助学生在不影响学习的前提下，参加一定量的公益活动，以积极的态度回报学校和社会。

第六章 附 则

第十九条 根据广东省教育厅相关文件要求，我校设立大学新生资助专项资金，符合条件的新生可申请不超过6000元的新生资助。

第二十条 为切实保证家庭经济困难学生顺利入学，根据教育部、教育厅等部门规定，学校建立"绿色通道"制度，对被录取入学，家庭经济确实困难、无法缴纳学费的新生，一律先办理入学手续，然后再根据核实后的情况，分别采取不同办法予以资助。

第二十一条 学校建立勤工助学制度，家庭经济困难学生可在学校的组织下，利用课余时间，通过自己的劳动取得合法报酬，用于改善学习和生活条件。学生参加勤工助学的时间原则上每周不超过8小时，每月不超过40小时。最低小时工资不低于省市规定的勤工助学最低小时工资标准。

第二十二条 本办法有关学生资助工作，国家、省有另行规定的，按国家、省的规定执行。

第二十三条 本办法由学生处（学生工作部）负责解释。校外二级学院参照本办法研究制定本学院相关的评审实施办法。

第二十四条 本办法从2021年9月1日起施行，原《广州大学本科生国家奖助学金评审管理办法》（2019年5月制定）同时废止。

广州大学关于印发《广州大学学院就业工作考核办法》的通知

广大〔2021〕58号

校属各单位：

《广州大学学院就业工作考核办法》业经2021年第10次校长办公会议审议通过，现予以印发，请认真学习，遵照执行。

广州大学

2021年6月11日

广州大学学院就业工作考核办法

为进一步规范就业工作管理机制，完善就业工作管理体系，提高就业服务质量，全面提升我校就业工作水平，实现毕业生充分就业和高质量就业，根据教育部和省教育厅的相关政策文件精神，结合我校情况特制定本考评办法。

一、考评基本原则

1. 过程管理与工作成效相结合，突出工作成效原则；
2. 客观、公平、公正、公开原则；
3. 共性与个性考核相结合原则。

二、考评内容

本考评办法旨在考核就业日常工作和就业成效，内容包括领导重视与保障、就业日常管理、就业指导、就业市场建设及服务和就业成效等5个一级指标、18个二级指标，满分100分。

三、考评步骤

1. 学院依据《广州大学学院就业工作考核评分细则》（详见附件）进行自评，形成书面自评报告（自评报告应涵盖本科生基本情况；相关分析及发展趋势；毕业生就业工作情况与工作特色；往届毕业生、用人单位反馈意见等方面），分类整理相关佐证材料。

2. 招生就业工作处根据《广州大学学院就业工作考核评分细则》提供各学院相关加减分材料。

3. 学校就业工作领导小组组织考评专家通过查阅佐证材料、就业自评报告、听取汇报等形式进行就业工作考评。

4. 考评专家小组得出考评结果予以公布，并向学院反馈意见和建议。

四、评奖办法

1. 学院就业考核和学院年度工作综合绩效评价挂钩，纳入一级指标"人才培养与学科建设"本科生就业情况考核中。

2. 未能完成学校当年下达初次或总体就业率目标的学院（达到当年广东省本科院校初次平均就

业率的学院除外），就业考核评为不合格。凡就业考核不合格的学院，学校根据未完成情况扣除该学院相应比例的年度综合绩效。学院主要负责人和学院分管就业工作领导该年度考核不能评为"优秀"。

3．依据考评专家小组评分结果从高分到低分的顺序，将学院分成人文社科类、理工类，各取前三名确定为当年"就业工作先进单位"，学校进行表彰和奖励。

4．对学院就业率设以下项目奖励：

（1）对毕业生初次就业率超过广东省本科院校当年平均就业率的学院进行奖励（各学院毕业生初次就业率数据以省教育厅公布的毕业生初次就业率数据为准）；

（2）每年评选出初次就业率较上年度递增最快的2个学院，给予工作进步奖（初次就业率须达到学校目标要求）；

（3）对提前完成学校下达总体就业率目标的学院给予奖励（总体就业率统计截止时间为每年11月30日）。

五、奖励经费项目及其他事项

1．学院就业工作每年考核一次，考核时间定于每年12月上旬。就业工作考评奖励纳入学校年度综合绩效，具体实施办法由人事处会同招生就业工作处研究制定。

2．学校安排的校内科研助理岗位吸纳毕业生就业部分，不纳入学院就业工作考核体系的绩效核算。

3．本办法由学校授权招生就业工作处解释。

4．本办法自公布之日起施行。其他有关文件规定与本办法不一致的，以本办法为准。

广州大学关于印发《广州大学信息化项目管理办法》的通知

广大〔2021〕69号

校属各单位：

《广州大学信息化项目管理办法》业经2021年第13次校党委常委会会议审议通过，现予以印发，请认真学习，遵照执行。

广州大学
2021年6月24日

广州大学信息化项目管理办法

第一章 总 则

第一条 为促进学校信息化建设规范、有序和健康发展，提升信息化项目建设的质量及效能，依据《广州市政务信息化项目管理办法》文件有关规定，结合学校的实际，制定本办法。

第二条 学校信息化项目（以下简称项目）是指校属各单位使用市本级财政资金投资建设、维护和服务的信息化项目。

本办法所称市本级财政资金，包括市本级一般公共预算资金、政府性基金、财政专户管理的资金以及法律、法规规定的其他财政性资金。

第三条 信息化项目分建设开发类项目和运行维护类项目两类。

一、建设开发类项目，是指开展信息网络、信息服务平台及应用系统建设、信息资源开发利用的项目，简称信息化建设项目。

二、运维服务类项目，是指为保证学校公共信息基础设施和系统整体稳定运行提供可靠服务的项目，简称信息化运维项目。运维内容包括：校园网服务器存储设备维护、校园网机房设备维护、网络及信息安全设备维护、应用软件及信息资源维护、通信链路和带宽租赁服务以及驻场服务等。

第四条 信息化项目遵循"顶层设计、统筹规划、需求导向、资源共享、效能评估、风险防控、安全可信"的原则，避免盲目投资和重复建设，并满足下列要求：

一、符合学校发展规划和信息化建设规划，充分利用学校信息化公共基础设施和平台，符合学校信息化数据标准和接口规范，信息资源与数据充分共享、开放和综合利用。

二、网络信息安全应与建设项目同规划、同设计、同建设、同验收、同运行，应符合上级网络安全和信息化主管部门有关信息安全等级保护工作的要求。

第二章 组织管理和职责分工

第五条 学校网络安全与信息化工作领导小组（以下简称"领导小组"）负责统筹、指导和协调学校网络安全与信息化工作。领导小组办公室（设在党办校办），负责学校网络安全与信息化工作规划和政策的制定、实施、协调和管理。

第六条 职责与分工

一、财务处按部门职责统一管理学校预算，根据项目主管部门申报的项目预算资料进行预算审核，并对项目预算执行情况进行指导、监督管理，组织项目主管部门按上级要求或根据学校实际情况开展绩效评价，监督和指导信息化项目国有资产管理。

二、由领导小组委托网络与现代教育技术中心组织校级项目的需求收集、论证、申报立项、测评终验以及与市政府信息化主管部门对接等工作。

三、校属信息化项目主管部门为网络与现代教育技术中心；附属中学和附属艺术学校负责本单位信息化项目相关工作。

（一）校属项目主管部门负责组织校属各单位信息化项目的需求收集、方案论证、评审、承办招标采购、验收及绩效评价等工作，对学校信息化项目资金进行统筹管理，并负责项目预算编制、执行结果、绩效运行监控以及有关网络安全与信息化的其他工作。

（二）附属中学和附属艺术学校按各自职责负责相关信息化项目的规划、申报、评审、招标采购、项目验收及绩效评价等工作，对所属项目资金进行统筹管理，并负责项目的预算编制、执行结果、绩效运行监控和资产管理。

四、项目申报及用户单位（以下简称"项目单位"）包括校属各单位依据自身职能业务和学校发展提出信息化需求的部门,是项目建设的主体,负责本单位信息化建设规划、需求调研、立项申请、预算编制和执行、方案编制、招标采购、项目实施和项目验收、资产使用和管理、绩效运行监控、效能评估等项目全生命周期的日常工作。

五、学校相关职能部门应按部门职责做好信息化项目实施的协助、指导及监督等相关工作。

第三章 项目申报与论证

第七条 项目单位应围绕学校建设发展规划、高水平大学建设目标要求,结合本单位的职能业务和发展需要,制订本单位的信息化建设规划,同时向项目主管部门备案,作为项目申报的重要依据。

第八条 项目立项申报包括需求征集(调查)、方案申报、方案论证、评审、备案等环节,项目单位应遵循"公众参与、征集公示、专家论证、集体讨论决定"的原则开展本单位项目立项申报工作。

一、项目单位应按照信息化项目建设所遵循的原则和要求进行项目申报;项目需求应参照信息技术演进情况适度超前、实用为主,技术和业务需求分析具体量化;项目需求涉及跨部门业务流程及数据资源共享的,应做好跨部门的需求征集、协同整合等工作,以实现与学校现有信息化项目的互联互通、资源共享、数据对接,为全校信息化互联互通和资源共享打下基础。

二、应进行广泛的案例考察和市场调研,分析对比主流的具代表性的(或同行案例)技术方案作为项目申报和论证的支撑材料;不得委托或变相委托潜在供应商(设备厂商)或与潜在供应商有利益关联的社会机构编制项目申报材料;复杂的项目需求,可引入第三方专业咨询设计机构和专家参与编制;为项目提供整体设计、规范编制或者项目管理、监理、检测等服务的供应商,不得再参加项目的其他采购活动。

三、申报建设的各类软硬件均应使用自主可控的国产产品。因职能业务需要申请进口产品的,在项目申报前应按规定办理报备手续。在执行项目招标采购活动时,不可限制国产产品参与项目政府采购活动。

四、项目单位应当对项目申报方案的必要性、可行性和预算价格等进行充分论证。

1. 申报预算在100万元或以下的项目应邀请至少三名校内(外)同行业具相关专业水平或工作能力(含1名计算机类专业)的专家组成论证小组;申报预算在100万元以上的项目应邀请五名或以上单数(至少含1名计算机类专业及2名校外专家)的专家组成论证小组。

2. 项目论证组织部门人员不应担任专家论证小组成员。项目论证组织部门和论证专家不得发表带有影响公正性的意见,专家论证小组对论证结论签字负责。项目论证费由论证组织部门承担。

五、项目单位应按项目申报通知的要求填报和编制项目申请表、论证意见及申报方案。

六、项目单位应当对项目申报材料向部门全体教职工进行公示,并经单位党政联席会议或处务会议研究决定;校外直属单位需经校长办公会议或党委常委会会议研究决定;项目单位负责人签字并加盖公章后报项目主管部门。

第九条 项目主管部门及学校职能部门应以统筹、整合、共享原则,对项目单位申报需求的必要性和合理性进行业务审查。

第十条　项目主管部门负责收集各项目单位申请材料，组织校内外专家进行论证，并提交领导小组审议；附属中学和附属艺术学校的项目由学校网络与现代教育技术中心提交领导小组审议。

第十一条　经领导小组审议同意的项目方案，由项目主管部门负责提交学校党委常委会会议研究决定；经学校党委常委会会议审议同意的项目由项目主管部门纳入项目报送库。

第十二条　申报信息化项目分年度项目和增补项目。

一、年度项目是属于按市政府信息化主管部门申报要求和学校每年度项目申报通知申报的信息化项目。

二、增补项目是属于未纳入年度项目的申报内容，年度预算执行中的国家、省、市政策性新增项目，学校突发性新增的项目；增补项目须提供项目必要性、紧迫性等书面材料。

第四章　项目评审、预算与采购

第十三条　信息化项目通过市政府信息化主管部门评审仅属上级主管部门加强项目管理和预算管理的一个过程，项目评审结果仅作为申报财政预算的依据之一，项目预算资金还需经学校及上级部门的统筹安排落实后才能开始招标采购；不得多头申报或重复建设，未获得评审结果前不得调整其他资金进行采购活动或未经采购提前实施。

第十四条　项目主管部门负责将已纳入报送库的项目向市政府信息化主管部门进行申报，并组织项目单位参加评审。

第十五条　项目主管部门将市政府信息化主管部门评审同意的项目纳入项目评审库，并负责申请财政资金。

第十六条　项目主管部门根据学校信息化财政预算资金及项目建设轻重缓急对评审库的项目进行排序，将已落实预算资金建设的项目纳入项目执行库。

纳入项目评审库的项目自市政府信息化主管部门批复同意之日起有效期两年，有效期内不需重复申报，逾期未开始采购不再安排预算。

第十七条　项目单位应在项目纳入执行库后的十五天内按照政府信息化主管部门审核意见完善项目建设方案，包括细化各项系统设备的技术指标参数等，形成项目建设方案备案稿并及时向项目主管部门报送。项目主管部门负责向政府信息化主管部门报送备案稿。

第十八条　项目审核意见、建设方案备案稿作为项目招标采购、建设实施、项目验收的重要依据。项目单位须严格按照审核意见进行备案和招标采购。项目需变更或取消需求的，应书面报送项目主管部门备案及审核。项目建设内容变更或备案须在招标采购活动开始前完成。具体如下：

一、项目变更后的投资概算不得超过政府信息化主管部门评审批复的投资概算。

二、项目需取消部分内容且无其他变更内容的，项目单位应对项目方案进行修改并核减对应投资概算，报项目主管部门审核。

三、项目变更内容涉及金额不超过项目立项批复金额的10%（不含）的，项目单位需编制变更说明，并通过项目主管部门报市政府信息化主管部门审核备案；项目变更内容涉及金额超过立项批复金额的10%（含）的，项目单位需重新编制建设方案，并按项目申报程序重新申报。

四、若项目变更内容或金额属于重大事项范畴的，须提交学校党委常委会会议审议同意后，由项目主管部门报送市政府信息化主管部门审核同意后修改建设方案并核减资金。

五、信息化项目建设资金坚持专项管理、专款专用的原则，按项目审核意见和备案方案完成招标采购后结余的预算资金，未跨预算年度的，由信息化项目主管部门统筹管理；跨预算年度的，由学校按照资金来源适应的预算管理办法实施统筹管理。

第十九条 项目变更内容涉及金额的计算方式如下：

一、若项目中同类系统、软件、设备的技术指标、采购数量等情形发生变更，所涉及金额按实际计算。

二、若项目取消部分内容，将取消后节省出的资金用于新采购其他非同类系统、软件、设备，所涉及金额按取消和新增加内容的金额叠加计算。

第二十条 项目单位应在完成项目建设方案备案或变更批复后的三十天内进行项目的招标采购工作。

第二十一条 为提高财政资金使用效能，确保经费支付进度，项目单位应及时按国家、省市及学校财务预算、招标采购的相关法律法规和管理办法进行项目采购工作。应科学、合理、合法、完整地编制采购需求，按项目招投标文件及采购结果签订合同。

第二十二条 项目单位应按相关规定在项目采购需求及合同中约定项目建设内容知识产权的归属。

第五章　项目实施与验收

第二十三条 项目实施应严格按照项目建设方案（备案）、评审意见、招投标文件及合同进行，项目主管部门可委托具有相关资质的第三方信息化工程监理、验收测评及安全评估服务商协助监督，按时完成项目建设，确保项目质量。

第二十四条 在项目实施过程中，不得擅自变更建设地点、建设用途、建设内容、建设规模、建设技术标准、建设经费预算等；确因客观原因需变更合同实质性内容的，项目单位必须按程序申请办理变更手续。

第二十五条 项目的实施过程中因建设目标无法完全实现需要终止，或因项目实施过程中发生重大变故、纠纷或逾期未完成的，影响学校整体信息化项目的资金执行或项目验收的，项目单位应按程序及时向项目主管部门报告并按有关程序处理。

第二十六条 项目验收按照市政府信息化主管部门的项目管理办法及其验收要求进行验收。项目验收程序包括合同验收和项目终验；合同验收细分为验收测评、初步验收、试运行和安全评估四个环节；项目终验细分为符合性检查及终验评审。

一、由项目主管部门组织专家进行项目初步验收，项目初步验收前必须具备以下条件：

（一）完成合同约定的全部建设内容；

（二）验收文档齐全；

（三）项目单位签章出具表述"项目已按合同完成全部建设内容、符合用户使用需求、同意申请验收"的书面意见；

（四）通过项目主管部门委托的第三方验收测评。

验收测评是指按政府信息化主管部门的要求委托符合相关资质的第三方机构，依据项目建设方案、评审结果、招投标文件及合同对项目进行功能、性能、兼容性、可靠性测试、易用性等方面的测试以及对项目文档进行检查。

二、项目初步验收合格后，若项目建设内容需办理资产入账或报增手续的，项目单位应按照学校资产管理规定及时办理资产入账或报增手续。

三、由项目主管部门组织专家进行项目合同验收工作，建设开发类项目合同验收前应满足以下条件：

（一）项目初步验收合格后，试运行应不少于三个月；

（二）应按相关规定完成对项目安全评估工作。

安全评估是指按国家、省、市相关规定开展的，反映项目及应用环境网络安全情况的评估，主要包括信息系统网络安全等级保护测评、密码应用安全性评估、安全测评等。

对于安全技术防范类项目，项目单位按相关规定完成技防检测，无须再开展验收测评；对于应用系统开发项目应在完成了项目初步验收后通过相应的信息系统网络安全等级保护测评。

四、由项目主管部门组织和承办项目验收测评与安全评估服务的采购及实施工作，所需费用纳入项目经费预算。

五、信息化运行维护类项目应定期进行服务评价考核并由项目主管部门及时组织合同验收；信息化运行维护类项目无需进行项目验收测评与安全评估服务。

六、按照"整体立项，整体终验"的要求，由项目主管部门在项目所有合同验收合格后提交市政府信息化主管部门进行项目符合性检查和终验评审工作。

第二十七条 项目单位应严格根据学校财务处的相关要求、按照合同约定及时办理项目经费资金的支付。项目合同验收前应预留合同尾款，原则上不低于合同金额的5%。合同验收通过后由项目单位办理合同尾款支付手续。

第六章 效能评估

第二十八条 项目单位负责本单位信息化项目应用效能的实现；按学校财务处及上级部门的要求完成绩效自评和效能评估，根据效能评估结果总结完善本单位信息化工作，提升项目应用效能。

第二十九条 按项目类别，效能评估分为建设开发类项目效能评估和运行维护类项目效能评估。效能评估从应用成效、规范管理、运行质量等方面对项目效能进行评估：

一、应用成效，重点考察绩效目标与业务应用，鼓励技术创新；

二、规范管理，重点考察项目运行过程整体管控的规范性；

三、运行质量，重点考察项目运行质量与系统安全，强调信息资源共享。

第七章 内部控制、责任、纪律与监督

第三十条 项目单位应承担项目主体责任，从项目申报、招标采购、合同签订、实施和验收、资金使用、资产管理和使用、效能评估等项目全生命周期活动或环节，落实各单位及岗位的工作责任，按照"谁申请、谁负责"原则执行。

第三十一条 学校纪检、监察、审计、财务等职能部门依法依规开展监督、审计等工作，对项目建设过程各环节进行监督和评价，防范廉政风险。

第三十二条 项目各相关单位和人员应当严格遵守相关法律法规和财经纪律、工作纪律、廉洁纪律和保密纪律，加强和完善内部控制措施、建立廉政防控制度；自觉接受各方面的监督；不得违法违纪、滥用职权、玩忽职守、徇私舞弊。

第八章 附 则

第三十三条 其他财政资金建设的信息化项目及市政府信息化主管部门已评审通过的信息化项目可参照本办法执行。涉及国家秘密的项目，按照相关规定执行。

第三十四条 项目资金使用按照中央、省、市和学校有关财政财务管理办法的要求执行。

第三十五条 本办法由学校网络安全与信息化领导小组办公室负责解释。

第三十六条 本办法自发布之日起实施。本办法若与政府信息化主管部门相关规定不一致的，按政府信息化主管部门相关规定执行。

广州大学关于印发《广州大学学生资助工作实施办法》的通知

广大〔2021〕70号

校属各单位：

《广州大学学生资助工作实施办法》业经2021年第13次学校党委常委会会议审议通过，现予以印发，请遵照执行。

广州大学
2021年6月25日

广州大学学生资助工作实施办法

第一章 总 则

第一条 为激励学生勤奋学习，实现德智体美劳全面发展，根据《财政部 教育部 人力资源和社会保障部 退役军人事务部 中央军委国防动员部〈关于印发学生资助资金管理办法〉的通知》（财科教〔2019〕19号）、《广东省教育厅 广东省财政厅关于进一步健全学生资助政策体系的意见》（粤教助〔2020〕6号）、《广东省财政厅 广东省教育厅 广东省人力资源和社会保障厅 广东省退役军人事务厅 中国人民解放军广东省军区动员局关于印发〈广东省学生资助资金管理实施办法〉的通知》（粤财规〔2021〕1号）以及《广州市市属学校教育收费收支管理暂行办法》等有关规定，结合我校实际，制定本办法。

第二条 本办法是建立健全我校家庭经济困难学生资助政策体系的重要依据。

第二章 组织机构和职责

第三条 学生资助工作领导小组。学校成立学生资助工作领导小组，由分管学生工作的校领导担任组长，副组长由学生处（学生工作部）、研究生院的主要负责人担任，成员包括学生处（学生工作部）、教务处、研究生院、财务处、招生就业工作处和校团委等部门领导，负责学生资助工作重大事项研讨和决策，全面领导和监督我校学生资助工作的开展。

第四条 学生资助管理中心。学校学生资助工作领导小组下设学生资助管理中心，隶属学生处（学生工作部），设主任1人，副主任2人，资助专员多人。全面统筹全校学生资助工作，主要负责执行学生资助工作领导小组的决定，负责同上级主管部门联络沟通，统筹指导各学院开展学生资助工作，对学生资助工作情况进行评估和总结；拟订学生资助工作管理制度，制定学生资助工作方案，开发学生资助项目，组织开展学生资助工作人员业务培训等等。

第五条 学生资助工作小组。各学院成立学生资助工作小组，由主管学生工作的学院领导担任组长，成员包括辅导员、班主任代表和学生代表等，根据工作需要设1—2名辅导员为学院学生资助专员，具体组织落实所属学院学生资助工作。主要负责完成学生资助管理中心下达的工作任务，各资助项目的具体组织实施，切实做好学生资助政策的宣传工作，深入了解和关心家庭经济困难学生，组织学生申请认定和资助，核查学生申请材料的真实性和完整性，开展学生资助育人工作，及时解决学生资助工作的各种困难和问题等。

第三章 资助经费来源、使用和管理

第六条 我校学生资助经费来源主要包括：国家助学贷款、国家和地方政府下拨经费、社会或个人的捐赠、学校从教育收费收入中提取的学生资助专项经费等。

第七条 学校从教育收费收入中足额提取学生资助专项经费。学校每年初编制学生资助经费专项预算，按照学校教育收费收入4%—6%的比例足额提取经费，设立学生资助专项经费，用于全面配套落实学校各资助项目。

第八条 明确学生资助资金的使用程序。各类资助经费由学生资助管理中心在学校学生资助工作领导小组的领导下使用，具体程序为：发放通知、学生申请、学院初审、学校审批、全校公示、制表发放、监督检查等。确保学生资助资金使用公平、公正、公开、合理、精准。

第九条 加强学生资助经费管理。财务处确保从教育收费收入中足额提取4%—6%下达学生资助经费预算，根据各项资助评审结果，及时将资助资金划拨到受助学生个人银行账户；学生资助管理中心制订学生资助经费安排计划；各学院组织符合条件的学生申请，审核学生的申请材料，指导学生合理使用资助资金。

第十条 切实提高学生资助经费使用效率。学生资助管理中心，应切实确保学生资助经费的预算执行效率，认真做好学生资助资金的使用计划，并按计划实施各项资助，将资助资金真正用于家庭经济困难学生资助、优秀学生的奖励，不得以任何理由拖延奖助学金的实施进度。当年提取的学生资助经费原则上应在当年全部使用，确有结余应滚入下一年继续用于学生资助。

第四章 国家资助项目

第十一条 国家奖学金。用于奖励全日制在校生中特别优秀的学生，奖励标准为博士研究生30000元/生/年，硕士研究生20000元/生/年，本科生8000元/生/年，按照广东省教育厅下达的名额，研究生根据《广州大学全日制研究生国家奖助学金实施办法》进行评选，本科生根据《广州大学本科生国家奖助学金实施办法》进行评选。

第十二条 国家励志奖学金。用于奖励资助全日制在校本科生中品学兼优的家庭经济困难学生，奖励标准为5000元/生/年，按照广东省教育厅下达的名额，根据《广州大学本科生国家奖助学金实施办法》进行评选。

第十三条 国家助学金。研究生国家助学金用于资助纳入全国研究生招生计划、没有固定工资收入、规定学制期内的全日制在读研究生。资助标准为博士研究生45600元/生/年，硕士研究生9600元/生/年，新生入学当年按4个月计算，毕业生按毕业当年的6个月计算。本科生国家助学金用于资助全日制在校本科生中家庭经济困难学生，资助标准为人均3300元/年，按照广东省教育厅下达的额度，结合当年家庭经济困难认定学生人数进行合理分档资助。研究生根据《广州大学全日制研究生国家奖助学金实施办法》进行评选，本科生根据《广州大学本科生国家奖助学金实施办法》进行评选。

第十四条 研究生学业奖学金。奖励表现良好的全日制在校研究生。研究生学业奖学金根据《广州大学全日制研究生国家奖助学金实施办法》进行评选，资助标准为博士研究生一等奖18000元/生/年，评选名额比例为参评人数的10%；二等奖12000元/生/年，评选名额比例为参评人数的20%；三等奖6000元/生/年，评选名额比例为参评人数的50%。硕士研究生一等奖12000元/生/年，评选名额比例为参评人数的10%；二等奖8000元/生/年，评选名额比例为参评人数的20%；三等奖2000元/生/年，评选名额比例为参评人数的50%。

第十五条 国家助学贷款。家庭经济困难学生可以根据国家、省市等相关要求申请生源地助学贷款，研究生贷款金额不超过12000元/生/年，本专科生（含预科生）贷款金额不超过8000元/生/年。此外，家庭经济困难学生可以根据当年省教育厅以及贷款经办银行相关要求，申请校园地助学贷款，研究生贷款金额不超过12000元/生/年，本专科生（含预科生）贷款金额不超过8000元/生/年。

第十六条 服兵役高等学校学生国家教育资助。根据《广东省财政厅 广东省教育厅 广东省人力资源和社会保障厅 广东省退役军人事务厅 中国人民解放军广东省军区动员局关于印发〈广东省学生资助资金管理实施办法〉的通知》（粤财规〔2021〕1号）文件要求具体实施，对应征入伍服义务兵役、招收为士官、退役后复学或入学（退役一年以上、自主就业，通过全国统一高考或高职单招考入高等学校并报到入学的学生）的高等学校学生实行学费补偿、国家助学贷款代偿、学费减免。学费补偿或国家助学贷款代偿金额，按学生实际缴纳的学费或获得的国家助学贷款（包含本金及其全部偿还之前产生的利息，下同）两者金额较高者执行；复学或新生入学后学费减免金额，按照高等学校实际收取学费金额执行。学费补偿、国家助学贷款代偿以及学费减免的标准，本专科生每生每年最高不超过8000元，研究生每生每年最高不超过12000元。超出标准部分不予补偿、代偿或减免。

第十七条 广东省欠发达地区退役士兵教育资助。根据《广东省人民政府办公厅关于印发广东省促进军人就业创业若干政策措施的通知》（粤府办〔2020〕7号）和《广东省省财政厅补助经济欠发达地区退役士兵职业技能培训资金管理办法》（粤财社〔2006〕175号）文件具体实施，资助对象是通过全省统一招生考试，或学校单考单招报考高等职业院校（含已按规定程序纳入高等职业教育的技师学院），在退役1年内报考高等职业院校被录取，报到入学并取得全日制学籍就读的我校专科学生且生源地为广东省欠发达地区的退役士兵。资助金额7000元/生/年。

第十八条 "三支一扶"国家助学贷款代偿。毕业后到农村基层从事支农、支教、支医和扶贫工作，服务期满考核合格的高校毕业生，继续在经济欠发达地区基层工作满1年，可申请代偿其在校学习期间获得的国家助学贷款本息。代偿申请流程以及具体要求按国家、省市现行相关政策执行。

第十九条 少数民族大学生资助。资助广东省少数民族聚居区户籍，并在广东省少数民族聚居区接受完整义务教育，考入我校的全日制少数民族本专科学生，资助金额10000元/生/年，资助周期为本专科就读期间。符合条件的少数民族大学生向入学前户籍所在地的县（市、区）民族工作部门提出申请。

第二十条 南粤扶残助学工程。资助对象是广东省户籍当年考入我校的全日制残疾人大学生，专科生、本科生、硕士研究生和博士研究生（有固定工资收入的研究生除外）分别一次性每人资助10000元、15000元、20000元和30000元。符合条件的残疾人大学生向入学前户籍所在地的县（市、区）残联提出申请。

第五章 学校资助项目

第二十一条 绿色通道。为家庭经济困难学生开通绿色通道政策，根据《广州大学学分制收费管理办法》，符合条件的学生办理入学手续后，再向学校申请缓缴学费，保证家庭经济困难新生顺利入学。

第二十二条 家庭经济困难新生专项资助。广东省家庭经济困难新生学费资助为当年学费且不超过6000元/生，根据《广州大学家庭经济困难新生资助实施办法》组织评审。

第二十三条 勤工助学。根据《广州大学学生勤工助学管理办法》，组织家庭经济困难学生利用课余时间开展校内勤工助学活动，解决生活费问题。

第二十四条 减免学费。根据《广州大学学分制收费管理办法》，对符合条件的家庭经济困难学生减免学费。

第二十五条 临时困难补助。根据《广州大学学生临时特殊困难补助实施办法》（学工〔2021〕018号），学校对学生在读期间出现临时性经济困难的给予一次性300—5000元/人临时困难补助。

第二十六条 学校奖学金。根据《广州大学本科学生评优评先和奖励办法》，学校设立一等奖学金、二等奖学金、三等奖学金等，奖励全日制在校品学兼优的本科生。

第六章 社会奖助学金项目

第二十七条 开拓社会奖助学项目。广州大学教育发展基金会负责开拓社会奖助学项目，由出资人确定奖助学项目的标准、申请条件等。

第二十八条 学生处（学生工作部）根据广州大学教育发展基金会提供社会奖助学项目相关要求，组织各学院具体实施，按时向基金会办公室报告项目执行情况，并加强学生教育工作等。

第七章 监督检查机制

第二十九条 学生资助经费实行专款专用，任何单位和个人不得截留、挤占、挪用，同时接受财务、审计、纪检监察和上级主管机关的检查和监督。对弄虚作假、挤占、挪用、滞留学生资助经费的行为，将按照有关规定予以严肃处理。

第三十条 设立工作核查回访机制。学生资助管理中心组织各学院相关人员，对家庭经济困难学生各项资助申请材料进行全面核查。学生资助管理中心和学院通过信件、电话、实地走访等方式对家庭经济困难学生的家庭情况、受资助情况等进行回访核实。

第三十一条 诚信教育。各学院应加强学生的诚信教育，教育学生如实提供家庭经济情况、如实填写资助申请材料。

第三十二条 学生失信惩戒。申请资助的学生应对所提交材料的真实性负责。对于虚构申请理由，伪造相关材料，骗取资助资金的行为，一经查实，取消其资助资格，收回资助资金，按照《广州大学学生违纪处分规定》给予严肃处理。

第三十三条 信息保密原则。全体学生资助工作人员，须对申请资助学生的相关个人信息进行保密，规范申请资助学生信息的审核、查阅、复印、流转、公示、存档等操作，杜绝信息外泄现象的发生，保护受助学生尊严。

第三十四条 工作成员失信惩戒。全体学生资助工作人员，在开展学生资助工作中，如有弄虚作假或徇私舞弊的情况，由学生处（学生工作部）、研究生院和各学院责令其改正；构成违纪的，由学校纪委根据党纪法规给予严肃处理；需要问责的，根据相关规定对有关单位及其领导实施问责。

第八章 附 则

第三十五条 本办法自颁布之日起实施，由学生处（学生工作部）、研究生院负责解释。

第三十六条 本办法其他未尽事宜依照国家有关政策、学校相关文件执行。

广州大学关于印发《广州大学专业学位硕士研究生培养与管理工作办法》的通知

广大〔2021〕72号

校属各单位：

《广州大学专业学位硕士研究生培养与管理工作办法》业经2021年第11次校长办公会议审议通过，现予以印发，请认真学习，遵照执行。

广州大学
2021年7月2日

广州大学专业学位硕士研究生培养与管理工作办法

第一章 总 则

第一条 随着中国特色社会主义进入新时代，我国专业学位研究生教育进入了新的发展阶段。为贯彻落实全国教育大会和全国研究生教育会议精神，适应新时代对高层次、应用型专门人才的需求和各专业领域人才培养工作的实际需要，根据教育部《关于做好全日制硕士专业学位研究生培养工作的若干意见》《关于加快新时代研究生教育改革发展的意见》《专业学位研究生教育发展方案（2020—2025）》等系列文件及《广州大学学位授予工作细则》与各专业学位相关要求，结合我校实际情况，制定本办法。

第二条 授予学位的对象和标准

硕士专业学位研究生完成培养方案规定的课程学习、实践学习和其他必修环节，成绩合格，通过学位论文答辩，达到下述专业水平者，授予相应硕士专业学位：

（一）掌握某一专业（或职业）领域坚实的基础理论和系统的专业知识；

（二）具备特定专业（或职业）所要求的专业能力和素养。

第三条 组织和管理

（一）学校成立专业学位研究生教育领导小组，组织领导、统筹协调与专业学位教育有关的招生、培养及质量评估检查等方面的活动。

（二）研究生院对各培养单位的招生录取、培养方案审定、学位授予质量评估检查等进行目标管理。

（三）各专业学位培养单位负责招生、培养及学位授予的日常管理工作。

第二章 培养目标与方式

第四条 培养目标

培养具有某一专业（或职业）领域坚实的基础理论和宽广的专业知识，掌握先进的技术方法和手段，具有较强的解决实际问题的能力，能够承担专业技术或管理工作，具有良好职业素养的创新型、复合型、应用型高层次技术和管理人才。

第五条 学制与学习年限

硕士专业学位研究生全日制学习的学制为2—3年，非全日制学习的学制为3年。以录取时确定的学制为准。研究生应在规定的年限内完成学习任务，一般不能延长。有特殊原因不能按期完成学习任务者，应提出申请，经学院同意，研究生院批准，可适当延长学习时间，但最长不超过5年（含休学）。延长的学习时间不计入学制。

第六条 培养方式

硕士专业学位研究生采取课程学习、专业实践教学与论文训练相结合的培养方式。研究生在学期间必须保证不少于半年的实践教学（其中，全日制学生的实践教学时间原则上不少于1年）。

实施产教融合专业学位研究生培养模式改革。推进培养单位与行业企业共同制订培养方案。推进设立用人单位"定制化人才培养项目",将人才培养与用人需求紧密对接。专业学位硕士研究生一般实行校内外双导师制,以校内导师指导为主,重视发挥校外导师作用,来自行业的校外导师参与实践过程、项目研究、课程与论文等多个环节的指导。根据不同专业学位类别特点,也可采用导师组制,组建由相关学科领域专业和企业(行业)专家组成的导师团队共同指导研究生。探索专业学位培养与职业资格准入及水平认证要求的有效衔接。

第三章 课程学习与培养考核

第七条 课程设置

课程学习和专业实践教学实行学分制,学分按照国家各专业学位研究生教育指导委员会制定的专业学位研究生指导性培养方案的要求,结合学校实际情况制定。

课程应围绕培养目标设置,课程体系应体现先进性、模块化、复合性、职业性和创新性,满足社会多元化需求和研究生个性化培养的要求。课程设置以社会需求为导向,强调专业基础、职业能力和职业发展潜力的综合培养。充分反映职业领域对专门人才的知识与能力要求,以满足职业需求为目标,以综合素养和应用知识与能力的提高为核心。

课程设置包含以下几方面的内容:

(一)公共理论课程(含公共外语、政治理论等课程);

(二)专业基础课程;

(三)专业方法或专业技术与实践类课程;

(四)拓展课程。

各专业学位可根据本专业学位的特点和要求,确定各类课程的内容、学分和必修、选修要求,体现教学特色。同时,应致力于适应行业需求,加强课程的针对性,探索课程设置与职业资格考试内容的衔接。全日制和非全日制硕士专业学位研究生的课程设置应有不同侧重,对于全日制专业学位研究生,应加大专业实践类课程所占的比重;对于非全日制专业学位研究生,应加大基础理论课程所占的比重。

第八条 课程教学

课程教学方式以能力培养和职业导向为本,遵循应用型人才培养规律,注重培养学生研究和解决实践问题的能力。教学内容应强调理论性与应用性课程的有机结合,突出案例分析和实践研究。教学过程应注重发挥在线教学、案例教学和实践教学的协同优势,重视运用团队学习、案例分析、现场研究、工程实践、模拟训练等方法。

各专业学位类别(领域)可根据专业学位硕士研究生的特点,在同一领域下根据研究方向设置不同的选修课模块。合理确定各类课程的内容和学分,以达到所应具备的知识结构和能力要求。

第九条 课程考核

课程考核按照《广州大学研究生学业考核管理规定》执行。

第十条 培养环节设置

各学位类别(领域)具体课程及环节设置(开题、中期考核、论文答辩、毕业申请)以当年专业学位硕士研究生培养方案为准。

第四章　专业实践

第十一条　实践环节

专业实践是专业学位硕士研究生培养中的重要环节。实践环节包括课堂模拟实务教学和校外实践基地及企事业单位实习,以校外实践基地及企事业实习为主要形式。专业实践应贯彻和体现"集中实践与分散实践"相结合、"校内实践和校外实践"相结合、"专业实践与毕业论文"相结合的原则,采取多种方式灵活进行。非全日制硕士专业学位研究生专业实践可结合自身工作岗位任务开展。

实践环节的学时和学分要求按照国家各专业学位全国教育指导委员会发布的专业学位基本要求和专业学位研究生指导性培养方案设置,实践环节由各研究生培养单位落实和实施。各培养单位须制定相关的实施细则和方案,对专业实践的模式、组织、管理、考核等问题作出明确规定,并有专人负责管理和联络。实施细则和方案报研究生院备案。

各培养单位应制定切实可行的考核细则,可以通过提交成果报告、答辩等方式对研究生的专业实践环节进行考核,考核结果作为专业实践成绩。

研究生院组织有关人员对各培养单位的专业学位研究生专业实践的组织实施、过程管理进行监督与评估。

第十二条　实践基地

实践基地由学校或学院与有关单位协商共同建立。

实践基地须达到以下基本条件:具有适合专业学位研究生开展实践活动的相关课题;可提供专业学位研究生进行专业实践的场所;拥有一定数量的符合我校校外导师遴选条件的技术和管理人员。

学校、学院根据研究生培养需要分别设立校、院两级实践基地。校级基地由研究生院牵头与相关企业就人才培养及基地建设达成协议。院级基地由学院遴选并与企事业单位达成联合培养研究生的相关协议,报研究生院备案,必要时报学校批准,进行签约和授牌。实践基地实行校内外双导师负责制,共同负责对研究生的指导与管理。实践基地应建立和完善相关管理规章制度,加强过程的规范化管理。

各学院应注重吸纳和使用社会资源,合作建立研究生联合培养基地,重点依托产教融合型企业,建设国家及省市"产教融合研究生联合培养基地",实施产教融合联合培养专业学位研究生,改革创新实践性教学培养模式;应推进专业学位研究生培养与用人单位实际需求的紧密联系,积极探索产教融合应用型人才培养的模式。

第五章　学位论文工作

第十三条　学位论文选题

专业学位研究生的学位论文应强化应用导向,论文选题应来源于应用课题或现实问题,有明确的职业背景和应用价值。论文研究内容应是选题中的一个实际问题,切合选题且具有较强的针对性。对试验、工艺设计、现场调研、产品制作等应有研究工作的原始记录资料。

第十四条 学位论文形式

强化专业学位论文应用导向，专业硕士学位论文可以调研报告、规划设计、产品开发、案例分析、项目管理、艺术作品等为主要内容，以论文形式呈现。

专业学位教育指导委员会明确规定学位论文形式的，按照专业学位教育指导委员会的规定执行。专业学位教育指导委员会暂未做明确规定的，具体论文形式及要求由各专业学位研究生培养单位制定、试行。学位论文一般应用中文撰写，各培养单位可参照《广州大学研究生学位论文格式要求》制定不同形式学位论文的撰写格式要求。学位论文的字数可根据不同专业学位的特点和选题，灵活确定，一般为1万—3万字。

第十五条 学位论文要求

学位论文须独立完成，应体现专业学位研究生综合运用相关学科的理论、方法、技术分析和解决实际问题的能力，具有创新和实用价值。

硕士专业学位论文的基本要求：

（一）论文的基本论点、结论和建议具有一定的理论意义或实用价值；应能表明作者确实在本领域掌握了坚实的基础理论和系统的专门知识，并对所研究课题有新的见解，有独立担负专门技术或管理工作的能力。

（二）论文工作应有一定的工作量，须在导师指导下独立完成，论文内容应以自己获得的第一手实验数据或调查数据为基础。

（三）论文内容应体现研究生较好地综合运用本领域的研究方法与技能分析和解决实际问题的能力，具有解决实际问题的能力及一定的创新能力，具有一定的创新和实用价值。

（四）论文表述须通顺、简洁、准确，图表清晰、数据可靠，实事求是地得出结论，引用他人资料或结论须加以说明。

第六章　学位授予

第十六条 学位申请

专业学位研究生完成培养方案所规定的各项要求，课程、实践考核合格，完成学位论文，可申请学位论文答辩。

第十七条 论文评阅与答辩

各专业学位应明确规定符合本专业学位特点和要求的专业学位论文标准，重在考查学生综合运用理论、方法和技术解决实际问题的能力。

学位论文应由2—3位本领域或相近领域的专家评阅，评阅人中要有相关行业实践领域具有高级专业技术职务的专家。

答辩委员会成员要求由3—5位本领域或相近领域的专家组成，其中应有相关行业实践领域具有高级专业技术职务的专家。

各专业学位研究生培养单位可参照《广州大学学位授予工作细则》中关于学位论文答辩程序的规定，制定专业学位研究生学位论文答辩程序。

第十八条 学位授予审核

完成培养方案中规定的所有环节，修满规定学分，通过论文答辩，经学校学位评定委员会审核通过，授予硕士专业学位。

第七章 附 则

第十九条 本办法自公布之日起施行。

第二十条 本办法由广州大学研究生院负责解释。

广州大学关于印发《广州大学本科生第二课堂学分实施办法（修订）》的通知

广大〔2021〕80号

校属各有关单位：

《广州大学本科生第二课堂学分实施办法（修订）》业经2021年第12次校长办公会议审议通过，现予以印发，请认真学习，遵照执行。

广州大学

2021年7月9日

广州大学本科生第二课堂学分实施办法（修订）

第一章 总 则

第一条 第二课堂是人才培养的重要组成部分，是第一课堂的有益补充。为进一步服务学校立德树人中心工作，推进第二课堂与第一课堂互动互补、互相促进，实现学生活动课程化、系统化、制度化、规范化、可测量化，探索建立一套促进大学生全面发展的工作体系和制度，特制定本办法。

第二条 第二课堂学分工作，力求实现学生活动从多而杂向少而精，从有意思到有意义的转变，遵循打造广大底色和引领人心向学的主要原则，完善第二课堂活动的课程化体系，打造"第二课堂成绩单"品牌。

第三条 学校成立本科生第二课堂学分认定工作领导小组，统筹第二课堂学分认定工作。各学院成立院级第二课堂学分认定工作领导小组，结合实际情况制定本学院第二课堂学分认定细则，组织、实施第二课堂学分认定工作。

第二章 第二课堂学分要求及其类别

第四条 第二课堂学分要求

凡我校本科生在校学习期间，除必须完成人才培养方案所规定的必修课、专业选修课和通识类选修课之规定学分外，还必须至少累计获得9个第二课堂学分方能毕业；县级以上医院（含县级医院）或本校医院证明身体有障碍者可适当减免。

第五条 第二课堂学分类别

思想政治课社会实践类：至少必修2学分。

创新与创业实训实践类：至少必修2学分（美术与设计学院、音乐舞蹈学院、体育学院和新闻与传播学院学生至少必修1个学分）。

体育运动与审美类体验类：至少必修2学分（经典百书诵读方面至少应认定1学分）。

劳动教育课程类：至少必修2学分。

第三章　第二课堂学分计算办法

第六条 第二课堂学分计算办法，详见附表。

第四章　第二课堂学分认定基本程序

第七条 基本程序

一、非毕业生第二课堂学分每年9月集中认定一次，毕业生第二课堂学分毕业当年3月集中认定一次。

二、非毕业生每年9月10—20日（毕业生毕业当年3月15—25日），本人登录网上学分认证系统申请学分，并向所在学院团委提交参加第二课堂活动的有关证明材料。

三、每年9月20—25日，各班团支部考核小组对非毕业生进行材料审核。每年3月25—30日，各班团支部考核小组对毕业生进行资料审核。

四、每年10月10日前，各学院团委考核小组进行材料审核，对申请学分的非毕业生进行学分评定。每年4月15日前，各学院团委考核小组对毕业生进行资料审核。

五、学生处、校团委每年10月20日前，对各学院非毕业生提交的学分认定结果进行抽检、复审。学生处、校团委每年4月25日前，对各学院毕业生提交的学分认定结果进行抽检、复审。

六、学生毕业前，由教务处审核是否达到第二课堂学分修读要求，校团委负责给学生发放第二课堂成绩单。

第八条 校团委负责对学生第二课堂学分认定工作的统筹、组织和实施，教务处负责对学生第二课堂学分的最终认定。凡弄虚作假者，一经查实，取消该项目所得分值，并进行批评教育，造成严重影响的，依照《广州大学学生违纪处分规定》的相关规定进行处理。

第五章　附　则

第九条 本办法从2021级本科生开始试行，休学、停学、延迟毕业等特殊情况学生按照其入学年份计算。

第十条 本办法由学校本科生第二课堂学分认定工作领导小组负责解释和修订。

广州大学关于印发《广州大学经费支出审批权限管理办法》的通知

广大〔2021〕84号

校属各单位：

《广州大学经费支出审批权限管理办法》业经2021年第15次校党委常委会会议审议通过，现予以印发，请认真学习，遵照执行。

广州大学
2021年7月20日

广州大学经费支出审批权限管理办法

第一章 总 则

第一条 为进一步加强学校经费支出管理，明确经费支出审批权限，规范经费支出审批程序，压实经济责任，提高资金使用效益，促进学校各项事业有序发展，根据《中华人民共和国会计法》（2017年修订）、《关于贯彻实施政府会计准则制度的通知》（财会〔2018〕21号）、《行政事业单位内部控制规范（试行）》（财会〔2012〕21号）及其他相关财经法规要求，结合我校实际，制定本办法。

第二条 本办法所指的经费支出，是指纳入学校年度预算安排的部门预算经费、科研项目经费、其他拨款项目经费、创收经费、饮食服务中心经费、学校统筹经费等支出。

部门预算经费是指经党委常委会会议审定通过的学校年度部门预算安排的基本支出预算经费和项目支出预算经费。

科研项目经费是指在学校科研处立项管理的纵向和横向科研项目经费。

其他拨款项目经费是指从非同级政府财政部门取得的经费拨款，包括从同级政府其他部门取得的横向转拨财政款、从上级或下级政府财政部门取得的经费拨款，及按学校财务规定纳入其他收入核算的经费等。

创收经费是指根据《广州大学创收经费管理办法》进行规范管理的经费。

饮食服务中心经费是指由后勤管理部门食堂等所管理的经费，包括经营收入、经营支出、净结余等。

学校统筹经费包括学校统筹管理的机动费、预备费、各类净结余（基金）和其他统筹的收入。

第三条 学校经费支出由财务处（国有资产管理办公室）（以下简称"财务处"）根据政府会计制度要求统一进行会计核算；校内二级单位按照"总额控制、统筹管理"的原则对明细预算项目进行管理。经费支出须落实预算资金安排，严禁无预算支出。

第二章　经费支出审批权限的基本原则

第四条　实行"谁主管、谁审批、谁负责"原则。审批人应根据各自的职责分工和所授权限，在授权范围内进行审批，不得超越权限审批。

第五条　实行"责、权、利相结合"原则。各项目负责人对所负责经费支出的合规性和真实性负责，各项经费支出必须有经办人、证明人、审批人签名或签章。

第六条　学校各项经费需严格按预算进行归口统筹管理。部门预算经费由财务处以书面形式下达给校内二级单位执行，预算经费一经批复下达，即具有法律效力，校内二级单位要严格按照经批复的预算执行，并对执行结果负责。

第七条　实行大额资金支出分级审批制度。大额支付资金应逐级审批后，方可支出。

第三章　经费支出审批权限规定

第八条　部门预算经费审批权限

1. 基本支出预算经费支出审批。

基本支出预算经费是校内部门预算的组成部分，是指学校为保障其机构正常运转、完成日常工作任务而编制的年度基本支出计划经费，其内容包括人员经费预算、公用经费预算两部分。

（1）由学校管理的在职在编、离退休、合同制A类、新机制聘用、博士后等人员的薪酬、社保、住房公积金、职业年金等发放归口人事处管理审批。在学校年度部门预算批复下达额度内的正常人员经费支出，由人事处负责人直接审批。

（2）由学校学生管理部门归口管理的学生奖助学金的支出，由学生管理部门负责人直接审批。创收经费中安排的学生奖助学金支出按照本管理办法创收经费审批权限的规定办理。

（3）在学校年度部门预算批复下达额度内的需按照合同约定支付物业管理费、安保费、网络运维费用等及需按月支付的水费、电费等公用经费支出，由相关处室负责人签批。

（4）在学校年度部门预算批复下达额度内由校内二级单位统筹管理除上述（3）以外的公用经费支出，单笔支出金额在100万元（不含）以下的支出，由各单位负责人或授权人审批；100万元（含）以上的支出，须分管（分工联系）校领导加签审批。

2. 项目支出预算经费支出审批。

项目支出预算经费是校内部门预算的组成部分，是指学校为完成特定的工作任务或事业发展目标，在基本支出预算之外编制的年度或跨年度项目支出计划经费。

（1）单笔支出金额在100万元（不含）以下的支出，由项目负责人审批；100万元（含）以上的支出，须分管（分工联系）校领导加签审批。

（2）在学校年度部门预算批复下达额度内需按上级部门要求转拨外单位的经费，金额在1000万元（不含）以下由项目负责人审批后报分管（分工联系）校领导签批，金额在1000万元（含）以上须报分管（分工联系）财务校领导加签审批。

第九条　科研项目经费审批权限

科研项目经费支出不受金额限制，均由项目负责人审批。以下特别事项还需办理相应审批手续：

（1）科研协作费、合作费等转出，严格按照国家批准文件或合作（协作）合同办理，不受金额限制，一律须由科研处负责人或授权人审批；

（2）提取科研项目管理费、学院发展基金等按照学校科研项目管理办法规定办理，需经科研处负责人或授权人审批。

第十条 其他拨款项目经费审批权限

单笔支出金额在100万元（不含）以下的，由项目负责人审批；100万元（含）以上的支出，须分管（分工联系）校领导加签审批。

第十一条 创收经费审批权限

使用创收经费支出的，其经费支出审批权限按照其他拨款项目经费审批权限规定执行。

第十二条 饮食服务中心经费审批权限另行规定。

第十三条 学校统筹经费审批权限

（1）使用学校统筹经费直接支出的，须经校长办公会议或党委常委会会议审批，经办部门取得会议纪要等证明文件后，交财务处复核方可办理支付；

（2）经批准从学校统筹经费划拨至相关经费类别的经费支出，参照同类型经费支出审批权限规定办理审批。

第十四条 下列学校常规性经费支出直接由财务处负责人或授权人签字审核，不再报上一级审批：

（1）财务处按银行核定额度提取的备用金；

（2）应缴国库款、财政专户款的上缴；

（3）按照会计制度提取各类专用基金、折旧费用等；

（4）按照规定向上级社会保障管理部门等缴纳社会保障支出等政策性支出；

（5）常规性按月缴纳全校个人所得税和增值税及附加税等。

第十五条 为避免重复审批，已经执行以上相应开支审批权限的借款业务，在借款金额内办理冲账业务时由项目负责人审批即可。若报销金额超过借款金额，须重新履行相应的审批手续。

第十六条 差旅费、会议费、培训费、"三公"经费等已建立对应制度的经济业务事项审批按照相应的管理规定执行；涉及信息化建设工程、基建维修工程类等的支出审批权限除执行上述标准外，还须履行相应的评审手续。

第四章　　监督管理

第十七条 校内二级单位负责人、项目负责人和经办人员必须严格遵守学校规定，不得将同一笔业务的开支金额化大为小，化整为零，逃避财务审批权限和采购的相关规定。

第十八条 校内二级单位应当加强本单位的经费支出审批权限管理，严格遵守财经法律法规，自觉接受财政、审计等部门的监督和检查，发现问题，及时纠正。

第十九条 财务人员有权按《中华人民共和国会计法》及其他有关规定行使监督权，对审批手续和审批程序不符合规定的，不予受理支出。

第五章　　附　则

第二十条 受托代理经费支出审批应按其规定执行，若无相关规定则参照本办法第十条进行审批。

第二十一条 审批人员变更应履行相应手续。审批人员因学习、工作需要，在离交期间，可授权委托本单位班子成员行使经费支出审批权，并填写授权委托书报财务处备案。科研项目经费审批权限变更原则上授权项目组其他成员负责。

第二十二条 学校其他文件与本办法经费支出审批权限不一致的，以本办法为准。本办法中的条款在执行过程中若与上级相关文件中条款抵触，则该条款按上级相关文件条款执行。

第二十三条 学校附属法人单位、教育发展基金会、校友会等单位可参照本办法执行或制定相应的管理办法。

第二十四条 本办法由学校财务处负责解释。

第二十五条 本办法自2021年9月1日起执行。《广州大学经费支出审批权限暂行办法》（广大〔2016〕219号）同时废止。

广州大学关于修订《广州大学学生违纪处分规定》和《广州大学学生申诉处理办法》的通知

广大〔2021〕88号

校属各单位：

为了进一步规范学生管理工作，学生处对《广州大学学生违纪处分规定》和《广州大学学生申诉处理办法》进行了修订，并经2021年第13次校长办公会议审议通过，现予以印发，请认真学习，遵照执行。

广州大学
2021年7月21日

广州大学学生违纪处分规定（2021年7月修订）

第一章 总 则

第一条 为了维护学校秩序，树立良好的校风学风，保障学生的合法权益，促进学生德、智、体、美全面发展，根据《中华人民共和国高等教育法》《普通高等学校学生管理规定》《高等学校学生行为准则》《高等学校校园秩序管理若干规定》《公民道德建设实施纲要》《广东省学校安全条例》以及其他相关法律法规，结合我校的实际情况，制定本规定。

第二条 本规定适用于具有我校学籍的和已报到入学但学籍尚处于审查期中的全日制普通本科学生、研究生、专科生、留学生、港澳台学生。

成人教育学生、校外二级学院学生可以参照本规定执行。

外校交换生实施违法、违纪行为，依据本规定应当受到处分的，由学校建议其派遣学校处理。

第三条 学生在校内校外实施违纪行为的，依照本规定处理。

第四条 违纪行为是指学生违反国家法律法规和学校规章制度，对学校秩序或社会具有危害性，依据本规定应当受到处分的行为。

第五条 学生构成违纪行为的，应当视情节轻重，给予纪律处分。

学校发现学生在校内有违法行为或者严重精神疾病可能对他人造成伤害的，可以依法采取或者协助有关部门采取必要措施。

第六条 纪律处分的种类及期限分为：

（一）警告，期限为六个月；

（二）严重警告，期限为九个月；

（三）记过，期限为十二个月；

（四）留校察看，期限为十二个月；

（五）开除学籍。

第七条 有下列情节之一，从重或加重处分：

（一）共同违纪行为起组织或主要作用的；

（二）对受害人、检举人、证人进行威胁或打击报复的；

（三）提供伪证，或者互相串供，妨碍违纪处理工作的；

（四）违纪后拒不改正或者违纪两次及以上的；

（五）教唆不满18周岁的人实施违法、违纪行为的；

（六）同时实施数个违纪行为的；

（七）手段极为恶劣，或后果极为严重的。

第八条 有下列情节之一，可以从轻、减轻或免除处分：

（一）实施违纪行为后主动向相关单位或学校有关部门如实供述自己的违纪行为的；

（二）有立功表现的；

（三）正当防卫，紧急避险超过必要限度的；

（四）受胁迫或诱骗而违纪的；

（五）在共同违纪中起次要或辅助作用的；

（六）危害后果轻微的；

（七）受害人有过错的；

（八）得到受害人谅解的；

（九）造成损害，积极赔偿的；

（十）有积极退赃，或者积极配合事件调查且有悔改表现，或者平时表现良好且学业优秀等可酌定从轻、减轻处分情节的。

第九条 学生中止违纪行为。没有造成危害结果的，应当免除处分；造成危害结果的，可以减轻处分。

第十条 间歇性精神病人在不能辨认或者不能控制自己行为时造成危害结果，经法定程序鉴定确认的，不予处分。但在其精神正常时实施违纪行为的，应当给予处分。

因醉酒而违纪的，不得免除其应承担的违纪责任。

第十一条 学生违反治安管理处罚法，但暂未进入公安机关行政处罚程序，不影响学校依据本规定给予相应的纪律处分。

经学校查证属实，该违纪行为属于刑法明文规定应当受处罚的行为，但暂未进入刑事司法程序的，不影响学校依据本规定给予相应的纪律处分。

已进入公安机关行政处罚程序或刑事司法程序的，不影响学校对其作出相应处分。

第十二条 在对学生决定处分时，学校应当根据违纪的事实、行为的性质、情节轻重和危害程度等，依照本规定量处，做到程序正当、证据充足、依据明确、定性准确、处分适当。

第十三条 学生行为违纪，但依据本规定第九条、第十条，或者情节显著轻微而免除处分的，可以由学生所在学院或者学校有关部门给予口头批评、院内或校内通报批评或其他书面警示。

第十四条 学校有关部门、单位应认真做好违纪学生的思想教育及心理疏导工作，给予应有的人文关怀，引导其正视处分事实，帮助其改正错误。

第十五条 学生党员违反本规定的，给予学生相应处分的同时，亦应根据党内规范性文件或党内法规，给予党内纪律处分。

第十六条 违纪行为造成他人损失的，违纪学生依法承担相应的民事责任。

第二章 违纪行为与纪律处分的适用

第十七条 受行政机关、司法机关处罚的，给予以下处分：

（一）被公安机关处以行政拘留或者被人民法院处以司法拘留的，给予记过处分。

（二）被处以刑罚的，视情节轻重，可给予开除学籍处分。

第十八条 有下列情形之一，视情节轻重，给予警告、严重警告、记过、留校察看或开除学籍处分：

（一）有违反宪法、反对四项基本原则、破坏安定团结、扰乱社会秩序行为的；

（二）违反《中华人民共和国集会游行示威法》或其他有关法律法规，组织未经许可的游行、示威、集会活动的；

（三）组织、策划或积极参加破坏社会秩序或学校教学、科研、生活秩序活动的；

（四）参加、组织非法社会团体或组织，从事非法活动的；

（五）违反学生社团管理的有关规定，组织成立未经批准的跨校、跨地区团体、学生社团并开展活动，或者以合法学生社团的名义开展非法活动并造成严重后果的；

（六）违反国家法律法规的规定，在学校进行宗教、邪教、封建迷信活动，造成危害后果的；

（七）泄露国家机密的；

（八）未经批准非法出版刊物的。

第十九条 学生学习考勤违纪的，参照《广州大学普通本科生学籍管理规定》《广州大学研究生学籍管理细则》等，视情节轻重，给予警告、严重警告、记过、留校察看处分。

第二十条 违反考试纪律的，按《国家教育考试违规处理办法》及《广州大学学生考试违规处理办法》严肃处理。

第二十一条 打架斗殴，寻衅滋事，给予以下处分：

（一）殴打他人或互殴，尚未致伤者，给予严重警告处分；致他人轻微伤者，给予记过处分；致他人轻伤者，给予留校察看处分；致他人重伤者，给予开除学籍处分。

（二）策划、怂恿、挑唆、用言词侮辱或其他方式触犯他人而挑起事端者，或者结伙斗殴或勾结校外人员结伙斗殴者，或者斗殴中的首要分子，或持械斗殴者，依据本条第一款规定的致伤情况或等级，加重处分。

（三）以"劝架"为名，偏袒一方，激化矛盾或促使事态扩大，未造成打架后果者，给予严重警告处分。

（四）未直接参加打架斗殴，但主动为他人打架提供斗殴器械，且斗殴未造成伤害的，给予严重警告处分；造成伤害的，依本条第一款予以处分。

第二十二条 非法占有公私财物，视行为性质与情节，分别给予处分：

（一）偷盗公私财物，未遂或者在案发前已全额退赃或者在违纪处分决定作出前已获得受害人谅解的，给予警告处分。案发前未全额退赃或者在违纪处分决定作出前未获得受害人谅解的，涉案金额在人民币500元以下的，视情节轻重，给予警告或严重警告处分；涉案金额500元以上、1000元以下的，视情节轻重，给予严重警告或记过处分；涉案金额1000元以上者，视情节轻重，给予记过、留校察看或开除学籍处分。

（二）冒领他人汇款或包裹，以偷盗论处。

（三）侵占公私财物，涉案金额1000元以下的，给予警告处分；涉案金额1000元以上、3000元以下的，给予严重警告处分；涉案金额3000元以上的，视情节轻重，给予记过、留校察看或开除学籍处分。

（四）实施诈骗行为的，在违纪处分决定作出前已获得受害人谅解的，给予警告处分。未获受害人谅解的，按本条第三款规定的涉案金额标准，并结合其他情节之轻重，给予警告、严重警告、记过、留校察看或开除学籍处分。无涉案金额的，执行最高人民检察院和最高人民法院司法解释规定的其他标准。

（五）偷盗公章、保密文件、档案等物品者，视情节轻重，给予记过、留校察看或开除学籍处分。

（六）实施抢劫或哄抢、抢夺、敲诈勒索、绑架行为的，视情节轻重，给予留校察看或开除学籍处分。

（七）为本条第一款至第六款所列违纪行为提供帮助，或者明知是赃物而购买、窝藏、销毁、转移者，构成共同违纪行为。学校视其行为性质与情节轻重，给予警告、严重警告、记过、留校察看或开除学籍处分。

第二十三条 损害公私财物，视情节轻重，给予以下处分：

（一）故意损坏公私财物的，给予严重警告、记过、留校察看或开除学籍处分，并责令赔偿损失。

（二）过失损坏公私财物，赔偿经济损失的，免除处分；拒不赔偿，引发冲突的，视情节轻重，给予警告、严重警告或者记过处分。

第二十四条 侵害人身权利，视行为性质与情节，给予以下处分：

（一）盗用、冒用他人名义或身份（包括IP地址或邮件地址），造成危害后果的，视情节轻重，给予严重警告、记过、留校察看或开除学籍处分。

（二）侮辱、虐待、诽谤、陷害、诬告、非法拘禁或禁闭他人，视情节轻重，给予严重警告、记过、留校察看或开除学籍处分。

（三）非法扣留、隐匿、毁弃、冒领或私自开拆他人邮件者，视情节轻重，给予警告、严重警告、记过或留校察看处分。

（四）偷窥、偷拍、窃听、散布或以其他方式侵犯他人隐私，视情节轻重，给予严重警告、记过、留校察看或开除学籍处分。

（五）侮辱妇女或其他猥亵他人的，视情节轻重，给予严重警告、记过或留校察看处分；情节恶劣者，给予开除学籍处分。

第二十五条 伪造、变造、贩卖各类证件、印章和证明文件、证明材料，视情节轻重，给予严重警告、记过、留校察看或开除学籍处分。

第二十六条 以麻将、扑克、棋牌及其他任何方式（包括网络）进行赌博或者变相赌博者，视情节轻重，给予警告、严重警告、记过或留校察看处分；在公共场所赌博者，或者赌博组织者、赌博场所提供者，或者屡犯者，给予留校察看或开除学籍处分。

第二十七条 收藏、制作、复制、传播、观看淫秽音像或图文、网页，或其他非法音视频者，视情节轻重，给予以下处分：

（一）在校内外涂写、勾画淫秽或其他不健康的文字、图像的，给予警告、严重警告或记过处分。

（二）组织或参与两人以上收藏、收看、浏览淫秽或其他非法音视频或文字物品、互联网网页的，给予严重警告、记过、留校察看或开除学籍处分。

（三）制作、传播淫秽及其他非法有害物品者，给予记过、留校察看或开除学籍处分，对组织者给予从重处分。

（四）参与网络裸聊者，视情节轻重，给予警告、严重警告、记过或留校察看处分，但有证据证实参与裸聊属被胁迫的，可免予相应的处分；胁迫他人裸聊，或者组织裸聊的，给予开除学籍处分。

第二十八条 与他人发生不正当性行为，造成不良影响的，视情节轻重，给予严重警告、记过或留校察看处分。卖淫、嫖娼，给予留校察看或开除学籍处分；引诱、介绍、容留他人卖淫者，给予开除学籍处分。

第二十九条 贩卖、吸食、提供、私藏毒品或违禁药品者，视情节轻重，给予以下处分：

（一）走私、贩卖、运输、制造毒品，给予开除学籍处分。

（二）教唆、胁迫、诱骗他人吸食注射毒品或为他人提供吸毒场所，给予开除学籍处分。

（三）吸食、注射毒品，视情节轻重，给予留校察看或开除学籍处分。

（四）非法使用、购买、藏匿、贩卖违禁药品，视情节轻重，给予警告、严重警告、记过、留校察看或开除学籍处分。

第三十条 参与传销或变相传销者，视情节轻重，给予警告、严重警告、记过或留校察看处分。组织或胁迫、欺骗、诱使他人参与传销和变相传销者，给予开除学籍处分。

第三十一条 有违法、违章驾驶行为的，视情节轻重，给予以下处分：

（一）酒后驾驶机动车辆的，给予留校察看处分；醉驾的，一律开除学籍。

（二）在校园内无证驾驶机动车辆者，不听劝阻者给予警告或严重警告处分；发生交通事故未造成人员伤亡的，给予记过处分；造成人员伤亡的，视情节轻重，给予留校察看或开除学籍处分。

（三）校园内违章违规驾驶机动车辆者，不听劝阻者给予警告或严重警告处分；造成人员伤亡的，视情节轻重，给予留校察看或开除学籍处分。

第三十二条 违反学生公寓管理有关规定，扰乱学生宿舍管理与秩序者，视情节轻重，分别给予以下处分：

（一）未经批准私自调换宿舍门锁造成救险障碍，或将钥匙借给非本宿舍人员使用且导致财产损失的，给予警告、严重警告或记过处分。

（二）有高空掷物、宿舍内派发传单、故意破坏宿舍设施、乱搭乱拉电线等扰乱宿舍管理秩序行为者，对他人正常学习、生活造成影响，给予警告处分；经批评教育不改者，给予严重警告或记过处分。

（三）未经批准擅自调整、占用、骗取、出租校内公共用房、宿舍或床位的，给予警告或严重警告处分；有违法所得的，没收违法所得，并加重处分。

（四）未经批准，在集体宿舍留宿非本宿舍成员，且造成不良后果者，给予警告、严重警告或记过处分，后果特别严重的给予开除学籍处分。

（五）在集体宿舍留宿异性或在异性宿舍留宿者，视情节轻重，给予警告、严重警告、记过或留校察看处分；后果特别严重的，给予开除学籍处分。

（六）未经批准，私自在校外租房居住，经劝阻不改者，给予警告、严重警告或记过处分。

（七）在学生宿舍内饲养宠物且不听劝阻的，给予警告处分。警告处分无效的，给予留校察看或开除学籍处分。

（八）对于明确要求集中住宿的学生，未经批准夜不归宿或经常晚归，经批评教育无效的，给予警告、严重警告或记过处分。

（九）其他违反学生宿舍管理规定的行为，视其情节轻重，给予警告、严重警告、记过或留校察看处分。

第三十三条 违反消防安全法律法规或学校消防安全管理相关规定，有以下行为之一的，视情节轻重，给予警告、严重警告、记过、留校察看或开除学籍处分；造成人身或财产损害的，从重处分：

（一）故意损坏或者擅自挪用消防器材或相关设备设施（包括消防电源）的。

（二）私接电源或者在室内或楼道为电动代步车（电动单车、电动平衡车、电动滑板车等）的蓄电池充电，或者违规存放上述车辆的蓄电池的。

（三）在校园内违规用火、用电的。

（四）在校内违规存放或使用危险品的，其中，危险品包括：

1. 管制刀具、枪棍、弓弩等器具；

2. 易燃、易爆、有毒、腐蚀性、放射性物品；

3. 危险化学物品；

4. 其他易伤及他人、存在安全隐患的危险物品。

第三十四条 拒绝、阻扰或妨碍工作人员依法或依校规校纪执行公务的，在校园公共场所不服从管理或不听劝阻，起哄闹事，酗酒滋事，影响校园秩序的，给予严重警告、记过或留校察看处分；造成严重后果的，给予开除学籍处分。

对工作人员以任何方式进行威胁、恐吓、要挟、报复的，加重处分。

第三十五条 恶意拨打特种紧急电话或者学校急用值班电话的，视情节轻重，给予严重警告、记过或留校察看处分。

第三十六条 制造、散布谣言，视情节轻重，给予警告、严重警告、记过或留校察看处分。

第三十七条 在校园非法持有国家法律法规明文规定的违禁物品或管制物品的，视情节轻重，给予警告、严重警告、记过、留校察看或开除学籍处分。违禁物品属于本规定第二十九条所列物品的，按该条处分；属淫秽物品，但无本规定第二十七条所列违纪行为的，给予警告处分。

第三十八条 弄虚作假、骗取学校奖学金、助学金、困难补助者，适用本规定第二十二条关于诈骗行为的处分规定。

第三十九条 有以下行为之一的，视情节轻重，给予严重警告、记过、留校察看或开除学籍处分：

（一）以营利为目的，组织或参与网络刷单的；

（二）非法持有他人银行卡的；

（三）出售、出租银行卡的；

（四）非法向他人提供个人信息，或者以刺探、侵扰、泄露、公开等方式侵害他人隐私权的。

第四十条 出借学生证、身份证、校园一卡通、IP或邮件地址等给他人使用，给学校或其他第三人造成损失或其他严重后果的，除赔偿损失外，给予警告、严重警告或记过处分。

第四十一条 违反校园管理规定，组织、参与张贴、散发商业性宣传品、违章设摊设点或组织其他各类营利性活动，经教育不改者，视情节轻重，给予警告、严重警告、记过或留校察看处分。

第四十二条 违反国家、学校网络管理规定，扰乱网络管理秩序者，视其情节，给予下列处分：

（一）私自为他人提供学校的网络接口，且收受款物的，或造成不良后果的，视情节轻重，给予警告、严重警告、记过、留校察看或开除学籍处分。

（二）通过网络发布各种有害信息，符合本规定的其他条款的，按相应条款的规定给予处分。

（三）制作、故意传播计算机病毒，给予严重警告处分；造成网络系统瘫痪或毁坏者，给予记过、留校察看或开除学籍处分，并责令修复或赔偿损失。

（四）对学校计算机信息系统功能或信息系统中存储、处理、传输的数据和应用程序进行非法删除、修改、增加等，视情节轻重，给予严重警告、记过、留校察看或开除学籍处分。

（五）违反国家有关互联网管理的法律法规或者学校校园网管理的其他规定的，视情节轻重，给予警告、严重警告、记过、留校察看或开除学籍处分。

第四十三条 违反公民道德准则和大学生行为准则，品行恶劣，经教育无效者，视情节轻重，给予警告、严重警告、记过、留校察看或开除学籍处分。

第四十四条 学生在撰写研究论文或报告中，出现剽窃或伪造数据等作假情形，视情节轻重给予记过及以上处分。学位论文、公开发表的研究成果存在抄袭、篡改、伪造等学术不端行为，情节严重的，或者代写论文、买卖论文的，可以给予开除学籍处分。

第四十五条 发布代写研究论文或报告信息、代考信息，视情节轻重，给予警告、严重警告或记过处分。组织学位论文买卖、代写的，给予开除学籍处分。

第四十六条 入学前已结婚的学生从入学之日起、在校生（含休学、停学学生）自取得合法婚姻之日起5个工作日内，应通过班主任、导师或辅导员到所在学院的计生兼职工作人员处，办理备案手续并接受学校的计划生育管理，违者给予记过处分；经批评教育仍不按照规定办理登记手续和接受学校的计划生育管理的，给予留校察看处分。

第四十七条 违反我国计划生育法律法规，非婚生育、无证生育、境外生育导致学校承担责任、怀孕后拒不接受学校计生依法管理、非法收养的，给予开除学籍处分。

第四十八条 违反学校其他管理规定的，按相关规定处理。

第三章 违纪处分的程序

第一节 调查与取证

第四十九条 违纪事件发生后，学院或学校有关部门应及时完成调查取证工作。一般性学生违纪事件由学生所在学院调查取证；跨学院（部）的学生违纪事件由学生处、教务处或研究生院主持协商，相关学院调查取证。

第五十条 涉治安或刑事的违纪事件，由保卫处会同学生所在学院调查取证。应当移交公安机关办理的案件或已被公安机关立案的案件由保卫处会同学生所在学院移交或协助公安机关调查取证。

第五十一条 调查人员应当保护被调查人员的隐私和其他合法权益。调查人员不得少于两人，且与案件有利害关系的，应当回避。

第五十二条 调查人员应当对行为或事件发生时间、地点、当事人与涉案人员、行为的全部过程、前因后果、动机、目的、各种情节等事实，进行全面、客观、认真、深入调查和询问。

第五十三条 调查人员应做好调查笔录。调查笔录应当写明调查人、被调查人的基本情况，调查结束后交被调查人核对。笔录中如有错误或遗漏，应允许被调查人进行更正或补充，并由被调查人在更正或补充处签名或盖章。调查笔录经核对无误后，由被调查人逐页签名或盖章并注明日期。被调查人拒绝签名或盖章的，调查人应当在笔录上注明情况，并由两名调查人签名或盖章，或由一名调查人和一名见证人签名或盖章，注明日期。

第五十四条　有关部门应注意收集证据，注明证据的来源和出处，并注意证据的保存。

第五十五条　下列各项证据，经过查证核实后，可以作为处分违纪学生的依据：

（一）书证；

（二）物证；

（三）证人证言；

（四）当事人陈述；

（五）视听资料；

（六）鉴定结论；

（七）勘验、检查或现场笔录；

（八）司法机关的裁决书、判决书、鉴定书，以及有关部门的决定书等；

（九）其他具有证明价值的材料。

第五十六条　对涉嫌违纪学生进行纪律处分或者其他不利决定之前，学校应当告知学生作出决定的事实、理由及依据，并告知享有陈述和申辩的权利，听取学生的陈述和申辩。违纪学生的陈述和申辩，应以书面形式递交。

第二节　审查与决定

第五十七条　学院或其他调查部门在发现学生违纪或接到违纪举报后，应当在10个工作日内调查取证完毕，并在查明事实的基础上，提出处理建议。重大或复杂案件，经学院或其他调查部门负责人批准，可延长10个工作日。

第五十八条　学生处、教务处或研究生院接到学院或其他调查部门的调查材料或处理建议后，应当在7个工作日内核实完毕并提出初步处理意见。

第五十九条　学院或其他调查部门应向学生处、教务处或研究生院报送如下材料：

（一）学院或其他调查部门领导签字、加盖公章的处理建议；

（二）《广州大学学生违纪拟处理告知单》；

（三）学院或其他调查部门对学生违纪情况说明的综合性材料；

（四）调查笔录；

（五）当事人书面陈述或检讨；

（六）其他证据材料。

第六十条　处分的审批程序与权限：

（一）给予学生留校察看以下处分的，由学院研究拟定，送学生处、教务处或研究生院审核，报主管校领导审批；

（二）对学生作出取消入学资格、取消学籍、退学、开除学籍或者其他涉及学生重大利益的处理或者处分的由学院提出处理建议，送学生处、教务处或研究生院确认，送法律顾问室进行合法性审查，由校长办公会议或者校长授权的专门会议研究决定。

第六十一条　对违纪学生作出处分的，应当出具处分决定书。处分决定书应包括下列事项：

（一）学生的基本信息；

（二）作出处分的事实和证据；

（三）处分的种类、依据、期限；

（四）申诉的途径和期限；

（五）其他必要内容。

第六十二条 给予学生警告、严重警告的处分决定书，学校授权学生处、教务处或研究生院签发。给予学生记过、留校察看和开除学籍的处分决定书由学校签发。

第三节 送达与备案

第六十三条 处分决定书一式三份，一份交受处分学生本人，一份放入学生档案，一份留学校存档。

第六十四条 处分决定书必须由学校或学院派出专人送达，另需学生干部到现场作为见证人，受处分的学生应在决定书上签字并注明日期。如受处分学生拒不签收，送达人在送达回证上记明学生拒绝签收事由和日期，送达人和见证人签名或盖章，决定书留受处分学生处，即视为已送达。

第六十五条 直接送达处分决定书有困难的，还可采取以下方式送达：

（一）留置送达。学校和学院将处分决定书直接送达给被处分学生时，如本人不在，可交其家长或同住成年家属签收。被处分学生家长或者他的同住成年亲属拒绝签收处分决定书时，送达人应当邀请有关人员到场，说明情况，在送达回证上记明拒收事由和日期，由送达人、见证人签名或者盖章；把处分决定书留在当事人的住所或者收发部门，即视为送达。

（二）邮寄送达。直接送达处分决定书确有困难时，也可通过邮局用挂号方式邮寄或快递给被处分学生，邮寄地址为经学生本人确认的送达地址。邮寄送达应附有送达回证。挂号信回执上注明的收件日期与送达回证上注明的收件日期不一致的，或者送达回证没有寄回的，以挂号信回执上的收件日期为送达日期。

（三）公告送达。用上述方式无法送达的，利用学校网站、新闻媒体等以公告方式送达，自公告发布之日起，经过两周即视为送达。学校如实记录公告情况并由两名见证人签字。

第六十六条 处分决定视情况及时在全校、院（系、所、中心）或班级范围内公布，并书面告知家长，对涉及个人隐私、国家机密等情况的处分决定由学生处或研究生院决定是否公布。对学生开除学籍的处分决定书，必须同时报广东省教育厅和广州市教育局备案。

第四节 申　诉

第六十七条 学生如对处分决定有异议，在接到学校处分决定书之日起10日内，可以向学校学生申诉处理委员会提出书面申诉。有关申诉的具体内容、程序和申诉委员会在处理申诉时的处理方式，在《广州大学学生申诉处理办法》中规定。

第六十八条 学生申诉处理委员会对学生提出的申诉进行复查，并在接到书面申诉之日起15日内，作出复查结论并告知申诉人。情况复杂不能在规定限期内作出结论的，经学校负责人批准，可延长15日。学生申诉处理委员会认为必要的，可以建议学校暂缓执行有关决定。

学生申诉处理委员会经复查，认为作出处理或者处分的事实、依据、程序等存在不当，可以作出建议撤销或变更的复查意见，要求相关职能部门予以研究，重新提交校长办公会议或者校长授权的专门会议作出决定。

从处分决定或复查决定送达之日起，学生在申诉期内未提出申诉的，学校不再受理提出的申诉。已过申诉期且未申诉的，处分决定生效时间为《处分决定书》落款之日。

处理、处分或者复查决定书未告知学生申诉期限的，申诉期限自学生知道或者应当知道处理或者处分决定之日起计算，但最长不得超过6个月。

第六十九条 学生如对学校的复查决定有异议，在接到学校复查决定书之日起15日内，可向广东省教育厅提出申诉。

第五节 解除处分

第七十条 受处分学生在处分期间表现良好，无违规违纪行为的，有效期满后，自动解除处分。处分解除时间以生效《处分决定书》记载为准。

第七十一条 受处分学生在处分期间确有明显进步，表现突出者，经本人申请、所在学院审查，学生处、教务处、研究生院审核，报学校批准，可提前结束处分。

第四章 违纪处分预警、行文、执行

第一节 违纪处分预警制度

第七十二条 学生违纪的预警范围：

（一）学生具有小偷小摸行为，被发现后能主动承认错误，并对自己的行为有较深刻认识者；

（二）对损坏国家或他人财产价值较小（不包括损坏消防、电力、通讯设施、网络系统），未造成较严重后果，且能按价赔偿，并对自己的行为有深刻认识者；

（三）累计旷课达16学时者；

（四）不遵守课堂秩序，不尊重教师造成一定影响者；

（五）晚归及开始有夜不归宿现象者；

（六）通宵上网，影响他人学习生活者；

（七）行为偏执，虽然具有违反学校规定的行为，但情节显著轻微，不足以给予处分或者免除处分的。

第七十三条 学生违纪预警的处理与作用：

（一）对在预警范围的学生，辅导员、班主任应做好思想教育工作，主动与学生谈话并做书面记录；

（二）可对受到预警的学生在其综合测评分中酌情扣分；

（三）在核实错误事实的基础上，结合学生对所犯错误的认识，由所在学院派出专人对有关学生提出口头批评、书面警示和通报批评。

（四）实行学生违纪预警，作用在于提醒学生，尽可能地避免更严重的后果。

第二节 违纪处分的行文

第七十四条 学生违纪，均以广州大学名义行文。

第七十五条 行文程序：

（一）给予留校察看以下处分的，由学生所在学院党政联席会拟定处分决定，学生处、教务处或研究生院审核备案，经主管校领导签字后，以"广州大学文件"的形式发文。处分决定及有关材料交学生处、教务处或研究生院备案。

（二）给予开除学籍处分的，由学生所在学院党政联席会提出处理建议，学生处、教务处或研究生院复核，校长办公会议或校长授权的专门会议研究决定，经主管校领导签字后，以"广州大学文件"的形式发文，并报广东省教育厅、广州市教育局备案。

第七十六条 文件管理：

（一）学生处分决定书及解除处分材料由学生所在学院真实完整地归入学生本人档案。

（二）学生处分文件按照学校文件建档、归档的统一要求，由拟文部门建档、归档。

第三节 违纪处分的执行

第七十七条 受到警告、严重警告、记过、留校察看处分的学生，取消其当年评奖评优和获得所有奖助学金的资格；是党团员的，由党团组织给予相应党内团内处分。

学位授予资格是否取消，按照《广州大学授予学士学位工作细则》《广州大学研究生学籍管理细则》的相关规定执行。

受到记过以上处分的，取消研究生推免资格。

第七十八条 给予留校察看处分的，留校察看期一般为十二个月，察看期从作出处分决定之日起计算。留校察看期间因故休学或停学的，休学或停学的时间不计入察看期内。

受留校察看处分的学生，由所在学院负责考察。要求受处分学生每学期至少二次向所在单位主管学生工作的领导或部门负责人递交书面思想汇报。

对受到留校察看处分学生，在察看期内，根据其不同表现，分别处理如下：

（一）对表现优秀或有先进事迹的，经本人申请或者所在学院提出建议，学生处、教务处、研究生院审核，并报请主管校领导批准，可以提前解除察看期（但察看期不能少于6个月）。

（二）没有违纪行为的，察看期满，由学生本人申请，所在学院提出建议，学生处、教务处、研究生院审核，并报请主管校领导批准，可以按期解除察看期。

（三）有故意违纪行为，按规定可以给予任何一种纪律处分的，均直接给予开除学籍处分；有过失违纪行为且该行为未达到开除学籍程度的，可给予相应的纪律处分并延长察看期六个月或十二个月；虽有违纪行为，尚不够给予纪律处分的，视其情节，可延长察看期限六个月或十二个月，但察看期限累计不得超过二十四个月。

第七十九条 对受到开除学籍处分的学生，自处分决定生效之日起，终止其一切学生待遇，由所在学院督促其7日内办理离校手续。学生应按学校要求的期限离校。对受到开除学籍处分的学生可以发给学习证明。

第八十条 学生申诉期间原则上不停止执行原处理决定，任对受到开除学籍处分的学生，向学校提出申诉的，办理离校手续时间延长至学校作出复查决定之日起7日内。学校复查后，继续向上级教育主管部门提出申诉的，办理离校手续时间延长至教育主管部门作出复查决定之日起7日内。

第五章 附 则

第八十一条 就涉案金额标准，本规定中所称的"以下"系包含本数；"以上"，则不包含本数。

第八十二条 本规定由学校授权学生处、教务处、研究生院负责解释。

第八十三条 本规定从2021年9月1日起执行，原《广州大学学生违纪处分规定》（2017年修订）同时废止。

广州大学学生申诉处理办法（2021年7月修订）

第一章 总 则

第一条 为保证学校对学生处理行为的客观、公正，维护学生的合法权益，推进依法治校，根据《中华人民共和国高等教育法》、教育部《普通高等学校学生管理规定》等有关法律法规的规定，制定本办法。

第二条 本办法适用于广州大学在校全日制研究生、本科生和广州大学校外二级学院（独立学院除外）在校全日制专科生、高职生（成人教育的学生参照执行）。

第三条 学生对学校关系学生个人利益的处理、处分有异议，可以提出申诉。

申诉范围如下：

（一）取消入学资格；

（二）退学处理；

（三）违规、违纪处分；

（四）依据法律、法规、规章可以提出申诉的其他处理决定。

第二章 申诉处理组织

第四条 广州大学学生申诉处理委员会（以下简称申诉处理委员会）是广州大学受理学生申诉的工作组织。

第五条 申诉处理委员会成员为13人，设主任委员1人，由分管学生工作的校领导担任；副主任委员1人，由学生处处长担任；委员11人，由监察处、学生处、教务处、研究生院、保卫处、法律顾问室、申诉学生所在学院等单位的负责人，以及教师代表2人、学生代表2人组成，可以聘请校外法律、教育等方面专家参加。

申诉处理委员会下设办公室，办公室设在学生处；申诉处理委员会办公室有权要求各院部、各职能部门对申诉过程中的审核调查工作予以协助和配合。

第六条 申诉处理委员会办公室的职责：

（一）受理申诉人的申诉；

（二）安排召开复查听证会，对学生申诉的问题进行处理；

（三）将复查决定书面告知申诉人。

第三章　申诉处理程序

第七条 申诉处理程序由提出申诉、受理申诉和作出处理意见三个环节依次进行。

第八条 学生申诉的提出。学生对学校处理或处分决定有异议的，在接到学校决定书之日起10日内，可以向学生申诉处理委员会提出申诉申请。申诉必须以书面形式提出，申诉申请书内容包括：申诉人基本情况（姓名、性别、年龄、学院、专业、年级、班次、住址、联系方式）、申诉事项、主要事实、理由及要求、申诉人签名、申诉提出日期。同时附上学校处理或处分的决定书及有关材料的复印件等，直接报送申诉处理委员会办公室。从处理或处分决定送交之日起，学生在申诉期内未提出申诉的，学校不再受理其提出的申诉。

有权申诉的学生因伤亡等原因不能履行申请的，其近亲属或委托代理人可以申请申诉。

确因不可抗力或有其他正当理由，不能在规定期限申诉的，申请期限自障碍消除之日起开始计算。

第九条 申诉受理的条件：

（一）申诉方认为学校原决定适用规定错误的；

（二）申诉方认为学校原决定程序不符合规定的；

（三）申诉方提出学校原决定依据的事实不清或有新的证据证明与事实不符的；

（四）有证据证明作出决定的部门或个人有徇私枉法行为的。

第十条 学生申诉的受理。申诉处理委员会办公室接到申诉书及相关材料后，应当立即对申诉人的资格和申诉条件进行审查，区分不同情况，分别作出如下处理：

（一）对于符合申诉条件的予以受理并进行登记。

（二）对于不符合申诉条件的，向申诉人作出不予受理的书面答复。

（三）对于申诉书未说清申诉理由和要求的，退还原申诉书并要求其在2日内重新提交申诉书。重新提交申诉书之日视为接到书面申诉书之日。

（四）对申诉材料不齐全的，退还申诉书并一次性告知其所需材料，并于2日内补齐申诉书及所有材料。申诉书及有关材料补交齐全之日视为接到书面申诉书之日。申诉处理委员会办公室自登记受理之日起2日内将申诉书及相关材料原件移交给申诉处理委员会，并留存申诉书及相关材料复印件。

第十一条 受理申诉的处理。申诉处理委员会在接到书面申诉之日起15日内，对学生提出的申诉内容和要求，按照我国的法律法规、《普通高等学校学生管理规定》和广州大学有关的规章制度，就学生处理或处分的程序是否正当、证据是否充分、依据是否明确、定性是否准确、处理处分是否适当等问题进行全面的调查核实，并根据不同情况，分别作出维持原处理决定、变更原处理决定和撤销原处理决定等不同的复查决定，情况复杂，不能在规定期限内作出结论的，经学校负责人批准，可延长15日。

第十二条 申诉处理委员会应当召开复议会议处理学生申诉。参加复议会议的委员应超过三分之二（含三分之二）才能开会，到会的委员中涉及提出处分、处理意见的应回避，复查决定应获得到会委员三分之二以上（含三分之二）人员同意，方为有效。

第十三条 学生申诉处理委员会经复查，认为作出处理或者处分的事实、依据、程序等存在不当，可以作出建议撤销或变更的复查意见，要求相关职能部门予以研究，重新提交校长办公会议或者校长授权的专门会议作出决定。

第十四条 复查决定由申诉处理委员会办公室书面送达申诉人和原决定作出机构。

第十五条 复查决定由申诉处理委员会办公室书面告知申诉人，并告知申诉人对复查决定有异议的，在接到学校复查决定书之日起15日内，可以向广东省教育厅提出书面申诉。

第十六条 在申诉和处理期间，原则上不停止执行原生效处分决定。学生申诉处理委员会认为有必要的，可以建议学校暂缓执行。

第十七条 处理、处分或者复查决定书未告知学生申诉期限的，申诉期限自学生知道或者应当知道处理或者处分决定之日起计算，但最长不得超过6个月。

第十八条 学生认为学校及其工作人员违反《普通高等学校学生管理规定》，侵害其合法权益的；或者学校制定的规章制度与法律法规和《普通高等学校学生管理规定》抵触的，可以向广东省级教育行政部门投诉。

第四章 附 则

第十九条 本办法自公布之日起生效，由学校授权学生申诉处理委员会负责解释。

广州大学关于印发《广州大学新机制人才并轨实施细则》的通知

广大〔2021〕91号

校属各单位：

《广州大学新机制人才并轨实施细则》业经2021年第12次校长办公会议审议通过，现予以印发，请认真学习，遵照执行。

广州大学
2021年8月3日

广州大学新机制人才并轨实施细则

为进一步激发人才、稳定人才、留住人才，促进新旧机制融合和谐发展，服务高水平大学建设，依据《广州大学人才引进管理办法》（广大〔2021〕77号）、《广州大学新机制引进人才聘期管理办法》（广大〔2020〕56号），结合"百人计划"、新进讲师、全职特聘人才的聘期内考核实施方案，制定本实施细则。

一、并轨原则

（一）以思想政治素质为基本要求、以师德师风表现为首要条件，坚决执行政治立场及师德师风"一票否决"制。

（二）无出现严重违规违纪违法行为、严重教学事故、严重违反学术道德以及违反师德师风等造成不良影响的情形。

（三）以合同目标考核结果为依据，结合学校教学科研发展实际需要，使人尽其才、才尽其能。

（四）鼓励优秀人才脱颖而出，激发人才创新潜能，实行优胜劣汰。

（五）坚持识才惜才、敬才爱才，营造整体竞争向上、新旧机制和谐发展的良好氛围。

二、并轨对象

学校"百人计划"人才（事业编制）、新进讲师（事业编制）、全职特聘人才（非事业编制）列入并轨对象。其他外聘类新机制人才（非事业编制）不列入并轨对象。

三、并轨内容

（一）"百人计划"人才并轨

1. "百人计划"人才聘期结束，聘期考核合格及以上，并轨进入旧机制。并轨后与学校签订教师职务聘用合同。符合广州学者、广州良师特聘岗位申报条件的，按照有关规定进行申报。

2. "百人计划"人才聘期结束，聘期考核不合格者，学校不再续聘原岗位，将根据实际需要调整其聘用岗位后并轨进入旧机制，同时按合同约定处理违约事项。本人不同意调整聘用岗位的，学校与其解除聘用关系和人事关系。

3. 入校时属低职高聘的"百人计划"人才，聘期考核不合格的，将取消低职高聘资格后并轨进入旧机制，按原入校时所持有的专业技术职称任职资格调整聘用岗位。原入校时无专业技术职称任职资格的，按国家及省市相关政策调整聘用岗位，同时按合同约定处理违约事项。本人不同意调整聘用岗位的，学校与其解除聘用关系和人事关系。

4. "百人计划"（外聘类）人才聘期结束，聘期考核合格及以上的，学校将根据实际需求进一步研究是否续聘，最终提交校长办公会议审定。聘期考核不合格的，学校与其解除聘用关系，同时按合同约定处理违约事项。

（二）新进讲师并轨

1. 新进讲师首个聘期结束，经考核合格，按照原有协议续签第二个聘期；新进讲师首个聘期结束，经考核优秀，学校在原有年薪基础上调增4万元并按原定协议续签第二个聘期。新进讲师首个聘期结束，聘期考核优秀且已晋升为副教授、教授的，可选择并轨进入旧机制或继续执行第二个聘期。选择并轨的与学校签订教师职务聘用合同。符合广州学者、广州良师特聘岗位申报条件的，按照有关规定进行申报。

2. 新进讲师第二个聘期结束，聘期考核合格及以上的，并轨进入旧机制，并轨后与学校签订教师职务聘用合同；符合广州学者、广州良师特聘岗位申报条件的，按照有关规定进行申报。

3．新进讲师首个聘期或者第二个聘期结束，聘期考核合格及以上，未晋升职称但达到学校聘副教授业绩条件，且业绩成果条件在同类别人员中实属突出拔尖的，可个人提出低职高聘申请，经所在单位岗位聘用与考核工作小组及党政联席会研究同意后，报学校人才引进专家组研究，同意的校内聘岗为副教授岗位。

4．新进讲师首个聘期或者第二个聘期结束，聘期考核不合格的，学校不再续聘原岗位，将根据实际需要调整聘用至其他类别岗位后并轨进入旧机制，同时按合同约定处理违约事项。本人不同意调整聘用岗位的，学校与其解除聘用关系和人事关系。

5．新进讲师首个聘期或者第二个聘期结束，聘期考核合格以上的，如所在单位或学科专业实验室有实际缺岗缺编需要，可由个人提出向教辅实验系列转岗的申请，经所在单位岗位聘用与考核工作小组及党政联席会研究同意后，报学校专业技术岗位聘任专家组研究，同意后并轨进入旧机制，按教学辅助岗位签订管理服务人员聘用合同。

6．新进讲师（外聘类）首个聘期或者第二个聘期结束，聘期考核合格及以上的，学校根据需要续聘原岗位，不纳入并轨。聘期考核不合格的，学校与其解除聘用关系，同时按合同约定处理违约事项。

（三）全职特聘人才并轨

1．全职特聘人才首个聘期或第二个聘期结束，聘期考核合格及以上且取得重大教学科研成果或入选国家级、省部级人才项目的，经学校人才引进专家组研究同意后按程序进入事业编制，并轨进入旧机制，与学校签订教师职务聘用合同。

2．全职特聘人才在第二个聘期期间，聘期内年度考核优秀且晋升职称的，经学校人才引进专家组研究同意后按程序进入事业编制，并轨进入旧机制，与学校签订教师职务聘用合同。

3．全职特聘人才在第二个聘期结束，聘期考核合格及以上且晋升职称的，经学校人才引进专家组研究同意后按程序进入事业编制，并轨进入旧机制，与学校签订教师职务聘用合同。

4．全职特聘人才在第二个聘期结束，聘期考核合格及以上但未能晋升职称的，不纳入并轨，学校视教学科研实际需要聘为长聘岗位。被长聘期间如取得重大教学科研成果或入选国家级、省部级人才项目的，或经学校人才引进专家组研究同意后按程序进入事业编制，并轨进入旧机制，与学校签订教师职务聘用合同。

5．全职特聘（讲师）人才在长聘期间，聘期考核合格及以上，未晋升职称但达到学校聘副教授业绩条件，且业绩成果条件在同类别人员中实属突出拔尖的，可个人提出低职高聘申请，经所在单位岗位聘用与考核工作小组及党政联席会研究同意后，报学校人才引进专家组研究，同意的校内聘岗为副教授岗位。

6．全职特聘人才首个聘期或第二个聘期结束，聘期考核不合格的，学校与其解除聘用关系，同时按合同约定处理违约事项。

四、组织机构

学校成立人才引进领导小组，由校党委书记、校长任组长，分管人事工作副校长任副组长，组织部、发展规划处、科研处、人事处、教务处、财务处、实验室与设备管理处、后勤服务处等相关职能部门负责人为组员。统筹负责并审议新机制人员并轨事宜，对拟并轨人员的政治立场和师德师风、教学科研业绩成果、聘期考核结果、职称晋升情况等进行综合审核把关。小组下设办公室，办公室设在人事处，主任由人事处处长担任，具体业务科室为人才工作科。

各二级单位应由本单位岗位聘用与考核工作小组负责对拟并轨人员进行全面审核，确保拟并轨人员的所有材料业绩及信息准确无误，依据本细则规定向学校人才引进工作领导小组作出明确的并轨意见。

五、并轨程序

（一）新机制人员依据本细则及《广州大学新机制引进人才聘期管理办法》（广大〔2020〕56号），本人自愿向所在单位提出书面并轨意愿。

（二）各二级单位岗位聘用领导小组负责审核，向学校人事处提交并轨材料（含本人书面意愿及所在单位书面意见）。

（三）学校人才引进工作领导小组召开会议讨论决定后由人事处各相关科室办理并轨事项。

（四）每年的3月、6月、9月、12月分别对当年4—6月、7—9月、10—12月及次年1—3月到聘期的新机制人员组织一次聘期考核，并轨工作时段一般为学校每批次公布新机制人员聘期考核结果后当月。

（五）根据《广州大学教师特聘岗位管理办法》（广大〔2020〕131号）申报广州学者和广州良师特聘岗位。

六、附则

（一）本实施细则未涉及或本细则执行后，与国家、省、市颁布新法律法规或政策不一致的，则按国家、省、市法律法规或政策执行。

（二）本细则自公布之日起实施，原其他规定与本细则相冲突的，以本细则为准。

（三）本细则由人事处负责解释和修订。

广州大学关于修订《广州大学推荐优秀应届本科毕业生免试攻读研究生工作管理办法》的通知

广大〔2021〕102号

校属各单位：

为进一步规范我校推荐优秀应届本科毕业生免试攻读硕士学位研究生工作，教务处对《广州大学推荐优秀应届本科毕业生免试攻读研究生工作管理办法》进行了修订，并经2021年第15次校长办公会议审议通过。现将修订后的《广州大学推荐优秀应届本科毕业生免试攻读研究生工作管理办法》予以印发，请认真学习，遵照执行。

广州大学
2021年9月13日

广州大学推荐优秀应届本科毕业生免试攻读研究生工作管理办法
（2021年9月修订）

第一章 总 则

第一条 为规范我校推荐优秀应届本科毕业生免试攻读硕士学位研究生（以下简称"推免生"）工作，落实"立德树人"根本任务，加大拔尖创新人才选拔培养力度，全面实施素质教育和"三创"教育，根据教育部《全国普通高等学校推荐优秀应届本科毕业生免试攻读硕士学位研究生工作管理办法（试行）》（教学〔2006〕14号）、《教育部办公厅关于进一步完善推荐优秀应届本科毕业生免试攻读研究生工作办法的通知》（教学厅〔2014〕5号）、《教育部办公厅关于进一步规范和加强推荐优秀应届本科毕业生免试攻读研究生工作的通知》（教学厅〔2020〕12号），结合我校实际，制定本办法。

第二条 本办法所称"免试"是指应届普通本科毕业生不必经过全国硕士研究生入学统一考试的初试，直接进入复试；本办法所称"推荐"是指按规定对本单位优秀应届本科毕业生进行遴选，确认其免初试资格并向招生单位推荐。

第三条 推免生工作应做到公平、公正、公开。推荐学院（系）均应根据本学院（系）情况制订科学、规范、明确的推荐标准及公开透明的工作程序。

第四条 推荐工作应坚持德智体美劳全面衡量，以德为先，把学生思想品德考核作为推免生遴选的重要内容和录取的重要依据。注重对学生政治态度、思想表现、道德品质、科学精神、诚实守信、遵纪守法等方面的考察，思想品德考核不合格者不予推荐录取。

第五条 学校成立由校领导任组长、副组长的推免生遴选工作领导小组，成员由教务处、研究生院、学生工作部（处）、团委等部门负责人及专家教授代表组成。领导小组下设办公室，办公室设在教务处。学院成立以院长或主管教学副院长为组长，由相关工作负责人和教师代表组成的推荐工作小组，按照学校的统一安排，全面负责本单位的推免遴选工作。

第二章 推 荐

第六条 推荐范围和名额分配原则

（一）推免生的推荐范围为我校纳入国家普通全日制本科招生计划录取的应届毕业生。

（二）学校根据教育部当年下达我校的推免生指标，综合考虑本届毕业生人数、专业、学科建设等情况，将名额分配至各学院，各学院按照本学院的推免生工作实施细则完成推免工作任务。

第七条 推免生候选人必须符合下列条件：

（一）拥护中国共产党的领导，具有高尚的爱国主义情操和集体主义精神，社会主义信念坚定，社会责任感强，遵纪守法，积极向上，身心健康。

（二）勤奋学习，刻苦钻研，成绩优秀。在校学习期间所修课程加权平均成绩排名在本专业前15%，完成人才培养方案修读进度要求。学术研究兴趣浓厚，有较强的创新意识、创新能力、科研潜质和专业发展能力。

（三）诚实守信，学风端正，无任何考试作弊或其他学术不良记录。

（四）品行表现优良，无任何违法违纪受处分记录。

（五）普通类专业学生的全国大学英语四级成绩425分以上，体育类专业和艺术类专业学生的高等学校英语应用能力（A级）考试成绩60分以上或全国大学英语四级成绩425分以上，外语类专业学生通过外语专业四级。

（六）有转年级、休复学等学籍异动情况的学生，学院根据其具体情况确定学生是否具有推免资格；按普通专业培养方案执行的港澳台学生可申请推免，按照其所在学院的推免细则要求，与其他普通应届本科毕业生一起进行综合排名。

各学院根据上述要求制订推免生的具体条件。高水平运动队的推免可侧重竞赛成绩和竞技水平，适当考虑学业成绩，由公共管理学院和体育学院联合制定推免细则。

第八条 符合第七条推荐要求，且具备下列条件之一者，可在同等条件下优先推荐：

（一）在校期间，获得学校"十佳学生"称号或省级以上（含省级）教育行政部门授予的荣誉称号。

（二）在大学生各类科技成果奖励或学科类竞赛奖项中，获得省级一等奖及以上获奖者。

（三）在核心期刊（以《中文核心期刊目录》最新版为准）发表学术论文，并且是独立完成人或第一作者。

（四）获得国家发明专利的技术或项目者（前三名）。

（五）在其他方面表现特别突出者。

第九条 各学院在广泛征求师生意见的基础上，制定本学院实施方案并报教务处备案，提前公布，严格执行。根据实施方案，对申请推免的学生进行综合评价。按照综合评价成绩，由高至低确定推免生资格。

综合评价成绩满分为100分，加权平均成绩占85%，专业能力及综合素质考核、北大核心以上期刊发表文章、省级以上创新创业竞赛和学科竞赛获奖等占10%，参军入伍、志愿服务等占5%。计算公式如下：

综合评价成绩＝加权平均成绩×85%+（创新能力、科研潜质）×10%+（志愿服务、参军入伍）×5%。

第十条 各学院（系）要注重并加强对学生本科阶段学习情况的过程性评价，将本科阶段学业综合成绩作为推免工作最基础的遴选指标，不再专门组织遴选推免生的考试（包括笔试、面试等）。各学院（系）要将学生在校期间科研成果、竞赛获奖、体育艺术获奖等符合全面发展价值导向等因素纳入学院（系）推免生遴选指标体系，综合评价学生的各方面表现，各类情况均不再单列计划或破格推荐。

第十一条 规范审核认定加分活动，具体要求另见附件（略）。学院（系）在审核认定加分环节，需组成专家审核小组（专家组成员应具有相关学科副教授以上职称，一般不少于5人），可会同本研究领域权威专家、相关期刊杂志单位或赛事主办单位等，对申请推免资格学生的科研创新成果、论文、竞赛获奖、体育艺术奖项及内容进行审核鉴定，排除抄袭、造假、冒名及有名无实等情况。

对学生提交的多篇科研成果实行代表作评价，评价重点聚焦于创新质量和个人贡献。专家审核小组及每位成员都要给出明确审核鉴定意见并签字存档。答辩全程要录音录像，答辩结果要公开公示。未通过审核鉴定的，不得纳入推免遴选综合评价成绩计算体系。

学生与直系亲属或学历、职称、职务明显高于本人者合作的科研成果、竞赛奖项等仅作为参考，不纳入学生本人推免遴选综合评价成绩计算体系，同等条件下可优先考虑。

第十二条 推荐工作程序

（一）教务处根据当年教育部有关文件精神和本校毕业生情况，制定并公布本年度推免生工作的实施方案。

（二）各学院根据实施方案，做好宣传动员、组织报名等工作。

（三）符合申请条件的学生，向学院提交申请，填写《广州大学推荐免试攻读研究生资格申请表》，并提交相应证明材料。

（四）学院按照规定进行综合评价，确定推免生初选名单并在院内公示，公示期不少于3个工作日。

（五）各学院将推免生初选名单、个人申请表、学生前三年或前四年成绩单、获奖证明材料等报教务处。

（六）教务处审核、汇总上述相关材料报学校推免生遴选工作领导小组讨论，确定推免生名单，并在校内网站公示，公示期不少于10个工作日。

（七）获得推免指标的应届本科毕业生，学校原则上不予办理出国、就业手续。出现推免生放弃资格情况，酌情等额扣减学生所在学院（系）后续年份推免生指标。

第三章 管理与监督

第十三条 推荐学院（系）应加强管理，完善监督制度，主要负责同志是第一责任人，分管负责同志是直接责任人，主要负责同志要亲自把关，杜绝工作浮于表面。涉及推免生工作的原则、方法、程序和结果等重要事项都应认真研究，集体决策，并以书面或会议形式向本单位党委汇报，纪检监察部门对推免工作进行监督。

第十四条 推荐学院（系）应将推免生政策规定、有关推免生资格、申诉渠道等进行公开。

第十五条 各推荐学院（系）不得将报考本校作为遴选推免生的限制条件，也不得以其他任何形式限制推免生自主报考，要确保全部推免工作同步进行。

第十六条 学生对推免工作有意见、建议或申诉、举报，应先向学院（系）推免生工作小组反映。学生对学院（系）的处理意见不服的，可向学校推免生工作领导小组反映，学校推免生工作领导小组同时为该项工作申诉受理机构。

第十七条 推免相关工作人员有直系亲属或利益相关人员报名参加本单位推免招生的应主动申请回避，有非直系亲属等报名参加推免招生的要主动报备。相关学生申请推免资格时也应主动向学院（系）报备声明。各推荐院（系）要制定本单位回避制度实施细则，对未按规定报备声明回避关系的推免相关工作人员，学校依规依纪严肃处理；对未按规定报备声明回避关系且影响推免过程和结果公平公正的学生，取消其推免资格。

第十八条 对在推免过程中弄虚作假，有论文抄袭、虚报获奖或科研成果等学术不端行为或者有其他严重影响推免过程和结果公平公正行为的学生，一经查实，取消其推免资格，已入学的，取消学籍。推免相关工作人员未严格履行工作职责，违反推免招生政策规定的，学校依规依纪严肃处理。

第十九条 推免生在推荐工作结束至当学年度止，出现下列情形之一者，学校取消其推免生资格。

（一）受到违纪处分；

（二）不能如期获得学士学位；

（三）在申请过程中有弄虚作假行为。

第二十条 如有异议的，可以电话或书面向广州大学教务处反映。反映情况时要自报或签署真实姓名，要有具体事实；不报或不签署真实姓名的，以及不提供具体事实材料的，一律不予受理。

第二十一条 本办法自公布之日起执行，原《广州大学推荐优秀应届本科毕业生免试攻读研究生工作管理办法》（广大〔2020〕61号）同时废止。其他文件内容与本文件内容相抵触的，以本文件内容为准。

第二十二条 本办法由教务处负责解释。

广州大学关于印发《广州大学学生宿舍用电安全网格化管理工作实施方案（试行）》的通知

广大〔2021〕125号

校属各单位：

为进一步加强我校学生宿舍用电安全管理工作，落实用电安全责任制，健全和规范用电安全网格化管理措施，保障学生生命财产安全，学校制定了《广州大学学生宿舍用电安全网格化管理工作实施方案（试行）》，并经2021年第19次学校疫情防控领导小组会议审议通过。现予以印发，请认真学习，遵照执行。

广州大学

2021年11月24日

广州大学学生宿舍用电安全网格化管理工作实施方案（试行）

为进一步加强我校学生宿舍用电安全管理，构建"规范化、科学化、精细化、长效化"的用电安全网格化管理体系，排除安全隐患，营造良好的学习和生活环境，根据学校有关安全管理工作要求，结合实际情况，特制定本方案。

一、工作目标

建立"责任明确、监管到位、处理及时"的学生宿舍用电安全网格化管理工作格局，深化用电安全责任制的落实，保障学生生命财产安全。

二、具体任务

（一）网格管理人员组成

全面整合学校相关单位、学校警务室、物业公司和学生等力量，实施"扁平化"管理模式。

（二）网格建立

将楼栋划分为以楼层为单位的小网格，确保每个小网格均配置用电安全管理人员。

1．学院书记、副书记及辅导员、物业宿管员、维保人员、学生层长等实行楼层包干巡查制度。其中副书记及辅导员作为网格长，即作为所负责网格单元用电安全主要责任人，全面负责学生宿舍用电安全监管工作；物业宿管员、维保人员、学生层长等作为网格成员，全力协助网格长开展用电安全管理工作。

2．学生处（含学生公寓管理服务中心）、保卫处、后勤服务处、桂花岗校区管理委员会、研究生院等工作人员和驻校民警实行楼栋包干巡查制度，结合部门职能，全面统筹所负责楼栋用电安全工作，并指导、规范好网格长做好学生宿舍用电安全管理工作。

三、职责分工

（一）职能部门

1．学生处（含学生公寓管理服务中心）：公布网格管理人员清单及责任，并在各楼层设置好责任区标识牌及在每栋楼门岗配备好工作证；指导和规范学院等开展学生宿舍用电安全检查及警示教育；向学院通报学生违章用电行为，并督促学院处理、整改到位；摸清学生宿舍电器情况。

2．保卫处：负责统筹协调学生宿舍消防安全管理；组织安全检查，督促相关责任单位整改安全隐患；做好学生宿舍区的消防设施设备检查和日常维护工作；加强消防安全警示教育。

3．后勤服务处：根据相关部门的需求，做好学生宿舍区的水、电、空调（主要是分体空调）等检修与维护；落实学生宿舍维修保障和定期检修工作，严格履行24小时维修承诺制。

4．桂花岗校区管理委员会：统筹桂花岗校区用电安全工作，加强巡查各负责楼宇及加强学生用电安全警示教育。

5．研究生院：负责统筹监督研究生宿舍用电安全工作；加强安全警示教育；组织导师走访宿舍；摸清研究生宿舍电器及了解用电安全情况。

（二）驻校民警

积极指导学校的安全工作，联合校方开展用电安全、法律法规等宣传活动，适时开展巡查、排查，及时掌握学校的安全动态。

（三）各学院书记、副书记和辅导员

1．书记：每月至少走访、检查本院学工队伍所负责的楼层及本院学生宿舍1次，统筹、指导好学生宿舍用电安全工作。

2．副书记和辅导员：除了负责本院学生宿舍用电安全工作外，每两周需与物业、宿管、楼长完成一次所负责网格单元内宿舍用电安全的全覆盖检查，加强学生用电安全知识宣传、教育工作；对学校所通报的本院学生违章用电行为进行处理，在1周内整改到位，并对所负责网格内宿舍违章用电的整改情况进行复查。

（四）物业宿管员

对所管楼栋用电安全进行全天候监督管理，每日进行学生宿舍用电安全检查，及时纠正学生违章用电行为，并将违章用电等情况向学生公寓管理服务中心报告；对所管楼栋消防设施设备进行检查和报修，确保消防通道畅通；陪同相关单位人员上楼检查；协助学校做好学生宿舍电器登记、汇总工作。

（五）维保人员

加强对学生公寓消防安防等设施设备检查、维修、维护，消除安全隐患。

（六）学生层长、舍长

1. 学生层长：每周对本楼层进行不少于两次巡查，发现用电安全隐患及时报告；指导舍长做好宿舍用电安全工作。

2. 舍长：做好宿舍电器清单登记及更新工作，引导舍员自觉遵守《广州大学学生住宿管理办法》，提醒舍员注意安全用电、人离宿舍要断电等。

四、联动机制

网格管理人员加强联动，形成合力，确保学生宿舍用电安全。

（一）前期摸查

由各学生宿舍以宿舍为单位自主申报宿舍电器，须向学生处（含学生公寓管理服务中心）和学院申请报备，同时研究生院也须对研究生宿舍电器情况做到心中有数。

（二）日常检查

1. 网格管理人员加强检查，及时纠正学生违章用电行为；

2. 由物业宿管员将网格管理人员日常用电安全检查的情况进行汇总及向学生处（含学生公寓管理服务中心）报告，再由学生处（含学生公寓管理服务中心）向学院通报，相关学院须高度重视，及时落实处理、整改工作；

3. 学生处（含学生公寓管理服务中心）和桂花岗校区管理委员会将网格管理人员日常用电安全检查中发现的消防设施问题向保卫处报告、水电等问题向后勤服务处报告，并做好后续跟进。

（三）宣传教育

相关部门多途径多方式组织消防安全等主题活动，共同加强学生消防安全教育及提高学生安全用电意识。

（四）整改跟踪

对学生宿舍违章用电行为，网格管理人员应做好整改跟踪，尤其加强对重点标记的学生宿舍"回头看"工作，确保整改到位。

1. 对于学生轻微的违章用电行为，由宿管楼长进行提醒、纠正和记录，并报学生公寓管理服务中心；当事人拒不改正的，由学生公寓管理服务中心及时报学生所在学院，由学院视情节轻重，给予当事人口头警告或通报批评；

2. 对于学生严重的违章用电行为，由学校给予当事人纪律处分；

3. 因违章用电行为造成损失的，当事人应予以赔偿并承担相应的法律责任。

（五）突发处置

若因用电安全引发火灾等突发情况时，相关的网格管理人员必须第一时间赶赴现场、积极处理，尽量把损失降到最低。

（六）协调组织

1. 网格长每月至少组织一次工作例会，总结近期工作，分析存在问题，研究解决措施，交流经验，并制定下一阶段工作计划。

2. 相关职能部门、学院每两个月组织一次学生宿舍安全用电网格化管理工作联席会，总结这一阶段工作情况，分析当前突出问题，查摆工作中薄弱环节，部署下一阶段工作任务。

（七）责任追究

1. 网格管理人员对工作不重视、不了解，对出现的问题不研究、不分析，由学校对其进行批评教育；

2. 网格管理人员对反映的问题处理不及时、不处置或处置不当而造成不良影响的，由学校对其进行通报批评；

3. 网格管理人员瞒报、漏报重大安全隐患，或因突发事件处理不及时、不得当而造成严重后果的，由学校按相应的管理规定进行严肃处理。

五、工作要求

（一）网格管理人员做到"三知三能"，即知负责区域、知工作职责、知工作意义；能发现问题、能解决问题、能长期坚持。

（二）网格管理人员严格按照学校的部署，压紧压实主体责任，不断提高应急处置能力和队伍素质。

（三）网格管理人员挂牌上岗，每次到学生宿舍检查时，在本楼门岗领取、佩戴工作证，服务学生，并接受学生监督。

（四）网格管理人员增进沟通、强化合作，对于发现的疑难问题，经统一协调后报学校相关部门后续跟进。

广州大学关于修订《广州大学预算调剂管理办法》的通知

广大〔2021〕127号

校属各单位：

为进一步规范预算调剂程序，确保预算资金依法依规、安全有序使用，提升资金使用效益，结合学校工作实际，财务处对《广州大学预算调剂管理办法》进行了修订并经2021年第29次校党委常委会会议审议通过，现予以印发，请认真学习，遵照执行。

广州大学

2021年11月29日

广州大学预算调剂管理办法（2021年修订）

第一章 总 则

第一条 为进一步实施《广州大学预算管理办法》，根据《中华人民共和国预算法》《广州市人民政府办公厅关于印发广州市本级部门预算管理办法的通知》《广州市财政局关于进一步明确预算管理有关问题的通知》等法律、法规和政策文件规定，强化预算约束，加快财政支出进度，规范预算调剂程序，确保预算资金依法依规、安全有序使用，提升资金使用效益，结合学校工作实际，制定本办法。

第二条 本办法适用于纳入学校预算管理的部门预算经费、科研项目经费及其他经费。

（一）部门预算经费是指学校依据相关法律、法规和政策及学校行使职能需要，组织下属二级预算单位和校内二级单位（以下简称"各单位"）编制并逐级上报、审核、汇总，经市财政局审核后按程序依法批准的基本支出预算和项目支出预算。

（二）科研项目经费是指由学校科研管理部门主管的纵向科研项目经费、横向科研项目经费和按照纵向科研项目管理的校内科研项目经费。

（三）其他经费是指除上述两类经费以外，以广州大学名义取得的纳入学校预算管理的各类项目资金。

第三条 预算经费一经批复下达，即具有法律效力，各单位要严格按照预算执行。各单位是本单位预算执行主体，按照"谁支出、谁负责"的原则，负责本单位的预算执行，并对执行结果负责。

第四条 各单位的预算支出应当按照预算科目执行。严格控制不同预算项目或不同预算科目间的预算资金的调剂，确需调剂使用的，应按照规定程序办理。未经规定程序，不得调剂。

第五条 经批复下达的预算经费，在执行中出现下列情况之一时，视为预算调剂：

（一）需要增加或减少项目预算总经费；

（二）需要调剂同一项目的不同经济分类科目；

（三）需要调剂不同项目间的预算资金；

（四）其他预算调剂事项。

第六条 在预算执行中，各单位对于必须进行的预算调剂，应当编制预算调剂方案。预算调剂方案应当说明预算调剂的理由、项目（包括项目名称和经费代码）及数额，并填报预算调剂申请表或支出预算申报表，同时提供相关佐证资料。

第七条 经批准的预算调剂方案，各单位应严格执行，并对执行结果负责。预算调剂具有严肃性，经批准的调剂方案不得随意再调整。

第二章 部门预算经费调剂审批程序

第八条 部门预算经费调剂范围应符合《广州市人民政府办公厅关于印发广州市本级部门管理办法的通知》《广州市财政局关于进一步明确预算管理有关问题的通知》和《广州大学预算管

理办法》等文件规定。

第九条 除法律法规等明确规定不可调剂的情况外，同一单位的预算资金在同一功能分类科目的同一项目下，在相同经济性质分类科目间调剂的，按照市财政局文件要求，由学校负责办理，并报市财政局备案。

前款涉及"三公经费"〔即：公务接待费、因公出国（境）费、公务用车购置和公务用车运行维护费〕、"会议费"等预算资金安排，跨"类"的不同经济性质分类科目间调剂，以及不同项目之间的调剂事项，按规定的程序在学校审核批准并报市财政局核准后方可办理。

第十条 除法律法规等明确规定不可调剂的情况外，同一单位的预算资金在不同功能分类科目间调剂的，按规定的程序在学校审核批准并报市财政局核准后方可办理。

第十一条 下属二级预算单位与学校之间的预算调剂，按规定程序由学校报市财政局核准后方可办理。涉及预算调整的，按规定按程序由市财政局审核后报市政府批准，或按《中华人民共和国预算法》有关规定办理。

第十二条 年初未列入部门预算，因特殊原因必须在年中临时追加支出的预算申请，原则上列入以后年度预算安排；确需当年支出的，优先在各单位年初预算批复数内调剂，或者在学校年初预留的经费和年中回收统筹的经费中考虑。

各单位应确保预算追加资金能在本年度支出，若有结余，原则上不办理单位内部调剂和结转，并将相应扣减下一年度预算控制数。

第十三条 学校校内部门预算经费的经济分类科目，按财政部要求从上至下依次设置"类"级科目、"款"级科目。学校对部门预算项目在财务核算系统中按"类"级科目设置限额控制，对"三公经费""会议费""劳务费及咨询费""一般性支出"等特殊"款"级科目也设置成"类"单独进行限额控制，其他"款"级科目合并控制限额。

第十四条 学校校内部门预算经费实施统筹管理。校内二级单位根据学校年度工作重点和本单位工作任务，按照切实保障刚性需求项目、不留"硬缺口"的原则，在学校年初批复下达的预算项目经费额度内，依照轻重缓急自主安排需开支的明细项目，且在预算执行年度内可根据本单位工作计划的调整等，自主统筹使用。

第十五条 校内二级单位在统筹使用学校年初批复下达的部门预算经费时，涉及的预算调剂事项，按以下程序办理：

（一）同一单位的预算资金在同一项目下，需对经济分类科目在上述第十三条同一"类"以下的"款"级科目调剂的，由校内二级单位负责办理，并同时抄送财务处备案。

（二）前款涉及"三公经费""会议费"等预算资金安排，或跨"类"的不同经济性质分类科目间调剂的：

1. 不需报市财政局核准即可办理的经济分类科目调剂，由校内二级单位负责人签批同意后，提交财务处核准办理。

2. 需报市财政局核准后方可办理的经济分类科目调剂，由校内二级单位报校领导同意（职能部门、教辅单位由分管校领导签批；学院和科研机构由分工联系校领导签批；以下所称"校领导"均同此定义）后，提交财务处审核，财务处审核汇总后，统一报学校校长办公会或党委常委会审议，并经市财政局核准后方可办理。

其中：按照市财政局要求，"三公经费""会议费""一般性支出"原则上只减不增。

（三）前款涉及不同项目之间的调剂事项，按以下审批程序办理：

1．基本支出。包括人员经费和公用经费。

（1）同一单位公用经费内部不同项目间的调剂，且项目调剂金额<100万元的，由校内二级单位负责人签批同意后，提交财务处核准办理。

（2）同一单位公用经费内部不同项目间的调剂，且项目调剂金额≥100万元的，由校内二级单位负责人签批同意后，提交财务处审核，财务处审核汇总后，统一报学校校长办公会或党委常委会审议批准后办理。

（3）同一单位人员经费内部不同项目间的调剂，由校内二级单位报校领导同意后，提交财务处审核，财务处审核汇总后，统一报学校校长办公会议或党委常委会会议审议，并经市财政局核准后方可办理。

2．项目支出。

同一单位项目支出预算不同项目间的调剂，由校内二级单位报校领导同意后，提交财务处审核，财务处审核汇总后，统一报学校校长办公会议或党委常委会会议审议，并经市财政局核准后方可办理。

第十六条 校内二级单位在学校年初预算批复数之外，因特殊原因确需在当年支出的预算追加事项，按以下要求办理：

（一）归口管理原则。人员经费、公用经费中的部分项目和项目支出预算按照校内职能部门职责分工实施归口管理。

（二）按预算批复数总控原则。校内二级单位因特殊原因必须在年中临时追加支出的预算申请，原则上在学校年初批复下达给归口管理部门的预算经费中解决。

（三）归口管理部门的年初批复数不足以解决的，优先在学校年初预留的经费和年中回收统筹的经费中考虑。按以下程序办理：

1．经费有归口管理部门的，应当由归口管理部门报校领导同意后，提交财务处审核；无归口管理部门的，应当由校内二级单位报校领导同意后，提交财务处审核。

2．财务处对收到的预算调剂追加方案进行初步审核，并提出审核意见，再按以下程序进行报批：

（1）申请预算追加金额<10万元的，由分管财务校领导审批。

（2）申请预算追加金额≥10万元的，财务处审核汇总后，统一报学校校长办公会议或党委常委会会议审批。

（四）已经学校校领导工作协调会、校长办公会议、党委常委会会议议定年中追加安排的事项，按以下程序办理：

1．未落实资金来源的，由主办事项的校内二级单位根据会议纪要提交预算调剂追加方案，按照前述条款先报归口管理部门落实资金。

2．校长办公会议或党委常委会会议已落实资金来源的，由主办事项的校内二级单位根据会议纪要提交预算调剂追加方案给财务处，财务处按会议纪要执行。

第十七条 校内二级单位在预算执行过程中，由于特殊原因无法执行或部分执行，需调减本单位预算资金的，其预算调减方案由校内二级单位负责人签批同意后，提交财务处审核，财务处审核汇总后，统一报学校校长办公会或党委常委会审议批准后办理。调减经费原则上由学校统筹管理。

第十八条 财务处每月统计部门预算支出进度，对支出进度未达到序时支出进度考核要求的，可对项目预算进行回收调剂、统筹管理。具体调剂方案根据当年实际情况另行制定。

第十九条 上述第十六条至第十八条的预算调剂事项，涉及需报市财政局审批的，待学校上报市财政局核准后方可办理。

第二十条 预算调剂方案应由校内二级单位负责人签批，并加盖单位公章；需归口管理部门审核或同意的，应有归口管理部门负责人签批意见和部门公章；需校领导审批的，应有校领导签批意见。

第二十一条 无预算调剂方案，或预算调剂方案要素不齐全、缺签批意见的，财务处可拒绝受理。

第二十二条 预算调剂办理时间要求：

（一）校内二级单位预算内部调剂，且不需报财务处审核同意的，可随时报财务处办理备案。

（二）预算调剂不属于校内二级单位内部可办理的，按以下时间要求办理：除抚恤金和丧葬费可在每月10日前集中办理一次（当年12月的申请，原则上在下一预算年度批复）外，其他预算调剂事项原则上每年集中办理三次，分别在每年6月、9月及10月进行，具体时间按照市财政局要求和学校管理要求另行通知。

第二十三条 申请办理项目支出预算调剂的项目，既无广州市委、广州市政府和市财政局正式文件要求在当年安排的，又未列入市财政项目库的，一律不予调剂安排预算资金。

第二十四条 基建类项目未经市发展改革委审核立项批准的，信息化类项目未经市政务服务数据管理局审核立项批准的，一律不予调剂安排预算资金。

基建类、修缮类工程项目变更涉及预算调剂的，还需按照财政评审和学校审计部门有关规定办理变更审批。

第二十五条 预算调剂中涉及政府采购的调剂事项应同时申请政府采购预算调剂。其中，政府采购调剂事项涉及需报市财政局核准后方可办理的，由学校招投标管理办公室按市财政局文件规定办理。

第二十六条 预算调剂中涉及绩效目标调整的，应同时申请绩效目标调整，其中，申请部门整体绩效目标调整的，应于预算执行年度的10月15日前提出。

第二十七条 校内二级单位提请学校校领导工作协调会、校长办公会议、党委常委会会议审议事项涉及到需要学校追加安排资金的，主办部门应事先征求财务处的意见。

第二十八条 对未纳入市财政局预算一体化系统管理的预算项目，下属二级预算单位及校内二级单位应按照相关业务主管部门的经费管理规定执行。

第三章 科研项目经费预算调剂审批程序

第二十九条 科研项目经费预算调剂按照学校科研管理部门制定的学校科研项目经费管理文件执行。

第四章　其他经费预算调剂审批程序

第三十条　其他经费预算调剂范围，应符合相应的上级经费主管部门的有关规定；无上级经费管理部门的，应按照协议、合同或者有关约定执行。

第三十一条　其他经费预算调剂，按以下要求办理：

（一）纳入市财政局预算一体化系统管理的预算项目，未涉及需报市财政局审批的，由校内二级单位直接按照上级经费主管部门有关规定办理，或者直接按照协议、合同和有关约定办理；涉及需报市财政局审批的，待学校上报市财政局核准后方可办理。

（二）未纳入市财政局预算一体化系统管理的预算项目，由校内二级单位直接按照上级经费主管部门有关规定办理；或者直接按照协议、合同和有关约定办理。

第三十二条　校内二级单位负责的其他经费项目，经上级经费主管部门审批或备案的预算调剂方案，应同时提交一份复印件（加盖单位公章及"此件与原件相符"章）报财务处备案后方可执行。

按照协议、合同或者有关约定实施的其他经费项目，应同时提交一份复印件（加盖单位公章及"此件与原件相符"章）报财务处备案后方可执行。

第三十三条　其他经费预算，既无上级经费主管部门的，又无协议、合同和有关约定的，学校有单独制定管理文件的，从其规定。

第五章　附　则

第三十四条　本办法自2022年1月1日起施行。并将根据上级财政部门文件和学校实际情况适时修订。原《广州大学预算调剂管理办法（2020年修订）》（广大〔2020〕117号）同时废止。学校目前已发布的预算管理文件中涉及预算调剂的，其管理要求若与本文件要求相冲突的，按本文件的要求执行。

第三十五条　法律、法规、规章及财政部门有新政策文件的，从其规定；上级经费主管部门有新政策文件的，从其规定。

第三十六条　本办法由学校财务处负责解释。

广州大学关于印发《广州大学"十四五"事业发展规划》的通知

广大〔2021〕130号

校属各单位：

《广州大学"十四五"事业发展规划》业经2021年第29次校党委常委会会议审议通过，现予以印发，请认真学习，结合本单位实际贯彻落实。

广州大学

2021年12月6日

广州大学"十四五"事业发展规划

一、发展基础与机遇和挑战

(一)"十三五"建设成效

"十三五"期间,在以习近平同志为核心的党中央坚强领导下,在省委省政府、市委市政府的关怀和大力支持下,学校始终坚持社会主义办学方向,落实立德树人根本任务,抢抓国家高等教育"双一流"战略和粤港澳大湾区建设机遇,扎实推进高水平大学建设,锐意深化体制机制改革,"十三五"规划的任务目标顺利实现,综合办学实力实现了跨越式发展,整体办学实力进入全国百强,为学校"十四五"事业发展奠定了坚实基础。

1. 坚持党建引领高水平大学建设,整体办学实力明显提升

坚持党建引领高水平大学建设,学校校院两级治理体系进一步完善,整体办学实力进入国内大学百强。按照"四个面向""三个对接"的总体思路和"做强理工、做优文科、做特(师范)教育"的学科布局要求,深度对接广州和粤港澳大湾区建设需求,布局网络空间安全、人工智能、电子与通信工程、材料科学与工程以及生物医药等学科增长点,在减少存量招生专业的同时,新增数据科学与大数据技术、人工智能、网络空间安全、生物制药、材料科学与工程、机器人工程、数字媒体艺术等十个经济社会发展急需的本科专业,学科专业结构持续优化调整,学科水平显著提升。从2019年开始,实现了本科生、研究生招生专业和招生数中理工科占比过半。新增5个一级学科博士授权点和专业博士学位授权点、10个一级学科硕士授权点和硕士专业学位授权点。2020年学校自然指数在国内高校排名比2016年上升了50位。28个学科进入软科2020年"中国最好学科"榜单,8个学科进入软科2020年"世界一流学科"榜单。计算机科学、工程学、化学、材料科学进入ESI全球前1%,2020年计算机科学和工程学分别进入ESI全球前5‰。学校在U.S.News2021年世界大学排名榜中列中国内地高校第60位、世界大学第706位;学校进入2020软科中国最好大学排名榜国内百强行列,在2020年软科世界大学学术排名榜中列国际601—700名、国内85—102名。与黄埔区合作建设黄埔研究院/黄埔研究生院,办学空间得到拓展,学科空间布局得到优化。

2. 聚焦"立德树人"根本任务,人才培养质量持续提升

贯彻落实全国教育大会精神,全面加强学生思想政治教育,夯实通识教育基础。出台全面提高人才培养质量的系列文件,确立了"德才兼备、家国情怀、视野开阔,爱体育、懂艺术,能力发展性强"的人才培养目标,建立并切实落实校党委书记、校长带头,学院党委书记、院长上思政"第一课"制度;构建"三位一体"的思想政治教育课程体系,推动思政课程与课程思政融合;以学年礼为抓手,深化"十大育人"体系建设,进一步完善学校大思政工作体系,形成了拔尖创新实验班、卓越人才培养、交叉复合型人才培养、校企协同育人、国际联合培养等多种本科人才培养模式。成立并推进包括"经典百书"推广中心、公共艺术教育中心、大学生体育活动中心、大学生语言能力教学中心在内的"文体艺语劳五大中心"建设,推动学校人才培养目标进一步达成。加强国家级、省级一流本科专业点建设,推进学校金课工程建设,不断提升具有广大底色的人才培养质量。31个专业获批国家级一流本科专业建设点,43个专业获批省级一流本科专业建设点,入选专业

数名列全省同类本科高校前茅；建设了252门星级课程和256门课程思政示范课；新增4项国家级虚拟仿真实验教学项目，10门课程入选首批国家级一流课程，新增1项国家级教学成果奖二等奖以及13项省级教学成果奖。学校获评广东省大学生创新创业教育示范学校，获批国家级众创空间1个，学生参加全国"互联网+""挑战杯"等竞赛，成绩连续位居省内高校乃至全国同类高校前列。

3. 深化人事人才制度改革，师资队伍整体实力显著增强

切实贯彻市委市政府整体推进学校高水平大学建设"放管服"改革部署，以薪酬分配制度、职称职级晋升制度、分类聘任制度、人才引进与管理制度改革为突破口，大力推进学校综合管理体制改革。制订并实施系列人才引进与培育政策，建立以教育教学要求和代表性学术成果为主体的教师评价体系。出台教职工分类聘任与考核管理办法，进一步完善自主开展职称职级评聘机制，第一轮教职工分类聘任工作顺利完成。修订完善绩效工资管理办法，充分调动各类人员工作积极性，激励骨干教师脱颖而出，促进高水平科研团队建设。制定教师立德树人业绩考核指标体系、师德失范行为处理办法和师德师风负面清单，初步建立起人职匹配、师德为要、注重育人业绩的评价与薪酬体系。2016年以来，通过引入"短聘—长聘"新机制，实施"一团一策"的团队引进机制等一系列人才引进和培育政策，共引进教学科研人员623人，新增各类院士等国家级高层次人才超过50人，广州市认定的人才70人，教授191人，海内外知名高校博士学位获得者401人。截至2020年12月，45岁（不含）以下专任教师占比为58.3%，理工科人数（占比）为1021人（47.4%），较2017年849人（43.65%）增长近4%。组建了网络空间先进技术、大湾区环境、精准基因编辑工程、人工智能与区块链等16支高水平科研团队，为学校对接粤港澳大湾区国际科技创新中心建设，抢占人工智能、新一代信息技术、生物医药、新能源等战略性新兴产业技术创新高地，奠定了坚实的师资基础。

4. 面向国家和区域重大需求，科研创新能力进一步提升

以国家和区域重大需求为导向，深化科研成果评价和激励制度改革，不断完善科研创新机制。完善科研项目管理办法，健全绩效导向的科研创新激励机制，加强和规范科研项目与经费管理，提升科研创新服务水平。实施青年博士学术发展支持计划，有效提升青年人才科研能力。积极探索校-地、校-企产学研合作模式创新。学校承担国家和区域重大科研任务的能力显著增强，科技成果转移转化得到进一步加强，更好地服务区域经济社会发展。"十三五"期间，学校共主持34项国家重大研发计划项目与国家自然科学基金重大、重点项目，7项国家社科重大项目。学校承担的国家自然科学基金项目和国家社科项目数从2015年的51项增长到2019年150项，国家自然科学基金项目数连续两年进入全国前80，国家社科项目从2015年的全国第66位上升到2020年的全国第30位。省部级科研平台从2015年的25个增长到目前的62个。2020年（截至12月31日）发表SCIE/SSCI论文2014篇，为"十三五"建设初期发文量6.87倍，CSSCI发文量达488篇，为2016年发文量1.4倍。8名教师分别入选爱思唯尔2020年"中国高被引学者"榜单，入选学者总数列省内高校第三位。2020年（截至12月31日）专利申请数和专利授权数分别为868件和344件，分别比2015年增长了3.6倍和3.1倍。2016—2020年，共获得国家级科研成果奖12项，省部级科研成果奖62项。多项科研成果得到广泛应用，取得较好的经济效益和社会效益，其中，周福霖院士团队的大型跨海工程多灾害减震技术成功应用于港珠澳大桥建设工程，为粤港澳大湾区重大基础设施建设作出了重要贡献。与中国机械工业集团、华为技术有限公司、广州无线电集团等71家企业和单位新建合作关系，新增产学研合作平台28个。

不断深化与地方政府的科研合作，咨政建言作用日益凸显，共有50余份研究报告得到省市级以上领导的肯定性批示或被有关部门采纳；累计制定30余份国家、省级行业标准。

5. 推进体制机制改革与合作模式创新，呈现聚焦服务粤港澳大湾区建设和"一带一路"倡议的开放办学新格局

依托广州国家中心城市、综合性门户城市和粤港澳大湾区核心城市的区位优势和国际影响力，把握粤港澳大湾区建设战略机遇，学校深入推进开放办学体制机制改革，创新发展思路，不断优化调整开放办学空间布局，进一步充实开放办学内涵，谋划塑造以文化教育科技广泛交流为基础，以人才培养、科研合作和文化传播为主要内涵，以广州国际友城大学联盟为主要组织载体，以香港科技大学（广州）[以下简称"港科大（广州）"]筹备设立为重点的面向国际和港澳台、服务粤港澳大湾区建设和"一带一路"倡议战略需求的开放办学新格局。

学校与香港科技大学（以下简称"港科大"）合作开办的港科大（广州）获教育部批准筹备设立并加快建设，实现了与港澳地区合作举办独立法人办学机构零的突破，促进了学校与港科大的学术交流与科研合作。发起成立广州国际友城大学联盟，目前，联盟成员大学增至13所，国际影响力进一步提升。服务国家"一带一路"倡议，学校与乌克兰国立技术大学签署合作框架协议，拟在智能制造工程、材料工程、航天航空工程等学科开展国际科研和教育合作。

"十三五"期间，学校具有国（境）外学习或工作1年或以上经历教师占比从18%提高到45%；赴国（境）外交流、讲学和参加国际会议的教学科研人员数量逐年递增，2019年的出访人数相比2016年增长了58%。学校大力开展海外引智工作，积极推动引进国外知名专家、学者来校讲学、指导研究生、联合撰写论文等工作。2016—2020年共实施引智项目近300项，资助经费总计1278.59万元。积极拓展与世界一流大学和科研机构科研合作，新增8个国际合作科研平台，其中4个被评为省级平台；2019年，我校学者与近500所国（境）外机构合作发表ESI论文654篇，占我校当年ESI论文总数的43.05%。持续巩固与我国台湾地区的教育、科研交流与合作，成功举办第十四届穗台大学校长论坛、第八届两岸教育政策研讨会、第五届两岸农村治理学术研讨会等高层次学术研讨会议。积极推进人才培养国际化工作，共选派3588名本科生和研究生赴国（境）外大学交流研修，具有海外学习交流经历的学生比例由2016年的6.5%上升至2019年的16.5%；做好来华留学工作，学校接收来自"一带一路"国家、地区的硕、博士研究生的数量占在校留学生总数的81%。

6. 加快校园基础设施重点项目和信息化建设，高水平大学建设的服务保障支撑能力进一步增强

大学城校区和桂花岗校区基础设施建设和办学空间品质提升取得较大进展。实施大维修工程，大幅提升了校园环境品质和公共服务条件。总建筑面积1.6万平方米、总投资3.52亿元的"广州大学减震控制与结构安全实验大楼"主体工程完工，为申报国家重点实验室提供一流实验条件和平台。总建筑面积18.5万平方米、投资估算约10.6亿元的"广州大学建设新增基础设施项目"预计2021年项目完工。桂花岗校区控规调整和黄埔研究院/研究生院（二期）校园规划建设正在有序推进。

教学科研实验平台建设和条件改善有力支持了实验教学和高水平科研成果产出。"十三五"期间（截至2020年12月），大学城校区和桂花岗校区老旧实验室改造建筑面积1.47万平方米，涉及9个理工科学院40多个专业实验（研究）室。新增总值约11亿元的教学科研设备共97448台（件）。新增

实验用房面积1.46万平方米。学校新增国家级虚拟仿真实验教学项目4个，15个省级实验教学示范中心验收合格挂牌，获批省级虚拟仿真实验教学示范中心2个。

图书情报服务学术发展和学科建设能力取得新的提升。学校图书馆现有馆藏资源达到933.15万册（含电子图书）。积极面向教学科研人员、学院和职能部门提供个性化科技查新和ESI学科建设咨询服务。相继推出了网上荐购、现采现借和"芸台购"等图书采购和借阅方式，全方位多途径满足教学科研活动对文献信息资源的需求。

学校信息化建设初步实现了从"数字校园"向"智慧校园"的跨越。校园基本实现了网络全覆盖，互联网出口带宽已由2015年的6G提升至22.5G。打造了智慧型网络与信息安全保障体系。建成8间新型现代化智慧教室，改造升级了大学城校区和桂花岗校区的75间约1万平方米计算机实验室。通过集成办公自动化系统（OA）、教务管理系统、网上服务中心等20余个公共服务系统（信息系统），建成学校管理云。现有300余门课程在"广州大学慕课平台"运行，5万余学生参与学习。新冠肺炎疫情期间，3000余门课程如期在线开课，教师对在线教学满意度达到92%。疫情防控信息系统有效辅助了校园疫情防控和师生健康管理。

（二）存在不足

1. 对标坚持社会主义办学和扎根中国大地办学，在高度和深度上有不足

立足新时代，面对世界百年未有之大变局、服务国家经济高质量发展的新需要，学校需要始终坚持社会主义办学方向，扎根中国大地办大学，紧紧围绕"立德树人"根本任务，进一步加强党对学校工作的全面领导。全面从严治党要在学校工作的各领域各方面各环节实现全覆盖，加强党风廉政建设，强化基层党建工作，使学校成为坚持党的领导和社会主义办学方向的坚强阵地。

2. 对标治理体系和治理能力现代化的目标，在办学治校能力的力度和广度上有不足

"国家治理体系和治理能力现代化"是中国共产党致力于全面深化改革而提出的总目标之一。学校作为知识创造和传播的主体、国家建设事业接班人的培养阵地，需要紧跟国家改革步伐，坚持党建引领，坚持问题导向、目标导向，系统推进内部制度建设，进一步提升学校治理体系和治理能力现代化水平。

3. 对标高水平大学建设与"双一流"目标，在学科结构优化提升的契合度和覆盖度上有不足

中国特色社会主义进入新时代，当前我国社会主要矛盾已经转化为人民日益增长的美好生活需要和不平衡不充分的发展之间的矛盾，高质量发展成为解决社会主要矛盾的必然要求。面对国家和区域经济社会发展对高等教育发展提出的新需求和新任务，学校需要在服务国家战略需求、粤港澳大湾区建设和广州城市发展过程中，持续调整优化学科结构，更加突出办学的学科、区域和国际化特色，巩固和提升整体办学优势。

4. 对标创造创新型人才培养的目标，在人才培养的效度和结合度上有不足

新冠肺炎疫情重塑了全球政治经济格局，面对世界科学技术的加速发展以及产业技术突飞猛进的革新，国家作出了实施创新驱动发展战略、全面建成社会主义现代化强国的部署，对高校人才培养提出了新要求。学校需要在人才培养模式、路径和方法上加大改革力度，通过体制机制改革，破除学科融合、科教融合以及产教融合的体制机制障碍，扎实推进创新型人才的融合培养、联合培养，全面提升人才培养质量。

5. 对标"四个面向""三个对接",在提升科技创新和社会服务的适应度和凸显度上有不足

"十三五"时期,学校汇聚了大批高端人才,面向国家和地方战略和现实需求布局了新的学科增长点。科技创新能力的持续提升,特别是聚焦学校服务社会职能的彰显,需要更加精准对接科技创新和产业需求,创新校-地共建共享体制机制,扩大和深化校-企科技创新合作,在推动科技创新成果在粤港澳大湾区转化、服务区域经济社会发展的同时,大力提升自身科技创新能力和整体办学水平。

6. 对标粤港澳大湾区国际教育示范区建设目标,在港澳台合作和国际化办学的进步速度上有不足

世界政治经济格局的剧烈变动,国家部署加快和扩大新时代教育对外开放,凸显了教育对外开放在我国教育事业和全面开放新格局中的地位和作用。学校需要适应国家加快和扩大教育开放的战略部署,立足粤港澳大湾区国际教育示范区建设,一方面在与港澳台地区文化交流、科研及教育合作的基础上,充分利用合作筹备设立港科大(广州)的契机,继续扩大合作范围,深化合作内容,提升与港澳台地区的合作质量;另一方面,面向"一带一路"共建需求,探索新途径、新举措、新模式、新载体,进一步优化国际办学格局,为学校高质量内涵建设引进更多优质办学资源和办学管理经验,扩大学校的国际声誉,提升学校办学国际地位。

7. 对标有品质的大学教育目标,在条件支撑和服务保障体系的落实程度上有不足

经过"十三五"时期的投入建设,校园基础设施数量有较大幅度增加,学习环境品质得到一定提升。进入智能时代,大学知识创新、人才培养和服务社会的成效与科研创新基础设施条件、泛在智慧的交流学习空间以及一流的智能化服务能力高度相关,学校需要继续补足办学空间不足的短板,进一步提升校园物理环境、网络环境和文化环境的品质,继续推进广大云建设,加快数据中心建设,通过硬件虚拟化、资源集中管理、弹性资源调度等方式提升多校区协同的信息化水平,为深化高水平大学建设提供更加完备的条件支撑和服务保障体系。

(三)机遇与挑战

"十四五"时期是我国开启全面建设社会主义现代化国家新征程的第一个五年,进入新发展阶段,党和国家对教育现代化进行了新的部署,对"实现高等教育内涵式发展"提出新要求,强调高等教育立德树人根本任务,重视全面提高人才培养质量,深入实施新时代人才强国战略,粤港澳大湾区和深圳中国特色社会主义先行示范区建设特别是世界重要人才中心和创新高地主战场建设不断对区域高等教育提出更高要求。国内外环境和自身条件复杂而深刻的变化都将为学校"十四五"时期谋大局、应变局、开新局带来新的机遇与挑战。

1. 发展机遇

一是中华民族伟大复兴提供了发展机遇。立足"两个一百年"历史交汇点,在乘势而上开启全面建设社会主义现代化国家新征程的新发展阶段,加快构建以国内大循环为主体,国内国际双循环相互促进的新发展格局为国家和地方经济社会持续健康发展提供了广阔空间,为学校立足新发展阶段、贯彻新发展理念、构建新发展格局,把发展科技第一生产力、培养人才第一资源、增强创新第一动力更好地结合起来提供了更大的舞台。国家教育现代化战略部署和高等教育"双一流"建设、省市高水平大学建设计划,为学校不断加速内涵式高质量发展,为改革开放和社会主义现代化建设

服务提供了新的发展机遇。

二是社会主义现代化建设对高等教育的要求带来了新机遇。迈入全面建设社会主义现代化国家新征程，党和国家事业发展对高等教育的需要比以往任何时候都更为迫切。习近平总书记在考察清华大学发表重要讲话强调，高等教育要立足中华民族伟大复兴战略全局和世界百年未有之大变局，心怀"国之大者"，把握大势，敢于担当，善于作为，为服务国家富强、民族复兴、人民幸福贡献力量。深入实施新时代人才强国战略，加快建设世界重要人才中心和创新高地的部署和要求更是为学校坚持"四个面向"继续实施人才强校战略，让青年拔尖人才脱颖而出，强化培养基础研究人才，为社会持续输出高水平复合型人才明确了方向；为学校进一步贯彻落实《中国教育现代化2035》，落实《深化新时代教育评价改革总体方案》，凝聚共识，坚持党的领导，坚持社会主义办学方向，抓住历史机遇，紧扣时代脉搏，推进特色优势学科领域建设，培育新兴交叉学科，创新人才培养体系和科技创新体系，瞄准一流创新型大学办学定位，实现高质量内涵式发展带来了新机遇。

三是"双区"建设、"双城"联动带来了新机遇。党中央、国务院颁布《粤港澳大湾区发展规划纲要》《中共中央 国务院关于支持深圳建设中国特色社会主义先行示范区的意见》，推进粤港澳大湾区建设国际一流湾区和世界级城市群、深圳建设中国特色社会主义先行示范区。省委省政府、市委市政府部署推动新时代广州"四个出新出彩"，实现老城市新活力。区域建设及发展对"十四五"期间学校以更高的历史站位、更广的国际视野、更远的战略眼光主动参与粤港澳大湾区建设提出了更高要求和期望，为学校进一步提升办学质量和服务区域经济社会发展能力，带来了重大历史机遇。

四是省市关于继续推进高水平大学建设的决策部署带来新机遇。高水平大学建设是持续建设的过程，在学校自身不断深化改革、加快内涵建设的同时，省、市的坚强领导和大力支持对学校实现更快更高质量发展至关重要，特别是学校进入省高水平大学整体建设行列以及广州市委市政府决定继续支持学校推进高水平大学二期建设的决策部署，为学校进一步加快实现一流创新型大学的建设目标带来新机遇。

2. 主要挑战

一是粤港澳大湾区战略实施对学校高水平大学建设带来了新挑战。作为市属高校，学校从属"三级办学两级管理"高等教育办学模式，所密切关联的社会经济发展空间范围仍有一定局限。"双区"建设将加快粤港澳大湾区都市核心区一体化进程，制度对接、基础设施连通、创新活动联动的空间范围将超越单个城市行政区边界，在粤港澳大湾区内大学竞争范围扩大、竞争主体增多、竞争程度加剧以及产学研合作的行政边界障碍等因素对学校建设一流创新型大学，更好地服务粤港澳大湾区建设发展以及与之相关的创新活动组织形态、办学空间布局和多校区治理能力建设带来新挑战。

二是国际政治经济格局新变化对学校治理体系和治理能力现代化提出了新挑战。当前，随着全球价值链重构，中国全球价值链攀升，以及创新驱动的高质量发展，动能转换，经济增长方式的转变，特别是双循环的新格局、高校知识创新模式和产学研合作环境将发生显著变化。国家从全面建成社会主义现代化强国的战略高度，发出了共建"一带一路"倡议，部署创新驱动发展战略和经济高质量发展，对高质量的高等教育体系提出了新要求，强化高校基础研究和原始创新能力，重视高校科研创新对产业技术革新的贡献，高等教育自身的高质量发展势在必行。这些对学校治理体系和治理能力现代化提出了新挑战。

三是科技创新、产业技术变革和区域经济社会高质量发展对学校的人才培养质量、科研创新以及服务经济社会能力提升提出了新挑战。国家部署粤港澳大湾区建设国际科技创新中心、构建具有国际竞争力的现代产业体系、打造教育和人才高地，"十四五"时期，广州大力实施创新驱动发展战略，支撑引领粤港澳大湾区国际科技创新中心建设，提升广州国际科技创新枢纽能级。半导体与集成电路、高端装备制造、智能机器人、区块链与量子信息、前沿新材料等战略性新兴产业不断发展，对学校破除体制机制障碍，提高创新型人才培养质量，强化科技成果产出与转化应用，提升重大原始创新能力以及服务粤港澳大湾区建设战略和区域经济社会成效提出了更高要求。

四是全球性的信息技术革命对提高人才培养质量带来了新挑战。新一轮科技革命和产业变革深入发展，以互联网、大数据、人工智能为核心特征的第四次工业革命变革一方面改变了知识的生产方式，另一方面也使人们获取知识的手段多样，使创新活动的空间更大、主体关联性更强，使人类学习行为范式发生转型，作为履行知识生产传播职能的大学，传统单向知识传播的人才培养模式受到了极大挑战。学校传统教育教学模式转型升级及软硬件支撑条件建设，为师生提供更好的科研实践和学习体验，需要泛在智能网络联通的校园环境条件支撑。

二、指导思想、发展思路和发展目标

（一）指导思想

以习近平新时代中国特色社会主义思想为指导，全面贯彻党的十九大和十九届二中、三中、四中、五中、六中全会精神和全国教育大会精神及习近平总书记在清华大学考察时重要讲话精神，认真贯彻习近平总书记对广东工作的重要讲话和重要指示批示精神，增强"四个意识"，坚定"四个自信"，做到"两个维护"。坚持党的领导，坚持社会主义办学方向，坚持马克思主义指导地位，全面贯彻党的教育方针，坚持立德树人根本任务，围绕国家和省市"十四五"规划和2035年远景目标，立足新发展阶段，贯彻新发展理念，构建新发展格局，抢抓"一带一路"倡议和国家教育现代化历史机遇，把握"双区"建设、"双城"联动战略，国家、广东省推进"双一流"建设以及广州市深化高水平大学建设的战略部署，以办好人民满意的教育为目标，不断完善以培养一流人才和产生一流学术成果为目标的大学创新体系，聚焦一流创新型大学建设目标，持续推进高水平大学建设，为广东在全面建设社会主义现代化国家新征程中走在全国前列，为广州加快实现老城市新活力、"四个出新出彩"，作出广州大学新的更大的贡献。

（二）发展思路

按照扎根中国、融通中外，立足时代、面向未来，办人民满意的大学的总要求，学校把坚持"四个面向"（面向国际学术前沿、面向国家重大战略、面向经济社会发展需求、面向人民生命健康），深化"三个对接"（对接广州和粤港澳大湾区高质量发展、对接广州和粤港澳大湾区创新驱动、对接广州和粤港澳大湾区扩大开放），凸显"三个创新"（人才培养创新、科技文化创新和体制机制创新）作为基本的发展思路，构建以健康学术生态为基础、以有效学术治理为保障、以培养一流人才和产生一流学术成果为目标的大学创新体系,加快提升学校在科技创新价值链中的地位,多维深度融入区域创新系统,着力打造创新型大学特色优势。

"十四五"期间,学校坚持重大需求导向、一流建设、特色发展、创新引领和精准聚焦的发展思路。

——坚持重大需求导向。聚焦国际科学前沿,以解决重大科学问题,突破关键核心技术为导向,着力形成一批尖端科研成果,提升原始创新能力;聚焦国家、地方经济社会和战略性新兴产业发展需求,着力打造一批关键共性技术和应用技术成果,提升服务省市和粤港澳大湾区产业行业发展能力。

——坚持一流建设。扎根中国大地办学,瞄准一流目标和标准构建一流大学体系,在推进事业全面发展中贯彻落实新发展理念;在立德树人任务中打造一流本科专业、一流学科和高质量研究生教育,培养一流人才方阵;在队伍建设和能力提升中注重科技创新赋能,着力打造学校高质量发展战略支点。

——坚持特色发展。在学校事业发展中凸显社会主义和新时代办学特色,用好学科交叉融合的"催化剂",打破学科专业壁垒,瞄准科技前沿和关键领域,推进新工科、新医科、新农科、新师范、新文科建设,在面向未来对接国家和地方经济社会需求中形成学科专业特色优势,加强基础学科培养能力,在人才培养模式和质量提升中增强创新底色,为实现学校高质量发展提供根本保证。

——坚持创新引领。以全球视野谋划和推动创新,在学校治理制度体系建设中强化创新导向和创新要素集聚,在人才培养、科研创新和社会服务实践中彰显创新能力与担当,加强国际交流合作,主动搭建中外教育、科技和文化友好交往的合作平台,提高原始创新、集成创新和协同创新能力,在学校文化建设中注重创新文化引领与支撑,充分发挥高校在实施创新驱动发展战略中的引领作用。

——坚持精准聚焦。全面把握学校发展内外环境,准确研判,聚焦优势领域和重点领域攻关突破,瞄准关键环节靶向发力,围绕高水平大学建设目标和任务,更加注重结构布局优化和资源的有效集成,以点带面不断加快一流创新型大学建设。

(三)发展目标

1. 总体目标

学校将分三步走,打造"理厚工精、文优教特、交叉融合、创新发展"的学科体系,创建中国特色社会主义一流创新型大学。

到2025年,基本形成学科、城市区域和国际化办学特色,进入省"冲一流"整体建设高校行列和国家一流学科行列。综合办学实力进入国内高校前70—80名,国际前500名,为建成中国特色社会主义一流创新型大学奠定更坚实的基础。

到2035年,办学地位显著提升,进入国内高校前50名,国际前300名,更加接近中国特色社会主义一流创新型大学的建设目标。

到2050年,建成与国家现代化和中华民族实现伟大复兴同步、与广州城市地位相得益彰的一流创新型大学。

2. 具体目标

(1)教育教学。适应国家和地方发展对创新人才的需求,进一步强化理工科人才培养,本科生规模控制在30000名以下,在校研究生9000名以上,专业优化调整至70—75个,70%的招生专业进入国家级和省级一流本科专业建设点，建成国家级一流本科专业20个左右、省级一流本科专业20个左右；新增国家级一流课程（含国家级精品在线开放课程和金课）30—50门；新增国家级、省级教学名师5—7人；新增国家级教学成果奖2—3项，省部级教学成果奖10—15项；学生创新创业能力显著提升，在"互联网+""挑战杯""创青春"等国家级赛事以及教育部认可的国家级学生学科竞赛中获奖数位列广东省高校的前列，形成比较完善的拔尖创新人才体系。

（2）学科学位点建设。整合优势学科资源，优化学科布局发展，强化学科交叉融合，1—2个学科形成重大影响力，冲击国家一流学科建设行列，6—8个学科进入教育部学科评价A、B类学科，新增1—2个ESI全球前1‰学科、3—4个ESI全球前1%学科；建成学术型一级博士学位点12个以上，专业博士学位点3—5个，学术型一级硕士学位点40个左右，专业硕士学位点25个左右，形成比较完善的研究生办学体系。

（3）师资人才队伍建设。科技创新主力军队伍建设取得重要进展，构建一支科技领军人才突出、创新团队实力强劲、在关键核心技术领域优秀青年人才储备充裕的师资队伍，专任教师扩充至2300人左右，生师比控制在18∶1以下，扩大高水平博士后以及动态流动的专职研究人员队伍，新增国家级和省级人才50—60人；新增国家级和省级教学团队5—8个；具有博士学位教师占比在75%以上。

（4）科学研究。聚焦国家、地方行业产业重大需求，新增国家级科研平台1—3个，省部级科研平台15—20个；建成1—2个国内一流中国特色新型智库；新增国家级科研成果奖（含人文社会科学）10—15项，省部级科研成果奖60—80项；新增国家级科研项目1000—1200项，其中重大重点项目30项以上；新增发表卓越国际论文不少于4000篇，中文卓越期刊论文600—800篇。

（5）服务经济社会。深化产学研合作，形成一批满足国家和地方在重大基础设施工程、网络空间安全、新一代信息技术、人工智能、区块链、智能制造、新材料、生物医药、生态环境、数字经济、岭南文化艺术、师范教育等领域新兴产业和经济社会发展需要的应用性技术和成果，新增专利申请或授权4000项以上，实现科研成果转化100项以上，服务企业和机构200家以上，新增重要智库成果100—150项。

（6）开放办学。拓展和深化与港澳台地区交流合作，合作办好港科大（广州），在校港澳台学生和留学生数达到600人左右；新增国际合作研究平台6—8个，与国（境）外机构合作教学科研项目和成果大幅增加；高标准谋划建设黄埔校区、南沙校区（国际校区）和"一带一路"国际书院。

（7）育人空间。提高办学空间使用效率和管理水平，基本实现学院办学一体化布局调整；学校公共服务设施进一步改善升级，完善办学设施和条件改造升级，健全保障服务体系架构；智慧校园建设和安全保障设施建设进一步完善；实现校园建筑总面积新增90万平方米，办学校园面积新增33.5万—67万平方米，学生住宿条件达到所在地高水平大学中等水平。

从学科建设、人才培养、师资队伍、科研创新、开放办学和校园建设六个办学维度，选择办学规模与结构、办学水平与质量以及办学资源与条件三大类共50个基础性、关键性和结果性指标，对"十四五"末期或总量目标值进行预期性或约束性量化（表1）。

表1 "十四五"期间建设量化目标

类别	名称	数值	属性	备注
A—办学规模与结构	A1-普通本科在校生	≤30000名	约束性	非师范教育专业（80%—85%）：理工类专业（50%），人文社科类专业（40%），艺术类专业（8%），医药科类专业（2%）；师范教育专业（15%—20%）
	A2-在校研究生	≥9000名	约束性	
	A3-在校港澳台学生和留学生	约600名	预期性	
	A4-全职专任专业教师	≥2300名	约束性	
	A5-代表性骨干教师	≥800名	约束性	
	A6-生师比	≤18	约束性	
	A7-具有博士学位教师比例	≥75%	约束性	
	A8-5年累计招收博士后	≥1500名	约束性	
	A9-5年累计发明专利授权	≥2500件	约束性	
	A10-5年发表国际论文	≥10000篇	约束性	
	A11-5年发表CSSCI期刊论文	≥3000篇	约束性	
B—办学水平与质量	B1-学校国内综合办学实力	前80名	预期性	根据第三方全国生源质量排名数据
	B2-毕业当年就业率	≥95%	约束性	
	B3-本科毕业生升研率	≥30%	预期性	
	B4-A类学科	1—2个	预期性	国家学位中心学科评价结果
	B5-B类学科	5—6个	预期性	国家学位中心学科评价结果
	B6-新增全球前1‰ESI学科	1—2个	预期性	
	B7-新增全球前1%ESI学科	3—4个	预期性	
	B8-建成一级学科博士学位授权点	12个以上	预期性	
	B9-建成国家级一流本科专业	≥20个	预期性	
	B10-建成省级一流本科专业	≥20个	预期性	
	B11-新增国家级教学名师	1—2人	预期性	
	B12-新增省级教学名师	4—5人	预期性	
	B13-新增国家级高层次人才	20人以上	预期性	
	B14-新增省部级高层次人才	40人以上	预期性	

续上表

类别	名称	数值	属性	备注
B—办学水平与质量	B15-新增国家级一流课程	30—50门	预期性	含国家级精品在线开放课程和金课
	B16-新增国家级教学成果奖	2—3项	预期性	
	B17-新增省部级教学成果奖	10—15项	预期性	
	B18-新增国家级三大赛事奖项	15—20项	预期性	互联网+、挑战杯、创青春
	B19-新增国家级学生学科竞赛奖	40—50项	预期性	中华人民共和国教育部和广东省教育厅认可的
	B20-新增国家级科研成果奖	10—15项	预期性	含人文社会科学
	B21-新增省部级科研成果奖	60—80项	预期性	
	B22-新增国家级创新团队	1—2个	预期性	
	B23-新增省级创新团队	3—8个	预期性	
	B24-5年承担国家级科研项目	≥1000项	预期性	
	B25-5年发表卓越国际论文	≥4000篇	约束性	
	B26-5年发表中文卓越期刊论文	≥600篇	约束性	
	B27-5年新增专利申请或授权数	≥4000项	预期性	
	B28-新增优秀智库成果	100—150项	预期性	省部级肯定性批示或采纳
C—办学资源与条件	C1-新增国家级科研平台	1—3个	预期性	含实验教学示范中心和实践教学基地
	C2-新增省部级科研平台	15—20个	预期性	含实验教学示范中心和实践教学基地
	C3-新增国家级教学平台	2—3个	预期性	含实验教学示范中心和实践教学基地
	C4-新增省部级教学平台	10—15个	预期性	含实验教学示范中心和实践教学基地
	C5-5年办学经费总额	230亿—250亿元	预期性	
	C6-5年科研经费总额	≥20亿元	预期性	含科研成果转化
	C7-5年对外合作收入	≥35亿元	预期性	含成人教育、校地合作办学、直属单位上缴
	C8-5年社会捐赠收入	≥1亿元	预期性	
	C9-2025年办学校园面积	新增33.5万—67万平方米	预期性	

续上表

类别	名称	数值	属性	备注
C—办学资源与条件	C10-2025年校园总建筑面积	新增90万平方米	预期性	含一期工程收尾建成部分
	C11-学生宿舍条件	达到所在地高水平大学中等水平	预期性	

三、主要任务和举措

（一）加强党的全面领导，引领高水平大学建设

1. 基本要求

坚持党对学校工作的全面领导，是办好教育的根本保证。必须高举中国特色社会主义伟大旗帜，以马克思列宁主义、毛泽东思想、邓小平理论、"三个代表"重要思想、科学发展观、习近平新时代中国特色社会主义思想为指导，增强"四个意识"、坚定"四个自信"、做到"两个维护"，全面贯彻党的基本理论、基本路线、基本方略，全面贯彻党的教育方针，坚持教育为人民服务、为中国共产党治国理政服务、为巩固和发展中国特色社会主义制度服务、为改革开放和社会主义现代化建设服务，坚守为党育人、为国育才，培养德智体美劳全面发展的社会主义建设者和接班人。充分发挥党委管党治党、办学治校主体责任，把方向、管大局、作决策、抓班子、带队伍、保落实，以求真务实的作风全面贯彻新时代党的建设总要求，以新担当新作为持续强化全面从严治党，坚持以政治建设为统领，全面加强党的政治建设、思想建设、组织建设、作风建设、纪律建设，把制度建设贯穿其中，使党的领导和党的组织覆盖办学治校各领域、贯穿教育教学各环节、融入人才培养各方面，不断增强政治判断力、政治领悟力、政治执行力，确保党的教育方针、立德树人根本任务在广州大学得到不折不扣的贯彻落实，学校始终成为社会主义先进文化培根铸魂、启智润心的坚强阵地。

2. 主要任务和举措

一是坚持和加强党对学校工作的全面领导。全面加强党的领导，严格执行党委领导下的校长负责制，认真贯彻民主集中制，完善各项议事决策机制，坚持依法治校，确保科学民主依法决策。建立健全学校各项党建工作规章制度，强化中国特色社会主义大学政治属性，把加强党对高校的全面领导、全面贯彻党的教育方针、坚持马克思主义指导地位、坚持社会主义办学方向、落实立德树人根本任务等要求全面体现在学校章程等制度规范中。

二是坚持社会主义办学方向。持续深入推进习近平新时代中国特色社会主义思想和党的十九大精神的学习教育，坚持不懈学懂弄通做实习近平新时代中国特色社会主义思想，以政治建设为统领，把政治标准和要求内化到党的建设和改革发展中，落实到各个岗位职责里，体现在日常实际行动上，确保全校师生在政治立场、政治方向、政治原则、政治道路上同党中央保持高度一致，自觉做中国特色社会主义的坚定信仰者和忠实实践者。聚焦立德树人根本任务，围绕人才培养目标不断完善人才培养方案，推动党的创新理论生动活泼进课堂、全面准确进教材、融会贯通进头脑，强化学生思想引领和价值塑造，不断提升创新型人才培养质量，培养德智体美劳全面发展的社会主义建设者和接班人。

三是一以贯之全面从严治党。严格落实全面从严治党党委主体责任和监督责任，推动主体责任、监督责任贯通协同。加强制度体系建设，进一步完善各级党组织领导班子、党组织书记和班子其他成员落实全面从严治党责任清单，坚持和完善落实全面从严治党主体责任检查考核制度，健全抓早抓小工作机制，严格落实民主集中制、民主生活会、组织生活会、民主评议党员等党内政治生活各项制度。统筹推进纪检监察体制改革任务，突出政治监督，创新同级监督，做深日常监督，强化对"一把手"和领导班子监督。锲而不舍加强作风建设和廉洁文化建设，坚定不移深化反腐败斗争，聚焦重点领域、趋势动向、学校特点，完善并一体推进"不敢腐、不能腐、不想腐"体制机制，确保思想从严、管党从严、执纪从严、作风从严、反腐从严落实到学校工作各方面各环节。

四是加强思想政治和意识形态工作。聚焦立德树人根本任务，以学年礼为牵引，推动十大育人体系、五大中心、五室一站、创新创业、学生就业指导工作完善落实，促进学生爱国爱民、锤炼品德、勇于创新、实学实干、全面成长成才。充分发挥课堂育人主渠道作用，完善落实学院党委书记、院长"思政第一课"制度，持续推动落实马克思主义学院"第一学院"和思政课堂"第一课堂"地位，协同推进课程思政建设，全面深化新时代思想政治教育改革创新。健全意识形态工作责任制和网络意识形态工作责任制，加强阵地建设和管理，强化情报信息收集，完善高校防范校园传教和抵御宗教渗透工作机制，创新加强新闻宣传和舆论引导工作机制，不断壮大积极健康向上的主流思想舆论。坚持以马克思主义引领校园文化建设，扎实推进文明校园创建工作。完善学生心理测评、干预辅导与治疗联动机制，健全学校家庭社会协同育人机制。

五是加强领导班子和干部队伍建设。坚持把政治标准作为第一标准，坚持"信念坚定、为民服务、勤政务实、敢于担当、清正廉洁"的好干部标准，突出信念过硬、政治过硬、责任过硬、能力过硬、作风过硬，着眼于优化干部队伍结构，全面加强党员干部的教育培训，在干部选拔任用、监督管理等方面把好关口，着力构建科学完善的"育选管用"体系，增强从政治上观察和处理问题的能力，提升防范政治风险的能力，努力打造一支适应学校高水平大学建设发展需要、结构合理、富有活力，更好落实立德树人根本任务的中层领导干部队伍。进一步强化年度考核和任期考核，激发干部奋发向上，使优秀班子、优秀干部脱颖而出，推进干部有序合理的多岗位锻炼，强化考核结果运用，使能干事、肯干事、干成事的干部得到更及时的鼓励与鞭策，促进干部全面成长、干事创业。

六是筑牢基层组织基础。压实党建主体责任，完善党建工作制度，加强基层党组织领导班子建设和专职党务工作队伍建设。以提升基层党组织的组织力和凝聚力为重点，贯彻落实新时代党的组织路线，充分发挥学校各级党组织的政治功能和组织功能，创新体制机制，改进工作方式，推动党建和高水平大学建设深度融合。健全"双星双评"工作长效机制，培育和选树一批叫得响、过得硬、推得开的五星党支部和黄大年式教学科研团队以及平常工作"看得出"、关键时刻"站得出"、危难关头"豁得出"的党员先锋。完善党的组织覆盖和工作覆盖，强化对高层次人才、优秀青年师生的政治引领和吸纳。加大基层组织特色凝练和品牌培育建设，突显品牌意识、成果意识，力争做到"学校有系统、学院有品牌、支部有特色、党员有典型"。

七是加强党的统一战线和群团工作。加强党对学校统一战线工作的集中统一领导，统筹做好民主党派、统战团体和党外代表人士队伍的整体规划与建设，加强各民主党派和统战团体的班子建设及其成员的思想政治引领和教育培训工作。以铸牢中华民族共同体意识为根本方向，做好民族宗教及港澳台侨等民族团结进步工作，提升建言献策水平。进一步发挥教代会（工代会）的职能，充分发挥广大教职员工在学校改革发展中的积极作用，以职工为中心提高工会服务水平，切实维护广大教职员工的合法权益。深化"互联网+党建品牌+精准服务+优质管理"工作模式，充分发挥老同志独特优势作用，推动离退休党建工作创新发展。加强基层团组织建设，持续推进学生会、研究生会和学生社团改革，进一步规范学生社团管理，深化团学组织的育人功能。

（二）坚持立德树人，全面提升创新型人才培养质量

1. 基本要求

始终把立德树人作为学校立校之本，认真贯彻落实全国教育大会精神，紧紧围绕"培养什么样的人""怎样培养人""为谁培养人"这一教育的首要问题和学校高水平大学建设根本任务，聚焦实施"1+2"高质量人才培养工程，以实施思政课程与基础课程提升工程为引领，以一流本科专业建设和实施研究生高质量发展工程为抓手，全面巩固人才培养在学校工作中的中心地位，不断激发学生勇于创新、敢为人先、敢于突破的精神，全面提升创新型人才培养质量，履行好为党育人、为国育才的教育使命，培养与新时代同向同行、肩负重任的时代新人。围绕专业结构优化和专业内涵建设，深化教学组织体系和人才培养模式改革，通过推动课程、教材、教学团队和平台等关键要素，促使质量快速提升；突出创新能力，围绕具有新时代内涵的"德才兼备、家国情怀、视野开阔，爱体育、懂艺术，能力发展性强"人才培养目标，鼓励毕业生以聪明才智贡献国家，以开拓进取服务社会，在服务区域经济社会发展中能成为肯干事、能干事、发展能力强的骨干精英力量。

2. 主要任务和举措

一是实施思政课程与基础课程提升工程。加强思政课程和课程思政建设，构建和完善思政课程与课程思政有机衔接的大思政教育体系，打造具有广大特色的思政教育"金课"群。以思政课程和课程思政"金课"为核心，以"十大育人体系"为载体，推进文化育人，着力在文化自觉和文化自信的教育实践方面实现突破创新，引导学生自觉树立和践行社会主义核心价值观，自觉用中华优秀传统文化、革命文化、社会主义先进文化培根铸魂，积极吸纳人类文明优秀文明成果，传承发展岭南文化敢为人先、敢于突破的精神，深刻理解与把握时代潮流和国家需要，实现全面发展和个性发展相结合。实施"基础课程质量提升计划"，强化基础课程内涵建设，加强基础学科培养能力，打造具有"高阶性、创新性、挑战度"基础课程群；加快现代信息技术与教育教学深度融合，提升教师课堂教学水平和课程建设能力。

二是以发展需求为导向，打造一流本科专业。以粤港澳大湾区经济社会发展战略需求为导向，以"五度"（与粤港澳大湾区发展战略需求的吻合度、对高水平大学建设的贡献度、师资条件保障度、"四位一体"质量保障体系运行的有效度、人才培养质量的达成度）为尺标，以新工科、新师范、新文科、新医科专业建设为路径，统筹协调学校学科建设和科研发展战略布局，进一步调整优化专业结构，依托优势学科、"2+6+1"学科与科研创新平台工程（2大创新枢纽、6个交叉创新平台、1个新型智库）重点实施一流本科专业建设工程，在交叉学科、岭南特色学科和基础学科领

域，建设一流专业群。力争实现70%的本科招生专业进入国家级、省级一流专业，建成20个左右国家一流本科专业、20个左右省级一流本科专业。积极探索跨学科、跨学院的跨类型专业建设，在专业与课程建设、优秀教学成果产出、优质教学资源建设等方面取得一批国家级和省级标志性成果。

三是以专业内涵建设为核心，推进教育教学综合改革。着力汇聚师资、课程、教材和平台等专业建设的关键要素，推进教育教学综合改革。完善"广州良师"体系，扩大"广州良师"队伍，加强以教学名师为核心的教学团队建设，以教学团队建设为依托，加强和完善教师教学发展服务体系。结合教师分类聘任和考核，加强教学师资队伍建设与绩效评价，不断强化教学中心地位。围绕专业定位和特色优势，构建和完善课程体系，以通识核心课程和专业核心课程为重点，分层分类打造国家级、省级、校级一流课程，形成具有广大特色的"金课""金教材"体系。加快智慧教室、探究式学习空间、公共艺术教育空间、文科综合实验室建设，提升电工电子等工科公共实训教学平台水平，加强专业群实验实践共享平台建设，提升教学资源共享度和效率，为推进以学为中心、自主学习探究式学习、"两性一度"的教学模式改革提供支撑。以学生为主体，优化"招生质量—专业学习—就业质量—生涯发展"四位一体的质量反馈改进体系，建立以能力发展为导向的质量文化，不断提升人才培养质量。

四是以学生发展为本，打造"三创"教育全链条。以学生发展为本，深化五类人才培养模式改革，优化培养体系，打破专业壁垒，完善学生根据自身特点和志愿自主选择专业和学业发展路径的分类培养个性化发展的教育教学体系，强化学生"三创"（创新、创造、创业）意识和能力。加强校校（海内外名校）协同、校院（中国科学院、新型创新研究院）协同，创新联合育人模式，探索建立联合学院，强化拔尖创新人才培养，激励更多学生进行学术探究与创造创新。加强与企业、行业、政府的深度合作，建设协同创新与协同育人平台，探索建立产业学院，强化创造创业能力的培养，激励更多学生走创新创业发展之路。加强创新创业体系和创新创业基地建设，完善开放式实践教学体系，加强科教协同、校企协同、赛教协同，提升学生的"三创"学习体验和成效。

五是夯实育人底色和基础，优化教学组织体系。以"学年礼"为牵引，使学校"德才兼备、家国情怀、视野开阔，爱体育、懂艺术，能力发展性强"人才培养目标真正落实到全体学生和全部学段，优化教学组织体系，进一步彰显学校育人底色。坚持生命至上、以人为本的发展理念，加强大学生生理和心理健康教育。在"人机共存""万物互联"、数字经济与数字社会转型时代中积极面对机遇和挑战，在着力实现学校通识教育结构化模块化的基础上，不断完善通识教育课程体系，强化大数据与数字技术教育；进一步强化大学数学、大学物理、公共外语等公共课程教学组织功能，加强"文艺体语劳"五大中心建设，探索建立通识课程教育中心，加强统筹协调，推进通识教育改革和建设。构建劳动观念、劳动意识、专业劳动能力、择业就业创业"四位一体"的具有广大特色的劳动教育体系，将"广大青年"培养成为德智体美劳全面发展的中国特色社会主义建设者和接班人。

六是突出创新能力，实施研究生高质量发展工程。深化研究生培养模式改革，提升研究生创新能力，完善创新型人才培养体系；完善质量保障管理体系，建立多维评价标准，强化研究生培养质量监督；加强研究生导师管理体系建设和能力提升，健全研究生导师培训制度，不断强化导师队伍建设，提升导师水平；深化与港科大在研究生培养方面的合作；创新国际化合作培养研究生模式，资助优秀研究生境外访学，扩大国际化合作培养研究生的规模。

（三）优化学科结构和组织模式，提升学科水平和竞争力

1. 基本要求

以"突出一流、强化交叉、彰显特色、夯实基础"作为基本要求，按照"理厚工精、文优教特、交叉融合、创新发展"的思路推进学科体系建设。围绕国家和区域发展重大战略及社会民生需求，强化理科基础，聚焦新工科、新师范、新文科建设，积极探索新医科发展；以一流创新型人才培养为根本，以高水平师资队伍建设为重点，以创新科研成果为突破口，以学科评估考核为手段，用好学科交叉融合的"催化剂"，加强基础学科培养能力，打破学科专业壁垒，以稳定规模、调整结构、提升质量、发展特色为思路，加强现有学科专业结构调整和布局优化，逐步形成分层分类特色发展的学科建设格局。做实做强一批新兴交叉领域学科，形成自然科学、人文社会科学和工程技术科学协调发展，基础学科与应用学科各得其所，传统学科与新兴交叉学科各显其能，新医科有所突破，研究高深学问与服务社会需求相得益彰的学科体系和学术发展生态。

2. 主要任务和举措

一是突出一流，实施一流学科建设计划。以一流创新型大学建设为目标，以优势学科为基础，按照国家"双一流"和省重点建设学科的建设标准，打造一流学科，支撑一流大学建设。重点加强土木工程、网络空间安全等优势学科建设，形成进入国家一流学科行列的实力；强化统计学、数学、环境科学与工程、天文学、地理科学、教育学、工商管理等重点学科建设，进入省"冲一流"学科。

二是强化学科交叉，在交叉领域培育新的学科增长点。以战略性新兴产业发展和社会民生重大需求为导向，整合校内外优势学科资源，对现有学科专业体系进行调整升级，瞄准科技前沿和人工智能与区块链、重大基础设施工程、集成电路、新能源材料装备制造、地理空间与环境、生命科学与健康、计算机科学与技术、通讯工程、数字技术数字经济与管理、师范教育与信息技术、文化艺术与科技等关键领域布局新的交叉研究和学科发展平台，促进学科交叉融合，形成多领域交叉、多学科融合、多团队协同的互补互融机制，培育新的优势学科方向与增长点，聚焦国家与区域推动新兴学科与传统学科高质量发展。

三是彰显特色，打造特色学科品牌。以优势特色学科为基础，以实施高端引领、突出特色为思路，进一步强化师范教育、岭南文化艺术、语言文字等学科领域的特色核心能力建设，打造基础教育卓越师资培育、岭南人文艺术传承创新及语言服务研究等特色学科品牌。

四是夯实基础，提升基础学科水平和支撑能力。以支撑一流学科和一流创新型大学建设为要求，实施基础课程提升工程，以补短板促提升为思路，以全球化视野优化学科方向布局、加强条件能力建设为抓手，立足学校长远和全局发展，文理并举，着力加强数学、物理、化学、生物学、心理学、人文、外国语等基础学科建设，进一步提升支撑基础课程能力和水平，以研教融合、通专融合全面支撑学校一流学科和一流大学建设。

五是统筹学科建设与研究生学位点建设。认真贯彻落实习近平总书记关于研究生教育的重要指示精神，突出研究生教育工作要适应党和国家事业发展需要的要求，以建设一流学科和突出"创新"为要，以培养一流人才为目标，进一步统筹学科与研究生学位点建设，围绕实施研究生高质量

发展工程，建立研究生教育规模、学科结构与国家和地方经济社会需求相适应的学科和研究生学位点动态调整机制。优先发展专业研究生学位点；扩大研究生，尤其是理工科研究生招生规模；实现学科、学位点互融互促，统筹学科与研究生学位点和研究生教育协同建设。

六是着力推进学科建设创新成果"两个转化"。强化与粤港澳大湾区和广州的"三个对接"，在推进学科建设水平提升的同时，进一步突出学科建设创新成果服务人才培养和地方经济社会发展能力，推进学科建设成果不断向人才培养知识体系和教学内容以及向产业和行业应用的"两个转化"，强化学科建设和科研创新反哺教学。

七是调整优化院系和科研机构设置，探索创新学科建设与学院发展新机制。以创新人才培养、科技创新、一流和优势特色学科建设为导向，把握黄埔研究院建设机遇，把握与港科大（广州）交融发展的契机，调整优化院系和科研机构设置，打破不合理的学科组织壁垒；按照学科门类或学科集群的口径注重融合交叉，探索大学院（部）制；发挥马克思主义理论学科的领航作用，实施思政课程与基础课程提升工程，重点建设好马克思主义学院。

同时强化学科管理体制机制建设，推动落实学科负责人制和目标责任制，进一步理顺学科建设、学术研究、人才培养、队伍建设的体制机制，构建能适应一流学科建设的组织管理模式；完善学科建设目标管理，实行目标管理、分类评价、动态考核；探索建立一级学科建设与管理和学科资源配置的联动体系，以考核评估为主要方式，强化学科建设管理，以政策引导和资源配置为主要手段，积极引导学科建设，实现事权与支出责任相适应，激励机制与约束机制相结合。

（四）持续深化人事人才制度改革，增强教师队伍实力与活力

1. 基本要求

坚持立德树人根本任务，突出师德师风，确保教师队伍建设的社会主义办学方向，成为学生为学、为事、为人的示范，促进学生全面发展。全面贯彻落实新时代人才强国战略部署，以粤港澳大湾区人才中心和创新高地建设为契机，坚持"四个面向"，进一步培育、引进、用好各科技领军人才以及创新团队；以服务和支撑一流创新型大学建设为目标，优化教师队伍结构，提升管理和服务人员队伍水平；深化人才发展体制机制改革，进一步完善科学高效、可持续发展的现代大学人事制度。通过进一步构建引进与培育相结合、聘用与考评相衔接、激励与约束相协调的现代大学人才发展体制机制，打造一支师德高尚、学术卓越、教学优秀的一流师资队伍。

2. 主要任务和举措

一是围绕立德树人，加强师德师风建设。坚持以师德师风作为教师素质评价的第一标准，深化落实学校教书育人三年行动计划，健全师德建设常态化和长效机制，进一步完善教师荣誉体系、成就体系和幸福体系建设。在现有师风师德正向指标和负面清单的基础上，进一步完善师德师风考评制度建设，强化督导和保障，将师德师风考核贯穿于教学科研全过程，推动考核制度进一步优化和落地落实。落实立德树人根本任务，完善"广州学者""广州良师"等特聘岗位评审和绩效考核标准；推进高校教师团队建设，打造"黄大年式"高素质专业化创新型的高校教师队伍。

二是加强高层次人才的引进和培育。进一步完善各类人才引进机制。完善《"百人计划"人才引进办法》等学校高层次人才与优秀青年教师的引进机制，拓宽人才引进渠道，强化人才引进成效，着力培育创新型战略领军人才和队伍。

三是以"高精尖缺"为导向,瞄准广州城市功能定位需求使命,把握"双区"驱动和"双城"联动发展机遇,建立更开放、高效的高端人才遴选引进和培育机制。重点围绕"1+2"高质量人才培养工程、"2+6+1"学科与科研创新平台工程的建设需要,积极实施海内外高端人才招揽计划。以更广的眼光瞄准学科发展亟需的高端人才,优先支持,重点引进和培育。以学科与科研创新平台工程建设为依托,着力培育更多创新型战略领军人才和团队。围绕国(境)外资源积极组建更开放的合作科研团队。

四是加强青年拔尖人才和骨干教师的培养。完善分类聘任、考核与评价晋升的教学科研人员管理机制,加强人才梯队培养建设,支持学术领军人物创新突破、青年骨干人才脱颖而出。推进科研教学团队的建设;完善与规范博士后流动站管理,探索建立全职科研博士后制度与管理办法。围绕学校建设一流创新型大学的学科专业布局和重大科研任务的需要,着眼长远发展需求,进一步优化教师队伍学科、职称、年龄以及学缘结构。

五是用好用活高层次领军人才以及创新团队。围绕一流学科、一流专业、"2+6+1"学科与科研创新平台布局需求,发挥高层次领军人才、青年拔尖人才以及创新团队的主力军作用,实现对学科发展、教学及科研教师队伍的精准配置,用好用活各类人才。优化人才引育和项目制人员人事管理办法,健全人才引进工作的需求和信息化联动机制,实现人才资源精准配置。

六是加强思想政治教师和基础课程师资队伍建设。围绕重点建设思政课程与基础课程提升工程要求,进一步配齐建强思政课专职教师队伍,按照政治强、情怀深、思维新、视野广、自律严、人格正的要求,建设一支专职为主、专兼结合、数量充足、素质优良的思政课教师队伍。探索建立更加专业化、规范化的培养体系,打造一支规模合理、素质过硬的辅导员队伍。进一步强化基础课程师资建设,提升基础课程教师队伍的规模和素质。

七是提升管理服务队伍水平。优化管理服务人员结构,全面提升管理服务人员的基本素质、管理服务能力和职业化、专业化水平,完善管理服务培训制度,建立管理服务人员规范有序的补充和退出机制,培养和造就一支精干高效、业务精湛的管理服务队伍,管理服务达到更高水平。

八是深化人事管理机制改革,注重统筹协调,进一步强化体制机制创新。完善人才管理制度,创新新旧机制人员融合发展模式,加强制度改革的系统集成;完善教师绩效考核,建立健全把向一线教学、科研倾斜作为绩效考核重要内容的绩效考核评价体系;深入推进教师分类管理和预聘长聘制度改革,探索符合学校高水平大学建设需要和具体实际校情的聘用制度。

九是建立"能上能下""能进能出"的规范化激励退出机制。在教职工岗位分类管理的基础上,制定出台不同类型、不同层次岗位转换、晋升和有序退出的管理政策,完善并实施各类岗位教职工的管理、激励、发展和退出机制,强化合同管理和聘期考核,建立规范化的人事管理服务体系。

十是完善保障机制。围绕公益事业单位二类分类改革的要求,坚持正确激励导向,完善绩效工资分配体系;继续推进学校绩效工资改革,引导人心聚学,完善工作业绩与绩效工资挂钩的收入分配机制。

(五)创新科研组织模式和科研成果评价体系,提升科研创新和社会经济服务能力

1. 基本要求

把握新一轮科技革命与产业变革的新发展新阶段新形势,围绕学校建设一流创新型大学的战

略目标，结合科技创新和学术创新体系建设，以坚持"四个面向"、深化"三个对接"、凸显"三个创新"为发展思路，以服务创新驱动发展战略、科技创新和产业集群升级为切入点和发力点，以解决国家和省市重大科技任务、重点领域"卡脖子"关键核心技术、科技服务城市和社会治理、重大民生问题为关键目标，整合汇聚学科力量，重点实施"2+6+1"学科与科研创新平台建设工程（"重大基础设施安全+智慧运维创新枢纽"和"网络空间信息+智能应用技术创新枢纽"2个创新枢纽，"新材料新装备新制造交叉创新平台""地理空间信息与智慧生态环境交叉创新平台""合成生物学与智能育种/精准医疗交叉创新平台""数字经济与智慧管理交叉创新平台""大数据/认知科学与智慧教育交叉创新平台"和"数字技术与岭南文化艺术交叉创新平台"6个交叉创新平台，粤港澳大湾区与广州高质量发展新型智库）；聚焦重大基础设施安全、网络空间信息安全、人工智能、集成电路、先进材料、高端装备制造、生物育种与生命健康、智慧生态环境、数字经济与智慧管理、智慧教育、数字岭南文化艺术等研究方向，开展科研攻关；积极参与粤港澳大湾区国家综合科学中心建设。

2. 主要任务和举措

一是面向国家区域重大战略需求，打造2大创新枢纽。面向国家重大基础设施建设、网络空间安全科技创新和产业升级需求，以重大基础设施工程中的安全与智能化问题、人工智能与网络空间安全、集成电路研究等重点领域关键核心技术攻关为核心，以国家重点实验室建设为目标，依托现有国家、省部级重点科研平台，整合优势资源，打破院（所）与学科专业壁垒，着力打造"重大基础设施安全+智慧运维创新枢纽"和"网络空间信息+智能应用技术创新枢纽"2大创新枢纽，支撑战略科技力量发展及一流学科建设。结合科教融合、产教融合创新体系建设，建立产学研、国际和区域的合作机制，支持产业、行业高质量发展。

二是深度对接战略性新兴产业和区域高质量发展需求，聚焦培育6个交叉创新平台。面向学科领域前沿，注重学科交叉，加强基础应用研究，瞄准区域战略性新兴产业集群发展、科技服务城市和社会治理、人民生命健康和美好生活的重大需求，加大资源整合与投入力度，重点建设"新材料新装备新制造交叉创新平台""地理空间信息与智慧生态环境交叉创新平台""合成生物学与智能育种/精准医疗交叉创新平台""数字经济与智慧管理交叉创新平台""大数据/认知科学与智慧教育交叉创新平台""数字技术与岭南文化艺术交叉创新平台"6个交叉创新平台，培育壮大战略性新兴产业发展的动力源、增长极和载体平台。强化科技服务粤港澳大湾区及广州经济社会高质量发展能力，形成应用基础研究与服务社会需求相得益彰的科学研究体系和学术发展生态，支撑学校高水平学科建设。

三是立足国家所需，高端定位，全面加强中国特色新型智库建设。聚焦国家重大战略问题和区域经济社会高质量发展的现实问题，发挥综合性大学学科门类齐全的优势，依托研究基地，强化文理交叉、理工相融，集聚相关优质资源，建设相应资源库、文献库和数据库，打造有影响力的专业咨政智库团队，充分发挥学校在战略研究、政策建言及科技服务城市和社会治理等方面的重要功能，发挥大学建设为人民服务，为中国共产党治国理政服务，为巩固和发展中国特色社会主义制度服务，为改革开放和社会主义现代化建设服务的重要功能。

四是注重原始创新，大力开展基础与应用基础研究。遵循自由探索和目标导向、需求导向相结合的原则，面向世界科学前沿和国家战略需求，大力开展基础与应用基础研究，着力解决前沿战略领域及产业发展中关键核心技术等重大科学问题。支持和鼓励学科开展前沿和未知领域的探索性、变革性和颠覆性技术研究，聚焦量子科学、新一代信息、人工智能、高端装备制造、新材料等重点领域，培育原始创新和新的学科增长点，提高基础研究原始创新能力，形成更多"从0到1"的突破。应用基础研究注重解决战略性产业高质量发展和生产实践中的共性基础问题，不断推动更多原始创新成果产生，为重大技术创新提供支撑。

五是加强科研平台和基地建设。不断完善知识创新和技术创新两个体系，突出优势学科特色，强化与广州市及各市辖区合作，集中力量，加大重大科研平台和基地建设力度。积极参与宽带通信与网络国家实验室（鹏城实验室）广州基地建设，加快重大基础设施减灾与安全国家重点实验室、生物计算国家工程技术中心及相关教育部重点实验室（基地）和省实验室（基地）的建设，推进区块链实验室建设。

六是强化军工科研，促进军民融合。充分发挥相关学科优势与特色，以国家重大战略为背景，针对军方和国防科技工业的重点领域、方向开展共性、关键技术研究，积极参与高新工程与型号任务攻关，参与广州市密码研究。在承担国防科技创新任务的同时，以协同创新为引领，筹备搭建军民融合科研平台与各大军工集团及其研究院所、企业积极对接，实现优势互补，上下游互动，发挥国防科技溢出效应，在学校自主创新能力提高和地方经济社会发展以及智库建设等方面取得共赢。

七是探索发展多维度科研合作体系。以全球化、信息化、网络化的深入发展及创新要素全球配置和自由流动显著增加为契机，坚持服务、开放促发展的理念，积极探索校市、校区、校校、校企协同创新体系，以及与香港、澳门、台湾地区和国际跨区域科技合作创新体系布局，形成多渠道、多层次、全方位的科技开放合作格局。

八是推动科研成果转化与科技孵化，增强服务经济社会发展能力。全面落实深化"三个对接"，围绕服务社会经济以及现代产业体系发展需求，加大科研成果转化的支持和激励力度，探索推进国家大学科技园建设，以更有利于科研成果转化的制度环境，更好地支撑平台和服务机构，强化研究开发、技术转移、创业孵化、知识产权、科技咨询、科技金融等科研服务职能。用好国家以及省市关于科研人员职务科技成果转化收入有关政策，充分激发积极性、主动性和创造性，推动科技成果形成与转化。

九是构建创新科研平台和管理体制机制。进一步探索打破以学科和学院为界的壁垒，构建跨院系、跨学科的学科与科研创新平台建设运行管理组织架构，协调学科与科研创新平台建设运行发展的有关重大事项，组织对创新平台绩效考核和监督。进一步探索建立健全有利于学科交叉融合、形成创新成果产出和尖端成果突破的管理和评价体制机制。

十是改革科研评价体系，完善激励机制。贯彻落实《深化新时代教育评价改革总体方案》精神，围绕国家新时代人才强国战略的部署，进一步完善符合人才培养规律的科研评价和管理模式，对科研活动按照基础研究、技术开发与应用研究、研究报告及应用、创作与作品四类，以科技创新质量、贡献、绩效为导向，以同行评价为手段，进一步探索建立科学的评价体系，坚持立德树人，树立良好科研作风，营造良好学术创新环境。

（六）拓展和深化与港澳台地区交流合作，开创服务"一带一路"倡议国际交流合作新局面

1. 基本要求

坚持服务国家扩大开放战略需求，与港澳台地区合作以及国际合作要有利于国家统一大业，有利于人类命运共同体建设。坚持"以我为主"，有利于学校人才培养质量、科技创新水平和教师队伍素质的提升。把握世界政治经济格局新动向，聚焦共建"一带一路"倡议，服务广州建设国际大都市战略需求；依托广州国际友城大学联盟，深化与联盟成员高校合作；承办国家重要国际文化交流活动，承担重要国际科技合作项目，共同推进国际科技成果的转化应用。积极参与实施粤港澳大湾区建设战略，深入推进与港澳台地区合作，吸引港澳台地区青年来校学习、来穗创新创业。

2. 主要任务和举措

一是履行好合作举办方的职责，推进港科大（广州）建设。按照国家对港澳地区与内地合作办学的要求，充分履行学校作为合作办学责任主体的职责，深度参与港科大（广州）建设和人才培养，确保港科大（广州）党的建设不弱化、社会主义办学方向不偏离。全面加强与港科大、港科大（广州）的教学科研合作，全面加强"2+6+1"学科与科研创新平台与港科大、港科大（广州）的合作。

二是规划建设南沙校区。在港科大（广州）校园附近规划建设以国际化办学为主要特色，以新工科以及生命科学为主要学科领域的南沙校区。在为学校履行合作办学责任主体职责提供支撑的同时，主动借鉴港科大和港科大（广州）在面向解决未来社会重大问题为导向构建交叉学科体系和人才培养体系经验，加强与"2+6+1"学科与科研创新平台合作，强化科研和人才培养交流与合作。探索联合建设国际校区的方式，支撑学校布局发展新工科、新医科，更好地服务粤港澳大湾区国际教育示范区建设。

三是深化与港澳台地区高校合作，扩大面向港澳台招生规模，支持港澳台青年融入内地。依托学校毗邻港澳台的地缘优势以及学校与台湾地区高校交流合作基础，巩固已有机制，扩展新的平台。进一步加强与港澳台学生的交流，扩大港澳台生招生规模，鼓励与港澳台学生开展创新创业交流与合作。进一步巩固和拓展与港澳台高校、研究机构的合作关系，不断充实和深化教育科技合作内容。充分利用港澳台地区高等教育资源与平台优势，不断拓展国际交流与合作渠道。打造学校在海峡两岸暨香港澳门的独特性和影响力。

四是积极拓展国际人文交流、教育与科研合作。以广州国际友城大学联盟成员大学为轴心，组织支持更多师生参与国际学术与人文交流，推荐更多优秀学生到国外高水平大学进行以学术研究为主的深造，提升学生赴国（境）外知名大学访学比例。继续探索与乌克兰国立技术大学等世界知名高校围绕相关学科领域通过共建学院的形式开展合作。

五是聚焦共建"一带一路"倡议，开拓和提升留学生培养层次和水平。改革学校国际交流合作政策，激发学院开展多种形式国际交流与合作的积极性，重点面向"一带一路"国家科研合作以及创新人才培养的需求，搭建科研合作平台，吸引共建国家留学生来校学习，拓展汉语国际教育领域，优化留学生培养方案，改进课程设置和教学方法，体现广大特色的留学生培养模式。

（七）加强校园基础设施建设和文化建设，优化育人环境

1. 基本要求

合作共建共享，优化办学空间格局。通过校市、校区、校企合作，形成"一校多园""多点联动"办学空间格局，扩容提质，智慧赋能。调整建筑物功能布局，基本实现学院办学空间一体化布局调整，提高办学空间使用效率和管理水平；升级改善学校公共服务设施，完善办学设施和条件改造升级，优化育人环境，涵养大学文化。提升校园环境以文化人、以美育人的育人功能，新增传承广大传统的文化基因、反映新时代广大精神风貌的校园文化符号和景观，弘扬家国情怀、拼搏创新、诚毅和善的精神和文化。

2. 主要任务和举措

一是积极开拓产学研合作新据点。积极争取市委市政府支持，在穗深港澳创新带上加快谋划建设黄埔研究生院/研究院（黄埔校区）、南沙校区（国际校区）两个新校区，深度对接区域科技创新和教育国际化需求，积极拓展与广州市、粤港澳大湾区其他城市的产学研合作。以大学城校区为主体，以桂花岗校区、黄埔校区和南沙校区为重要发展极，形成"一校多园""多点联动"办学空间格局。继续完善大学城校区建设，重新规划和改扩建桂花岗校区。充分利用现代信息技术和大数据，完善多校区治理体系。

二是进一步提升校园物理空间和网络空间的教育品质。加快大学城和桂花岗校区办学设施和条件提升，全面建设有品质的校园，物理空间进一步凸显广大特色。推动广大附中和艺术学校校园提升改造工作。推进多校区互联协同、虚实空间"孪生融合"的智慧校园建设。建设物联网、Wi-Fi 6、5G网络支持Wi-Fi 6的无线网络、5G校园网专网、AI中台、数据中台等新一代信息技术基础设施；推进数据融合的智慧型应用系统；加快智慧教室、智慧图书馆等泛在智慧型学习空间建设；统筹推进面向科研的高性能计算平台建设；基于全量数据资产打造云端智慧大脑，为教学、科研、管理、生活全域提供精细化与精准化服务，用信息化全面支撑学校现代化治理体系建设。

三是整合扩建实验室资源，推动建设"2+6+N"实验室体系。加快高水平大学新增基础设施建设项目后续装修和设施设备配套，利用学校新增基础设施投入使用和黄埔校区建设的契机，在调整、优化学院和科研机构空间布局的同时，整合资源，扩（改）建场地，提升功能，构建两大"中央实验室"以支撑2个创新枢纽建设，组建六大"交叉学科综合实验室"以支撑6大交叉创新平台发展，新增或改造一批以满足学科专业（群）教学和科研需求为重点的"专业实验室"。强化实验室安全管理，提升实验室智慧管理能力，提高实验室资源共享水平。

四是优化育人基础环境，全面优化住宿等师生生活条件。结合广州大学城新一轮优化提升计划、大学城校区新增基础设施建设、桂花岗校区修规调整以及新校区建设，新建学生公寓，调整和升级现有学生公寓，改善学生住宿条件，达到所在地高水平大学中等水平。抓住一校多园的建设契机，合理布局教师公寓，完善周转房管理机制，形成满足学校可持续发展的职工住宿条件。优化校园环境，强化绿色校园建设。加快推进体育场馆改扩建、饭堂改造提升、校园水电供应等基础设施扩容升级、地陷修复和抗震加固、生化类设施与水环境达标建设等项目。

五是凝聚广大精神，推进第一课堂与第二课堂互动建设。围绕学校校区布局，大力实施具有广大底色的校园建设行动计划，以视觉形象系统、校园标志性景观以及校园社团活动和学校各类文化

建设平台与活动项目为重点，充分凝练广大元素，讲好广大故事，促进学生文化和教师文化互相激发，强化校园文化育人功能建设。推进新建/改建科技文化创新中心（产学研孵化中心）、文化艺术交流空间、公共艺术展示中心、师生公共交流学习空间、美育场馆等科技文化设施项目，强化档案馆、校史馆建设，加快鲁班广场、红色长廊等校园文化育人项目建设。

六是健全校园安全治理和防控体系。建立智慧安防、消防、应急指挥中心，实现主校区统一协同信息沟通、安全防范、应急指挥，分校区能独立工作的智慧安防体系，提高校园安全立体化、专业化、智能化水平，增强校园安全防控的整体性、协同性、精准性。构建统一指挥、反应灵敏、上下联动的安全防范、应急管理体制，进一步提升校园安全防范、应急、处置、指挥能力。

四、保障措施

（一）强化政治保障

一是以党的创新理论武装头脑指导实践推动工作。严格落实"第一议题"制度，及时跟进学习每个阶段习近平总书记重要讲话和重要指示批示精神，用习近平新时代中国特色社会主义思想统领学校"十四五"事业发展和高水平大学整体建设各项工作。加强学习的系统性谋划和制度性安排，构建多层次、多渠道的经常性学习教育体系，增强学习的有效性，把学习贯彻成效作为检验党员干部是否增强"四个意识"、坚定"四个自信"、做到"两个维护"的首要标准。扎实推进党史学习教育与思想政治工作紧密结合，坚持学习党史与学习新中国史、改革开放史、社会主义发展史相贯通，开展好"我为群众办实事"实践活动，开展好全校各级各类干部和教师的学习研讨教育培训活动，不断汇聚学校教育高质量发展和高水平大学建设合力。

二是以党的坚强领导确保学校始终成为为党育人、为国育才的坚强阵地。落实党委管党治党、办学治校主体责任，坚持党管办学方向、管干部、管人才、管意识形态，把党的领导落实到办学治校全过程各方面。坚持和完善党委领导下的校长负责制，贯彻民主集中制，严格落实党委会议、校长办公会议议事决策规则，推进党的建设与人才培养、科学研究、社会服务、文化传承创新、国际交流合作等深度融合，不断提升应对复杂局面和依法治校的能力水平。旗帜鲜明讲政治抓政治，以政治建设为统领，统筹抓好思想建设、组织建设、作风建设、纪律建设、制度建设，不断健全总揽全局、协调各方的党的领导制度体系。

三是以高质量基层党建推动学校高质量发展。坚持抓基层强基础，认真实施新一轮加强党的基层组织建设三年行动计划，着力扩大基层党的组织覆盖和工作覆盖，提升基层党组织建设制度化、规范化、科学化水平，增强基层党组织政治领导力、思想引领力、群众组织力、社会号召力，进一步凸显基层党组织战斗堡垒作用和党员先锋模范作用，把基层党组织生机活力转化为学校建设发展的强大动力。健全"双星双评"工作长效机制，加强党建工作品牌化建设，谋划推进党建工作"示范高校""标杆院系"和"样板支部"的进一步创建，以党建红色文化教育长廊建设为依托打造学校党建教育新平台，以五星党支部和黄大年式教学科研团队为目标推动党建与业务"双融双促"。加强干部队伍革命化、年轻化、知识化、专业化建设，建立健全优秀年轻干部发现培养选拔制度，制定落实年轻干部队伍建设规划，全面加强干部教育培训，推进干部有序合理的多岗位锻炼，强化年度考核和任期考核，激发新一届中层干部队伍奋发向上，为学校高水平大学建设作出新的更大贡献。

四是以全面从严治党保障学校建设发展的各项任务目标落实见效。贯彻落实《党委（党组）落实全面从严治党主体责任规定》，坚持思想从严、管党从严、执纪从严、作风从严、反腐从严，大力巩固提升学校风清气正干事创业政治生态持续向好的态势。驰而不息纠"四风"、树新风，锲而不舍落实中央八项规定及其实施细则精神，健全作风建设长效机制，强化作风问题专项治理，坚决纠治群众反映强烈的突出问题，力戒形式主义、官僚主义。加强党员干部日常教育和监督管理，强化经常性廉洁自律教育，加强理想信念和党纪国法教育，加强警示教育。始终保持反腐高压态势，把不敢腐、不能腐、不想腐一体推进理念贯穿学校工作各方面各环节，紧盯"关键少数"，紧盯权力部门，大力整治师生群众身边的"微腐败"和不正之风，做好以案促改、以案促治"后半篇文章"，推动监督、办案、警示、惩戒、整改、治理一体贯通，为学校建设发展的各项任务目标落实见效提供坚强政治保证。

（二）确保资源保障

一是积极拓展资金筹措渠道，保持年度综合办学经费适度增长。以显著的办学成就积极争取政府投资，通过优质课程、教学和卓越科研成果增加本级教育事业收入；做强做大广大附中教育品牌，持续服务地方人民生活品质提高；有效推动继续教育、学历教育、教育培训发展和无形资产运用等，不断拓宽资金筹措来源。鼓励科技成果转化、科技合作和创新创业孵化，通过校地、校区、校企等合作，拓宽学校办学资金筹资渠道。加大校友会和董事会工作力度，着眼培育更有温度的校友基础，坚持校友结合、远近结合、潜显结合、凡达结合，建立全方位校友网络，建立健全校友基金会和社会捐赠平台建设，积极吸纳社会各界人士和校友关心支持学校办学发展。

二是加快校内外资源开发。统筹学校校产设施和各类资源的对内、对外综合利用。盘活现有资源，完善房屋使用及资源配置绩效评估和有偿使用机制，推进成本分担机制，提高资源使用效益。充分调动学院的筹资积极性，多渠道拓展办学资源。在对外联合办学、科技服务等活动过程中，既要注重学校资产应用效率和效益，又要重视外部资源的链接和转化。

三是全面推进以绩效为导向的经费分配模式改革，提升资金使用效益。编制年度收支平衡表、市政府高水平大学建设专项经费预算表以及单项投入100万元以上重点项目库，明确绩效目标和支出内容。将经费划分为保障性经费与竞争性经费，推行以绩效为导向的经费分配模式。

四是加强学校资产管理，实现资产保值增值和有效利用。强化审计监督，防范经济风险；强化校有资产监督管理，建立学校资产统一归口管理体制，完善资产综合管理平台，确保资产保值和增值，提高资产利用效率；进一步加强后勤服务的成本核算和财务监管，完善后勤服务质量监督和后勤服务工作提质机制；加强无形资产管理，明晰学校出资企业产权关系，健全经营性资产的管理监督体系。

五是强化师资队伍经费保障。确保高水平大学建设第一阶段引进新机制人员薪酬等仍在高水平大学建设专项经费拨款中统筹开支的基础上，将新一轮高水平大学建设期间引进的符合广州市政府发展支持方向的高层次人才及团队合同期内相关薪酬等也在高水平大学建设专项经费拨款中统筹开支。

（三）完善治理保障

一是建立和完善以广大章程为核心的制度体系。坚持依法治校，以新修订的《广州大学章程》为统领，根据综合改革需要，整合全校各方面力量，有计划、有重点地推进规章制度的废改立工作，到2025年基本形成科学完备、务实管用的制度体系，逐步建立起依法办学、自主管理、民主监督、社会参与的现代大学治理体系。

二是增强学校内部治理能力建设。坚持和完善党委领导下的校长负责制，完善党委和行政的议事决策机制，进一步健全党委统一领导、党政分工合作、协调运行的工作机制，强化决策事项督办机制。坚持民主集中制，进一步发挥党代会、教代会、学代会以及民主党派等各组织在学校治理中的重要作用，健全信息公开工作机制和各项工作制度，建立事中、事后的监督机制和问责机制。完善以学术委员会为核心的学术管理体系，健全学术管理体系和组织架构，建立和完善有关学术评价、学术标准制定、学术事务管理等制度，提升教授治学和学术治理水平。推进校院两级管理体制改革，坚持管理重心下移，稳步推进二级管理体制改革，优化学院二级治理机构，落实目标管理责任制，强化学院办学主体责任；落实学院在人员管理、人才引进、经费预算、资源配置方面的主体地位，做到资源投入与事权责任相匹配、激励机制与约束机制相协调；加强附属中学、附属艺术学校（广州市艺术学校）等直属单位的建设和管理，加快构建附中融入学校发展全局的体制机制。

三是建立和完善以提高行政效率为核心的管理责任体系。以落实推动"三定"工作为抓手，强化管理服务部门和岗位的责任意识，健全管理服务的责任体系、执行体系和责任认定追究体系。加强制度执行力建设，实行"谁制定、谁负责"的主责部门负责制，建立从计划到执行的完整责任体系。坚持以师生为本，系统梳理管理服务部门职责，规范工作机制，优化业务流程，建立学校行政管理事务"直通车"制度，拓宽信息直达通道，确保涉及学校重要工作信息和师生切实利益事项信息及时、迅速通达师生；建立基层办事分类管理体系，探索登记报告类、审核类、审批类工作事项清单，实行分类管理，建立完善直通直达、并联解决的机制。建立健全管理工作事故认定与责任追究制度，强化教务与学生管理、校园安全管理、意识形态管理、资产和资金管理等领域职能部门或管理服务人员在工作过程中因不履行或者不正确履行职责，以致产生不良影响的行为，建立管理工作事故认定、责任追究、问责处理的闭环管理工作机制，大力提升管理服务的质量和效率。

四是构建高效的资源配置和综合利用管理体系。强化内控管理体系建设，建立健全学校资产保值增值运行机制，逐步建立起与学校转为二类事业单位改革和新一轮高水平大学建设相适应的财务管理体系和资源配置体系。以提高经费使用绩效为导向，引入竞争机制，推进以绩效为导向的经费分配模式改革，进一步优化经费配置及使用。推动全校性数据治理工作，建立学校大数据交换共享平台、综合查询和决策支持系统，推进智慧校园建设，全方位服务学校的教学、科研和管理工作。优化"一校多园"教学实验资源布局，重新定位公共实验教学中心的功能，建立健全以信息化手段推进多校区教学设备与实验资源共享共建机制，提升科研支撑力度。建立以师生为中心的管理服务协调机制，完善后勤服务保障体系，加强管理服务部门的协调联动，构建起动态、高效的后勤保障和行政管理服务体系。

五是建立以科技创新质量、贡献、绩效为导向的分类评价体系。深化科研评价体系改革，树立正确评价导向，完善科技评价和学术评价体系建设，探索建立以科技创新质量、贡献、绩效为导向的分类评价体系，形成并实施有利于科研人才潜心研究和创新的评价制度。持续深化人事制度改革，建立激励人尽其才的多元人才评价体系和有利于释放职工活力的薪酬体制，做好引进人才并轨和融合发展的制度设计工作，基本建成与高水平大学建设相得益彰的高校人事制度。完善学院科研机构工作绩效考核评价机制，建立以人均产出效率为导向的基本绩效考核评价指标体系。

六是健全校园安全治理和防控体系。坚持统筹发展和安全，树立底线思维，建立健全校园消防安全和实验室安全管控制度，提高校园治安立体化、法治化、专业化、智能化水平，形成问题联治、工作联动、平安联创的工作机制，提高预测预警预防各类风险能力，增强校园治安防控的整体性、协同性、精准性。进一步落实安全生产管理责任制，完善校园及周边环境治安防范和隐患排查消除常态化机制，构建统一指挥、反应灵敏、上下联动的应急管理体制，优化学校应急管理能力体系建设，提高防灾减灾救灾能力。持续加强保密工作，构建和完善党管保密，以及保密工作服务全局和保障高水平大学建设发展的体制机制。

广州大学关于印发《广州大学各学院"十四五"建设任务书重点指标体系》的通知

广大〔2021〕131号

各学院：

《广州大学各学院"十四五"建设任务书重点指标体系》（以下简称《重点指标体系》）业经2021年第29次校党委常委会会议审议通过，现予以印发。

请各学院依据《重点指标体系》，结合《广州大学"十四五"事业发展规划》及学院实际，进一步完善学院"十四五"建设规划，明确重点指标总体目标值和分年度目标值。目标值将作为学校与各学院签订《学院"十四五"建设任务书》及学院考核的重要依据。

广州大学
2021年12月6日

广州大学各学院"十四五"建设任务书重点指标体系

一级指标	二级指标	三级指标	三级指标说明
A.人才培养	A1.思政教育	S1.思想政治教育特色与成效	①省级以上高水平思政课程/课程思政教学团队 ②省级以上思政课程/思政教育实践教学基地或协同育人基地 ③国家级和省级思政课程/课程思政示范课程 ④国家级和省级党建工作样板支部 ⑤最美高校辅导员、省级以上高校辅导员年度人物及提名、高校辅导员工作精品项目、高校思想政治工作中青年骨干队伍建设项目等

续上表

一级指标	二级指标	三级指标	三级指标说明
A. 人才培养	A2. 培养条件	S2. 学位点建设	①一级学科博士点、专业博士点 ②一级学科硕士点、专业硕士点
		S3. 一流专业建设	①新增国家级、省级一流专业建设点 ②国家级、省级一流专业建设点数占开设专业总数的比例 ③建成国家级、省级一流专业 ④通过相关专业认证
		S4. 一流本科课程	①新增国家级线上一流课程、线下一流课程、线上线下混合式一流课程 ②新增国家级、省级虚拟仿真实验教学一流课程，国家级、省级虚拟仿真实验教学项目 ③新增国家级、省级社会实践一流课程 ④新增国家级、省级精品在线开放课程 ⑤新增国家级、省级金课
		S5. 优质教材	①国家级、省级规划教材 ②中宣部、教育部组编马工程教材 ③国家级、省级获奖教材
		S6. 教学名师	①新增国家级教学名师 ②新增省级教学名师
		S7. 教授授课	①教授授课率：正教授（含研究员）主讲本科课程门次数占学院本科课程总门次数的比例 ②授课教授比例：学院主讲本科课程的正教授（含研究员）数占正教授总数的比例
		S8. 教学团队	①新增国家级教学团队（课程教研室） ②新增省级教学团队（课程教研室）
		S9. 教学成果	①新增国家级教学成果奖 ②新增省级教学成果奖
		S10. 教学研究与改革项目	①新增国家级教研项目 ②新增省级教学改革质量工程和教研项目
	A3. 培养结果	S11. 模范先进学生	获评最美大学生、中国大学生年度人物及提名，以及省级以上优秀共青团员、百名研究生党员标兵等荣誉称号
		S12. 学生创新创业	①新增国家级三大赛事（"互联网+""挑战杯""创青春"）奖项 ②新增国家级、省部级学科竞赛奖（中华人民共和国教育部和广东省教育厅认可的）

续上表

一级指标	二级指标	三级指标	三级指标说明
A. 人才培养	A3. 培养结果	S13. 本科生就业率	本科毕业生中落实就业单位的人数占比（初次就业率）
		S14. 本科生深造率	本科毕业生考研和出国深造率（以录取计算）
B. 师资队伍 与资源	B1. 师资队伍	S15. 立德树人典型	①获评国家级荣誉称号："黄大年式"教师团队，青年五四奖章获得者，全国创新争先奖牌获得者，全国创新争先奖章获得者，全国道德模范，全国教书育人楷模，全国三八红旗手（标兵），全国优秀共产党员（党务工作者），全国优秀教师（教育工作者），全国最美教师，"时代楷模"，最美奋斗者，最美科技工作者，感动中国年度人物，全国教育系统先进集体（工作者），全国模范教师，全国劳动模范，全国师德标兵，全国脱贫攻坚奖获得者，全国五一劳动奖章获得者等 ②获评省级荣誉称号：广东省道德模范，广东省三八红旗手（标兵），广东省优秀共产党员（党务工作者），南粤优秀教师（教育工作者），广东省最美教师，广东省劳动模范，广东省师德标兵（先进个人），广东省脱贫攻坚先进个人（集体），广东省五一劳动奖章获得者等
		S16. 教师学历结构	具有博士学位的专任教师占学院专任教师总数的比例
		S17. 高层次人才	①国家级高层次人才 ②省部级高层次人才
		S18. 博士后	博士后招收/出站人数
		S19. 创新团队	①国家级创新团队 ②省级创新团队
	B2. 平台资源	S20. 重点实验室、基地、中心等	①国家级科研平台 ②省部级科研平台 ③国家级教学平台 ④省部级教学平台
C. 科学研究	C1. 科研论文	S21. 国际期刊论文	①新增的发表在SNC（《Science》《Nature》《Cell》及其子刊）上的论文数 ②新增ESI论文数 ③新增A、B、C类SCI期刊论文

续上表

一级指标	二级指标	三级指标	三级指标说明
C. 科学研究	C1. 科研论文	S22. 中文期刊论文	①新增的发表在《求是》《人民日报》《光明日报》上及发表在《经济日报》上2000字（含）以上的理论文章数 ②新增的一A、一B、一C类期刊论文数［参考《广州大学人文社会科学一类重要期刊目录（2020）》］
	C2. 科研项目	S23. 国家级重大重点科研项目	新增国家级重大重点科研项目数
		S24. 国家级一般项目	①新增国家自然科学基金面上项目和青年项目数 ②新增国家社会科学基金一般项目和青年项目数 ③新增教育部人文社科项目数
		S25. 省部级重大重点项目	新增省部级重大重点项目数
		S26. 省部级一般项目	新增省部级一般项目数
		S27. 科研经费	①新增科研经费总额（含科研成果转化） ②新增师均科研经费（含科研成果转化）
	C3. 科研奖励	S28. 国家级科研奖励	新增国家级科研成果奖
		S29. 教育部科研奖励	新增教育部科研成果奖
		S30. 省级科研奖励	新增省部级科研成果奖
	C4. 艺术/设计实践成果	S31. 标志性创作与作品类成果	新增A、B、C类标志性创作与作品类成果［具体见《广州大学突出科研奖励性绩效管理办法（2020年修订）》］
D. 社会服务与学科声誉	D1. 智库成果	S32. 标志性智库成果	新增A、B、C类标志性智库成果［具体见《广州大学突出科研奖励性绩效管理办法（2020年修订）》］
	D2. 科技服务	S33. 横向科研经费	①新增合同经费 ②新增实际到账经费 ③新增合同及实际到账师均经费
	D3. 专利成果	S34. 专利申请量	①新增专利申请总量 ②新增发明专利申请量

续上表

一级指标	二级指标	三级指标	三级指标说明
D. 社会服务与学科声誉	D3. 专利成果	S35. 专利授权量	①新增专利授权量 ②新增发明专利授权量 ③新增软件著作权
		S36. 专利获奖	①新增国家级专利奖项 ②新增省级专利奖项
	D4. 成果转化	S37. 技术转让收入	①新增合同经费 ②新增实际到账经费 ③新增合同及实际到账师均经费
	D5. 其他社会服务贡献	S38. 社会服务特色贡献	①参与和主导制定国际或国家标准、行业或地方标准并颁布执行（前三单位） ②参与并完成国家级、省级、市级重点重大建设工程类、科研技术类、科普类等社会服务项目（以官方文件或官方出具有效证明为准） ③举办重要学术会议（列入中国科协发布的《重要学术会议指南》或全国一级学会主办的学术会议） ④主办重要学术期刊 ⑤参加国家及省级以上党委政府重大活动，相关成果获得认可或收录 ⑥入选国家级重大项目或重大人才工程会评专家
	D6. 社会捐赠	S39. 社会捐赠收入	学院筹集的社会捐赠收入
	D7. 学科声誉	S40. 全国学科评估	教育部学科评估情况
		S41. 软科学科排名	软科"中国最好学科"排名情况
E. 国际交流与合作	E1. 国际化程度	S42. 学历留学生	学历留学生数
		S43. 具有海外学习/交流经历学生	具有海外学习/交流经历（半年以上）学生数
		S44. 具有海外学习/交流经历教师	具有海外学习/交流经历（半年以上）教师数
		S45. 海外教师	专任教师中拥有其他国籍或持有我国香港、澳门、台湾永久性居民身份证的海外教师总数
		S46. 国际合作论文比例	国际合作论文数占论文总数比例
	E2. 国际影响力	S47. 国际知名学者	新增高被引学者、高被引科学家

广州大学关于印发《广州大学公费定向培养本科师范生管理工作实施方案》的通知

广大〔2021〕134号

校属各单位：

《广州大学公费定向培养本科师范生管理工作实施方案》业经学校2021年第21次校长办公会议审议通过，现予以印发，请认真学习，遵照执行。

广州大学
2021年12月14日

广州大学公费定向培养本科师范生管理工作实施方案

一、目的与依据

为了落实并做好我校公费定向培养本科师范生的培养工作，根据广东省教育厅《关于公费定向培养粤东粤西粤北地区中小学教师的实施办法》（粤教师〔2020〕2号）和《关于加强公费定向培养粤东粤西粤北地区中小学教师履约管理工作的通知》（粤教师函〔2021〕15号）精神，结合我校相关工作实际情况，制定本方案。

二、主要政策和管理规定

根据广东省公费定向培养师范生的录取和管理规定精神，公费定向培养师范生录取后不能转学，不能转专业，并在入学注册前与培养学校、定向地区签订培养协议（另附），否则取消当年入学资格。学生毕业后须到定向计划来源地乡镇（不含县城所在镇街）及乡镇以下农村公办学校（含村小、教学点和幼儿园）任教不少于6年。

学生的教育培养经费由省级财政统筹。按照省财政厅核定的标准，在公费定向培养师范生基本修业年限内，按照本科生每生每年2万元由省财政专项拨款，专项用于免除学费、免收住宿费、军训服装费、教材资料费、实习实践费和体检复查费，并按每月800元的标准给予生活费补助，每学年按10个月发放。学生领取生活费补助，同时在国家和广东省有关奖助学金政策规定范围内，除不重复享受减免学费和生活补助外，享受与其他在校生同等待遇。

三、我校工作任务

（一）招生计划与录取

按照广东省教育厅下达给我校的招生专业和招生计划，面向广东省高考考生招生，录取原则以省招生办公室当年公布的招生规定为准。

（二）培养工作

我校对公费定向培养本科师范生在入学后进行入学资格复查，不通过者取消入学资格；通过者予以学籍注册，组织学生签订三方公费定向培养协议书，并协调计划来源地政府完成协议书盖章手续。按照培养造就优秀教师的目标，制订公费定向培养本科师范生从入学到本科毕业4年的培养方案，提供优良的教育教学条件，对公费定向培养本科师范生实施教育培养，进行管理和综合评价。

学生在基本修业年限内，按时完成学校规定的教育教学计划，达到教育培养方案的要求，并取得相应学历毕业证书和学位证书。学生须按照广东省教育厅相关政策要求，毕业前取得教师资格证或通过相应学段（或学科）教师资格证所有笔试和面试考试科目；毕业后按照规定通过计划来源地政府的面试或考察，由我校派遣到定向地区就业。

四、工作机构

（一）成立公费定向培养本科师范生管理工作领导小组（以下简称工作领导小组）

由分管教学招生工作的校领导任组长，工作领导小组成员由教育学院（委托培养学院）、招生就业工作处、教务处、财务处、学生处、法律顾问室等部门学院的负责人组成，办公室设在教育学院。工作领导小组履行以下职责：

1. 商议、协调公费定向培养师范生管理工作，督促检查相关部门、学院工作情况；
2. 依据省教育厅文件的相关规定，审议终止、暂缓或解除协议的情况及制定处理方案；
3. 审定教育培养经费支出项目；
4. 其他相关管理工作。

（二）部门学院工作分工职责

1. 教育学院主要履行以下职责：

（1）具体负责公费定向培养本科师范生日常教学、管理和思想政治教育工作。负责组织公费定向培养本科师范生签订公费定向培养协议书。负责制订公费定向培养本科师范生在校期间的培养方案，提供优良的教育教学条件，对公费定向培养本科师范生实施教育培养，进行教学管理和综合评价。督促公费定向培养本科师范生按时完成学校规定的人才培养方案，达到教育培养方案的要求，取得相应学历毕业证书和学位证书，并在毕业前取得教师资格证或通过相应学段（或学科）教师资格证所有笔试和面试考试科目。做好公费定向培养本科师范毕业生就业指导和信息服务工作，协同计划来源地教育行政部门开展毕业生面试、考察工作。

（2）关心公费定向培养本科师范生的思想状况，教育其在校学习期间应遵守法律法规和学校的各项规章制度，按照公费定向培养协议书履约。随时关注和收集学生信息，每学期向学校工作领导小组通报公费定向培养本科师范生的在校表现情况。

（3）在公费定向培养对象出现符合终止、暂缓协议或解除协议相关条件时，及时组织公费定向培养对象提交申请书以及佐证材料，并向工作领导小组通报情况和提交审批表进行审议。组织解除协议学生自解除协议之日起一个月内向学校一次性退还受培期间（四年本科学习期间）已享受的教育培养经费。

（4）每年提出公费定向培养本科师范生教育培养经费预算，经学校工作领导小组审定后，由教育学院根据项目预算进行使用、发放等经费开支工作，做到专款专用。

（5）其他相关管理工作。

2．招生就业工作处主要履行以下职责：

（1）与省教育厅落实招生专业和计划，完成录取任务。负责办理学校、计划来源地政府对公费定向培养协议书的签章。

（2）指导学生职业发展规划，负责定向就业派遣工作。

（3）负责与计划来源地政府、教育局联系沟通工作，协调学校相关部门及教育学院的工作。对终止、暂缓或解除协议学生的情况，及时与省教育厅师资处联系并上报。

（4）其他相关管理工作。

3．教务处主要履行以下职责：

（1）督促教育学院制订和实施公费定向培养本科师范生的人才培养方案。

（2）提供因病休学、不能按时取得相应学历毕业证书或学位证书的公费定向本科师范生数据给教育学院，供其判断是否发起终止、暂缓或解除协议程序。

（3）其他相关管理工作。

4．财务处主要履行以下职责：

（1）省财政拨款到位后，财务处根据相关文件设立专项进行管理，并按规定进行核算。

（2）在学校工作领导小组作出终止、暂缓三方公费定向培养协议书决定后，协助培养单位对终止、暂缓协议学生停止发放教育培养经费。

（3）在学校工作领导小组作出解除三方公费定向培养协议书决定后，对解除协议学生，由培养单位提供协议解除前学生已享受的教育培养经费（包括学费、住宿费、军训服装费、教材资料费、实习实践费、体检复查费、生活费补助等）明细，财务处根据明细核查并向培养单位反馈；协助培养单位要求解除协议学生解除协议之日起一个月内向学校一次性退还受培期间（四年本科学习期间）已享受的教育培养经费。

（4）其他相关管理工作。

5．学生处主要履行以下职责：

（1）公费定向培养本科师范生在校期间按照《广州大学本科学生评优评先和奖励办法》进行评优评先。

（2）公费定向培养本科师范生在校期间可以按照学校相关规定，申请家庭经济困难学生认定，以及国家奖学金、国家励志奖学金及勤工助学岗位。

（3）公费定向培养本科师范生在校期间违反校规校纪受到学校记过及以上处分的，由学生处认定（涉及学籍及考试违纪由教务处认定）。

（4）其他相关管理工作。

五、关于学生身体疾病的认定，以学校指定三甲医院的书面证明为准

六、附则

（一）本方案由校长办公会议审定通过，自2022年1月1日起施行；原《广州大学2018级公费定向培养本科师范生管理工作试行办法》（广大〔2018〕168号）自动废止。

（二）本方案若与广东省新的规定不一致时，以广东省最新的文件规定为准。

广州大学关于印发《广州大学"十四五"本科教育教学发展规划（2021—2025年）》的通知

广大〔2021〕141号

校属各单位：

《广州大学"十四五"本科教育教学发展规划（2021—2025年）》业经2021年第29次校党委常委会会议审议通过，现予以印发，请认真学习，结合本单位实际贯彻落实。

广州大学
2021年12月27日

广州大学"十四五"本科教育教学发展规划（2021—2025年）

围绕国家和省市"十四五"规划与2035年远景目标，根据《广州大学高水平大学建设方案（2021—2025）》与《广州大学事业发展"十四五"规划（2021—2025年）》精神，为进一步深化我校教育教学改革、强化创新拔尖人才培养工程、提升专业建设水平和人才培养质量，结合学校实际及教育教学改革发展需要，特制定"十四五"本科教育教学发展规划。

一、"十三五"期间发展成就与问题

（一）主要成就

"十三五"期间，学校在党委的统一领导下，认真学习十九大和十九届二中、三中、四中全会精神以及全国教育大会精神，深入落实立德树人根本任务，坚持"以本为本"，推进"四个回归"，明确人才培养目标，构建广大底色人才培养体系，深化教育教学改革，切实提高人才培养质量。

1. 厘清人才培养目标内涵，构建广大底色育人体系

召开高水平大学建设人才培养工作会议，提出"德才兼备、家国情怀、视野开阔，爱体育，懂艺术，能力发展性强"的24字人才培养目标；出台《广州大学关于加强本科教育全面提高人才培养质量的若干意见》等"1+13+N"个本科人才培养工作系列文件，完善健全以人才培养为中心的制度体系。

落实"立德树人"根本任务，抓实大思政课程体系建设，构建"四年不间断"思政课课程体系，设置"思政实践课程"，将思政课实践教学延伸到学生社团活动、青年马克思主义工程、学生党校及学生暑期社会实践等领域，立项建设256门课程思政示范课程，挖掘、梳理专业课程所蕴含的德育元素及所承载的思想政治教育功能，实现思想政治教育与专业教育的有机统一，把思想政治工作贯穿教育教学全过程。建立并发挥"五大中心"（经典百书阅读推广中心、学生体育活动中心、公共艺术教育中心、大学生语言能力教学中心、劳动教育中心）的育人功能，为实现人才培养目标提供重要支撑。

以学年礼为抓手，创新广大学生发展评价体系，制定《广大底色学生素质发展评价体系（试

行）》，依据该评价体系，连续发布了2017—2018学年、2018—2019学年和2019—2020学年的学生视野拓展、艺术发展、体育发展和能力发展等学生素质发展评价报告，并举行学年礼表彰先进集体和个人。实施第一班主任制度，举办"名师第一课"，让学生扣好大学生活第一颗扣子。以"五大工程"为统领，实施"一院一策、一院一品、一楼一特色"工程，"五室一站"党建进公寓项目荣获2018年"广州党建十大品牌"称号。加强学生网络思想政治教育，依托易班网络平台、微信公众号、网站等新媒体，构建网络思政教育工作新格局，培育和引导学生践行社会主义核心价值观。大力开展"李敏工作室"成员高校及省外高校培训研讨指导工作，充分发挥"李敏工作室"在全国的辐射带动作用。开展"第二校园访学"，开阔学生视野。

2. 推进教育教学改革，打造多种人才培养模式

面向粤港澳大湾区和广州需求，围绕办学定位和人才培养目标，坚持"以学生为中心"的教育教学理念，深化人才培养模式改革，形成了以"一二三四"为内涵特征，贯穿全学段、覆盖全体学生、促进学生素质全面发展的育人模式。其中，"一"是指构建以学分制为抓手的开放式育人体系；"二"是指以星级课程为引领，构建通识教育与专业教育、课内与课外"两个结合"的课程体系；"三"是指构建面向创新能力培养的课堂、实验室和科研平台等"三个开放平台"；"四"是指构建"通识必修课+通识选修课+经典阅读+社会实践"四个模块为主体的四年不间断的思想政治教育和文体艺教育体系。经过构建，形成了卓越系列、拔尖创新、交叉复合型、校企协同、国际联合培养等五种类型的人才培养模式。

通过推进卓越教师人才培养计划、卓越工程人才培养计划、卓越新闻传播人才培养计划、卓越法律人才培养计划等四个计划的实施，搭建创新应用型人才培养路径。组建33个拔尖创新人才实验班，覆盖全校各个学院。加强辅修专业顶层设计，鼓励理工科专业学生辅修经济管理类专业、人文社科类专业学生辅修信息科学类专业，开设6个经管类和信息科学类第二学位专业。推进协同育人与创新创业工作，采用"3+1""2+2"等多样化模式，实行学校企业双导师制，建立以企业需求为导向的协同育人模式。紧跟世界科技前沿，持续开展"2+2""1+2+1""3+1+1"本科联合培养项目，支持省级以上一流本科专业建设点和有条件的学院积极参与国际人才联合培养合作和国际专业认证，鼓励理工类专业选用世界一流大学优质教材，优化课程结构与内容，提升相关专业教学科研水平；探索与国外知名高校合作开发英文或双语线上课程，充分借鉴国外先进教育教学理念和教学技术，推动教学理念更新和教育模式变革；扩大在校本科生出国（境）学习渠道，为学生创造更多的出国（境）学习机会，形成多类型、多层次、多途径的海外访学、交流与实践体系；扩大各专业"卓越人才创新实验班"海外名校学习项目，为学校拔尖人才培养提供更多到世界一流大学学习机会。

3. 优化专业结构，强化专业内涵建设

按照"做强理工、做优文科、做特（师范）教育"的发展理念，依据专业建设和人才培养与国家经济社会发展需求相符合、专业建设和人才培养与省市战略规划相吻合、专业建设和人才培养对高水平大学建设的贡献度、专业建设基础及教学质量水平、近年招生和就业质量等五个参数，集中开展专业结构调整，一次性压缩28个本科专业，新增机器人工程等5个新工科专业，本科招生专业由91个调整为69个。调整后，理工科招生专业数和招生人数占比过半。

强化专业建设内涵，制定《广州大学一流本科专业建设三年行动计划（2020—2022年）》，立

项行政管理等15个省级特色专业、重点专业、综合改革试点专业，获批18个国家级一流专业建设点和8个省级一流专业建设点。

4. 丰富课程类型与层次，完善通识课程体系

丰富课程类型与层次，同步打造"金课课程+课程思政示范课程+小班探究性课程"，试点建设252门金课课程、58门校级优质课程、30门创新创业课程，建设256门课程思政示范课程、70门小班研讨课程；获批4门国家级精品在线开放课程、25门省级"粤港澳大湾区高校在线开放课程联盟"线上课程。

建成涵盖历史与文化、哲学与逻辑、科学与技术、社会与经济、艺术与审美、创新与创业、运动与健康等七大类型的全校通识类选修课程体系，立项建设61门通识核心课程、88门在线开放课程，全校性通识课程由2016年的192门增加到2020年的390门。2020年全校各专业课程总量达4988门，其中，专业必修课程1282门（专业核心课程844门）、专业选修课3211门、实验实践类课程495门。

5. 健全实践实验教学体系，夯实创新创业教育基础

完善以"一主线、三层次、五模块"为特色的实践教学体系。启动教师科研成果转化实验教学内容的实验建设项目立项工作。加大实习教学改革，构建校企双方共同开发的"体验型""顶岗型""项目型""开发型"实践课程体系。加强校外实践教学基地建设，新增实践教学基地90余个、省级大学生实践教学基地7个、省级示范性教师教育实践基地15个。加强实践教学师资队伍建设，提高实习教学质量，聘任355人次担任校外实践教学指导教师。推进学生毕业设计（论文）与毕业实习、科研项目的有效结合，加强毕业论文（设计）过程管理。大力推进校企协同育人工作，获批省级以上校企协同育人项目162项（其中国家级157项、省级5项），校企协同育人实验班由原来的4个发展到17个，合作的大型企业由原来的8家发展到34家，学校与合作单位协同开设154门应用性课程。

全面构建"三全三专"的创新创业教育与人才培养体系。逐渐形成"教育培训—企业孵化—融资对接—科学研究"四大链条相辅相成的创新创业工作模式；获评广东省大学生创新创业教育示范学校（2019—2022年），第四届、第五届、第六届中国"互联网+"大学生创新创业大赛中获得的金牌数和奖牌数均名列全省前茅，连续两年捧得"青年红色筑梦之旅"大赛先进集体奖；获得省部级以上各类创新科技竞赛奖300项/年、省级以上大学生创新创业训练项目170项/年；累计培育"三创营众创空间"优质学生创业团队120余支、注册学生创业公司70余家，创业团队累计获得社会融资突破亿元，产生2个市值达5亿元的创业企业。

6. 强化质量工程建设，培育高层次教学改革项目

大力实施本科教学质量与教学改革工程。获批产业学院、人才培养模式创新试验区、教学团队等92项省级"质量工程"立项建设项目及100项省级教育教学改革项目。

培育高层次教学成果奖。获得广东省高等教育教学成果奖14项，其中一等奖4项、二等奖10项。省级一等奖项目"基于中华优秀传统文化传承的高校'互联网+中华经典教育'模式的构建与实践"获2018年高等教育国家级教学成果奖二等奖。

7. 以评估促建设，健全教学质量监控体系

大力开展专业"体检"。全面摸清本科人才培养"家底"，把脉发展大局，在省内率先开展全

覆盖式本科专业"体检"工作，组织聘请省内外26所高校的191名专家，分两批对我校22个学院的63个本科专业进行现场评估。借鉴国际权威机构的专业认证标准体系，制定并实施《2017年广州大学本科专业校内评估指标体系》《广州大学本科教学工作审核评估校级支撑材料收集与整理工作规范》等评估指标和实施规范，夯实以学院为主体的本科教学审核评估工作基础。顺利完成本科教学审核评估工作，按照"问题导向、精准发力、持续改进"的要求，强调以评促建，制定并实施本科教学工作审核评估整改方案，成效显著，在广东省教育厅组织的2013—2019年普通高等学校本科教学审核评估整改情况检查中获得"优秀"等级。

打造有品质的教学管理。制定和完善45种教学管理规范文件，建成涵盖质量评价管理、学籍与学位管理、考务与成绩管理、实践教学管理、教师教学发展、生源质量管理等在内的质量监控体系。严格落实教学督导评价、领导评价、同行评价、学生评价等"四位一体"的听课与评价（反馈）制度，全程、全面、实时监控课堂教学情况；严格执行《广州大学教学质量评价工作管理办法》《广州大学院级教学管理工作职责》《广州大学教学督导委员会章程》等规章制度，结合评优等激励措施，发挥基层教学组织的主体责任，教学质量监控日臻规范。每年定期编制并向社会发布本科教学工作质量报告，不断强化人才培养工作的社会责任，2019年本科教学质量年报获得广东省"十佳"荣誉称号。

8. 深化教师教育教学改革，构建多层次教学能力培养体系

以创建国家教师教育创新实验区为契机，全面深化教师教育教学改革，获批"广东省创建国家教师教育创新实验区"，构建"政府—高校—中小学（含幼儿园）"三位一体的教师教育共同体，注重师范生的师德教育和核心能力培养，全力打造有品质的教师教育，全面提升教师教育质量和服务广州基础教育的水平。

实施卓越教师培养计划，制定《广州大学教师教学发展中心建设方案（2018—2020年）》《广州大学提升教师教学能力行动计划（2018—2020年）》《广州大学新入职教师岗前培训办法》，构建多层次教师教学能力培养体系，获批"广东省本科高校教师教学发展中心建设项目"。推行"青蓝工程"，打造青年教师"6+1"培训模式，加强青年教师岗前培训和上岗前教学能力培养，帮助青年教师形成基本教学能力，799人取得岗前培训证书；实施"培优工程"，组织12场796人次参加青年教师课堂教学竞赛工作坊、超级教学训练营、教学工作坊等项目，制定个性化教学培训方案，满足教师教学个性化需求；开展"教学创新工程"，组织42场7955人次参加的智慧教学、在线教学、金课建设、课程思政、心理育人、教学改革等专题培训项目，着力提升教师教学能力、教育技术、教育理念；推进"名师工程"，开展教学优秀奖、星级课程、青年教师教学竞赛等活动，进一步加大卓越教师培养力度，为培养省级以上教学名师储备人才奠定坚实的基础。

9. 规范教学管理过程，创新教育教学模式

围绕"一生一方案、一生一课表"的学分制改革目标，结合我校教学业务的实际情况，修订《广州大学普通本科生学籍管理规定》《广州大学全日制本科生成绩管理规定》《广州大学学分制收费管理办法（试行）》《广州大学学分制管理实施办法（试行）》《广州大学本科课程学分替代管理办法（试行）》等核心管理文件，推动学分制教学管理逐步走向规范化、标准化。建设新一代教学综合信息服务平台，构建逻辑合理、结构清晰的课程管理系统，选课门次与选课人数大幅度提

升，分别从2016年的300门次、15000人次增加至2020年的2000门次、130000人次；管理效率大大增加，学生毕业综合审核从原来60天以上缩短至20天左右。依托数据中心，实现教学综合服务信息平台与人才培养方案管理系统、长江雨课堂等其他教学管理服务平台的同步应用，增强教学管理过程的精准化、智能化和规范化。

面对突发的新冠肺炎疫情，学校根据教育部和省市教育部门的要求，坚持"防疫为主、师生生命安全第一"的思想，提出防疫期间"延期不停学，开学不返校，质量不降低"的目标，制定《广州大学2020年春季疫情防控期间在线教学安排工作方案》等系列文件，充分利用现代信息技术与教育教学的深度融合，创新教育教学模式，全面实施在线教学，共有1787位教师开出1854门线上课程，本科课程在线教学率高达到97.43%；有24020名学生（累计3577884人次）参加在线学习，学生参加率为80.6%；7277名毕业生参加线上答辩，占比97.3%。

（二）存在问题

1. 培养模式与人才培养目标的达成度有差距

国家作出的全面建成社会主义现代化强国的部署，对学校人才培养模式提出了新要求。学校通过融合培养、联合培养等方式破除系列体制机制障碍，扎实推进创新型人才培养工作，但在人才培养的制度保障、理念创新、方案优化、课程建设、就业竞争力等方面还不够完善。

2. 专业布局与粤港澳大湾区和国家战略需求的匹配度有待增强

现有专业结构与粤港澳大湾区和国家战略需求，特别是战略性新兴产业发展人才需求的匹配度还有距离。个别专业老化，人才培养质量与经济社会发展需求契合度不高，需要进一步调整。新工科、新师范、新文科、新医科的建设标准还有待深化，在产教融合方面的改革力度还不够。

3. 师资投入与一流创新型大学建设的契合度有待提升

教师规模发展相对滞后，生师比偏高。部分教师对教学投入力度不够。部分教师仍然沿袭惯有理念、方法和经验，缺乏大胆开展教学改革的勇气，课堂教学水平参差不齐。教师培训的力度和实效性还有提升空间，难以个性化、差异化、精准化，难以满足现有需求。

4. 教学资源对高质量教学过程的维持度不够

学校的办学空间增长跟不上学校发展的速度。教学空间资源相对紧张，教学场地和实验设施不足，智慧教室建设滞后。课程资源尤其是优质通识选修课、省级以上在线精品课程的总量相对不足，不能充分满足学生多样化、个性化的学习需求。核心课程建设和投入缺乏长效机制，优质课程资源、实验资源难以共享，网络课程、视频公开课程建设有待加强。

5. 教学改革对标志性教学成果的支撑度不足

教学改革的力度与深度不够，高水平的教学研究项目与标志性教学改革成果数量偏少。教育教学成果研究轻培育重申报，在精准选题、凝练特色等方面还不完善。考试考核方法有待改进，部分专业的毕业论文（设计）质量把关不严，教学质量有待进一步提高。

二、"十四五"本科教育教学发展规划

（一）建设思路

以习近平新时代中国特色社会主义思想为指导，全面贯彻党的新时期教育方针，深入落实习近

平总书记关于教育系列重要讲话精神，以本为本，高质量推进本科人才培养工作。根据学校高水平大学建设和"十四五"规划的总体工作思路，聚焦国家、粤港澳大湾区以及广州市经济社会科技发展人才需求，以推进新文科、新工科、新师范、新医科建设为目标，以一流专业建设为重点，按照"理厚工精、文优教特、交叉融合、创新发展"的思路，持续推动专业结构调整，进一步优化本科专业布局。实施"1+2"人才培养高质量发展工程，构建拔尖创新人才与卓越应用人才两大培养体系，建立与学科建设和"2+6+1"科研创新平台建设相协调的本科人才培养联动机制，不断提升人才培养质量。聚焦省级以上一流课程建设、高层次教学团队培养、高层次教学平台打造、高质量教学成果培育、高效能创新创业教育和产业学院建设，打造一流特色专业集群和有品质的一流本科专业教育平台，确保人才培养目标的达成。

（二）建设目标

全面贯彻党的教育方针，坚持教育为社会主义现代化建设服务、为人民服务，把立德树人作为教育的根本任务，全面实施素质教育，培养德智体美劳全面发展的社会主义建设者和接班人，致力于培养"德才兼备、家国情怀、视野开阔、爱体育、懂艺术，能力发展性强"的高素质创新人才，不断围绕有时代内涵的"二十四字"人才培养目标凝练广大特色学生特质。聚焦专业结构优化与专业内涵建设，以一流专业建设统领本科教育教学改革，通过推动课程、教材、团队、平台等要素质量的提升，深化教学组织体系和人才培养模式改革。经过5年努力，力争将本科招生人数控制在3万人左右，本科专业保持在70—75个，保持理工科专业数及招生人数占比超过一半。实现70%的招生专业进入省级以上一流本科专业建设点，建成国家级一流本科专业20个左右、省级一流本科专业20个左右，力争三分之一的专业通过国家或国际权威机构认证。建设75门省级以上一流课程、200门校级在线课程、500门校级通识课程、100门双语教学课程。获批10—15项省级以上教学成果奖、100项省级以上教学改革项目、100项省级以上校企协同育人项目，打造2—3支省级以上高水平思政课程教学团队。新增5名省级以上高等教育教学名师和特支计划教学名师。"互联网+""挑战杯""创青春"等国家创新创业竞赛成绩稳居广东高校前列。建成3—5个省级以上"产学研"本科人才培养创新平台（产业学院），实现拔尖创新人才培养全覆盖，打造"景中班""福霖班""滨兴班"等有影响力的拔尖创新班，形成比较完善的面向国家战略、基于行业需求、服务国家和地方经济社会发展的拔尖创新人才培养体系。毕业生就业质量有较大程度的提升，总体就业率在95%以上。

（三）建设举措

1. 以落实立德树人为根本任务，持续完善广大底色人才培养体系

持续夯实育人底色与育人基础。着力围绕立德树人这一根本任务，落实"五育并举"，推进"三全育人"，进一步丰富和凝练"二十四"字人才培养目标内涵、明确广大人才培养目标定位。以思政课程、课程思政和学年礼为抓手，优化人才培养方案和课程教学大纲，构建"大思政"教学理念，使立德树人工作贯穿教育教学全过程。坚持生命至上、以人为本的发展理念，加强大学生生理和心理健康教育。在"人机共存""万物互联"、数字经济与数字社会转型时代中积极面对机遇和挑战，在着力实现学校通识教育结构化、模块化的基础上不断完善通识教育课程体系，打造大数据与数字技术教育模式。

以大思政教育体系为抓手开展文化育人。深化思政课程和课程思政建设，完善思政课程与课程

思政有机衔接的大思政教育体系，打造特色思政教育"金课"群。以思政课程和课程思政"金课"为核心，以"十大育人体系"为载体，推进文化育人，着力在文化自觉和文化自信的教育实践方面实现新的突破创新，引导学生自觉践行社会主义核心价值观，崇尚并弘扬中华优秀传统文化、革命文化和社会主义先进文化，积极吸收借鉴人类文明优秀成果，传承发展岭南文化，积极投身粤港澳大湾区文化建设，涵养大学精神，实现全面发展和个性发展相结合，着力培养肩负使命、追求卓越的时代新人。

探索分层分类人才培养模式。结合2021年修订的人才培养方案和课程教学大纲，分类推进人才培养模式改革，全面实施拔尖创新人才和卓越应用人才等双轨制人才培养计划。自2021年起，除极少数招生人数较少的本科专业外，其余专业全部采取"两条腿"走路的人才培养路径，组建实体性的拔尖创新班，同步实施拔尖创新人才和卓越应用人才培养计划。前者重点加强基础课程教学和学术训练，强化学生批判思维、科研与创新实践培养，引导学术志趣，激励学生继续深造，培养科研创新人才；后者重点强调对接行业企业事业部门需求，深化实践教学改革，协同行业企业事业部门创新协同育人模式，开展创新实验班、共建产业学院等多种形式深度参与培养过程，培养实践能力强的应用型创新人才。

继续发挥学年礼的育人功能。以"学年礼"为牵引，使学校的人才培养目标真正落到全体学生和全部学段。以评价促发展，进一步优化学生核心素质评价指标体系。以学年为背景，以学生为目标，继续坚持每学年分别在二、三、四年级学生中举行一场学年礼活动，着力激发与学生发展相关的育人担当，着力构建一体化育人体系，打通育人最后一公里，将全程育人落到实处。

持续坚持培根铸魂，启智润心。继续实施第一班主任制度，举办"名师第一课"，让学生扣好大学生活第一颗扣子。继续以"五室一站"为依托做好学生思想教育进公寓，以易班网络平台、微信公众号、网站等新媒体为依托加强学生网络思想政治教育，构建网络思政教育工作新格局。进一步加强新疆籍少数民族学生和港澳台学生教育，铸牢学生中华民族共同体意识。

不断推进五大中心的建设发展。继续加强经典百书阅读推广中心、学生体育活动中心、公共艺术教育中心、大学生语言能力教学中心、劳动教育中心等"五大中心"建设，进一步落实各中心工作机制，完善广大底色人才培养体系的组织保障与评价体系，让人才培养目标成为全校共识，彰显广大育人底色。

持续改进共青团工作。以"三下乡""志愿服务"等工作项目健全实践教育机制，以完善班团一体化协同工作机制为抓手改进组织运行过程，以创新规范开展团的"三会两制一课"和"第二课堂成绩单"为载体创新组织动员方式。进一步加强基层团组织建设，通过"千名教工党员联系千个团支部""青年马克思主义者培养工程"等活动加强正面教育。持续推进学生会、研究生会和学生社团改革，完善以服务学生、志愿奉献为导向的激励表彰、纪律约束等机制，深化团委工作的育人功能。

加强学生班集体建设和学风建设，营造人心向学良好风气。以学年礼为牵引，着力加强学风建设，贯彻落实《关于进一步加强学生班集体建设的实施意见》等系列文件精神，实施第一班主任制度，选聘校领导、名师、专家、学科带头人、相关职能部处负责人、各学院党委书记及院长、马克思主义理论课和思想政治教育课教师等担任第一班主任，加强班主任队伍建设，进一步加强新形势下学生班集体建设。举办新生入学教育"名师第一课"，组织开展优良学风（标兵）班集体创建和评选活动，形成"比、赶、超"的良好学习氛围，营造良好校风班风。开展"十佳学生"评选、"身边的榜样"系列宣讲、"我的大学生涯规划"评选等活动，为学生成长规划提供清晰指引，营造人心向学良好学风。组织考研分享会，着力提升毕业生深造率。

2. 以建设一流专业为引领，不断提升专业内涵建设水平

一流专业建设思路。以国家和粤港澳大湾区经济社会发展战略需求为导向，以学校高水平大学建设方案和《广州大学一流本科专业建设三年行动计划（2020—2022年）》为统领，以"五度"为尺标，以新工科、新文科、新师范、新农科、新医科等专业建设为路径，按照"理厚工精、文优教特、交叉融合、创新发展"的思路，聚焦信息科学、工程技术、理学、经管社科、人文艺术、师范教育等六大类招生专业群，建设国家和省级一流专业集群，力争实现70%的本科招生专业进入省级以上一流专业，建成20个左右国家一流本科专业，20个左右省级一流本科专业，形成一流专业集群。

打造一流专业集群。强调与新一代信息技术、人工智能、大数据科学的融合，积极探索跨学科、跨学院的复合型专业建设，以一流专业建设为目标，打造有特色的一流专业集群。以信息技术优势学科为基础，以国家和粤港澳大湾区人才需求为导向，以计算机科学与技术、网络空间安全和电子信息工程等为核心，打造一流信息科学专业集群。与新一代信息技术、人工智能、新型材料、集成电路等工科相融合，推进更加密切的产学研合作，加快省级以上产学研基地和产业学院建设，强化现有土木工程、化学化工、环境工程等国家和省级一流专业建设，打造新工科一流专业集群。以数学、化学、物理学等优势学科为依托，以培养拔尖创新人才为引领，更好地发挥基础学科对创新型人才培养的支撑作用，打造理科一流专业集群。推进中国语言文学、法学、经济学、管理学、美术学、音乐学等传统文科艺术专业与信息技术、人工智能、大数据科学及其他工程技术学科的交汇融通，打造新文科一流专业集群。精准对接区域基础教育需求，以创建国家教师教育创新实验区建设为抓手，构建"政府—高校—中小学（含幼儿园）"三位一体的教师教育共同体，打造新师范一流专业集群。面向健康湾区建设需求，依托校医联合研究平台，工医融合、生医融合、教医融合，推动医科类专业建设，新增新医科专业群，使医科专业建设取得突破，医科学生占在校生总数2%—3%。

抓实专业建设内涵。着力汇聚师资、课程、教材和平台等专业建设的关键要素，推进本科人才培养综合改革。完善"广州良师"体系，扩大"广州良师"队伍，加强以教学名师为核心的教学团队建设，以教学团队建设为依托，加强和完善教师教学发展服务体系。结合教师分类聘任和考核，加强教学师资队伍建设与绩效评价，不断强化教学中心地位。加快智慧教室、探究式学习空间、公共艺术教育空间、文科综合实验室建设，提升电工电子等工科公共实训教学平台水平；加强专业群实验实践共享平台建设，提升教学资源共享度和效率，为推进以学为中心、自主学习探究式学习、"两性一度"的教学模式改革提供支撑。以学生为主体，优化"招生质量—专业学习—就业质量—生涯发展"四位一体的质量反馈改进体系，建立以能力发展为导向的质量文化，不断提升人才培养质量。

对接新科技和产业变革，提升专业和课程建设的信息化、数字化、智能化水平。主动对接新一轮科技革命和产业变革对人才培养提出的新要求及专业建设和课程教学改革的新趋向。破除学科壁垒和思维惯性，应时而动科学拓展专业设置和布局，在新兴技术基础上进行专业内涵重构，提升人才培养格局，积极拥抱新技术，深化专业综合改革，实现专业建设和人才培养与科技革命和产业变

革的同频共振。以"互联网+""智能+"升级改造传统专业和碎片化课程，做好专业内涵及课程教学内容增量建设和存量调整，推动学科交叉融合，推进科产教融合，将人工智能、区块链、云计算、大数据等前沿科技及跨学科思维能力培养方面融入课程体系和教学内容，提升专业内涵建设和课程教育教学改革的信息化、数字化、智能化水平，增强学生运用现代信息技术认识问题、分析问题并创造性解决问题的意识与能力。

3. 以一流课程建设为核心，持续建设广大金课体系

深入推进一流课程建设。坚持"提升高阶性、突出创新性、增加挑战度"两性一度建设标准，按照校、省、国家三级规划，全面开展线上、线下、线上线下混合式、虚拟仿真实验教学、社会实践等五类一流本科课程建设，树立"学生中心、产出导向、持续改进"的课程建设新理念，推进课程内容、教学方式方法改革创新，实施科学课程评价，严格课程管理，提高教师教学能力，完善以质量为导向的课程建设激励机制，形成多类型、多样化的教学内容与课程体系。

加大课程建设力度。经过5年建设，全校每个专业至少建成校级一流课程5门，省级一流专业（重点专业、特色专业）建设点至少建成校级一流课程6门，国家级一流专业建设点至少建成校级一流课程8门；每个学院至少建成校级通识类一流课程2门，大学英语、高等数学等全校公共基础课程以教研室为单位至少建成校级一流课程2门，力争建成校级一流课程300门左右；择优扶强打造省级、国家级一流课程，建成15门左右国家级、50门左右省级一流本科课程。重点投入，建设一批高质量的思政课程和公共基础课程。

打造广大金课体系。本着"夯实基础课程、凸显专业核心课程、扩大选修课程"的原则，进一步增加课程总量，丰富课程层次和类型，优化广大底色课程体系。进一步完善学校"金课"评审认定方案，发挥"金课"的示范作用。着力引导一流课程、星级课程发挥引领示范作用，以点带面，打造一批高水平课程，为创新型人才培养提供有力支撑。继续推进通识核心课程、小班研讨课程建设，扩大小班教学规模，逐步完成由大班课堂向小班课堂的转化，合理增加课堂难度、拓展课程深度、扩大课程选择度，以提升教学效果为目的创新教学方法，以问题导向或专题研究的方式开展教学，促进学生有效思考，增加师生交流，引导学生主动投入，令学生获得深度的学习参与经验，致力于使学生真正成为学习的主人，让学习成为创造性思维的养成过程。

实施思政课程与基础课程提升工程。加强思政课程和课程思政建设，构建和完善思政课程与课程思政有机衔接的大思政教育体系，强化基础课程内涵建设，实施"基础课程质量提升计划"，打造具有"高阶性、创新性、挑战度"的基础课程群，完善具有广大特色的思政教育"金课"群。加强思想政治理论课、公共基础课程教师队伍和教学团队建设，采用引进与培养相结合的方式加强基础课程教学带头人、骨干教师和青年教师培育。配齐配强思政课程和公共基础课程的师资。组建核心骨干相对稳定的、结构合理的公共基础课程教学团队，引导高水平教师参与公共基础课程教学工作，提高公共基础课程的教学质量和教学水平，突破学生深造的大学数学、思想政治和英语等课程瓶颈。加强课程思政建设，发挥好每门课程的育人作用。扎实做好课程思政教学研究与实践中心、示范学院、示范专业、示范课程和优秀案例建设，培育"课程思政"优秀教师和教学团队，挖掘各门课程中蕴含的思想政治教育元素，科学设计课程思政教学体系，结合专业特点分类推进课程思政建设，将课程思政融入课堂教学全过程，实现思想政治教育和知识体系教育的有机统一。

4. 以健全质量管理机制为突破口，不断强化质量保障体系

加强质量管理队伍建设。配齐学校、学院层面教学质量督导和管理人员，定期开展教学管理人员业务培训，提升业务水平和管理能力，通过评选教学管理先进单位和先进个人等激励机制激发积极性，提升其服务水平。

完善"四位一体"的听课与评价制度。根据专业学科特点、课程类别等优化教学质量评价体系，进一步强化质量评价在教师奖惩、职称评定中的主导性作用。严格执行校院两级领导听课制度，每学年对听课任务的落实情况进行统计和公布。完善教学督导制度，扩大校级教学督导队伍，强化教学督导对教学环节的全过程监督。坚持开展学生网上集中评教、学生问卷评教及学生座谈会评教等评教制度。注重充分发挥学生在教学质量监控中的主体作用，继续在每个专业、班级设置教学信息员，通过信息员及时收集、汇总、反馈教学信息，为教学管理和教学监控提供参考依据。深化学生评价、督导评价、领导评价、同行评价等"四位一体"的听课与评价制度，进一步完善教学奖惩机制，为教学质量保驾护航。

建立人才培养与招生就业联动机制。健全招生信息反馈与就业跟踪反馈机制，将招生指标（计划完成率、志愿填报率、生源排位）、就业指标（就业质量、就业率、升学率、毕业生就业满意度、校友评价、用人单位满意度）与人才培养指标（专业设置、学生对课程满意度、教学效果）等纳入联动评价体系，将就业质量与招生计划、学科建设、专业设置、培养模式、课程改革、经费投入、绩效考评等挂钩，构建人才培养与招生就业互动联动机制。

推进以学生为中心、以产出为导向的持续改进的质量文化建设。通过专题培训、教改研讨、名师报告会、教学竞赛等途径，全面落实以学生为中心、以产出为导向的持续改进的教学和质量管理理念，不断增强教师和管理人员对质量管理的认识和能力，培养全校教职工的教学质量意识，在全校上下形成重视教学质量的文化和氛围。

5. 以提升教师教学能力为核心，稳步推进教师分层分类培训

完善教师专业发展机制。构建结构完整、层次分明、衔接紧密的教师专业成长体系，建立青年教师专业发展绿色通道和扶持机制，鼓励优秀青年教师脱颖而出，优化青年教师专业发展道路。完善教学激励机制，通过本科教学优秀奖、青年教师教学竞赛、星级课程评选制度，鼓励教师向教学投入精力，努力提高教学质量。

健全教师教学能力培养体系。进一步加强"青蓝工程""培优工程""教学创新工程""名师工程"等教学能力培养计划的建设力度，开展教学研究与教学改革，创新教学模式与教学方法。开展教学经验交流与示范教学，推广教学改革实践经验和成果。通过教学竞赛、教学沙龙、教师工作坊、教学演示、教学观摩等途径，进一步提高教师教学创新能力和教学实践能力。

构建"智慧教育+教师培训"的教学服务体系。充分利用网络教学平台，优化培训内容，推动信息技术与教师培训的有机融合，实行线上线下混合式教学培训，推进教师教育信息化建设力度，加速推动以自主、合作、探究为主要特征的教学方式变革。

6. 以提升学生"三创"能力为重点，持续强化实践教学保障体系

打造"三创"教育全链条。以学生发展为本，深化五类人才培养模式改革，优化培养体系，打破专业壁垒，完善学生根据自身特点和志愿自主选择专业、学业发展路径的分类培养、个性化发展

的教育教学体系，强化学生"三创"（创新、创造、创业）意识和能力。加强校校（海内外名校）协同、校院（中国科学院、新型创新研究院）协同，创新联合育人模式，探索建立联合学院，强化拔尖创新人才培养，激励更多学生勇于进行学术探究与创造创新。加强与企业、行业、政府的深度合作，建设协同创新与协同育人平台，探索建立产业学院，强化创造创业能力的培养，激励更多学生走创新创业发展之路。加强创新创业体系和创新创业基地建设，完善开放式实践教学体系，加强科教协同、校企协同、赛教协同，提升学生的"三创"学习体验和成效。

强化实践教学保障体系。进一步完善"一主线、三层次、五模块"特色实践教学体系，不断改革实践教学内容，持续推进教师科研成果创新实验教学内容。加强实验教学规范管理与实验教学内涵建设，提高实验教学质量，完善认识性、技能性、综合性、研究性"四阶递进式"实践教学课程体系。整合实践教学资源，加强实践教学基地建设，丰富实践教学场域，打造一批优质实践教学基地。优化实习管理流程，加强实习环节监管，提高实习教学效果。加强毕业论文（设计）选题与过程管理，提高论文（设计）选题来源于科研项目的百分比，强化教师的指导。

稳步推进校企协同育人。践行协同育人理念，促进各应用型专业参与协同育人的积极性，鼓励各专业走出校门，与科研院所、行业企业深度融合，积极探索校内外共同制定培养方案，共建课程、实验室、实习实训和就业基地的机制体制，鼓励学生参与校企合作的课题研究，探索建立适应不同需求、不同形式的人才培养协同创新模式。稳步推进协同育人，力争到2025年立项建设的校企协同人才培养实验班达到20个左右，开设一批高质量的校企协同育人课程，使学生获得在行业、产业背景下学习知识和培养能力的良好平台，实现学校培养和社会需求的无缝对接。

持续推进实验室建设。依据学校的学科专业布局，以有利于实验教学体系改革为主线，有利于培养学生实践和创新能力为核心，积极推进科研实验室参与和服务本科教育教学工作，有计划、有步骤地加强和优化公共基础课、专业基础课的实验室建设，建成文科综合实验楼，促进实验资源整合与共享，形成布局合理、结构优化、层次较高的实验室格局。调整优化教学实验室整体布局，进一步提高实验室使用效率，重点打造一批复合性教学实验室。进一步提高实验员办公室（准备室）的使用效率，进一步规范实验员的工作量与工作内容。

构建劳动教育保障体系。营造劳动教育氛围，开展劳动教育专题讲座。强化马克思主义劳动观教育，在通识必修课程中突出马克思主义劳动观、劳动安全和劳动法规等内容。在专业教育中有机融入劳动教育，结合专业特色，深化"专业教育+劳动教育""创新创业+劳动教育"实践。灵活设立集体劳动日/周，结合专业能力素质要求、职业发展需求和教学计划安排，有序组织学生集中开展劳动实践。开展日常生活劳动教育，将日常劳动贯穿学生学习生活全过程。开展服务性劳动实践，以校院两级团学组织为主体，开设志愿劳动项目，增强学生公益性劳动意识。

强化学生安全教育。将安全教育列入课程计划，依托专职安全教育及学生工作团队，确保学生安全教育全覆盖、保质量。落实人员保障，以1000∶1—1500∶1比例配备专职保卫干部，设立安全教育教研室，为安全教育教研室和军事教研室配备专业技术编制。为师范生开设幼儿和未成年学生安全教育管理以及安全技能课程，提高师范生安全教育管理能力。对师生员工、安全保卫人员进行安全风险防控、应急处置和相关安全法律知识的教育培训与演练。结合"天网"建设，加快推进校园视频监控设备、校门人脸识别系统及更新老旧消防设备的建设。

7. 以深化教育教学改革为动力，系统培育高水平教育教学成果

深入实施本科教学质量工程。以教育教学改革项目为牵引，聚焦一流专业和一流课程建设，鼓励和支持教师聚焦新工科、新文科、新师范、新医科建设，积极开展人才培养模式、教学内容、教学模式、教学方法、课程考核评价改革，实现从"以教为中心"向"以学为中心"的转变，不断提高教育教学质量与效果。坚持问题导向，特色突出，引导一线教师立足于学校专业实际，结合经济社会和行业发展对人才培养的要求，分析自身优劣，有的放矢地解决教学改革中的热点难点问题，谋划思路，精准切入，做实成效。

系统凝练高水平教育教学成果。将教学成果工作的重心由申报转向培育，通过重点挖掘、专题报告、专家咨询、个别指导等方式，遴选出一批具有独创性、实用性和推广价值的成果，有重点、有针对性地进行培育。引导培育项目重调研、重数据、重比较、重创新，让成果有理有据、体现优势与特色，促进优质教学成果的生成，力争实现高水平教学成果获奖数量的突破。在大类招生、自选专业、通识教育、研究性学习、弹性学制、导师制、基地班、实验班和拔尖人才培养等方面加大改革创新力度，力争立项建设省级教育教学改革项目110项左右，省级教学成果奖20项左右，国家级教学成果奖3项左右。

注重名师培育及示范引领。提高教学名师工作成效，有计划、分层次选拔培育国家、省级和校级名师，完善"广州良师"体系，扩大"广州良师"队伍。以典型引路，以先进示范，发挥教学名师以点带面的榜样和辐射作用，创新课程教学模式，引领教学内容和教学方法改革，加强教学梯队建设，发挥好"传帮带"作用，激发广大教师追求教育职业的理想、投身教育事业的热情、开拓教育事业的勇气。

8. 以审核评估和专业认证为抓手，全面提升本科教育教学质量

开展以校院为主体的审核评估，促进学校办学水平的整体提升。以教育部《普通高等学校本科教育教学审核评估实施方案（2021—2025年）》为指引，结合学校事业发展需要，主动向广东省教育厅和教育部申报较高层次的审核评估类型，立足第二类审核评估，积极创造条件向第一类审核评估靠拢。对照第二类审核评估在人才培养目标达成度、社会适应度、条件保障度、质量保障有效度、结果满意度的定性审核和定量审核标准，开展校院两级常态化审核评估，以校为主导，抓好院级审核评估，促进学院办学硬件与软件建设，实现整体办学水平的提升。

以专业认证为抓手，持续提升人才培养质量。以落实"学生中心、产出导向、持续改进"的核心理念为突破口，以国家一流专业建设为契机，将一流专业建设的强大科层传导潜力转化为专业认证的内在动力，全面推进专业认证工作。进一步完善专业人才培养内部质量保障和持续改进机制，培育质量管理校本特色文化，不断增强全体教职工"以学生为中心，注重结果导向和持续改进"的自觉性，促进人才培养质量的提升。

落实新师范建设理念，推进师范专业认证。按照国家一流专业建设条件要求，以达成教育部师范类专业二级专业认证标准为目标，大力开展自评自建工作，狠抓18个核心指标的达标推进工作，力争所有具备基本申报条件但又未能申请通过认证的13个师范类专业申报并通过二级或以上师范专业认证。以校内评估为手段，促进应用心理学、小学教育和特殊教育专业的内涵建设，使这几个专业到"十四五"规划末期基本达到师范类专业认证的条件。

切实开展工程认证，推进新工科建设。以达成"华盛顿协议"的工程教育专业认证国际标准为目标，积极开展工科专业自评自建工作，力争新增5个工科专业通过权威机构认证，力争商科、旅游管理类专业参加相关国际认证。以迎接专业认证或评估的复评复检为抓手，强化已通过认证或评估专业的内涵建设，巩固专业认证和专业评估成果，发挥好已通过认证专业的建设示范作用，确保所有复评复检专业顺利通过。

9. 以建设高水平教学管理为目的，不断优化基层教学组织体系

打造信息化教学管理体系。以五大人才培养模式共有的基础管理服务为根本出发点，以"数据"为媒介，纵向贯通学籍、培养方案、开课、排课、成绩管理等基础管理服务的全流程，让"数据"多跑路，衔接各项管理制度与服务形式，形成管理与服务的闭环，从而极大地提升基础管理服务的精准性与科学化。优化智慧课堂建设的顶层设计，构建以资源数字化、应用集成化、传播智能化为核心要义的信息化教学环境与教学方式。不断推进信息技术与教育教学管理的深度融合，围绕师生的应用需求，完善硬件、软件及资源建设。以师生动态需求为教学管理服务的横向拓展点，依托新一代教学综合信息服务平台，及时扩大服务的覆盖范围，丰富服务种类，差异化、个性化满足不同用户的服务需求。依托数据中心等数据媒介交换平台，促进教学管理服务与学校其他服务的有效融合，淡化教学管理服务的边界，从而逐步推动管理服务向"一体化、智慧化"转型。拓宽管理人员准入渠道和门槛，加大信息服务技术应用培训力度，全面提升教学管理及服务人员的信息素养。

构建智能化教学服务模式。结合大数据等新兴技术，科学量化学生画像模型，结合学业预警、学业奖励等措施，有效激发学生积极学习、努力创新的动力，不断提高服务的温度。推动服务模式从"提出问题、解决问题"为要义的被动式服务模式向以"提前、主动、预防、关怀"为核心的智能化服务模式转型。发展基于互联网的教学管理新模式，探索基于信息技术的服务供给新渠道，推进科学化、智能化、精细化与个性化教学管理。

优化基层教学组织体系。完善专业负责人、课程负责人、教学团队、教研室、课程组等基层教学组织建设，构建基层教学组织全覆盖、教师全员纳入基层教学组织的格局。落实责任制，强化教学研究，研讨课程设计，建立定期教学研讨机制，形成课程、教材、团队等教学资源的集成优势，激发教学组织集体智慧与活力，推进学校教育教学有序运行、教学质量不断提升，营造良好教学文化氛围。强化大学数学、大学物理、公共外语等公共课程教学组织功能，加强"文体艺语劳"五大中心建设，探索建立通识课程教育中心与平台课程教学部，加强统筹协调，推进模块化课程体系与教学组织改革。

校党委书记屈哨兵在学期末学校中层干部会议上的讲话

（2021年1月18日）

同志们：

再过一周，我们就要进入寒假假期了。今天，我们召开中层干部会议，总结过去一年的办学成绩，部署新一年的工作任务，全面贯彻落实党的十九届五中全会精神、2021年全国教育工作会议

和全省教育工作会议精神，凝聚共识，统一思想，鼓足干劲，群策群力，确保学校"十四五"开好局、起好步。

今天的会议是学校换届后全体中层的首次集体亮相。刚才，我们开了第一段的会议，对本次新提任的86位中层领导干部进行了集体谈话，对他们提出了任职要求。现在是第二段会议，现任及新一届中层领导干部一起参加。现任的干部在本次换届中，有的是继续留任，有的是交流轮岗，有的则因为年龄原因退出领导岗位。下面，我提议，大家用热烈的掌声，对换届后不再担任领导职务的同志表示感谢！感谢他们一直以来为学校改革与发展所作出的贡献！同时也希望他们能够继续发挥优势，给新上任的领导干部传授好的工作经验和方法，做好工作衔接，交好历史的接力棒，共同推动学校各项事业平稳有序、继续向前发展。

刚才，魏明海校长就假期及近期的一些重点工作进行了部署，我都赞同。大家要认真学习领会，抓好贯彻落实。

下面，我讲三个方面意见。

一、2020年主要工作情况

2020年，在省委省政府、市委市政府的正确领导下，学校全面贯彻党的教育方针，加强党对学校工作的全面领导，落实立德树人根本任务，统筹推进疫情防控和各项事业建设发展，全校师生以奋进的姿态高质量完成了"十三五"规划和高水平大学一期建设各项重点任务，学校综合实力和办学水平跃上了新的台阶。

（一）党对学校工作的全面领导得到进一步加强

深入学习贯彻习近平新时代中国特色社会主义思想和习近平总书记重要讲话精神，坚持用习近平新时代中国特色社会主义思想铸魂育人，筑牢学校党的领导坚强阵地。一年来，共组织校党委常委会第一议题学习27次，召开校党委中心组（扩大）学习会6次，实现党员、教工、学生理论学习全覆盖，以理论学习的深入不断筑牢筑实政治信仰之基。严格遵守党委领导下的校长负责制，修订完善学校党委常委会会议议事决策规则和校长办公会议议事规则，切实推动管党治党、办学治校主体责任落实到位。一年来，共组织召开学校党委常委会会议33次、校长办公会议26次、校领导碰头会19次，研究各类议题527项。

落实全面从严治党政治责任，不断推动全面从严治党向纵深发展、向基层延伸。一年来，共组织召开基层党委（党总支）书记例会21次、机关党委各支部书记例会7次，推动管党治党责任层层落实。出台实施《中共广州大学委员会贯彻落实〈关于加强高校党的政治建设的若干措施〉的实施意见》，出台《广州大学落实全面从严治党责任清单》，召开学校全面从严治党工作会议，层层压实管党治党政治责任。

（二）党建和思想政治工作得到进一步加强

学校深入推进基层党组织建设三年行动计划，以党组织全面进步全面过硬为抓手，高质量打好基层党建三年行动计划收官战。分别制定实施学校党支部和党员星定级工作的实施方案，以及基层党组织书记抓基层党建工作述职评议考核办法，建立"双星双评"工作长效机制和党建工作考核指标体系。召开学校首次年度党组织书记抓基层党建工作述职及支部评星定级评议会，机关党委31个支部的支部书记分别就本年度支部履行职责、完成任务、发挥作用的情况进行述职。91个教师党支部已实现书记"双带头人"全覆盖，"黄大年式"教学科研团队建设初见成效，分析科学技术研究中心党支部韩冬雪工作室获批广东省"双带头人"教师党支部书记工作室立项。在广东省第三批新时代高校党建"双创"工作中，入选"标杆院系"1个，"样板支部"3个。

进一步加强思政课建设的顶层设计和统筹协调，出台实施《广州大学思想政治教育课程教学改革实施方案》和《广州大学课程思政建设实施方案》，建立健全思政课程与课程思政、理论课程与实践课程、必修课程与选修课程"三协同"的思政课程体系。出台实施《广州大学关于加强思想政治理论课和思想政治理论课教师队伍建设的实施方案》，按照上级要求配齐建强思政课教师和辅导员队伍。一年来，校院两级党政一把手开讲"思政第一课"96人次，覆盖学生7300余人。建立健全意识形态工作大格局，完善意识形态突发事件应急处置协同工作机制、定期汇报机制和舆情监控机制，全面提升校园应急事件处置能力。学年礼从意见到标准再到执行最后到评价形成覆盖全体学生全面发展、覆盖全部学段的全周期教育机制。分别面向本科三个年级举行了2020年学年礼活动，在全校发布了分别对应广大人才培养目标的四份广大底色学生素质评价报告。广大底色人才培养目标的达成度更为彰显，"三全育人""五育并举"格局成色更足。

（三）筑牢校园疫情防线，全力确保学校正常教育教学秩序

疫情防控工作扎实。面对突如其来的新冠肺炎疫情，学校提高政治站位，全面落实中央、省、市要求，学校党委坚强领导，全校师生"一盘棋"，迅速行动，精准防控，及时推动出台实施疫情防控、师生返校等工作方案、应急预案和工作指引等有关制度文件70余份，各种防控物资迅速准备到位，筑牢校园防疫阵地，确保疫情防控和学校正常教育教学秩序。今年以来共召开学校常态化疫情防控工作领导小组会议27次、专班视频会议329次，形成问题台账1250余条并逐条督促落实。门诊部副主任金友医生被评为广州市抗击新冠肺炎疫情先进个人。

教育教学工作有序开展。学校把高质量的课程作为迎战疫情的利器，学校形成了有史以来最高质量、最大规模的在线教育：本科1854门线上课程，研究生652门线上课程，全校35871名学生全覆盖。成立23个学科教学渗透心理健康教育工作小组，全校共5567门课程班在线教学课进行全覆盖开展心理健康教育，共有28项在线教学案例被评为广东省本科高校在线开放课程指导委员会组织的在线教学优秀案例。

分批返校秩序井然。严格落实"四精准""六分""一独立""三全""五管"的防控要求，深入细致做好秋季学期学生返校工作。各职能部门、各学院通力合作，从8月8日起，组织全校本科生和研究生分9批，共34381名学生有序返校。8月启动技能课、实验课以及实习课等线下活动，3226名学生顺利完成159门次线下课程。

全面促进毕业生就业。全面贯彻落实两会精神和党中央关于"六稳""六保"的决策部署，多措并举、千方百计帮助学生高质量完成学业和就业，搭建了"网站+微信"、校友交流、校园线上招聘等信息平台，开展"千师助千生"活动，压紧压实就业"一把手"责任，构建全员促就业工作格局。8月上旬提前完成省委省政府下达的70%就业率目标，目前整体就业率与去年同期基本持平。2020届毕业生离校平稳有序。

（四）高水平大学建设取得新进展新成绩，学校综合实力迈上新台阶

学科建设跃上新水平。工程学和计算机科学两个学科进入ESI全球前5‰，新增化学、材料科

学进入ESI全球前1%。学校28个学科上榜"2020年中国最好学科"，其中，网络空间安全学科进入前10%，列全国第4位。8个学科进入2020软科世界一流学科榜单。学校继在"2020软科中国大学排名"跻身中国内地高校百强行列之后，在U.S.News2021世界大学排名榜中位列中国内地高校第60位，世界大学第706位，进步明显。

人才培养质量不断提高。在2019年获批国家级一流本科专业建设点18个的基础上，再获批国家级一流课程10门；省级一流本科专业建设点14个、重点专业建设项目2个、特色专业建设项目4个；47个项目获批教育部2019年第二批产学合作协同育人项目，立项数量居全省第一；39个项目获批省"质量工程"和教育教学改革项目；第六届中国国际"互联网+"大赛获1金1银1铜，奖牌总数居全省第三位。全年广大学子在各类学科竞赛共计获得省部级以上奖项503项。

学位与研究生教育发展迅速。2020年我校被省推荐到教育部共26个学位授权点，其中一级学科博士授权点13个、专业学位博士授权点2个、一级学科硕士授权点3个、专业学位硕士授权点8个。在第五轮学科水平评估中，我校共有土木工程等26个学科参加，同时有应用心理等8个专业学位点参加全国专业学位水平评估。研究生生源质量不断提高，硕士生规模扩大42%。

师资队伍建设不断增强。全年引进各类人才共93人，其中全职和特聘两院院士各1人，发达国家院士2人；入选"万人计划"哲学社会科学领军人才2人，"万人计划"青年拔尖人才、国家优青、百千万人才工程国家级人选各1人，其他国家重大人才工程项目（青年项目）2人，省部级人才项目3人。

服务地方发展能力持续提升。全年获国家和省部级各类重大重点专项5项，资助总经费达近亿元；共获批国家社科基金41项，自然科学基金128项。10项成果获得第八届高等学校科学研究人文社会科学优秀成果奖，位列全国第33位。与黄埔区、广州开发区合作建设黄埔研究院/研究生院，于今年9月开学，博士、硕士研究生484人，进驻网络空间先进技术研究院、人工智能与区块链研究院等7个科研机构，打造"信息+智慧"和"重大基础设施安全+智能"两大创新枢纽，着力加快建设广州人工智能与数字经济国家试验区建设提供重要支撑；与中山市人民医院签约共建生命医学联合研究院，探索医工结合的"新医科"发展模式。

对外合作交流不断推进。加速推进香港科技大学（广州）筹建工作，目前已获准登记注册为市属事业单位；顺利完成了对三所孔子学院管理权的转隶工作，推动孔子学院可持续发展；由我校发起成立的广州国际友城大学联盟朋友圈不断扩大，成员增至13所。广东省"海外名师项目"中我校获批项目40个，获批立项的引智项目数量在广东省高校中位居第二位；与南非德班理工大学、澳门大学等国（境）外高校新签合作协议9份。

基础设施建设进展顺利。减震控制与结构安全实验大楼主体工程已进入最后收尾阶段；18万平方米新增基础设施项目已全面开工建设，A区项目如期封顶。

（五）完成新一届中层领导干部换届工作，干部队伍焕发新活力

中层领导干部换届是2020年的重点工作之一，学校自11月23日起启动新一届中层换届工作，严格执行《党政领导干部选拔任用工作条例》等规定，坚持正确的选人用人导向，全校中层干部讲党性、顾大局，广大教职工积极参与、认真配合，保证了换届工作有序、高效、顺利进行，圆满地完成了换届任务。中层干部换届聘任干部262人，其中，新提任85人，轮岗28人，续任144人，挂职4人。43人因年龄原因退出领导岗位。新一届中层领导干部平均年龄45岁，40岁以下的65人，占比

24.8%；35岁以下的25人，占比9.5%；正高级职称80人，副高级职称97人，高级职称占比67.6%。通过换届，进一步优化领导班子特别是学院领导班子结构，提高了干部队伍的整体素质，努力打造一支适应学校"十四五"规划、高水平大学建设发展需要，结构合理、富有活力，更好落实立德树人根本任务的中层领导干部队伍。

新一届中层领导干部的四年任期正好是学校实现"十四五"发展规划、全面深化高水平大学建设的关键时期，与国家全面建设社会主义现代化国家的新征程同步，你们责任重大，任务艰巨，使命光荣，校党委对大家寄予厚望。希望新一届中层领导干部要有崭新的精神面貌和强烈的发展意识，有更高的目标，更大的信心，更强的执行力，共同推进高水平大学建设。

2020年各项工作的顺利推进完成，意味着学校"十三五"时期各项建设发展任务圆满收官。"十三五"时期同时也是广州市整体建设广州大学高水平大学、广东省高水平大学重点学科建设以及省高等教育"冲一流"学科建设的关键时期，全校师生以强烈的进取心勇担时代使命，推动省市高水平大学建设有机衔接、逐步递进。即使是在极不平凡的2020年，在疫情防控的背景之下，我们的教师和管理服务人员无论是上半年的线上教学、居家科研、返校值岗和居家办公，还是下半年返校复学后的开足马力，都用坚持和坚守奉献大局、应对变局、开创新局，统筹推进校园疫情防控和各项事业建设发展，各项主要目标任务如期完成，成效显著，亮点纷呈，"十三五"圆满收官。

总体来看，过去五年是我们事业快速发展、取得显著成绩的五年，这些成绩的取得，关键在于有习近平同志作为党中央的核心、全党的核心领航掌舵，有习近平新时代中国特色社会主义思想的科学指引。同时也离不开省委省政府、市委市政府的坚强领导，离不开在座各位的统筹协调、攻坚克难，离不开全校师生员工的齐心协力、克难求进。在这里，我代表学校党委，对全体中层干部、全校师生员工表示最衷心的感谢和最崇高的敬意！

当前，学校的发展势头非常好，特别是经过高水平大学建设，学校已经全面聚集了冲击"双一流"的势能。2020年，我们也顺利举行了广州大学合并组建二十周年活动，在大会上，我们回首砥砺奋进办学历程，展示合并组建发展成就，宣示广州大学的新追求：聚焦大学使命，围绕一流创新型大学建设目标，在人才培养、学科建设、服务社会、文化传承创新、对外交流合作上冲击更高水平。

"十四五"时期，我国教育进入高质量发展阶段，教育改革发展的外部环境和宏观政策环境已发生深刻变化，面对当今世界正经历百年未有之大变局，站在"两个一百年"的历史交汇点，学校的发展面临着新机遇、新挑战。立足新发展阶段，贯彻新发展理念，构建新发展格局，对标国家分类建设一流大学和一流学科，提高高等教育质量，投身国家创新驱动发展战略，建设高质量教育体系要求，贯彻落实省、市"十四五"规划和2035年远景目标任务，扎根中国大地办大学，培养德智体美劳全面发展的社会主义建设者和接班人，形成高质量的育人体系，我们还有不少差距，具体表现在：一是"三全育人""五育并举"的体制机制还不够健全，广大底色人才培养体系有待进一步健全；二是聚焦服务"双区"建设、"双城联动"战略，学校在学科布局、人才培养、科研主攻方向等方面与广州构建新发展格局、高质量发展的贴合度还需要进一步增强，在教学、科研和服务地方的重大或标志性成果的培育上还需更加用心用力；三是学校管理体系还不能很好适应深化高水平大学建设的要求，在深化评价体系改革、加强大湾区高等教育合作发展、在更大的范围内争取社会资源支撑学校办学发展、建设高效的管理服务体系等方面还有待进一步发力；四是全面从严治党在学校工作各领域各环节实现全覆盖在深度上还需要进一步加强，在一些具体方面甚至还存在短板和薄弱环节。我们必须要在认识上找差距，在工作上找短板，在措施上找弱项，在落实上找问题，在安全上找盲点，坚持问题导向、目标导向、结果导向，乘势而上，切实抓好各项工作落实。

二、2021年重点工作

"十四五"期间，学校的总体目标是：扎根中国，融通中外，立足时代，面向未来，坚持"四个面向"（面向国际学术前沿、面向国家重大战略、面向经济社会发展需求、面向人民生命健康），深化"三个对接"（对接广州和粤港澳大湾区高质量发展、对接广州和粤港澳大湾区创新驱动、对接广州和粤港澳大湾区扩大开放），凸显"三个创新"（人才培养创新、科技文化创新和体制机制创新），聚焦一流创新型大学建设目标，实施新"三步走"战略，力争到2025年基本形成学科、城市区域和国际化办学特色，为建成与国家和粤港澳大湾区深度融合、与广州城市地位相匹配的一流创新型大学奠定更坚实的基础，努力办好办人民满意的高等教育，综合办学实力进入国内高校前70名，国际前500名。

2021年是"十四五"开局之年，是开启全面建设社会主义现代化国家新征程的关键之年。2021年，学校的工作思路是：以习近平新时代中国特色社会主义思想为指导，贯彻落实党的十九大和十九届二中、三中、四中、五中全会精神以及全国教育大会、全国研究生教育会议精神，深入学习贯彻习近平总书记出席深圳经济特区建立40周年庆祝大会和视察广东重要讲话指示精神，全面贯彻党的教育方针，落实立德树人根本任务，按照省委"1+1+9"工作部署、市委"1+1+4"工作举措，牢牢把握"双区"建设、"双城"联动战略机遇，围绕广州以"四个出新出彩"引领各项工作全面出彩，为全省打造新发展格局的战略支点发挥重要支撑作用，持续深化学校综合改革，加快建设高质量教育体系，推动学校深化高水平大学建设各项工作上新水平。重点做好以下工作：

一是加强党对学校工作的全面领导。坚持以习近平新时代中国特色社会主义思想为指导，教育引导广大干部师生增强"四个意识"、坚定"四个自信"、做到"两个维护"，以政治建设为统领，加强、完善理论学习中心组学习和"第一议题"制度，全面建立纵向到底、横向到边的学习组织架构，分层分类开展学习教育，坚持不懈用党的创新理论凝心铸魂。巩固拓展主题教育成果，建立学习教育、调查研究、检视问题、整改落实工作机制，把"大学习、深调研、真落实"贯彻到学校工作的各方面全过程。按照上级要求认真做好学校章程修订工作，进一步建立健全学校各项党建工作规章制度，把加强党对高校的全面领导、坚持社会主义办学方向、落实立德树人根本任务等新要求全面体现在学校章程等制度规范中。

二是加强思想政治和意识形态工作。深化学校教书育人三年行动计划，巩固师德师风建设、教师培养发展长效机制，推进教师思想政治学习制度化规范化。完善校党委书记、校长、学院党委书记、院长"思政第一课"制度，落实马克思主义学院"第一学院"和思政课堂"第一课堂"地位，以学年礼体系建设为平台落实学生全面发展要求，深化"三全育人"，完善四年不断线的学生思想政治教育体系。严格按省委教育工委《2021年全省教育系统政治安全意识形态安全工作指引》，做好学校政治安全、意识形态安全有关工作方案和预案，落实好意识形态"六项责任制"，进一步强化领导干部和全体教师的政治责任，加强课堂教学、讲座论坛、涉外交流合作、新疆少数民族学生管理等阵地建设和管理，着力风险防控，发现问题及时处置。

三是加强基层党建工作。进一步压实党建主体责任，完善党建工作制度，加强基层党组织领导班子建设和专职党务工作队伍建设。健全"双星双评"工作长效机制，充分发挥学校各级党组织的政治功能和组织功能，培育和选树一批叫得响、过得硬、推得开的五星党支部和"黄大年式"教学科研团队，以及平常工作"看得出"、关键时刻"站得出"、危难关头"豁得出"的党员先锋。进一步加强学校党委对基层党组织品牌化建设的统筹指导，加大基层组织特色凝练和品牌培育建设力度，突显品牌意识、成果意识，力争做到"学校有系统、学院有品牌、支部有特色、党员有典型"，推进基层党组织建设全面进步全面过硬再上新水平。

四是深入推进全面从严治党向纵深发展。严格执行党中央《关于加强党的政治建设的意见》和省委坚决落实"两个维护"十项制度机制，以党建为引领，推进党建业务双融双促，切实落实全面从严治党、"一岗双责"主体责任。贯彻落实好《党委（党组）落实全面从严治党主体责任规定》，在推动全面从严治党在学校工作各领域各环节实现全覆盖的深度上下功夫。要进一步加强纪检监察工作，突出政治监督，强化日常监督和对"一把手"的监督，着力构建一体推进"不敢腐、不能腐、不想腐"的体制机制。健全抓早抓小工作机制，深化落实基层正风反腐三年行动方案，深入整治形式主义、官僚主义问题，大力巩固和提升学校风清气正政治生态持续向好的态势。

五是推进干部队伍建设高质量发展。坚持把政治标准作为第一标准，坚持"信念坚定、为民服务、勤政务实、敢于担当、清正廉洁"好干部标准，突出信念过硬、政治过硬、责任过硬、能力过硬、作风过硬，着眼于优化干部队伍结构。贯彻落实《广州大学2020—2023年党员干部教育培训规划》，全面加强党员干部的教育培训，提高干部队伍的政治判断力、政治领悟力、政治执行力，增强从政治上观察和处理问题能力，提升防范政治风险的能力，努力打造一支适应学校"十四五"规划、高水平大学建设发展需要，结构合理、富有活力，更好落实立德树人根本任务的中层领导干部队伍。

六是加强校园安全治理和防控体系建设。坚持专群结合、群防群治，提高校园治安立体化、法治化、专业化、智能化水平，形成问题联治、工作联动、平安联创的工作机制，提高预测预警预防各类风险能力。落实好《教育部等五部门关于完善安全事故处理机制 维护学校安全教育教学秩序的意见》，对梳理出的安全隐患逐条逐项整改，进一步巩固学校已连续开展两个多月的校园消防安全整改工作。建立和完善安全生产责任和管理的有关制度、预案，建立公共安全隐患排查和安全预防控制体系，优化学校应急管理能力体系建设，提高防灾减灾救灾能力。

七是统筹推进常态化疫情防控和各项责任落实。把师生员工生命安全和身体健康放在第一位，始终保持高度警惕，持续做好疫情防控工作，完善人物同防、多病共防，完善学校医疗力量和防疫物资保障，以及校园及周边环境治安防范和隐患排查运行机制，确保校园疫情防控工作真正落实到"神经末梢"。强化领导干部"一线规则"意识，完善学校、部处、院（系）领导干部深入基层联系师生制度，主动进课堂、进班级、进宿舍、进食堂、进社团、进讲座、进网络，深入一线联系师生。充分用好信息化平台，完善信息收集反馈和闭环运行机制，对师生反映的问题和提出的建议及时汇总分析、研究处置。

八是加强学科建设，大力实施学科建设水平提升工程。加强现有学科专业结构调整和布局优化，在新的起点上推进学校学科分类建设、内涵提升。对照国家一流学科标准及要求，巩固和提升现有入选ESI全球排名1%或国内排名靠前的学科，同时开展学校一流学科遴选与培育。以战略性新兴产业发展及社会民生重大需求为导向，聚焦国家与区域需求，培育新的优势学科方向与增长点，强化学科交叉融合，推动新兴学科与传统学科高质量发展。深化学科建设及管理体制机制改革，建立学科建设联动机制，完善项目化管理和学科建设绩效评估机制，加强学科建设的整体监控。

九是持续推进人才培养模式改革，提升创新人才培养能力。进一步强化人才培养工作中心地位，围绕这个中心推进各项改革和相关资源配置，全面提高人才培养能力和水平。深入推进一流本科建设行动计划，进一步健全专业动态调整机制，完善人才培养方案。大力推进"一流本科课程"建设，推进"国家级—省级—省级培育—校级"四梯度精品在线开放课程体系建设，遴选培育本年度冲击国家级、省级一流课程的课程。进一步推动"课程思政"建设工作，加强工作谋划，明确课程要求，抓好实施环节，提炼形成可复制、可推广的教学成果。强化教学管理的信息化和智慧化建设，稳步推进智慧课室改造。全力组织并承办好广东省第七届"互联网+"大赛，争取优异成绩，推动创新创业工作上新水平。

十是全面深化研究生教育改革，大力实施研究生创新能力提升计划。贯彻落实全国研究生教育会议精神，召开学校首次研究生教育大会，出台实施《广州大学研究生教育质量提升计划》等一系列研究生教育改革性文件，全面提升研究生培养质量。大力推进分类培养研究生工作，优化教学资源建设，有效统筹科技和产业资源，推进产教融合、科教融合培养研究生工作。加强研究生培养的过程管理和监督，进一步压实研究生导师立德树人责任，强化研究生导师师德师风建设。加强学位论文抽查，严把研究生培养质量关。

十一是持续深化人事制度改革，大力加强教师队伍建设。统筹推进和深化学校近年来出台的各类人事制度的系统性、协调性、配套性综合改革，适应新形势、新要求，进一步修改完善包括人才引进管理办法在内的系列人事管理制度，深入做好学校2021年的人才引进工作，提高人才引进标准，做到统筹兼顾，精准配置师资资源。推进新旧机制人才的融合发展，制订完善新机制、引进人才并轨制度。深入推进"立德树人"三年行动计划，树立科学的人才评价和价值体系，推动更加注重"立德树人业绩、教学质量、标志性科研成果"的职称评聘和绩效工资改革，进一步完善教师"荣誉体系"建设。加强管理服务队伍建设，完成管理服务人员"三定"工作，实现人员结构逐步优化，逐步建立起一支与学校深化高水平大学建设要求相适应的高素质教师和管理服务工作队伍。

十二是持续深化科研创新体制机制改革，大力提升服务社会发展水平。加强原始创新能力，推动跨学科、多领域的前沿基础研究和应用基础研究，按照国家和省市贯彻新发展理念、构建新发展格局对科技创新和服务经济社会要求，聚焦重大共性科学技术问题和关键核心技术，加强有组织的科研研究，大力推进开展2+6+1平台的建设工作，建立和健全产学研融合发展机制。在教师中形成深度参与国家发展战略导向，加大对接行业骨干企业的力度，推动黄埔研究院/研究生院建设有更多标志性成果。深入推进校—地、校—区、校—企合作，积极推进与中山市人民医院"新医科"建设、与清远市清远广大协同创新研究院建设，积极谋划南沙国际校区建设，积极参与有关国家重点实验室项目。加强国家及省部级科研奖项的培育和组织申报工作，不断提升科研成果的层次和质量。搭建国防科研平台，推动国防科研团队建设。

十三是积极推进学生就业创业。把切实做好学生就业工作放在更加突出的位置，进一步加强学生职业发展规划教育，及早部署推进2021届毕业生就业工作，健全全员参与就业工作机制，拓展就业渠道和新领域就业岗位，建设高质量就业服务平台，不断提升学生就业质量和水平。健全招生、就业与人才培养的联动机制，根据新高考录取政策，发挥招生就业质量对学科专业设置、人才培养的反馈作用，选取录取专业群和专业计划的最优组合。创新招生宣传手段，强化全方位宣传，组织学院着力宣传优势学科领域和专业，把高水平大学建设成果转化为吸引优质生源的资源。

十四是拓展与深化国际交流合作。加快香港科技大学（广州）建设，尽快完善各项办学条件和管理体制机制。积极参与粤港澳高校联盟工作，主动谋划与港澳地区高校开展特色化、差异化的学术交流、人才培养项目；加强穗港澳青年交流工作和面向港澳台地区招生工作的力度，持续增进港澳台地区青年对祖国内地的向心力和归属感。加强和完善广州国际友城大学联盟的治理机制和内部机构建设，筹备联盟2021年年会工作，将联盟大学生创新创业大赛打造成广州友城青年交流的品牌。推动孔子学院的质量建设和内涵式发展，探索在新形势和国际背景条件下孔子学院可持续发展的有效路径。

十五是提高办学资源开发和统筹配置能力。探索灵活有效的经费管理、使用模式，在继续完善财务制度体系建设的同时，积极拓宽资金筹措渠道，积极争取政府加大投入，广泛吸纳社会各界人士和校友捐赠资金，有效推动继续教育、学历教育、教育培训发展和无形资产的运用；同时，将经费划分为保障性经费和竞争性经费，推行以绩效为导向的经费分配模式，以财务信息化为手段，强化国有资产管理，开展高效科学的管理资金支付工作。

十六是进一步加强实验室建设。加大对接国家和区域重大需求、战略性和新兴产业实验室的建设，充分运用好实验室综合管理系统，探索实验资源在一校多园、多点联动办学空间共享共建机制，更好地服务于师生。加大资源整合力度，支持新兴科研平台的培育。进一步完善实验室安全管理体系，使用实验室安全巡检系统，建立实验室安全检查信息化管理。组织开展危化品实验室评估检查定级活动，拓宽实验室安全体系建设的内容和途径，推进实验室安全建设，切实增强学校实验室安全管理能力和水平。

十七是进一步推进"智慧校园"建设。将现代化教育手段纳入传统的课堂中，通过对现有教室改造的方式打造系列"智慧教室"。通过数据治理，整合全校数据资源，构建具完整性、及时性、一致性的数据中心。大力推进基于数据融合的智慧型应用系统的建设，实现跨业务数据的充分融合及各业务应用系统的集中数据分析。建设学校新一代校园卡系统，实现校园身份和支付全场景的"一码通用"。完成教工智慧餐厅建设（竹苑），提升用餐体验。建设高性能计算科研云服务平台。

十八是进一步提升后勤保障管理服务。加快学校周转房和学生公寓的改造翻新工程，以及榕轩一栋教师公寓的改造、新建成的教师公寓A区的投入使用，不断满足教师引进和研究生扩招的入住需求，提升师生居住条件。深入开展学校周转房清理专项工作，加强周转房管理。全面做好行政和教师办公用房的规范管理及保障工作。加强校园环境整治和食品供应质量，备齐备足各类防控物资，为师生提供高质量的防病保健保障。

十九是进一步加强校园基础设施建设。全面做好减震大楼项目的收尾工作，确保项目如期投入使用。加快推进现已开工的新增基础设施项目建设，力争教师公寓A区尽快投入使用。尽快推动桂花岗校区更新改造。完成黄埔校区10万平方米校园征地工作，启动建筑面积约39万平方米二期校园建设。与南沙区政府做好对接，启动南沙校区的方案设计。开展好纳入"十四五"规划校园建设项目的前期调研论证工作。

二十是做好编制学校"十四五"规划、高水平大学二期建设方案编制与实施启动工作。深刻认识我国高等教育进入高质量发展阶段的新特征新要求，根据国家和省市"十四五"规划、2035年远景目标，立足新发展阶段，贯彻新发展理念，构建新发展格局，以高质量发展为主线，以深化改革为动力，以一流创新型大学建设目标，在全面总结"十三五"建设发展成绩的基础上，科学编制好学校"十四五"事业发展规划。组织论证、完善高水平大学二期建设方案，提交市委市政府审议。编制实施《〈广州大学高水平大学二期建设方案（2021—2025年）〉2021年实施方案》，部署贯彻落实本年度学校高水平大学建设及"十四五"规划开局各项工作。

三、切实做好寒假前后各项工作

学校马上就要放假了。寒假期间，虽然学生放假了，学校日常的教学管理暂时告一段落，但是，放假前和假期间，各单位需要做的工作也不少，有收尾的，有需要按节点完成的，有需要加快推进、持续推进不能松懈的，有需要为新学期开学做好准备的。因此，各单位一定要安排好假期前后的工作，对接有关管理服务事项，职能部门要抓好作风建设，学院要抓好学生的管理教育，以及按要求做好各项管理工作，确保我们的各项工作有序开展。下面我重点强调几项工作：

（一）疫情防控不放松

2020年寒假，新冠肺炎疫情突如其来，给我们带来太多猝不及防和前所未有的挑战。当前，全国部分地区出现多点零星散发病例以及局部聚集性疫情，中高风险地区也多了起来，加上春节期间境外回国人员增多，境内人员流动性加大，国内疫情防控形势依然严峻复杂，各单位一定要时刻绷紧疫情防控这根弦，不麻痹、不侥幸、不松懈，坚持做好疫情防控工作。但相比于2020年，我们现在已经有了一系列的应急预案、工作方案和指引，有更充分的时间做好各项应急准备工作，有更有力的措施去应对各类突发事件。

上个星期，学校先后发出了做好春节假期的4个通知，分别对本科生、研究生期末考试和寒假离校工作，学校和教职员工假期各项工作安排，以及寒假期间实验室安全管理等方面提出了明确要求，大家一定要高度重视，确保通知及时传达到每一位师生，教育、引导和督促好大家切实按要求严格做好有关工作。

加强学生管理教育。学工口和各学院要组织好结束考试的学生分批有序离校离穗，包括2020级军训结束后学生的健康检测和分批离校工作，提醒学生做好途中和居家防护、坚持每日健康"打卡"。大家也能注意到，从上周开始，我们的"健康上报"系统已经改版升级，实时更新全国疫情中高风险地区名单，大家一定要特别留意。特别是要根据疫情中高风险地区变化情况动态建立"两本台账"，对于家在中高风险地区的学生、教师、员工台账，说服引导学生、教师、员工留校留粤过年，降低感染风险，降低开学返校防控压力。对于寒假期间有计划到中高风险地区旅行探亲的学生、教师、员工台账，要及时提醒、警示或劝导，严格执行健康管理措施。对这项工作各学院一定要重视，摸清底数，我们才能做到心中有数。对数据和信息上报不及时、不认真的单位，学校要视情况的严重程度，依规进行通报或问责。"两本台账"均需按学校工作要求做到每日按时上报，并完善预案，做好学校常态化疫情防控工作。要全过程跟进掌握学生健康、思想状况等情况，对学校最新发布的疫情管理相关要求，要及时做好解释和沟通工作；要至少与学生家长进行一次沟通联系，家校联动，强化防控链条。

做好留校学生服务管理。各职能部门和学院要加强沟通协作，为留校学生的科学实验、学习、生活等安排提供暖心服务和贴心关怀。各学工口以及学院要组织老师定期访谈学生、走访宿舍和联络家长，及时纾解学生思乡情绪和精神压力，加强人文关怀，严防发生学生心理危机事件。后勤部门要协同配合，做好餐饮及生活等物资保障，保卫部门要把好校门关，全方位营造安全便利的校园生活环境。切实做好假期校内运动场地的开放和有关文体活动的组织。

提前谋划安排学生返校工作。学工口要及时跟进、落实上级关于疫情防控和新学期开学的政策要求，及早谋划安排新学期学生返校工作。要用好"两本台账"，在春季学期学生返校之前，要排查清楚疫情中高风险地区返校学生的人数和分布，妥善安排重点人员返校时间，严格落实重点人员返校后的健康管理要求，杜绝可能的传染源进入校园。心往一处想，劲往一处使，确保开学返校工作平稳有序，确保学校大局安全稳定。

（二）加强假期校园安全管理

在放假前，各单位要结合学校近期对实验室安全和校园消防安全的检查情况，以及近日全校爱国卫生运动安排，组织对本单位所属实验室及办公用房等场所进行全面的安全隐患排查，加强用电安全，落实防火措施，保卫部门要牵头组织有关力量进行工作督导检查，排查安全隐患，增强安全防范能力和水平，营造安全、稳定、和谐的校园环境。

同时，要切实做好寒假期间值班值守工作，强化责任担当，保持通信联络畅通，及时有效处置突发事件，确保各类突发事件信息及时、准确上报。

（三）做好学期末的收尾工作

在放假前，我们还有一些工作需要按时间节点来完成，大家要抓紧做好，比如，一是刚才提到的学生军训，距离结束还有几天时间，要认真做好，特别是要密切关注学生发热的情况，同时天气变化和防疫工作要求合理安排军训。二是校级党员领导干部和学院班子2020年度民主生活会也是要在放假前完成的，有关单位要做好工作准备，校级领导干部要加强指导，参加分工联系单位或分管单位的领导班子民主生活会并进行点评，确保民主生活会开出高质量、开出新气象。三是学校生活区围闭项目，是要在下学期开学前基本完工的，寒假期间基建处要安排好工作进度，加快落实。

（四）做好工作交接

学校疫情防控和高水平大学建设任务重、时间紧，各单位新老领导班子和领导干部要尽快做好工作交接，交接要有清单，列明已做工作、未开展工作，交接的财产等事项也要列清楚。要严格遵守学校人事、财务、资产管理等制度，不得擅自将办公桌椅、电脑等带到新单位。离开领导岗位或换岗的同志，还要把好作风好传统传承下来，把工作交接好，继续关心支持单位发展；提到提拔和交流机会的同志，要虚心向各位老领导学习，深入开展调查研究，摸清家底，迅速熟悉工作、打开局面；已经离任的同志要自觉从讲政治的高度积极配合审计部门开展有关工作。各部门各学院一把手要负总责,确保各项工作及时到位,确保各项工作不留空隙、顺利过渡、工作不间断。

（五）科学谋划2021年工作

大家要利用假期的时间,对2020年本单位既定的年度工作和自己分管工作的推进落实情况进行盘点,对照学校党委三届五次全体会议任务、党委2020年工作要点,以及学校2020年23项重点工作的推进和完成情况进行一次全面盘点,进行一次"查漏补缺",重点看一看还存在哪些不足、查一查还有哪些工作没有到位,实事求是地分析主要原因。要坚持问题导向与目标导向相统一,在总结中检验各项工作的落实情况,对已经完成的要做好巩固工作,对还没完成或者说虽然已完成但效果不够好的,要认真分析原因,在接下来的工作中以更大力度、更有效的举措把工作做得更好。

我们还要利用假期时间认真谋划2021年的工作。2021年是"十四五"开局之年,开局关系全局,起步决定后势。当前,国家和省市的"十四五"规划和2035年远景目标已经出来了,学校"十四五"规划（1个总方案和6个子方案）在新学期开学之初也要出来,有关部门要抓紧用好假期的时间做好有关工作。各部门、各单位要及时召开寒假前领导班子会议和全体人员会议,及时传达会议的要求,狠抓工作落实,确保各项工作落地见效。总的来说,今年寒假,工作很多,任务也很重,所以,我希望大家,在假期休假的同时,要保持热情不减,劲头不松,圆满完成寒假期间的各项工作,共同为学校在2021年各项工作开好头、起好步、布好局,确保把中央和省市的精神以及学校的整体部署贯彻到位,为学校发展再立新功。

让我们更加紧密地团结在以习近平同志为核心的党中央周围,坚决用习近平新时代中国特色社会主义思想统领广州大学"十四五"发展,坚持党对学校工作的全面领导,立足新发展阶段,贯彻新发展理念,构建新发展格局,开启高水平大学建设新篇章,朝着建设与国家和粤港澳大湾区深度融合,与广州城市地位相匹配的一流创新型大学坚定前行,奋力在全面建设社会主义现代化国家新征程中承担起应有的责任,为大湾区建设发展和广州"四个出新出彩"扛起广州大学担当、作出广州大学贡献,以优异成绩庆祝中国共产党成立一百周年。

谢谢大家!最后,祝大家过一个快乐祥和的新年!

行千米红廊　学百年党史　成一代新人
——校党委书记屈哨兵在广州大学党建红色文化长廊教育宣传启动仪式上的讲话

（2021年12月3日）

各位领导、老师们、同学们、媒体朋友们:

大家好!沐浴着冬日暖阳,今天我们在这里举行广州大学党建红色文化长廊教育宣传启动仪式,大家的心情都非常激动。2021年是建党100周年、"十四五"开局之年,是合并组建后的广州大学从20迈向30的首年,2022年将迎来党的二十大召开,广州大学在即将到来的新旧年交替之际,举办党建红色文化长廊教育宣传启动仪式,既是不忘初心,献礼新时代,也是牢记使命,砥砺新征程。

首先请允许我代表学校党委对大家的到来表示热烈的欢迎,对一直关心、支持广州大学发展的领导、朋友致以诚挚感谢。自建设以来,广州大学党建红色文化长廊得到了省委、市委的高度支持和关注,同时也备受学校全体师生的盼望与期待。如今党建红色文化长廊一期建设已经全面竣工,很高兴我们能在此共同见证。刚才聂贵新书记已经对红色长廊的建设背景、基本设施进行介绍,我想从以下三个方面来谈一谈体会。

一、行千米红廊　看辉煌巨变

党中央号召在全党开展党史学习教育至今已有近一年的时间。学习中国共产党党史绝不是阶段性工作,而是一项需要坚持和传承的重要事业,党建红色文化长廊作为党史学习教育长效机制的重要载体,为广州大学持续不断地开展好党史学习教育注入巨大活力。为充分发挥好红色长廊的作用与价值,我们要做到以下几点:第一,我们自己首先要懂中国共产党。昨天,在2021年"读懂中国"国际会议(广州)开幕式上习近平总书记强调"读懂今天的中国,必须读懂中国共产党"。如今,面对国际形势的深刻复杂演变,中国综合实力大幅攀升,全世界都在努力读懂中国人、读懂中国共产党。我们中国的大学,中国的大学生、老师更应该读懂这一切。只有这样,学校的党建红色文化长廊才发挥了它存在的最大价值。第二,我们要领会广州大学如何在办学治校历程中坚持为党育人、为国育才,坚持社会主义办学方向,坚持党对学校工作的全面领导。其实,在我们广大人的精神血脉里也流淌着与生俱来的红色基因。根据校史记载,广州大学的前身是广东大学专修学院,在专修学院的教员名单中有党的早期领导人毛泽东、蔡和森,党的早期青年运动领导人萧楚女,作家沈雁冰等。1926年6月,专修学院停办,为招收原广东大学专修学院失学的学生,留学归国的陈炳权先生怀着教育救国的梦想,创办了广州大学。解放以后,广州大学热烈欢迎解放军入城,庆祝广州解放。中华人民共和国成立后,为服务国家建设,广州市委、市人民政府先后创办了多所大学,为国家、城市培养了大量人才。2000年合并组建新广州大学后,学校在党的领导下,坚持社会主义办学方向,培养了一代又一代广大新人。第三,要让红色长廊成为校园文化红色地标,成为开展红色传统教育、赓续红色血脉最重要的场所。我们可以直观地看到红色长廊的形状弯曲、绵长,如同红色血脉一样,穿梭在葱郁校园中,无声地讲述着中国共产党走过的峥嵘岁月。如今我们走在这千米红色长廊上,传达着我们对红色传统的一种尊重、敬意和传承。

二、学百年党史　悟初心使命

2021年是中国共产党成立一百周年,我们大力开展党史学习教育,不断从党的百年伟大奋斗历程中汲取继续前进的智慧和力量。党的十九届六中全会对党的百年奋斗取得的重大成就和历史经验进行了全面深刻的总结,也对新时代中国共产党是什么、干什么作出了精辟的论述。

在党建红色文化长廊中,既有中国共产党的精神谱系,也有中国共产党的英雄人物,还有中国共产党百年历史中的重大事件。我们行走在红色长廊中,每行一步,每看一眼,每到一个节点,我们都可以想一想:我们是不是在这里坚持了党的领导,是不是在这里坚持了人民至上,是不是在这里坚持了理论创新,是不是在这里坚持了独立自主,是不是在这里坚持了中国道路,是不是在这里坚持了胸怀世界,是不是在这里坚持了开拓创新,是不是在这里坚持了敢于斗争,是不是在这里坚持统一战线,是不是在这里坚持了自我革命。这十个坚持是我们在学百年党史、悟初心使命的每一个环节都要认真领会、体认、思考的重要内容。

三、成一代新人　写广大华章

在"育一代新人"和"成一代新人"中，我专门选择"成"这个字，因为"成"不只是指学生，还包括老师，包括全体广大人，我们都要成为一代新人。具体来说，第一，要不断提升教育力、凝聚力、培育力和激励力。我们要深入学习贯彻党的十九届六中全会的重要精神，从百年育人大计的根本出发，用习近平新时代中国特色社会主义思想教育人、用党的理想信念培育人、用中国特色社会主义核心价值观凝聚人、用实现中华民族伟大复兴的目标激励人。第二，每个广大人都要充分利用好红色长廊。对所有广大人而言，首先要成为百年党史的宣讲者，力争做到每个人都能讲。对老师而言，要不断发挥才能与智慧，使红色长廊资源不断课程化、教材化，从而把红色长廊与学校人才培养、教育教学改革等中心工作结合起来、发扬开来。对学生而言，每一个人都要立志成为红色基因的传承者、继承者和发扬者。正如习近平总书记所说，"一切向前走，都不能忘记走过的路；走得再远、走到再光辉的未来，也不能忘记走过的过去，不能忘记为什么出发"。

谢谢大家！

总结成绩　明确任务　推动学校语言文字工作高质量发展
——校党委书记屈哨兵在学校语言文字工作会议上的讲话

（2021年12月16日）

各位同志：

今天我们在这里召开广州大学语言文字工作会议，目的是总结学校"十三五"期间的语言文字工作，学习贯彻国家语言文字工作系列会议及国务院文件精神，部署谋划"十四五"期间语言文字工作高质量发展，为高水平大学建设奠定语言文字工作方面的坚实基础。

大家知道，语言文字事业具有基础性、全局性、社会性和全民性特点，事关国民素质提高和人的全面发展，事关历史文化传承和经济社会发展，事关国家统一和民族团结，是国家综合实力的重要支撑，在党和国家工作大局中具有重要地位和作用。语言文字事业在高校的人才培养和科研创新中也具有重要作用。加强新时代高校语言文字工作，是铸牢中华民族共同体意识的重要基础，是落实立德树人根本任务、培养德智体美劳全面发展的社会主义事业建设者和接班人的必要途径，是提高国家语言能力的迫切要求。

下面，我代表学校做一个讲话，共分三个部分。

一、"十三五"时期学校语言文字工作成绩

"十三五"期间，我校语言文字工作取得了突出成绩，语言文字服务能力显著增强，学术研究品牌基本形成，中华优秀传统文化传承发展成绩显著，社会影响力和美誉度大幅提升。

（一）科学研究服务国家战略需求的能力显著提升

一是语言服务理论研究不断深化。"十三五"期间，学校在语言服务、语言生活、语言规划、

语言本体等研究领域发表论文、出版论著150余篇（部）。其中，《语言服务引论》是国内第一部语言服务研究理论专著（商务印书馆，2016年），获第八届高等学校科学研究优秀成果奖（人文社会科学）二等奖、广东省第八届哲学社会科学优秀成果二等奖。

二是语言生活皮书研制跻身国家队行列。学校师生积极参与国家语言生活白皮书、绿皮书、蓝皮书的撰写，先后研制《广州语言生活状况报告（2018）》《中国语言服务发展报告（2020）》《粤港澳大湾区语言生活状况报告（2021）》。这三部皮书均由教育部在京发布，受到境内外高度关注，产生了广泛的社会影响。

三是语言学术交流平台影响力不断提升。秉承为语言服务、为语言服务研究服务、为语言服务研究者服务的宗旨，主办3期"语言服务高级论坛"、多期"一带一路"专题语言服务论坛、4期"语言服务圆桌会议"、2期"广州大学语言学工作坊"和28讲"广州大学语言学讲堂"，学术交流系列品牌初步形成，学术影响力得到不断提升。

四是承担系列科研项目成果丰硕。"十三五"期间，学校承担语言文字方面的省部级以上科研项目超过30项，包括2020年度教育部哲学社会科学研究重大课题攻关项目"中华优秀传统文化在语文教材中的传承研究与数据库建设"，2019年度国家语委"十三五"科研规划重大项目"粤港澳大湾区语言状况及规划研究"，2017年度国家语委"十三五"科研规划重大项目"中华优秀传统文化的教材建设与传承实践验证研究"等。项目承担数量及项目完成质量获得大幅提升，在国内同类高校中位居前列。

五是科研研究平台机构建设获得历史性突破。2018年，广东省社会科学界联合会批准广州大学设立广东省社会科学研究基地"粤港澳大湾区语言服务与文化传承研究中心"；2020年，国家语委批准广州大学成立"国家语言服务与粤港澳大湾区语言研究中心"，这是教育部、国家语委在国家语言服务和大湾区语言研究方面的一个重要布局，也是我校牵头成立的文科类教育部级别研究机构的重大突破，为我校文科尤其是新文科建设发展提供了一个坚实的基础。

（二）具有广大特色的语言人才培养体系初步建立

一是创新培养中文专业人才。以新文科、新师范建设为引领，突出综合性、人文性和师范性，致力培养适应地方文化教育建设需要的复合型创新人才。汉语言文学专业先后入选广东省重点专业和首批国家一流专业建设点，以师范人才培养为传统优势，多学科方向人才培养并重，每年招生近400人，其中师范生200余人。现有汉语言文字学、语言学及应用语言学学术硕士点，学科教学（语文）、汉语国际教育硕士专业学位点，在校研究生近200人。2019年新增汉语国际教育博士招生，成为华南地区两所招生院校之一。

二是精准培养播音主持与口语传播创新人才。新闻与传播学院拥有新闻传播学和戏剧与影视学2个一级学科硕士点、广播电视艺术专业学位点，2个国家级一流专业建设点、2个广东省一流专业建设点，2021年软科排名全国前25%。专业将"课堂实践、社会实践、公共艺术展演实践、学科竞赛创新实践"相联动，承办第六届中华经典诵读港澳展演交流活动，制作脱贫攻坚广播剧、品读烈士家书、助农直播带货等活动。大力弘扬中华优秀传统文化，积极开展"经典诵读进校园、进社区、进乡村"的语言文化服务。创办大学生语言艺术节，引领青年传承优秀传统文化。开展面向城乡基层的经典诵读公益授课服务，提升公民文化修养，传播弘扬社会主义核心价值观。

三是创新机制培养大学生语言能力。围绕"能力发展性强"的人才培养目标要求，成立广州大学语言能力教学中心，坚持"以课程建设为基础，以语言能力竞赛与测评为推动"的建设理念，增强学生语言能力提升意识，通过常规课程与竞赛活动提高学生使用国家通用语言文字的能力获得较大成效。组织2017和2018级本科学生参加学年礼书面表达能力测评，编制《学年礼——写作能力测评情况分析报告》，为学年礼有关指标测定提供翔实的数据依据。先后举办现场作文大赛、"声色动人，扬师风范"师范生口语风采大赛、"立志·修身·博学·报国"之诵读活动，比赛覆盖面广，体现了我校语言能力教学和文学艺术教育的成效。

（三）推动中华优秀传统文化传承传播的效能逐渐显现

以学生为中心，推动互联网技术与中华经典教育深度融合，构建以"互联网+经典通识课程""互联网+经典阅读与推广""互联网+经典教育评价"为主体的教育模式。建设一批经典导读通识课和国家级、省级视频公开课、慕课，开发中华经典诵读学习考试软件，提高教学效果，由此产生的教学成果"基于中华优秀传统文化传承的'高校互联网+中华经典教育'模式的构建与实践"获国家级教学成果二等奖。

一是融入高校，以文育人。近年来，我校已有6万余学生受到中华经典教育的浸润，专题资源点播平台和各类在线课程访问量达28余万人次。大学生的家国情怀、人文内涵、思想品德修养等均有明显改善，每年从事社会公益服务以及到粤西粤北、广西、贵州、西藏等地区支教扶贫的大学生达到1200余人。通过校际合作，带动10所高校18万大学生广泛参与"中华经典诵读"知识竞赛。

二是走进中小学和社区，以文化人。通过大、中、小学"三联动"，连续在广州市1400余所中小学开展了形式多样的经典推广活动，包括中华经典系列讲座、"书香校园"及"阅读之星"选拔，经典阅读指引与"十本好书"推荐活动等，年均受益的中小学生达2万余人。与广州市多个社区合作，借助传统节日，配合民俗活动，开展"我们的节日"系列经典美文诵读与展演，开展《习近平谈治国理政》英文诵读活动，为学习型城市建设注入了生动的文化元素，成为广州市"创建文明城市"的重要支撑。

三是走出国门，以文通心。积极响应"一带一路"倡议，利用与意大利帕多瓦大学共建的孔子学院，与美国卫斯理安学院共建的孔子学院，与伊朗马赞德兰大学合作建设的孔子学院，每年在孔子诞辰以及端午节、中秋节、春节等重要节点举办以诵读中华经典为主要内容的"东方雅韵"等文化主题活动，有效传播中华优秀传统文化。

（四）推广普及国家通用语言文字实践成效显著

在语言教育、语言艺术、语言服务等多领域开展人才培养、宣传推广、调查研究工作，助力国家通用语言文字推广普及。

一是坚定不移推广国家通用语言文字。策划组织并主办首届"青春中国梦·南粤大学生语言艺术节"，省内53所高校数以千计的大学生参加。配合广州市语委办、广州市语协做好每年的推普周宣传活动。承建的广州语言文字网持续发挥语言文字规范传播、政策咨询作用。依托国家汉办汉语志愿者项目，选派汉语国际教育专业研究生前往世界各地孔子学院、孔子课堂任教，推广中文，传播中国文化。依托新闻与传播学院同美国西雅图中文电台、加拿大华语广播、西班牙华语之声等海外媒体建立的实践基地，讲述中国故事，发出中国声音。

二是组织推普助力脱贫攻坚与乡村振兴志愿服务。开展对口帮扶疏附县教师国语培训项目。组织多支实践队伍，带动1200名学生参与"推普助力脱贫攻坚实践队"和"推普助力乡村振兴实践队"，成效显著。2018年和2019年各有1支团队被评为"推普助力脱贫攻坚"全国大学生暑期社会实践优秀团队，2021年共有22支队伍获省级以上表彰。

三是搭建语言艺术传播融媒体平台。创立"珠江诗会"，以"服务国家战略，弘扬中华优秀文化"为宗旨，发挥广州大学学科优势，立足广州，服务粤港澳大湾区，成为创作、朗诵及展示中华优秀文化风采的平台。依托省级实验示范中心建设，进行"滚动式"课程实践改革，组建融媒体实践平台"播音梦工场"微信公众号，公众号目前拥有近3万用户，点击量破千万，在播音主持公众号中居于前列。

四是提供应急语言服务。2020年初新冠疫情期间，语言学团队加入国家战疫语言服务团，配合广东医疗队支援湖北荆州，紧急开发系列语言服务工具，迅速编制完成《驰援湖北——普通话与荆州方言语言服务对照表》《抗击疫情湖北方言通》抖音版，有效助力外地援鄂医疗队解决医患沟通的方言障碍，受到国家语委领导、广东省教育厅领导的高度评价和社会的广泛关注。

二、认真学习国家语言文字工作系列会议及文件精神

（一）全国语言文字会议精神

2020年10月13日召开了全国语言文字会议，这是新中国成立以来第四次、新时代的第一次，中共中央政治局委员、国务院副总理孙春兰出席会议并讲话。

孙春兰强调，要深入贯彻习近平总书记关于语言文字工作的重要指示精神，落实党中央、国务院加强新时代语言文字工作的决策部署，守正创新，深化改革，构建与时代发展相适应的语言发展规划，推进语言文字工作治理体系和治理能力现代化。要坚定不移推广普及国家通用语言文字，发挥学校教育的基础阵地作用、党政机关的带头作用、新闻媒体的示范作用、公共服务行业的窗口作用，全面提升普及水平和质量。要推进语言文字规范化标准化信息化建设，加强信息时代语言规范和技术支持，弘扬以语言文字为载体的中华优秀文化，更好地服务人民生活和经济社会发展需要。

（二）广东省语言文字会议精神

2020年12月31日召开了广东省语言文字会议，王曦副省长出席会议并讲话。会议强调：要突出重点、精准施策，全力推动我省新时代语言文字事业高质量发展。坚定不移推广普及国家通用语言文字。要强化学校基础阵地建设和重点地区、重点群体国家通用语言文字教育，将语言文字要求纳入学校、教师、学生管理和教育教学、评估评价等各个环节，提高重点群体的国家通用语言文字应用水平。要加强对语言文字工作的领导和支持，切实把语言文字工作纳入政府议事日程和相关工作绩效管理目标，加大经费保障力度，建立健全工作机制，加强工作机构和干部人才队伍建设，推动各市、县设立语言文字工作委员会，确保语言文字工作有专人负责。要深入推进语言文字传承创新发展，弘扬传承中华优秀文化，深化与港澳地区语言文字交流合作，加大语言资源保护开发力度。

（三）2021年全国语言文字工作会议精神

2021年2月2日以视频会议形式召开了2021年全国语言文字工作会议，教育部党组成员、副部长，国家语委主任田学军出席会议并讲话。田学军强调，要坚定不移推广普及国家通用语言文字，铸牢中华民族共同体意识；加快语言文字规范化标准化信息化建设，提升国家语言文字服务能力；

深入挖掘、充分利用语言文化资源，大力传承弘扬中华优秀语言文化；深化语言文字交流合作，增强国家文化软实力；推进语言文字工作治理体系和治理能力现代化，夯实语言文字事业改革发展基础。

（四）国家语委"十四五"科研工作会议精神

2021年11月9日召开了国家语委"十四五"科研工作会议，教育部党组成员、副部长，国家语委主任田学军出席会议并讲话，教育部在我校设置分会场。田学军指出，国家语委科研规划领导小组成立20年来，全面加强对语言文字科研工作的领导、规划和部署，积极构建涵盖规划引领、机构建设、人才培养等多位一体、有机配合的科研工作体系，走出了一条特色鲜明的发展道路。"十三五"时期，国家语委科研工作积极服务国家战略需求，大力推动文化传承发展，不断强化社会服务功能，在促进基础理论创新、深化国际合作交流等方面取得明显成效。田学军强调，要立足新发展阶段，准确把握国家语委科研工作面临的新形势新要求，以高质量发展为主题，全面提升创新力、服务力、引领力、影响力。要深入贯彻落实《国家语委"十四五"科研规划》，推动关键领域和重大问题研究取得突破。要紧盯新兴交叉领域，推进学科发展，加强创新人才培养。要完善具有中国特色的语言学话语体系，提升科研国际影响力。会议宣布成立国家语委第三届科研规划领导小组。

（五）国务院办公厅关于全面加强新时代语言文字工作的意见的主要精神

2021年11月30日，为推进新时代语言文字事业改革发展，国务院办公厅印发《关于全面加强新时代语言文字工作的意见》（以下简称《意见》）。《意见》分引言、总体要求、主要任务和组织保障四大板块，共七大部分22条。《意见》在坚定不移推广普及国家通用语言文字、加快推进语言文字基础能力建设、切实增强国家语言文字服务能力、大力提升中文国际地位和影响力、加强组织保障等方面都呈现出了较多的亮点和创新点。

贯彻落实《意见》和全国语言文字会议精神，是当前乃至今后一个时期全国语言文字工作战线的重要任务，我们也应贯彻落实。首先，要加强宣传、营造氛围；其次，要加强协同、合力推进；最后，要创新方法、确保落实，全力推进新时代语言文字事业取得更大发展。

三、"十四五"时期学校语言文字工作的重点任务

（一）总体要求

在指导思想方面，我们要坚持以习近平新时代中国特色社会主义思想为指导，贯彻落实全国语言文字会议精神，以服务国家语言文字事业和粤港澳大湾区发展战略为使命，高水平推广示范国家通用语言文字，增强语言文字科学研究能力，传承弘扬中华优秀语言文化，提高人才培养质量，扎实推进广州大学语言文字工作高质量发展。

在基本原则方面，我们要坚持服务大局，面向国家和区域经济社会需求，发挥高校对国家语言文字事业科学发展的支撑作用，增强服务国家语言文字事业和粤港澳大湾区发展战略的能力。要坚持学科驱动，加强语言学学科建设，推进语言学与相关学科的交叉融合发展，以高质量学科建设和人才培养促进语言文字工作。要坚持提高质量，全面提升校园和师生国家通用语言文字普及质量和规范化水平，增强全体学生的国家通用语言文字能力和语言文化素养。要坚持示范引领，增强对社会及区域的示范引领作用，以大学引领中小学深度联动，以学生志愿服务促进社会推广普及，立足

广州，辐射港澳及海外。

在主要目标方面，我们要争取达到如下目标：校园语言文字规范化程度明显提升，学生语言能力和语言文化素养普遍提高，语言学学科建设和科学研究水平显著增强，国家语委科研中心和国家通用语言文字推广基地建设高质量推进，语言文字服务粤港澳大湾区经济、文化、教育发展和粤港澳大湾区中华优秀文化传承弘扬的能力充分彰显。

（二）以服务发展为指向，建立面向国家战略的高水平科研体系

准确把握国家语言文字事业发展面临的新形势新要求，以高质量发展为主题，将语言文字科研工作精准融入学校科研平台建设中，建设融平台、中心和智库为一体的研究型基地框架，全面提升语言文字科研工作的创新力、服务力、引领力、影响力。

一是进一步凝聚研究方向，开展高水平学术研究。推进语言应用研究服务，围绕国家需求，创新服务国家战略的语言文字应用研究，加强粤港澳大湾区、自由贸易试验区、"一带一路"建设等方面的语言服务研究。重点开展国家及区域语言服务、粤港澳大湾区语言生活、区域语言规划研究，为国家和大湾区发展建设提供智力支持。加强区域联动，建立粤港澳地区语言研究学术协同机制，推动区域语言需求和问题研究。积极参与语言资源的保护、开发和利用工作，高质量推进粤港澳大湾区语言资源与语言生活数据库建设，积极参与国家"语保"工程。开展乡村振兴语言服务和研究和欠发达地区语言运用能力及语言使用研究，助力美丽乡村建设。

二是进一步整合交叉科研力量，壮大科研骨干队伍，加强语言学跨学科建设。依托校内各学科优势人才资源进行整合，积极探索与其他相关学科交叉融合机制，突出大语言学科建设的价值取向，形成老中青相结合、具有冲击一流研究水平和担当精神、合作精神的研究队伍，提升队伍的核心竞争能力，产出一批具有较大影响的研究成果。以学校高水平大学建设二期方案学科交叉平台建设为契机，推动语言文字与人工智能、大数据、云计算等信息技术的深度融合，在学校"数字技术与岭南文化艺术交叉创新平台"上打造语言服务研究特色品牌，响应数字经济发展，加强语言文字研究成果转化及推广应用。

三是进一步强化产学研合作，提升智库服务能力。以产学研合作为突破口，积极推进语言资源数据库建设，深化语言服务、语言生活研究与信息技术、人工智能领域的协同研究。服务国家战略需求，探索粤港澳大湾区语言研究智库建设，加快研究提出国家及城市与区域语言服务能力指标评估体系并推动实践，助力粤港澳大湾区建设发展和多元文化交流融合发展。深度参与国家语委"三班一盟一论坛"，发挥好全球中文学习联盟成员和国家应急语言服务团成员单位的作用，强化社会服务功能。

（三）以语言能力为核心，全面提高人才培养质量和语言文字应用水平

一是进一步强化语言类专业人才培养质量。加强汉语言文学专业人才培养和国家一流专业点建设，加强播音主持艺术等专业语言艺术人才培养和专业建设，加强外语人才培养和专业建设。支持和鼓励教师、学生多语能力的形成与使用，将各类人才培养与学校的教育教学改革结合起来。

二是进一步坚持和提升师生使用国家通用语言文字规范水平。强化教育教学用语用字规范，模范落实国家通用语言文字作为教育教学基本用语用字的法定要求，完善教育教学及培训机制，促使学校师范专业及其他专业学生普通话水平达到相关等级标准，促进学生就业素质水平。加强大学生

语言能力教学中心建设，大力增强全体学生的语言文字素养，加强语言文明教育，增强在校大学生国家通用语言能力、语言艺术创作能力与优秀文化传承能力。高质量开展面向全体学生的大学写作课程行动，发挥人工智能等现代信息技术对语言教学和写作能力训练的辅助作用，创新机制，课程成绩及工作落实情况全面纳入学生学业评价与各学院绩效考核范畴。加强学校各部门、各场所的用语用字规范，把语言文字规范化要求纳入教育教学、校园建设及学校管理服务、评估评价的各个环节。进一步提升国家通用语言文字普及水平，学校教师、教辅与行政管理人员国家通用语言文字水平达到国家规定的等级标准。

（四）以两个共同体为目标，创新优秀传统文化传承模式

一是持续深入开展实施中华经典诵读和经典百书阅读工程。深化"互联网+"中华经典教育传承推广工作，用好微学分激励，完善诵学考程序，依托相关阅读智能平台，进一步完善提升中华经典教育和经典百书阅读的品质；完善中小学中华经典诵写讲案例库，发挥示范引领作用；持续组织广州市属高校大学生中华经典诵读竞赛，进一步提升经典诵读品牌影响力。开发中华经典推介微视频，通过网络广泛传播；利用融媒体平台，开展语言艺术展示传播。

二是持续深化与港澳台地区语言文化交流合作。以穗港澳姊妹学校为主要依托，面向港澳开展中小学教师普通话能力提升和中小学生普通话、规范汉字普及推广工作。承办或参与面向港澳的各类语言文字推广比赛和展演活动，通过大学生优秀朗诵作品港澳展演等形式，弘扬中华优秀传统文化。

三是持续深化语言文化国际交流传播。加强国际中文教育和服务，加强国际中文教育教师队伍建设，创新培养机制，提升汉语国际教育专业硕士、汉语国际教育领域教育博士人才培养水平，合作建设好海外孔子学院，推动在相关地区建立国别区域研究中心。拓展语言文字国际交流合作，推动中华经典海外传播，积极参加国家相关外译传播工程，打造交流品牌，推动将语言文字交流合作纳入广州国际友城联盟等合作机制。

（五）以国家语委科研中心及推广基地为重点，培育有影响力的广大品牌

一是着力建设好国家语委科研中心。将国家语言服务与粤港澳大湾区语言研究中心建设成为国家语委优秀科研中心。持续编制《中国语言服务发展报告》《粤港澳大湾区语言生活状况报告》《粤港澳大湾区语言服务发展报告》等系列皮书，创新皮书研制机制，建立皮书研制队伍，明确皮书成果认定机制，推进皮书成果向咨政报告转化，打造具有广州大学特色的高质量语言生活皮书品牌。

二是着力建设好广州大学国家语言文字推广基地，做好语言文字社会服务。通过加强课程建设和实践指导，培养多支大学生推普服务骨干队伍；面向农村和少数民族地区，深入开展推普助力乡村振兴工作；加强与基础教育、职业教育及社会教育的合作；打造粤港澳大湾区中华经典诵读品牌活动，面向港澳地区拓展国家语言文字推广的广度和深度；对接粤港澳大湾区经济社会发展，推动构建和谐语言生活。与海外媒体共建实践基地，向世界传播中国好声音。

各位同志，2021年是中国共产党建党100周年，也是实施"十四五"规划、开启全面建设社会主义现代化国家新征程的第一年。站在"两个一百年"的历史交汇点上，我校语言文字工作将坚持以习近平新时代中国特色社会主义思想为指导，落实全国语言文字会议精神，加强语言文字工作顶层设计，在新起点上开好局、起好步！学校将健全语言文字工作本制机制，通过加强党的领导、健

全协同机制、坚持分类施策、完善保障与评价机制等夯实我校语言文字事业改革发展基础，使我校的语言文字工作在新时代新征程上能够有新气象、新作为，创造出新的辉煌。

魏明海校长在城市创新发展院士峰会（2021·广州）上的致辞

（2021年4月10日）

尊敬的各位院士和教授，林道平副市长，各位领导、各位来宾：

大家上午好！首先，我谨代表广州大学对出席今天峰会的各位院士和教授、各位专家、各位领导和来宾表示热烈的欢迎！对广州市人民政府对本次峰会举办的大力支持表示衷心的感谢！

本次峰会以"创新推进城市高质量建设，实现广州城市创新发展引领粤港澳大湾区建设"为主题，与会的各位院士和教授都是城市规划、城市设计、建筑学、土木工程、轨道交通、城市安全、智慧城市等领域的大专家，大家的最新研究和学术成果一定会为广州城市创新和发展，特别是广州"十四五"时期建设国际大都市和城市高质量发展提供新的大智慧。今天学校也请来了相关学院和科研机构的老师，希望能够借此难得的机会，学习和吸收专家们的新理念、新视角、新经验，将院士和专家智慧转化为学校进一步加强学科和专业创新发展，更好地服务广州和粤港澳大湾区重大战略需求的新动力。

大学和城市共生共荣共成长。近年来，广州市委市政府高度重视、大力支持广州大学建设高水平大学。学校按照坚持"四个面向"、深化"三个对接"、凸显"三个创新"的总体思路，持续优化学科专业布局，主动聚焦、对接广州和粤港澳大湾区建设需求，不断做强理工、做优文科、做特（师范）教育，特别是不断加强与广州城市建设相关的土木工程、交通工程、建筑学、遥感科学与技术、环境工程等学科的发展，与广州城市产业和管理相关的网络空间安全、电子与通信工程、人工智能、数字经济与管理等学科的发展，产学研服务和支撑区域经济社会发展的能力更加突出，学校办学水平迈上新台阶，整体实力迈入国内高校百强行列。

在"十四五"时期，广州大学将坚持重大需求导向、坚持创新引领、坚持特色发展、坚持内涵建设，突出一流，不断强化对广州城市的责任担当，进一步聚焦"双区"建设、"双城"联动战略，围绕广州建设国际交通综合枢纽和国际科技创新中心，重点布局"重大基础设施安全+智慧运维创新枢纽"和"网络空间信息+智能应用技术创新枢纽"2大创新枢纽，地理空间信息与智慧生态环境、新材料新装备新制造、数字经济与智慧管理、数字技术与岭南文化艺术等6大交叉创新平台以及粤港澳大湾区和广州高质量发展新型智库，加强交叉学科建设，办优办强特色优势学科，推进关键核心技术攻关，加大产学研深度融合，着力以一流创新型大学建设成效为广州"十四五"时期加快建设国际大都市，奋力实现老城市新活力，以"四个出新出彩"引领各项工作全面出新出彩提供更好的支撑，作出新的更大的贡献！在这个过程中，我们也非常期待能得到各位院士、教授的大力支持和帮助。

最后，预祝本次峰会取得圆满成功！谢谢大家！

心之所向　行之所至
——魏明海校长在2021届毕业典礼暨2021年学位授予仪式上的讲话

（2021年6月26日）

亲爱的同学们、老师们，在视频前观礼的尊敬的家长朋友们：

大家好！

光景不待人，须臾发成丝。不觉又到一年毕业季，今天我们线上线下齐聚一堂，共同祝贺同学们顺利完成本阶段学业，迈向新征程！

在校期间，你们都是学校、是老师们、也是我的精力所注、情感所依，别离之际，有诸多感怀。最后一次近距离感受着洋溢在你们身上的青春气息，感受着你们清澈眼神中的憧憬和坚定，我的内心由衷地欣喜。

世上没有两片相同的树叶，每一届毕业生都是独一无二的。2017年你们循着党的"十九大"胜利召开的时代号角闻声而来，2018年在纪念改革开放40周年的激昂鼓点中修身治学，历经2019年新中国成立70周年之光辉和五四运动百年精神之洗礼，2020年站在两个一百年历史交汇点上亲历全球疫情大考。2021年的毕业季又恰逢建党100周年，在中华传统文化中"100"象征着圆满而又寄托着新的希望，大家在感受百年光辉党史温热的同时，也即将开始镌刻属于你们自己的时代印记。

大学时光，授予你们广博扎实的知识，赋予你们日趋健全的品格，给予你们成熟稳重的心智。那些孜孜不倦、持之以恒、同力协契的场景，终会成为你们人生长河中若隐若现的星。

近年来，学校抓住了"双一流"和高水平大学建设机遇，成为全国进步最快的高校之一。在这一过程中，感谢大家偶尔因为"空调""天桥""选课"，合力把学校推上热搜，为学校"拉拉袖子"，让学校"红红脸，出出汗"。我很欣慰，这种亲密挚友般的校园情、师生情，成为我们彼此之间无法割舍的思念与牵挂。我们自己的学校，我们自己不爱，谁爱？

此时此刻，我也有些忧心。走出校门，你们面对的，既有众多良机，也有大风大浪，世界百年未有之大变局之下，必有前所未有之不确定性。本以为疫情的阴霾会渐渐消散，但近一个多月的广州战疫，让我再度思考：究竟该以什么样的精神力量去抗衡日益增加的不确定因素？相信大家都真切地感受到：物质之外，仍然需要一套人性的、道德的、社会的信念体系来支撑我们这个国家、这个城市，支撑我们每一个家庭、每一个人。就如鲁迅先生说："无穷的远方，无数的人们，都和我有关。"那些以人为本、生命至上的家国情怀，那些上下齐心、和衷共济的精神价值，让我们重新理解身边的"真善美"。在这里，我还是要把老生常谈的"真善美"三字，送给大家，希望同学们能少一些彷徨，多一份笃定：

希望大家抛去浮华，崇真求真。"真"是立身之本。毛主席有言："对人诚恳是不会失败的。"我期待同学们都能真情实意、真诚相待，怀揣崇真之心，力求真知识，练就真本事，做到真追求。力求真知识，就是要做好学乐问的学习者，认识世界的求索者；练就真本事，就是要做脚踏实地的敦厚者，业精于勤的奋斗者；做到真追求，就是要做真抓实干的奉献者，赤胆报国的有为者。求真是个自我超越的过程，需要有守正创新的决心、敢为人先的锐气、"吾爱吾师，吾更爱真理"的勇气。这就需要你们处处留心学习契机，以思考为拓展，以创新为动力，以行动为实践，胸纳大格局，行有大气魄，在勇担使命和知行合一中办实事、求实绩。

希望大家剥离纷扰，尚善向善。善是立德之基。自古以来，中华优秀文化和人类优秀文明都包含道德养志的传统，以裹挟善意的心去爱这个世界，是我能想到最温暖的生活方式。我笃信人性本善，且善无分高低，凡在手边的、面前的，都应随力、随时去做。你们施予的每一点每一滴善意都能为他人的生命带来希望和光明。我校教育学院2013级本科毕业生李倩，主动放弃相对优越的生活环境，远赴西藏，现为墨脱县格当乡占根卡村第一书记。墨脱是全国最后一个通公路的县城，而她所工作的村庄距离县城仍有7小时的车程。面对着没有热水、没有暖气、没有亲人甚至没有朋友的全新环境，李倩校友用所学的专业知识和挚爱生活的热忱，积极融入当地，两次获墨脱县"优秀党务工作者""优秀公务员"称号，成为广州大学绽放在青藏高原上的最美格桑花。这就是新青年对新时代尚善向善、担当奉献的回应。我希望同学们无论生活有几多纷扰，都能掸去心灵浮尘、坚守沉静安宁、直面内心善意，以善行浇"小善"之芽为"大善"之树，化"小我"之心为"大我"之举，以己之才担当大义，中流击水，兼济天下。

希望大家踔厉风发，行美致美。用当下时髦的话说："好看的皮囊千篇一律，有趣的灵魂万里挑一。"恰是内在美建构了我们生命的丰满与层次，是人生和美的彰显。"和美"是"天下惟至柔者至刚"，是"水善利万物而不争"，是"人无信不立"，是"仁民而爱物"等诸多美德的融合，唯有"和美"，才可能让我们达到具有健康的审美趣味，富有沉着练达的性格特征，葆有精诚团结的品性修养的为人态度。有了这层境界，面对未知就能够承认和尊重差异，坦然追寻和而不同、和乐共进。我希望同学们以美启智，以"行美"之心，追求"致美"境界。在完善自己、铸就美好人生的同时，不忘以增进民生福祉、促进社会进步和推动人类发展为出发点和落脚点，抱定人类命运共同体的宗旨，共同创造"各美其美、美美与共"的温暖世界。

同学们，学位论文有答辩日，学校生活有告别时，但母校情、师生情、同窗情无穷尽时。离校前，别忘了多刷几次校园卡，别忘了修改大学城外环西路230号的默认快递地址，更别忘了母校永远是你们的家！

生逢盛世当不负盛世，生逢其时当奋斗其时。同学们，下一个百年属于你们，下一个百年也主要依靠你们！望所有毕业生崇真求真、尚善向善、行美致美，祝你们在新征程中一帆风顺，常传佳音！

谢谢！

为实现中华民族伟大复兴而努力学习

——魏明海校长在广州大学2021年新生开学典礼上的讲话

（2021年9月15日）

亲爱的同学们、老师们：

盛夏作别，菊月邂逅。很高兴在中国共产党成立一百周年，开启全面建设社会主义现代化国家新征程中，在学校入选广东省高水平大学重点建设高校，开启建设中国特色社会主义一流创新型大学的新起点上，迎来了10300多名新同学。因为你们的到来，学校将变得更加生机勃勃、更加充满希望。在这里，我代表全校师生员工，对你们的到来表示最热烈的欢迎！

一代人有一代人的使命，一代人有一代人的担当。100年前，正是一群平均年龄只有20多岁的青年创建了中国共产党，拉开了百年巨变的历史大幕。100年后，在庆祝中国共产党成立100周年大会上，新时代青年喊出了"请党放心，强国有我"的誓言。

站在"两个一百年"历史交汇点的你们，都有一个响亮的新身份，那就是"时代新人"。习近平总书记指出："当代中国青年是与新时代同向同行，共同前进的一代，生逢盛世，肩负重任。"作为时代新人，历史已经将你们放在了赓续民族复兴伟业的关键位置，你们必将是"两个一百年"中承上启下、承前启后、致力于开创新伟业的一代。

过去的一百年，你们的曾祖父母辈、祖父母辈、父母辈，通过艰苦斗争、艰苦创业，不仅使我们的国家站起来了、富起来了，也正在强起来。今天，我们的国家又正在意气风发向着建成富强民主文明和谐美丽的社会主义现代化强国、实现中华民族伟大复兴的第二个百年奋斗目标迈进。我想，这些都将是你们的职责和使命。

同学们，大学是学习为人为学为事的地方，也是实践和发展为人为学为事的地方，"博学笃行，与时俱进"的校训，崇德崇实崇真的校歌，都契合了这一精神。当下你们正值"当打之年"，广阔天地，大有可为。千里之行始于足下，如何更好地度过你们的大学生活，我有三点希望想讲给大家：

一是涵养做中国人的"志气、骨气、底气"。志气源于情怀。106年前的今天，陈独秀创刊《新青年》，向世界展示了面对山河破碎的旧中国，青年学子依旧对国家、对民族展现出无畏志气，蕴含着强烈的爱国主义精神、积极向上的力量。骨气是指刚强不屈的人格和操守。今天我们面对中华民族伟大复兴战略全局和世界百年未有之大变局，青年人尤须将夯实人格操守、提升品德修为作为建功立业的基本前提。底气来自自信。从百年前的满目疮痍到今日的欣欣向荣，时间和实践无数次证明中国共产党的正确，证明中国特色社会主义道路的正确。现今的中国以巍然大国之姿傲挺世界东方，为你们提供了以青春之名书写时代华章的底气。

希望你们顺势而上，摒弃鲜衣怒马，饱有上进拼搏之勇。要从历史发展和文明进步的高度思考自身的社会责任和前进方向，树高志，立远志，做有为之人，做可为之事，挺直中华民族的脊梁，以初心如磐、使命在肩的强烈责任感，从俯身苦读中累积自信和实力，将个人奋斗融入国家富强、民族复兴的伟大征程中去。

二是增强"创新、创造、创业"能力。现如今的你们正处于人生"拔节孕穗"的黄金时期，你们的科学追求、求学治学态度、学术高度将很有可能影响甚至决定整个中国创新的高度和建设创新型国家的速度。创新从不是天马行空，创造也不是闭门造车，创业更不再是过去简单的白手起家。增强"三创"能力需要"明者因时而变，知者随事而制"的敏锐嗅觉，有"板凳甘坐十年冷"的硬功夫，有"敢于质疑，敢于探索"的自主思考，有革故鼎新、激浊扬清的勇毅决心。

希望同学们在学习中创新，在创新中学习。过硬本领的练就，藏在你每天读过的书页中，形成于每堂课、每次作业的思考中，源自每次实验、每次推演的砥砺锤炼中。要充分利用青年人天性思想活跃、思维敏捷的优势，扎根中国大地，了解国情民情，把对科学的卓越追求融入全面建成社会主义现代化强国的伟大事业中去。坚持面向国际学术前沿、面向国家重大战略、面向经济社会发展需求、面向人民生命健康，把各种难题清单作为你们学习探究的问题清单，在求学治学中探究各种创新的可能。

三是筑牢"实学、实干、实诚"品格。初入大学，你们对一切都充满了好奇，甚至能一下涌出对人生规划的很多憧憬，但是别只想太多，要真正做起来。习近平总书记以"要爱国爱民，要锤炼品德，要勇于创新，要实学实干"寄语当代青年建功新时代。"实"是做人做事应有的人生态度，也是将来你们走上社会后，各行各业都看重的优秀品质，大家要从现在开始有意识地培养磨炼这种实在的品格。

希望同学们扎扎实实抓好学习。不仅要向书本、老师学习，还要向社会、人民学习；不仅要拓展知识广度，还要积累知识厚度；不仅要关注国内发展，还要了解世界格局变化。要踏踏实实干好事情。"道虽迩，不行不至；事虽小，不为不成"，要把所学、所思运用到实践当中。大学期间，可以多去义务支教、社会基层、建设一线、专业攻关、创新前沿进行历练，以丰富的实干经历增长人生阅历。要实实在在做个好人。人无佳德，其才就如无本之木，难以丰茂。实诚，体现了为人的胸襟和格局，决定了一个人能成就的高度。要对自己真诚，坦然接纳不足并不断加以完善；要对他人真诚，以礼待人，以诚交友。实诚的人，必定精神高尚，灵魂自由，朋友遍天下。

同学们，韶华有时，惟有奋斗。前行进程中，你们并不孤单。学校将按照扎根中国、融通中外、立足时代、面向未来的总要求，坚持"四个面向"，深化"三个对接"，凸显"三个创新"，心怀"国之大者"，努力在落实大学的根本任务和最高追求上，全面提升教育教学、科技文化核心竞争力和综合实力，力争在全国百强行列更上层楼；老师们将致力于以德施教、以德立身，把所学知识倾囊相授，将为学、为事、为人统一起来，努力成为你们人生的引路人。看着昂扬向上的你们，我们信心满满，坚信在建设社会主义现代化强国、实现中华民族伟大复兴的新征程中，一定会有你们的信念与担当，一定会看到你们的贡献和力量。愿你们以青春奋斗领航民族之振兴，为实现中华民族伟大复兴而努力学习！

谢谢大家！

魏明海校长在2021年教代会上的工作报告

（2021年11月2日）

各位代表：

我代表学校作学校工作报告，请大家审议。

一、2020年和"十三五"期间工作回顾

（一）2020年工作回顾

2020年是学校"十三五"收官，广州市高水平大学一期建设期满和广东省高等教育"冲一流、补短板、强特色"提升计划三年期满之年。过去一年，学校全面贯彻落实党的十九大和十九届二

中、三中、四中、五中全会精神和全国教育大会及党的十八大以来习近平总书记有关教育重要讲话精神，坚决落实党中央决策部署，省委省政府、市委市政府工作要求，以及学校第三次党代会工作任务，统筹推进疫情防控和学校建设发展工作，坚持党对学校工作的全面领导，坚持立德树人根本任务，准确把握新阶段、新形势、新任务、新要求，高质量完成"十三五"规划、高水平大学一期建设、广东省高等教育"冲一流、补短板、强特色"提升计划一期重点学科建设高校各项重点任务，学校综合实力和办学水平跃上新的台阶。

1. 深入学习贯彻习近平新时代中国特色社会主义思想和习近平总书记重要讲话精神。

坚持用习近平新时代中国特色社会主义思想铸魂育人，筑牢学校党的领导坚强阵地。一年来，校党委常委会第一议题学习24次，召开校党委中心组（扩大）学习会6次，实现党员、教工、学生理论学习全覆盖。党委领导核心和政治核心作用进一步强化，在省管党政领导班子和领导干部2020年度考核中学校领导班子考核结果为优秀。

2. 加强党的全面领导，不断推动全面从严治党向纵深发展、向基层延伸。

全面加强党的领导，严格遵守党委领导下的校长负责制，修订完善学校党委常委会会议议事决策规则和校长办公会议议事规则，切实推动管党治党、办学治校主体责任落实到位。高质量打好基层党建三年行动计划收官战。91个教师党支部已实现书记"双带头人"全覆盖，黄大年式教学科研团队建设初见成效，分析科学技术研究中心党支部韩冬雪工作室获批广东省"双带头人"教师党支部书记工作室立项。在广东省第三批新时代高校党建"双创"工作中，入选"标杆院系"1个，"样板支部"3个。出台《广州大学落实全面从严治党责任清单》，召开全面从严治党工作会议，层层压实管党治党政治责任。2020年度学校"一报告两评议"中"好"的评价达到96.21%，广大干部对2020年提拔的干部的认同度均超过94%。

3. 思想政治和意识形态工作进一步加强。

校领导班子成员、各学院书记及院长共96人次讲授"思政第一课"，覆盖学生7300余人。制定《广州大学思想政治教育课程教学改革实施方案》等系列文件，成立广州大学课程思政教学研究与实践中心，推动课程思政与思政课程融合发展。学年礼从意见到标准再到执行最后到评价形成覆盖全体学生全面发展、覆盖全部学段的全周期教育机制。完善意识形态突发事件应急处置协同工作机制、定期汇报机制和舆情监控机制，全面提升校园应急事件处置能力。

4. 全方位筑牢校园疫情防控防线。

面对突如其来的新冠肺炎疫情，学校提高政治站位，严格落实上级防控要求，全校师生"一盘棋"做好疫情防控工作；高质量开展在线教育，共开设线上课程5059门次，28项在线教学案例获省在线教学优秀案例；疫情防控常态化下学校教育教学秩序恢复和建设发展工作有序开展。

5. 高水平大学建设取得新进展新成绩。

——学科建设跃上新水平。工程学和计算机科学两个学科进入ESI全球前5‰，新增化学、材料科学进入ESI全球前1%，28个学科进入软科2020年"中国最好学科"榜单，8个学科进入软科2020年"世界一流学科"榜单。学校整体实力迈入国内高校百强行列。学校在广东省高等教育"冲补强"提升计划（2018—2020年）建设高校三年建设期满考核评价结果为A，在重点建设学科考核评价中，网络空间安全为A+，数学、统计学、土木工程为A。

——人才培养质量不断提升。获批国家级一流课程10门，47个项目获批教育部产学合作协同育人项目，立项数量居全省第一；第六届中国国际"互联网+"大赛获1金1银1铜，奖牌总数居全省第三位，市属高校第一位。郭楠等5名硕士研究生获评"全国艺术硕士研究生优秀毕业成果"奖。

——师资队伍建设不断增强。全年共引进各类人才93人，其中全职和特聘两院院士各1人，发达国家院士2人；入选"万人计划"哲学社会科学领军人才2人，"万人计划"青年拔尖人才、国家优青、百千万人才工程国家级人选各1人，其他国家重大人才工程项目（青年项目）2人，省部级人才项目共3人。

——服务地方发展能力持续提升。与黄埔区、广州开发区合作建设黄埔研究院/研究生院，网络空间先进技术研究院等7个科研机构，484名博士、硕士研究生于2020年9月进驻，着力打造"信息+智慧"和"重大基础设施安全+智能"两大创新枢纽。与清远签署共建"清远广大协同创新研究院"协议，围绕环境、生命科学、新材料开展合作；与中山市人民医院签约共建生命医学联合研究院，探索医工结合的"新医科"发展模式。

——对外合作交流不断推进。加速推进香港科技大学（广州）筹建工作，目前已获准登记注册为市属事业单位；顺利完成了对三所孔子学院管理权的转隶工作，推动孔子学院可持续发展；由我校发起成立的广州国际友城大学联盟朋友圈不断扩大，成员增至13所。

6. 宜学宜业宜居的有品质校园建设稳步推进。减震控制与结构安全实验大楼、教师公寓A区（6栋）主体结构建设、大学城校区生活区绿篱建设完工；完成图书馆共享空间改造，增加学习座位1500个，为学生提供了更好的学习交流场地；累计完成约10.4万平方米实验室、办公室、体育场地等改造提升以及约1.8万平方米黄埔研究院/研究生院过渡期装修改造；垃圾分类工作获评广州市生活垃圾分类优秀案例，学校蝉联广东省文明单位。成功举办合并组建二十周年大会，配套举办院士智库创新论坛、校友座谈会等活动，着力打造有温度的校友工作基础。

（二）"十三五"工作小结

在以习近平同志为核心的党中央坚强领导下，在省委省政府、市委市政府的关怀和大力支持下，学校始终坚持社会主义办学方向，落实立德树人根本任务，抢抓国家高等教育"双一流"战略和粤港澳大湾区建设机遇，扎实推进高水平大学建设，锐意深化体制机制改革，"十三五"规划的任务目标顺利实现，综合办学实力实现了跨越式发展，整体办学实力进入全国百强，为学校"十四五"事业发展奠定了坚实基础。

1. 坚持党建引领高水平大学建设，整体办学实力明显提升。

坚持党建引领高水平大学建设，学校校院两级治理体系进一步完善，整体办学实力进入国内大学百强。按照"四个面向""三个对接"的总体思路和"做强理工、做优文科、做特（师范）教育"的学科布局要求，深度对接广州和粤港澳大湾区建设需求，在精减存量招生专业的同时，新增数据科学与大数据技术、人工智能、网络空间安全、生物制药、材料科学与工程、机器人工程、数字媒体艺术等十个经济社会发展急需的本科专业，学科专业结构持续得到优化调整，学科水平获得显著提升。从2019年开始，实现了本科生、研究生招生专业和招生数中理工科占比过半。新增5个一级学科博士授权点和专业博士学位授权点、10个一级学科硕士授权点和硕士专业学位授权点。2020年学校自然指数在国内高校排名比2016年上升了50位。28个学科进入软科2020年"中国最好学科"榜单，8个学科进入软科2020年"世界一流学科"榜单。计算机科学、工程学、化学、材料科学进入ESI全球前1%，实现了突破，2020年计算机科学和工程学均进入ESI全球前5‰。学校在U.S.News2021年世界大学排名榜中位列中国内地高校第60位、世界大学第706位；学校进入2020软科中国最好大学排名榜国内百强行列，在2020年软科世界大学学术排名榜中列国际601—700名、国内85—102名。

2. 聚焦"立德树人"根本任务，持续提高人才培养质量。

贯彻落实全国教育大会精神，全面加强学生思想政治教育，夯实通识教育基础。确立了"德才兼备、家国情怀、视野开阔，爱体育、懂艺术，能力发展性强"的人才培养目标，建立并切实落实校党委书记、校长带头，学院党委书记、院长上思政"第一课"制度；构建"三位一本"的思想政治教育课程体系，推动思政课程与课程思政融合；以学年礼为抓手，深化"十大育人"体系建设，进一步完善学校大思政工作体系。形成了拔尖创新实验班、卓越人才培养、交叉复合型人才培养、校企协同育人、国际联合培养等多种本科人才培养模式。成立并推进"文体艺语四大中心"建设，推动学校人才培养目标更充分地达成。加强一流本科专业点建设，推进学校金课工程建设，不断提升具有广大底色的人才培养质量。31个专业获批国家级一流本科专业建设点，43个专业获批省级一流本科专业；新增4项国家级虚拟仿真实验教学项目，10门课程入选首批国家级一流课程，新增1项国家级教学成果奖二等奖以及13项省级教学成果奖。学校获评广东省大学生创新创业教育示范学校，获批国家级众创空间1个，学生参加全国"互联网+""挑战杯"等竞赛，成绩连续位列省内高校乃至全国同类高校前列。

3. 深化人事人才制度改革，师资队伍整体实力得到显著增强。

切实贯彻市委市政府整体推进学校高水平大学建设"放管服"改革部署，以薪酬分配制度、职称职级晋升制度、分类聘任制度、人才引进与管理制度改革为突破口，大力推进学校人事制度体制改革。2016年以来，通过引入"短聘—长聘"新机制，实施"一团一策"的团队引进机制等一系列人才引进和培育政策，共引进教学科研人员623人，新增各类院士等国家级高层次人才超过50人。截至2020年12月，45岁（不含）以下专任教师占比为58.3%。组建了网络空间先进技术、大湾区环境、精准基因编辑工程、人工智能与区块链等16支高水平科研团队，为学校对接粤港澳大湾区国际科技创新中心建设，抢占人工智能、新一代信息技术、生物医药、新能源等战略性新兴产业技术创新高地，奠定了坚实的师资基础。

4. 面向国家和区域重大需求，科研创新能力进一步提升。

以国家和区域重大需求为导向，深化科研成果评价和激励制度改革，不断完善科研创新机制。完善科研项目管理办法，健全绩效导向的科研创新激励机制，加强和规范科研项目与经费管理，提升科研创新服务水平。"十三五"期间，学校共主持34项国家重大研发计划项目与国家自然科学基金重大、重点项目，7项国家社科重大项目。学校承担的国家自然科学基金项目和国家社科项目数从2015年的51项增长到2020年的129项，国家自然科学基金项目数连续三年进入全国前80名左右，国家社科项目从2015年的全国第66位上升到2020年的全国第30位。省部级科研平台从2015年的25个增长到目前的62个。2020年（截至12月31日）发表SCIE/SSCI论文2014篇，为"十三五"建设初期发文量6.87倍，CSSCI发文量达488篇，为2016年发文量1.4倍。2020年（截至12月31日）专利申请数和专利授权数分别为868件和344件，分别比2015年增长了3.6倍和3.1倍。2016—2020年，共获得国家级科研成果奖12项，省部级科研成果奖62项。多项科研成果得到广泛应用，取得较好的经济效益和社会效益，其中，周福霖院士团队的大型跨海工程多灾害减震技术成功应用于港珠澳大桥建设工程，为粤港澳大湾区重大基础设施建设作出了重要贡献。

5. 推进体制机制改革与合作模式创新，呈现聚焦服务粤港澳大湾区建设和"一带一路"倡议的开放办学新格局。

依托广州国家中心城市、综合性门户城市、粤港澳大湾区核心城市的区位优势和国际影响力，把握粤港澳大湾区建设战略机遇，学校深入推进开放办学体制机制改革，创新发展思路，不断优化调整开放办学空间布局，进一步充实开放办学内涵，谋划塑造以文化教育科技广泛交流为基础，以人才培养、科研合作和文化传播为主要内涵，以广州国际友城大学联盟为主要组织载体，以香港科技大学（广州）筹备设立为重点的面向国际和港澳台、服务粤港澳大湾区建设和"一带一路"倡议战略需求的开放办学新格局。

学校与香港科技大学合作举办的香港科技大学（广州）获教育部批准筹备设立并加快建设，实现了与港澳地区合作举办独立法人办学机构零的突破。发起成立广州国际友城大学联盟，联盟成员大学增至13所，国际影响力进一步提升。

"十三五"期间，学校具有国（境）外学习、工作经历1年或以上教师占比从18%提高到45%。学校大力开展海外引智工作，2016—2020年实施引智项目近300项，资助经费约1300万元。学校积极拓展与世界一流大学和科研机构科研合作，新增8个国际合作科研平台。2019年，我校与近500所国（境）外机构合作发表ESI论文654篇，占我校当年ESI论文总数的43.05%。学校积极推进人才培养国际化工作，选派3588名本科生和研究生赴国（境）外大学交流研修。具有海外学习交流经历的学生占比由2016年的6.5%上升至16.5%。学校积极打造"留学广大"品牌。来自"一带一路"国家、地区的硕、博士研究生数量占在校留学生总数的81%。

6. 加快校园基础设施重点项目和信息化建设，高水平大学建设的服务保障支撑能力进一步增强。

大学城校区和桂花岗校区基础设施建设和办学空间品质提升取得较大进展。实施大维修工程，大幅提升了校园环境品质和公共服务条件。总建筑面积1.6万平方米、总投资3.52亿元的广州大学减震控制与结构安全实验大楼主体工程完工，为申报国家重点实验室提供一流实验条件和平台。总建筑面积18.5万平方米、投资估算约10.6亿元的广州大学建设新增基础设施项目进展顺利。桂花岗校区控规调整和黄埔研究院/研究生院（二期）校园规划建设正在有序推进。

教学科研实验平台建设和条件改善有力支持了实验教学质量提升、高水平科研成果产出。"十三五"期间（截至2020年12月），大学城校区和桂花岗校区老旧实验室改造建筑面积1.47万平方米。新增总值约11亿元的教学科研设备共97448台（件）。新增实验用房面积1.46万平方米。学校新增国家级虚拟仿真实验教学项目4个，15个省级实验教学示范中心验收合格挂牌，获批省级虚拟仿真实验教学示范中心2个。

图书情报服务学术发展和学科建设能力取得新的提升。学校图书馆现有馆藏资源达到933.15万册（含电子图书）。积极面向教学科研人员、学院和职能部门提供个性化科技查新和ESI学科建设咨询服务。相继推出了网上荐购、现采现借和"芸台购"等图书采购和借阅方式，全方位多途径满足教学科研活动对文献信息资源的需求。

学校信息化建设初步实现了从"数字校园"向"智慧校园"的跨越。校园基本实现了网络全覆盖，互联网出口带宽已由2015年的6G提升至22.5G。改造升级了大学城校区和桂花岗校区的75间约1万平方米计算机实验室。现有300余门课程在"广州大学慕课平台"运行，5万余学生参与学习。新冠肺炎疫情期间，3000余门课程如期在线开课，教师对在线教学满意度达到92%。疫情防控信息系统辅助了校园疫情防控和师生健康管理。

二、2021年学校重点工作

2021年作为"十四五"、广东省高水平大学建设计划重点建设高校、广州市高水平大学二期建设开局之年，全校上下要凝心聚力，着力围绕学校党委年初确定的27项重点工作任务强化责任，狠抓落实。

1. 在人才培养方面重点抓好6项工作：深入实施一流专业和一流课程建设；以"学年礼"工作为抓手，持续深化推进学生德智体美劳全面发展；持续提升思想政治教育工作质量；深入推进现代化教育教学工作体系建设；大力实施研究生培养质量提升计划；积极推进招生就业工作。

2. 在学科、科研服务国家和区域创新体系建设方面重点抓好4项工作：深入实施学科建设水平提升工程；全力实施科技创新体系建设；提升服务区域经济社会发展能力；突出重点推进高水平开放办学。

3. 在教师和管理队伍建设方面重点抓好2项工作：突破人事制度改革的瓶颈障碍；大力加强师德师风建设。

4. 在提升治理能力方面重点抓好5项工作：做好并认真实施学校"十四五"规划和高水平大学二期建设方案；提高办学资源开发和统筹配置能力；加强校园安全治理和风险防控体系建设；加强直属单位的建设和管理；毫不放松抓好常态化疫情防控。

5. 在提升服务保障能力方面重点抓好4项工作：进一步加强校园基础设施建设；进一步加强实验室建设和管理；进一步推进"智慧校园"建设；进一步提升后勤保障管理服务。

6. 在提升党的建设质量重点抓好6项工作：以党史学习教育为统领，深化完善习近平新时代中国特色社会主义思想学习体系；全面加强党对学校工作的领导；加强思想政治和意识形态工作；扎实推进基层党组织建设；推进干部队伍建设高质量发展；深入推进全面从严治党向纵深发展。

三、"十四五"工作安排

（一）发展思路

按照扎根中国、融通中外，立足时代、面向未来，办人民满意的大学的总要求，学校把坚持"四个面向"（面向国际学术前沿、面向国家重大战略、面向经济社会发展需求、面向人民生命健康），深化"三个对接"（对接广州和粤港澳大湾区高质量发展、对接广州和粤港澳大湾区创新驱动、对接广州和粤港澳大湾区扩大开放），凸显"三个创新"（人才培养创新、科技文化创新和体制机制创新）作为基本的发展思路，构建以健康学术生态为基础、以有效学术治理为保障、以培养一流人才和产生一流学术成果为目标的大学创新体系，加快提升学校在科技创新价值链中的地位，多维深度融入区域创新系统，着力打造创新型大学特色优势。

"十四五"期间，学校坚持重大需求导向、一流建设、特色发展、创新引领和精准聚焦的发展思路。

——坚持重大需求导向。聚焦国际科学前沿，以解决重大科学问题，突破关键核心技术为导向，着力形成一批尖端科研成果，提升原始创新能力；聚焦国家、地方经济社会和战略性新兴产业发展需求，着力打造一批关键共性技术和应用技术成果，提升服务省市和粤港澳大湾区产业行业发展能力。

——坚持一流建设。扎根中国大地办学，瞄准一流目标和标准构建一流大学体系，在推进事业全面发展中贯彻落实新发展理念；在立德树人任务中打造一流本科专业、一流学科和高质量研究生教育，培养一流人才方阵；在队伍建设和能力提升中注重科技创新赋能，着力打造学校高质量发展战略支点。

——坚持特色发展。在学校事业发展中凸显社会主义和新时代办学特色，用好学科交叉融合的"催化剂"，打破学科专业壁垒，瞄准科技前沿和关键领域，推进新工科、新医科、新农科、新师范、新文科建设，在面向未来对接国家和地方经济社会需求中形成学科专业特色优势，加强基础学科培养能力，在人才培养模式和质量提升中增强创新底色，为实现学校高质量发展提供根本保证。

——坚持创新引领。以全球视野谋划和推动创新，在学校治理制度体系建设中强化创新导向和创新要素集聚，在人才培养、科研创新和社会服务实践中彰显创新能力与担当，加强国际交流合作，主动搭建中外教育、科技和文化友好交往的合作平台，提高原始创新、集成创新和协同创新能力，在学校文化建设中注重创新文化引领与支撑，充分发挥高校在实施创新驱动发展战略中的引领作用。

——坚持精准聚焦。全面把握学校发展内外环境，准确研判，聚焦优势领域和重点领域攻关突破，瞄准关键环节靶向发力，围绕高水平大学建设目标和任务，更加注重结构布局优化和资源的有效集成，以点带面不断加快一流创新型大学建设。

（二）建设目标

学校将分三步走，打造"理厚工精、文优教特、交叉融合、创新发展"的学科体系，创建中国特色社会主义一流创新型大学。

到2025年，基本形成学科、城市区域和国际化办学特色，进入省"冲一流"整体建设高校行列和国家一流学科行列。综合办学实力进入国内高校前70—80名，国际前500名。

到2035年，形成中国特色社会主义一流创新型大学的基本架构，办学地位显著提升，进入国内高校前50名，国际前300名。

到2050年，建成与国家现代化和中华民族实现伟大复兴同步、与广州城市地位相得益彰的一流创新型大学。

（三）建设内容

1. 加强党的全面领导，引领高水平大学建设。一是坚持社会主义办学方向；二是强化党委领导核心作用；三是一以贯之全面从严治党；四是加强思想政治和意识形态工作；五是加强领导班子和干部队伍建设；六是筑牢基层组织基础；七是加强党的统一战线和群团工作。

2. 实施"1+2"高质量人才培养工程，全面提升创新型人才培养质量。一是以思政课程建设为引领，落实立德树人根本任务，实施思政课程与基础课程提升工程。落实好立德树人根本任务，把思想政治教育贯穿人才培养全过程，建设高质量的本科生与研究生思政课程体系。以国家一流课程为标准，打造特色思政教育"金课"群。实施"基础课程质量提升计划"，打造具有"高阶性、创新性、挑战度"的基础课程群。加快现代信息技术与教育教学深度融合，提升教师课堂教学水平和课程建设能力。二是以发展需求为导向，打造一流本科专业建设。以粤港澳大湾区经济社会发展战略需求为导向，对接教育部一流本科专业建设"双万计划"，持续推动专业结构调整，优化本科专业布局。依托优势学科和"2+6+1"科研创新平台工程，在交叉学科、优势特色学科和基础学科领域，建设一流专业群。全面实施拔尖创新人才和卓越应用人才培养方案，积极探索跨学科、跨学院的跨类新专业建设，在专业与课程建设、优秀教学成果产出、优质教学资源建设等方面取得一批国家级和省级标志性成果。三是突出创新能力，实施研究生高质量发展工程。建立研究生教育规模和学科结构与国家和地方经济社会需求相适应的学科和研究生学位点动态调整机制，进一步提升现有学位点水平，优先发展专业研究生学位点。深化研究生培养模式改革，大力提升研究生科研创新能力和实践创新能力。推进研究生质量保障管理体系改革，创新研究生成果评价体系，强化研究生培养质量监督。扩大与国（境）外大学在研究生培养方面的合作，创新国际化合作培养研究生模式，资助优秀研究生境外访学，扩大国际化合作培养研究生的规模。

3. 优化学科结构和组织模式，提升学科水平和竞争力。一是突出一流，实施一流学科建设计划；二是强化学科交叉，在交叉领域培育新的学科增长点；三是彰显特色，打造特色学科品牌；四是夯实基础，提升基础学科水平和支撑能力；五是统筹学科建设与研究生学位点建设和研究生教育；六是着力推进学科建设创新成果"两个转化"；七是调整优化院系和科研机构设置，探索创新学科建设与学院发展新机制。

4. 持续深化人事人才制度改革，增强教师队伍的实力与活力。一是围绕立德树人，加强师德师风建设；二是加强高层次人才的引进和培育；三是加强青年拔尖人才和骨干教师的培养；四是用好用活高层次领军人才以及创新团队；五是加强思想政治教师和基础课程师资队伍建设；六是提升管理服务队伍水平；七是深化人事管理机制改革，注重统筹协调，进一步强化体制机制创新。

5. 深化科研组织模式和科研评价体制机制改革，提升科研创新和社会经济服务能力。一是面向国家区域重大战略需求，打造2大创新枢纽。以重大基础设施工程中的安全与智能化问题、人工智能与网络空间安全、集成电路研究等重点领域关键核心技术攻关为核心，以国家重点实验室建设为目标，着力打造"重大基础设施安全+智慧运维创新枢纽"和"网络空间信息+智能应用技术创新枢纽"2大创新枢纽，支撑战略科技力量发展及一流学科建设。二是深度对接战略性新兴产业和区域高质量发展需求，聚焦培育6个交叉创新平台。面向学科领域前沿，注重学科交叉，加强基础应用研究，瞄准区域战略性新兴产业集群发展、科技服务城市和社会治理、人民生命健康和美好生活的重大需求，加大资源整合与投入力度，重点建设新材料新装备新制造交叉创新平台、地理空间信息与智慧生态环境交叉创新平台、合成生物学与智能育种/精准医疗交叉创新平台、数字经济与智慧管理交叉创新平台、大数据/认知科学与智慧教育交叉创新平台、数字技术与岭南文化艺术交叉创新平台等6个交叉创新平台。三是立足国家所需，高端定位，全面加强中国特色新型智库建设。四是注重原始创新，大力开展基础与应用基础研究。五是加强科研平台和基地建设。六是强化军工科研，促进军民融合。七是探索发展多维度科研合作体系。八是改革科研评价体系，完善激励机制。九是推动科研成果转化与科技孵化，增强服务经济社会发展能力。十是构建创新科研平台和管理体制机制。

6. 加强校园基础设施建设和文化建设，优化育人环境。一是积极开拓产学研合作新据点。二是进一步提升校园物理空间和网络空间的教育品质。在建构办学空间新格局方面，高速高质推进黄埔新校园建设、南沙新校区规划项目落地和桂花岗校区更新规划设计，逐步形成以大学城校区为主体，桂花岗校区、黄埔校区和南沙校区为重要发展极，形成"一校多园""多点联动"办学空间新格局。在加强既有校区空间扩容方面，充分挖掘空间资源潜力，结合广州大学城新一轮优化提升计划，调整升级校区空间布局来加快既有校区的办学设施和条件提升，推动大学城校区新建学生宿舍、新建风雨操场项目以及科技文化创新中心改扩建项目。在提升既有校园空间品质方面，升级改善学校公共服务设施，对部分校园空间进行改造更新，实现品质再造，重点完成对演艺中心、体育馆、公共艺术展示中心（现文逸楼副楼）、桂花岗校区部分建筑和附属中学黄华校区的空间品质提升改造。在建设智慧校园方面，推进多校区互联协同、虚实空间"孪生融合"的智慧校园建设；加快智慧教室、智慧图书馆等泛在智慧型学习空间建设；统筹推进面向科研的高性能计算平台建设；用信息化全面支撑学校现代化治理体系建设，为教学、科研、管理、生活全域提供精细化与精准化服务。三是整合扩建实验室资源，推动建设"2+6+N"实验室体系。四是优化育人基础环境，全面优化住宿等师生生活条件。五是凝聚广大精神，推进第一课堂与第二课堂互动建设。六是健全校园安全治理和防控体系。

7. 拓展和深化与港澳台地区交流合作，开创服务"一带一路"倡议国际交流合作新局面。一是履行好合作举办方的职责，推进港科大（广州）建设；二是深化与港澳台地区高校合作，扩大面向港澳台招生规模，支持港澳台青年融入内地；三是积极拓展国际人文交流、教育与科研合作；四是聚焦共建"一带一路"倡议，开拓和提升留学生培养层次和水平。

广州大学学生社团一览表

学生社团类别	编号	学生社团名称
思想政治类	T1	广州大学学生党建理论研究会
学术科技类	A1	广州大学学生经济学会
	A2	广州大学学生师范技能协会
	A3	广州大学学生投资学会
	A4	广州大学学生物业管理学会
	A5	广州大学学生营销学会
	A6	广州大学ERP学生学术交流协会
	A7	广州大学学生春秋学社
	A8	广州大学学生天文爱好者协会
	A9	广州大学学生物流学会
	A10	广州大学学生虚拟现实技术协会
	A11	广州大学学生英语俱乐部
	A12	广州大学学生房地产研究学会
	A13	广州大学学生社会学与社会工作协会
	A14	广州大学学生工程项目管理研究学会
	A15	广州大学学生3D科技协会
	A16	广州大学学生电子协会
	A17	广州大学学生景园研究协会
	A18	广州大学学生人力资源管理学会
	A19	广州大学学生财金研究协会
	A20	广州大学学生竞技航模协会
	A21	广州大学学生智能车协会
	A22	广州大学学生g2uc信息安全协会
	A23	广州大学学生创客协会
	A24	广州大学学生光信息协会
	A25	广州大学学生结构设计协会
	A26	广州大学学生会展协会
	A27	广州大学学生建筑信息化学会
	A28	广州大学学生气象爱好者协会
	29A	广州大学学生清廉知行学社
	30A	广州大学学生区块链协会

续上表

学生社团类别	编号	学生社团名称
学术科技类	31A	广州大学学生软件技术应用协会
	32A	广州大学学生网络空间安全学会
创新创业类	I1	广州大学学生电子商务协会
	I2	广州大学学生工商管理学会
	I3	广州大学学生创萌俱乐部
	I4	广州大学学生创业协会
	I5	广州大学学生创益协会
文化体育类	C1	广州大学学生武术协会
	C2	广州大学学生羽毛球协会
	C3	广州大学学生集邮协会
	C4	广州大学学生知行读书社
	C5	广州大学学生茶艺协会
	C6	广州大学学生定向越野俱乐部
	C7	广州大学学生书画协会
	C8	广州大学学生棠棣文学社
	C9	广州大学学生网球协会
	C10	广州大学学生原色映像动漫协会
	C11	广州大学学生书友会
	C12	广州大学 DIY 学生手工艺术协会
	C13	广州大学 Goulee 学生演艺团体
	C14	广州大学 Salsa 社交舞学生协会
	C15	广州大学学生电影文化协会
	C16	广州大学学生电子竞技协会
	C17	广州大学学生广告协会
	C18	广州大学学生广袖青衿汉服社
	C19	广州大学学生吉他协会
	C20	广州大学学生街舞协会
	C21	广州大学学生模型协会
	C22	广州大学学生排球协会
	C23	广州大学学生青穗口琴社
	C24	广州大学学生曲艺社
	C25	广州大学学生散打协会
	C26	广州大学学生音乐协会
	C27	广州大学学生自行车协会

续上表

学生社团类别	编号	学生社团名称
文化体育类	C28	广州大学学生乒乓球协会
	C29	广州大学学生跆拳道协会
	C30	广州大学学生笛箫协会
	C31	广州大学学生瑜伽协会
	C32	广州大学 Alien 学生极限飞盘协会
	C33	广州大学学生RS 轮滑协会
	C34	广州大学学生流觞亭诗社
	C35	广州大学学生摄影协会
	C36	广州大学学生行政管理协会
	C37	广州大学学生粤栈粤语社
	C38	广州大学学生魔术协会
	C39	广州大学学生 CUA 桌游协会
	C40	广州大学学生运动安全与防护协会
	C41	广州大学学生艺术团管弦乐团
	C42	广州大学学生艺术团合唱团
	C43	广州大学学生艺术团话剧团
	C44	广州大学学生艺术团啦啦队
	C45	广州大学学生艺术团龙狮队
	C46	广州大学学生艺术团民乐团
	C47	广州大学学生艺术团舞蹈团
	C48	广州大学学生艺术团语言艺术队
	49C	广州大学学生篮球裁判协会
	50C	广州大学学生古诗词尤克里里协会
	51C	广州大学 GZHU-ISLAND 学生说唱社
	52C	广州大学学生魔方社
	53C	广州大学学生风云棋社
志愿公益类	V1	广州大学学生法律咨询服务社
	V2	广州大学学生阳光义工团
自律互助类	S1	广州大学学生校园安全管理服务协会
	S2	广州大学学生爱护动物协会
	S3	广州大学学生绿色动力协会
	S4	广州大学竹蜻蜓学生爱心社
	S5	广州大学新长城学生自强社

注：编号数字在前，字母在后的为试运行学生社团。

2021年新闻媒体报道我校主要消息索引

稿件名	发稿媒体	作者姓名	发稿时间
本科毕业论文每年要抽检一次？	《南方都市报》	董晓妍 孙小鹏 余文诗	2021年1月7日
动态几何"1.1 动态几何初步"	广东学习平台	吴 谦 郑敏璇	2021年1月10日
中国近现代史纲要"1.1 资本-帝国主义对中国的侵略"	广东学习平台	吴 谦 郑敏璇	2021年1月10日
粤藏情深！广州大学67名学生援藏支教	中国教育在线	林 剑	2021年1月11日
心系援藏支教，情寄雪域高原——广州大学召开援藏支教总结会	《信息时报》	刘安琪 成小珍	2021年1月11日
推进新师范建设 广州大学援藏支教队员实习归来	《中国青年报》	钟洁莹 林 洁	2021年1月11日
带你听懂中国传统音乐"1.4 创新之美"	广东学习平台	吴 谦 郑敏璇	2021年1月13日
垃圾分类进校园 大中小学显神通	《广东建设报》	王亚雯	2021年1月15日
杭州亚运会国际文明礼仪大赛广州助力活动开启	央广网	李 佳 王海鹏	2021年1月18日
杭州亚运会国际文明礼仪大赛广州助力活动开启	广东教育头条	彭 博	2021年1月18日
广州两项技术入选"国家级"先导技术榜单	《广州日报》	龙 锟	2021年1月18日
"亚运圣火 穗杭相传"，杭州亚运国际文明礼仪大赛走进广州	《南方都市报》	汪雅云	2021年1月19日
亚运圣火，穗杭相传	《信息时报》	冯爱军	2021年1月19日
工于心一丝不苟 匠于行精雕细琢——记联合国国际生态生命安全科学院院士、广州大学建筑设计研究院副院长王河	《中国科学报》	朱汉斌	2021年1月21日
一年获得十多项奖，广州大学这个本科班厉害了	广东教育头条	姚 瑶	2021年1月22日
广州大学出了个写剧演戏"牛班"，一年揽奖十多个	《南方都市报》	卢慧明	2021年1月22日
讲好中国扶贫故事，创新扶贫育人体系	《南方》杂志	谢治菊	2021年1月22日
"买全国、卖世界"——广东消费扶贫记	《南方》杂志	温 柔	2021年1月22日

续上表

稿件名	发稿媒体	作者姓名	发稿时间
广州大学汉语175班一年获十多项奖	金羊网	正 龙	2021年1月23日
推进志愿服务事业的动力之源	《光明日报》	赵中源	2021年1月27日
广州大学副院长王河当选联合国国际生态生命安全科学院院士	中国教育在线	林 剑　朱汉斌	2021年1月28日
广东学者当选联合国国际生态生命安全科学院院士	《人民日报》	朱汉斌	2021年1月28日
王河：深耕岭南建筑　让人诗意地栖居	中国科技网	龙跃梅	2021年1月28日
科学驿站｜岭南建筑家当选"洋院士"，曾是首批"南粤工匠"获得者	《羊城晚报》	李 钢	2021年1月29日
两会人物：南粤工匠成为"洋院士"	《广州日报》	龙 锟	2021年1月31日
"南粤工匠"王河当选联合国国际生态生命安全科学院院士	《南方日报》	卞德龙	2021年1月31日
热血冬训、温暖年味……广东高校以多彩"姿势"开启"寒假模式"	《羊城晚报》	陈 亮　李冰娜	2021年2月5日
踏着"互联网+"风口起跑！探寻广东网红大学生的创业之路	《羊城晚报》	陈 亮　李冰娜 张甜甜　周 喆 杨 欣　苏倩怡 吴 谦	2021年2月5日
幸福，因逐梦的心	《广州日报》	苏俊杰　邓潇丽 龙 锟	2021年2月8日
幸福体验官｜杨芷康：敢想敢做，一切才有可能	《广州日报》	龙 锟　苏俊杰	2021年2月8日
好好学习　一步一个脚印	《广州日报》	刘晓星　林霞虹 曾 俊　谢泽楷 伍 仞	2021年2月10日
广东留校生：学校是温暖的家	《羊城晚报》	孙 唯　陈 亮	2021年2月14日
幸福体验官｜吴心然：声抚人心的粤播女孩	《广州日报》	邓潇丽　苏俊杰	2021年2月21日
院士、标准大师周福霖：拳拳赤子报国心　切切抗震惠民志	中国工程建设标准化协会	马晓丽 邓凤琴	2021年3月2日
深观察｜全国新增一流本科专业超八千个，广东高校表现如何？	《南方都市报》	孙小鹏　董晓妍	2021年3月3日
粤多所高校新增一流专业超20个	《南方日报》	杜玮淦　姚 瑶 潘宛晴	2021年3月5日

续上表

稿件名	发稿媒体	作者姓名	发稿时间
完整准确全面理解和贯彻新发展理念	《广州日报》	许晓芳　邓潇丽　龙　锟　张姝泓　于梦江	2021年3月6日
医疗教育代表委员和工作者：当好教育教学引路人，做好群众健康守门人	《羊城晚报》	林清清　陈　亮　张　华　孙　唯	2021年3月7日
学习笔记丨人民健康是社会文明进步的基础	《广州日报》	张冬梅　方　晴　刘春林　张姝泓　王浩宇　龙　锟　黄健源　邓潇丽　李　波	2021年3月7日
习近平总书记参加青海代表团审议时的重要讲话给广东各界带来重要启示	《羊城晚报》	林　曦　陈泽云　孙　晶	2021年3月8日
习近平法治思想　人民性的实践逻辑	《广州日报》	董石桃	2021年3月8日
总书记在全国政协联组会重要讲话引发热烈反响，广东高校师生掀起学习热潮	《羊城晚报》	陈　亮　李冰娜	2021年3月9日
打造低碳经济　全民节能减排	《广州日报》	龙　锟　刘春林　何道岚　王浩宇　邓潇丽　林晓丽	2021年3月11日
《教育家》走进广州：立足包容性城市，领略"出彩"教育的魅力	光明网	陈　瑶	2021年3月14日
乡村创新创业也能修学分啦！广州大学开课助力乡村人才振兴	《广州日报》	林霞虹	2021年3月16日
回眸百年　在光与影中讴歌和传承红色精神	央广网	夏　燕	2021年3月23日
开局良好！党史教育，广东153所高校准备好了	《南方都市报》	董晓妍	2021年3月23日
多家机构联合倡议设立"建筑信息化行业日"	《中国建设报》	朱　佳	2021年3月25日
广州海珠：烈属讲党课，传承红色基因	广州学习平台	孙嫣然	2021年3月26日
广州大学：百名书记讲党史 掀起师生党史学习教育热潮	中国教育在线	林　剑	2021年3月28日
广州大学百名书记讲党史，育时代新人	广东教育头条	姚　瑶	2021年3月28日
百名书记讲党史，广大掀起师生党史学习教育热潮	《南方都市报》	孙小鹏	2021年3月28日
百名书记讲党史，广州大学掀起学习新热潮	《羊城晚报》	陈　亮	2021年3月29日
互联网有多危险，他就有多拼命——我身边的科学大咖——方滨兴	广州市广播电视台		2021年3月29日

续上表

稿件名	发稿媒体	作者姓名	发稿时间
我身边的科技大咖——谢洪鲸	广州市广播电视台		2021年3月30日
深读丨377万人考研背后，这些新趋势正在发生	广东教育头条	姚瑶	2021年3月31日
又一研究院落户中山！生命医学人才培养论坛今日召开	《南方日报》	曾艳春　李姗恒	2021年4月2日
广东高校师生新冠疫苗开打	《羊城晚报》	陈亮　李冰娜	2021年4月9日
广州大学举办院士峰会，15位院士专家为粤港澳与广州发展建言	广东教育头条	姚瑶	2021年4月10日
院士齐聚，论道广州发展！周福霖：要把安全问题放在重要地位	《南方都市报》	孙小鹏　梁颖怡	2021年4月10日
城市创新发展院士峰会在广州召开　众院士专家为广州和粤港澳大湾区建设建言	中国教育在线	林剑	2021年4月10日
贡献"一臂之力"，共筑免疫"长城"！广东高校师生新冠疫苗正式开打	《羊城晚报》	陈亮　李冰娜	2021年4月10日
众专家品评城市，十院士指点未来！城市创新发展院士峰会在穗召开	《羊城晚报》	陈亮	2021年4月10日
院士齐聚"把脉"广州城市创新发展	《广州日报》	林霞虹	2021年4月11日
城市创新发展院士峰会在穗召开，会上透露到2030年广州预计新增107所优质中学98家三级医院	《新快报》	王娟	2021年4月11日
院士把脉粤港澳大湾区城市创新	《中国青年报》	林洁	2021年4月11日
众院士专家为粤港澳大湾区城市创新建言献策	央广网	官文清	2021年4月11日
广州大学举办城市创新发展院士峰会	科学网	朱汉斌　吴谦	2021年4月11日
直播：探索高能宇宙线起源之谜，LHAASO首席科学家开讲	《南方都市报》		2021年4月21日
千人大合唱！广州大学师生"沉浸式"学党史	广东教育头条	姚瑶	2021年4月25日
广州大学：师生"沉浸式"学党史　让党史学习教育更鲜活	中国教育在线	林剑	2021年4月25日
广州大学师生"沉浸式"学党史　让党史学习教育更鲜活	《南方都市报》	孙小鹏　梁颖怡	2021年4月25日

续上表

稿件名	发稿媒体	作者姓名	发稿时间
千人大合唱、"沉浸式"学习，这所学校让党史教育更鲜活	《羊城晚报》	陈 亮	2021年4月25日
更鲜活更深刻！广州大学师生"沉浸式"学党史	《广州日报》	林霞虹	2021年4月25日
广汕两地联动 带领大学生重走红色史迹	南方财经全媒体	金宛怡 盛 捷	2021年4月25日
痛心！年仅42岁街道副书记去世，被追授为优秀共产党员并记三等功	《广州日报》	廖靖文	2021年4月26日
广州大学师生"沉浸式"学党史	《南方都市报》	孙小鹏	2021年4月26日
讲好党史故事 传承红色基因 "永远跟党走·奋进新征程"党史故事会在广州举行	金羊网		2021年4月29日
后疫情时代社区应急能力如何提升？广大调研团队有妙招……	《南方都市报》	孙小鹏 梁颖怡	2021年5月6日
建造地震中的安全岛——以柔克刚、另辟新径的工程隔减震与振动控制技术	中国地震局		2021年5月9日
博学讲坛：太空光学巡天的黄金时代（陈建生院士）	南都直播		2021年5月13日
广州大学党委书记屈哨兵：深化党建融合培育时代新人	《南方日报》	姚 瑶	2021年5月14日
百年对话丨广大党委书记屈哨兵：深化党建融合，培育时代新人	广东教育头条	姚 瑶	2021年5月14日
青春心向党④丨广州大学学子：在党建引领下成长成才	南方+	广大宣	2021年5月14日
刘松萍：用互联网思维为消费类展会提质增速	中国经济网	刘松萍	2021年5月14日
广东首试首席数据官制度，国外有哪些经验值得借鉴？	《南方都市报》	袁炯贤 张瑾杰	2021年5月15日
多"极"联动打造广州科技创新强市	《广州日报》	谭苑芳	2021年5月17日
舞台艺术本土化，当以世界为天中国为地	《光明日报》	吕珍珍	2021年5月17日
大学生走访红色景点（1）：农讲所	《广州日报》	曹景荣 吴广智 梁梓莹 石亮浩治 杨非檀 汤雨澄 吴晓玲 王梓立 陈俊宇	2021年5月19日

续上表

稿件名	发稿媒体	作者姓名	发稿时间
大岭村的古韵新生	《南方》杂志·学习强国	影子	2021年5月19日
大学生走访红色景点之广州起义烈士陵园	《广州日报》、广视频	曹景荣	2021年5月19日
广州大学五项科技成果获广东省科学技术奖	《广州日报》	林霞虹	2021年5月21日
新突破！广州大学获5项广东省科学技术奖	广东教育头条	姚瑶	2021年5月21日
广州大学音乐舞蹈学院民乐团在第六届全国大学生艺术展演活动中荣获二等奖！	中国教育在线	林剑	2021年5月22日
广州大学5项成果获2020年广东省科学技术奖	科学网	朱汉斌	2021年5月22日
广州大学五项科技成果获2020年度广东省科学技术奖	中国教育在线	林剑	2021年5月22日
大学生走访红色景点之黄埔军校	《广州日报》、广视频	谭宇洋 肖怡娴 余佳星 周千惠 陈俊宇 曹景荣 石亮浩治	2021年5月26日
向彭老致敬！看了彭士禄院士事迹专题片后，广东科技学界业界这样说	《羊城晚报》	李钢 陈亮	2021年5月27日
广州大学开设学生教职工核酸检测专场	《广州日报》	曾卫康	2021年5月31日
金牌专业⑪丨广大校长魏明海：撕掉"偏文"标签，打造四大一流专业方阵	广东教育头条	姚瑶	2021年6月1日
广州大学研制《粤港澳大湾区语言生活状况报告（2021）》在京发布	广东教育头条	姚瑶	2021年6月2日
广州大学研制的《粤港澳大湾区语言生活状况报告（2021）》在京发布	中国教育在线	林剑	2021年6月2日
开设国内首门语言服务课程 助力粤港澳三地互联互通	《羊城晚报》	陈亮	2021年6月4日
全国大学生海南自贸港旅游创新大赛决赛在海口举行 为海南旅游业发展注入人才活力	海南网络广播电视台		2021年6月6日
广州大学"百名书记讲党史"再推第二讲	广东学习平台	吴谦	2021年6月10日
这所大学的师生走进大亚湾，合力科考发现国家二级保护动物	《羊城晚报》	陈亮	2021年6月11日
广州封控区三人小组这几天：每天扫楼三百户，阿婆请他们饮汤	《南方都市报》	黄驰波 王靖怡	2021年6月12日

续上表

稿件名	发稿媒体	作者姓名	发稿时间
"洛神"再现？！还有更多惊喜……	《人民日报》		2021年6月13日
水下舞蹈的洛神表演者：毕业于华附和广大，曾是广州花泳队员	《南方都市报》	林子沛	2021年6月13日
外交部发言人推介点赞！绝美水下洛神竟是广州小姐姐	《广州日报》	苏琬茜	2021年6月14日
被"偶像"华春莹点赞！"水下洛神"何灏浩：发出了土拨鼠尖叫	《广州日报》	刘晓星	2021年6月14日
专访"水中洛神"何灏浩：广州90后舞者如何水下飞天？最感动评价是什么？	《羊城晚报》	魏琴	2021年6月15日
"疫"不容辞，广州大学教师连续8轮参与全员核酸采样工作	《羊城晚报》	陈亮 张帆	2021年6月15日
大学生走访红色景点之杨匏安旧居陈列馆	《广州日报》、广视频	周楚 潘文义 杨清悠 曹景荣 梁梓莹 陈彦 汤雨澄	2021年6月15日
秒懂新高考！广州大学院校专业组重磅首发	《中国青年报》		2021年6月16日
广州大学教师连续参与8轮全员核酸采样志愿工作	广东学习平台	陈亮 张帆	2021年6月16日
"精准定位+多元选择" 广州大学71个专业面向全国招生7580人	《新快报》	王娟 李一天	2021年6月21日
广大今年面向全国招生7580人 优秀学子可免试转专业	《信息时报》	黄淑仪	2021年6月21日
百年淬炼铸就大党风范	《经济日报》	赵中源	2021年6月21日
新增2个专业，广州大学今年计划本科招生7580人	《广州日报》	林霞虹	2021年6月21日
广州大学今年计划本科招生7580人，新增智能制造工程等2个专业	《羊城晚报》	陈亮	2021年6月21日
新增免试转专业机会，师范专业本科批录取！广大招生有亮点……	《南方都市报》	孙小鹏 郭子扬	2021年6月21日
广州大学2021年全国招生7580人，新增两专业，有免试转专业机会	中国教育在线	林剑	2021年6月21日
一线消费者报告：各大高校招生计划陆续出炉 填报志愿有讲究	广东经视	王绍龙	2021年6月21日

续上表

稿件名	发稿媒体	作者姓名	发稿时间
广州大学71个专业招生7580人，拔尖创新和卓越应用分类培养	广东教育头条	姚瑶	2021年6月21日
广州大学2021年计划招收本科生7580人	《中国科学报》	朱汉斌	2021年6月21日
大学报哪所？官方信息看过来记清楚	广州电视台	朱玥	2021年6月21日
为学校招生代言，为考生填报志愿指路	《羊城晚报》	陈晓璇	2021年6月23日
广州大学2021年面向全国招生7580人	中国新闻网	许青青	2021年6月23日
"可触可感，体验先辈们的坚定信念"	《南方都市报》	王美苏	2021年6月24日
珠江新闻眼：广工今年招生规模超万人 揭阳校区首年招生	广东台	袁媛 吴可菲 卢俊潮	2021年6月24日
广东多位校长名师为好专业代言	《南方日报》	姚瑶 钟哲 吴少敏 黄锦辉 汤梦茹 张贝儿 潘宛晴	2021年6月25日
新高考改革下，"金牌专业"有何优势	《南方日报》	钟哲 姚瑶 汤梦茹	2021年6月25日
广州大学：面向全国24个省份招生 新增免试转专业机会	《中国青年报》	林洁	2021年6月25日
填志愿看这里！2021年广东高校金牌专业齐亮相	广东教育头条	姚瑶 钟哲 吴少敏 黄锦辉 杜玮淦	2021年6月26日
全国网友点赞的她，"现身"广大毕业礼！饭堂这波操作亮了	《南方都市报》	李嘉宜 刘子晴 诸浩	2021年6月26日
定制校徽、"洛神"师姐送祝福……广大毕业典礼惊喜满满	《信息时报》	黄淑仪	2021年6月28日
广大毕业典礼：周福霖院士颁发证书，《洛神水赋》演员送祝福	《羊城晚报》	陈亮	2021年6月28日
羡慕了！广州大学毕业典礼送出定制校徽、专属礼物	广东教育头条	姚瑶	2021年6月28日
大学生走访红色景点之广州起义纪念馆	《广州日报》	曹景荣 梁梓莹 白仲夏 石亮浩治	2021年6月28日
始终保持同人民群众的血肉联系	《南方日报》	杜玮淦 祁雷 汪祥波 姚瑶 关喜如意 汪棹桴 钱明雅 姚昱旸	2021年6月30日

续上表

稿件名	发稿媒体	作者姓名	发稿时间
接好时代"接力棒"！礼赞建党百年，广东高校这样花式告白	《羊城晚报》	陈亮 崔晓君	2021年7月1日
惊天动地事 隐姓埋名人	《广州日报》	林霞虹 骆昌威	2021年7月1日
催人奋进！广州大学师生收看庆祝中国共产党成立100周年大会	广东教育头条	姚瑶	2021年7月1日
全国、广东省"两优一先"事迹引发广东党员干部群众热烈反响 坚定理想信念 汲取奋进力量	《南方日报》	谢庆裕 杜玮淦 王佳欣 姚昱旸 姚瑶 罗湛贤	2021年7月2日
为党育人为国育才！建党百年，广东高校党委书记校长心潮澎湃	广东教育头条	姚瑶 杜玮淦 钟哲 马立敏	2021年7月2日
诵读红色经典 致敬革命先烈	《人民日报》		2021年7月4日
真好听！原创歌曲专辑《最美连州等你来》出版	《南方日报》	黄津	2021年7月11日
"音·为爱"交响音乐会在沪奏响 广州大学教师欧阳铭芮任独唱嘉宾	《广州日报》	吴波	2021年7月11日
大学生讲脱贫攻坚与乡村振兴故事决赛暨《攻坚2020：一线扶贫干部亲历记》新书发布会在广州大学举行	中国教育在线	林剑	2021年7月14日
宣传中国智慧，大学生讲乡村振兴故事活动在广大举行	《南方都市报》	孙小鹏 郭子扬 黄震丹 雷世炜	2021年7月14日
46个故事！《攻坚2020：一线扶贫干部亲历记》新书在广州大学发布	广东教育头条	姚瑶	2021年7月14日
听！广大学子深情讲述脱贫攻坚与乡村振兴故事	《羊城晚报》	陈亮 崔晓君	2021年7月15日
《攻坚2020：一线扶贫干部亲历记》新书发布会举行	《广州日报》	林霞虹	2021年7月15日
广州大学举办"深入学习习近平总书记'七一'重要讲话精神 推进新时代党的理论建设"高端论坛	中国教育在线	林剑	2021年7月16日
在广州大学论坛上，专家聚焦党的理论建设这样建言	广东教育头条	姚瑶	2021年7月16日
首个广东高校大学生群众性双创活跃度研究报告发布	中国新闻网	王坚 岳青	2021年7月18日
广州大学马克思主义学院学生向南沙区党员群众宣讲党史	《广州日报》	徐静 高鹤清	2021年7月22日

续上表

稿件名	发稿媒体	作者姓名	发稿时间
挖掘花都红色历史，广大学生赴花都乡村讲述党史和乡村振兴故事	《羊城晚报》	陈亮	2021年7月23日
广州大学"大学生党史宣讲团"赴花都乡村讲述党史和乡村振兴故事	中国教育在线	林剑	2021年7月23日
深入花都乡村，广州大学学生面向中小学生开展特色支教活动	《南方都市报》	孙小鹏 郭子扬 雷世炜 黄震丹	2021年7月23日
广州大学学生赴花都乡村讲述党史和乡村振兴故事	广东教育头条	姚瑶	2021年7月23日
凝心聚力谱华章——广东教育系统加强党建提升育人育才综合效能	《中国教育报》	吕同舟 王友文 杨三喜 刘盾 单艺伟 张湘怡	2021年7月23日
广州大学"三下乡"深入乡镇宣讲党史	《中国青年报》	林洁 杨春荣	2021年7月24日
"音·为爱"交响音乐会巡演在京落幕｜岭南歌唱家欧阳铭芮担纲独唱，精彩绽放	《广州日报》	吴波	2021年7月24日
广州大学学生暑假奔赴花都乡村开展"乡村乡彩"实践活动	《新快报》	王娟 周彤	2021年7月25日
把课堂搬到乡村！广州这群学子赴贵州毕节记录小康故事	南方+	刘怀宇	2021年7月27日
大学生看小康｜广大学子把新闻课堂搬到乡村，赴贵州毕节开展暑期社会实践	《广州日报》		2021年7月27日
大学生看小康（1）：广州大学学子把新闻课堂搬到贵州毕节	学习强国、康庄大道	肖桂来	2021年7月28日
全省第一！广州33所学校入选"创建广东省文明校园先进学校"	《广州日报》	何道岚	2021年7月30日
大学生看小康｜毕节飞来一线名医，东西协作实现家门口就医	《广州日报》	肖桂来	2021年7月30日
大学生看小康｜方言能赚钱，一根网线牵来智慧车间	《广州日报》	肖桂来	2021年7月30日
大学生看小康｜贵州大山少年的足球梦	《广州日报》	肖桂来	2021年7月31日
大学生看小康｜一颗威宁苹果的"出山记"	《广州日报》	肖桂来	2021年7月31日
广东多所高校：返校前要14天居家健康监测，这类人暂缓返校	《南方都市报》	孙小鹏 董晓妍 郭子扬	2021年8月4日

续上表

稿件名	发稿媒体	作者姓名	发稿时间
广州大学学子暑假"三下乡",采写乡村致富带头人故事	《信息时报》	李晓雯	2021年8月5日
广州大学学子暑期"三下乡":讲好致富带头人故事,推广普通话助力乡村振兴	中国教育在线	林 剑	2021年8月6日
农村青年手握哪些致富"杀手锏"？广东高校学子"三下乡"解密	《羊城晚报》	陈 亮 崔晓君	2021年8月8日
讲好致富带头人故事,广州大学学子推广普通话助力乡村振兴	《南方都市报》	孙小鹏 郭子扬	2021年8月8日
大学生看小康（3）：毕节迎来广州一线名医 东西协作实现家门口就医	学习强国、康庄大道	肖桂来 陈豪辉 廖去非 彭一康 林泽睿 龙 媛	2021年8月9日
广州大学学子暑期"三下乡"助力乡村振兴	《广州日报》	林霞虹	2021年8月9日
大学生看小康|书写红色哲庄"新"名片	《广州日报》	肖桂来 李 波	2021年8月10日
不套用西方理论剪裁中国人的审美	《光明日报》	龙其林	2021年8月11日
粤港澳大湾区蓝皮书发布,粤九市GDP占广东比重超八成	南方+	赵安然 黄江勤	2021年8月11日
第七届中国国际"互联网+"大学生创新创业大赛广东省分赛决赛在广州大学举行	《光明日报》	雷爱侠	2021年8月11日
三大赛道决出112个金奖,广东学子有想法更有办法	《广州日报》	林霞虹 高鹤涛	2021年8月11日
培养创新创业生力军,助力粤港澳大湾区创新驱动发展	《羊城晚报》	陈 亮	2021年8月11日
大学生看小康|东西协作干部的"亲情欠条"：2岁半的儿子变留守儿童	《广州日报》	肖桂来 李 波	2021年8月11日
培养创新创业生力军 助力大湾区驱动发展 第七届中国国际"互联网+"大学生创新创业大赛广东省分赛决出112个金奖	《羊城晚报》	陈 亮	2021年8月12日
第七届"互联网+"大学生创新创业大赛广东省赛决赛：广州大学斩获15项金奖	环球网	广州大学党委宣传部	2021年8月12日
百万人参赛！百个获奖项目！广东这些学子了不起！	《南方日报》	黄锦辉	2021年8月12日
广东学子敢闯会创,三大赛道决出112个金奖	《信息时报》	黄淑仪	2021年8月12日

续上表

稿件名	发稿媒体	作者姓名	发稿时间
助力粤港澳大湾区创新驱动发展，"建行杯"第七届中国国际"互联网+"大学生创新创业大赛广东省分赛决赛在广州大学举行	中国教育在线	林剑	2021年8月12日
"互联网+"大学生双创大赛省决赛举行 共有300个项目进入决赛 三大赛道决出112个金奖	《广州日报》	林霞虹	2021年8月12日
参赛学生逾37万人次！"互联网+"大赛广东省赛迎来决战	《南方都市报》	孙小鹏	2021年8月12日
培养创新创业生力军 第七届"互联网+"广东省决赛在广州大学举行	《新快报》	王娟	2021年8月12日
"互联网+"大赛广东省赛迎来决战	花城新闻	朱玥	2021年8月12日
"互联网+"大学生创新创业大赛广东决赛举行	《中国科学报》	朱汉斌 吴谦	2021年8月12日
第七届中国国际"互联网+"大学生创新创业大赛广东省分赛决赛在广州大学举行	《光明日报》	雷爱侠	2021年8月12日
第四届粤港澳大湾区大学生创新创业项目线上对接洽谈活动举行	《光明日报》	雷爱侠	2021年8月12日
2.88亿元！第四届粤港澳大湾区大学生创新创业项目线上对接洽谈活动成果丰硕	中国教育在线	林剑	2021年8月12日
第四届粤港澳大湾区大学生创新创业项目对接洽谈意向融资达2.88亿元	中国新闻网	许青青	2021年8月12日
对接意向融资金额2.88亿！这些大学生创新创业项目太厉害	《广州日报》	林霞虹	2021年8月12日
83个大学生项目团队参与已对接意向融资额2.88亿元	《羊城晚报》	陈亮 广大宣	2021年8月13日
大学生创新创业项目洽谈 达成意向融资金额2.88亿元	《信息时报》	黄淑仪	2021年8月13日
大学生创新创业项目洽谈 达成意向融资金额2.88亿元	新花城		2021年8月13日
对接意向融资金额已达2.88亿 大湾区大学生双创项目获青睐	《新快报》	辛捷恺	2021年8月13日
粤港澳大湾区大学生创新创业项目进行线上对接	《中国科学报》	朱汉斌 吴谦	2021年8月13日
这个对接会达成79份投资意向，对接意向融资金额达2.88亿元	《羊城晚报》	陈亮	2021年8月13日

续上表

稿件名	发稿媒体	作者姓名	发稿时间
第七届中国国际"互联网+"大学生创新创业大赛广东决赛举行	中国社会科学网	李永杰 广大宣	2021年8月14日
第七届中国国际"互联网+"大学生创新创业大赛广东省决赛举行	《中国青年报》	林洁	2021年8月14日
粤港澳大湾区大学生双创项目获青睐 意向融资金额达2.88亿元	《中国青年报》	林洁	2021年8月14日
对接意向融资金额上亿元，大湾区大学生创新创业项目受热捧	《南方都市报》	孙小鹏	2021年8月15日
大学生们请注意！广东多所高校发布最新返校通知	广州教育头条	马立敏 杜玮淦 黄锦辉 陈纯	2021年8月15日
大学生看小康（5）："我有个播音梦！"粤黔协作架起"线上工作"桥梁	学习强国、康庄大道	肖桂来 赖欣彤 黎冠强 纵升 王映骅	2021年8月17日
大学生看小康（4）：方言能赚钱，一根网线牵来智慧车间	学习强国、康庄大道	肖桂来 林泽睿 陈豪辉 张思思 廖去非 彭一康 陈荦 龙媛	2021年8月17日
暂缓返校师生进行线上教学！广东多所高校公布新学期安排	《羊城晚报》	陈亮 鲍颖婕	2021年8月18日
最新！广东各高校返校通知来了，开学14天前需返回居住地	《南方都市报》	董晓妍 孙小鹏 马欣瑞	2021年8月18日
大湾区大学生创新创业项目开展线上对接	《中国科学报》	朱汉斌 吴谦	2021年8月18日
大学生看小康（2）：毕节迎来广州一线名医 东西协作实现家门口就医	学习强国、康庄大道	肖桂来 廖去非 彭一康 陈豪辉 林泽睿 龙媛	2021年8月23日
大学生看小康（6）｜贵州威宁彝族回族苗族自治县脱贫 广州番禺区帮扶团队做了这些工作	学习强国、康庄大道	肖桂来 廖勉钰 纵升 刘怡煊	2021年8月23日
蓝皮书预计：今年粤港澳大湾区经济全面复苏	《中国青年报》	林洁	2021年8月24日
新锐人物｜刘楠鑫：相信相信的力量	澎湃新闻	王潇雨	2021年8月25日
大学生看小康（7）：巾帼英雄撑起挂壁公路"半边天"	学习强国、康庄大道	肖桂来 刘倩 阳莹艳 周明朗 肖桐	2021年8月25日

续上表

稿件名	发稿媒体	作者姓名	发稿时间
广东大学生深入农村大地开展"三下乡"暑期实践	学习强国	陈亮　崔晓君　阮思余　王萍　广大宣	2021年8月27日
为助力乡村振兴交上满意答卷　广东大学生深入农村大地开展"三下乡"暑期实践	《羊城晚报》	陈亮　崔晓君　阮思余　王萍　广大宣	2021年8月27日
麦英豪：用一生守护广州文化遗产	《新快报》	潘玮倩	2021年8月29日
百年树人　奋进担当——广州举行"2021致敬感动广州的最美教师"颁奖仪式	《广州日报》	刘晓星	2021年9月8日
2021年"感动广州的最美教师"名单揭晓	《中国科学报》	朱汉斌	2021年9月8日
高水平大学建设　广州大学跑出"加速度"——专访广州大学党委书记屈哨兵、校长魏明海	《广州日报》	林霞虹	2021年9月10日
践行初心　担当使命——他们是感动广州的最美教师	《广州日报》	刘晓星	2021年9月10日
越经典　越治愈——男低音歌唱家罗洪黑胶大碟《故乡的云》首发	《广州日报》	张素芹	2021年9月17日
青藏高原发现世界最古老岩面艺术——距今约20万年的古人类手脚印	《中国科学》杂志社		2021年9月18日
有颜值、有口味、有情怀！高校定制月饼上新！你pick哪一款？	《南方日报》	陈明诗　马立敏　杜玮淦　黄锦辉	2021年9月19日
军训练武、校长金句……广东高校为新生系好大学第一粒扣子	《羊城晚报》	陈亮　方贺　方超	2021年9月22日
乡村振兴是实现共同富裕的必由之路——专访广州大学乡村振兴研究院院长谢治菊	《南方》杂志	杨洋	2021年9月22日
幸福瑶山唱起来	学习强国	清远市文学艺术界联合会	2021年9月27日
广州与明斯克缔结友好关系	《广州日报》	张姝泓	2021年9月29日
推普有我，青春绽光彩！广州大学学子化语为金，推动振兴！	学习强国		2021年10月7日
新型太阳耀斑预报模型构建成功	光明网	赵汉斌	2021年10月8日
新型太阳耀斑预报模型构建成功　助力研究太阳耀斑活动现象	中华网	赵汉斌	2021年10月8日
新型太阳耀斑预报模型构建成功	《科技日报》	赵汉斌	2021年10月8日

续上表

稿件名	发稿媒体	作者姓名	发稿时间
新型太阳耀斑预报模型构建成功	学习强国	赵汉斌	2021年10月9日
新型太阳耀斑预报模型构建成功	人民网	赵汉斌	2021年10月10日
观众喜欢这样的主旋律电影	《光明日报》	吕珍珍	2021年10月11日
观众喜欢这样的主旋律电影	光明网	吕珍珍	2021年10月12日
观众喜欢这样的主旋律电影	《中国青年报》	吕珍珍	2021年10月12日
高强度育儿，让我们面临什么	《光明日报》	谢爱磊	2021年10月12日
第六届中华经典诵读港澳展演交流活动	新华社现场云		2021年10月25日
第六届中华经典诵读港澳展演交流活动在广州大学举行	中国教育在线	林剑	2021年10月26日
第六届中华经典诵读港澳展演交流活动举办	《羊城晚报》	陈亮	2021年10月26日
第六届中华经典诵读港澳展演交流活动举行	中国青年报	廖勉钰 林洁	2021年10月26日
第六届中华经典诵读港澳展演交流活动举行	新花城	林霞虹	2021年10月26日
第六届中华经典诵读港澳展演交流活动举行	《广州日报》		2021年10月26日
第六届中华经典诵读港澳展演交流活动举行	《广州日报》、广视频	林霞虹 王文宇 黄泽胤	2021年10月26日
第六届中华经典诵读港澳展演交流活动成功举办	《信息时报》	黄淑仪	2021年10月26日
品读中华经典诗文　传承中华文化之魂	广州新闻联播	梁敏怡	2021年10月27日
广州：品读中华经典诗文　传承中华文化之魂	学习强国	梁敏怡 蒋栎	2021年10月27日
第六届中华经典诵读港澳展演交流活动举办	中国发展网	皮泽红	2021年10月27日
古今少年穿越时空同台竞技　第六届中华经典诵读港澳展演交流活动在穗举行	《新快报》	王娟	2021年10月27日
第六届中华经典诵读港澳展演交流活动举行	《中国科学报》	朱汉斌	2021年10月27日
弘扬中华优秀文化！第六届中华经典诵读港澳展演交流活动举行	《南方都市报》	孙小鹏	2021年10月28日
第六届中华经典诵读港澳展演交流活动在广州大学举行	中国新闻网	许青青	2021年10月29日
广州大学副校长孙延明：大学城是广州数字经济重要创新策源地	南方产业智库	邰小平	2021年10月30日
第六届中华经典诵读港澳展演交流活动成功举办	《人民日报》	姜晓丹	2021年10月31日
追寻革命足迹　广大"红色文化轻骑兵"这样学党史	《羊城晚报》	陈亮	2021年11月1日

续上表

稿件名	发稿媒体	作者姓名	发稿时间
追寻革命足迹，广州大学学子勇当"红色文化轻骑兵"	《信息时报》	黄淑仪	2021年11月1日
追寻革命足迹，助推党史学习教育走深走实，广州大学学子勇当"红色文化轻骑兵"	中国教育在线	林剑	2021年11月1日
广州大学学子勇当"红色文化轻骑兵"	《中国科学报》	朱汉斌	2021年11月1日
"外卖"垃圾怎么治？广州大学学生建议使用共享餐具	《信息时报》	黄熙灯	2021年11月2日
广州学生创意获"高校垃圾分类治理创意大赛"金奖	南方+	马艺天	2021年11月2日
高校垃圾分类治理创意大赛颁出首个金奖 大学生用共享餐具模式破解外卖污染	《新快报》	李佳文 孙毅	2021年11月3日
追寻革命足迹深化艺术创作 广大学子勇当"红色文化轻骑兵"	《南方都市报》	孙小鹏	2021年11月3日
大学生用共享餐具模式破解外卖污染	新花城	孙毅	2021年11月3日
新品种大豆为农民增收2亿元	《南方工报》	彭新启	2021年11月5日
学者提出发展新一代聚集诱导电化学发光材料体系	《中国科学报》	朱汉斌	2021年11月7日
广州与悉尼缔结友好城市35周年，双方共同举办学生创业竞赛	《羊城晚报》	陈亮	2021年11月9日
2021广州国际友城大学联盟城市创新学生创业竞赛决赛举行	中国教育在线	林剑	2021年11月9日
广州国际友城大学联盟城市创新学生创业竞赛决赛举行	新花城	林霞虹	2021年11月9日
广州国际友城大学联盟城市创新学生创业竞赛决赛举行	《广州日报》	林霞虹 骆昌威	2021年11月9日
Guangzhou University students win global entrepreneurship competition	南方英文网	Ariel	2021年11月10日
2021广州国际友城大学联盟城市创新学生创业大赛决赛举行	《信息时报》	黄淑仪	2021年11月10日
2021 GISU 城市创新学生创业竞赛决赛举行	中国发展网	皮泽红	2021年11月10日
广州国际友城大学联盟城市创新学生创业竞赛举行	《中国科学报》	朱汉斌	2021年11月10日

续上表

稿件名	发稿媒体	作者姓名	发稿时间
广州国际友城大学联盟"朋友圈"扩至18所高校	《广州日报》	林霞虹 张姝泓 骆昌威	2021年11月10日
广州国际友城大学联盟"朋友圈"扩至18所高校	新花城	林霞虹 张姝泓 骆昌威	2021年11月10日
2021广州国际友城大学联盟城市创新学生创业大赛决赛举行	《信息时报》	黄淑仪	2021年11月11日
2021广州国际友城大学联盟年会召开 联盟"朋友圈"扩至18所高校	《羊城晚报》	陈亮	2021年11月11日
收到五个"好友申请" 广州国际友城大学联盟"朋友圈"扩至18所高校	《信息时报》	黄淑仪	2021年11月11日
加强国际友城大学合作 2021广州国际友城大学联盟年会召开	《新快报》	黄闻禹	2021年11月11日
2021广州国际友城大学联盟年会召开,"朋友圈"遍布五大洲18所高校	中国教育在线	林剑	2021年11月11日
2021广州国际友城大学联盟年会召开 联盟"朋友圈"扩至18所高校	《广州日报》	林霞虹 张姝泓 徐雯雯	2021年11月11日
加强大学合作 推进城市发展——2021广州国际友城大学联盟年会召开	中国发展网	皮泽红	2021年11月11日
加强广州国际友城大学合作 联盟"朋友圈"扩至18所高校	《南方都市报》	孙小鹏	2021年11月11日
2021广州国际友城大学联盟城市创新学生创业竞赛落幕 西悉尼大学摘冠广大夺银	《新快报》	王娟	2021年11月11日
2021广州国际友城大学联盟年会召开	《中国科学报》	朱汉斌	2021年11月11日
12支学生团队角逐广州友城大学联盟"科技创新"大奖	《中国青年报》	林洁 何艺彤	2021年11月12日
城市转型青年说 辩证看待"大数据"	广州广播电视台		2021年11月12日
广州国际友城大学联盟 "朋友圈"扩至18所高校	《中国青年报》	林洁	2021年11月13日
Guangzhou gathers sister city universities to tackle environmental problems: Charles Stephen Farr	南方英文网	Jasmine	2021年11月13日
加强广州国际友城大学合作 推进城市可持续发展	《人民日报》	姜晓丹	2021年11月16日

续上表

稿件名	发稿媒体	作者姓名	发稿时间
蓝皮书称，广州游戏产业发展迅猛成经济发展新引擎	中国新闻网	许青青	2021年11月17日
东风路是Dongfeng Lu还是Dongfeng Rd.？广州市公共场所英文标识亟待规范化	《羊城晚报》	谭铮	2021年11月18日
广州市公共场所英文标识如何更加规范化？专家：语境很重要	《南方都市报》	蒋模婷　刘慧敏	2021年11月19日
东风路英文名有争议　广州加快外文标识立法	珠江新闻眼	林雪映	2021年11月19日
广州市公共场所英文标识如何统一标准？	《广州日报》	杨朝霞	2021年11月19日
产学研融合按下"快进键"，这场高端论坛今日举办	《信息时报》	黄淑仪	2021年11月20日
广大黄埔研究院/研究生院举办首届"信息+智慧"产学研高端论坛	《羊城晚报》	陈亮	2021年11月20日
产学研融合按下"快进键"，这场高端论坛在中新广州知识城举办	《信息时报》	黄淑仪	2021年11月21日
广州大学黄埔研究院/研究生院举办首届"信息+智慧"产学研高端论坛	中国教育在线	林剑	2021年11月21日
促进科技成果转化　首届"信息+智慧"产学研高端论坛举行	《南方都市报》	孙小鹏	2021年11月21日
湾区大咖谈｜打造国际教育的示范区，还是国际的教育示范区？	《南方都市报》	孙小鹏　朱燕明	2021年11月21日
坚定不移走中国式现代化道路	《光明日报》	吴阳松	2021年11月21日
百名专家学者"线上+线下"共议"东西部协作与乡村振兴"	《人民日报》		2021年11月22日
聚焦高等教育普及化与建设高质量高等教育体系　海峡两岸（粤台）高等教育论坛在广大举办	《新快报》	王娟　刘月华　罗惠莲	2021年11月27日
服务经济社会融合发展　海峡两岸（粤台）高等教育论坛举行	《南方都市报》	孙小鹏	2021年11月27日
第十六届海峡两岸（粤台）高等教育论坛顺利举行	《信息时报》	黄淑仪	2021年11月27日
第十六届海峡两岸（粤台）高等教育论坛顺利举行	《信息时报》	黄淑仪	2021年11月27日

续上表

稿件名	发稿媒体	作者姓名	发稿时间
第十六届海峡两岸（粤台）高等教育论坛举行	《中国科学报》	朱汉斌　吴谦	2021年11月27日
第十六届海峡两岸（粤台）高等教育论坛举行	中国新闻网	许青青　吴谦	2021年11月27日
粤台高等教育如何合作？学者建议加强人才培养协同创新	广东教育头条	汪祥波	2021年11月27日
第十六届海峡两岸（粤台）高等教育论坛在广州大学举行	中国教育在线	林剑	2021年11月27日
第十六届海峡两岸（粤台）高等教育论坛在广大、中华大学举办	《羊城晚报》	陈亮	2021年11月27日
谢谢你，兄弟姐妹！	广州广播电视台	杨时秋	2021年12月2日
广州大学创新推出"党建红色文化长廊"	《广州日报》	林霞虹	2021年12月3日
广州大学创新推出"党建红色文化长廊"	新花城	林霞虹	2021年12月3日
活用校园空间　广州大学打造千米"红色长廊"	新花城	黄淑仪	2021年12月3日
活用校园空间　广州大学打造千米"红色长廊"	《信息时报》	黄淑仪	2021年12月3日
广州大学启用党建红色文化长廊，打造党史学习教育新阵地	广东教育头条	汪祥波	2021年12月3日
广州大学千米"红色长廊"启用，让党史学习教育"活"起来	中国教育在线	林剑	2021年12月3日
广州大学启用党建红色文化长廊，打造党史学习教育新阵地	《南方日报》	汪祥波	2021年12月3日
广州大学千米"红色长廊"启用，让党史学习教育"活"起来	中国教育在线	林剑	2021年12月3日
行千米红廊，学百年党史！广大推出党建红色文化长廊	《羊城晚报》	陈亮	2021年12月3日
中国专家在联合国人权理事会少数群体问题论坛上分享保障少数群体权利经验	新华网		2021年12月4日
广州大学打造"党建红色文化长廊"	中国科学网	朱汉斌	2021年12月4日
广州大学推出千米"党建红色文化长廊"	《新快报》	王娟　夏世焱　刘月华	2021年12月4日
创新推出千米"党建红色文化长廊"　广大新晋网红打卡点诞生	《新快报》	王娟　刘月华	2021年12月4日

续上表

稿件名	发稿媒体	作者姓名	发稿时间
第九届广府文化论坛在钦举办 两广人士共话文化情缘	中国新闻网	翟李强	2021年12月5日
中国专家在联合国人权理事会论坛分享保障少数群体权利经验	中国新闻网		2021年12月5日
Understanding China, from Guangzhou, Guangdong	广州广播电视台	李琳 余勇 杨时秋 吴诺思	2021年12月5日
广州大学创新推出"党建红色文化长廊"	《人民日报》	姜晓丹 广大宣	2021年12月5日
打造立体党史"教科书" 广州大学推出"党建红色文化长廊"	《中国青年报》	林洁 何艺彤	2021年12月6日
广州大学团队的这个发现，入选今年世界十大考古发现	《广州日报》	林霞虹	2021年12月7日
广州大学团队的这个发现，入选今年世界十大考古发现	新花城	林霞虹	2021年12月7日
犀利！广州团队发现古人类手脚印	花城新闻	卢倩怡	2021年12月8日
她在"小黑屋"里工作10多年，背后的故事令人肃然起敬……	《广州日报》	龙锟	2021年12月8日
校园即思政课堂 让党史教育"活"起来	广州广播电视台	朱玥	2021年12月9日
广州团队发现古人类手脚印 获评"世界十大考古发现"	广州广播电视台		2021年12月9日
以青春之"我"成就永远的青春中国	《广州青年报》		2021年12月10日
不忘初心 志笃力行——广州大学时代报告剧《笃行者》首演	《广州日报》	林霞虹	2021年12月15日
广州大学庆祝建党100周年时代报告剧《笃行者》首演	《羊城晚报》	陈亮	2021年12月15日
广州大学庆祝建党100周年时代报告剧《笃行者》首演	中国教育在线	林剑	2021年12月15日
广州大学时代报告剧《笃行者》首演，讲述4位党员感人故事	广东教育头条	汪祥波	2021年12月16日
榜样的力量！广州大学时代报告剧《笃行者》首演	《信息时报》	黄淑仪	2021年12月18日
广州大学《笃行者》首演	中国科学网	朱汉斌	2021年12月19日

续上表

稿件名	发稿媒体	作者姓名	发稿时间
原创舞剧《待到山花烂漫时》即将首演	人民网		2021年12月20日
"十个坚持"之四：独立自主铸就百年辉煌	广州台	朱玥	2021年12月21日
张桂梅感人事迹被搬上舞台 原创舞剧《待到山花烂漫时》昨首演	中央广播电视总台广东总站	张莉莉　秦芊茗	2021年12月22日
向身边的党史人物学习，时代报告剧《笃行者》在穗首演	《中国青年报》	林洁	2021年12月22日
打造现代化教育高地 建设高校"创新策源地"	《广州日报》	廖靖文　林霞虹　方晴　王婧　龙锟	2021年12月27日
穗毕东西部扶贫协作，全方位助力毕节乡村振兴	《人民日报》		2021年12月28日
广州大学发布《广东省数字经济创新发展报告》	中国教育在线	林剑	2021年12月30日
广东数字经济创新发展态势如何？这份报告揭示了	《羊城晚报》	陈亮	2021年12月30日
广州大学首发广东省数字经济创新发展报告，这个行业创新水平最高	金羊网	陈亮　洪佳恂	2021年12月30日
广东数字经济发展态势如何？高校研究团队算出"创新指数"	《信息时报》	黄淑仪	2021年12月30日
《广东省数字经济创新发展报告》发布 首次尝试构建测算创新指数	《信息时报》	黄淑仪	2021年12月30日
数字产品制造业创新水平最高 广大发布《广东省数字经济创新发展报告》	《新快报》	王娟　刘月华	2021年12月31日
广东数字经济"家底"，藏在200余万条有效专利数据中	《南方日报》	邰小平	2021年12月31日
广州大学举办数字经济与管理创新高峰论坛	《中国科学报》	朱汉斌	2021年12月31日
共促数字经济创新发展	中国发展网	麦晓彤	2021年12月31日
"数字经济与管理创新高峰论坛"在广州大学举行	《广州日报》	林霞虹　高鹤涛	2021年12月31日

编 后 语

《广州大学年鉴·2021卷》在各部门大力支持下顺利完成编辑出版任务，在此谨表衷心感谢。各部门为我们提供资料的同志如下（排名不分先后）：

唐　勇　陈　阳　冯应龙（党办校办）	王丹丹（纪委综合室、纪委纪检监察室）
张锦美　许颖欣（组织部）	梁钰玲（宣传部）
肖　斌（统战部）	李　黎（学生处）
范怡君（发展规划处）	张　颖（人事处）
赖克忠　郭碧乃（教务处）	崔　彬（研究生院）
于　莹（招生就业工作处）	刘　娟　姚　瑶（科研处）
刘志华（国际交流与合作处）	冼迪曦（财务处）
冯英忠　吴德湘（实验室与设备管理处）	陈丽丽（保卫处）
郭文妹（基建处）	张恺元（后勤服务处）
陈育武（离退休工作处）	万曙琳（工　会）
贺　静（团　委）	施小平（继续教育学院）
何　涛（图书馆）	赵　曜（网络中心）

在《广州大学年鉴·2021卷》的编辑过程中，我们力求做到资料完整、内容翔实、数据准确，但疏漏、误差之处仍在所难免，敬请读者批评指正。

广州大学党委办公室、校办公室
2023年11月